신미국특허법

[제2판]

최승재 · 김영기 · 박현우

法 文 社

제2판 머리말

『미국특허법』이 2011년에 나오고, AIA를 반영한 『신미국특허법』이 2020년에 출간되었다. 그리고 2023년 제2판을 출간하게 되었다. 전반적으로 각 장에서 업데이트하여야 할 부분들을 업데이트하면서 새로 선고된 미국 법원의 주요 판결들을 반영하고 2020년판에 있었던 미진한 부분들을 고치거나 보완하였다. 각 장의 주된 보완사항은 다음과 같다.

제1장은 이 책의 상징적인 부분으로 특허법의 역사를 통해서 미국 특허법의 위치를 지우는 장으로 소프트웨어에 대한 부분을 보완하였다. 구글 대법원 판결도 제2판에서 업데이트하였다.

제2장에서는 American Axle 판결의 상고심을 포함하였고, Alice 판결의 적용범위와 관련된 소프트웨어와 생명공학 관련 특허들을 통해서 연방대법원의 최근 동향을 업데이트하였다. 그리고 인공지능 발명에 대한 쟁점도 같이 정리하였다.

제3장에서는 특허요건 중에서 진보성요건을 보완하였다. 특히 의약바이오 분야 특허의 진보성 판단에 대한 부분을 보완하였다. 이 부분은 추가적인 보완이 필요하다고 보이지만 금번 제2판에서는 최대한 정리하였다. 부족하다고 보이는 부분은 다음 개정 때에 보완하고자 한다.

제4장에서는 특허청구항 해석과 관련해서 전체적인 체계를 정비하면서 관련 MPEP 등의 개정 사항을 반영하였다. 그리고 명세서 기재요건과 관련한 Juno Therapeutics 사건을 추가로 업데이트하였다.

제5장에서는 근래 국내에서도 많이 논의되고 있는 '디스커버리'에 관하여 미국의 실무를 보다 상세히 소개하고, 미국 특허소송 절차와 관련하여 '소취하로 인한 소송의 종료', '판결의 집행정지', '항소심의 심리 절차', '판결의 효력' 등을 보다 상세히 기술하였다. 또한 특허침해의 유형으로서 직접침해{제271조(a)}와 간접침해{제271조(b)}, 그리고 특허법의 역외적용에 관한 특허법 제271조(f)에 관한 최신 판례와 논의를 추가하였고, 특히 특허법 제271조(g)에 관한 내용도 새로 기술하였다.

제6장에서는 국내에서도 많이 주목받고 있는 미국의 악의적 침해(willful infringement)로 인한 가중배상 관련 최신 판례 및 논의를 소개하였고, 특허침해에 대한 구제수단으로서 국제적으로 주목받고 있는 금지명령에 관한 최근의 실무와 특히 SEP에 기한 금지명령신청에 관한 미국 법원의 실무를 소개하였다.

제7장에서는 미국 연방대법원의 Arthrex 판결에 따른 특허심판원의 절차 변경, 무효심판의 재량기각 판단에 대한 Fintiv 요소를 추가하였다. 또한, 무역위원회의 절차에 대한 설명도 일부 보충하였다.

이상과 같이 개정을 하였지만 미국 특허법이 가지는 판례법의 특성과 특허법이 가지는 기술법으로서의 특성으로 인해서 지속적으로 개정을 하여야 할 필요성이 있다. 이런 점에서 저자들은 향후에도 이 책이 미국 특허법에 대해 '살아 숨 쉬는 최신성'을 확보할 수 있도록 노력할 것이다.

본서를 개정하는 중에 2023. 7. 12. 밀란 쿤데라가 사망했다. 그는 『참을 수 없는 존재의 가벼움』이라는 책을 통해서 유한하고 찰나(刹那)적인 우리의 삶에서 니체를 통해 회귀하는 영원(永遠)을 보았다. 우리의 존재는 데이터의 덩어리일지 모른다. 너무도 가벼운. 그러나 우리의 존재가 찰나적임에도 그 존재의 영원회귀를 꿈꾸는 것이 이 책과 같은 나의 지적 자녀들이다. 이 작업이 존재의 가벼움을 넘어 우리 지적공동체 속에 계속 남기를 갈망한다.

2023년 7월
저자 최승재 · 김영기 · 박현우

머 리 말

책을 출간하며

삶을 살면서 늘 죽음을 생각한다. 그러면서 인간으로서 영생을 생각한다. 어떻게 죽고, 어떻게 영원히 살 것인가? 책을 쓴다는 것은 내 삶을, 내 앎을 나누는 작업이다. 2011년 2월 「미국특허법」을 출간하였다. 부족한 점이 많았지만 출원하는 관점에서의 미국 특허법이 아니라 전체를 관조하는 책을 쓰겠다는 포부, 용기, 만용이 책을 쓰는 힘의 원천이었다. 경북대학교 로스쿨 교수로 재직하면서 하루 서너 시간의 잠을 자고, 연구실에서도 자면서 미친 듯이 글을 읽고, 쓰고 하던 시절의 작품이다. 당시 '미국 특허개혁법'이라고 불리고 있던 AIA가 논의되고 있어서 출판시기가 미묘했는데, 입법이 계속 미루어지면서 출판을 하기로 했다. 그런데 그리고는 바로 2011년 9월 AIA가 입법이 되었다. 오바마 대통령이 웃으면서 서명하던 그 뒤편으로 당황스러운 내 얼굴이 있었다.

그리고 10년 정도의 시간이 지났다. 필자는 법문사에 새로운 「미국특허법」 출간을 제안하였고, 감사하게도 어려운 출판환경 속에서 법문사는 기꺼이 출판을 하겠다고 하였다. 내 생각은 이제 공저자를 포함하면 좋겠다는 것이었다. 왜냐하면 이 책이 영생하였으면 하는 바람 때문이었다. 인간은 죽지만, 인간은 그 자손을 통해서 영생한다. 책이 나의 자손이라면 그 책의 영속성은 훌륭한 후배들에게 있다. 그러면서 삶 속에서 눈여겨보았던 두 분께 동참의사를 물었고 이 역시 감사하게도 처음에 염두에 둔 두 분이 그대로 공저자로 참여하였다. 부족한 삶을 살아온 대표저자는 하느님의 역사하심을 느낄 수 있었다.

김영기 판사는 필자가 살펴본 결과 성실하게 살아가는 좋은 사람이다. 좋은 사람이라는 점이 공저자의 선택에서 가장 중요한 요소였다. 그리고 그는 계속 특허법을 공부하고 있었다. 다른 사람들은 특허전문가로서 김판사를 눈여겨보지 않았는지 몰라도 김판사는 열정을 가지고 계속 특허법을 공부하고 있었다. 그리고 지금 서울중앙지방법원에서 지적재산권(知的財産權) 사건을 전담하고 있다. 그는 주로 이 책의 5장과 6장 작업을 같이 하였다.

박현우 변호사는 엘지화학에서 변호사 생활을 시작한 이래 특허실무에 매진해온 경북대학교 로스쿨 제자이다. 경북대 강의 첫날, 제자들에게 내가 돈 대신 경북대에 온 것은 나보다 더 뛰어난 법조인을 키우기 위한 것이라고 했는데, 그런 제자의 한 사람이다. 박변호사에 대해서는 같이 일한 경험이 있는 변호사, 변리사들이 칭찬을 하는 것을 많이 들었다. 스승으로서 감사한 일이다. 그는 주로 이 책의 7장 작업을 같이 하였다.

그리고 이승엽 판사가 2장의 판례 등 보충과 책의 교정을 맡아 주었다. 책의 교정은 어렵고 시간이 많이 드는 일이다. 그런데도 2011년 책에 이어서 이번 책의 교정도 하였다. 역시 특허법에 관심을 가지고 공부하고 있어 앞으로 공저자가 될 후보이다. 또 이진수 변리사님도 자문을 해주시고, 교정도 도와주셨다.

가장 큰 감사는 법문사의 식구들에게 돌아가야 한다. 어려운 환경 속에서도 흔쾌히 책을 출판하도록 허락하여 주신 사장님과 연결을 하여 준 영업부 김성주 과장에게 감사를 전한다. 그리고 김제원 이사님께서 꼼꼼히 편집을 해주셨다. 훌륭한 편집자는 책의 격을 달리 만든다. 마지막으로 늘 부족한 남편을 지켜주는 아내와 사랑하는 아들 정원, 딸 진원에게도 감사의 마음을 전한다.

■ **김영기 판사** 평소 왕성한 연구활동으로 명성이 높으신 최승재 교수님으로부터 종래 깊은 연구성과가 담긴 「미국특허법」의 개정판 작업에 참여해 달라는 권유를 받았을 때 매우 망설이지 않을 수 없었다. 그러나 2019년부터 서울중앙지방법원 지식재산권 전문재판부에 근무하며, 이제는 한국 소송에서도 외국, 특히 미국의 관련 특허소송 자료가 자주 제출되는 것을 보면서, 이를 우리 재판에서 충분히 활용할 수 있기 위해서는 미국 특허소송절차에 대한 보다 깊은 이해가 절실하다고 생각하게 되었다. 또한 집필을 통해 나 스스로 많이 배울 수 있을 것이라는 기대, 동료와 선배법관의 격려 그리고 미국에서의 연수경험을 나누고 싶은 바람에 용기를 내었다.

필자는 이 책 중에서 주로 법원을 통해 특허분쟁을 해결하는 절차와 관련된 5장과 6장의 내용을 보충하였다. 특히 필자가 미국 UCLA 대학에서 LL.M.(IP전공)을 마치고 텍사스 동부연방지방법원(EDTX)에서 Fellowship Judge로서 약 7개월가량 머물면서 미국의 교수, 법관, 로클럭, 변호사들로부터 보고 듣고 또 그들과 토론하면서 연구한 바를 가급적 소상하게 이 책에 담으려고 노력하였다. 그러나 한국의 소송절차와 다른 미국의 소송절차를 한국어로 정확하게 풀어서 소개하는 일은 쉬운 일만은 아니었다. 그래서 다른 여러 선행연구를 참조하되, 최대한 우리의 어감에 어울리는 용어로 풀어쓰고 세세한 내용일지라도 미국의 특허소송절차를 이해하는데 작은 도움이라도 될 만한 내용은 모두 담고자 하였다.

여전히 한국의 특허소송에 대해서도 배움의 길에 있는 와중에 미국의 특허소송에 관한 책의 집필에 참여할 수 있게 된 것에, 최승재 교수님은 물론 위와 같은 연수의 기회를 준 우리 법원과, 한국 법관에게 최초로 미국 연방법원 Fellowship의 기회를 준 Ron Clark 전 EDTX 법원장님께 깊은 감사의 마음을 가지고 있다. 또한 미국의 특허소송실무에 관한 각종 서적이며 자료를 아낌없이 나누어 주신 KOTRA LA 무역관 IP-DESK의 대표변호사인 김윤정(Yun J. Kim) 변호사님과, 미국 시카고 소재 로펌 Levenfeld Pearlstein의 파트너변호사인 배선영(SUN Y. PAE) 변호사님으로부터도 큰 도움을 받았다. 그리고 무엇보다 국제로펌 모건 루이스에서 파트너 변호사로 근무하고 계신 구태웅 박사님(Tae-Woong Koo, J.D., Ph.D., Partner at Morgan, Lewis & Bockius LLP)께서 여러 어려운 여건에도 불구하고 5장과 6장 초고의 내용을 꼼꼼하게 감수해 주시고 수정, 보완의견을 주신데 대해 깊은 존경과 감사의 마음을 표하고 싶다. 더불어, 부족한 저를 늘 변함없이 격려해주고 응원해 주는 온 가족들, 특히 사랑하는 아내 이재화와 이제는 친구가 되어 주시는 하나님께도 감사를 드리고 싶다.

■ **박현우 변호사**　미국 특허법은 실체와 절차 모든 측면에서 세계의 기업들에게 큰 영향을 끼치고 있다. 오랜 기간의 특허실무가 축적되어 있고, 법원과 특허청, 무역위원회, 특허 변호사, 기술 전문가들에 의한 시스템이 구축되어 있다는 점이 미국 특허소송의 특징이다. 이는 글로벌 기업들이 단일 시장으로서의 규모를 제외하고서라도 재판지 선택에서 미국을 우선순위로 고려할 수밖에 없는 이유라고 할 것이다. 한국 특허소송 실무에 미국 특허법이 미친 영향도 큰데, KSR 사건은 심지어 판결 이후 10년 이상의 시간이 흐른 뒤에도 한국 특허소송의 진보성을 다투는 변론기일에 간혹 언급되고 있을 정도이다.

특허는 글로벌 기술 기업들이 주로 관심을 가지는 분야이기 때문에, 특허 등록에서 국제적인 표준을 추구하고 분쟁에서 예측가능성을 높이자는 여론이 높을 수밖에 없다. 이러한 관점에서 미국 특허법 또한 다른 나라의 영향을 받고 있다는 것도 부정할 수 없다. 미국 특허법은 2013년 완전히 새롭게 개정되었는데, 선출원주의를 채택한 개정사항들을 보면 미국 특허법이 그 동안의 독자주의를 버리고 다른 나라의 특허법들과 균형을 맞추기 시작했음을 알 수 있다. 기존에는 미국에 거주하는 통상의 기술자들 위주의 절차를 채택하고 있었다면, 개정 이후 외국의 기술자들도 동등한 지위에서 고려하기 시작하였다는 의미로도 해석될 수 있을 것이다.

필자는 최근 2년 동안 미국에서 Intellectual Property LL.M.과정을 마치고 특허소송을 경험할 수 있었다. 이 책의 개정작업에 참여하며, 미국 특허법의 개정사항을 충실히 반영하고 변경된 절차와 새로운 판례들을 다양하게 수록하고자 했다. 이 책이 미국 특허법을 처음 접하는 로스쿨 학생이나 미국 소송전략을 고민하고 있는 실무가들에게 도움이 되길 바란다.

몇 년간 산업 현장에서 기술자로 근무하다 지적재산권법 전문가가 되겠다는 꿈을 가지게 되었고, IP 분야에서 변호사로 활동한 지 올해로 이제 겨우 만 8년이 지났다. 많은 분들의 도움을 얻은 덕분에, 지적재산권법 전문가가 되어보겠다는 꿈에 조금씩 더 가까워지고 있는 중이라 생각한다. 부족한 제자에게 이번 개정판 참여 기회를 주신 최승재 교수님, 짧은 외국어 능력에도 불구하고 미국 파견과 소송 업무의 기회를 부여해주신 LG화학 IP센터의 상사와 동료 분들, 후배 변호사에게 항상 조언을 아끼지 않으시는 한국지적재산권변호사협회(KIPLA)의 변호사님들, 미국에서 뵐 수 있었던 IP 전문가 분들 모두에게 감사드린다. 또한, 미국 전역에 내려진 자택 대기 행정명령으로 온 가족이 집에만 틀어박혀 있는 시기에, 필자의 소송 업무와 원고 작업 부담을 이해해준 가족들, 특히 아내에게 각별한 고마움을 전하고 싶다.

이 책의 사용법

이 책은 미국 특허법을 처음 시작하는 분께도 권하고자 하는 생각으로 집필되었다. 그렇기 때문에 미국소송에 대한 이해를 돕기 위한 부분을 강화하였다. 그리고 사례연구를 통해서 판례법 국가인 미국법의 이해를 위한 파트를 두었는데, 사례연구를 먼저 읽고 관련 연구를 읽어도 될 수 있도록 하려고 하였다. 실무가라면 미국 특허법의 역사를 건너뛰고 바로 실무적인 부분들을 읽어도 되고, 필요한 부분만을 찾아서 읽어도 좋다. 이 경우는 이미 상당정도의 지식이 있다는 전제에서 논의가 되어야 할 것이다.

만일 대학이나 대학원에서 교재로 사용하는 경우에는 15주 강의를 위해서 700면 정도를 염두에 두고 집필하였기 때문에 1장부터 7장 중 4장까지를 8주로 하여 강의하고 중간고사를 치고, 나머지 7주를 가지고 소송과 관련된 3개의 장을 강의하는 것을 권한다. 왜냐하면 소송절차에 대한 강의부분은 미국 절차법을 이해하지 못하는 경우에는 다소 어려울 수 있기 때문이다. 이런 점에서 민사소송법을 먼저 공부하고 이 책을 본다면 우리 제도와의 비교를 통해서 우리 제도를 입체적으로 이해하는 것에 도움을 받을 수 있을 것이다.

이 책에는 용어례를 포함시켰다. 이유는 외국법을 공부함에 있어서 용어를 어떻게 사용하는가는 매우 중요하고, 용어가 통일적으로 사용되어야 관련법 분야의 발전을 도모할 수 있기 때문이다. 이런 점에서 미국 특허법 공부하면서 느낀 아쉬움이 있어서 용어의 통일적인 사용을 위한 용어번역례(glossary)를 만들어서 제안하였다.

향후 우리 특허법의 발전에 기여를 할 수 있으면 하는 소망을 가진다. 미국은 특허법, 경쟁법, 파산법으로 전세계를 지배하는 현대판 로마제국이다. 미국 특허법을 이해하는 것은 실무가로서 또 연구자로서 나의 중요한 과업이다. 이런 점에서 이 책은 2010년 이후 10년을 정리하는 과업이다. 이후 연구자들에게 가이드로서 사용되기를 기대한다.

인간으로서 나는 늘 손톱에 피가 나도록 노력한다. 그러나 늘 인간의 몫은 크지 않다. 한 인간으로서 늘 온 힘을 다해서 삶을 밀어 앞으로 가려하나 던져진 존재(Geworfenheit)인 우리는 늘 존재적 한계에 봉착한다. 시지프스의 그것처럼 나도 나아가려고 하지만 오늘 밀어올린 높이 그것뿐이다. 하지만 나 혼자가 아니라 선하신 그분에 대한 믿음은 오늘의 내가 피 흘리며 전진한 내 삶을 부여잡고 앞으로 가는 이유다. 이 책을 통해서 같이 가기를 동도제현(同道諸賢)에 청한다.

2020년 7월

저자들을 대표하여 최승재 識

차　　례

chapter 01 미국 특허법의 역사

chapter 03 특허요건

chapter 04 청구항 해석

chapter 06 특허침해와 구제수단

chapter 07 법원 외의 특허분쟁 절차

용어번역례

본 역례는 향후의 연구자들이나 번역자들을 위해서 본서에서 사용한 번역례를 정리한 것입니다.

5 U.S.C.	미국 정부조직법
19 U.S.C.	미국 관세법
28 U.S.C.	미국 사법제도법/사법제도법
35 U.S.C.	미국 특허법/특허법
19 C.F.R. – Customs Duties	연방 규정집 제19편
37 C.F.R. – Patents, Trademarks, and Copyrights	연방 규정집 제37편
Federal Register	연방 관보
affirmative defense	적극적 항변
attorney-client privilege	변호사와 의뢰인간의 비밀유지특권
– work product protection	– 변호사 업무결과물보호원칙[1]
challenge for cause	이유부기피
– peremptory challenge	– 무이유부기피
claim construction order	청구항해석명령
– claim construction	– (특허)청구항 해석
– claim construction conference	– 청구항해석기일
clear and convincing evidence	명백하고 확실한[2] 증거/명백하고 확실한 증거의 원칙
– preponderance of evidence	– 우월한 증명의 기준
clearly erroneous rule	명백한 오류 심사기준

1) 이는 '변호사의 업무결과물 특권'이라고 번역되기도 하나, 특정인이 가지는 권리라기보다는 '보호되는 원칙'으로 보는 것이 보다 적절하다는 점에서 위와 같이 번역하였다.

2) 'clear and convincing evidence'의 의미는 'preponderance of evidence'에 비하여 증거가 사실 판단자에게 "highly probable"하다고 믿어지는 정도의 강한 증명력을 갖는 의미라는 점을 보다 명확하게 나타내기 위해 '명백하고 확실한'으로 번역하였다.

court reporter	법정속기사[3]
deliberation	평의
de novo	'de novo'[4]
deposition	증언녹취[5]
enablement	실시가능성
expert witness	전문가증인
final judgment	종국판결
final pretrial conferenece	최종 변론전협의
forum shopping	편의재판지 선택
Federal Rules of Civil Procedure	연방민사소송규칙/혹은 'F.R.C.P.'
Federal Rules of Evidence	연방증거규칙
Federal Rules of Appellate Procedure	연방항소심소송규칙/ 혹은 'F.R.A.P.'
inequitable conduct	불공정행위
Injunction	금지명령[6]
–Preliminary Injunction	–임시적 금지명령[7]
–Temporary Restraining Order	–잠정적 금지명령
–Permanent Injunction	–영구적 금지명령
ITC (International Trade Commission)	국제무역위원회
Judgment as a Matter Of Law (JMOL)	법률문제판결[8]
jury instruction	배심원지침[9]
–preliminary jury instruction	임시 배심원지침

3) 보다 엄밀히는 '법정 속기사의 자격을 갖춘 사람'을 의미한다.
4) '새롭게' 또는 '처음부터'의 의미를 갖는 라틴어이나, 영어에서도 일상적으로 쓰이므로 그대로 사용하였다.
5) 'Trial' 전에 법정 밖에서 당사자들이 자유롭게 증인신문을 한다는 점에서, '재판전 증인신문'으로 번역하거나 혹은 외래어로 '데포지션'으로 부를 수도 있을 것이나, 통상 사용되어온 용어를 따랐다.
6) 우리 법과의 관계에서 '가처분'이라는 용어가 사용되기도 하나, 미국법상의 이 제도를 보다 가깝게 전달하기 위해 'injunction'을 포괄하여 '금지명령'으로 번역하였다.
7) 이를 국내에서 '침해금지가처분' 또는 '예비적 금지명령'으로 번역하기도 하나, 금지명령의 한 범주로서 본안에서 최종 판결이 나기 전까지 행위의 금지를 명하는 것이라는 점을 명확히 하기 위해 위와 같이 번역하였다.
8) 배심원들에 의한 사실판단 이전에 '법률적 쟁점에 대한 판결'이라는 점에서 위와 같이 번역하였다.
9) 재판부가 배심원들이 평의에 있어 따르도록 내리는 기준이라는 의미를 담을 수 있도록 위와 같이 번역하였다.

final jury instruction	최종 배심원지침
jury trial	배심재판(배심원에 의한 재판)
−bench trial	−법관재판(법관에 의한 재판)
Magistrate Judge	'Magistrate Judge'[10]
−Administrative Patent Judge	−특허법 판사
−Administrative Law Judge	−행정법 판사
motion for new trial	새로운 변론신청[11]
Motion in Limine	증거배제신청
Office Action	공식통지
Patent Local Rule	특허사건규정
−standing order	−표준명령
−local rule	−법원규정
plain and ordinary meaning	통상적이고 일반적인 의미
−broadest and reasonable interpretation	−가장 넓은 합리적 청구범위해석 기준
PTAB(Patent Trial and Appeal Board)	(미국)특허심판원[12]
pre-trial conference	변론준비기일
−final pre-trial conference	−최종 변론준비기일
−pretrial order	−변론전 명령
protective order	비밀보호명령
res judicata	청구배제효[13]
−collateral estoppel	−쟁점배제효[14]
scheduling conference /case management conference	사건관리기일
−scheduling order	−사건일정명령

10) 국내에서 '치안판사'로 번역되기도 하나, Magistrate Judge가 당사자의 동의가 있는 경우 District Judge와 동일한 권한을 행사하고, 그렇지 않은 경우에도 변론준비절차와 같은 재판절차를 진행한다는 점에서 원어 그대로 'Magistrate Judge'로 표현하였다.

11) 'trial'을 배심원들이 참여하여 사실심리를 하는 '변론기일'로 번역하였으므로, 위 신청이 받아들여지는 경우 배심원을 다시 구성하여 trial이 열린다는 점에서 위와 같이 번역하였다.

12) 우리의 특허심판원과 조직, 구성, 기능 등이 유사하다는 점에서 위와 같이 번역한다.

13) 요건에 해당되는 경우 '특정 청구' 자체가 배제(claim preclusion)된다는 점에서 위와 같이 번역하였다.

14) 요건에 해당되는 경우 '특정 쟁점'에 대한 주장이 배제(issue preclusion)된다는 점에서 위와 같이 번역하였다.

settlement	화해
subject matter jurisdiction	물적관할
–personal jurisdiction	–인적관할
–venue	–재판지/법률상 재판지
–forum state	–소가 제기된 주(state)
Summary Judgement	사실심리생략판결[15]
–Motion for Summary Judgement	–사실심리생략판결신청
trial	변론기일/변론절차/사실심리/재판
–pre-trial	–변론준비/변론준비절차
–pre-trial conference	–변론준비기일
–post-trial	–변론기일후 절차
unenforceability	권리행사불가/권리행사불허[16]
–inequitable conduct	–불공정행위
–latches	–권리행사의 해태
–equitable estoppel	–형평법상 금반언
–patent misuse	–특허권남용
willful infringement	악의 침해/악의적인 침해[17]
writ of mandamus	직무집행명령

15) 국내에서 '약식판결'이라고도 소개되나, '사실심리(trial)'에 들어가지 않고 바로 내리는 판결이라는 의미를 보다 명확하게 하기 위해 위와 같이 번역하였다.

16) 국내에서 종래 '집행불능'이라고 소개되었으나, 이러한 용례는 청구 자체는 인용되나 그 판결문의 집행이 허용되지 아니한다는 잘못된 인상을 줄 우려가 있고, 이 요건에 해당되는 경우 특허권의 행사가 허용되지 않아 청구 자체가 기각된다는 측면에서 그 실체를 보다 명확하게 설명해 줄 수 있는 '권리행사불가/권리행사불허'로 번역하였다.

17) 국내 문헌에서 '고의 침해'로 소개되기도 하나, 미국 연방대법원이 "willful infringement에 의한 가중배상은 비난받을 만한 행위로 인한 'egregious case'에 주어진다"고 한 점에서, 미국 특허침해소송에서 가중배상이 인정되는 침해 유형을 '고의침해'라고 번역하기보다는 '악의적인 침해'로 번역함이 보다 적절하다고 보아 위와 같이 번역하였다.

CHAPTER

01 미국 특허법의 역사

제 1 절 특허법의 여명(黎明)기

1. 특허의 시작

특허의 시작에 대하여는 여러 논의가 있다. 그리스 시대에서도 특허의 원형을 찾을 수 있다. 그리스 시대에 도시국가에서 뛰어난 발명을 한 자에게는 일시금을 지급하는 것과 같은 방식으로 포상을 하였다. 그러나 근대적인 모습의 특허는 베니스의 특허제도가 시초라고 한다(=Venetian Statute of 1474). 베니스 특허법은 보호기간이 10년으로 현대의 특허제도에 비하여 단기였다는 점 등의 차이가 있으나 현대의 제도와 매우 유사한 제도였다.[1] 베니스가 다른 이탈리아의 도시국가들에 비하여 특허를 법제화한 것은 1474년 콘스탄티노플 함락 이후 이슬람의 우수한 기술을 수입하기 위하여 기술자들을 베니스에 정착시켜야 할 필요성이 컸고, 특허제도를 통하여 다른 이탈리아 내의 도시국가들과의 경쟁에서 우위를 점하고자 하는 의도를 관철시킬 수 있었기 때문이다.[2] 이후 베니스가 특허제도를 영국 등 다른 나라로 전파하였다.

하지만 특허제도가 성공적으로 정착한 나라는 영국이었다. 영국에서 왜 산업혁명이

---

1) 역사적인 전개에 대해서는 Nard, Craig Allen and Morriss, Andrew P., "Constitutionalizing Patents: From Venice to Philadelphia." Review of Law & Economic, Vol. 2, No. 2, 2006; Case Legal Studies Research Paper No. 04-12. Available at SSRN: http://ssrn.com/abstract=585661 or doi:10.2139/ssrn.585661.

2) Id. p. 28.

먼저 이루어졌는가 하는 질문에 대한 가장 중요한 답은 특허제도의 정립이라고 할 수 있다. 인간중심의 수공업에서 증기기관이 발명되고 기계화를 통해서 영국의 기계산업이 세계적인 경쟁력을 가지게 되어 결국 산업혁명이 이루어지게 된 것은 특허제도의 역할이 가장 중요했다.[3]

이미 1449년 영국의 헨리 6세는 존 우티남에게 스테인드 글라스 제조와 관련된 발명에 대하여 특허권을 부여한 바 있다. 영국에서의 초기 특허는 국가가 부여하는 기술혁신에 대한 제한적인 독점권이었다. 사실 영국 보통법은 독점(monopoly)에 대한 철저한 배격의 전통이 있었다.[4] 그러나 영국은 외국으로부터의 기술의 도입이 필요하였기 때문에 외국으로부터의 기술도입을 위하여 필요한 경우에는 특허를 부여하여 독점적 권한을 왕의 비호하에 행사할 수 있도록 하였다.[5] 특히 엘리자베스 1세 여왕은 특허제도를 활용하여 외국의 우수한 기술자를 유치하는 목적으로 활용하는 것에 적극적이었다. 1561년부터 1590년 사이 영국에서는 50건 이상의 특허가 허여되었다.[6]

16세기 중엽 영국 왕실이 부여한 특허는 지금과 같은 개별적인 특정 발명에 대한 것이 아니라 산업전체에 대한 독점적인 지위의 부여라는 형식으로 행해졌다. 특허는 왕실이 직접적으로 돈을 주는 대신 독점적인 지위를 부여함으로써 경제적인 이익을 얻도록 하는 수단으로 사용되었던바, 1601년까지도 엘리자베스 1세는 독점권의 부여에 대하여 의회로부터 큰 저항을 받지는 않았다.[7] 하지만 유명한 Darcy v. Allen 사건[8] 이후 독점권 부여의 폐해에 대한 논의가 진행되었고, 1624년 전매조례(statute of

3) 정진택, [사이언스플라자] 영국 산업혁명은 특허법 덕분, 매일경제 2013. 12. 17.("미국 하버드대 역사사상가인 데이비드 랜더스는 '국가의 부와 가난: 그 이유'라는 책에서 중국이 화약과 나침반 등을 먼저 개발하고도 영국에 뒤진 것은 그 기술을 사회의 공동자산으로 유통시켜 산업혁명으로까지 이어가지 못했기 때문이라고 지적한다. 개인의 개발 권리를 보장해주면서 그 기술을 사회로 끌어내는 특허제도가 바로 산업혁명을 유도해 냈다는 평가다.").

4) Id. p. 31.

5) Id. p. 32.

6) Id. p. 33.

7) Id. p. 36.

8) 74 Eng. Rep. 1131(K.B. 1603). 영국 여왕이 카드놀이를 규제하기 위해 영국 내에 수입·판매되는 카드에 대하여 한 고관(Groom of the Chamber)에게 수입·판매에 관한 독점권을 부여하였으나, 영국 법원은 카드를 만드는데 아무런 지식도 없는 자에게 독점권을 부여하는 것은 제품의 품질 향상에는 아무런 인센티브는 부여하지 않은 반면 오히려 제품의 가격을 올리게만 하고, 무역에 대한 기술을 쌓은 자가 무역을 못하게 하고 게으름만 부추기게 될 뿐이라고 하면서 그러한 독점권의 부여는 무효라고 선언한 판시이다.

monopoly)가 국왕에 의한 특허권의 부여가 남용되는 것을 막기 위하여 영국 의회에 의해서 제정되었다.[9]

2. 미국 특허법의 발전

(1) 미국 특허법의 초기

정부에 의하여 부여되는 특허라는 개념은 영국에서 당시 식민지였던 신대륙으로 건너왔다. 미국은 1776년 미국 독립선언(Declaration of Independence)을 하면서 영국과 전쟁을 시작하였고, 1781년 미국독립전쟁에서 승리함으로써 독립을 하였다. 그러나 신생미국이 어떤 나라가 되어야 하는가에 대하여는 많은 논란이 있었다. 당장 연방주의(Federalism)에 대한 논란이 있었고, 주의 자치권을 강조하는 세력과 연방의 중앙집권적인 통제를 강조하는 세력이 있었다.[10] 하지만 신생미국이 오늘날까지 건국헌법부터 지켜온 것이 있다면 그것은 지적재산권에 대한 보호이다. 당시 개별적으로 각 주가 특허권을 부여하는 것에 대해서 논의를 하였으나 이와 같은 방식을 택하는 대신 연방정부가 특허권을 부여하고, 특허제도를 운영하는 것이 타당하다고 결론을 내였고, 제임스 매디슨(James Madison)과 찰스 핑크니(Charles Pinckney)는 미국연방헌법 제1조 제8항 제8문을 성안하였다.[11]

1788년 제정된 미국연방헌법 제1조 제8항 제8문(Article I Section 8 Clause 8)은 "의회는 과학과 유용한 기술의 발전을 촉진하기 위하여 저자와 발명자에게 기간을 정하여 개별 저작물과 발견에 대하여 배타적인 권리를 부여할 수 있는 권한을 가진다."[12] 라고 규정하여, 현대 미국 지적재산권법의 기초가 되었다.

---

9) Id. pp. 43-44.

10) 미국 연방헌법이 연방주의를 받아들였음에도 미국 연방대법원에서는 Marshall Court 이후 공화당과 민주당이라는 양대 정당으로 나뉜 오늘날의 정치적 지형 하에서까지 계속적으로 연방주의문제는 논쟁이 되고 있으며 연방대법관 인준청문회의 단골질문 중의 하나다. 미국 대법원에서의 인준청문회와 관련하여, 최승재, 『미국 대법관 이야기』(개정판), 경북대학교 출판부(2011) 참조.

11) Nard, Craig Allen and Morriss, Andrew P., op. cit., p. 58.

12) "To promote the Progress of Science and useful Arts, by securing for limited Times to Authors and Inventors the exclusive Right to their respective Writings and Discoveries; …"

(2) 1790년 미국 특허법

미국 특허법의 역사를 논함에 있어 토마스 제퍼슨(Thomas Jefferson)을 빼놓고 논할 수 없다. 토마스 제퍼슨은 1790년 최초의 연방 특허시스템을 설계한다. 1790년 특허법은 대부분 제퍼슨에 의하여 기초되었다. 당시에는 지금은 폐지된 특허의 실질적인 모델 또는 원형이 특허신청서와 함께 제출되어야 한다는 요건을 포함한 많은 법적 장치들이 그에 의하여 고안되었다. 1790년 미국 특허법에 의하면 2명의 국무장관, 전쟁장관, 검찰총장이 최고 14년간의 기간 동안 실질적으로 유용하고, 중요한 발명에 대하여 특허를 허여할 수 있는 권한을 가지도록 규정되어 있었다.[13] 최초의 미국특허는 1790년 7월 31일 홉킨스(Samuel Hopkins)가 출원한 비료의 원료인 탄산칼륨(Potassium Carbonate)을 만드는 방법에 대한 특허였다. 버몬트 출신으로 펜실베니아주 필라델피아에 살고 있던 그의 특허가 미국 1호 특허였다.[14] 1790년 미국 특허법을 제정하는 일련의 과정에서 제퍼슨을 비롯한 미국 건국의 아버지들은 과학기술의 발전이야말로 신생미국을 자유롭고 생동감 넘치는 건강한 국가로 만들기 위하여 필요한 출발점에서 최우선적으로 역점을 두어야 할 부분이라고 이해하였으며, 과학기술의 발전을 위해서는 지적재산권의 보호가 필수적이라고 이해하였다.[15] 1790년 영국에서 수입된 특허법은 미국으로 오면서, 형태적 변용이 있었다. 예를 들어 저작권과 특허권은 영구적인 것이 아니라 기간을 정하여 주어졌고, 권리자도 영국과는 달리 원저자와 원발명자에게만 주워졌다. 법형식이 실질을 만들고, 진화하는 실질이 다시 법형식을 변화시킨다.

(3) 이후의 법개정

1793년 제퍼슨과 알렉산더 해밀턴(Alexander Hamilton)은 1790년 특허개혁법안을 제출한다. 1793년 특허법은 공식적으로 국무장관, 전쟁장관, 검찰총장으로 구성된 특허국(Patent Board)을 창설하였다. 특허 부여에 대한 권한은 당시 제퍼슨이 이끌고 있던 국무부(Department of State)에 부여되었다. 제퍼슨은 스스로 특허국(U.S. Patent Board)의 초대국장이 되었다.[16] 1793년 미국 특허법은 특허대상에 대한 유명한 정의

13) Nard, Craig Allen and Morriss, Andrew P., op. cit., p. 62.
14) http://www.uspto.gov/news/pr/2001/01-33.jsp(2010. 10. 30. 최종접속).
15) Edward Walterscheid, "Patents and Manufactures in the Early Republic", 80 J. Pat. Trademark Off. Soc'y 855, 872 (1998).

를 포함하고 있다. "어떤 새롭고 유용한 기술, 기계, 제조물이나 조성물 및 그 개량기술"은 특허의 대상이 된다. 이것은 현재 미국 특허법의 기준과 실질적으로 동일한 기준이다.[17]

미국 특허법의 중요한 심사는 1836년 신규성 흠결에 대한 몇 건의 특허에 대한 소장에 대한 답변에서 이루어진다. 1836년 미국 특허법은 국무성 산하에 특허청(Patent Office)을 창설하여, 이전 입법에서 인식된 문제였던, 특허출원절차에서의 효율성을 높이고자 하였다. 1849년 특허청은 국무부 산하에서 내무부(U.S. Department of Interior) 산하로 이관되었다.[18]

19세기 동안 발명자들은 특허를 통해 커다란 경제적 이득을 얻었다. 그 결과 새로운 특허는 1840년경 765건에서 1867년에는 21,276건으로 증가하게 되었다. 특히 전쟁은 항상 혁신과 출원건수의 증가를 가져왔다. 남북전쟁 기간 동안 미국은 특허의 출원 및 등록에서 엄청난 증가를 경험하게 된다. 1861년 전쟁 초기 4,643건이 출원되었던 것이, 전쟁 말기인 1865년경에는 10,664건이 출원되고, 1868년에는 20,445건이 출원되었다. 남북전쟁은 미국 특허역사를 새롭게 쓰게 된 계기가 된 사건이다.[19] 남북전쟁기의 두 개의 유명한 특허는 1862년 개트링 기관총(Gatling gun)[20] 특허와 1868년의 노벨의 다이너마이트 특허[21]였다. 개트링 기관총은 최초의 기관총으로 남북전쟁을 거쳐 제1차 세계대전에서 위력을 발하였다.

19세기 중엽 많은 미국인들은 특허로부터 발생한 로얄티 수입으로 엄청나게 부유해 졌다. 이 시기의 대표적인 특허로는 1836년 콜트의 리볼버 권총 특허,[22] 1861년 오티스(Elisha Otis)의 스팀방식의 엘리베이터 특허가 있다.[23]

---

16) http://cti.itc.virginia.edu/~meg3c/classes/tcc313/200Rprojs/jefferson_invent/patent.html (2010. 10. 30. 최종접속).

17) Edward Walterscheid, "Patents and Jeffersonian Mythology", 29 J. Marshall L. Rev. 26(1995).

18) Nard, Craig Allen and Morriss, Andrew P., op. cit., p. 67.

19) 특허와 관련된 각종 통계자료는 http://www.uspto.gov/web/offices/ac/ido/oeip/taf/other_sites.htm.

20) http://en.wikipedia.org/wiki/Gatling_gun(2010. 10. 30. 최종접속).

21) U.S. Patent number 78,317. http://inventors.about.com/od/dstartinventions/a/Alfred_Nobel.htm. 이 사이트에는 이 발명과 관련된 설명이 있음(2010. 10. 30. 최종접속).

22) http://www.taletyano.com/MftM/ColtRevolver.htm(2010. 10. 30. 최종접속).

23) http://inventors.about.com/library/inventors/blelevator.htm(2010. 10. 30. 최종접속).

[오티스의 엘리베이터 특허 도면]

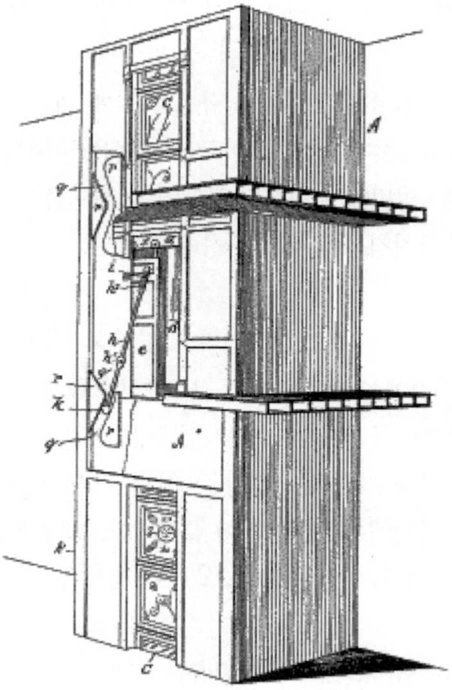

1888년에는 이스트만의 카메라 특허가 등록되었다.[24] 코닥은 이 특허를 바탕으로 '당신이 버튼만 누르면 나머지는 우리가 다 한다'는 광고를 통해서 상업적인 성공을 거두었다. 1891년에는 영화를 제작할 수 있는 상업용 필름을 개발하였고, 이 필름 영화는 영화를 상징하는 아이콘이 되었다.[25]

토마스 에디슨은 정규교육을 받지는 못했지만 미국 역사상 가장 유명한 발명가가 되었다. 1868년 21세로 첫 발명을 한 이래 1930년까지 에디슨은 모두 1,093건의 특허를 받았다.[26] 그의 특허들은 통신, 전력, 녹음, 영화, 전지, 광업과 시멘트 제법에까지

24) George Eastman은 No.388,650 특허를 1888. 9. 4. 등록받았다.

25) 코닥사는 미국 매사추세츠법원에서 인스턴트 사진촬영 특허의 양수인인 폴라로이드사와 특허침해 소송을 하였다. 이 소송은 교과서에 등장하는 중요한 특허소송의 하나이다. Polaroid Corp. v. Eastman Kodak Co., 641 F. Supp. 828(D. Mass. 1986).

26) 에디슨과 테슬라 간의 직류와 교류에 대한 발명가로서의 다툼은 영화 〈커런트워(Current War)〉 참조.

광범위하였다. 미국에서의 친특허환경은 현대 미국회사들의 등장의 원천이 되었다. 19세기 특허의 폭발적 증가는 기업들로 하여금 자신들의 발명을 합법적인 독점할 수 있게 하였다. 기업들은 특허를 이용하여 시장에서 공격적으로 경쟁하였다. 그는 발명가였지만 동시에 사업가로서 성공을 거두었다. 그의 에디슨사는 뒤에 GE(General Electric)이 되어 세계 최고의 전기가전회사의 하나가 되었다.

20세기 들어서도 지속적으로 중요한 특허가 등록되었다. 1902년 잠수함 특허가 등록되었다. 1906년에는 항공기 특허[27]가, 1914년은 로버트 고다드(Robert Hutchings Goddard)의 로켓 특허[28]가 부여되었다. 1922년에는 수상에서 이착륙할 수 있는 비행기로 1911년 미국의 커티스(Glenn Curtiss)에 의하여 발명되어 군용으로 많이 활용된 비행기인 수상기(Hydroplane)에 특허가 부여되었다.[29] 제2차 세계대전 이후 1946년에는 제트 엔진에,[30] 1955년 원자로에 특허가 부여되었다.

〈허클베리 핀의 모험(The Adventure of Huckleberry Finn)〉과 〈톰 소여의 모험(The Adventure of Tom Sawyer)〉의 작가로 유명한 소설가 마크 트웨인(Mark Twain)은 그 당시 특허청 없는 국가와 좋은 특허법은 게와 같아서 옆으로나 뒤로만 움직인다고 하였다.[31] 그리고 그 자신도 1871년 자신의 첫 번째 특허를 등록받았다.[32]

19세기 후반이 되면 많은 발명가들은 전문적인 특허변호사들에게 의존하게 된다. 특허신청서에 적절한 범위의 명확한 청구항을 기재하여 저촉심사(interference procedure)로부터 자신들의 특허를 보호하고자 하였다. 지적이면서 좋은 성품이 특허변호사들의 덕목으로 인식되었기 때문에 19세기 중엽 많은 특허변호사들은 공식적인 법률교육을 받지 않았다. 보통 그들은 기술적인 교육을 받고 특허법과 출원절차만을 교육

---

27) U.S. Patent 821,393 for a "Flying Machine".

28) U.S. Patent 1,102,653, described a multi-stage rocket. The second, U.S. Patent 1,103,503, described a rocket fueled with gasoline and liquid nitrous oxide.

29) http://freepages.history.rootsweb.ancestry.com/~dav4is/people/CURT599.htm(2010. 10. 30. 최종접속).

30) 제트 엔진에 대해서 http://www.scientistsandfriends.com/jets1.html(2010. 10. 30. 최종접속).

31) "… the very first official thing I did, in my administration – and it was on the very first day of it, too – was to start a patent office; for I knew that a country without a patent office and good patent laws was just a crab, and couldn't travel any way but sideways or backways" (Twain 46). http://fayette.k12.in.us/~cbeard/cy/patent.html(2010. 10. 30. 최종접속).

32) US. Patent No. 121,992 on December 19, 1871 for an Improvement in Adjustable and Detachable Straps for Garments. 이 특허 외에도 트웨인은 2개의 특허를 더 받았다. 다만 미국 특허청(USPTO)에서 그의 특허를 찾으려면, 그의 본명인 Samuel L. Clemens로 찾아야 한다.

받았다.

변호사들은 연방법원에 침해사건이나 특허 소유권자에 관한 분쟁에 대한 소송을 제기하는 일만 하였다. 18세기 후반 미국에서 가장 첨예한 분쟁이 되었던 특허는 벨(Alexander Graham Bell)의 전화기 특허(United States Patent No. 174,465)였다.

[벨 특허의 도면 중의 일부]

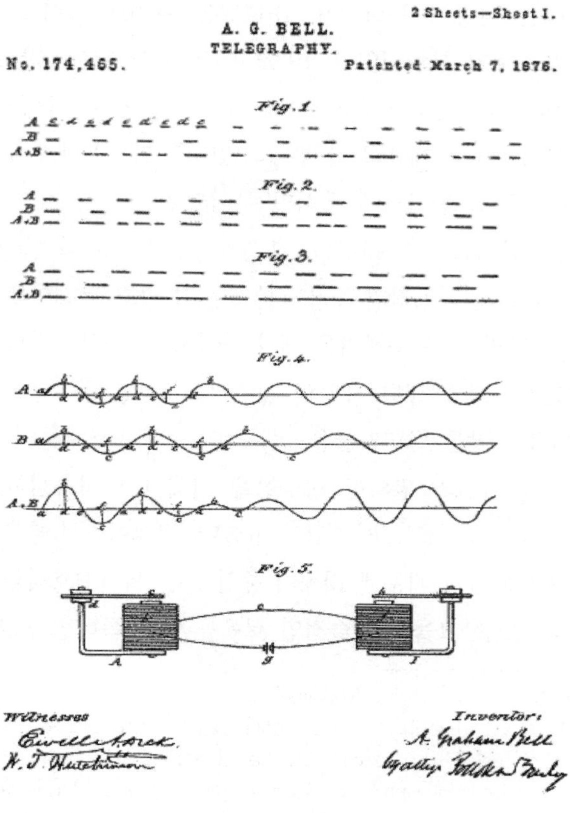

오히려 덜 유명한 발명가였던 벨이 당대의 탁월한 발명가였던 그레이(Elisha Gray)와 벌인 누가 먼저 발명하였는가에 대한 분쟁은 오랜 시간 논쟁의 대상이 되었다.[33)]

33) Seth Shulman, *The Telephone Gambit: Chasing Alexander Graham Bell's Secret*, W.W. Norton & Company(2009).

(4) 현대 미국의 특허법

현대 미국 특허법의 기본적인 구조는 1952년 미국 특허법에서 만들어졌다. 1952년 미국 특허법은 특허 받을 수 있는 발명은 신규하고 유용하며, 비자명(=진보성)하여야 한다고 하였다. 1952년 특허법 이전에도 진보성 요건은 법원의 판례에 의해서 요구되었지만, 1952년 특허법 개정을 통하여 성문화되었다.

1975년 미국 특허청은 미국 특허청(USPTO)으로 개명되었다. 1982년 관세 및 특허 심판원(Court of Customs and Patent Appeals, 이하 'CCPA'라 함)이 폐지되고, 모든 특허 관련 항소가 새로 만들어지는 CAFC(Court of Appeals for the CAFC, 이하 'CAFC'라 함)의 관할이 되었다.[34] 이를 통하여 당시 각 항소법원들마다 서로 상이하였던 판례의 차이를 해소할 수 있게 되었다.

새로 창설된 CAFC는 창설과 거의 동시에 친 특허적인 태도를 취하였다. CAFC는 청구범위를 확장하여 해석하고 특허의 범위를 특허권자에게 일반적으로 유리하게 새겼다. 예를 들어 특허권들은 유효한 것으로 추정되었고, 침해자로 주장된 자는 명백하고 확실한 증거(Clear and Convincing Evidence)를 제시하여 입증하여야 특허를 무효화시킬 수 있게 되었다. 이에 따라 1심 법원의 특허 무효율은 56.9%에 이르던 것이 26%대로 급격히 떨어졌다.[35]

한편 소프트웨어 특허들이 CAFC에 의하여 지지되었고, 이에 따라 많은 소프트웨어 특허들이 1980년대와 1990년대 출원되어 오늘날까지 유지되고 있다.[36] 1998년 CAFC는 획기적인 판결인 State Street Bank 판결[37]에서 영업방법이 미국법상 특허의 대상이 된다고 판시하였다. 이 판결에서 CAFC는 뮤추얼 펀드의 운용과 관련된 소위 '허브 & 스포크 구조'에 대한 영업방법(Business Model) 특허를 인정하였다. 이후 영업방법특허는 미국 특허소송이 2000년대 이후 급격하게 증가한 중요한 이유가 되었다. 특허소송의 수는 1970년대 연 1,000여건에서 오늘날 연 2,500여건으로 증가하였다.

---

34) CAFC의 현황에 대한 자료로 박준석, "미국 연방특허항소법원의 정체성 및 관련 번역어에 대한 고찰", 법조 제69권 제1호(통권 제739호) (2020) 436-459면 참조.

35) Mattew D. Henry & John L. Turner, "The CAFC's Impact on Patent Litigation", 35 J. Legal Stud. 85, 103 (Jan. 2006).

36) 미국에서의 소프트웨어 특허의 발전에 대해서, http://www.researchoninnovation.org/softpat.pdf (2010. 10. 30. 최종접속).

37) State Street Bank & Trust Co. v. Signature Financial Group, Inc., 149 F.3d 1368, 47 USPQ2d 1596(Fed. Cir. 1998).

1994년 GATT는 미국 특허법에 몇 가지 변화를 가져왔다. 가장 중요한 개정내용은 1994년 특허법 개정을 통해 가출원(provisional application)이 가능하게 되었다는 것이다. 그리고 특허기간이 등록 후 17년 대신 출원 후 20년으로 되었고, 판매권유와 수입행위가 침해행위에 포함되었다.

3. 미국 특허법 개정의 조류(潮流)

(1) 특허권 남용에 대한 우려의 시작(1800년대 말에서 1900년대 초)

1890년 셔먼법(Sherman Act)이 제정되어 독점규제법(Antitrust law)이라는 발명품이 미국에서 시장규율로 등장하였다. 1890년대는 미국법제사상에 또 하나의 중요한 법이 등장한다. 바로 셔먼법의 제정이다. 당시의 시대적인 배경에서 카네기(Andrew Carnegie),[38] 록펠러,[39] 굴드[40] 등의 트러스트(Trust)를 이용하여 시장지배력을 확장하려는 세력들에 대하여 미국 의회는 무언가 제동을 걸어야 할 필요성이 있었다. 당시 미국 연방의회가 목적으로 하였던 경제력 집중의 방지나 이를 방지하기 위한 불공정한 거래 관행에 대한 규제라는 목적은 모두 유형화가 쉽지 않았기 때문에 셔먼법에서는 미국 연방거래위원회법 제5조[41]가 규정하는 있는 것과 같은 불공정한 경쟁 방법

---

38) 전기(傳記)로는 Peter Krass, 『Carnegie』, John Wiley & Sons(2002). 카네기는 철강 트러스트를 만들어서 1890년대 후반 미국 철강산업의 4분의 1을 차지하고 있었다. 그가 운영하던 카네기 스틸은 다른 회사와 합병하여 현재의 U.S. Steel의 전신이 되었다.

39) John Davison Rockefeller Ⅰ(July 8, 1839-May 23, 1937)는 미국의 석유 트러스트인 Standard Oil Company를 설립하여 1897년까지 운영하였다.

40) Jason Jay Gould(1836-1892)는 미국의 철도회사들을 인수합병함으로써 철도회사에 대한 지배적 지위에 있었던 초기 철도시대의 투기자본가였다. 밴더필드와의 철도전쟁으로 유명하다.

41) 미국 연방거래위원회법(Federal Trade Commission Act) 제5조의 입법배경과 관련하여 미국 의회는 불공정한 경쟁수단(unfair methods of competition)이라는 제5조의 규정을 통하여 의회는 다양한 착취적 행위 및 사기적인 방식에 의한 부의 불공정한 이전을 방지하려고 하였음. 제5조는 크게 두 개의 범주로 그 규제대상을 나누는데, 외부적으로 시장에서의 소비자의 선택을 제약하는 것에 대하여는 공정위 경쟁국(Bureau of Competition)이 소비자가 주어진 선택안에서 합리적인 선택을 하지 못하는 것과 관련된 문제에 대하여 소비자보호국(Bureau of Consumer Protection)이 담당하게 되었다. 이 두 개의 국은 불공정한 부의 이전의 방지와 경제적 효율성의 증진이라는 점에서 만들어진 것으로 시장 실패가 있을 때 시장 실패를 교정하고, 불공정한 거래 관행을 없애는 일을 담당하는 것이다. 의회의 목적은 셔먼법의 집행을 강화하는 것이었으며, 이를 위하여 연방거래위원회법은 미래지향적이면서도, 유연한 체제를 셔먼법(Sherman Act)에 비하여 가지고 있고, 비윤리적이거나 사기적인 행위 등을 포함한 좀더 광범위한 규정을 가지고 있다(Robert H. Lande, "Wealth Transfers as the Original and Primary Concerns of Antitrust: The Efficiency interpretation Challenged",

(unfair method of competition)과 같은 매우 광범위한 규정을 두고 구체적인 집행을 연방거래위원회에 맡기는 방식을 취하였다.[42] 한편, 미국 의회가 신뢰하였던 경쟁(competition)이 독점규제법이 달성하고자 하는 유일한 목적인가 하는 점도 논란을 불러일으켰다. 경제적 효율의 증진과 일부 대기업으로의 부의 집중 방지라는 두 가지 목적 가운데 초기 미국의 입법자들이 중점을 두었던 것은 트러스트와 독점을 중심으로 하여 지속적으로 경제력이 집중되는 것에 대하여 규제를 하여야 한다는 부의 집중 억제였다. 1890년대 미국은 트러스트를 통한 경제력 집중을 억제하여야 사회적 정치적인 관점에서 사회의 안정을 도모할 수 있다는 것이 셔먼법의 입법의도였다는 것은 당시의 입법자료를 통하여 알 수 있다.[43]

이 시기 특허권의 수가 증가하면서, 특허권자가 특허 받은 제품과 그렇지 않은 제품을 끼워 파는 등의 남용행위도 같이 증가하였다. 이에 대해서 연방대법원은 특허권 남용법리를 개발하여 대응한다. 특허권 남용법리는 미국에서 사법부가 발전시켜온 법리이다.[44] 미국법상 특허권 남용행위란, 특허권자가 경쟁법 위반을 한 경우나 특허권의 행사 기간이나 범위를 부당하게 확장하려는 행위를 말한다.[45] Motion Picture Patents Co. v. Universal Film Mfg. Co.[46] 판결은 특허법 남용 법리의 아이디어를 연방대법원이 최초로 제시한 사건이다.

이 사건의 전개와 관련된 배경을 이해하기 위해서는 Henry v. A.B. Dick 판결[47]과 그에 따른 의회의 독점금지법에 의한 대응을 살펴볼 필요가 있다. 미국 연방대법원은 1912년 Henry v. A.B. Dick 사건에서 특허권은 광범위하게 특허권자에게 다른 사람들이 특허발명을 생산, 사용 또는 판매하는 것을 배제할 수 있는 배타권(right to exclude)이라는 점을 확인하면서, 이러한 특허권의 배타권으로서의 성격을 감안할 때 특허권의 실시 허락을 하면서 조건을 부가하는 것은 당연히 포함되는 것이라고 판시

68 The Hastings Law Journal, Vol 34, Sept. 1982, pp. 101-104).

42) 합리의 원칙(rule of reason)은 공리주의에 기초한 형량의 원칙이라는 미국 전통과 친한 원칙으로 법경제학의 도입의 중요한 기초가 된다. 이 원칙과 대비되는 것이 당연위법(per se illegal)원칙이다. 예를 들어 공동행위(담합)의 경우에는 경쟁제한성을 볼 필요도 없이 위법이라고 본다는 것이 이 원칙이다.

43) Robert H. Lande, op. cit., at 104.

44) 이에 대한 상세는 최승재, 『특허권 남용의 경쟁법적 규율』, 세창출판사(2010) 참조.

45) Blonder-Tongue Labs., Inc. v. University of Illinois Foundation, 402 U.S. 313, 343-44(1971).

46) 243 U.S. 502(1917).

47) 224 U.S. 1, 29-30(1912).

하였다. 이 사건에서 특허권자인 Henry가 부가한 조건이란 그가 생산한 복사기의 사용자들로 하여금 종이, 잉크 등의 소모품을 자신이 제공하는 것만 사용하도록 하는 내용이었다. 이 사건에서 법원은 이러한 조건을 부가하는 것이 유효하다고 하면서 이러한 조건을 위반한 사용자들에게 이 사건에서 문제가 된 소모품들을 공급한 피고에게 특허침해에 대한 기여침해[48] 책임을 인정하였다. 이러한 연방대법원의 판단은 매우 논쟁적인 상황을 야기하였다. 그러자, 미국 의회는 1914년 클레이튼법 제14조에 이러한 특허품과 비특허품의 끼워팔기를 위법한 것으로 규정하였다. Henry v. A.B. Dick 판결에서 연방대법원이 보인 특허권에 대한 절대적인 보호와 특허권의 배타권(right to exclude)으로서의 성격을 확장하려는 시도에 대응하여 연방의회는 클레이튼법 제14조[49]의 입법을 통하여 경쟁법을 통한 특허권의 무제한적 확장에 대하여 제한을 가하려는 태도를 보인다.

그러자 연방대법원이 이러한 연방의회의 태도에 대하여 회답한 사건이 Motion Picture Patents Co. v. Universal Film Mfg. Co.이다. 1917년에 선고된 이 사건에서 연방대법원은 앞서의 The Button-Fastener 판결[50]과 Henry v. A.B. Dick 판결을 폐기하면서 특허권남용이라는 개념을 통하여 특허권자의 특허침해금지청구를 기각하였다.[51] 이 사건에서 연방대법원이 경쟁법인 클레이튼법의 적용 대신 설시한 특허권남

48) 뒤에서 설명하겠지만 미국 특허법은 직접침해가 아닌 간접침해의 유형을 기여침해(contributory infringement)와 유도침해(inducement infringement)로 나누어서 규율하고 있다.

49) It shall be unlawful for any person engaged in commerce, in the course of such commerce, to lease or make a sale or contract for sale of goods, wares, merchandise, machinery, supplies, or other commodities, <u>whether patented or unpatented</u>, for use, consumption, or resale within the United States or any Territory thereof or the District of Columbia or any insular possession or other place under the jurisdiction of the United States, or fix a price charged therefor, or discount from, or rebate upon, such price, on the condition, agreement, or understanding that the lessee or purchaser thereof shall not use or deal in the goods, wares, merchandise, machinery, supplies, or other commodities of a competitor or competitors of the lessor or seller, where the effect of such lease, sale, or contract for sale or such condition, agreement, or understanding may be to substantially lessen competition or tend to create a monopoly in any line of commerce.(15 U.S.C. Sec. 14).

50) 77 F.2d 8(6th Cir. 1896).

51) 이 사건에서의 침해여부가 문제되었던 대상 제품은 영화프로젝터였다. 판매자는 프로젝터를 판매하면서 '구매자는 특허권자에 의하여 생산된 필름만을 사용할 수 있다.'는 표지를 붙여서 판매하였고, 이에 대하여 CAFC는 특허권자의 행위는 클레이튼법이 금지하는 끼워팔기에 해당하는 것이라고 보아 특허침해에 기한 금지청구를 받아들이지 않았다. 이 사건의 상고심에서 CAFC의 클레이튼법 위반에 의한 원고 청구 기각 대신 연방대법원은 특허권 남용이론에 기초하여 같은 결론을 도출하였다.

용법리가 도출되는 과정을 보면 다음과 같다. 특허권자의 권리는 청구범위로 한정된다. 따라서 발명에 의하여 표현되지 않는 상품을 통제하려는 것은 특허권의 범위를 벗어나는 것이며, 그러한 행위는 특허법의 입법취지에 반하는 것으로서 정당화될 수 없고, 이와 같은 결과는 침해자로 주장된 자가 특허권 남용으로 인하여 피해를 본 사실이 없거나, 시장지배력의 존재나 경쟁제한적 효과에 대한 증명이 없어도 동일하다. 이 판결은 특허법에 독점규제법을 끌어들이는 대신 특허법 스스로를 통한 분쟁해결을 도모하였다는 점에서 그 의의가 있다. 이 시기 절대적인 특허권의 보호에 대하여는 다소간의 제약이 가해지게 되지만 여전히 미국에서 특허권자의 지위는 공고하였다.

(2) 친특허정책(1980~1990년대 말)

미국 경제는 1960년대에서 1970년대까지 베트남전을 거치면서 베트남전의 종전 이후 경제적인 위기에 봉착한다. 한편으로 베트남전은 일본에게는 경제성장의 중요한 발판을 제공하였다. 1980년대 초반 위기에 처한 미국경제에 대한 미국 정부의 처방 중의 하나가 바로 친특허정책(pro-patent policy)이었다. 일본침략(Japanese Invasion)이라는 용어가 사용될 정도로 욱일승천하는 일본에 맞서 제조업경쟁력을 상실하여 가던 이 시기 미국은 건국 초기 그랬던 것처럼 친특허정책을 통하여 미국의 국가경쟁력을 강화하려고 하였다.[52] 이러한 친특허정책의 시행과 함께 레이거노믹스라고 불리는 펠트슈타인(Feldstein) 교수가 이끌었던 공급위주경제학(Supply-Side Economics)의 새로운 경제정책에 대한 시각과 정책이 영화배우 출신 대통령 레이건의 리더십과 결합하여 IT강국이면서 금융강국인 미국을 만들었다. 이 시기 성장하였던 기업들이 바로 Intel, Apple[53], Microsoft, SunMicrosystem[54] 등 일련의 미국을 대표하는 IT 기업들이었다. 이 시기 Intel과 Microsoft는 IBM호환 개인용 컴퓨터(personal computer)시장에서 소위 '윈텔동맹'이라는 용어가 만들어질 정도로 CPU(Central Processing Unit)와

52) 이 시대의 상황을 보려면 마이클 크라이튼(Michael Crichton)의 소설 〈Rising Sun〉을 볼 것을 추천한다. 이 책은 1992년에 출간된 책으로 당시의 시대적인 상황을 잘 묘사하고 있다. Michael Crichton, 「Rising Sun」, Alfred A. Knopf(1992).

53) 애플사가 창업한 것이 1977년이다. 스티브 잡스와 스티브 워즈니악이 PC(personal computer)를 만들어서 판매하기 위하여 만든 이 회사는 PC를 중심으로 한 IT 붐으로 혁신기업의 대표 중의 하나가 되었다.

54) 이 회사가 창업을 한 것이 1982년이다. SunMicrosystem은 'The Network is the Computer.'을 회사 비전으로 가지고 있는 대표적인 컴퓨터 분야 혁신기업의 하나이다.

운용체제(operating program)인 윈도우즈를 통해서 시장지배적 지위를 유지하였다.[55] 동시에 GE와 IBM과 같은 전통적인 미국 경제의 거인들도 새로운 분야로 핵심 산업의 이동을 이루어내어 세계 초일류기업으로서의 지위를 유지하였다.

1) 특허외연의 확장

이 시기 미국은 친특허정책으로 인하여 특허대상(patent subject matter)이 확장되면서 특허의 외연이 급격히 늘어난다. 1980년 미국 연방대법원은 Chakrabarty 사건[56]을 통하여 미생물자체에 대한 특허를 인정하면서 미국 특허법상 인간이 만든 것 중에서 특허의 대상이 되지 않는 것(Anything under the sun made by man can be patented)은 없다고 선언하였다. 이후 미국에서는 특허대상이 지속적으로 확대되어 IT 산업의 발달과 함께 소프트웨어 특허에 대하여 관대한 경향이 유지되었다.

1998년 미국 CAFC가 스트리트 뱅크 사건[57]을 통하여 비즈니스 모델에 대하여 특허권을 부여한 것은 이러한 시대적인 조류를 바탕으로 한 것이다. 하지만 시간이 지나고 비즈니스 모델 특허의 경우 미국에서 점차 그 인정 여부에 대하여 조심스러워지고 있다.[58] Comiskey 사건[59]에서 미국 CAFC는 특정한 중재방식(type of arbitration)은 전적으로 정신적인 과정에 그치므로, 이에 대하여 특허를 부여하지 않는 것이 타당하다고 판시하여 불특허결정을 한 USPTO의 결정을 지지하였다. 그리고 Nuijten 사건에서도 임베디드 디지털 워터마크(embedded digital watermark)가 특허의 대상이 되지 않는다고 하였다.[60]

2) CAFC의 창설

1982년 CAFC의 창설로 특허사건이 CAFC로 집중되면서 이전에 비하여 특허의

---

55) 인텔과 마이크로소프트는 모두 시장지배적 지위남용으로 각국의 경쟁당국에 의해서 제재를 받았다. 우리나라의 경우 공정위 의결 제2008-295호, 2008. 11. 5. 자(인텔)와 공정위 의결 제2005-042호, 2006. 2. 24. 자(마이크로소프트)로 이들 회사들에 대해 공정위의 제재가 있었다.

56) Diamond v. Chakrabarty, 447 U.S. 303(1980).

57) State Street Bank & Trust Co. v. Signature Financial Group, Inc., 149 F.3d. 1368, 1375(Fed. Cir. 1998).

58) 제임스 로건 특허청장은 보수적 성향을 가진 '헤리티지 파운데이션(Heritage Foundation)'에서 개최한 행사에서 예전에는 특허 등록률이 65~70%였지만 2002년대에는 거절률이 65~70%에 이르는 상황이 되었다고 한다(ZDNet 2002. 10. 18.). http://news.naver.com/main/read.nhn?mode=LSD&mid=sec&sid1=105&oid=092&aid=0000000424.

59) In re Comiskey, 499 F.3d. 1365, 1378(Fed. Cir. 2007).

60) In re Nuijten, 500 F.3d. 1346, 1352-57(Fed. Cir. 2007).

유효성을 다투는 것이 어려워졌다. CAFC는 연방헌법 제3조 법원[61]으로 1982년 10월 1일 창설되었다. 이 법원은 종래의 CCPA와 USCC(United States Court of Claims) 항소부를 통합한 법원으로 워싱턴 D.C.에 설치되었다.[62] CAFC는 특허 및 상표사건만을 전담하는 법원은 아니고, 2022 회계연도를 기준으로 1년 동안 CAFC에 제소된 총 1,414건 중, 연방지방법원에서 항소된 특허침해사건과 USPTO 심결에 대해 제소된 사건의 합이 전체의 약 56%를 차지하고 있고, 그 중 USPTO 심결에 대해 제소되는 사건은 2016년까지 크게 증가한 후 현재 CAFC 사건의 가장 많은 비율을 차지하고 있다.[63] 특허 및 상표사건의 관할이 CAFC에 집중된다는 점에서 종래 여러 항소법원들이 분담하여 사건을 처리할 때보다 특허권자에 친화적인 판단을 하게 되었다.

3) USPTO의 특허거절률 저하

USPTO에서의 특허거절률도 떨어져서 특허가 상대적으로 용이하게 등록되었다. 이러한 점을 종합하여 보면 특허대상이 확대되어 특허출원이 용이하여지고, 심사가 완화되어 특허등록 또한 쉬워진 반면, 일단 특허를 받고 나면 특허가 무효화되는 가능성이 확률적으로 감소하게 되어 특허권자의 입장에서는 매우 친화적인 환경이 된 것이다.[64]

그러나 이러한 특허수의 증가의 이면에는 수적인 지표를 평가지표로 할 경우 발생할 수 있는 문제인 저질 특허의 양산이라는 비난을 받게 되었다.[65] 실제 비즈니스 모델 특허의 남발은 이후 eBay 사건[66] 등에서 문제가 되었고, 특허질 개선이 필요하다

61) 미국 헌법상 법관은 헌법 제3조에 따라 신분이 정해지는 법관과 제1조에 의하여 신분이 정해지는 법관으로 구별되는데, 전자의 경우에는 종신직이다.

62) 이 법원은 대통령에 의하여 임명되는 12명의 종신직 법관으로 구성된다.

63) http://cafc.uscourts.gov/home/the-court/reports-statistics/(최종방문: 2023. 5. 9.) 한편 CAFC 사건의 분포상 2016년을 기점으로 연방지방법원에서 항소된 사건보다 USPTO 심결에 대한 제소 사건이 많아졌고, ITC 결정에 대한 제소 사건도 매년 약 50건가량 처리되고 있다.

64) 특허청은 지난 몇 년간 특허 등록 기준이 너무 낮거나 때로는 아예 없다는 빈축을 샀다. 특허청 예산은 특허 신청료와 관련 있기 때문에 특허청이 특허를 더 많이 등록해 줄수록 특허신청이 늘어 수익을 늘릴 수 있다. 특허청은 그동안 좌우로 움직이는 그네와 빵 없는 땅콩버터 젤리 샌드위치 제조법에 이르기까지 다양한 종류의 특허를 승인했다. 기술 특허들 가운데 특히 소프트웨어와 사업 모델에 관한 특허들이 가장 많은 비판을 받았는데 이 특허를 둘러싸고 가장 유명했던 법정 소송이 일어나기도 했다. 일례로 이베이는 이 회사를 상대로 한 특허소송으로 인해 큰 성공을 거둔 경매 시스템을 바꿀 뻔했다(ZDNet 2002. 10. 18. 기사 일부 인용).

65) 'Quality of Patent'이라는 용어는 미국 특허청에서도 공식적인 문건에 사용하는 용어이다(United States Patent Trademark Office 2007-2012 Strategic Plan p. 14.).

는 공감대를 이루어내게 되었다.

(3) 특허괴물[67]의 등장과 특허권 제한의 필요성에 대한 인식(2000~2012)

미국에서의 친특허정책은 미국이 IT산업에서의 우위를 유지하면서 금융 등의 분야에서의 지도력을 통하여 강국의 지위를 유지할 수 있도록 하였던 점에서 분명 의의가 있다. 하지만 동시에 친특허정책은 저질특허의 양산이나 특허의 투기적 이용의 증가 등과 같은 여러 가지 문제점을 발생시켰다. 따라서 미국사회는 사법부와 입법부를 중심으로 친특허정책에 대한 제어의 필요성에 대한 공감대를 이루어간다. 이러한 인식의 이면에는 특허괴물[68]이라고 불리는, 스스로는 특허권을 사용하여 재화의 생산이나 용역의 제공을 하지 않으면서 특허소송 등을 통하여 수익을 발생시키는 것을 수익모델로 하는 자들이 등장하면서 사회적으로 특허권의 남용 내지 투기적 이용을 통하여 수익을 발생시키는 행위에 대한 문제제기가 있었다.

특허괴물이 등장은 시간적인 단계로 구분할 수 있다.

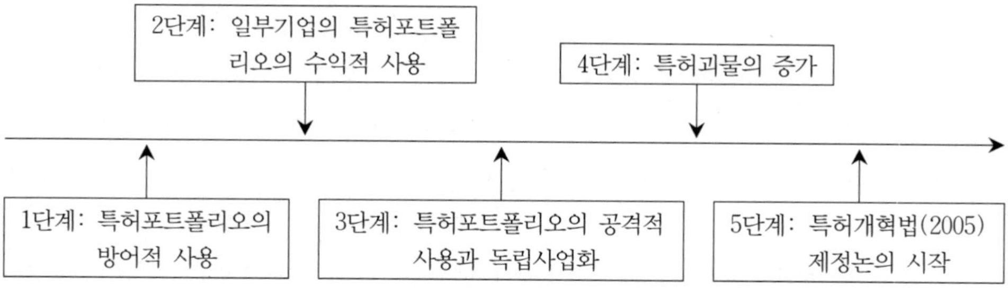

66) eBay Inc. v. MercExchange, L.L.C., 126 S.Ct. 1837(2006).

67) 1999년 Techsearch사와 소송을 하였던 인텔의 사내변호사 'Peter Detkin'이 Patent Troll이라는 용어를 최초로 사용하였다. 그는 자신은 제품 생산을 위하여 특정한 특허를 사용하지 않으면서 오로지 소송 등을 통하여 라이선스를 하여 수익을 발생시키는 유형의 회사를 Patent Troll이라고 칭하였다. 갑자기 새로운 유형의 회사나 수익모델이 생긴 것은 아니고, 이미 존재하고 있는 유형의 회사나 수익모델에 명칭을 부여한 것으로 이 말을 만들어낸 'Peter Detkin'도 뒤에 Intellectual Ventures라는 Patent Troll 비즈니스를 하는 회사로 이직하였다.

68) 특허괴물이라는 용어의 부정적인 어감의 문제로 인해 NPE(Non-Performing Entity, Non-Practicing Entity)라는 용어를 사용하는 경우가 많음. 심지어 특허소송에서 침해자로 지목된 피고가 원고를 'Patent Troll'이라고 지칭하여 배상원들에게 부정적인 이미지를 심어주지 못하도록, 재판(trial) 초기에 법원이 그와 같은 용어 사용을 금지하는 명령을 내려줄 것을 구하는 신청(motion)을 하기도 한다.

1) 1단계(특허포트폴리오의 방어적 사용)

이 시기 특허는 특허라이선스를 통하여 수익을 발생시키는 것보다는 제3자의 사용을 막기 위한 수단으로 이해되었다. 특허부서의 경우에도 기업의 지원부서나 연구소와 같이 비용을 사용하기는 하지만 그 자체로 수익을 발생시키지 않은 곳으로 인식되었다. 이 시기에는 특허를 사용하여 수익을 발생시킨다는 것은 특허정책의 관점에서도 크게 중요하지 않았다. 예를 들어 특허출원 강자였던 Xerox는 많은 혁신적인 기술을 개발하였지만 실제로 생산으로 연결시키지도 않았고, 이를 라이선스함으로써 수익을 발생시키지도 않았다.

2) 2단계(일부 기업의 특허포트폴리오의 수익적 사용 시작)

텍사스 인스트루먼트(TI)가 회사의 특허부서를 수익센터(profit center)로 활용하여 수익을 발생시키기 시작하였고, 1단계시기 특허출원 강자였던 Xerox와 현재도 전세계 특허출원 1위인 IBM도 수익성 악화시점에서 보유하던 특허 등의 라이선싱을 통해 수익구조 개선하기 위하여 사용하기 시작하였다. 특히 IBM은 제조기업에서 서비스기업으로 체질을 개선하면서, 별도로 공개특허전략(open patent policy)을 통하여 일부 특허를 공동의 풀(pool)로 공개하여 자신의 사업을 위한 '전략적 생태계(strategic eco-system)'를 구축하기 위하여 활용하였다.

3) 3단계(특허포트폴리오의 공격적 사용과 독립사업화: 특허괴물의 출현)

독립적인 사업을 수행할 수 있도록 하는 경우 수익성이 어느 정도 담보될 것이라고 이해한 몇몇 엔지니어나 사업가들은 투자자들을 모집하여 펀드를 조성하고, 펀드운용의 목적사업으로 특허권 등을 매입하고, 매입한 특허를 공격적으로 제조회사들에게 라이선싱함으로써 벌어들이게 되는 로열티를 통해 수익을 얻고 발생한 수익을 투자자들에게 배분하는 방식의 비즈니스 모델을 만들어서 이러한 모델에 기초한 파이낸싱을 시작하게 되면서 소위 특허괴물이 출현하게 된다.

4) 4단계(특허괴물의 증가)

특허괴물	주요현황
인터디지털 (1972)	무선통신분야에 주력하고 있음. 노키아(2005: 2억 5,300만 달러), 인피니언, 샤프, 삼성, LG 등으로부터 로열티를 받아서 수익을 올리고 있음.

Forgent Network (1985)	소프트웨어 분야에 다수의 특허를 보유하고 있음. 어도비시스템즈와 같은 소프트웨어 업체로부터 로열티를 받고 있음.
NPT (1992)	이동통신분야에 RF 안테나 등 다수의 특허 포트폴리오 보유하고 있음. 노키아, RIM 등으로부터 소송 등을 통하여 로열티를 받고 있음. * NPT v. RIM은 매우 중요한 소송임(2003) (합의금으로 6억 1,250만 달러 받음).
Acacia Research (1995)[69]	생명공학부분에 집중을 하고 있음. 99개 기술분야에서 특허포트폴리오를 구성하여 라이선스대상을 물색 공격하고 있음.
Intellectual Ventures (2000)[70]	마이크로소프트 CTO 출신인 네이선 미어볼드(Nathan Myrvold)와 한국계 에드워드 정(Edward Jung)이 설립함. 지속적으로 IT 관련 특허를 중심으로 특허를 매입하여 특허포트폴리오를 확장하고 있음. 기존의 회사들의 소송을 통한 수익화라는 모델과 차별화된 사업모델을 운영한다고 주장하고 있음. 한국에도 진출하였음.
Ocean Tomo[71] (2003)	이 회사는 IP Valuation, IP Brokage 등을 수익모델로 하여 IP를 경매(Auction)로 매입한 후 이를 재매각하여 수익을 얻으려고 하는 것으로 보임.

위와 같은 특허괴물의 수적 증가는 미국내에서 특허법 개혁 논의를 촉발시키는 하나의 계기가 되었다.

(4) 미국 연방대법원의 일련의 판결(2002년 이후)

2000년 이전 미국 연방대법원이 CAFC의 판결에 대하여 상고허가를 한 경우가 극히 드물었다. 그러나 미국 연방대법원은 2002년 Festo 판결부터 eBay 판결, KSR 판결로 이어지는 일련의 사건들을 통하여 앞서 친특허정책의 수행에 있어 사법부에서의 중심에 있었던 CAFC의 판결에 대하여 제동을 걸었다. 2010년 Bilski 판결[72]의 경우에는 오히려 CAFC가 스스로의 선례를 제한하고, 연방대법원이 CAFC의 판단을 수긍하였다.

69) http://www.acaciaresearch.com/
70) http://www.intellectualventures.com/
71) http://www.oceantomo.com/
72) Bilski v. Kappos, 561 U.S. 593(2010).

1) 출원실무에 대한 견제와 균등론 주장의 제한: Festo 사건[73](2002)

이 사건 이전 미국 특허실무상의 출원관행은 일단 특허의 범위를 넓게 출원하여 두고 만일 특허심사관이 보정을 요구하면 감축을 하는 방향으로 보정을 하고 보정요구가 없을 경우에는 그대로 원출원의 청구범위를 유지하는 방법을 취했다. 이를 통하여 특허출원인은 넓은 범위의 특허를 받을 수 있는 기회를 가질 수 있었다. 더구나 미국의 경우 출원심사가 상대적으로 친특허정책의 영향으로 완화되어 있었던 분위기가 있었기 때문에 이러한 관행은 계속 유지되었다.

하지만 미국 연방대법원은 Festo 판결을 통하여 이러한 출원관행에 제동을 걸었다.[74] 이 사건에서 기존의 출원관행에 대하여 관대하였던 CAFC의 판결을 파기하고, 균등론의 적용에 있어서 소위 추정적 금지 접근법(Presumptive Bar Approach)[75]을 채택하여 출원경과참작의 원칙(Prosecution History Estoppel)을 활용하여 광범위 출원 후 보정을 통한 특허권의 확장에 대하여 제한을 가하였다. 균등론은 특허권의 청구범위를 확장하는 역할을 하는 가장 중요한 법리인데, 이 법리가 미국 연방대법원에 의하여 제한되기 시작하였다는 것은 특허권에 대하여 미국 연방대법원의 태도 변화의 한 면을 보여준다.

2) 금지명령[76]제도의 남용 제한: 이베이 사건[77](2006)

특허를 강력하게 보호하기 위해서는 특허침해가 인정될 수 있다고 판단되는 경우, 다시 말해 본안 승소가능성이 있는 경우에는 금지명령을 인정하게 되면 조기에 분쟁이 종료되는 장점이 있다. 반면 금지명령은 지나치게 강력한 수단일 수 있으며 만일

73) 이 사건의 전개와 내용에 대한 상세는 최승재, 『IT 기술과 법 1』, 홍익대학교 출판부(2008), 94면 참조.

74) CAFC의 Festo Corp. v. Shoketsu Kinzoku Kabushiki Co., 56 USPQ2d 1865(Fed. Cir. 2000)을 뒤집어서 파기환송한 연방대법원의 판결이 Festo Corp. v. Shoketsu Kinzoku Kabushiki Co., 535 U.S. 722(2002)임.

75) 보정을 통하여 청구범위를 감축한 사실이 출원포대(File Wrapper)에서 발견되면 이 부분은 스스로 출원을 포기한 것으로 추정하여 향후 권리범위에 대한 분쟁이 발생하였을 때 이 부분을 균등론을 통하여 주장하는 것을 제한하는 접근법(최승재, 『IT 기술과 법 1』(개정판), 154-155면 참조).

76) 최승재, 미국특허법, 법문사(2011)에서 'injunction'을 우리 법과의 관계에서 '가처분'으로 번역하였다. 그러나 2023년 책부터 미국법상의 이 제도를 보다 가깝게 전달하기 위해 '금지명령'으로 번역하여 상술한다. 그리고 'preliminary injunction'을 '임시적 금지명령'으로, 'permanent injunction'을 '영구적 금지명령'으로, 'Temporary Restraining Order'를 '잠정적 금지명령'으로 각각 번역한다.

77) eBay Inc. v. MercExchange, L.L.C., 547 U.S. 388(2006).

금지명령이 잘못 내려지는 경우에는 역으로 제품의 생산자에게 회복할 수 없는 손해를 발생시켜서 만일 본안에서 승소하더라도 시장에서 퇴출될 수 있는 위험을 주게 되기 때문에 생산자로 하여금 공정하다고 판단될 수 있는 특허침해로 인한 손해배상액을 훨씬 초과하는 무리한 배상요구에도 응하도록 하게 하는 수단으로 남용될 가능성이 있다.

이베이 사건 이전 미국 CAFC는 특허권자의 신청이 있을 경우 특허권의 유효한 존재와 침해의 개연성만 인정되면 자동적 금지명령(Automatic Injunction)을 인정하였다. 이러한 CAFC의 실무는 특허권자에게 강력한 협상력을 부여하였고, 반면 특허권을 이용하는 자의 관점에서는 설사 특허권의 침해가 없다고 하더라도 당장 제품 생산에 차질을 빚을 수 있다는 문제점으로 인하여 분쟁당사자로 하여금 쉽게 협상을 통하여 소송상 또는 소송외의 화해(Settlement)를 통하여 분쟁을 종료하도록 유도하는 역할을 하였다.

미국 연방대법원은 기존의 연방대법원의 4요소심사(four factor test)[78]에 의한 엄격한 금지명령 인용으로 특허권자의 가장 강력한 공격 수단인 금지명령을 제한함으로써 특허권자의 협상력을 제한하였다. eBay 사건은 특허괴물이라고 불리는 회사 중의 하나인 MercExchange사가 eBay사를 상대로 제기한 특허침해사건으로 이 사건의 쟁점은 소위 자동적 영구적 금지명령과 관련된 것이었다.[79] 이 사건이 주목받았던 이유는 금지명령이 특허괴물의 수익모델에서 차지하는 비중이 매우 컸기 때문에 이에 대하여 미국 연방대법원이 어떤 판단을 하는가에 따라 향후 특허괴물사업의 수익성에 상당한 영향을 줄 것이기 때문이었다. 결국 eBay 사건에서 CAFC의 자동적 금지명령이 폐기되고 전통적인 영구적 금지명령과 관련된 판례로 복귀함으로써 금지명령이 내려지기 위해서는 전통적인 4가지 요건들이 구비되어야 하는 것으로 판례가 정리되었다. 4가지 요건 간의 상호관계에 대하여 본안승소가능성과 회복할 수 없는 손해 요건이 가장

---

78) That test requires a plaintiff to demonstrate: (1) that it has suffered an irreparable injury; (2) that remedies available at law are inadequate to compensate for that injury; (3) that considering the balance of hardships between the plaintiff and defendant, a remedy in equity is warranted; and (4) that the public interest would not be disserved by a permanent injunction. The decision to grant or deny such relief is an act of equitable discretion by the district court, reviewable on appeal for abuse of discretion.

79) eBay Inc. v. MercExchange, L.L.C., 547 U.S. 388(2006).

중요한 요건으로 만일 이 요건의 구비가 인정되지 않으면 나머지 두 개의 요건은 검토할 필요도 없이 금지명령 신청은 기각될 것이다.[80] 이에 따라 특허괴물의 수익성은 현저하게 저감되었고, 특허권의 투기적 사용가능성은 현저히 감소하게 된다.[81]

3) 특허무효사유 판단기준의 복귀: KSR 사건[82](2007)

앞서 본 판결들에 이어 선고된 KSR 판결[83]은 특허의 진보성의 해석과 관련하여, CAFC가 기계적으로 적용하던 TSM 심사(Teaching-Suggestion-Motivation test)가 진보성을 쉽게 인정하여 줌으로써 특허권자에 대한 제한장치로서 진보성이 제대로 기능하지 못하고 있던 상황을 인식하고 기계적인 적용 대신 종전 그래엄 판결[84]에서 정립된 4단계 심사인 그래엄 심사(Graham test)로 복귀하였다.[85]

CCPA는 1955년 페터슨 사건의 판결에서 "어떤 단일한 선행기술도 청구된 발명의 모든 요소를 포함하고 있지 않아서, 여러 선행기술을 종합하는 것이 타당한 경우, 이러한 종합이 선행기술에 의하여 시사(suggested)되고 있고, 이러한 시사가 당업자들에게 예견될 수 있는 경우"라는 표현을 사용하여 TSM 심사의 원형을 보여주었다.[86] 이러한 표현은 이후 진화된다. TSM 심사란 특허청이나 특허침해소송에서의 피고는 대상 발명의 요소가 선행기술에 포함되어 있다는 사실을 입증하는 것만으로는 족하지 않고, 선행기술에 조합할 교시(Teaching), 시사(Suggestion), 동기(Motivation) 등이 있다는 점까지 입증하여야 할 것을 요구하는 심사기준이다.[87] 발명의 다수를 점하

80) Polymer Techs., Inc. v. Bridwell, 103 F.3d. 970, 973, 974(Fed. Cir. 1996).
81) 최승재, "특허법상 가처분에 관한 연구", 「지식과 권리」 가을호(2008. 10); 최승재, "특허괴물: IT 파이낸스와 수익화", 「법률신문」 2008. 8. 7. 등 참조.
82) 관련 문헌으로는 박성수, "한국 특허법상 발명의 진보성 판단", Patent Litigation in the Korea-US FTA Era. 기술과 법센터 2007년 국제 컨퍼런스 자료집 Ⅱ권(2007); 최승재, "특허 침해소송에서의 균등 관계의 범위", 「저스티스」(2002. 10.); 최승재, "발명의 진보성 판단 기준에 대한 미국 연방대법원의 태도", 「법률신문」 2007. 8. 23.; 최승재, "KSR 사건 이후의 미국 CAFC의 진보성 판단", 「법률신문」 2008. 2. 18.; Jae H. Kim, "The New Standard of Obviousness-KRX-Teleflex", Patent litigation in the Korea-US FTA Era. 기술과 법센터 2007년 국제 컨퍼런스 자료집 Ⅱ권(2007); Christopher A. Harkins, "Fending Off Paper Patents and Patent Trolls: A Novel Cold Fusion Defense Because Changing Times Demand It", 17 Alb. L.J. Sci. & Tech 407(2007).
83) KSR v. Teleflex, 550 U.S. 398, 127 S.Ct. 1727, 82 U.S.P.Q.2d 1385(2007).
84) William T. Graham, et al. v. John Deere Co. of Kansas City, 383 U.S. 1, 17(1966).
85) 그래엄 심사에 대한 상세는 최승재, "미국에서의 특허 진보성 판단기준의 전개에 대한 연구 – 미국 연방대법원의 KSR 사건 그 이후", 「홍익법학」, 홍익대학교 법학연구소(2008. 2.) 참조.
86) In re Peterson, 223 F.2d 508, 511(C.C.P.A. 1955).
87) In re Kahn, 441 F.3d 977, 986-87(Fed. Cir. 2006).

는 결합발명의 경우 이러한 기준에 의하면 상대적으로 용이하게 진보성이 인정될 수 있었다.

케네디 대법관은 KSR 사건의 다수의견에서 해당 특허의 진보성에 대하여 판단함에 있어 그래엄 심사와 같이 선행기술과 대상발명간의 비교를 통한 종합적인 고려를 통하지 않고 기계적인 TSM심사를 함으로써 특허권의 질에 대한 통제가 제대로 이루어지지 않을 경우에 이러한 특허가 혁신을 저해할 수 있다고 설시하였다.

4) 특허소진론의 부활: Quanta 사건(2008)[88]

이 사건은 한국의 LG전자와 대만의 Quanta컴퓨터 간의 사건이다. 사건의 개요를 살펴보자면 LG전자가 자사가 보유하고 있던 특허들[89]을 미국 Intel사에 라이선스하고, 다시 Intel사가 이 특허기술을 구현한 CPU Chip을 대만의 Quanta컴퓨터에게 판매하였다. 그러나 LG전자가 Quanta컴퓨터를 상대로 특허침해소송을 제기하였다. 그 이유는 LG와 Intel간의 특허라이선스 계약에서 LG는 Intel사에게만 특허라이선스를 하였고, 제3자에게 판매하는 경우에는 LG에게 통지하도록 하는 의무를 부과시켰기 때문에 제3자인 Quanta 컴퓨터는 LG전자로부터 특허라이선스를 받지 않고 LG 전자의 특허를 사용하였으므로 특허침해가 된다는 주장을 하였다.

이 사건에서 CAFC는 종전의 판례에 따라 LG 전자가 보유하고 있는 특허가 방법특허(Method patent)이고, 라이선스계약에 조건을 부가하고 있으므로 이러한 조건의 존재로 인하여 LG전자가 Intel에 라이선스를 하였다고 하여 Quanta컴퓨터에 특허라이선스가 된 것은 아니라는 이유로 LG 전자의 손을 들어주었다. 그러나 미국 연방대법원은 CAFC의 판결을 파기하고 LG전자의 전부패소 판결을 하였다. 그러면서 다시 전통적인 특허권소진이론[90]을 원용하여 일단 LG가 Intel에게 라이선스를 준 이상 그

---

88) Quanta Computer, Inc., et al. v. LG Electronics, Inc., 128 S.Ct. 2109(2008).

89) 사건에서 문제가 된 주요 특허들은 다음과 같다.
U.S. Patent No. 4,918,645; U.S. Patent No. 4,926,419; U.S. Patent No. 4,939,641; U.S. Patent No. 5,077,733; U.S. Patent No. 5,379,379; U.S. Patent No. 5,892,509.

90) 특허제품의 구매자는 그 제품을 사용하거나 다시 판매하는 경우 특허권의 제한을 받지 않는다는 원칙이다. 다시 말해 특허받은 제품에 대한 특허권자의 권리는 특허받은 제품을 판매하거나, 판매할 권한을 부여함으로써 소멸된다는 원칙이다. 이 이론은 사법부의 판례에 의하여 발달되어 왔다. 이 법리를 통하여 특허권자 혹은 실시권자가 일단 특허제품을 판매한 이후에는 특허권 행사가 제한되어 구매자로부터 다시 실시료를 받을 수 없게 되는 것이다(박찬우, "특허권소진의 법리", 「연세법학」 제6집 제2권(1999), 289-290면).

것이 방법특허이든 기계특허이든 간에 특허권은 소진된다고 판시하였다. 이 사건 역시도 CAFC를 통한 친특허정책시대의 판례가 또 하나 무너진 매우 중요한 사건이다.

(5) 미국 특허청(USPTO)의 특허질 개선 노력(2000년~2010년)

이러한 특허의 질 문제에 대한 인식에 대하여 미국 특허청도 2000년 이후 반응을 보이기 시작한다. 특허의 질의 의미에 대해서는 논란이 있으나 특허에 대한 이의제기에도 불구하고 살아남을 수 있는 힘(probability that the patent would survive a legal challenge)이라는 정의가 측정을 위한 개념으로 사용된다.[91] 질이 낮은 특허(poor quality patent)는 심사과정에서 선행기술에 대한 조사를 제대로 하지 않거나, 특허출원시 대리인이 제대로 명세서를 작성하지 않았거나, 진보성 심사기준과 같은 법률적인 심사기준(lax standards)이 제대로 정립되어 있지 않은 경우 등 여러 가지 원인이 있을 수 있다. 만일 이러한 질 낮은 특허가 시장에 존재하면 이들은 효율적인 시장경쟁을 저해하고, 거래비용을 높이고, 기술혁신을 도모하지 않고 오히려 소송만 부추김으로써 새로운 기술의 시장진입을 봉쇄하고, 2차 혁신(cumulative innovation)을 질식시킨다.[92]

특허의 질을 높이기 위한 노력은 미국 특허청 단독으로는 이루어질 수 없는 일이었다. 오히려 미국 연방대법원이 CAFC의 친특허정책과 관련된 판결들을 파기하면서 균형을 잡으려고 하는 지속적인 노력을 한 것이 특허청의 입장에서도 특허청 개혁이라는 목소리를 외부적으로 냄에 있어 긍정적으로 작용한 면이 있다.

미국 특허청이 자신들의 미래 전략 목표로 내세운 2007년 전략안[93]에 의하면 특허질의 개선을 위하여 가장 우선적으로 지적하는 바가 바로 특허심사인력의 확충이다. 그들은 스스로 자신들의 전략안에서 현재의 특허출원건수를 지금의 특허청의 심사인

---

91) Carl Shpiro, "Patent System Reform: Economic Analysis and Critique", 19 Berkeley Technology Law Journal 1017(2004). 이에 대한 다른 견해를 보려면 Scotchmer, S, "Patent Design, Patent Quality, and Patent Politics, Remarks before the European Patent Office", Munich, Germany(2004).

92) Lemley 교수의 일련의 저작들은 이러한 문제점을 잘 보여준다. 특허청의 문제점에 대해서는 Lemley M.A., "Rational Ignorance at the Patent Office", 108 Northwestern University Law review 1495(2001), 2차 혁신 저해의 문제에 대해서 Lemley M.A., "Economics of Improvement in Intellectual Property Law", 75 Texas Law Review 989(1997) 등.

93) United States Patent Trademark Office 2007-2012 Strategic Plan.

력으로 감당할 수 없다고 자인하면서, 특허심사인력의 확충을 가장 우선적인 현안으로 지적하고 있다. 이에 더하여 보완책으로 IT 기술의 활용을 통한 출원 절차의 전자화를 들고 있다.

세부적으로, 포괄적인 특허질 관리 시스템을 구축하기 위하여 (i) 선행기술 검색 시스템의 보강, (ii) 특허심사관의 근무여건 개선,[94] (iii) 외부 이해당사자들과 협력을 통한 특허질 및 심사기간에 대한 개선 이행 목표의 설정[95]과 특허질 보증시스템[96]의 구축 등을 목표로 들고 있다.[97]

(6) 특허개혁법 입법노력(2005년~2010년)

미국에서의 특허소송의 폭주와 특허출원에 있어서 미국 특허청의 업무과중으로 인하여 미국 특허법 개혁에 관한 논의가 증대되었다. 특허소송과 관련된 비용과 위험을 감소시키기 위한 동기는 대기업들이 오래 걸리고 많은 비용이 드는 소송에 노출되면서 발생하였다. 법원은 승소 원고가 금지명령 결정을 받는 것을 어렵게 하고, 특허 손해배상에서의 역외 적용을 제한하고, 악의침해를 인정받는 것을 어렵게 하고, 진보성에 기초하여 특허 무효를 주장하는 것이 용이해졌고, 특허 침해소송 대신 특허 라이선스를 하려고 하는 경우에 특허권자로 하여금 침해로 의심받는 자에 의한 특허 무효확인소송을 받을 가능성을 높이고 있다.

미국 의회 내에서 미국 특허법의 기본적 변화가 필요하다는 인식이 증가하였다. 특허 개혁 운동은 특허청이 너무 많은 문제 있는 특허를 남발하고 있는 인식과 특허소송이 미국에서 반경쟁적인 효과가 크다는 인식에 의하여 추동되었다. 미국 특허법 개혁안에는 발명의 선후를 결정함에 있어서 선발명주의에서 선출원주의로의 전환, 특허침해시 손해배상액의 계산방법의 변화, 법원이 아닌 미국 특허청 단계에서 특허에 대

94) 미국 특허청은 우수 심사인력의 확충, 유지를 출퇴근 시간까지도 절약하여 심사에 시간을 쓸 수 있도록 Hoteling 서비스를 심사관들에게 제공하겠다고 하고 있다(Id. 16, 17, 32). 나아가 현재는 전자소송의 발달로 '재택근무'도 활발히 이용되고 있다.

95) 이러한 목표로 'Patent Allowance Compliance Rate'을 비롯한 여러 가지 정성적 · 정량적 지표를 제시하고 있다(Id. 17).

96) 미국 특허청은 이를 Office of Patent Quality Assurance(OPQA)라고 이를 부르고 있다(Id. 16).

97) 필자가 마이크로소프트 근무 당시 미국 특허청에서 퇴임한 회사고문에서 특허청의 인력확충 개혁과 개선과제들의 진척 가능성에 대하여 물었을 때 예산 문제 등으로 쉽게 달성되기 어려운 과제라는 개인적인 의견을 들은 바 있다.

하여 제3자가 이의를 제기할 수 있도록 하는 절차의 신설, 불공정행위를 법원에서 어떻게 주장하고 입증할 것인가 하는 부분에 대한 개정, 포럼 쇼핑을 방지하기 위한 재판적과 관할 규정의 개정 등이 포함되었다.

미국 특허법의 변화는 1982년 CAFC 설립 이래로 지속되었던 친특허시대의 변화를 예고했다. 그러나 2005년 이후 미국 상원 및 하원에 지속적으로 특허개혁법이 제안되었지만, 특허법에 대한 이해관계자들의 대립으로 인하여 쉽게 특허개혁법이 의회를 통과할지는 예견하기 어려운 상황이었다. 이 상황에서 2007년 KSR 판결[98] 이후 특허사건에 대해서 소극적인 태도를 취하던 미국 연방대법원을 중심으로 한 사법부가 미국 특허법 개혁에 대한 요구를 상당부분 충족시키고 있었다. 그리고 2011년 마침내 입법적으로 특허개혁법(America Invents Act)[99]이 통과되어 미국 특허법은 새로운 시대를 맞이하게 되었다. 이 부분에 대해서는 별도의 절에서 설명한다.

제 2 절 2011년 미국 특허개혁법

Ⅰ. 개혁의 배경

세계 최강대국 미국의 오늘날은 무엇에서 기인하는 것인가? 다양한 답이 나올 수 있는 질문이지만, 필자는 미국의 힘은 강한 지적재산권에서 나온다고 생각한다. 미국은 1980년대 이후 친특허정책(pro-patent policy)을 상당기간 동안 펼쳐오면서, 특허를 많이 주는 것이 기술발전이나 혁신에 도움이 된다고 이해하였다. 그 결과 미국에서는 특허권의 외연이 지속적으로 확장되었고, 1980년 차크라바티 사건[100]과 스트리트은행사건[101]을 거치면서, 미국은 전세계에서 가장 긴 특허대상(patent subject matter)의 리

98) KSR International Co. v. Teleflex Inc., 550 U.S. 398, 82 USPQ2d 1385(2007).

99) The Leahy - Smith America Invents Act이라고 해서 법안을 발의한 의원들의 이름을 포함하거나, Patent Reform Act of 2009이라고 해서 법이 1952년 특허법 체계를 대폭 개정한 점을 중점으로 해서 부르기도 한다. 이하에서는 특허개혁법 또는 영문으로 AIA라고 한다.

100) Diamond v. Chakrabarty, 447 U.S. 303(1980).

101) State Street Bank and Trust Company v. Signature Financial Group, Inc., 149 F.3d 1368(Fed. Cir. 1998).

스트를 가지고 있는 나라가 되었다.

2007년 이후 서브프라임 모기지 부실화로 인한 미국발 금융위기로 2008년 마지막 남은 미국 제조업의 자존심이라고 보았던 자동차산업이 붕괴되면서, 빅3라고 불리는 General Motors, Ford, Crysler가 모두 구제금융을 받겠다고 연방의회 청문회에 위 회사들의 CEO들이 출석하여 살려달라고 생존을 위하여 도움을 구하는 상황이 되었고, 서브프라임 모기지 사태로 리먼브라더스를 비롯한 미국 금융의 꽃으로 불리던 투자은행(Investment Bank)들이 파산하거나 흡수·합병됨으로써 미국식 자본주의에 대한 회의까지 제기되는 상황이다.[102] 하지만 여전히 미국을 지탱하고 있는 것이 있다면 그것은 다양한 분야의 원천특허들이다. 미국은 기술혁신을 위한 발명과 창작의 보호를 헌법에 명문으로 규정하고 있는 국가이다. 그리고 지속적으로 특허에 대하여는 이를 우대하는 정책을 펼쳐왔다. 특허권의 남용에 대하여 법원이 특허권남용법리(patent misuse doctrine)를 발전시키고, 경쟁당국인 미국 연방거래위원회(FTC: Federal Trade Commission)와 법무부(DOJ)가 독점규제법의 적용을 통해서 특허권자의 특허권 남용행위를 규제하면서도 특허권의 강력한 보호라는 기조는 변하지 않았다.

연혁적으로 보면 1980년대 이후 특허는 양산되었고, 2000년 이후 특허의 양적 증가가 질적 증가를 담보할 수 없는 상황이 되면서 소위 '특허괴물(patent troll)'이라고 불리는 기업까지 등장하는 상황이 발생하였다. 그러면서 미국에서의 '친(親) 특허정책'이 과연 기술의 혁신이나 소비자후생에 긍정적인 기여를 하고 있는가에 대한 논란이 발생하였다.[103] 따라서 개혁입법에서는 특허권의 남용과 관련된 문제 및 특허권의 질을 고양할 수 있는 수단에 대한 논의가 이루어지게 되었다.

2000년 초반 산업계를 중심으로 시작된 미국 특허법의 개혁 논의는 2003년 발간된 미국 연방거래위원회의 리포트[104]와 2004년 발간된 연방과학원(National Academy of Science) 보고서[105]를 통하여 구체화되기 시작하였다. 이러한 의회에 대한 입법청원을 주도한 세력은 특허괴물의 등장으로 인하여 많은 자원을 특허소송에 대한 대응을 위

---

102) 최승재, "구조화 금융과 서브프라임 금융위기의 전개에 대한 연구", 「상장협연구」 제58호(2008), 157-196면.

103) Carl Shapiro, "Patent System Reform: Econ. Analysis and Critique", 19 BERKELEY TECH. L.J. 1017, 1030(2004).

104) 'Proper Balance between Competition and Patent Law and Policy'(2003. 10.).

105) 'Patent System for the 21st Century'(2004).

하여 소모하고 있었던 회사들인 인텔, 마이크로소프트 등의 회사들이다. 이들은 특허법개혁을 주장하면서 특허괴물 등에 의한 특허권의 투기적 행사가 입법적으로 통제되어야 한다고 입법청원을 하였다.

이에 따라 미국에서는 지난 2005년부터 지속적으로 특허개혁법 논의가 이뤄졌다. 2005년 '사법, 인터넷, 지적재산권 소위원회'의 의장이었던 하원의원 라마 스미스(Lamar Smith)가 제출한 특허개혁법법안[106]은 19세기 이래 가장 획기적인 특허개혁법법안으로 불리었으나 의회를 통과하지는 못하였다. 2006년에도 연방 상원에서 유사법안[107]이 발의되었으나 마찬가지로 통과되지는 못했다. 2007년 미국 특허개혁법(Patent Reform Act of 2007)[108]도 그 법안이 통과되지 못하고 2007년이 마무리되었다. 2007년 개혁법안은 2005년 개혁법안과 매우 유사한 내용을 담고 있었다. 그리고 2009년[109]의 특허개혁법 안(案)을 거쳐 2010년 안(案)(Patent Reform Act of 2010)'[110]도 제출되었으나 계속해서 실패하였다.

한편 연방대법원은 의회의 특허개혁법 논의와 별개로 그간 거의 관여를 하지 않았던 CAFC의 판결에 대해서 상고허가를 하여 스스로 사법적으로 문제를 해결하려고 하였다. 연방대법원은 2006년 이베이 사건에서 CAFC의 자동적 금지명령을 폐기하고, 전통적인 4요소 심사로 복귀하였으며,[111] KSR 사건에서 TSM 심사 대신 전통적인 그래엄심사로 복귀하였다.[112] 또 시게이트 사건에서 악의침해의 경우에 3배 배상, 그리고 이러한 3배 배상의 인정기준으로서 악의성의 판단기준을 강화하고, 외부 변호사의 특허침해 관련 의견서와 관련된 변호사특권 문제에 대한 기준을 제시하였다.[113] 이후 특허소진론에 대한 콴타 사건[114] 등 일련의 판결들을 통해서 스스로의 개혁을 해왔다. 2010년에도 연방대법원은 CAFC의 빌스키 사건에 대한 판단을 유지하여 상고를 기각함으로써 특허대상도 제한하였다.[115] 그러면서도 앞서의 Quanta 판결에서 미국 연방

106) HR 2795: The Patent Reform Act of 2005.
107) S3818.
108) 이 법안은 민주당의 '하워드 버만(Howard Berman)' 하원의원과 같은 당의 '패트릭 리(Patrick Leahy)' 상원의원이 공동발의한 법안이다.
109) S515.
110) S515; H.R. 1260.
111) eBay Inc. v. MercExchange, L.L.C., 547 U.S. 388(2006).
112) KSR Int'l Co. v. Teleflex, Inc., 550 U.S. 398(2007).
113) In re Seagate Technology, LLC, Misc. Dkt. No. 830(Fed. Cir. Aug. 20, 2007).
114) Quanta Computer, Inc. v. LG Electronics, Inc., 128 S.Ct. 2109(2008).

대법원의 다수의견은 특허권소진을 인정하면서 사법부가 적극적으로 판례법을 형성하는 사법적극주의 대신 입법부가 만든 법을 충실히 해석하는 것에 치중하는 사법소극주의를 원칙으로 하겠다고 판시하면서 입법부의 역할을 강조하여 자신의 역할의 한계를 설정하여 균형을 잡으려 하고 있다.

이 절에서는 왜 미국에서 이와 같은 특허개혁법과 관련된 법안의 발의가 지속적으로 이루어지고 있으며, 왜 이런 특허개혁법이 논의의 중심에 서게 되었는지를 살펴보고, 이를 통하여 우리나라에서의 특허개혁법 논의의 실익은 없는지, 만일 우리나라에서도 시사점으로 고려할 사항이 있다면 어떤 것이 있을지를 살펴봄으로써 특허법이 진정으로 목적으로 하는 입법의도인 발명의 촉진과 이를 통한 기술혁신 및 사회적 후생의 증대를 달성할 수 있을 것인가 하는 점을 검토하여 보고자 한다.

한편 미국 특허개혁법은 미국 특허제도에 대한 미국의 반성적 고찰임과 동시에 세계 다른 국가들과의 규범조화문제와도 연결되어 있다. 특히 선출원주의(first to file system)의 도입은 국제적 규범과의 정합성을 확보할 수 있는 계기가 된다. 주지하는 것과 같이 미국은 선출원주의를 취하지 않았던 거의 유일한 국가이다. 이러한 선발명주의로 인하여 미국만이 가지고 있는 독특한 제도들이 탄생하였다. 이러한 점에 대하여 2005년부터 발의된 개혁법안은 미국에서도 선출원주의를 취하는 방향의 입법이 필요하다는 의견을 제시하기 시작하였다.

Ⅱ. 2011년 특허개혁법(America Invents Act) 개정 이전의 입법 논의 전개(2005~2010년)

1. 2005년 특허개혁법(안)의 발의 이전

(1) 의 의

2005년 특허개혁법은 2003년 발간된 미국 연방거래위원회(Federal Trade Commis-

---

115) CAFC는 자신의 State Street Bank and Trust Company v. Signature Financial Group, Inc., 149 F.3d 1368(Fed. Cir. 1998)에서의 유용성 심사를 포기하고, 스스로 특허대상을 줄였다. In re Bilski, 545 F.3d 943, 88 U.S.P.Q.2d 1385(Fed. Cir. 2008). 그리고 대법원도 이러한 태도에 동조하였다. Bilski v. Kappos, 561 U.S. 593(2010).

sion)의 리포트와 2004년 발간된 연방과학원(National Academy of Science) 보고서에 기초하여 발의된 법안으로 이후 미국에서의 특허개혁법 논의의 기본이 되는 법안이다. 2005년 이 법안의 발의과정에서 공공 특허 연맹(Public Patent Foundation)의 의장인 Dan Ravicher는 이전의 특허법 개정과 관련된 논의에서 특허정책은 모든 공공의 이익을 반영하여 결정되어야 할 것임에도 공공의 이익은 고려되지 않았다고 주장하였다. 그는 이전의 특허법 개정이 USPTO, 특허권자들과 특허실무가인 변호사들, 그리고 대기업들의 이해관계를 조정하기 위하여 이루어져 왔다고 비판하였다.116)

(2) 특허법의 개정과 공공의 이익

Dan Ravicher는 질 낮은 특허가 많은 비용을 사회적으로 소모하게 하고 있으며, 과학자들의 연구를 제한하고, 개인들의 자유로운 창의를 억압하고 있다고 주장한다. 실제로는 특허를 보유하고 있지 않은 많은 일반인들의 삶에도 미국에서의 특허정책이 커다란 영향을 주고 있지만 이들의 이해관계는 반영되지 않고, 특허권의 존재로 인하여 많은 수익을 얻을 수 있는 특허권자들과 특허실무가인 변호사들, 그리고 대기업들의 이해관계만을 반영함으로써 공공에 이로운 특허시스템이 아닌 누군가에게 이로운 특허시스템이 되고 있고 있다는 것이 그의 주장이다.117)

(3) 나쁜 특허(bad patent)와 사회적 해악의 통제

공공의 이익에 반하는 특허를 나쁜 특허(bad patent)라고 부를 수 있을 것이다. 이러한 특허로는 질이 낮은 특허로서 특허청의 심사관이 적절한 심사를 하지 못해서 특허를 발행하여준 특허들이 언급될 수 있을 것이다.118) 미국 특허법은 특허로 인정하기 위하여 (i) 특허의 대상이 될 것, (ii) 실용성(utility), (iii) 신규성(novelty), (iv) 진보성(nonobviousness), (v) 공개요건(disclosure requirements) 등의 요건이 구비되어야 한다고 규정하고 있다.119) 그리고 USPTO는 입법으로 규정한 이러한 요건들의 구비를 판

116) Daniel B. Ravicher, "A Statement before the Subcommittee on Courts, the Internet, and Intellectual Property Committee on Judiciary: on The Patent Reform Act of 2005", June 9, 2005(2005).

117) Id. pp. 2-3.

118) Eric Williams, "Remembering the Public's Interest in the Patent System-Post-Grant Opposition Designed to Benefit the Public", 2006 B.C. Intell. Porp. & Tech. F. 520(2006), p. 6.

119) 미국 특허법 제101조, 제102조, 제103조, 제112조.

단하여 특허를 부여한다. 그런데 만일 USPTO가 관문심사자(gate-keeper)로서 제대로 역할을 하지 못하는데, 일단 관문을 통과하여 특허가 부여되고 난 뒤에서는 제대로 심사도 되지 않은 특허를 강력한 유효성의 추정을 통하여 강력하게 보호하게 되면 오히려 특허제도를 활용하여 보호되지 말아야 할 사람이 자신이 특허제도가 제대로 운용되었으면 얻지 못하였을 이익을 누리게 되는 상황이 발생한다. 그리고 이때의 이익은 많은 경우 많은 공중의 손해와 제로섬(zero sum)이 되는 상황이 발생하게 된다.

물론 특허제도에서 심사가 완벽하게 100%의 신뢰도를 낼 수 있는 것은 아니며, 상당부분 심사관의 주관적인 판단의 가능성이 존재하는 것이라는 점을 인정한다면 이러한 사회에서 제도를 악용하는 자의 부당한 이익의 존재는 어느 정도는 용인하여야 할 것이라고 볼 수 있다. 하지만 친특허정책에 맞물려서 그 해악의 규모가 커지면서 이제는 사회적인 통제가 필요하게 되었다.

(4) USPTO의 이해관계와 관련된 미묘한 문제[120]

USPTO의 수입구조와 특허인용율이 관련된다. USPTO의 관점에서 특허가 인용이 많이 되면 될수록 USPTO에 특허를 신청하는 사람들이 많아질 것인 반면, 만일 특허기각율이 높아지면 특허를 신청하는 사람들이 적어질 것이다. 이러한 점을 생각하면 USPTO의 관점에서 특허가 인용이 많이 되면 될수록 더 많은 특허가 출원되어 수수료 수입이 증대하는 효과가 있다.[121] 한편으로 특허심사를 함에 있어 선행기술조사를 많이 하면 할수록 심사관이 볼 수 있는 전체적인 특허심사건수가 줄어들고 비용도 증가하게 된다. USPTO는 비용을 줄이기 위해서는 선행기술조사에 소요되는 시간과 비용을 줄이고, 심사관의 인건비를 고려하여 적은 심사관이 많은 심사를 하는 것을 선호할 유인이 있다. 이러한 점은 결국 특허심사의 질 저하로 이어져 질 낮은 특허가 생기게 되는 원인이 된다.[122]

USPTO의 이해관계와 관련된 이러한 미묘한 문제들은 공공의 이해라는 관점에서 쉽게 해결하기 어려운 과제일 수 있다. USPTO에 의한 심사 외에 외부적인 제3자의

---

120) 렘리 교수는 USPTO가 관대하게 특허를 주는 것이 경제학적 유인구조에 부합하므로 합리적이라는 점을 지적하고 있다. Lemly, M.A., "Rational ignorance at the patent office", 95 Northwestern University Law Review 1495(2001).

121) Eric Williams, op. cit., p. 11.

122) Id.

특허성에 대한 이의(challenge)가 가능하도록 한다면 이러한 문제를 완화시킬 수 있을 것이라는 아이디어가 여기서 도출될 수 있다.

(5) 공공의 이해를 반영하기 위한 2005년 이전의 입법

1) 편면적 재심사제도의 도입

미국 의회는 이러한 아이디어를 현실화하기 위하여 생각한 것은 소송이 아닌 방식으로 특허의 효력을 다툴 수 있는 수단을 제공하는 것이었다. 1980년 미국 의회는 좀 더 간이하면서도 적은 비용으로 특허의 효력을 다툴 수 있도록 하는 방법으로 최초의 USPTO에 의한 특허효력심사절차를 도입하였다.123) 이 제도는 편면적 재심사제도(ex parte reexamination)로 불린다. USPTO가 가지고 있는 특허법에 대한 전문성을 감안하여 도입하였다. 이후 개정·보완된 이 제도를 통해서 누구나 특허가 존속하는 한 언제든지 특허된 청구항에 대해서 재심사를 청구할 수 있게 되었다. 일반적으로 특허청구항의 유효성을 USPTO에 의해 심사받고자 하는 특허권자, 또는 지방법원의 침해소송보다는 USPTO에 의해서 심사를 받고자 하는 잠재적 또는 이미 소를 제기한 제3자의 청구(request for reexamination)에 의해서 이루어진다. 이를 통하여 등록된 특허의 청구범위에 대해서 원출원절차에서는 고려되지 않았던 선행기술의 관점에서 특허여부에 대한 검토를 다시하거나, 상대적으로 짧은 시간내에 특허소송에 의하지 않고 특허의 유효성에 대한 판단을 받을 수 있다는 장점이 있다.124)

이 제도를 통해서 다른 특허나 선행기술이 기재된 문헌에 의하여 공지된 기술의 존재가 USPTO나 제3자에 의하여 인지되는 경우 이러한 문헌의 존재로 인하여 특허의 신규성이나 진보성이 문제가 될 수 있다고 보이는 경우에는 그 특허를 특허청장이 무효화시킬 수 있도록 하였다. 다만 이 입법을 통해서도 이중출원(double patenting)이나 당사자의 출원해태(prosecution laches)와 같은 거동에 의해서는 특허가 무효화되지 않도록 하였다.125)

그러나 이 제도의 문제는 특허권자는 만일 자신에게 불리한 결정이 나오는 경우에는 미국 특허심판원인 BPAI에 심판을 청구할 수 있고, BPAI의 결정에 불복하여

123) Qin Shi, "Reexamination, Opposition, or Litigation? Legislative Efforts to Create a Post-Grant Patent Quality System", 31 AIPLA Q.J. 433, 435(2003).

124) 35 USC §301-307 및 37 C.F.R. §1.510-1.570.

125) Eric Williams, op. cit., p. 14.

CAFC에 항소를 할 수 있는 방법이 있는 반면, 제3자의 경우에는 USPTO와 특허권자 간에서만 이루어지는 절차를 구경하는 것 외에 자신의 생각과 달리 특허가 유효로 판단이 되더라도 이를 다툴 수 있는 방법이 없다는 것이었다. 결국 실무상 실효성이 그리 높지 않았고 실패한 제도라는 비판이 많았다.

2) 쌍방적 재심사제도의 도입

그러자 미국 의회는 1999년 미국 발명자 보호법(American Inventors Protection Act of 1999)을 통하여 쌍방적 재심사제도(optional inter partes reexamination)를 도입한다.[126] 종전 결정계 재심사제도만 있다가 당사자계 재심사제도가 도입된 것이다. 이 제도의 도입을 통하여 제3자도 재심사과정에서 특허의 진보성이나 신규성이 의문이 있는 경우에는 특허의 무효를 주장할 수 있게 되었다. 여전히 새로운 제도하에서도 이중출원이나 당사자의 출원해태와 같은 거동에 의해서는 특허가 무효화되지 않는다는 점은 동일하지만 새로운 제도 하에서 제3자는 단순히 수동적으로 통지를 받는 자의 지위에서 적극적으로 재심사절차에 관여하여 무효를 주장하는 제한적이지만 적극적인 지위를 부여받게 되었다는 것이다. 또한 2002년 개정법에 의하여 제3자도 USPTO의 결정에 불복하는 경우에는 상소하는 것이 가능하게 되었다.

하지만 이 제도 역시 실패하였다. 왜냐하면 제3자가 특허의 효력을 다투었다가 만일 유효로 인정되는 경우에는 특허의 유효성을 다툰 사실이 특허권자로 하여금 특허침해의 의심을 가지게 함으로써 특허침해소송의 대상이 특정되는 효과를 가지게 되고, 재심사를 한 과정에서 유효성을 인정받은 특허를 기초로 한 후행 특허침해소송에서 다툴 방법이 없어지게 되어 매우 불리한 위치에 서게 될 수 있다는 점이 운용과정에서 드러나게 되었고, 한편으로는 인용률이 극히 저조하였기 때문에 이러한 위험이 현재화할 가능성이 매우 높았기 때문이다.[127]

3) 이러한 미국 의회의 연이은 시도에도 불구하고 공공의 이해관계를 반영하는 것이 계속 실패함으로써 특허의 효력에 대한 간이하면서도 적은 비용이 소요되는 계쟁수단을 제3자에게 제공하기 위한 특허개혁에 대한 요구는 2005년 법 이전에도 상당히

---

126) American Inventors Protection Act of 1999, Extension of Remarks, 145 Cong. Rec. E.1789-90(Aug. 5, 1999), Title V.

127) 2000년에서 2004년 사이 미국에서 2400여건이 제기되어 단지 53건만이 인용되었다. Eric Williams, op. cit., p. 22.

존재하였다.

2. 2005년 특허개혁법의 제안

2005년 특허개혁법은 이전의 노력을 염두에 두고 (i) 특허를 가능한 빨리 공중에게 공개하도록 할 것, (ii) 계속출원(continuation application)의 폐지, (iii) 특허허여 후 이의절차의 도입, (iv) USPTO의 유인구조의 개선, (v) CAFC의 진보성 판단을 포함한 잘못된 판례의 폐기, (v) 특허소송절차의 개혁 등을 제안이유로 제시되었다. 이 중 (v)의 특허소송절차의 개혁은 뒤에서 보기로 하고, 여기서는 (i)에서 (iv)에 대한 기본적인 입법제안 이유를 보기로 한다.

(1) 특허의 조기 공개

특허를 가능한 빨리 공중에게 공개하도록 하여야 하는 이유는 특허권의 공개가 신속하게 이루어질수록 사회에 이해관계를 가지고 있는 사람들이 조금 더 빨리 이의를 제기하여 문제가 될 수 있는 특허가 사회에 나오지 않도록 할 수 있다는 아이디어에 기초한다. 하지만 이를 위한 시도는 1980년 재심사제도의 도입이나 1999년 쌍방적 재심사제도의 도입이라는 입법적인 시도에도 불구하고 결과적으로 실패하였다. 이러한 상황에서 미국 연방대법원이 CAFC의 판례를 변경하는 방법으로 사회적으로 증가하던 특허개혁에 대한 수요에 대처하여야 할 필요성이 생겼고, 앞서본 Festo 사건은 그 시발점이 된 사건이었다. 2005년 특허개혁법에서 1999년에 이어 입법부가 내놓은 카드는 특허허여후 이의절차(Post-Grant Opposition Procedure)였다.[128]

(2) 계속출원제도의 개혁

미국에 이미 제출된 모출원을 기초로 하여 연속출원으로는 계속출원(CA), 일부계속출원(CIP), 분할출원(DA)이 있다. 모출원은 미국 특허법 제120조[129] 규정에 의하

128) 이 제도는 유럽에서의 특허이의절차와 비교하면서 양자가 상당히 다른 제도라는 점에 대한 논증을 하고 있는 논문으로 Bronwyn H. Hall, Stuart J. H. Graham et al., "Prospectus for Improving U.S. Patent Quality via Post-grant Opposition", Hall at IPE May 2003(2003) 참조.

129) 35 U.S.C. 120 **Benefit of earlier filing date in the United States.** An application for patent for an invention disclosed in the manner provided by the first paragraph of section 112 of this

여 출원의 기초가 된 출원으로 나중에 한 출원은 모출원일의 이익을 향유할 수 있다. 이 중 계속출원은 이전에 한 정규출원에서 청구된 발명에 대한 제2출원으로서 이전 출원이 포기되거나, 특허되기 전에 출원하여야 한다. 계속출원은 모출원의 발명자 중 적어도 1인이 포함되어야 하며, 모출원의 개시내용의 범위 이내이어야 하며, 새로운 사항(new matter)을 포함할 수는 없다.[130] 이 점에서 계속출원은 먼저 한 모출원의 계속 중에 모출원에 있는 내용과 더불어 새로운 사항을 추가하여 출원하는 일부계속출원과 구별된다.[131]

계속출원이 문제되는 이유는 실제로는 아무런 기술상의 진보도 없으면서 계속출원료를 내는 대가로 USPTO가 가지고 있는 최종적인 특허거절권능을 제약하고 있는 제도라는 점이다. 이러한 점을 이용하여 계속출원을 악용하여 기다리고 있다가 실제로 제품이 상업화되는 점을 기다려 공격을 하기 위한 수단으로 사용되는 것을 제약할 필요성이 있다고 본 것이다.

(3) USPTO의 유인구조의 개혁

특허허여 후 이의절차의 도입의 경우도 미국에서의 특허질 개선을 위하여 중요한 부분으로 이해된다. 미국의 경우 2002년 USPTO는 출원된 특허의 85%를 최종적으로

---

title in an application previously filed in the United States, or as provided by section 363 of this title, which is filed by an inventor or inventors named in the previously filed application shall have the same effect, as to such invention, as though filed on the date of the prior application, if filed before the patenting or abandonment of or termination of proceedings on the first application or on an application similarly entitled to the benefit of the filing date of the first application and if it contains or is amended to contain a specific reference to the earlier filed application. No application shall be entitled to the benefit of an earlier filed application under this section unless an amendment containing the specific reference to the earlier filed application is submitted at such time during the pendency of the application as required by the Director. The Director may consider the failure to submit such an amendment within that time period as a waiver of any benefit under this section. The Director may establish procedures, including the payment of a surcharge, to accept an unintentionally delayed submission of an amendment under this section. (Amended Nov. 14, 1975, Public Law 94-131, sec. 9, 89 Stat. 691; Nov. 8, 1984, Public Law 98-622, sec. 104(b), 98 Stat. 3385; Nov. 29, 1999, Public Law 106-113, sec. 1000(a)(9), 113 Stat. 1501A-563(S. 1948 sec. 4503(b)(1)).)

130) 이해영, 「미국특허법」, 한빛지적소유권센터(2010), 64면.

131) 이해영, 65면.

특허로 허여하였다.[132] 이에 비하여 유럽특허청(European Patent Office)은 72.5%의 인용률을 보였고, 일본특허청은 44.5%의 인용률을 보였다. 이러한 실증적인 결과만으로 보더라도 얼마나 미국 특허청이 높은 특허인용률을 보이고 있는지를 쉽게 알 수 있다.[133]

앞서 언급한 것과 같인 USPTO로서는 만일 특허기각률을 높이게 될 경우 재정적인 곤란을 겪게 될 것이라는 문제로 인하여 특허기각률을 높일 수도 없다. 결국 현재의 구조는 USPTO가 철저하게 질 낮은 특허를 걸러내면 낼수록 고통을 겪게 되는 구조이다. 이점에 대한 유인구조를 바꾸어야 한다는 점에 대한 인식이 제기된 것이다. 특허심사를 제대로 하는 경우에 상을 받는 시스템으로 전환이 되어야 한다는 것이다.[134]

3. 2007년 특허개혁법(안)의 주요내용 및 이후 전개

(1) 특허질의 향상

특허질(Quality of Patent)의 향상을 위해서는 특허심사 단계에서 특허청의 심사관들의 능력을 배가하고, 선행기술의 조사 등의 일련의 과정을 철저하게 진행하는 것이 선결적인 과제이다. 특허가 되지 말아야 할 출원이 특허가 되었을 경우에 사회적으로 발생시키는 비용을 감안하면 이러한 심사를 위하여 들이는 비용이 결코 크다고 볼 수 없다.[135]

1) 특허의 질의 개념

특허의 질에 대하여는 앞에서 나쁜 특허(bad patent)를 논하면서 언급한 것처럼 나쁜 특허는 질이 낮은 특허라고 하겠다. 나쁜 특허라는 것이 불확정 개념인 것처럼 질

---

132) Cecil D. Quillen, Ogden D. Webster & Richard Eichman, "Continuing Patent Applications and Performance at the U.S. Patent and Trademark Office-Extended", 12 Fed. Cir. B.J. 35(2002). (Daniel B. Ravicher, op. cit. p. 8 cited).

133) Daniel B. Ravicher, "American Innovation at Risk: The Cse for Patent Reform" before the Subcommittee on Courts, the Internet, and Intellectual Property Committee on Judiciary, Feb. 15, 2007, pp. 7-8.

134) Daniel B. Ravicher, op. cit., p. 8.

135) 실제로 마이크로소프트사가 ISA(International Search Authority)로 한국 특허청을 사용하는 것 중의 가장 중요한 이유 중의 하나가 바로 신속한 특허청의 대응에 있다고 한다.

이 낮은 특허도 하나의 일의적인 정답을 낼 수 있는 성격의 개념은 아니다. 경제적 후생의 관점에서 특허의 질이라고 하면 특허를 부여함으로 인하여 발생하는 혁신에 대한 유인(incentive)의 크기가 독점을 허용함으로 인하여 발생하는 사중손실(deadweight loss)의 크기보다 작은 특허를 질이 낮은 특허라고 말할 수 있을 것이다. 한편 규범적으로 질이 좋은 특허란 권리범위가 명확하여 법원에서 집행할 있도록 됨과 동시에 권리이전을 통하여 가치를 극대화시킬 있어 결국 기술혁신에 도움이 되는 특허를 의미한다고 할 것이다. 다른 사회공동체의 구성원의 혁신적인 활동에 부정적인 영향을 미치는 특허로서 당해 특허가 혁신에 대하여 제공하는 유인이 의심스럽지만, 기업들이 어쩔 수 없이 비용으로 인식하게 되는 특허를 대립개념으로 질 낮은 특허라고 규범적으로 정의할 수 있겠다.

2) 저질 특허가 사회에 끼치는 폐해

저질 특허가 사회적으로 얼마만큼의 손실을 수치적으로 야기하는가에 대한 통계는 산출하기 어렵다. 따라서 실증적인 연구(empirical study)도 찾아보기 어렵다.[136] 그 이유는 앞서 본 개념의 불명확성에 기인하는 점이 크다고 본다. 하지만 거래비용 경제학적 관점에서 몇 가지 설명을 하는 것은 가능하다.[137]

우선 문제가 되는 것이 특허가 무효가 될 수 있는 가능성이 상대적으로 높아지게 되면, 특허의 무효가능성의 증가로 인하여 투자자들의 입장에서는 특허의 선별을 위하여 추가적인 비용이 소모되어 사회적인 비효율을 야기한다. 또 특허가 무효가 될 경우 무효화시키기 위한 과정을 고비용 구조로 유지하게 되면 무효화 비용이라는 사회적인 비용으로 크게 요구되는 것이므로 이 역시 사회적인 비효율을 야기한다.

이러한 문제를 종합하면 질 낮은 특허의 존재가 사회적으로 높은 거래비용(transaction cost)을 유발하게 된다. 한편으로 질이 낮은 특허임에도 사회적인 안정성을 높이기 위하여 무효화를 어렵게 만들면 사회적 기술혁신과 창의가 이러한 낮은 특허 보유자들의 위협에 의하여 억눌리게 되어 사회적으로 바람직한 수준의 기술혁신이 이루어지지 못하게 한다.

---

136) Eric Williams, op. cit., p. 41.

137) 이러한 설명 외에도 여러 가지 폐해에 대한 설명은 가능할 것이다. 실제로 논문 중에서 특허를 허여하는 것이 항상 좋은 것이라는 환상을 버려야 한다고 주장하는 논문도 있다(Eric Williams, op. cit., pp. 38-40).

3) 특허질의 개선이 정책순위에서 밀리는 이유

특허질의 향상을 위해서는 특허심사 단계에서 특허청의 심사관들의 능력을 배가하고, 근무조건을 개선하고 복리를 증대시키면서, 동시에 선행기술의 조사 등의 일련의 과정을 철저하게 진행하는 것이 선결적인 과제이다. 특허가 되지 말아야 할 출원이 특허가 되었을 경우에 사회적으로 발생시키는 비용을 감안하면 이러한 심사를 위하여 들이는 비용이 결코 크다고 볼 수 없다. 그럼에도 국가적인 제도설계를 함에 있어 특허청의 인건비와 같은 직접비용은 훨씬 크게 보이고, 이에 결합하여 친특허적인 사회정책과 사회분위기에 편승하면 당장 보이지 않는 질이 나쁜 특허가 사회에 끼치는 해악은 상대적으로 저평가될 수 있다. 바로 이 점이 미국이 특허심사는 오랜 시간이 걸리면서도, 특허실무가들의 관점에서 특허가 상대적으로 쉽게 나오는 국가로 인식되고 있고 있는 이유라고 생각한다. 그리고 USPTO가 재무적인 관점에서 쉽게 특허를 부여하는 것에 유인(incentive)을 가지고 있음을 앞에서 보았으므로 이러한 점은 경제적인 관점에서 설명될 수 있을 것이다.

4) 특허 질 개선의 방법

특허의 질을 개선하기 위한 중요한 점은 출원 전후, 내지 등록 전후의 통제의 시기와 수단과 관련된 논의일 것이다. 1999. 11. 미국 의회가 미국 특허법에 개정 및 추가를 하는 내용으로 제정한 법률로서, '1999년 지적재산권 및 통신 관련 포괄법'의 제4편으로서 그 일부를 이루고 있는 미국 발명자 보호법(American Inventors Protection Act of 1999)의 제정 시 도입된 등록 전 공개(pre-grant publication)제도의 실패는 미국 의회에 특허질 개선과 관련된 어려운 과제를 남겼다. 이전 미국에서의 출원과정에서의 절차는 심사관과 출원인간의 일방적(ex-parte)인 절차였고 이러한 절차진행이 문제의 원인이라고 보아 일방적 재심사를 갈음하여 쌍방적 재심사를 도입하여 특허의 질에 대한 외부 이해관계인의 관여에 의한 통제라는 특허 질 통제를 위한 수단을 사용하면 문제가 해결될 것으로 보고 의회가 미국 발명자 보호법을 제정하였지만 의회의 기대와 달리 제도는 중요한 당사자인 제3자의 보호에 미흡하였기 때문에 제도설계의 취지가 달성되지 못했다.

의회가 다시 제시한 카드인 특허허여 후 이의제기절차(post issuance or grant proceedings)는 이런 의회의 고민을 반영한 제도적 장치이다.[138] 앞서 본 것과 같이 현행 법상으로는 출원 심사 기간 동안에 심사관에게 선행기술을 제시하는 것은 두 가지 방법이 있다. 첫 번째 방법은 출원공개 전에 이의제기를 하도록 하는 것이다. 그리고 두 번째 방법은 제3자가 37 CFR §1.99에 의하여 출원공개 이후 2달 이내에 하는 경우가 있다. 그러나 양자 모두 이의제기기간이 매우 제한적이기 때문에 개정안 제122조는 출원공개 후 6개월 이내에 언제든지 이의제기를 할 수 있도록 하고 있다. 이렇게 함으로써 사후에 특허가 무효가 되도록 하는 시스템에 비하여 사전적으로 제3자에 대한 공개를 통하여 제3자가 이의를 제기할 수 있는 기간을 늘림으로써 특허의 질을 향상시킬 수 있다고 믿기 때문이다. 역으로 이와 같은 장치는 제3자가 의도적으로 특허가 등록되는 것을 지연시키는 자들에 의해 악용될 수 있으므로 이와 관련하여 제출하는 증거의 적합성이라든지 필요한 장치의 강구가 동반되어야 한다.

5) 특허허여 후 이의절차(Post-Grant Opposition Procedure)

2005년 특허개혁법에서 제안되어 이후 법안에서 유지되고 있는 특허허여 후 이의절차는 기존의 재심사제도와는 구별된다. 법안은 우선 그 대상이 특허요건의 흠결로 인하여 무효가 될 수 있는 경우에 국한하지 않고, 이중출원과 같은 출원절차 상의 흠결도 이의절차의 대상으로 인정하였다.[139] 입증에 있어서도 반드시 선행특허나 선행기술을 적시하고 있는 문헌자료에 국한하지 않고 사실상의 증거나 전문가의 증언에 기초하여 다툴 수 있도록 하였다.[140]

2005년 법안은 이의제기를 할 수 있는 시기에 대하여 특허등록 후 9개월 이내와 특허침해 경고장을 받은 날로부터 6개월 이내의 두 가지 기간 중의 어느 하나의 기간 내에 이러한 절차를 진행하면 되는 것으로 규정하였다.[141] 그러나 2007년 법안에서는 이의제기를 할 수 있는 시기에 대하여 특허등록 후 12개월 이내로서 특허침해 경고장을 받은 날로부터 12개월 이내이면서 동시에 이러한 특허권의 존재가 신청인에게 중

138) §321. Right to oppose patent: opposition request (a) FILING OF OPPOSITION.-A person may request that the grant or reissue of a patent be reconsidered by the Office by filing an opposition seeking to invalidate one or more claims in the patent. The Director shall establish, by regulation, fees to be paid by the opposer. Copies of patents and printed publications to be relied upon in support of the request must be filed with the request. If an opposer relies on other factual evidence or on expert opinions in support of the opposition, such evidence and opinions must be filed with the request through one or more accompanying affidavits or declarations.

139) Patent Reform Act of 2007(Reported to Senate version) §321.

140) Id. §323.

141) Patent Reform Act of 2005 §323.

대한 경제적 손해를 야기할 것이라는 점에 대하여 입증을 하는 경우일 때 특허권자가 서면으로 이러한 절차에 동의하면 절차를 진행할 수 있도록 규정하였다.[142] 패소한 일방당사자는 결과에 대하여 항소할 수 있다.[143]

이러한 이의가 있으면 USPTO는 그것이 독립항이건 종속항이건 간에 최소한 하나 이상의 청구항에 무효사유가 존재하는지 여부에 대한 판단을 하여야 한다. 이 경우 특허권자는 자신의 청구항을 보정할 수 있다. 보정은 새로운 청구항을 추가하는 방법으로 이루어질 수 있다. 하지만 보정을 통하여 청구범위를 확장하는 것은 허용되지 않는다.[144]

2005. 7. 26. 자의 변경된 법안에서는 법원은 특허허여 후 이의절차가 진행된다고 하더라도 USPTO 절차의 진행을 기다려서 판결할 필요는 없다는 등의 법원에서의 소송과의 관계에 대한 4가지 경우에 대한 규정을 추가하였다.[145] 2007년 특허개혁법도 336조에서 다른 재심사절차(reexamination proceeding), 저촉심사절차(interference proceeding) 등의 절차를 무관하게 진행시킬 수 있다는 점과 소송과의 관계에서도 제337조 및 제338조에서 규정하고 있다.

6) 2010년 개정안

2010년 특허개혁법법안은 특허의 질을 담보하기 위해 당사자계 재심절차(Inter Partes Review), 보충적 심사(Supplemental Examination),[146] 사후 심사(Post Grant Review) 등을 규정하고 있다. 이 중 보충적 심사는 사후심사 중 결정계 재심사(ex parte reexamination)와의 관계에서, 사후심사는 당사자 재심사(inter partes reexamination)와 관련된 개정이다.

당사자계 재심절차는 기존의 재심사(Reexamination)와 거의 유사하지만 심사 과정에서 제3자가 제기할 수 있는 쟁점을 현행 특허법 제312조[147]에서 말하는 "특허성에

---

142) Patent Reform Act of 2007 Id. §322.

143) Id. §339.

144) Id. §332.

145) Patent Reform Act of 2005 §325(d)(3).

146) 관련문헌으로 Matthew C. Phillips & Kevin B. Laurence, "Post-Grant Proceedings under the Patent Reform Act of 2010", Intellectual Property Today 18-20(May 2010); Matthew C. Phillips & Kevin B. Laurence, "Claim Changes in Reexamination and Reissue", Intellectual Property Today 24-26(Feb. 2010).

147) 35 U.S.C. 312 Determination of issue by Director (a) REEXAMINATION.- Not later than

대한 실질적으로 새로운 쟁점(substantial new question of patentability)"에 국한하지 않고, "출원인이 발견할 수 있었던 합리적 동일성(reasonable likelihood that the petitioner would prevail)"으로 바꾸었다. 또한, 출원인이 심사과정에서 제기하였거나 제기할 수 있었던 무효사유들은 향후 소송에서 동일 청구항의 무효를 주장할 때에는 주장할 수 없도록 규정하였다.

다음으로, 보충적 심사는 사후 심사의 일부분으로 추가된 부분이다. 이 과정에서 특허권자는 실제 소송으로 진행하기 전에 적절한 선행기술을 제출할 기회를 얻을 수 있게 된다. 신규성과 진보성 심사에 있어서 심사관의 거절결정에 대항하기 위하여 청구항을 변경하기 전에 스스로 적절하다고 판단하는 선행기술을 제시할 수 있다.[148] 당사자계 재심사의 경우 사후심사의 신청 기간을 특허권허여 시점으로부터 9개월로 줄였다. 또한, 사후심사를 신청하기 위한 요건을 "최소한 1개의 이상의 청구항이 특허성이 없을 수 있는(more likely than not that at least 1 of the claims … is unpatentable)" 경우로 정함으로서 심사 개시 요건을 완화시켰다.[149]

(2) 특허권 남용의 억제

1) 도 입

특허괴물과 같이 특허투기꾼(patent speculator)들의 문제를 처리하는 것과 관련된 문제는 미국 특허법이 가지고 있는 중요한 과제 중의 하나이다. 다만 이 문제는 특허법은 그 유인구조(incentive system)가 배타적인 이익을 부여함으로써 이를 달성하기 위하여 특허권을 취득하도록 하는 것이기 때문에, 이러한 점에 대한 배려 없이 남용규제라는 관점에서만 접근하게 되면 자칫 발명자들의 발명의욕을 저하시킬 우려가 있

---

3 months after the filing of a request for inter partes reexamination under section 311, the Director shall determine whether a substantial new question of patentability affecting any claim of the patent concerned is raised by the request, with or without consideration of other patents or printed publications. The existence of a substantial new question of patentability is not precluded by the fact that a patent or printed publication was previously cited by or to the Office or considered by the Office.

148) "[a] patent owner may request supplemental examination of a patent to consider, reconsider, or correct information believed to be relevant to the patent." 35 U.S.C. §257(c)(as proposed).

149) "petitioner shall shows that there is a reasonable likelihood that the petitioner would prevail with respect to at least 1 of the claims challenged in the petition". 35 U.S.C. §257(c)(as proposed).

다는 점도 이 문제를 복잡하게 한다.

2) 불공정행위 항변

특허침해소송의 전개에 있어서 가장 많이 주장되는 항변 중의 하나가 바로 미국 특허법 제282조의 불공정행위 항변(inequitable conduct defense)이다.[150] 2005년 특허개혁법안에서는 제136조[151]의 개정과 관련하여, 특허심사의 단계에서도 이러한 불공정행위라는 요건을 가지고 심사를 할 수 있도록 하면서, 적절한 정보의 개시를 하지 않거나, 중요한 정보를 제공하지 않는 경우에 심사관이 적절한 행위를 할 수 있도록 하는 근거를 성문화하였다. 이 규정을 통하여 출원인에게 신의성실의 의무(duty of good faith)를 명문으로 부여하고자 하였던 것이다.

이러한 논의는 상당한 논쟁을 불러일으켰다. 왜냐하면 현행법상으로는 만일 심사단계에서 중요한 사실을 공개하지 않았거나, 허위로 공개하는 경우에는 특허침해소송의 단계에서 불공정행위의 항변을 통하여 그 해당특허는 집행이 불가능하게 되는 것으로 보고 있을 뿐 바로 무효가 되는 것은 아니기 때문이다.

2007년 법안에서는 제298조 개정을 통하여 주장자가 특허출원과정에서 USPTO에 중요한 사항(material information)에 대하여 허위사실을 적시하거나 중요한 사실을 은닉하였다는 사실을 명확하고 확실한 증거에 의하여 입증할 경우에는 당해 특허는 집행이 정지되거나 취소될 수 있다고 규정하면서, 불공정행위항변에 대한 주요사항인 중요성(Materiality)의 판단기준, USPTO에 대한 절차진행에 있어서 연방민사소송규칙인 FRCP(Federal Rule of Civil Procedure) 9(b)의 준용, 구제절차로서의 일부 또는 전체 청구항의 집행정지 또는 합리적인 로열티의 지급 등을 규정하고 있다.

3) 2010년의 특허개혁법안

2010년의 특허개혁법안에서도 특허권 남용에 대해서는 광범위한 논의가 이루어졌다. 특히 불공정행위 항변, 허위표시항변(False Marking defense), 제3자 정보 제공(3rd

---

150) Burlington Indus., Inc. v. Dayco Corp., 849 F.2d 1418(Fed. Cir. 1988).

151) proposed 35 U.S.C. §136(c) of the Patent Reform Act limits the defense of inequitable conduct defense to where the conduct: 1. affects the validity of an asserted claim, 2. the claim is found invalid, 3. there is evidence that the patent examiner relied upon the conduct in allowing the claim, and 4. the conduct is attributed to the patent owner. As a further limitation, the finding of reliance by the Examiner and the participation of the patent owner elements 3 and 4 needs to be proven by clear and convincing evidence. 35 U.S.C. §136(d)(3). proposed Patent Reform Act of 2005.

Party Comment) 등에 대한 제안이 중요한 쟁점사항이었다.

먼저, 불공정행위 항변은 앞서 언급한 보충적 심사제도와 관련성을 가진다. 특허권자가 관련된 선행기술을 제출하여 보충적 심사가 개시되게 되면 특허권자는 소송 이전에 USPTO가 제기하는 선행기술에 의한 불공정행위 항변을 피할 수 있게 함으로써 출원인의 의무와 출원인 보호의 균형을 꾀하였다.

다음으로 허위표시항변의 요건이 강화되었다. 특허개혁법안에서 허위표시항변을 제기할 수 있는 자는 "경쟁으로 인한 피해(competitive injury)"를 입은 자에 한정되게 되었다. 현행 제292조가 허위표시 항변의 주체를 제한하지 않고 있는 것과 대비되는 것이다.[152] 이는 특허개혁법안이 통과되는 순간 바로 발효되어 현재 계속 중인 모든 소송에 소급적으로 적용된다.

마지막으로, 제3자 정보제공은 2009년 특허법에 이어 2010년 특허법에도 법안의 일부로 포함되었다. 이 제도가 도입되면 누구든지, 출원된 특허와 관련된 발명이나, 공지기술, 출판물 등을 USPTO에 제출할 수 있다.

(3) 특허소송제도의 개혁

1) 도 입

미국의 소송제도는 우리나라에 비하여 고비용 소송구조이다. 이점은 특허개혁법 논의 과정에서도 등장한다. 그런데 단순히 변호사 비용이 많이 든다든가 하는 차원에서의 고비용만이 문제가 아니라, 소송에서의 불확실성이 높다는 점도 하나의 문제점으로 지적된다. 이러한 고비용 소송구조는 앞서 본 바와 같이 특허를 무효화시키기 어렵도록 함으로써 일단 질이 낮은 특허라도 특허로서 인정이 되고 나면 무효화가 어렵기 때문에 특허의 투기적 행사를 부추기는 원인이 되고 있다. 따라서 특허남용을 막기 위해서 취해져야 할 중요한 입법적인 조치 중의 하나가 바로 특허소송의 개혁이다.

2) 금지명령 제도의 개정

미국 특허법 제283조는 법원이 형평법상의 구제수단(equitable remedies)인 금지명령을 할 수 있도록 하고 있다.[153] 미국법상 인정되는 금지명령의 종류는 크게 3가지이

---

152) The Forest Group, Inc. v. Bon Tool Co., 590 F.3d 1295, 1300(Fed. Cir. 2009).

153) 35 U.S.C. §283(Injunction) The several courts having jurisdiction of cases under this title may grant injunctions in accordance with the principles of equity to prevent the violation of

다. 잠정적인 것으로 잠정적 금지명령(TRO: Temporary Restraining Order)과 임시적 금지명령(Preliminary Injunction)이 있고, 영구적인 조치로 영구적 금지명령(Permanent Injunction)이 있다.[154] 법원은 금지명령을 결정함에 있어서 특허권자와 침해로 주장되는 자 간의 형평을 고려하여야 한다. 이러한 형량시의 주요한 고려요소는 특허권자의 금지명령이 이루어지지 않을 경우의 회복 불가능한 손해와 그러한 금지명령으로 인하여 침해로 주장되는 자가 입게 될 손해이다.[155]

2006년 연방대법원의 이베이 판결 이전 CAFC는 금지명령 결정을 함에 있어 특허 침해가 인정되면 바로 금지명령을 명하는 소위 자동적 금지명령 결정을 하였던바, 이러한 자동적 금지명령(automatic injunction)은 특허권자로 하여금 매우 강력한 협상 수단을 가지게 하는 계기가 되었다. 특허권을 투기적으로 행사하려고 하는 자들의 입장에서는 침해로 주장된 회사의 매출이 크면 클수록 이에 따른 손해의 규모가 점증하게 될 것이므로, 이러한 점증하는 회사의 손해에 부담을 느끼게 되는 회사에 대한 협상력은 시간이 지날수록 점증하게 되고, 이러한 협상력을 이용하게 화해를 도출함으로써 실제적으로 회사들이 특허권에 대한 인정에 기초하여 화해를 하는 것이 아니라, 금지명령으로 인한 부담이 협상을 도출하게 하는 원인이 되는 경우가 빈발하였다.

만일 특허출원단계에서 특허의 질이 적절하게 통제되면, 침해자의 손실이 아무리 크다고 하더라도 침해가 자신이 입는 손실에 의하여 정당화될 수 있는 것은 아니라고 생각한다. 왜냐하면, 스스로가 손해라고 주장하는 것은 그 실질이 자신이 타인의 특허권을 침해하여 취득하는 부당한 이득의 다른 면에 지나지 않기 때문이다. 하지만 특허의 질이 심사단계에서 적절히 통제되지 않은 상황에서 자동적 금지명령 결정을 하게 되면, 이러한 금지명령은 사회적인 거래비용(transaction cost)을 증가시키는 행위로 이해될 것이기 때문이다.

2005년 미국 특허법 개정 시 이러한 금지명령 제도의 개선은 논점 중의 하나로 언급되었다. 하지만 법제화되지는 못하였고, 결국 입법에 의하여서가 아니라, 2006년 미국 연방대법원이 위의 eBay 사건 판결을 통하여 CAFC의 자동적 금지명령 결정 기준

---

any right secured by patent, on such terms as the court deems reasonable.

154) 기존연구에서는 TRO(Temporary Restraining Order)를 잠정 가처분적 금지명령, Preliminary Injunction을 가처분적 금지명령, Permanent Injunction을 영구적 금지명령으로 쓰고 있다(이규호, "미국의 특허침해금지가처분에 대한 연구", 「월간 법조」 49권 통권 524호(2000. 5.), 200-225면).

155) 상세는 최승재, "특허법상 가처분에 관한 연구", 「지식과 권리」 가을호(2008. 10.) 참조.

을 파기하는 판결을 함으로써 제어가 이루어지게 되었음은 이미 살펴본 바와 같다. 특허괴물의 경우에는 자신들이 생산 활동에 당해 특허를 이용하여 종사하지 않음으로 인하여 특허 관련 협상력이 상대적으로 제조업체들에 비하여 높다. 이러한 상황에서 금지명령까지 합쳐지게 되면, 상대의 경우에는 실질적으로 특허가 침해되었다는 점을 제외하고는 현실적으로 시장에 직접 참여하고 있지 않으므로 이로 인한 손해가 사실상 영(0)에 가까워지는데 반하여, 제조업체의 경우에는 엄청난 매출 손실을 감소함과 아울러 무형적으로 명성(名聲)에 손상을 입게 되거나, 거래선을 잃게 되는 손실을 당하게 되므로 이러한 문제를 해소하기 위하여 협상을 하여 소송상 또는 소송 외의 화해로 문제를 해결하게 되는 것이다.

금지명령을 받는 것을 어렵게 하자는 특허개혁법 논자들의 주장에 대한 반대견해도 적지 않다. 반대론자들은 소송 제기 후 확정 판결이 있을 때까지 장기간이 소요되는 특허침해소송에서 개인발명가나 특허권을 보유한 중소기업을 고려하면 금지명령의 역할은 매우 중요한데, 금지명령을 위축시키게 되면 특허권자로서는 특허침해기업이 대기업인 경우 이들에 대하여 적절한 협상력을 확보할 수 있는 수단이 없어지게 된다는 점을 들어 금지명령요건을 엄격하게 하는 것을 반대한다.

3) 손해배상제도의 개정

현행 미국 특허법 제284조 등에서 규정하는 손해배상제도는 제도설계상 과도한 배상(overcompensation)의 문제를 가지고 있다. 이러한 과도한 배상을 주는 설계를 하는 경우에는 제도의 경제적 의미는 과도한 로얄티를 특허권자가 받을 수 있도록 함으로써 실제로 사회적으로 생산되어야 하는 재화의 양에 비하여 사회적으로 더 적은 재화가 생산되게 된다는 것을 의미한다. 그러므로 이러한 제도의 개혁이 필요하다는 것이 특허개혁법을 주창하는 측의 의견이다.

이러한 견해에 대한 반대론자들은 우선 과도한 배상인지 아닌지의 판단이 용이하지 않고, 바로 이러한 보상이 특허법이 제도 본래적으로 가지고 있는 유인설계의 기본적인 아이디어라고 주장한다. 반대론자들은 특허법 개혁론을 주장하는 측에서 손해배상을 적게 하는 시스템으로 변경하려는 것은 결국 특허법이 의도하는 기술혁신의 촉진이나 발명의 증진과 같은 목적을 상실하게 할 것이라고 비판한다.

사견으로 손해배상제도에 있어서 특허법이 과도한 배상으로 이어질 수 있는 여지가 없다고 보지는 않는다. 하지만 그럼에도 불구하고 특허법은 기술혁신의 촉진과 발명의 증진 등의 목적을 위하여 특허권자를 보호하여야 법 자체의 독자적인 의의가 산다.[156] 미국에서 과잉배상의 문제가 되는 이유는 3배 배상[157]과 같은 악의침해에 대한 손해배상의 문제 때문이다. 이 제도가 배심원 재판과 결합되어 과도한 배상의 문제가 발생할 수 있다는 것이다.

악의침해(willful infringement)의 경우에 3배 배상을 하는 것과 같은 징벌적 손해배상 제도가 남용될 소지가 있다는 특허개혁법논자들의 주장은 상당한 타당성이 있다. 징벌적 손해배상제도는 미국에서 징벌(punishment)과 억제(deterrence)의 기능을 수행하고 있으며, 아울러 변호사들로 하여금 제한된 전보적 손해배상(compensatory damage) 이상의 징벌적 손해배상(punitive damage)을 추구하여 사건을 과감하게 수임할 수 있다는 장점이 있다고 설명된다.[158] 하지만 기술혁신에 있어서 오늘날과 같이 점진적 혁신이 이루어지고 있는 상황에서 침해여부의 판단이 명확하지 않은 상황이 많고, 결국 이러한 상황은 Seagate 사건에서 보는 것과 같이 로펌들의 침해여부에 대한 의견서를 받는 방법으로 해결되고 있는 상황에 비추어보면 특허의 투기적 사용이 문제되는 상황에서 징벌적 손해배상제도를 유지하는 것이 사회적으로 바람직한 것인지에 대한 논의는 미국에서는 시의적인 면이 있었다.

2009년 미국 특허개혁법(안)은 특허발명이 종래 기술에 명확한 기여를 하는 부분만을 고려하여 손해배상액을 산정하도록 되어 있다. 이는 손해배상액 산정을 전시장가치(Entire Market Value)가 아닌 특정 부분만 감안하도록 하여 손해배상액을 낮추는 효과를 가지는 개정안을 포함하고 있다. 2010년 개정안에서도 2009년의 개정안에서 시도된 손해배상에 대한 논의를 거의 그대로 채용하였다. 법원은 발생된 손해를 원고와 피고 양측의 주장에 의하여 특정하고, 배심원단에게 이를 구체적으로 산정할 구체적 지침을 줄 근거를 가지게 되었다. 또한 법원은 자신의 재량으로 손해의 발생이나

156) 특히 우리나라는 미국과 달리 과소배상의 문제가 있는 것은 아닌지 연구할 필요가 있다고 본다.

157) 35 U.S.C. §284 (b) WILLFUL INFRINGEMENT-(1) INCREASED DAMAGES.-A court that has determined that the infringer has willfully infringed a patent or patents may increase the damages up to three times the amount of damages found or assessed under subsection (a), except that increased damages under this paragraph shall not apply to provisional rights under section 154(d) of this title.

158) 정하명, "미국 징벌적 손해배상제도의 현황", 「2007 세계법제연구보고서」, 법제처(2007), 7면.

손해액의 결정에 있어서 어떠한 방식을 취하고 어떠한 요소를 고려할 것인지 판단할 수 있다. 이를 통해서 법원은 손해배상액 산정 방법 및 증거에 대하여 배심원이 법적으로 합당하고 상당한 증거에 의한 손해배상 관련 주장만을 고려할 수 있도록 하고자 하였다. 특히 2010년의 특허개혁법안에서는 침해 소송에서 손해 배상액을 산정함에 있어서 중요한 고려사항 중 하나인 악의침해를 판단하는 기준이 엄격해졌다. 현행법에서 법원은 악의침해가 있을 경우 "발견되거나 평가된 피해의 3배까지 증액할 수 있다(the court may increase the damages up to three times the amount found or assessed)"라고만 되어 있었다. 그러나 특허개혁법에서는 침해 행위가 중과실(objectively reckless)에 이르렀다는 점을 명백하고 확실한 증거(clear and convincing evidence) 기준에 의해서 입증하도록 하였다. 따라서 단순한 인식만으로는 악의침해를 인정할 수 없도록 하려는 것이 입법의도였다.

4) 특허 소송에서 최상의 실시례 요건

논란이 많았던 최상의 실시례 요건(Best Mode)은 특허개혁법에서도 삭제하지는 않았다. 다만 이를 위반하였다고 해서 당해 특허가 무효가 되는 것은 아닌 것으로 개정하였다.[159] 따라서 이 요건을 만족시키지 못하는 경우에도 일단 심사과정을 통과하여 특허권이 허여된 이상, 동 특허는 여전히 유효한 특허로 간주된다.

(4) 국제적인 정합성의 확보

1) 선발명주의에서 선출원주의로

선출원주의(first-inventor-to-file system)로 입법전환을 하는 것은 미국 특허법의 입장에서는 매우 중요한 근간의 변화를 의미하는 것이었다. 선발명주의는 기존의 특허실무가들의 입장에서는 가장 익숙한 시스템이고, 이러한 시스템의 운용에 있어서 발생하는 문제점들이 실무가들에게 오히려 기회로 작용한 면이 없지 않았다. 왜냐하면 입증이라는 관점에서 명확한 선출원주의에 비하여 선발명주의는 다소 복잡하기 때문이다. 이러한 선발명주의의 복잡성과 국제적 정합성의 결여가 미국에 끼치는 피해는

159) The best mode requirement would remain as part of the law. However, failure to fulfill the best mode requirement would no longer be an invalidity defense nor could it serve as a basis for holding a patent unenforceable. http://www.patentlyo.com/patent/2010/03/patent-reform-act-of-2010-an-overview.html(2010. 12. 25. 최종접속).

외국출원자들이 미국에서의 출원에 대하여 어려움을 겪었고, 역으로 미국 출원자들이 외국의 절차에 대하여 이해하지 못함으로 인하여 증거관계에서 무엇을 준비하여야 하는가에 대한 어려움이 있었다. 그리고 1년에 30만건 이상의 출원을 심사하는 미국에서 오로지 200건에서 250건 정도의 저촉심사가 이루어지고, 이를 실증분석한 자료에 의하면 실제 선출원자가 선발명자인 경우가 대부분이라는 점에서 선출원주의로 전환한다고 하더라도 발생하는 문제는 그렇게 크지 않다는 점도 선출원주의로의 전환이 가능하다는 주장의 논거가 되었다. 한편 미국의 경우에도 특허법 체제가 선발명주의를 취한다고 하더라도 출원을 하지 않아도 되는 것은 아니므로, 특허법 제100조(h)에서 규정하고 있는 출원일 내지 우선권을 주장하면서 출원하는 경우 그 우선권 제도에 기초한 각 출원일을 출원일로 확정하는 것은 문제가 없다.[160]

2) 선출원주의의 장점

선출원주의는 우리 법제에서는 익숙하게 적용되었기 때문에 당연히 그러한 것으로 이해가 되지만, 미국인들은 오히려 선발명주의에 익숙해져 있어서 법제 변경에 반발이 큰 점을 생각하면 선출원주의인가, 선발명주의인가의 문제는 논리필연적인 것은 아니다.

법제 간의 비교라는 관점에서 보면, 가장 큰 장점은 바로 선발명자가 가장 먼저 출원을 하면서, 법이 요구하는 수준으로 자신의 발명을 공개하면, 그와 같은 경우에는 특허를 부여함으로써 독점적인 권한을 부여하고, 대신 이러한 공개로 인하여 사회전체의 기술혁신을 촉진한다는 일련의 특허법이 가지고 있는 유인구조(誘因構造) 속에서 먼저 출원을 하면, 이러한 점에 강조점을 둠으로써 권리법률관계의 명확화에 기여할 수 있다는 점에 있다고 할 것이다.

3) 선출원주의로의 개정에 대한 찬반론

① 찬성하는 견해

찬성하는 견해의 가장 중요한 논거는 바로 선출원주의로 특허법 얼개를 개정함으로써 국제적인 정합성을 확보할 수 있다는 것이었다. 실제로 이미 국제적으로 특허법의 영역에서도 절차법적인 관점에서 출원절차에 대한 파리조약(Paris Convention)과 PCT (Patent Cooperation Treaty) 등의 조약들이 존재하고, 이러한 조약들을 통하여 출원인

160) 따라서 35 U.S.C. §102에 의하여 선행기술로 판단되는 경우에는 무효화된다는 점에서도 차이가 없다.

들은 각국에 별도로 출원하는 것과 비교하여 상대적으로 저렴한 비용으로 특허를 출원할 수 있게 되는 장점이 있다. 그런데 실체법의 조화는 절차법에 비하여 더디게 진행되고 있다.[161] 여러 당사국의 이해관계의 대립이 존재하지만, 그중 가장 대표적인 것이 바로 선출원주의와 선발명주의 간의 대립이다.

아울러 미국의 선출원주의 법제의 채택으로 인하여, 선발명자를 확정하기 위하여 필요한 절차인 '저촉심판(interference)'이라는 미국법상의 독특한 제도의 문제가 시정될 수 있다. 이 제도는 매우 복잡하고, 번잡한 절차이기 때문에 이러한 번잡한 절차의 운용으로 인하여 많은 비용이 발생하게 한다. 이 문제를 해소함으로써 거래비용이 절감될 수 있다. 또 국제적인 관점에서도 미국이 선출원주의로 바꿀 경우 여러 가지 특허법의 상이로 인해 발생하는 거래비용을 절감할 수 있는 장점이 있다.

② 반대하는 견해

선출원주의에 대하여 반대하는 견해는 이러한 특허법의 개혁이 대기업을 중심으로 하여 많은 출원비용을 쓸 수 있고, 출원비용을 사용함에 있어 제약이 적어 대규모 로펌들을 고용할 수 있는 발명자들에게는 유리하고, 그렇지 못한 개인발명가들이나 중소규모 기업들에게는 불리한 제도라고 것이었다. 왜냐하면 선출원주의라는 것이 누가 빨리 특허 출원을 하느냐에 따라서 특허권자가 결정되는 제도이므로, 이러한 제도 하에서는 결국 유능한 특허출원대리인이나 특허변호사의 존재가 특허의 허부와 관련된 승패를 좌우하게 된다는 것이다. 이러한 주장을 하는 측에서는 미국 헌법 제1조 제8항 제8호가 의미하는 바가 바로 선발명주의이기 때문에 이와 같은 선발명주의를 선출원주의로 변경하기 위해서는 특허법의 개정으로 끝나는 것이 아니라, 특허법이 위헌법률이 되는 것을 면하기 위해서는 먼저 헌법의 개정이 있어야 한다고 주장하였다.

(5) 2010년의 특허개혁법안

2010년의 특허개혁법안은 2009년과 마찬가지로 선발명주의에서 선출원주의로의 변화를 담고 있었다. 또한 이러한 변화의 일환으로서, 종전에 '최초 공개자(first-discloser)'에게 인정되어 왔던 1년간의 '유예기간(grace-period)'을 폐지하고 이른바 '파생심판(derivation proceeding)'이 이를 대신하는 것으로 규정하였다.

161) 특허실체법의 통일과 관련해서는 특허실체법조약(SPLT: Substantive Patent Law Treaty)이 있다.

(6) 신규성 및 진보성의 문제

미국에서의 특허심사 및 사법부의 판단에 있어서, 신규성 및 진보성의 문제와 관련하여 심사기준의 재검토가 필요한 것이 아닌가 하는 문제제기가 2004년 미국의 국가과학원의 보고서에서 있었다. 이 논의는 특허의 질 문제, 소송절차의 문제, 선출원주의로의 전환과 관련된 문제 등 여러 문제를 복합적으로 가지고 있는 사안이다. 특히 진보성 문제는 미국 특허법상 가장 늦게 도입된 특허요건(patent requirement)으로서 당초 기대하였던 것에 비하여 논쟁은 많이 되지만 실효성에는 의문이 있어 왔다.[162] KSR 사건에서의 판결을 통하여 미국 연방대법원은 다시 기존의 Graham 심사로의 복귀를 천명하여 진보성 판단을 통한 특허의 무효가 좀더 용이하게 된 점은 진보성 심사를 통하여 저질 특허를 걸러내겠다는 사법부의 의지로 볼 수 있을 것 같다. 미국에서 선출원주의로 개정하게 되면 신규성과 진보성을 규정하고 있는 당시 미국 특허법 제102조와 제103조의 개정이 일부 필요하게 되었다. 특히 제102조(c),(d),(f)의 경우에는 삭제가 필요하였다. 이에 따라 2007년 특허개혁법안에서도 제102조와 제103조 규정을 선출원주의에 맞추어 개정한 안을 제시하였다.

(7) 기타 개정안의 내용

그 외에도 2007년 특허개혁법안은 발명자의 개념에 공동발명자를 포함시키고, 발명자의 사망이나 장애와 같은 경우 선서대체방법을 규정하였으며, 2010년 특허개혁법안에서는 특허표시와 관련해서, 수출품의 허위표시로 인한 소송의 경우 소송 당사자를 경쟁적인 피해(a competitive injury)를 입은 자로 한정하고, 배상액의 액수를 피해액(recovery of damages adequate to compensate for the injury)에 한정하는 내용(개정안 제292조(b)), 소송관할을 명백히 더 편리한 법정(clearly more convenient)에서 하도록 하는 등의 개정 내용에 담고 있었다.

162) 미국에서의 진보성 요건의 연혁에 대해서는 최승재, "미국에서의 특허 진보성 판단기준의 전개에 대한 연구-미국 연방대법원의 KSR 사건 그 이후", 「홍익법학」, 홍익대학교 법학연구소(2008. 2.) 참조.

Ⅲ. 2011년 미국 특허개혁법의 통과

입법적인 해결은 결국 정치적인 결단의 문제이다. 미국에서 오바마 당선자 이후 민주당 정부가 특허제도와 관련하여 어떤 태도를 취할지는 명확하지 않았다. 다만 서브프라임 모기지 사태에서 촉발된 전세계적인 경제위기 상황에서 당면 현안이 많아 특허제도의 개혁이 어느 정도의 순위일지는 그리 높지 않을 것으로 보였다. 또 민주당의 지지기반인 노동계나 서부지역, 진보세력 등은 특허개혁논의에 대하여 부정적이라는 점도 특허개혁법의 의회통과가 순탄하지 않을 것으로 보이는 근거가 되었다.[163] 특히 민주당이 굳이 지지기반을 상실하면서까지 우선순위에서도 밀리는 특허개혁법을 우선적으로 처리할지에 대해서는 의문이 있었다.

그런데 이 상황에서 2011년 9월 8일 특허개혁법안은 미국 연방의회를 통과하고 2011년 9월 16일 오바마 대통령이 법안에 서명하여 법으로서 효력을 가지게 되었고, '선발명주의'에서 '선출원주의'로의 변경(U.S. patent system from a "first to invent" to a "first inventor to file" system)을 비롯한 여러 가지 법 개정이 이루어졌다. 즉, 앞서 본 바와 같은 특허개혁법안에 대한 긴 논의 끝에 도입된 새 특허법(Leahy-Smith America Invent Act)은, ① 선발명주의를 선출원주의로 변경하면서, 발명자 자신의 사전 공개 및 발명자로부터 유래된 공중 개시에 대해서만 1년의 grace period를 인정함, ② '저촉절차(interference proceedings)'를 폐지하고 그 대신에 '파생절차(derivation proceedings)'를 도입함, ③ best mode 요건을 특허무효사유에서 제외함, ④ 세금전략 및 인체기관에 관한 클레임에 대해 특허등록을 금지함, ⑤ 허위특허표시에 대한 제소 및 하나의 소송에서 복수 피고의 병합을 제한함, ⑥ 제3자 정보제공에 관한 규정을 법제화하고 그 제출기한을 확장함, ⑦ 특허침해에 대한 선사용 항변을 모든 기술분야로 확대함, ⑧ 제3자가 제한된 discovery로 USPTO에서 특허무효를 다툴 수 있는 PGR(Post-Grant Review), IPR(Inter Partes Review) 및 특허권자가 특허에 있는 불공정 행위의 문제를 정정할 수 있는 Supplemental Examination(보충심사)에 대한 절차를 창

---

163) 마이크로소프트와 같은 회사들이 회원사로 있는 BSA(Business Software Alliance)와 같은 찬성을 하는 단체가 있는 반면, AFL-CIO와 같은 미국내 최대 산업별 노조와 전미특허실무가연맹(National Association of Patent Practitioners), 혁신연대(Innovation Alliance) 등이 반대하였다.

설함, ⑨ BPAI를 PTAB으로 개명하며, PGR 및 IPR 절차를 처리하게 함 등을 주요 내용으로 하였다.[164)]

그리고 특히 심판절차가 대폭 개혁이 되면서 이후의 특허실무에 큰 영향을 주고 있다. 이처럼 특허법의 입법의 문제는 민주당 정권인지, 공화당 정권인지의 문제가 아닌 국가경쟁력 자체의 문제인 것이다. 우리도 이와 같은 특허법에 대한 인식이 필요하다.

미국 특허개혁법 입법으로 인해서 유의할 점은 2011년 법개정에도 불구하고 이전의 특허들은 여전히 종래법이 적용되므로 현재 미국 특허법은 2개의 법을 동시에 이해하여야 하는 상황이다. 이 책에서도 이런 점을 감안하여 기술하였다.

Ⅳ. 미국 특허개혁법 입법과정이 주는 시사점

1. 개 관

미국에서의 특허개혁법 논의는 특허의 질 개선이라는 관점과 특허남용의 억제와 관련된 점에서 시사적이다. 또 미국에서 국제적인 정합성의 확보를 위하여 선출원주의로 변경하면서 우리 특허 실무계나 기업들도 특허출원의 편의성은 높아질 것이다. 이 중 특허의 질 개선과 관련된 논의는 2007년 미국 연방대법원이 선고한 KSR 사건[165)] 에서의 미국 연방대법원의 결론에서도 알 수 있는 것과 같이 특허의 남발은 기술혁신을 촉진하기는커녕 오히려 기술혁신을 질식시키고, 이러한 특허권의 남용을 통하여 약한 특허를 이용한 투기적인 행위들을 조장할 뿐이라는 점을 우리나라의 입법자들과 행정부 및 사법부에서도 항상 염두에 두어야 한다.

미국이 출원과 관련하여 선출원주의로 변화한 것은 우리의 관점에서 매우 바람직한 전환이라고 생각된다. 미국이 국제적인 정합성을 가지는 방향으로 특허법을 개혁한 것은 우리의 관점에서도 미국 출원시 별도의 추가적인 거래비용을 줄일 수 있다는 장점이 있기 때문이다. 미국의 특허개혁법과 관련된 특허의 질 개선 및 투기적 특허권 이용의 제한을 위한 일련의 조치들은 우리 특허법의 관점에서는 오히려 기존의 우리

164) 이해영, 『미국특허법(Ⅱ)』, 한빛지적소유센터(2013), 16면.
165) KSR International Co. v. Teleflex Inc. et al., 550 U.S. 398, 127 S.Ct. 1727(2007).

특허청의 실무나 법원의 판단이 상대적으로 이러한 투기적 이용을 제약함으로써 소위 특허괴물이 등장하여 사회적 후생을 감소시키는 행동을 제약하는 기능을 수행하고 있었다는 점에서 우리의 현재 특허실무에 정당성을 부여하는 면이 있다.

우리나라의 주요 무역 상대국인 미국 특허법이 가지는 중요성을 감안하면, 미국 특허법의 개혁논의에 대해 지속적으로 관찰하고 이에 대응할 수 있도록 기업들뿐만 아니라 우리 특허법 관련 전문가들의 노력이 요구된다. 이를 통하여 변화하는 환경에서 우리가 국내적인 기술강국의 입지를 다지면서 혁신국가로서의 기틀을 갖추고 급격히 어려워지는 대외무역환경에서 적절한 특허전략을 구사하여 최선의 공격과 방어를 할 수 있도록 하여야 국부를 키울 수 있을 것이다. 전세계적인 경제위기 상황에서 미국에서의 지적재산권에 대한 논의의 전개를 살펴보는 것은 우리나라가 취할 국가적 경쟁전략을 수립하는데 분명히 도움이 될 것이다.

2. 정부 등 공적주체에 대한 시사점

(1) 특허질의 관리

1) USPTO의 전략적 방향(Strategic Framework of the USPTO) 보고서

미국 특허청의 이러한 상대적으로 낮은 특허 심사 기준은 많은 특허를 허용하는 방향으로 작동하였을지는 몰라도 상대적으로 질이 낮은 특허들이 다수 출원되고 등록되도록 함으로써 특허권의 남용 내지 특허권을 이용한 투기적 행위가 발생할 수 있는 토양을 제공한 면이 있다. 바로 이러한 비판을 고려하여 미국특허청도 2007년 자체적으로 'USPTO의 전략적 방향(Strategic Framework of the USPTO)'이라는 특허의 질을 개선하기 위한 전략보고서를 작성하였다. 심사 단계에서부터 특허청이 스스로 인력을 증원하고 심사관의 역량을 강화하는 방식으로 해소하여야 하겠다는 등의 내용을 기술하고 있다.[166]

2) 우리 특허청의 경우

이러한 점에서 상대적으로 우리 특허청은 우수한 심사관을 보유하고 있으며, 이들은 신속하면서도 엄격한 심사를 해오고 있었고, 질에 대한 통제를 미국의 경우보다 더

166) 이 보고서에는 심사관과 관련된 언급이 많은데, 이를 슬로건으로 'Hire, train, retain, and hotel'이라고 부르고 있다.

욱 잘 해오고 있었다고 보인다. 이 점은 전세계 모든 특허청의 유지하여야 할 중요한 덕목이다. 심사단계와 등록이후단계에서의 검증이라는 2단계 중에서 전자를 상대적으로 느슨하게 하게 이해관계인이 무효 등을 통해서 특허질을 검증하도록 하는 경우 무효율의 증가로 인해서 사회적인 비판을 받을 수 있고, 심사단계에서 거절을 많이 하게 되면 특허출원이 감소하면서 특허외의 다른 지식재산권 제도에 의한 보호시도가 늘어나게 될 가능성도 있어서 특허질 향상이라는 주제는 이 가운데에서 적절한 균형점을 찾아가는 과정이라고 생각된다.

(2) 특허권 남용의 억제

1) 소위 특허괴물(patent troll)론

특허의 투기적 행사(patent exploitation)의 제한과 관련된 장치 추가의 고려가 필요한가 하는 논의와 관련하여 늘 같이 논의되는 것이 소위 '특허괴물'이다. 우리나라에서 소위 '특허 괴물'과 관련된 논의는 언론에서의 적극적인 이슈화와 맞물려서 학술적인 논문으로도 여러 편이 발표된 바가 있다.[167] 이러한 특허괴물과 관련된 논의는 지나치게 '괴물'이라는 용어례에 집착하여 부정적인 면만을 부각한 점이 많았다.[168] 오히려 '투기적 특허 행사(speculative patent exploitation)'라는 표현이 타당하다.[169] 왜냐하면, 소위 '특허 괴물'은 특허소송제도를 통하여 정당한 수준 이상의 보상을 추구함으로써 사회적으로 적정한 수준 이하의 생산만이 하도록 하는 부정적인 영향이 있을 수 있다는 점과 기존에 불용(不用)특허를 매입하여 이를 활용함으로써 불용특허의 거래가 이루어지는 제2차 시장(secondary market)을 만들어 유통시장 활성화에 기여하고, 특허제도 발전에 기여한다는 긍정적인 면을 모두 가지고 있기 때문이다. 그러므로 특허 괴물이라는 이름으로 불리는 회사들이 단순히 자신이 직접 생산활동을 하지 않는 주체(non- performing entity; NPE)라는 점에서 비난하고 규제하려고 할 것이 아니라, 이들의 행위 중에서 사회적 거래 비용을 증가시킴으로서 사회적 후생의 감소를 초래하는

---

167) 정연덕, "특허권 남용과 이에 대한 방안: Patent Troll을 중심으로", 「산업재산권」 통권 22호(2007. 4.), 69-100면; 신승남, "eBay 판결 이후 한국 IT 기업들의 미국 시장에서의 특허권 위험관리 전략에 대한 시사점", 「비교사법」 제14권 제2호 통권 제37호(2007.6.), 447-479면; 정차호, "특허의 침해 금지권에 관한 ebay 판결: 특허권의 몰락", 「지식재산21」 통권 96허(2006.7.), 51-74면.

168) 최승재, "특허괴물은 정말 괴물인가", 「특허와 상표」(2008. 1.) 참조.

169) 미국 '특허개혁법 2007'에서는 '특허 투기(patent speculation)'라는 용어를 사용한다.

투기적 행위만을 규제의 대상으로 하는 것이 옳다.

2) 금지명령

특허괴물이 특허권을 투기적으로 행사하기에 한국시장은 금지명령의 관점에서 그리 적당한 시장은 아니다. 우리의 심사는 미국 연방대법원이 eBay사건에서의 취하였던 전통적인 4요소심사(four prong test)와 유사하다.170)

우리 대법원은 이미 특허침해금지가처분과 같은 만족적 가처분의 경우, "임시의 지위를 정하기 위한 가처분을 필요로 하는지 여부는 가처분신청의 인용 여부에 따른 당사자 쌍방의 이해득실관계, 본안소송에 있어서의 장래의 승패의 예상, 기타의 제반 사정을 고려하여 법원의 재량에 따라 합목적적으로 결정하여야 할 것이므로 가처분채권자가 신청 당시에 실체법상의 권리를 가지고 있다 하더라도 그 권리가 가까운 장래에 소멸하여 본안소송에서 패소판결을 받으리라는 점이 현재에 있어 충분히 예상되는 경우에는 필요성이 없다고 풀이하는 것이 상당하고, 더구나 특허권침해의 금지라는 부작위의무를 부담시키는 이른바 만족적 가처분일 경우에 있어서는 보전의 필요성 유무를 더욱 신중하게 결정하여야 할 것으로서 만일 가처분신청 당시 채무자가 특허청에 별도로 제기한 심판절차에 의하여 그 특허권이 무효라고 하는 취지의 심결이 있은 경우나, 무효심판이 청구되고 그 청구의 이유나 증거관계로부터 장래 그 특허가 무효로 될 개연성이 높다고 인정되는 등의 특별한 사정이 있는 경우에는 당사자간의 형평을 고려하여 보전의 필요성을 결한 것으로 보는 것이 합리적"이라 하였다.171)

이러한 판시에 비추어 보면 만족적 가처분에 관하여 우리 법원은 이미 특허침해금

---

170) 이러한 논의에 대한 상세는 최승재, "특허법상 가처분에 관한 연구", 「지식과 권리」 가을호(2008. 10.) 참조.

171) 대법원 1993. 2. 12. 선고 92다40563 판결. 대법원은 민사집행법 제정 이후에도 이와 같은 태도를 유지하고 있다. "민사집행법 제300조 제2항의 임시의 지위를 정하기 위한 가처분이 필요한지 여부는 당해 가처분신청의 인용 여부에 따른 당사자 쌍방의 이해득실관계, 본안소송에 있어서의 장래의 승패의 예상, 기타의 제반 사정을 고려하여 법원의 재량에 따라 합목적적으로 결정하여야 할 것이고, 더구나 가처분채무자에 대하여 본안판결에서 명하는 것과 같은 내용의 특허권침해금지라는 부작위의무를 부담시키는 이른바 만족적 가처분일 경우에 있어서는 그에 대한 보전의 필요성 유무를 판단함에 있어서 위에서 본 바와 같은 제반 사정을 참작하여 보다 더욱 신중하게 결정하여야 할 것이므로, 만일 가처분신청 당시 특허청에 별도로 제기된 등록무효심판절차에서 그 특허권이 무효라고 하는 취지의 심결이 있은 경우나, 등록무효심판이 청구되고 그 청구의 이유나 증거관계로부터 장래 그 특허가 무효로 될 개연성이 높다고 인정되는 등의 특별한 사정이 있는 경우에는 당사자 간의 형평을 고려하여 그 가처분신청은 보전의 필요성에 대한 소명이 없거나 부족한 것으로 보아 이를 기각함이 상당하다"(대법원 2007. 6. 4. 자 2006마907 결정 등).

지가처분의 파괴력에 대하여 이미 충분히 인식하고 있고, 실무상으로도 이후의 판례에서 이러한 기조를 유지하고 있으므로 미국의 eBay 사건과 같은 법원의 판결이나, 특허개혁법에서 시정하려고 하는 가처분의 남용가능성은 상대적으로 적다.

3) 진보성의 판단

우리 실무는 진보성의 판단을 목적, 구성, 효과를 대비하여 목적에 특이성이 없다, 구성에 곤란성이 없다, 효과에 현저성이 없다는 식으로 판단하여 진보성을 부정하여 왔다.[172] 대법원은 그간 미국 연방 항소법원의 TSM 심사의 요소들인 선행기술에 동기나 유인, 시사 등을 진보성 판단요소로 고려하면서도 여타의 다른 요소들도 종합적으로 고려하는 방법으로 판단을 하였다.[173] 이 판결을 비롯하여 우리 대법원은 미국의 그래엄 심사에서의 상업적 성공의 고려에 대한 점[174]이나 기본이론으로서의 사후적 고찰의 금지[175] 등을 판시내용에서 언급하여 하급심에 대한 지도적인 기능을 하고 있다. 우리 특허법원에서도 공지된 기술을 결합함에 있어서 형식적으로 구성의 개시유무만을 따지지 아니하고 발명이 이루고자 하는 해결과제 및 작용효과도 함께 고려하여 발명의 진보성 여부를 종합적으로 판단하고 있다.[176] 이와 같은 우리 대법원의 태

---

172) 예를 들어, "비교대상발명에 비하여 구성의 곤란성이 없고 그 효과 역시 비교대상발명의 화합물에 주지관용기술인 약학적 허용담체를 부가하여 약학 조성물을 제조할 경우 충분히 예측할 수 있는 정도에 불과할 뿐 현저하다고는 할 수 없으므로, 위 제1, 2항 발명은 통상의 기술자가 비교대상발명과 주지관용기술의 결합에 의하여 용이하게 발명할 수 있어 진보성이 부정된다."고 한 사례(대법원 2010. 5. 27. 선고 2008후1203 판결).

173) 대법원 2007. 9. 6. 선고 2005후3284 판결. 이 판결에서 우리 대법원은 "어느 특허발명의 특허청구범위에 기재된 청구항이 복수의 구성요소로 되어 있는 경우에는 각 구성요소가 유기적으로 결합한 전체로서의 기술사상이 진보성 판단의 대상이 되는 것이지 각 구성요소가 독립하여 진보성 판단의 대상이 되는 것은 아니므로, 그 특허발명의 진보성 여부를 판단함에 있어서는 청구항에 기재된 복수의 구성을 분해한 후 각각 분해된 개별 구성요소들이 공지된 것인지 여부만을 따져서는 안 되고, 특유의 과제 해결원리에 기초하여 유기적으로 결합된 전체로서의 구성의 곤란성을 따져 보아야 할 것이며, 이 때 결합된 전체 구성으로서의 발명이 갖는 특유한 효과도 함께 고려하여야 한다. 여러 선행기술문헌을 인용하여 특허발명의 진보성을 판단함에 있어서는 그 인용되는 기술을 조합 또는 결합하면 당해 특허발명에 이를 수 있다는 암시 · 동기 등이 선행기술문헌에 제시되어 있거나, 그렇지 않더라도 당해 특허발명의 출원 당시의 기술수준, 기술상식, 해당 기술분야의 기본적 과제, 발전경향, 해당 업계의 요구 등에 비추어 보아 그 기술분야에 통상의 지식을 가진 자가 용이하게 그와 같은 결합에 이를 수 있다고 인정할 수 있는 경우에는 당해 특허발명의 진보성은 부정된다."고 판시하여 진보성 판단기준을 제시하였다.

174) 대법원 2005. 11. 10. 선고 2004후3546 판결.

175) 대법원 2007. 8. 24. 선고 2006후138 판결.

176) 대법원 2007. 9. 6. 선고 2005후 3284 판결, 특허법원 2007. 4. 12. 선고 2006허5355 판결, 특허법원 2007. 8. 30. 선고 2007허1893 판결, 특허법원 2007. 10. 11. 선고 2006허10913 판결 등.

도는 기본적으로 미국 연방대법원이 KSR 사건에서 취한 Graham 심사기준과 유사하다.[177]

3. 기업 등 사경제주체에 대한 시사점

2000년 이후 한국 기업의 법무조직은 급격하게 성장하였다. 우리 기업들은 2000년대 중반 이후 여러 특허소송을 경험하였다. 이 과정에서 특허에 대한 이해도를 높이고 전문인력을 채용하여 조직역량을 강화하였지만 글로벌 기업들에 비하면 여전히 보완이 필요하다. 이런 점에서 내부 법무 및 특허조직의 역량강화는 지속적으로 이루어져야 한다.[178] 삼성과 애플의 소송이 글로벌 특허소송에 대한 국가적인 중요성을 인식할 수 있게 하였고,[179] 2022년 국제사법 개정[180]을 통해서 우리 법원의 국제재판관할을 확장하였다. 이 과정에서 가장 많은 쟁점은 역시 국제특허소송이라고 할 것이다.[181] 이런 점에서 우리 기업들의 노력은 지속되어야 한다. 특히 우리나라 기업간의 주요한 지적재산권 분쟁의 경우에도 미국법원이나 무역위원회의 절차로 이루어진다는 점은 우리에게 주어진 과제이다.[182]

---

177) 우리 특허 실무와 관련된 전개에 대하여는 최승재, "특허의 진보성 판단의 구조와 진보성 판단기준에 대한 연구(상) – 한국과 미국의 판례를 중심으로", 「지식과 권리」 2007년 가을·겨울호(2007), 14-30면 참조. 각국의 진보성 기준의 개관으로 황영주, "특허의 진보성 판단에 관한 각국기준의 개괄적 비교", 특허법원 개원 10주년 기념논문집: 특허소송연구 특별호 특허법원 개원 10주년 기념논문집(2008), 119-146면. 대법원의 판단기준이 사후적 고찰의 위험에서 자유롭지 못하고, 객관성을 결한 기준으로 인해서 진보성 판단의 예견가능성이 떨어진다는 비판이 있다.

178) 최승재, "사내특허조직의 운용과 사내변호사의 역할", 「법률신문」(2009. 1. 8.).

179) 2011. 4. 애플이 미국 법원에 삼성전자를 상대로 스마트폰 디자인 및 특허침해를 했다는 청구원인으로 시작된 이 사건 소송은 이후 독일, 일본 등 여러 국가에서 계속되었다가 2018. 6. 양사가 미국 소송을 제외하고 합의로 종결하기로 함으로써 어느 정도 일단락되었다. 우리 법원의 판결로 서울중앙지방법원 2012. 8. 24. 선고 2011가합39552판결이 있다. 이후 항소심은 양사가 소 취하를 함으로써 판결이 선고되지 않았다.

180) 국제사법 전부개정, 국제재판관할 2022. 7. 5. 시행.

181) 이에 대한 상세는 최승재·이종혁·신동환, 『국제적 특허분쟁의 재판관할에 관한 연구』, 법원행정처, 2022. 8. 31. 참조.

182) 대표적인 사건으로 엘지화학과 에스케이이노베이션간의 배터리 소송, 대웅제약과 메디톡스간의 보톡스 소송이 있다.

제 3 절 특허법의 철학적인 기초

1. 도구주의적 관점(Instrumental Rationales)

(1) 특허권의 존재 의의

특허권에 대한 이해는 도구적인 관점에서 접근하여 보상이론으로 설명하는 견해와 특허를 자연권으로 보는 견해가 있다. 전자가 미국법의 태도이다. 도구주의적 견해는 법을 본질적으로 실용적인 것이며, 사회적으로 구체적인 이익을 도모하기 위한 수단으로 이해한다. 그러므로 특허법은 본질적으로 여러 가지 사회정책에 영향을 받고 이에 기여하여야 한다. 이런 관점에서 보면 특허권의 가장 본질적인 속성인 배타성(exclusivity)은 사회적으로 달성하려고 하는 바람직한 결과, 다시 말해 기술혁신을 위한 도구일 뿐이다.[183]

미국 특허법은 자연권으로 특허권을 이해하지 않는다. 보상이론(reward theory)의 시각에서 바라보는 특허권은 기술혁신을 도모하기 위해서 사용되는 도구일 뿐이다. 인간의 행동을 유인할 수 있는 대가를 줘야 하고, 자신이 노력을 들여서 연구한 성과를 공개할 것을 요구하기 위해서는 그에 대한 보상을 하여야 기술혁신이 지속적으로 이루어진다.[184] 결국 특허법이 전제하는 인간상은 "보상해주지 않으면, 결코 자신이 가진 것을 공유하지 않고 혼자서 독식하고자 하는 이기적 존재"이자 "인센티브에 이끌리는 인간"이라고 본다. 우리사회는 기술개발자들을 독려할 수 있고 개발된 기술을 전사회적으로 공유시켜 산업개발을 유도할 수 있으려면 특허제도를 유지하고, 특허권자를 보호하여야 하여야 한다. 왜냐하면 특허제도는 발명자에 대한 보상체제(reward system)로서 발명자가 자신의 발명을 사회에 공개하는 것에 대한 대가이기 때문이다. 그런 의미에서 특허권은 선험적으로 결정되어 있는 것이 아니며, 인간이 사후 정책적 관점에서 고안하고, 결정하는 제도적 도구일 뿐이다.

후자는 특허권을 인권의 관점에서 접근하려는 관점이다. 영국의 철학자 존 록크

183) Roger Schechter, 「Principles of Patent Law」, Thomson West(2004), p. 9.

184) Solow는 1909년에서 1949년의 자료를 분석하여 기술혁신이 이 기간 동안 인간의 생산성 향상의 80~90%정도를 차지한다고 설명한다. Solow R.M., "Technical Change and the Aggregate production function", 39 Review of Ecnomics and Statistics 312(1957).

(John Locke)가 대표적으로 이 이론을 지지한다.[185] 1791년 프랑스 특허법 전문(前文)을 보면 "모든 신규사상은 원래 그것을 생각해낸 자에게 속하는 것인데, 만약 공업적인 발상이 그것을 제작한 자의 재산으로 인정되지 않는다면 그것은 인권을 그 본질에서 무시하는 것이다."[186]라고 선언함으로써 지적재산권자의 보호를 인권적인 보호로 이해하였다. 현대적인 관점에서도 이러한 견해를 지지하는 로크주의자들이 있으며, 이들은 혁신가들의 노력(labor)에 대한 보상으로 주어지는 특허권은 자연권으로 자신들의 노력으로 이루어진 결과물에 대한 통제권을 당연히 가져야 하며, 타인이 그 권리를 사용하려면 당연히 보상을 하여야 하는 것이라고 특허권을 설명한다.[187]

(2) 특허권의 존재이유

특허권은 지대 추구 행위(rent seeking behavior)[188]를 도모하도록 하는 기회를 제공함으로써 사람들로 하여금 발명을 도모하도록 하는 법제이다. 지대가 발생하는 원인은 여러 가지가 있을 수 있는데 법률적인 장벽이 있는 경우가 발생의 중요한 사유 중의 하나이다. 특허법의 예를 들어 보면, 법이 출원일로부터 20년의 기간 동안 배타적인 권리를 보장하여 줌으로써 다른 사람은 특허권자가 등록한 청구범위에 대하여는 무단히 이를 사용할 수 없게 함으로써 특허권자에게 지대를 누릴 수 있도록 하는 것이다.[189]

---

185) John Locke, 「Two Treatises of Government」, Peter Laslett 2nd ed. (1967).

186) 吉藤幸朔 저, 유미특허법률사무소 역, 「特許法槪說(13판)」, 대광서림(2005), 29면.

187) 이러한 현대적인 해석과 관련하여 Wendy J. Gordon, A Property Right in Self Expression: Equality and Individualism in the Natural law of intellectual Property, 102 Yale L.J. 1533 (1993) & Wendy Lim, Towards Developing a Natural Law Jurisprudence in the U.S. Patent System, 19 Santa Clara Computer & High Tech. L. J. 559(2003).

188) 이 개념의 의미에 대하여 'The expenditure of resources in order to bring about an uncompensated transfer of goods or services from another person or persons to one's self as the result of a "favorable" decision on some public policy. The term seems to have been coined(or at least popularized in contemporary political economy) by the economist Gordon Tullock. Examples of rent-seeking behavior would include all of the various ways by which individuals or group lobby government for taxing, spending and regulatory policies that confer financial benefits or other special advantages upon them at the expense of the taxpayers or of consumers or of other groups or individuals with which the beneficiaries may be in economic competition.' http://www.auburn.edu/~johnspm/gloss/rent-seeking_behavior(2008. 3. 20. 최종접속).

189) 특허권이 이용권이라는 적극적인 권리가 아닌 배제권이라는 소극적 권리로서 소유권과 본질적으

특허제도는 선발명주의를 취하는 경우와 같이 최초로 발명하거나, 미국, 한국, 일본 등 많은 국가가 채택하고 있는 선출원주의의 경우와 같이 최초로 출원한 자에게 특허권이라는 권리를 주고, 이러한 특허권자가 특허권을 독점하면서, 그로 인한 지대(rent)를 누리도록 하는 제도이며, 2위 이하의 발명자 내지 출원자에게는 아무런 보상을 하여 주지 않음으로써 발명자들의 지대에 대한 욕구를 최대화시켜, 자신의 발명을 신속하게 공개하도록 하는 메카니즘(Mechanism)이다.

왜 이런 제도가 필요한가. 유형재의 경우에는 사과 한 개가 있을 경우 이 사과를 갑(甲)이 먹어버리면 을(乙)은 먹을 수 없다. 그러나 좋은 경치는 갑(甲)이 본다고 해서 을(乙)이 볼 수 없게 되는 것이 아니다. 이 두 재화의 특허성은 배제가능성(Excludability)과 경합성(Rivalrousness)으로 설명된다.[190] 좋은 경치는 배제가능성과 경합성이 없는 공공재(public goods)와 같은 성격을 가지고 있고, 공공재는 필연적으로 저생산(underproduction)의 문제에 봉착하게 된다. 공공재의 경우에는 자신들이 생산한 재화에 대하여 어느 정도의 가격을 부담시켜야 하는지를 알기 어렵고, 그러므로 통상 공공재는 정부에서 제공한다.

그런데 기술혁신도 이런 공공재적인 특성을 가지고 있어 배제가능성이 없다. 그래서 쉽게 모방자의 먹이가 된다. 많은 연구・개발비나 창작의 고통을 느끼지 않으면서 쉽게 모방이 된다면 스스로 연구를 하지 않고 다른 사람이 연구를 하기를 기다려 결과가 나오면 모방을 하려고 할 것이다. 이런 외부성(externalities)을 극복하지 못하면 기술혁신은 이루어질 수 없다. 그렇게 되면 소비자들도 새로운 기술을 접할 수 없게 된다. 이 상황이 누구도 나서려 하지 않는 집단행동(collective action)의 문제를 유발하게 되므로, 특허법이 없는 상태의 이런 문제들을 극복하기 위해서는 특허법을 만들어서 제도적으로 연구자들의 기술혁신을 뒷받침하여야 한다. 그러므로 특허법은 시장의 실

로 다름에도 소유권적인 구성을 하는 것이 문제라고 지적하면서 지식권이라는 새로운 권리를 만들어야 한다는 주장이 제기되었다. 윤권순, "특허권 재해석을 통한 특허괴물 현상 분석과 지식권의 제안", 충북대학교 법학박사학위논문(2010). 한편으로는 유럽에서 "소프트 IP"라는 논의가 등장하는 등 현재의 특허권이 가지는 메카니즘상의 한계를 극복하기 위한 논의가 이루어지고 있다.

190) Paul A. Samuelson, "The Pure Theory of Public Expenditure", Review of Economics and Statistics, The MIT Press(1954). 사뮤엘슨의 논리에 대한 설명은 재정학 교과서에서 잘 설명되고 있다. 이준구, 『재정학』, 다산출판사(2010) 참조. 한편 경제학자인 Arrow 교수는 발명이 경합성이 없음을 경제학적으로 입증하였다. Kenneth Arrow, Economic Welfare and the Allocation of Resources for Invention, Princeton University Press(1962).

패(market failure)를 법률적으로 개입함으로써 시정하는 것을 그 내용으로 하는 법이다. 그리고 그 방법으로 특허법은 혁신자에게 재산권을 부여하고, 혁신자가 제3자의 침해로부터 자신의 권리를 지킬 수 있도록 하였다.

이런 방식이 물권적 방식(property rule)이라고 할 수 있다.[191] 이런 특허권을 인정함으로써 한편으로서는 사회적인 거래비용을 줄이게 된다. 왜냐하면 누가 특정한 기술을 가지고 있는가를 확인하기 위해서 단순히 특허를 검색하여 봄으로써 누구로부터 특정한 기술을 받으면 될지 쉽게 알 수 있기 때문이다.[192]

2. 산업정책으로서의 특허법[193]

(1) 특허대상의 결정

도구적인 특허관의 시각을 이해하기 위해서 무엇에 대하여 특허를 부여할 것인가의 문제를 살펴보자. 어떤 기술에 대해 특허를 부여할 것인가에 하는 문제에 대한 결론은 선험적으로 결정된 것이 아니라, 특허정책에 의해 결정되는 것이다.[194] 입법기술적인 관점에서 입법적인 절차를 통한 개정과 법 해석을 통한 현실적인 개념 확장 사이에는 시간적인 간극이 존재한다. 그 시간적인 차이로 인해 산업정책적인 고려를 반영할 수 없게 되기도 한다. 그러므로 미국 특허법은 특허대상에 대한 개념정의를 발명은 발명이라는 식으로 하여 사실상 정의하지 않고 있다. 이에 따라 미생물발명에서의 '차크라바티 사건'에서부터 비즈니스모델의 특허성과 관련된 '스트리트 뱅크 사건'까지 일련의 판결들을 통해서 새로운 기술의 진보와 법적 대응간의 간극을 보충하고 있다.[195]

---

191) F. Scott Kieff, "Property Rights and Property Rules for Commercializing Inventions", 85 Minn. L. Rev. 697(2000).

192) Robert P. Merges, "Intellectual Property and the Costs of Commercial Exchange", 93 Mich. L. Rev. 1570(1995).

193) 최승재, "생명공학특허를 통하여 본 특허성의 의미", 「법률신문」, 2007. 1. 11.

194) '발명은 발명(Invention means invention)'이라고 정의하여 사실상 정의 규정이 없는 미국 특허법과 달리, 우리 특허법은 제2조는 발명을 자연법칙을 이용한 기술적 사상의 창작으로서 고도한 것이라는 정의한다. 그러나 사견으로 필자는 의미 있는 정의라고 생각하지 않는다.

195) 이런 예로 "우리나라의 경우 특허법을 개정해 2006. 10. 1.부터 식물발명 중 무성번식식물만 보호하는 규정을 삭제하여 종자번식식물도 보호받을 수 있도록 종자번식하는 유전자변형식물의 보호도 가능하도록 하였다. 왜냐하면 우리의 경우 씨앗으로 번식하는 식물의 경우에는 특허를 인정하지 않았기 때문에 특정유전자를 삽입한 콩과 같은 유전자변형식물에 대하여 법적으로 보호받지 못했다"는 내용을 볼 수 있다. 개정전 특허법은 제31조에서 "무성적으로 반복생식할 수 있는 변종식

그리고 2010년 6월 Bilski 판결에서 연방대법원은 다시 특허대상을 줄이기로 "결정"한 것이다.

(2) 사회적 비용과 특허성의 인정

특허대상으로 포함함에 있어서 고려하여야 할 것은 특허를 인정한다는 것 자체가 사회적인 비용(social cost)을 유발한다는 것이다. 이러한 사회적인 비용이라는 것은 특허를 출원하는 스스로의 거래비용으로서의 출원비용, 등록비용, 유지비용 등의 일련의 직접적인 비용(expense) 개념에 국한되어 의미하는 것이 아니라, 특허제도로 인하여 사회가 부담해야 하는 경제학적 비용을 의미하는 것이다. 따라서 회계학적 비용을 의미하는 것이 아니다. 이러한 사회적인 비용의 관점에서 특허의 인정이 －특정한 영역에서의 특허의 인정의 문제가 아니라 전반적인 관점에서－ 문제되는 극단에 있는 영역의 문제가 바로 소위 특허괴물 문제이다. 이러한 특허괴물들은 스스로는 아무런 생산을 하지도 않으면서 오로지 자신의 회계장부에 특허라이선스와 특허권 침해소송 등을 손배배상으로만 수익을 발생시켰다고 기표하는 일련의 개인 또는 기업들로서, 이러한 회사들의 경우가 오히려 기술적인 진보를 제약하고 있는 요소로 파악되고 있다.[196]

특허성은 사회적 비용 야기 효과라는 여러 측면에서의 사회적 스펙트럼의 극단적인 한 축에 있다고 할 것이다. 하지만 사회적인 비용을 유발한다고 하여 특허제도의 가치가 부인되는 것은 아니다. 이는 비유적으로 자동차가 유발하는 사회경제적인 비용이 이산화질소 등의 배출을 통한 외부효과(externality)로서 그것의 측정을 생산함수 접근방법을 취하든, 손실함수 접근방법을 취하든 어떤 산출방법에서의 차이를 무시하고 그 크기는 논란이 있을 수 있겠지만 상당한 정도의 사회적 비용을 유발하고 있고, 교통사고를 통하여 사망하거나 상해를 입음으로 인하여 발생하게 되는 인력의 손실이라

물을 발명한 자는 그 발명에 대하여 특허를 받을 수 있다."라고 규정해 무성생식의 경우로 식물발명특허를 한정했다. 그런데 이러한 특허 대상에 대한 규정은 제2조와의 관계에서 그 범위를 제한하는 역할을 한 것으로 우리와 경쟁하는 다른 국가의 경우에는 이러한 식물발명의 보호범위를 무성생식에 제한을 하지 않는 점과 비교한 것이 아마도 입법적인 개정에 결정적인 이유가 되었을 것이고, 이 규정의 경우에는 너무도 명확히 무성생식이라고 규정하고 있었기 때문에 해석을 통한 유성생식에 대한 특허성의 인정이 어려웠던 사정이 있었다.

196) 특허괴물(patent troll)이라는 용어의 사용이 법률가의 관점에서 타당한지에 대하여는 의문이 있다. 사견으로 NPE(Non-Practicing Entity)라는 용어를 사용하는 것이 타당하다고 본다.

는 사회적인 비용 역시도 상당하다는 것을 우리는 이미 직관적으로 알고 있지만 그렇다고 자동차를 더 안전하게 만들고 안전관련 법제를 정비해야 한다고 주장하는 것이 대체적인 견해이지 자동차를 없애고 다시 걸어 다니거나 우마차를 타거나 인력거 내지 가마를 타고 다니자고 주장하는 견해가 발견되지 않는다는 －있을지도 모르겠지만 모든 생각이 견해가 되는 것은 아닌 것이라고 보이므로 사상하기로 하고－ 것과 같은 맥락이다. 결국 특허로 인하여 야기될 수 있는 사회적인 비용을 최소화하거나 사회적인 비용에 비해 그 효용이 그 비용을 초과하게 되는 경우 내지 최소한 특허친화적인 시각에서 비용 정도의 효용은 있어야 특허성을 인정할 수 있을 것이고, 이러한 특허성의 인정으로 인해 당해 기술이 관련되는 영역에서 발명을 보호 장려하고 그 이용을 도모함으로써 기술 발전을 촉진해 산업발전에 이바지할 수 있게 된다.

(3) 특허외연의 확장과 국가의 산업정책과의 관계

특허법은 각국의 산업정책과 밀접한 연관이 있다. 국가간 조화(harmonization)의 필요가 무역협정에 의해 그것이 다자간이건, 양자간이건 자국 산업의 보호를 위한 특허정책의 운영이 이루어지는 것은 세계 각국의 공통된 현상이다.[197] 특허법은 특허를 통한 특정산업의 활성화라는 정책적인 목표를 달성하는 수단으로 사용될 수 있다. 예를 들어 미국에서 인터넷 버블이 일어나는 시기의 배경에는 1990년대 아마존의 원클릭 특허와 같은 영업방법특허가 있었다.

지금 미국에서 활성화의 대상이 되는 기술은 생명공학기술이다. 생명공학기술이라 함은 인간의 배아, 세포, 유전자 등을 대상으로 생명현상을 규명하고, 활용하는 과학기술 분야를 말한다.[198] 생명공학분야의 특허란 직접 또는 간접적으로 자기 복제를 할 수 있는 생물학적 물질(biological material), 즉 자기 복제력을 갖는 생물, 유전정보 및 그 복제에 관련된 발명특허를 말한다. 여기서의 생물에는 미생물, 동물, 식물 및 동식물의 세포도 포함한다.[199] 특허외연의 문제가 특히 제약산업을 중심으로 생명공학특

197) 극단으로 자국의 기술수준에 비추어 보호의 대상이 될 만한 기술이 있는지 여부에 대하여는 변수로 고려하지 않고, 외국의 무역이 없는 국가(＝고립국가모형)를 상정한다면 이러한 외부요인으로부터 중립적인 특허제도의 운용이 이론적으로는 가능할 것이나 현실에 있어서의 특허제도는 이러한 각국의 이해관계에서 자유롭지 않다.
198) 생명윤리법 제2조 제1호.
199) 생명공학분야 특허심사기준, 2003. 12.

허에서 문제가 되는 이유는 많은 경우 생명공학특허를 통해 수익성을 발생시킬 수 있는 비즈니스 모델이 대부분 제약 내지 의료와 연결되어 있기 때문이다. 생명공학기술은 2000년대 초의 인터넷 혁명기의 '버블 현상'을 뒤잇는 새로운 현재진행형의 화두이다.[200]

생명공학특허 내지 제약산업에서의 특허는 특수성이 있다. 이러한 특수성이 제약분야 발명에 있어서 특허의 보호가 특히 요구되는 이유가 된다. 첫째 제약산업의 경우 이러한 제약산업분야의 초기 투자가 매우 많이 소요된다. 그리고 초기에는 아무런 수익이 없이 오로지 투자한 자금만 소진시킨다. 투자자의 입장에서는 매우 괴로운 상황이 계속된다. 만일 내부유보자금으로 연구개발을 하는 것이 아니라 외부 자금으로 하는 경우라면 투자자의 인내심을 바닥내기 쉽다. 인내심이 바닥난 투자자는 매우 무서운 공격성을 가지게 된다는 것을 우리는 경험을 통해 알고 있다. 둘째 많은 시간이 소요된다. 이러한 제품의 개발 소요기간 외에 사전적인 연구단계에서의 '후보물질군'의 발견과 검증을 위한 시간과 개발 후에 '연방식품의약품안전청(FDA)'과 같은 기관으로부터의 승인을 얻는 데 시간과 비용이 다시 많이 소요된다.

이런 점에서 제약산업은 자본집약적이면서, 상당히 많은 시간을 소모하는 인내심이 요구되는 산업이다. 이러한 시간적인 소모로 인하여 새로운 제품이 실제로 시장에 나올 때까지 많은 시간이 소요됨으로 인하여 특허로 보호되는 기간이 실제적으로 감축되는 효과가 발생한다. 예를 들어 새로운 신약이 시장에 나오는 데 5년이 소요된다고 하면, 실제적인 특허의 보호기간은 결국 15년으로 감축되는 효과가 발생되는 것이다. 이러한 제약산업의 특성으로 인하여 제약산업이 초기투자(up-front investment)가 많이 소요된다. 그 투자한 금액의 시간 가치(time value of the investment)가 반영되어 수익을 얻는 것이 가능해지기 위해서는 위험요인들이 같이 고려되어야 하는바, 관련되는 위험으로는 (i) 결과적으로 많은 돈과 시간을 사용하고도 투자한 연구개발비가 결국 신약 개발의 실패로 이어지면서, 수포로 돌아갈 위험이 제약산업은 상당히 크고 이 때 돌아오는 타격이 심대한 위험이 있고, (ii) 산업의 경쟁자들이 신약개발의 성과를 지켜보면서, 기다리고 있다가 성공적인 개발이 완료되고 나면 이를 복사하는 방법으로 무임승차를 하려고 할 가능성이 높고, 연구와 개발을 하는 것은 매우 위험하고

200) 최승재 집필부분, "유전자가위 크리스퍼 특허 이슈를 중심으로", 2019년 특허청보고서 참조.

돈과 시간이 많이 소요되는 산업인데 반해 이를 복사하는 것은 중국에서 화이자의 '바이아그라'의 청색 알약을 수입해오는 소위 '보따리상'에서 볼 수 있는 것처럼 상대적으로 용이하다. 이와 같은 산업의 경우에는 만일 국가에서 산업적인 보호를 하지 않는다면 어떤 신약 개발을 위한 경제적인 동기를 발견하는 것이 쉽지 않다. 여전히 인류의 행복과 건강을 위하여 헌신적인 사명감으로 연구개발을 하는 단체나 개인을 염두에 둘 수 있겠지만 천문학적인 비용을 감안하면 신약개발을 이러한 이들의 헌신에만 의존하는 것은 쉽지 않다. 바로 이러한 점이 산업정책적인 관점에서 생명공학 특히 제약관련특허의 보호를 강화하여야 할 충분한 이유이다.

제 4 절 소프트웨어의 경우

Ⅰ. 소프트웨어 관련 지적재산권의 보호: 특허권과 저작권의 복합화

컴퓨터 프로그램을 지식재산권으로 보호받는 방법은 특허를 출원하여 특허권으로 등록시킴으로써 특허권으로 보호받은 방법, 저작권으로 보호받는 방법, 영업비밀로 보호받는 방법, 상표권 또는 부정경쟁방지법으로 보호받는 방법 등이 있다. 그 외 제3의 방식으로 구 "컴퓨터 프로그램 보호법"처럼 별도의 입법(sui generis approach)을 하는 경우도 있다. 우리의 경우 이런 방식을 취하다가 저작권법 개정(2009년)으로 저작권법상 컴퓨터 프로그램 저작물(2조 1항 16호)로 규정되어 저작권법의 일부가 되었다. 컴퓨터 프로그램은 일정한 형태로 표현되며 그 형태가 마치 어문저작물과 유사한 면이 있으므로 이러한 점에서 저작권에 의한 보호가 문제된다. 하지만 역사적으로 소프트웨어의 저작권에 의한 보호는 당연한 것은 아니었고, 판례를 통하여 정립되었다. 컴퓨터 프로그램의 경우에는 특허권과 저작권의 경계가 겹치게 되어, 양자는 유사성을 띤다. 소프트웨어의 저작권적인 보호는 전통적인 저작물의 보호와는 다른 속성을 가진다.

오늘날 컴퓨터와 관련된 부가가치 창출에서 점차 하드웨어가 차지하는 비중이 줄어들고 소프트웨어의 가치가 증가하고 있다. 2010년 최고의 화두였던 스마트폰과 관련된 소프트웨어, 소위 "앱스(Apps)"는 스마트폰이라는 개념이 어떻게 상용화되기 위해서 소프트웨어가 얼마나 중요한가 하는 점을 잘 보여준다. 자동차의 경우에도 자동차에서 발생하는 부가가치의 50%가 소프트웨어에서 나온다고 하며, 자동차 안에는 임베디드 소프트웨어(embedded software)[201]를 포함하여 여러 가지 소프트웨어 전자제어장치에서 사용되고 있다.

여기서 소프트웨어란 컴퓨터 프로그램과 그와 관련된 문서들을 총칭하는 용어로 기계장치부를 말하는 하드웨어에 대응하는 개념이다.[202] 흔히 소프트웨어는 컴퓨터프로그램과 혼용하여 사용되지만 엄밀히 보면 1 대 1로 바로 대응하는 용어는 아니다. 하지만 소프트웨어에서 가장 중요한 것이 컴퓨터프로그램이며, 혼용한다고 하더라도 지식재산권에 의한 보호라는 관점에서 크게 문제가 될 것으로 보이지 않으므로 사실상 같은 의미로 사용한다.

컴퓨터프로그램을 보호하는 방법은 저작권법이나 특허법과 같은 기존의 분류에 이를 포함시켜서 보호하는 법제와 제3의 보호법제(sui generis)를 만들어서 보호하는 2가지 방식으로 분류할 수 있는바,[203] 미국에서는 이와 관련하여, 별도의 컴퓨터프로그램 보호법제를 제3의 법제로 만들어서 보호할 것인가 아니면 기존의 법제인 특허법이나 저작권법에 의한 보호를 받는 것으로 족할 것인가에 대한 논의가 있었다. 1980년 "컴퓨터 소프트웨어 저작권법(Computer Software Copyright Act of 1980)"이 제정된 후 컴퓨터 소프트웨어가 저작권의 대상이 됨은 명백해졌다. 컴퓨터 프로그램은 일반적으로 저작권과 관련해서는 표현매체에 언어, 숫자, 기타 문자나 상징으로 표현된 저작물인 어문저작물(literary works)로 취급되고 있다.[204] 그러나 컴퓨터 프로그램은 경우에 따라서는 비디오게임의 경우와 같이 음성영상저작물(audio-visual works)이 되는 경우도 있다.[205] 이와 같이 컴퓨터 프로그램을 저작권으로 보호하는 경우 그 보호범위가 문제

---

201) 셋톱박스, 휴대폰, 디지털TV, 게임기 등 거의 모든 디지털 제품에 내장되는 소프트웨어를 말한다. PC처럼 별도의 운영체제를 가지고 그 위에 소프트웨어를 따로 설치해 사용하는 것이 아니라 제품 자체에 '끼워져 있다(embed)'는 의미에서 따로 구분된다. 예를 들어 DVD플레이어 등 대부분의 전자제품이 PC처럼 부팅 단계 없이 바로 사용할 수 있는 것은 임베디드 소프트웨어가 내장되어 있기 때문이다. http://terms.naver.com/item.nhn?dirId=108&docId=20716(2010. 12. 12. 최종 접속).

202) http://100.naver.com/100.nhn?docid=94659(2010. 12. 12. 최종접속).

203) 상세는 Peter S. Menell, "Tailoring Legal Protection for Computer Software", 39 Stanford Law Review 6(July 1987), pp. 1329-1372.

204) Whelan Associates, Inc. v. Jaslow Dental Library, Inc., 797 F.2d 1222(3d Cir. 1986).

된다. 왜냐하면, 컴퓨터 프로그램은 전통적인 저작물인 소설 등과는 달리 네트워크 효과(Network Effect)를 인한 외부성의 문제로 인하여 일단 쏠림 현상이 발생하면, 그로 인하여 기존 이용자들이 특정 컴퓨터 프로그램에서 다른 컴퓨터 프로그램으로 전환하는 것이 매우 어려워지는 속성이 있기 때문이다. 컴퓨터 프로그램은 전환비용이 높아서 고착화(lock in effect)가 발생할 수 있다는 것이다. 그러므로 지적재산권에 의한 보호범위를 줄여야 하는 것이 아닌가 하는 주장이 제기된다.[206]

Ⅱ. 판례의 전개

1. Apple Computer, Inc. v. Franklin Computer Corp. 판결

(1) 사안의 개요

Apple Computer, Inc. v. Franklin Computer Corp. 판결(이하 '애플 판결')[207]은 컴퓨터 운영체제(Operating System) 프로그램이 저작권에 의해 보호받을 수 있다는 점을 판시한 미국 연방항소법원의 최초의 판결이다. 이 사건의 피고인 Franklin Computer는 1982년 Ace 100이라는 개인용 컴퓨터 제품을 시장에 출시하였다. Ace 100은 원고 Apple Computer의 개인용 컴퓨터 제품인 Apple Ⅱ와의 호환성을 위해서 Apple Ⅱ

205) Red Baron-Franklin Park v. Taito Corp., 883 F.2d 275(4th Cir. 1989).

206) 우리나라에서 컴퓨터프로그램을 지식재산권으로 보호하는 것은 컴퓨터프로그램보호법에 의한 보호의 방식을 취하였다. 이 법은 1986년 제정되어 2002년 법률 제6843호까지 9차례 개정되었다. 그러다가 2009년 저작권법(일부개정 2009.4.22. 법률 제9625호) 개정으로 저작권법에 흡수되었다. 저작권법 제2조 16호는 "컴퓨터프로그램저작물은 특정한 결과를 얻기 위하여 컴퓨터 등 정보처리능력을 가진 장치(이하 '컴퓨터'라 한다) 내에서 직접 또는 간접으로 사용되는 일련의 지시·명령으로 표현된 창작물을 말한다."라고 "컴퓨터프로그램저작물"을 정의하고 있다. 이는 앞서의 애플 판결에서 미국 법원의 태도와 같은 것으로 구(舊) 컴퓨터프로그램보호법의 정의를 그대로 받아들인 것이다. "컴퓨터프로그램 저작물"의 저작자는 프로그램 공표권과 복제·개작·번역·배포·발행 및 전송할 권리를 가진다. 저작권자가 상속인 없이 사망하거나 저작권자인 법인 또는 단체가 해산하여 그 권리가 법률 규정에 따라 국가에 귀속되는 경우에는 저작권이 소멸되는 것을 내용으로 한다. 구(舊) 컴퓨터프로그램보호법은 컴퓨터프로그램을 저작물로 인정하여 창작자의 권리를 보호하고, 창작 프로그램의 유통 및 활용을 촉진함으로써 산업발전과 기술수준을 향상시키고자 1986년 제정된 법이다. 2009년 4월 22일 개정된 저작권법에 의거하여 2009년 7월 23일자로 폐지되었다.

207) 714 F.2d 1240(3d Cir. 1983).

의 운영체제를 사용하였다.

Apple Computer는 이에 대해 저작권 침해를 이유로 Franklin Computer社를 펜실베니아 동부연방지방법원에 저작권 침해금지명령(preliminary injunction)을 신청하였다. 원고는 Ace 100의 프로그램 코드 중 자사의 코드와 동일한 부분이 많고, 특히 피고의 마스터 디스크(master disk)[208] 안에는 자사 프로그래머의 이름인 "James Huston"과 "Applesoft"라는 문구가 들어있음을 근거로, Ace 100의 ROM에 탑재된 운영체제의 상당 부분이 자사의 프로그램을 그대로 복제하였다고 주장하였다.

Franklin Computer는 자신들이 Apple Computer의 소프트웨어를 복제했다는 사실을 인정하면서도, 자체적인 소프트웨어 개발만으로는 Apple Computer 제품에서 동작하도록 개발된 프로그램과의 호환성을 유지할 수 없기 때문에 이와 같은 사용은 부득이 한 것이었다고 항변하였다. 또한 Franklin Computer는 Apple Computer의 소프트웨어는 인쇄된 형태가 아니라 기계장치가 읽을 수 있는 형태로 존재하고, 아울러 그 안에는 저작권 공지(copyright notices)도 포함되어 있지 않으므로, 자유롭게 복제할 수 있다고도 주장하였다. Apple Ⅱ의 펌웨어(firmware)[209]는 순전히 호환성 요건에 의해 결정되는 것으로서 기계장치의 일부분이나 마찬가지이므로, 이는 저작권의 보호대상이 아니라는 주장도 하였다.

(2) 법원의 판단

1) 연방지방법원의 판단

원고의 금지명령 신청에 대해 지방법원은 이 사건 프로그램이 저작권의 보호대상인지 여부가 명확하지 않아 원고가 본안 승소 가능성(success on the merit)이 있다는 점에 대한 증명하지 못하였고, 아울러 원고는 자신의 회복할 수 없는 손해(irreparable harm)를 증명하지도 못했으므로 원고의 금지명령 신청을 기각한다고 결정하였다. 하지만 연방지방법원은 금지명령 신청 기각 결정에서 문제된 컴퓨터 프로그램의 저작권 보호대상인지 여부에 대해서는 명확한 설시를 하지 않았다. 원고는 이러한 법원의 결

---

208) 복제에 사용하는 "원본 디스크"를 말함.

209) 롬(ROM)에 저장된 하드웨어를 제어하는 마이크로 프로그램을 의미한다. 프로그램이라는 관점에서는 소프트웨어와 동일하지만 하드웨어와 밀접한 관계를 가지고 있다는 점에서 일반 응용소프트웨어와 구분되므로, 소프트웨어와 하드웨어의 특성을 모두 가지고 있다고 할 수 있다. http://100.naver.com/100.nhn?docid=717534(2010. 12. 12. 최종접속).

정에 대해 항고를 하였다.

2) 항소법원의 판단

위와 같은 지방법원의 기각결정에 대해, 제3 연방항소법원은 (i) 목적코드(object code)로 표현된 컴퓨터 프로그램, (ii) ROM[210]에 기록된 컴퓨터 프로그램, (iii) 컴퓨터 운영체제프로그램이 저작권법에 의해서 보호되는 표현인지 아니면 저작권법으로 보호될 수 없는 단순한 아이디어에 불과한 것인지 여부 및 (iv) 저작권 침해에 대한 침해금지명령의 경우에도 인정 요건으로서 회복할 수 없는 손해의 입증이 필요한지 여부가 쟁점이 된다고 보았다. 법원은 저작권 침해금지명령의 인용요건 중 회복할 수 없는 손해(irreparable harm)의 증명 문제에 대해 일응 침해가 인정되는 경우에 있어서 저작권자는 회복할 수 없는 손해에 대한 별도의 증명 없이도 침해금지명령을 할 수 있다고 판시함으로써 저작권 침해를 주장하는 금지명령에서의 증명을 완화하였다.[211]

① 오브젝트코드와 소스코드를 구별할 것인지 여부

컴퓨터 프로그램은 소스코드(source code)나 목적코드(object code)로 작성된다. 소스코드는 다른 말로 원시코드라고도 불린다. 소스코드란 프로그래머가 프로그램 작성을 위하여 컴퓨터 프로그램을 사람이 읽을 수 있는 프로그래밍 언어로 기술한 글을 말한다. 소스코드는 통상 한 개, 또는 여러 개의 텍스트 파일(text file)로 구성되어 있다. 현대 소프트웨어 개발에서 기계어는 극히 일부 영역에서만 쓰이며, 대부분 고급언어로 된 소스코드를 컴파일하여 개발한다. 소프트웨어와 이에 동반하는 소스코드는 일반적으로 크게 오픈소스(open source) 소프트웨어와 전유(專有) 소프트웨어로 나뉜다.[212] 소스코드는 사람이 인식할 수 있는 형식으로 일정한 문법에 따라 작성된다. 이런 점에서 소스코드는 상대적으로 용이하게 저작권성을 인정받을 수 있다.

---

210) "Read Only Memory"의 약칭이다. 컴퓨터의 판독전용 기억장치를 말한다. 전원이 끊어져도 정보가 없어지지 않는 불휘발성(non-volatile) 기억장치이다. 문자 패턴 발생기나 코드 변환기처럼 행하는 처리가 일정하고 다량으로 사용되는 것은 기억할 정보를 소자의 제조와 동시에 설정하기 때문이다. 따라서 롬은 정보를 소자의 구조로서 기억하고 있으므로 바꾸어 쓸 수가 없는 것이다. http://100.naver.com/100.nhn?docid=56142(2010. 12. 12. 최종접속).

211) 연방법원의 이러한 지식재산권 침해금지명령 인정요건의 완화는 2006년 이베이 사건에서 연방대법원이 전통적인 금지명령 심사기준으로 회귀를 선언하면서, 다시 강화되었다. eBay Inc. v. MercExchange, L.L.C., 547 U.S. 388(2006).

212) http://ko.wikipedia.org/wiki/%EC%86%8C%EC%8A%A4_%EC%BD%94%EB%93%9C (2010. 12. 12. 최종접속 및 일부 수정).

반면, 목적코드는 컴파일러나 어셈블러가 소스코드 파일을 처리하는 도중 만들어내는 코드의 대표이다. 목적코드란 컴퓨터에 의해 작동될 수 있도록 소스코드를 변환한 것이다. 목적 파일들은 이진 파일(binary file)로 구성되어 있다. 링커(linker)는 목적 파일을 함께 묶음으로써 보통 실행 파일이나 라이브러리를 만들어내는 데에 쓰인다.

목적 파일에서 유일하게 필수적인 요소로는 컴퓨터의 CPU가 직접 실행하는 코드인 기계어를 쓴다. 임베디드 시스템을 위한 목적 파일들은 기계어 말고는 아무것도 포

[소스파일과 목적파일][213)]

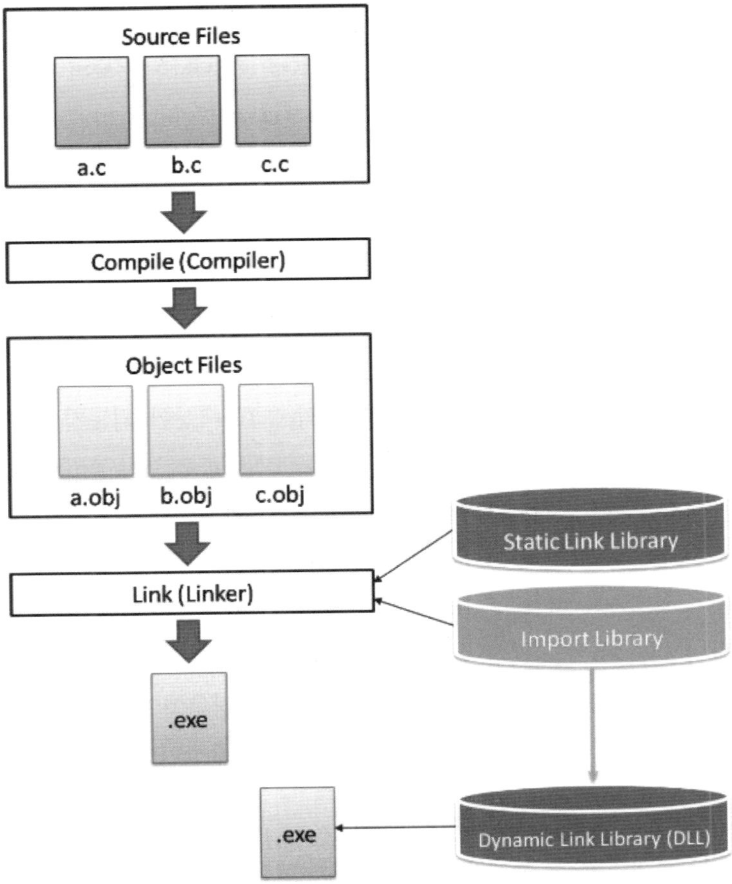

213) diehard98.tistory.com/tag/%25EB%…5BB%25A4(2010. 12. 12. 최종접속).

함하고 있지 않다. 그러나 목적 파일들은 연결, 디버그 목적으로나 다른 디버그 정보를 위해 런타임, 리로케이션(relocation) 정보, 프로그램 심볼의 코드로 사용하기 위한 데이터를 포함하기도 한다.[214] 그런데 사람은 목적코드를 읽고 이해할 수 없으므로 목적코드가 저작물이 되는 표현에 해당하는지가 문제가 되었던 것이다.

이에 대해 제3 연방항소법원은 컴퓨터 프로그램은 그것이 목적코드인지 소스코드인지 여부에 관계없이 1976년 저작권법(Copyright Act of 1976) 제102조에서 규정하고 있는 어문저작물에 해당한다고 함으로써,[215] 컴퓨터 프로그램이 설사 소프트웨어가 그 성격상 효용을 갖고 있더라도 저작권법의 보호대상이 된다는 사실을 명백히 했다.

② ROM에 기록된 컴퓨터 프로그램도 저작권 보호대상인지 여부

제3 연방항소법원은 ROM에 기록된 프로그램도 저작물이 유형의 매개체에 고정(fixation)된 것으로 볼 수 있으므로, 저작권의 보호대상이 된다고 판단하였다. 이후 연방항소법원은 Williams Elec., Inc. v. Artic Int'l, Inc. 판결에서 오브젝트코드와 ROM에 기록된 컴퓨터 프로그램도 저작권의 보호대상이 된다는 점을 재확인하였다.[216] 1986년 캘리포니아 북부연방지방법원은 NEC Corp. v. Intel Corp. 판결에서는 펌웨어이면서 보다 더 하드웨어성이 짙은 마이크로코드(microcode)의 저작권보호도 인정하였다.[217]

③ 컴퓨터 운영체제프로그램이 각각 저작권의 보호 대상이 되는지 여부

Franklin Computer는 아이디어와 표현의 2분론(idea v. expression dichotomy)에 따라 운영체제프로그램은 인간에게 감지되기 위한 것이 아니라 오로지 컴퓨터의 작동을 통제하기 위한 것이므로 '표현'이 아니라 프로세스(process)에 불과하므로 저작권에 의한 보호대상이 되지 않는다고 주장하였다. 운영체제프로그램은 단순히 컴퓨터를 동작시키기 위해 필요한 것이고 사람에게 인지되는 것이 아니기 때문에 저작권적 보호의 대상이 될 수 없고 신규성, 진보성 등의 요건이 충족될 경우에 한해 특허법에 의한 보호의 대상이 될 뿐이라는 것이 Franklin Computer의 주장이었다.

---

214) http://ko.wikipedia.org/wiki/%EB%AA%A9%EC%A0%81_%ED%8C%8C%EC%9D%BC (2010. 12. 12. 최종접속).

215) 미국 1976년 저작권법 제102조는 저작권법의 보호대상이 되는 저작물은 어문저작물(literary works), 음악저작물(musical works) 등을 포함하고 있다.

216) 685 F.2d 870(1982).

217) 645 F. Supp. 590(N.D. Cal. 1986).

제3 연방항소법원은 Franklin Computer의 항변을 배척하면서, Apple Computer가 만든 운영체제프로그램은 동일한 기능을 하는 다른 프로그램을 만들 수 있으므로 저작권의 보호대상이 되는 '표현'에 해당한다고 판시하였다.218) 다만 창작된 표현이라고 하더라도 그 표현을 통하지 않고서는 해당 저작물의 사상을 달리 효과적으로 표현할 수 없는 경우에는 그 표현은 저작권 보호의 대상이 되지 않는다고 판시하였다{=합체의 원칙(merger doctrine)}.219)

2. Lotus v. Paperback 사건220)

애플 판결 이후, 컴퓨터 프로그램의 저작권에 대해 로터스 사건 이전에 있었던 중요한 사건이 바로 Altai 판결221)이다. 제2 연방항소법원은 Altai 사건의 판결에서 컴퓨터 프로그램에 있어서의 저작권 침해를 판단하기 위한 도구로 Altai 심사를 고안하였다. Altai 심사는 추상화(abstraction), 여과(filtration), 비교(comparison)의 3단계로 이루어진다.222)

이후 Lotus v. Borland 사건의 소송이 진행되기 직전에 이 사건 판결이 선고되었다. 이 사건의 피고인 Paperback사는 원고 Lotus의 프로그램인 Lotus 1-2-3의 2줄 메뉴 구조에 사용된 사용자 인터페이스와 동일한 명령어를 사용하는 프로그램을 개발한 것이 문제가 되었다. 이 사건에서 법원은 Lotus 1-2-3의 메뉴 명령구조 중에서 2줄 메뉴 방식은 3줄 메뉴 등으로 바꾸더라도 표현이 가능하므로 원고의 프로그램의 메뉴가 저작권의 보호를 받을 수 있다고 판단하였다. 다만, 다른 인터페이스 요소인 2줄 메뉴 구조를 제외한 요소들에 대해서는 저작권의 보호 대상이 아니라고 판단하였다.223)

이 사건이 선고된 뒤, Lotus v. Borland 사건의 판결 결과에 의해 Lotus v. Paperback 판결은 결과적으로는 폐기되었다. 그러나 이후에도 일부의 법원은 사용자

---

218) 아이디어와 표현을 구별하기 위하여 채용한 이와 같은 테스트가 과연 적합한 것인지에 대해서는 의문을 제기하는 견해가 있다(오승종 · 이해완, 『저작권법』, 박영사(2005), 657면).

219) Scott Abrahamson, Seen One, Seen Them All? Making Sense of the Copyright Merger Doctrine, 45 UCLA L. Rev. 1125(April, 1998).

220) Lotus Development Corp. v. Paperback Software International, Inc., 740 F. Supp. 37(1990).

221) Computer Assoc. Int'l, Inc. v. Altai, Inc., 982 F.2d 693(2d Cir. 1992).

222) Id.

223) 오승종, 『저작권법』, 박영사(2010), 1139면.

인터페이스를 구성하는 요소들을 선택, 배열한 것에 대해서는 저작권의 보호를 인정하고 있다.[224)]

3. Lotus Development Corp. v. Borland International, Inc. 판결[225)] (이하 '로터스 판결')

로터스 판결은 컴퓨터 프로그램의 저작권에 있어서 사용자 인터페이스를 저작권의 보호대상에서 제외한다는 것을 설시하였다는 점에서 이미 표준이 되었거나 표준이 될 수 있는 기술적 창작물의 독점을 어떻게 규제할 것인가에 대한 중요한 시사점을 준 판결이다.[226)]

(1) 사건의 개요

로터스(Lotus Development Corporation)는 컴퓨터 프로그램을 제조하여, 판매하는 회사로 미국에서 로터스 1-2-3(Lotus 1-2-3)이라는 프로그램을 개발하여 판매하고 있었다. 로터스 1-2-3은 스프레드시트 프로그램으로 대량의 데이터를 열과 행에 따라 저장하고 관리할 수 있어 회계 기능을 컴퓨터에서 사용할 수 있도록 하는 프로그램이다. 로터스 프로그램은 50개의 메뉴와 서브메뉴 안에 469가지의 명령을 포함하고 있었다. 이 프로그램은 당시 선풍적인 인기를 끌어, 개인용 컴퓨터 시대를 앞당긴 중요한 스프레드시트(spread sheet)[227)] 프로그램이다.

---

224) 상게서, 1136면.

225) Lotus Development Corporation v. Borland International, Inc., 516 U.S. 233(1996). 이 사건의 전개에 대해서는 Glynn S. Lunney Jr., "Lotus v. Borland: Copyright and Computer Programs", 70 Tul. L. Rev. 2397, 2402, 2422(1996).

226) Dennis S. Karjala, "Distinguishing Patent and Copyright Subject Matter", 35 Conn. L. Rev. 439(Winter, 2003).

227) 최초의 스프레드시트는 1978년 애플II 개인용 컴퓨터에서 구현 가능하도록 프로그램한 비지칼크(VisiCalk)였다. 비지칼크는 몇 개의 셀만을 이용해서 단순 계산만 할 수 있는 프로그램이었으나, 오늘날의 스프레드시트는 작업 능력의 향상과 함께 데이터베이스 및 그래픽 기능이 추가되고 다양한 함수를 제공해주며 통신기능까지 갖추게 되었다. 구성 단위는 셀(cell), 열, 행, 영역 등 4가지이다. 가로 행과 세로 행이 교차하면서 셀이라는 공간이 구성되는데 이 셀은 정보를 저장하는 단위이다. 예를 들면 생산비나 판매물품수 같은 것이 셀에 표시되게 되어 있다. 처리하고자 하는 숫자와 데이터를 셀에 기입하고 이 셀들을 수학방정식에 연결하면 셀 내용이 바뀌면서 그와 연결된 셀 내용들이 바뀌게 된다. http://100.naver.com/100.nhn?docid=716037(2010. 12. 12. 최종접속 및 일

로터스 1-2-3은 사용자에게 매크로(macro)를 작성할 수 있도록 하고 있었다. 매크로란 명령을 선택하여 순차적으로 실행할 수 있게 통합한 명령이다. 사용자는 매크로를 미리 작성하여 여러 명령을 통합해 둘 수 있으며, 하나의 키 입력만으로도 매크로가 실행되도록 할 수 있다. 사용자는 여러 번의 명령을 거쳐 변환하고자 하는 각각의 데이터를 일일이 변환할 필요 없이 매크로를 실행하는 하나의 키만 누르면 명령들을 순차적으로 실행하여 필요한 데이터를 작성할 수 있어 사용자에게 데이터 처리 시간을 절약할 수 있게 해 주었다.[228]

볼랜드사(Boland International, Inc.)도 프로그램을 개발, 판매하는 회사였다. 볼랜드사는 3년에 걸친 스프레드시트 프로그램의 개발 끝에 1987년에 처음으로 쿼트로(Quattro)라는 스프레드시트 프로그램을 발매하여 대중에게 판매하기 시작했다. 볼랜드사는 기존에 로터스 1-2-3을 사용하던 사용자들의 편의를 위해, 사용자가 컴퓨터 화면에서 쿼트로의 메뉴 명령 분류를 로터스 1-2-3과 메뉴 명령 분류와 동일하게 표시하여 사용할 수 있도록 하는 기능을 포함하고 있었다. 쿼트로 프로그램을 시작할 경우, 초기에는 볼랜드사가 디자인한 메뉴에 따라 표시하게 되지만 사용자가 변환 기능을 사용하면 로터스 1-2-3의 메뉴 구성대로 프로그램을 사용할 수 있게 한 것이다. 이처럼 로터스 1-2-3과 동일한 메뉴 형식으로의 변환을 제공함으로써 로터스 1-2-3에 익숙한 사용자들이 쿼트로의 새로운 명령에 적응하거나 로터스 매크로를 다시 작성할 필요 없이 스프레드시트 프로그램을 로터스 1-2-3에서 쿼트로로 바꿀 수 있게 한 것이다.

사용자에게 대체적 사용자 인터페이스(alternative User Interface)를 제공하는 쿼트로와 쿼트로 프로 1.0 버전을 통해 볼랜드는 로터스 1-2-3에 대한 경쟁력을 가지게 되었다. 쿼트로의 사용자는 변환된 화면 인터페이스인 로터스 에뮬레이션 인터페이스(Lotus Emulation Interface)를 활성화함으로써 로터스 1-2-3을 사용하는 것과 같은 메뉴 명령 화면을 이용할 수 있었다. 게다가 로터스 1-2-3에는 존재하지 않는 쿼트로의 기능을 추가로 사용할 수도 있었다.

부 수정).

228) 같은 작업을 반복적으로 수행할 수 있도록 하는 기능인 매크로(macro)를 스프레드시트에서 사용하면 시간을 절약할 수 있고 입력 오류 또한 방지할 수 있다. 전문가들은 큰 규모의 스프레드시트를 짜서 사용하는데 회사의 재정 현황을 파악하고 회사의 중요한 결정을 미리 검토할 수 있다 http://100.naver.com/100.nhn?docid=716037(2010. 12. 12. 최종접속 및 일부 수정).

이 사건 이전의 로터스사와 페이퍼백(Paperback Software Int'l)의 소송에서 매사추세츠주 연방지방법원은 명령어와 구조와 명령어의 순서를 모두 포함하는 로터스 1-2-3의 메뉴 구조는 로터스의 저작권에 의해 보호받는 표현이라고 판단하였다.[229] 페이퍼백 사건 판결일로부터 4일 후인 1990. 7. 2.에 로터스사는 볼랜드사가 쿼트로에서 로터스 1-2-3의 메뉴 구성과 매크로 기능을 그대로 사용할 수 있도록 한 행위가 저작권 침해에 해당한다고 하여, 메사추세츠주 연방지방법원에 볼랜드사를 제소하였다. 한편 페이퍼백 사건에 대한 판결일 바로 다음 날에는 볼랜드사가 로터스에 대한 침해를 구성하지 않았다는 확인의 소를 캘리포니아 북부연방지방법원에 제기하였다. 그러나 1990. 9. 10. 캘리포니아 북부연방지방법원은 볼랜드사의 확인의 소를 기각하였다. 이로써 로터스사의 볼랜드사에 대한 저작권침해소송만 남게 되었다.

(2) 사건의 쟁점

미국 저작권법 제102조(b)는 원작(original work)에 대한 저작권의 보호 범위에 포함되지 않는 경우로 당해 저작물에서 기술되거나 설명되거나 구체화된 관념(idea), 절차(procedure), 공정(process), 체계(system), 작동 방법(method of operation), 개념(concept), 원리(principle), 발견(discovery) 등을 열거하고 있다.

소송진행중 피고 볼랜드사는 원고·로터스사의 메뉴 구조는 저작권법 제102조(b)의 체계, 작동 방법, 공정, 절차 중의 하나에 해당하여 저작권이 인정되지 않다고 주장하였다. 결국 판결에서는 사용자 인터페이스가 저작권의 보호 범위에 포함되는가에 대한 저작권법의 해석이 문제되었다.

(3) 법원의 판단

우선 연방지방법원은 원고 로터스사의 제소에 대해 피고 볼랜드사가 쿼트로와 쿼트로 프로 1.0 버전에 로터스 1-2-3과 동일한 복제물을 포함시켰다는 점을 인정하였다.[230] 다만, 볼랜드사의 복제는 프로그램을 구현하기 위한 컴퓨터 코드에 대한 직접적인 복제는 아니었고, 메뉴를 구성하는 단어나 구조를 로터스 1-2-3과 동일하게 표시한 것이었다. 연방지방법원은 이에 대해 로터스 1-2-3의 메뉴 명령은 저작권의 보

229) Lotus Dev. Corp. v. Paperback Software Int'l, 740 F. Supp. 37(D. Mass. 1990).
230) Lotus Development Corp. v. Borland International., Inc., 799 F. Supp. 203(1992).

호 범위에 포함된다고 판단하였다. 결국, 로터스 1-2-3의 메뉴 체계를 거의 유사하게 복제한 쿼트로의 로터스 에뮬레이션 인터페이스는 로터스사의 저작권을 침해한 것이라고 본 것이다.

그러나 이와 달리 연방항소법원은 Baker 사건[231]과 이 사건을 비교하며, 이 사건은 계산 시스템에 관한 독점권에 대한 사건이 아니라는 점에서 Baker 사건의 법리가 적용되는 것은 아니라고 판단하였다.[232] 또한 항소법원은 Altai 사건과 이 사건을 비교하였다. 항소법원은 추상화-여과-비교의 단계를 거치는 Altai 테스트가 유용한 도구이기는 하지만, 메뉴 구조의 문구를 복제한 행위가 저작권 침해를 구송하는지에 대해 판단해야 하는 이 사건에는 적용할 수 없다고 판단하였다.

연방항소법원은 로터스 1-2-3의 메뉴 구조가 작동 방법(method of operation)에 해당한다는 볼랜드사의 주장을 받아들였다. 저작권법 제102조(b)에 명시된 저작권의 보호 범위 밖에 해당하므로 메뉴 구조는 저작권법의 보호 대상이 아니라고 본 것이다. 항소법원은 로터스 1-2-3의 메뉴 구조는 비디오 카세트 레코더(VCR)를 조작하는 버튼과 유사하다고 보았다. VCR의 버튼의 배열이나 표기는 창작물이나 표현이 아니라 VCR을 작동하게 하는 방법일 뿐이다. 결론적으로, 로터스 1-2-3에서 명령을 선택하는 행위는 VCR에서 버튼을 누르는 행위와 유사하므로 메뉴 구조 자체는 저작권의 보호 범위에 포함되지 않는다고 본 것이다. 위와 같은 판결을 설시함으로써, 결국 연방항소법원은 연방지방법원의 판결을 파기하였다.

이 판결에 대해 Boudin 판사는 보충의견을 제시하였다. Boudin 판사의 의견은 저작권법 제102조(b)의 해당 여부와는 다른 각도에서 사건을 분석하였는데, 사실상의 표준에 의한 독점의 문제를 지적하였다. QWERTY 키보드가 사용될 경우, 그 키보드

---

231) Baker v. Selden, 101 U.S. 99, 25 L.Ed. 841(1879) 이 사건은 장부의 양식에 대해서 저작권 보호를 부정한 사건이다. 원고인 Selden은 부기(簿記) 방식을 설명하는 책의 저자였는데, 이 책에는 Selden이 기존의 대차대조표를 개량한 새로운 형식의 대차대조표 양식이 예시되어 있었다. 사건에서는 피고 Baker가 부기책을 저술하면서 Selden이 작성한 책에 나온 대차대조표의 양식을 무단으로 전제한 것이 문제되었다. 이 사건에 대해 연방대법원은 대차대조표의 양식이 저작권의 보호를 받지 못하는 아이디어에 속하며, 표현에 해당하지 않는다고 보았다. 또한, 이러한 양식에 대하여 독점권을 부여하는 것은 저작권법이 아닌 특허법 등의 영역에서 검토되어야 할 문제라고 보았다. 이 판결은 Lotus v. Borland 사건에 대한 항소심 법원의 판결문 내용에서 검토되었으나, 항소심 법원은 대차대조표와 같은 양식이 표현이 아닌 아이디어에 해당한다는 법리는 Lotus v. Borland 사건에 적용되지 않는다고 판단하였다.

232) Lotus Development Corp. v. Borland International, Inc., 49 F.3d 807(1995).

를 익힌 타이피스트는 키보드에 대한 독점권을 가진 자에게 기술적으로 포획되는 결과를 낳는 문제가 발생한다. 나아가 Boudin 판사는 보충의견에서 스프레드시트 프로그램에서도 발생하는데, 로터스사의 프로그램이 제공하는 메뉴와 매크로를 사용하는 사람은 QWERTY 키보드에서와 마찬가지로 로터스사에 종속되므로, 더 좋은 스프레드시트 프로그램이 출시되더라도, 소비자는 로터스가 아닌 자신이 로터스 프로그램을 사용하면서 투자한 노력 때문에 로터스의 프로그램을 계속 사용하게 되는 결과를 낳는 문제가 발생하는 것이다.

미국 연방대법원은 이 사건에 대한 로터스사의 상고를 허가하였다. 연방대법원의 판결에서 Stevens 대법관을 제외한 대법관 8명이 심리에 참여해 제1 연방항소법원의 판결을 유지하여 상고를 기각하였다.[233]

4. 이후의 판결들

법원은 Sega Enterprises Ltd. v. Accolade Inc. 사건[234]과 Atari Games Corp. v. Nintendo of America Inc. 사건[235]에서 선도제품의 역설계(reverse engineering)를 공정이용 법리(fair use doctrine)에 기초하여 허용한 바 있다. 이 두 사건에서 미국법원은 저작권 보호가 차후의 기술개발에 미치는 효과나, 저작권에 의한 불공정행위들의 경쟁법적 통제라는 문제의식을 가지고 있었던 것으로 평가된다. 결국 이 두 사건에서 독점규제법이 프로그램 저작권의 지나친 확대를 저지하고 소프트웨어산업 내 경쟁을 유지하기 위한 수단이 될 수 있는 가능성을 보여주면서도, 저작권법의 기본틀을 유지하려고 했던 미국 법원의 노력을 읽을 수 있다.[236]

5. Oracle v. Google 사건(2021년)[237][238]

소프트웨어의 보호는 특허법과 저작권법에 의한 보호가 서로 교차하고 있는 영역이

233) Lotus Development Corp. v. Borland International, Inc., 516 U.S. 233(1996).
234) 977 F.2d 1510(9th Cir. 1992).
235) 975 F.2d 832(Fed. Cir. 1992).
236) 김일중, "프로그램 저작권보호와 경쟁정책", 「산업조직연구」 제7집 제2호(1999. 9), 50면.
237) Oracle Am., Inc. v. Google LLC, No. 2017-1118(Fed. Cir. 2018).
238) 이 판례에 대한 소개는 경북대학교 IT법연구소와 세종대학교 법학부가 공동으로 개최하는 2018년

다. 오늘날 점차 저작권법에 의한 보호의 중요성이 커지는 상황인데, 이 쟁점에 대해서 가장 주목을 받고 있는 것이 오라클과 구글간의 소송이다.

미국 법원이 공정이용 판단에서 중요한 기준으로 사용하는 것은 변형적 이용(transformative use)과 시장에서의 수요대체이다.[239] 세기의 재판이라고 하는 구글과 오라클 간의 안드로이드 저작권 소송에서도 공정이용 쟁점이 핵심이 되고 있다. 2018년 3월 27일 선고된 미국 연방항소법원의 판결에서는 법원이 구글의 공정이용항변을 배척하여 오라클이 승소하였다.[240]

소프트웨어의 경우 오픈소스(open source)를 사용하여 프로그래밍을 하는 경우가 많고 이 경우 소스코드를 저작권법에 의해서 보호하는 것과 공개로 인해서 얻게 되는 이익의 교량을 위한 법적 장치가 필요하고 이 장치가 바로 공정이용법리(fair use doctrine)[241]이다.

오라클과 구글 간의 분쟁을 이해하기 위하여 공정이용법리를 요약하여 소개하면 다음과 같다. 역사적으로 보면 미국에서는 초기 판례법으로 시작하였다가,[242] 1909년 저작권법 개정에서 저작권자에게 저작물의 다른 형태를 만들 수 있는 포괄적인 권리를 부여하게 됨에 따라 공정요약 원리는 사라지고, 현대적인 공정이용법리가 사용되기 시작하였다.[243]

12월 14일 공동심포지엄에서 발표된 원고를 기초로 하여 이를 수정하였다. 공정이용에 대한 상세는 최승재 외,「국내외 판례 조사 및 분석을 통한 공정이용 가이드 제시를 위한 연구」, 한국저작권위원회 연구보고서(2019) 참조.

239) William W. Fisher, "Reconstructing the Fair Use Doctrine", Harvard Law Review, vol.101 no.8(1988); Gorman, Eric D., "Appropriate Testing and Resolution: How to Determine Whether Appropriation Art is Transformative "Fair Use" or Merely an Unauthorized Derivative?", St. Mary's Law Journal, v.43 no.2(2012); Heymann, Laura A., "Everything is Transformative: Fair Use and Reader Response", The Columbia Journal of Law & the Arts, vol.31(2008); Nolan, Jason M., "The Role of Transformative Use: Revisiting the Fourth Circuit's Fair Use Opinions in Bouchat v. Baltimore Ravens", Virginia Journal of Law and Technology, vol.16 no.4(2011).

240) Oracle America v. Google, 2017-1118, 2017-1202(CAFC March 27, 2018).

241) 공정이용 법리의 출발은 영국의 공정요약(fair abridgment)법리이며 미국에서 공정이용법리로 발전하였다. 모국인 영국에서는 이를 'fair dealing'이라고 한다. Kathleen K. Olson, "Farewell the fair use? contracts, copyright, and first amendment values online", University of north Carolina at Chapel Hill, 2000, at 61.

242) Folsom v. Marsh, 9 F. Cas. 342, No. 4901(C.C.D. Mass. 1841).

243) Kathleen K. Olson, at 69.

그 이후 1841년 폴섬 대 마시 판결의 법리는 1976년 성문법으로 규정되었다.[244] 다만 입법은 공정이용의 개념의 정의라기보다 판단기준만을 제시하였다. 이에 관하여 미국의 1976년 저작권법 입법 당시 의회는 공정이용 법리는 형평법상 법리이므로 문제가 되는 개별적 사건은 각각의 사실관계에 따라 판단되어져야 하고, 법원은 공정이용을 판단하기 위한 성문법상의 기준 및 설명 이외에 그 규정을 응용하여 개별·구체적으로 각각의 특수한 상황에 적용할 수 있다고 보았다. 따라서 미국 판례에 의하면 어떠한 특정 저작물 이용행위가 공정이용에 해당되는지 여부에 대한 판단은 개별 사건의 특수한 사실관계에 의하여 정해진다.

1976년 저작권법 제107조는 폴섬 판결 이후 판례 이론으로 성립되었던 공정이용 법리에 대하여 특별한 내용의 변경이나 해석상의 변화를 요구한 것이 아니기 때문에 본 조항을 해석하는 데 있어 그동안의 판례 태도와 차이가 없었다.[245] 또한 본 조항은 대륙법에서와 유사한 저작권 제한을 받는, 즉 저작권 침해에 대해 면책을 받게 되는 행위들을 열거한 제108조 이하의 내용에 해당하지 않는 경우라 하더라도 공정이용에 관한 제107조의 기준에 해당하면 저작권 제한 규정과는 별도로 공정이용으로 인정하여 이용자를 면책할 수 있다. 미국 저작권법 제107조는 아래와 같이 규정하고 있다.[246]

---

244) 17 U.S. Code §107 - Limitations on exclusive rights: Fair use Notwithstanding the provisions of sections 106 and 106A, the fair use of a copyrighted work, including such use by reproduction in copies or phonorecords or by any other means specified by that section, for purposes such as criticism, comment, news reporting, teaching (including multiple copies for classroom use), scholarship, or research, is not an infringement of copyright. In determining whether the use made of a work in any particular case is a fair use the factors to be considered shall include

(1) the purpose and character of the use, including whether such use is of a commercial nature or is for nonprofit educational purposes;

(2) the nature of the copyrighted work;

(3) the amount and substantiality of the portion used in relation to the copyrighted work as a whole; and

(4) the effect of the use upon the potential market for or value of the copyrighted work. The fact that a work is unpublished shall not itself bar a finding of fair use if such finding is made upon consideration of all the above factors.

245) Kathleen K. Olson, at 77-83.

246) 17 U.S.C. §107 - Limitations on exclusive rights: Fair use. Notwithstanding the provisions of sections 106 and 106A, the fair use of a copyrighted work, including such use by reproduction in copies or phonorecords or by any other means specified by that section, for purposes such as criticism, comment, news reporting, teaching (including multiple copies for classroom use),

미국 저작권법은 공정이용원칙을 성문화하여 네 가지 사항을 고려하도록 명시하고 있다.

> **제107조(배타적 권리에 대한 제한: 공정이용)** 제106조 및 제106조의A의 규정에도 불구하고 비평, 논평, 시사보도, 교수(학습용으로 다수 복제하는 경우를 포함), 학문 또는 연구 등과 같은 목적을 위하여 저작권으로 보호되는 저작물을 복제물이나 음반으로 제작하거나 기타 제106조 및 제106조의A에서 규정한 방법으로 사용하는 경우를 포함하여 공정이용에 해당하는 행위는 저작권 침해가 되지 않는다. 구체적인 경우에 저작물의 이용이 공정이용에 해당하느냐 여부를 판단함에 있어서는 다음과 같은 사항을 참작해야 한다.
> (1) 그러한 이용이 상업적 성질의 것이지 또는 비영리적 교육목적을 위한 것인지 등 그 이용의 목적 및 성격
> (2) 저작권으로 보호되는 저작물의 성격
> (3) 이용된 부분이 저작권으로 보호되는 저작물 전체에서 차지하는 양과 상당성
> (4) 그 이용이 저작권으로 보호되는 저작물의 잠재적 시장이나 가치에 미치는 영향

본 조항의 행위의 태양을 살펴보면, 비평·논평·시사보도·교수·학문 및 연구 등을 위하여 저작물을 복제하는 행위를 공정이용에 해당하는 것으로 정하여 이러한 유형의 이용은 저작권침해에 해당하지 않는 것으로 예시하고 있다. 이러한 유형의 행위에 관하여 면책을 주는 이유는 이러한 행위들은 이른바 '생산적인 이용(productive users)'으로 저작권법이 추구하는 목적에 적합한 것이기 때문에 저작권침해로 보지 않고 자유롭게 이용할 수 있게 하는 것이다.[247]

미국 저작권법 제107조는 제106조 및 제106조의A 규정에도 불구하고 비평, 논평, 시사보도, 교수(학습용으로 다수 복제하는 경우를 포함), 학문 또는 연구 등과 같은 목적을 위하여 저작권으로 보호되는 저작물을 복제물이나 음반으로 제작하거나 기타 제

---

scholarship, or research, is not an infringement of copyright. In determining whether the use made of a work in any particular case is a fair use the factors to be considered shall include—
(1) the purpose and character of the use, including whether such use is of a commercial nature or is for nonprofit educational purposes;
(2) the nature of the copyrighted work;
(3) the amount and substantiality of the portion used in relation to the copyrighted work as a whole; and
(4) the effect of the use upon the potential market for or value of the copyrighted work.

247) Leval, Pierre N., "Toward a Fair Use Standard", Harvard Law Review, vol.103 no.5(1990).

106조 및 제106조의A에서 규정한 방법으로 사용하는 경우를 포함하여 공정이용하는 행위는 저작권 침해가 되지 아니한다고 하며, 구체적인 경우에 저작물의 이용이 공정이용에 해당하는지의 판단은 해당 규정에서 정하는 요소를 고려해야 한다고 규정하였다.

1998년에 연방의회는 저작물의 디지털화에 대응하기 위하여[248] 디지털밀레니엄저작권법[249]을 제정하였다. 디지털밀레니엄저작권법의 입법을 통하여 연방의회는 디지털시대에 부합하도록 저작권법을 만들고자 제1201조에 우회조치금지 조항(anti-circumvention clause)을 두었다.[250]

디지털밀레니엄저작권법은 공정이용에 관한 제107조를 개정하지 않았다. 제107조는 기술적으로 중립적이어서 공정이용 법리는 아날로그 환경에서와 마찬가지로 디지털 저작권 환경에서도 전면적으로 적용 가능하기 때문에 제107조의 개정이 불필요하다는 연방의회의 판단 때문이었다. 그에 따라 저작물에 대한 무단접근행위 자체를 금지하는 것이 공정이용의 활용을 억제하지 않을 것이라는 점을 보장함으로써 디지털밀레니엄저작권법은 디지털 저작권 환경에 있어 공정이용의 법리가 지속적으로 적용될 수 있게 하였다.

2010년 오라클은 구글의 안드로이드 운용체계가 자신들의 자바API(Application Program Interface)[251]를 무단히 사용하여 자신들의 프로그램저작물을 침해하였다고 하는 이유로 소를 제기하였다.

1990년대 Sun Microsystems은 Java 컴퓨터 프로그래밍 언어와 Java 언어를 이용하여 프로그램을 만들고 실행할 수 있는 Java Platform을 개발하였고, 한번 완성된 프로그램은 Java Platform을 통해 컴퓨터 하드웨어의 구분 없이 어디에서나 실행 가능("write once, run anywhere")하게 되었다. Java Platform인 Java2 Standard Edition("Java SE")에는 Java Virtual Machine과 166개의 Java API package가 포

248) 디지털 저작물은 기존의 아날로그 저작물과 달리 아무리 복제를 해도 원본과 동일한 복제가 가능하다는 점에서 저작권자의 시장에서의 손해발생위험을 가중시키게 되었고 저작권법은 이에 대한 대응을 하여야 했다.

249) Digital Millennium Copyright Act, Pub. L. No. 105-304, 112 Stat. 2860, §1(1998).

250) 17 U.S.C. §1201(2006).

251) API는 다른 프로그램들이 서로 소통하고 교류할 수 있도록 specification을 제공하는 소프트웨어 상호운용(interoperability)을 위한 도구로서 유럽연합집행위원회는 마이크로소프트가 선마이크로시스템에 대해 API를 제공하지 않은 것을 유럽연합 경쟁법을 위반한 것으로 판단한 바 있다.

함되어 있다. Sun Microsystems은 Java 프로그래밍 언어를 누구나 무료로 자유롭게 이용할 수 있도록 했지만 Java Platform에 대해서는 프로그래머들을 끌어들이면서 동시에 상용화 가능한 오픈소스 라이선싱(Open JDK) 체제를 구축하였다.[252]

2005년 Google사가 Android사를 인수하면서 모바일 기기를 위한 software platform 개발 계획을 세웠고, 같은 해에 Sun Microsystems사와 Google사는 Java Platform을 모바일 기기용으로 발전시켜 이를 활용하는 라이선스에 대한 논의를 시작하였으나 결국 합의에 이르지 못했다. 2010년 Oracle이 Sun Microsystems을 인수하였다.

Google은 Android용 앱을 구축할 수 있는 Java 개발자들을 신속하게 끌어들이기 위해 자체 API를 만들려 했으나 실패를 거듭하며 11,500줄의 소스코드로 만들어진 37개 API package의 선언코드와 구조, 순서, 체계(structure, sequence, organization)[253]를 그대로 가져다 사용하였다. 2007년 Google사가 Android software platform을 출시하며 오픈라이선스를 통해 소스코드를 개발자들에게 무료로 제공하였고 이로 인해 Oracle사의 모바일 기기 고객들이 Android platform으로 옮겨가면서 Oracle사의 라이선스 비즈니스에 큰 타격을 입혔다.

1심인 샌프란시스코 연방지방법원에서는 2012년 5월 구글이 승소하였다. 1심 법원은 자바API는 저작권 대상이 아니라는 판결을 했다. 안드로이드 운용체제(Operating System)를 개발하면서 자바API 코드를 일부를 사용한 것은 저작권법상 '공정이용'에 해당한다고 결론 내렸다. 오라클은 2013년 2월 항소했다.

미국 연방항소법원(CAFC)은 2014년 1심 판결을 뒤집고 구글이 오라클 저작권을 침해했다고 판결했다.[254] 자바API가 저작권 보호대상이라고 판단하였다. 항소심 재판부는 오라클의 자바 저작권은 인정하지만 구글의 자바 API 사용이 저작권법상 공정이용에 해당하는지 논의해보라며 1심으로 돌려보냈다. 오라클과 구글은 샌프란시스코 연방지방법원에서 열린 1심 재판에서 구글의 저작권 침해 행위가 공정이용인지 법정

---

252) 사실관계 추가적인 개요는 이수미, "소프트웨어 응용프로그램인터페이스(API)와 저작권", 미국특허법연구회 2020. 5. 8. 발표자료, 2-3면 참조.

253) 법원은 이를 SSO라고 칭하고 있다.

254) 이 사건이 저작권 사건임에도 CAFC로 항소된 이유는 당초 원고인 오라클이 피고 구글을 상대로 '특허침해'도 주장했기 때문에, 비록 배심원이 특허 침해는 없다고 평결했다고 할지라도, 그 사건이 '특허법과 관련되어 제기된 청구'가 되어 28 USC 1295조에 따라 CAFC가 항소심 관할을 가지게 되었다.

공방을 벌였다. 2016년 5월 법원은 자바API가 저작권 보호 대상이지만, 구글의 이용은 공정이용 범주 내에서 자바API를 사용했다고 판결했다. 그러나 CAFC는 공정이용이 아니라며 하급심 판결을 파기하였다.[255)]

이 사건의 주요 쟁점은 ① 프로그램의 실행을 담당하는 코드(implementing code)가 아니라 프로그램의 구조와 이름을 정의한 선언코드 및 API를 구성하는 패키지[256)], 클래스, 메쏘드 등의 구조, 배열, 조직(Structure, Sequence, Organization; SSO)이 저작권법이 보호하는 '창작성 있는 저작물'에 해당하는지, ② 만약 API의 선언코드와 SSO에 대하여 저작물성을 인정할 수 있다면, Google이 Java API 패키지로부터 그대로 사용한 행위가 저작권법상의 공정이용법리에 따라 정당화되는지 여부이다.[257)]

이 사건에서 여러 차례 위 쟁점들에 대한 판결이 선고되었으나[258)] 본고에서는 2018년 연방항소법원 판결에서 논의된 공정이용에 대한 쟁점만을 정리하고자 한다. 연방항소법원은 아래의 각 요소들을 종합적으로 판단하여 구글의 공정이용 주장을 배척하였다.

공정이용 요소	법원의 판단
1요소 (상업성)	(1) **상업성**: Google이 Android를 오픈소스로 개방한 점에서 일부 비상업적 동기를 가졌다는 점과 Android 제공에 대하여 직접 대가를 받지 않고 광고에서 수익을 얻는다는 점은 상업적 이용이라는 평가에 영향을

255) Oracle Am., Inc. v. Google LLC, 750 F.3d 1339(Fed. Cir. 2014), 886 F.3d 1179(Fed. Cir. 2018).

256) 37개의 API package는 기본적인 컴퓨팅 작동, 예를 들어 수학 계산, 파일과 스트링 변경, 데이터베이스 연결 등을 수행하도록 만들어졌다. java.awt.font, java.beans, java.io, java.lang, java.lang.annotation, java.lang.ref, java.lang.reflect, java.net, java.nio, java.nio.channels, java.nio.channels.spi, java.nio.charset, java.nio.charset.spi, java.security, java.security.acl, java.security.cert, java.security.interfaces, java.security.spec, java.sql, java.text, java.util, java.util.jar, java.util.logging, java.util.prefs, java.util.regex, java.util.zip, javax.crypto, javax.crypto.interfaces, javax.crypto.spec, javax.net, javax.net.ssl, javax.security.auth, javax.security.auth.callback, javax.security.auth.login, javax.security.auth.x500, javax.security.cert, and javax.sql.

257) https://www.shinkim.com/newsletter/ip/201804/SHIN&KIM_ip_Legal_Update_2018042_kor.pdf

258) Oracle Am., Inc. v. Google Inc., 872 F. Supp. 2d 974(N.D. Cal. 2012). Oracle Am., Inc. v. Google Inc., 750 F.3d 1339(Fed. Cir. 2014). Google Inc. v. Oracle Am., Inc., 135 S.Ct. 2887(2015). Oracle Am., Inc. v. Google Inc., No. C 10-03561, 2016 WL 3181206(N.D. Cal. June 8, 2016).

	미치지 않는다(상업성에 관한 1심 결론과 동일). (2) **변형적 이용**: 1심에서는 Google이 모바일 스마트폰을 위해 166개의 패키지 중 37개를 선택하고 모바일 환경에 맞게 실행코드를 다시 작성했으며 많은 새로운 패키지들이 추가된 점 등을 근거로 변형적 이용을 긍정. 그러나 CAFC는 Java API 패키지로부터 복제된 선언코드와 SSO는 Android에서 동일한 목적과 기능을 가지므로 그 이용에 의하여 새로운 표현이나 의미, 메시지가 형성되지 않는 점, Android 이전에 Java SE API가 스마트폰 환경에 적용된 사례가 있으므로 Android에서 37개 패키지를 선택하여 이용한 것을 스마트폰이라는 새로운 맥락에서의 이용으로 볼 수 없다는 점 등을 근거로 변형적 이용이라는 Google의 주장을 배척.
2요소 (저작물의 성격)	① 사실적 혹은 정보적 성격의 저작물은 순수 창작 저작물에 비해 창작적 표현의 다양화에 기여하는 정도가 낮기 때문에 공정이용에 의하여 보호되는 정도가 축소될 여지가 상대적으로 더 많음. ② 37개 Java API 패키지의 선언코드와 SSO의 기능적 성격을 인정하여 '저작물의 성격'이라는 요소는 공정이용 인정에 유리하게 작용할 수 있다고 결론 내리면서도, 본 요소 하나만으로 공정이용이라는 결론을 내리는 것은 소프트웨어를 저작권법의 저작권법의 보호 대상에 포함시킨 의회의 의사에 반하는 것이므로 본 요소는 전체적인 평가에서 비교적 작은 비중을 차지한다고 판단하였음.
3요소 (양적 요소)	1심은 Google이 37개 API 패키지 전체를 복제한 것이 아니라 호환성 확보를 위한 최소한의 범위인 선언코드와 SSO만을 복제하였고 실행코드는 전혀 복제하지 않았으므로 합리적으로 필요한 범위에서의 복제라고 보았다. 그러나 항소심은 1심과 다른 결론을 내림. ① 양적인 측면에서는 Google이 복제한 선언코드의 양이 Java 프로그래밍 언어를 사용하기 위해 필수적으로 요구되는 양(170줄)을 크게 초과하며, SSO의 경우 37개 API 패키지로부터 전체적으로 복제되었다고 보았다. ② 양이 미미하다고 보더라도, Google이 Java API 패키지의 선언코드와 SSO를 복제한 동기가 Java 개발자들을 유인하기 위한 것이었음을 고려할 때 복제된 37개 API 패키지의 선언코드와 SSO는 적어도 질적인 측면에서는 그 중요성이 간과될 수 없다고 보았다. 결론적으로 CAFC는 본 제3요소가 공정이용 인정에 있어 중립적으로 작용하거나 부정적으로 기여할 수 있다고 판단함.
4요소 (시장대체효과)	1심은 Java API 패키지가 데스크탑 및 랩탑 컴퓨터를 위한 것이므로 스마트폰을 대상으로 하는 Android에서의 이용이 원본 저작물의 시장에 해를 초래하지 않았다고 판단. 항소심은 Java SE가 Android 출시 전 수년간 초기 스마트폰과 모바일기기

	에서 사용되었다는 사실을 근거로 Google의 이용은 원본 저작물의 시장에서 직접적이고 현실적인 해가 되었을 수 있고 최소한 Oracle이 Java API 패키지와 그 파생저작물을 통해 진출할 수 있었던 잠재적 시장에서 실질적으로 부정적인 영향을 초래했다고 판단.

2021년 4월 연방대법원은 Google사의 선언코드 복제행위는 미국 저작권법 제107조의 공정이용에 해당한다는 판결을 했다.[259] 연방대법원은 CAFC 판결을 파기하면서, 자바 API도 저작권의 대상이 된다고 하면서도, 구글이 새로운 플랫폼을 만들면서 자바 API 일부를 사용한 것이 저작권 차체의 기본 목적인 '창의적인 진보'에 해당하여 결국 '공정이용'에 해당한다고 보았다.

연방대법원은 소프트웨어 개발자가 아닌 일반인의 이해를 돕기 위해 Sun Java API를 구성하는 'method call', 'declaring code', 'implementing code'의 관계를 그림과 함께 상세하게 설명한다. 연방대법원 다수의견은 본 사건에 대해 다음과 같은 결론을 내렸다. 사용자(프로그래머)들이 그들의 축적된 재능을 가지고 새롭고 변형적인 프로그램을 사용할 수 있을 만큼만 Google사가 인터페이스를 재활용한 것이므로 Google사의 복제는 공정이용이다.

프로그래머가 API 안에서 제공하는 작업을 실행하기 위해 'method call'을 입력하면, 'declaring code'를 통해 요청된 작업('method')이 들어가 있는 'package', 그 안의 'class'와 연결이 되어, 'implementing code'로 사전 작성된 수천개의 작업 중 요청된 작업 하나를 컴퓨터가 수행하게 된다. 예를 들어 java.lang.Math.max (4,10)이 입력되었다면 'declaring code'에서 'package'인 java.lang 안의 'class' Math에서 요청된 작업인 max라는 'method'를 찾아 'implementing code'와 연결시키면 'implementing code'가 컴퓨터에게 4와 10 중 큰 숫자를 찾는 작업을 실행시킨다. 복잡한 작업은 수백 줄의 코드가 들어갈 수 있으므로 'implementing code'는 사전에 작성된다. 그러므로 'declaring code'는 Java API에서 프로그래머들에게 익숙한 명령어인 'method call'을 복잡한 'implementing code'에 연결시켜주는 지름길, 인터페이스, 자동차라면 엑셀 페달, 타자기라면 QWERTY 키보드와 같은 역할을 한다. 'declaring code'의 편

259) Google LLC v. Oracle America, Inc., 141 S.Ct. 1183(2021). 6대2로 선고된 이 사건은 Breyer 대법관이 다수의견을 작성하였고, Thomas 대법관과 Alito 대법관이 공동으로 반대의견을 작성했다.

제(organizational) 기능으로, 도서관의 도서 편제 시스템인 Dewey Decimal System, 또는 다수 의견의 예시와 같이 로봇에게 특정 파일 캐비넷의 특정 서랍을 열어 특정 레시피를 요리하라고 명령하는 상황과 유사하다. 로봇이 특정 레시피의 내용을 모르는 것과 같이 API를 사용하는 프로그래머는 'implementing code'를 배울 필요 없이 단순한 명령어를 배워 'method call'만 입력하면 된다. Android API의 수많은 package 중 37개는 Java API의 'declaring code'를 그대로 베꼈으므로 특정 작업의 명칭, 특정 작업의 'package' 'class' 구조는 양사 제품이 같지만, 이 작업을 실행하는 'implementing code'는 Google사가 직접 만들었다. Google사는 해당 37개의 package가 모바일 기기 앱 개발 프로그래머들에게 가장 유용하게 사용될 것으로 판단했고, 프로그래머들은 Android API 사용 시에도 그들이 이미 예전부터 사용해 왔던 'method call'을 입력해서 원하는 작업을 명령할 수 있게 되었다.[260]

대법원 다수의견은 본 사건과 같이 컴퓨터 프로그램 저작권의 법적 범위를 결정할 때 공정이용이 중요한 역할을 한다고 보았다.[261]

① Java API 선언코드의 성격: 연방대법원은 공정이용 판단의 두 번째 고려사항인 '저작물의 성격'을 가장 먼저 분석했다. Java API 선언코드의 역할은 user interface로서, 해당 선언코드의 사용은 일반 컴퓨터 프로그램과는 다르게 저작권 대상이 아닌 아이디어(일반적인 분류와 정리 작업)와 창작적 표현(Android의 실행코드)을 본질적으로 결합하는 게 핵심이다. Java API 선언코드의 가치는 저작자가 아닌, 프로그래머들이 자신들의 시간과 노력을 들여 Java API 시스템을 학습한 뒤 Java API 시스템을 계속 활용하는데 있다. 그러므로 이 사항에서 공정이용을 긍정하는 것은 CAFC나 반대의견의 걱정처럼 미 의회에서 규정한 컴퓨터 프로그램의 저작권 보호를 약화하는 게 아니라 일반적인 컴퓨터 프로그램과 달리 선언코드는 저작권의 중심부에서 떨어져 있다.[262]

② Google사의 이용 목적과 성격에 대한 판단: 이 사항에서는 피고인 Google사의 Java API 선언코드 이용이 '변형적'(transformative)인 지를 판단해야 한다. 피고의 이

260) Id. at 1198-1199. 이수미, 미국특허법판례연구(Ⅲ), 548면.
261) 상세는 이수미, 미국특허법판례연구(Ⅲ), 550-553면 및 전응준, "저작권의 관점에서 본 소프트웨어 창작물 보호에 대한 근본적 의문들", 저작권판례연구회, 2020. 9. 25. 발표문(미공간) 참조.
262) Google LLC, 141 S.Ct. at 1202.

용이 '변형적'인지를 판단할 때는 원저작물의 물리적인 변형뿐 아니라, 목적의 변형, 상황(contextual)의 변형으로 인한 새로운 표현, 의미 또는 메시지도 원저작물의 변환으로 인정한다. 즉, 피고의 이용에 뭔가 새롭고 중요한 것이 더해졌을 때 '변형적'이라고 말할 수 있다.[263] Google사가 Java API 선언코드를 복제한 이유는 프로그래머들이 특정 작업을 실행할 수 있도록 실행코드를 편리하게 찾아 연결하기 위한 것이므로 Sun사가 해당 선언코드를 만들었던 목적과 동일하다. 하지만 다수의견에서는 컴퓨터 프로그램의 기능적 상황에 대해 공정이용의 허용 범위를 판단할 때는 복제의 목적과 성격을 더 깊이 분석해야 한하고 했다.[264]

Google사가 개발한 Android 스마트폰 플랫폼은 프로그래머들이 스마트폰 환경에서 활용할 수 있는 창의적이고 혁신적인 도구이다. 여기에서 사용된 Java API의 선언코드는 프로그래머들이 Android 플랫폼을 편리하게 사용하여 플랫폼의 사용과 유용성을 높이려 하는데 목적을 두므로 창의적인 발전을 촉진하기 위한 저작권의 헌법 취지와 일치한다고 보았다. Java API는 원래 PC와 노트북 용도로 만들어졌지만, Google사는 스마트폰이라는 새로운 컴퓨팅 환경에서도 프로그래머들이 이미 익숙한 프로그래밍 언어를 사용할 수 있도록 스마트폰 프로그램에서 유용한 선언코드만 선택하여 복제했다.[265]

③ 이용된 부분이 저작물 전체에서 차지하는 비중과 그 중요성: Google사는 11,500줄에 달하는 코드를 베꼈고, 이는 사실상 수백 개의 작업을 부를 수 있는 모든 선언코드라고 할 수 있지만, Java API 전체로 봤을 때는 실행코드를 포함해 2백86만 줄의 코드에서 11,500줄은 0.4%에 불과하다. 복제한 코드의 분량이 작더라도 그 부분이 Java API의 창작적인 표현의 핵심이 될 수 있다. 하지만, Google사의 목적은 단순히 Java 프로그램 언어를 Android 시스템에서 사용할 수 있도록 하는데 있지 않았고, 프로그래머들이 Java API 사용을 통해 얻은 지식과 경험을 바탕으로 Android 스마트폰 플랫폼에서 새로운 프로그램을 많이 만들 수 있도록 하는데 있었다.[266]

이용이 그 저작물의 잠재적 시장 또는 가치에 미치는 영향과 관련하여 다수의견은

263) Google LLC, 141 S.Ct. at 1202-03.
264) Id. at 1203.
265) Id. at 1204.
266) Id. at 1205.

배심에 제출되었던 여러 증거물을 보면 Google사의 복제와 상관없이 Sun사(현재 Oracle사)는 스마트폰 플랫폼 시장에서 성공적으로 진입할 수 있는 위치에 있지 않았다고 판단했다.[267]

만약 Oracle사가 저작권을 행사한다면 Google사는 Android의 성공으로 얻은 이익을 Oracle사와 나눠야 할 것이다. 하지만, Android의 수익성은 Java API 개발에 투자한 Sun으로부터 발생한 게 아니라 Java Program을 배워 새로운 프로그램을 개발하려고 했던 제3자들, 즉 프로그래머들의 시간과 노력의 투자로 인해 발생했기 때문에 저작권법을 통해 제3자들의 투자를 보호하는 것은 논리적으로 맞지 않는다.[268]

연방대법원은 마지막으로 Oracle사에 발생한 손해가 아니라 공익의 관점에서 해당 사항을 분석하면서 Oracle사의 저작권 행사를 허용한다면 공공에게 피해가 갈 수 있다고 했다. Oracle사의 저작권 독점으로 인해 Google사가 새로운 API를 개발해야 했다면 이미 자신들에게 편안한 인터페이스를 활용해 프로그래머들이 만들어 낼 수 있었던 창의적인 개선, 새로운 앱, 새로운 활용방법의 유동을 막는 결과가 발생했을 것이다. 이런 결과는 창작적 노력을 장려하는 저작권법의 기본 목적과도 반한다. 사용자 인터페이스의 재활용은 새롭고 독창적인 컴퓨터 코드가 시장으로 더 쉽게 유입될 수 있도록 돕는다.[269]

Ⅲ. 저작권남용규제

1. 컴퓨터프로그램의 속성과 혁신

저작권은 지식재산권의 하나로, 인간의 사상 또는 감정을 표현하여 창작한 대상의 창작자에게 창작물을 일정 기간 동안 독점적으로 이용하게 하고 다른 사람이 무단으로 복제하는 등의 행위를 금지할 수 있도록 법적으로 창작자에게 부여된 권리를 말한다.[270] 저작권은 특허법과 마찬가지로 창작자의 배타적인 이용권을 부여한다는 속성

267) Id. at 1206-07.
268) Id. at 1208.
269) Id.
270) 오승종, 「저작권법」, 박영사(2020), 9면.

을 가진다. 배타권(right to exclude)으로서 자유로운 경쟁을 도모하고 소비자후생의 증대를 목적으로 하는 독점규제법에 의해서 제어를 할 필요가 있는 상황이 있을 수 있다.

애플 판결에서 피고 Franklin Computer社의 주요 항변은 오브젝트코드와 운영체제프로그램이 저작권의 보호 대상인 표현에 해당하지 않는다는 주장도 있었지만, 자신의 복제(複製)가 호환성(compatibility)을 확보하기 위한 불가피한 것이라는 주장도 주요한 주장 중의 하나였다. 애플 판결을 통하여 컴퓨터 프로그램이 저작권에 의해서 보호되게 됨에 따라 전통적으로 저작권남용의 인정에 매우 소극적이었던 미국 연방법원의 태도 변화가 필요하게 되는 상황이 왔다. 전통적인 어문저작물이나 음악저작물과 달리 컴퓨터프로그램과 같은 경우에는 특정 프로그램이 시장에서의 표준이 되면 후발기업이 시장에 진입하기 힘들게 되는 쏠림현상이 발생할 수 있다. 이런 상황에서 호환성 항변을 전혀 인정하지 않게 되면, 컴퓨터 프로그램의 속성상 시장에 신규 소프트웨어 업체가 진입하는 것이 매우 어려워지고, 그 결과 일단 시장에서의 우월적 지위를 확립한 소프트웨어 업체는 저작권을 포함한 지식재산권의 보호에 의존하여 강력한 진입장벽을 쌓고, 진입이 봉쇄된 시장에서 독점적인 이윤을 향유할 수 있게 된다.[271]

소프트웨어 관련 특허권이나 저작권은 결코 독립적으로 이루어지는 것이 아니라 누적적으로 이루어지는 경우가 많다. 컴퓨터 프로그램은 특히 이러한 속성이 강하다. 이러한 저작권의 2차적 혁신(cumulative innovation)의 속성은 후발저작자(later improver)의 선발저작권자(earlier innovator)의 권리 침해의 문제보다, 선발저작권자의 후발저작자의 저작활동을 저해하는 형태로 발생할 가능성을 높게 한다.[272] 저작권법은 전체적으로 발생하는 이익을 사회적으로 배분하는 기능을 하여야 한다. 이때 감안하여야 할 것이 라이선싱을 함에 있어서 발생하는 거래비용이다. 특히 법사학(法史學)자들은 후속혁신의 중요성을 강조하며, 이들은 사회적인 효익은 많은 경우 후속혁신에 의해서 발생하는 것이라고 주장한다.[273]

271) Peter S. Menell, "An Epitaph for Traditional Copyright Protection of Network Features of Computer Software", 43 Antitrust Bull. 651(1998).

272) Robert P. Merges & Richard R. Nelson, "On the Complex Economics of Patent Scope", 90 COLUM. L. REV. 839, 905(1990).

273) David, PA. "New technology diffusion, public policy and industrial competitiveness", paper presented at the Symposium on Economics and Technology, Stanford University March

예술의 세계에 있어서 많은 경우 새로운 것들은 기존에 존재하는 작품에서 영감을 얻어서 창작되는 경우가 많고, 경우에 따라서는 기존의 작품을 재해석함으로써 새로운 예술창작이 이루어지기도 한다. 패러디(parodies)나 풍자(satires)와 같은 것들이 이러한 형식의 대표적인 경우이다. 현대 디지털 음악의 경우 이러한 경향은 오히려 강화되고 있다. 작곡자들은 기존에 존재하는 음악에서 디지털 샘플링(digital sampling)[274]을 통해서 작곡을 한다. 이들은 문화발전의 점진(漸進)성의 예라고 생각한다.

미국과 우리 모두 저작권에 의해서 보호되는 컴퓨터프로그램의 영역을 보면, 이러한 점진적 혁신의 속성이 특히 두드러진다. 예를 들어 운영체제에서의 혁신은 그 인접영역인 인터페이스(interface)나 응용프로그램(application program)에서의 후속혁신을 초래한다.[275] 이런 점에서 사회적인 비용을 절감하고, 혁신을 조기에 확산하고 촉진할 수 있는 기능을 하도록 하기 위해서는 소프트웨어가 다시 사용될 수 있도록 하는 법제를 운용하여야 한다.[276] 소프트웨어에도 강력한 저작권보호를 역설하는 쪽에서는 저작권에 대한 각종 문제점을 지적하는 것은 단순히 비효율적 생산자들의 경쟁자를 제거하려는 의도에 지나지 않는다고 주장한다.[277] 그러나 컴퓨터프로그램의 영역에서의 기술혁신을 보면 특허권이나 저작권에 의한 보호는 제한을 하는 것이 오히려 기술혁신에 긍정적인 영향을 주고, 기술 확산(technology diffusion)을 통한 후속혁신이 연속적인 진행을 촉진한다. 만일 이러한 제한을 하지 않으면 전환비용(switching cost)을 과도하게 소요하게 함과 아울러, 모방을 통한 단계적이고 점진적인 혁신을 저해하게 된다.[278] 그러므로 컴퓨터프로그램 영역에서 강력한 특허권이나 저작권자의 보호만을 고집하면 기술개발의 낙후, 독점가격의 책정, 독점이윤 선점을 위한 자원의 비효율적 사용을 초래할 수 있다. 따라서 컴퓨터프로그램 영역에서 저작권자의 보호는 적절하게 제어될 필요가 있다.[279]

17-19, 20(1985).

274) 샘플링이란 연속적인 소리를 분절하여 쪼개는 것을 말한다. http://en.wikipedia.org/wiki/Sampling_(signal_processing)(2010. 12. 22. 최종접속).

275) Mark A. Lemley & David W. O'Brien, "Encouraging Software Reuse", 49 Stanford Law Review 255, 264-268(Jan., 1997).

276) Id. pp. 259-262.

277) 권오승 편, 『공정거래법 강의Ⅱ』, 법문사(2000), 427면.

278) Glynn S. Lunney Jr., op. cit., pp. 2411-2419.

279) Digydine Corp. v. Data General Corp., 734 F.2d 1336(9th Cir. 1984).

2. 미국 연방항소법원의 태도

컴퓨터프로그램 영역에서 저작권자의 권리행사를 제어하는 수단은 여러 가지를 고려할 수 있으나 미국 연방항소법원은 레이저콤 판결[280]에서 저작권남용법리를 인정하는 것으로 대응하였다.[281] 초창기 미국에서도 특허권이나 저작권 침해소송에서 독점규제법 위반이 방어항변으로서 인정되어야 하는지에 소송법상 논란은 있었으나 1970년대 이후에는 대부분의 법원은 특허권이나 저작권 침해소송에 있어서 독점규제법위반 항변에 대한 본안 관련성을 인정함으로써 침해책임을 면하기 위한 방어 수단으로 인정하고 있다.[282] 미국 연방항소법원은 1976년에 제정된 저작권법과 1980년의 개정 내용을 그대로 수용하여, 주로 경쟁자의 시장진입장벽을 문제시하는 독점금지법과는 달리 저작권법에서는 저작권을 부여하지 않을 때 발생하는 각종의 부작용들을 우선적으로 고려하였다. 로터스 사건에 대한 항소법원의 판결은 컴퓨터 프로그램의 저작권의 범위를 판단했다는 점에서 중요한 판결로, 메뉴 구성과 같은 사용자 인터페이스는 저작권의 보호 범위에 속하지 않는다는 법리를 설시한 중요한 판결이다. 특히 Boudin 판사의 보충의견은 저작권법에 대한 판단만을 제시한 것이 아니라 독점의 문제와 저작권을 함께 제시하였다는 점에서 로터스 판결의 경쟁법적 의의를 잘 보여준다. 보충의견이 설시한 바와 같이 특정한 기술이 사실상의 표준이 되었을 경우, 저작권의 적용범위가 제한될 수 있다는 점은, 경쟁법과 지식재산권법의 충돌 문제를 어떻게 해결할 것인가에 대해서 로터스 판결은 저작권에 의한 보호를 거부하는 방식으로 저작권내에서의 문제해결을 하려고 하는 대안을 제공한 것으로 볼 수 있다.

사업자가 특허권자나 저작권자로서 시장을 선점하는 행위는 특허권이나 저작권법의 입법 목적상 자연스럽게 나타나는 현상이며 사업자가 선택할 수 있는 경쟁전략으로 볼 수 있는 것이 사실이다. 그리고 이런 선점의 이익(first mover advantage)은 특허법이나 저작권법이 제공하는 중요한 인센티브이다. 그러므로 이러한 정상적인 경쟁에

---

280) Lasercomb America, Inc. v. Reynolds, 911 F.2d 970(4th Cir. 1990).

281) 이 판결에 대한 평석으로 Philip Abromats, Comment: "Copyright Misuse and Anticompetitive Software Licensing Restrictions: Lasercomb America, Inc. v. Reynolds", 52 U. Pitt. L. Rev. 629, 637(1991).

282) 오승한, "특허 · 저작권자의 시장선점 행위에 대한 독점규제법상 규제", 「산업재산권」, 제29호(2009. 8.), 288면.

의해서 저작권법등이 제공하려는 이익과 그 이상의 이익을 구별하여 저작권법이 보장하려고 하는 이익 이상을 취하려는 행위를 하는 경우 독점규제법에 의한 규제가 필요하게 된다.[283)]

특허권자 등의 권리의 행사에 의한 경쟁제한 효과가 크게 나타난다면, 독점규제법을 통해서 제한해야 한다. 다만 미국의 경우와 같이 특허권이나 저작권 침해소송에서 피고가 된 경쟁자가 자신의 침해책임을 회피하기 위한 항변사유로 특허・저작권자의 독점규제법 위반을 주장하는 것은 우리나라의 실무상 보기 어렵다.[284)] 그렇다면 생각할 수 있는 다른 방법은 저작권의 보호대상이 아니라고 판단하는 방법이 있을 수 있을 것이다. 그러나 이는 사안의 개별화가 이루어지지 않는 방법이라서 개별사안에서의 시장에 미치는 효과에 따라 판단하는 독점규제 및 공정거래에 관한 법률(이하 '공정거래법')에 의한 판단에 비하여 쉽게 사용할 수 없다는 한계가 있다.

3. 저작권법상 합체의 원칙(merger doctrine)[285)]과 사실상의 표준

로터스 판결에서 로터스사의 메뉴 구성이 스프레드시트 프로그램에 있어서 사실상 표준(de facto standard)의 위치에 있는지와 독점적 지위를 가지는가가 문제되었다. 예를 들어 QWERTY 자판 방식이 사실상의 표준으로 자리 잡게 되면, 타자기를 생산하는 다른 업자는 QWERTY 자판 방식을 사용하지 않고서는 시장에서 경쟁을 할 수 없게 되어 다른 방식에 의해서는 타자기의 자판을 표현해낼 수 없다는 문제가 발생하게 된다.[286)] 창작 당시에는 합체라고 볼 수 없었으나, 표준이 설정된 것과 같은 사실상의 결과에 의해서 후발적인 합체 현상을 낳게 되는 것이다.[287)] 프로그램의 메뉴 구조

---

283) Brett Frischmann & Dan Moylan, "The Evolving Common Law Doctrine of Copyright Misuse: A Unified Theory and Its Application to Software", 15 Berk. Tech. L.J. 865(2000).

284) 오승한, "특허・저작권자의 시장선점 행위에 대한 독점규제법상 규제", 「산업재산권」, 제29호(2009. 8.), 308면.

285) 'merger doctrine'은 비록 창작적인 표현이라고 하더라도 그 표현이 해당 저작물의 사상이나 감정, 즉 아이디어가 오직 그 표현방법 이외에는 달리 효과적으로 표현하는 방법이 없는 경우에는, 그 표현에 저작권법의 보호를 주게 되면 실질적으로 그 아이디어 자체에 대한 독점적을 주는 결과가 되므로, 그 표현에 대하여는 저작권의 보호가 주어져서는 안 된다는 원칙이다.

286) 쿼티 자판이나 칼라텔레비전의 예를 비롯한 여러 가지 역사적인 예를 들고 있는 문헌으로 Arthur W. Brian, "Competing Technologies, Increasing Returns, and Lock-In by Historical Events", The Economic Journal, Vol. 99, No. 394(Mar., 1989), pp. 116-131.

와 같은 사용자 인터페이스도 표준으로서 기능하게 된다면, 사실상의 표준에 의해 합체 현상이 발생하게 된다. 그러므로 이와 같은 경우에는 이에 대한 저작권의 보호를 인정하게 되면 후발주자는 시장진입자체가 봉쇄될 수 있게 되므로 적절한 대가를 지불하고 사용할 수 있도록 하여야 할 사회경제상 필요가 있다.

제 5 절 미국 특허법 개관

1. 특 허 권

특허권은 미국 특허청(USPTO)에 의하여 발명자에게 부여된 재산권이다. 특허권은 발명자에게 일정한 기간 동안 배타적인 권한을 부여한다. 그 대가로 발명자는 공중에 발명의 상세한 내용을 공개하여야 한다. 미국 특허 시스템은 미국 헌법에 의하여 만들어진 것으로 발명자에게 새로운 기술이나 개량된 기술을 만들도록 하는 경제적인 유인을 제공한다. 애이브러햄 링컨이 말한 것과 같이 '특허 시스템은 천재성이라는 불꽃에 기름을 붓는 것'이다.

특허는 아이디어 그 자체를 보호하는 것이 아니다. 기술혁신의 기초가 된 구조와 방법을 보호할 뿐이다. 특허로 유효하기 위하여 청구된 발명은 신규성, 유용성, 진보성을 갖추어야 한다. 특허는 저작권이나 상표권과 구별된다. 상표는 상품이나 서비스의 원천을 나타내는 단어, 성명, 상징이나 거래에 사용된 수단으로서 타인의 상품이나 서비스와는 구별된다. 저작권은 문헌, 드라마, 음악, 미술 등 다른 저작물을 포함한 저자의 창의적인 작품을 출간되었건 아니건 간에 보호하기 위한 제도이다. 저작권은 저작물 그 자체가 아니라 표현을 보호한다.

특허는 1) 신규하고 유용한 방법, 기계, 제조물, 조성물 기타 그 개량물을 보호하는 특허(utility patent), 2) 신규하고, 독창적이며, 제조물의 장식적인 디자인을 보호하는 디자인 특허(design patent), 3) 발명자나 발견자의 식물과 무성 생식된 식물의 변종에 대한 식물 특허(plant patent) 등의 3가지 종류가 있다.

미국은 태양 아래 어떤 인간이 만든 것도 특허의 대상이 된다고 보는 매우 광범위

287) 오승종, 「저작권법」, 박영사(2020), 81면.

한 범위에서 특허를 허용하면서, 특허의 대상이 되지 않는 범위를 최소화하였고, 이러한 태도는 산업진흥에 분명한 기여를 하였다.

미국 특허는 출원일로부터 20년간 보호된다. 미국 특허는 미국 영토 내에서만 유효하다(=속지주의).

2. 출원 심사 단계

특허를 취득하기 위하여 발명자는 스스로 또는 특허변호사나 출원대리인(patent agent)을 통하여 특허청에 출원을 하여야 한다. 출원시 제출하는 명세서는 발명의 상세한 설명, 도면, 청구항으로 구성된다. 심사관은 출원신청서를 심사하여, 청구항이 적절하게 기재되어 있는지, 그리고 특허요건을 구비하고 있는지 등을 심사한다.

심사관은 출원신청서가 적절하고 발명 시 신규(novel)하고, 유용(useful)하며, 특허출원 당시에 자명하지 않은(non-obvious) 기술이어야 특허를 허여한다. 또한 출원이 특허법 제112조(서면기재요건)에 적합한지 판단한다. 이 때 우선 출원된 발명이 특허법 제112조(b)의 요건(MPEP §2171)의 요건을 충족하는지 판단한다. 또한 출원된 발명이 특허법 제112조(a)의 요건을 충족하는지 판단한다. 충분한 서면기재(Adequate Written Description),[288] 실시가능한 개시(Enabling Disclosure) 등의 요건이 심사된다.

다음은 MPEP가 위의 심사단계들을 USPTO의 심사관들의 사고 과정을 나타낸 것이다.[289]

Step 1: 출원자가 무엇을 발명하고 특허를 바라고 있는지 판단하라.

- 출원자가 무엇을 발명하고 특허를 바라고 있는지 판단하라.
- 출원자가 무엇을 발명해왔는지 이해하기 위하여 발명의 자세한 공개내용과 특정한 구현을 검토하라.

---

288) Regents of the University of California v. Eli Lilly & Co., 119 F.3d 1559, 1566-67, 43 USPQ2d 1398, 1404-05(Fed. Cir. 1997); Hyatt v. Boone, 146 F.3d 1348, 1354, 47 USPQ2d 1128, 1132(Fed. Cir. 1998); Robotic Vision Sys. v. View Eng'g, Inc., 112 F.3d 1163, 1166, 42 USPQ2d 1619, 1622-23(Fed. Cir. 1997); Fonar Corp. v. General Electric Co., 107 F.3d 1543, 1549, 41 USPQ2d 1801, 1805(Fed. Cir. 1997); In re Hayes Microcomputer Prods., Inc., 982 F.2d 1527, 1537-38, 25 USPQ2d 1241, 1248-49(Fed. Cir. 1992).

289) MPEP 2100-26.

- 청구항을 검토하라.

Step 2: 선행기술에 대한 철저한 검색을 실시하라.

Step 3: 발명이 특허법 제101조에 부합하는지를 판단하라.

- 출원된 발명이 열거된 대상 카테고리에 들어가는가?
- 출원된 발명이 특허법 제101조의 사법적 예외인 자연법칙, 자연현상 혹은 추상적 아이디어에 들어가는가?
- 출원된 발명이 특허법 제101조의 사법적 예외를 포함하는지 또는 특허법 제101조의 사법적 예외의 실제적 활용인가?
  - ○ 물리적 변환에 의한 실제적 활용인가?
  - ○ 실제적 활용이 유용하고, 구체적이고, 실제적이고, 구체적 결과를 산출하는가?
- 출원된 발명이 특허법 제101조의 사법적 예외(추상적 아이디어, 자연법칙, 혹은 자연 현상)를 미리 방지할 수 있는가?
- 일응의 추정(Prima Facie case)을 위한 기록을 만들어라.

Step 4: 출원이 특허법 제101조(유용성)와 제112조에 적합한지 평가하라.

Step 5: 출원된 발명이 특허법 제102조와 제103조에 적합한지 평가하라.

Step 6: 판단의 결과와 근거들을 출원인에게 분명히 전달하라.

- 거절사유들과 그 근거들을 검토하고 특허가 거절되어야 할 이유를 일응의 추정에 기초하여 분명히 설명하라.

만일 출원이 선행기술이나 다른 특허요건으로 인하여 거절되면, 발명자는 심사관의 거절을 극복하기 위하여 청구항을 보정한다. 심사관에 의한 거절과 보정은 수회에 걸쳐 이루어지며, 특허로 등록되기 전에 수년에 걸쳐 이루어지기도 한다. 현재 통상 미국에서 특허로 등록되기 위하여 2-3년이 소요된다. 특허로 등록하기 위하여 통상적으로 1만에서 2만 달러가량의 비용이 든다. 그러나 출원된 기술과 선행기술의 내용에 따라 비용은 더 많이 들 수도 있고, 더 적게 들 수도 있다.

3. 특허권 부여 이후

특허권이 부여되고 나면 미국 연방지방법원에 의하여 강제된다. 특허권은 연방정부에 의하여 부여되고 연방법에 의하여 규율되기 때문에 주(州)법원은 특허사건에 대하여는 관할권이 없다. 특허권자는 타인이 미국 내에서 당해 발명을 이용하여 제조, 사용, 판매의 청약, 판매 등의 행위를 하거나 미국 내로 수입하는 것을 배제하는 권리를 가진다. 특허권자는 누구에게 특허권을 사용하도록 허여할 지를 결정할 수 있다. 특허권자는 특허를 타인에게 매각하거나 양도할 수 있다. 이 경우 양수인은 원 특허권자와 동일하게 특허권을 강제하거나 실시할 수 있다.

특허소송은 3개의 주된 쟁점인 침해의 인정여부, 계쟁 특허의 유효성, 침해가 인정되는 경우 손해의 범위로 구성된다. 침해 여부를 판단하기 위하여 판사는 －배심원이 아니라－ 청구항의 의미와 범위를 해석하여야 한다. "청구항 해석"은 통상 '마크만 히어링(Markman Hearing)[290]'이라고 불리는 심문기일을 열어서 양당사자들은 쟁점이 되는 청구항 상의 용어들의 적절한 의미에 대한 각자의 입장을 제시한다. 이에 대하여 법원이 'claim construction order'를 통해 쟁점 청구항의 의미를 확정한다. 일단 청구항이 적절하게 해석되면, 특허권이 유효한지 여부와 침해되었는지 여부가 사실심 배심원들에 의하여 결정된다.

만일 배심원이 특허권자에 유리하게 평결(verdict)을 하면, 침해를 배상하기에 적절한 정도의 손해배상판결이 내려진다. 손해배상 산정에 있어서 두 가지 기본원리는 일실이익(lost profit) 또는 합리적인 수준의 로얄티(reasonable level of royalty)이다. 특허침해사건에서의 손해배상은 특허침해소송의 소장 또는 반소장이 접수되기 이전에 최고 6년 동안의 기간에 발생한 손해를 전보할 수 있는 정도로 이루어진다. 만일 배심원이 악의적인 침해(willful infringement)로 판단하는 경우 판사는 인정된 손해액의 3배까지의 손해배상과 특허권자가 사용한 변호사비용의 배상을 명할 수 있다. 법원은 침해자가 미국 내에서 침해제품이나 방법을 추가적으로 사용하거나 판매하는 것을 방지하기 위하여 금지명령(injnnction)을 함께 명할 수도 있다.

특허사건에 대한 항소는 1982년 창설된 CAFC에 할 수 있다. 연방대법원은 CAFC의 판단에 대하여 심리할 수 있으나, 매우 제한적인 숫자의 사건에 대하여만 상고허가(writ of certiorari)를 내려 심리할 뿐이다.

290) 미국에서 특허침해소송을 하게 되면 통상 거치게 되는 재판(trial)전 절차임. 이 기일은 사실심리에 앞서 당사자들이 청구항의 쟁점이 되는 용어에 관하여 내부적 또는 외부적 증거들을 제출하고, 이에 대하여 사실심 판사가 청구항을 해석함으로써 당사자들로 하여금 향후 증거개시절차와 사실심리에서의 침해 및 유효성 주장에 관하여 증거자료를 제출하는 지침을 제공하도록 하는 기일. Markman v. Westview Instrument, Inc., 116 S.Ct. 1384, 39 USPQ2d 1461(1996) 참고.

CHAPTER 02

특허의 대상

제 1 절 의 의

어떤 기술에 대해 특허를 부여할 것인가의 문제에 대한 결론은 선험적으로 결정된 것이 아니라, 특허정책에 의해 결정된다. 미국은 특허의 대상이 되지 않는 범위를 탄력적으로 운용하고 있다. 발명자가 인위적으로 만든 새로운 미생물이나 자연 상태에서 발견되는 것과 다른 특성을 가진 미생물에 대해서는 분명히 조성물 또는 제조물로서 특허의 대상(Patentable Subject Matter)으로 분류하고 있다. 따라서 천연 미생물의 생물학적 배양[1]이나 유전공학에 의해 만들어낸 새로운 미생물에 대해서는 특허성이 인정된다. 현재 USPTO는 자연적으로 발생하지 않은 인간을 제외한 동물과 같은 다세포 생명체에 대해서도 특허의 대상으로 간주하고 있다.[2] 식물의 경우에도 미국은 1930년 식물특허법(Plant Patent Act)을 제정하여 무성적으로 반복 생식할 수 있는 식물발명에 대해서는 미국 특허법 제161조에 의해 특허 받을 수 있도록 하였으며, 1970년에는 식물다양성 보호법(Plant Variety Protection Act)을 제정하여 일부 유성적으로 생식 가능한 식물발명도 보호될 수 있도록 하였다. 종전 USPTO 및 일부 법원은 식물발명은 상기한 법률에 의해서만 보호될 수 있을 뿐이지 특허법 제101조에 의해서는 특허성이 인정되지 않는다는 견해를 취하고 있었다.

1) In re Bergy, 563 F.2d 1031(C.C.P.A. 1977).
2) Ex parte Hibberd, 227 U.S.P.Q 443.

2001년 미국 연방대법원은 이러한 논란을 종식시키면서 식물발명에 대해서도 제101조가 적용됨을 분명히 하였다.[3] 특허를 받을 수 있는 대상에 해당하는지 여부, 즉 특허적격성(Patent Subject Matter Eligibility)은 법률에 규정되어 있는 규범적인 한계이고, 특허정책이라는 이름으로 확장될 수 있는 외연의 한계를 규정하는 역할을 한다. 입법적인 절차를 통한 개정과 법 해석을 통한 현실적인 개념 확장 사이에는 시간적인 간극이 존재한다. 그러므로 법이 특허대상을 명확하게 규정하는 것은 모호성(ambiguity)을 줄이지만 특허대상을 법에 명확하게 하는 것이 입법기술적으로 거의 불가능하다. 그러므로 특허대상을 법에 규정하는 경우 그러한 법규정은 우리 특허법 제2조와 같이 일반적이고, 추상적일 수밖에 없다.

그러므로 제외대상을 법에 의해서가 아니라 특허청의 심사기준과 같은 내부규정으로 규정화하는 것이 기술변화에 신속하고, 탄력적으로 대응한다는 면에서 나은 입법방법론이 된다. 특허의 인정범위와 관련하여 지속적으로 발생하는 특허적격성에 관한 논쟁은 입법적인 결함이 가지고 오는 문제라기보다는 기술의 진화가 이루어지고 있다는 긍정적인 신호이거나 관련 분야에서의 기술적인 진화가 진행되면서 기술적인 진보를 촉진하기 위한 특허의 보호가 필요하다고 판단되는 또는 최소한 주장되는 영역이 발생하고 있다는 의미로 이해될 수 있을 것이다. 이러한 영역의 대표적 예로서 논란이 이루어져온 미생물발명이나 비즈니스모델의 특허적격성(영업방법특허)과 관련된 일련의 사건들, 뒤이은 소트프웨어에 대한 특허의 부여에 관한 일련의 이러한 논의들은 새로운 기술의 진보와 그 보호의 필요의 간극을 보충하기 위한 것이다.

어떤 대상을 특허로 할 것인가의 문제는 위에서 본 것과 같은 산업자체의 특성에 대한 분석에 의한 결과물이어야 한다. 특히 문제가 되는 (i) 일단 생산이 이루어지고 난 뒤에 경쟁자들에 의해 쉽게 복제될 수 있고(duplicability), (ii) 이러한 복제를 위한 한계비용(marginal cost)이 대부분의 생산수준에서 거의 영(0)에 가깝거나 한계수익(marginal revenue)에 비하여 무시할 만한 수준인 경우, 영업비밀 등 다른 지적재산권 법제에 의한 보호만으로는 보호가 되기 어렵거나 보호가 부족한 경우에는 특허법에 의한 보호를 인정해야 한다. 그렇게 하여야 최소한 특허권자가 자신이 투자한 비용에 대한 회수가능성이 있는 투자대상으로 보고 투자를 할 것이다. 만일 이러한 보호를 하

3) J.E.M. AG Supply Inc. v. Pioneer Hi-Bred International Inc., 534 U.S. 1224 S.Ct. 593, 151 L.Ed.2d 508(2001).

지 않는다면 결국 경제적인 회수가능성이 없어도 투자를 해야 할 재화라고 한다면 결국 공공재를 생산해야 할 주체가 이러한 재화를 생산해야 되는 것이다. 특허외연의 확장과 관련된 논의는 바로 이러한 맥락에서 이루어져야 한다.

제 2 절 미국에서의 특허적격성에 대한 검토

Ⅰ. 법령상 기초

1. 미국 특허법 제100조(35 U.S.C. §100)

미국 특허법 제100조는 용어의 정의에 관한 것이다. 미국 특허법은 35장(Title)에 규정되어 있으며, 제100조부터 특허법이다. 제100조는 정의규정으로 다음과 같이 규정하고 있다.[4)]

본 장에서 사용되는 용어는 문맥상 달리 정의되지 않으면 다음과 같은 의미이다.

(a) 발명이란 발명이나 발견을 의미한다.
(b) 방법이란 절차, 기교, 수단, 알려진 방법이나 장치, 제품, 조성물, 물질의 새로운 용도를 의미한다.
(c) 미국이란 미국본토 및 미국령을 의미한다.
(d) 특허권자는 스스로 특허권을 허여받은 자뿐만 아니라 그 특허의 승계인도 포함한다.
(e) 제3요청자란 제302조에 의한 재심사나 제311조에 의한 재심사를 요청하는 자를 의미

4) When used in this title unless the context otherwise indicates -
(a) The term "invention" means invention or discovery.
(b) The term "process" means process, art, or method, and includes a new use of a known process, machine, manufacture, composition of matter, or material.
(c) The terms "United States" and "this country" mean the United States of America, its territories and possessions.
(d) The word "patentee" includes not only the patentee to whom the patent was issued but also the successors in title to the patentee.
(e) The term "third-party requester" means a person requesting ex parte reexamination under section 302 or inter partes reexamination under section 311 who is not the patent owner.

한다.[5)]

제100조에서 특허의 대상과 관련하여 가장 중요한 정의들은 "발명(invention)"과 "방법(process)"에 대한 것이다.

먼저, 제100조의 (a)에 따르면 발명은 발명(invention) 혹은 발견(discovery)을 말한다. 따라서 어떠한 발명, 심지어 발견까지도 일단 특허법에서 정의하는 발명의 개념에 포섭될 수 있게 되며 그 한계를 정하는 것은 법원의 해석에 달려 있을 뿐이다.[6)]

(b)에서는 "방법(process)"을 정의하고 있다. 이에 따르면, 방법(process), 기술(art), 수단(method), 그리고 심지어는 어떤 알려진 방법이나 장치(machine), 제품(manufacture), 조성물(composition of matter), 물질(material)의 새로운 이용까지도 방법의 개념에 포함된다. 특허의 대상 중에서 가장 논란이 되고 있는 부분이 영업방법특허나 생명공학 특허에서의 방법 특허라는 점을 생각하면, (b)항에서 특허의 대상 중에서 자칫 가장 모호해 질 수 있는 방법의 개념을 별도로 정의하고 있다는 점은 눈여겨 볼 점이다.

2. 미국 특허법 제101조

제100조에서 정의한 개념을 바탕으로, 특허를 받을 수 있는 대상물(patentable subject matter)을 규정하고 있는 것이 미국 특허법 제101조이다. 미국 특허법 제101조는 새롭고 유용한 방법(process), 장치(machine), 제품(manufacture) 혹은 조성물(composition of matter) 또는 이들의 개량발명(improvement) 또는 발견(discovery)은 특허를 받을 수 있도록 하고 있다.[7)] 미국에서 특허적격성에 관한 논의는 대부분 당해 발명이 이 네 가지 특허의 대상에 포섭될 수 있느냐에 집중 된다. 나아가 네 가지 특허의 대상 중 어느 것에 포함되느냐 역시 큰 문제가 되지 않고, 예를 들어 '당해 발명이 방

5) Subsection (e)는 1948년의 미국 특허법에 원래부터 있었던 조항이 아니라, 1999년 11월 29일에 추가된 것이다. Nov. 29, 1999, Public Law 106-113, sec. 1000(a)(9), 113 Stat. 1501A-567(S. 1948 sec. 4603).

6) 우리 특허법 제2조 제1항은 발명을 '자연 법칙의 이용한 기술적 사상으로서 고도한 것'으로 정의하고 있다.

7) 35 U.S.C. §101.의 원문은 "Whoever invents or discovers any new and useful process, machine, manufacture, or composition of matter, or any new and useful improvement thereof, may obtain a patent therefore, subject to the conditions and requirements of this title"임.

법 발명 혹은 장치 발명 중 하나에 해당된다'는 식의 해석 역시 허용되고 있다.

이러한 미국 특허법 제101조의 규정은 특허적격성의 범위를 법 문언에서부터 제한하고 있는 것으로는 보이지 않는다. 조금 더 명확하게 말하자면, 미국 특허법 제101조가 특허의 대상을 네 가지 특허대상물에 해당하는, 사실상 거의 모든 발명 혹은 발견에까지 넓히고 있기 때문에 이러한 특허의 대상을 어느 범위까지 인정할 것인지에 대한 한계 설정은 판례로써 확립되었다.

1980년 미연방대법원의 Chakrabarty 사건[8] 이래 미국에서의 생명공학기술의 특허적격성에 대한 시각은 획기적으로 바뀌게 되었다. 이 사건에서 연방대법원은 '하늘 아래 인간이 만든 어떤 것도 특허가 될 수 있다(Anything under the sun that is made by man can be patented).'는 태도를 취함으로써 미국에서의 특허 대상은 획기적으로 확장될 수 있었다. 그리고 이 내용은 USPTO의 특허심사지침(MPEP: Manual of Patent Examining Procedure)에 반영되어 있다.[9] 미국의 경우 특허대상에 대하여 거의 제한을 두고 있지 않아 다른 특허요건을 갖추었다면 생물체와 관련되었다는 이유만으로 특허가 불허되지는 않는다.[10]

2022년 연방대법원은 생명공학이나 소프트웨어 발명과 같이 특허적격성이 논란이 되었던 분야가 아닌 기계발명의 경우에도 Mayo 테스트를 적용하여 특허적격성을 부정하였다. 그러므로 이제 Mayo 테스트는 전 영역에서 특허적격성 판단기준이 되는 것으로 보인다.[11]

Mayo 테스트 이전에는 스트리트 은행 사건에서 CAFC가 법리로 설시한 유용하고,

---

8) Diamond v. Chakrabarty, 447 U.S. 303(1980).

9) MPEP 2105 특허를 받을 수 있는 대상물-생명체(Patentable Subject Matter-Living Subject Matter)도 Diamond v. Chakrabarty, 447 U.S. 303, 206 USPQ 193(1980)을 참조판례로 제시하고 있다.

10) 미국에서도 인간이나 신체의 일부를 특허로 하는 것은 허용되지 않는다. 따라서 영화 아일랜드에서와 같은 장기이식을 목적으로 '복제인간'을 만들어서 의뢰인이 필요한 때에 성장한 '복제인간'을 죽여서 영화에서는 지상 낙원인 아일랜드로 가는 것으로 속이는 것으로 되어 있었지만 실제로는 복제된 인간을 죽여서 의뢰인에게 이식하기 위하여 필요한 장기를 적출하는 과정이었다.

11) 참고로 Mayo 사건에서 Newman 판사는 반대의견을 제시하였다. 그는 이 사건 발명은 자연법칙이 아니라 복수 단계로 구성된 진단방법에 대한 것이라고 하면서, 진단방법의 발견 전까지는 중증근무력증 환자의 약 20%가 진단을 받지 못하고 있었는데, 다수의견은 이와 같은 새로운 진단방법의 특허적격성을 부정하고 있다. 진단방법의 특허적격성에 대한 CAFC 판결은 일관성이 없으며 이 사건 다수의견은 이러한 문제를 더 악화시키고 있다고 다수의견을 비판하였다. Athena Diagnostics, Inc., 915 F.3d at 757-764 (Newman J., dissenting).

구체적이고, 실제적 결과를 산출하는 실제적 활용(Practical Application That Produces a Useful,[12] Concrete,[13] and Tangible[14] Result)의 경우에 특허를 허여하는 것으로 MPEP가 규정하고 있었으나,[15] 2010년 Bilski 판결로 폐기되었다. 또한 물리적 변환에 의한 실제적 활용(Practical Application by Physical Transformation, MoT test)의 경우에도 특허를 허여하는 것으로 MPEP는 규정하고 있었으나, Bilski 판결로 특허적격성을 판단하는 단독 테스트로는 사용될 수 없고, 발명의 개념을 청구하고 있는지 판단하기 위한 유용하고 중요한 단서 및 조사 수단으로 활용되었다.

3. 심사지침(MPEP)

미국 특허청에서 발간하는 심사지침서인 MPEP도 미국 특허법 제101조의 문언을 기초로 하고 있지만, 그 해석에 있어서는 판례에 의하여 인정되고 있는 기준들을 소개하는 데에 중점을 두고 있다. 36단어에 불과한 미국 특허법 제101조를, MPEP는 무려 16장에 걸쳐 설명하고 있다. 기타의 불특허 사유, 청구항 해석, 신규성이나 진보성 등 다른 요건들과 함께 설명되고 있는 부분을 포함하면 이는 더욱 늘어난다. 그리고 그 대부분은 특허법 제101조에 대한 연방대법원이나 CAFC나 그 전신인 CCPA가 구체적 사안에 따라 설시한 판결을 인용하는 형식으로 이루어져 있다. MPEP는 법원의 판결을 심사기준에 반영하여 특허청의 태도와 법원의 태도를 조화하고 있다.

미국 특허청의 심사실무는 특허법 제101조를 매우 적극적으로 활용하여 의견제출통지를 하거나 거절을 하고 있는 것으로 보인다. 그리고 법원은 이런 특허청의 심사실무에 대해서 대체적으로 인정하고 있는 것으로 보인다. 이런 실무태도는 2014년 Alice 판결[16]을 통해서 기존의 생명공학 사건에서의 Mayo 판결[17]과 함께 2단계 심사기준으로 정립되었다.

미국 대법원의 판결을 반영하여, 미국 특허청의 심사기준인 MPEP Chapter 2106

12) Fisher, 421 F.3d at 1372, 76 USPQ2d at 1230.
13) Gottschalk v. Benson, 409 U.S. at 71-72, 175 USPQ at 676-77; Diamond v. Diehr, 450 U.S. at 187, 209 USPQ at 8; Corning v. Burden, (15 How.) at 268, 14 L.Ed. 683.
14) In re Swartz, 232 F.3d 862, 864, 56 USPQ2d 1703, 1704(Fed. Cir. 2000).
15) AT&T, 172 F.3d at 1358-59, 50 USPQ2d at 1452.
16) Alice Corp. Pty. Ltd. v. CLS Bank International, 573 U.S. 208(2014).
17) Athena Diagnostics, Inc. v. Mayo Collaborative Servs. LLC, 915 F.3d 743(Fed. Cir. 2019).

Patent subject matter eligibility가 제시하고 있는 특허적격성 판단의 단계를 다음과 같이 규정하고 있다.[18]

특허적격성 판단의 전 단계로, 출원자가 무엇을 발명하고 특허를 바라고 있는지 판단하여야 한다.[19] 이를 위해서, 발명에서 주장되는 어떤 유용성 또는/및 실제적 활용을 확인하고 이해하여야 하며, 출원자가 무엇을 발명해왔는지 이해하기 위하여 발명의 자세한 공개내용과 특정한 구현을 검토하여야 한다.[20] 그리고 청구항을 검토하여야 한다.[21] 그 다음으로 선행기술에 대한 철저한 검색을 실시하여야 한다.

본격적인 특허적격성 판단의 1단계로서, 먼저 발명이 특허법 제101조에 부합하는지를 판단한다. 이 때 법 제101조의 이해는 관계법령 하에서 특허법 제101조의 특허 허용범위를 발견하여야 한다.[22] 그 뒤에 청구된 발명이 "열거된" 특허의 4가지 범주인 방법(process), 장치(machine), 제품(manufacture) 혹은 조성물(composition of matter) 안에 들어가는지를 판단하는 단계를 거친다.[23]

---

18) MPEP 2106(Patent Subject Matter Eligibility) 이하.

19) In re Abele, 684 F.2d 902, 907, 214 USPQ 682, 687(CCPA 1982).

20) 관련판례로 State Street Bank & Trust Co. v. Signature Financial Group Inc., 149 F.3d 1368, 1373-74, 47 USPQ2d 1596, 1601-02(Fed. Cir. 1998); Brenner v. Manson, 383 U.S. 519, 528-36, 148 USPQ 689, 693-96(1966); In re Morris, 127 F.3d 1048, 1054-55, 44 USPQ2d 1023, 1027-28(Fed. Cir. 1997); E-Pass Techs., Inc. v. 3Com Corp., 343 F.3d 1364, 1369, 67 USPQ2d 1947, 1950(Fed. Cir. 2003); In re Prater, 415 F.2d 1393, 1404-05, 162 USPQ 541, 550-551(CCPA 1969); In re Zletz, 893 F.2d 319, 321-22, 13 USPQ2d 1320, 1322(Fed. Cir. 1989) 참조.

21) In re Hiniker Co., 150 F.3d 1362, 1369, 47 USPQ2d 1523, 1529(Fed. Cir. 1998); Toro Co. v. White Consolidated Industries Inc., 199 F.3d 1295, 1301, 53 USPQ2d 1065, 1069(Fed. Cir. 1999); Multiform Desiccants Inc. v. Medzam Ltd., 133 F.3d 1473, 1477, 45 USPQ2d 1429, 1432(Fed. Cir. 1998); In re Donaldson, 16 F.3d 1189, 1193, 29 USPQ2d 1845, 1848(Fed. Cir. 1994)(en banc); In re Alappat, 33 F.3d 1526, 1540, 31 USPQ2d 1545, 1554(Fed. Cir. 1994)(en banc); Kemco Sales, Inc. v. Control Papers Company, Inc., 208 F.3d 1352, 54 USPQ2d 1308(Fed. Cir. 2000); Diamond v. Diehr, 450 U.S. 175, 188-89, 209 USPQ 1, 9(1981).

22) 관련판례로 Diamond v. Chakrabarty, 447 U.S. 303, 308-09, 206 USPQ 193, 197(1980); In re Alappat, 33 F.3d at 1542, 31 USPQ2d at 1556.; Rubber-Tip Pencil Co. v. Howard, 87 U.S. (20 Wall.) 498, 507(1874); Mackay Radio & Telegraph Co. v. Radio Corp. of America, 306 U.S. 86, 94, 40 USPQ 199, 202(1939); In re Warmerdam 33 F.3d at 1360, 31 USPQ2d at 1759; Le Roy v. Tatham, 55 U.S. 156, 175(1852); Funk Brothers Seed Co. v. Kalo Inoculant Co., 333 U.S. 127, 132, 76 USPQ 280, 282(1948); Gottschalk v. Benson, 409 U.S. 63, 71-72, 175 USPQ 673, 676(1972) 참조.

23) 관련판례로 AT&T, 172 F.3d at 1357, 50 USPQ2d at 1451; State Street Bank & Trust Co. v. Signature Financial Group Inc., 149 F.3d at 1375, 47 USPQ2d at 1602; R.A.C.C. Indus. v.

다음 2A단계로서, 만일 4가지 범주 안에 포함된다고 하더라도 청구된 발명이 특허법 제101조에 대하여 Diehr 판결[24]에서 연방대법원이 규정한 3가지 사법적 예외(judicial exception)인 자연법칙(Laws of Nature), 자연현상(Natural Phenomena), 그리고 추상적 아이디어(Abstract Ideas)에 해당하는지 판단하여 이에 해당할 경우에는 특허대상에서 제외한다.[25] 세부적으로 청구된 발명이 특허법 제101조의 사법적 예외에 해당하는지 혹은 특허법 제101조의 사법적 예외의 실제적 활용에 해당하는지를 판단한다.[26]

미국 특허청이 2019. 1. 위 2A단계를 다시 두 단계로 세분화하는 방식으로 특허적격성 심사지침을 변경하였다.[27] 2019년 1월 변경된 심사지침은 이 2A단계를 다시 두 단계로 세분화하였다. 즉, 먼저 발명이 사법적 예외에 해당하는 것을 적시하거나(set forth) 묘사(describe)하였다고 인정되지 않는 경우[28]에는 특허 대상적격을 인정한다. 그리고 다음으로, 그 발명이 사법적 예외에 해당하는 것을 적시하거나 묘사하는 경우에도, 그것이 추가적인 요소를 담고 있어 사법적 예외를 실제적 활용(practical application)으로 통합시킨 경우에는 특허 대상적격을 인정하고, 그렇지 못한 경우에만 Step 2B 단계 심사로 넘어간다.

마지막 2B단계로서, 청구된 발명이 특허 부적격 개념, 즉 사법적 예외에 해당한다면 이보다 상당히 더 많은(significantly more) 추가 구성요소, 즉 발명의 개념(in-

---

Stun-Tech, Inc., 178 F.3d 1309(Fed. Cir. 1998)(unpublished); In re Nuitjen, Docket no. 2006-1371(Fed. Cir. Sept. 20, 2007)(slip op. at 18) 참조.

24) Diamond v. Diehr, 450 U.S. at 185, 209 USPQ at 7.

25) Diamond v. Chakrabarty, 447 U.S. at 309, 206 USPQ at 197; Parker v. Flook, 437 U.S. 584, 589, 198 USPQ 193, 197(1978); Gottschalk v. Benson, 409 U.S. at 67-68, 175 USPQ at 675; Funk Brothers Seed Co. v. Kalo Inoculant Co., 333 U.S. at 130, 76 USPQ at 28; Le Roy v. Tatham, 55 U.S. (14 How.) at 175; Diamond v. Chakrabarty, 447 U.S. at 309, 206 USPQ at 197; Parker v. Flook, 437 U.S. at 585, 198 USPQ at 195; O'Reilly v. Morse, 56 U.S. (15 How.) 62, 113-114(1853); Funk Brothers Seed Co. v. Kalo Inoculant Co., 333 U.S. at 130, 76 USPQ at 281.

26) Diamond v. Diehr, 450 U.S. at 187, 209 USPQ at 8; Parker v. Flook, 437 U.S. at 590, 198 USPQ at 197; Gottschalk v. Benson, 409 U.S. at 67, 175 USPQ at 675; Diamond v. Diehr, 450 U.S. at 188, 209 USPQ at 8-9; Corning v. Burden, 56 U.S. (15 How.) 252, 268, 14 L.Ed. 683(1854).

27) USPTO, 2019 Revised Patent Subject Matter Eligibility Guidance (2019 PEG).

28) 미국 특허청은 2019. 10. 내놓은 설명자료를 통해 'Revised Step 2A flowchart'에서 'PRONG ONE'에 기재된 'recites'는 'set forth' 또는 'describe'를 의미한다고 하였다.

ventive concept)을 포함하고 있는지 판단하여 이를 포함한다면 특허적격 청구항으로 전환된 것으로 판단된다.

2A 및 2B단계를 합하여 Mayo 테스트(또는 Alice/Mayo 테스트)라고 한다. CAFC는, 자연법칙(laws of nature)은 사법적 예외사항에 해당하여 특허적격성이 부정되지만 자연법칙에 대한 응용(application of such laws)은 특허를 받을 수 있는데, 다만 일반화의 정도가 높은 수준으로 특정된 통상적 단계를 자연법칙에 부가하는 것으로는 '자연법칙에 관한 청구항'을 '특허를 받을 수 있는 대상'으로 바꾸지 못한다고 설시한 다음, (i) '허용되지 않는 형태로 자연법칙과 결부된 청구항' 및 (ii) '자연법칙을 응용한 특허적격성이 인정되는 청구항'을 구분하기 위한 기준으로 연방대법원에 의해 확립된 2단계 기준을 다음과 같이 제시하고 있다.[29] 1단계에서는 청구항에 기재된 발명이 자연법칙을 지향(directed to)하는지 여부를 판단한다. 만일 그렇다면 단계 2로 진행한다. 2단계에서는 자연법칙 외의 청구항 한정사항(limitation)이, 개별적(individually), 시계열적 순서의 조합 전체로(as an ordered combination) 보아, 청구항에 기재된 발명을 특허적격성이 인정되는 성질의 것으로 변환하는지 여부를 판단한다. 위와 같이 변환하기 위해서는 부가적인 한정사항(additional limitations)에 의해 자연법칙 그 자체에 대한 특허 이상의 의미 있는 것에 해당해야 한다.[30]

요컨대 Mayo/Alice test에 따르면, 우선 청구항이 특허를 받을 수 없는 사법적 예외(judicial exceptions)인 자연법칙, 자연현상(natural phenomenon) 또는 추상적 아이디어(abstract idea)에 해당하는지 여부(Part 1)를 검토하고, 그에 해당한다면 다음으로 청구항 요소 또는 그 결합이 특허대상성이 부정되는 그러한 사법적 예외를 특허대상으로 변환시킬 만한 의미있는 추가(significantly more)의 준부를 판단한다(Part 2). significantly more은 청구항 요소가 그 발명이 속한 기술 분야에서 통상의 기술을 가진 자에 주지 · 일상 · 관용적인(well-understood, routine, conventional) 범위를 넘어서는 것 등 '발명적 개념(inventive concept)'을 충분히 포함하고 있는지 여부로 판단한다.

29) Id. at 749.
30) 특허적격성이 부정되는 대상에 대한 것이 아닌 청구항 구성요소들에 의해 제공되는 발명적 개념은 자연법칙 그 자체에 대한 특허 이상의 의미 있는 것에 해당해야 한다.

위와 같은 특허적격성 판단의 과정을 도표로 나타내면 다음과 같다.

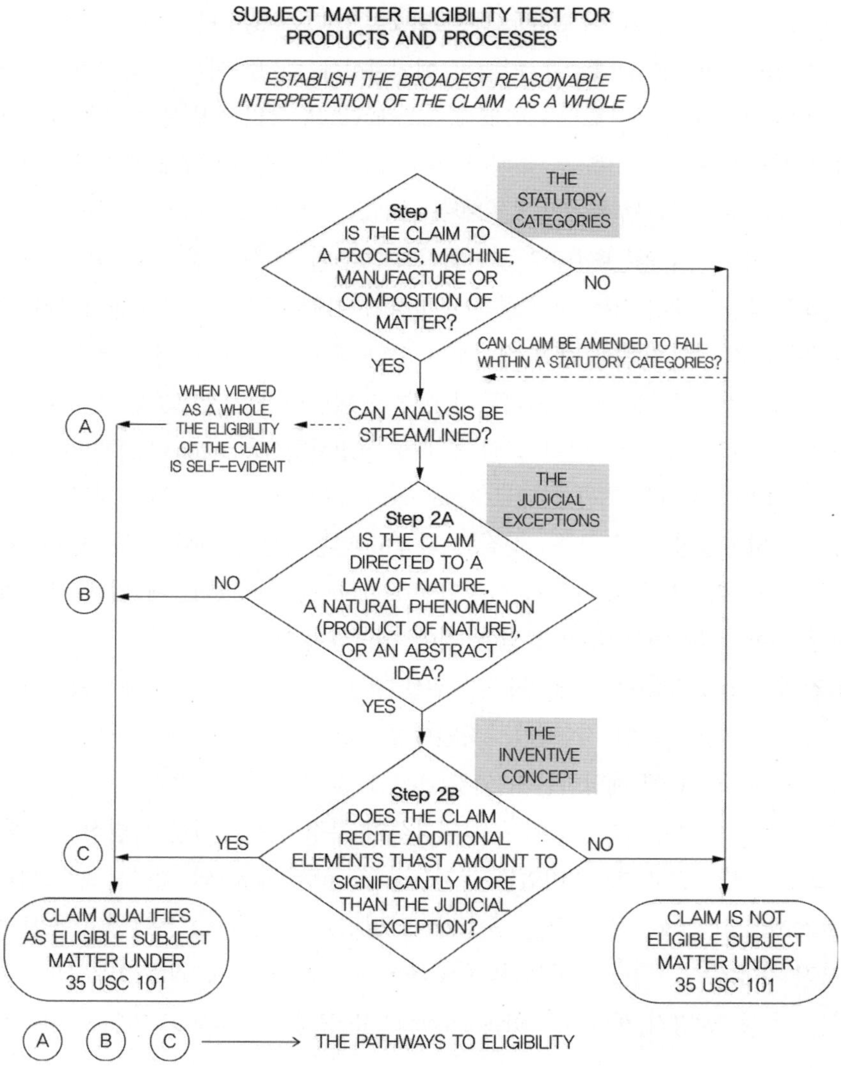

특허적격성과 관련하여 논란이 있었던 American Axle 판결(2022. 6. 30. 선고)을 소개한다. 이 판결은 대법원 판결로 기계발명이라는 점에서 Mayo 기준이 생명공학 발명이 아닌 경우에도 적용되는지에 대한 중요한 의미를 가지는 판결이다. 이 사건은 미

국 법원의 특허적격 판단과 관련하여 중요한 의미가 있는 사건으로 여러 특허전문가들의 관심을 받고 있었던 사건이었다.

사례연구 1

American Axle & Manufacturing, Inc. v. Neapco Holdings LLC 사건[31)]

[사실관계]

미국 연방대법원은 상고심 상고불허가 결정을 하였다. 이 사건은 자동차 추진축 작동 시 발생하는 서로 다른 두 가지 진동을 동시에 감소시키는 라이너를 구비한 드라이브샤프트를 제조하는 방법에 관한 특허에 특허적격(patent eligibility)이 쟁점이 되었다.

이 사건 특허는 자동차의 동력전달장치(driveline)에서 회전력(rotary power)을 전달하는 추진축(propeller shafts) 및 라이너(liner)를 제조하는 방법에 관한 '911 특허[32)]로서 원고는 이 특허의 특허권자이다. 이 특허는 전체적으로 36개의 청구항으로 구성되어 있고 이 중 쟁점이 된 것인 독립항인 1[33)], 22[34)]항이었다.

31) Case No. 18-1763(Fed. Cir.)의 상고심.

32) Method for attenuating driveline vibrations(U.S. Patent No. 7,774,911).

33) 1. A method for manufacturing a shaft assembly of a driveline system, the driveline system further including a first driveline component and a second driveline component, the shaft assembly being adapted to transmit torque between the first driveline component and the second driveline component, the method comprising: providing a hollow shaft member; tuning at least one liner to attenuate at least two types of vibration transmitted through the shaft member; and positioning the at least one liner within the shaft member such that the at least one liner is configured to damp shell mode vibrations in the shaft member by an amount that is greater than or equal to about 2%, and the at least one liner is also configured to damp bending mode vibrations in the shaft member, the at least one liner being tuned to within about ±20% of a bending mode natural frequency of the shaft assembly as installed in the driveline system.

34) 22. A method for manufacturing a shaft assembly of a driveline system, the driveline system further including a first driveline component and a second driveline component, the shaft

드라이브샤프트는 일반적으로 얇은 금속으로 만들어지다 보니, 회전하면서 다양한 모드의 진동과 그에 따른 소음을 발생시킨다. 진동모드에는 에너지가 세로로(longitudinally) 전달되면서 생기는 Bending mode, 접선으로(tangentially) 전달되면서 발생하는 Torsion mode, 정재파(standing wave)가 원주를 따라 전달되며 생기는 Shell mode의 크게 3가지가 있다.

이들은 각각 다른 주파수의 소음을 유발한다. 이에 구동축은 대개 이러한 진동을 감소시키기 위한 라이너와 함께 제조된다. 라이너도 진동하지만 라이너의 진동 주파스에 따라 추진축의 진동이 줄어들 수 있다. 이 발명이 있기 전에는 좀더 많은 비용이 발생하는 방법으로 진동을 줄였다. 예를 들어 댐퍼를 이용하거나, 플러그를 이용하는 등의 방법으로 진동을 줄일 수 있었다.

원고는 3가지 모드 진동 각각을 감소시키는 방법을 제시하고 있는 선행기술이 이미 존재함을 발명의 설명(specification)에서 언급하면서, 그러한 선행기술과는 차별화되게 자사의 '911 특허는 서로 다른 2개의 진동 모드를 동시에 줄일 수 있는 라이너 튜닝(tuning)이라는 특징을 가지고 있어 발명적 착상(inventive concept)이 존재함을 이유로 특허적격이 인정된다고 주장하였다. 즉 원고는 자신들은 드라이브샤프트의 진동 주파수를 라이너의 특성을 조정하는 방법으로 조절할 수 있는 방법을 최초로 발견하였다고 주장한 것이다.

[1심법원의 판결]

델라웨어주 연방지방법원은 특허적격성을 부정하였다.[35] 2015년 12월 18일 원고는 피고들을 상대로 '911 특허에 기한 특허침해소송을 제기하였다. 이에 대하여 피고는 '911 특허는 특허법 제101조 특허적격이 없다는 사실심리생략판결(summary judgment)을 구하는 반대신청(cross-motions)하였고, 2018년 2월 27일 연방지방법원은 그 신청을 인용하였다.

---

assembly being adapted to transmit torque between the first driveline component and the second driveline component, the method comprising: providing a hollow shaft member; tuning a mass and a stiffness of at least one liner; and inserting the at least one liner into the shaft member; wherein the at least one liner is a tuned resistive absorber for attenuating shell mode vibrations and wherein the at least one liner is a tuned reactive absorber for attenuating bending mode vibrations.

35) 1:15-cv-01168

연방지방법원은 본 사안에서 문제된 '911 특허 청구항 1 및 22는 후크(Hooke)법칙[36] 및 마찰 감소(friction damping)라는 자연법칙(law of nature)에 관한 것으로 특허적격이 부정되어 무효라고 판시하였다. 법원은 당해 특허는 단순히 후크의 법칙과 같은 자연법칙을 적용한다고 설시하고 있을 뿐, 진동 감소라는 목표 달성을 위해 추진축과 라이너를 제조하는 구체적인 방법(particular means)을 제시하고 있지 않다고 본 것이다. 법원은 진동모드 각각을 감소시키는 방법은 이미 통상의 기술자들에게는 잘 알려져 있는 것이고 당해 특허는 그런 분리된 개별방법을 단순히 합친 것에 불과하여 Mayo 판결[37]의 법리에 의하면 특허적격(patent eligibility)을 결한 것이라고 보았다.

[CAFC의 판결][38]

CAFC는 2019. 10. 3. 선고한 판결에서는 이 사건 청구항 1항 및 22항을 모두 특허적격이 부정된다고 판단한 연방지방법원의 결론을 지지하였다. CAFC는 당해 발명이 특허법 제101조상 특허대상성이 인정되는지 여부를 판단하기 위한 기준으로, 2012년 연방대법원 Mayo 판결[39]을 인용하여 2014년 동법원의 Alice 판결[40]을 근거로 삼았다. 미국 특허청은 2019년 1월 4일 특허적격성과 관련된 수정 가이드라인을 발표하면서 제시된 Mayo/Alice test를 적용하고 있다. CAFC는 Mayo/Alice test를 적용한 결과 이 사건 원고의 발명은 특허적격성이 없다고 판단하였다.

CAFC는 동법원의 2016년 Synopsis 판결[41]과 2015년 Ariosa Diagnostics 판결[42]을 인용하면서, 발명적 개념이 존재하는지 여부를 판단함에 있어 청구항 요소를 검토하여야 하며 청구항에 설시되어 있지 않은 특징들(features)을 가지고 Mayo/Alice

36) 후크법칙은 영국의 물리학자 후크가 발견한 것으로 물체의 질량, 강도와 물체의 진동 수간의 관계에 관한 법칙으로 스프링의 움직임을 물리적으로 기술할 때 사용한다.
37) Mayo Collaborative Servs. v. Prometheus Labs., Inc., 566 U.S. 66, 79-80(2012).
38) Fed. Cir. Jul. 30, 2020.
39) 132 S.Ct. 1289(2012).
40) Alice Corp. Pty. Ltd. v. CLS Bank International, 573 U.S. 208(2014). 이 판결 및 이후의 판례전개에 대해서는 이해영(2018), "컴퓨터 소프트웨어 발명의 특허적격성에 관한 연구", 성균관대학교 박사학위논문 참조.
41) Synopsis, Inc. v. Mentor Graphics Corp., 839 F.3d 1138, 1149(Fed. Cir. 2016).
42) Ariosa Diagnostics, Inc. v. Sequenom, Inc., 788 F.3d 1371, 1379(Fed. Cir. 2015).; Ariosa Diagnostics, Inc. v. Sequenom, Inc., 809 F.3d 1282, 1286(Fed. Cir. 2015).

test에 따른 분석을 할 수 없다고 덧붙였다. 문제된 특허의 경우 원하는 결과를 도출하기 위한 해결방법이 청구항 1 및 22에 기재되어 있지 않다. 발명의 설명(specification)에서조차도 라이너에 표시된 주파수 변경을 위해 바뀔 수 있는 변수들(variables)의 목록과 튜닝된 라이너에 대한 단 하나의 예시만 설시되어 있을 뿐이다.

연방항소법원은 진동 이중 감소 효과 달성 및 라이너 튜닝을 목적으로 여러 주파수를 생성시키기 위해 변수들이 어떻게 변화되어야 하는지에 대해 청구항에 아무런 설시도 되어 있지 않다는 점에 주목하였다. 그 밖에 당해 특허의 발명의 설명에도 인용되어 있듯, 진동을 감소시키는 적절한 주파수를 찾아내는 목표에 이르기까지 라이너의 특징이 변화하는 시행착오 과정은 그 발명이 속한 기술분야의 통상의 기술자들에게 널리 알려진 것으로 이런 점에서 당해 특허는 후크법칙을 직접 활용한 것일 뿐이므로 특허적격이 인정되지 않는다는 것이다.

더해서 연방항소법원은 특허 청구항에는 Shell mode 또는 Bending mode라는 서로 다른 2가지 모드의 진동을 감소시키기 위한 구체적인 구조 또는 단계(physical structure or steps)에 대한 명시가 없었다는 등 특허대상성이 부정되는 근거로 보았다.

연방항소법원 다수의견은 당해 특허 청구항은 특허대상성이 인정될 정도로 발명적 개념이 충분히 인정되지 않는다고 보았다. 설사 라이너 튜닝 자체가 이전에 알려져 있지 않은 것이라 하더라도, 당해 특허는 튜닝을 위해 라이너의 알려진 다양한 특징들을 단순히 조합하고 조정하는 것에 지나지 않는다는 것이다. 통상적(conventional)이고, 무한한 시행착오 과정(unbounded trial-and-error process)으로 그 과정을 통해 도출된 결과가 통상적이지 않고(unconventional) 새롭다(new)고 하더라도, 그러한 특허는 그 대상성이 부정된다는 것이다.

이에 대해 Moore 판사는 반대의견을 제시하였다. Moore 판사는 당해 특허는 단순 자연법칙에 관한 것이 아니기에, Mayo/Alice test의 Part 1 단계에서 특허대상성은 인정된다고 판시하였다. 종속항 12, 13, 19, 26, 27, 31에서 구동축(driveshaft)에서 사용하는 라이너의 물리적인 특징들(physical characteristics)을 제시함으로써 그 청구범위를 좁히고 있다는 것이다.

Moore 판사는 설사 다수의견처럼 당해 특허가 자연법칙에 관한 것이라고 하더라도, Mayo/Alice test의 Part 2 판단에 있어 당해 특허 청구항은 그러한 사법적 예외를 특허 대상으로 변환시킬 만한 발명적 개념을 포함하고 있다고 판단하였다. 여러 서면 및 구두 변론을 볼 때, 종전에는 라이너가 추진축이 작동하면서 발생하는 여러 진동 모드중 Bending mode를 감소시키는 역할을 전혀 하지 못하였고, 당해 특허 청구항에 라이너의 특정 구조 및 단계에 대해 설명하는 제한조건들을 두고 있다는 것이다. 또한 다수의견이 Hooke 법칙이 어떻게 적용되어 원하는 결과가 달성되는지 여부에 대해 당해 특허 청구항에 설시되어 있지 않다는 점을 들어 특허적격성을 부정하고 있으나, 이는 전적으로 실시가능성(enablement) 문제로, 다수의견은 특허법 제101조의 특허적격성과 동법 제112조의 실시가능성 요건을 혼동하고 있다고 보았다. 즉 다수의견이 제시하는 문제는 제112조의 과도한 부담심사(undue burden test)의 문제로서 통상의 기술자가 이를 실시할 수 있는지 여부에 대한 판단을 하여야 할 것은 특허적격성의 문제로 보는 오류를 범했다고 판단하였다.

Moore 판사는 다수의견이 미국 특허법 제101조의 해석에 대해서 산업계에서 예상할 수 없을 정도의 확장을 한 것으로서 다수의견의 첫단계는 더이상 아무것도 없어야 한다는 심사(Nothing More test)라고 평했다.

[대법원의 판결]

대법원은 하급심 결론을 지지하면서 상고불허가결정을 했다. 구체적으로 청구항을 보면, 이 사건에서 쟁점이 된 것이 'tuning'이라는 단어이다. 원고는 상고허가신청서에서 단순히 후크의 법칙을 기술한 것이 아니라, 별도의 추가적인 개선을 하여 진동을 저감시킨 것이라고 주장하였지만 대법원은 상고를 허가하지 않았다.

연방대법원은 자연법칙에 관한 하나 이상의 요소들(elements)로 구성된 청구항에 물리적 요소들(physical elements)을 두거나 자연법칙을 이용함으로써 발생하는 물리적 결과(physical result)를 기재하는 것만으로는 특허적격이 없다는 판단을 받을 수 있다는 연방항소법원의 판결을 유지했다. 이런 법리에 의할 때 미국출원을 하는 대리인은 물리적 요소들이 문제된 특허 청구항 요소들과 충분히(sufficiently) 결부됨을 명확히 하거나 유용한 무언가(something useful)를 하는 청구항이나 발명의 상세한 설명에 기재하여야 할 것으로 보인다. 문제는 출원실무에서 과연 얼마나 상세하게 기재하여야 할까 하는 점인데, 소수의견에서 제시한 것과 같이 특허적격의 문제가 아니라 미국 특허법 제112조의 기재요건(written decpription requirement)의 문제가 아닐까 하는 의문이 있다. 향후에도 이 점에 대해서는 미국 법원 및 특허청의 실무를 계속 살펴볼 필요가 있다고 본다.

Ⅱ. 소프트웨어 발명의 특허적격성

1. 기본 판례

(1) Gottschalk v. Benson

1972년의 Gottschalk v. Benson[43] 사건은 컴퓨터 시대에 있어 특허의 대상에 관한 최초의 미 연방대법원 판결이다. 이 사건에서 Benson 등은 이진수화 된 십진수(binary-coded decimal; BCD)를 컴퓨터 언어로 쓸 수 있도록 순수 이진수(pure binary numerals)로 바꾸는 방법(method)을 특허로 출원한 것이다. USPTO의 심사관은 이 사건 특허가 단순히 십진수를 이진수로 바꾸는 수학적 표현에 불과하며, 순수한 수학 공식의 경우에는 특허를 받을 수 없다는 연방대법원의 이전 판례[44]에 따라 이 사건 특허를 거절 결정하였다. 특허항고심판원(BPAI) 역시 심사관의 결정을 지지하였으나, CAFC의 전신인 CCPA는 이를 뒤집고 Benson의 특허가 특허적격성이 있다고 판결하였다. 이에 USPTO가 상고하였고, 연방대법원에서 심리가 진행되었다.

이 사건에서의 쟁점은 Benson의 특허가 특허법 제101조에서 말하는 방법 특허에 해당하는지와, 수학적 알고리즘(Mathematical Algorithm)을 이용한 방법 특허가 과연 특허의 대상이 될 수 있는지 여부였다. 나아가 USPTO 측은 심리 과정에서 '어떤 방법 특허도 청구항에 실제의 변환이 없거나 혹은 새로운 장치에 연결되지 않는 한 특허를 받을 수 없다(no process could be patented unless it claimed either a transformation of substances or was implemented with a newly devised machine)'라는 주장까지 내놓았다. 그러나 연방대법원의 판결은 Benson의 특허를 인정하지 않으면서도, USPTO의 주장처럼 방법 특허의 대상을 극단적으로 축소시키는 것도 아니었다.

연방대법원은 Benson 사건의 판결문에서 먼저 Benson의 특허가 방법 특허의 일종

43) 409 U.S. 63(1972).
44) Mackay Co. v. Radio Corp., 306 U.S. 86(1939).

임을 분명히 하였다. 그러나 Benson의 특허는 "수학 공식으로부터 완전히 예측 가능하며, 그 현실적 효과 역시 알고리즘 그 자체를 특허 받으려고 한 것"[45]에 불과하기 때문에 특허의 대상이 될 수 없다고 판시하였다. 즉, 방법 특허는 여전히 특허법 제101조에 의해 유효한 특허의 대상이며, 그 범위 역시 제100조에 규정된 용어의 정의에 따라 구체적 사안에서 해석되는 것이지 그 이상도 그 이하도 아니라는 점을 분명히 한 것이다.

이 사건의 의미는 크게 세 가지로 나누어 볼 수 있다. 첫 번째는, 방법 특허의 특허적격성이 다시 인정되었다는 점이다. 두 번째는, 컴퓨터를 이용한 특허 역시 인정되지만, 범용(汎用) 컴퓨터(general purpose computer)에 단순히 어떠한 처리 방식만큼 부가한 것에는 특허가 허여될 수 없다는 점이다. 이는 곧 컴퓨터 소프트웨어 그 자체만으로는 특허를 받을 수 없다는 점이 확인되었다고도 평가된다. 세 번째로는 수학적 알고리즘 그 자체나 혹은 그 단순히 수학적 알고리즘을 부가하여 이용하는 것만으로는 특허적격성이 인정될 수 없다는 것이다. 이는 '수학적 알고리즘 예외(Mathematical Algorithm Exception)'로 불리며 현재에까지 전형적 불특허 사유로서 받아들여지고 있다.

(2) Parker v. Flook

1978년 연방대법원에서 선고된 Parker v. Flook 사건[46] 역시 소프트웨어 특허의 특허적격성을 부정한 판결이다. Flook의 발명은 원유 정제시 촉매 변환장치의 경보한계를 업데이트하는 방법에 관한 것으로서, 온도와 같은 공정 변수의 현재 값을 측정하는 첫 번째 단계와 수학적 알고리즘을 이용하여 경보한계 값을 계산하는 두 번째 단계, 계산한 값으로 경보한계를 업데이트하는 세 번째 단계로 구성되어 있었다. 위 Flook 발명이 기존의 발명과의 차이점은 수학적 알고리즘을 사용하였다는 것이다. 이 사건이 앞선 Benson 사건과의 차이점은 수학적 알고리즘을 탄화수소의 촉매 변환과정이라는 특정한 응용 분야에만 제한하였다는 것이었다.

USPTO의 심사관은 위 발명에 대한 특허 신청을 거절하였고, 특허항고심판원

45) 원문은 "the patent would wholly pre-empt the mathematical formula and in practical effect would be a patent on the algorithm itself"임.

46) 437 U.S. 584(1978).

(BPAI)도 거절 결정을 유지하였다. 하지만 CCPA는 위 발명의 제한된 응용분야는 위 발명이 수학적 알고리즘을 선점하는 것은 아니라는 이유로 특허청의 결정을 뒤집고 특허적격성이 있다고 판결하였다. 이에 USPTO가 상고하였고, 연방대법원에서 심리가 이루어졌다.

연방대법원은 선례에 비추어 자연 법칙이나 수학적 알고리즘을 포함한 발명은 특허적격성이 없다고 판단하였다.[47] 이 발명이 기존정보 한계 변경방법과 유일하게 차이나는 점은 수학적 알고리즘의 유무인데, 석유화학 및 정유 산업에서 그런 종류의 수많은 방법들이 존재하고 이 발명은 해당 방법의 넓은 범위의 잠재적 이용을 선점한다는 것이다. 연방대법원은 Flook의 발명이 수학적 알고리즘 자체에 특허를 구하는 것이 아니라 수학적 알고리즘을 특정한 응용분야로 용도를 제한한 사후응용(post-solution activity)의 방법으로 특허를 구하는 것이므로 특허적격성이 있다는 주장에 대하여 대부분의 수학적 알고리즘이 용도를 특정하여 특허청구를 할 수 있으므로 이러한 사정만으로 특허적격성이 있다고 보기 어렵다고 보았다.[48] 다만 소프트웨어 발명의 특허적격성을 일률적으로 부정한 것은 아니고, 수학적 알고리즘만을 사용하여 기존의 발명과 다른 발명을 한 경우 그 응용에 발명의 개념(inventive concept in its application)이 있을 경우에는 특허적격성이 있다고 보았다.[49]

(3) Diamond v. Diehr

1981년 선고된 Diamond v. Diehr 사건[50]은 특허적격성에 관한 연방대법원의 3부작(trilogy) 마지막 판결로서 소프트웨어 특허의 특허적격성을 인정한 최초의 판례이다. Diehr의 발명은 컴퓨터를 이용하여 고무 몰딩 프레스를 제어하는 것으로서, 청구항에는 합성고무를 경화시킬 때 반응속도는 온도에 의존한다는 아레니우스 방정식 [$\ln(v) = CZ + x$]이 포함되어 있었다.

USPTO의 심사관은 Benson 사건에 따라 위 발명에 대한 특허 신청을 거절하였고, 특허항고심판원(BPAI)도 거절 결정을 유지하였다. 하지만 CCPA는 특허를 받을 수 있는 발명이 단지 컴퓨터가 연관되었다는 이유만으로 특허적격성이 없어지지는 않는

47) Id. at 590.
48) Id. at 590.
49) Id. at 594.
50) 450 U.S. 175(1981).

다는 이유로 특허청의 결정을 뒤집었다. 이에 USPTO가 상고하였고, 연방대법원에서 심리가 이루어졌다.

연방대법원은 5 대 4의 다수의견으로 수학적 알고리즘 그 자체는 특허보호대상이 아닐지라도 이를 포함하는 청구항은 그 전체로 보아 일정한 기능을 수행하는 구조 또는 방법 내에 도입하였거나 적용한 경우에는 특허적격성이 있다고 판단하였다.[51] 연방대법원이 Benson 판결 및 Flook 판결을 뒤집은 것은 아니고, In re Bergy 판결[596 F.2d 952 (CCPA 1979)]의 선례를 언급하며 제101조의 특허적격 여부를 판단함에 있어서는 신규성 문제와는 관련이 없으며, 청구항은 전체로서(as a whole) 해석되어야 하므로 청구항을 새로운 요소와 오래된 요소로 나누어서 오래된 요소는 판단에서 제외하는 접근방법은 잘못되었다고 지적하였다.[52]

Benson 판결, Flook 판결, Diehr 판결 모두 소프트웨어의 알고리즘 자체는 특허 부여대상이 아니지만 이를 상당한 수준의 구체적인 응용(substantial practical application)한 경우에 특허적격이 있다고 판단한 점에서 공통되는데, Flook 판결은 특정 분야에 그 적용을 제한한 사후응용(post-solution)만으로는 상당한 수준의 구체적인 응용에 해당하지 않는다고 밝힌 것이고, Diehr 판결은 당해 알고리즘이 특정 객체를 다른 상태 혹은 다른 것으로 변화시킨 경우에는 상당한 수준의 구체적인 응용에 해당하여 특허적격이 있다고 밝힌 것이다.[53] 다만 Diehr 판결은 선례인 Cochrane v. Deener 판결[54]이 요구한 대로 특정 객체를 다른 상태 혹은 다른 것으로 구현하거나 변화시키는 물리적 변화(physical transformation)가 있어야만 특허를 받을 수 있는지 여부에 대해서는 모호한 입장을 취하였고, 이 문제는 Bilski 판결에까지 이어지게 되었다.[55]

---

51) Id. at 192.

52) Id. at 188.

53) 박준석, "영업방법 발명 등 컴퓨터프로그램 관련 발명의 특허법적 보호에 관한 비교법적 고찰", 「比較私法」 제16권 3호(2009), 466면.

54) 94 U.S. 780(1876).

55) 박준석, 위의 글, 469면.

2. 영업방법특허의 문제[56]

(1) 미국 특허법 제101조와 영업방법특허

'영업방법특허(Business Method Patent)'나 '비즈니스 모델 특허(Business Model Patent)'등 다양한 용어로 표현되는 영업방법특허는 어떠한 물질적 개선이나 변형으로 이루어진 발명에서 나아가 특정한 아이디어와 노하우(know-how)로써 "영업을 하는 방법(way of doing business)"을 그 주요내용으로 하는 특허이다.[57] 이 때 특정한 영업의 방법을 어떻게 볼 것인지가 문제된다. 이미 존재하던 어떤 것을 특정한 방법으로 운용함으로 인하여 더 큰 효용을 얻게 되었다면 그 결합을 특허의 대상이 되는 발명으로서 인정할 수 있을 것인지, 나아가 그 특정한 방법 자체를 하나의 발명으로 인정할 수 있을 것인가의 문제가 발생하는 것이다.

미국 특허법 제101조는 "특허를 받을 수 있는 발명(inventions patentable)"으로서 "새롭고 유용한 방법, 장치, 공작물, 혹은 조성물(any new and useful process, machine, manufacture, or composition of matter)"의 네 가지를 규정하고 있다. 특허의 성립성을 판단하기 위한 요건을, 판단 대상이 되는 객체의 유형들을 제한적으로 열거하는 방식으로 제시하고 있는 것이다. 이러한 제한적 열거주의 방식에 의하면 법문에 제시된 범위를 벗어나는 대상물에 대해서는 아예 그 심사의 범위에서조차 제외하게 되어 폐쇄적일 수 있지만, 반대로 새로운 유형의 특허가 나타났을 때에는 기존의 유형 중 어느 것에 적합한지만을 확인할 수 있다면 그 특허의 성립성을 용이하게 인정할 수 있게 되는 장점이 있다.

영업방법특허가 방법 특허(process patent)의 일종으로 논의되는 것도 제한적 열거주의를 취하고 있는 미국 특허법 제101조에서 가능한 해석론이다. 방법의 정의가 "알려진 과정에 대한 새로운 이용법을 포함(includes a new use of a known process)"하기 때문에, 영업방법특허처럼 "무엇인가를 만들어 내는 수단(method of making some-

---

56) 영업방법특허에 대한 국내문헌으로 金泰鉉, "영업방법(BM) 발명의 특허요건과 권리범위에 관한 실무적 고찰", 「司法論集」 제46집(2008), 285-377면; 박준석, "영업방법 발명 등 컴퓨터프로그램 관련 발명의 특허법적 보호에 관한 비교법적 고찰", 「比較私法」 제16권 3호(2009), 453-509면; 박성수, "營業方法 特許에 관한 硏究-영업방법 특허의 성립성에 관하여", 「司法論集」 제34집(2002), 131-229면 등.

57) 유미특허법인, "영업방법특허의 국내외 보호현황 및 발전방향에 대한 연구", 특허청, 2008, 21면.

thing)"을 추가한 것도 특허의 대상이 되는 '방법'에 포함시킬 여지가 있는 것이다.58) 따라서, 미국에서의 영업방법특허는 법이 허용하고 있는 한계 내에 위치한다고 할 수 있고, 그 자세한 범위의 문제가 법원의 해석으로 결정되는 형식을 취해오고 있었던 것이다.

영업방법특허의 문제는 정보화시대의 도래와 맞물려 컴퓨터와 컴퓨터 소프트웨어의 관계와 밀접하게 연관되기 시작했다. 컴퓨터를 보다 효율적으로 사용할 수 있게 해주는 소프트웨어와의 결합체나 혹은 그 소프트웨어 자체를 특허로 인정할 수 있을 것인가의 문제가 대두되기 시작한 것이다. USPTO가 영업방법특허를 "자동화된 영업정보처리기술(automated business data processing technologies)"분야로서 Class 705로 분류한 것은 이러한 경향을 반영한 것이다.59)

(2) 영업방법특허에 관한 과거의 법원판례들

실질적으로 연방대법원뿐만 아니라, 특허에 관하여 사실상 최종심의 역할을 하는 CAFC나 그 전신인 CCPA가 사실상 영업방법특허를 인정하지 않는 태도를 취함으로써 영업방법특허가 특허를 받을 수 있는 대상물이 될 수 있다는 가능성은 1990년대 말까지 그저 가능성으로만 존재할 뿐이었다. Hotel Security 사건60)은 초기 영업방법특허에 관한 대표적 분쟁 사례로서, "호텔이나 레스토랑에서 종업원들의 부정으로부터 부정이나 횡령을 막기 위해 고안된 금전 등록 및 회계 검사 수단과 방법들"에 대한 특허를 CCPA가 기각한 사례이다. 이전의 Fowler 사건61)에서도 CCPA는 "단순한 조언이나 아이디어들의 조합"은 특허적격성이 인정될 수 없다"는 견해를 분명히 하였다. 이후에도 Howard 사건62)과 Schrader 사건63)을 거쳐 Alappat 사건64) 등에서 CAFC

58) McJohn, M.S., 「Intellectual Property(2nd ed.)」, Aspen Publishers (2006), p. 144.

59) http://www.uspto.gov/web/menu/busmethp/index.html; Class 705(데이터 처리: 금융, 영업방법, 경영, 원가 결정)에 대한 정의로는, https://www.uspto.gov/web/patents/classification/uspc705/defs705.htm 참조(최종방문일: 2020. 3. 25.).

60) Hotel Security Checking Co. v. Lorraine Co., 160 F. 467(2d Cir. 1908).

61) "No mere abstraction, no idea, however brilliant, can be the subject of a patent irrespective of the means designed to give it effect," Fowler v. City of New York, 121 Fed. 747(C.C.A. 2d 1903).

62) In re Howard, 53 F.2d 896(C.C.P.A. 1931).

63) In re Schrader 22 F.3d 290(Fed. Cir. 1994).

64) In re Alappat, 33 F.3d 1526(Fed. Cir. 1994).

가 영업방법특허의 청구에 관련된 항소를 모두 기각하면서, State Street Bank 사건의 판결 이전까지 특정한 영업의 방식은 특허를 받을 수 없다는 소위 "Business Method Exception"이 확립되었다는 평가를 받게 된다.

사례연구 2

Benson 사건[65]

1. 사안의 개요

1965년 당시 미국 존슨 대통령은 미국 특허청(USPTO)에 컴퓨터 소프트웨어를 특허의 대상으로 볼 수 있을 것인지를 문의했다. 당시 USPTO는 소프트웨어란 단지 수학적 알고리즘에 불과하므로 특허의 대상이 될 수 없다고 하였다. 컴퓨터 프로그램의 알고리즘을 'principles(자연적 원리)' 또는 'mental steps(정신의 단계적 작용)'에 불과하다는 이유로 특허가능성을 부인하는 것이 당시 USPTO의 실무관행이었다. 이에 대하여 CCPA는 그러한 실무관행에 반대되는 판례를 간혹 내놓아 혼란이 발생하기도 하였다. 이러한 상황에서 미국 연방대법원은 Benson 사건에서 이에 대한 논의를 한차례 정리하였다.

2. 사건의 경과

Benson은 특허청에 일반 디지털 컴퓨터[66]에서 2진화 십진수(binary-coded decimal, BCD)숫자를 순수한 2진수(pure binary numerals)로 바꾸는 방법[67]에 대하여

65) 특허청, 「컴퓨터 관련 발명의 성립성에 대한 해외판례 연구집」(특허청, 2006), 5-23면.
66) 범용 컴퓨터(general-purpose digital computer)는 광범위한 문제를 처리할 수 있도록 설계된 컴퓨터로서 사무계산, 기술계산, 즉시처리 등 다종 다양한 문제 처리용으로 설계된 컴퓨터를 말한다. 디지털 컴퓨터는 대부분 범용 컴퓨터이다. 『컴퓨터 용어사전』, 463면 참조.
67) 예를 들어 십진수 53의 경우를 살펴보면, 십진수 5는 이진수로 0101이고 십진수 3은 0011이므로 이진화 십진수로 십진수 53을 나타내어 보면 0101 0011이 된다. 한편, 십진수 53은 순수한 이진수로

특허를 구하는 출원을 하였다. USPTO는 이 중 특허 청구항 8번과 13번에 대하여 특허를 거절하였다. 그런데 CCPA는 이러한 USPTO의 결정을 파기하고 원고의 특허주장을 받아들였다. 결국 본 사건은 연방대법원에까지 이어졌다.

연방대법원은 CCPA 결정을 다시 파기하는 결정을 내렸고, 그 이유로 디지털 컴퓨터와 연결되는 것 이외에는 특정한 응용의 형태를 띠지 않는 수학적 공식인 컴퓨터 프로그램은 특허대상인 절차(process)에 해당되지 않는다고 판단하였다.

3. 쟁 점

① Benson의 특허청구범위가 수학적 알고리즘에 포함되는가

② 포함된다면 수학적 알고리즘은 법정특허대상인 방법(process)에 해당 되는가

③ 컴퓨터를 유용한 기술적 장치 또는 도구로 인정할 수 있는가

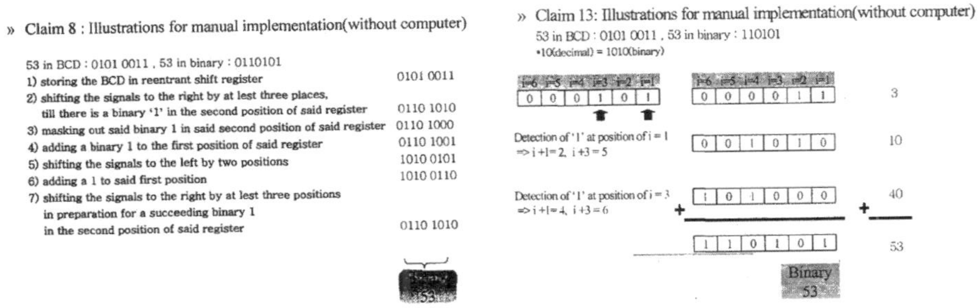

4. 연방대법원의 판단과 법리의 전개

(1) 연방대법원의 판단

대법원은 알고리즘을 "주어진 형태의 수학적 문제를 풀어내는 일련의 과정"68)으로 정의하고, Benson의 특허청구범위는 BCD 수를 2진수로 변환하는 수학공식에 관한 프로그램으로 보았다. 알고리즘은 주어진 형태의 수학적 문제를 풀어내는 일련의

나타내면 0110101이 된다. 따라서 이진화 십진수 0101 0011을 순수한 이진수 110101로 나타내는 방법에 관한 것이 이 사건에서 논의되는 특허청구대상이라고 할 수 있다.

68) "A procedure for solving a given type of mathematical problem is known as an algorithm"

과정이며 인간의 정신적 프로세스에 의해 수행되며 과학과 기술적 성과를 위한 기본적인 도구로서 법정특허대상이 아니라고 보았다. 즉, 공공의 영역인 자연법칙 등이 특허가 될 경우, 이 특허가 이후 과학적 진보에 따른 다양한 양태의 성과물이 상기 특허의 침해에 해당하여 과학발전에 장애가 될 수 있으므로, 이른바 공공의 영역에 속하는 것은 특허법 101조에 의한 법정특허대상에는 해당하지 않는다고 본 것이다. 컴퓨터는 숫자(digit)로 데이터를 표현하고 동작하여, 마치 인간이 머리와 손으로 수행하는 산술적 문제 풀이기능을 대신하는 것으로, 인간보다 효율적으로 산술적 문제를 풀어낸다는 면에서는 유용한 도구(useful art)이지만, 인간의 정신적 작용을 단지 산술적으로 모방한 것으로서 인문적 도구(liberal art)의 측면이 더 강하다고 보았다. 그래서 컴퓨터를 특정 프로세스와 연계된 유용한 도구(useful art)로 해석하지 않다고 보아 법정특허요건을 만족하지 못한다고 하였다.

(2) 법리의 전개

Benson 판결에서 연방대법원이 알고리즘은 법정특허대상이 되지 않는다고 판시한 이후, 하급심에서는 Benson 판례에서 정의한 '알고리즘'의 의미를 놓고 상당시간 논쟁이 지속되었다. Benson의 특허청구범위가 연방대법원이 정의한 수학적 알고리즘에 해당하는 것인지에 대한 판단은 별도로 하더라도, 연방대법원에서 "인간의 정신적 프로세스 또는 수학적 공식을 이른바 공공의 영역으로 재확인하고 법정특허대상에서 배제"한 것은 현재 우리나라 컴퓨터 관련 심사기준에도 그대로 인용되고 있다. 즉, 프로그램 발명일지라도 순수한 수학 공식 또는 인위적 판단, 인간의 정신적 프로세스는 발명의 도구로서 작용하는 것으로, 법정특허대상이 되지 않는 것으로 해석되고 있다.

Benson 판결 이후, 일련의 판례 Flook 사건,[69] Diamond 사건,[70] Alappat 사건,[71] Lowry 사건(1994)을 살펴보면 컴퓨터에 대한 프로그램이 점차 법정특허대상으로

69) Parker v. Flook, 437 U.S. 584(1978).
70) Diamond v. Diehr, 450 U.S. 175(1981).
71) In re Alappat, 33 F.3d 1526, 31 U.S.P.Q.2d(BNA) 1545(Fed. Cir. 1994). 이 사건 관련 문헌으로 JACQUELINE LIPTON, "INFORMATION PROPERTY: RIGHTS AND RESPONSIBILITIES". 56 Florida Law Review 1(2004); Maria T. Arriola, "In re Alappat and beyond: A New Approach to the Patentability of Mathematical Algorithms and Computer Programs in the United States", 5 Fed. Cir. B.J. 293(1995).

인정되는 것을 알 수 있다. 즉, 컴퓨터를 방법 또는 프로세스 발명과 연관되는 유용한 기술적 도구로 인식하였다. 또한 수식이 포함된 프로그램 청구항을 단순한 수학적 알고리즘으로 보지 않고 독자적인 법정특허대상이 될 수 있는 것으로 보게 되었다. 따라서 단순한 수학적 공식은 이른바 공공의 영역에 해당되어 법정특허대상에서 여전히 배제되게 되지만, 컴퓨터라는 유용한 기술적 도구를 기반으로 구현된 수식 혹은 프로세스 처리기술은 독자적인 법정특허대상으로 인정되고 이는 정당한 특허로서 보호를 받을 수 있다.

Benson 판결은 주어진 형태의 수학적 문제를 풀어내는 일련의 과정으로 정의되는 이른바 수학적 알고리즘이 법정특허대상인지 여부에 대한 미국 연방대법원의 첫 번째 판례로서, 컴퓨터 관련 프로그램 발명에 대한 법정특허대상여부에 대한 전개 과정에 있어 기본적인 논리를 제공하고 있다.

사례연구 3

In re Alappat 사건

1. 사안의 개요

이 사건의 대상이 되는 출원발명은 후속하는 디스플레이를 위해 파형 샘플 데이터(waveform sample data)를 화소 조도 데이터(pixel illumination intensity data)로 변환시키기 위한 래스터 장치(rasterizer)에 관한 것으로, Tektronix사에 의해 1988년 1월 29일자로 출원되었으며, 발명의 명칭은 "Raster Scan Waveform Display Rasterizer with Pixel Intensity Gradation"이다.

미국 특허청 심사관은 이 출원에 대해 청구범위 제15항에 청구된 발명이 미국 특허법 제101조에 의한 특허대상(Statutory Subject Matter)에 속하지 않는다는 이유로 거절 결정하였으나, BPAI는 미국 특허법 제112조 6문을 적용하여 청구항이 전체로써 제101조에 의한 특허 받을 수 있는 장치에 해당한다고 판단하였다.

이에 대한 심사관의 이의제기로 BPAI의 재심(Reconsideration Board)이 소집되었으며 BPAI는 재심에서 심사관의 결정을 지지하여 특허신청을 거절하였다. 그러나 1994년 CAFC(Court of Appeals for the Federal Circuit)에 의한 심의에서 다시 청구범위 제15항이 비법정특허대상이라는 이유로 거절 결정한 것은 부당하다고 판단하였다. USPTO는 CAFC의 판결을 받아들여 1995년 8월 8일 최종 특허 결정하였다.

미국 특허법 제101조는 "신규하고 유용한 방법(process), 기계(machine), 제조품(manufacture)이나 조성물(composition of matter) 또는 이들에 대한 신규하고 유용한 개량을 발명 또는 발견한 자는 본법이 정한 조건 및 요건에 따라 이들에 대한 특허를 받을 수 있다"고 규정하고 있다. 즉 미국 특허법 제101조에 의하면, 발명이 4가지의 법정발명범주(방법, 기계, 제품, 조성물) 중 어느 하나에 해당하는 경우에만 특허대상이 될 수 있다고 규정하고 있다. 따라서, 발명 또는 발견이 특허를 받을 수 있는지에 대해서는, 먼저 당해 발명이 제101조의 법정발명범주에 속하는지를 판단하고 그 다음 제102조, 제103조에 규정되어 있는 신규성(novelty), 진보성(nonobviousness)의 요건을 만족하고 있는지 여부를 판단해야 한다.

이 사건에서 미국 특허청 심사관, BPAI 및 CAFC는 특허의 청구범위를 해석함에 있어서 미국 특허법 제112조 6문의 적용여부에 대하여 확실한 입장차를 보이고 있는데, 미국 특허법 제112조 6문은 "조합에 의한 청구항의 하나의 구성 요소는 그 구조, 물질 또는 공정에 대한 언급 없이 특정한 기능을 수행하는 수단 혹은 단계로 표현될 수 있으며, 이런 경우 청구범위는 명세서 등에 기재된 대응되는 구조, 물질 또는 공정에 의해 해석될 수 있다."고 규정하고 있다.

2. 사건경과

(1) 미국 특허청 심사관 및 심판부의 판단

Alappat의 청구범위 제15항에 대해 담당 심사관은 해당 청구항이 특정 장치라기보다는 범용 컴퓨터에 의해 수행되는 방법 단계를 열거한 것에 지나지 않으며, 그 방법은 미국 특허법 제101조에 의한 특허 대상이 아닌 수학적 알고리즘에 해당한다는 이유를 들어 거절 결정하였다. 또한 심사관은 청구항 그 자체의 기재가 아닌 명세서 등에 기재된 구조 및 결합관계를 바탕으로 청구항 15항을 해석하는 것은 부적절하다는 의견을 제시하였는바, 기능식 청구항(means-plus-function claim)을 해석함에 있어서 미국 특허법 제112조 6문을 적용하는 것을 거절하고 청구항에 기재된 대로만 해석하여 청구항 15항을 거절한 것이다.

심사관의 특허 거절 결정에 대한 출원인의 거절이유 불복심판에서 BPAI의 심판부는 심사관의 의견과는 달리 기능식 청구항을 해석함에 있어서 미국 특허법 제112조 6문을 적용하여 해당 청구항이 특정한 구조를 인용하고 있다고 인정하였다. 즉 물리적 구조가 각 수단 요소에 대응하므로 수단 요소를 방법으로 해석해서는 안 되며 청구항을 특정 형태의 기계로 해석하여 전체로서 제101조에 의한 특허 받을 수 있는 장치에 해당한다고 판단하였다. 이러한 해석은 명세서 등(발명의 상세한 설명 및 도면)의 기재로부터 도출되는 것으로 청구항에 씌여진 대로만 해석해야 한다는 심사관의 판단과는 배치되는 것이다.

그러나 심판부의 재심위원회(Reconsideration Board)는 심사관의 결정을 지지하는 판단을 하였다. 심결에서 심판부는 청구항을 해석함에 있어 제112조 6문을 적용해서는 안 되고 청구항을 있는 그대로 해석해야 하며, 그럴 경우 청구항 내의 각 수단 요소는 비법정특허 범주에 속하고, 또한 요소간의 결합관계도 불분명하다는 심사관의 거절 이유를 모두 지지하였다.

(2) CAFC의 판단

미국 특허청 심판부의 최종 특허 거절 결정에 대한 출원인의 불복에 의한 CAFC 판결에 있어서 심판부의 판단과 가장 큰 차이를 보이는 것은 청구항의 발명을 특정함에 있어서 미국 특허법 제112조 6문을 적용한 점이다. CAFC는 판결문에서 미국 특허청은 미국 특허법 제112조 6문의 지시를 따르지 않고 제101조에 의한 특허적격성을 판단하는 잘못을 범했다고 지적하였다.

그러므로 명세서의 관점에서 파악하면 제15항은 유용한 결과를 얻기 위하여, 혹은 물리적 구조 및 과정이 CRT 디스플레이라는 새로운 상태, 즉 매끄러운 파형으로 변환하기 위하여 수학적 알고리즘을 사용하는 특정한 장치를 청구하는 것으로 해석될 수 있으며, 기능식 청구항의 청구범위를 결정할 때는 반드시 명세서에 의한 한정부과, 즉 수단을 대응되는 구조물로 한정한 후 해야 한다는 것이다.

CAFC는 이와 같은 한정을 부가한 후에 제101조에 의한 특허적격성을 판단하여 제15항이 물리적 디스플레이 수단이 수학적 알고리즘을 사용하고 청구항을 전체로 볼 때 단순히 수학적 알고리즘을 제시하고 해결하려고 하는 것은 아니며, 특히 본 청구항은 디스플레이 수단과 ROM과의 관계를 제시하고 있으므로 특허의 대상이 된다고 판결하였다. 이러한 CAFC의 판결은 결국 물리적 구조물에 사용되어질 결과물을 생성하는 장치 청구항은 그 결과물을 실제적으로 적용하거나 사용하는 것과 차이가 없다는 의미가 된다. 즉, "전체로 볼 때 자연법칙, 자연현상, 또는 추상적인 아이디어를 나타내는 수학공식, 수학방정식, 수학적 알고리즘 등으로 범주화되는 순수한 수학 개념(disembodied mathematical concept)에 해당하지 않으므로 법정 발명 범주가 될 수 있다"는 것이다.

본 사안에서 모니터상에 평활화된 파형을 생성하기 위해 일련의 수학적 계산을 통한 데이터의 변환은 추상적 아이디어의 구체적인 실시(practical application)에 해당하는 것으로 볼 수 있으며 이러한 데이터변환은 유용하고 구체적이며 실체적인 결과(useful, concrete and tangible result)를 제공하기 때문에 범용 컴퓨터(general purpose computer)가 프로그램 소프트웨어로부터의 명령어에 따른 특정 기능을 수행하도록 프로그램되어 있으면 그 범용 컴퓨터는 실질적으로 특정 목적의 컴퓨터(special purpose computer)로 되기 때문에 그러한 프로그래밍은 새로운 장치를 창조하는 것이라고 CAFC는 판단하였다.

3. 소프트웨어 및 영업방법발명에 관한 판례 전개 연혁

(1) State Street Bank and Trust Co. v. Signature Financial Group, Inc.

1) 사건의 개요

State Street Bank and Trust Co. v. Signature Financial Group, Inc.[72] 사건(이하 'SSB 사건')은 CAFC가 이른바 "Business Method Exception"을 부정하고 영업방법특허의 성립성을 인정한 첫 사례이다. 먼저 사건의 개요를 살펴보면, Signature Financial Group, Inc.는 "허브와 스포크로 구성되는 금융서비스 구성을 위한 정보 처

72) State Street Bank and Trust Company v. Signature Financial Group, Inc., 149 F.3d 1368(Fed. Cir. 1998).

리 시스템(Data Processing System for Hub and Spoke Financial Services Configuration)"으로 이름 붙여진 미국 특허 제5,193,056호(이하 "056특허'라 한다)를 보유한 금융회사였다. 6개의 '기능식 청구항'[73]으로 구성된 '056특허는 허브(Hub)라 불리는 중앙처리부분과 스포크(Spoke)라 불리는 단말부분이 지속적으로 금융에 관련된 정보를 주고받으며 다수의 뮤츄얼 펀드를 하나의 포트폴리오로 관리해 주는 하나의 시스템을 구현하는 것을 내용으로 하고 있었다. State Street Bank and Trust Co.역시 금융회사로서 '056특허를 이용하기 위하여 Signature와 협상을 시도하였으나 거절당하였다. 이에 SSB는 '056특허가 컴퓨터상 회계시스템에 불과하여 특허법 제101조가 규정하는 특허대상물에 해당하지 않는다며 그 특허의 무효를 주장하며 소를 제기하였고, 원심을 맡은 메사츄세츠 연방지방법원에서는 스트리트 뱅크 측의 손을 들어주었다. 이에 Signature가 항소하여 CAFC가 심리하게 되었다.

2) Useful, Concrete and Tangible Result Test의 등장

항소심에서 쟁점이 된 것은 크게 두 가지였다. 확립된 판례로 여겨졌던 이른바 "Mathematical Algorithm Exception"과 "Business Method Exception"이 그것이다.[74] 먼저, CAFC는 소위 Freeman-Walter-Abele Test[75]를 통한 Mathematical

73) 기능식 청구항의 해석 원칙에 대해서는, In re Donaldson Co., 16 F.3d 1189(Fed. Cir. 1994) ; 기능식 청구항으로 구성된 특허의 경우에는 그 방법 자체에 대한 특허 청구보다는 주로 이를 이용한 장치(apparatus)에 관하여 특허를 청구하게 된다, Lange, D. & LaFrance, M. & Myers, G., 「Intellectual Property: Cases and Materials」(3rd Edition), American Casebook Series, Thomson West, 2007, pp. 418-419.

74) CCPA와 연방대법원은 특허에 대한 여러 가지 예외주의를 확립해 왔다. 본 사건에서 쟁점이 된 수학적 알고리즘 예외주의와 영업방식 예외주의 외에도 출판물(printed matter), 추상적 아이디어(abstract ideas), 정신 작용(mental acts), 의술 과정(medical procedure) 등이 이러한 예외주의의 대표적 예들이다. 이를 피하기 위하여 기능식 청구항을 이용하여 이러한 예외들을 연결한 장치(apparatus) 특허가 고안되었고, 유용성에 대한 다양한 주장들이 나타나게 된 것이다, Goldstein A. N., 「Patent Law for Scientists and Engineers」, Taylor and Francis, (2005), pp. 161-165.

75) Freeman-Walter-Abele Test 테스트는 수학적 알고리즘이 포함된 대상물의 특허적격성을 판단하기 위하여 CCPA에 의해 고안된 방법으로, "첫째, 청구항에 수학적 알고리즘이 포함되었는지를 분석하고, 둘째, 수학적 알고리즘이 발견된다면 그 알고리즘이 물리적 요소나 과정에 의하여 응용되었는지를 결정하기 위하여 해당 특허를 그 전체로서 분석하게 된다((1) determining whether the claim recites an "algorithm" within the meaning of Benson, then (2) determining whether that algorithm is "applied in any manner to physical elements or process step.)." In re Abele, 684 F.2d at 905-907(CCPA 1982) ; 이 평가를 통하여 수학적 알고리즘을 포함하고 있다고 판단되면, 그것이 특정한 물리적 요소와 결합되거나 혹은 물리적 상태변화를 일으키지 않는 한 특허적격성을 부정하게 된다는 점에서 특허대상물의 범위를 좁히는 역할을 하게 된다. Stobbs, G. A.,

Algorithm Exception에 대한 기계적 판단이 더 이상 그 적실성을 가질 수 없음을 인정하였다. 다음으로 CAFC는 영업방식이 특허의 대상이 되지 못한다는 일종의 예외주의로 이해되고 있는 것은 오류라고 지적하면서, 영업방식 또한 다른 특허 출원과 동등한 위치에서 심사되어야 한다고 판시하였다.

특허에 대한 두 가지 예외주의를 극복하며 CAFC가 제시한 특허가 될 수 있는 법정 대상물에 대한 새로운 판단 기준이 바로 "유용하고, 구체적이며, 실제적 결과(useful, concrete and tangible result)"의 산출이다.[76] 또한 특허를 받을 수 있는 법정 대상물에 해당되는지는 청구된 특허를 "전체로써(as a whole)" 살펴볼 것을 요구하고 있다. 즉, 비록 기존에 형성된 예외주의에 해당된다고 해서 즉시 특허를 받을 수 있는 발명으로서의 적격을 상실하는 것이 아니라, 청구항 전체로 보아 유용하고, 구체적이며 실제적 결과를 가져온다면 미국 특허법 제101조에서 말하는 법정대상물에 해당될 수 있다는 것이다.

이러한 논의 끝에 CAFC는 Signature의 '056특허가 비록 실체가 없는 수학 공식과 영업 방식 등을 포함한 금융 거래를 그 핵심으로 하고 있지만, 전체적으로 보아 유용하고 구체적이며 실제적인 결과를 낳기 때문에 특허적격성이 인정된다고 결론지었다.

SSB사건에 관한 CAFC의 판결은 영업방법특허의 성립성을 인정하였다는 데에 큰 의미가 있다. 아직 그 자체로서는 독립적 특허로 인정받지 못하는 수학적 알고리즘(Mathematical Algorithm)에 비하여, 영업방법특허는 일단 유용하고 구체적이며 실제적 결과를 낳기만 하면 특허로서 인정받을 수 있게 된 것이다. 그리고 CAFC는 뒤이은 AT&T사건[77]에서도 동일한 입장을 유지하였다.

3) SSB사건의 영향

CAFC의 이러한 태도변화는 미국 내에서 영업방법특허의 인식에 관한 즉각적인 변화를 가져왔다. USPTO는 즉각 영업방법특허에 관한 작업반(Workgroup)을 구성하고, 특허심사지침서(MPEP)를 개정하며 SSB판결의 내용을 반영하였다. 그리고 1997년에 겨우 12명에 불과하던 USPTO내의 Class 705관련 심사관의 수는 2000년에 38

「Software Patents」, Aspen Publishers, (2000), pp. 178-179.

76) "useful, concrete and tangible result"에 대한 상세한 설명으로는, 이해영, 『미국특허법』, 제2판, 한빛지적소유권센터, (2005), p. 339.

77) AT&T Co. v. Excel Communications, Inc., 172 F.3d 1352(Fed. Cir. 1999).

명으로 증가하였다.[78] 미 의회 역시 특허법 개정안을 제출하여 이러한 움직임에 부응하였다.[79] 이러한 변화를 가장 단적으로 보여주는 것이 영업방법특허 출원수의 증가이다. 아래 표에서 볼 수 있듯이, 1997년에 1,000건에도 채 미치지 못하였던 Class 705의 출원 신청이 2001년에는 10,000건에 육박할 만큼 증가한 것이다.[80]

(단위: 건)

연도	1998	1999	2000	2001
출원건수	1,340	2,821	7,800	8,200

(2) Bilski v. Kappos 사건

1) 사건의 개요

2010년 6월 28일 연방대법원이 선고한 Bilski v. Kappos 사건은 영업방법특허의 특허적격성에 대한 이정표가 되었다. 그러나 그 결론으로서 연방대법원의 판결 요지를 이해하기 위해서는 먼저 CAFC까지의 사건의 경과와 그 전후의 흐름을 이해해야만 한다.

사건의 개요를 간단히 살펴보면, 다음과 같다. 1997년 4월 10일, Bilski는 "에너지 위험 관리 수단(Energy Risk Management Method)"에 관해 미국 특허신청 제08/833,892호(U.S. Patent Application Serial No. 08/833,892, 이하 '892청구')로 특허를 신청하였다. '892청구를 심사한 뒤, USPTO의 심사관은 그 출원을 거부하였고, BPAI 역시 동일한 입장을 취하였다.[81] 이에 신청자인 Bilski가 불복하여 CAFC가 심리를 하게 되었다. USPTO와 '특허 항고 및 저촉심판원(BPAI: Board of Patent Appeals and Interference)'이 Bilski 등이 신청한 영업방법특허가 특허의 '법정대상(statutory subject matter)'이 되지 않는다 하여 그 특허의 출원을 거절한 데서 비롯된 사건인 것이다.[82]

---

78) http://www.uspto.gov/web/menu/busmethp/transition.htm.

79) "The Business Method Patent Improvement Act of 2000", H.R. 5364, Oct 3, 2000; "Business Method Patent Improvement Act of 2001", H.R. 1332, Apr 3, 2001.

80) 김순석, "특허보호를 위한 영업방법(Business Method)법제도 개선방안", 특허청(2002). 25면.

81) "the invention is not implemented on a specific apparatus and merely manipulates [an] abstract idea and solves a purely mathematical problem without any limitation to a practical application, therefore, the invention is not directed to the technological arts." Ibid., slip op. at 3.

82) Ex parte Bilski, Appeal 2002-2257, Bd.Pat.App. & Interf., Sept. 26, 2006.

USPTO의 심사관들은 '892청구가 미국 특허법 제101조에서 규정하는 특허적격성을 갖추지 못하였다고 하여 동 신청에 대하여 거절 결정하였다. 거절의 이유는 Bilski가 청구한 발명이, ① 발명이 특정한 매체에서 실행되지 않고, ② 실제적 활용으로 제한하지도 않은 채 단순히 추상적 아이디어를 조작하고 온전히 수학적 문제를 해결하기 위한 것으로서, ③ 어떤 기술적 요소로 연결되지 않는다는 것이었다.[83)]

이어진 특허항고 및 저촉심판원(BPAI)의 심판 과정에서도 결정의 이유는 달라졌지만, 여전히 Bilski의 청구에 대한 거절결정은 유지되었다.[84)] BPAI는 먼저, ① 심사관이 제시한 "기술적 요소(technological arts)"의 기준은 순수한 "정신적 작용(mental step)"이 아닌 한, 설사 그것이 인간에 의해 행해지는 작용이라 하더라도 관계없기 때문에 배척하였다.[85)] 그러나 '892청구는 여전히, ② 어떠한 "물리적 대상물(물질 혹은 어떤 형태의 에너지)을 다른 상태나 물건(질)로 변화시키지 않으며,[86)] ③ 제1청구항에서 말하는 수단의 방법으로 가격위험을 관리하는 방법은 여전히 "추상적 아이디어"에 불과하며,[87)] ④ SSB 사건에서 CAFC가 제시한 이른바 유용성 기준에 의하더라도, 발명은 "유용할" 뿐만이 아니라, "구체적"이고 "실제적"이어야 하는데, '892청구는 이러한 구체성과 실제성을 위한 "현실적 적용(practical application)"이 결여되어 있다고 판

83) Ex parte Bilski, Appeal 2002-2257, Bd.Pat.App. & Interf., Sept. 26, 2006, Joint Appendix, A-7.

84) Ex parte Bilski, Appeal 2002-2257, Bd.Pat.App. & Interf., Sept. 26, 2006; BPAI는 심판이유에서 심사관의 거절이유와 Bilski의 답변에 대하여, Ex parte Lundgren, 76 USPQ2d 1385의 보충의 견과, 동 결정 1393-1429의 반대의견의 순서 따라 논지를 전개하고 있다. Ex parte Lundgren은 BPAI가 State Street Bank 사건에서 CAFC가 제시한 "Useful, Concrete, and Tangible Results"의 기준에 따라 "기업의 (부정)결탁으로 인한 이익을 줄이기 위한 수단과 장치"라는 특허(Application Serial No. 08/093,516)의 제1청구항 h)항의 "매니저에게 보상을 이전(transferring compensation to said manager)"하는 부분이 "practical application"에 해당하므로, 특허적격이 있다고 판단한 사건이다. Ex parte Lundgren, 76 USPQ2d 1385, Ex parte Bilski, Appeal 2002-2257, Bd.Pat.App. & Interf., Sept. 26, 2006, Joint Appendix, A-228-234에서 재인용.

85) Ex parte Bilski, Appeal 2002-2257, Bd.Pat.App. & Interf., Sept. 26, 2006, Joint Appendix, A-45-46.

86) BPAI의 설시내용은 이후 CAFC의 MOT 기준 중 "Transformation"과 거의 유사하다. "The steps do not transform any physical subject matter(matter or some form of energy) into a different state or thing", Ex parte Bilski, Appeal 2002-2257, Bd.Pat.App. & Interf., Sept. 26, 2006, Joint Appendix, A-47.

87) 그러나, BPAI는 '892청구 중 "initiating a series of transaction"과 "identifying market participants"는 단순히 추상적 아이디어에 대한 계획을 묘사한 것뿐이라고 하였는데, 이는 Ex parte Lundgren에서의 태도와 배치되는 면이 있다. Ex parte Bilski, Appeal 2002-2257, Bd.Pat.App. & Interf., Sept. 26, 2006, Joint Appendix, A-50.

단하였다.[88] 이에 Bilski가 불복하였고, CAFC에 항소하였다.

CAFC는 총 11개의 청구항으로 이루어진 Bilski의 '892청구 중에서 1번 청구항만을 심리하였다.[89] '892청구의 핵심은 청구의 제목처럼 '에너지 시장에 있어서의 위험 관리 수단'이다. 보다 자세히 말하자면, 현물시장[90]에서 급격한 가격의 상승이나 하락으로 인한 손해를 회피(hedge)시켜 주기 위해 당해 상품을 선물(先物)의 방식으로 고정된 가격에 판매하는 중간자로써의 영업방식을 특허 출원한 것이다.

특허에 관한 항소심으로는 이례적으로 무려 38회에 이르는 기록적인 수의 법정의견서(amicus curiae brief)가 제출되었다. 이처럼 치열한 법정공방 끝에 CAFC의 전원재판부(en banc)는 2008년 10월 30일, 3명의 반대의견(dissenting opinions)을 제외하고는, 일부 보충의견(concurring opinions)을 포함한 참여 판사의 합치된 의견으로 USPTO와 BPAI의 결정을 확인하고 Bilski의 청구를 기각하였다. 그리고 기각의 이유로는 Bilski의 특허 청구가 "장치 혹은 변환의 규칙(machine or transformation rule)"에 위반되기 때문에 특허법 제101조에서 말하는 특허의 법정대상물이 될 수 없음을 들었다.[91]

2) CAFC의 판단: Machine or Transformation rule로의 회귀

Bilski의 항소를 받아들인 CAFC는 여전히 Bilski의 '892청구가 영업방법특허의 일

---

88) Ex parte Bilski, Appeal 2002-2257, Bd.Pat.App. & Interf., Sept. 26, 2006, Joint Appendix, A-54.

89) CAFC에서는 병합하여 1번 청구항에 대해서만 심리하였다. U.S. Patent Application Serial No. 08/833,892, Claim 1, "A method for managing the consumption risk costs of a commodity sold by a commodity provider at a fixed price comprising the steps of: (a) initiating a series of transactions between said commodity provider and consumers of said commodity wherein said consumers purchase said commodity at a fixed rate based upon historical averages, said fixed rate corresponding to a risk position of said consumer; (b) identifying market participants for said commodity having a counter-risk position to said consumers; and (c) initiating a series of transactions between said commodity provider and said market participants at a second fixed rate such that said series of market participant transactions balances the risk position of said series of consumer transactions."

90) Bilski의 특허 신청서에는 이것이 "energy"라고 표현되어 있으며, CAFC는 판결문에서 이를 석탄시장에 대입시켜 설명하고 있다. 판결문 949면.

91) CAFC는 Bilski의 892청구가 방법 특허(new and useful process)의 형태를 띄고 있음을 인정하는 한, 특허법 제101조에 의한 특허대상물에 포함되는지의 여부만을 논하면 되고 신규성(novelty)나 진보성(non-obviousness)을 따로 논할 필요는 없다고 하며 당해 청구의 적격은 오직 특허법 제101조의 해석 문제라고 판시하였다. 단, 892청구가 소프트웨어 특허 청구임은 부정하였다.

종으로 특허법 제101조에 의한 특허대상물에 포함되는지의 여부만을 논하면 되고 신규성(novelty)이나 진보성(non-obviousness)을 따로 논할 필요는 없다고 보았다. 따라서 특허법 제101조의 해석 문제가 사건의 핵심으로 인식되었다. 또한 11개의 이 사건 특허 청구항 중 제1청구항만이 독립항이고, 나머지는 종속항이거나 제1청구항에게 의존하는 청구항이라 하여 제1청구항만을 심리하였다. 제1청구항의 내용은 다음과 같다.

> "A method for managing the consumption risk costs of a commodity sold by a commodity provider at a fixed price comprising the steps of: (a) initiating a series of transactions between said commodity provider and consumers of said commodity wherein said consumers purchase said commodity at a fixed rate based upon historical averages, said fixed rate corresponding to a risk position of said consumer; (b) identifying market participants for said commodity having a counter-risk position to said consumers; and (c) initiating a series of transactions between said commodity provider and said market participants at a second fixed rate such that said series of market participant transactions balances the risk position of said series of consumer transactions."

제1청구항의 내용을 요약하면, 현물시장에서 급격한 가격의 상승이나 하락으로 인한 손해를 회피(hedge)시켜 주기 위해 당해 상품을 선물(先物)의 방식으로 고정된 가격에 판매하는 중간자로서의 영업방식이다. CAFC의 판결문에서 비유한 것처럼 Bilski의 특허를 단순화하면 석탄 장수의 그것과 다를 바 없게 된다.[92]

심리가 진행되는 도중, CAFC는 이 사건을 일반적인 3명의 판사가 아닌, 12명의 판사 전원이 참여하는 전원합의체(en banc)에 회부하였다. 그 의미는 Bilski의 주요한 항소 근거인 특허법 제101조의 해석에 대하여, SSB사건에서 스스로가 제시한 유용성 기준을 이 사건에 그대로 적용할 수 있는지 CAFC내에서도 논란이 있었기 때문이라고 해석할 수 있을 것이다. 2008년 10월 30일, CAFC는 Bilski의 항소를 기각하고, '892특허에 대한 거절결정을 유지하였다.

그리고 Bilski 사건의 판결에서 가장 주목할 부분은 CAFC가 10년전 SSB사건에서 스스로가 제시하였던 이른바 유용성 기준을 폐기하였다는 점이다. CAFC는 Bilski 사건의 판결문에서 유용성 기준에 대하여 동 기준은 더 이상 특허법 제101조의 특허대

92) In re Bilski, 545 F.3d 949(Fed. Cir. 2008)(en banc).

상물을 판단하기에는 불충분하며, 또한 특정한 장치에 연결되거나 물리적 변형을 거친 대상물은 당연히 "구체적이고", "실질적"일 수밖에 없다고 하였다.[93] CAFC는 미국 특허법 제101조에서 말하는 특허의 법정대상물로서 인정받기 위해서는 "특정한 장치나 매개체와 결합하든지 혹은 특정 부분이 다른 것이나 상태로 변환"될 것을 요구하였다.[94] 그리고 Bilski의 특허는 이런 기준에 적합하지 않기 때문에 특허로 인정할 수 없다고 판시하였다.

CAFC내에서도 12명 중 3명의 판사가 반대의견을, 2명의 판사가 보충의견을 낼 만큼 Bilski 판결과 동 판결에서 이 새로운 기준에 대해서는 견해가 갈리고 있다. 심지어는 CAFC가 Machine-or-Transformation 기준(이하 'MoT 기준')을 엄격하게 적용하는 것은 영업방법특허 자체를 부정하기 위한 수순이라는 의미로 해석하는 견해도 있다.[95] 그러나 그보다는, 특허법 제101조의 해석이라는 관점에서 CAFC의 태도가 SSB 사건 이후로 점점 확대되고 있던 법정대상물의 인정 범위를 문언에 충실한 정도로 다시 좁히기 위하여, 마치 하나의 원을 그리듯 돌아왔다는 비유가 더욱 타당해 보인다.[96]

Bilski의 청구에 대한 결론을 도출하기 위하여 CAFC는 기존의 판결들에서 나타난 특허의 성립성에 관한 판단 기준들을 검토하였다. 첫 번째는 SSB 사건에서도 심리된 바 있는 Mathematical Algorithm Exception을 적용하기 위한 Freeman-Walter-Abele Test였다. CAFC는 Freeman-Walter-Abele Test에 대해 Flook 사건[97]에서

---

93) "To be sure, a process tied to a particular machine, or transforming or reducing a particular article into a different state or thing, will generally produce a "concrete" and "tangible" result as those terms were used in our prior decisions." In re Bilski, 545 F.3d 967(Fed. Cir. 2008)(en banc).

94) "A claimed process is surely patent-eligible under §101 if: (1) It is tied to a particular machine or apparatus, or (2) it transforms a particular article into a different state or thing."; Mayer 판사는 반대의견(dissenting opinion)에서 이를 불필요한 제한이라 하여 반대하였다. "unnecessarily complex and will only lead to further uncertainty regarding the scope of patentable subject matter." Supra Note 31, at 1063.

95) Michael Orey, "A Pending Threat to Patents: A Case before An Appeals Court Could Make It Harder To Win Legal Protection for Business Methods", Business Week (Mar. 3, 2008), p. 68.

96) Kimberly N. Van Voorhis, "The Business Method Patent 360: Have They Come Full Circle(or Dis They Never Change)?", 2nd Annual Institute on Intellectual Property Law, Practising Law Institute: Patents, Copyrights, Trademarks, and Literary Property Course Handbook Series, Jan 2008, pp. 376-377; 문대영, "SSB사건과 Bilski 사건을 통하여 본 영업방법특허-Bilski 판결을 대비하는 우리 특허법 제1조 제1항의 개정논의", KNU Law-review (2009).

판시된 하나의 청구항을 분할하여 판단하지 않는다는 연방대법원의 견해에 반하며, CAFC 스스로도 Grams 사건[98] 등에서 그에 반하는 판결을 내린 적이 있다고 하였다. 이로써 Freeman-Walter-Abele Test는 더 이상 특허의 법정대상물에 대한 판단 기준으로 유효하지 않다는 것이 확인되었다.

다음으로 검토된 것은 몇몇 참고인들이 주장한 소위 "기술적 작업물 테스트(technological arts test)"였다. 그러나 CAFC는 참고인들의 이러한 주장이 연방대법원이나 CAFC에서 받아들여진 적이 없고, '기술적(technological)'이나 '기술적 작업물(technological art)'이라는 어휘 자체도 모호성을 가지고 있다고 하여 이를 받아들이지 않았다. 또한 이러한 맥락에서 Comiskey 사건[99]에서 언급된 "물리적 단계"(physical steps)나 "물리적 한계성"(physical limitation)도 특허의 법정대상물 판단을 위한 독립된 기준으로 쓰여질 수는 없다고 판시하였다.

그러나 Bilski 사건에서 CAFC가 내린 가장 중요한 판단은 SSB 사건에서 CAFC가 제시하였던 유용성 심사(Useful, Concrete, and Tangible Result test)를 폐기하고 Machine or Transformation 기준으로 돌아갈 것을 제시한 것이다. CAFC는 유용성을 검토하여 그러한 기준이 특허법 제101조의 특허대상물을 판단하기에는 불충분하며, 또한 특정한 장치에 연결되거나 물리적 변형을 거친 대상물은 당연히 "구체적이고", "실질적"일 수밖에 없다고 하였다.[100]

유용성 심사를 대체하기 위하여 CAFC가 새로이 제시한 기준이 바로 "장치 혹은 변환 규칙(machine or transformation rule)"이다. 특허법 제101조에서 말하는 특허의 법정대상물로서 인정받기 위해서는 "특정한 장치나 매개체와 결합하든지 혹은 특정 부분이 다른 것이나 상태로 변환"[101]될 것을 요구한 것이다.

---

97) Parker v. Flook, 98 S.Ct. 764, U.S., 1978.

98) In re Grams, 888 F.2d 835, 838-89(Fed. Cir. 1989).

99) In re Comiskey, 499 F.3d 1365, 1375-79(Fed. Cir. 2007).

100) "To be sure, a process tied to a particular machine, or transforming or reducing a particular article into a different state or thing, will generally produce a "concrete" and "tangible" result as those terms were used in our prior decisions," Supra Note 31, at 967.

101) "A claimed process is surely patent-eligible under §101 if: (1) It is tied to a particular machine or apparatus, or (2) it transforms a particular article into a different state or thing."; Mayer 판사는 반대의견(dissenting opinion)에서 이를 불필요한 제한이라 하여 반대하였다. "unnecessarily complex and will only lead to further uncertainty regarding the scope of patentable subject matter," *Supra* Note 31, at 1063.

3) 상고이유

Bilski 등은 CAFC의 판결에 불복하여 미 연방대법원에 상고허가신청서를 제출하였다.[102] 제기된 상고이유는, 첫째, 방법특허에 MoT 기준이 필수적인지, 둘째, MoT 기준의 적용으로 인하여 미국 특허법 제273조에서 규정하는 "영업 수행의 수단(method[s] of doing or conducting business)"이 보호받지 못하게 되는 것인가 하는 2가지였다.[103] 연방대법원은 두 가지 상고 이유를 모두 심리하기로 결정하였다.[104]

가장 쟁점이 된 부분은 MoT 기준의 타당성 여부이다. Bilski 측은 먼저, CAFC의 MoT 기준은 미국 특허법 제101조의 어떠한 문언에서도 근거를 찾을 수 없으며 이미 알려진 바대로 자연 법칙, 자연 현상, 그리고 추상적 아이디어가 특허를 받을 수 없다는 기준만으로 충분하다고 주장하였다.[105] 다음으로, Diehr 사건에서 연방대법원에 의해서 제시된 바처럼 어떠한 방법(process)도 새롭고 유용한 것이어야만 하는 제한이 있음에도, CAFC가 영업방법특허에만 특유한 기준을 새로이 제시하는 것은 연방대법원의 판례를 무시하는 것이라는 점을 지적하였다.[106] 또한, 특허 시스템이나 성립성에 관한 것은 의회에서 결정할 사항일 뿐이며, 이는 특허법 제273조에서 영업 수행의 수단을 특별히 보호하기로 하는 규정을 둔 것이나 제287조(c)에서 의사의 진료 행위에 대하여 특허의 침해를 구성하지 않는다는 규정을 둔 것이 바로 그러한 예라고 주장하였다.[107]

4) 연방대법원의 판단[108]

연방대법원은 2010년 6월 28일 영업방법특허의 특허적격성 및 MoT 기준의 타당성

102) Bilski v. Doll, 2009, U.S. 2009, (Appellate Petition, Motion and Filing), Petition for a Writ of Certiorari, No. 08-964.

103) "1. Whether the CAFC erred in holding that a "process" must be tied to a particular machine or must transform something into a different state or thing(this is the "machine-or-transformation" test), 2. Whether the "machine-or-transformation" test adopted by the CAFC contradicts Congress's intent to protect "method[s] of doing or conducting business" in 35 U.S.C. Section 273," 두 번째 상고이유는 CAFC의 심리과정 중 주장된 바 없으며, Bilski사건의 연방대법원 심리과정에서도 큰 쟁점으로 부각되지는 못하였다.

104) Bilski v. Kappos, 2009, U.S. 2009, Official Transcript Proceedings before The Supreme Court of the United States, No. 08-964.

105) Id. p. 3.

106) Id. p. 4.

107) Id. p. 5.

108) 130 S.Ct. 3218(2010).

에 대한 판결을 선고하였다. 먼저 영업방법특허의 특허적격성에 대해서는 5명의 대법관이 이를 긍정하는 입장을, 4명의 대법관이 이를 부정하는 입장을 밝혀 다수의견으로 이를 긍정하였다. 다수의견은 미국 특허법 제101조에서 정의하고 있는 방법(process)의 범주에서 수단(Method)이 제외된다고 볼 수 없고, 수단의 사전적 의미나 Diehr 사건 등의 선례에서도 수단에 영업방법이 포함되지 않는다는 결론을 도출 할 수 없으며, 미국 특허법 제101조 자체가 역동적인 규정으로서 새롭고 예측되지 않은 발명을 포섭할 수 있는 것이라는 점을 근거로 들었다.109) 다음으로 대법관 전원이 MoT 기준이 특허적격성을 판단하는 유일한 기준(sole test)이 될 수 없고 유용하고 중요한 단서이자 조사 방법으로 사용될 수 있다고 보았다.110)

다만 Bilski의 특허인 위험관리의 개념은 알고리즘과 같은 것으로서 추상적 아이디어에 불과하여 특허적격성이 인정될 수 없고, 이러한 특허를 인정하는 것은 결국 추상적 아이디어에 독점권을 주는 결과를 가져올 것이라는 이유로 Bilski의 특허는 무효라고 판단하였다.111)

5) Bilski 판결에 따른 변화

Bilski 사건의 이후로 USPTO와 법원에서 영업방법특허나 특히 컴퓨터 소프트웨어 관련 특허를 심사하는 요건은 더욱 엄격해졌다. USPTO도 MoT 기준에 대한 심사를 추가하였다.112) 장치나 물리적 변환이 필수적으로 포함되어야 하기 때문에 영업방법특허의 출원을 준비하는 과정은 더욱 비싸지고 힘들어졌으며, 영업방법특허의 청구항에 있어 그 실제적 구동부분인 소프트웨어나 작동 방식에 대한 설명보다 물리적 매체인 컴퓨터를 묘사하는데 더욱 신경을 써야 한다는 본말전도의 예측까지 나오게 되었다.113) 또한 전자상거래(e-commerce)분야에서의 특허의 인용율도 급락하였다.114)

109) Id. at 3228.
110) Id. at 3227.
111) Id. at 3231.
112) "Memorandum: Guidance for Examining Process Claims in view of In re Bilski", PTO, Jan 7, 2009, http://www.uspto.gov/참조(최종방문일: 2009. 09. 01.).
113) Hulse, R. A. & Sachs, R. R. "Making Sense of the Revived Machine-or-Transformation Test in In re Bilski", Intellectual Property & Technology Law Journal, 21 No. 2, 2009, p. 13.
114) E. Robert Yoches & Erica Arner, "Recent Attacks on Business Method Patents", 14th Annual Institute on Intellectual Property Law, Practising Law Institute: Patents, Copyrights, Trademarks, and Literary Property Course Handbook Series, 2008, 923 PLI, pp. 350-351.

MoT 기준은 나아가 의학 특허 등 다른 분야에까지 즉각적 영향을 미쳤다. 장치를 사용하거나 물리적인 변환을 일으키기 힘든 기존 생명공학 관련 특허들에 대한 논의를 시작해야 한다는 견해와 이를 특허제도 자체에 대한 하나의 공격으로 생각하는 견해간의 대립이 그것이다.[115)]

(3) Alice Corp. v. CLS Bank International

1) 사건의 개요

Alice는 사기나 미지급 위험(settlement risk)을 낮추기 위하여 제3자에 의하여 마련된 에스크로(escrow) 시스템을 통하여 거래 당사자가 금융거래를 할 수 있는 에스크로 시스템과 관련한 컴퓨터 프로그램 특허[116)]를 보유하고 있었다. 이러한 에스크로시스템은 금융계에서 일반적인 영업방법이라고 할 수 있었는데, Alice의 특허는 이러한 영업방법을 컴퓨터 시스템으로 구성된 청구항들에 의하여 작동되는 것을 내용으로 하고 있었다. CLS은행은 Alice의 특허와 유사한 기술을 사용하고 있었는데, Alice와의 합의에 실패하자 DC 연방지방법원에 Alice의 특허가 특허대상이 아니므로 무효임을 확인해달라는 소송을 제기하였고, 이에 Alice는 CLS은행의 특허침해를 주장하는 반소를 제기하였다. 연방지방법원은 Bilski 판결 이후인 2011년 3월 9일 Bilski 판결의 취지에 따라 Alice의 특허는 추상적 아이디어에 해당하고 컴퓨터 시스템은 단지 추상적 아이디어를 전기적으로 구현한 것에 불과하여 특허대상이 아니라고 판단하였다.[117)]

---

115) Brendan L. Smith, "Wrangling Genes: As the Law Changes and New Medical Frontiers Open, the Dispute Over Genetic Patents Intensifies", American Bar Association Journal, Jul 2009, pp. 57-58.

116) 미국 특허 제7,149,720호
claim 1. A data processing system to enable the exchange of an obligation between parties, the system comprising: a data storage unit having stored therein information about a shadow credit record and shadow debit record for a party, independent from a credit record and debit record maintained by an exchange institution; and a computer, coupled to said data storage unit, that is configured to (a) receive a transaction; (b) electronically adjust said shadow credit record and/or said shadow debit record in order to effect an exchange obligation arising from said transaction, allowing only those transactions that do not result in a value of said shadow debit record being less than a value of said shadow credit record; and (c) generate an instruction to said exchange institution at the end of a period of time to adjust said credit record and/or said debit record in accordance with the adjustment of said shadow credit record and/or said shadow debit record, wherein said instruction being an irrevocable, time invariant obligation placed on said exchange institution.

2) CAFC의 판단

Alice의 항소에 대하여 CAFC는 3인으로 구성된 재판부에서 심리를 진행하였는데, CAFC는 Alice의 발명처럼 컴퓨터로 구현되는 발명은 명백하게 추상적 아이디어에 관한 것이 아니라면 특허대상에 해당한다고 판시하여 제1심 판결을 뒤집었다.[118] 이에 대하여 CLS은행은 CAFC에 전원합의체 재심사(en banc rehearing)를 신청하였고, CAFC는 이 신청을 받아들여 재심사를 개시하였다. CAFC는 재심사에서도 Alice의 특허는 유효하다고 판단하였다.[119] 한편 CAFC는 소프트웨어 발명이 추상적 아이디어에 해당하는지 여부를 결정하는 기준을 정립하고자 하였으나 실패하였는데, 다수의견은 기술적인 발달에 따라 기존의 추상적 아이디어가 특허가 될 수는 있지만 그러기 위해서는 당해 아이디어가 실제로 사용되었는가 여부가 중요한 것이 아니라 실질적인 기여가 있어야 한다고 본 반면 반대의견은 법원이 추상적 단어로 이루어진 기준을 나열할 것이 아니라 단순하고 명확한 기준을 제시하여야 한다고 보았다.

3) 연방대법원의 판단[120]

연방대법원은 2014년 6월 19일 만장일치로 Alice의 특허는 추상적 아이디어에 해당한다는 이유로 무효라고 판결하였다. 연방대법원은 Mayo 판결에 근거한 특허적격성을 판단하는 2단계 기준에 따라 특허적격성을 판단하였는데, 첫 번째 단계는 특허청구항이 특허 부적격 개념, 즉 자연법칙, 자연현상, 또는 추상적 아이디어를 포함하고 있는지를 판단하고, 두 번째 단계로 특허청구항이 특허 부적격 개념을 포함하고 있다면 상당히 더 많은(significantly more) 추가 구성요소, 즉 발명의 개념(inventive concept)을 포함하고 있는지 살펴 특허 부적격 청구항이 특허 적격 청구항으로 전환될 수 있는지를 검토하는 것이다. 연방대법원은 범용 컴퓨터의 단순한 사용(Mere recitation)은 추상적 아이디어를 특허 적격 발명으로 변환할 수 없고, 추상적 아이디어를 컴퓨터에 구현하기 위한 단순한 지시(mere instruction)에 불과한 경우 그러한 추가 구성요소만으로는 특허를 받을 수 없다고 하였다.[121] 즉, 금융 거래의 결제 위험을 낮추기 위한 방법으로 제3자 중개자를 컴퓨터 시스템으로 구현한 Alice의 특허는 특허를 받을 수

117) CLS Bank Int'l v. Alice Corp. Pty. Ltd., 768 F. Supp. 2d 221(D.D.C. 2011).
118) 685 F.3d 1341(Fed. Cir. 2012).
119) 717 F.3d 1269(Fed. Cir. 2013).
120) Alice Corp. v. CLS Bank Int'l, 573 U.S. 208(2014).
121) Id. at 223.

없는 추상적 아이디어를 구현하기 위하여 범용 컴퓨터를 사용한 것에 그치기 때문에 특허 부적격 청구항을 특허 적격 청구항으로 전환하는 발명의 개념이 포함되지 않았다고 판단하였다.[122)]

(4) Bilski 판결 및 Alice 판결에 따른 영향

1) 개 요

생명공학 사건인 Mayo 판결의 판단기준은 특허부적격 개념인 자연법칙이나 자연현상에 적용되는 것이었는데, 소프트웨어 사건인 Alice 판결은 Mayo 판결의 판단기준을 세 번째 특허부적격 개념인 추상적 아이디어에까지 확장하는 것이었다.

Bilski 판결 및 Alice 판결이 소프트웨어 특허의 특허적격성을 부정함에 따라 상당수의 소프트웨어 특허가 무효가 되거나 소프트웨어 특허의 출원 및 등록 건수가 급감하게 되었는데, 이로 인하여 특허괴물(patent-troll) 기업들이 그 동안 저품질의 소프트웨어 및 영업방법특허를 통하여 남소를 제기하던 것을 막을 수 있었다.[123)]

그러나 Mayo/Alice 테스트는 그 기준이 모호하고 일관성을 유지하기 어려웠는데, 청구항이 추상적 아이디어에 해당하는지 여부를 일률적으로 판단하기 어려웠다. 이후 MPEP는 추상적 아이디어에 대하여, 기초적인 경제 활동(Fundamental economic practices), 인간의 활동을 조직화하는 방법(Certain methods of organizing human activity), 아이디어 그 자체(An idea 'of itself'), 수학적 관계/공식(Mathematical relationships/formulas)으로 구분하였다.[124)] 구체적으로는 '기초적인 경제 활동'에는 사람들 간의 계약이나 금융 거래의 성과와 관련한 개념, 위험을 완화시키는 것과 관련한 개념 등이 있고, '인간의 활동을 조직화하는 방법'에는 사람들 사이의 거래나 관계를 관리하거나 법적인 의무를 충족시키거나 회피하는 것과 관련된 개념, 광고나 홍보 및 판매 활동과 관련된 개념, 인간의 활동을 관리하는 것과 관련된 개념, 정보를 추적하거나 조직화하는 것과 관련된 개념 등이 있다. '아이디어 그 자체'에는 정신활동에 의하여 행해지는 데이터 비교와 관련된 개념, 정신활동에 의하여 행해지는 정보 조직화 및 분석과 관련된 개념, 구체적이거나 특정하고 유형의 형태를 갖춘 적이 없는 아이디

122) Id. at 226.

123) 진욱재, 소프트웨어의 특허 적격, 법률신문(2017. 1. 9.자).

124) MPEP 2106.04.

어와 관련된 개념 등이 있고, 마지막으로 '수학적 관계/공식'에는 수학적 관계 및 공식과 관련된 개념, 수학적 계산을 수행하는 것과 관련된 개념 등이 있다. 소프트웨어 발명이라는 이유만으로 그 발명이 추상적 아이디어에 해당하는 것은 아니고, 그 발명이 컴퓨터 기술 그 자체의 발전에 관련된 발명은 추상적 아이디어에 해당하지 않을 수 있다.[125]

또한 Mayo 판결 및 Alice 판결은 추상적 아이디어에 특허를 허여할 수 있도록 하는 발명의 개념이 무엇인지에 대하여 구체적으로 밝히지 않아 소프트웨어 발명이 특허를 받을 수 있는지 여부를 예측하기 어려웠는데, 이후 하급심 판례들을 통하여 그 구체적인 판단 사례들이 쌓이게 되었다.

2) 특허적격성을 긍정한 사건

① McRO v. Bandai 사건[126]

McRO는 미국 특허 제6,307,576호(이하 "'576특허')[127]의 특허권자인데, 위 특허는 캐릭터의 입모양과 목소리를 일치시키는 립싱크(lip synchronization) 방법에 관한 특허이다. McRO는 게임 개발업체들인 Bandai 등을 상대로 특허 침해소송을 제기하였는데, 캘리포니아 중부연방지방법원은 '576특허가 추상적 아이디어에 해당하고 립싱크 기술분야를 선점할 우려가 있다는 이유로 '576특허는 무효라고 판단하였다.

CAFC는 제1심 법원이 특허의 청구항을 지나치게 단순화(oversimplifying)하였다고

---

125) 아래에서 보는 McRO v. Bandai 사건, Enfish v. Microsoft 사건이 그 대표적 예이다.

126) 837 F.3d 1299(Fed. Cir. 2016).

127) 위 특허의 주요 청구항은 다음과 같다.

1. A method for automatically animating lip synchronization and facial expression of three-dimensional characters comprising:
obtaining a first set of rules that define output morph weight set stream as a function of phoneme sequence and time of said phoneme sequence;
obtaining a timed data file of phonemes having a plurality of sub-sequences;
generating an intermediate stream of output morph weight sets and a plurality of transition parameters between two adjacent morph weight sets by evaluating said plurality of sub-sequences against said first set of rules;
generating a final stream of output morph weight sets at a desired frame rate from said intermediate stream of output morph weight sets and said plurality of transition parameters; and
applying said final stream of output morph weight sets to a sequence of animated characters to produce lip synchronization and facial expression control of said animated characters.

지적하였다. CAFC는 '576특허가 구성요건이 명확히 한정되어 있어 일정한 규칙을 기반으로 하는 모든 립싱크 기술 분야를 선점할 우려가 없으며, 특정 규칙의 사용을 위하여 컴퓨터가 자동화 도구로 이용된 것에 그치지 않고 특정 규칙과 함께 기존의 프로세스를 기술적으로 향상시켰다고 판단하였다. 따라서 '576특허는 추상적 아이디어에 해당하지 않고, 발명의 개념에 대하여 추가적으로 판단할 필요 없이 '576특허는 유효하다고 판단하였다.

② DDR v. Hotels.com 사건[128]

DDR은 협력된 오프사이트 마케팅을 통한 판매 기회를 확대하는 방법에 관한 미국특허 제7,818,399호(이하 "399특허')[129]의 특허권자이다. 위 특허는 호스트 사이트를 방문한 이용자가 호스트 사이트를 떠나지 않고도 아웃소싱된 사이트를 통하여 호스트 사이트에서 물건을 구매할 수 있는 컴퓨터 시스템에 대한 발명이었다. DDR은 Hotels.com을 포함한 여러 회사들을 상대로 특허침해소송을 제기하였다. 텍사스 동부연방지방법원은 '399특허가 유효하다고 판단하였고, Hotels.com 등은 이에 대하여 항소하였다.

CAFC는 '399특허가 인터넷 이전에 존재하던 영업 실무를 인터넷상에서 구현하기 위한 발명이 아니라 컴퓨터 네트워크에 발생한 문제점을 극복하기 위하여 필수적으로 컴퓨터 기술에 기반할 수밖에 없는 발명으로서 추상적 아이디어에 해당하지 않는다고 판단하였다. 또한 '399특허는 인터넷에 특화된 기술 문제를 해결하였으며 해당 분야에서 일상적이거나 관습적으로 제안되는 방식과는 다르다는 이유로 발명의 개념도 있어 '399특허는 유효하다고 판단하였다.

---

128) 773 F.3d 1245(Fed. Cir. 2014).

129) 위 특허의 주요 청구항은 다음과 같다.

19. A system useful in an outsource provider serving web pages offering commercial opportunities, the system comprising:

(a) a computer store containing data, for each of a plurality of first web pages, defining a plurality of visually perceptible elements, which visually perceptible elements correspond to the plurality of first web pages;

(b) a computer server at the outsource provider, which computer server is coupled to the computer store and programmed to:

③ Enfish v. Microsoft 사건[130]

Enfish는 기존의 데이터베이스를 개량한 자기 참조형 데이터베이스 기술에 관한 미국 특허 제6,151,604호(이하 "604 특허')[131]의 특허권자이다. 기존 기술에 따르면 여러 개의 데이터 테이블이 생성되어야 하고, 실제 메모리 장치 내에 별도로 테이블 구성 요소들의 배치 구조에 대한 설명이 존재하지 않는데, '604특허는 모든 데이터를 테이블의 각 열이 행들에 의해 정해지는 하나의 테이블에 포함시켜 검색시간과 저장시간을 줄여주는 장점이 있었다. Microsoft는 ADO.NET이라는 데이터베이스 프로그램을 판매하였는데, Enfish는 Microsoft의 위 제품이 자기 참조형 데이터베이스를 사용하여 '604특허를 침해한다는 이유로 특허침해소송을 제기하였다. 캘리포니아 중부연방지방법원은 '604특허는 추상적 아이디어에 해당하여 무효라고 판단하였고, Enfish는 이에 대하여 항소하였다.

CAFC는 '604특허는 자기 참조 테이블을 구현하여 컴퓨터 기술의 특정한 향상을 가져오는 것이므로 추상적 아이디어에 해당하지 않는다고 판단하였다. 따라서 발명의 개념에 대하여 추가적으로 판단할 필요 없이 '576특허는 유효하다고 판단하였다.

④ Bascom v. AT&T 사건[132]

Bascom은 인터넷 컨텐츠 필터링 소프트웨어 기술인 미국 특허 제5,987,606호(이하 "606 특허')[133]의 특허권자이다. '606특허는 인터넷 서비스 제공사업자(Internet Service

---

130) 822 F.3d 1327(Fed. Cir. 2016).

131) 위 특허의 주요 청구항은 다음과 같다.

17. A data storage and retrieval system for a computer memory, comprising:
means for configuring said memory according to a logical table, said logical table including:
a plurality of logical rows, each said logical row including an object identification number (OID) to identify each said logical row, each said logical row corresponding to a record of information;
a plurality of logical columns intersecting said plurality of logical rows to define a plurality of logical cells, each said logical column including an OID to identify each said logical column; and
means for indexing data stored in said table.

132) 827 F.3d 1341(Fed. Cir. 2016).

133) 위 특허의 주요 청구항은 다음과 같다.

A content filtering system for filtering content retrieved from an Internet computer network by individual controlled access network accounts, said filtering system comprising:
a local client computer generating network access requests for said individual controlled

Provider)가 인터넷으로부터 얻은 정보를 사용자 맞춤으로 필터링을 허용하는 방법 및 시스템에 관한 것이었다. 기존의 컨텐츠 필터링 시스템은 필터링 툴이 로컬에 설치됨으로써 소비자들에 의하여 필터링 툴이 변경되거나 무시될 가능성이 있고, 설치 및 관리에 많은 시간 및 비용이 소요되는 반면 '606특허는 로컬에서 떨어진 특정 장소에서 소비자에게 맞춤형 필터링 툴을 설치하여 이를 해결할 수 있었다. Bascom은 AT&T를 상대로 특허침해 소송을 제기하였는데, 텍사스 북부연방지방법원은 '606특허는 특허적격성이 없다고 판단하였다.

CAFC는 '606특허는 컨텐츠 필터링에 관한 것으로서 오래되고 잘 알려진 사람에 의해 실현가능한 추상적 아이디어라고 판단하였는데, 다만 이러한 구성요소들이 잘 알려지고 관용적이더라도 이들의 비관용적이고 새로운 조합에 의하여 기술적 향상을 이루었으므로 발명의 개념(inventive concept)이 부가되어 특허를 받을 수 있다고 판단하였다.

3) 특허적격성을 부정한 사건

① Affinity Labs of Texas v. Amazon 사건[134)]

Affinity Labs는 미국 특허 제8,688,085호(이하 "085특허")[135)]의 특허권자로서, 위

---

access network accounts;
at least one filtering scheme;
a plurality of sets of logical filtering elements; and
a remote ISP server coupled to said client computer and said Internet computer network, said ISP server associating each said network account to at least one filtering scheme and at least one set of filtering elements, said ISP server further receiving said network access requests from said client computer and executing said associated filtering scheme utilizing said associated set of logical filtering elements.

134) 838 F.3d 1266(Fed. Cir. 2016).

135) 위 특허의 주요 청구항은 다음과 같다.
14. A media system, comprising:
a network based media managing system that maintains a library of content that a given user has a right to access and a customized user interface page for the given user;
a collection of instructions stored in a nontransitory storage medium and configured for execution by a processor of a handheld wireless device, the collection of instructions operable when executed: (1) to initiate presentation of a graphical user interface for the network based media managing system; (2) to facilitate a user selection of content included in the library; and (3) to send a request for a streaming delivery of the content; and
a network based delivery resource maintaining a list of network locations for at least a

특허는 사용자의 인구통계학적 정보에 기반하여 사용자의 휴대용 기기에 광고를 선택적으로 전송하는 방법에 관한 것인데, 위 특허의 주요 내용은 네트워크 기반 미디어 시스템에서 그래픽 사용자 인터페이스를 갖는 휴대용 기기로 스트리밍 컨텐츠를 제공하는 것이다.

Affinity Labs는 Amazon의 음악 서비스가 '085특허를 침해한다고 주장하며 특허침해소송을 제기하였다. 텍사스 서부연방지방법원은 '085특허는 선택적인 미디어 콘텐츠를 전달하고 이에 따라 휴대용 기기에서 해당 콘텐츠를 재생하는 것으로 추상적 아이디어에 해당하고 발명의 개념도 갖지 못한다고 판단하였고, Affinity Labs는 이에 대하여 항소하였다.

CAFC는 '사용자 기반 인터페이스(customized user interface)'는 특정한 형태의 커스터마이제이션에 제한되는 것이 아니라 사용자 인터페이스를 커스터마이징하는 일반적인 아이디어를 모두 포함하므로 추상적 아이디어에 해당한다고 판단하였다. 또한 사용자 기반 인터페이스만으로는 추상적 아이디어의 구체적인 응용이라고 할 수 없어 발명의 개념도 갖추지 못하였다고 판단하였다.

② TLI Communications v. AV Auto 사건[136)]

TLI Communications는 미국 특허 제6,038,295호(이하 "295특허')[137)]의 특허권자로서, '295특허는 디지털 이미지를 기록하고, 기록장치에서 저장장치로 디지털 이미지를 전달하며, 저장장치의 디지털 이미지를 운영하는 방법과 장치에 관한 특허이다.

---

portion of the content, the network based delivery resource configured to respond to the request by retrieving the portion from an appropriate network location and streaming a representation of the portion to the handheld wireless device.

136) 823 F.3d 607(Fed. Cir. 2016).

137) 위 특허의 주요 청구항은 다음과 같다.

17. A method for recording and administering digital images, comprising the steps of:
recording images using a digital pick up unit in a telephone unit, storing the images recorded by the digital pick up unit in a digital form as digital images,
transmitting data including at least the digital images and classification information to a server, wherein said classification information is prescribable by a user of the telephone unit for allocation to the digital images,
receiving the data by the server,
extracting classification information which characterizes the digital images from the received data, and storing the digital images in the server, said step of storing taking into consideration the classification information.

TLI Communications는 AV Auto 등이 '295특허를 침해하였다는 이유로 특허침해소송을 제기하였다. 버지니아 동부연방지방법원은 '295특허가 추상적 아이디어에 해당하여 특허적격성이 없다고 판단하였고, TLI Communications는 이에 대하여 항소하였다.

CAFC는 선례인 Enfish v. Microsoft 사건에서와 달리 '295특허가 컴퓨터 기능의 특정한 향상을 가져오는 것이 아니라 관습적이고 일반적인 기술의 사용에 불과하여 추상적 아이디어에 해당한다고 판단하였다. 또한 '295특허가 디지털이미지를 조직화된 방법에 따라 분류하고 저장하기는 하지만, 컴퓨터에 적용한 것 이상으로 아이디어를 실현하는 세부적인 사항을 가지지는 못하였다는 이유로 발명의 개념도 없다고 판단하였다.

③ SAP America, Inc. v. InvestPic LLC 사건[138]

InvestPic은 미국 특허 제6,349,291호(이하 "291특허")[139]의 특허권자로서, '291특허는 재샘플링(resampling) 통계학적 분석을 사용하여 투자정보를 분석, 보급하는 방법 및 시스템에 관한 것이다.

SAP America는 '291특허에 대한 무효확인소송을 제기하였다. 텍사스 북부연방지방법원은 '291특허는 수학적 연산방법 및 공식들을 사용하는 것으로서 추상적 아이디어에 해당하고, 수학적 연산방법에 있어서 발명의 개념도 존재하지 않으므로 '291특허는 무효라고 판단하였다. InvestPic은 이에 대하여 항소하였다.

CAFC는 '291특허가 정보를 수집하고 분석하고 그 결과를 나타내는 것이 수학적 알고리즘을 사용하였다고 하더라도 추상적 아이디어에 불과하다고 판단하였다. 또한 '291특허의 재샘플링 통계학적 분석은 데이터 풀에 있는 데이터를 반복적으로 샘플링함으로써 데이터 풀에 있는 데이터에 대한 확률을 측정하는 bootstrap 방법의 일종으

---

138) No. 17-2081(Fed. Cir. 2018).

139) 위 특허의 청구항 1항(독립항)은 아래와 같다.

1. A method for calculating, analyzing and displaying investment data comprising the steps of:
   (a) selecting a sample space, wherein the sample space includes at least one investment data sample;
   (b) generating a distribution function using a re-sampled statistical method and a bias parameter, wherein the bias parameter determines a degree of randomness in a resampling process; and
   (c) generating a plot of the distribution function.

로서 위 특허가 컴퓨터 기술의 발전적 응용이라기보다는 금융분야에서의 수학 기술의 진보에 불과하므로 발명의 개념도 존재하지 않는다고 판단하였다.

(5) 정 리

2008년 CAFC의 Bilski 판결 이후, CAFC가 채택한 MoT 기준에 대해서는 많은 논란이 있었다. 특히 생명공학 특허에 있어서 MoT 기준이 어떠한 영향을 미칠 것인가에 대해서는 MoT 기준은 영업방법특허에 관련된 것이며 분야가 전혀 다른 생명공학 등에는 그 영향이 전혀 없을 것이라는 견해부터, 제한적인 영향력이 있을 것이라는 견해, 그리고 분야를 뛰어넘어 MoT 기준은 향후 특허권 전반에 걸친 영향력을 행사하리라는 견해까지 다양한 견해가 제시되었다.

특허적격(성립성)의 관점에서 Chakrabarty 사건에서 연방대법원의 설시나 CAFC 스스로가 이전의 SSB사건에서 제시한 유용성 기준이 발명이 특허로서 성립할 수 있는 외연의 한계를 설정하였다면, MoT 기준은 특허로서 성립할 수 있는 내적 한계를 제시한 것이라 할 수 있다. 그런데 이러한 MoT 기준이 생명공학 특허에 적용되는 경우 생명공학 특허에 특유한 문제로서는 가장 먼저 과연 생명공학 특허의 성립성을 다른 특허와 같은 선상에서 판단할 수 있는지의 문제가 발생한다. 이 문제는 다시 생명활동에 관련된 어떤 것을 "장치"와 연결된 발명으로 볼 수 있을지라는 문제와 동·식물이나 인간 신체에 있어서 "물리적 변화"가 과연 어떤 것인지에 대한 문제들로 나누어 볼 수 있다. 전자와 관련하여 Classen 사건에서 드러난 바와 같이 진단 특허 등에 있어서 "장치"와의 연결을 생명공학 특허에 있어서 어떻게 적용시킬지는 엄격하게 보고 있어 특허적격을 인정받기 어렵게 되었다고 할 수 있다. 후자에 관련하여서 CAFC는 Prometheus 사건과 Ariad 사건을 통하여 "인간 신체 내에서 일어나는 반응"이 물리적 변화에 포함됨을 인정한 바 있다.[140] 한편 AMP 사건에서처럼 인간 유전자 특허의 존재 자체에 대하여 특허적격성을 부인한 것도 광의로는 MoT 기준이 생명공학 특허에 적용됨으로서 일어난 결과라 할 것이다. CAFC가 MoT 기준을 유지할 것이라는 점은 위의 판결들을 통해서 확인할 수 있었다.

1998년, State Street Bank 판결에서 등장한 유용성 기준은 특허를 받을 수 있는

140) 다만, CAFC의 해석대로라면 인체 내에서 일어나는 모든 생물학적·화학적 변화가 "물리적 변화"로 포섭될 수 있게 될 것이다.

대상의 한계를 말 그대로 "태양 아래 인간이 만든 모든 것"으로 확장하였다. 그리고 그 영향은 우리나라에도 미쳐, 동 판결이 소개된 1999년 이후 영업방법특허에 대한 출원이 급증하는 결과가 나타났다. 이로부터 10년이 지난 2008년, CAFC는 Bilski 판결로 이전의 유용성 기준을 폐기하고 MoT 기준을 제시(혹은 회귀)하였다. 방법 특허의 범위를 거의 장치 특허에 이르기까지 좁혀 놓았다고 평가되는 CAFC의 태도 변화는 10년 전과 마찬가지로 큰 논란이 되고 있다. 그리고 미국에서는 이미 MoT 기준이 특허적격성 심사의 확고한 기준으로 자리 잡았다고 평가된다.[141] 또한 Classen 사건과 뒤이은 Prometheus 사건에서 최소한 특허적격성 심사 단계에서 생명공학 특허는 영업방법특허와 동일한 MoT 기준이 적용됨을 천명하고 있다. 다만 장치나 변화의 개념을 해석하는 데 있어 생명공학 분야의 특성을 고려하는 듯한 설시를 하고 있을 뿐이다. 이러한 방식은 발명(invention)의 개념을 말 그대로 "발견(discovery)과 발명(invention)"으로 정의하고, 산업분야를 막론하고 특허를 받을 수 있는 대상을 한정적으로 열거하는 방식을 취하고 있는 미국 특허법 하에서는 그대로 타당한 해석이 될 수도 있다. 영업방법특허이든 생명공학 특허이든 특허적격성 판단의 단계에서 동일한 시각을 유지할 수도 있는 것이다.

우리 특허청의 심사기준이나 판례로 미루어 보면 MoT 기준의 등장이 미칠 영향에 대해서는 회의적 시각이 있을 수 있다. 먼저 우리 특허법에서 특허를 받을 수 있는 "발명"은 "산업상 이용가능성"이 있는 "자연법칙의 이용으로서 고도한 것"이다. 그 해석상 필연적으로 매체에의 연결 등 물리적 변환 과정을 거친 것에만 성립성을 인정할 수 있는 것이다. 우리의 특허 실무 역시 지금까지 영업방법특허의 특허적격성에 관하여서는 유용성 기준보다 MoT 기준에 가까웠다고 할 수 있다.[142]

---

141) In re Ferguson, 558 F.3d 1359(Fed. Cir. 2009) ; CAFC는 2009년 3월 6일, 전형적인 영업방법특허의 특허적격성을 다룬 In re Lewis Ferguson 사건에서도 Classen 사건과 유사하게 "Bilski 사건에 비추어"라는 주문을 이용한 판결을 내렸다.; Bilski 판결을 전후한 CAFC의 대표적 판결로서 In re Comiskey 사건과 In re Lewis Ferguson 사건을 분석한 문헌으로는, 이수미, "In re Bilski 판결 이후 영업방법(BM)발명에 대한 미국의 특허대상 판단기준의 변화에 대한 연구", 창작과 권리 제56호, 2009, 23-26면 참조.

142) "소프트웨어에 의한 정보처리가 하드웨어를 이용해 구체적으로 실현되고 있는 경우, 해당 소프트웨어와 협동해 동작하는 정보처리장치(기계), 그 동작 방법 및 해당 소프트웨어를 기록한 컴퓨터로 읽을 수 있는 매체만이 특허를 받을 수 있다." 특허청, 「컴퓨터 관련 발명 심사기준」, 2005, 15면; 우리 판례의 태도 역시 "하드웨어 및 소프트웨어의 결합을 이용한 구체적 수단"이 필요하다는 쪽이다. 대법원 2003. 5. 16. 선고 2001후3149 판결; 2008. 12. 11. 선고 2007후494 판결 참조.

2010년 연방대법원이 Bilski 판결에서 MoT 기준이 특허적격성 판단의 유일한 기준이 아니라고 설시함에 따라 MoT 기준의 중요성은 줄어들게 되었지만 여전히 MoT 기준에 대해서 중요하고 유용한 판단 기준의 하나로 인정하고 있다. 연방대법원은 Bilski 판결에서는 특허적격성 판단에 관한 일반적인 기준을 제시하지 않았으나 2012년 생명공학 특허에 관한 Mayo 판결에서 특허적격성 판단에 관한 2단계 기준, 즉 ① 청구항이 자연법칙, 자연현상 또는 추상적 아이디어에 해당하는지 여부, ② 청구항이 위 사법적 예외에 해당한다면 이에 더하여 상당한 발명의 개념(inventive concept)을 부가하고 있는지 여부를 제시하였다. 2014년 연방대법원은 소프트웨어특허에 관한 Alice 판결에서도 위 2단계 기준을 그대로 적용함으로써 2단계 기준은 특허적격성 판단의 일반적인 기준으로 자리잡게 되었다. 하지만 위 2단계 기준은 발명의 개념이 구체적으로 무엇인지에 관하여는 밝히지 않았는데, 이후 하급심의 판단을 통하여 발명의 개념에 관한 구체적인 사례들이 쌓이고 있다. 일련의 연방대법원 판결을 통하여 특허를 받을 수 있는 기준이 높아져 소프트웨어 및 생명공학 특허 등에서 상당수의 특허가 무효가 되거나 특허 신청이 거절되었다. 자연법칙, 자연현상, 추상적 아이디어를 이용한 발명의 경우 상당한 발명의 개념이 부가되어야만 특허를 받을 있는 발명으로 변환(transformation)되었는데 이는 결국 MoT 기준과 연관되어 있다는 점에서 주목할 필요가 있다.

Ⅲ. 생명공학발명의 특허적격성

1. 생명공학 분야 발명의 보호

(1) 개 관

앞에서 본 바와 같이, 미국 특허법 제101조는 특허의 대상이 되는 것으로서 방법(Process), 장치(Machine), 제품(manufacture), 그리고 조성물(composition of matter)의 네 가지를 '발명으로 성립할 수 있는 대상물(patentable subject matter)'로 열거하는 방식을 취하고 있다. 따라서 미국에서 특허적격성의 문제는 언제나 특허법 제101조의 해석 문제로 귀결된다. 즉, 성립성의 단계에서는 산업분야를 구분할 필요가 없으며, 다만 어느 산업분야를 막론하고 특허를 받고자 하는 발명이 특허법 제101조에서 규정하는 네 가지 특허를 받을 수 있는 대상물에 해당하는지만을 살피면 되는 것이다.

이러한 차이점은 생명공학 관련 특허에서 더욱 분명히 나타난다. USPTO의 특허심사기준서(MPEP)는 생명공학특허에 관하여 보다 구체적인 정의를 두고 있지만, 우리와는 달리 MPEP에 별도의 산업분야로 의료위생분야에 대한 심사기준이 없다.[143] 또한 생명공학특허를 규정한 MPEP의 Chapter 2400은 생명공학특허의 특허적격성에 관하여 미국 특허법 제112조에서 말하는 서면기재요건(written description)에 관하여서만 설명하고 있을 뿐이며, 제101조의 특허 대상물에 관하여서는 규정하고 있지 않다. '생물, 유전정보 혹은 그 복제' 혹은 '질병의 수술, 치료, 진단이나 신체의 측정과 위생'과 관련된 발명에 대하여 특허 심사기준으로서 미생물의 기탁이나 윤리 문제 등의 특별한 고려가 필요할 수는 있지만, 그것은 특허의 대상물로서 성립성이 있느냐의 문제와 별개이다. 특허의 성립성에 관한 MPEP Chapter 2100에서는 치료나 의학 목적에 관한 장을 포함하고 있으며,[144] "하늘 아래 인간이 만든 어떤 것도 특허의 대상이 될 수 있다"는 유명한 미국 연방대법원의 Chakrabarty 판결도 유전공학으로 만들어낸 미생물 특허에 대한 것이었다.[145] 나아가 USPTO의 특허분류(Class 705)는 "금융, 영업, 관리, 비용 등에 관한 데이타 처리과정(Data Processing: Financial, Business Practice, Management, or Cost/Price Determination)"을 그 대상으로 하고 있음에도 그 하부 분류에 '건강 관련 산업(health care business)'과 '환자의 기록(patient record)'을 포함하고 있다.[146]

---

143) "the term biological material shall include material that is capable of self-replication either directly or indirectly. Representative examples include bacteria, fungi including yeast, algae, protozoa, eukaryotic cells, cell lines, hybridomas, plasmids, viruses, plant tissue cells, lichens and seeds. Viruses, vectors, cell organelles and other non-living material existing in and reproducible from a living cell may be deposited by deposit of the host cell capable of reproducing the non-living material." USPTO, Manual of Patent Examining Procedure, (2008) Ch.2400-3.

144) USPTO, Manual of Patent Examining Procedure, E8r7, 2008, pp. 2100-34 이하 참조.

145) Diamond v. Chakrabarty, 447 U.S. 303, 206 USPQ 193(1980).

146) 또한, Class 705에서 drug, diagnosis, treatment, clinical, medical을 포함하는 특허가 2004년 기준으로 약 280개 이상 허여되었다. Class 705와 의학 및 생명공학 관련 분야와의 접점에 대한 연구로는, Mellissa R. Leuenberger-Fisher, "Healthcare Business Method Patents: Prior Art, Secrecy of Secondary Indicia of Obviousness", Biotechnology Law Report(April 2005) pp. 152-154 참조.

요컨대, 미국 특허법은 우리 특허법과는 달리 발명의 종류를 제시하는 방식을 취한 결과, 특허의 성립성을 판단하는 단계에서 산업 분야의 구분이 필요치 않게 되었고, 이는 생명공학 관련 특허와 의료관련 특허에 있어서도 마찬가지인 것이다. 이러한 맥락에서 미국의 판례 역시 특허의 성립성의 판단에 있어서 산업분야를 가리지 않고, 그 일반적인 판단 기준을 제시하여 왔다.

(2) 생명공학 특허의 특유한 쟁점들

생명공학발명을 특허로 보호하는 데 있어서 또 다른 문제는 생명공학 관련 분야의 특유한 문제들 때문이다. 특히 유전자 기술의 발달로 인간게놈프로젝트(HGP)에서 DNA 지도가 만들어지고, 이를 바탕으로 그 구조가 완전히 규명되지 않은 부분에 대해서도 그 조합을 연구함으로써 단리된 핵산 분자 등으로 이를 묘사하는 것이 가능하게 되었다.[147] 불가해의 영역으로 여겨지던 세포 내부의 문제에 대하여 분석과 조작의 가능성이 열리게 되자, 과연 유전자가 발명으로서 특허법의 보호를 받을 수 있는 대상인지가 문제가 된 것이다. 지금까지 주로 논의되고 있는 생명공학 관련 발명들의 성립성에 관한 주요한 쟁점들은 주로 유전자와 그 구조를 이용한 발명들에 있어 윤리성의 문제와, 환경·생태학적 문제, 그리고 생명공학 분야에 있어 발견과 발명의 구분의 어려움 등이 있다.

먼저, 윤리성의 문제는 생명공학과 관련하여 최초의, 그리고 가장 큰 논란이 있었던 부분이다. 1980년에 USPTO가 특허를 부여한 최초의 유전자 재조합 기술인, "생명공학적 기능이 있는 분자단위의 재조합체의 제조 과정(process for producing biologically functional molecular chimeras)"은 주로 플라스미드(plasmids)나 바이러스의 DNA 등을 이용하여, 그 일부분을 전사 혹은 치환함으로써 의학적으로 유용한 단백질이나 핵산 등을 만드는 과정에 관한 것이다.[148] 인간 배아줄기 세포를 이용한 복제기술이 개발되고 이를 이용한 출원이 증가함에 따라 그 특허법상 취급에 대한 문제가 지속적으로 제기되고 있다.[149] 이러한 유전자 재조합 기술의 등장은 그때까지 신의 영역이라

147) 유전자 기술의 의미와 기능에 대해서는, 박영규, "생명공학적 발명의 보호와 유전자특허의 보호범위", 산업재산권 제18호(2005) 43-46면.

148) U.S. Patent No. 4,237,224.

149) 배아줄기 세포에 관련된 논란에 대한 유럽에서의 논란에 대하여는, 김병일, "의료관련행위의 특허법에 의한 보호", 산업재산권 제18호, 한국산업재산권법학회(2005), 112-113면.

간주되었던 생명의 창조 및 조작이 인간에 의한 "발명"으로서 특허의 성립성을 가질 수 있느냐의 판단이 온전히 기술적이거나 법적인 문제가 아닌, 윤리성 판단의 문제를 포함하게 되는 단초가 되었다. 현재 생명공학 관련 기술 중 동·식물에 관련된 부분과 인간에 관련된 의료분야와 관련하여 의료기기와 의약품에 관련된 부분은 특허로서 보호하는 데에 의문이 없어 보이고, 의료방법(medical method)에 관련된 부분에 대해서만 논의가 계속되고 있다.[150]

또 생명공학적 기술을 이용한 행위가 발견인지 발명인지를 구별하는 것이 용이하지 않을 수도 있다는 점도 문제가 된다. 유전자 등은 원래의 자연계에 존재하는 것이기 때문에 생명공학 기술을 이용하여 이를 분리하고 정제하는 것이 과연 발견을 넘어 발명으로 성립할 수 있느냐에 대한 의문이 제기되는 것이다. 한편 특허법의 속지주의에도 불구하고, 생명공학 관련 특허의 문제는 오히려 인류 전체의 문제에 가깝다는 점에서 생명공학특허와 관련된 또 다른 문제가 있다. 생명공학기술의 발전을 특허법으로 보호하는 것이 인류사회의 지속가능한 개발(sustainable development)에 기여할 수 있도록 하기 위한 국제적인 규범정립을 위한 노력은 계속되고 있다.[151]

우리와는 다르게 생명공학과 의료위생분야의 성립성 판단 기준을 별도로 두고 있지 않은 미국은 생명공학 관련 분야 특허의 성립성 판단 단계에서는 다른 산업 분야와는 구별되는 쟁점으로서 윤리성과 발견과 발명의 구별 문제, 그리고 환경·생태학적 관점 등을 종합적으로 고려하여 특허의 대상이 되는지 여부를 판단하고 있다.

150) 정차호, "의료방법발명의 특허보호 타당성 검토", 산업재산권 제19호, 한국산업재산권법학회(2006) 3면; 같은 견해로, 김병일, 위의 논문, 110면.

151) 심영규, "국제법상 생명공학기술의 지적재산권보호와 지속가능한 개발", 국제법학회논총 통권 96호, 대한국제법학회(2003), 104-105면. WTO의 TRIP's 협정과 유럽 특허법조약(EPC), 그리고 유럽의회의 1998년 '인간 복제에 대한 결의안(Resolution on Human Cloning)' 등을 종합하여 보면 생명공학 기술을 특허로 보호하는 것에 대하여 한계를 인식하고 있음을 알 수 있다. 생물 다양성의 보존, 생명·유전공학으로 인한 이익과 접근권의 공평한 분배, 토착생물자원의 보호와 생물해석행위의 금지 등의 주제가 이러한 인식에 기초한 논의이다(심영규, 124-128면).

2. 생명공학발명의 특허적격성에 관한 판례

(1) Diamond v. Chakrabarty[152)]

이 사건에서 GE(General Electric)의 생명공학자인 Chakrabarty 박사(Ananda Mohan Chakrabarty)는 오일을 분해할 수 있는 박테리아에 대하여 특허를 출원하였다. Chakrabarty의 특허에 대해 USPTO의 심사관은 생명체(living things)는 특허의 대상이 될 수 없다고 하여 거절 결정하였고, BPAI 역시 이에 동의하였다. 그러나 CCPA가 법에 명시적으로 금지되어 있지 않는 한, 미생물에 대하여 특허를 거절할 이유가 없다 하여 Chakrabarty의 특허를 인정하자, USPTO가 상고하였고, 연방대법원에서 심리가 열리게 되었다.

치열한 공방 끝에, 9인의 연방대법관 중 5인의 찬성으로 연방대법원의 Chakrabarty의 특허를 인정하는 판결을 내렸다. Burger 연방대법원장이 직접 작성한 판결문에서 연방대법원은 "법원은 특허법에서 입법자가 명시해 놓지 않은 제한이나 조건을 들어 해석할 수 없다(the court should not read into the patent laws limitations and conditions which the legislature has not expressed)."라고 판시하였다. 따라서, 특허법 제101조가 특허의 대상물에서 살아있는 미생물(living micro-organism)을 배제한다는 명문의 제한을 두고 있지 않은 이상, Chakrabarty의 박테리아는 자연의 그것과 비교할 때 두드러지게 차이 있는(markedly different) 상태에 있으므로 역시 특허의 대상이 된다는 결론을 내렸다. 또한, 그 종류로서 Chakrabarty의 미생물 특허는 제품(manufacture) 혹은 조성물(composition of matter) 중 하나에 해당할 수 있다고 판시하였다. 이 판결은 생명공학 특허를 인정함으로써 생명공학 발전의 기틀을 놓았다.

소수의견에서 Brennan 대법관 등은 의회가 생명체를 특허의 대상으로 인정하려 하였는지에 대한 의문이 제기되기도 하면서 특허법 제101조의 문언에 의하면 생명체는 그 어떤 특허가 허용되는 범주에도 포함되어 있지 않다고 보았다.

---

152) 447 U.S. 303(1980).

(2) LabCorp v. Metabolite[153]

1) 사건의 개요

Laboratory Corp. of America Holdings v. Metabolite Laboratories, Inc. 사건(이하 'LabCorp 사건')은 2008년 Bilski 사건의 판결이 있기 전까지 생명공학 특허의 특허적격성에 관련하여 가장 주목할 만한 사건이다. 이 사건에서 문제가 된 특허는 인체의 변화와 특정 아미노산과의 상관관계(correlation)를 측정하여 이용하는 것을 핵심으로 하고 있다.

Metabolite Laboratories, Inc.(이하 'Metabolite')는 미국 특허 제4,940,658호(이하 "658특허')의 실시권자로서 동 특허에 대하여 1991년 Laboratory Corp. of America Holdings(이하 'LabCorp')와 재실시(sublicense) 계약을 체결하였다. '658특허의 주 내용은 인체에서 비타민 B12와 엽산(folic acid) 등의 부족을 설프하이드릴 아미노산(sulfhydryl amino acid)측정을 통하여 알아내는 것이었다.[154] 실시계약이 지속 중이던 1998년, LabCorp는 Abbott Laboratories로부터 '658특허의 일부분을 대체할 수 있는 유사 기술을 취득하였고,[155] 그때부터 Metabolite에 대한 실시료(royalties) 지급을 거절하였다. 이에 Metabolite는 LabCorp가 자신들의 특허를 침해하였다 하여 콜로라도 연방지방법원(the U.S. District Court for the District of Colorado)에 소송을 제기하였다.[156] 콜로라도 연방지법의 배심원들은 LabCorp의 고의적 특허침해를 인정하였고, 이에 따라 법원은 손해배상과 함께 사용중지를 명령하였다.[157] 이에 LabCorp가 항소

---

153) Lab. Corp. of Am. Holdings v. Metabolite Labs., Inc., 548 U.S. 136(2006).

154) U.S. Patent No. 4,940,658(filed Nov. 20, 1986).

155) 원 실시계약은 "homocysteine-only assay"를 포함하는 네 가지 실시방법에 관하여 이루어져 있었다. LabCorp가 새로이 취득하여 실시료 지급을 거절한 부분은 그중 "serum-based homocysteine-only assay"뿐이었다. Laboratory Corp. of America Holdings v. Metabolite Laboratories, Inc. (Fed. Cir. 2010), p. 3.

156) '658특허의 최초 특허권자는 University Patents Inc.(UPI)였으며, UPI가 이를 Competitive Technologies Inc.(CTI)에 실시권을 허여하였다. 그리고 Metabolite는 Roche Biomedical Laboratories (RBL)와 재(再)실시 계약을 체결하였으며, RBL이 1995년 National Health Laboratories Holdings Inc.와 합병하여 Lab. Corp.로 이름을 바꿈으로써 Metabolite와 LabCorp가 소송의 당사자가 되었다. 원 실시권자인 CTI는 공동소송인으로 참가하게 된다. 동 사건은 최초의 특허침해(infringement)소송을 다룬 Metabolite I부터 시작되어, 관할권 문제를 다룬 Metabolite Ⅲ는 Laboratory Corp. of America Holdings v. Metabolite Laboratories, Inc.(Fed. Cir. 2010)로써, 2010년에야 선고되었다.: LapCorp의 승계 과정에 대해서는, http://en.wikipedia.org/wiki/LabCorp(최종방문일: 2010. 4. 3.).

157) Metabolite Labs., Inc. v. Lab. Corp. of Am. Holdings, 2001, WL 34778749(Colo., Dec. 3, 2001).

하였고, CAFC에서 심리가 개시되었다.

2) CAFC에서의 판단

CAFC에서는 연방지방법원보다 다양한 쟁점이 다루어졌다. 그중에서 가장 치열한 논쟁이 오갔던 부분은 '658특허의 제13청구항이었다. 제13청구항은 다음과 같다.

> "A methd for detecting a deficiency of cobalamin of folate in warm-blooded animals comprising the steps of: assying a body fluid for an elevated level of total homocysteine; and correlating an elevated level of total homocycteine in said body fluid with a deficiency of cobalamin or folate."

LabCorp은 ① '658특허의 제13청구항에서 사용된 "correlating"이라는 용어가 i) 예견가능하기 때문에(anticipation) 신규성이 없고, ii) 명확하지 않으며(indefiniteness), iii) 상세한 설명에 의해서 뒷받침되지도 않았고, iv) 용이하게 실시가능하지 않다는 점(lack of enablement)을 들어 '658특허의 무효를 주장하였으며,[158] ② 그 권리범위에 있어서도 '658특허는 해당 기술이 활용되는 예의 약 20%에만 해당될 수 있다고 주장하였다.[159] 그러나 미국 특허법 제101조의 특허적격성에 관련된 주장은 CAFC의 심리과정에서 주장되지 않았다.[160] CAFC는 LabCorp의 항소를 기각하고 특허 침해가 있었다고 판시하였으며, 전원합의체(en banc)에 의한 재심리(rehearing) 신청도 받아들이지 않았다.[161]

3) LabCorp 사건의 상고허가신청서 각하와 그 의의

2004년 11월 3일, LabCorp는 CAFC의 판결에 불복하여 미 연방대법원에 상고허가신청서(petition for Writ of Certiorari)를 제출하였다. 2005년 10월 31일, 연방대법원은 법무차관(Solicitor General)의 보고서를 기초로 하여, '658특허의 특허적격성을 다루는 부분에 한정하여 상고허가신청서가 받아들여졌다.[162] 따라서 연방대법원은 상고

158) Metabolite Labs,. Inc. v. Lab. Corp. of Am. Holdings, 370 F.3d 1361, 1365-66(Fed. Cir. 2004).

159) Philip McGarrigle & Vern Norviel, "Laws of Nature and the Business of Biotechnology", Santa Clara Computer & High Technology Law Journal, January 2008, p. 290.

160) Id.

161) 또한 CAFC는 이 사건에서 주 침해자는 의사(practitioner)들이며, LabCorp는 의사들의 침해를 장려하거나(encourage) 혹은 유도(induce)함으로써 '658특허를 침해하였다고 보았다. Metabolite Labs,. Inc. v. Lab. Corp. of Am. Holdings, 370 F.3d 1354-68(Fed. Cir. 2004).

162) Lab. Corp. of Am. Holdings v. Metabolite Labs., Inc., 126 S.Ct. 2921, (2006) (No. 04-607).

허가범위에 따라 '658특허가 Diamond v. Diehr, 450 U.S. 175, 185(1981)에서 제시된 기준인 "자연법칙(laws of nature), 자연현상(natural phenomena), 추상적 아이디어(abstract ideas)"에 해당하여 특허적격성을 인정할 수 없는 것은 아닌지에 대해서 판단하게 되었다. 수차의 변론을 열어 심리를 거친 이후 2006년 6월 22일, 연방대법원은 이례적으로 경솔하게 허가된(improvidently granted) 상고로서 LabCorp의 상고허가를 취소하였다.[163][164]

그럼에도 불구하고 이 사건의 의미를 다시 한번 살펴보아야만 하는 이유는 바로 상고허가취소에 대한 반대의견(dissenting)에서 나타난 연방대법관들의 태도이다. Breyer 대법관이 작성한 반대의견서에는 먼저 특허의 대상이 되지 않는 "자연현상(phenomena of nature)"를 정의하기가 힘들다는 점을 전제하고, 이는 특히 대부분의 방법(process)특허가 발명자의 사고 과정(mental process)을 포함하고 있다는 점에서 더욱 힘들 수 있다는 점을 인정한다.[165] 그러나 Breyer대법관은 이러한 전제를 인정하고서라도, '658특허는 이에 해당하지 않는다고 보았다.[166] 그리고 그 근거로서는 크게 네 가지를 들고 있다.

먼저, Breyer대법관은 '658특허의 제13청구항은 단순히 사용자가 "① 검사 결과를 가지고, ② 그 결과에 대해서 생각하게 지시(instructs the user to (1) obtain test results and (2) think about them)"하는 과정일 뿐이라고 정의하였다.[167] 따라서 동 청구항은 혈액이나 다른 어떤 물질을 "변화(transforming)"시키는 방법도 아니고, 이러한 의미에서 "실제로 어떤 식으로든 자연법칙을 이용하려면 물질을 변화시켜 얻은 실험적 정

---

http://www.supremecourt.gov/Search.aspx?FileName=/docketfiles/04-607.htm(최종방문일: 2010. 4. 1.); 법무차관의 의견서(briefs)와 연방대법원의 상고허가 이유의 제한과정에 대해서는, Philip McGarrigle & Vern Norviel, op. cit., p. 292.

163) 결정의 명확한 이유는 판결문에 나타나 있지 않다. 그러나 Breyer 대법관의 반대의견에서 이와 같은 이례적 결정의 이유가 단순히 LabCorp가 CAFC에서 주장하지 않은 사실을 연방대법원의 상고이유로 삼았기 때문임을 추측할 수 있다. Lab. Corp. of Am. Holdings v. Metabolite Labs., Inc., 548 U.S. 126-133(2006).

164) 연방대법원의 주문 중에서 "Dismissed as improvidently granted"는 원래 상고가 허가되지 않았어야 하는 사건이 어떠한 사정으로 상고가 허가되었지만, 사후 심리과정에서 이것이 밝혀진 경우로서, 상고허가의 효력이 무효가 되고 사건은 원심으로 환송되게 된다(Thomson Gale, West's Encyclopedia of American Law, The Gale Group, Inc., 1998 참조).

165) Lab. Corp. of Am. Holdings v. Metabolite Labs., Inc., 548 U.S. 134(2006).

166) Id.

167) Id.

보를 포함할 수 있다"라고 설시하였다.[168] 다음으로는 State Street Bank 판결의 유용하고, 구체적이며, 실체적 결과(useful, concrete, and tangible results) 기준은 연방대법원이 제시한 기준이 아니며, 연방대법원은 유용성 기준을 충족하는 것처럼 보이는 특허들도 무효로 판단한 예들이 많음을 지적한다.[169] 또한, 자연법칙에 해당하는 추상적 언어를 단순히 "방법"으로 기재한 것만으로는 그 특허적격성을 인정받을 수 없고, 그 방법이 무엇을 포함하여야 하는지를 보아야 하는데, 문제가 된 청구항에서는 단지 호모시스테인과 비타민 부족현상과의 "연관관계(correlation)"을 포함하고 있는 것일 뿐이기 때문에 역시 특허의 대상이 될 수 없다고 판시하였다. 마지막으로는, 이 사건의 결론이 상고가 기각되어 Metabolite의 특허를 인정하는 형식으로 끝나게 될 경우, 의사들이 환자를 치료하는 가장 나은 방법을 선택할 자유를 제한하고, 나아가 건강보험 비용이 인상 등 공공의 이익을 해치게 될 것이며, 이 사건에서 법원은 정책적 고려가 있었던 것으로 보이지만, 특허가 시장에서의 자유경쟁에 대한 예외적 독점권 부여라는 점을 고려하면 공공의 이익과의 "섬세한 균형(careful balance)"을 고려하는 것이 특허제도의 취지에서 벗어난 것은 아니다. 생명공학 관련 특허의 허용범위를 결정함에 있어 인간의 존엄성이나 치료를 위한 인간 유전자 정보에의 접근 보장 등의 특유한 고려가 필요하다는 의견을 피력한 것이다.

결론적으로 연방대법원은 LabCorp 사건이 비록 연방대법원의 판례를 필요로 하는 사건은 아니라고 보았지만, 9명의 연방대법관 중 최소한 3명은 이 사건을 통하여 생명공학 특허의 특허적격성에 대해서 SSB사건에서의 유용성 기준을 적용하는 것을 비판하고, 이후 Bilski 사건에서 CAFC가 사용한 MoT 기준과 유사하게 전환(transforming)과정에 강조를 두었으며, 생명공학이나 의학 관련 특허에는 일반적인 특허와는 다른 시각이 필요할 수 있음을 밝히고 있다.[170]

---

168) "Indeed, to use virtually any natural phenomenon for virtually any useful purpose could well involve the use of empirical information obtained through an unpatented means that might have involved transforming matter." Lab. Corp. of Am. Holdings v. Metabolite Labs., Inc., 548 U.S. 136(2006); LabCorp는 연방대법원에서의 소송 중 Cochrane v. Deener, 94 U.S. 780과 Gottschalk v. Benson, 409 U.S. 63(1972)의 예를 들어, 혈액 샘플이 검사 도중 "바뀌는(alteration)"것을 두고 "전체로서 물질의 물리적 변형이 있다(as a whole, it [e]ntails A Physical Transformation Of Matter)"고 주장하였다. Lab. Corp. of Am. Holdings v. Metabolite Labs., Inc., 548 U.S. 135-6(2006).

169) Lab. Corp. of Am. Holdings v. Metabolite Labs., Inc., 548 U.S. 136-7(2006).

170) Breyer대법관이 작성한 반대의견에는 Stevens와 Souter대법관이 동조하였고, Roberts 대법원장은

(3) Bilski 판결이 생명공학 분야에 미친 영향

CAFC에서 Bilski 사건이 심리되는 과정에서 많은 법정의견서(amicus brief) 제출자들이 지적하였듯, Bilski 사건은 미국 특허법 제101조의 일반적 해석 기준을 제시하였기 때문에 생명공학 분야에도 그 영향을 미칠 수 있음이 이미 예견되어 왔다. 그리고 Bilski 판결 이후, CAFC의 생명공학 관련 특허에 대한 판결들은 보면 이러한 예측이 현실화되고 있음을 알 수 있다.[171] MoT 기준은 영업방법특허뿐만 아니라, 생명공학 관련 특허에까지 적용되는 성립성 판단 기준으로 자리매김한 것이다.

(4) Classen v. Biogen[172]

1) 사건의 전개

Classen Immunotherapies Inc.(이하 'Classen')는 "백신의 장기적 영향에 대한 이해와 더 안전한 면역 수단들을 개발하는 것"을 목적으로 하는 개인 소유의 의학 · 생명과학 관련 연구회사이다.[173] 특히 Classen은 백신과 면역 체계와 관련하여 4개의 특허를 보유하고 있었다. Biogen Idec, Inc.와 Merk & Co., Inc., GSK(이하 'Biogen') 등은 의약품 등을 연구 · 생산 하는 회사들로서 백신이나 면역 강화에 대한 것들을 영업 범위로 포함시키고 있었다.

2004년, Classen은 Biogen을 상대로 위 특허들에 대한 침해를 이유로 메릴랜드 연방지방법원에 소를 제기하였다.[174] 메릴랜드 연방지방법원은 심리 결과 Classen의 침해주장을 모두 기각하였고, 피고 측은 오히려 Classen의 특허가 특허적격성(statutory subject matter)을 구비하지 못하여 무효라는 취지의 반소를 제기하였다. 특허침해소송

중립을 지켰다. 또한 Scalia대법관은 구두변론절차에서 CAFC의 유용성 기준과 이 사건 특허 청구항의 특허적격성에 대해서 강한 의문을 표시하기도 하였다.

171) Warren D. Woessner, Tania A. Shapiro-Barr, "CAFC Applies Bilski Standard in Classen", Patent Strategy & Management, Mar. 2009.

172) 이 사건에 대하여 최승재, "Classen Immunotherapies Inc. v. Biogen Idec 사건과 Bilski 판결의 영향", 법률신문 제3819호, 2010. 2. 22.자.

173) Classen Immunotherapies Inc., http://www.vaccines.net/newpage1.htm(최종방문일: 2010. 3. 24.)

174) "[e]xamining the correlation between vaccination schedules and the risk of developing chronic immune mediated disorder; by using the results of that study to develop [new] vaccination protocols." The U.S. District Court for the District of Maryland, Case No. 04-CV-2607, Slip op. at 2.

의 본안에서 침해가 인정되지 않더라도, 반소를 심리하여야 하므로[175] 메릴랜드 연방지방법원은 '283특허의 특허적격성을 심리하였고, Classen이 보유한 '283특허, '139특허, '739특허 등 3개의 특허가 무효라고 판시하였다.[176] 이에 Classen이 불복하여 CAFC에 항소하였다.

2) 문제가 된 청구항들의 내용

문제가 된 4개의 청구항들은 모두 면역 체계에 관련된 것이다. 그중 미국 특허 제5,728,385호(이하 "385특허")는 인슐린 의존 당뇨병(Insulin-Dependent Diabetes Mellitus; IDDM) 등의 만성 질병을 예방하기 위해서 출생시부터 시작되는 면역체계에 관한 것이고, 미국 특허 제5,723,283호(이하 "283특허"), 제6,420,139호(이하 "139특허"), 제6,638,739호(이하 "739특허")는 모두 제1형의 당뇨병과 기타 만성 질병들을 조절하기 위한 '백신의 접종 일정(Vaccine Schedule)'에 관한 것이었다.[177] 각 특허의 주요한 청구항 내용들은 다음과 같다.

> ('385) 1. A method of immunizing a mammal less than 96 months of age against at least one infectious disease, while decreasing the incidence of an autoimmune disease.
>
> ('283) 1. A method of determining whether an immunization schedule affects the incidence or severity of a chronic immune-mediated disorder in a treatment group of mammals, relative to a control group of mammals…
>
> ('139) A method of immunizing a mammalian subject while reducing the risk of said subject thereby developing at least one chronic immune-mediated disorder.
>
> ('739) A method of immunizing a mammalian subject which comprises: (I) screening a plurality of immunization schedules…

---

175) 반소판단의 필요성에 대해서는, Cardinal Chemical Co. et al. v. Morton International, Inc., 508 U.S. 83(1992).

176) The U.S. District Court for the District of Maryland, Case No. 04-CV-2607, Slip op. at 10-12.

177) 현재 Classen은 역시 "Vaccin Schedule"에 관한 미국 특허 제7,008,790호의 출원으로 인하여 백신 관련 특허 5개와 기타 2개를 합하여 모두 7개의 미국 특허를 보유하고 있다. http://patft.uspto.gov/netacgi/nph-Parser?Sect1=PTO2&Sect2=HITOFF&p=1&u=%2Fnetahtml%2FPTO%2Fsearch-bool.html&r=0&f=S&l=50&TERM1=classen+immunotherapies&FIELD1=ASNM&co1=AND&TERM2=&FIELD2=&d=PTXT(최종방문일: 2010. 3. 24.).

3) Bilski 판결 이전의 CAFC 판단

Classen 특허들의 핵심인 접종 일정과 면역화가 단순히 어떤 것에 대하여 생각하는 것에 불과한, 자연현상의 일종인지 그렇지 않으면 어떤 유용한 결과를 가져오는 것으로서 특허의 대상이 되는지가 반소 사건의 쟁점이었다.

'385특허와 '139특허, '739특허는 모두 "면역화(immunizing)"의 방법을 주요 목적으로 하고 있다. 그러나 '139특허와 '739특허는 이를 달성하기 위한 수단으로서 접종 일정을 이용하고 있으나, '385특허는 단지 그 면역화를 위한 체계만을 특허의 내용으로 하고 있다. 연방지방법원은 '385특허만을 유효하다고 판단하고, 나머지 두 개의 특허는 "단순히 자연 현상(natural phenomenon)에 불과한 관계(relationship)에 대하여 특허를 얻으려는 시도"로서 그 성립성이 인정되지 않으므로 무효라고 판단하였다. 연방지방법원은 또한 '283특허 역시 무효라고 판단하였는데, 동 특허 1번 청구항 중에서, "면역 스케줄(immunization)"을 "판단(determination)"하는 것이 면역화와 접종 일정에 대한 아이디어 자체와 구분되지 않는 단순한 상관관계(correlation)를 묘사한 것에 불과하다는 이유였다.

CAFC의 심리과정 중에서 가장 문제가 된 것은 제5,723,283호 특허(이하 "283특허') 였다. '283특허는 "감염으로 인한 질병과 만성 면역장애 혹은 그 후유증을 예방하기 위한 조기 접종을 위한 수단과 구성(Method and composition for an early vaccine to protect against both common infectious diseases and chronic immune mediated disorders or their sequelae[178])"에 관한 것이다. 그리고 그 제1청구항은 실험군과 대조군의 "포유동물(mammal)"간 면역장애로 인한 여러 결과들의 "발생정도(incidence)", "유행(prevalence)", "빈도(frequency)" 혹은 "심각성(severity)" 등을 비교하여 실험군 포유동물의 면역체계 형성을 위한 "immunization schedule"을 내용으로 하고 있다.[179] 따

178) Sequela: A pathological condition resulting from a prior disease, injury, or attack. As for example, a sequela of polio. Verbatim from the Latin "sequela"(meaning sequel). Plural: sequelae.

179) "A method of determining whether an immunization schedule affects the incidence or severity of a chronic immune-mediated disorder in a treatment group of mammals, relative to a control group of mammals, which comprises immunizing mammals in the treatment group of mammals with one or more doses of one or more immunogens, according to said immunization schedule, and comparing the incidence, prevalence, frequency or severity of said chronic immune- mediated disorder or the level of a marker of such a disorder, in the treatment group, with that in the control group." 제2항부터 제47항까지는 제1항의 스케줄을 구

라서 CAFC 심리 중에서의 쟁점은 '283특허가 방법특허로서의 특허적격성이 있느냐가 되었다.

Classen의 주장 중 주요한 내용을 살펴보면, ① 미국 특허법 제101조가 제시하는 4가지의 특허 유형에는 Chackrabarty 사건에서 연방대법원이 판시한 것처럼 "하늘 아래 인간이 만든 모든 것"이 포함되며,[180] ② '283특허는 아이들에 대한 예방접종 시의 위험을 줄여주는 것으로서 "유용한 결과(tangible results)"를 가져온다는 점 등을 들 수 있다.[181]

피고 측의 반박논거로는, ① Classen의 '283특허의 범위를 아무리 한정한다 하여도 그것이 "물리적 단계(physical steps)"를 포함하고 있다고 볼 수는 없고, ② 동 특허는 단순히 "사고의 과정(thought process)"자체이거나, 선행기술에 단지 사고의 과정을 더한 것일 뿐이라는 점 등이 제시되었다.

2008년 12월 19일, CAFC는 긴 심리이후 짧은 판결로 이 사건을 마무리지었다.[182] CAFC는 "'283특허의 청구항들이 특허법 제101조에 의해 무효라는 지방법원의 사실심리생략판결(summary judgement)에 동의(affirm)한다. Classen의 청구항들은 특정한 장치나 도구에 연결(tied to a particular machine or apparatus)되지도 않았고, 특정한 부분을 다른 상태나 물건으로 변화(transform a particular article into a different state or thing)시키지도 않는다. 따라서 이에 동의한다"고 판시하였다.

4) Bilski 판결 이후 CAFC 환송심

Classen은 연방대법원에 상고허가신청을 하였는데, 연방대법원은 Bilski 판결을 선고한 이후인 2010. 6. 29. Classen의 상고허가신청을 받아들여 Bilski 판결의 취지에 따라 다시 판단하도록 앞선 판결을 파기하고 CAFC로 사건을 환송하였다.

CAFC는 2011년 8월 31일 Bilski 판결의 취지에 따라 '139특허 및 '739특허에 대해서는 무효라고 판단한 앞선 판결을 뒤집고 유효라고 판단하였고, '283특허에 대해서는 앞선 판결과 같이 무효라고 판단하였다.[183] 즉 '139특허 및 '739특허는 모두 면역 스케

체화하거나, 제1항을 인용하여 사용분야를 구체화하는 내용으로 이루어져 있다. U.S. Patent No. 5,723,283(filed May 31, 1995).

180) Corrected Brief for Appellant Classen Immunotherapies Inc., 2006 WL 3846638, p. 35.

181) Id. p. 36.

182) Classen Immunotherapies Inc. v. Biogen IDEC, 304 Fed. Appx. 866, C.A.Fed(Md.), 2008 WL 5273107.

줄에 관한 정보와 만성 질병의 발생을 스크린(screening)하고 비교(comparing)하여 만성적인 면역 질병의 발생 위험을 낮출 수 있는 일정을 정하여 백신을 투여하는 면역방법을 청구한 것으로서, 면역방법의 물리적인 실시(physical implementation of the mental step)를 포함하여 구체적이고 유형의 적용(specific, tangible application)을 한 것에 해당하여 특허적격성을 인정하였다.[184] 미국 특허법 제101조는 특허적격성을 결정하는 최종적인 단계가 아니라 낮은 기준(coarse eligibility filter)으로서 위 청구항은 이 기준을 통과하였다고 보았다. 반면에 '283특허는 과학적 문헌(scientific literature)에 근거하여 알려진 면역결과를 비교한 아이디어를 청구하고 있는 것으로서, 수집된 정보의 적용 없이 단순히 정보를 수집하고 비교한 것에 불과하여 특허적격성이 인정되지 않는다고 판단하였다.[185]

이 판결에서 Rader, Newman 판사는 추가적인 견해를 설시하였다. 즉 연방대법원이 특허적격성을 이유로 특허를 거절하게 되면 특허 청구항 작성자들이 사법적 제한을 회피할 수 있는 방안을 고안하는 비용을 증가시킬 뿐만 아니라 특허 청구항을 제대로 작성하지 못하는 발명가들에게 불이익을 주고, 미국의 생명공학 산업 발전을 저해시키기 때문에 특허적격성을 이유로 한 특허 거절을 줄여야 한다는 것이다.[186]

5) Classen 판결의 시사점

이 판결은 LabCorp 사건에서 Breyer 대법관의 생명공학 특허에 대한 부정적 시각에서 출발하여, Bilski 사건의 영향이 영업방법특허를 넘어 생명공학 등 인접 분야에까지 미칠 것이라는 예상을 현실화시킨 것이다. Classen이 주장한 '인간이 만든 모든 것'은 특허적격이 있다는 주장이나, '현실적 결과'의 발생은 더 이상 CAFC의 심리과정에서 통용되지 않는다는 것이 확인되었다. 이제 Bilski 사건에서 제시된 대로 특허적격은 발명이 "장치 혹은 변형(Machine or Transformation)"을 포함하는 경우에만 인정될 수 있게 되었다고 봄이 타당하게 된 것으로 볼 수 있는 근거가 CAFC의 판결에서 발견된 것이다. Bilski 판결이 있은 후, 거의 즉시 선고된 Classen 사건의 판결은 뒤의 Prometheus 사건 전까지 진단 특허의 특허권자나 관련 산업 전체를 공포에 휩싸이게

183) 659 F.3d 1057(Fed. Cir. 2011).
184) Id. at 1066.
185) Id. at 1067.
186) Id. at 1073-1074.

하였다는 평가를 받았다.[187]

그러나 CAFC의 이러한 엄격한 기준이 영업방법특허를 넘어 생명공학특허에까지 그대로 적용되는 것에는 여전히 의문이 남아 있다. 특히 Classen의 '283특허와 같이 의술을 실제적 치료과정에 적용하는 방법에 관한 특허나, 후술하는 Prometheus 사건과 Ariad 사건처럼 진단 방법 특허(diagnosis patent)의 경우에는 장치로의 변용을 기대하기 어려운 경우가 많다는 점에서 더욱 문제가 될 수 있을 것이다. Metabolite 사건과 Classen 사건에서 CAFC가 생물체의 내부에서 일어나는 과정이 MoT 기준에 합당하는지에 대하여 소극적 입장을 취하고 있는 것도 또 다른 문제이다.[188]

유전자 기술의 발전과 함께 가장 먼저 산업적으로 응용된 기술이 당뇨병 치료제인 인슐린에 관련된 것이라는 점에서,[189] 생명공학 관련 특허의 성립성을 논하는 또 다른 계기로 다시 당뇨병이 등장한 것은 마치 스테이트 스트리트 뱅크 사건(State Street Bank)으로부터 Bilski까지 이르는 회귀과정과도 유사하다. Bilski 판결에 따라 기본적으로 끊임없이 확장될 것 같던 생명공학 관련 특허의 성립범위가 일부 제한되었고 이후 생명공학 관련 특허 사건에까지 영향을 미치게 되었다.

(5) Prometheus v. Mayo[190]

1) 사건의 개요

Prometheus Laboratories, Inc.(이하 'Prometheus')는 미국 특허 제6,355,623호(이하 "623특허')와 제6,680,302호(이하 "302특허')의 전용실시권을 보유하고 있었다.[191] 동 특

187) Tammy Van Heyningen, "Is the CAFC Playing Fire?: Promethus Provides Insight on Adapting Diagnostic Claims to Satisfy the Bilski Test", Intellectual Property Strategist, Nov. 2009, p. 188.

188) Classen 특허들이 의학 연구자들의 입장에서 보면 사실상 MoT 기준을 충족한 것과 마찬가지라는 견해도 제시되고 있다. Warren D. Woessner, Tania A. Shapiro-Barr, "CAFC Applies Bilski Standard in Classen", Patent Strategy & Management, Mar. 2009 참조.

189) 최승재, "Classen Immunotherapies, Inc. v. Biogen Idec 사건과 빌스키 판결의 영향", 법률신문 2010. 2. 22.자.

190) 이 사건의 배경에 대한 분석은 Tammy Van Heyningen, op. cit., pp. 189-190.

191) 6,355,623호는 "Method of treating IBD/Crohn's disease and related conditions wherein drug metabolite levels in host blood cells determine subsequent dosage"라는 이름으로 등록되어 있으며, 그 제1청구항은 다음과 같다. "A method of optimizing therapeutic efficacy for treatment of an immune-mediated gastrointestinal disorder, comprising: (a) administering a drug providing 6-thioguanine to a subject having said immune-mediated gastrointestinal disorder;

허들은 "위장 혹은 위장 외(外) 자가 면역 장애를 치료하기 위하여 사용되는 치오퓨린(thiopurine) 계통 약의 적절한 용량을 측정하는 수단들"을 주 내용으로 하는 것들이었다.

Prometheus는 이 기술을 바탕으로 하여, "PROMETHEUS Thiopurine Metabolites test"라는 검사기술을 상품화하였다. Mayo Collaborative Services와 Mayo Clinic Rochester(이하 'Mayo')는 Prometheus의 검사기술을 유상으로 실시하여 오다, 2004년부터 독자적인 검사기술을 개발하여 판매할 것을 발표한 뒤 실시료 지급을 거부하였다. 이에 2004년 6월 15일, Prometheus는 Mayo에 대하여 특허침해를 이유로 캘리포니아 남부연방지방법원에 소를 제기하였다. 소송이 계속 중이던 2008년 3월 28일, 동 법원은 Prometheus가 보유한 특허들이 특허적격이 없어(=성립성의 흠결) 무효라는 Mayo의 반소를 받아들여 사실심리생략판결(summary judgement)을 하였다.[192]

2) 문제가 된 청구항들의 내용

동 특허들은, 체내에서 메르캅토퓨린(6-mercaptopurine; 6-MP)과 에이자치오퓨린(azathiopurine; AZA) 등이 메틸-메르캅토퓨린(6-methyl-mercaptopurine; 6-MMP)과 치오구아닌(6-thioguanine; 6-TG) 등으로 분해되는 과정에서 6-MMP와 6-TG를 측정함으로써, 독성으로 인한 부작용을 줄이면서 최적의 치오퓨린 투여레벨을 찾을 수 있게 하는 것을 목적으로 한다.

'623특허와 '302특허[193]는 모두 '치료의 효율성을 최적화(optimizing therapeutic ef-

---

and (b) determining the level of 6-thioguanine in said subject having said immune-mediated gastrointestinal disorder"; 제6,680,302호 특허는 "Methods of optimizing drug therapeutic efficacy for treatment of immune-mediated gastrointestinal disorders"라는 이름으로 등록되어 있으며, 기본적으로 '302특허와 유사한 구조를 가지지만 6-TG에 더해서 6-MMP를 결정하는 과정이 첨가되어 있다. '특허권자는 모두 Hopital-Sainte-Justine(Montreal, CA)이다.

192) Prometheus Labs., Inc. v. Mayo Collaborative Servs., No. 04-CV-1200, 2008 WL 878910 (S.D.Cal. Mar. 28, 2008) ("Invalidity Opinion"); 그러나 동 법원 2005년 11월 22일에는 Mayo의 특허침해를 인정하는 결정을 한 바 있다. Prometheus Labs., Inc. v. Mayo Collaborative Servs., No. 04-CV-1200, slip op. at 23(S.D.Cal. Nov. 22, 2005) (Dkt. No. 227).

193) ('302) 1. A method of optimizing therapeutic efficacy for treatment of an immune-mediated gastrointestinal disorder, comprising: (a) administering a drug providing 6-thioguanine to a subject having said immune-mediated gastrointestinal disorder; and (b) determining a level of 6-thioguanine or 6-methyl-mercaptopurine in said subject having said immune-mediated gastrointestinal disorder, wherein a level of 6-thioguanine less than about 230 pmol per 8.times.10.sup.8 red blood cells indicates a need to increase the amount of said drug

ficacy)' 하는 것을 특허의 주요 목적으로 삼고 있었다. 그리고 이를 위하여 ① 치오퓨린 약물을 관리(administering)하는 단계, ② 치오퓨린 약물에 따른 체내 대사 결과 형성된 물질이 특정 농도 이하면 약물 투약량을 늘리고 특정 농도 이상이면 약물 투약량을 줄이는 결정(determining) 단계로 구성되어 있었다. 이에 대해 연방지방법원은 그것이 '단순한 정보의 취합 단계(mere data gathering steps)'라거나 혹은 '사고의 단계(mental steps)'를 묘사한 것에 불과하다고 하여, 특허에 나타난 단계들이 효과를 내는 것은 '전적으로 이미 예견된 상관관계(wholly preempt the correlations)'에 불과하다고 판단하였다.194)

3) Bilski 판결 이전의 CAFC 판단195)

연방지방법원의 판결에 Prometheus가 항소하였고, CAFC에서 소송이 진행되었다. CAFC는 이 사건을 원점에서부터 다시 심리하였다(=de novo review).196) 먼저, CAFC는 Bilski에서의 MoT 기준이 그대로 유효함을 다시 확인 한 뒤, 심지어는 그것이 "확고한 기준(definite test)"이라고까지 말하였다.197) 이러한 전제 하에서 CAFC는 '623 특허와 '302특허를 다시 살펴보았다. 또한 이 사건에서 문제가 된 6-MP나 AZA등은 이미 항암제 등으로 널리 알려진 것이었으나, CAFC는 이 사건에서 오직 특허적격의 문제만 판단하였고, 신규성과 진보성 등의 문제는 항소이유에 포함된 것이 아니라고 하였다.198)

당사자들의 주장과 더불어 다양한 법정의견서들의 교환이 있은 후, CAFC는 이 사건 청구항들은 특허적격이 있다고 판시하였다. 그리고 그 이유로는, ① "관리(administering)" 혹은 "결정(determining)"하는 단계는 "변화(transformative)"가 있다고 보아야 하며,199) ② 이러한 단계들이 단순히 "정보의 취합(data-gathering)"이라고 볼 수

---

subsequently administered to said subject and wherein a level of 6-thioguanine greater than about 400 pmol per 8.times.10.sup.8 red blood cells or a level of 6-methyl-mercaptopurine greater than about 7000 pmol per 8.times.10.sup.8 red blood cells indicates a need to decrease the amount of said drug subsequently administered to said subject.

194) Prometheus Labs., Inc. v. Mayo Collaborative Servs., No. 04-CV-1200, 2008 WL 878910 (S.D.Cal. Mar. 28, 2008).

195) Prometheus Labs, Inc. v. Mayo Collaborative Servs., 581 F.3d 1336(Fed. Cir. 2009).

196) "de novo review"에 대해서는 연방민사소송규칙(FRCP) 제56조 C항 및 AT&T Corp. v. Excel Communications, 172 F.3d 1352, 1355.

197) Prometheus Labs., Inc. v. Mayo Collaborative Servs., 581 F.3d 1342.

198) Id. at 1345.

는 없으며,[200] ③ "사고의 과정(mental step)"이 존재한다는 것이 특허적격성을 "손상(detract)"시킨다고 볼 수는 없다[201]는 점을 들었다.

①의 이유와 관련하여서는 투약에 대한 관리와 결정 단계가 어떠한 역할을 하는지가 문제되었다. CAFC는 먼저 투약에 대한 물리적 관리는 MoT 기준의 변화에 포함되며, 결정의 단계 역시 이러한 관리를 통하여 물리적 존재에 물리적·화학적 변화가 이루어진 것을 바탕으로 하는 것이므로 역시 특허적격이 있다고 보았다.[202] 나아가, 투약에 의하여 인체는 물리적·화학적으로 "변화"하며, 이러한 변화가 있으면 "장치(machine)"에의 연결을 따로 심사할 필요가 없다고 설시하였다.[203] ②에 대해서는, 관리와 결정의 단계가 변화를 포함하고 그것이 이 사건 청구항에서 결정적인 것이라면, 이는 단순히 "부수적 문제해결 활동(extra-solution activity)"이 아니라고 보았다.[204] 즉, 투약 관리와 결정 단계를 통하여 유용한 정보를 모았다면 그것은 단순한 정보의 취합을 넘어서 치료의 단계에 포함된다고 할 수 있다는 것이다.[205] 마지막으로, ③에서는 비록 인간이 해야 하는 사고와 판단의 과정이 포함되어 있더라도, 그것이 특허적격이 있는 영역에서 얻어진 것이라면 전체로 보아 특허적격성이 있다고 보았다.[206]

4) Bilski 판결 이후의 CAFC 판단[207]

Mayo는 연방대법원에 상고허가신청을 하였는데, 연방대법원은 2010년 6월 Mayo의 상고허가신청을 받아들여 Bilski 판결의 취지에 따라 다시 판단하도록 앞선 판결을 파기하고 CAFC로 사건을 환송하였다.

CAFC는 2010년 12월 Bilski 판결의 취지에 따라 판결을 하였는데, 연방대법원의 파기 환송 취지가 기존의 결론과 다른 결론을 내릴 것을 요구하는 것은 아니라고 보고 기존 판단과 동일한 결론을 내렸다. 즉, CAFC는 MoT 기준이 특허적격성을 결정하는

---

199) Id. at 1345.
200) Id. at 1347.
201) Id. at 1348.
202) Id. at 1346.
203) Prometheus 측 전문가의 말을 빌어, 혈액 샘플 역시 분명히 "변화"된 것이라고 하고 있다. "'Human blood sample is no longer human blood; human tissue is no longer human tissue….' That is clearly a transformation." Id. at 1347.
204) Id. at 1347.
205) Id. at 1347-1348.
206) Id. at 1348.
207) Prometheus Labs., Inc. v. Mayo Collaborative Servs., 628 F.3d 1347(Fed. Cir. 2010).

유일한 기준이 아니지만 이를 판단하는 유용하고 중요한 수단이고 Prometheus의 발명은 자연법칙 자체를 청구하는 것이 아니고 자연스럽게 발생하는 상호관계의 특정 응용방법을 청구하는 것이므로, 대사물질의 수치와 약의 효능 및 독성과의 상호관계를 전부 선점하는 것은 아니라고 판단하고 특허적격성이 인정된다고 판단하였다.[208)]

5) 연방대법원의 판단[209)]

연방대법원은 2012년 3월 20일 CAFC의 판단과 달리 Prometheus의 발명은 특허적격이 없다고 판시하였다. 청구항 중 관리(administering) 단계는 치오퓨린을 이용하여 환자들을 치료하는 의사들을 필요로 하는데 이러한 의사들은 이미 기존에 존재한다는 것이고, 결과에 따라 약물 투약량을 달리하는 조항(wherein clause)은 의사의 결정을 도와 줄 자연법칙을 제시해 주는 것일 뿐 별다른 역할이 없다는 것이며, 결정(determining) 단계는 의사들에게 치오퓨린 약물에 따른 체내 대사 결과 형성된 물질의 합성 수준을 판단해서 알려주는 것일 뿐 이미 오래전부터 알려진 방법이라는 것이다.[210)] 또한 세 단계를 종합적으로 고려하더라도 기존에 존재하던 자연법칙과 큰 차이를 보이지 않는데, 즉 환자를 진단하고 처방해서 체내에서 화합된 양을 측정하는 것과 의사가 그 결과를 토대로 실제로 처방한 약물의 양에서 현저한 차이를 보이지 않는다는 것이다.[211)] 특허를 받을 수 없는 자연법칙을 이용하여 특허를 받기 위해서는 단순히 자연법칙을 적용하는 것(apply it) 이상을 하여야 하고,[212)] 순전히 전통적이거나 명백한 사전 솔루션 활동은 특허를 받을 수 있는 자연법칙의 적용이라고 볼 수 없다고 보았다.[213)]

연방대법원은 Mayo 판결에서 특허적격성 판단에 관한 일반적 법리를 설시하였다. 방법발명에 관한 청구항의 경우 자연법칙, 자연현상 또는 추상적 아이디어의 경우 특허를 받을 수 없는데, 이러한 특허 부적격 개념을 포함하고 있는 청구항이라도 상당히 더 많은(significantly more) 추가 구성요소, 즉 발명의 개념(inventive concept)이 있는 경우 특허를 받을 수 있다는 것이다.[214)] 또한 자연법칙, 자연현상 또는 추상적 아이디

---

208) Id. at 1355.
209) 132 S.Ct. 1289(2012).
210) Id. at 1297.
211) Id. at 1297.
212) Id. at 1294.
213) Id. at 1298.

어에 관습적인 단계(conventional step)를 추가하는 것만으로는 특허 부적격 개념을 특허를 받을 수 있도록 전환시키지 못하고,[215] 당해 기술분야의 연구자들이 기존에 잘 이해하고 있거나(well-understood) 일상적이고(routine), 관습적인(conventional) 활동을 포함하는 경우에도 발명의 개념에 해당하지 않는다고 판시하였다.[216] 한편 연방대법원은 유전자 진단산업 등에 적합한 새로운 법적 기준을 정립하는 것은 예상하지 못한 결과를 가져올 수 있기에 이를 망설일 수밖에 없고, 정책적 관점에서 이러한 산업에 대한 보호 강화가 바람직할 수는 있지만 이는 더 세밀하고 적합한 법률을 만들어야 하는 의회의 역할이라고 판시하였다.[217]

6) Mayo 판결의 시사점

Bilski 판결 이후 생명공학 관련 특허의 특허적격성에 관한 연방대법원의 판단이라는 점에서 큰 의의를 갖는다. Prometheus의 발명이 MoT 기준을 충족하였다고 본 CAFC와 달리 연방대법원은 기준을 엄격하게 적용하여 위 발명이 MoT 기준을 충족하지 못하였다고 판단하였다.[218] 이러한 MoT 기준의 적용은 생명공학 관련 특허의 성립을 제한함으로써 특허권자가 자연법칙을 선점하여 시장의 자유로운 경쟁을 저해하는 것을 막는다는 점에서 순기능이 있는 반면 특허권자가 막대한 자금을 투입하여 개발한 특허발명을 전혀 보호하지 못함으로써 관련 산업 발전을 저해한다는 점에서 역기능이 있다.

Classen 사건의 청구항과 Prometheus 사건의 청구항을 비교해 보면, 모두 특정한 물질이나 행위를 통하여 인체의 변화를 측정하고 이를 이용하여 치료 효과를 극대화하는 것을 목적으로 한다는 점에서는 차이가 없다는 점을 알 수 있다. 또한 양 사건에서 이용된 주장과 논거 역시 거의 유사하다. 그렇다면, CAFC가 Classen의 특허는 이유 설시도 없이 거절하고, Prometheus의 특허는 MoT 기준에 적합하다고 인정한 이

---

214) Id. at 1290.
215) Id. at 1300.
216) Id. at 1292.
217) Id. at 1305.
218) 인간을 Machine으로 보는 것은 애초부터 무리가 있을 것이다. 그렇다면 Transformation에 인체의 변화가 포함된다는 해석이 필요한데, CAFC의 태도처럼 이러한 해석을 일관하여 조금 과장하게 묘사하면, 특정한 맛을 내는 식품을 먹으면 신경을 통하여 뇌에 그 정보가 전달되고 뇌에서는 그에 대응하는 호르몬을 분비하여 반응을 이끌어 내는 과정까지 Transformation에 포섭되지 않는다고 할 이유가 없게 된다. Mental Step의 의미자체가 희석되는 것이다.

유에 대해서는 아직 해명의 여지가 남아 있는 것이다. 사용한 수단에 있어 Classen이 이용한 접종 일정은 MoT 기준을 통과하지 못하지만 Prometheus가 사용한 약물의 직접적 이용은 MoT 기준을 통과한 것이라고 볼 수도 있을 것이고, 그리고 CAFC가 MoT 기준 자체에 대하여 보다 융통성 있는 적용을 고려하기 시작하였다는 결론을 이끌어 낼 수도 있는 것이다.

종합해 보면, Mayo 사건에서 CAFC는 생명공학 관련 특허, 특히 인간에 관련된 부분에 대하여는 특허의 성립성을 판단함에 있어 이전까지와는 다른 방식으로 MoT기준을 적용하고 있으나, 그것이 지금까지 제기된 모든 문제를 해결해 주지는 못하고 있다는 것이다. Mayo 사건이 있은 후에도 Classen 사건에 대한 영향력은 여전히 계속되고 있고, 생명공학 특허 자체에 대한 공격도 계속되고 있다.

(6) Association for Molecular Pathology v. Myriad Genetics, Inc.

1) 사건의 개요

BRCA1과 2는 모든 인간이 가지고 있는 유전자이지만, 소위 "wild-type"이라 불리는 유전자의 뉴클리오타이드 배열에서 유방암(breast cancer)과 난소암(ovarian cancer) 발생의 위험과 "연관된(correlated)" 염기배열을 특정하여 따로 이름을 붙여 놓은 것이다. USPTO는 인간 유전자라 할지라도 "분리되고 정제된다면(isolated and purified)", 비록 그것이 분리 전의 유전자와 같은 기능을 하더라도 해당 유전자와 관련된 특허를 허여하고 있다. 따라서 BRCA1과 2와 관련된 연구를 진행하였던 Myriad Genetics, 그리고 University of Utah Research Foundation 등(이하 'Myriad')은 BRCA1과 2에 관련된 특허를 다수 획득할 수 있었고, 이를 이용하여 주로 여성들을 대상으로 하는 암 진단 검사 수단들을 시장에 내놓았다.

비영리 연구기관들인 Association for Molecular Pathology 등(이하 'AMP')은 2009년 5월 12일 American Civil Liberties Union Foundation과 Public Patent Foundation의 지원을 받아, 뉴욕 남부연방지방법원에 Myriad를 상대로 모든 사람들이 가지고 있는 인간 유전자의 일부분인 BRCA1과 BRCA2가 포함되거나 그로 인하여 변형된 유전자에 관련된 특허는 무효라는 소를 제기하였다. 그 근거로는 이러한 유전자들이 미국 특허법 제101조와 연방 수정헌법 제1장 제8절 제8호에서 말하는 "자연의 산물", "자연 법칙", "자연 현상", 그리고 "추상적 아이디어"를 포함하고 있거나,

그렇지 않더라도 이는 "인간의 기본적 지식과 생각"을 포함하고 있기 때문에 특허적격이 없다는 점을 들었다. AMP가 문제를 제기한 것은 인간 유전자를 이용한 특허를 허여하는 USPTO의 정책에 관한 부분이었다.

2) 문제가 된 청구항들의 내용

Myriad가 보유한 특허[219]는 조성물 청구항과 방법 청구항으로 나눌 수 있다. 문제가 된 조성물 청구항은 5,747,282특허의 1번 내지 2번 청구항으로서 1번 청구항[220]은 BRCA1 폴리펩타이드를 부호화하는 아미노산 배열을 가지는 분리된 DNA이고, 2번 청구항[221]은 엑손과 인트론으로 구성된 전체 DNA 서열이 아니라 BRCA1 유전자의 cDNA(complementary DNA) 엑손의 핵산 서열만을 가지는 분리된 DNA였다. 한편 문제가 된 방법 청구항은 5,709,999특허의 1번 청구항[222]으로서 인간 샘플에서 BRCA1 유전자 또는 BRCA1 RNA의 서열을 분석(analyzing)하는 등의 방법으로 BRCA1 유전자에서 생식세포 계열의 변이를 탐지(detecting)하는 방법에 관한 것이었다.

3) Mayo 판결 이전의 CAFC 판단

심리가 진행된 끝에, 2010년 3월 29일, 연방지방법원은 BRCA1을 포함한 7개의 특허들이 무효라는 주장을 받아들였다.[223] 연방지방법원은 분리된 DNA뿐만 아니라 cDNA는 자연적으로 존재하는 것과 현저하게 다르지(markedly different)않다는 이유로 특허적격성이 없다고 보았다. 연방지방법원은 이 사건 특허가 의사의 치료방법 선택에 관한 제한과 윤리성의 문제를 동시에 고려하여야 한다는 점을 분명히 밝혔다.

---

219) U.S. Patent Number 5,747,282:5,837,492:5,693,473:,5,709,999:5,710,001:5,753,441:6,033,857.

220) An isolated DNA coding for a BRCA1 polypeptide, said polypeptide having the amino acid sequence set forth in SEQ ID NO:2.

221) The isolated DNA of claim 1, wherein said DNA has the nucleotide sequence set forth in SEQ ID NO:1.

222) A method for detecting a germline alteration in a BRCA1 gene, said alteration selected from the group consisting of the alterations set forth in Tables 12A, 14, 18 or 19 in a human which comprises analyzing a sequence of a BRCA1 gene or BRCA1 RNA from a human sample or analyzing a sequence of BRCA1 cDNA made from mRNA from said human sample with the proviso that said germline alteration is not a deletion of 4 nucleotides corresponding to base numbers 4184-4187 of SEQ ID NO:1.

223) Association for Molecular Pathology, et al. v. United States Patent and Trademark Office, et al. The United States District Court Southern District of New York, 09 Civ. 4515.

Myriad 등은 이에 대하여 항소하였는데, CAFC는 2011년 7월 29일 제1심 판결 중 분리된 유전자와 변이시킨 cDNA에 대한 청구항은 유효하다고 판단하여 제1심 판결을 뒤집었고, 분리된 DNA 서열을 분석, 비교하는 청구항은 무효로 판단하여 제1심 판결을 유지하였다.[224] CAFC는 자연에 존재하는 물질과 비교했을 때 '두드러지게 차이가 있는(markedly different)' 상태가 인정되는 경우에 인간이 만든 것에 해당하여 특허를 받을 수 있다는 Chakrabarty 판결을 인용하여 분리된 DNA는 인간의 몸에 존재하는 자연상태의 유전자와는 화학적으로 구별되고, 변형된 유전자도 특허적격성이 인정된다고 보았다.

4) Mayo 판결 이후 CAFC 환송심

AMP는 연방대법원에 상고허가신청을 하였는데, 연방대법원은 2012년 3월 26일 AMP의 상고허가신청을 받아들여 Mayo 판결의 취지에 따라 다시 판단하도록 앞선 판결을 파기하고 CAFC로 사건을 환송하였다. CAFC는 환송 후 제2심에서도 사실상 환송 전 제2심과 동일한 결론을 내렸는데, Mayo 판결의 취지에 따라 DNA 염기서열을 비교, 분석하는 방법 청구항은 변형 절차가 없기 때문에 특허적격성이 없다고 보았고, 반면 분리된 DNA에 대한 조성물 청구항은 변이되어 인체에서 존재하는 것과 다른 상태에 있으면 특허적격성이 있다고 보았다.[225]

5) 연방대법원의 판단

AMP는 다시 연방대법원에 상고허가신청을 하였는데, 연방대법원은 조성물 청구항에 대한 상고허가신청만을 받아들여 2013년 6월 13일 파기자판 판결을 하였다.[226] 연방대법원은 Myriad의 특허 중 변이되지 않은 분리된 유전자에 대해서는 그것의 위치와 순서는 자연적으로 존재하는 것이고 특허권자가 그것을 발견한 것이 아니라 정확한 위치와 순서를 밝히는 것에 기여한 것일 뿐이기에 특허의 대상이 될 수 없다고 보았다.[227] 반면 cDNA에 대해서는 cDNA가 유전자의 mRNA의 역전사를 통하여 생성된 것으로서 intron을 제거하고 exon으로만 구성되도록 변이되어 자연적으로 존재하는 것이 아니므로 특허의 대상이 된다고 보았다.[228]

---

224) Association for Molecular Pathology v. USPTO, 653 F.3d 1329(Fed. Cir. 2011).
225) Association for Molecular Pathology v. USPTO, 689 F.3d 1303(Fed. Cir. 2012).
226) 569 U.S. 576(2013).
227) Id. at 590.

(7) Mayo 및 Myriad 판결에 따른 생명공학 특허의 영향

1) 개 요

하급심에서는 그동안 생명공학 분야 특허에 대하여 자연으로부터 인위적으로 '분리되었거나 정화된(isolated or purified)' 것이라는 명확한 기준을 제시하였는데, 연방대법원은 Myriad 판결에서 '분리된' 기준을 배척하고 있을 뿐 특허를 받을 수 있는 구체적인 '응용(application)'이 무엇인지에 대하여 밝히지 않았다.[229]

이로 인하여 생명공학 분야 발명의 특허적격성에 대한 예측가능성이 떨어지게 되었는데, Mayo 및 Myriad 판결 이후 선고된 하급심 판결 중 상당수가 생명공학 특허가 자연현상 또는 자연법칙에 해당하고 발명의 개념이 존재하지 않는다는 이유로 무효라고 판단하였다. 한편 일부 판결은 생명공학 특허의 유효성을 인정하였고, 이러한 하급심 판결 등을 통하여 생명공학 특허가 자연현상 또는 자연법칙에 해당하는지 여부 및 발명의 개념이 존재하는지에 대한 판단 기준이 쌓이게 되었다. 미국특허청도 2016년 'Subject Matter Eligibility: Life Science Examples'를 발표하여 특허 적격이 있는 청구항과 그렇지 않은 청구항의 예시를 들었다. 진단 및 치료 방법에 관한 발명에서 그 방법이 매우 일반적인 경우에도 신규하거나 최소한 잘 알려져 있지 않고, 일상적이거나 전통적이지 않은 물질을 이용하는 경우에는 특허를 받을 수 있는 것으로 하였고, 유전자 변형을 검사하는 방법(Screening For Gene Alterations)에 관한 발명에서도 검사 방법이 일반적인 정신적 프로세스일 경우 특허 적격이 없지만, 잘 알려져 있지 않고 일상적이거나 전통적이지 않은 방법을 사용하는 경우 특허 적격이 있다는 것이다.[230]

CAFC가 Bilski 판결 이후 생명공학 분야의 특허적격성에 관하여 선고한 판결을 살펴보면 다음 표와 같다.[231]

228) Id. at 594-595.
229) 박준석, "유전자가 특허법상 '發明' 인지에 관한 美 연방대법원 Myriad 판결의 시사점", 법률신문 (2013. 6. 25.자).
230) https://www.uspto.gov/sites/default/files/documents/ieg-may-2016-ex.pdf(최종방문: 2020. 5. 5.).
231) https://www.fr.com/mayo-myriad-tracker/(최종방문: 2020. 5. 5.).

판결	선고	사법적 예외	발명의 개념	특허적격
Roche Molecular Systems, Inc. v. Cepheid[232)]	2018	자연현상	X	무효
Vanda Pharmaceuticals v. West-Ward Pharmaceuticals International[233)]	2018	–	–	유효
Exergen Corporation v. Kaz USA, Inc.[234)]	2018	자연법칙	O	유효
The Cleveland Clinic Foundation v. True Health Diagnostics, LLC[235)]	2017	자연법칙, 자연현상	X	무효
Rapid Litigation Management v. CellzDirect[236)]	2016	–	O	유효
Genetic Technologies v. Merial[237)]	2016	자연법칙	X	무효
Ariosa Diagnostics v. Sequenom[238)]	2015	자연현상	X	무효
University of Utah Research Foundation v. Ambry Genetics Corporation[239)]	2014	추상적 아이디어, 자연현상	X	무효
In re Roslin Institute (Edinburgh)[240)]	2014	자연현상	X	무효
SmartGene Inc. v. Advanced Biological Laboratories SA[241)]	2014	추상적 아이디어	X	무효
PerkinElmer v. Intema Ltd.[242)]	2012	추상적 아이디어, 자연법칙	X	무효

232) 905 F.3d 1363(Fed. Cir. 2018).
233) 887 F.3d 1117(Fed. Cir. 2018).
234) 725 Fed. Appx. 959(Fed. Cir. 2018).
235) 859 F.3d 1352(Fed. Cir. 2017).
236) 827 F.3d 1042(Fed. Cir. 2016).
237) 818 F.3d 1369(Fed. Cir. 2016).
238) 788 F.3d 1371(Fed. Cir. 2015).
239) 774 F.3d 755(Fed. Cir. 2014).
240) 750 F.3d 1333(Fed. Cir. 2014).
241) 555 Fed.Appx. 950(Fed. Cir. 2014).
242) 496 Fed.Appx. 65(Fed. Cir. 2012).

2) Sequenom v. Ariosa[243)]

Sequenom은 미국 특허 제6,258,540호(이하 "540특허')[244)]의 독점 실시권자였는데, 위 특허는 임산부의 혈액에서 태아의 cell-free fetal DNA(cffDNA)를 분리하고, 그 DNA를 분석하여 태아의 유전적 질병을 진단하는 방법에 관한 특허였다. 이로써 유산 위험이 있는 양수검사를 할 필요 없이 태아의 유전적 질병을 조기에 진단하는 것이 가능하게 되었다. '540특허는 PCR을 통하여 유전자를 증폭하는 단계와 증폭된 유전자를 검사하는 단계로 구성되어 있다.

Sequenom은 '540특허의 독점 실시권을 받아 상용 제품을 출시하였는데, Ariosa 등의 회사들이 비슷한 방법의 저렴한 제품을 출시하자 이를 상대로 특허침해소송을 제기하였다. 캘리포니아 북부연방지방법원은 '540특허는 cffDNA의 자연현상에 관한 것으로 특허적격이 없다고 판단하였고, Sequenom은 이에 항소하였다.

CAFC는 태아의 DNA가 어머니의 혈액에도 존재하는 것은 자연현상에 해당한다고 보았다. 다음으로 자연현상에 종래 잘 알려진(well-understood, routine, and conventional activity) 방법인 혈액채취, DNA 증폭, 유전자 검사하는 방법만을 결합하여 청구한 '540특허는 발명의 개념을 갖추지 못하여 특허를 받을 수 없다고 판단하였다.

Sequenom은 CAFC에 전원합의체 심리를 신청하였으나 CAFC는 이를 기각하였고, 연방대법원에 상고허가신청을 하였으나 연방대법원은 2016년 6월 27일 상고허가신청을 기각하였다.

3) Genetic Technologies v. Merial[245)]

Genetics사는 DNA의 암호화 구역(coding region)인 엑손(exon)과 연관된 비암호화 구역인 인트론(intron)의 DNA를 증폭하고 분석함으로써, 특정 유전자의 대립유전자(allele)를 탐지하는 방법에 관한 미국 특허 제5,612,179호(이하 "179특허')[246)]의 특허권

243) Sequenom, Inc. v. Ariosa Diagnostics, Inc.(Fed. Cir. 2020).

244) 위 특허의 주요 청구항은 다음과 같다.

1. A method for detecting a paternally inherited nucleic acid of fetal origin performed on a maternal serum or plasma sample from a pregnant female, which method comprises: amplifying a paternally inherited nucleic acid from the serum or plasma sample and detecting the presence of a paternally inherited nucleic acid of fetal origin in the sample.

245) Genetic Technologies Ltd. v. Merial L.L.C.(Fed. Cir. 2016).

246) 위 특허의 주요 청구항은 다음과 같다.

1. A method for detection of at least one coding region allele of a multi-allelic genetic locus

자이다. 위 특허는 대립유전자를 탐지하기 위하여 primer pair로 DNA를 증폭하는 단계와 증폭된 DNA를 분석하는 단계로 이루어졌다.

Genetics는 Merial이 '179특허를 침해하였다는 이유로 특허침해소송을 제기하였는데, Merial은 '179특허가 미국 특허법 제101조에 따라 특허적격성이 없다고 주장하였다. 1심인 델라웨어 연방지방법원은 '179특허의 특허적격성이 없다는 이유로 Genetics의 청구를 기각하는 판결을 선고하였고, Genetics는 이에 항소하였다.

CAFC는 '179특허의 청구항이 연관불균형(linkage disequilibrium)의 암호화된 서열과 암호화되지 않은 서열의 관계 및 암호화되지 않은 DNA 서열은 이와 연결된 암호화된 서열을 표상하는 경향을 구하는 것이므로 자연법칙에 해당한다고 판단하였다. 다음으로 발명의 개념의 존재에 대하여, DNA를 증폭하는 단계는 출원 당시 분자생물학 분야에서 널리 알려진 기술에 해당하고, 물리적인 단계인 증폭된 DNA를 분석하는 단계 역시 출원 당시 널리 알려진 기술에 해당한다는 이유로 '179특허에는 발명의 개념이 존재하지 않는다고 판단하였다.

4) Rapid Litigation Management Ltd. v. Cellzdirect, Inc.[247]

Celsis[248]는 미국 특허 제7,604,929호(이하 "929 특허')[249]의 특허권자였는데, 위 특

---

comprising:

a) amplifying genomic DNA with a primer pair that spans a non-coding region sequence, said primer pair defining a DNA sequence which is in genetic linkage with said genetic locus and contains a sufficient number of non-coding region sequence nucleotides to produce an amplified DNA sequence characteristic of said allele; and

b) analyzing the amplified DNA sequence to detect the allele.

247) Rapid Litigation Management, Ltd. v. CellzDirect, Inc., 827 F.3d 1042(Fed. Cir. 2016).

248) 이후 인수합병을 통하여 원고는 Rapid Litigation Management Ltd. and In Vitro, Inc.로 변경되었고, 피고도 Cellzdirect, Inc. and Invitrogen Corporation으로 변경되었다.

249) 위 특허의 주요 청구항은 다음과 같다.

1. A method of producing a desired preparation of multi-cryopreserved hepatocytes, said hepatocytes being capable of being frozen and thawed at least two times, and in which greater than 70% of the hepatocytes of said preparation are viable after the final thaw, said method comprising:

(A) subjecting hepatocytes that have been frozen and thawed to density gradient fractionation to separate viable hepatocytes from non- viable hepatocytes,

(B) recovering the separated viable hepatocytes, and

(C) cryopreserving the recovered viable hepatocytes to thereby form said desired preparation of hepatocytes without requiring a density gradient step after thawing the hepatocytes for the second time, wherein the hepatocytes are not plated between

허는 간세포(hepatocytes)를 두 번 이상 냉동-해동시키는 단계를 포함하는, 동결보존 간세포 제제를 제조하는 방법에 관한 것으로서, Celsis는 위 특허를 상용화하여 LiverPool이라는 제품을 판매하고 있었다. 종래에는 간세포를 두 번 이상 냉동-해동하는 것이 불가능하였는데, 냉동-해동 후 살아있는 세포를 density gradient를 통해 분리하는 단계를 거쳐 최종 해동 후 70% 이상의 간세포가 생존하는 것을 가능하게 한 발명이었다.

Celsis는 Life Technologies를 상대로 특허침해 소송을 제기하였는데, 일리노이 북부연방지방법원은 간세포가 두 번 이상의 냉동-해동 과정 이후에도 살아남을 수 있다는 것은 자연현상에 불과하고, 청구항에 기재된 냉동-해동 후 살아있는 세포를 density gradient를 통해 분리하는 기술은 이미 알려진 기술에 불과하여 발명의 개념이 없다고 판단하였다.

CAFC는 '929특허는 간세포가 두 번 이상 냉동-해동 과정에도 살아남을 수 있다는 발견 자체를 청구한 것이 아니라 그것을 응용하여 간세포를 보존할 수 있는 새롭고 유용한 방법을 청구한 것이기 때문에 특허부적격 개념에 해당하지 않는다고 판단하였다.

5) Vanda Pharmaceuticals Inc. v. West-Ward Pharmaceuticals[250]

Vanda는 Fanapt 신약과 관련한 8,586,610특허(이하 '610특허')[251]의 특허권자이다.

---

the first and second cryopreservations, and wherein greater than 70% of the hepatocytes of said preparation are viable after the final thaw.

250) Vanda Pharmaceuticals Inc. v. West-Ward Pharmaceuticals, 887 F.3d 1117(Fed. Cir. 2018).

251) 위 특허의 주요 청구항은 다음과 같다.

1. A method for treating a patient with iloperidone, wherein the patient is suffering from schizophrenia, the method comprising the steps of: determining whether the patient is a CYP2D6 poor metabolizer by: obtaining or having obtained a biological sample from the patient; and performing or having performed a genotyping assay on the biological sample to determine if the patient has a CYP2D6 poor metabolizer genotype; and if the patient has a CYP2D6 poor metabolizer genotype, then internally administering iloperidone to the patient in an amount of 12 mg/day or less, and if the patient does not have a CYP2D6 poor metabolizer genotype, then internally administering iloperidone to the patient in an amount that is greater than 12 mg/day, up to 24 mg/day, wherein a risk of QTc prolongation for a patient having a CYP2D6 poor metabolizer genotype is lower following the internal administration of 12 mg/day or less than it would be if the iloperidone were administered in an amount of greater than 12 mg/day, up to 24 mg/day.

'610특허는 다중인격증 환자를 치료하는 방법에 있어서 환자의 CYP2D6 유전자 타입에 따라 공지된 의약품인 일로페리돈의 투약량을 결정하는 방법에 관한 특허이다. CYP2D6 유전자는 일로페리돈을 포함하여 많은 수의 의약품을 대사 작용하는 효소의 생성에 관여하는 유전자인데, 정상인보다 낮은 CYP2D6 유전자 활동성을 가진 환자의 경우 일로페리돈 투약량을 줄여 부작용을 감소시키는 방법에 관한 특허이다. West-Ward가 Fanapt의 제너릭 의약품에 대하여 간략신약신청(Abbreviated New Drug Application, ANDA)을 하자 Vanda는 West-Ward를 상대로 특허침해소송을 제기하였다. 델라웨어 연방지방법원은 '610특허가 자연현상 자체를 청구하는 것이 아니고 자연에서 발견된 형상을 응용(application)하는 것에 불과하므로 특허적격이 인정된다고 판단하였고, West-Ward가 이에 대하여 항소하였다.

CAFC는 '610특허가 일로페리돈과 CYP2D6 대사작용과의 관계에 기반하고 있기 때문에 자연현상에 관한 것이라고 판단하였다. 하지만 '610특허는 모든 환자에게 적용되는 것이 아니라 특정한 유전자를 가진 환자에게만 적용되는 것으로서 투약량 측정도 고도로 특정된 유전자 검사 방법만을 요구하므로, 이는 기존의 약물을 더 안전하게 사용할 수 있는 새로운 방법에 관한 것이므로, 발명의 개념이 존재하므로 특허를 받을 수 있다고 판단하였다.

6) Roche Molecular Systems, Inc. v. Cepheid[252]

Roche는 미국 특허 제5,643,723호(이하 "'723특허')[253]의 특허권자이다. '723특허는

---

252) Roche Molecular Systems, Inc. v. Cepheid, 905 F.3d 1363(Fed. Cir. 2018).

253) 위 특허의 주요 청구항은 다음과 같다.

1. A method for detecting Mycobacterium tuberculosis in a biological sample suspected of containing M. tuberculosis comprising:

(a) subjecting DNA from the biological sample to polymerase chain reaction [PCR] using a plurality of primers under reaction conditions sufficient to simplify a portion of a M. tuberculosis rpoB [gene] to produce an amplification product, wherein the plurality of primers comprises at least one primer that hybridizes under hybridizing conditions to the amplified portion of the [gene] at a site comprising at least one position-specific M. tuberculosis signature nucleotide selected, with reference to FIG. 3 (SEQ ID NO: 1), from the group consisting

(b) detecting the presence or absence of an amplification product, wherein the presence of an amplification product is indicative of the presence of M. tuberculosis in the biological sample and wherein the absence of the amplification product is indicative of the absence of M. tuberculosis in the biological sample.

폐결핵을 일으키는 주 병원균으로서 항생제 rifampin에 내성을 갖는 Mycobacterium tuberculosis('MTB')를 빠르게 검출하는 방법에 관한 것이다. 이는 MTB에는 다른 박테리아에는 존재하지 않는 11개의 위치-특이적인 뉴클레오타이드를 포함하는 rpoB 유전자가 존재한다는 발견에 기초한 것이다. '723특허는 PCR에 이용되는 11개의 위치-특이적인 뉴클레오타이드에 결합하는 프라이머(primer)에 대한 조성물 청구항과 DNA를 PCR시키고 그 PCR 반응물 중에 MTB 존재 여부를 판단하는 단계를 포함하는 방법 청구항으로 구성되어 있다.

Roche는 Cepheid를 상대로 특허침해소송을 제기하였는데, 캘리포니아 북부연방지방법원은 조성물 청구항에 대하여 자연에 존재하는 유전자의 서열과 동일하기 때문에 자연현상에 불과하고 방법 청구항도 이를 활용하여 기존에 존재하는 PCR을 적용한 것이므로 특허부적격 개념에 해당한다고 판단하였고, Roche는 이에 항소하였다.

CAFC는 primer에 대한 조성물 청구항과 MTB를 검출하는 방법 청구항에 대하여 모두 무효라고 판단하였다. 먼저 MTB의 rpoB 유전자에 관한 프라이머는 자연에 존재하는 DNA의 서열 중 일부와 동일하므로 자연현상에 불과하여 특허부적격 개념에 해당하고, 프라이머 분자는 자연에 존재하는 서열의 상태와 비교하여 양 말단에 3-prime hydroxy group을 갖는다는 차이점이 있지만, Myriad 판결의 대상이었던 BRCA1도 3-prime hydroxy group을 포함하고 있지만 자연산물과 구분이 되지 않기 때문에 특허대상이 되지 않는다고 한 판결을 선례로 들어 발명의 개념도 존재하지 않는다고 판단하였다. 방법청구항에 대하여도 자연적으로 존재하는 특정 유전자에 관계에 관한 것이므로 자연현상에 불과하고, 추출된 DNA를 증폭하는 PCR의 사용도 발명의 개념으로는 불충분하다고 판단하였다.

사례연구

Ariad Pharmaceuticals v. Eli Lilly 사건[254)]

* 이 사건은 특허대상에 대한 사건이 아니라, 기재불비에 대한 미국 특허법 제112조가 문제된 사안이다. 생명공학 특허의 경우 사안에 따라서 대상성을 부정하는 대신, 대상성을 인정하고, 제112조[255)]로 특허를 무효화시킴으로서 특허를 엄격하게 규율하는 방법이 있을 수 있다는 것을 보기 위해서 이 사건을 본다.

1. 사안의 개요

MIT(Massachusetts Institute of Technology)대학교와 Harvard College, White Institute for Biomedical Research 등은 미국 특허 제6,410,516호(이하 "516특허')의 특허권자이고, Ariad Pharmaceuticals, Inc.(이하 모두 'Ariad')는 그 실시권자이다. '516특허는 면역 반응에 중요한 역할을 하는 특정한 사이토카인(cytokine)을 생산하는 NF-κB라는 면역 유전자의 '전사 인자(transcription factor)'의 활동을 조절하거나 치환하는 등의 수단에 관련된 것이다.[256)]

---

254) 598 F.3d 1336(Fed. Cir. 2010).

255) 미국 특허법 제112조의 첫째 문장에 의한 기재요건에 따라 명세서에는 발명의 상세한 설명이 기재되어야 한다. 발명의 상세한 설명에는 그 발명이 속하는 당해 기술 분야에서 또는 그 기술 분야와 관련된 기술 분야에서 통상의 지식을 가진 자가 용이하게 실시할 수 있을 정도로 발명이 완전・명확・간결・정확하게 구체적으로 기재되어야 한다(The enablement requirement). 즉 출원인은 명세서를 통해 발명의 완전하고 적당한 개시를 제공해야 한다(Disclosure Requirement). 그러나 명세서에 청구항(Claim)을 기재할 필요는 없다. 황경환, "미국법상 임시출원 제도와 청구범위 유예제도", 창작과 권리 제47호(2007. 6.), 5면.

256) 그 핵심은 진핵세포(eukaryotic cell) 내에서 Nuclear Factor Kappa B(NK-κB)의 활동을 줄이는 수단을 포함하는 단계에 있다. U.S. Patent No. 6,410,516, Abstract, Constitutive and tissue-specific protein factors which bind to transcriptional regulatory elements of Ig genes (promoter and enhancer) are described. The factors were identified and isolated by an improved assay for protein-DNA binding. Genes encoding factors which positively regulate transcription can be isolated and employed to enhance transription of Ig genes. In particular, NF-κB, the gene encoding NF-κB, IκB and the gene encoding IκB and uses therefor.

이 사건에서 문제가 되고 있는 Ariad Inc.의 특허는 NF-κB[257]로 불리는 transcription factor에 관한 것이다. 이 NF-κB는 세포가 유해한 환경에 노출되었을 때에 세포가 생존할 수 있도록 도움을 주는 기능을 하지만, NF-κB가 과다할 경우에는 오히려 세포에게 해가 될 수 있는 양면성을 가진다. 따라서 NF-κB의 양을 적절하게 유지할 수 있다면 세포의 생존에 유리할 것인바, 이 사건 특허기술은 NF-κB를 인위적으로 억제하여 NF-κB의 해로운 기능을 최소화하기 위한 것이다. 그러나 이 사건 특허는 NF-κB의 활성을 어떠한 방식으로 억제시키는지에 대하여는 구체적으로 개시하고 있지 아니하며, 다만 청구항에서 NF-κB의 활성을 감소시키는 단계를 광범위하게 열거하고 있을 뿐이다.

Ariad Inc.는 이 사건 발명의 출원당시부터 CAFC의 판례인 University of Rochester v. G.D. Searle & Co. 판결[258]을 회피하기 위하여 노력했었다. 이 Rochester 판결에서 문제된 발명은 비스테로이드성 화합물을 통하여 COX-2 수용체(receptor)를 선택적으로 억제시키는 방법[259]에 관한 발명이었는데, 그 청구항의 구성은 다음과 같았다.

---

257) NF-κB (nuclear factor kappa-light-chain-enhancer of activated B cells)란, DNA의 전사를 조절하는 단백질 복합체로써, 대부분의 동물세포에서 발견된다. NF-κB는 스트레스, cytokines, free radical, UV, 산화된 LDL, 그리고 세균이나 바이러스에 의하여 활성화되며, 면역반응을 조절하는 중추적인 기능을 한다(이는 kappa light chains이 면역글로불린의 중추적인 구성요소이기 때문이다). 그러나 반면에 NF-κB가 잘못 조절되는 경우에는 암, 염증, 자가면역질환, 패혈성 쇼크, 바이러스 감염 등과 같은 비정상적 면역반응이 초래될 수도 있다.

258) University of Rochester v. G.D. Searle & Co., 358 F.3d 916(Fed. Cir. 2004), the University of Rochester claimed that United States Pat. No. 6,048,850(which claimed a method of inhibiting COX-2 in humans using a compound, without actually disclosing what that compound might be) covered drugs such as celecoxib. The court ruled in favor of Searle, holding in essence that the University had claimed a method requiring, yet provided no written description of, a compound that could inhibit COX-2 and therefore the patent was invalid. http://en.wikipedia. org/wiki/Celecoxib(2010. 12. 29. 최종접속).

259) COX란, cyclooxygenase효소를 말하는데, 이는 프로스타글란딘(Prostaglandin, PG)이 합성되는 경로 중 하나이다. 환상구조를 지닌 모든 eicosanoids, 말하자면 PG나 thromboxane, 그리고 prostacyclin은 이 경로를 통하여 합성된다. 그중 COX-2는 염증자극에 대한 반응으로 유도되는 것으로, 이를 억제하면 PG의 합성이 저해되어 항염작용(소염작용) 및 진통작용이 나타나게 되는 것이다. 따라서 비스테로이드성 약물(Non-Steroidal anti-inflammatory drugs/NSAIDs) 역시 COX를 저해하여 prostaglandin의 합성을 억제하기 때문에 통증 완화가 가능한 것이다. NSAIDs 약물의 대표적인 예로 아스피린, 이부프로펜 그리고 나프록센 등이 있는데, 후에 등장한 COX 특이적인 약물들은 NSAIDs와 그 작용이 비슷하지만 고전적인 NSAIDs와 구분한다. 고전적인

Claim 1 of Rochester

인간세포에서 PGHS-2[260]의 활성을 선택적으로 억제하는 방법으로, 비스테로이드성 화합물을 통하여 PGHS-2 유전자의 활성을 선택적으로 억제하는 방법을 포함하는 치료방법.

Rochester 판결에서 법원은 위 청구항이 그와 같은 작용효과를 일으키는 특정 화합물을 전혀 공개하지 않고 단순히 '비스테로이드성 화합물'이라는 포괄적 용어를 사용하였으므로 위 발명은 무효가 된다고 판단하였다.

Ariad Inc.에서는 위 Rochester 판결을 참고하여 그와 같은 전철을 밟지 않기 위하여, NF-κB의 활성을 억제할 가능성이 있는 물질을 세 가지로 분류하여 이를 적시하였다(NF-κB를 특이적으로 억제하는 물질, NF-κB의 활성을 지배적으로 방해하는 물질, 그리고 유인물질(decoy molecule)). 그러나 구체적으로 어떠한 화합물이 위와 같은 억제작용을 하는지에 대하여는 구체적으로 개시하지 않았다.

물론 Ariad Inc.는 위 Rochester 판결이 이 사건에서 적용될 수 없다고 주장하였다. 왜냐하면 Ariad Inc.의 이 사건 발명은 방법특허로서, 단순히 관련물질만을 추상적으로 제시하였던 Rochester 판결과는 달리 청구항 95에서 방법발명으로서의 그 '방법'을 구체적으로 적시하였다는 것이다.

Ariad Inc.의 이 사건 발명 청구항 95.

95. 진핵세포에서, 세포외부로부터의 자극을 받아 활성화되어 세포내부에서 NF-κB를 매개체로 하는 신호전달을 유발시키는 유전자의 발현정도를 감소시키는 방법, 세포내부에서 NF-κB의 활성을 억제하는 방법을 포함하여, 인간세포에서 위 유전자의 발현을 억제시키는 방법.

따라서 Ariad Inc.는 이 사건 발명에 있어서 NF-κB의 활성을 억제시킬 수 있는 물질들을 구체적으로 개시할 필요가 없다고 주장하였다. 그러나 CAFC는 Ariad Inc.의 주장을 받아들이지 아니하고, Ariad Inc.의 이 사건 특허가 미국 특허법 제

NSAIDs는 상시 발현되는 COX-1과 염증이 있을 때만 나타나는 COX-2를 가리지 않고 억제한다. 그렇기 때문에 염증에만 작용하는 것이 아니다. 대표적인 부작용 중 하나로 아스피린의 위장장애를 들 수 있다. 이를 해결하기 위해, 셀레콕시브와 로페콕시브 등의 COX-2 특이적 저해제가 등장했다.

260) COX-2를 말한다.

112조의 서면기재요건(written description requirement)을 충족하지 못하여 무효라는 종전의 3인 패널(3 Judge Panel)의 입장을 고수하였다.

2. 사건의 경과

2002년 6월 25일, Ariad는 Eily Lilly & Company(이하 'Lilly')가 생산하여 판매하는 Evista®와 Xigris®라는 약품이 자신들의 '516특허를 침해하였다고 하여 메사추세츠 연방지방법원에 소를 제기하였다.[261] 이에 Lilly는 다양한 반론을 제기하였다. '516특허가 특허적격이 없어 무효라는 반소는 그중 하나였다. 그 근거로서 Lilly는, ① '516특허의 중요 부분 중 하나인 NF-κB와 IκB(Inhibitor of kappa B)간의 관계가 과학자들에 의하여 이미 밝혀져 있었고, ② 따라서 '516특허는 "자연 현상의 예견된 이용(preempt use of a natural phenomenon)"일 뿐이라고 주장하였다. 그러나, 배심원단은 이러한 주장을 받아들이지 않았고, 대신 Ariad의 "살아있는 세포들의 물리적 상태를 변화시키는 수단(methods that comprise transforming the physical state of living cells)"이라는 항변을 받아들여 '516특허는 특허적격을 보유하고 있다고 평결하였다. 2007년 7월, 1심인 메사추세츠 연방지방법원은 Lilly의 유명한 약인 Evista®[262]와 Xigris®[263]가 Ariad Inc.의 특허를 침해하였다고 판단하고 Lilly에 대하여 손해배상을 명하였다.

3. CAFC의 판단

Lilly는 미국 특허법 제101조와 제102조, 제112조 등을 근거로 하여 항소하였다.

---

261) Ariad Pharmaceuticals, Inc., Massachusetts Institute of Technology, The Whitehead Institue for Biomedical Research, and the President and Fellows of Harvard College v. Eli Lilly and Company, The United State District Court for the District of Massachusetts, in Case No. 02-CV-11280.

262) Evista®는 성분명은 랄록시펜(raloxifene)이며, 미국의 Eli Lilly Co.제약회사가 개발하였다. 1997년 12월에 FDA(Food and Drug Administration: 미국식품의약국)로부터 갱년기 여성들을 위한 골다공증 치료제로 승인받았으며, 에스트로겐 수용체에 선택적으로 작용하여 뼈의 손실을 막아주는 효과가 있다.

263) Xigris®는 성분명 Drotrecogin alfa로, Eli Lilly and Co.에 의하여 개발, 시판되었다. 이것은 human activiated protein C의 재합성물로, 혈전용해효과, 소염효과 그리고 profibilolytic의 특성이 있다.

2010년 3월 22일, CAFC에서는 전원합의체(en banc)까지 가는 논의 끝에, '516특허가 미국 특허법 제101조가 아닌 제112조에 근거하여, '516특허가 상세한 설명을 결하고 있기 때문에 무효라고 판시하고, 이를 파기 환송하였다.[264] 비록 CAFC에서는 미국 특허법 제101조의 판단 기준을 정면으로 다루지 않고 제112조의 특허의 서면기재요건에 대해서 판단하였지만, 제101조에 관련하여서도 이 사건은 연방지방법원과 CAFC에서의 심리를 거치면서 생명공학 특허에 대한 특허적격판단의 기준을 간접적으로 확인한 사건이라는 점에서 의의를 가진다. 특히, 연방지방법원의 심리과정에서 인체내에서 일어난 변화를 "세포들의 물리적 변화"로서 "Transformation"에 포섭시켰고, CAFC는 그대로 인정하였다.

CAFC는 제112조 1문의 서면기재요건은 실시가능요건과 구별되는 요건이라고 하면서, 미국 특허법 제112조 1문의 'description of the manner of making and using the claimed invention(즉, enablement requirement)'와 별도로('and'라는 접속사를 통하여) 'written description of the invention' 또한 요구하고 있음을 그 근거로 제시하였다.[265]

나아가 서면기재요건(written description requirement)의 충족여부의 판단은 일률적으로 할 것이 아니라 당해 명세서에서 확정하려는 발명의 성질과 범위 그리고 그 발명과 인접한 기술분야와의 복잡성 및 예견가능성에 따라서 결정된다[266]고 하며 명

264) Ariad Pharmaceuticals, Inc., Massachusetts Institute of Technology, The Whitehead Institue for Biomedical Research, and the President and Fellows of Harvard College v. Eli Lilly and Company, －F.3d－, 2010 WL 1007369(C.A.Fed. (Mass.); 미국 특허법 제102조와 관련하여서는 이 사건으로 특허에 대한 상세한 설명이 명세서와 더불어 독립적인 요건임이 확인되었고, 발견에 있어서는 이른바 "possession of invention"의 요건을 충족시켜야지만 특허를 받을 수 있다는 기준이 확립되었다.

265) 미국 특허법 제112조의 첫 문단은 아래와 같다.
The specification shall contain a <u>written description of the invention</u>, and <u>of the manner and process of making and using it</u>, in such full, clear, concise, and exact terms as to enable any person skilled in the art to which it pertains, or with which it is most nearly connected, to make and use the same, and shall set forth the best mode contemplated by the inventor of carrying out his invention.
즉, CAFC는 위 규정을 해석함에 있어서, 특허신청서에는 "written description of the invention" 그리고(and), "(description)of the manner and process of making and using it"이 모두 필요하다고 해석한 것이다.

266) "the level of detail required to satisfy the written description requirement varies depending on the nature and scope of the claims and on the complexity and predictability of the

백한 기준을 제시하진 않았다.[267] CAFC는 발명가의 입장에서는 이와 같은 서면 기재요건을 충족시키기가 때때로 매우 난해할 수 있다는 점을 인정하면서도, 아무리 혁신적인 것이거나 혹은 후대의 발명에 필수적인 원천기술에 관한 것이라 하더라도, 특허권을 부여하는 것이 학술적 이론개발에 대한 포상으로 활용될 수는 없다하면서, 연구계획을 설명하는 데 그치는 청구항이 발명으로 인정된다면 이는 이후의 연구개발의욕을 저해하고 연구개발에 드는 비용을 오히려 가중시킬 수 있다고 하여 서면기재요건의 충족과 관련하여 엄격한 입장을 취했다.

4. 사건의 의의

이 사건 CAFC의 판결은 생명공학 분야 연구자들에게 큰 충격을 주었다. 왜냐하면 지금까지 CAFC는 생명공학분야나 화학분야와 같이 예측가능성이 매우 낮은 기술분야에 속하는 특허일수록, 상대적으로 예측가능성이 높은 기계공학이나 전기공학 혹은 소프트웨어 산업에 비하여 훨씬 더 상세하고 구체적인 명세서 기재 요건을 제시하여 왔기 때문이다.

생명공학 분야에서 하나의 속(屬) 청구항(genus claim)을 설명하기 위하여 몇 개의 하위 종(種)청구항(species claim)이 필요한지 알 수 없는 상황이 되었고,[268] 흔히

---

relevant technology".

267) CAFC는 서면기재요건(written description requirement)은 단순히 해당 명세서에 적시된 발명이 가능한지 여부만을 확인시켜주는 데에 그치는 것이 아니라, "해당발명의 전반적인 특징이 모두 공개되어야 하며(the hallmark of written description is disclosure)", "당해 산업분야에서 통상의 기술을 가진 자가 그 내용을 모두 이해할 수 있을 정도로 객관적인 연구방법 · 결과가 적시되어야 하고(the test requires an objective inquiry into the four corners of the specification from the perspective of a person of ordinary skill in the art)", 또한 "그러한 설명을 통하여 발명자가 실제로 명세서에 기재된 발명을 이룩해 내었음을 보여줄 수 있어야 한다(…and show that the inventor actually invented the invention claimed)"고 하였다. 서면기재요건의 충족여부를 판단하는 기준으로 실험 예를 제시하거나(examples) 혹은 그 발명의 실행에 필요한 노력을 감소시켜 줄 수 있도록(an actual reduction to practice)하는 것이 반드시 필요한 것은 아니지만, 그것이 그 발명을 실행하는 데 필요한 비용을 건설적으로 감소시켜주는 경우(a constructive reduction to practice)에는 서면기재요건을 충족하는 확실한 방법이 될 수 있다. 다만, 그것이 단순히 발명자 본인의 것(possession)임을 보여주는 데 그치고 있거나 또는 당해 발명이 설명하고 있는 분야를 벗어난 부분에서의 비용감소(reduction to practice outside of the specification)인 경우에는 서면기재요건을 충족하였다고 보기 어렵다."고 하였다.

268) 속 청구항은 종 청구항에서 언급된 요소들과 다른 본질적인 요소를 포함하지 않아야 하며, 속 청구

있는 발명인 '아미노산 자체에 대한 물(物) 발명'을 예로 들어보면, 이런 경우에는 발명가가 당해 아미노산을 코딩하고 있을 가능성이 있는 모든 DNA염기서열을 공개하여야 한다면, 이 사건 판결을 통해서 미국 특허법 제112조의 규정이 엄청나게 까다롭게 된 것으로, 아마도 많은 생명공학 분야의 특허들이 무효화될 가능성이 높아졌다.

Ⅳ. 인공지능 발명과 특허성립성

1. 발명을 하는 인공지능(Artificial Intelligence, AI)인 다부스 출원과 특허적격성

탈러(Thaler) 박사는 2019. 7. 29. 다부스(Dabus)269) 출원을 하였다.270) 탈러 박사는 다부스를 소프트웨어로 정의하였다.271) USPTO는 출원인에 대해서 출원명세서 어디에도 인간의 이름이 기재되어 있지 않으니 이 점에 대해서 보정하라고 2019. 8. 8. 의견제출통지를 했다. 그리고 그럼에도 보정이 되지 않자, 2020년 미국 USPTO는 다부스 특허출원에 대하여 거절결정을 했다. 거절사유는 발명자가 인간이 되어야 하는데, 인간이 아니라는 점이었다.

이 사건에서 쟁점이 되는 것은 미국 특허법 제115조(a)이다. 이 규정의 'Individual'의 해석이 문제가 된다. 전통적으로 별다른 의문 없이 여기서 Individual이라는 단어의 의미는 인간이라고 해석해왔다. 위와 같은 관련조항의 해석에 의해서도 Individual이라는 단어의 의미는 인간이라고 해석하는 것이 미국 특허법의 체계적 해석으로도

항의 범위 내에서 각 종들로 구성을 이행할 수 있어야 한다는 것이 MPEP의 태도이다. 복수의 종들에 대한 청구항을 하나의 출원으로 하기 위해서는 종 청구항은 속 청구항의 모든 한정을 포함하여야 하며, 이와 같은 종/속 관계가 있는 경우, 속 청구항이 허여 가능하면 선택된 종 청구항 뿐만 아니라 다른 모든 종 청구항도 허여 가능하다. 왜냐하면, 종 청구항은 속 청구항의 모든 한정사항을 포함하고 있기 때문이다. 이해영, 「미국 특허법」, 한빛지적소유권센터(2005) 202면.

269) Device for the Autonomous Bootstrapping of Unified Science. 탈러 박사는 이를 줄여서 DABUS 라고 칭했다.

270) PTO: U.S. Patent Application Nos. 16/524,350.

271) a collection of source code or programming and a software program.

타당하다는 것이 USPTO의 판단이다.

2020년 4월 22일 미국 특허청은 이런 측면에서 거절결정을 하였다.[272] 그리고 탈러 박사는 법원에 거절결정취소소송을 제기하였다.[273] 이 소송에서 버지니아 동부연방지방법원은 Dabus라는 이름의 인공지능이 사람이 아니라는 이유로 인공지능발명의 특허성을 부정한 USPTO의 결정[274]을 지지하였다.[275] 법률적인 관점에서 보았을 때 실질적으로 인간을 발명자로 기재를 하는 것이 법적인 요건이라는 판단을 한 것이다.[276] 그래서 궁극적으로 USPTO의 거절결정이 타당하다는 것이다.

이에 대해서 탈러 박사는 이러한 버지니아 동부연방지방법원의 결정에 대해서 항소를 하였다. CAFC는 연방지방법원의 판결을 지지하였다.[277] 2022. 10. 22. CAFC는 전원일치로 인공지능이 창작한 발명의 특허법상 특허적격성에 대해서는 당해 사건에서 쟁점으로 다룰 필요가 없다고 보았다.[278]

2. 인공지능 발명에 대한 논의 전개[279]

AI를 이용한 텍스트 처리, 예를 들어서 공개된 특허의 텍스트 부분을 결합해서 신규 특허 출원서를 작성하는 것과 그거는 반대로 실제로 아이디어를 구상하는 것을 구분하는 것이다. AI를 이야기할 때 이것을 발명자로 얘기하건 시스템으로 얘기하건 도

---

272) USPTO In re Application of Application No.: 16/524,350.

273) Thaler v. Iancu, et al., 1:20-cv-00903 D.I. 1 (E.D. Va. Aug. 6, 2020).

274) 16/524,350, Decision on Petition (July 29, 2019).

275) Thaler v. Iancu, et al., 1:20-cv-00903 D.I. 33 (E.D. Va. April 6, 2021).

276) Beech Aircraft Corp. v. EDO Corp., 990 F.2d 1237, 1248(Fed. Cir. 1993) ("only natural persons can be 'inventors'"), Burroughs Wellcome Co. v. Barr Labs., Inc., 40 F.3d 1223, 1227-28(Fed. Cir. 1994) (finding that conception is a "mental act" that must be performed by a natural person), Univ. of Utah v. Max-Planck-Gesellschaft Zur Forderung Der Wissenschaften, 734 F.3d 1315(2013) ("It is axiomatic that inventors are the individuals that conceive of the invention."); see also MPEP §2109.

277) Thaler v. Vidal, No. 21-2347(Fed. Cir. 2022).

278) "At first, it might seem that resolving this issue would involve an abstract inquiry into the nature of invention or the rights, if any, of AI systems. In fact, however, we do not need to ponder these metaphysical matters. Instead, our task begins －and ends－ with consideration of the applicable definition in the relevant statue."

279) 관련 문헌으로는 김광남, "인공지능시대를 맞이하는 특허법상 도전과 혁신－인공지능이 한 발명의 법적취급을 중심으로－", 저스티스 통권 182권 2호, 2021, 187-224면 참조.

구로 얘기할 것인지 그 정의를 분명하게 규정할 필요가 있다. 발명자성의 지위에 대해서 인공지능을 도구로 볼 것인가 아니면 공동 발명자로 볼 것인가 단독 발명자로 볼 것인가라는 점에 대해서 미리 방향성을 협의하는 것은 필요하고 미국에서도 이에 대한 공적인 의견청취절차를 진행한 바 있고, 2020년 10월에 인공지능과 지재권 정책에 관한 공개적 의견을 제시한 바 있다.[280] 그 결과 특허법이 현재로서는 인공지능 산출물을 규율하기에 적합하다는 의견이 대다수이다.[281]

AI의 기술 발전 수준을 반드시 고려해서 DABUS를 비롯해서 AI가 지원한 혁신적인 어떤 창작물 혁신물은 인간의 개입이 반드시 필요한 상황인지 여부를 보아야 할 것이다. 이런 점에서 보면 미국에서의 판단은 인공지능은 아직 발명 과정의 도구로 이해하는 것으로 보인다.[282] 미국뿐만 아니라 2023. 7. 서울행정법원을 포함하여 전 세계적으로 특허청과 법원들은 DABUS라는 인공지능 발명에 대해서 인공지능의 발명자성을 부정하고 있다.[283]

280) Public Views on Artificial Intelligence and Intellectual Property Policy.

281) https://www.uspto.gov/sites/default/files/documents/USPTO_AI-Report_2020-10-07.pdf.

282) 그러나 제약업계에서는 단순한 도구인지에 대해서 논의가 있다. 관련 문헌으로 David H. Freeman, Hunting for New Drugs with AI, Nature 576, S49-S53 (2019) [doi: https://doi.org/10.1038/d41586-019-03846-0]

283) 권보원, "인공지능을 발명자로 볼 수 있을까? - DABUS 판결에 부쳐", 사법 1권 59호(2022), 37-102면 참조; 최승재, "다부스 사건을 중심으로 한 AI 발명 주체성", 2023. 6. 8. AIPPI 2023 세미나 발표문 참조(미공간).

CHAPTER

03 특허요건

제 1 절 신 규 성(Novelty Requirement)

Ⅰ. 제102조

미국 특허법 제102조는 특허요건으로 신규성(Conditions for patentability; novelty and loss of right to patent)을 요구하고 있다. 신규하다는 단어는 제101조에 규정되어 있지만, 제102조는 신규성의 기준을 어떻게 정할 것인지를 규정한다. 제101조에서 말하는 3개의 요건 중 유용성과 특허대상 여부만 제101조에 의하여 적용된다. 그것이 1952년 개정 특허법의 취지라는 것이 법원의 태도이다.[1)]

신규성 판단은 하나의 선행문헌에 출원발명이 개시되어 있는지(disclosed)에 대한 사실판단의 문제이다. 이때 개시되어 있는지는 명시적(express)인 경우는 물론 내재적(inherent) 또는 암시적(implicit) 개시를 포함한다(MPEP 211). 따라서 신규성 판단은 하나의 선행문헌과 출원발명을 1:1로 대응하여 비교하고 판단하는 것을 원칙(single reference rule)으로 하고 예외적으로 주 선행문헌에 실시가능한 내용이 개시되어 있음을 증명하거나 주 선행문헌에 사용된 용어의 뜻을 설명하거나 선행문헌에 기재되지 않은 특징이 그 고유의 본질적인 특징(내재적 개시)임을 증명할 때에만 부수적으로 복수의 선행 문헌을 인용할 수 있다(MPEP 2131.01).

1) In re Bergy, 596 F.2d 952(CCPA 1979)(Rich, J.), Diamond v. Chakrabarty, 447 U.S. 303(1980).

2011. 9. 16. 발효된 개정 미국 특허법(Leahy-Smith America Invents Act, 이하 AIA)은 선출원주의(First to file system)의 도입과 함께, 신규성의 판단기준에도 큰 변화를 가져왔다. 개정 전 특허법(이하 pre-AIA)에 의한 신규성과 진보성의 시간적 기준은 발명일이었으나, AIA에서는 시간적 기준이 유효 출원일로 변경되었다.2) 선발명주의(First to invent system)를 폐기하고, 유예기간 등에서 세부적인 차이는 있으나, 다른 국가들과 동일한 시점을 기준으로 선행기술의 유효성을 판단하도록 한 것이다. 다만 선출원주의에 따른 신규성, 진보성 판단에 관한 규정은 2013. 3. 16. 이후 출원된 발명에 대해서부터 적용된다.

1. 규정형식과 증명책임

Pre-AIA와 AIA는 공통적으로 제102조에서 신규성에 의해서 특허가 거절되거나 무효되는 경우를 열거하고 있다. Pre-AIA와 AIA의 차이점을 표로 정리하면 아래와 같다.3)

예를 들어 on-sale bar라고 불리는 판매에 의한 신규성 상실 규정은 기존에 확립되어 있던 Pfaff 2단계 테스트4)의 적용에 있어서 AIA 제102조(a)(1)의 문언상 선행기술에 대한 정의를 함에 있어서 pre-AIA에서의 용어와 동일한 용어를 사용하여 그 해석에 대한 정리가 필요하였다.

pre-AIA 35 U.S.C. §102(b) A person shall be entitled to a patent unless the invention was patented or described in a printed publication in this or a foreign country or	AIA 35 U.S.C. §102(a)(1) A person shall be entitled to a patent unless the claimed invention was patented, described in a printed publication, or

2) AIA의 선출원주의 규정이 적용되기 시작한 2013년 3월 16일 이전에 유효하게 출원된 특허들에 관해서는 Pre-AIA가 여전히 적용되며, 이들 특허에는 선발명주의가 적용된다. 한편, 2013년 3월 16일 이전 최초 출원되었다가 우선권 주장 출원 또는 계속 출원 절차로 실제 출원된 경우에는 모든 청구항이 최초 출원 명세서에 기초하고 신규사항이 없는 경우에만 pre-AIA를 적용한다.

3) 미국 로스쿨의 특허법 강의에서도 Pre-AIA 와 AIA가 적용되는 경우를 모두 가르치고 있다. 이 장에서는 미국 실무와 같이 AIA와 Pre-AIA로 두 체계를 모두 설명한다.

4) 기존에 확립된 판례(*Pfaff* 2단계 테스트)에 따르면, 기준일 전에 ① 당해 발명에 대한 상업적 판매 또는 청약이 있었고; ② 특허를 받을 준비(ready for patenting)가 되었으면, on-sale bar가 적용된다{Pfaff v. Wells Elecs., 525 U.S. 55(1998)}.

in public use or *on sale* in this country, more than one year prior to the date of the application for patent in the United States.	in public use, *on sale*, or *otherwise available to the public* before the effective filing date of the claimed invention.

개정전후를 표로 정리하면 다음과 같다.

Pre-AIA[5]	AIA[6]
제102조. 특허성의 조건: 신규성과 특허를 받을 권리상실 출원인은 아래 경우가 아니면 특허를 받을 수 있다.	제102조. 특허성의 조건: 신규성 (a) 신규성: 선행 기술. 출원인은 아래 경우가 아니면 특허를 받을 수 있다.

5) 35 USC §102 (pre-AIA). Conditions for patentability; novelty and loss of right to patent A person shall be entitled to a patent unless,
(a) the invention was known or used by others in this country, or patented or described in a printed publication in this or a foreign country, before the invention thereof by the applicant for patent, or
(b) the invention was patented or described in a printed publication in this or a foreign country or in public use or on sale in this country, more than one year prior to the date of the application for patent in the United States, or
(c) he has abandoned the invention, or
(d) the invention was first patented or caused to be patented, or was the subject of an inventor's certificate, by the applicant or his legal representatives or assigns in a foreign country prior to the date of the application for patent in this country on an application for patent or inventor's certificate filed more than twelve months before the filing of the application in the United States, or
(e) the invention was described in (1) an application for patent, published under section 122(b) [35 USC 122(b)], by another filed in the United States before the invention by the applicant for patent or (2) a patent granted on an application for patent by another filed in the United States before the invention by the applicant for patent, except that an international application filed under the treaty defined in section 351(a) [35 USC 351(a)] shall have the effects for the purposes of this subsection of an application filed in the United States only if the international application designated the United States and was published under Article 21(2) of such treaty in the English language; or
(f) he did not himself invent the subject matter sought to be patented, or
(g) (1) during the course of an interference conducted under section 135 [35 USC 135] or section 291 [35 USC 291], another inventor involved therein establishes, to the extent permitted in section 104 [35 USC 104], that before such person's invention thereof the invention was made by such other inventor and not abandoned, suppressed, or concealed, or (2) before such person's invention thereof, the invention was made in this country by

another inventor who had not abandoned, suppressed, or concealed it. In determining priority of invention under this subsection, there shall be considered not only the respective dates of conception and reduction to practice of the invention, but also the reasonable diligence of one who was first to conceive and last to reduce to practice, from a time prior to conception by the other.

6) 35 USC §102 (AIA)

(a) NOVELTY; PRIOR ART. A person shall be entitled to a patent unless.

(1) the claimed invention was patented, described in a printed publication, or in public use, on sale, or otherwise available to the public before the effective filing date of the claimed invention; or

(2) the claimed invention was described in a patent issued under section 151, or in an application for patent published or deemed published under section 122(b), in which the patent or application, as the case may be, names another inventor and was effectively filed before the effective filing date of the claimed invention.

(b) EXCEPTIONS.

(1) DISCLOSURES MADE 1 YEAR OR LESS BEFORE THE EFFECTIVE FILING DATE OF THE CLAIMED INVENTION. A disclosure made 1 year or less less before the effective filing date of a claimed invention shall not be prior art to the claimed invention under subsection (a)(1) if.

(A) the disclosure was made by the inventor or joint inventor or by another who obtained the subject matter disclosed directly or indirectly from the inventor or a joint inventor; or

(B) the subject matter disclosed had, before such disclosure, been publicly disclosed by the inventor or a joint inventor or another who obtained the subject matter disclosed directly or indirectly from the inventor or a joint inventor.

(2) DISCLOSURES APPEARING IN APPLICATIONS AND PATENTS. A disclosure shall not be prior art to a claimed invention under subsection (a)(2) if.

(A) the subject matter disclosed was obtained directly or indirectly from the inventor or a joint inventor;

(B) the subject matter disclosed had, before such subject matter was effectively filed under subsection (a)(2), been publicly disclosed by the inventor or a joint inventor or another who obtained the subject matter disclosed directly or indirectly from the inventor or a joint inventor; or

(C) the subject matter disclosed and the claimed invention, not later than the effective filing date of the claimed invention, were owned by the same person or subject to an obligation of assignment to the same person.

: 조문의 순서는 (a)(1),(2), (b)(1),(2)의 순서이나, (a)(1)의 신규성 상실사유에 (b)(1)의 예외사유가, (a)(2)의 신규성 상실사유에 (b)(2)가 각각 대응되므로 표와 같은 순서로 표시하였다. 공동출원을 규정하고 있는 (c)와 선행기술로서의 등록특허와 출원공개의 적격 관한 (d)는 pre-AIA에 대응되는 항이 아니므로 비교표에서 생략하였다.

(a) 출원인의 발명 이전에, 그 발명이 미국에서 타인에 의하여 공지(known)되거나 또는 사용(used)되었거나, 국내외에서 특허되었거나 간행물에 기재된 경우, 또는 (b) 미국 특허출원일의 1년 전에, 그 발명이 국내외에서 특허 또는 간행물에 기재되었거나, 미국에서 공용(public use) 또는 판매된 경우	(a)(1) 청구항 발명이, 유효출원일 이전에, 특허되었거나, 간행물에 기재되었거나, 또는 공용, 판매, 기타 다른 방법으로 대중에 공개된 경우 (b) 예외들 (1) 유효출원일 이전 1년 이내에 이루어진 공개 아래 각각의 경우, 출원발명의 유효출원일 이전 1년 이내에 이루어진 개시는 출원발명에 대하여 (a)(1)에 의한 선행기술이 될 수 없다. (A) 발명자, 공동발명자 또는 그들로부터 직간접적으로 공개된 주제를 획득한 제3자에 의하여 그 주제가 개시된 경우; 또는, (B) *(제3자에 의해 개시된 발명이 그)* 주제의 공개 전, 발명자, 공동발명자 또는 그들로부터 직간접적으로 개시된 그 주제를 획득한 제3자에 의하여 그 주제가 개시된 경우
(c) 출원인이 발명을 포기한 경우 (d) 미국출원일의 12개월 전에 제출된 특허출원 또는 발명자증(inventor's certification) 출원에 대해, 미국출원일 전에 외국에서 출원인, 대리인 또는 양수인에 의해 먼저 특허되거나 또는 특허를 받게 되거나, 발명자증이 허여된 경우	(삭제)
(e)(1) 출원인의 발명전에 타인의 의하여 미국에 출원되어, 제112조(b) 규정 하에 공개된 특허출원 또는	(a)(2) 청구항 발명의 유효출원일 이전에 유효하게 출원된 등록특허 또는 출원공개가, 다른 발명자를 명기하고 있고, 청구항 발명이 제151조에 의해 등록된 발명 또는, 제122조(b)에 의해 간행되거나 간행된 것으로 여겨지는 발명에 기재되어 있는 경우 (b) 예외들 (2) 공개출원과 등록특허 내에 드러난 개시 아래 각각의 경우, 출원발명의 유효출원일 이전 이루어진 개시는 출원발명에 대하여 (a)(2)에 의한 선행기술이 될 수 없다.

(2) 출원인의 발명전에 타인에 의해 미국내에 특허 출원되어 허여된 특허에 기재된 발명인 경우, 다만 제351조(a) 규정에서 정의된 조약에 따라 제출된 국제출원은 미국을 지정한 국제출원으로서 조약 21(2)(a) 규정 하에 영어로 공개된 경우에만 본 조항의 목적으로 미국에 제출된 출원으로서 효력을 가진다.	(A) 그 주제가 발명자나 공동발명자로부터 얻어진 경우; (B) 그 주제가 (a)(2)에 따라 유효하게 출원되기 전에, 발명자나 공동발명자나 그들로부터 직간접적으로 공개된 주제를 획득한 제3자에 의하여 공중에 개시된 경우; 또는 (C) 개시된 주제와 선출원발명이, 출원발명의 유효출원일 이전에, 그 출원인과 동일인에게 소유되거나 또는 동일인에 대한 양도의무에 종속된 경우
(f) 출원인이 특허 받고자 하는 주제(the subject matter)를 발명하지 않은 경우	(삭제)
(g) 미국 특허법 제135조 또는 제291조 규정 하에 수행된 저촉절차 동안, 제104조에서 허용된 범위에서, 그 절차에 포함된 다른 발명자가 (1) 출원인의 발명전에, 그 발명이 타 발명자에 의하여 이루어졌으며 포기, 은닉 또는 은폐되지 않았다는 것, 또는 (2) 출원인의 발명전에, 포기, 은닉 또는 은폐하지 않았던 타 발명자에 의하여 미국에서 그 발명이 이루어졌다는 것을 입증하지 못하면 그 출원인은 특허 받을 수 있다. 다만, 본 규정에서 발명의 우선을 결정함에 있어서 발명을 착상한 날 및 구현한 날뿐만 아니라, 착상을 먼저 하였으나 구현은 늦은 자가 그 착상 전부터 기울인 합리적 성실성(reasonable deligence)도 고려하여야 한다.	(삭제)

AIA 제102조의 주요한 개정사항은, pre-AIA 제102조(a), (b)를 (a)(1)로 통합하고 신규성 판단의 시간적, 지리적 제한을 변경한 것이다. 또한, AIA의 제102조의 (a)(2)는 pre-AIA 제102조(e)를 수정한 조문으로 미국에 먼저 출원된 등록특허나 출원공개에 대한 언어적 제한 사항을 삭제하였다. AIA 제102조(b)(1)과 (b)(2)는 (a)(1)과 (a)(2) 각각에 대하여 선행기술이 되지 않는 예외(exception)를 규정하는

항으로 신설되었다. 또한, pre-AIA 제102조 특허를 받을 권리의 상실(loss of right to patent)과 관한 항인 (c),(d),(f),(g)가 삭제되었다.

참고로 AIA 제102(a)(1)항은 우리 특허법 제29조 제1항과 유사하고, AIA 제102(a)(2)항은 확대된 선출원에 관한 우리 특허법 제29조 제3항과 유사한 내용으로 규정되었다. 또한 AIA 제102(b)(1)(A)항은 발명자 등에 의해 그 발명이 출원 전 공지된 경우에 대한 것으로서 공지예외에 관한 우리 특허법 제30조에 대응하는 규정이다. 반면 AIA 제102(b)(1)(B)항은 발명자 등이 개시한 발명과 동일한 발명을 출원일 1년 이내에 제3자가 독자적으로 개시하였다고 하더라도 그 이전에 발명자 등이 이를 이미 개시한 경우에는 그 제3자가 개시한 발명이 선행기술이 되지 않음을 규정하고 있다. 이는 우리나라와 기타 국가에서 대응하는 규정이 없는 미국 특유의 것으로 이에 따라서 종전의 선발명주의 하에서와 대등한 정도로 발명자의 권리를 보호하고 있는 것으로 볼 수 있다.[7]

미국 특허법은 "제102조의 요건에 해당하지 않으면 특허를 받을 수 있다"(A person shall be entitled to a patent unless …)고 규정함으로써 신규성을 추정하는 규정형식을 취한다. 따라서 신규성 추정을 복멸할 입증책임은 USPTO에 있다. 따라서 USPTO 심사관은 하나 이상의 선행기술(prior art)을 통하여 신규성 추정을 복멸하여야 한다.[8] 하지만 심사관은 반드시 문헌에만 의존하여 신규성 추정을 복멸하여야 하는 것은 아니며, 공중의 사용(in public use), 판매(on sale), 공중에게 가능해진 다른 방법으로(otherwise available to the public) 사건(events)도 신규성 흠결의 근거가 되는 선행기술로 특허나 간행물과 동등하게 인정된다.

2. 신규성과 예견가능성

(1) 제102조와 제103조의 예견가능성[9]

출원이 선행기술에 의하여 예견된다면(anticipated), 신규성이 없는 출원으로 특허

---

7) 김관식, "원출원 당시 공지예외주장을 하지 않은 경우 분할출원 절차에서 공지예외주장을 할 수 있는지 여부", 대법원 제255차 특별소송실무연구회(2022. 4. 11.) 발표자료, 13.

8) In re Hilmer, 359 F.2d 859, 879(C.C.P.A. 1996).

9) 신규성에서 Anticipation을 "예견가능성"으로 번역하면 진보성 판단의 Predictable과 혼동이 생길 수 있어서 오해의 소지가 커질 수 있다. 더욱더 신규성 판단의 Anticipation 판단은 미래에 대한 예

거절결정을 받게 된다. 다만 이 때 예견(anticipation)은 진보성에서의 예견가능성과 달리 보아야 한다. 신규성 판단에서는 선행기술과의 동일성 여부에 관한 엄격한 기준으로 예견가능성을 판단한다. 따라서 제102조에 의한 신규성 흠결을 증명하기 위해서는, 단일의 선행기술 문헌이나 물건이 청구항에 나열된 그 발명의 모든 구성요소를 명시적으로 또는 내재적으로(inherently) 개시하고 있어야 한다.[10] 복수의 조합된 선행기술 문헌은 출원이 제103조에 의해서 자명하다는 점의 근거가 될 수는 있으나, 신규성에 의해서 예견되는 것으로 볼 수는 없다. 예를 들어 청구항의 각 한정(limitation)이 단일의 선행기술 문헌에서 그대로 동일하게 개시되지 않았고 청구항에서와 같이 열거되지도 않은 경우에는 신규성 판단에 있어서 예견의 엄격한 동일성 기준이 충족되지 못하게 되므로 신규성에 의해서는 거절할 수 없다.[11] 그러나 이와 같은 경우에도 진보성 판단에 의해서 거절하는 것은 여전히 가능하다.[12]

(2) 속/종 관계와 예견가능성

속/종 관계는 생물학에서 사용되는 용어로서, 속(genus)은 몇몇 공통의 특징을 갖는 다수의 종(species)으로 구성된 범주이다. 청구항이 속/종 관계로 작성되어 있는 경우는 화학발명이나 생명공학발명에서 종종 발견된다. 이 경우 종은 속을 예견하지만, 속은 필연적으로 종을 예견하는 것은 아니다. 따라서 종은 속을 예견하기 때문에 선행

측이나 예견이 아니라 어떤 정보로부터 파악되는 것으로 요구되는 것을 의미한다. 미국은 Novelty 판단을 Anticipation 판단과 동일한 의미로 사용하고 있으며 Anticipation 판단을 사실문제(matter of fact)로 본다. 미국 심사기준(MPEP)이나 판례에서 Anticipation은 동일한 요소가 있는지에 대한 판단 결과로 사용되고 선행기술로부터 재현할 수 있을 정도로 필연적으로 파악되는 것으로 사용되고 있을 뿐 아니라 신규성 판단에서 선행기술이 발명과 비유사한 기술이라거나 부정적 교시(teach away) 주장을 인정하지 않는다는 점에서도 Anticipation을 "예견가능성"으로 번역하지 않고 "동일성"으로 번역하여 사용하는 것이 타당하다는 생각을 한다. 이런 용례에 대해서 이진수・최승재, "인용발명을 특정하는 과정에서 사후고찰의 편견을 피하기 위한 판단 절차와 기준에 대한 개선안－미국심사기준(MPEP) 및 판례와 비교하여－", 「지식재산연구」 제15권 제2호(2020. 6.) 참조. 굳이 미국 특허법 제102조의 Anticipation과 제103조의 predictable을 구분하자면 제102조의 Anticipation은 선행기술로부터 파악될 것으로 기대되는 사항이라고 말할 수 있으나 제103조의 predictable은 선행기술과 선행기술의 결합에 대한 예견가능성이라고 구분할 수 있을 것 같다.

10) 이와 관련한 판결 원문의 표현은 다음과 같다. "A claim is anticipated only if every element as set forth in the claim is found, either expressly or inherently, in a single prior art reference.": Verdegaal Bros. Inc. v. Union Oil Co., 814 F.2d 628, 631(Fed. Cir. 1987).

11) Bristol-Myers Squibb Co. v. Ben Venue Labs., Inc., 246 F.3d 1368, 1380(Fed. Cir. 2001).

12) In re Jones, 958 F.2d 347(Fed. Cir. 1992).

기술 문헌은 예견하는 것으로 여겨지고, 발명자가 그의 포괄적인 청구항을 작성하여 특허를 받을 수 없다.[13] 그러나 그 반대는 필연적이지는 않다.

내재성 혹은 고유성(Inherency)에 의해서 예견이 될 수 있는 경우도 있다. 선행기술 문헌이 명시적으로 개시하는 것은 아니지만 내재적으로 개시하고 있다고 판단되는 경우에도 예견이 된다고 할 수 있다. 다만 명시적으로 언급되지 않은 어떤 것을 내재적으로 개시하고 있다고 인정하기 위해서는, 선행 기술 문헌 또는 사건이 보통의 기술을 가진 사람들에 대하여 그 누락된 사항이 명시적으로 설명되거나 혹은 그 문서나 사건에 의하여 교시된 것 안에 필연적으로 존재한다는 점이 명확해야 한다. 내재된 고유한 특성은 그러한 것이 존재할 수 있다는 단순한 개연성(probabilities)이나 가능성(possibilities)만으로는 인정될 수 없다.[14] 다만 그와 같은 내재성 혹은 고유성은 기준일 당시 통상의 기술자의 인식수준과는 동일한 의미는 아니며, 특허발명의 출원 당시 선행발명에 내재된 특성이나 기능이 통상의 기술자에게 인식되지 않았던 경우에도 그 선행발명에 내재된 고유한 특성이 인정되기만 한다면 그것이 신규성 부인의 선행기술이 될 수 있다.[15] 선행발명에 내재된 이러한 고유한 특성은 신규성뿐만 아니라 진보성 부인에도 원용될 수 있다.

3. Pre-AIA에서의 신규성과 권리상실의 구별

선발명주의를 채택하고 있던 pre-AIA 제102조의 규정을 보면, 신규성과 특허 받을 권리의 상실을 구별하고 있음을 알 수 있다. (a), (e), 그리고 (g)항은 "특허 출원인의

---

13) In re Ruscetta, 225 F.2d 687, 689-690(C.C.P.A. 1958); In re Lukach, 442 F.2d 967, 970(C.C.P.A. 1971).

14) Scaltech, Inc. v. Retec/Tetra, L.L.C., 178 F.3d 1378(Fed. Cir. 1999). 관련 사건으로 Continental Can Co. v. Monsanto Co., 948 F.2d 1264, 1269, 20 U.S.P.Q. 2d(BNA) 1746, 1749(Fed. Cir. 1991) 참조. CAFC는 위와 같이 내재성이 단순한 개연성이나 가능성만으로는 인정될 수 없다는 법리를, Hospira, Inc. v. Fresenius Kabi USA, LLC, 946 F.3d 1322(Fed. Cir. 2020)에서도 재확인하였다.

15) In re Cruciferous Sprout Litigation, 301 F.3d 1343, 1350(Fed. Cir. 2002). 미국 특허청 심사실무(MPEP) §2112 역시, "There is no requirement that a person of ordinary skill in the art would have recognized the inherent disclosure at the time of invention, but only the subject matter is in fact inherent in the prior art reference."라고 규정하고 있어 같은 기준을 적용하고 있다. 우리 대법원 역시 2021. 12. 30. 선고 2017후1304 판결에서 위와 같은 취지로 판시하였다.

발명일(invention date) 이전에 일어나는 사건들에 관한 것으로 신규성이 없는 출원발명의 거절에 대한 조문이다. 반면, (b), (c)와 (d)항은 해당 출원발명이 신규한 것임에도 불구하고 특허 받을 권리가 상실될 수 있는 경우에 대한 규정이다. 다만 (f)항은 이러한 이분법에 부합하는 구별이 가능하지 않다. 선출원주의에 기반한 AIA에서는 이 구분이 없어졌고 단순해졌다.

선발명주의 하에서 USPTO는 출원인이 더 앞선 날짜가 실제 발명일이라고 입증하지 않는 한 출원인의 출원날짜를 제102조(a), (e)와 (g)의 적용을 위해 발명일로 추정한다. 추정의 기초는 실시일(date of reduction to practice)[16]인바, 이는 다시 사실상(actual) 실시와 추정적(constructive) 실시로 나뉜다. 전자는 일반적으로 의도한 목적대로 작동하는 발명의 물리적 형태를 가진 구조를 의미하며, 후자는 발명을 주장하는 특허출원이 청구된 발명을 위하여 제112조 1문의 개시요건을 만족하였다고 USPTO에 제출하는 것을 말한다.

일방적인 심사절차(ex parte procedure)에서, 특허출원인은 USPTO 규칙에 따라서 제102조(a)나 제102조(e)에서 규정하는 선행일 지정(antedating)이나 소급 선서(swearing behind)를 하는 방식으로 실시된 날을 정하게 된다. 등록된 특허의 효력을 다투는 소송에서도 유사한 절차가 진행된다.[17] 저촉심사(interference proceeding)에 의해서 제102조(g)(1)과 제135조에 의하여 앞선 날짜를 발명일로 인정받을 수 있다.

4. 선행 기술(Prior art)

(1) 의 의

AIA 제102조(a)는 그 제목을 "신규성; 선행 기술"로 하여 제102조가 선행기술의 요건을 규정한다는 사실을 명시적으로 정하였다. 선행 기술은 유효출원일 이전 공중

16) 미국 특허법에서 발명의 완성은 발명의 착상(conception of the invention)단계와 발명의 구체화(reduction to practice)단계로 구분할 수 있는데, 발명자는 발명의 착상에 기여한 자만을 의미하고 발명의 착상이 아닌 발명의 구체화(reduction to practice)에만 기여한 자는 발명자가 아니다. 한편 미국 특허법상 선발명주의가 적용되는 경우, 발명의 완성한 날과 관련하여 발명의 착상이 완료되었음을 증명하지 못하면 발명의 구체화된 날을 발명한 날로 추정하는데, 특허 명세서 작성하여 출원한 행위 역시 발명의 구체화의 한 유형으로 보기 때문에 별도로 발명일을 주장하고 증명하지 않으면 최초 우선일이 발명일로 추정된다.

17) Mahurkar v. C.R. Bard, Inc., 79 F.3d 1572(Fed. Cir. 1996).

에게 공개되었거나 특허로 출원된 일체의 기술과 발명을 의미하며, 구체적으로는 특허, 간행물, 공용된 기술, 판매된 기술, 그 밖의 방법으로 대중이 자유롭게 접근할 수 있게 된 기술을 포함한다.

Pre-AIA에서는 공지, 사용, 특허, 간행물, 공용, 판매를 (a)와 (b) 각 항에 각각 구분하고 있었는데, 이는 개별 사유에 따라 인적, 시간적, 지리적 기준이 상이했기 때문이다. 특히, Pre-AIA 제102조(b)에 의하여 권리가 상실되기 위해서는 문언상 특허출원일 법정제한 1년 전에 발명이 (1) 세계 어디에선가 특허가 있거나 (2) 세계 어디에선가 출판물에 설명이 되어 있거나 (3) 미국에서 공용되거나 (4) 미국에서 판매되고 있는 경우 중의 하나에 해당하여야 한다. 공용과 판매제한처럼, 간행물과 독립된 법정제한사유의 존재는 계속된 공용이나 판매로 인하여 공중이 모두에게 자유로이 제공된다고 정당하게 믿은 발명품이 어느 날 갑자기 특허권자의 배타권의 대상이 되는 것을 방지하고, 공중에 대한 발명품의 신속하고 광범위한 보급을 위한 것이다.[18] 이러한 목적상 출원신청일로부터 1년 전을 기준일(critical date)이 되며, 공용 및 판매제한의 적용을 받기 위해서는 법정제한사유가 기준일 전에 발생하였어야 했다.[19]

AIA 제102조(a)(1)은 모든 선행기술에 동일한 기준을 적용한다. AIA 제102조(a)(1)에서는 (i) 특허되었거나, (ii) 간행물에 공개되거나, (iii) 공용이 되거나, (iv) 판매되었거나, (v) 그 밖의 사유로 공개되는 경우를 모두 선행기술로 규정하였다. 모든 선행기술의 지리적 기준은 미국과 외국을 포함하고, 시간적 기준은 유효출원일(effective filing date)이 된다.

인적 기준에서 Pre-AIA 제102조(a)의 타인에 의한 공지 또는 사용의 의미에 대하여는 다툼이 있었다. 발명자 이외에 한 명의 사람만이라도 선행 공지 또는 사용하면, 신규성을 상실한다는 견해도 있으나, 판례 및 다수설은 제102조(a)의 공지 또는 사용이 공중에게 공개될 것(available to public)을 요구한다.[20] 그러므로, 신규성 부정을 위

18) Janice M. Mueller, Patent Law(3rd ed.), Wolters Kluwer(2009), p. 252.

19) Western Marine Elecs., Inc. v. Furuno Elec. Co., 764 F.2d 840, 844(Fed. Cir. 1985)(on sale bar); TP Labs., Inc. v. Professional Positioners, Inc., 724 F.2d 965, 973(Fed. Cir. 1984)(public use).

20) Picard v. United Aircraft Corp., 128 F.2d 632, 635(2d Cir. 1942); Woodland Trust v. Flowertree Nursery, Inc., 148 F.3d 1368, 1370(Fed. Cir. 1998); In re Hilmer, 359 F.2d 859, 878(CCPA 1966).

한 선행공지나 타인에 의한 발명의 사용은 공중이 접근가능한 형태의 공지나 사용이어야 한다.[21] 한편 pre-AIA 제102조(a)의 선행공지 또는 사용의 성립을 증명하기 위한 증거가 오래된 과거의 일일 경우 신빙성과 관련하여 가중된 증명책임을 부담하여야 할 것이다.[22]

AIA 제102조(a)(1)에는 pre-AIA 제102조(a)의 'by others'를 삭제하여 발명자와 발명자가 아닌 자에 의한 개시를 통합하였고, 발명자에 의한 공개는 예외규정인 AIA 제102조(b)(1)에 발명자, 공동발명자, 발명자들로부터 주제를 획득한 제3자에 의한 개시에 유예 기간을 적용받을 수 있도록 규정하였다.

(2) 간행물(Printed Publication)

Pre-AIA 제102조(a) 및 제102조(b), AIA 제102조(a)(1)은 발명이 간행물로 공개된 경우 특허를 받을 수 없다고 규정하고 있다. 간행물에 공지되어 있는 사항은 이미 공중이 아무런 대가 없이 사용할 수 있는 것으로 이에 대해서 특허를 부여하는 것은 허용되지 않는다는 것이다. 이 때 간행물은 반드시 문서(document)일 필요는 없다. 글이 없는 도면(drawing)도 간행물이 될 수 있다. 다만 이 경우 신규성 요건이 아닌 서면기재요건(제112조)은 충족되어야 할 것이다.[23] 한편 데이터의 저장, 검색 그리고 보급의 기술의 발전으로 인하여 인터넷과 같은 방식으로도 간행물 공지가 이루어질 수 있으며, 이 경우 간행물 공지가 이루어진 것인지 여부는 공중에 의한 접근가능성(public accessibility)이 판단의 기초가 된다.[24]

법원은 외국의 대학 도서관에 색인화된 단행본 논문도 합리적인 노력(reasonable diligence)을 수행하는 그 기술에 관심 있는 사람들에게 충분한 접근가능성이 인정 될 수 있다고 판시하였다.[25] 또 법원은 3일간 전시되었고 복제되지 않았으며 회의 참가자 누구에게도 배포되지 않은 학술대회에 전시된 포스터도 특허를 받을 수 있는 권리를 상실하게 되는 간행물에 해당한다고 판결하였다.[26]

---

21) Gayler v. Wilder, 51 U.S. 477, 497(1850).

22) Woodland Trust v. Flowertree Nursery, Inc., 148 F.3d 1368(Fed. Cir. 1998).

23) Jockmus v. Leviton, 28 F.2d 812(2d Cir. 1928).

24) In re Hall, 781 F.2d 897, 898-899(Fed. Cir. 1986).

25) Id. at 900.

26) In re Klopfenstein, 380 F.3d 1345(Fed. Cir. 2004). 이 사건에서 색인화 여부는 제102조(b)의 적용 여부의 유일한 기준이 되는 것은 아니라고 보았다. 오히려 접근성의 판단을 위해서는 전시된 시간

이와 비교하여 법원은 대학 화학부의 도서관에 있는 구두상자 안에 있는 450개의 색인카드 중 하나의 색인카드에 저자의 이름에 의해 알파벳에 의해서 식별되고, 그 외 주제별로 목록화 되거나 색인화 되지 않은 3개의 학생논문들은 간행물로 인정되는 충분하게 접근가능한 것이 아니라고 판시하였다.[27] 이 사건의 경우에는 유일한 검색 수단이 학생의 이름이었고 학생의 논문 주제와의 관계는 데이터베이스화되어 접근될 수 있는 대상이 아니었다. 다만 이 사건의 반대의견은 색인화(indexing)는 어떤 작품(work)이 충분하게 공개적으로 접근가능하여 간행물로 인정될 수 있는지 여부를 결정하는 환경의 총체(totality)에 있어서 고려되는 하나의 요소(factor)에 불과하다고 보았다.[28]

사례연구

SRI Int'l v. Internet Sec. Sys. 사건[29]

1. 사안의 개요

"Network and Distributed System Security Symposium(NDSS)"에 실을 논문을 보내달라는 요청에 응하여, 네트워크 침입 탐지 수단의 공동발명자는 그 심포지움 의장에게 논문을 특정의 FTP 주소(ftp://ftp.csl.sri.com/pub/emerald/ ndss98.ps)에 이메일로 보내주었다. "Live Traffic Analysis of TCP/IP Gateways"라는 제목

의 길이, 타깃이 된 고객들의 전문지식, 전시된 물건이 복제되지 않을 것이라는 합리적인 기대의 존재나 흠결, 전시된 물건이 복제될 수 있는 단순성 및 용이성이 판단의 기준이 된다고 보았다. 이러한 기준에 의하면, 슬라이드를 보여주거나 발표문을 배포하지 않고, 구두발표만 하는 경우는 위 규정에서 정한 간행물에 해당하지 않을 것이다.

27) In re Cronyn, 890 F.2d 1158, 1161(Fed. Cir. 1989).

28) In re Cronyn, 890 F.2d 1158(Fed. Cir. 1989).

29) SRI Int'l, Inc. v. Internet Sec. Sys., Inc., 511 F.3d 1186(Fed. Cir. 2008). 이 사건에 대한 미국 로펌의 브리프로, http://www.deweyleboeuf.com/~/media/Files/newsletters/IPWatchSRIIntlIncv Internet SecSysInc.ashx 참조.

의 그 논문은 SRI(SRI Int'l, Inc.; 이하 'SRI')가 진행 중인 "Emerald" 연구프로젝트의 일부를 묘사하였다. 논문을 보내달라는 요청에서 통상의 우편으로 백업도 한 부 보내달라고 요구하였음에도 불구하고, 발명자는 자신의 논문의 copy를 SRI의 FTP 서버에 백업카피로서 게시하는 것을 선택하였다. SRI FTP 서버는 공공연하게 접근 가능한 것이었고 Live Traffic 논문에 접근하는데 어떠한 제한도 두지 않았다.

문제가 된 Live Traffic 논문은 "ndss98.ps"라는 파일명으로 7일 동안 SRI FTP 서버의 Emerald 서브디렉토리에 게시되었다. 그 디렉토리는 그 발명자가 이전에 사이버보안커뮤니티의 다른 회원들에게 자신의 침입 탐지 연구를 저장해두는 장소로 공유하고 있던 것이었다.

2. 쟁 점

발명자가 기준일 이전의 날(pre-critical date)에 다른 선행 논문을 공개적으로 이용가능한 FTP("File Transfer Protocol") 서버에 게시한 경우, 그 논문게시로 제102조(b)에 의해서 이 사건 특허들인 U.S. Patents No. 6,484,203, No. 6,708,212, No. 6,321,338, and No. 6,711,615가 권리상실이 되는가 여부

3. 법원의 판단

연방지방법원은 통상의 기술을 가진 자는 SRI FTP서버가 EMERALD 1997 프로젝트를 저장하고 있다는 것을 알 것이고 그래서 Live Traffic 논문을 찾기 위하여 그 폴더들을 돌아다닐 것이라는 이유로 제102조(b)에 의해 이 사건 특허들은 무효라고 사실심리생략판결을 하였다.[30]

CAFC는 실질적 접근가능성에 대한 연방지방법원의 판결에 동의하지 않았다. 이 사건의 다수의견은 발명자가 FTP 서버에 게시한 것을 동료 검토(peer review)의 목적으로 의사교환을 한 것으로 판단하였다. 따라서 서버 게시행위는 그 자체로 공개의 의도(intent to publicize)로 이루어진 것은 아니라는 것이 다수의견의 결론이었다. 다수의견은 또 "ndss98.ps"라는 Live Traffic 논문 파일명만으로 그 파일을 특정하

30) Id. at 1195.

여 일반인들이 알 수 있을 것으로 보이지도 않는다고 보았다.[31)]

4. 사건의 의의

CAFC의 이 사건 판결은 생명공학 분야 연구자들에게 큰 충격을 주었다. 왜냐하면 지금까지 CAFC는 생명공학분야나 화학분야와 같이 예측가능성이 매우 낮은 기술분야에 속하는 특허일수록, 상대적으로 예측가능성이 높은 기계공학이나 전기공학 혹은 소프트웨어 산업에 비하여 훨씬 더 상세하고 구체적인 명세서 기재 요건을 제시하여 왔기 때문이다.

생명공학 분야에서 하나의 속(屬; genus) 청구항(claim)을 설명하기 위하여 몇 개의 하위 종(種; species) 클레임이 필요한지 알 수 없는 상황이 되었고,[32)] 흔히 있사이버보안커뮤니티의 다른 회원들에게 자신의 침입 탐지 연구를 저장해두는 장소로 공유하고 있던 것이었다.

(3) 공용(public use)

공용이란 Pre-AIA 제102조(b)와 AIA 제102조(a)(1)에서 기술이 공중이 사용할 수 있게 된 경우를 말한다. 이는 타인에 의한 공용일 수도 있으며, 발명자가 공중에게 효과적으로 제공하면서 그의 발명에 대한 통제권(control)을 포기하는 경우도 포함한다.[33)]

Pre-AIA 제102조(b)는 공용의 경우 당해 발명이 판단기준일(미국출원일 1년 전에 해당하는 날) 전에 공공연한 사용상태에(in public use) 있었고 (2) 그 당시 '특허를 받을 준비'(ready for patenting)가 된 경우, 선행기술로서의 자격을 갖는다.[34)] 당해 발명

31) Id. at 1197. 그러면서 다수의견은 이전의 In re Hall 판결 및 In re Klopfenstein 판결과 관계에서 비공개회의에서 색인화되지 않은 포스터를 게시한 것과 같다고 보았다.

32) 속 청구항은 종 청구항에서 언급된 요소들과 다른 본질적인 요소를 포함하지 않아야 하며, 속 청구항의 범위 내에서 각 종들로 구성을 이해할 수 있어야 한다는 것이 MPEP의 태도이다. 복수의 종들에 대한 청구항을 하나의 출원으로 하기 위해서는 종 청구항은 속 청구항의 모든 한정을 포함하여야 하며, 이와 같은 종/속 관계가 있는 경우, 속 청구항이 허여 가능하면 선택된 종 청구항뿐만 아니라 다른 모든 종 청구항도 허여 가능하다. 왜냐하면, 종 청구항은 속 청구항의 모든 한정사항을 포함하고 있기 때문이다. 이해영, 「미국특허법」, 한빛지적소유권센터(2010), 202면.

33) Pennock v. Dialogue, 27 U.S. 1(1829).

이 '공용상태'에 있었는지 여부는, 그 사용에 공중이 접근할 수 있었는지, 또는 그것이 상업적으로 이용되었는지 여부로 판단된다.

미국 특허법 제102조에 규정된 공용행위가 있었던 당시 특허를 받을 준비(ready for patenting)가 되어 있어야 공용이 인정된다. 특허받을 준비는 소송상 통상의 기술자로 하여금 당해 발명을 실시할 수 있도록 하는 도면 · 설명서를 통해 입증할 수 있다.

발명자가 스스로 상업적 이용을 하면, 비밀유지가 된 경우에도 pre-AIA §102(b) 규정상 판매가 되므로 자신의 출원발명에 대해 선행기술로 작용하여 신규성 상실 사유가 될 수 있다. 그러나 제3자의 사용의 경우에는 그로 인해 공중이 당해 발명을 알 수 있어야 선행기술로서의 자격을 갖는다.[35]

발명자 자신에 의한 공용의 주요 요건은 발명자가 그의 발명에 대한 통제권(control)을 가지고 있었는지 여부이다. 다만 이때 공용성의 판단은 비밀로서 유지하는지 여부에 의해서 판단되는 것이 아니다. 출원인이 특허 기술을 비밀리에 사용한 경우에도 공용을 이유로 무효화될 수 있다.[36]

CAFC는 척추기형을 교정하는 방법에 대한 특허의 경우 제102조 판단기준일이 2003년 12월 30일인데, 2003년 8월에서 10월 사이에 수술을 한 경우 그런 수술행위가 pre-AIA에 의한 공용이 되는지 여부에 대해서 수술 당시에는 특허를 받을 준비가 되지 않았고, 발명자의 수술행위는 실험적 사용에 해당한다고 보아 공용을 부정하였다.[37] 다수의견은 발명자가 수술 당시에 당해 발명이 의도된 목적에 부합하도록 작동한다고 판단하였다는 점이 증명되어야 특허받을 준비가 되었다고 보아야 한다고 하면서, 사안의 경우 발명자가 의도한 목적의 달성을 한 시기는 최종 추적관찰을 완료한 때로서 이 시기는 기준일 이후에 도달하므로 공용에 의한 신규성 상실이 되지 않는다고 본 것이다.[38]

고지하지 않은 공용과 관련하여 사건화되는 가장 보편적인 경우는 법정유예기간이 지나서 발명자가 발명을 비밀리에 상업화하는 것이다.[39] 그리고 발명의 사용이 사용

---

34) Pfaff v. Wells Elecs., 525 U.S. 55, 67(1998).
35) 판매제한(on-sale bar)에 대해서는 Hensinn 판결 참조.
36) Kinzenbaw v. Deere & Co., 741 F.2d 383(Fed. Cir. 1984).
37) Barry v. Medtronic(Fed. Cir. 2019).
38) 소수의견은 적어도 2번째 수술이 완료되면 특허 받을 준비가 된 것으로 보았다.
39) Metallizing Engineering Co. v. Kenyon Bearing & Auto Parts Co., 153 F.2d 516(2nd Cir.

자의 수나 알고 있는 사람의 수에 의존하는 것도 아니다.[40] 따라서 발명자가 그 장치를 만들고, 수증자 또는 매수인에 의하여 사용될 수 있도록 그것을 아무런 제한이나 비밀유지의무의 부과 없이 타인에게 주거나 판매 또는 사용된 경우, 그 사용이나 사용의 공지가 한 사람에 국한된다 하더라도 그러한 사용은 공용이다.[41]

타인에 의하여 기술이 대중에게 공개된 사건도 당연히 공용에 해당하는데, CAFC는 기술박람회(expo)에 샘플을 가지고 참석한 것 또한 선행기술인 공용에 해당한다고 판단하였다.[42] 이 사건의 특이한 점은, CAFC가 특허권자인 3M이 소송상대방인 Transweb에 의해 기술이 공용이 된 사실을 이미 알고 있었고, 특허청을 기망하지 않았다면 취득할 수 없었던 특허를, 특허청을 기망하여 등록하였다고 판단한 데 있다. 특허권자의 기망이 인정되었고, 특허소송으로 인한 상대방의 손해가 발생하였다면 이는 셔먼법 제2조 위반이며 클레이튼법 제4조에 따라 특허권자가 상대방에게 3배의 손해배상을 해야 한다.[43] 단순히 특허권자가 출원 시 인식하지 못한 선행문헌에 의하여 특허가 무효되는 경우에 특허권자는 별다른 책임을 지지 않지만, 특허권자가 공용임을 인식하면서 특허를 출원한 경우에는 전혀 다른 결과가 발생할 수 있다.

(4) 판매제한(on sale bar)

판매제한은 pre-AIA에서의 기준일(특허출원일의 1년 전), 또는 AIA에서의 특허유효출원일 이전에 발명이 판매되었거나 판매에 제공된 경우에 특허권을 상실하도록 하는 법정제한이다. 여기서 '판매'라 함은 발명자 자신에 의한 판매를 포함하며, 판매완료는 물론 판매의 청약도 포함하며 판매에 제공되는 일체의 행위를 의미한다.[44] 미국특허법은 판매제한을 통해서, 법적으로 허여되는 독점기간을 초과하는 발명의 상업적 남용을 금지한다.[45] Pre-AIA 제102조(b)에서 규정한 유예기간 외의 발명의 판매 또는 판매에의 제공은 특허권의 상실을 초래한다. 판매제한(on sale bar) 때문에 출원전 라이선싱 아웃이나 기술이전을 하면 신규성이 상실될 수 있다. 특허괴물(Patent troll)

1946).
40) Moleculon Research Corp. v. CBS, Inc., 1872 F.2d 407, 410(Fed. Cir. 1989).
41) Egbert v. Lippmann, 104 U.S. 333(1881).
42) Transweb, LLC v. 3M Innovative Props. Co., 812 F.3d 1295(Fed. Cir. 2016).
43) 최승재, "3M社에게 부당한 특허권 행사로 인한 손해배상 판결", 법률신문 2016. 10. 24.자.
44) King Instrument Corp. v. Otari Corp., 767 F.2d 853, 863(Fed. Cir. 1985).
45) Pennock v. Dialogue, 27 U.S. 1(1829).

과 특허소송 진행 중 디스커버리 과정에서 이러한 약점이 종종 발견되곤 한다.

판매제한과 관련하여 해석이 필요한 부분은 제102조(b)에서 규정하는 판매제한에 해당하기 위해서, 발명자가 발명을 판매에 제공하기 전에 그러한 발명이 개발의 어떠한 단계에 있어야 하는지의 문제이다. 판례상 판매제한에 해당하기 위해서는 판매할 제품이 유체물로 만들어지고, 이를 위해서 실험을 할 수 있는 정도에 이를 필요는 없으나, 발명은 판매를 위하여 청약(offer to sale)[46]의 대상이 될 수 있으며, 문제가 되는 발명은 특허를 출원하지 않았을 뿐 특허를 받을 수 있는 제반 사항을 구비한 상황이어야 한다.[47]

판매제한과 관련된 것으로 실험적 사용에 대한 예외가 있다.[48] 실험적 사용의 경우에는 판매제한에 해당하지 않는다. 실험적 사용 이론(experimental use doctrine)은 Pre-AIA의 제102조(b)의 1년의 유예기간 내의 활동과는 무관하다. 활동이 법정제한을 촉발하기 위해서는 제102조(b)의 기준일 전에 발생하여야 한다. 법원은 발명의 실험적 사용이 되기 위해서는 발명의 성능을 시험하기 위하여 선의(bona fide)로 행하여지고, 실험의 방법으로만 사용된 경우여야 한다고 보았다. 발명자가 자발적으로 타인으로 하여금 발명을 만들거나 사용하게 하거나 공중에 판매하지 않는 한 실험적 사용은 특허권 상실사유가 되지 않는다.[49]

판매 행위로 인해 발명이 개시되지 않은 경우라도 법정제한이 적용되어 특허가 무효될 수 있는지도 문제된다. Pre-AIA에서는 판매제한이 비공개의 판매 행위에도 적용된다는 법리가 판례로 확립되어 있었다.[50] 이와 달리, AIA 제102조(a)(1)은 "공용, 판매, 그 밖의 사유로 공개된 경우"라고 되어 있어 판매제한을 공개된 선행기술과 동등하게 나열된 구성을 취한다.[51] 대중에게 공개될 것을 요건으로 하는 다른 신규성 부정 사유들과 함께 나열된 법문 구조로 볼 때, 판매제한에서 발명이 공개되어야 하는 것인지가 문제된다.[52]

---

46) 여기서의 청약의 의미에 대해서 Group One, Ltd. v. Hallmark Cards, Inc., 254 F.3d 1041, 1047-1048(Fed. Cir. 2001). 법원은 청약은 확정적인 것이어야 한다.

47) Pfaff v. Wells Elec., Inc., 525 U.S. 55(1998).

48) TP Labs., Inc. v. Professional Positioners, Inc., 724 F.2d 965(Fed. Cir. 1984).

49) City of Elizabeth v. American Nicholson Pavement Co., 97 U.S. 126, 134, 135(1878).

50) Special Devices, Inc. v. OEA, Inc., 270 F.3d 1353, 1357(Fed. Cir. 2001).

51) in public use, on sale, or otherwise available to the public

52) 특허청, "미국 개정특허법(AIA: 2011)의 개정내용 분석 및 우리나라에 미치는 영향에 관한 연구",

판매제한에 대한 Helsinn Healthcare 사건에서, 미국 대법원은 기존에 내린 on sale의 정의에 관한 판례를 유지하면서 발명에 대한 비밀유지의무를 부과한 판매라 하더라도 판매제한에 의하여 신규성이 부정된다는 점을 명확히 했다. 다만, 미국 대법원이 이 판결에서 비공개 판매가 특허를 무효시킬 수 있다는 기존 CAFC의 판결[53]을 그대로 유지하는 것으로 설시하였다. 즉, 2019년 대법원은 비공개 판매도 on sale bar가 적용되어 선행기술 지위가 있다고 보았다.[54]

AIA에서 종전과 달리 새롭게 들어온 것은 'otherwise 요건(otherwise available to the public)'인데, 이것이 AIA 개정법에서 'on sale' 용어의 의미가 바뀌었다고 볼 수 있는 문언상 법적근거라고 할 수 있다. 이에 대해 다음과 같은 두 해석론이 존재한다. otherwise가 그 앞에 있는 용어들을 모두 수식하며, 'on-sale'의 경우에도 당해 발명이 공중에게 이용가능하여야 한다고 보는 입장과 otherwise는 그 앞에 나열된 선행기술 범주와는 별개로 새로운 카테고리를 창설한 것으로, 종전법에도 있었던 선행기술 범주에 대해서는 종전의 선례가 그대로 적용된다고 보는 입장이다.[55] Helsinn 사건의 CAFC는 본 사안에 관하여 새로운 카테고리를 창설한 것으로 보았다. 그러면서 CAFC는 다음과 같은 몇 가지 쟁점에 대한 판단을 하였다. 다만, 미국 특허청은 AIA로 인해서 비밀판매나 청약은 pre-AIA와 달리 판매제한에 해당되지 않는다고 보았다.[56]

① 판매는 공개적으로 되었지만 발명의 내용은 공개되지 않은 경우에 대해서 AIA로 인해서 변경된 것은 없고 Pfaff 판결의 결론이 그대로 적용된다고 보았다. AIA의 public use에 대한 변경이 이루어진 것이고, 판매제한에 대해서는 otherwise 이하의

2012. 12., 28, 29면.

53) Special Devices, Inc. v. OEA, Inc., 270 F.3d 1353, 1357(Fed. Cir. 2001).

54) In Helsinn Healthcare S.A. v. Teva Pharmaceuticals USA, Inc., 139 S.Ct. 628(2019), the Supreme Court "determine[d] … Thus, a sale or offer for sale that does not disclose the subject matter of an invention or make the invention available to the general public may nevertheless qualify as prior art in an anticipation or obviousness rejection, regardless of whether the application or patent under consideration is subject to the FITF provisions of the AIA or the first to invent provisions of pre-AIA law." MPEP §2152.02(d).

55) 이해영, "미국 특허법 제102조 on-sale bar 적용기준: pre-AIA & AIA", 미국특허판례연구 Ⅲ (2022).

56) MPEP 2152.02(d)("The pre-AIA case law indicates that on sale activity will bar patentability if the claimed invention was: (1) the subject of a commercial sale or offer for sale, not primarily for experimental purposes; and (2) ready for patenting. See Pfaff v. Wells Elecs., Inc., 525 U.S. 55, 67, 48 USPQ2d 1641, 1646-47(1998)").

추가적인 제한이 들어간 것 외에 AIA로 인한 변경은 없다는 것이 CAFC의 입장이다.[57)]

② 위의 경우와 달리 판매사실조차도 비밀로 이루어진 경우에도 판매제한이 적용될 것인지 여부가 문제된다. Hensinn 판결을 통해서 CAFC는 판매가 공개된 이상 세부적인 특허내용이 공개되지 않아도 판매제한에 의한 신규성 상실이 될 수 있다는 점을 확인하였다. 그런데 만일 비밀리에 판매하는 경우에도 판매제한에 해당될 것인지는 Hensinn 판결에 의해서도 정리된 쟁점이 아니다. 판매가 비밀리에 이루어지는 경우에는 on-sale bar에 의한 신규성 상실은 인정되지 않는 것이 맞다고 본다.[58)]

사례연구

Helsinn Healthcare 사건[59)]

1. 사건의 개요

Helsinn Healthcare는 화학적 치료에서의 구토증세에 효과가 있는 palonosetron 제품을 개발하던 중, 미네소타의 제약회사인 MGI와 0.25mg 용량 Palonosetron의 판매에 관한 실시권 계약과 공급판매 계약을 체결하였다. 두 계약은 모두 소유권이 있는 정보에 대하여 MGI가 비밀을 유지할 의무를 부과하고 있었다. 계약으로부터 약 2년 이후인 2003년 1월, Helsinn은 palonosetron의 0.25mg 투여량을 포함하는 특허를 출원하였다. 10년 간 Helsinn은 이 출원을 기초로 하여 4건의 특허를 더 출원했다.

Helsinn은 2013년 5월 4번째 '219특허를 출원하였는데, 이 특허는 AIA의 적용을

57) Hensinn at 27.

58) 제약회사 중에서 자체 실험인프라를 가지고 있지 않은 소형제약사의 경우에는 만일 비미판매도 판매제한에 해당한다고 하면 부당한 결과를 야기한다는 견해로 Andrew D. Cohen and Irena Royzman, The Federal Circuit's First Application of the AIA's On-Sale Bar: Implications for Bio/Pharma, Biologics Blog(May 16, 2017).

59) Helsinn Healthcare S.A. v. Teva Pharms. USA, Inc., 139 S.Ct. 628(2019).

받게 되었고, 5ml의 용액에서 0.25mg 용량의 palonosetron을 투여하는 발명을 포함하고 있었다. 2011년, Teva는 0.25mg palonosetron 제네릭 제품의 승인을 신청하였고, Helsinn은 Teva를 상대로 '219특허의 침해금지소송을 제기하였다. 테바는 0.25mg 투여량으로 이루어진 제품이 '219특허가 출원되기 1년 이전에 판매되었음을 이유로 특허의 무효를 주장하였다.

이에 대하여 Helsinn은 AIA 개정으로 "그 밖에 대중에 공개된(otherwise available to the public)"이 무효사유 중 판매제한의 바로 뒤에 연결되었으므로 이를 해석할 때 pre-AIA에 근거한 기존의 판례가 적용될 수 없고, 판매 시 특허발명의 내용이 공개되어야만 판매제한에 의하여 무효가 된다고 주장하였다.

지방법원과 CAFC의 결론이 달랐는데, 지방법원은 해당 계약에서 0.25mg 용량을 공개하지 않기 때문에 AIA의 판매제한 규정은 적용되지 않는다고 하였으나, CAFC는 판매 계약으로 발명의 세부 내용이 공공에 공개되었는지와 무관하게 판매제한으로 '219특허가 무효로 된다고 판단하였다.

2. 쟁 점

이 사건의 쟁점은 발명의 내용에 대한 비밀유지의무를 가진 판매계약이 AIA 제102조(a)의 판매제한에 해당하여 특허를 무효로 할 수 있는지였다.

3. 법원의 판단

미국 연방대법원은 다음과 같은 이유로 Helsinn의 상고를 기각하였다. (1) 기존의 판례[60]가 판매나 판매의 청약에 의하여 특허가 무효로 되기 위하여 발명을 대중에게 이용가능하게 만들 필요는 없다. (2) 개정된 법 또한, pre-AIA의 on sale이라는 문구를 동일하게 사용하고 있으므로 기존의 해석을 변경한다고 보기 어렵다. (3) CAFC는 오랜 기간동안 비밀 판매도 특허를 무효로 할 수 있다고 하여 pre-AIA하에서 대법원의 판례가 내재하고 있던 법리를 명확히 하였다.[61]

60) Pfaff v. Wells Electronics, Inc., 525 U.S. 55, 67.
61) Special Devices, Inc. v. OEA, Inc., 270 F.3d 1353, 1357(Fed. Cir. 2001).

대법원은, 의회가 동일한 on sale이라는 용어를 AIA에 다시 받아들였으므로 Pre-AIA에서 합의되어 있던 판례에 따라, 의회가 법원의 기존 용어해석을 받아들였다고 추정하였고, "또는 그 외에도 대중에게 공개된"이라는 포괄적 규정이 더해졌다는 이유는, 의회가 법원으로 하여금 'on sale'의 해석을 바꾸도록 의도했다는 결론을 내리기에는 충분하지 않다고 판단하였다.

4. 사건의 의의

판매제한은 미국 특허법이 다른 나라의 특허법과 달리 채택하고 있는 신규성 부정 사유로, 발명의 개시 여부와 무관하게 판매나 판매의 청약이 이루어지면 신규성을 부정하는 근거가 된다.[62] 이 판결은 AIA 제102조의 법문의 구조가 변경되었더라도, 의회가 법조문에서 기존과 동일한 용어를 사용하였고, 기존 판례법을 변경해야 한다고 명시적으로 밝히지 않았다면 기존의 판례법이 그대로 적용된다는 점을 밝힌 판례이다.

(5) 그 밖의 사유로 대중에 공개되는 경우

AIA 제102조(a)(1)에는 마지막으로 '그 밖의 사유로 대중에 공개되는 경우'를 명시하였다. 이는 특허, 간행물, 공용, 판매 이외의 사유를 모두 포괄하는 규정이다. AIA 개정 이전의 판례이기는 하나, 법원은 인터넷에 전자적으로 게시된 선행기술을 공용으로 볼 수 있다고 판시하였고,[63] Transweb 사건에서도 CAFC는 제3자가 플라즈마 플루오르화 기술이 적용된 필터 샘플을 가지고 박람회에서 참가한 것이 특허권자의 특허 출원일에 선행하는 공용이 된다고 판단하였는데, 이 사건에서는 박람회에서의 어떠한 개시(any public disclosure)도 법정제한에 따른 무효사유가 된다고 판시하였다.[64] AIA 하에서는 이와 유사한 사례가 제102조(a)(1)에 규정된 '그 밖의 사유'에

62) 한국 특허법 제29조는 공지 또는 공연의 경우에 신규성이 상실된다고 규정하고 있기 때문에, 계약 또는 상관습에 따라 비밀유지의무가 있는 판매계약은 신규성 부정사유가 되기 어렵다; 특허법원 2006. 8. 11. 선고 2005허7613 판결.

63) Voter Verified, Inc. v. Premier Election Solutions, Inc., 698 F.3d 1374, 104 USPQ2d 1553; In re Lister, 583 F.3d 1307, 92 USPQ2d 1225.

64) Transweb, LLC v. 3M Innovative Props. Co., 812 F.3d 1295(Fed. Cir. 2016).

해당한다고 볼 수 있을 것이다.

(6) 유예기간(Grace Period)

Pre-AIA에서 특허신청인은 제102조(b)에 규정된 기준일과 출원신청일 사이의 1년간의 유예기간을 향유할 수 있다. 이러한 출원 전 1년간의 유예기간 동안 제102조(b)에 의한 권리 상실 없이 발명이 특허로 등록될 수 있고, 출판된 발행물에 설명될 수 있고, 공용이나 판매가 될 수 있다. 따라서 출원일전 1년의 유예기간 동안 발명자는 자신의 발명을 시험하고 시장에서 판매할 수 있고 특허출원비용을 지출하는 것이 합리적인지 평가할 수 있다. 다만 4가지 법정제한사유 중 하나가 발생할 경우 이때부터 유효한 출원기간인 1년의 기간을 기산한다.[65]

AIA가 선출원주의를 도입함에 따라 유예기간의 적용규정도 변경되었는데, AIA 제102조(a)(1)에 대한 예외조항인 (b)(1)은 유효출원일 전 1년의 기간 동안 공개 또는 판매된 발명자, 공동 발명자, 또는 이들로부터 직간접적으로 발명의 주제를 획득한 제3자가 발명을 개시한 경우, 이들에 의한 공개된 내용은 선행기술로 보지 아니한다.[66]

관련하여 CAFC는 우선권주장의 보정이 해당출원에만 영향을 미치는 것인지 아니면 다른 출원에도 영향을 미치는 것인지 여부가 쟁점이 된 사건에서, 특허권자는 적법한 우선권 주장 후 선출원 보정의 효과와 관련하여, 특허권자는 존속기간의 장점을 가지기 위하여 우선권 인정의 장점을 반드시 포기할 필요는 없다고 주장하였으나, CAFC는 특허권자가 우선권 고리를 끊음으로써 존속기간의 혜택을 보았으므로 이 사건 출원인이 제5출원을 하면서 제4출원에 대한 국내우선권주장을 삭제함으로써 제5출

---

65) UMC Elecs. v. United States, 816 F.2d 647, 652(Fed. Cir. 1987), cert. denied, 484 U.S. 1025 (1988).

66) 유예기간은 국가에 따라 다른데, 한국과 미국, 일본은 유예기간을 12개월을 적용하고 있는 반면, 유럽과 중국은 유예기간을 6개월로 정하고 있다. 한국법은 발명자가 아무리 먼저 공개 후 1년 이내에 출원했더라도, 특허 출원 전에 제3자의 공개가 있으면 신규성이 상실된다. 다시 말해, 한국법은 발명자의 공개만 없었던 것으로 봐주는 것이지, 발명자 공개 이후라고 하더라도 제3자 공개는 없었던 것으로 볼 수 있는 것은 아니다. 또한, 한국은 세계 어디에서든 공개를 했다면 1년 이내에 한국특허청에 출원해야 하지만, 미국은 Effective Filing Date가 1년 이내이면 족하다. 가령 한국 박람회에 전시하고, 1년 내에 한국에 출원한 다음 우선권 주장해서 미국에 출원하면 그 미국 출원은 신규성이 상실되지 않지만, 한국 박람회에 전시하고 1년 내에 미국에 먼저 출원한 다음 우선권 주장해서 한국에 출원하면 박람회 공개일로부터 1년이 초과한 시점에서 한국 출원이 된 경우가 발생하여, 신규성 판단에 있어 우선권 주장일에 국내출원된 것으로 의제되더라도 신규성이 상실된다고 보는 것이 타당하다고 본다.

원과 제4출원 사이의 우선권 연결고리가 절단되었다고 보아야 하므로 제6출원 내지 제8출원은 우선권의 혜택을 보지 못한다고 판단하여 특허권자의 주장을 배척하고 참가인인 특허청장의 주장과 같이 판단하였다.[67]

Pre-AIA에서는 발명자가 관련되지 않은 제102조(b)의 개시에도 유예기간을 적용했던 반면, AIA에서는 발명자와 관련된 발명의 개시에 대해서만 유예기간을 적용하고, 관련되지 않은 제3자에 의한 개시는 그 제3자에 의한 개시 전에 발명자에 의한 출원 전 1년 내 개시가 없었다면 유예기간의 적용 없이 바로 선행기술로 보는 것이다. 즉 AIA 102(b)(1)(B)에 따라 제3자가 출원일로부터 소급하여 1년 이내에 공개했는데, 그 이전에(1년 이내에) 발명자(또는 엿들은 자)가 공개한 사실이 있었다면 제3자 공개는 선행기술이 되지 않지만 발명자(또는 엿들은 자)의 공개가 없었다면 제3자 공개에 의해 발명자는 특허를 받지 못하게 된다.

5. Pre-AIA 제102조(e)와 AIA 제102조(a)(2)

(1) 의 의

1) 입법경과

Pre-AIA 제102조(e)는 신청인의 발명일 전 미국에서 타인이 출원을 한 경우 신청인의 특허발명 또는 타인의 공개된 특허명세서의 상세한 설명에 기재된 사항에 대한 신규성 상실을 규정하고 있다. 이 조항은 Alexander Milburn Co. v. Davis-Bournonville Co.사건[68]에서 미국 연방대법원이 설시한 법리를 1952년도 특허법 개정을 통해 성문화한 것이다. Pre-AIA 제102조(e)는 "특허출원인의 발명전에 그 발명이 다른 사람에 의하여 미국에서 행하여진 특허출원 또는 법 제371조(c)항 (1)(2) (4)호의 요건을 만족하는 국제출원에 개시되었고 그 출원이 허가된 경우 특허를 받을 수 없다"고 규정하고 있다. 만일 선행특허가 동일한 발명에 대한 것이면, 그 신청인이 선행특허의 공개일로부터 1년 이내에 주장한 경우 제102조(g)에 의하여 저촉심사에 의해서 특허우선권이 결정될 수 있다. 그리고 만약 1년 이상이 도과한 경우라면 USPTO는 제135조(b)에 의하여 당해 출원특허를 거절할 수 있다.[69]

---

67) Natural Alternatives(상고인) v. Iancu(참가인) (Fed. Cir. 2018).

68) Alexander Milburn Co. v. Davis-Bournonville Co., 270 U.S. 390(1926).

출원계속 중인 특허가 미국 출원 신청 18개월 후 공개하도록 한 1999년 발명자보호법(American Inventors Protection Act; AIPA)[70]의 개정 후 출원 계속 중인 미국 특허 신청은 신청일 후 18개월 후에 자동적으로 공개된다.[71] 이러한 변경은 선행적으로 신청된 미국특허의 서면기재요건(written description)은 후의 어떤 등록일이 아니라 그 전인 18개월의 출판일에 pre-AIA 제102조(e) 선행기술자료로 사용될 수 있도록 제공됨을 의미한다. 미국은 다른 나라와 달리 자명성 판단의 선행기술로 특허법 제102조에서 정한 모든 선행기술을 인용할 수 있기 때문에 AIA 제102조(a)(2)(AIA 이전의 제102조(e))의 선행기술을 근거로 신규성의 동일성 판단은 물론 진보성 판단을 한다. 반면 한국 등의 확대된 선원의 지위(특허법 제29조 제3항)는 신규성 판단과 관련한 실질동일여부만 판단한다.

Pre-AIA 제102조(e)는 AIA 제102조(a)(2)의 "청구항 발명의 유효출원일 이전에 유효하게 출원된 등록특허 또는 출원공개가, 다른 발명자를 명기하고 있고 청구항 발명이 제151조에 의해 등록된 발명 또는, 제122조(b)에 의해 간행되거나 간행된 것으로 여겨지는 발명에 기재되어 있는 경우"에는 특허가 등록될 수 없다는 규정으로 변경되었다. 타인이 유효출원일 전 미국 내에 출원한 특허의 상세한 설명에 기재된 발명에 의하여 신규성이 상실될 수 있게 하는 지역적 제한은 유지되었고, Pre-AIA에서 출원 단계의 언어가 영어로 제한되던 규정이 다른 언어의 명세서를 원출원으로 하여 PCT로 미국 내 진입하는 경우를 포함하게 되어 pre-AIA 제102조(e)에서의 언어 제한은 완화되었다.

이에 대한 예외규정인 AIA 제102조(b)(2)는 선행기술의 지위가 인정되지 않는 경우이다. (b)(2)의 하위 항목 (A)는 선출원이 청구항 발명 출원인 또는 그로부터 직간접적으로 주제를 획득한 자에 의하여 이루어진 경우, (B)는 선출원인의 유효출원보다 먼저 출원인 또는 출원인의 관계인에 의한 개시행위가 이루어진 경우, (C)는 공동출원인인 경우 선출원 등록특허나 출원공개가 선행기술이 되지 못한다고 규정하고 있다.[72]

---

69) In re McGrew, 120 F. 3d 1236(Fed. Cir. 1997).

70) Pub. L. No. 106-113, 113 Stat. 1501(enacted Nov. 29, 1999).

71) 미국은 다른 나라와 달리 자동공개제도를 도입하여 그동안 자주 거론된 잠수함 특허의 급작스런 출현에 따른 문제를 해결하면서도 여전히 해외출원하지 않고 미국에만 출원하는 경우 출원인의 신청(의사)에 따라 공개되지 않는 비밀출원제도를 운영하고 있다(35 U.S.C. §122(b)).

2) 판례의 전개

1965년 Hazeltine Research, Inc. v. Brenner 사건에서 이르러 연방대법원은 Pre-AIA 제102조(e) 및 Milburn 사건에서의 판시는 신규성뿐만 아니라 진보성 판단에 있어서도 확대 적용하는 판결을 하였다. 세부적으로 진보성을 판단함에 있어서 선행 기술의 구성요소도 판단기준이 된다는 것이다. 따라서 법원은 진보성을 판단함에 있어서도 쉽게 찾을 수 없는 선행 기술들의 존재를 고려하게 되었다.

Pre-AIA의 제102조(e)는 신규성을 판단하는 기준으로 1965년 이후로 계속적으로 적용되고 있는데 그 일례로 Sun Studs, Inc. v. ATA Equip. Leasing, Inc. 판결[73]에서 중요한 개시이지만, 청구항에 기재되지 않은 기술은 제102조(e)에 의해서 선행기술로 사용될 수 있다.

3) Hilmer 독트린과 제102조(e)

미국 특허법 제119조는 파리조약(Paris Convention) 제4조의 우선권 제도를 도입하고 있다. 이에 따르면 외국에 있어서 최초 출원일부터 12개월 이내에 출원된 미국 출원은 앞에 기재한 최초 외국 출원일에 출원된 미국 출원과 동일한 효력을 가진다고 여겨진다. 그러나 미국의 판례 · 실무는 명세서 기재사항이 선행 기술로서 제3자에 의한 후출원을 배제할 수 있는 효력의 발생일은, 최초의 국가의 출원일까지 소급하지 않고 미국 출원일까지 소급한다고 본다. 미국에서만 사용되는 이러한 원칙을 힐머 독트린(Hilmer Doctrine)이라고 한다.[74] 또한, Pre-AIA 제102조(e)는 국제 출원시 미국을

72) AIA가 선출원주의를 도입하였음에도(A)와 (B)는 발명자기준, (C)만 소유자(출원인) 기준이다. AIA 35 U.S.C. 102(b)(2)(A)는 심사 대상 발명이 먼저 선출원된 특허 문서에 기재되어 있더라도, 그 내용이 발명자 등으로부터 엿들었거나 건너 들어 알게 된 자가 선출원한 경우, AIA 35 U.S.C. 102(b)(2)(B)는 심사 대상 발명이 먼저 선출원된 특허 문서에 기재되어 있더라도, 선출원 전에 그 내용이 발명자 등으로부터 엿들었거나 건너 들어 알게 된 자가 공개한 경우(다만 그 공개가 유효출원일로부터 소급하여 1년이 넘었다면 102(b)(1)(A)의 예외 적용을 받지 못하게 되어 결국 신규성 상실로 특허를 받지 못하게 된다), AIA 35 U.S.C. 102(b)(2)(C)는 심사 대상 발명이 먼저 선출원된 특허 문서에 기재되어 있더라도, 그 내용이 본원의 유효출원일 이전에 동일인이 소유하였거나 동일인에게 양도 의무가 있었던 경우, 이들 선출원된 특허 문서는 선행기술이 되지 아니한다. 한편, AIA 35 U.S.C. 102(c)에서 동일인 소유 또는 양도의무가 있는 것으로 간주되는 사항을 공동연구계약 등으로 열거하고 있다. 따라서 AIA 35 U.S.C. 102(b)(2)(C)는 기업이 공동연구결과물을 양수하여 출원인이 되는 경우에 한 연구원이 공동연구 중에 들은 이야기를 참고하여 직무발명을 하여 출원한다거나, 공동연구 중 먼저 신고한 직무 발명인데 대리인이 명세서를 늦게 작성하여 늦게 출원한 경우 다른 연구원의 선출원된 발명으로 인하여 불이익을 받지 않도록 하기 위한 것을 입법취지로 한다.

73) Sun Studs, Inc. v. ATA Equip. Leasing, Inc., 872 F.2d 978, 983-84(Fed. Cir. 1989).

지정하고, 영어에 의해 국제 공개되었을 경우에는, 해당 국제 출원의 후원 배제 효력은 국제 출원일부터 발생하지만, 영어 이외의 언어에 의해 국제 공개되었을 경우에는, 후출원 배제 효력이 생기지 않는다고 하는 언어 차별적 취급을 규정하고 있었다. 결론적으로 외국에서의 출원이 배제되게 되어 전 세계적인 특허에 관한 공론의 형성에 방해를 주고 있었다.

결국 pre-AIA 제102조(e)는 AIA 제102조(a)(2)로 개정되었으며, 타국과 영어 외 언어에 의한 출원을 차별하는 규정이 삭제되었다.

(2) Alexander Milburn Co. v. Davis-Bournonville Co. 사건[75]

1) 사안의 개요

① 대상특허

이 사건에서 문제가 된 특허는 용접기에 관련된 세 개의 특허이다. ① 874,666특허는 금속을 자르는 데 쓰이는 것인데, 금속을 자르기 위해서는 고열이 필요하고 그 고열은 두 가지 기체(산소화합물의 일종)의 혼합물을 태움으로써 발생하게 된다. 발생하는 고열은 두 가지 기체의 비율을 조정하거나 혹은 기체의 배출 압력을 조정함으로써 더욱 더 높은 고열이 발생할 수 있게 되는 것이다. 이 때 발생한 고열로 열을 잘 견디는 금속을 뜨겁게 달구어서 다른 금속을 자를 수 있는 칼을 만들어내는 것이다. 특허는 바로 이 뜨겁게 달구어지는 부분(tip)을 교체 혹은 원형이 아닌 다른 모양으로 바꿀 수 있도록 만들어 진 것에 적용된다. ② 1,028,410특허는 위의 특허에서 화염이 뿜어져 나오는 부분을 지지해주는 헤드에 관한 것이다. 이것 역시 교환될 수 있도록 만들어 졌는데 좀 더 크기가 큰 것이나 크기가 작은 것으로 교환함으로써 기체의 비율을 다른 비율로 바꿀 수 있게 된다. ③ 880,099특허는 용접 화염에 관한 것이다. 앞의 두 개의 특허가 금속을 자르는 것에 관한 특허인데 반해, 이 특허는 용접을 보다 용이하게 만들어주는 부품에 관한 특허이다. 이 부품 역시 교환이 가능할 수 있도록 만들어졌고 세밀하게 기체의 배합을 조정할 수 있는 기능을 할 수 있다. 앞의 특허 중 874,666특허의 용접기에 쓰일 수 있도록 조정한 부품으로 볼 수 있다.

---

74) 힐머 독트린(Hilmer doctrine)은 In re Hilmer, 359 F.2d 859(C.C.P.A. 1966)(Hilmer Ⅰ)판결에서 정립되었고, 이후 In re Hilmer, 424 F.2d 1108(C.C.P.A. 1970)(Hilmer Ⅱ)에서 보완되었다.

75) 270 U.S. 390(1926).

② 사실관계

아래의 사실관계 요약도에서 알 수 있듯이, 1911. 3. 4. Whitford는 개량용접기에 대한 특허를 출원하여 1912. 6. 4 특허를 부여 받았다. 그러나 그 이전인 1911. 1. 31.에 Clifford가 제출한 특허 출원서에 위 개량 용접기와 유사한 내용이 기록되어 있음이 밝혀졌다.[76] 그러나 Clifford는 위 개량 용접기를 발명의 상세한 설명에서만 개시하였을 뿐 이를 특허청구범위에는 포함시키지 않았다.[77] 그 이후에 Clifford는 1912. 2. 6에 특허를 부여 받았고, Whitford의 청구항에 자신의 특허 내용이 포함되어 있음을 알고 Whitford를 상대로 특허 침해소송을 제기 하였다. Whitford는 Clifford의 소송제기에 대하여 Clifford의 1911. 1. 31의 특허출원(filing)에는 자신과 중복되는 내용이라고 보이는 것은 발명의 상세한 설명에만 기재되어 대중에 충분히 공개되지 않았으므로 신규성의 요건을 만족하지 못한다는 점을 주장하였다.

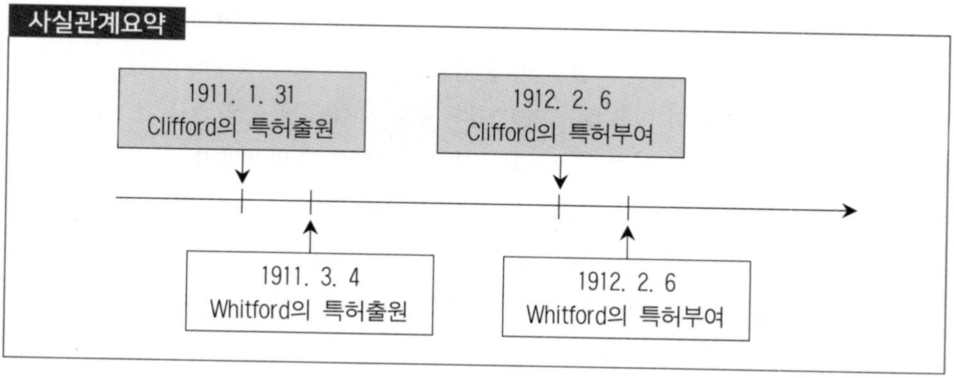

2) 쟁 점

위의 사실관계로 미루어 볼 때, 충돌하는 두 법익은 Clifford와 Whitford의 특허를 받을 수 있는 권리가 될 것이다. 물론 이 판결로 범위를 국한시킨다면 Clifford와

76) 특허자료 Whitford의 특허 중에서 Claim 3, 6, 7이 문제시되었다. Claim 3에의 "unitary removable and replaceable tip", Claim 6의 "two kinds of gases for combusion communicating respectively with the two kinds of inlets", Claim 7의 "a head and removable and replaceable tip carried and supplied therby"

77) 원심에 따르면 Clifford는 자신의 발명의 진가(full value)를 모르고 있었다. "patentees at the time did not recognize the full value of their invention"

Whitford 개인의 법익으로 문제가 좁아지겠지만, 조금만 더 범위를 확장시켜 본다면 Clifford는 선발명자가 될 것이고, Whitford는 후발명자 혹은 앞으로 발명할 잠재력을 가진 사람이 될 것이다.

결국 이 사건은 선발명자의 법익과 후발명자의 법익 내지는 발명을 할 의욕, 새로운 발명에 의한 사회적인 발전 가능성 등이 충돌하는 두 법익으로 볼 수 있을 것이다. 이 판결에서 만일 상세한 설명까지 선발명자의 특허로 인정을 해 준다면 선발명자의 법익이 강화되는 반면, 후발명자의 법익은 약화되고 발명 가능성을 가진 사람들의 의욕을 저하시키게 되어 사회적인 발전 잠재력을 감소시킬 우려가 있게 되는 것이다.[78)]

이 사건의 판결문에서 대법관들은 오래된 사건이지만 오늘날에도 여전히 유효한 판시를 하고 있다.[79)] 이 사건에서 선발명자인 Clifford의 상세한 설명에까지 그의 특허로 인정하게 되면, 선발명자의 권리가 크게 강화되게 된다. 또한 이것은 사회 일반의 상식으로 생각해 볼 때도 옳다고 보이는데, 상세한 설명 역시 출원자의 생각이기 때문이다. 그러므로 선발명자는 자신의 생각을 특허로 제출하여 개인 법익을 보호하려는 것이므로 '청구항'이라는 범위에 국한 시켜서 보호를 하는 것은 법익에 너무 큰 제한을 가하는 일이 아닐 수 없다. 예를 들어, 어떤 악의를 품은 사람이 청구항이 아닌 내용을 참조하여 새로운 특허를 만들어 내어 그것이 특허로서 인정이 된다면 선발명자의 이익에 반하게 되고, 선발명주의는 큰 위기를 맞이할 수 있다.

그러나 상세한 설명에까지 선발명 인정의 범위를 확장하게 되면 실제로는 후발명자들의 발명의 영역을 좁히는 결과가 나타나게 된다. 또한 청구항에 비해서 상세한 설명의 내용은 상대적으로 자유롭게 기술할 수 있으므로, 선발명자가 확실하게 기술이라고 인식하지 않은 모호한 것들도 마구 기술하여 후발명자들의 발명의 영역을 제한할 수 있다.

이렇게 두 가지의 법익이 충돌하는 경우에서는 이익을 교량하여 하나의 결정을 내

---

78) 재판부는 법익의 충돌을 다음과 같이 표현하고 있다. "It appears to me that on the one hand the disclosure qua description is not the 'invention' and that it certainly cannot be enough that the claims of the patent in suit read upon the description of a copending application. On the other hand, it would seem that it is too extreme a doctrine to say that 'inventions' are necessarily different because they contain claims made up of different elements"

79) 대법관 Homes는 "it is comparatively easy to take the next step and say that he is not an inventor in the sense of the statute unless he makes a claim"이라면서 결정의 어려움이 있음을 보여주고 있다.

리고 나머지 법익을 보호하기 위한 조치가 뒤따라야 할 것이다. 예를 들어 후발명자의 법익을 보다 더 강화해주는 판결을 내린다면, 보호 받을 수 있는 범위가 좁아들게 되어, 특허권이라는 선발명자의 재산권을 침해하는 결과 등이 예상될 것이다. 따라서 이를 보충해 주기 위한 요건이 제시되어야 할 것이다.

3) 사건의 전개

지방법원은 Clifford가 특허침해를 주장했던 3개의 특허 중 첫 번째와 두 번째의 특허는 침해되었으나 세 번째 특허는 침해가 없다고 판단하였다. 이에 불복한 Whitford는 Clifford의 특허는 공개되지 않았기 때문에 선행기술로서 개시되지 않았다고 주장하였다. 그러나 대법원은 그 주장을 받아들이지 않았다.

기존의 판결이 청구항에 포함된 것만을 '발명'으로 평가한 반면, 이 판결에서 홈즈 대법관은 상세한 설명부분을 고려하여 권리범위를 판단하여야 한다고 판시하였다.

판결의 쟁점은 Whitford가 주장했던 "상세한 설명에만 기재되어 있었으므로 대중에 공개되지 않았다."라는 주장에 대한 판단이었다. 이에 대하여 지방법원은 "어떤 것이라도 발명자가 공개한 것은 발명한 것이다. 그리고 공개는 상세한 설명으로도 가능하다."[80]라고 하면서 상세한 설명에 기재한 것도 공개된 것이며, 발명한 것으로 인정된다고 판결하였다.

항소심에서는 Clifford가 먼저 발명하였다는 점을 강조하면서 "발명이 무엇이든지간에 그것은 생각이다. 그리고 생각의 시점을 찾아가는 것은 전체의 생각이 나타난 시점을 찾는 것이지 생각의 부분이 나타난 시점을 찾는 것은 아니다."라고 판단하면서 청구항만을 기준으로 해야 하는 것이 아니라, 발명의 전체적인 생각이 드러난 시점을 기준으로 해야 하므로 Clifford의 발명이 선행했다고 보아야 한다고 판결한다.

"판결의 진정한 기준은 상세한 설명이 청구항의 부분을 이루고 있다는 것이다. 따라서 상세한 설명은 반드시 특허의 권리범위 해석에 고려되어야 한다. 그것은 상세한 설명의 확대 혹은 이후의 발명을 억제하고자 하는 것이 아니라 청구항이 작성되었을 때의 진정한 의미와 실제 의도를 확실하게 하기 위함이다."

상고심에서 Homes 대법관[81]은 원심과 항소심의 의견을 그대로 수용하면서, "물론

80) 판결원문은 "What any patentee has invented is theoretically what he discloses, and the disclosure is the specification. A claim is a definition of that which has been described in the specification"

청구항에 기재되지 않았기 때문에 '공개되지 않았다'라고 판단하는 것이 가장 쉬운 길이다. 하지만 Whitford가 발명하지 않았음을 증명하기 위해 다른 사람이 발명했음을 보여줘야 하는 것 또한 정말 불필요한 일이다."라고 언급하였다.

(3) Pre-AIA 제102조(e)에 존재했던 문제들

1) Pre-AIA 제102조(e)에 관한 미국 내의 문제

Pre-AIA 제102조(e)의 적용의 한계로, 제102조(e)에 의한 판단이 놓칠 수 있는 사례를 보자. 미국 특허법 제120조는 계속출원(Continuation Application)에 의한 출원일의 소급에 대해서 규정하고 있다. 이는 우리나라의 국내 우선권제도(특허법 제55조) 또는 출원의 보정 등과 유사한 제도로서, 원 출원에 따른 심사가 기대된 대로 진행되지 않을 경우 원 출원의 출원일의 이익을 유지하면서 이를 보완하여 다시 심사의 기회를 갖도록 하기 위한 제도이다. 이 규정에 따라서 선출원에서 개시는 하였으나 특허청구범위에는 포함시키지 아니한 것을 나중에 후출원에서 정식으로 특허청구하게 되면 선출원일을 한 날짜를 그 발명의 출원일로 주장할 수 있다. 이 제도와 관련하여 제102조(e)항의 해석이 문제되는 경우가 생길 수 있었다.

2) Pre-AIA 102조(e)항 관련 국제적 문제

Pre-AIA 제102조(e)는 외국인의 미국에서의 출원은 반드시 미국에서의 실제출원일 것을 요구한다. 따라서 외국에서 출원을 하고 그 1년 이내에 미국에서 출원을 하면 파리조약 제4조의 우선권조항에 의해 그 외국에서의 출원일을 기준일로 할 수 있고, 그로 인해 외국에서의 출원일과 동일한 날에 미국에서 출원한 것과 같은 효과를 가지게 된다. 그러나 Pre-AIA 제102조(e)와 관련해서는 그와 같은 우선권을 주장할 수 없다. 따라서 명세서의 상세한 설명에 기재된 사항들은 해당 발명이 미국 내로 출원되지 않은 경우에는 선발명으로 보호받을 수 없게 되는 문제가 있었다.[82]

---

81) 홈즈 대법관에 대해서, 최승재, 「미국 대법관 이야기」, 경북대학교 출판부(개정판)(2011), 35면.

82) 제102조(e)항 후단에서 말하는 '법 제371조(c)항 (1)(2)(4)호의 요건을 갖춘 국제출원'이라 함은 파리조약에서 말하는 동맹국에서의 출원이 아니라 미국 특허법 요건에 맞추어 외국으로부터 미국에 직접 출원하는 것을 의미하는 것이다.

Ⅱ. Pre-AIA 제102조에만 적용되는 신규성 부정사유

1. Pre-AIA 제102조(c)

Pre-AIA 제102조(c)[83]는 발명자가 발명을 포기하면 특허를 받을 수 없다고 규정한다. 특허권의 상실이 발명자 자신의 적극적인 포기행위 또는 발명의 공중의 제공에 의하여 이루어진다고 보던 시기적 산물인 이 제도는 특허권을 상실하는 것은 타인으로 하여금 발명의 제조, 사용 또는 판매를 배제할 수 있는 권한을 배제한다.[84] AIA로의 개정에 따라 제102조(c)는 삭제되었다.

2. Pre-AIA 제102조(d)

Pre-AIA 제102조 (d)는 제102조(b)와 마찬가지로 지연에 대한 불이익으로 권리를 상실시키는 것을 취지로 한다. AIA에서는 이 조항은 삭제되었다.

파리조약(Paris Convention)이나 특허협력조약(Patent Cooperation Treaty)에 의한 조약우선권의 혜택을 받고자 하는 특허출원인은 조약 체약국에서 첫 번째 출원 후 12개월 내에 국제출원을 하여야 한다. 그리고 국제출원 후 12개월 이상이 지난 후에 미국에 출원한 신청인만이 제102조(d)에 의하여 무효가 될 잠재적인 위험을 갖고 있다. 상응하는 외국 특허 신청 후 12개월이 더 지난 후에 신청된 미국 특허신청의 경우에도 제102조(d)는 미국 특허 전에 외국 특허가 등록된 때에만 적용된다.[85]

---

83) 2013. 3. 16. 이전에 출원된 발명들에 대해서는 여전히 pre-AIA가 적용된다. pre-AIA 35 U.S.C. 102(c)는 발명의 포기인 경우에 적용되는 것으로 출원의 포기인 경우에는 재출원을 통해 특허를 받을 기회가 있다. 그러나 발명의 포기인 경우에는 그 자체로 특허성이 상실된다. 발명이 일정기간 경과 후에도, 출원하지 않았거나 청구하지 않은 발명은 포기한 것으로 추정된다. 따라서 디스커버리 과정에서 장기간 노하우로 유지하였다가 출원하면 이 조항이 적용될 수 있다.

84) In re Gibbs, 437 F.2d 486(CCPA 1971).

85) pre-AIA 35 U.S.C. 102(d)는 외국 발명은 해외 선출원 이후 12개월이 도과하여 파리 조약 우선권 혜택을 받지 못하는 경우에도 그 우선권 혜택이 없이 미국에 출원하는 것은 가능한데 (그 외국 출원의 공개일로부터 1년 이내면) 미국 출원하기도 전에 해외에서 발명자 중 출원이나 무심사실용과 같이 빠르게 등록된 경우 미국에서 특허 받을 권리를 상실시키는 규정이다. 한편 미국에서 출원된 발명은 상응하는 미국 출원 후 6개월이 도과하기 전 또는 외국 출원이 외국 출원에 의하여 허가되기 6개월이 도과하기 전까지는 외국에서 특허출원을 하는 것을 금지한다. 그러므로 미국에서 발명

그러므로 제102조(d)는 미국에서 출원된 발명을 주장하는 미국 특허신청인에게는 약간의 잠재적인 적용 가능성이 있다. 제102조(d)는 미국에서의 판매 또는 공용과 같은 국내적 활동에 의하여 발동되는 것이 아니라 발명자가 외국에서 특허출원을 하고 동일한 발명에 대하여 1년이 경과한 뒤에 미국에서 특허출원을 하고, 그 발명자의 외국특허가 미국에서의 신청 전에 등록된 경우 문제된다. 이런 면에서 제102조(d)는 발명자가 동일한 발명에 대하여 외국에서 보호를 구하기 시작한 경우 미국 특허시스템에 신속하게 진입하는 것을 촉진하기 위한 것으로 이해된다.

3. Pre-AIA 제102조(f)

(1) 의 의

Pre-AIA 제102조 나머지 규정에 비교하면 pre-AIA 제102조(f)는 특이한 조문이다. 이 조문은 신규성 상실이나 권리의 상실조항이 아니다. 미국 특허법은 출원되는 발명이 특허출원서에 발명자로 기재된 사람의 창작물일 것을 요구한다. 제102조(f)는 타인으로부터 유래된 발명을 주장하는 것은 허용되지 않음을 규정하고 있었다. AIA의 개정에 따라 이 조항은 삭제되었다. pre-AIA 35 U.S.C. 102(f)는 발명자주의를 선언한 조항으로 이를 근거로 발명자 명의로 반드시 특허출원하여야 했다. 그러므로 이는 모인출원에 대한 거절근거가 된다. pre-AIA에서는 우리나라 특허법 제34조, 제35조와 같은 정당권리자의 출원 특례 규정은 없었으나 AIA이후 발명자주의를 포기하고 선출원 주의를 도입함에 따라 파생심리절차(Derivation Proceedings)(AIA §135)가 신설되어 모인출원에 따른 정당한 발명자가 불이익이 없도록 심리하는 절차가 도입되었다.

제102조(f)는 뒤에서 볼 제102조(g)의 우선권결정조항(priority determination)이 동일한 2개의 발명이 누구에 의해서 최초로 발명된 것인지 정하는 것과 구별된다.[86] 또 제102조(f)는 제102조의 다른 조항과는 달리 지리적 한계가 없다.

한편 제102조(f)는 특허신청에서 발명자의 이름을 잘못 기재한 것을 이유로 거절하거나, 발명자의 이름을 잘못 기재한 것에 근거하여 이미 등록된 특허를 무효화시키는

(출원이 아님)된 경우 미국에 먼저 출원하여 해외출원 승인을 받아야 한다.

86) Price v. Symsek, 988 F.2d 1187, 1190, 26 USPQ2d 1031, 1033(Fed. Cir. 1993).

근거가 된다. 그리고 1952년 특허법 개정 전에는 특허출원시 발명자를 잘못 지정한 경우에도 당해 출원은 거절되었다. 그러나 발명자를 잘못 표시하여 무효가 되는 경우는 발명자를 누락하거나 발명자가 아닌 자를 발명자로 표시하였더라도 표시정정으로 그러한 오류가 정정할 수 있도록 한 1952년 개정특허법 제256조의 제정으로 인하여 크게 줄어들었다. 제256조는 등록된 특허의 발명자는 2가지 방법에 의하여 수정될 수 있도록 하였다. 제256조의 1문은 모든 당사자가 필요한 수정에 대하여 동의할 경우 그 수정을 USPTO에 신청할 수 있다고 규정하고 있다. 2문은 모든 당사자가 동의하지 않는 발명자 관련 분쟁은 고지와 청문기회가 보장된 경우 법원이 관할하도록 하고 있다. 제256조는 등록된 특허의 발명자 자격의 수정을 규정하고 있으나 제116조의 마지막 문단에 의하여 특허청에 계속중인 출원발명의 발명자표시정정은 USPTO에 하여야 한다.

(2) 발명자의 결정

발명자는 착상(conception)을 하고, 이를 실시하는 2가지 요건이 요구된다. 발명자 자격(inventorship)을 주장하려면, 기본적으로 착상에 실질적으로 기여하여야 한다.[87] 따라서 단순한 제안을 하는 정도에 그치는 것으로 착상이 있다고 할 수 없다.[88] 한편 제102조(f)는 미국 특허법 제111조와 연계하여 해석되어야 한다.

심사관은 자신이 심사중인 출원발명의 명세서에 복수의 발명자가 기재된 경우 그 중 1인의 발명자라도 발명의 착상에 기여하지 않았다는 증거가 있는 경우 제102조(f)에 근거하여 거절결정을 할 수 있다. 다만 공동발명자 전원이 모든 청구항에 기여할 필요는 없으므로 그 중 일부의 청구항에만 기여한 발명자도 공동발명자로 기재할 수 있다.[89]

---

87) Sewall v. Walters, 21 F.3d 411, 415(Fed. Cir. 1994); Burroughs Wellcome Co. v. Barr Labs., Inc., 40 F.3d 1223, 32 USPQ2d 1915(Fed. Cir. 1994).

88) Huck v. Textron, 187 USPQ 388(E.D. Mich. 1975).

89) 제116조가 개정된 1984년 이후, 공동발명자로 되기 위하여는 문제된 특허의 청구항 모두에 기여할 필요가 없게 되었다. Ethicon, Inc. v. United States Surgical Corp., 116 S.Ct. 1562(1996).
(g)(1) during the course of an interference conducted under section 135 or section 291, another inventor involved therein establishes, to the extent permitted in section 104, that before such person's invention thereof the invention was made by such other inventor and not abandoned, suppressed, or concealed, or (2) before such person's invention thereof, the invention was made in this country by another inventor who had not abandoned, suppressed,

(3) 파생심리절차(Derivation Proceedings)[90]

AIA에서 선발명주의를 선출원주의로 변경하면서, 원칙적으로는 먼저 출원한 자가 특허를 받을 수 있지만, 출원인 1이 출원인 2로부터 그 발명을 모인(derived)한 경우에는 출원인 2가 파생심리절차를 제기할 수 있도록 하여, 그 예외를 규정하였다(AIA §135). 파생심리절차에서, 출원인 1이 출원인 2로부터 그 발명을 모인(derived)하였다면 출원인 2는 그 발명에 대해 특허를 받을 수 있다. 따라서 정당한 출원인 2는 모인출원인 1보다 출원일이 늦더라도 특허를 받을 수 있게 되었다. 다만 이 파생심리절차는 2013. 3. 16. 이후 출원된 특허에 적용되고, 그 이전에 출원된 특허에 대하여는 여전히 종전의 저촉절차(interference proceeding)에 의한다.

파생심리절차는 AIA에서 폐지된 저촉절차(Interferences)와 동일하게 진정한 발명자를 판단하기 위한 제도이다. 만약 진정한 발명자가 아닌 제3자가 동일한 특허출원을 하였으면, 진정한 발명자는 이에 대해 파생절차를 신청할 수 있다. 여기서의 동일 여부는 청구항의 내용을 기준으로 하며, 진정한 발명자의 특허출원의 공개일 이후 1년 이내에 파생절차 신청이 이루어져야 한다. 파생절차 신청인은 파생절차의 대상이 되는 등록특허 또는 특허출원을 지정해야 하고, 이 등록특허 또는 특허출원에 대한 파생절차 신청 이유를 소명해야 한다. 특허심판원(Patent Trial and Appeal Board, PTAB)은 신청 이유를 검토하고 신청 이유의 적정성 여부에 따라 파생절차 개시 여부를 결정한다(37 CFR 42.401 내지 37 CFR 42.405 참조).

파생심리절차는 현재 계속 중인 출원 또는 등록된 특허에 대해 신청할 수 있다. 파생심리절차는 특허심판원(PTAB)에서 수행되며, 파생심리절차의 당사자가 "모인(derived)" 이외의 근거에 기초하여 상대방 특허 청구항의 특허성에 대해 다투고자 한다면, 그 당사자는 무효심판(inter partes review 또는 post-grant review)의 개시하기 위한 신청서를 제출할 수 있다.

신청인은 자신이 출원한 적어도 하나의 청구항이 피신청인의 적어도 하나의 청구항

---

or concealed it. In determining priority of invention under this subsection, there shall be considered not only the respective dates of conception and reduction to practice of the invention, but also the reasonable diligence of one who was first to conceive and last to reduce to practice, from a time prior to conception by the other.

90) 이를 '파생심리절차'라고 번역했으나 직관적이지는 않다. 이는 제도의 의미와 우리 제도와의 연결을 생각하면 '모인심리'라고 번역하는 것을 고려할 필요가 있다.

과 동일하거나 실질적으로 동일하다는 사실을 소명하여야 하고, 그 소명은 실질적인 증거에 의해 증명되어야 한다. "모인(derived)"이 인정되기 위해서는 이를 주장하는 자에 의해 먼저 착상(conception)되었다는 것뿐만 아니라 그 착상의 전달(communication)까지도 요하고 이를 뒷받침하는 증거가 제출되어야 한다{37 CFR 42.405(c)}.

다만 모인출원은 이러한 파생심리절차가 아니어도 심사관의 통상적인 심사절차에서 걸려질 수 있다. 예를 들어 설명하면, 진정한 발명자 A가 발명을 한 다음 이를 B에게 개시하였다. B는 A의 발명 내용을 공개하였고 특허출원을 하지는 않았다. C는 B가 공개한 내용을 보고 이를 출원하였으며, A는 C의 출원일 후이면서 A가 B에게 개시한 날로부터 1년 이내에 자신의 발명에 대해 출원하였다(AIA 102(b)(1)(A)). 이 경우에 A에서 B로, 그리고 B에서 C로의 정보 흐름을 입증하기 위하여 당사자가 아닌 B 및 당사자인 C에 관한 discovery가 필요할 수 있다. 그러나 USPTO는 제3자에 대한 증거개시(discovery) 없이도 "A의 발명에 대한 B의 공개는 C 출원에 대해 선행기술로 되어 C 출원을 거절할 수 있다. A 출원은 공개일로부터 1년 이내 출원하였으므로 그 공개는 AIA 102(b)(1)(A)에 따라 선행기술의 지위가 없고 C의 출원은 AIA 102(b)(2)(B)에 따라 선행기술의 지위가 없으므로 등록이 가능하다.

파생심리절차에서, 특허발명이 도용된 것으로 결정되면, 해당 청구항을 취소하거나 특허 등록을 거절하는 결정을 하거나, 또는 선출원의 발명자에 후출원의 발명자 이름을 추가하거나 선출원에 기명된 발명자를 삭제 또는 변경하여 선출원의 발명자를 정정할 수 있으며, 화해로 또는 중재에 의하여 파생심리절차를 종료시킬 수 있다(AIA §135(e) 및 AIA §135(f)). 특허심판원의 결정에 불복하는 경우 재심의(rehearing)을 신청하거나 연방지방법원에 민사소송을 제기하거나 CAFC에 항소할 수 있다.[91]

발명일의 선후를 판단하는 pre-AIA 35 U.S.C. §135(Interferences) 규정과 우리나라에서 정당한 권리자의 보호를 위하여 양 발명간의 동일성을 엄격하게 판단하지 않고 실질적으로 동일한 영역까지 판단하는 것과 유사하다.[92]

91) 이해영, 미국특허법(제5판), 한빛지적소유권센터(2020), 828.

92) 우리나라에서도 신규성 판단의 동일성판단과 모인출원에 대한 정당한 권리자 보호를 위한 동일성 판단을 동일하게 적용할 것이 아니라 신규성 판단의 동일성은 엄격한 기준을 적용하되 확대된 선원의 지위 판단에서의 동일성판단(미국의 경우 진보성 판단까지 가능하다) 및 정당한 권리자 보호를 위한 동일성 판단은 실질동일 원리를 적용하도록 개정하는 것도 생각해볼 수 있다.

4. Pre-AIA 제102조(g)

(1) 의 의

위에서 살펴본 것처럼, Pre-AIA는 선발명주의를 취하고 있었으나, 세계 대부분의 나라가 발명일자와 관계없이 제일 먼저 출원한 자에게 특허권을 부여하는 선출원주의를 채택하고 있다. AIA는 선출원주의로 변경하였고, Pre-AIA 제102조(g)는 AIA의 개정으로 삭제되었다. 다만, pre-AIA가 적용되는 특허가 모두 만료되는 2033년까지의 소송 실무에서는 제102조(g) 또한 중요성을 유지할 것으로 보인다.

선발명주의는 발명의 장려 및 발명자에게 특허권을 부여한다는 특허제도의 취지에 더 부합하는 장점을 가지고 있다. 선발명주의 하에서의 발명자는 자신의 발명을 빨리 출원하지 않고 우선 숨겼다가 나중에 출원하는 경향이 있다. 특허권은 출원의 순서가 아니라 발명의 순서에 따라 부여되기 때문이다. 또 선발명주의에 의해 둘 이상의 동일한 발명이 출원되는 경우 저촉심사 절차(Interference proceedings)에 들어가는 시간과 비용이 추가로 필요하다는 것도 선발명주의의 단점이다.

제102조(g)는 미국 선발명주의시스템의 기초가 되며 제102조(g)는 발명자에 대한 특허권의 우선순위를 정하는 조항(Priority Rule)이다.[93] 동일 발명에 대한 출원이 다수 존재할 때 누구에게 특허권을 부여할 것인가의 문제가 발생하는데, 이의 기준으로서는 최초에 발명을 완성한 자에게 특허를 부여한다는 선발명주의를 택한 미국에서 가장 먼저 발명한 사람은 가령 타인이 동일한 발명에 대해서 먼저 출원하고 또는 특허를 받을 수 있어도 자기가 먼저 발명한 사실을 증명함으로써 특허를 받을 수 있다.

선발명주의 하에서는 동일한 발명을 둘 이상의 발명가들이 완성한 경우가 발생할 수 있는데, 이 경우 저촉심사 절차를 통해 누가 먼저 발명하였는가를 가려야 한다. 제102조(g)는 두 부분으로 구성된다. 첫 번째 부분인 제102조(g)(1)가 저촉심사와 관련된 조문이다. 저촉심사를 통해 거의 같은 때에 같은 발명을 했다고 주장하는 둘 또는 그 이상의 당사자들의 우선권 분쟁을 해결한다. USPTO에서 처리되는 당사자계 소송절차(inter partes proceeding)인 저촉심사는 어느 당사자가 먼저 발명을 하였고 따라서 문제된 발명에 관한 미국 특허에 대한 자격이 있는지를 결정하는 절차이다. 제102조(g)(1)은 발명자가 최초 발명자로서 특허권을 취득하기 위해서는 발명을 포기하거나

93) Janice M. Mueller, 「An Introduction to Patent Law」, Aspen Publishers(2007), p. 122.

숨기지 않아야 한다(not abandoned, suppressed, or concealed)는 점을 밝히고 있다. 제102조(g)(2)는 두 명의 발명자가 같은 발명에 대한 우선순위(priority)를 두고 경합할 경우, 최초 발명자를 결정하는 방법을 기술하고 있다. 2호에 따르면 우선순위는 다음의 세 가지 요소에 의해 결정된다.

첫째 요소는 발명의 착상(conception)이다. 발명을 착상한 날짜는 발명자의 머릿속에 발명에 대한 분명한 생각이 형성된 때이다. 둘째 요소는 발명의 구현(reduction to practice)이다. 발명의 실시는 본질적인 발명의 내용에 관한 것과 특허 출원에 관한 것으로 나눌 수 있다. 마지막 요소인 성실성(diligence) 또한 발명의 우선순위를 결정하는 데 중요한 역할을 한다. 성실성은 발명자가 지속적으로 발명의 실시를 실현하기 위해 노력할 것을 요구한다.[94]

Pre-AIA 제102조(g)는 발명의 완성을 정신적 완성인 착상과 물리적 완성인 구현의 두 단계로 나누고, 착상 후 구현이 완료되어야만 발명이 완성되었다고 볼 수 있고, 저촉심사 절차를 통해 최초로 발명을 완성한 것으로 밝혀진 자만이 특허권을 부여 받을 수 있다. 발명을 완성한 날은 그 발명을 최초로 구현한 날이다.[95] 구현한 날은 원칙적으로 그 발명에 관한 특허를 출원한 날로 추정되고(Constructive Reduction to Practice), 예외적으로 주장하는 측의 주장 및 입증 여부에 따라 실제구현(Actual Reduction to Practice)한 날로 소급될 수 있다.

이와 같이 먼저 구현한 발명가에게 우선권을 부여하는 것이 원칙이지만 제102조(g)는 이러한 원칙의 예외를 규정하고 있다. 1) 발명을 먼저 구현한 발명가가 이를 포기 또는 은닉한(Abandonment, Suppression, or Concealment) 경우, 포기했다면 그 발명에 대한 모든 권리를 잃게 되고 은닉했다면 그 구현한 날에 대한 권리를 상실한다. 즉 구현한 날을 기초로 자신이 먼저 발명했다고 주장할 수 없다. 2) 구현은 늦었지만 먼저 착상한 발명가(Junior party)가 그의 실시 시까지 성실하게(diligent) 발명을 수행했음을 증명한 경우, 바로 그 발명가가 우선권을 갖는다. Paulik v. Rizkalla 판결[96]은 저

---

94) Id. p. 127.

95) 누가 발명의 진정한 발명자인지는 발명의 착상(conception)을 누가 하였는지를 중심으로 판단하는 반면 발명의 저촉에 따른 선후원을 가릴 때에는 pre-AIA 35 U.S.C. §102(g)에 따라 발명의 구체화(reduction to practice)일을 기준으로 결정한다는 점에 주의하여야 한다. 다만 발명의 실체화일에 대한 증명이 없으면, 102조(g)를 적용하지 않고, 제102조(e)를 적용한다(MPEP 2138).

96) 760 F.2d 1270, 1276-1279(Fed. Cir. 1985).

촉심사의 기준과 제102조(g)에 대한 중요한 해석 기준을 제공한다.

(2) 적용범위

이 조항은 1952년 특허법개정에 의해 성문화된 조항으로 입법자들은 저촉심사의 법적 근거를 마련하는 규정으로 보았다.[97] 그러나 제102조(g)는 이후 적용범위를 확대하였다. 이 조항은 이후 USPTO의 출원심사(ex parte prosecution)에 있어 선행기술 판단의 기준이 되는 조문으로도 사용되었다.[98] 이에 따라 제102조(g)(2)는 출원등록 심사 및 등록된 특허의 효력을 다투는 소송에서 그 출원이나 특허의 발명일 이전에 미국 내에서 발명한 출원이나 특허의 지정 발명자 이외의 다른 누군가에 의해 등록된 특허의 효력을 판단함에 있어 선발명이 포기되거나 은폐되거나 은닉(abandoned, suppressed, or concealed)한 것으로 판단되면 그 해당특허는 무효가 된다.

(3) 요 건

1) 포 기(Abandonment)

발명가가 발명을 포기하면 그는 특허에 관한 모든 권리를 잃는다(35 U.S.C. §102(c)). 발명의 포기를 위해서는 명시적이든 묵시적이든, 그 발명을 대중의 것으로 한다(dedication)는 발명가의 의사가 필요하다. 즉 단순히 발명을 지체하고 있다는 사실만으로는 발명가가 자신의 발명을 포기했다고 추정할 수 없다.[99]

2) 은 닉(Suppression or Concealment)

한편 발명을 먼저 구현했더라도 만약 발명을 은닉했다면 실제 구현한 날에 대한 권리를 잃게 된다.[100] 은닉의 원인을 꼭 발명가가 제공했을 필요는 없고 특허출원 대리인의 사정 등으로 인해 은닉되었더라도 마찬가지이다. Senior party가 특정 목적을 위해 고의로 은닉했음이 밝혀질 수도 있지만,[101] 일반적으로 실제구현일과 출원일 사이에 지나친 지연이 있는 경우에는 발명가가 발명을 은닉한 것으로 추정된다.[102] 다만

97) Paulik v. Rizkalla, 760 F.2d 1270, 1276-1279(Fed. Cir. 1985)(Rich, J., concurring).
98) In re Bass, 474 F.2d 1276(CCPA 1973).
99) Manual of Patent Examining Procedure, Chapter 2100, Rev. 6, Sept. 2007, p. 87.
100) In re Susk, 589 F.2d 528.
101) Palmer v. Dudzik, 481 F.2d 1377(CCPA 1973).
102) Correge v. Murphy, 705 F.2d 1330(Fed. Cir. 1983).

단순한 지연(mere delay)은 은닉으로 추정되지 않으며[103] 은닉으로 추정된 지연이 발명을 보다 완벽하게 하기(perfecting) 위한 것이었다면 그 추정은 깨지게 된다.[104] 또 senior party가 발명을 구현한 후 출원하지 않았더라도 발명을 상품화하거나 대중에 공개하는 등의 활동을 통해 대중이 발명의 이익을 누렸다면 이 경우 또한 은닉으로 추정되지 않는다.[105]

3) 합리적 성실성(Reasonable diligence)

실제구현이 늦었더라도 먼저 착상한 발명가는 착상과 실제구현 사이의 성실성(diligence)을 증명함으로써 우선발명의 권리를 주장할 수 있다. 이 때 Junior party가 착상과 동시에 성실한 발명활동을 지속했을 것을 요구하는 것은 아니다. 먼저 착상한 발명가가 자신의 착상일부터 두번째 발명가의 착상일까지 성실하게 발명활동을 했느냐의 여부는 중요하지 않기 때문이다.[106] 성실한 발명활동을 주장하는 발명가는 먼저 발명활동을 개시하기 직전부터 구현할 때까지의 기준기간(critical period) 동안 지속적으로 성실하게 발명활동을 계속했음을 증명해야 하는데,[107] 기준기간 중 발명활동을 입증하지 못한 기간이 단지 이틀뿐일지라도 이 때문에 성실성을 증명하는데 실패할 수 있다.[108] 성실성을 증명하기 위해서는 어떤 발명활동이 언제 이루어졌는지에 대해 구체적인 사실을 바탕으로 이를 입증해야지, 단순히 "하루도 빠지지 않고 발명활동을 수행했다"라고 주장하는 것만으로는 근면을 입증할 수 없다.[109] 성실한 발명활동은 발명을 위한 실험 등과 같이 다양한 형태로 이루어질 수 있지만, 발명과 직접 관련되지 않는 단순한 자금 모집활동이나 상업적 활동은 성실한 발명활동의 범주에 속한다고 할 수 없다.[110]

Paulik v. Rizkalla의 핵심 쟁점이 바로 Junior party 측이 제102조(g) 후단(diligence요건)에 의존해서 자신의 우선발명 권리를 주장할 수 있느냐의 여부였다. 앞선 이 사건의 특허심판원의 판단처럼 '상대방보다 착상을 먼저하고 구현은 나중에 한 발

---

103) Peeler v. Miller, 535 F.2d 656(CCPA 1976).
104) Holmwood v. Cherpeck, 2 USPQ2d 1945(BPAI 1986).
105) Margreth Barrett, 『INTELECTUAL PROPERTY』, 2nd Ed, Wolters Kluwer(2008), p. 41.
106) Hull v. Davenport, 90 F.2d 105(CCPA 1937).
107) Scott v. Koyama, 281 F.3d 1247(Fed. Cir. 2002).
108) In re Mulder, 716 F.2d 1542(Fed. Cir. 1983).
109) Gould v. Schawlow, 363 F.2d 918(CCPA 1966).
110) Scott v. Koyama, 281 F.3d 1243(Fed. Cir. 2002).

명가만이 성실성(diligence)을 증명함으로써 자신의 우선발명 권리를 주장할 수 있다'고 제102조(g)를 문리해석 한다면, 착상은 물론 구현까지도 먼저 했고 그 후 발명을 은닉한 것으로 추정된 본 사안의 Junior party는 자신의 우선발명의 권리를 주장할 수 없다. 하지만 CAFC는 먼저 착상하고 구현한 Junior party가 상대방(senior party)이 발명을 개시하기 전에 발명을 재개하고 그것이 구현과 동일시 될 수 있다면, 그 Junior party는 재개된 발명 이후 출원 시까지 성실하게 발명활동을 계속했음을 입증함으로써 우선발명의 권리를 주장 수 있다고 판단했다. 이러한 CAFC의 법리는 Apotex v. Merk 사건에서 "선 발명자가 발명행위를 중단한 이후 상대방 발명자가 발명행위를 시작하기 이전에 다시 발명행위를 재개할 경우, 이전에 지체로 인한 은닉추정은 재개된 발명행위에 의하여 반증될 수 있다." 판결로 이어지게 된다.[111)]

사례연구

Paulik v. Rizkalla 사건[112)]

1. 사실관계

본 사안에서 우선발명 분쟁의 대상이 된 발명은 새로운 화학촉매 작용(novel selective catalyst system)을 이용하여 아세트산 비닐(Vinyl acetate)[113)]로 쉽게 변환 가능한 알킬리딘 다이에스테르(alkylidene diesters)를 생산하는 방법에 관한 것이다.[114)] 발명에서 제안한 촉매작용(catalyst system)을 이용하면 에테르(ether)나 에스테르(ester)로부터 높은 수율(high yield)로 알킬리딘 다이에스테르를 얻을 수 있다.

---

111) Apotex v. Merk, 254 F.3d 1040(Fed. Cir. 2001).

112) 760 F.2d 1270, 226 USPQ 224(1985).

113) CCOOCH=C, 도료, 접착제나 제지용 사이즈제 추잉검의 베이스로 사용되는 아세트산 비닐수지의 원료가 되는 화합물이다.

114) Application No. 406, 585.

2. 사건의 정리

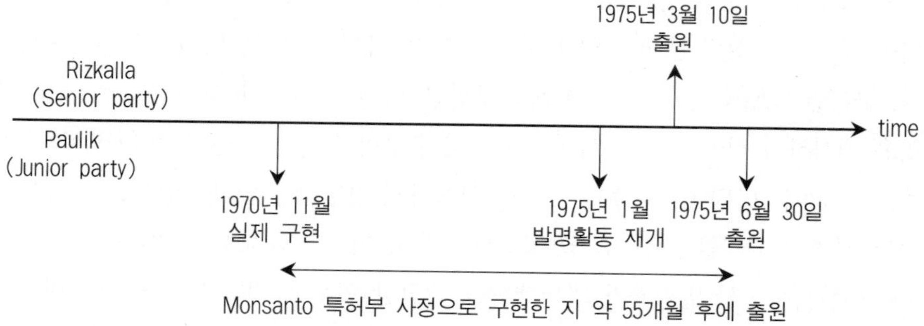

Senior party인 Rizkalla는 1975년 3월 10일에 특허를 출원했고, Junior party인 Paulik의 특허출원일은 1975년 6월 30일이었다. Paulik은 1970년 11월과 1971년 4월에 실제 구현했음(Actual reduction to practice)을 주장, 입증하였다. 1970년 11월 20일, 초기 발명공개서를 Monsanto사(Paulik의 소속회사)의 특허부에 제출하여 B등급을 받음으로써 정상적인 출원이 가능한 상태가 되었지만 당시 특허부는 우선도가 높은 다른 특허출원 업무를 처리해야 했기 때문에 Paulik 발명의 출원은 계속 지연되었다. 그러던 와중에 마침내 1975년 1, 2월 경에 Monsanto사의 특허부는 Paulik 발명의 특허출원서 초안을 작성하면서 발명가 Paulik에게 추가적인 실험을 요구하였고 Paulik은 이를 충실히 수행하였다. Rizkalla는 1975년 3월 10일의 특허출원일에만 의존해서 자신의 권리를 주장했고 1970년 11월에 Paulik이 실제구현했다는 사실에 대해 이의를 제기하지도 않았다. 기존의 판례에서 변호사의 업무과중으로 인한 출원 지연이나 업무의 우선순위 문제로 인한 출원 지연은 구현과 출원 사이의 비정상적인 지연에 대한 은닉 추정을 깨뜨리지 못했기 때문이다. 따라서 Rizkalla는 Paulik의 1975년 1월의 발명활동 재개의 증거가 부족함을 입증함으로써 자신의 우선발명 권리를 주장하려 했다.

3. 사안의 경과

특허심판원은 실제구현일과 출원일 사이의 약 55개월의 지연 기간에 대한 Paulik의 해명을 받아들이지 않음으로써 이를 은닉으로 추정하였고, 따라서 Paulik은 더이상 실제 구현일인 1970년 11월의 권리를 주장할 수 없게 되었다. 또 특허심판원은

Junior party가 제102조(g)의 "성실성(diligence)"을 이용하여 우선발명을 주장할 수 있는 경우는 Senior party에 비해 착상을 먼저하고 구현을 나중에 한 경우에만 한정되므로, 사안과 같이 착상을 먼저 했지만 구현도 먼저 한 Paulik은 제102조(g)의 성실성(diligence)을 이용해서 우선발명을 주장할 수 없다고 판단했다. 즉 특허심판원(BPAI)은 1975년 1월에 재개된 Paulik의 발명활동 및 특허출원 준비를 사안의 저촉심사 절차에서 우선발명의 주장을 위한 유효한 증거로 인정하지 않았다.

(1) Paulik의 포기 또는 은닉행위 여부에 대한 CAFC의 판단

본 사안에서 법원은 발명을 포기한다는 의사 표시 없이 단지 구현 후에 출원을 지체한 Junior party 측의 행동이 발명을 포기한 것이라고 볼 수는 없다고 판단했다. 그러나 이 사건에서 Paulik의 최초 구현의 은닉 여부에 대해서는 긍정하였다. 본 사안의 경우는 회사의 특허부의 업무지연으로 인한 사유 이외에 특별히 은닉 추정을 번복할 만한 사유가 보이지 않는다. 따라서 변호사의 업무과중으로 인한 출원 지연이나 업무의 우선순위 문제로 인한 출원 지연은 구현과 출원 사이의 비정상적인 지연에 대한 은닉 추정을 깨뜨리지 못한다는 과거 판례의 태도로 볼 때, Junior party 측의 구현 후 약 55개월간의 출원 지연은 은닉에 해당한다. 따라서 1970년 11월 Paulik의 최초 구현을 은닉으로 판단한 특허심판원의 판단은 정당하다. Shindelar v. Holdeman,[115] Peeler v. Miller[116] 등의 판례에서 보듯이, 회사의 특허부가 priority 높은 다른 업무를 수행하느라고 Paulik 발명의 출원을 55개월간 지연하였다는 것은 은닉의 추정을 깨뜨리기 위한 정당한 사유(acceptable excuse)가 될 수 없다. 따라서 Paulik은 최초 구현일에 의존해서 자신의 우선발명 권리를 주장할 수 없다.

(2) 최초 구현 후 재개한 발명활동에 의존해서 우선발명의 권리를 주장할 수 있는지 여부

그러나 발명을 은닉한 발명가는 실제 구현한 날에 의존해서 우선발명을 주장할 수 없다는 금반언(Estoppel) 원칙을 잘못 해석함으로써 발명가가 최초 구현 후에 한

115) 출원지연에 대한 사안임. Shindelar v. Holdeman, 628 F.2d 1337, 1341, 207 USPQ 112, 116 (CCPA 1980).
116) 업무의 우선순위 문제로 인한 출원 지연 사안임. Peeler v. Miller, 535 F.2d 654(CCPA 1976).

행위까지 모두 부정한 특허심판원의 판단은 잘못되었다. 이 결정에 따르면, 일단 자신의 최초 구현이 은닉으로 추정된 Junior party는 저촉심사절차에서 무조건 이길 수 없다는 근거 없는 결론에 이르게 된다. 실제 구현을 한 후 오랜 기간 동안 출원 등의 아무런 발명활동을 하지 않았지만 상대방 발명가가 발명을 하기 전에 발명에 대한 후속 조치를 취하였다면 이러한 태만(inactivity)이 발명가에게서 그의 우선발명 권리를 완전히 박탈하는 것은 아니다.

특허심판원의 결정대로라면 Paulik이 실제 구현을 미리 하지 않았다면 그에게 보다 유리할 수 있다는 불합리한 논리가 성립한다. 즉 Rizkalla보다 먼저 착상하였고 늦게 출원하였으므로 재개된 발명 활동에 의존해서 제102조(g)후단의 성실성을 입증하면 Paulik이 우선 발명을 획득할 수도 있다. 이와 같은 논리는 선발명을 우선 보호한다는 특허법의 목적에 부합하지 않는다.

오랫동안 판례법에 의해 형성된 원칙에 따르면, 실제 구현을 한 후 너무 오랫동안 아무런 조치를 취하지 않았던 발명가는 저촉심사에서 그 실제 구현에 의존할 수 없다. 그러나 이 사건처럼 상대방 발명가의 최초 발명일보다 먼저, 중단되었던 발명에 대한 활동을 재개하고 이를 출원시까지 성실하게 수행하였다는 것을 입증할 수 있다면 그의 과거 구현이 은닉으로 추정되었다고 하더라도 그는 재개된 발명활동에 의존해서 우선발명 권리를 주장할 수 있다. 특허법 제102조(g)에 관한 법원의 지금까지 결정들[117]은 먼저 구현하여 특허를 우선 부여 받을 수 있는 발명가가 고의 또는 과실로 아무런 조치를 취하지 않고 있는 사이에 제2의 발명가가 특허관련 행위(특허를 출원하거나 특허를 획득)를 한 이후 선 발명가가 출원한 경우 선 발명가에게 먼저 한 구현에 대한 권리를 부정하여 저촉심사절차에서 우선 발명을 인정하지 않는 것으로서, 이는 제2발명자의 구현 이전에 발명활동을 재개한 Paulik의 경우와 다르기 때문이다.

(3) CAFC의 판결

Paulik은 은닉으로 추정된 1970년 11월 최초 구현일에 의존할 수는 없지만 그가

117) Brokaw v. Vogel, 429 F.2d 476(CCPA 1970); Young v. Dworkin, 489 F.2d 1277(CCPA 1974); Peeler v. Miller, 535 F.2d 647(CCPA 1976); Horwath v. Lee, 564 F.2d 948(CCPA 1977).

1975년 1, 2월 경부터 재개한 발명 활동에 의존하여 그의 우선발명 권리를 주장할 수 있다. 따라서 특허심판원은 새로운 저촉심사절차를 통하여 두 발명자중 누구에게 우선 권리를 부여하여야 하는지를 다시 가려야 한다.

CAFC는 미국이 선발명주의를 취하고 있다고 해서, 누가 먼저 출원했느냐에 상관없이 선발명자를 보호하는 것은 아니라고 보았다. 본 사안에서 보듯이 다른 발명자보다 먼저 발명하는 것 못지않게 먼저 출원하는 것도 중요하다. 먼저 발명했음에도 불구하고 다른 발명자보다 늦게 출원했다면 선출원자가 먼저 구현한 것으로 추정된다. 선발명자는 자신이 먼저 구현했음을 입증해야만 그러한 추정을 깨뜨리고 우선발명의 권리를 얻을 수 있다. 또 먼저 발명했다는 사실을 입증하더라도 발명일과 출원일 사이의 기간이 지나치게 길면, 발명자는 자신의 발명을 은닉한 것으로 추정된다. 발명을 은닉한 발명자는 제102조(g) 규정에 따라 선발명에 대한 자신의 권리를 잃는다. 이렇듯 제102조(g)는 여러 가지 이유로 발명의 출원이 지연될 수도 있는 선발명주의의 단점을 보완해주는 규정이라고 할 수 있다.

출원이라는 행위는 특정한 시점(시간 축 상의 한 점)에 이루어지는 반면, 발명이라는 행위는 일정한 기간 동안에 이루어진다. 발명이라는 일련의 행위에 의해 탄생되는 결과물을 어느 시점부터 특허로 보호할 것인가는 다분히 가치 판단적인 문제다. 미국의 선발명주의는 원칙적으로 '구현'된 시점부터 우선발명의 권리를 인정하면서도, 제102조(g) 규정을 통해 일정한 경우에는 '착상'을 먼저 한 경우까지도 우선발명의 권리를 부여한다. 이렇게 보호되는 발명의 시점을 확장하는 것이, 창의적인 사고의 발현을 촉진하고자 하는 특허법의 목적에 부합한다고 할 수 있다. 제102조(g)를 문리적으로만 해석함으로써 사안에서와 같이 착상과 구현을 모두 먼저 한 경우에는 제102조(g)에 의해 우선발명의 권리를 인정받을 수 없게 된다면 이는 특허법이 추구하는 목적에 맞지 않는다. 따라서 발명자가 발명을 은닉했더라도 상대방 발명자가 출원하기 전에 발명을 재개했다면 그 재개된 발명에 의존해서도 제102조(g)의 성실성(diligence)을 입증하여 우선발명의 권리를 주장할 수 있고, 이러한 해석이 특허법의 목적에 더욱 부합한다는 것이 CAFC의 판단이다.

사례연구

Dunlop Holdings v. Ram Golf 사건[118)]

1. 사안의 개요

Dunlop Rubber Company Limited(이하 'Dunlop')는 골프공에 대한 특허를 출원했다. 특허는 특정 고분자물질을 첨가해 내구성을 향상시킨 골프공에 대한 것이었다. 특허를 출원한 날짜는 영국에서 1965년 2월 10일이었으며, 미국에서 1966년 2월 2일이었다. Dunlop이 출원한 특허[119)]에서 언급된 공중합체 화합물(Copolymer)은 DuPont이 생산하는 제품인 Surlyn으로, Dunlop은 Surlyn을 첨가하여 내구성을 향상시킨 골프공에 대한 배타적, 독점적인 권리를 가지고 있었다. Dunlop이 가진 특허 때문에 다른 골프공 제조업자들은 Dunlop과의 라이선스 계약 없이는 Surlyn을 함유한 골프공을 생산, 판매할 수 없었던 것이다. 위의 '280특허가 존재함에도 불구하고, Ram Golf Corporation(이하 'Ram')이 Surlyn을 첨가한 골프공을 생산, 판매하기 시작한다. 이에 Dunlop은 자신의 특허권이 침해당했다며 연방지방법원에 Ram을 제소하였다.

2. 사건의 경과

(1) 연방지방법원의 판단

연방지방법원에서 Ram Golf는 Dunlop이 최초로 특허를 출원했던 1965년 2월 10일 이전에 제 3자인 Butch Wagner가 이미 같은 골프공을 발명했음을 들어 특허의 무효를 주장했다. 연방지방법원은 Ram의 주장을 받아들여 원고 Dunlop의 청구를

118) 524 F.2d 33, 188 U.S.P.Q. 481(Fed. Cir. 1975).

119) U.S. Patent No. 3,454,280(Golf Balls Having Covers of Ethylene Unsaturated Monocarboxylic Acid Copolymer Compositions: 에틸렌 불포화 모노(mono) 카르복시산 공중합체 화합물을 표면에 씌운 골프공) US Patent Office, Patented July 8, 1969(이하 "280특허').

기각하였고, Dunlop은 판결에 불복하고 항소한다.

Dunlop은 원심 판결에 대해 항소하면서 원심이 Wagner와 Dunlop의 발명 순위 경합과 관련하여, 원심에서는 Butch Wagner가 최초로 Surlyn이 첨가된 골프공을 발명했으며 그에게 발명의 우선순위가 있다고 보았다. 그런데 Wagner의 발명은 특허법 제102조(g)에서 규정한 발명의 특허권이 인정받지 못하는 사유인, 발명의 은닉(concealment or suppression)에 해당한다고 주장하였다.

(2) CAFC의 판단

Dunlop이 골프공에 대한 특허를 출원한 날은 1965년 2월 10일이었다. 이에 앞서 Butch Wagner가 골프공을 발명했다는 증거로는 (i) 1964년 4월, 화학기업인 DuPont은 자신의 신개발품인 Surlyn의 상업적인 이용 분야를 찾는 것을 시도하고 있었다. 이 때, 골프공 표면을 코팅하는 사업을 하던 Wagner가 골프공의 표면 소재로 Surlyn을 사용하는 실험을 하기 시작한다. 그는 적절한 무게, 색깔, 표면을 가진 골프공을 만들기 위해 실험을 진행했으며 수십개의 골프공 시제품을 만들었다. (ii) 1964년 11월 5일, Wagner는 Surlyn을 씌운 골프공의 제조법을 확정했다. 그는 제조법이 담긴 자필 문서를 그의 딸에게 주었으며, 위의 날짜는 자필 문서에 기록되어 있었다. (iii) 1964년 가을, Wagner는 친구들과 잠재적인 고객들에게 골프공을 제공하였으며, 그 해 말 20,000개 이상의 골프공을 생산할 수 있을만큼의 Surlyn을 주문했다. 또한, 1965년 2월에는 이미 골프공의 주문을 1,000타(dozen) 이상 받았으며 1965년 말에는 900,000개 이상의 골프공을 생산할 수 있는 Surlyn을 주문했다. 이상의 증거로부터 법원은 1964년 11월 5일 이전에 해당 발명을 완료했다고 보았으며, 1965년 10월 Wagner가 사망하기 전에 그가 그의 발명을 포기했다(abandoned)고 볼 수도 없다고 보았다.

나아가 Wagner가 발명을 은닉하였는지 여부에 대하여 살펴보면, 특허법 제102조(g)(1)은 특허권이 유효할 조건으로서 발명자가 발명을 포기하거나 은닉하지 않을 것을 요구하고 있다. 실제로 이 사건에서 Wagner는 그가 사망하기 전에 골프공 제조법을 공개하지 않았고, 때문에 그의 발명은 은닉되었다고 볼 여지가 있었다. 그러나 법원은 이 사건을 이전의 Gillman v. Stern 사건[120]과 비교했다. 이 사건은 서양

120) Gillman v. Stern, 114 F.2d 28(2d Cir. 1940).

식 자수인 퀼트(quilts)를 짜는 기계에 대한 발명으로 Gillman 사례에서 등장하는 Haas는 기계를 최초로 발명한 사람이었다. 그는 기계를 최초로 발명했음에도 불구하고 기계에서 생산되는 제품만을 판매할 뿐 기계를 본인의 공장 안에 숨겨놓은 채 공개하지 않았다. 그의 특허 출원 요구에도 불구하고, 법원은 그가 발명을 은닉했었다는 이유를 들어 기계의 발명에 대한 그의 특허권을 인정하지 않았다. 따라서 양수인의 특허권도 인정받지 못했던 것이다.

그러나 Gillman v. Stern 사건의 사실관계와 달리 Dunlop v. Ram Golf 사건에서 법원은 Wagner가 Surlyn을 첨가한 골프공을 대중에게 제공함으로써 발명의 효용을 대중과 나누었다는 점을 들어 Wagner의 발명이 은닉된 것이 아니었다고 판단했다. 그가 발명 대상인 결과물인 골프공을 일반인이 사용할 수 있도록 제공했기 때문에, 단순히 제조법만을 밝히지 아니한 것을 들어 발명을 은닉한 것이라 판단할 수 없다고 본 것이다.

CAFC는 Wagner가 발명에 대한 특허를 출원하는 절차를 밟는 등의 특허권을 얻기 위해 노력을 기울이는 데는 실패했지만, 대중에게 발명의 효용을 제공했던 사람으로서 최초 발명자의 권리를 가진다고 판단하였고, Dunlop의 '280특허는 무효가 되었다.

제 2 절 진 보 성(Non-Obviousness Requirement)[121]

Ⅰ. 도 입

특허 요건 중에서 기술혁신이라는 주제와 가장 가까운 요건이 진보성의 요건이다. 많은 경우 기술 혁신은 완전히 새로운 것이 발명됨으로써 이루어지기도 하지만, 기존의 기술들을 결합하거나 융합시킴으로써 이루어지는 경우가 많다.[122] 미국 연방대법

121) 용어의 사용과 관련하여 일본에서는 미국법상 Non-Obviousness를 비자명성이라고 번역하고, 우리도 같이 번역하는 경우가 많으나 이 책에서는 진보성이라고 한다.

122) John H. Barton, "Non-Obviousness", 43 IDEA 475(2003).

원은 특허법에 진보성 요건이 없을 때부터 진보성을 특허요건으로 인식하고 요구하였다.[123] 우리나라에서도 가장 논란이 되는 특허요건이 특허법 제29조의 진보성 요건인 것처럼 미국에서도 진보성 요건은 균등론(doctrine of equivalent)과 함께 논란이 되는 요건이다.

진보성의 판단은 법관이 기술전문가의 조언을 얻는다고 하더라도 여전히 스스로가 판단하여야 할 법률문제(matter of law)이다. 미국에서 진보성의 판단은 기본적으로 법률적, 규범적 판단의 문제로 이해되었다.[124]

발명의 진보성의 판단과 관련하여, 미국 CAFC는 교시(Teaching)·시사(Suggestion)·동기부여(Motivation)심사(이하 'TSM 심사')라는 방식을 채택하고 있었던바, 2007. 4. 30.에 선고된 KSR 사건에서 연방대법원은 이러한 기존의 미국 CAFC의 심사 기준인 TSM 심사가 미국 특허법 제103조 및 미국 연방대법원의 선행 판례와 배치되는 것이라고 판단하면서, 이 사건을 다시 CAFC으로 파기 환송하였다. 케네디 대법관이 의견을 작성하고 만장일치로 이루어진 이 사건 판결은 미국 특허법 제103조의 진보성의 판단과 관련된 매우 중요한 전환점이 되었다.[125] 미국 연방대법원은 KSR 사건을 통해 진보성의 판단과 관련해 미국 CAFC의 TSM 심사의 타당성에 대하여 문제를 제기하면서, 도식적인 미국 CAFC의 판단기준인 TSM 심사는 경우에 따라서, 특허법의 목적인 기술혁신을 저해할 수 있다는 점을 지적하였다.

AIA 제103조는 선출원주의의 도입에 맞게, 발명한 날짜 대신 유효출원일을 선행기

---

123) 주요 판례로 In re Kahn, 441 F.3d 977, 986-87(Fed. Cir. 2006), Leapfrog Enterprises, Inc. v. Fisher-Price, Inc., No. 05-1631(Fed. Cir. May 9, 2007), Winner Int'l Royalty Corp. v. Wang, 202 F.3d 1340, 1348(Fed. Cir. 2000), William T. Graham, et al. v. John Deere Co. of Kansas City, 383 U.S. 1, 17(1966).

124) KSR Int'l Co. v. Teleflex, Inc., 550 U.S. 398(2007). 미국은 신규성 판단은 사실 증거에 의해 증명되어야 하는 Anticipation에 대한 사실 판단 문제로만 보는 반면, 진보성 판단은 사실에 기초한 법률판단 문제로 본다. 따라서 연방항소법원에서 사실발견에 오류가 있는 경우 '명백한 오류(clearly erroneous)' 심리기준이 적용되고, 사실에 기초한 법률문제(matter of law)에 있어서도 사실관계의 확정에 대한 판단에 '명백한 오류(clear error)'가 있는 경우에만 법률문제에 대해 처음부터 새롭게 심리할 수 있는 '신규심리(de novo)' 기준을 적용할 수 있다. 반면 연방항소법원(CAFC)은 특허심판원(PTAB)의 사실발견(factual findings)에 대해서는 '실질적 증거(substantial evidence)' 기준을 적용하고, 특허심판원(PTAB)의 법적 결론(legal conclusion)에 대해서는 '신규심리' 기준을 적용하여 심리한다. 미국에서 항소심의 심리는 법률심으로 법률문제만을 다루는 것이 원칙이고 예외적으로 명백한 오류가 있을 때에는 사실문제도 판단한다.

125) Id.

술 판단의 기준이 되는 날짜로 변경하였다. 제102조에 의하여 선행기술의 지위를 갖는 문헌, 사물, 사건 등은 제103조의 선행기술로도 인정된다.[126]

개정에 따라 Pre-AIA 제103조(b) 이하의 모든 조항이 삭제되거나 다른 조항으로 그 위치를 변경하였다. AIA 제103조에는 간결하게 Pre-AIA 제103조(a)만 남은 것이다. 한편, AIA에서 진보성 판단의 절차적인 측면에서 변경된 주요한 개정사항은, 특허심판원(Patent Trial and Appeal Board)이 선행기술에 대한 진보성 판단에 관한 새로운 기관으로 설립되었다는 점이다. 특허 심판심판원(PTAB)에 대해서는 후술한다.

Ⅱ. 미국에서의 특허법의 역사와 진보성

1. 미국 특허법상에서의 진보성

(1) 입법적인 전개

1790년 미국 특허법이 제정될 당시 미국 특허법상의 특허 요건은 신규성(novelty)과 산업상 유용성(utility)만이 있었다. 미국 특허법에 진보성 요건이 추가된 것은 1952년이다. 이 사이에 미국에서 특허법은 50여 차례나 개정이 되었지만, 진보성 요건이 포함되지는 않았다. 1952년 미국 의회는 특허법 개정을 통하여 제103조를 제정하게 된다. 이로써 진보성 요건은 제3의 특허요건으로 미국 특허법에 등장하게 된다.

1952년 특허법의 제103조는 입법 당시 공공의 이익을 위하여 크게 기여할 것이라는 인식에 기초하여 의회의 전폭적인 지지 하에 특허법의 일부가 되었다. 법 개정을 담당하였던 전미 특허법 위원회(American Patent Law Association)는 표결 결과 510대 10이라는 압도적인 표차로 진보성을 특허법상 특허요건으로 포함시키기로 결정하였다. 반대의견도 특허요건으로 포함시키는 것을 반대한 것이 아니라 진보성 요건을 강화하여야 한다는 취지의 주장이었다. 이후 제103조는 수회에 걸친 개정이 있었지만, 본질적인 부분은 변함없이 유지되고 있다.

진보성 판단은 통상의 기술자의 관점에서 두 개 이상의 선행문헌에 개시된 기술을 결합하는 것이 자명한지에 대한 판단이다. 따라서 신규성 판단과 달리 복수의 선행문

126) MPEP §2141.01

헌과 출원발명을 비교하여 판단할 수 있다. 미국 연방대법원은 'Graham 사건'에서 특허법 제103조를 기존의 미국 연방대법원의 판결을 입법화한 것으로 이해하였다. 하지만 1952년 특허법 제103조의 제정이 기존의 연방 대법원의 판례들을 입법화한 것인지, 아니면 대법원의 판결에 대하여 이를 뒤집기 위하여 입법한 것인지에 대하여는 명확하지 않다는 반론도 있다.

(2) 미국 특허법 제103조 입법의 정책적인 이유

왜 미국의 사법부는 법령에도 없던 진보성 판단을 하였고, 입법부는 열렬하게 진보성 요건의 입법을 지지하였는가 하는 것은 진보성의 법적 위치를 이해함에 있어 매우 중요한 관점이 될 수 있다고 본다.

1) 헌법상 요구에의 대응

미국 특허법 제103조의 입법적 이유는 기본은 미국 헌법에서 도출되어야 할 것이다. 미국 헌법 제1조 제8항 제8문은 의회에게 시간에 제한을 주고 유용한 기술의 발전을 촉진하고, 발명자로 하여금 그 발견에 대하여 독점적인 권한을 부여할 수 있는 권한을 부여하고 있다. 그리고 의회는 이러한 헌법의 아버지들의 결단에 대하여 특허시스템을 설계하여 발명자들에게 제공하는 입법을 하였다. 이러한 입법자의 의도에 대하여 사법부는 수차에 걸쳐서 지적하고 있는바, 균등론으로 유명한 '페스토 사건'에서도 미국 연방대법원은 "특허권자의 독점은 재산권이며, 다른 재산권이나 마찬가지로 그 한계는 명확하여야 한다. 이러한 명확성은 혁신에 대한 충분한 투자를 가능하도록 하기 때문에, 진보를 촉진하기 위하여 필수적"이라고 판시하였다.[127]

한편 사법부는 특허에 대하여 특허란 새롭고 유용한 기술의 창조와 공개를 촉진하면서, 그에 대한 대가로 정하여진 기간 동안 독점권을 부여하는 것이라는 점도 분명하게 하고 있다. 바로 이러한 특허법의 목적에 부합하도록 하기 위해서 신규성이나 산업상 유용성 외에 진보성이라는 요건이 필요하다는 것이 첫 번째의 정책적인 입법이유가 될 것이다.

127) Festo Corp. v. Shoketsu Kinzoku Kogyo Kabushiki Co., Ltd., 344 F.3d 1359(Fed. Cir. 2003), Rehearing en banc denied(Nov. 05, 2003); Festo Corp. v. Shoketsu Kinzoku Kogyo Kabushiki Co., Ltd., 535 U.S. 722(2002).

2) 특허를 받아야 할 특허만 특허를 받도록 하는 장치의 고안

하지만 앞서의 헌법적인 요구만으로 반드시 진보성이라는 장치의 도입이 요구되는지는 명확하지 않다. 특허의 부여에는 그 자체로 서로 상반되는 고민이 존재하고 있다. 특허를 너무 쉽게 부여하게 되면, 혁신적인 발명을 한 사람이 아닌 사람들도 특허권을 가지게 되어 인센티브로서의 역할을 제대로 하지 못하게 된다. 게다가 특허를 받지 말하여야 할 것이 특허가 됨으로 인하여, 이러한 특허가 정작 사후적으로 이루어지는 발명에 대한 저해가 되는 장애물로 기능할 수 있다.

이렇게 되면, 특허를 부여함을 통하여 공공의 영역에 특허라는 이름으로 인류의 천재성을 담아놓을 수 있는 창고를 만들고자 하였던 특허법의 의도 자체가 몰각될 수 있는 우려가 있다. 반대로 특허를 너무 받기 어렵게 하면, 특허출원인들로 하여금 특허는 출원이 되지 않는다는 생각을 가질 수 있게 하는 실패의 경험을 하도록 하여 심리적으로 출원을 꺼리게 되는 문제가 있고, 결국 이를 위하여 과도한 거래비용(transaction cost)을 발생시키게 될 수 있다. 이렇게 되면 장식적으로 특허라는 제도가 존재하기는 하지만 접근하기 어려운 제도가 되어 역시 특허라는 창고가 비게 된다.

바로 이러한 양자의 서로 상반되는 균형점을 규범적으로 찾아낼 수 있는 정책적인 장치가 필요하게 되는데 이러한 역할을 특허제도 내에서 할 수 있는 것이 바로 진보성이라는 요건이다. 결국 진보성 요건을 통하여 공중에 실질적인 혜택을 줄 수 있는 발명은 특허로 인정하고, 혜택이 있다고 하더라도 명목상의 혜택에 그치는 경우에는 이에 대하여 특허를 인정하지 않도록 하는 장치를 진보성으로 이해할 수 있는 것이다.

(3) 미국 연방대법원의 태도

미국 연방대법원은 1952년 제103조가 제정되기 이전에도 입법적인 규정의 불비에도 불구하고, 사법적으로는 진보성 요건을 심사하였다. 1952년 이전 미국에서는 진보성의 판단과 관련하여 객관적 관찰법(objective test)이 강조되었다.

그러나 미국에서 가장 탁월한 법관 중의 한 사람인 러니드 핸드(Learned Hand) 연방 제2항소법원 판사는 진보성 판단에서의 객관적 관찰법은 실제의 적용에 있어서 환상에 그치는 것이라고 주장하였다. 그는 각각의 사건에 있어서 필연적으로 사안에 적합한 기준이 있게 마련이며, 법관은 이런 사안별로 선량한 주의(due care)를 기울여 판단해야 하는바, 객관적 관찰법은 법관에게 일응 방향을 제시한다는 정도의 가치를

가질 뿐, 최종적으로 문제를 해결해 주는 것은 아니라고 보았다. 법관은 발명이 통상의 기술자들이 행하는 진보에 비추어 어떠한 천재성(ingenuity)의 발현이 있는지를 살펴야 하며, 이를 위해 법관은 기술의 역사(history of art)를 보고, 발명의 정황(the occasion for the invention)을 보고, 그 성공(success) 여부, 기존 기술(underlying art)을 살펴서 진보성 여부를 판단하여야 한다는 것이 핸드 판사의 생각이었다.

결국 진보성 판단은 최종적으로 기술자의 몫이 아니라, 법관의 몫이며 객관적인 사실관계만으로 결정될 수 없는 규범적인 판단임을 핸드 판사가 적절하게 표현한 것이라고 생각된다.

1952년 특허법 제103조가 입법이 되었지만, 연방대법원은 진보성 판단에 대한 새로운 기준을 제시하지는 않았다. 그 후 1966년 선고된 'Graham 판결'[128]을 통하여 체계화되었다. 이러한 'Graham 판결'에서의 판단기준을 소위 'Graham 요소(factor)'라고 부른다. 이후 1982년 설립된 CAFC는 진보성을 판단할 때 판례법상의 TSM 심사를 포함한 여러 가지 심사를 사용하였다. KSR 사건에서는 특히 조합발명의 취급에 관해서, TSM 심사의 적용이 문제가 되어, 연방대법원의 선례위반이 논의되었다. 조합발명의 취급에 대해서는, 특허제도도입 당초부터 차별적인 취급을 하는 판례법이 형성되어 왔다. 따라서 연방대법원 KSR 판결은 제103조 도입시의 입법자의 의사를 재검토하는 중요한 의의를 갖는다고 평가할 수 있다.

출원된 발명이 선행기술과 비교하여 비자명하다는 것을 요구하는 제103조의 내용은 1952년의 법 개정으로 처음으로 도입된 것이지만, 발명이 신규라고 하는 것만으로는 특허의 효력유무를 판단하지 않는다는 생각은 미국 특허법 제정당시부터 발명적 신규성(Inventive Novelty) 혹은 발명(Invention)의 요건으로 존재하고 있었다고 볼 수 있다. 연방대법원이 진보성을 발명의 요건으로 인정한 주요판례는 1851년 Hotchkiss 판결인데, 이 판결에서 연방대법원은 통상의 기술자의 수준을 넘어서는 기술 혹은 재능이 공지의 손잡이에 새로운 재료를 조합시킨 출원 발명에서 보이지 않는 한 특허로 볼 수 없다고 했다.[129]

연방대법원의 이러한 심사는 소극적 발명심사(Negative Tests of Invention)로 불리며, Hotchkiss 판결 이후, 연방대법원 및 하급심이 이 심사를 선택적으로 적용하여 다

128) Graham v. John Deere Co. of Kansas City, 383 U.S. 1(1966).
129) Hotchkiss v. Greenwood, 52 U.S. 248(1852).

수의 특허가 무효가 되었다.[130] 소극적 발명심사의 주된 사항은, i) 통상의 기술자의 기능(설계변경)에 불과하고, ii) 새로운 혹은 중첩적 효과(New or Synergy Result)를 낳지 않은 단순한 집합, iii) 획기적인(Exciting) 고안이 아님, iv) 발명적 노력이 다하지 않았고, v) 천재성의 번뜩임이 존재하지 않음 등이 포함된다. 그 결과 1930년대부터 침해소송으로 특허가 무효가 된 특허의 비율은 서서히 상승하여 70%를 넘게 되었다.

이러한 극단적인 경향을 바로잡을 수 있도록, 여러 심사방법 중, 해당업계의 기술수준을 기준으로 진보성을 판단하는 방법을 통일해서 사용하도록 1952년의 특허법을 개정하여 현재의 제103조가 도입되었다. 제103조가, 발명은 전체로서(Subject Matter as a Whole) 평가하지 않으면 안 된다고 명언한 것은, 각각의 구성요소가 공지라도 전체로서 신규라면 그 조합이 자명하지 않는 한, 특허의 대상이라는 것을 명확히 한 것이다.

또 법 개정의 기록에 의하면, 천재의 번뜩임이나 발명적 노력이 다해졌는가에 의한 판단을 배척하는 의도로, 현재의 제103조(a) 후단에 발명이 어떻게 이루어졌는가에 의해서는 특허성이 좌우되지 않는다고 명기되었다.

이처럼, 의회는 기준을 명확하게 하고 통일을 이루고자 했지만, 법원이 바로 변한 것은 아니었다. 법원은 기술수준으로부터의 진보성 심사뿐만 아니라 발명의 효과에 주목하는 기준도 사용하여, 진보성을 판단해 왔다. 또 그 효과에 주목하는 기준도 여러 연방항소법원 사이에서 기준이 통일되지 않았다. 그 때문에, 같은 특허에 대한 침해사건에 있어서 다른 연방항소법원이, 특허의 효력성에 대해 전혀 반대의 판단을 하는 상황이 발생하였다. 1952년 특허법 개정에 의한 제103조 도입의 의의를 연방대법원이 명확히 할 필요가 생겼다.

이 요구에 부응해 연방대법원이 3건의 사건에 대해서 상고신청을 수리한 것이, 이른바 Graham 판결이다.[131] 이 판결은, 일반의 Graham Trilogy라고 불려지는 3건의 사건 중에서, 2건에 판단을 보여준 것으로, 법 개정이 그 이전에 존재했던 발명의 요건에 의한 특허성의 기준을 변경하는 의도로 행해진 것은 아니라고 법 개정의 의도를 명확히 했다. 또한, i) 선행기술의 범위와 내용 결정, ii) 청구된 발명의 범위에 기초하여 차이점 발견, iii) 발명분야에서의 통상의 기술수준을 확정하고 그것들에 기반하여

---

130) Frederic B. Schramm, "Relationship of the Patent Act of 1952 to the Antitrust Laws", 23 Geo. Wash. L. Rev. 36(1954-1955).

131) Graham v. John Deele Co., 338 U.S. 1(1966).

진보성을 판단하되, iv) 객관적 지표(objective indicia) 내지 2차적인 고려요소인 '상업적인 성공', '장기간에 걸친 요구의 충족', '타인의 실패' 등이 판단자료로 사용될 수 있다는 4단계의 Graham심사(Graham Inquiry)라는 진보성 판단방법을 창설했다.

Graham심사 중에는 발명효과의 확인 단계는 포함되어 있지 않다. 대신 진보성의 판단에는 구성의 비교를 중심으로, 당업자의 기술수준으로부터 구성전체의 조합의 진보성 판단을 하는 분석방법이 통일적으로 채택되었다. 또한 효과에 관한 평가는 2차적 고려요소의 하나가 되었다.

그러나 연방대법원의 Graham심사에 의한 진보성 판단은 반드시 제103조의 취지를 따른 것이라고는 할 수 없었다. Graham특허의 검토에 있어서, 연방대법원의 분석은 발명을 전체로써 평가하기 위해, 선행기술과 다른 구성이 당업자에 의해 용이하게 생각될 수 있었는지에 집중되었다. 문제는 이와 같은 진보성 판단 과정에서, 사후적인 지식을 사용하여 자명하다는 결론에 이를 가능성이 상당히 있다는 점이다. 같은 해에 선고된 Calmer 판결에서는[132] 각 구성요소가 널리 알려진 지식이라는 것의 확인에 머물러 조합으로서 진보성이 있는지 여부를 살펴보지 않고, 문제가 된 기술이 자명하다는 결론을 내렸다. 따라서 발명을 조합전체로서 평가한다고 하는 제103조가 명문으로 요구한 바를 법원이 무시하였다. 그것과는 대조적으로, Adams 판결[133]에서는 연방대법원이 제103조의 취지에 따른 분석을 하고 있다. 이 판결에서 대법원은 각 구성요소 자체가 널리 알려져 있다는 것을 확인한 후, 어떤 선행기술도 특허발명의 방법에 의해 조합을 시사하고 있지 않으므로 자명하지 않다고 결론을 내리고 있다. 이처럼 연방대법원은 같은 날에 낸 3개의 판결 속에서 다른 분석방법을 적용했기 때문에 실제로는 명확하게 통일된 판단기준을 보여주지 못했다.

---

132) Calmer, Inc. v. Cook Chemical Company, 383 U.S. 1, 86 S.Ct. 684, 15 L.Ed.2d 545, 148 U.S.P.Q. 459(1966).

133) United States v. Adams, 383 U.S. 39, 86 S.Ct. 708, 15 L.Ed.2d 572, 148 U.S.P.Q. 479(1966).

2. 판례의 전개

(1) Adams 판결[134)]

1) 사건 배경

이 판결에서 문제된 기술은 마그네슘 전극과 염화구리 전극이 건조된 상태로 저장되어 있다가 물이나 소금물이 첨가되면서 활성화되는 습식 배터리(wet battery)의 발명에 관한 것이었다. 원고인 Adams는 이 발명에 대해 2,322,210특허를 출원하였고, 미국 육군과 해군에 이 기술을 소개하였다. 미국 통신대가 이 기술을 사용하였는데, 미국 정부에 대한 Adams의 보상 요구가 거절당하자 Adams는 소송을 제기하였다.

2) 법원의 판단

연방대법원은 Adams가 발명한 배터리의 각각의 요소들이 이미 알려져 있는 상태였다는 정부의 주장을 인정하였다. 그러나 연방대법원은 배터리를 구성하는 요소들이 이미 알려진 상태였다고 하더라도, 그것들을 Adams가 했던 것처럼 결합하는 것은 당업자가 인식할 수 없었을 것이라고 하여 기술의 진보성을 인정하였다. 당업자라면 그러한 배터리가 비실용적이라고 생각했을 것이며, 물에 의해 활성화되는 배터리는 마그네슘 전극을 사용했을 때만 작동할 수 있다는 사실을 인식하지 못하였을 것이라고 보았기 때문이다.

3) 판결의 의의

알려진 요소를 조합한 발명이 있을 경우, 이 조합발명은 진보성이 부정되기 쉽다. 이 판결은 기존에 알려진 요소들을 조합한 발명임에도 불구하고 진보성이 인정된 사례로, 발명 당시에 당업자가 조합발명을 어떻게 인식하고 있었는가에 따라 진보성의 인정 여부를 판단하여야 한다는 것을 명시하였다는 점에서 의의가 있다.

그러나 Graham 판결 이후에 내렸던, 1969년의 Anderson's-Black Rock 판결,[135)] 1976년의 Dann 판결,[136)] 1976년의 Sakraida 판결[137)]에 있어서도 Graham 판결에서

---

134) 383 U.S. 39, 86 S.Ct. 708, 15 L.Ed.2d 572, 148 U.S.P.Q. 479(1966).

135) Anderson's-Black Rock, Inc. v. Pavement Salvage Co., Inc., 396 U.S. 57, 90 S.Ct. 305, 24 L.Ed.2d 258, 163 U.S.P.Q. 673(1969).

136) Dann v. Johnston, 425 U.S. 219, 189 USPQ 257(1976).

137) Sakraida v. AG Pro, Inc., 425 U.S. 273, 96 S.Ct. 1532, 47 L.Ed.2d 784, 189 U.S.P.Q. 449 (1976).

채용되었던 분석방법과 완전한 일관성을 가지지 못했다.

(2) Anderson's-Black Rock 판결[138]

1) 사건 배경

이 판결에서 문제가 된 발명은 콘크리트 포장기에 알려진 종류의 복사 에너지 발생기(radiant energy generator)를 결합하여, 포장된 단계의 포장면과 새로 포장되는 포장면을 접착시키는 기계에 대한 발명이었다.

2) 법원의 판단

연방대법원은 이전의 요소들을 결합하는 것이 유용한 기능을 한다고 하더라도, 그것은 자연 상태에 아무것도 더하지 않은 것과 같다고 판시하였다. 대법원은 진보성-비진보성 표준(obvious-nonobvious standard)에 따라 당업자(those skilled in the art)에게 이 사건 결합은 이전의 요소들을 단순히 사용하는 것에 그치는 것이라고 보아 해당 기술의 진보성을 부정하였다.

(3) Dann v. Johnston 판결[139]

1) 사건 배경

이 사건에서 특허 신청인 Johnston은 은행의 수표와 예금의 기록을 자동으로 기록하는 기계 시스템에 관한 특허 출원을 하였다. USPTO는 이 신청을 거절하였고, 신청인은 이에 불복해 USPTO의 특허 출원 거절 결정을 취소하는 CCPA의 판결을 받는다. 이 사건은 CCPA의 판결에 대해 USPTO가 연방대법원에 상고한 사건이다.

2) 법원의 판단

신청인의 기술은 은행의 고객이 수표와 예금의 범주를 라벨로 분류하여 읽히면, 데이터 저장 파일과 콘트롤 시스템을 가진 데이터 처리장치에 의해 처리하여, 고객이 질문할 경우 은행이 고객이 한 거래를 개인화, 범주화한 분석 결과를 제공할 수 있게 만드는 시스템에 관한 것이었다.

연방대법원은 Graham 판결에서 판시했던 1) 선행기술의 범위와 내용, 2) 선행기술과 클레임의 차이, 3) 해당 기술 분야의 일반적인 기술 수준이라는 진보성 판단 기

138) 596 U.S. 57, 90 S.Ct. 305, 24 L.Ed.2d 258, 163 U.S.P.Q. 673(1969).
139) Dann v. Johnston, 425 U.S. 219, 189 USPQ 257(1976).

준을 인용하였다. 연방대법원은 USPTO가 특허 신청을 거절했던 두 가지의 이유가 모두 중요하다고 인정하였다. 첫 번째는 일반적인 은행업 분야에서의 현재의 데이터 처리 장비와 컴퓨터 프로그램의 활용 수준에서 신청인의 기술이 자명하다는 것이었다. 두 번째의 이유는 Dirks 특허였는데, Dirks 특허는 거대 경영 조직에서의 활용을 위해 프로그램된 컴퓨터를 사용하는 복잡한 자동 데이터 처리 시스템에 관한 것이었다. Dirks 시스템은 다양한 영역의 각 부서에 비용의 다른 유형 등에 대한 분석을 가능하게 해 주고 있었다. 대법원은 신청인의 시스템이 Dirks 기술과 완전히 동등하지는 않지만, Dirks 시스템에서의 경영 조직의 부서들과 아이템 그룹들(Item Groups)이 신청인의 시스템에서의 은행 고객들과 분류 번호와 매우 유사하므로, Dirks 기술도 신청인의 기술에 대한 선행 기술로 보아야 한다고 명시하였다.

이 사건에서 대법원은 진보성을 결정하는 기준은 일반인에게 자명한가의 문제가 아닌 해당 분야에서 일반적인 기술을 가진 사람에게 자명한가의 문제라는 Graham 판결 내용을 인용하며, 이 사건 기술 분야의 당업자라면 은행업에서의 데이터 처리 시스템과 Dirks 특허에 포함된 시스템을 모두 알 수 있다고 보았다. 결국 연방대법원은 Dirks 특허에 포함된 선행기술과 출원인의 시스템의 차이는 당업자에게 비자명함을 인정할 정도로 크지 않다고 판단하여, 이 사건 발명이 자명함을 이유로 CCPA의 판결을 파기 환송하였다.

3) 판결의 의의

이 판결은 해당 기술이 속한 분야의 기술 수준에 근거한 진보성 판단 기준과, 다른 분야에 유사한 형태의 기술이 존재할 경우에 선행 기술 해당 여부를 판단하는 기준을 보여주고 있다. 진보성 검토의 대상이 된 기술이 속한 분야에서 해당 기술과 일반적인 기술의 차이를 검토하여 진보성을 판단할 수 있다. 또, 다른 분야의 기술이라 하더라도 특허를 받고자 하는 기술 분야의 일반적인 당업자가 인식할 수 있었다면, 선행기술에 해당한다고 판단할 수 있다는 것이다.

(4) Sakraida 판결140)

1) 사건 배경

이 사건에서 문제가 된 3,223,070특허(이하 "070특허"라고 한다)는 '낙농 설비(daily establishment)'라고 이름 붙여진 특허였다. 이 기술은 축사 바닥을 물로 세척하여 소의 배설물을 제거하는 시스템에 관한 것이었다. '070특허는 낙농 산업에서 오랫동안 알려진 요소들을 조합한 발명이었는데, 이전의 조합에 비해서 좀 더 높은 세척 효과를 보이고 있었다.

'070특허의 특허권자인 Ag Pro, Inc.는 Sakraida를 특허침해로 제소했다. 지방법원은 '070특허가 무효라고 판단했다. 항소법원이 재심리를 위해 사건을 환송하였고 지방법원은 다시금 특허를 무효라고 판단하자, 항소법원은 특허가 유효하다고 판단하였다. 재심리와 재항소를 거친 결과 대법원이 특허의 유효 여부를 판단하게 되었다.

2) 대법원의 판단

대법원은 항소법원의 판결 내용을 배척하고, 사건의 발명과 같이 오래된 요소들을 조합하여 탱크나 풀에서 세척하는 물이 호스나 파이프를 거치지 않고 축사 바닥으로 바로 떨어지도록 하여 물의 압력을 높이는 것은 각각 떨어진 효과들을 합친 것에 불과하다고 판단하였다. 결국, 대법원은 이 사건 발명에 조합발명에 대한 심사 기준을 적용하면, 오래된 요소들을 조합한 '070특허는 새롭거나 다른 기능을 창조한 것이 아니므로 특허성을 인정받지 못한다고 본 것이다.

3) 판결의 의의

이 판결은 진보성에 대한 판단 차이로 지방법원과 항소법원의 심리와 환송이 몇 번 계속된 사건에 대하여 대법원이 조합발명의 진보성에 대한 판단 기준을 세운 판결이라는 데 의미가 있다.

(5) 이후의 전개

1982년의 CAFC 창설 이후, 연방대법원은 법률심사기준에 관한 절차법적 쟁점에 대해서, 진보성 기준에 관한 상고신청을 허가한 예는 있다. 그러나 진보성 기준의 핵심에 관한 실체법적 쟁점에 대해서 상고신청을 허가한 것은 KSR이 처음이었다.

---

140) Sakraida v. Ag Pro, Inc., 425 U.S. 273(1976).

연방대법원이 오랫동안 진보성 기준의 법률심사에 개입하지 않는 이유는 기술・산업발전의 장려를 위해서 특허보호의 통일된 취급이 필요하다고 하는 인식으로부터 의회가 CAFC를 창설하였다고 보았기 때문이다.

그러나 2004년 우리의 공정거래위원회에 해당하는 연방거래위원회(FTC: Federal Trade Commission)나 연방과학아카데미(NSA: National Science Academy) 등의 유력한 정부기관이 현재의 특허제도를 검증하고, 특허로서의 가치가 없는 발명을 배제하기 위해서 유효하게 기능하지 않고 있다고 CAFC의 판례법에 의한 진보성 심사 기준을 비판하는 보고서를 공표했다.

또 특허심사의 강화에 의해 그 표적이 되기 쉬운 IT산업으로부터 여러 비판이 나오게 되었다. 이것을 뒤에서 압박하는 모습으로, 일부의 특허 학자가 Anderson's-Black Rock 판결과 Sakraida 판결과 같은 Graham 심사의 분석방법으로부터 멀어진 연방대법원의 선례를 인용하여, CAFC의 TSM 심사에 관한 판례법이, 이러한 선례에 위반한다고 주장하고, 미국연방정부도 TSM 심사의 적용이 너무 엄격하다고 하는 의견서를 제출하여 KSR의 상고신청이 허가되었다.

3. 미국 특허법 제103조의 진보성 판단기준

(1) 그래엄 심사

미국 특허법 제103조의 해석과 관련하여, KSR을 이해하기 위하여 반드시 선행되어야 할 것이, 그래엄 심사(Graham test)이다. Graham 판결을 통하여 연방대법원은 기존의 사법부가 개개의 사건에서 발전시켜온 법리들을 집대성하였다. Graham 심사는 4가지 요소(Graham factors)로 구성되는 일종의 사고체계로서 Graham 체계(Graham framework)라고도 불린다. 이는 선행기술의 범위와 내용의 결정(1요소), 선행기술과 대상발명과의 차이의 발견(2요소), 통상의 기술의 수준 및 통상의 기술자(소위 PHOSITA: Persons Having Ordinary Skills In The Art)의 결정(3요소), 2차적 고려요소들의 고려(4요소)라는 각 단계마다 논리적인 '채' 역할을 하면서, 진보성의 인부를 판정하여 나간다. 우리 대법원의 판단도 판결문에 구체적인 논리구조를 설시하지 않지만 사고의 전개는 이 체계와 같은 방식으로 한다.

Graham 심사에서는 앞에서 1에서 3요소를 판단하면 일응의 추정이 성립된다. 진보성 판단은 법률문제(matter of law)로서 규범적인 판단의 대상인바, 각 요소의 판단은 법관의 규범적인 판단에 의해서 결정된다. Graham 심사에 있어서 사실인정에 기초하여 판사는 청구항으로 특정된 발명과 선행기술의 상이점이 발명시의 당업자의 기술수준에 비추어 자명한지를 판단한다.

구체적인 검토는 다음과 같다.

① 첫 단계: 선행기술의 범위와 내용의 결정[유사기술(Analogous Art) 기준]

첫 단계는 다시 2개의 요소로 구성되는바, 우선 선행기술의 범위가 결정되어야 하고, 선행기술의 내용에 대한 결정이 이루어져야 한다.

선행기술의 범위와 내용의 확인에 관하여, 인용하려고 하는 선행기술이 본 발명의 기술분야와 유사의 기술분야의 것인가가 판단된다. 선행기술의 인용을 유사분야에 한하는 사고방식은, 1895년이 연방대법원 판례에 그 기원을 찾을 수 있지만, 현재는 CAFC의 판례에 의해, 유사・비유사기술분야의 판단기준이 명확하게 되고 있다. 즉 i) 선행기술이 기술과제와는 관계없이, 발명과 같은 기술분야의 것이거나, ii) 선행기술이 발명자가 해결하려고 한 기술과제와 합리적으로 관련된 것이면, 적법한 선행기술이라고 판단된다.[141)]

이러한 선행기술들을 분석하여 각 선행기술들이 교시(teaching)하는 내용들을 정하여야 한다.[142)] 발명이 이 단계에서 걸러지게 되면, 법원은 특허발명이 선행기술에 모두 개시되어 있다는 취지로 판시하게 된다. 만일 일부 요소 내지 전요소가 선행기술에 포함되어 있는지에 대하여 분쟁이 발생하게 되면, 법원은 당업자에게 특허발명과 유사한 기술이 개념적으로 알려진 것이었는지 여부에 대한 판단을 하게 된다. 이러한 선행기술은 특허의 서문(preamble; background)이나, 도면(drawings)에서 출원인이 스스로 인정하기도 한다. 한편, 하나의 선행기술에 모든 것이 담겨 있을 수도 있지만, 일

---

141) 기술분야가 같거나 해결과제와 합리적으로 관련된 것이면 선행기술로 인용가능하다. 따라서 심사관이나 법원은 기술분야가 다르더라도 출원발명의 해결과제와 유사한 해결과제가 있으면 그 선행문헌을 유사기술로 인용할 수 있다. 이와 같이 진보성 판단의 선행은 유사기술(Analogous Art)에 제한되나 신규성 판단의 선행기술은 그러한 제한이 없다. 첨단기술일 수록 유사기술의 범위가 좁아지는 경향이 있고 범용기술이나 성숙한 기술일수록 유사기술의 범위를 넓게 보는 경향이 있다.

142) 진보성 판단의 1단계에서 선행기술이 개시하는 내용을 특정하는 것은 사실문제로 신규성 판단에서 선행기술과의 동일성 판단과 같다(MPEP 2112). MPEP 2112 "The express, implicit, and inherent disclosures of a prior art reference may be relied upon in the rejection of claims under 35 U.S.C. 102 or 103."

련의 선행기술들의 묶음과 대상 발명을 서로 비교하여야 하는 경우가 통상적이다.

② 두 번째 단계: 선행기술과 대상발명과의 차이의 발견

그래엄 심사의 두 번째 단계는 선행기술과 대상발명과의 차이의 발견이다. 이 단계는 그래엄 심사의 각 단계 중 가장 간단한 단계임과 아울러 가장 중요한 단계이기도 하다. 이러한 점은 특허소송에서도 마찬가지인데, 법관은 소송을 지휘하는 과정에서 양 당사자의 소송 의뢰인으로 하여금 정확한 차이를 주장 입증하도록 하여야 한다. 그러므로 법관은 필요한 경우 석명권을 행사하여, 당사자들로 하여금 분명한 차이점을 구별하여 주장 입증하도록 하여야 한다.

청구항에 관계된 발명의 내용은 청구항 문언의 해석에 따라 정해진다. 이러한 청구항의 해석은 흔히 마크맨 히어링(Markman hearing)이라고 하는 불리는 절차에 의해서 이루어진다. 법원은 마크맨 히어링에서 명세서 등의 내부증거(intrinsic evidence) 또는 사전(辭典) 등의 외부증거(extrinsic evidence)를 참작하여, 법관이 클레임 문언의 의의를 명확하게 하는 것에 의해 행해진다. 이렇게 하여 명확하게 된 클레임에 관한 발명의 내용은 특허의 유효성판단과 함께 침해재판의 기초로도 사용된다. 배심에 의한 심리(jury trial)가 청구된 경우, 배심이 클레임에 관한 발명의 내용과 선행기술의 내용을 비교하여 그 상이점을 인정한다.

이러한 비교를 위하여 대상 발명과 침해가 주장되는 물건의 구성을 각 요소별로 분리하여, 이를 요소 내지 단계별로 비교하여야 한다. 만연히 전체적으로 다르다고 하는 것만으로는 족하지 않다. 예를 들어 대상발명과 선행기술 간의 기술사상이 서로 상이하다면, 이렇게 서로 상이한 기술사상으로 인하여 각 구성요소에 대하여 어떠한 차이를 가지고 오게 되었는가 하는 점을 구성요소간의 비교를 통하여 발견하여야 한다.

이때 비교 대상의 발견은 특허 청구항에서 발견되어야 하는 것이며, 이러한 점은 특허에서의 청구항이 결국 특허권자가 누리고자 하는 권리범위라는 점을 고려하면 명확하지만, 가장 오류가 발생할 가능성이 많은 부분이다. 아울러 청구항의 해석에 있어서 어느 정도까지 언어적인 한계를 인정하여 명세서의 다른 부분을 참작할 것인가 하는 점은 논란이 많은 부분이다. 하지만 여전히 청구항이 그 지도적인 기능을 하여야 함은 분명하며, 이는 '페스토 사건'에서 균등론의 적용에 있어 미국 연방대법원이 지적한 점을 넘어 다른 특허법의 권리해석에 있어서 기초가 된다고 할 것이다.

③ 세 번째 단계: 통상의 기술의 수준의 결정

당해 기술분야의 통상의 기술수준을 결정하는데 고려할 수 있는 요소로는 발명자의 교육수준, 당해 기술분야가 직면한 문제의 유형, 그 문제에 대한 선행기술의 해결책, 진보의 속도, 기술의 복잡성, 그 분야의 실제 종사자의 교육수준 등을 고려할 수 있다. 선행기술 자체가 당시의 통상의 기술수준을 반영하고 있어야 하며, 이러한 통상의 기술수준은 발명 당시 기술분야의 통상의 기술 수준에 있던 자라는 점을 위의 기준에 의하여 입증하여야 할 것이다.

연방대법원은 Graham판결에서 당업자의 기술수준을 정하지 않으면 안 된다고 하고 있지만, Graham판결, Calmer판결, Adams판결과 그 후의 판결에서도, 당업자의 기술수준을 명시적으로 정하고 있지는 않다. 그 때문에 지방법원 또는 미국 특허청(USPTO)이 기술수준을 명시적으로 인정하고 있지 않아도, 진보성 판단의 적법성을 판단하는 경우가 많다. 여기서 말하는 당업자란, 발명에 관련하는 선행기술을 전부 알고 일정기간의 경험을 가진 법적으로 의제된 가공의 인물이다. 생명공학(Bio-technology)과 같은 첨단 분야에서는 발명을 행하는 자가 거의 모두 박사학위를 갖고 있기 때문에 통상의 분야에 비해 높은 기술수준을 갖고 있다고 여겨지고 있다. 보통 선행기술의 범위로는 같은 기술과제를 가진 관련분야가 포함된다고 여겨지기 때문에, 이처럼 관련하는 분야의 지식을 가지는 단수의 기술자가 상정되어 있다.

유의할 점은 KSR 사건에서 미국 연방대법원은 케네디 대법관이 작성한 판결문에서 통상의 기술자란 통상의 창의성을 가지고 있는 사람이지 로봇을 의미하는 것이 아니라고 한 것이다. 이는 매우 보편적이고, 일률적인 기준을 가지고 있는 하나의 통상적인 기술 수준에 있는 자라는 것은 존재하지 않는다는 의미일 것이다.

④ 네 번째 단계: 2차적 고려요소(secondary consideration)들의 고려[143)]

그래엄 판결에서는 진보성을 심사에 있어서는 위의 단계 이외에도 다음과 같은 이차적인 요소들이 고려될 수 있다고 보았다. 또한 2차적 요소는 이후의 진보성에 관한 판결들에서도 계속적으로 고려되고 있다. 2차적 고려요소의 지위에 대해서는 미국 법원의 판결에서도 견해가 나뉜다. 2016년 삼성 v. 애플 판결의 다수의견은 주장입증이

143) 2차적 고려요소에 대한 문헌으로 Amanda Wieker, "Secondary Considerations Should Be Given Increased Weight in Obviousness Inquiries under 35 U.S.C. Sec. 103 in the Post-KSR v. Teleflex World", 17 Fed. Cir. B.J. 665(2008) 참조.

되면 반드시 고려하여야 하는 요소로 보고 있다.144) 다수의견은 2차적 고려요소가 앞의 3가지 요소와 대등한 영향력을 가지는 요소로 보아야 하며, 애플의 상업적인 성공은 애플 특허의 진보성 판단의 근거로 배심원들에게 지시되어야 한다는 것이다. 삼성은 법률문제의 결합의 용이성에 대해서 기존의 선행발명들을 결합하는 것이 용이하다고 주장하고 반대의견을 제시한 3인의 판사들은 이런 삼성의 주장에 동조하면서, 이차적 고려요소를 고려한다고 하더라도 결합이 용이하다는 결론을 뒤집을 수 없다는 결론을 도출하였으나 다수의견은 이런 반대의견이 상업적 성공이라는 객관적 요소를 가볍게 본 것이라고 판단하였다.

이 요소는 진보성 판단을 객관화하는 역할을 한다. Amarin 제약 사건에서 객관적 지표들이 진보성 판단을 함에 있어서 전정확적 판단(totality of the evidence)으로 판단되는 것인지, 아니면 주장·입증되면 진보성에 대한 일응의 증명이 된 것으로 볼지 논란이 있다.145)

대표적인 2차적인 요소로는 상업적 성공(commercial success),146) 오랫동안 해결되지 않았던 발명의 필요성(long felt unsolved needs), 그리고 문제를 해결하고자 했던 다른 기술자의 실패(failure of others) 등이 있다. 그러나 이러한 요소들은 어디까지나 2차적인 고려사항일 뿐, 2차적 요소들의 존재만으로 직접적으로 진보성을 긍정되지는 않으며, 심사를 통해 발명 자체가 자명하다고 여겨질 경우에는 2차적 요소들을 충족했다고 하더라도 진보성이 부정된다.

미국에서는 Crocs 신발 사건147)에서 CAFC는 상업적 성공과 특허발명의 연결점

---

144) 2차적 고려요소라고 하니 보조지표로 판단할 수 있으나 CAFC 다수의견은 Apple v. Samsung (Fed. Cir. 2016)(en banc)에서 객관적 지표가 제시되면 법원은 반드시 이를 고려하여 판단하여야 한다고 보면서 그래엄 4요소는 모두 판단되어야 한다고 보았다. 이에 대해서 소수의견을 제시한 Prost 법원장은 2차적 고려요소는 보조적 지표라고 판단하면서 다수의견은 객관적 지표를 너무 과하게 고려하였다고 비판하였다.

145) 대법원에 제기된 질문은 다음과 같다. "Whether a court must consider objective indicia of nonobviousness together with the other factors bearing on an obviousness challenge before making any obviousness determination." Amarin Pharma, Inc. v. Hikma Pharm. USA Inc., petition for cert. filed, Case No. 20-1119(U.S. Feb. 11, 2021) (hereinafter "Amarin Petition").

146) KSR 이후의 상업적 성공의 2차적 고려요소로서의 판단과 관련하여, Jay Jongjitirat, "Leapfrog Enterprises v. Fisher-Price: Secondary Considerations in Nonobviousness Determinations", 42 U.C. Davis L. Rev. 599(2008) 참조.

147) Crocs, Inc. v. ITC, No. 2008-1596(Fed. Cir. Feb. 24, 2010). 이 판결에 대한 요지 및 간단한 설명은 Sharona Hakimi, "CAFC Rules for Crocs on Appeal in ITC Patent Dispute", http://

(nexus)을 특허권자가 증명하여야 하는바,[148] 이 사건에서 법원은 상업적 성공을 이유로 해서 연결점의 존재를 추정함으로써 오히려 피고가 추정을 복멸하도록 하여 증명책임을 전환하였다.[149]

(2) TSM 심사(Teaching-Suggestion-Motivation test)

1) 의 의

CAFC는 진보성의 판단에 있어서 TSM 심사를 하여 왔다.[150] 바로 이 점이 KSR 사건에서 미국 연방대법원이 CAFC의 그래엄 요소들을 적용하는 방법에 대하여 의미를 가지는 설시를 한 부분이다. TSM 심사란 특허청이나 특허침해소송에서의 피고는 대상 발명의 요소가 선행기술 내지 선행기술들에 포함되어 있다는 사실을 입증하는 것만으로는 족하지 않고, 대상 발명 또는 특허를 위하여 각 요소들을 수정하거나, 조합할 교시, 시사, 동기 등이 있다는 점까지 입증하여야 할 것을 요구하는 심사기준이다.

2) 연 원

CCPA는 1955년 페터슨 사건[151]의 판결에서 '어떤 단일한 선행기술도 청구된 발명의 모든 요소를 포함하고 있지 않아서, 여러 선행기술을 종합하는 것이 타당한 경우, 이러한 종합이 선행기술에 의하여 시사(suggested)되고 있고, 이러한 시사가 당업자들

---

jolt.law.harvard.edu/digest/patent/crocs-inc-v-itc(2010. 9. 27. 최종접속). 이 사건에서 CAFC는 항소를 제기한 Crocs의 주장을 받아들여 발포성 재질 사용 등대한 선행기술에 대한 범위 제한(teach away)을 인정하였다.

148) In re GPAC Inc., 57 F.3d 1573, 1581, 35 USPQ2d(BNA) 1116(Fed. Cir. 1995).

149) 정차호, "미국의 KSR 판결 후 CAFC 진보성 판단 사례연구", 한국특허법학회(2010), 28면.

150) 연방항소법원(CAFC)는 선행기술과 대상 발명의 차이가 통상의 기술자의 지식수준에 있는지를 판단함에 있어서 TSM 심사를 적용한 이유는 진보성 판단에서의 사후고찰 문제를 줄이기 위한 의도였다. TSM 심사는 선행기술로부터 대상 발명에 이르는 것이 자명해지기 위해서는 선행기술에 통상의 기술자(PHOSITA)에게 선행기술을 조합하거나 수정할 만한 이유가 될 만한 교시(teaching) 또는 시사(suggestion) 또는 동기(motivation)를 요구한다. 이러한 TSM 심사는 교시(teaching) 또는 시사(suggestion) 또는 동기(motivation)에 대한 증거 없이 쉽게 선행문헌의 결합을 통한 진보성 부정을 하지 않도록 하려는 수단으로 고안되어 KSR 판결에도 불구하고 유일한 수단은 아니지만 하나의 수단으로 여전히 그 유용성은 인정된다.

151) In re Peterson, 315 F.3d at 1330, 65 USPQ2d at 1382("The normal desire of scientists or artisans to improve upon what is already generally known provides the motivation to determine where in a disclosed set of percentage ranges is the optimum combination of percentages").

에게 예견될 수 있는 경우'라는 표현을 사용하여 TSM 심사의 원형을 보여주고 있다. 이러한 CCPA의 태도는 이후 CAFC에서도 발전된 형태로 채용된다.

CAFC는 복수의 선행기술에 기초하여 진보성의 판단을 하는 경우에 이런 선행기술들을 결합할 교시, 시사가 있어야 한다고 판시하여 왔다. 그런데, 미국 특허법 제103조(a)는 문언상 "제102조에 의하여 완전히 동일하게 발명이 개시되어 있지 않다고 하더라도 만일 특허를 받으려고 하는 대상발명과 특허대상 선행기술의 전체적인 차이가 선행기술이 속한 영역에서의 당업자의 관점에서 발명이 이루어진 당시에 자명한 경우에는 특허 받을 수 없다"라고 규정하고 있는바, 이러한 제103조의 문언에 기초하여 바로 TSM 심사가 도출될 수 없다.

KSR 판결의 진정한 의의는 단순히 TSM 심사와 연방대법원 선례의 정합성을 묻는 것에 한하지 않고, 1952년 특허법개정에 의한 제103조 도입의 취지 또는 Graham 판례의 취지를 재검토했다는 점에 있다. 연방대법원은 TSM 심사 자체는 Graham판결과 모순되지 않는다고 하면서, 특히 다른 방법을 사용하도록 제안하지는 않는다. 이것은 구성의 상이함을 해당업자의 기술수준으로부터 평가하는 진보성 기준이 특허에 상당하는 발명을 평가하는 기준이고, Graham 판결 이전에 존재했던 다른 판단기준을 배척하여, 통일된 기준을 창설하는 제103조의 도입 취지가 KSR 판결에 의해 재확인되었다고 해석해야 할 것이다.

그런데도 CAFC가 TSM 심사를 유지하여 온 것은 TSM 심사가 기존의 그래엄 심사가 가지는 각 단계에서의 연계성의 의문을 해소하고, 나아가 이러한 교시, 시사, 동기를 요구함으로써 심사자가 가질 수 있는 사후적 고찰 편향(hindsight bias)을 막을 수 있다는 장점이 있기 때문이다. 또한 이러한 TSM 심사는 상대적으로 객관적인 증거에 의하여 진보성 심사를 할 수 있다는 장점이 있기 때문이라고 할 수 있다. 바로 연방대법원의 KSR 판결에도 불구하고, CAFC가 완전히 TSM 심사를 버릴 수 없는 이유이기도 하다.

Ⅲ. KSR 사건의 전개

1. 도 입

2007년 4월 30일 미국 연방대법원은 CAFC의 판례법에 의해 창설된 발명의 진보성을 판단하는 TSM 심사와 연방대법원의 선례와의 정합성이 있는지에 대해서 KSR 판결[152]을 선고하였다. CAFC가 적용하는 진보성의 기준이 너무 낮다는 IT업계 주된 비판을 감안하여 판결에 대한 상고가 신청되었다. 그러나 진보성 기준변경의 영향은 기술 분야를 불문하고 널리 파급되므로 이 사건은 미국 특허관계자의 관심을 모았다.

당시 일본에서도 지적재산고등재판소[153]가 적용하는 진보성의 기준이 너무 높다는 비판이 높아져, 재검토가 이루어지고 있었다. 그러므로 일본에서도 이 판결은 큰 반향을 불러일으켰다. 우리나라에서도 이 판결은 이후 진보성 기준 논란을 불러일으켰다.

이 사건에서 연방대법원은 CAFC의 TSM 심사의 적용방법은 선례위반이지만, TSM 심사 자체는 선례와 부합하는 것으로 보았다. 그러나 CAFC의 실무를 어느 정도 바꾸어야 할 것인지 연방대법원의 의도는 명확하지 않았다. 판결에서는 진보성 기준의 변경의 필요성을 시사하는 부분도 있지만, CAFC의 기존 진보성 판단 기준을 긍정하는 부분도 있다. 읽는 사람에게 유리한 부분을 인용하면, 진보성의 긍정 또는 부정, 어느 쪽의 주장에도 근거가 될 수 있다. 따라서 판결로부터 앞으로의 판례법의 발전에 관하여 지침을 읽어내는 것도 곤란하다. 그러므로 KSR 판결이후에도 진보성 판단기준과 관련된 문제는 여전히 논쟁의 여지가 남아있다.

다만 KSR 판결은 국제적인 관점에서 그간 비교적 특허를 용이하게 허여하였던 미국조차도 진보성의 판단기준을 강화하여 특허발명의 진보성을 보다 어렵게 인정하였다는 메시지를 준다는 점에서 우리나라를 포함한 국가들에서 진보성 기준을 낮추려는 논의를 중지시키는 의미는 있었다.

---

152) KSR Int'l Co. v. Teleflex Inc., 550 U.S. 398(2007).

153) 일본의 지적재산권에 관한 사건을 전문적으로 다루는 법원으로서 2005년 4월 1일 설립되었다.

2. KSR 연방대법원 판결의 개요

(1) 배 경

Teleflex사(이하 '피신청인 respondent')는 KSR International(이하 '신청인 petitioner')이 실시한다고 주장하는 청구항 제4항(claim 4)의 전자적으로 길이 조절이 가능한 자동차 조절 페달(vehicle control pedal)에 관한 발명인 미국 특허 제6,239,565호의 전용실시권자(exclusive license holder)로서, 신청인을 상대로 특허침해소송을 제기하였다.

기술적인 관점에서 1990년대 이후 자동차 페달은 기계적인 연결에 의하여 제어되는 것이 아니라, 컴퓨터 제어에 의하여 전자적으로 이루어지는 신호에 의하여 제어되기 때문에 전자적인 센서에 의하여 디지털화된 데이터가 해석되어 기계적인 힘이 작동하게 되는 구조이다.

신청인은 케이블로 작동하는 자동차용 조정 가능한 페달시스템을 개발하여 GMC(General Motors Corporation)에 이와 같이 개발한 시스템을 공급하게 되었다. 피신청인은 신청인이 GMC에 공급을 하게 되었다는 사실을 확인하고, 신청인을 상대로 침해소송을 제기하였다. 이에 대해 신청인은 대상 발명인 제4항이 자명한 요소를 단순히 주합(mere combination)한 것에 그친다고 하면서 무효라고 주장하였다. 신청인은 특허권자인 Engelgau가 특허를 출원하기 이전에 이미 컴퓨터로 통제하는 조절장치를 위한 전자적 페달 센서에 대한 특허가 있었으며 그 하나가 미국 특허 5,241,936호이고, 또 다른 하나가 미국 특허 5,063,811(스미스 특허)호로서 전자는 페달의 위치를 엔진이 아닌 페달조립부에서 감지하는 것이 좋다는 점을 교시(teaching)하고 있고, 후자의 특허는 센서가 페달의 발판부가 아닌 페달의 조립부에 존재함으로써 센서의 파손을 막을 수 있도록 하는 것을 교시(teaching)하고 있는 특허이다.

다시 말해 이러한 선행문헌들에서 이미 전자적인 센서가 조정가능한 페달에 위치하면서, 기능하는 것에 대한 교시(teaching)가 이루어지고 있고 이와 같은 점에서 볼 때 대상 특허는 진보성이 없어서 무효라는 것이 신청인들 주장의 매우 단순화된 요지였다. 상고인(피고)인 KSR은 운전자의 체격에 맞춰서 운전석의 페달위치를 조정 가능한 페달에 대해서 특허를 취득하고 있다. KSR은 그 페달을 개량하여, 전기센터에서 제어 가능하도록 하고, 제조・판매를 시작했다. 한편, 피상고인(원고)인 Teleflex는 엔진의 스로틀(Throttle)을 제어하는 컴퓨터에 페달의 회전을 전기신호로 전환하는 전기

기술적 사항 (기술 사이의 도면 및 특징 비교)			
특허	'565특허	아사노 특허	스미스 특허
도면	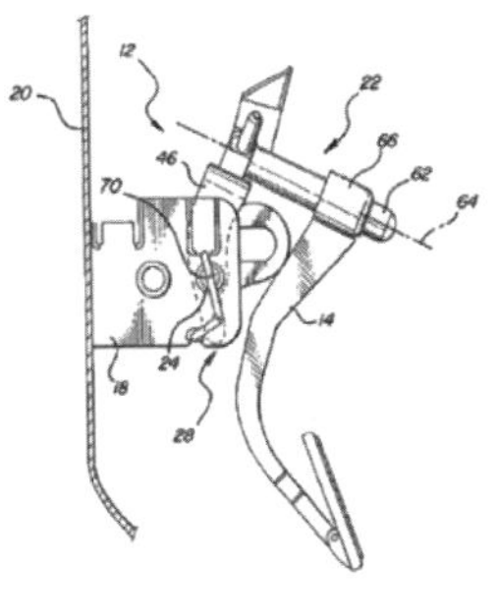	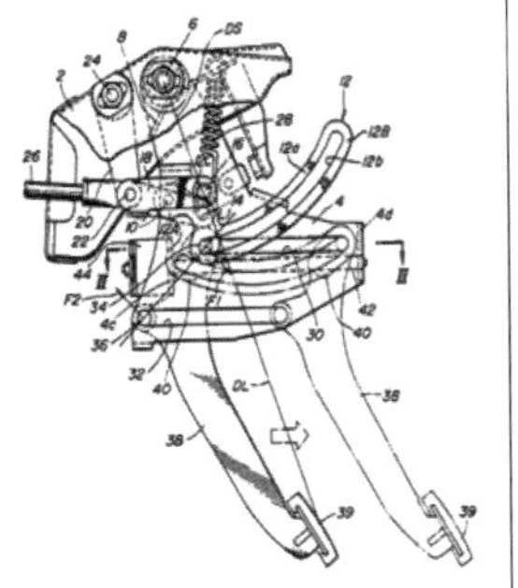	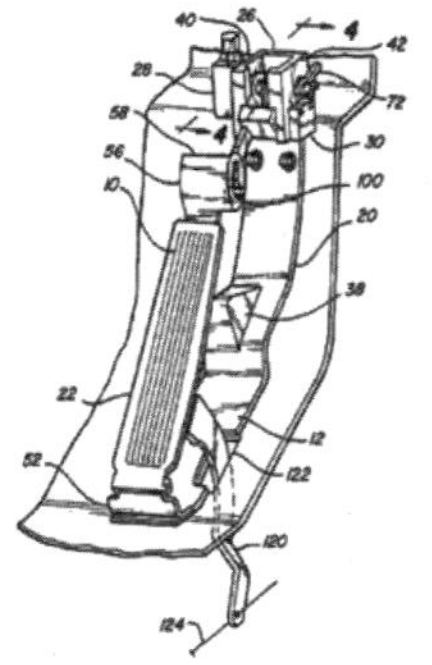
특징	페달 위치조절과 전자센서	페달 위치조절이 가능	페달 조작 감지용 전자 센서 장착

센서를 부착한 것을 특징으로 하는 위치 조정가능한 페달기구에 관련된 특허(이하, '이 사건 특허'라 줄임)의 전용실시권자였다.

Teleflex는 스로틀(Throttle)[154] 제어가 기계식에서 전기식으로 바뀐 것을 받아들여, 고정페달지점에 전기센서를 설치하여 위치 조정가능한 페달기구의 특허를 취득했다. Teleflex의 페달기구와 매우 유사한 기계제어에 의한 페달은 아사노(Asano)가 이미 특허(이하 '아사노 기술'이라 부름)를 취득하고 있었지만, USPTO의 심사과정에서는 인용되지 않았다. 경합부품메이커인 KSR은 Teleflex의 특허가 아사노 기술과 다른 선행기술과의 조합이 자명하므로 무효라고 항변하였다(=특허무효항변).

(2) 하급심의 판결

원고는 1심인 연방지방법원에서는 승소하였고, CAFC에서는 2005. 1. 패소하였다. CAFC는 KSR의 단순 주합(mere combination) 주장에 대하여 종래의 TSM 심사기준을 적용하면서, 문제가 된 해당 특허청구항에 기재된 구체적 방법으로 공지기술을 결

154) (카뷰레터 등의) 조절판, 절기판(節氣瓣)을 의미하며, 유속이나 흐름 등을 조절하는 장치. http://www.google.co.kr/dictionary?q=throttle&langpair=en|ko&hl=ko&sa=X&ei=zrkSTbXnMI66sAO23byeDw&ved=0CDUQmwM(2010. 9. 25. 최종접속).

합할 수 있다는 내용에 관하여 선행기술에 교시, 시사, 동기부여 등이 포함되어 있는 경우에 진보성이 부인되어야 한다는 종래의 판시 태도를 유지하였다.

단순주합(單純湊合)이란 결합발명(Combination Invention)에 있어서 A와 B를 결합하여 C로의 변성이 일어남으로써 각자 개별적으로는 가지는 못했던 새로운 효과 등이 나와야 발명으로 인정할 수 있을 것인바, 이러한 새로운 효과가 나지 않는 단순한 결합을 의미한다. 흔히 드는 예로 액자와 시계를 결합하여 시계가 붙은 액자를 만들었다고 해서 이 시계가 붙은 액자가 특허로 인정될 수 없는 것과 같다. 이러한 시계가 붙은 액자와 같은 경우를 특허법에서는 단순주합이라고 한다.

KSR은 이러한 CAFC의 판단에 대하여 연방대법원에 상고하였고, 연방대법원은 CAFC의 TSM 심사 그 자체 내지 적용이 연방대법원의 판례에 배치된다는 신청인의 주장을 받아들여 상고를 허가하였다.

1) 제1심: 미시간 동부연방지방법원

KSR에 의한 사실심리생략판결 신청에 대해서 지방법원은 특허를 무효로 하는 사실심리생략판결을 했다. 자명성의 판단에 있어 지방법원은 Graham 심사에 따라 i) 선행기술의 범위와 내용 ii) 발명분야에 통상의 경험을 가진 자(당업자)의 기술 수준 iii) 선행기술과 클레임에 관련된 발명의 서로 다른 점을 인정한 후 그러한 발명의 구성에 미친다는 시사가 존재하는지를 판단하였다. 그리고 마지막으로 특허권자가 주장하는 2차적 고려요소를 검토했다. 지방법원은 ii)에 관해서 해당업자의 기술 수준을 기계공학의 학부졸업 또는 자동차의 페달제어 시스템에 관해 일했던 경험에 의해 학부졸업과 동등한 지식을 가진 자로 인정했다. 더욱이 선행기술의 내용을 검토한 결과, 선행기술과 클레임에 관한 발명은 조금밖에 다르지 않았다고 서문에 언급하고 있었고 게다가 아사노(Asano) 기술과의 차이점은 페달위치검출전기센서뿐이고, 그 센서도 다른 선행기술에서 개시되고 있다고 인정했다.

단, 이러한 선행기술을 조합하는 시사가 없는 한 자명하다고는 말할 수 없다고 하여, 전기센서를 개시하는 복수의 선행기술에 기초하여, 엔진의 기계제어로부터 전기제어로 이행하는 것에 수반하는 전기장치에의 변환을 제시하고, 한편 그중의 하나(Rixon 특허)가 전기센서를 페달의 지지기구에 부착함으로써, 그 전후의 이동에 단선 등이 발생한다는 문제를 시사했다. 그리고 또 한 가지의 선행기술(Smith특허[155])이 그 문제를 회피하기 위해, 센서를 고정지지부에 설치하는 것을 개시하고있기 때문에, 당업자에게 아사노기술의 페달기구의 페달지점에 전기센서를 부착하여 동기부여가 된다고 결론을 내렸다. 더욱이 아사노기술과 전기센서를 개시하는 선행기술이 같은 기술분야에 속한다는 점, 심사과정에서 페달지점이 고정되어 있는 구성에 기초하여 특허되었음도 판단의 근거가 되었다.

이처럼 기술적 사항에 기초한 진보성의 판단이 내려진 후에, 2차적 고려요소에 의한 분석이 행해졌다. Teleflex의 상업적 성공에 기초한 주장에 대해서, 제출된 증거에 계쟁중인 특허 클레임의 실시사례가 아닌 페달의 판매액이 포함되어 있었기 때문에, 지방법원은 그 증거가 특허발명에 의한 성공의 입증에는 불충분하다고 판단했다. 더욱이 설령 계쟁중인 특허클레임의 실시에 부분의 판매수량이 확실시 되어도, 단순히 통상의 판매수량을 보여주는 것만으로는 성공과 발명의 관계를 보여주는 것은 아니라고 하여 Teleflex의 주장을 물리쳤다.

오히려 지방법원은 CAFC의 Merck 판결[156]을 인용하여 다른 사람에 의한 실패나 시장에 장기간 존재한 요구와 같은 다른 2차적 고려요소와 함께 주장하지 않는 경우에는 상업적 성공을 그다지 중시할 수 없다고 덧붙였다.

2) 제2심: CAFC

이처럼 지방법원은 TSM 심사를 적용해서 특허발명을 자명하다고 판결했지만, CAFC는 그 적용이 불충분하다는 점에서 잘못이 있고, 또한 중대한 사실에 있어서의 다툼이 존재한다고 하여 사실심리생략판결을 파기하여 환송하였다. CAFC는 클레임에 관련된 발명과 선행기술이 지닌 기술적 과제의 성격을 근거로 지방법원은 선행기술의 조합시사・동기부여를 인정했다고 설명하고, 그 이유가 불충분하다고 비판했다. 즉, 기술적과제의 성격이 선행기술을 조합하는 동기부여가 될 수 있으나, 기술적과제가 청구된 방법으로 선행기술을 조합시키는 것처럼 당업자를 유도하는 경우에 한하여 시사가 된 것으로 보아야 한다고 판시하였다. 다시 말해 특허가 진보성이 없어 무효가 되는 경우는 선행기술이 발명의 기술과제와 완전히 같은 경우에 한정된다는 것이다. 본 사건에서는, 아사노기술의 과제와 클레임에 관련된 발명의 과제는 다르다. Rixon특허도 아사노기술과는 다른 기술과제에 관련된 것이므로, Rixon특허에서 제시되었던

155) U.S. Patent No. 5,063,811(filed July 9, 1990).
156) Merck & Co. v. Biocraft Labs., Inc., 874 F.2d 804, 807(Fed. Cir. 1989).

과제가 동기부여 된 것은 아니다.

또 Smith특허의 과제도 클레임에 관한 발명의 기술과제와 다르므로, 전기센서를 페달지지기구의 고정위치에 배치하는 시사가 된다고는 생각되지 않는다. 따라서 지방법원은 선행기술의 조합에 이르도록 동기부여 된 당업자의 이해·논리를 명확히 하지 않은 채, 자명하다고 보아 클레임을 무효라고 판단함으로써 불완전한 TSM 심사를 적용한 점에서 잘못이 있다고 결론을 내렸다.

그리고 KSR로부터 제출된 증거는 전기 센서를 페달기구의 지지 브래킷(bracket)에 배치 가능하였을 것이라고 하는 점만으로는 진보성을 보여주는 증거로서는 불충분하므로, 진보성 유무에 관하여 중대한 사실상의 다툼이 존재한다고 보아, 지방법원의 사실심리생략판결을 취소하였다.

(3) 연방대법원의 판결

연방대법원 판결의 본 사안에 대한 쟁점분석 부분은 일견, CAFC 창설 이래 견지되었던 CAFC의 진보성 판단기준을 일반적으로 부정하고 있는 듯한 인상을 준다. 그러나 읽어나가다 보면 CAFC의 TSM 심사는 선례에 반하는 것은 아니나, 엄격한 적용이 선례에 반한다는 취지임을 알 수 있다. 또 그러한 엄격한 적용이 본 사건만의 문제인 듯한 표현도 존재하여, 진보성기준 자체에 변경이 필요한 것인가 이해하기 어렵다. 더욱이 TSM 심사의 적용에 관하여 공지기술에 개시된 구성요소의 조합발명을 차별적으로 취급해야하는 가에 대해서도 명확한 대답을 주고 있지 않다.

1) TSM 심사에 관해서

CAFC의 TSM 심사의 엄격한 적용방법은 진보성판단에 있어서 연방대법원의 발전적이고 유연한 대응과 모순된다. 진보성판단은 교시·시사·동기부여라고 하는 형식적인 말과 간행물과 특허의 명시적인 내용의 중요성에 구속되는 것은 아니다.

CCPA에 의해 최초로 채용되어있을 당시 조합발명의 진보성을 판단하는 것 이상으로 교시·시사·동기부여가 있음을 구하는 것은 유익한 인식이었다. TSM 심사의 근저에 있는 사고방식 자체는 Graham의 분석방법과 모순되는 것은 아니다. 그러나 이를 엄격하게 기계적으로 적용하는 것은 연방대법원의 선례에 반하는 것이다.

본 사건에 있어서 CAFC의 분석방법의 문제는 명세서에 기재된 동기나 목적에 구속된다는 것으로, 진보성 판단의 범위를 너무 한정하고 있다는 점에 있다. 청구사항의 해석은 객관적으로 결정되어야 하는 것으로, 발명 시에 알려졌던 기술과제에 대한 특허클레임 중에 포함되었던 진보성의 해결방법을 인정하는 것으로, 진보성여부의 판단을 내려야 한다. 본 사건에서의 CAFC의 분석 잘못은, i) 특허권자가 해결하려고 한 과제밖에 검토하지 않았다는 점(발명 시에 존재하고, 특허발명에 의해 해결되는, 그 외의 과제가 동기부여를 주는지 여부를 검토해야 했다), ii) 해당업자는 같은 과제를 해결하려 하는 개시된 선행기술만을 고려한 점(당업자는 개시된 구성요소에 대해서 다른 기술과제의 해결에 사용가능한 것을 생각한 끝에 퍼즐처럼 조합하는 것이 가능하다), iii) Obvious-to-try의 사고방식이 좁은 것(어떤 기술과제를 해결하는 필요가 존재하고, 그 해결방법이 한정된 방식밖에 없는 경우, 당업자는 이러한 방법을 시도하여 충분한 이유가 있고, 해결하는 것이 예측가능하다면, 자명하다), iv) 사후적 고찰을 방지하기 위해 상식조차도 사용하지 않도록 하는 엄격한 룰은 불필요하다는 점에 있다.

CAFC는 본 사건보다 넓은 범위로 적용하는 TSM 심사를 본 사건의 상고허가후의 판결에서 설명하고 있으나, 이러한 일련의 판결의 대상 밖이고, 연방대법원의 선례나 본판결에 따라, 진보성의 기준을 앞으로의 판결에서 어떻게 구축되어 갈 것인가는 CAFC의 역할이다.

2) 조합발명에 대해서

1952년 법 개정 전 및 그 후의 선례에서 진보성의 분석방법을 인용하여, 선행기술에서 개시된 구성요소를 조합한 발명에 대한 특허부여는 신중해야 한다고 하는 연방대법원의 설시는 제103조 도입과 Graham에 의한 분석에 영향을 받지 않고 일관하고 있다. 이러한 선례의 기초가 된 원리는 어떤 기술 분야에서 하나의 기술이 만들어지면, 설계의 필요와 그 다른 시장의 요구에 의해 같은 분야 또는 다른 분야에서의 개량품을 만들어 내어놓을 것인바, 이러한 개량품이 같은 장치를 자명한 기술을 사용하여, 같은 방법으로 변경하려는 것으로 이러한 당업자의 생각이 예측 가능한 것이라면, 제103조에 의해 특허를 받는 것은 불가능하다는 것이다.

발명의 구성요소의 하나를 다른 공지의 구성요소와 치환한 것에 불과한 변경이나, 공지의 기술을 현존하는 장치와 방법을 응용하는 단순한 설계변경이 아닌 경우는 복수 특허에 관련된 기술개시내용이나, 설계자나 업계에서 알려진 수요, 당업자의 일반상식에 기초한 선행기술을 발명이 개시한 방법으로 조합된 이유가 분명하게 존재하고 있는가를 검토할 필요가 있다. 법률심사를 용이하게 하기 위해 이러한 분석과정은 명시적으로 행해지지 않으면 안 된다. 단, 이 분석에 의해 선행기술 등이 클레임에 관련된 발명의 조합 그 자체를 시사하는 엄격한 교시를 특정할 필요는 없다.

3) 사안에 따른 진보성 판단기준의 적용

진보성기준에 관한 일반적인 논의를 진행한 뒤 연방대법원은 선례에 부합하는 유연한 TSM 심사를 적용했다. 그 결과, 클레임에 관한 발명은 아사노기술과 그 외의 선행기술로부터 자명하다고 해서, CAFC의 판결을 파기하고, 사실심리생략판결을 지지하도록 요구해, 사건을 CAFC에 다시 돌려보냈다. 재판의 대상이 되었던 선행기술 등의 증서를 중시하는 CAFC의 분석방법과는 대조적으로, 연방대법원의 분석은 먼저 시장의 수요로부터 시작되었다. 시장에는 기계제어 페달로부터 전기제어 페달에 강한 인센티브가 있어, 그러한 변환을 실시하는 몇 개의 방법이 존재하고 있었다고 인정했다. 그 전제에 페달설계분야의 당업자는 아사노 기술의 페달을 전기센서와 조합하는 이익을 찾아낼 것인가 하는 문제에 대해 판단해야 한다고 했다. Teleflex는 아사노기술의 구조가 복잡해서 대형화하는 경향이 있고, 비용도 들어 전기센서와 조합함에 있어 저해요인이 존재한다고 주장했다. 그러나 그 주장의 증거로 제출된 것은 전문가에 의한 진술(Expert Testimony)뿐이어서, 아사노 기술의 페달에 문제가 있어, 당업자가 그 페달의 개량을 고려하지 않는 경우가 아니라면, 저해 이유가 되지 않는다고 하여 Teleflex의 주장을 배척하였다. 따라서, 당업자는 아사노 기술의 페달로부터 개량을 시사받았을 것이라고 판단하고 있다.

다음으로, 아사노 기술의 페달을 출발점으로 개량하려고 하는 당업자는, 전기센서를 어디에 붙일 것인가 하는 문제에 관해서, 선행기술이 페달기구에 붙이는 것을 개시하고 있어, 특히 Smith기술은 페달지지기구에 붙인 것을 보여주고 있음을 증명했다. 또한, Rixon기술에서 보여주는 와이어 단선의 문제와 Smith기술의 페달기구가 와이어의 움직임을 촉진해서는 안 된다고 하는 교시를 고려한다면, 페달구조의 고정구성요소에 달 것을 생각해 냈다고 했다. 이러한 인식으로 아사노 기술의 페달을 보면, 가장 분명한 고정위치는 페달의 지점에 있기 때문에, 당업자는 그곳에 부착하는 것이 용이할 것이라고 생각하게 될 것이라고 결론을 내렸다. 또 연방대법원은 Rixon기술의 페달로부터 와이어 단선의 문제를 해결하기 위해서 개량을 개시했다고 해도, Smith기술로부터 전기센서를 움직이지 않도록 하는 곳을 생각해내어, 고정된 지점을 갖는 페달을 부착하는 아사노 기술을 감안하면 용이하게 이 사건 기술을 생각할 수 있었을 것이라고 판단하였다.

(4) 진보성 판단기준, KSR 판결 이전의 판결례

KSR 판결전에 진보성판단에는 선행기술의 조합 또는 설계변경이 선행기술로부터 시사되고 있는지 여부를 보는 TSM 심사가 CAFC에 의해 빈번하게 사용되고 있었다. CAFC는 TSM 심사와 진보성판단의 기준 중에서도 KSR 사건에서 특히 문제가 된 Obvious-to-Try 등 결합 발명의 진보성에 대한 일련의 기준들을 사용하여 왔다.

1) TSM 심사

CCPA를 이어받은 CAFC는 TSM 심사를 진보성판단에 채용했지만, 창설당시의 Sernaker 판결[157]에서는 Anderson's-Black Rock 판결[158]과 Sakraida 판결[159]과 같이 조합발명의 진보성의 입증은 조합의 시사가 없는 것 또는 예기치 못한 결과가 존재하는 것의 어느 쪽인가에 따라 행해진다고 하여, Graham 심사와는 달리 결합 발명의 진보성 판단에 있어 효과의 입증을 요구하는 기준이 적용될 가능성을 시사하였다.

사례연구

Sernaker 사건[160]

1. 사건 배경

이 판결에서 문제가 된 발명은 자수가 놓인 엠블럼(emblem)과 그 제조 방법에 관한 것이다. Sernaker는 접착층을 기재에 프린팅하는 방식으로 전사시켜 문양을 표시

157) In re Sernaker, 702 F.2d 989, 217 U.S.P.Q. 1(1983).
158) Anderson's-Black Rock, Inc. v. Pavement Salvage Co., Inc., 396 U.S. 57, 90 S.Ct. 305, 24 L.Ed.2d 258, 163 U.S.P.Q. 673(1969).
159) Sakraida v. Ag Pro, Inc., 425 U.S. 273, 96 S.Ct. 1532, 47 L.Ed.2d 784, 189 U.S.P.Q. 449(1976).
160) In re Sernaker, 702 F.2d 989, 994-95, 217 USPQ 1, 5-6(Fed. Cir. 1983).

하는 기술에 관한 4,092,451특허(이하 "451특허'라고 한다)를 출원하고자 하였고, 미국 특허청으로부터 진보성 결여를 이유로 특허 출원을 거절당하자 연방법원에 소송을 제기하였다.

2. 법원의 판단 기준

본 판결에서 법원은 진보성 심사의 기준으로 다음과 같은 질문을 제시하고 있다.

첫 번째는 판결에서 참조한 선행기술이 발명과 관련이 있는가이다. 첫 번째 질문을 확인한 다음으로 확인해야 할 두 가지의 질문은 (a)선행기술들의 조합을 통한 개선의 가능성이 제시되어 있는가와 (b)발명이 선행기술의 단순한 조합 이상의 의미를 가지고 있는가이다. 법원은 발명이 특허성을 인정받았던 판결 중 여섯 개를 명시하며 여섯 개의 판결들에 이러한 세 가지의 질문이 검토되었다고 판시하고 있다.

법원은 (b)의 기준에 의해 당업자가 선행기술을 단순히 조합할 경우 선행기술에서 기술의 발전을 얻을 수 있다는 것이 예상 가능하였을 경우 진보성이 부인된다고 명시하면서, 어떻게 선행기술에서 판결의 발명에 있어서의 조합이 교시되었는지를 USPTO가 증명하지 못하였다고 판단했다.

법원은 진보성 심사에 필요한 2차적 고려요소(secondary consideration)를 언급하면서 2차적 고려요소로 출원인의 실시권자들은 수백만장의 엠블럼을 팔았고 출원인은 상업적인 성공을 거두었다는 점을 인정했다. 또한 출원인의 발명이 자수산업을 재활성화하는데 기여하였고, 시장에 새로운 종류의 엠블럼을 소개한 점도 인정하였다. 게다가 이전의 기술에 비해 출원인의 기술이 상당히 싼 가격에 엠블럼을 생산하는 기술이었다는 점을 인정하였다.

3. 판결의 의의

이 판결은 조합발명에 대한 진보성 심사에 필요한 기준을 명시했다는 점에서 의미를 가진다. 조합발명의 진보성은 당업자의 기준에서 선행기술의 조합에 의한 기술향상을 예상할 수 있었는가에 달려있다.

그러면서도, Sernaker 판결로부터 2년 후에 나왔던 Panduit 판결[161]에서는, 예기치 못한 효과(unexpected results)는 진보성 입증의 요건이 아닌, 진보성 판단을 위한 증거의 하나에 불과한 것이 보고 있다. 현재의 CAFC의 태도는 이 Panduit 판결의 사고방식을 채용하여, 예기치 못한 효과는 USPTO가 일응의 진보성 부인입증을 하기 전에는 필요하지 않고, 그 반박에 이용되는 이차적 고려요소의 입증을 위한 증거의 하나로 보고 있다.

사례연구

Panduit 사건[162]

1. 사건 배경

지방법원의 판결에 특허권자인 Panduit이 항소하여 CAFC에서 특허가 유효하다는 판결을 받았다. 이에 다시 Dennison Mfg가 상고하였고, 연방대법원은 CAFC에서 재심리를 하라는 판결을 하게 된다. 결국 CAFC는 다시 특허가 유효하다는 판결을 내렸고, 이에 대한 상고가 기각되면서 판결이 확정되었다.

이 사건에서 문제가 된 기술은 여러 가닥의 전선을 묶을 수 있는 케이블 타이에 관한 것이었다. 케이블 타이는 프레임(frame)과 스트랩(strap)이 맞물려 연결 고리(locking device)를 구성하고 있다. 사용자가 연결 고리를 묶을 경우, 프레임에 스트랩을 삽입하게 되는데 여기에서 스트랩을 삽입하는 힘(strap insertion force)과 스트랩이 빠져나오지 못하게 묶는 힘(strap withdrawal force)이 존재하게 된다. 케이블 타이의 기술에서는 삽입하는 힘을 작게 하고 빠져나오지 못하게 하는 힘을 크게 하는 것이 요구되었는데, 묶는 힘을 크게 하기 위해 연결고리를 딱딱하게 만들면 삽입하는 힘이 커지고, 반대로 삽입하는 힘을 작게 하기 위해 유연하게 만들면 묶는 힘이 약해지는 문제가 있었다. 이 사건에서는 이러한 기술적 문제를 해결한 청구인의 특

161) Panduit Corp. v. Dennison Mfg. Co., 774 F.2d 1082, 1101, 227 USPQ 337, 350(1985).
162) Id.

허에 관한 진보성의 판단이 이루어졌다.

2. 법원의 판단

CAFC는 진보성 심사는 발명이 완성된 당시의 당업자를 기준으로 해야 하는 것이지, 사후적 고찰(hindsight)의 이점을 가진 법관을 기준으로 하지 않아야 한다고 설시하며 특허가 유효하다고 판단하였다. 또한 기대되지 않은 결과는 진보성의 증거일 수 있지만, 진보성의 요건은 아니라고 하였다.

연방대법원은 CAFC의 TSM 심사가 항상 문헌에 의한 선행기술에 기반하여 명시적으로 보여줌을 요구하는 것으로 해석하고, 너무 엄격하다고 하였다. 그러나 CAFC의 판례법에 의하면 교시 · 시사 · 동기부여는 묵시적이어도 좋으며, 또 그러한 시사는 해당업자의 기술상식과 발명의 기술과제로부터 발견되는 것도 가능하다. 단 증거에 의해 지지되지 않은 기술수준의 높음과 해당업자의 일반상식에 의거하는 교시 · 시사 · 동기부여의 존재에 의해, 클레임에 관한 발명을 자명하다고 거절하려면 명확히 이유를 설시하도록 요구하고 있다.

명확한 이유 · 논리부여를 요구한 CAFC의 몇몇의 판례는 KSR 판결에서 연방대법원이 CAFC의 TSM 심사의 적용방법이 너무 엄격하다는 예로써 비판의 대상이 되었다. 그러나 이러한 판결의 대부분은 시사자체가 명시적인 것을 요구하는 것이 아니라, USPTO의 자의적 판단을 방지하기 위해, 시사를 포함한다는 기술상식과 높은 기술수준의 내용을 지지하는 증거를 요구한 것이었다는 지적도 있다.

연방대법원의 KSR 판결로 인해 조합의 시사를 찾을 때에는 발명자의 주관적 인식에 의한 기술과제만을 고려한 CAFC의 TSM 심사의 적용은 매우 제한되었다. 발명자가 인식하고 있지 않은 기술과제 · 용도를 위해 개시되고 있는 선행기술을 조합하여 사용할 수 있는가에 대해서는, 판례의 입장은 일정하지 않은 듯하다.

CAFC의 판례 하에서 화학물질에 관계된 발명의 진보성을 판단하는 경우, TSM 심사는 그 다른 기술분야의 발명과는 조금 다른 적용이 이루어지고 있다. 통상 TSM 심사는 발명의 구성요소 전체의 조합 또는 개변의 교시 · 시사 · 동기부여가 없는 한, USPTO에 의한 진보성 없음의 간접반증(일응의 추정)을 인정하지 않는다. 그러면서도 화학물질에 관해서는 화학물질의 용도나 성질을 클레임에 기재하고 있으면, 그 용도나 기능의 교시 · 시사 · 동기부여를 선행기술 등에서 찾지 못해도 클레임에 관한 물질과 선행기술의 물질이 유효한 용도를 갖지 않는 경우를 제외하고, 용도나 성질의 시사가 추정되면 일단 자명(自明)한 발명이라고 일응 추정된다.

2) Obvious-to-Try

Graham 심사에 관하여 인정된 사건에 기초한 진보성의 판단을 행하는 때에 참작된 판례법 상의 심사나 기준은 TSM 심사에 한하지 않는다. 화학과 바이오 분야, 특히 선택발명의 진보성의 판단에 있어서, 선택방법이 널리 알려져 있다는 것에 기초한 자명하다는 주장에 대항하는 기준으로서, Obvious-to-Try라고 하는 개념이 자주 이용된다. 이 기준은 선행기술 등으로부터 클레임에 관한 발명을 선택하는 것으로 기술과제를 해결할 수 있다고 하는 성공에 대한 합리적인 기대(reasonable expectation of success)가 당업자에게 부여되지 않는 한, Obvious-to-Try이라고 해서 자명하다고 할 수 없다고 보는 판단기준이다. 즉 통상의 기술자가 선행기술로부터 어떠한 시도를 할 동기를 얻을 수 있었다는 것에서 나아가 그러한 시도가 성공에 이를 수 있다는 합리적인 기대에 따라 선행기술의 결합에 나아갈 수 있다고 인정되는 경우에만 비로소 진보성을 부정할 수 있다.

CCPA에 의해 채용된 Obvious-to-Try 기준은 발명이 이루어진 방법으로 진보성을 판단해서는 안 된다고 하는 제103조의 문언과의 관계 때문에 적법성 문제가 제기 되었다. 그 때문에 Tomlinson사건[163]에서, CCPA는 폴리프로필렌의 빛에 의한 열화를 방지하기 위하여 각종 안정제를 시험한 것은 해당업자에 의한 기계적인 작업으로, 그것에 의해 최상의 안정제를 선택하는 것은 용이하다고 본 USPTO의 결정을 Obvious-to-Try 기준만으로는 자명하다고 하기에는 불충분하다고 하여, 선행기술에 대한 어떤 안정제가 유효한지가 불분명하다는 점과 안정제가 다수 존재하는 점을 근거로 발명을 비자명하다고 판단하고, USPTO의 결정을 취소했다.

163) Application of Arthur R. Tomlinson, Harry H. Hall and William F. Geigle, 53 C.C.P.A. 1421, 363 F.2d 928, 150 U.S.P.Q. 623(1966).

사례연구

Tomlinson 사건[164]

1. 사건 배경

폴리프로필렌은 빛을 받으면 분해되는 특성을 가지고 있다. 이러한 특성은 고분자를 활용하는데 있어서 문제가 되고 있었고 이 문제를 해결하기 위해 고분자에 안정제를 첨가하는 기술이 발명되고 있었다. 폴리에틸렌도 빛에 분해되는 문제를 가지고 있었는데, 폴리에틸렌의 광분해를 방지하는 안정제는 선행기술로 개시되어 있었다.

Tomlinson은 폴리프로필렌의 광분해를 방지하기 위하여 폴리에틸렌의 안정제를 사용하는 기술을 발명하여 특허로 출원하였다. Tomlinson이 출원한 특허에 대하여 USPTO는 폴리프로필렌의 자외선 안정제를 찾고 있던 당업자라면 폴리에틸렌에서 사용하는 안정제를 사용하면 효과가 있을 것이라는 것을 당연히 예상했을 것이라고 하여 발명의 특허성을 부정하였다. 원고는 USPTO의 결정에 불복하였고, CCPA가 이 사건을 판단하게 된다.

2. 법원의 판단

심리 과정에서 원고는 당업자가 폴리에틸렌에 사용되던 안정제에 관한 기술을 폴리프로필렌에 그대로 사용해서 효과를 얻을 수 있다는 기대를 하기 어렵다고 주장한다. 원고는 이 주장을 뒷받침하기 위해 폴리에틸렌과 폴리프로필렌의 연구에서 폴리에틸렌에 효과적인 안정제가 폴리프로필렌에서는 효과를 내지 못하는 경우가 많다는 증거를 제출하였다. 법원은 다른 선행기술에 광안정제가 제시되었다고 하더라도 광안정제를 고르는 것은 어려운 작업이며 이러한 기술은 'obviousness to try'에 속하지 않는다고 판단했다.

164) In re Tomlinson, 363 F.2d 928, 150 USPQ 623(CCPA 1966).

3. 판결의 의의

이 사건은 화학발명 등에 있어서 관련 분야의 선행기술이 유사한 방법을 제시하고 있을 때의 진보성 판단 방법을 제시한 것으로, obvious to try 기준에 따라 진보성을 판단한 사건이다. 화학발명에서의 당업자라면 당연히 유사한 화합물에서 사용된 기술을 시도할(try) 경우 효과가 있을 것이라고 기대할 수 있을 경우에는 발명이 자명한 것으로 보아야 하지만, 유사한 화합물에서의 기술을 시도하여 효과를 보는 것을 기대할 수 없는 경우에는 발명이 자명하지 않은 것으로 판단해야 한다는 것이다.

CAFC는 많은 기술개발은 기술과제해결을 위해 널리 알려진 기술에 기계적인 실험을 하여 최상의 것을 선택하는 과정에 의해 행해진다고 보았다. 따라서 이러한 개발의 과정이었다고 해도 비자명한 발명인가를 검토하는 것이 필요하다고 하는 의미로 Obvious-to-Try만으로는 자명하다고 판단하는 것은 불충분하다는 입장을 취해왔다. 그 때문에 설령 선택을 위한 방법은 널리 알려졌어도 선택해야 하는 기술과 재료의 집합이 작을 때나, 특정의 기술과 재료의 선택에 관해서 유효성을 시사하는 선행기술이 존재하는 경우에 한해, 해당업자가 그 선택을 시험하려는 동기부여가 합리적인 성공의 확률이 존재하므로 자명하다고 판단하고 있다.

3) 결합발명

CAFC는 Graham 심사에 기초한 판단을 기술분야, 발명의 종류에 구속하지 않고, 통일하여 적용하고 있고, 결합(조합)발명만을 구별하거나, TSM 심사를 적용하지 않고 출원인, 특허권자에 효과입증을 요구하지 않는다.

조합발명과 공지구성요소의 조합을 구별하여, 새로운 효과가 입증되지 않는 한 조합발명은 특허가 부여 되지 않는다. 연방대법원은 공지구성요소의 조합에의 특허부여는 신중해야한다는 태도를 제103조 도입과 Graham판결 전부터 일관하여 취하고 있었다. 단, KSR 판결에서 연방대법원은 조합발명에 대한 특별한 심사방법 추정도 언급하고 있지 않다. 오히려 구성요소가 독립하여 널리 알려진 것을 입증한 것뿐이고, 조합발명은 자명으로 여겨지지 않는다고 강조한 것은 조합발명을 다른 발명과 구별하지 않는 의도라고 해석해야 할 것이다.

상고인이 주장한 Anderson's Black Rock판결, Sakraida판결에 대해서 설명할 때도, 조합발명이므로 다른 기준을 적용하여야 함을 시사하는 표현은 없고, 잘 알려진 구성요소를 공지방법으로 조합하고 있는 경우에, 예상된 효과밖에 낳지 못한 경우에는 그 조합은 자명하다고 하는 원리를 적용한 것에 지나지 않는다고 판단했다. 또 선례에 부합하는 유연한 TSM 심사를 본 사건들도 연방대법원은 본 사건 특허에 따른 발명을 한 구성요소의 치환에 관한 단순한 사례라고 보면서, 구성요소의 조합의 진보성에 주목하여, 당업자가 발명의 조합에 용이하게 도달할 수 있는지에 중점을 두고 있다. 이러한 분석방법은 발명이 발명에 관련된 기술분야에서 널리 알려진 구성요소의 조합인 것을 확인한 후에는 그 조합으로서의 자명성을 분석하지 않고, 새로운 효과를 요구하고 있는 Anderson's Black Rock판결과 Sakraida판결에서의 판단기준과는 확실히 다르다. 또한 연방대법원은 당업자가 발명의 조합에 이른 이유를 검토하고, 그 분석과정은 항소심에 의한 법률심사를 용이하게 하기위해 명시적으로 행하지 않으면 안 된다고 한다. 따라서 발명의 태양에 따라 차별함 없이 통일하여 Graham 심사를 적용하는 CAFC의 판단방법의 적법성이 KSR 판결에 의해 확인되었다고 봐야할 것이다.

한편, 종래의 주된 특허나 간행물과 같은 서증이 주로 증거로 사용되어 왔으나, 이때부터는 시장의 뉴스나 당업자의 기술상식이 널리 인정되게 되었다. CAFC의 진보성분석은 KSR 판결의 상고신청이 수리된 직후부터 교시 · 시사 · 동기부여를 선행기술 이외로부터도 널리 인정하고, 클레임에 관한 발명을 자명하다고 인정하는 경향이 현저해져 왔다. 무엇보다도 이러한 기술상식을 참작하여, 묵시적 교시 · 시사 · 동기부여를 인정하는 방법은, KSR 판결 이전의 CAFC의 판례에 있어서도 결코 드물지 않았던 것 같다.

KSR 판결에서 인용된 DYSTAR 사건[165]에서는 TSM 심사의 적용이 너무 엄격했던 사례가 된 사건을 하나하나 들어 묵시의 시사라도 괜찮다는 점, 서증에 의한 선행기술에 한하지 않고 기술과제나 당업자의 기술상식으로부터 시사를 인정해도 좋다고 하였다. DYSTAR 사건에서는 촉매에 의해서 수소화된 인디고 염가용액의 진보성이 문제가 되었다. 기술과제의 해결에 관해, 발명분야의 당업자가 선행기술의 인디고 염

165) Dystar Textilfarben Gmbh & Co. Deutschland Kg v. C.H. Patrick Co., and Bann Quimica LTDA, 464 F.3d 1356, 80 U.S.P.Q.2d 1641(2006).

과 보존방법과 촉매에 의한 수소화를 개시하는 선행기술을 조합하는 지식을 갖고 있는지가 문제되었다. 이 문제에 관해 당업자의 기술수준은 화학이나 시스템엔지니어링의 지식도 가진 것이라고 인정되었다. 그 결과, 특허발명은 자명하다고 판단되었다.

사례연구

Dystar 사건[166)]

1. 사건 배경

인디고(indigo)는 염색원료로 오랫동안 사용되어 왔지만, 인디고 안료는 물에 녹지 않기 때문에 염색에 사용되기 전에 류코 인디고(leuco indigo)라는 백색의 형태로 환원되어야 했다. 류코 인디고는 안정성이 낮아서 산소와 접촉할 때 산화되었다. 그래서 류코 인디고 용액은 즉시 사용되지 않을 경우, 무산소의 환경에 보관되어야 하는 문제가 있었다.

이 사건에서 문제가 된 발명은 촉매에 의해 수화된 류코 인디고를 이용해 면직물을 염색하는 공정에 대한 5,586,992특허(이하 "992특허'라 한다.)에 관한 것이었다. 특허권자는 화학약품 제조업자에 대해 직접, 기여, 유도 침해에 대한 특허 침해 소송을 진행하였다. 지방법원에서는 특허가 무효라는 제조업자들의 주장을 인정하지 않았고, 제조업자들이 이에 항소하였다.

인디고 환원의 방법 중 하나로 촉매에 의한 수화반응이 있었는데, 이 방법은 기존에 사용되던 방법보다 공정시간을 줄이고, 오염물질을 줄일 수 있는 방법이었다. 이 방법은 Brochet에 의해서 1917년에 1,247,927특허(이하 "927특허'라 한다)로 출원되었다.

사건 심리 중에 제조업자였던 Bann은 '992특허가 Brochet에 의해서 예상된 기술을 다루고 있으므로 무효라고 주장했다.

166) Id.

2. 법원의 판단

법원은 해당 기술에서 일반적인 기술자는 단순한 염색업자가 아닌 최적의 염색공정을 설계할 수 있는 사람으로 화학에 대한 지식뿐만 아니라 시스템 엔지니어링에 대한 지식까지 구비하고 있어야 한다고 보았다. 선행 기술의 수준에 화학에 대한 지식을 포함시킴으로써 선행 기술의 범위를 넓힌 것이다. 결국 법원은 당업자가 화학에 대한 지식이 부족한 염색업자라고 본 원심의 배심원의 판단을 배척하고, 선행 기술의 수준에 의해 해당 발명을 자명한 것이라고 판단했다.

3. 판결의 의의

이 판결의 가장 중요한 쟁점은 당업자의 수준을 어떻게 판단하고 그 당업자의 수준에 맞는 진보성의 기준을 세우는 것이었다. 법원은 당업자의 수준을 판단함에 있어서 단순히 해당 산업만 알고 있는 기술자만을 상정하는 것이 아니라 기술을 개선하는데 필요한 관련 학문의 지식을 알고 있는 기술자를 상정해야 한다는 기준을 세운 것이다.

(5) KSR 판결의 의의

1) 그래엄 심사의 재확인

미국 연방대법원은 만장일치 판결로 케네디 대법관이 작성한 의견을 통하여 CAFC의 판결을 파기환송(reversed and remanded)하면서, 진보성의 판단과 관련된 대법원의 법리를 설시하였다. 대법원은 특허의 진보성의 판단은 미국 특허법 제103조의 객관적인 해석에 기초하여 이루어져야 하며, (1) 이를 위해서는 선행기술의 범위와 내용이 먼저 결정되어야 하고, (2) 선행기술과 현재 문제가 되고 있는 청구항들과의 차이를 살펴보아야 하고, (3) 해당기술에 대한 통상의 기술자의 기술수준이 파악되어야 한다고 보았다. 이와 같은 일련의 선행적인 검토가 이루어지고 난 뒤에야 비로소 특허의 진보성에 대한 판단을 할 수 있는 것이다. 만일 이러한 심사가 종료되고 난 상황이라면, (4) 진보성 판단에 있어서의 2차적인 고려요소인 '상업적인 성공', '장기간에 걸친 요구의 충족', '타인의 실패' 등이 검토되어 정황증거로서 진보성이 있는지 여부에 대한 판단의 자료로 사용될 수 있다고는 점을 확인하였다. Graham 판결에서 처음 도입된 2차적 고려요소는 객관적인 증거(Objective evidence or Objective Indicia)를 요구하는 것으로 그 자체가 진보성 판단에서 부차적인 중요도를 가진다는 의미가 아니라 시간적으로 후행한다는 의미이다.[167] 2차적 고려요소는 2012년 Mintz II 사건[168]에 이르러서는 사후고찰의 편견을 피하기 위하여 주관적인 판단에만 의존하지 말고 상업적 성공, 다른 경쟁자의 실패, 오랜 필요의 존재 등과 같이 객관적인 지표(Objective indicia)에 관한 외적 증거를 반드시 심리할 것을 요구하였다.[169]

2) TSM 심사에 대한 판단

미국 연방대법원은 나아가 항소법원이 진보성 문제를 해결함에 있어서 통일성(uniformity)과 일관성(consistency)을 가져야 함에도 엄격하고 형식적인 TSM 심사를 적용하여 비자명성을 판단하는 것은 미국 특허법 제103조의 문언의 취지 및 이에 기초한 연방대법원의 판례에 배치되는 것으로 수용할 수 없고, 오히려 연방지방법원이 신청인의 사실심리생략판결(Summary Judgment) 신청을 받아들이면서 연방대법원의 판례에 따른 판단을 하였던바, 연방지방법원은 페달 디자인의 역사, 발명의 범위, 관련된 선행 기술 등을 검토하고 난 뒤에 신청인이 진보성에 대하여 자명한 기술적인 조합에 불과한 사실을 입증하였다고 판단한 것은 적절하였다고 판단하였다.

이러한 논리하에서 연방대법원은 이 사건의 연방지방법원이 적절하게 판시한 결과를 CAFC가 파기하였다고 보았다. 연방대법원의 관점에서 CAFC의 가장 큰 오류는 TSM 심사를 적용함에 있어 진보성의 개념에 대해 매우 제한적으로 해석함으로 인하여 오로지 특허출원인이 해결하려고 하였던 과제에 국한하여 법원이 관찰하여야 한다고 판단한 점에 있다고 보았다. 진보성을 판단하기 위해서는 출원인뿐만 아니라 해당 분야에서 청구된 것과 같은 요소의 결합이 해결하지 못한 문제를 해결한 것인지 여부를 판단하여야 하는 것이다.

두 번째 실수는 CAFC가 당업자의 판단을 함에 있어 선행 기술 중에서 동일한 문제를 해결하려고 시도하였던 자들로 제한적으로 국한하였다는 점에 있다. 기술의 발

167) Truswall Sys. Corp. v. Hydro-Air Engineering, Inc., 813 F.2d 1207, 1212(Fed. Cir. 1987).
168) Mintz v. Dietz & Watson, Inc., No. 2010-1341, 10884(Fed. Cir. 2012).
169) 반면 한국이나 유럽에서는 이러한 2차적 고려사항은 진보성 판단의 참고자료로서 그 지위가 인정되고 있는 것이 아닌가 하는 생각이 든다. 이 점은 향후 우리나라의 실무에서 고려할 점이다.

전에 있어서 어느 하나의 문제해결 방법은 기본적으로 목적으로 하였던 것 외에 다른 부차적인 용도로 사용될 수 있다는 것은 매우 보편적이고 합리적으로 기대될 수 있는 것임에도 이러한 가능성을 배제하고 제한적으로 해석하는 실수를 범하였다고 판단하였다. 연방대법원은 CAFC의 TSM 심사는 진보성의 판단에 있어서 중요한 시사점을 주는 기준이기는 하지만 이러한 기준이 엄격하게 적용되어야 하는 공식과 같은 것은 아니며, 진보성의 판단이라는 것은 이러한 공식에 의하여 일도양단적으로 판단되는 것이 아니라고 한다. 대법원은 현대에 있어서의 발명자가 추구하는 다양한 요구와 대리인들의 다양한 출원 시(時)에 부기하는 제한을 감안한다면, 결국 CAFC가 일반적인 원칙을 항상 그렇게 적용하여야 하는 엄격한 기준인 것처럼 만들어버려서 진보성 심사에 대한 스스로의 제약을 만든 잘못을 범한 것이라고 판단하였다.

연방대법원은 TSM 심사를 전면적으로 부정한 것은 아니고 대신 연방항소법원이 TSM 심사 이외에도 진보성 판단을 위한 다른 수단을 같이 사용하라고 권한 것이다.[170] 또한 연방대법원은 통상의 기술자(PHOSITA)의 창조성과 기술의 수준은 발명자만큼 크지 않을 경우 아무런 생각 없이 선행기술을 기계적으로 보아 그 교시나 시사를 따르는 로봇 같은 판단을 하여서는 안된다는 점을 강조하였다.[171] 따라서 통상의 기술자는 이제 TSM 심사를 뛰어넘어, 두 선행의 결합으로 해당 발명이 완성될 것이라는 기대가 있는지에 대한 명시적인 개시는 없더라도 그 해결과제가 자명한 선행기술을 사용할 수 있게 되었다. 미국특허청(USPTO)은 심사행정의 편의를 위하여 위와 같이 합리적으로 자명한 것으로 추정될 일응 자명한 사례(a prima facie case of obviousness)를 MPEP에 담아 일단 선행기술이 유사하다면 그 선행기술간의 결합은 자명한 것으로 추정하여 최소한의 심사의 정당성을 갖도록 하였다. 즉, 엄격하고 형식적인 TSM 테스트를 적용하였던 CAFC 판결이 전제로 하였던 통상의 기술자는, 모든 선행기술에 접근하여 자신의 지식으로 할 수 있는 능력과, 선행기술에 변형이나 결합의 동기가 명시적으로 제시되어 있지 않은 이상 그러한 시도를 할 수 없는 무능력을 겸비한 인물로 설정되었으나, KSR 판결은 이와 같은 통상의 기술자에게 변형 내지 결합을 이끌어 낼 수 있는 상식, 직관, 통찰력, 창의성 등을 부가하였다고 평가할 수 있는 것이다.[172] 연방대법원은 KSR 판결에서 이와 같이 통상의 기술자의 수준을 재설정하면

170) KSR, 550 U.S. at 402.
171) KSR, 550 U.S. at 420.

서, 자명한 시도(Obvious-to-Try) 테스트에 관하여도 언급하였다. 즉, 연방대법원은, 어떠한 문제를 해결하기 위한 구상의 필요성 내지 시장의 수요 등이 있고, 확인되고 예측가능하며 유한한 해결수단이 존재한다면, 통상의 기술자는 자신이 파악한 기술적 범주에서 위와 같은 해결수단을 시도할 타당한 이유를 갖게 되는데, 이러한 시도가 예견된 성공으로 이어졌다면 그러한 결과물은 혁신이라기보다는 일반적인 기술 및 상식에 가깝다고 판시함으로써, 자명한 시도 테스트가 적절한 비자명성 판단의 기준이라는 점을 분명히 하였다.[173]

Ⅳ. KSR 이후

1. 도 입

특허소송에서 법관에게 가장 많은 부담을 주는 영역 중의 하나가 진보성 판단이다. 진보성 판단은 오랜 시간 연방대법원이 CAFC의 판결에 대해서 제동을 걸지 않았던 영역이었으므로 KSR 판결의 영향은 상당했다. 2007년 판결 선고 당시 예상되었던 KSR 판결의 효과 중에는 향후 더 많은 특허들이 진보성이 없다는 이유로 소송에서 무효가 되고, 심사 단계에서 특허로 인정되지 않을 것이라는 점과, 객관적이고 어찌보면 예측 가능성이 높았던 TSM 심사에 비하여 상대적으로 모호성이 증대하게 됨으로써 인하여 더 많은 진보성 결여의 주장이 나오고, 따라서 소송비용이 증가할 수 있다는 주장도 있었다.

한편, AIA 개정에 따라 특허들에 대한 등록 후 심판 절차가 새롭게 도입되면서 특허의 무효 절차에도 큰 변화가 생겼다.[174] 미국특허청이 발표하는 무효심판의 통계에

---

172) 이상현, "선택발명의 진보성에 대한 비교법적 접근－현저한 효과와 선택의 동기", 사법, 사법발전재단(2020), 476면: 대법원이 선택발명의 진보성 판단에서 선택의 곤란성을 고려하도록 한 것은 미국의 잔보성 판단법리 중 시도자명(obvious to try)법리를 참고한 것으로 보인다. 최승재, "선택발명의 진보성 판단기준으로서의 선택의 곤란성: 대법원 2021. 4. 8. 선고 2019후10609판결", 인권과 정의(2021); 최승재, "선택발명의 진보성 판단기준으로서의 선택의 곤란성", 특별법연구 17권(2021) 448-480면. 신규성에 대해서는 최승재, "선택발명에 대한 새로운 접근과 신규성 판단기준에 대한 연구", 창작과 권리 73호(2013), 2-43면 참조.

173) KSR, 550 U.S. at 420.

따르면 심판 신청 대상 청구항 중 1개 항 이상의 승소가능성이 있는 경우에 내려지는 심판 개시 결정의 비율은 특허심판원(PTAB) 도입 직후 87%에 이르렀다가 2020년 54%까지 지속적으로 감소하고 있다.[175]

화이자 사건의 경우 KSR 판결 직후에 전원합의체에 의한 판단을 구하는 재심사 신청이 있어, 전원의 판사에 의해 이 신청이 심사되어 재심사신청이 각하되었다. 이 판결에 대해 로리, 레이더, 뉴만 3명의 재판관은, 재심사 신청각하에 반대하는 의견을 제시하였다.[176] 반대의견을 제시한 CAFC 판사들은 화이자 사건에서 적용된 진보성의 기준이, 종래의 선례에 위반하므로 전원합의체에서 심리하여야 한다고 주장했다.

KSR 판결의 영향은 진보성 판단에서 매우 중요한 선례이지만, 여전히 CAFC는 TSM을 기반으로 진보성을 판단하고 있다. 다이스터 사건을 통해서 살펴보면 CAFC는 연방대법원의 KSR판결이 TSM 심사 적용에 대한 것이고, CAFC의 TSM 심사 자체에 대한 것은 아니라고 본다. 레이더(Rader)전 CAFC법원장은 KSR 판결이 CAFC의 진보성 기준에 미치는 영향은 거의 없다고 언급한 바 있다.[177]

한편, KSR 판결은 미국 특허청의 심사에 있어서 진보성에 관한 의견 통지에 분명한 영향을 주었고 2007년 특허청은 심사기준(MPEP)을 개정하였다.[178] 예를 들면, Catan 사건에서는, KSR 판결의 공지구성요소의 결합발명에 대해서는 예상할 수 없는 효과가 없다면 자명하다고 하는 부분을 인용하고, 출원인이 예상할 수 없는 효과 또는 조합이 통상의 해당업자의 기능 이상인 것을 보이는 증거를 제출하지 않았다고 해서,

174) AIA에서 도입된 대표적인 등록 후 절차로는 Inter Partes Review가 있으며 선행문헌에 의한 신규성, 진보성만을 심리하므로 신속한 처리가 가능하다.

175) USPTO Trial Statistics, Patent Trial and Appeal Board, 2020.3. https://www.uspto.gov/sites/default/files/documents/trial_statistics_20200331.pdf.

176) Pfizer, Inc. v. Apotex, Inc., 488 F.3d 1377, 82 U.S.P.Q.2d 1852(Fed. Cir. 2007).

177) Gene Quinn, "Chief Judge Rader Says KSR Didn't Change Anything, IDisagree", IP WATCHDOG (2011. 10. 6), http://www.ipwatchdog.com/2011/10/06/chiefjudge-rader-says-ksr-didnt-change-anything-i-disagree/id=19603/(최종방문일: 2020. 5. 12).

178) KSR 판결이 나온 3일 후, 특허청은 새로운 심사기준이 나올 때까지 종래의 심사기준에 따라 심사하고, 특히 Graham 심사에 따른 분석을 유의하도록 심사관에게 지시한 메모를 발표했다. 2007년 10월 10일에 특허청이 낸 KSR 판결을 반영한 개정진보성심사기준은 공지구성요소의 조합발명을 차별적으로 표현한 부분과 발명을 자명하다고 판단한 연방대법원의 사례를 인용하여, 조합의 논리부여가 필요하지만, KSR 판결 이전과 같이 TSM 심사에 의한 이유부여에 한정되지 않는다고 하고 있다. 한편, 이러한 미국특허청의 개정기준은 1952년 특허법개정 이전에 사용된 분석방법과 유사한 것으로 연방대법원이 의도한 것과는 다소 다른 것이 아닌가 하는 의문이 있다.

심사관의 거절이 지지되고 있다.[179] 이것은 구성요소가 각각 선행기술의 어느 쪽인지를 보이는 결합발명에 대해서는 그 조합에 이르는 논리부여 없이 자명성의 일응의 추정을 인정하고, 출원인에 의한 반박증거의 제출이 없으면 발명을 자명한 것으로 보는 태도를 취하고 있다고 이해된다. 이것은 자명성이 일응 추정되려면, 구성요소 개별의 공지성만으로는 불충분하고 조합의 용이성의 입증을 요구하는 KSR 판결 이전의 CAFC 판례와는 구별된다. Smith 사건에서도 발명 구성요소의 하나를 다른 인용례에 개시된 구성요소와 교환한 발명에 대해서 KSR 판결에 있어서 단순한 공지구성요소와의 치환에 해당한다고 본 심사관의 거절결정이 지지되었다.[180] USPTO가 제시한 사례들은 공지구성요소로 알려진 방법에 의한 조합으로, 예상되는 효과밖에 낳지 못한 사안들이다. 그 외 사건도 구성요소의 치환이나 다른 분야로부터의 전용 등으로, 효과가 해당업자로부터 예상될 수 있는 범위인지가 자명성을 좌우한다고 표현하고 있다. 그 때문에 실제 심사에서 심사관은 클레임에 관한 발명이 이러한 하나에 해당함을 입증하면 당해 조합발명은 자명한 것으로 일응 추정된다. 추정을 복멸하기 위해서는 출원인이 조합 등에 의한 효과가 예상 이상이라는 것을 증명하여야 한다. 그러나 화학이나 바이오 테크놀로지 분야와 달리, 기계나 전자・전기 분야에서는 다이스터 사건에서 보는 것과 같이 효과의 종류는 한정되어 있고, 효과의 크기가 문제되는 경우가 대부분이어서 이 경우 발명당시에 예상가능한 효과인지 여부의 증명은 곤란하다.

연방대법원은 KSR 판결에서 선행기술이 해당업자가 개량의 대상으로 삼지 않을 정도의 사유가 없는 한, 아사노 기술에 있어서 저해이유를 인정하지 않았다. 대법원은 또 상업적 성공에 의한 반박주장도 채용하지 않았다. 따라서 향후 2차적 고려사항 등에 의한 반박도 곤란할지 모른다. KSR 판결에서 케네디 대법관은 당해 사건의 구체적 타당성의 문제이지 선행하는 CAFC의 모든 선결례들을 폐기하려고 하는 것은 아니라고 판시하였다. 일응 이해할 수 있는 것은 구체적인 대체기준을 연방대법원이 이 사건에서 제시하고 있지 않기 때문에 사실은 TSM 심사를 폐기할 수도 없었을 것이다.

179) 이 사건은 전자발명과 관련된 사건임. Ex parte Catan, Appeal 2007-0820, July 3, 2007.
180) 이 사건은 기계발명과 관련된 사건임. Ex parte Smith, Appeal 2007-1925, June 25, 2007.

2. Leapfrog 사건[181)]

(1) 사건의 개요

이 사건은 Leapfrog라는 미국의 완구점이나 대형 양판점에서 많이 판매되는 어린이 학습용 놀이기구를 제조하는 Leapfrog사가 피셔 프라이스(Fisher-Price)사와 마텔(Mattel)사를 상대로 한 델라웨어주 연방지방법원에서의 특허침해소송 등의 소송의 결과가 피고 회사들에게 유리하게 나오자, 미국 CAFC에 항소한 사안이다. 이 소송은 2003년 10월 Leapfrog사가 피셔-프라이스 사의 파워 터치(PowerTouch)가 자신들의 미국 특허 5,813,861(이하 "861특허'라고 한다)의 25번 청구항을 침해했다고 주장하면서 시작되었다. 2004년 9월 Leapfrog사는 피고에 마텔사를 추가했다. '861특허는 어린이들이 음성을 통해 언어를 배우는 것과 관련된 특허로서 그 특허 청구항 25항은 다음과 같다.

> 청구항 25. "복수의 스위치를 포함한 집 스위치와 통신하면서, 소리를 내는 도구와 프로세서와 기억장치 각 글자들이 스위치와 연결되어 있는 일련의 글자 중 최소한 하나를 표시하고, 프로세스가 표시하는 글자와 통신하도록 하는 리더기로 구성되어 있으면서, 특정한 글자를 선택하면, 스위치를 통해 프로세스와 통신해 소리를 내는 장치가 선택된 글자와 연결된 소리를 내도록 하고, 그 소리는 일련의 글자열 중의 글자의 위치에 의해 결정되는 쌍방향 학습기구."

델라웨어 연방지방법원은 위의 청구항 25와의 관계에서 위 청구항은 글자(letter)를 대상으로 한 것인데 반해, 파워 터치는 하단에 위치한 그리드를 인식해 그 단어를 읽어주는 형식을 취하고 있어서, 글자의 선택(selection of depicted letter)이라는 청구항의 문언 침해라고 할 수 없고, 청구항 25는 또한 미국 특허 3,748,748특허와 비번 기기(Beavan device)와 텍사스 인스트루먼트사의 말하고 읽기 장치와 피셔 프라이스사의 내부 기술자의 증언에 의한 통상적인 기술수준을 결합해 보면 진보성이 없는 것으로 판단된다고 결론을 내렸다.

---

181) Leapfrog Enters., Inc. v. Fisher-Price, Inc., 485 F.3d 1157(2007).

(2) 사후적 고찰의 오류와 2차적 고려요소의 참작[182]

Leapfrog사는 지방법원이 사후적 고찰(hindsight)을 통해 선행기술에 모든 제약조건이 이미 개시되어 있었던 것처럼 결론을 내렸다고 주장했다. 그리고 비번 기기(Bevan device)는 기계적인 것인데 반해, Leapfrog사의 특허에 개시된 내용은 전자적인 것으로서 서로 동일한 기능을 수행할 수 없음에도 불구하고, 이를 오해해 잘못된 결론을 내리고 있다고 주장했다. 동기의 면에서도 결합의 동기가 입증되지 못했고, 2차적 고려요소(secondary consideration)에 대해서도 연방지방법원이 적절하게 고려하지 못했다고 주장했다. 이에 대해 피셔-프라이스사는 Leapfrog사의 전자적인 장치라는 것은 이미 비번(Bevan) 장치에 구현되어 있는 글자를 음성적으로 나타내는 것의 개량된 장치(updated device)에 불과한 것으로 개선을 위해 Leapfrog사가 기존의 기기를 좀 더 작게, 좀 더 가볍게, 또는 덜 비싸게 만드는 연장선상에서 새로운 기술과 결합한 동기는 얼마든지 있는 것이며, 지방법원도 2차적 고려요소들을 참작하였으나, 이러한 2차적 고려요소에 의하더라도 주된 진보성 판단요건을 넘어서지 못했기 때문에 지방법원이 진보성이 없다고 판단한 것이라고 주장했다.

(3) 법원의 판단

1) 선행기술에 대한 판단

CAFC는 지방법원의 판단을 지지하면서, 그 근거로 KSR 판결을 원용하였다. 이 사건에서 발명이 의도하는 바는 어린이들로 하여금 글자와 소리를 서로 연결시킬 수 있도록 하는 것으로 지방법원이 선행기술로 사용하였던 비번기기는 기계적인 방법으로 특정한 글자를 누르면 녹음된 소리를 어린이들이 들을 수 있도록 모터의 구동을 통해 구현한 것으로, 이러한 비번기기는 어린이들이 문자와 소리를 결합해 학습할 수 있는 방법에 대한 교시(teaching)를 주고 있다. 나아가 지방법원은 텍사스 인스트루먼트사의 SSR을 또 다른 선행기술로 사용하고 있는바, SSR은 좀더 진보된 학습용 놀이기구로서, 전자적인 방식에 의해 만들어져 있다. 다만 SSR은 눌러진 단어 중 첫 글자

182) Amanda Wicker, "Secondary Considerations Should Be Given Weight in Obviousness Inquiries Under 35 U.S.C. Sec. 103 in the Post-KSR v. Teleflex World", In Fed. Cir. B. J. 665 (2008); Katherine M. L. Hayes, "Three Years Post-KSR: A Practioner's Guide to "Winning" Arguments On Obviousness and a Look at What May Lay Ahead" a Northwestern J. of Tech. & Intellectual Property 243(Fall 2010).

의 소리만을 내도록 설계되어 있고, 메모리와 프로세스 등의 전자적인 구성을 가지고 있다. 이러한 비번기기의 아이디어와 SSR에서의 전자적인 구성을 조합하게 되면 개별적인 글자를 개별적으로 표시하도록 하는 기기를 생각해 낼 수 있게 된다고 판단했다.

2) 입증책임의 분배

CAFC는 Leapfrog는 이러한 결합이 선행기술로부터 용이하게 생각할 수 없는 어려움이 있다는 것을 입증해야 하지만, 이러한 입증을 하고 있지 못하므로, 원심의 판단을 그대로 유지한다고 판시하였다.

3) 2차적 고려요소에 대한 참작[183)]

객관적으로 판결문을 통하여 법관은 당사자들에게 왜 자신이 당해 기술이 진보성이 있다고 보았는지에 대한 판단을 하여 주어야 하는데, 단지 특허의 추정력만을 가지고 당사자들의 주장에 대한 답을 충분히 할 수 없는 경우를 염두에 두어 특허 진보성의 판단에 있어서의 앞서 본 바와 같은 2차적 고려요소들을 법리적으로 미국 연방대법원이 발전시켜 왔고, 2차적 고려요소들은 그래엄 요소의 마지막 요소로서 진보성 판단에 있어서 기능한다. 항소법원은 지방법원이 분명히 Leapfrog사의 상업적인 성공에 대해 언급하면서, 원고회사가 상업적으로 성공하였고, 장기간에 걸친 수요를 만족시킨 점이 인정된다는 판시를 했다는 점에서 원고가 지적하는 것과 같은 판단유탈은 없고, 다만 이러한 상업적인 성공과 같은 2차적인 고려요소가 원고회사의 특허가 자명한 것으로 진보성이 인정될 수 없다는 점을 능가할 정보가 아니라고 보아 원고회사의 특허를 무효로 판시한 이상 이 점에 대한 원고회사의 주장은 이유 없다고 하면서 원고의 주장을 배척했다.

4) 사후적 고찰 편향

이 사건에서 원고는 사후적 고찰 편향(hindsight bias)을 주장하였다. 이는 진보성의 판단에 있어서 발명 당시에는 매우 극복하기 어려운 과제였거나, 쉽게 고안하거나 발명하기 어려운 것이었지만, 사후적으로 돌아보면 별로 어려운 과제가 아닌 것처럼 보이는 소위 사후적 고찰 편향(hindsight bias)이 발생할 수 있다는 문제의식에서 출발한

---

183) Jay Jongjitirat, "Leapflog Enterprises v. Fisher-Price: Secondary Considerations in Nonobvionsness Determinations", 42 U.C. Davis L. Rev. 599(2008-2009).

다. 하지만, 실제로 이 사건에서도 사후적 고찰이라는 주장이 제기되었지만, 실무상 이 주장이 받아들여지는 경우는 많지 않다.

기계발명이나 장치발명과 같이 구성을 통해서 그 효과를 바로 인식할 수 있는 발명의 경우에 구성이 바로 보이기 때문에 사후적 고찰을 할 가능성이 높다. 특히 결합발명의 경우에 결합의 용이성을 쉽게 인정할 수 있다. 결합발명에서의 결합의 용이성은 법률문제라고 보는 것이 법원의 판단이다.

2011년 Tokai 사건[184]에서 CAFC의 뉴먼판사는 기계 기술 분야에서 알려진 문제들에 대한 예측가능성을 쉽게 판단하여 통상의 기술자 기준을 사후적 고찰에 의해서 그릇 판단할 가능성이 있다는 점을 지적하였다.[185] 진보성 판단에서 사후적 고찰이 발생할 가능성과 관련해서 특허청의 판단이 있으면 이를 존중하여 유효성을 유지하는 것이 필요하다고 하는 견해도 있다.[186]

3. 의약품 및 화학 발명과 KSR 이후의 진보성 판단

(1) 도 입

KSR은 기계분야의 진보성 사안에 대한 판결이지만 이에 국한하지 않는다. 생명공학 분야의 발명에 관한 쿠빈사건에서 연방대법원이 CAFC의 Obvious-to-Try를 비판

---

184) 이 사건에서 대상이 된 특허는 바비큐를 하거나 캠핑을 할 때 긴 장대모양의 토치를 사용해서 불을 점화하는 장치에 대한 발명이다. 점화하는 방식을 라이터에서 채용되었지만 상업적으로 성공을 했고 이와 같은 토치형태의 점화장치에 대한 수요가 있었음에도 이와 같은 발명이 제시되지는 못했던 상태였다.

185) Tokai Corp. v. Easton Enters., 632 F.3d 1358(Fed. Cir. 2011). Newman 판사는 사후적 고찰을 통해서 진보성 판단이 이루어져서는 안된다고 강조하였다("the determination of obviousness is not whether a person could, with full knowledge of the patented device, reproduce it from prior art or known principles. The question is whether it would have been obvious, without knowledge of the patentee's achievement, to produce the same thing that the patentee produced. This judgment must be made without the benefit of hindsight. It is improper to take concepts from other devices and change them in light of the now."). Newman 판사는 이 사건에서의 섬화기와 같이 구조가 간단한 것일수록 이런 단순성이 진보성을 부정하는 식으로 판단할 유인을 제공한다고 본다("[n]or is it reasonable to trivialize an improvement by its relative simplicity. To the contrary, the fact that this improvement eluded discovery, and that its advantages were immediately apparent to the marketplace and to the competition, weigh in favor of non-obviousness.").

186) Tokai v. Easton: Deference to the PTO and Hindsight Bias in Obviousness Analysis, Berkley Technolgy Law Journal 2011.

한 부분을 인용하여, 그것에서 자명하다고 한 발명이 해결하려고 하는 기술과제에 대해 한정된 수의 해결방법 밖에 없는 경우에 해당하는 것으로서 본 거절결정을 지지하고 있다.[187]

2014년 브리스톨 마이어스(Bristol-Myers)의 엔테카비르(Entecavir, 제품명 Baraclude) 특허 사건이 바로 그것이다. CAFC는 먼저 2014년 6월 엔테카비르의 제네릭 의약품이 포함되는 Bristol-Myers의 '244 특허가 선도화합물 이론에 비추어 자명하므로 무효라고 판결하였고 이에 대한 전원합의체 심리 신청을 기각하였다.[188][189]

(2) 화이자(Pfizer) 판결

KSR 사건 이후 미국 CAFC가 위의 Leapfrog 사건 외에도 다른 사건에서 진보성이 부정된다는 판단을 하는 빈도가 증가하고 있다.[190] 이는 종전 KSR 사건에서 케네디 대법관이 진보성 판단을 TSM 심사와 같은 기계적인 심사를 하게 되면, 많은 진보성을 결여한 발명들이 걸러지지 않게 된다는 우려를 반영한 것일 수도 있고, 일시적인 현상일 수도 있고, 내지 구체적인 사안의 특수성에 기초한 것일 수도 있다.

그러나 조합발명에 대한 KSR 판결의 의미는 상대적으로 명확하다. KSR 판결의 1달 남짓 전에 나왔던 화이자 사건[191]에서도, TSM 심사 적용의 유연성이 강조되어, 약품의 타블렛화에 사용하는 염의 형태를 선택하는 것은 자명하다고 판단되었다. 그 사건에서는 선행기술을 조합시켜 발명에 이른 시사가 있다고 판단되었지만, 그 판단을 지지하는 다른 이유로서 단순하게 최적화된 재료와 수치의 선택은 자명하고, 화이자의 발명도 이것에 해당한다고 하였다.

187) 이 사건은 생명공학발명과 관련된 사건임. Ex parte Kubin, Appeal 2007-0819, May 31, 2007; In re Kubin, 561 F.3d 1351, 90 U.S.P.Q.2d 1417(2009).

188) Bristol-Myers Squibb Co. v. Teva Pharms. USA, Inc., 752 F.3d 967(Fed. Cir. 2014).

189) 특허법원 2015. 9. 10. 선고 2015허932 판결; 이 사건은 대법원 2015후1836 사건으로 상고되었다가 상고취하로 확정되었다. 우리 특허법원은 2015년 9월 Bristol-Myers의 동일한 패밀리 특허에 대하여 선행기술의 선도화합물을 선택하여 더 유용한 화합물을 찾게 될 가능성을 부정하고, 특허의 진보성을 인정하는 판결을 했다.

190) 이와 관련된 판례의 경향에 대해서는 최승재, "미국에서의 특허 진보성 판단기준의 전개에 대한 연구 - 미국 연방대법원의 KSR 사건 그 이후", 홍익법학, 홍익대학교 법학연구소(2008. 2.); 최승재, "특허의 진보성 판단의 구조와 진보성 판단기준에 대한 연구(上) - 한국과 미국의 판례를 중심으로", 지식과 권리, 대한변리사회(2007. 12.) 참조.

191) Pfizer, Inc. v. Apotex, Inc., 480 F.3d 1348(Fed. Cir. 2007).

사례연구

Pfizer v. Apotex 사건[192)]

1. 사건 배경

이 사건에서 문제가 된 특허는 미국에서 알약 형태로 판매되는 amlodipine besylate에 관한 특허였다. 발명 당시, amlodipine은 besylate 음이온(anion)으로 알려져 있었다. 원고인 화이자는 besylate 형태가 제조 특성이 좋다는 것을 발견하였고, 4,879,303특허(이하, "03특허"라고 한다)를 출원하였다. '03특허에 기해 화이자는 제네릭 약품 제조업체인 아포텍스에 대해 특허 침해 소송을 제기하였다.

2. 법원의 판단

심리 과정에서 원고 화이자는 amlodipine besylate를 형성하면서 나타난 결과는 예측불가능했으므로 자명하지 않다고 주장하였다. 원고의 주장에 대해 항소법원은 그래엄 요소(Graham factors)를 언급하며, amlodipine의 가공성에 대한 문제를 가지고 있던 당업자라면 염을 형성하는 방법을 목표로 삼았을 것이고, 화합물의 가능한 염 형성자들의 범위를 약학적으로 가능하다고 알려진 53개의 음이온으로 좁힐 수 있었다고 판단했다. 법원은 또한 이러한 53가지의 방법은 합리적인 성공의 기대를 형성하는 정도라고 보아, '303특허의 진보성을 부정했다.

원고는 amlodipine의 maleate 형태에서 besylate 형태로 바꾸는 발명에 소요했던 상당한 시간과 투자 금액을 2차적인 요소로 고려할 것을 주장하였다. 그러나 법원은 진보성 판단에 있어서 2차적 고려요소가 반드시 고려되어야 한다고 하더라도, 2차적 고려요소가 발명의 진보성을 판단하는 것을 반드시 통제하는 것은 아니라고 하여 발명의 진보성을 부정하였다.

192) Id.

3. 판결의 의의

화이자 판결에서 법원은 화학특허에서 새로운 제조 특성을 얻어 내기 위해 기존에 알려진 화합물의 형태를 전환할 때, 전환의 방법이 제한되어 있다면 당업자의 예상 범위 안에 있고 당업자는 이 방법을 모두 사용해 볼 수 있다고 보았다. 법원은 결국 해당 기술에서 선택할 수 있는 방법이 얼마나 제한적인가에 따라 발명의 진보성이 결정된다고 본 것이다.

따라서 고도한 기술분야에 관련되지 않는 경우, 발명을 전형적이고 자명한 발명의 카테고리에 적용하고, 자명한 이유를 기술상식으로 하는 방법이 CAFC의 진보성 판단기준의 주류가 될 가능성이 있다.

(3) 화학발명의 선도 화합물(Lead compound) 이론

KSR 판결 직후에 나온 CAFC의 타케다 사건은, 선도 화합물 이론에 대하여 판단하였다. CAFC는 화학발명의 선도 화합물 이론에 대해, KSR 판결 이전의 CAFC가 택하던 진보성 판단 방법이 "융통성 없고 의무적으로(rigid and mandatory)" 적용되지 않는 한 그대로 유효하고 판단하였다.[193]

선도 화합물 이론이란, 통상의 기술자가 선행기술의 화합물을 선도 화합물로 선정하여 이를 조절하고 목적하는 결과를 얻기 위한 동기가 제시되지 않은 경우 진보성이 부정되지 않는다는 것이다.[194]

CAFC는 타케다 사건에서 화이자 사건과는 달리, 발명에 대해서 다른 과제해결 방법이 많이 있고, 화합물 b에 관한 선행기술에 당뇨병 치료제로 사용할 때의 부작용으로 인한 역교시(teaching away)가 존재하기 때문에, 발명자가 선택한 효과에 도달하는 합리적인 기대가 존재하지 않는다고 하여 진보성에 관한 피고의 무효 주장을 받아들이지 않았다.

이와 같이, CAFC는 KSR 이후에도 화학, 제약 및 바이오 발명에 대해 기술상식을 이유로 진보성을 거절하고 있지는 않은 것으로 보이며, 선도화합물 이론을 계속 유지

193) Takeda Chem. Indus. v. Alphapharm Pty., Ltd., 492 F.3d 1350(Fed. Cir. 2007).
194) MPEP §2143.

하고 있다.[195]

(4) 2차적 고려로서 오랫동안의 충족되지 못한 요구

2009년 Procter & Gamble v. Teva 사건에서도 지방법원과 CAFC는 모두 예측 불가능성을 이유로 진보성을 인정하였는데, 선도 화합물 이론을 그대로 사용하면서 2차적 고려사항을 더 적극적으로 인정하였다.[196]

2012년의 Eurand 사건도 2차적 고려요소를 적극적으로 받아들인 사건이다.[197] 원고는 근육 이완제의 조절된 투여 용법을 포함하는 특허의 권리자였다. 지방법원은 즉시방출형 의약품을 개시한 선행기술에 대해 특허의 생물학적 등가성을 근거로 특허의 진보성이 부정된다고 판단하였다. CAFC는 지방법원이 특허가 무효라고 본 판결을 파기하였다. 약의 투여 방법으로 즉시방출형의 의약품과 서방형제제를 양론적으로만 비교하는 것은 특허의 진보성을 부정하기 위한 명확하고 설득력있는 증거로 충분하지 못한다고 판단한 것이다. 이 판결은 2차적 고려사항에 의미를 더 부여하였는데, 특별히 특허발명에 대한 오랜 기간의 요구가 있었다는 점이 인정되었다.

4. 진보성 판단에서의 내재적 개시

내재적 개시는 신규성 상실로 인한 거절사유의 판단에서 사용되는 경우가 많지만 진보성 판단에서도 고려된다. 내재적 개시란 명시적으로 개시되어 있지 않지만 필연적으로 존재할 수밖에 없는 경우에 신규성 상실사유가 인정된다. 이를 진보성에 적용하는 경우 복수의 선행문헌 조합에 대해서 내재적 개시를 인정하여 진보성을 부정하는 것이 타당한지 하는 질문이다.[198] Pension 제약 사건에서 이 쟁점이 다루어졌다.[199] 이 사건에서 쟁점이 된 미국 특허 제9,265,706호 등[200]은 "간 손상 환자의 통증 치료"라는 명칭의 특허로서 경중등도의 간 손상 환자에 대하여 하이드로코돈 단일성분 서

195) 선도화합물 이론에 관하여 미국과 한국에서 같은 시기에 서로 다른 결론을 내렸던 사건으로 후술하게 될 엔테카비르 사건이 있다.
196) Procter & Gamble v. Teva Pharmaceuticals, 566 F.3d 989(Fed. Cir. 2009).
197) Eurand, Inc. v. Mylan Pharms., Inc. 676 F.3d 1063(Fed. Cir. 2012).
198) 심미성, 진보성 판단 시 내재적 개시 원칙의 적용 여부, 미국특허법판례연구 Ⅲ (2022), 92면.
199) Pension Pharma. v. Alvogen Malta(Fed. Cir. 2019).
200) U.S. Patent Nos. 9,265,760 and 9,339,499.

방성 제재를 사용하여 통증을 치료하는 방법을 청구하고 있다.[201] 이에 대해서는 2개의 미국공개특허와 의약품 라벨이 있었다.

델라웨어 연방지방법원은 위 두 특허에 대한 침해금지소송에 대해서 신규성은 인정하면서도 선행특허2건[202]과 발명당시의 기술수준 및 라벨에 기재된 내용을 결합하여 진보성이 부정되어 무효라고 판단하였다. 법원은 청구항 중 약동학 특허 한정사항은 어떤 자명한 조합에도 내재하는 것으로 이들 약동한 특성 파라미터들이 필요적으로 존재하는 요소로서 내재적으로 개시되었다고 하여 진보성을 부정하였다.[203]

CAFC는 지방법원의 판단을 지지하면서, 진보성 판단을 함에 있어서 결여된 청구항 한정사항을 내재성으로 보충할 수 있으며, 진보성 분석을 하면서 제재의 내재적 특성은 만일 그 특성을 통상의 기술자가 인식하거나 이해하지 못하였더라도 선행기술의 일부로 볼 수 있다고 보았다.[204] 내재적으로 선행기술에 속하는 기능이나 특성을 새로이 발견하여 인용하는 것만으로는 청구항을 선행기술로부터 차별화하지 못한다. 이와 같은 선례에 의하면 Pension의 주장과 같이 모든 청구항의 한정사항들이 하나의 문헌에 개시되어 있을 때에만 내재성이 성립될 수 있는 것이 아니고, 내재적 한정사항을 제외한 청구항의 구성 전부가 일반적인 진보성 판단 방법에 따라 선행문헌들의 조합으로부터 합리적으로 예측가능하고 제외된 한정사항이 자명한 청구항의 구성이 선행문헌들의 조합을 통해서 필연적으로 존재한다면 내재성을 인정하여 전체 청구항의 진보성을 부정할 수 있다.[205]

---

201) 1. A method of treating pain in a patient having mild or moderate hepatic impairment, the method comprising:
administering to the patient having mild or moderate hepatic impairment a starting dose of an oral dosage unit having hydrocodone bitartrate as the only active ingredient, wherein the dosage unit comprises an extended release formulation of hydrocodone bitartrate, and wherein the starting dose is not adjusted relative to a patient without hepatic impairment.

202) U.S. Patent Publication No. 2006/0240105 ("Devane"), U.S. Patent Publication No. 2010/0010030 ("Jain") i

203) Pernix Ireland Pain DAC v. Alvogen Malta Operations Ltd., 323 F. Supp. 3d 566, 579(D. Del. 2018).

204) Endo Pharmaceuticals Solutions v. Custopharm Inc., 894 F.3d 1374, 1381(Fed. Cir. 2018). ("Inherency, To establish that a prior art reference inherently－rather than expressly－discloses a claim limitation, "the limitation at issue necessarily must be present, or [is] the natural result of the combination of elements explicitly disclosed by the prior art." Par Pharm., 773 F.3d at 1196.

205) Pension Pharma. v. Alvogen Malta(Fed. Cir. 2019)("An inherent characteristic of a for-

V. 정 리

2007년 KSR 판결은 미국 특허법의 진보성 판단에 대한 가장 중요한 사건이다. 클레임 해석에 관한 Markman 판결[206] 혹은 Warner-Jenkinson 판결[207]은 문언해석의 방법이나 균등론의 적용에 관한 판례법을 크게 바꾸는 계기가 되었지만, 판결이 나온 당시 그러한 큰 영향을 줄 것이라고는 누구도 예상하지 못했다. Phillips 사건에 대한 미국 연방대법원의 전원합의체 판결이 나왔을 때에는 그 직후, 참작자료의 중요성이 명세서로 이동하는 경향이 보였지만, 1년 경과 후 판결 전과 비슷한 상황으로 되돌아가는 경향이 있었다고 한다. 2007년 이후 미국 CAFC의 태도를 보면 진보성 요건을 충족시키는 것이 어려워진 것은 분명해 보인다.[208]

진보성의 문제란 선행기술과의 관계에서 결국 기존의 여러 선행 기술들을 조합하여 볼 때, 그 결과가 특허 출원된 발명을 통상의 지식을 그 분야에서 가지고 있는 당업자가 쉽게 발명할 수 있는 것인지 아닌지의 문제라고 정리할 수 있다. 따라서 만일 선행기술에서 개시된 내용이 명시적 또는 내재적으로 다른 후행 기술을 개시하고 있거나 이와 같지 않다고 하더라도 예견(anticipation)되는 경우에는 이러한 후행기술은 신규성이 없게 될 것이다.[209] 미국의 신규성 판단에서는 비본질적인 부분이라도 선행기술과 대상발명의 차이가 있다면 동일성은 인정되지 않으며, 실질적인 동일이라는 주장도 허용되지 않는다. 선행기술의 명시적 또는 내재적(본성) 개시사항으로부터 합리적으로 이해되거나 파악할 수 있는 범위 내에 있어야 동일하다고 본다. 따라서 선행기술을 조금이라도 수정하여야 하면 이는 신규성 판단의 영역이 아니라 진보성 판단영역

---

mulation can be part of the prior art in an obviousness analysis even if the interehnt characteristic was inreconized or unappreciated by a skilled artisan.").

206) Markman v. Westview Instruments, Inc., 517 U.S. 370, 116 S.Ct. 1384(1996).

207) Warner-Jenkinson Co. v. Hilton Davis Chemical Co., 520 U.S. 17, 117 S.Ct. 1040, 137 L.Ed.2d 146(1997).

208) KSR 판결이 TSM 심사보다 더 좋은 기준을 제공하였는지 의문이라고 하면서, 결과적으로 KSR로 인하여 특허권자의 승률이 매우 낮아졌다고 한다. 정차호, "미국의 KSR 판결 후 CAFC의 진보성 판단 사례연구", 한국특허법학회 2010년 가을 세미나(2010) 자료집 34면.

209) 미국은 선행기술에 명시적/내재적으로 또는 묵시적으로 개시되어 있으면 Anticipating(동일/기대)되는 것으로 판단한다. Verdegaal Bros. v. Union Oil Co. of California, 814 F.2d 628, 631, 2 USPQ2d 1051, 1053(Fed. Cir. 1987).

이다.[210] 반면, 해당 분야의 통상의 지식을 가진 사람의 관점에서 용이추고성(容易推考性)을 가지고 있는 기술이라면 이는 진보성을 잃게 되어 무효인 특허가 될 것이다.

그리고 이러한 경우에 선행기술로서 문헌은 그 문헌이 완성도가 높은 문헌일 필요는 없고, 그 문헌을 통하여 교시되는 문언의 내용 내지 암시하는 바 등에 의하여 결정되게 되는 것이다. 그런데, 이와 같은 교시와 암시 등과 같은 것에만 초점을 맞추어 이를 공식화한 것이 바로 TSM 심사인바, KSR 사건의 대법원의 판시는 매우 기계적으로 적용되던 CAFC의 진보성 심사기준에 대하여 TSM 기준 외에 기존에 그래엄 판결 등에서 연방대법원이 판시한 것과 같이 교시, 암시 등과 같은 점 외에 다양한 고려요소들을 같이 고려하여야 하고, 이 경우 문헌도 교시하고자 하는 당해 기술부분뿐만 아니라 부차적인 목적까지 모두 고려하여 특허가 포함하고 있는 모든 기술 분야에서 선행문헌으로 사용될 수 있다는 점을 분명히 하였다는 점에서 가치가 있다. 미국법원의 이런 태도는 우리나라를 포함한 다른 나라의 진보성 판단에도 영향을 주고 있다. 우리 대법원은 사후적 고찰의 문제도 지적하고 있으며,[211] 2차적 고려요소의 참작[212]을 포함하여 미국 대법원이 기존의 그래엄 기준으로 회귀하는 태도를 보임으로써 우리 대법원의 태도와 거의 같아졌다.[213]

미국 연방대법원이 KSR 사건의 결론부에서 설시한 내용은 매우 시사적이다. "우리는 우리를 둘러싸고 있는 직관, 단순한 논리, 통상적인 추론, 특이한 아이디어 그리고

---

210) "A claim is anticipated only if each and every element as set forth in the claim is found, either expressly or inherently described, in a single prior art reference." Verdegaal Bros. v. Union Oil Co. of California, 814 F.2d 628, 631, 2 USPQ2d 1051, 1053(Fed. Cir. 1987).

211) 대법원 2009. 11. 12. 선고 2007후3660 판결, 대법원 2007. 8. 24. 선고 2006후138 판결.

212) 대법원 2008. 5. 29. 선고 2006후3052 판결, 대법원 2004. 11. 12. 선고 2003후1512 판결, 대법원 1996. 10. 11. 선고 96후559 판결, 대법원 1995. 11. 28. 선고 94후1817 판결.

213) 우리나라 진보성 판단의 변천을 보면 2007년 이전까지는 구성의 차이에 따른 현저한 작용효과가 있는지가 판단의 핵심이었다(대법원 1989. 11. 24. 선고 88후769 판결). 그러나 2007년 대법원 2007. 9. 6. 선고 2005후3284 판결에서 KSR 기준에 가까운 TSM 시험이 도입되고 미국에서 사후고찰의 편견을 피하기 위해 도입된 발명의 전체 관찰 원칙이 천명되었다. 그 이후 사후고찰의 편견의 문제를 피하려는 법원의 노력이 2007년 판결(대법원 2007. 8. 24. 선고 2006후138 판결)부터 명시적으로 나오기 시작하였으며, 2009년부터는 사후고찰의 편견을 피하도록 발명자의 개시내용을 기준으로 선행기술의 결합곤란성을 판단하지 말 것을 요구하는 판단이 이어졌다(대법원 2009. 11. 12. 선고 2007후3660 판결, 대법원 2011. 3. 24. 선고 2010후2537 판결 등 참조). 아픽사반(apixaban) 판결을 통해서 선택발명에서도 결합의 곤란성이 진보성 판단 기준이 될 것인지가 논란이 되었다. 이에 대해서 최승재, "선택발명의 진보성 판단기준으로서의 선택의 곤란성", 특별소송실무연구회 「특별법연구」 제17권, 사법발전재단(2020), 448-480면 참조.

가끔씩의 천재성의 발현 등에 기초한 새로운 업적들 속에서 구체적이고, 적용 가능한 현실을 도출하여 냄으로써 창조적인 작업을 수행한다. 이러한 진보는 다른 이들의 지식을 기초하고 있고, 이를 바탕으로 혁신은 이루어진다. 특허법이 목적으로 하는 진보는 일상적으로 기대되는 수준의 통상적인 진보가 아니다. 만일 이러한 경우에도 특허가 주어지게 되면, 혁신은 촉진되기는 커녕 질식된다. 바로 이러한 정신에 기초하여 문언화된 것이 미국 특허법 제103조이다. 진보성 판단이 특정한 목적을 위하여 만들어진 기준이나 공식에 매몰되어 미국 특허법 제103조의 정신이 몰각되어서는 안 된다."[214]

제 3 절 유용성 요건(The Utility Requirement)[215]

Ⅰ. 개 관

미국 특허법상 특허요건 중에서 신규성이나 진보성만큼의 비중은 없지만 갖추어야

214) Id.

215) 미국 특허법 제101조의 Utility 기준은 Lowell v. Lewis 사건 이후 확립되었다. 미국 연방대법원의 Utility 흠결기준이 너무 높아 이제는 미국 특허청이나 미국 연방법원에서는 Utility 요건보다는 특허적격성이 더 중요한 쟁점이 되고 있다. 35 USC §101(Patent eligibility)은 2012년 Mayo 사건(투약조절방법발명)과 2014년 Alice 사건(에스크로 금융거래 BM발명) 이후 생명공학 및 SW/컴퓨터/인터넷 분야, BM분야에서 폭발적으로 증가된 거절의 근거와 무효심판의 근거가 되고 있으며 제4차 산업혁명의 시대 들어 가장 뜨거운 관심의 대상이 되고 있다. 35 USC §101은 누구든지 발명 또는 발견의 대상이 새롭고 유용한 방법, 기계, 제조물 또는 합성물, 또는 이들의 개량에 해당하는 경우 특허를 받을 수 있다고 정하고 있을 뿐 법정 범주(Process, Machine, Manufacture, or Composition of matter) 이내라면 새롭고 유용한 한 특별히 특허로 보호할 대상을 제한하고 있지 않다. 그러나 법원은 특허법에는 제한되지 않지만 미연방헌법 제8절(U.S. Constitution Art Ⅰ, Sec 8)에서 추구하고 있는 과학과 유용한 기술의 발달에 장애가 될 수 있는 과학기술의 기본도구는 사법적 예외를 두어 특허의 보호대상을 부정하고 있다. 그 대표적인 것이 "자연법칙(laws of nature), 자연현상(natural phenomena), 원리(principle), 정신적 프로세스(mental processes), 추상적 아이디어(abstract idea), 추상적 지적 개념(abstract intellectual concept), 수학적 알고리즘(Mathematical algorithms)"과 같은 것이다. 미국은 현재 35 USC §101 심리에 Two-Part Test (Mayo/Alice Test)를 적용하고 있다. 먼저 법정 범주에 속하면 사법적 예외에 해당하는지를 판단하고 사법적 예외에 해당한다면 특별히 창작으로서 보호할 무언가 상당히 의미(significantly more) 있는 발명적 개념이 있는지를 판단한다. 그러나 추상적 아이디어와 같은 사법적 예외에 대한 구체적인 정의를 내리지 못하고 선례와 비교하는 실증적 판단방법을 사용하고 있어서 전문가들은 물론 연방항소법원 판사들조차도 의견이 갈리고 있다는 비판이 있다. 이에 대해서는 제2장의

하는 것이 유용성 요건이다. 신규성이 법 제102조, 진보성이 제103조에 기초한 것이라면, 유용성은 제101조에 기초한 요건이다.[216] 법 제101조는 새롭고, 용이하지 않으며, "유용한(Useful)" 발명을 보호한다. 발명의 대다수는 유용성이 없다는 이유로 거절되거나, 무효화되지 않는다.[217] 현재 유용성이 문제되는 경우는 주로 화학과 생명공학 기술의 발명이다.[218] In re Fisher 사건에서 cDNA의 복제와 관련된 기술에서 ESTs (expressed sequence tags)에 대한 특허부여가 문제가 되면서, 이 문제는 정책적인 문제 이상의 현안이 되었다.[219]

특허법상 유용성은 사용할 수 있고, 그 사용이 건전하여 공서양속에 반하거나 금지되는 것이 아니어야 한다. 이런 관점에서 특허의 유용성은 시장에서의 상업적 성공을 요구하지 않으며, 특허발명이 이전의 것들보다 잘 작동될 필요도 없다. 단지 최소한의 수준에서 작동될 수 있으면 족하다.[220]

미국 특허법상 발명은 실질적 유용성이 있어야 한다.[221] 특허를 받기 위하여 발명은 실제 세계에서 이용될 수 있어야 한다. 그러나 실제적 유용성이 있다는 것이 당해 발명이 중요하다거나 이용의 빈도가 높다는 의미는 아니다. 청구된 스테로이드 중간체가 제101조의 유용성 요건을 충족하지 못했다는 이유로 USPTO가 거절한 사안에서 법원은 USPTO의 결정을 취소하면서 "실제로 연구의 중요한 영역에서 다른 화합

발명의 성립성 참조.

216) 35 U.S.C. 101 Inventions patentable. Whoever invents or discovers any new and <u>useful</u> process, machine, manufacture, or composition of matter, or any new and useful improvement thereof, may obtain a patent therefor, subject to the conditions and requirements of this title.

217) Juicy Whip, Inc. v. Orange Bang, Inc., 185 F.3d 1364, 1366(Fed. Cir. 1999).

218) 예를 들면 ESTs(expressed sequence tags)로 알려진 유전자 조각(fragment)의 특허 인정에 대한 현재의 논쟁에 있어 핵심이 유용성이다. Human Genome Organisation Intellectual Property Committee, Statement on Patenting DNA Sequences In Particular Response to the European Biotechnology Directive(2000): 〈http://www.hugointernational.org/PDFs/Statement%20on%20Patenting%20of%20DNA%20Sequences%202000.pd〉 at 1 May 2007.

219) In re Fisher, 421 F.3d 1365, 1367(Fed. Cir. 2005). 이 사건의 다수견해는 실질적 유용성을 판단하기 위하여, 대중에게 제공될 구체적인 이익을 증명하여야 한다고 하면서, 문제가 된 ESTs는 이런 점을 증명하지 못했다고 보았다. 왜냐하면 각 청구된 유전자조각은 기호화 되어 있는 독립적인 유전자와 일치하였지만, 출원인의 자료에 의하더라도, 기초가 되는 유전자에 대해 알려진 기능은 없다. 그러므로 청구된 유전자조각은 전체 구조에 대한 어떤 정보도 제공할 수 없는 중간생성물 연구에 불과하여 유용성이 없다고 보았다.

220) Bedford v. Hunt, 3 F. Cas. 37(C.C. Mass. 1817).

221) In re Brana, 51 F.3d 1560, 1564(Fed. Cir. 1995).

물을 실험하고 만드는 것이라고 판단되지 않는 경우라고 하더라도 연구를 위해서 의미를 가지는 경우가 있다. 이 단계에서 보호를 거절한다면 특허 개시로 인해 전달되는 그것들에 대한 지식, 잠재적 보호가 증진하는 개시와 함께 그것들의 광범위한 보급을 방해할 것이다. 이는 기술진보를 촉진시키기보다는 늦추는 경향이 있다. 신청인들에 의하여 개시된 목적을 위해 화학자들이 연구하는 데 유용한 새로운 안드로겐은 명백히 사회에 유용하고 그들의 발명은 인류에 대단히 잠재적으로 유용한 기술의 진보에 기여한다. 그것들은 알려진 방식으로 다른 스테로이드를 만들 수 있는 새로운 물질이며, 따라서 이 유용한 기술의 발달을 촉진시킨다."고 판시하였다.[222]

Ⅱ. 쟁 점 들

1. 증명책임

발명자가 출원하는 특허의 유용성은 추정된다. USPTO는 통상의 기술자의 관점에서 추정된 유용성에 합리적인 의심을 가질 만하다는 증거를 제시하여야만, 유용성을 입증할 책임이 출원자에게 전환된다. 증명은 보통 실시 데이터, 실험 결과, 전문가의

222) 연방대법원은 1966년 Brenner v. Manson, 383 U.S. 519(1966)에서 특허의 유용성 요건을 다루었다. 특허 신청인 Manson은 일종의 화학적 혼합물로 알려진 스테로이드를 만드는 새로운 방법을 청구하였다. Manson은 그의 방법이 유용성을 가진다고 주장하였는데, 왜냐하면 그 방법으로 생산되는 스테로이드가 통증을 없애는 효과가 있는지 쥐에게 확인하였기 때문이다. 그러나 대법원은 CCPA의 판결을 파기하면서, 청구된 특허방법이 제101조의 유용성 요건을 충족시키지 못하였다고 판결하였다. 연방대법원은 스테로이드 화합물에 대한 Manson의 연구는 너무 예비의 단계여서 특허 보호에 이점이 없다고 보았다. 그러나 CAFC는 In re Brana, 51 F.3d 1560, 1564(Fed. Cir. 1995) 사건에서 명시적으로 이 대법원의 선례를 언급하지 않으면서 사실상 배치되는 것처럼 보이는 판결을 하였다. Brana 사건에서 생물학적 발명은 비록 그곳이 FDA에 의해 판매 가능한 단계에 이르지 않았다고 하더라도 잠재적인 유용성을 포함하고 있다고 분명하게 판시하였다. Brana의 청구항은 화학요법에 사용될 의도인 새로운 혼합물에 대한 것이다. Brana는 미국특허청이 그 혼합물이 인체 종양 세포에 대항하는 세포독소를 포함하고 있다는 것을 제기하기 이전에, 체외 실험 중이고, 인체와 유사한 구조인 실험쥐에 혼합물을 실험한 결과 효력이 있었다는 증거를 제출했다. 그럼에도 불구하고 미국특허청은 혼합물이 인체에 임상실험을 규정한 FDA에 의해 인증되지 않았다는 것에 근거하여 Brana의 청구항에 대해서 거절결정을 하였다. 특기할 점은 USPTO는 이 사건 특허를 제112조 요건을 충족하지 못하였다고 하여 거절결정을 하였다는 점이다. CAFC는 Brana의 증거가 유용성 기준을 충족시킨다고 판단하고, USPTO의 거절결정을 취소하였다.

진술 등 현실적으로 실질적인 증거의 제출을 통해 이루어진다. 의약품 특허의 경우 FDA의 기준을 만족시키거나 그 승인을 받아야 하는 것은 아니다.[223]

2. 실행 불가능한 발명(lack of operability)

일반적으로 수용되는 과학 법칙을 위반한 발명은 유용성 요건에 의해서 거절될 수 있다.[224] 이럴 경우 청구된 대로 실행하더라도 작동이 되지 않을 것이며 이러한 발명은 유용한 발명이라는 추정이 깨진다.[225] 이처럼 청구된 발명이 실행불가능하거나 불가능한 청구를 포함한다면 유용성 요건 흠결로 거절될 수도 있고, 제112조의 서면기재 요건도 충족시키지 못한다. 미국 특허법상 유용성이 없는 발명은 제112조도 충족하지 못하는 것은 제112조의 실시가능성 요건(enablement requirement)이 제101조에서 요구하는 발명의 실질적인 유용성에 관한 설명 조항을 구체화하는 것이기 때문이다.[226]

3. 부도덕한 발명

유용성 요건은 도덕성이라는 개념을 포함하고 있다.[227] 따라서 부도덕하거나, 기만적인 발명(Immoral or Deceptive Inventions)에 대해 특허를 주어서는 안된다. 그러나 USPTO는 초기 미국 연방대법원의 판단과는 달리 완화된 기준을 택하고 있다. USPTO는 도박기계에 대해서도 특허를 허여했다.[228] 이러한 판단은 사회적으로 비난을 받고 비도덕적이라고 보는 도박용 기계라고 하더라도 특허요건을 갖추었다면 비도덕적이라는 이유로 특허를 거절하여서는 안된다는 취지이다. 1999년 CAFC도 이와 같은 USPTO의 견해를 지지하였다.[229]

---

223) In re Brana, 51 F.3d 1560(Fed. Cir. 1995).
224) Newman v. Quigg, 877 F.2d 1575, 1581, 11 USPQ2d 1340, 1345(Fed. Cir. 1989)("투입량보다 높은 에너지가 산출되는 에너지생성시스템"이라는 영구기관을 청구한 사건); In re Harwood, 390 F.2d 985, 989, 156 USPQ 673, 676(CCPA 1968).
225) EML Group v. Cypress Semiconductor Corp., 268 F.3d 1342, 1348(2005).
226) In re Cortright, 165 F.3d 1353, 1356, 49 USPQ2d 1464, 1465(Fed. Cir. 1999).
227) Bedford v. Hunt, 3F. Cas. 37(C.C.D. Mass. 1817).
228) Ex parte Murphy, 200 U.S.P.Q. 801(Bd. Pat. App. 1977).
229) Juicy Whip, Inc. v. Orange Bang, Inc., 185 F.3d 1364(Fed. Cir. 1999).

제 4 절 명세서 기재요건(Disclosure Requirement)

Ⅰ. 미국 특허법 제112조(a)

미국 특허법 제112조는 명세서 기재요건을 정하고 있다. AIA 개정사항을 살펴보면, Pre-AIA 제112조 본문의 각 문단으로 구분하던 내용을 AIA 제112조 (a)일반, (b)결론, (c)양식, (d)종속항 양식의 참고, (e)다중 종속항 형식의 참고, (f) 결합 청구항 요소의 하위 개별 항으로 나눈 것 외에는 실질적인 내용의 차이가 없다.[230] 이 중에서 (a)항은 출원인이 명세서에 개시하여야 할 사항을 3가지로 나누어 기술하도록 하고 있다. 이 요건들은 (i) 실시가능성 요건(Enablement Requirement), (ii) 최상의 실시례 요건(Best mode Requirement), (iii) 서면기재요건(Written Description Requirement)으로 나뉜다.[231] 이 중 (b)항은 명세서의 청구항에 관한 요건으로 다음 장에서 설명한다.

1. 이론적 기초

미국 특허법이 명세서 기재 요건을 요구하는 이유는 특허명세서를 보고 통상의 기술자가 기술된 내용에 따라 출원된 내용을 재연하여 이를 똑같이 만들고 사용할 수 있도록 하기 위함이다. 특허는 공개의 대가인데, 공개가 적절하게 이루어지지 못하면, 이에 대한 대가인 특허를 허여할 수 없게 되는 것이다. 미국 특허법 제112조의 요건을 충족하지 못하면, 출원된 특허에 대해서 특허를 허여할 수 없고, 등록이 된다고 하더라도 무효가 된다.[232]

---

230) Pre-AIA의 제112조 paragraph 1.로 부르던 문단이 AIA의 제112조(a)가 되었다.

231) 각각의 요건은 아래 법문의 강조 표시된 문구를 근거로 하고 있다.

미국 특허법 제112조 (a) IN GENERAL

The specification shall contain <u>a written description</u> of the invention, and of the manner and process of making and using it, in such full, clear, concise, and exact terms as <u>to enable</u> any person skilled in the art to which it pertains, or with which it is most nearly connected, to make and use the same, and shall set forth <u>the best mode</u> contemplated by the inventor or joint inventor of carrying out the invention.

2. 판단시점

출원된 특허가 미국 특허법 제112조(a)의 요건을 충족하였는지 여부의 판단시점은 특허출원시이다. 특허출원인은 출원일까지 공개되는 정보에 의지하여 특허법 제112조(a)의 요건을 충족하여야 하는 것이며, 출원일 이후의 새로운 사항(new matter)은 요건충족여부 판단의 기초가 될 수 없다.[233]

선발명주의를 취하는 Pre-AIA에서는 제112조(a)의 요건을 충족하였는지 여부의 판단시점이 신규성 및 진보성의 판단시점이 서로 다를 수 있었으나, AIA의 개정으로 선출원주의가 도입됨에 따라 이러한 차이는 없어졌다.

Ⅱ. 실시가능성 요건(Enablement Requirement)

1. 의　　의

특허출원인은 특허명세서를 보고 출원된 기술영역의 통상의 기술자가 기술된 내용에 따라 출원된 내용을 재연하여 이를 똑같이 만들고 실시할 수 있도록 기재하여야 한다. 이를 실시가능성 요건이라고 한다. 발명자는 출원을 하면서 당해 발명을 구현하여 제조하는 방법과 사용하는 방법을 모두 개시하여야 한다. 예를 들어 화학물질특허를 출원하는 경우라면 화학물질의 제조방법과 사용방법이 모두 개시되어야 한다. 이를 통해서 특허를 사용하려는 자는 과도한 실험(undue experiment)이 없이도 당해 특허를 이용할 수 있게 되는 것이다.

---

232) In re Glass, 492 F.2d 1228, 181 U.S.P.Q.(BNA) 31(CCPA 1974); Reiffin v. Microsoft Corp., 48 U.S.P.Q.2d(BNA) 1274(N.D. Cal. 1998).

233) In re Lundak, 773 F.2d 1216, 1217, 227 USPQ 90, 92(Fed. Cir. 1985). 이 사건에서 CAFC는 생명공학특허의 기탁이 출원이후에 이루어지는 것이 새로운 사항을 통한 개시인지 여부에 대하여 그렇게 볼 수 없다고 하는 취지로 판시하였다. 이 사건에 대한 추가적인 설명으로 Jérome Rosenstock et al. 「The law of chemical and pharmaceutical invention: patent and nonpatent protection」, (2nd ed.), supplement(2003), pp. 9-8, 37.

2. 과도한 실험

위와 같은 실시가능성 요건의 의의를 감안하면 중요한 판단기준이 되는 것이 과도한 실험의 요부이다. 이와 관련하여 중요한 기준을 제공하는 판례가 In re Wands 판결[234]이다. 이 판결에서 CAFC는 과도한 실험요건의 충족여부의 판단기준을 제시하였다. 그 8가지 고려요소는 (i) 필요로 하는 실험의 양(the quantity of experimentation necessary), (ii) 지시 또는 안내가 주어진 양(the amount of direction or guidance presented), (iii) 적용되는 사례의 존부(the presence or absence of working examples), (iv) 발명의 성질(the nature of the invention), (v) 과거 기술의 정도(the state of the prior art), (vi) 같은 기술에서 비교되는 발명의 기술정도(the relative skill of those in the art), (vii) 해당 기술분야에서 예견가능한지 여부(the predictability or unpredictability of the art), (viii) 청구의 폭(the breadth of the claims)이다.

이 중 7번째 요소인 예견가능성이 있으려면 일반적으로 이해되고 있는 물리학이나 전자공학 등의 지식에 기초하여 설명되고 있으면 예견가능한 것이라고 할 수 있다. 그런데 이런 공개는 기계장치와 같은 경우에 비하여 화학이나 생명공학특허의 경우에는 쉽게 예견하기 어려운 경우가 많다. 기계장치의 경우에는 연결장치라고 하면 예견가능한 연결장치가 쉽게 생각될 수 있으나,[235] 이에 반하여 화학의 경우에는 작은 구조식의 변화가 화학물의 물성에 큰 변화를 일으킬 수 있기 때문에 더욱 엄격하게 예견가능성을 요구하여야 한다.[236] 한편 8번째 요소인 청구의 폭도 문제가 된다. 특허출원시 출원인이 청구한 권리범위가 넓을수록 이에 부합하게 공개가 이루어져야 한다. 달리 말해 특허는 출원인의 기여에 부합하게 그 범위가 결정되어야 한다.

---

234) 858 F.2d 731(Fed. Cir. 1988).

235) In re Vickers, 141 F.2d 522, 526-27, 61 USPQ 122, 127(CCPA 1944); 하지만 실제 사안에서는 기계적인 것과 화학적인 것의 구별이 용이하지는 않다.; In re Cook, 439 F.2d 730, 734, 169 USPQ 298, 301(CCPA 1971); MPEP §2164.03

236) 화학발명과 기계발명이나 전자발명과의 구별에 대한 판결로 In re Fisher, 427 F.2d 833, 839, 166 USPQ 18, 24(CCPA 1970); 여타 관련 판결로 In re Wright, 999 F.2d 1557, 1562, 27 USPQ2d 1510, 1513(Fed. Cir. 1993); In re Vaeck, 947 F.2d 488, 496, 20 USPQ2d 1438, 1445(Fed. Cir. 1991).

3. 기술의 진보와 명세서 기재

특허를 출원할 당시에는 생각하지 못했던 기술적인 응용 등이 기술의 발전에 따라 생길 수 있다. 예를 들어 유기발광다이오드(OLED) 제조에 사용되는 코닥의 적층특허(stacking patent)의 경우 필름회사였던 코닥이 필름을 염두에 두고 발명한 것이지만, 유기물을 띠는 삼원색(Red, Green, Blue)의 적층에도 사용되었다. 이처럼 법원은 급속히 진보하는 영역에서 발명당시에는 생각하지 못했던 응용의 경우에 명세서가 이러한 사항을 개시하고 있는 것으로 볼 것인가에 대한 판단을 하여야 한다. 일반적으로 출원일 이후에 개시된 사항은 특허명세서의 실시가능성에 대한 불충분한 기재를 보완하는 목적으로 사용될 수 없다.[237]

미국에서는 명세서 기재요건 등의 불충분성을 보완하기 위하여 일부계속출원(CIP) 제도를 이용한다. 청구항은 원출원과 동일하게 유지하여 출원일 소급혜택을 보면서 명세서에 효과의 입증에 필요한 내용이나 새로운 데이터의 추가, 넓은 청구항을 지지할 수 있는 실시예를 추가할 수 있기 때문이다.

사례연구

Chiron v. Genentech 사건[238]

1. 사안의 개요

Genentech는 2003년 생명공학분야 미국특허 상위 20개 대학 및 기업 중 Merck

237) In re Gunn, 537 F.2d 1123, 1128, 190 USPQ 402,405-06(CCPA 1976); In re Budnick, 537 F.2d 535, 538, 190 USPQ 422, 424(CCPA 1976); Gould v. Quigg, 822 F.2d 1074, 1077, 3 USPQ2d 1302, 1304(Fed. Cir. 1987).

238) 363 F.3d 1247(Fed. Cir. 2004). 이 사건에 대한 평석으로는 David C. Bohrer, "Knocking The Eagle off The Patent Owner's Shoulder: Chiron Holds That Jurors Don't Have to be Told That a Patent is Presumed Valid", 21 Santa Clara Computer & High Tech. L. J. 259(2005).

& Co., Inc. 다음으로 2위에 오른 생명공학기업이다.[239] 문제가 된 Chiron 특허는 일부계속출원(CIP: Continuation-in-Part)으로 1995년에 출원되었다. 그 모출원(patent filing)은 1985년 최초로 이루어졌다. 이 특허는 단일 세포에서 생성되는 항체로서 유방암세포와 관련된 인간의 c-erbB-2 항원(HER2)을 결속시키는 것에 대한 특허였다.

일부계속출원은 먼저 한 모출원의 계속 출원중에 모출원에 있는 내용과 더불어 새로운 사항(new matter)을 추가하여 37 CFR 1.53(b) 규정에 의해서 제출된 출원을 말하는바,[240] 저촉심사라든가 선행기술 일자가 모출원일과 일부계속출원인 사이인 경우와 같이 모출원의 출원일자가 굳이 필요한 경우가 아니라면, 모출원이 특허법 제112조 제1문의 요건에 따라 일부계속출원을 개시하여야 한다는 특허법 제120조의 요건을 충족하는지 여부에 대한 판단을 특허청이 할 필요는 없다.[241]

Chiron은 Genentech이 허셉틴(Herceptin)을 판매하여 자신의 특허권 침해를 하였다고 특허침해소송을 제기하였다. 허셉틴은 유방암의 표적항암제의 하나로 인간화된 항체로서 유방암의 장기간 치료를 위하여 유용한 기작을 하는 것으로 알려져 있다.[242]

2. 법원의 판단

연방지방법원은 Chiron 특허의 청구항이 전통적 하이브리도마 기술[243]을 사용하

239) Technology Profile Report: Patent Examining Technology Center Groups 1630-1660, Biotechnology: Calendar Years 1977-2003 by USPTO.

240) Janice M. Mueller, Patent Law(5th ed.), Wolters Kluwer(2016), p. 75.

241) 저촉심사는 AIA에서는 파생절차로 바뀌었다.

242) 이에 대한 상세는 http://www.cancer.gov/cancertopics/factsheet/therapy/herceptin(2010. 12. 23. 최종접속 참조).

243) 하이브리도마(hybridoma)란, 골수종(myeloma) 세포와 항체생산세포와의 세포융합에 의하여 형성된 잡종 세포로 단일클론항체(monoclonal antibody)를 영속적으로 생산할 수 있는 세포이다. 마우스의 두 종류의 골수종 세포를 융합하여 얻은 잡종세포는 양쪽의 골수종 세포단백질을 생산하는 것을 발견하였다. 여기에서 힌트를 얻은 밀스테인(Milstein)과 쾰러(Köler)는 1975년 최초로 하이브리도마를 제작하는 데 성공하였다. 그들은 골수종 유래의 영양세포에서 8-아자구아닌(azaguanine) 내성(HGPRT 결손)의 세포주를 얻고 이것을 한쪽의 어버이 주로 하였다. 양의 적혈구로 면역한 마우스의 비장세포를 다른 쪽의 어버이세포로 하여 양자를 융합시킨 후 그 잡종세포 중에서 양의 적혈구에 대한 항체를 영속적으로 생산하고 증식도 계속되는 세포를 제조하는데 성공하였다. 이것은 106~108개에 한 개의 빈도로 존재하는 항원특이적 항체생산세포를 분리하여 증식시킴으로써 단일클론항체(monoclonal antibody)를 생산한다는 획기적인 방법이다. 세포융합

여 만들어진 단일세포에서 발생한 항체뿐 아니라 Genentech이 사용한 현대적 유전공학 기술을 사용하여 만들어진 항체까지 포함하는 것으로 해석하였다. 이러한 지방법원의 해석에 따르면 Chiron 특허의 청구항은 한 가지 종류의 종 이상의 DNA 코드를 분석한 것을 포함하는 키메라 항체를 포함하는 후대의 타입인 항체와 인체로부터 생성되는 인간으로부터 예전에 위치별로 코드화된 DNA를 포함하는 항체를 포함하는 것이었다.

문제는 이와 같이 해석하는 경우 Chiron의 특허의 청구항들이 미국 특허법 제112조의 실시가능성 요청을 충족하였는지 여부였다. CAFC는 연방지방법원의 넓은 청구범위획정에는 동의하면서도 1985년과 1986년의 출원된 Chiron는 특허의 청구항들이 실시가능성 요건을 단일세포에서 생성되는 세포군 항체에 관해서는 충족하지 못하여 무효인 특허라고 판단하였다. Wands 판결에서 규정한 각 요소들의 충족여부를 판단함에 있어 법원은 그 항체를 생성하기 위해서 이후의 과학기술의 발전은 예측불가능하기 때문에 과도한 실험이 요구된다고 결론을 내렸다. 1985년과 1986년의 출원은 유전공학적 항체 또는 그에 대한 어떠한 작동하는 사례에 관하여 제조법이나 사용법에 대하여 공개된 바가 없었기 때문에, 키메릭 항체를 만드는 것은 1985년이나 1986년에는 일상적 기술이 아니었고 그 당시에 요구되는 시설을 갖춘 오직 소수의 실험실에서만 가능한 일이었다고 보았다. 따라서 초기 단계의 기술에 대한 원천특허라고 해서 더 낮은 수준의 실시가능성 요건만을 충족하면 되는 것은 아니다.

Ⅲ. 최적의 실시례 요건(The Best Mode Requirement)

1. 의　　의

특허권을 부여함으로써 특허권자의 기술공개에 대한 대가를 부여하지만, 한편으로 특허가 만료되었을 때에 공공 영역에 있는 사람들이 발명을 개시한 것과 같이 실시할

제로서 폴리에틸렌글리콜이 사용됨에 따라 하이브리도마 회수효율도 상승되고 방법도 비교적 간단하게 되었다. http://terms.naver.com/item.nhn?dirId=2014&docId=6627(2010. 12. 23. 최종 접속).

수 있을 뿐만 아니라, 기간이 만료된 특허의 권리자와 상업적으로 대등한 지위에서 시장경쟁을 할 수 있도록 할 필요가 있다. 특허권자는 특허를 받기 위해서 공개를 하지만 정작 경쟁의 핵심이 되는 부분을 의도적으로 누락하려고 할 유인이 있다. 이러한 유인을 억제하기 위해서, 미국 특허법 제112조는 최적의 실시례를 기재할 것을 요구한다. 실시가능성 요건은 청구항에 기재되는 사항들이 일반인들도 그대로 실시할 수 있는 것을 목적으로 하지만, 최적의 실시례 요건은 그 실시가 최선의 실시여야 한다는 점까지 요구한다는 점에서 구별된다.[244]

최적의 실시례 요건의 유용성에 대해서는 지속적으로 의문이 제기되어 왔으며, 삭제가 필요하다는 주장이 제기됨에 따라 AIA에서는 제112조에서 최적의 실시례 요건을 유지하되 우선권 인정에 관한 규정과 무효 규정을 변경하였다.

먼저, AIA 제119조는 우선일의 인정에서 최적의 실시례 요건을 삭제하였는데,[245] Pre-AIA 제119조에 의하면, 외국에는 없는 최적의 실시례 요건의 존재로 인하여 해외 우선권 출원에 기초하여 미국에서 특허를 출원하는 자들은 불이익을 받을 수 있었기 때문이다. 외국에서 출원된 특허가 빠른 해외 출원일을 국내출원일로 하기 위해서는 특허법 제112조의 요건을 충족시켜야 하는바, 외국 특허법에서는 이러한 요건이 없기 때문에 결국 실제로는 우선권 인정을 받지 못했다. 이러한 문제를 해결하기 위하여, 외국 우선권 특허와의 형평성이 문제되는 경우에는 최적의 실시례 요건이 적용되지 않게 된 것이다.

AIA 개정에 따라, 특허법 제282조(b)(3)(A)는 특허소송에서 특허권자가 최적의 실시례 요건을 위반하였다는 것을 무효사유로부터 제외하였다.[246] AIA 개정 이전에도 법원의 판결은 최적의 실시례 요건 위반에 근거하여 특허를 무효로 하는 것에는 적극적이지 않았는데,[247] AIA 개정에서 이러한 시각이 반영된 것으로 보인다. 최적의

---

244) Janice Mueller, op. cit., p. 114.

245) AIA 제119조 (e)(1)는 "(other than the requirement to disclose the best mode)"라고 규정하고 있다.

246) 제282조(b)(3)(A)는 "the failure to disclose the best mode shall not be a basis"라고 규정하고 있다. 특허심판원(PTAB)에서의 IPR과 EPR은 선행특허 · 반포된 간행물에 근거한 §102(신규성), §103(비자명성) 관련결여만을 주장할 수 있다. 반면 특허심판원(PTAB)에서의 PGR과 CBM과 연방지방법원에서의 무효확인소송(declaratory judgment action)에서는 Best 모드 요건을 제외된 모든 무효사유를 다툴 수 있다.

247) Christianson v. Colt Industries Operating Corp., 822 F.2d 1544(Fed. Cir. 1987) : 이 사건에서 CAFC는 미국 특허법 제112조가 대량 생산을 위한 파라미터를 개시할 것을 요구하는 것은 아니라

실시례 요건은 출원 시에만 심사관의 거절 사유로써 기능하고 등록 이후에는 무효 사유가 될 수 없게 된 것이다.

2. 판단기준

최적의 실시례 요건은 발명가가 출원 당시 주관적으로 알고 있는 범위 내에서 발명의 바람직한 실시례(preferred embodiment)와 청구된 발명의 특성에 지대한 영향을 미치는 선호적 특성(preferences)을 공개하도록 요구한다. 최적의 실시례의 공개 범위는 청구범위와 상응하며, 이를 최적의 실시례 요건의 "쌍방향성(two-way street)"이라 한다. 특허권자의 의무는 특허의 청구범위보다 넓을 수 없기 때문에 최적의 실시례 요건은 쌍방향적이다.[248]

CAFC는 최상의 실시례 요건의 충족여부 판단을 위한 기준을 Chemcast Corp. v. Arco Indus. Corp. 사건[249]에서 제시하였다. 이 사건에서 Chemcast는 M-16 소총의 개스킷(gasket)에 대한 특허를 가지고 있었고, Acro가 유사한 개스킷을 제조하여 판매하자, 특허침해소송을 제기하였다. 연방지방법원은 최상의 실시례 요건 미비를 이유로 특허가 무효라고 판단하였다. CAFC는 연방지방법원의 판결을 지지하면서, 최상의 실시례 요건 충족여부의 판단기준으로 2단계 심사(two part analysis)를 제안하였다.

(1) 주관적인 기준

Chemcast 기준의 1단계 분석은 특허출원 당시에 발명가가 모든 다른 것들보다 더 나은 하나의 특별한 그의 발명을 수행하는 방식을 생각하였다고 보는 것이다.[250] 최상의 실시례 요건은 주관으로 발명자가 자신이 출원할 당시(subjectively known by the inventor at the time the application)에 자신이 알고 있는 최상의 실시례를 개시하면 족하기 때문에 Chemcast 기준의 1단계는 발명가의 심리 상태에 초점을 맞춘 주관적 요건(subjective question)이다. Chemcast 사건 이후, Eli Lilly 사건 등에서 CAFC는 발

고 하였다.

248) http://www.patentlyo.com/patent/2010/03/patent-reform-2010.html(2010. 12. 24. 최종접속).

249) Chemcast Corp. v. Arco Indus. Corp., 913 F.2d 923(Fed. Cir. 1990).

250) Chemcast Corp.: "At the time the inventor filed the patent application, did they know of a mode of practicing the invention that he considered to be better than any other"

명자가 출원 당시 발명을 실시하기 위한 최적의 실시예를 소유(Possess)하고 있었는지를 결정해야 한다고 판시하였다.[251)]

특허권자가 의도적으로 최적 실시례의 기재 요건을 어겼다는 미국 무역위원회의 결정을 확정한 CAFC의 판결에서, 무역위원회는 E. coli를 이용해서 L-lysine을 제조하는 '698특허의 발명자가 의도적으로 최상의 실시례를 개시하지 않았다는 이유로 관련 특허를 무효라고 판단하였고 CAFC는 특허권자의 항소를 기각하였다. 이 판결에서는 증거 개시절차에서 발명자가 특허에 필요한 최적의 조건을 알고 있었으면서도 숨기려고 한 고의가 있음이 밝혀진 점이 중요한 근거가 되었다.[252)]

(2) 객관적인 기준

2번째 기준은 명세서가 통상의 기술자에게 충분한 정보를 제공하고 있는지에 대하여 객관적으로 판단한다.[253)] Chemcast 1단계와 달리 2단계의 관점은 해당 기술영역에서 통상기술자 관점에서 판단한다. Chemcast 사건에서 CAFC는 Chemcast가 충분한 정보를 개시하지 못했으므로 당해 특허는 무효가 된다고 보았다.

Ⅳ. 서면기재요건(The Written Description Requirement)

1. 의 의

AIA 제112조(a)는 특허 명세서(specification)는 반드시 발명은 명확하고 상세하게 설명하는 발명의 상세한 설명(written description)을 포함할 것을 요구한다. 같은 조(b)가 "명세서는 하나 또는 그 이상의 청구항들로 마쳐야 한다."고 규정하고 있는 것과 함께 명세서에 필수적 구성요건을 규정한 것이다. 통상 명세서의 '상세한 설명' 부분은 발명의 배경(Background of the Invention), 발명의 요약(Summary of the In-

---

251) Eli Lilly & Co. v. Barr Labs., Inc., 251 F.3d 955, 963(Fed. Cir. 2001); Eurand, Inc. v. Mylan Pharms., Inc., 676 F.3d 1063(Fed. Cir. 2012).

252) Ajinomoto Co. v. ITC, 597 F.3d 1267(Fed. Cir. 2010).

253) "If so, does the written description in the patent application provide enough information to enable someone skilled in the art to practice the best mode?" 913 F.2d 923(Fed. Cir. 1990).

vention), 발명의 상세한 설명(Detailed Description of the Invention) 등으로 구성된다.

실시가능성(enablement) 요건은 특허가 기간이 만료되면 발명이 지나친 실험 없이 제조되고 사용될 수 있도록 하는 것을 목적으로 하는 반면, 서면기재요건은 발명가가 출원일 현재 청구한 발명의 외연을 정하는 역할을 한다.[254] 이는 '발명설명요건'이라고도 불린다. 발명가가 출원 당시에 청구한 권리범위가 자신에게 속한다는 것의 판단은 발명의 상세한 설명에 의해서 이루어지는 것은 아니다. 권리범위의 인정과 관련하여, 발명의 상세한 설명은 보조적인 역할을 수행한다.[255] 한편, 서면기재 요건이 발명자가 자신의 발명을 어느 범위까지 소유하였는지에 관한 요건이라는 견해도 있다.[256]

2. 실시가능성 요건과의 구별

(1) 구별여부

서면기재요건은 명세서가 통상의 기술자가 청구함의 발명을 제조, 사용하는 방법을 알 수 있을 정도로 설명하고 있어야 한다는 요건이다.

상당기간 동안 미국 특허법 제112조의 해석과 관련하여 서면기재요건이 존재하면 족하지, 별도의 실시가능성 요건과 최상의 실시례 요건이 필요한가에 대해서는 논란이 있었다. 실시가능성 요건은 통상의 기술자가 당해 명세서를 보고 당해 기술분야에서 특허명세서가 기술하고 있는 사항을 구현하여 제조하고 사용할 수 있도록 하는 것을 목적으로 하는 요건으로 가치가 인정되는 반면,[257] 서면기재 요건의 독자적인 가치

254) Vas-Cath, Inc. v. Mahurkar, 935 F.2d 1555, 1561(Fed. Cir. 1991). AIA §112에 따라 특허명세서는 발명의 상세한 설명(specification, 도면포함)과 청구항(claim)으로 구성하여야 한다. 청구항은 특허 심사/등록 허락의 법적 경계선을 선언하는 것으로 그 청구항의 해석은 사실에 기초한 법률해석이다(반면 침해확인단계는 사실확인단계로 배심원 판단에 따른다). 따라서 청구항 해석, 즉 청구발명의 법적 경계는 반드시 사실 증거에 의하여 뒷받침되어야 한다. 이때 제일 우선하여 사용할 수 있는 증거가 내재적 증거(Intrinsic Evidence)이며 내재적 증거로는 발명의 상세한 설명과 도면 등을 포함한 명세서(Patent Specification), 심사기록(Prosecution History), 심사기록에서 인용된 선행문헌(Prior Art References Cited in file history)이 있다.

255) Enzo Biochem, Inc. v. Gen-Probe, Inc., 323 F.3d 956(Fed. Cir. 2002).

256) Timothy R. Holbrook, Possession in Patent Law, 59 S.M.U. L. Rev. 176(2006).

257) Angelo J. Bufalino et al., "Patent Applicants Should Fully Describe Their Inventions in Originally Filed Applications-Ariad Pharm. Inc. v. Eli Lilly & Co. (Fed. Cir. 2010)". http://www.natlawreview.com/article/patent-applicants-should-fully-describe-their-inventions-originally-filed-applications-ariad(2010. 12. 24. 최종접속).

에 대해서는 논란이 있었다.[258]

1967년 CCPA는 실시가능성 요건이 서면기재요건과는 구별되는 요건이라고 설시한 바 있다.[259] CCPA는 상세한 설명이 특정한 화합물(specific compound)을 특정하고 있지 못해서 당해 화합물은 권리범위에 속하지 않는다고 판단하였다. 그러면서 이 사건에서의 문제는 실시가능성이 아니라, 서면에 상세하게 기재되어 있는가 하는 점이라고 판단하였다.[260] 이후에도 CAFC는 매우 광범위하게 청구하고 이러한 청구가 실시가능할 수도 있지만 서면기재요건을 충족하지 못할 수 있다는 견해를 유지하였다.[261] 이후 Regents of the Univ. of Cal. v. Eli Lilly & Co. 판결[262]이나 Enzo Biochem., Inc. v. Gen-Probe, Inc. 판결[263]에서 CAFC는 양자는 구별되는 요건이라는 견해를 취하였고, 2004년 로체스터 대학 사건[264]이 이 논점과 관련한 랜드마크 사건이 되었다.

(2) 로체스터 대학 사건와 이후의 전개

로체스터 대학은 미국 특허 6,048,850(이하 "850특허")의 보유자이다. 이 특허는 치료목적으로 인간 숙주(human host)에 대한 PGHS-2 유전자 제품의 활동을 선택적으로 억제하는 비스테로이드성 혼합물(compound)을 투약하여 인간 숙주에서 PGHS-2의 활동을 선택적으로 억제하는 방법을 출원한 특허이다. PGHS-2는 "COX-2"라고도 알려진 프로스타글란딘(prostaglandin) H 신타아제(syhthase)의 한 형태이다. COX-2는 염증자극에 반응하여 나타나는 사이클로옥시지나제(cyclooxygenase)로 알려진 효소의 한 형태이고, 관절염에 관련되어 있다.[265]

258) Ariad Pharmaceuticals, Inc. v. Eli Lilly & Co., 598 F.3d 1336(Fed. Cir. 2010).
259) In re Ruschig, 379 F.2d 990, 154 U.S.P.Q. 118(CCPA 1967).
260) Id.
261) Vas-Cath, Inc. v. Mahurkar, 935 F.2d 1555, 19 U.S.P.Q.2d 1111(Fed. Cir. 1991).
262) 119 F.3d 1559(Fed. Cir. 1997).
263) 323 F.3d 956, 968(Fed. Cir. 2002).
264) University of Rochester v. G.D. Searle & Co., 249 F. Supp. 2d 216(W.D.N.Y. 2003); University of Rochester v. G.D. Searle & Co., 358 F.3d 916(Fed. Cir. 2004). 이 판결에 대한 평석으로 SCOTT PIERCE, "University of Rochester v. G.D. Searle & Co.: Writing On The Wall", 4 J. Marshall Rev. Intell. Prop. L. 406(Spring, 2005).
265) 국내연구진이 관절염뿐만 아니라 위암예방에도 도움이 된다는 점을 입증하여야 한다고 한다. http://www.chosun.com/national/news/200412/200412030374.html(2010. 12. 23. 최종접속).

선행기술은 COX-2뿐만 아니라 별개의 사이클로옥시지나네인 COX-1도 억제하여 위장의 부작용을 초래하였는데, 이 발명은 특정한 약이 염증을 줄이기 위하여 그러한 부작용 없이 COX-2의 활동을 억제하는지 여부를 판단하는데 활용할 수 있는 검사방법을 제공하였다. 대학 측은 1992년에 그 발명에 직결된 첫 번째 출원을 하였다. 1992년 특허와 관련하여 일련의 계속출원, 일부계속출원 및 분할출원(divisional application)을 제출한 이후에, 대학은 1998년에 "PGHS-2에 의하여 촉진된 프로스타글란딘(prostaglandin) 신타아제(syhthase)를 억제하는 혼합물을 식별하는 방법"으로 청구된 미국 특허 5,837,479(이하 "479특허')를 받았다. 소송에서 문제된 로체스터 대학의 '850특허는 관련된 분할 출원으로 2000년에 등록되었다. 분할출원은 계속중인 출원을 분할하면서 출원에 개시된 발명만을 기재하고 청구하여 제출된 출원이다. 분할출원은 분할출원에서 청구된 발명과 밀접한 관계가 있는 모출원의 개시부분만을 제출하여야 하는바, 제119조(e)에 의하여 임시출원의 이익을 주장하는 출원은 임시출원의 분할출원이라고 부르지는 않는다.[266]

로체스터 대학은 Pfizer가 COX-2 억제제인 CELEBREXT®와 BEXTRA®를 판매한 것을 근거로 '850특허를 침해하였다는 이유로 2000년에 Pfizer를 피고로 하여 특허침해소송을 제기하였다. 이 사건에서 분할출원된 '850특허의 모특허인 '479특허에서 특허를 받지 않은 새로운 사항을 '850특허에서 청구하였는지가 문제가 되었다. 연방지방법원은 대학이 PGHS-2 유전자의 활동을 선택적으로 억제하는 비스테로이드성 합성물"을 설명(describe)하는데 실패했고, 대학은 출원당시 문제가 된 화합물을 알지 못하였으며, 통상의 기술자가 문제가 된 화합물을 추론하기 위하여 과도한 실험을 해야 하므로 서면기재요건 또는 실시가능성 요건 미비로 무효라는 Pfizer의 사실심리생략판결신청(motion of summary judgment)을 받아들여 원고의 청구를 기각하였다.[267]

로체스터 대학은 항소를 하면서, 서면기재요건과 실시가능성 요건은 서로 구별되는 요건이 아니라고 주장하였으나 CAFC는 전원합의체를 열어 항소를 기각하면서, 서면기재요건과 실시가능성은 서로 구별되는 개념이라고 판시하여 기존의 태도를 유지하였다.[268] 그리고 이러한 법원의 태도는 2008년 카네기멜론 대학 판결[269]이나 2010년

266) 이해영, 앞의 책, 65-66면.
267) University of Rochester v. G.D. Searle & Co., 249 F. Supp. 2d 216(W.D.N.Y. 2003).
268) University of Rochester v. G.D. Searle & Co., 358 F.3d 916, 921(Fed. Cir. 2004).

Eli Lilly 판결까지 유지되고 있다.[270]

3. 충족 여부의 판단

(1) 문제가 되는 경우

서면기재요건이 문제가 되는 경우로, (i) 새로운 청구항들을 계속 중인 특허출원에 추가하는 경우, (ii) 원출원(original filing)된 청구항이 심사 도중에 실질적으로 수정될 때, (iii) 출원인이 특허법 제119조(e)의 가출원(provisional application)으로부터 주장된 국내우선권을 주장하는 경우나 제120조의 더 늦게 제출된 계속출원(continuing application)에 의하여 모출원(parent application)이나, 더 일찍 제출된 계속출원으로부터 주장된 국내우선권 관련된 국내의 특허출원 또는 상응하는 외국의 원천특허출원의 앞선 출원일(the earlier filing date)의 이익을 주장할 때(제119조 (a)), (iv) 저촉심사(interference)의 경우가 있다.

(2) 기재의 정도 및 방법

발명의 상세한 설명은 명세서를 읽는 사람이 명확하게 이해할 수 있는 수준에 이르러야 한다. 발명의 서면기재요건을 준수하는 것은 출원인으로 하여금 "개시되지 않았으나 명백히 기술로 인식되는 균등범위(undisclosed, but obviously art-recognized equivalent(s))"를 이해할 수 있도록 기재되면 족하다.[271] 기재는 반드시 글로 이루어져야 하는 것은 아니며, 도면(drawing)에 의해서 이루어질 수도 있다.[272] 법원은 서면기재요건은 청구항의 구성요소(elements)나 제한(limitations)이 출원인이 언어, 구조, 도면, 다이아그램(Diagram), 공식 등의 발명으로 청구항을 설명하는 것에 의해서 충족되는 것이라는 태도를 유지하고 있다.[273] 청구항 발명을 얻기 위한 단순한 소망이나 계획은

---

269) Carnegie Mellon University v. Hoffman-La Roche Inc., 541 F.3d 1115, Nos. 2007-1266, 2007-1267, 2008WL 4111410(Fed. Cir. 2008).

270) Ariad Pharmaceuticals, Inc. v. Eli Lilly & Co., 598 F.3d 1336(Fed. Cir. 2010).

271) In re Smythe, 480 F.2d 1376, 1384(CCPA 1973).

272) Vas-Cath, Inc. v. Mahurkar, 935 F.2d 1555, 1565(Fed. Cir. 1991).

273) The Regents of the University of California v. Eli Lilly, 119 F.3d 1559, 43 U.S.P.Q.2d 1398(Fed. Cir. 1997); Enzo Biochem, Inc. v. Gen-Probe, Inc., 323 F.3d 956(Fed. Cir. 2002); Ariad Pharmaceuticals, Inc. v. Eli Lilly & Co., 598 F.3d 1336(Fed. Cir. 2010).

서면기재요건을 충족하지 못한다.[274]

(3) 종(species)/속(genus) 관계와 기재의 정도

서면기재요건은 특히 화학이나 의약발명의 분쟁에서 중요한 쟁점이 될 수 있다.[275] 속(genus)을 청구항으로 하면서 종(species) 관계에 있는 물질을 상세한 설명에 기재하는 경우, 통상의 기술자가 청구항에 속하는 물질과 속하지 않는 물질을 구분할 수 있도록 상세한 설명에 그 속을 대표하는 종이나 공통의 구조적인 특성을 기재하지 않는다면 그 특허는 서면기재요건을 준수한 것으로 볼 수 없다.[276] 청구범위가 명세서에 기재된 내용에 비해 넓은 경우 특허가 등록되지 않을 수 있고, 등록 이후에도 기재요건 불비로 무효가 될 수 있는 것이다.

274) Centocor Ortho Biotech, Inc. v. Abbott Labs., 636 F.3d 1341, 1348(Fed. Cir. 2011).

275) 기재요건 위반으로 인한 무효사유는 주로 지방법원의 소송에서 쟁점이 되는데, 뒤에서 볼 특허심판원의 특허무효심판(Inter Partes Review) 절차에서는 기재요건을 다툴 수 없기 때문이다.

276) Juno Therapeutics, Inc. v. Kite Pharma, Inc., 10 F.4th 1330(Fed. Cir. 2021); 이 사건에서 지방법원은 '190특허의 청구범위가 명세서 기재 요건을 만족한다고 보았으나, 이에 대한 항소심 사건에서 CAFC는 '190특허에 기재된 표적 항원에 결합할 수 있는 물질의 실시예에 비해 청구범위에 포함될 수 있는 선택적 후보물질이 과도하여 기재요건을 위반했다고 판단하였다.

CHAPTER

04

청구항 해석

제 1 절 특허청구항의 역사적 전개

Ⅰ. 중심한정주의에서 주변한정주의로

청구항 해석(Claim Construction)을 이해하기 위해서는 청구항 기재를 이해하여야 한다. 초기의 특허청구항 작성은 중심한정주의(Central Claiming)로 이루어졌다. 중심한정주의는 권리범위를 구성요소와 그 균등물 전체를 포함하는 것으로 해석한다. 1870년 특허법 개정전에는 발명가는 발명의 상세한 설명을 통해서 서술식으로 발명한 내용을 기술하여 자신의 특허를 등록하였다. 그러나 1870년 미국 특허법 개정 이후에 미국 특허법은 주변한정주의를 도입하였다. 이를 통해서 청구항을 반드시 기재하도록 하고 이를 통해서 발명자는 자신이 한 발명의 외연을 명확하게 청구항을 통해서 획정하여야 할 의무를 부담하게 되었다.[1)]

1) Janice M. Mueller, Patent Law(Fifth Edition), Wolters Kluwer, 2016, p. 88.

Ⅱ. 청구항의 기술방식(특허법 제112조(b)) 정의

청구항(Claim)에 기재된 내용에 대해서 특허권자는 다른 사람을 배제할 수 있는 힘(right to exclude)을 가지게 된다. 이를 통해서 특허권자는 특허권이 정해진 기간 동안 다른 사람이 제조(make), 사용(use), 판매(sell), 판매의 청약(offer to sell), 수입행위(import)를 하지 않도록 배제할 수 있는 힘을 가진다{35 USC §§154(a)(1); 271(a)}. 특허청구항은 등기부와 같은 공시기능을 하는 문서이다.

청구항은 상세한 설명으로 뒷받침된다. 미국 특허법 제112조는 명세서(Specification)에 대한 사항들을 규정하고 있다. 모두 6개 항으로 구성된 미국 특허법 제112조(a)항은 출원시 실시가능성 요건(enablement requirement)과 상세한 설명(written description requirement)을 충족하도록 요구하고 있다.[2] 발명자는 자신이 특허로 청구하려고 하는 발명의 상세한 설명을 명세서에 기재하여야 한다. 특허는 발명자가 청구항 전체 범위(full scope)를 소유했음을(possessed) 증명해야 상세한 설명 요건을 만족할 수 있다.[3] 그리고 명확하게 자신의 발명이 실시가능하다는 것을 기술하여야 한다. 미국 특허법 제112조(b)는 청구항의 명확성을 요구한다. 우리 특허법 제42조 제3항, 제4항에 대응하는 요건이다.

Ⅲ. 특허법 제112조(a)와 발명의 상세한 설명

명세서를 기재함에 있어 상세한 설명이 기재되어야 한다. 상세한 설명을 통해서 청구인이 특허를 청구한 주제를 발명했다는 정보를 제공한다. 특허의 기반이 되는 기술적 지식을 개시하도록 함으로써 특허권자가 청구된 발명을 공공에게 알리는 것이다.[4] 제112조(a) 요건을 만족시키는지에 대해 중요한 기준은 앞서 제3장에서 본 Wands 요소이며,[5] 통상의 기술자가 청구항의 물건을 제조하는데 과도한 실험(undue ex-

2) Ariad Pharm, Inc. v. Eli Lilly & Co., 598 F.3d 1336, 1340, 94 USPQ2d 1161, 1167(Fed. Cir. 2010)(en banc).

3) Juno Therapeutics, Inc. v. Kite Pharma, Inc., 10 F.4th 1330(Fed. Cir. 2021).

4) Regents of the University of California v. Eli Lilly Co., 119 F.3d 1559(Fed. Cir. 1997).

perimentation)을 해야 한다면 청구항은 실시가능하지 않게 되는 것이다.[6]

제 2 절 문언침해

Ⅰ. 청구항해석의 원칙

1. 청구항의 해석

(1) 청구항 기재의 의의

청구항 해석(Claim Construction)은 특허법의 시작이자 마지막이다. 실무상 특허소송을 진행하면서, 청구항에 기재되어 있는 문언들의 의미를 보는 것에서 일을 시작하고, 의뢰인과 기술자와의 회의에서도 항상 청구항의 의미를 협의하는 것에서 시작한다.

특허의 청구항은 권리문서로서의 특허 명세서에 있어서 특허권에 대하여 부여하는 배타적 권리의 범위를 정하는 부분이다. 그러므로 발명자가 사실은 내가 착상하고 실시하려고 하였던 권리의 내용은 명세서 기재와 다르다고 아무리 주장하더라도 이러한 주장은 명세서의 문언기재나 그 문언의 균등범위에 해당하는 경우가 아니면 특허법에 의하여 보호받지 못한다. 만일 실제로 이러한 주장이 사실이라고 하더라도 청구항에 기재되지 않은 부분은 공중의 영역에 들어간 것이 된다.[7]

(2) 청구항 작성의 연혁

특허청구항은 1836년의 미국 특허법에서 처음 언급되었고, 1870년 특허법개정으로 청구항 작성이 강제되었다. 특허법에 의해서 청구항의 작성이 강제되기 전에는 특허출원인은 자신의 발명을 발명의 상세한 설명에 의하여 세상에 공개하였다. 출원인은

5) Wands, 858 F.2d at 737.
6) Amgen Inc. v. Sanofi, 872 F.3d 1367(Fed. Cir. 2017).
7) Environmental Instruments, Inc. v. Suton Corp., 877 F.2d 1561, 11 USPQ2d 1132(Fed. Cir. 1989).

명세서에 출원발명과 선행기술의 차이뿐만 아니라 발명의 제조 및 사용에 대해서도 서술하여야 하였다.[8] 만일 특허에 청구항이 포함되는 경우라도 이는 사후에 추가한 것에 불과하고 발명의 상세한 설명에 비하여 법적으로 더 중요한 것도 아니었다.

1870년의 미국 특허법에 의해서 청구항 작성이 강제됨에 따라 청구범위 작성의 실무가 중심한정주의(central claiming)에서 현재의 주변한정주의(phripheral claiming)로 변화하였다. 특허청구항은 특허권의 존속기간 동안 미국내에서 타인이 그 발명의 생산, 사용, 판매, 판매의 청약하는 것을 배제하는 특허권자의 재산권의 범위를 획정하는 한 문장으로 된 정의이다.[9] 중심한정은 청구항에 발명의 여러 실시예를 기술하지만 모든 균등물(equivalent)을 포함하는 범위를 권리범위로 해석하는 반면, 주변한정은 청구항에서 특허권자가 타인을 배제할 수 있는 한시적인 권리에 대한 명확한 경계 혹은 주변을 기술하는 것이라는 점에서 양자는 구별된다. 이들 양자의 구별은 역사적인 의의가 있을 뿐 실무적인 의미는 없다.

(3) 청구항 작성의 원칙

특허법 제112조(b)[10]에서는 출원인은 특허를 출원함에 있어 청구하고자 하는 내용을 명확하게 하나 혹은 복수의 청구항으로 정의하여야 한다고 규정한다. 이를 청구항 명확성 요건(definiteness requirement)이라고 한다. 이 때 당해 발명이 명확한지 여부를 판단하는 기준은 당해 발명이 속하는 기술분야에서 통상의 기술자이다. 경우에 따라서는 청구범위에서 수치 혹은 구조적 한정을 수식하기 위하여 "실질적으로(substantially)"[11] 또는 "약(about)"과 같은 형용사를 사용한다고 해서 반드시 제112조(b) 하에서 청구항을 불명확하게 만드는 것은 아니다.[12] 출원인은 청구된 발명을 설명하

---

8) Evans v. Eaton, 16 U.S. 454, 514-515(1818).

9) 35 U.S.C. §§154(a)(1); 271(a).

10) The specification shall contain a written description of the invention, and of the manner and process of making and using it, <u>in such full, clear, concise, and exact terms</u> as to enable any person skilled in the art to which it pertains, or with which it is most nearly connected, to make and use the same, and shall set forth the best mode contemplated by the inventor of carrying out his invention.

11) Enzo Biochem, Inc., Enzo Life Science, Inc., and Yale Universiry v. Applera Corp., and Tropix Inc., 599 F.3d 1325(Fed. Cir. 2010). 이 사건에서는 '실질적으로 간섭하지 않는'이라는 표현이 문제가 되었다. CAFC는 "실질적으로(substantially)"라는 표현이 근사치나 규모를 나타내도 용어로 불명확성에 의한 거절사유를 극복하였다고 보았다.

기 위한 모든 수단을 사용하여 청구한 발명이 가지고 있는 모든 구성요소를 설명하여야 한다. 이를 위해서 출원인은 용어의 정의, 구조, 도면, 도표 또는 공식 등을 사용하여 청구된 발명이 자신의 발명이라는 점을 증명하여야 한다. 실제 발명의 실행을 설명하거나, 발명이 완성되었다는 것을 보여 주는 도면이나 구조적 화학식을 개시함으로써 발명이 완성되었다는 것을 보여 주는 도면이나 구조적 화학식을 개시함으로써 발명이 특허 받을 준비가 되었다는 것을 증명하거나, 출원이 청구된 발명을 보유하였다는 것을 보여 주기에 충분한 특이성을 설명하는 방법이 있다.[13]

CAFC는 2014년 이전까지 청구항이 "해석할 수 있는(amenable to construction)" 경우이거나, 청구항이 해석될 때 "풀 수 없도록 모호하지 않은(not insolubly ambiguous)" 경우에는 명확성 요건을 만족한다는 기준을 제시하고 있었다.[14] 미국 연방대법원은 2014년 판결을 통해 CAFC의 명확성에 대한 기준이 잘못되었으며, 특허의 명세서와 심사과정에서 볼 때 "합리적인 확실성(reasonable certainty)"을 보여주는데 실패한다면 청구항이 불명확성을 이유로 무효라고 판시하여 기존의 명확성 요건에 대한 기준을 변경하였다.[15] 이후 CAFC는 합리적인 확실성 요건을 명확성 판단의 기준으로 적용하며 청구항 언어, 명세서와 도면은 통상의 기술자에게 분쟁 대상 용어의 범위에 대해 충분한 명료성을 제공하여야 한다고 밝히고 있다.[16]

---

12) Verve, LLC v. Crane Cams, Inc., 311 F.3d 1116(Fed. Cir. 2002).

13) Pfaff v. Wells Electronics, Inc., 525 U.S. 55(1998).

14) Datamize, LLC v. Plumtree Software, Inc., 417 F.3d 1342, 1347(Fed. Cir. 2005); Exxon Research & Eng'g Co. v. United States, 265 F.3d 1371, 1377-79(Fed. Cir. 2001) 등.

15) Nautilus, Inc. v. Biosig Instruments, Inc., 572 U.S. 898, 134 S.Ct. 2120, 2129(U.S. 2014).

16) Cox Communs., Inc. v. Sprint Commun. Co. LP, 838 F.3d 1224, 1235(Fed. Cir. 2016).

사례연구

Nautilus v. Biosig Instruments 사건[17)]

1. 사실관계

원고인 Biosig는 운동기구에 사용되는 심박 측정기에 대한 미국 '753특허의 특허권자로 2004년 Nautilus를 상대로 뉴욕 남부연방지방법원에 특허침해 소송을 제기하였다. Nautilus가 특허 재심사를 신청하자 소송은 중지되었고, 특허 재심사에서 Biosig는 미국 특허청에서 '753특허가 선행기술과 구별된다고 주장하였다.

특허 명세서에는 이전의 심박 측정기는 각각의 심장박동에 동반하는 전기 신호(ECG signal)를 측정하는 데 부정확하다고 기재되어 있었는데, 이 부정확함은 사용자가 움직일 때 근육에 의해 발생하는 EMG 신호가 ECG 신호로 표시될 수 있어 측정을 방해한다. 이 발명은 왼손에서 측정된 신호와 오른손에서 측정된 EMG와 ECG 신호가 반대 극성을 가진다는 사실을 이용하였다. 특허의 장치는 각각의 손에서 측정된 동등한 EMG 신호를 측정하여 빼고 EMG 간섭을 여과하도록 작동한다.

발명자인 Lekhtman박사는 진술서를 통해, 비록 간격과 모양, 크기, 소재와 같은 전극의 디자인은 다양할 수 있지만, 전극을 탐지하는 방법으로 "왼손과 오른손으로부터 동등한 EMG 신호를 생성하는 것(to produce equal EMG [signals] from the left and right hands)"을 충분히 통상의 기술자에게 개시하고 있다고 주장하였다.

미국 특허청이 2010년 '753특허 청구항의 특허성을 인정하는 결정을 내리자, Biosig는 특허침해소송의 재개를 신청하였다. '753특허의 청구항 1항은 원통형 손잡이의 양쪽에는 활성 전극(live electrode)과 공통 전극(common electrode)이 각각 이격된 관계(in spaced relationship with each other)라는 구성을 포함하고 있었다. Biosig는 "이격된 관계(spaced relationship)"가 활성 전극(live electrode)과 각 전극쌍의 공통 전극(common electrode) 사이의 거리라고 해석하였다. Nautilus는, 미국

17) Nautilus, Inc. v. Biosig Instruments, Inc., 572 U.S. 898, 134 S.Ct. 2120(U.S. 2014).

특허청의 재심사 과정에서 Biosig가 "이격된 관계"란 각 전극의 폭보다 커야 한다고 주장했다는 사실을 지적하여 '753특허의 청구항이 특허법 제112조에 비추어 불명확하다고 주장하였다.

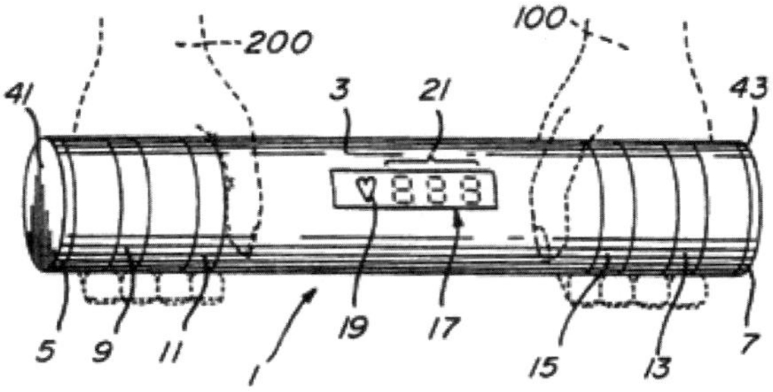

[5,337,753특허의 도면1]

2. 사안의 쟁점

CAFC의 명확성 판단 기준은 청구항을 해석할 수 있거나, 청구항이 해석될 때 풀 수 없도록 모호하지 않다면 명확하다는 것이었는데, 이 기준이 특허법 제112조에서 정하고 있는 명확성의 판단에 적합한지가 문제되었다.

3. 사안의 경과

1심이었던 사실심리생략판결을 통해 연방지방법원은 특허의 청구 용어인 "각각 이격된 관계"가 특허법 제112조의 명확성 요건을 만족시키는데 실패했다고 판단하였으나, CAFC는 특허의 청구항은 "해석할 수 없는(not amenable to construction)" 경우이거나, "풀 수 없도록 모호하지 않은(not insolubly ambiguous)" 경우일 때만 불명확하므로 '753특허의 청구항은 명확하다고 보아 연방지방법원의 판결을 파기 환송하였다. CAFC는 내재적 증거인 청구항 용어, 명세서, 심사 절차를 볼 때, 통상의 기술자들은 청구된 장치의 특정한 내재적 파라미터들을 근거로 '이격된 관계'의 계측과 경계를 이해할 수 있다고 판단하였다.

이에 Nautilus가 상고하였고 연방대법원이 상고를 허가함(grant certiorari)으로써 상고심이 시작되었다.

4. 연방대법원의 판단

이 사건에서 연방대법원은 개정 특허법(America Invents Act)이 아닌 2006년의 미국 특허법의 제112조와 제282조를 적용하였다. 대상 특허의 출원은 1992년에 이루어졌고, 법원의 관련 소송절차가 시작된 시점은 2010년으로 절차적 측면에서 개정 특허법이 시행된 날은 2012년 9월 16일이었기 때문이다.[18)]

연방대법원이 CAFC의 판결에 대하여 제시한 기준은 합리적인 확실성(Reasonable certainty)이다. 특허는 명세서나 심사 과정에 비추어 합리적인 확실성에 따라 통상의 기술자에게 발명의 범위를 알려주는 데 실패한다면 불명확한 것이어서 무효가 된다는 것이다.

연방대법원은 미국 특허법 제112조는 원고와 피고 양측의 세밀한 균형을 수반한다고 하였다. 이에 따르면 명확성 요건은 언어에 내재하는 제한을 고려해야 하며, 약간의 불확실성은 혁신의 적절한 장려책을 보장하는 대가이다. 반면, 특허 청구항은 어디까지가 독점의 대상이며 어디까지가 공중에 열려있는지를 분명히 고지하기에 충분하도록 정확해야 한다.

연방대법원은 CAFC의 심사가 최소한 필수적인 심리를 증명하는 것이어야 하므로, 해석할 수 없는 경우이거나, 풀 수 없도록 모호하지 않은 경우여야 한다는 명확성 기준을 적용한 것은 제112조의 명확성 요건보다 더 모호하게 한 것이라고 하여 Biosig의 '753특허 청구항들이 명확한지에 관하여 CAFC가 다시 검토하라고 판결하였다.

5. 연방대법원 파기환송 후 CAFC의 판단[19)]

연방대법원이 합리적인 확실성을 적용하라는 취지로 파기환송한 이후, CAFC는

18) AIA에서 제112조는 각 문단을 (a), (b) 등의 항으로 나누었으며 실질적인 차이는 없다.
19) Biosig Instruments, Inc. v. Nautilus, Inc., 783 F.3d 1374(Fed. Cir. 2015).

2015년 4월 '753특허의 명확성 여부에 대하여 다시 판결하였다. 파기환송심에서 CAFC는 연방대법원이 사건을 환송하였더라도 대법원의 판결은 단지 특허법 제112조에 근거하여 특허를 평가하는 새로운 기준을 정한 것이라고 하면서, 합리적인 확실성 기준에 의하더라도 Biosig의 특허는 명확하다고 보아 지방법원으로 사건을 다시 파기 환송하였다.

Nautilus는 이에 대해서 한 번 더 상고하였으나, 연방대법원이 CAFC의 두 번째 판결에 대한 상고를 허가하지 않음으로써 그대로 확정되었다.[20]

6. 판결의 의의

CAFC는 이 판결 이전에 청구항의 해석이 불가능하거나 심각하게 모호하지 않으면 특허법 제112조 제2문(개정 미국 특허법 제112조(b))을 만족한다는 기준에 의하여 판단하였다. 미국 연방대법원은 이 판결에서 특허에 관한 내재적 증거인 명세서, 심사 과정을 볼 때, 특허가 출원된 때에 특허 청구항의 범위를 합리적인 확실성 기준에 따라 통상의 기술자가 이해할 수 있게 해야 한다고 하여 청구항의 명확성 기준을 더 엄격하게 요구하도록 요건을 변경하였다는 데 의의가 있다.

(4) 청구항 범위의 변경

특허법 제112조(a)의 상세한 설명 요건을 만족시키지 못하는 것은 청구된 발명의 범위를 넓히거나 좁히기 위하여 또는 한정 요소의 범위를 고치기 위해서 또는 최초 개시에 사용된 전문용어와 동일하지 않은 청구항 용어를 사용하기 위하여 청구항을 변경할 때 통상 일어난다.[21]

청구항 확장의 경우로 우선 한정요소의 누락이 있다. 어느 경우에는, 한정 요소의 누락이 발명자가 광범위하고 보다 포괄적인 발명을 보유했는지에 관한 문제를 제기할 수 있는데, 출원인은 최초로 개시된 발명의 본질적이고 중요한 특성으로 설명한 요소를 누락한 채 청구항이 작성된 경우 상세한 설명요건을 만족하지 못하게 된다. 명세서나 다른 기록에서 발명에 본질적인 사항이라고 개시된 사항이 누락된 채 청구항이 작

20) Nautilus, Inc. v. Biosig Instruments, Inc., 136 S.Ct. 569(U.S. 2015).
21) 진욱재, 『미국특허소송의 이해』, 박영사(2019), 317면.

성되면 특허법 제112조(a)의 첫 번째 단락에 따라서 실시가능하지 않기 때문에 이런 출원은 거절사유가 발생한 것이다.[22]

명세서 기재요건은 실시가능요건과 서로 구별되는 요건이다.[23] 양자를 구별하기 위해서 사례를 들어 본다.[24] 발명자가 출원을 하면서 주요 색깔(primary color)의 장비라고 하면서 실시례로는 빨간색 장비(red widget)라고 특정을 하여 출원을 하였고, 빨간색 이외의 색을 출원하는 것은 전혀 언급이 되지 않았다고 하자. 통상의 기술자가 다른 색을 가진 기구를 공개하는 것이 실시가능한 것이라고 주장하더라도, 파랑색이나 초록색 등의 색깔이 공개되었다고 주장할 수 없는 이유는 기재요건 때문이다.[25] 특허실무가들은 이런 경우에 주요한 색이라고 기재되어 있다고 하더라도 명세서에는 빨간색 이외의 색에 대해서는 지지(support)하지 못한다고 한다(=지지요건).[26]

---

22) In re Mayhew, 527 F.2d 1229, 188 USPQ 356(CCPA 1976).

23) In re Ruschig, 379 F.2d 990(CCPA 1967). 출원 당시에는 기재되지 않았던 화합물인 경구혈당강하제에 대한 청구항을 그 후 다수 출원 간 우선권을 다투는 절차에서 자신이 청구항에 밝힌 다른 세 가지 화합물의 합성을 통해 생성해 낼 수 있음을 이유로 추가하려는 출원인의 신청을 거절한 미국 특허청의 처분과 관련하여 CCPA는 경구혈당강하제 화합물을 만들 수 있는 원료 화합물들을 상세한 설명에 공개한 것만으로 출원 후 이를 추가할 수 있다고 주장한 출원인에 대하여 위 원료 화합물들로 합성할 수 있는 화합물은 수백만 가지에 이를 수 있고 출원인이 명세서 어디에도 경구혈당강하제 화합물의 합성과 관련한 구체적 방향이나 기술과 관련된 언급이 없으므로 단순히 특정 결과를 이루기 위한 필수적 요소들의 공개만으로는 위 화합물을 실제로 발명했다고 볼 수 없어 미국 특허법 제112조(a)의 발명에 대한 설명 요건이 충족되지 않았다고 판시했다. 관련 판례의 전개에 대해서는 설민수, "특허명세서 기재요건과 특허발명의 범위에 관한 한국과 미국의 비교법적 연구", 「인권과 정의」 2013. 8, 45-46면.

24) Janice M. Mueller, p. 197.

25) Janice M. Mueller, p. 197.

26) "비교법적으로 보면 미국 법원은 명세서의 기재요건의 핵심을 이루는 발명의 실시가능요건을 기술의 예측곤란성을 중심적 개념으로 하여 발전시켜 오면서 상대적으로 완화시켜 왔고, 이러한 완화과정에서 발생한 광범위한 청구항에 대한 권리범위 인정에 의한 부작용 문제를 최근 생명공학 분야를 중심으로 발명에 대한 설명요건을 도입해 기술공개를 부분적으로 강화함으로써 해결하는 입장을 취하고 있다. 이에 대하여 한국법원은 통상의 기술자가 용이하게 실시할 수 있을 것을 요구하는 특허법 제42조 제3항 제1호를 통상의 기술자에 의한 특수한 지식의 부가 없이 특허발명의 명확한 이해와 재현을 요구하는 것으로 엄격하게 해석하여 통상의 기술자에 의한 상세한 설명의 암묵적 보충을 좀처럼 허용하지 않는 입장을 취하는 한편 청구항이 상세한 설명에 의해 뒷받침될 것을 규정한 특허법 제42조 제4항 제1호에 대하여 상세한 설명의 기술공개 문서로서의 우월적 지위를 보장하는 규정으로 적어도 상세한 설명과 청구항 사이의 형식적 일치를 요구하는 것으로 해석하여 명세서의 기재요건을 기술공개 측면에서 강화하여 운영하고 있다."(설민수(주 23), 39면)

사례연구

Datamize v. Plumtree Software 사건[27)]

1. 사실관계

Datamiz의 특허는 미술관, 공항, 은행, 호텔 및 매점 등에서 점차 널리 사용되는 것으로 사용자에게 고객 정보를 제공하는 전자 가판대의 유저인터페이스를 사용자가 변경할 수 있게 해주는 소프트웨어 프로그램에 관한 것이었다. 청구항에서는 "미적으로 만족시키는(aesthetically pleasing)" 외양과 느낌을 주는 가판대 고객 인터페이스 화면을 정의하는 방법을 기술하고 있었다. "미적으로 만족시키는"이라는 표현이 명확성의 원칙을 충족하고 있는 것인지가 문제되었다.

2. 법원의 판단

CAFC는 청구범위의 문언에 일부 불명확한 점이 있다고 해서 반드시 무효가 되는 것은 아니며, 청구범위 해석을 할 수 없거나, 해소할 수 없을 정도로 불명확한 청구항만이 불명확성을 이유로 무효로 되는 것이라는 원칙을 법리로 설시하였다.

사안의 경우 청구항의 "미적으로 만족스럽게 하는"이라는 문언의 의미는 시스템 사용자의 주관적인 견해에 전적으로 의존하는 것으로 궁극적인 공지기능을 수행하기에는 충분히 명확하지 않다고 보았다. 이처럼 서로 다른 주관적인 미적 감각에 기초하여 청구항을 작성하는 것은 청구항의 공시기능에 반하는 것으로 청구항의 용어가 객관성을 결하고 있어 명확하다고 볼 수 없다는 것이 CAFC의 판단이었다.

그러나 특허의 속성을 감안하면 청구되는 발명이 종전에는 알려지지도 않았고, 사용도 판매도 되지 않은 신규하고 비자명한 기술에 관한 발명에 대한 청구항을 기재함에 있어서 청구항 명확성 요건을 충족하는 것이 가능한지에 대한 의문이 있을 수

27) 417 F.3d 1342(Fed. Cir. 2005).

있다. 이러한 경우에, 그 발명을 적합하게 기술하기 위하여 현재의 영어단어에는 충분한 용어가 존재하지 않을 수도 있다. 또 다른 경우에는, 일반적인 기계장치의 작동을 말로써 표현하는 것이 곤란한 경우도 있다. 이러한 경우 출원인은 자신의 발명에 대해서 스스로가 새로운 용어를 정의하고, 이 용어를 사용하여 자신의 발명을 서술할 수 있다. 이를 사전편찬자법칙(lexicographer rule)이라고 한다. 출원인이 명세서에 별도의 용어의 정의를 하게 되면 명세서에서 사용되는 당해 용어의 의미는 출원인이 정의한 의미가 되는 것이다.

만일 출원인이 별도로 용어의 정의를 하지 않은 경우에는 청구항에서 사용된 용어는 당해 발명이 속하는 기술분야에서 통상의 기술자가 이해하는 일반적이고 통상적인 의미로 사용한 것으로 이해된다.[28]

(5) Markman 규칙

미국 소송법에서 법률문제와 사실문제의 구별은 매우 중요하다. 왜냐하면 법률문제(matter of law)인지, 사실문제(matter of fact)인지에 따라서 법관이 판단을 할 것인지, 아니면 배심원들이 판단을 할 것인지에 대한 권한의 배분이 이루어지기 때문이다. 미국에서는 청구항의 해석의 문제가 법률문제인지, 사실문제인지에 대한 논란이 있었으며 이 문제에 대한 판례가 Markman 사건이다. 이 사건에서 연방대법원은 청구항의 해석의 문제가 법률문제라는 점을 명확하게 하였다.[29]

이 판결에 따라 배심사건의 경우에도 특허의 권리범위의 해석 권한은 법관의 전권사항이라는 점과 특허권리범위의 해석이 법률문제이므로 항소법원 판사는 1심 법관의 해석에 구애되지 않고, 새롭게 해석하여 이를 뒤집을 수 있다는 점이 확인되었다.

28) Vitronics Corp. v. Conceptronic, Inc., 90 F.3d 1576, 1582(Fed. Cir. 1996).
29) Markman v. Westview Instruments, Inc., 527 U.S. 370(1996). 이 판결의 원심은 Markman v. Westview Instruments, Inc., 52 F.3d. 967(Fed. Cir. 1995). 미국의 CAFC는 특허 청구범위 해석은 언어로 작성된 청구범위의 용어를 해석하여 권리범위를 정하는 것으로 이는 사실문제가 아닌 법률문제라고 판시한 바 있다.

사례연구

Markman 사건[30)]

1. 사실관계

원고인 Markman은 세탁업자를 위한 목록관리수단에 대해 특허를 받았다. 이 세탁물 목록관리 시스템은 세탁과정 동안의 키보드와 데이터 프로세서를 사용하여 세탁물의 움직임을 추적하는 것이었다. 피고인 Westview 또한 세탁업자를 위한 목록추적 시스템을 개발하여 판매하였다. 피고의 제품 역시 키보드와 데이터 프로세서를 사용하는 것이었는데 옷이 아닌 청구서를 추적하는 점에서 차이점이 있었다. 원고는 피고의 제품이 자신의 특허를 침해하였다고 소송을 제기하였다.

2. 사안의 쟁점

사건의 핵심은 원고의 청구항1의 '목록(inventory)을 유지하고' '목록(inventory)에 부착된 전자신호를 추적하는'에 기재된 목록(inventory)이라는 단어를 어떻게 해석하느냐에 있었다. 아래 그림의 최적 실시례에는 바코드와 고객의 표 복사본, 몇 개의 기재 태그로 구성되어 있는 목록(inventory)이 있었다.

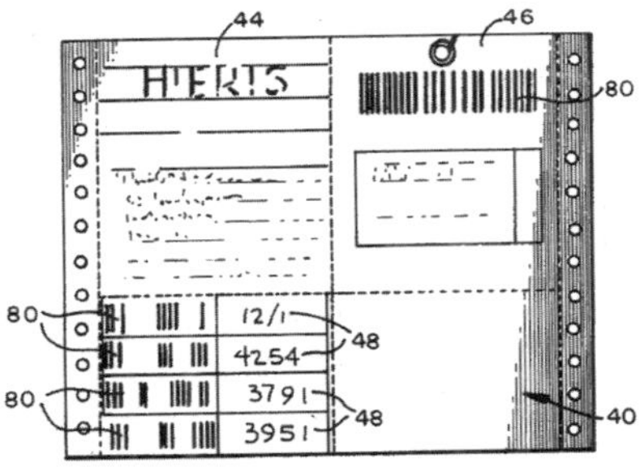

[Inventory의 최적 실시례]

30) Markman v. Westview Instruments, Inc., 517 U.S. 370(1996).

3. 사안의 경과

1심에서 피고의 전문가 증인은 목록이 '돈의 흐름' 혹은 '청구서'라고 증언하였다. 그 결과 배심은 청구항 1항과 10항이 침해되었다고 평결하였다. 그럼에도 불구하고 법원은 전문가의 증언이 명세서, 도면 및 출원경과, 그리고 소송과 의도한 명백한 의미에 반할 뿐만 아니라 용어의 일상적이고 관용적인 의미에 반한다고 하여 침해가 아니라는 판단을 하였다.

이에 대해 Markman은 배심원이 이미 한 청구범위의 해석을 법원이 대체하는 것은 부당하다며 항소하였다. 항소법원은 청구범위의 해석이 법원에게 주어진 법률문제라고 하면서 지방법원의 청구범위 용어의 해석을 복심적으로(de novo) 검토하여 Westview의 승소를 판결한 지방법원의 판결을 지지하였다. 한편, 외부증거는 특허에 대한 법원의 판단을 돕는데 이용될 수 있지만, 논란이 되는 청구항 해석의 용도로는 사용될 수 없다고 하였다. 청구항은 내부증거의 관점에서 해석되어야 한다고 하였다.

마지막으로 Markman은 연방대법원에 상고하였고, 연방대법원은 만장일치로 지방법원 판사가 배심의 판결을 거부하고 청구범위 용어의 의미를 결정한 후 특허가 침해되지 않았다고 판결하였다고 하더라도 특허권자인 Markman의 배심에 의한 재판을 받을 권리가 거부된 것은 아니라고 판시한 CAFC의 판결을 지지하였다. 연방대법원은 Markman의 미헌법수정조항 제7조에 의한 배심에 의한 재판을 받을권리가 침해되었는지 여부에 대해서 2가지 단계를 거쳤다. 첫 번째는 특허침해소송에 그런 권리가 인정되는지 여부이다. 두 번째는 특허 청구항의 해석과 같은 특정한 이슈가 필요적으로 배심원들의 권한에 속하느냐는 것이다. 이에 대해 연방대법원은 침해소송에도 배심에 의한 재판을 받을 권리가 있으나, 역사적으로 볼 때, 특허 청구항의 해석은 법률문제로서, 법관의 영역에 속한다고 하였다.

4. 판결의 의의

Markman판결로, 특허 청구항의 해석은 법률의 문제로, 법관의 영역에 속한다는 것이 명백해졌다. 연방대법원은 그 이유로 법관은 훈련을 통해서 고도의 기술적인 특허의 해석에 있어서 배심원들보다 적절한 해석을 내릴 수 있으며, 전문가들이 제안하는 정의가 특허와 전체적으로 적합한지를 더 잘 확인할 수 있다고 하였다. 이 판결 이후로 특허 소송에 있어서, Markman Hearing이라는 절차가 자리잡게 되었다. Markman Hearing은 변론기일(trial) 전 증거개시 단계에서 이루어지는데, 법관이 양당사자가 제출한 증거를 토대로, 쟁점이 된 청구항을 해석하는 절차를 말한다.

우리나라에서도 특허 청구항의 권리범위 해석의 문제는 법률문제이며, 이를 어떻게 해석할 것인가는 법원의 규범적인 판단에 의존한다. 기술심리관과 같은 보조적인 지위에 있는 기술전문가들이 법관에게 기술의 동향이나, 기술적인 기본개념 또는 통상의 기술자들의 이해에 대한 참고가 될 수 있는 해석을 제시할 수는 있을 것이나, 법원은 이러한 해석에 구속되지 않는다. 청구항 해석을 법률문제로 본다는 점에서는 우리와 미국은 같다.

2. 청구범위 해석의 원칙

(1) 문언해석의 원칙

1) 용어 의미 발견

특허 청구항에 사용된 용어의 의미를 발견함에 있어 법관은 위에서 본 것과 같이 별도로 용어의 정의를 하지 않고 있는 경우에 통상 국어사전의 의미에 따라 해석하면 된다. 그러므로 청구항에 기재된 용어 내지 단어들은 일반인들이 일반적으로 사용하는 단어(plain language)일 것이라고 추정된다.[31] 따라서 앞서 언급한 것과 같이 발명자나 대리인은 자신들이 사용하고자 하는 용어가 일반인들이 사용하는 용어례와 다를 경우에는 명세서나 출원포대 등에 명확하게 자신이 사용하고자 하는 용어의 의미를 기재하여야 하며, 이와 같이 명확하게 기재된 경우에 한하여 통상의 의미와 달리 해석할 수 있을 것이다.

다만 용어의 의미는 해당 청구항에서 사용된 단어뿐만 아니라, 다른 청구항이나 명세서, 도면 등이 고려된다. 그 외 미국의 경우 특허 심사 과정의 출원포대(file wrapper)에 사용된 용어[32] 및 선행기술에서 사용된 용어 등도 종합적으로 고려하여 판단

31) Texas Digital Sys., Inc. v. Telegenix, Inc., 308 F.3d 1193, 1202(Fed. Cir. 2002).
32) Apple Computer Inc. v. Articulate Sys., 234 F.3d 14, 21 n. 5(Fed. Cir. 2000).

할 수 있다고 한다.[33] 왜냐하면 우리가 사용하는 언어의 한계 내지 대리인의 표현기술상의 한계로 인하여 적절하지 않은 표현이나 모호한 표현들이 출원 및 심사 과정에서 등록 전에 완전히 걸러지지 않는 경우가 많기 때문이다.

다만 만일 특허 청구항이 위와 같은 종합적인 판단을 하였음에도 그 의미가 협의로도 광의로도 읽힐 수 있다면 이때의 해석은 좁은 범위로 해석하는 것이 타당하다고 본다. 왜냐하면 발명자는 일방적인 절차(ex parte procedure)인 출원과정에서 자신의 의사를 밝힐 충분한 기회가 제공됨에도 불구하고 이와 같이 모호하게 기재하였다면 이와 같은 경우에 그 모호함으로 인한 불이익은 발명자가 부담하는 것이 타당할 것이기 때문이다.[34]

청구항 차별화(claim differentiation)도 문언 해석의 한 방법이다. 하지만 주의할 점은 청구항 차별화라는 것을 통하여 단지 하나의 특허명세서에 기재된 여러 개의 청구항은 경험칙상 서로 다른 의미를 의도하여 기재되었을 것이라는 사실상 추정에 그친다는 점이다. 따라서 만일 서로 다른 청구항에 기재되어 있는 것이라고 하더라도 독립항과 종속항이 서로 같은 의미로 해석되는 것이 타당한 해석이라는 결론을 내리는 것도 가능하다.

2) 용어 해석의 일관성

청구항 해석의 출발은 문언해석이다. 청구항에 기재된 문언을 읽어내는 것인데, 이때 만일 특허명세서에 독자적인 개념 정의를 하고 있으면, 통상적으로 사용되는 문언의 의미가 아닌 정의된 개념에 의하여 해석하여야 할 것이다. 따라서 청구항을 작성하는 발명자나 대리인은 만일 특정한 용어의 개념을 통상과 달리 사용하기 위하여는 이를 별도로 정의하는 규정을 하여야 한다.

문언의 의미는 특허의 출원단계와 특허침해여부의 판단 모두에서 일관되게 유지되어야 한다. 실제 출원단계에서는 특허의 등록을 위하여 좁게 해석하려고 하고, 침해여부가 문제가 되면 특허권자는 자신의 특허가 넓게 해석되기를 바랄 수 있다. 하지만 법관은 이와 같은 해석이 이루어지지 않도록 하여야 한다.

---

33) SRI International v. Matsushita Electric Corp. of America, 775 F.2d 1107, 227 USPQ 577(Fed. Cir. 1985)(en banc).

34) Athletic Alternatives, Inc. v. Prince Manufacturing, Inc., 73 F.3d 1573, 37 USPQ2d 1365(Fed. Cir. 1996).

특허침해사건과 특허무효사건이 이원화되어 있는 구조에서는 침해사건과 무효사건 간에 이와 같은 해석의 괴리가 더 자주 발생할 수 있다. 무효사건에서는 무효가 되지 않기 위하여 좁게 해석하고, 침해사건에서는 침해를 인정받기 위하여 넓게 해석하려고 하는 것이다. 따라서 법관은 무효사건을 담당하는 법원과 침해사건을 담당하는 법원이 문언해석에 있어서의 일관성(consistency)이 유지될 수 있도록 노력하여야 한다. 이 일관성은 문언의 의미에 대한 언어적인 의미를 발견하는 것만큼이나 중요하다.

3) 해석의 근거: 내부 증거와 외부 증거

용어의 의미를 파악함에 있어서 용어의 의미에 대한 다툼이 있을 경우 그 의미를 명세서 내부의 기재에 의존할 것인지, 아니면 사전과 같은 외부의 증거까지 고려할 것인지의 문제가 있다.

특허소송과 청구항 해석과 관련된 증거는 내부증거(명세서나, 도면, 출원경과 등)와 외부증거(사전, 전문가의 증언 등)로 나눌 수 있다. 원칙적으로 명세서에 기재된 용어는 그 용어의 일반적인 의미로 해석되어야 하지만 그 용어의 의미가 일의적이지 않을 경우에는 그 용어의 의미를 해석하기 위해서 내부증거를 보아야 한다. 특히 명세서에 용어의 정의가 있을 경우에는 그 명세서의 용어정의를 따라야 하는 것이 원칙이다. 더해서 외부증거를 볼 수 있는데, 이런 증거로 사전의 정의, 다른 특허명세서에 기재된 내용, 전문가의 증거 등이 있다. 만일 내부증거와 외부증거를 모두 합하여 해석을 하더라도 통상의 기술자가 합리적인 확실성을 가지고 해당 용어를 정의할 수 없다면 그 용어는 불명확한 것이다.[35]

Vitronics Corp.판결에서 외부증거를 참조하는 것이 쟁점이었다.[36] CAFC는 Markman사건의 판결을 참조하여, 청구항을 해석함에 있어서는 내부증거들을 우선적으로 고려하여야 한다고 판단하였다. 즉, 특허명세서는 다툼의 대상이 되는 용어를 정의하는데 있어 가장 최선의 안내서이다.

그리고 청구항에 쓰인 단어는 통상적이고 관용적인 의미로 주로 사용되지만, 특허권자는 명세서와 출원경과에서 명확한 의미를 밝힐 수 있는 이상, 독창적인 의미를 쓸 수 있다. 따라서 청구항 해석에 있어 단어들이 통상의 의미로 사용되었는지 여부를 확

---

35) IBSA Insititut Biochimique, S.A. v. Teva Pharmaceuticals USA, Inc., 966 F.3d. 1374(Fed. Cir. July 31. 2020).

36) Vitronics Corp. v. Conceptronic, Inc., 90 F.3d 1576, 39 USPQ2d (BNA) 1573(Fed. Cir. 1996).

인하기 위하여 명세서를 필수적으로 참고해야 한다고 하였다. 이 때 외부증거는 청구항의 정확한 이해를 위해서 참조는 할 수 있지만, 청구항의 의미를 바꾸는 데 사용되지는 못한다.

사례연구

Vitronics Corp. 사건[37)]

1. 사실관계

원고와 피고는 전자 장치를 회로 기판에 납땜하는 데 쓰이는 기계를 제조하는 회사들이었다. 원고는 멀티 존 오븐에서 이동하는 PCB기판들에 SMD(표면 실장 장치)를 납땜하는 리플로우 공정에 대한 특허를 가지고 있었다. 이 공정에서는 회로 기판 위에 납땜 크림이 있고 그 위에 납땜되어야 할 부품이 놓이게 된다. 회로 기판은 컨베이어벨트에 놓여 여러 가열 지역을 지나가게 되고 최종적으로 가장 뜨거운 지역에서 납땜 크림이 녹아 부품과 기판에 결합이 생기게 된다. 마지막 지역을 지나는 짧은 시간 동안, 납땜 크림은 녹을 정도로 가열되고 소자는 "솔더 리플로우 온도" 이하로 되어, 이 온도차로 인해서 납땜 크림은 소자와 결합을 이루게 된다. 원고는 피고에 대해서 위 특허에 대한 침해 소송을 제기하였다.

2. 쟁　　점

사건의 핵심은 "솔더 리플로우 온도"를 어떻게 해석하느냐에 있었다. 원고는 "솔더 리플로우 온도"란 공정의 리플로우 과정에서 도달하는 온도인 용융점보다 20℃가 높은 납땜 크림이 녹아서 자유롭게 되는 온도라고 주장하였다. 이에 대해 피고는 "솔더 리플로우 온도" 온도는 Sn/Pb 타입의 납땜 크림이 녹는 183℃와 동일하다고

37) Vitronics Corp. v. Conceptronic, Inc., 90 F.3d 1576, 39 USPQ2d (BNA) 1573(Fed. Cir. 1996).

주장하였다. 한편, 명세서에 기술된 최적 실시례는 납땜 크림이 최고 리플로우 온도인 210℃까지 올라가면, 부품은 용융점인 195℃까지 오르게 된다고 기술하고 있다.

3. 법원의 판단

1심에서 피고는 전문가 증언과 원고회사 직원의 논문과 같은 외부증거를 제출하였고, 지방법원은 근거가 되는 것이 외부증거인지 내부증거인지를 기술하지 않고, "솔더 리플로우 온도"는 183℃를 의미하므로 침해가 아니라고 판단하였다.

원고는 이에 불복해 항소하였고, 항소심에서 CAFC는 내부증거와 "기판 위의 모든 부품의 온도를 잴 수 없다는 것", "많은 부품들의 온도가 용융점 이상으로 올라간다는 것"을 근거로 하여 비침해 판결을 파기환송하면서, 원심은 "솔더 리플로우 온도"가 명확한 의미를 가짐에도 불구하고, 청구항 해석에 있어 외부증거를 참작한 잘못이 있다고 하였다.

4) 레이트램 사건과 청구항 차별화

CAFC는 1991년 레이트램 사건[38]에서 독립항을 기능식으로 기재한 뒤에 종속항을 이용하여 그 전체적인 권리범위를 확장하는 소위 청구항 차별화(claim differentiation)라는 경향에 대하여 제동을 걸었다. 판결 당시 실무가들 사이에 독립항을 기능식으로 기재한 뒤에 종속항을 이용하여 그 전체적인 권리범위를 확장하곤 했다. 이와 같은 방법으로 청구항을 확장하는 것을 허용하는 것은 기본적으로 특허법의 근간을 뒤흔드는 것이라는 의문이 제기되었다. 만일 기능식 청구항의 경우 명세서에 기재된 특정한 구조를 종속항에서 언급하는 것만으로 청구범위를 계속 확장할 수 있다면, 이러한 해석은 허용되어서는 안된다는 문제인식이라고 하겠다.

레이트램 사건에서 CAFC는 (i) 사법적으로 발전되어온 소위 청구항 차별화라는 청구항의 해석에 있어서의 원칙이 결코 특허법을 뒤집어서는 안된다. (ii) 소위 기능식 청구항은 폐쇄적으로 한정되어 있는 명세서에 개시되어 있는 기능과 그의 균등한 구조의 존재로 인하여 어떤 식의 해석도 가능하여 지는 것이 아니다. (iii) 만일 이와 같

---

38) Laitram Corp. v. Rexnord, Inc., 939 F.2d 1533, 19 USPQ2d 1367(Fed. Cir. 1991).

이 보지 않는다면 이는 특허법 제112조 제6문이 요구하는 특허가 되기 위한 요건을 회피하는 것으로 이러한 해석은 허용될 수 없다는 점을 분명히 하였다.

이 사건은 기본적으로 컴퓨터 관련 발명에 대한 것도 소프트웨어 특허에 대한 사안도 아니었지만 기능식 청구항에 대하여 중요한 기준을 제시하고 있다. 이 사건에서 청구항에 기술된 구조물과 관련하여 명세서에 기재된 바에 의하여 상응하는 구조물은 H형의 구조물이었다. 하지만 침해하였다고 주장되어진 구조물은 V형이었다. 이 사건 대상 특허의 독립항 21항에 의하여 지지되는 종속항 24항은 H형 구조물이라고 기재하여 발명의 상세한 설명에서 나타나고 있는 구조물과 동일한 구조물을 적시하고 있었다. 특허권자는 이에 대하여 21항과 24항을 해석함에 있어서 만일 H형의 구조물에 국한되어 해석되어야 한다고 해석한다면 결국 독립항인 21항과 종속항인 24항은 실제적으로 동일한 청구항이 된다는 의미가 되는데, 이러한 해석은 청구항 차별화의 원칙에 위반되는 것으로 당연히 21항은 V형이건 H형이건 제한하지 않고 포함하는 것으로 해석되어야 한다고 주장하였다.

이에 대하여 법원은 이러한 특허권자의 주장을 배척하였다. CAFC는 "청구항 차별화라는 개념은 개별 청구항이 서로 다른 발명을 개시하여야 한다는 것을 의미하는 것이다. 이러한 관점에서 서로 다른 발명을 기재한 청구항들은 서로 다르게 읽을 수 있도록 하여야 함을 의미한다. 그렇지만, 이러한 청구항 차별화 원칙이 절대 불변의 원칙이 되는 것은 아니며, 만일 두 개의 청구항이 동일한 오직 하나의 의미만을 가지고 있다면, 이러한 청구항들이 동일하게 해석되는 것까지 막는 것은 아니다."라고 하면서 청구항 차별화를 주장하는 것에 대한 해석의 한계를 분명히 하였다.

(2) 문언해석의 한계

법관은 당해 명세서에 기재된 사항을 문언의 통상의 의미를 넘도록 해석할 수 없다. 물론 특허는 무효가 되기 전까지 유효로 추정된다.[39] 하지만 어떤 경우에도 명백한 오탈자와 기재의 오류인 경우를 제외하고,[40] 등록된 특허를 사실상 다른 청구항으로 읽힐 정도로 해석을 통하여 확장하여 유효로 인정해서는 안된다. 이때 명백한 오류라고 할 경우의 명백성은 고도의 것으로 의심의 여지가 없을 정도의 입증이 이루어져야 할

---

39) ACS Hospital v. Montefiore Hospital, 732 F.2d 1572(Fed. Cir. 1984).

40) Novo Industrial, L.P. v. Micro Molds Corp., 350 F.3d 1348(Fed. Cir. 2003).

것이다.

만일 문언해석에 의하여 권리범위가 명확하게 드러나고, 침해여부의 판단이 이루어질 수 있다면 침해소송의 경우 더 이상 판단할 필요 없이 침해로 결론을 내릴 수 있을 것이다. 그러나 만일 침해 여부가 다투어지는 물건 또는 방법이 청구된 발명의 모든 구성요소 또는 한정을 포함하고 있지 않다면 문언침해는 아니라도 균등침해는 될 수 있다.

(3) 명세서 해석과 명확성 원칙(불명확해서 무효)

미국 명세서에 사용된 용어는 합리적인 정확성을 가지고 있어 그 범위를 확정할 수 없는 경우에는 미국 특허법 제112조의 불명확성(indefiniteness)으로 인해서 무효가 된다. CAFC는 HZNP Meds, LLC v. Actavis Labs. UT, Inc. 사건[41]에서 특허명세서를 기재함에 있어서 청구된 사항이 무엇인지 명확하게 공중에게 공시하도록 청구항을 기재하여야 한다고 하면서, 청구항의 용어가 명세서 및 출원경과에 비추어 해석되었을 때 통상의 기술자에게 합리적인 확실성을 가지고 발명의 범위에 대해서 고지할 수 없다면 그 청구항은 불명확하여 무효라고 보아야 한다는 법리를 제시하였다. 이런 법리에 의하면 문언상 명세서 기재가 불명확하다고 보았고, 출원경과를 검토해도 불명확성은 해소되지 않았다고 보았다. 이와 관련하여, 우선권 주장의 기초인 이탈리아 출원 명세서에서 사용된 용어와 미국 명세서에서 사용된 용어가 서로 다른 사건[42]이 있었다. CAFC는 발명에 대한 출원인의 의사를 보여주는 자료라고 판단하였고, 특허명세서 해석에 있어서 외국어 우선권 기초 출원의 경우 그 외국어와 미국 출원 명세서 사이에 용어의 불일치가 있는 경우, 특허의 내적 증거와 외적 증거를 모두 검토하여 우선권 서류와 다른 용어를 미국 출원시 사용한 경우 출원인이 의도한 것으로 보아야 한다고 판단한 지방법원의 결론을 지지하였다. 문제가 된 사안에서 청구항 1항(독립항)에서 half-liquid 라는 용어를 사용하였는데, 이 용어를 어떻게 해석할 것인가가 문제되었다. 이에 대해서 IBSA는 통상적이고 일반적인 용어의 의미로 해석하여야 하는데, 이렇게 보면 문제가 된 용어의 의미는 semiliquid와 같은 의미로 보아야 하는데,

---

41) HZNP Meds, LLC v. Actavis Labs. UT, Inc., 940 F.3d 680, 688(Fed. Cir. 2019).

42) IBSA Insititut Biochimique, S.A. v. Teva Pharmaceuticals USA, Inc., 966 F.3d. 1374(Fed. Cir. July 31, 2020).

그렇다면 그 의미는 "고체와 액체 사이의 점도연속성(thickness consistency)을 갖는 것"이라고 주장하였고, 이에 대해서 Teva는 그 의미가 불명확하여 청구항 자체가 무효라고 보아야 하며, 무효가 아니라면 고체도 아니고, 페이스트도 아니고, 겔도 아니며, 슬러리도 아닌 물질로 해석되어야 한다고 주장하였다. CAFC는 문언 자체로 불명확하고, 외국어 명세서와 달리 용어를 채택하여 사용한 것을 참조되어야 한다고 보면서 semi-liquid와 half-liquid의 의미가 같으므로 명확성을 충족하였다는 IBSA의 주장을 배척한 것이다.

Ⅱ. 특허청구항의 구조

1. 도 입

미국특허실무상 청구항에서 사용되는 용어와 구절은 상세한 설명에서 명확하게 지지받을 수 있어야 한다. 이러한 목적으로 기재되는 특허청구항은 개량발명의 경우 통상적이거나, 공지된 요소나 단계에 관한 설명을 포함하는 전제부(preamble), 전제부와 본문을 연결하는 연결부(transition) 및 출원인이 신규하거나 개량된 부분이라고 간주하는 청구항의 요소, 단계 및/또는 관계를 기재하는 본문(body)의 3부분으로 구성된다.[43]

2. 전 제 부(preamble)

전제부는 해당 발명이 미국 특허법 101조에서 규정하고 있는 4가지 특허대상인 제조방법(process), 기계(machine), 제조품(manufacture), 조성물(composition of matter) 중에서 어디에 해당하는지에 대한 설명이다. 전제부에서는 청구항 전체로 보아 발명이 명확하면, 이에 대한 명시적인 인용을 포함할 필요가 없다. 청구항의 전제부는 때로 1, 2 단어 이상이 될 수 있다.

43) 이해영, 『미국특허법』(제2판), 한빛지적소유권센터(2005), 175면. 이 책에서는 본문 대신 "특징부"라는 용어를 사용한다.

전제부의 수식어는 경우에 따라서는 청구항의 한정으로 취급될 수 있으므로 출원인은 이러한 점을 유의하여 청구항을 작성하여야 한다. 일반적으로 전제부의 문언은 당해 문언이 청구항에 생명(life), 의미(meaning), 활력(vitality)을 부여하기 위하여 필요한 것이거나, 필수적인 구조나 단계를 언급하고 있다면 한정으로 인정된다는 것이 CAFC의 판례이다.44) 이러한 판례는 그 자체로 매우 추상적인 법리로서 실무상 적용이 쉽지 않다. 일반적으로 전제부의 용어가 청구항의 본문부에서 반복되어 사용되거나 본문부에서 인용되는 경우에는 한정으로 해석될 가능성이 높다.

특히 젭슨형 청구항의 해석에서 전제부가 문제된다.45) 젭슨형 청구항은 기본적으로 2가지 특징을 가지고 있다. 우선 전제부(preamble)는 청구범위를 제한하는 역할을 한다.46) 둘째 전제부에 기재된 특허대상은 공지인 것으로 추정된다는 것이다.47) 물론 이러한 추정은 복멸이 불가능한 것은 아니며 미국 특허법 제102조에 따른 선행기술이 아니며 발명자 자신의 발명임을 입증하면 추정을 번복할 수 있다.48) 미국 특허 5,926,248을 통하여 이러한 추정의 의미를 살펴본다.

> claim: 1. An improved sunglass lens laminate comprising: a first lens portion, a second lens portion, and an adhesive binding the first and second lens portions together, the improvement comprising incorporating sufficient ultraviolet absorber into the adhesive to block substantially all of the UVA radiation in sunlight.

미국 특허청의 경우 심사관이 위와 같은 젭슨형 청구항을 심사함에 있어서 선글라스, 2개의 렌즈와 접촉제를 사용하는 것은 공지기술로 보고, 오로지 자외선차단제를 접착제에 흡습시키는 것이 미국 특허법 제103조의 관점에서 진보성을 구비하고 있는가 하는 점만 보면 되는 것이다. 만일 이를 위와 같이 젭슨형 청구항으로 작성하지 않았다면 심사관은 선행기술에서 위와 같은 결합에 대한 동기(motivation) 등이 있는지

44) Catalina Marketing Int'l, Inc. v. Coolsavings.com, Inc., 289 F.3d 801, 808(Fed. Cir. 2002).
45) In re Jepson, 1917 Comm. Dec. 62, 243 O.G. 525(Ass't Comm'r Pat. 1917) 사건에서 미국 특허청(당시는 Patent Office Board)이 이러한 청구항을 승인하면서 잽슨형 청구항이란 용어가 등장하게 되었다.
46) Pentec, Inc. v. Graphic Controls Corp., 776 F.2d 309, 227 USPQ 766(Fed. Cir. 1985).
47) In re Fout, 675 F.2d 297, 231 USPQ 532(CCPA 1982).
48) Reading & Bates Construction Co. v. Baker Energy Resources Corp., 748 F.2d 645, 223 USPQ 1168(Fed. Cir. 1984).

도 심사를 하여야 하는바, 이에 비하여 심사관의 수고를 훨씬 덜어주는 형태의 청구항이다.

3. 연 결 부(transition)[49]

(1) 유 형

연결부는 전제부와 본문을 연결한다. 미국 출원실무상 출원대리인들은 3가지의 연결부 중의 하나를 선택하여 사용한다. 그 3가지는 포함하는(comprising), 구성되는(consisting of), 필수적으로 구성하는(essentially consisting of)이다. 물론 출원인은 얼마든지 다양한 연결부를 만들어서 사용할 수 있으므로 이러한 3가지 연결부에 국한하여 이 중 어느 하나를 사용하여야 하는 것은 아니다.

이 연결부의 선택이 중요한 이유는 연결부를 무엇을 선택하는가에 따라서 청구항이 가지게 되는 권리범위가 크게 달라진다는 점에 있다. 만일 연결부를 '구성되는'을 사용하면 적시된 구성요소로 한정되는 효과를 가지고 온다. 그래서 그 경우를 폐쇄형 연결부라고 부른다. 이러한 폐쇄형 연결부를 사용하면 "폐쇄형 청구항(closed claim)"이 된다.

반면 '포함하는'을 사용하는 경우에는 당해 요소들에 한정하지 않고 다른 요소들이 추가될 수 있는 여지를 남겨둔다.[50] 그래서 예를 들어 「A, B, C 요소를 포함하는 조성물」이라고 하면, 이런 연결부를 "개방형 연결부"라고 한다. 이때는 청구항에 열거된 A, B, C 요소 이외의 다른 요소인 D 요소를 포함하는 경우도 청구항의 권리범위의 일부가 된다.[51]

반면 「A, B, C를 요소로 구성되는 조성물」이라고 하면, D 요소를 포함하는 경우에는 청구항의 권리범위에 문언적으로 포함되지 않게 된다. 물론 문언적으로 포함되지 않는 것이므로 특허침해가 아니라는 점을 말하는 것은 아니며, D 요소가 무의미한 부

---

49) 이해영, 『미국특허법』(제2판), 한빛지적소유권센터(2005), 175면. 이 책에서는 '전이부'라는 용어를 쓴다. 그러나 전제부와 본문을 연결하는 부분이라는 의미에서 '연결부'라는 용어를 본서에서는 사용하고자 한다.

50) Mannesmann Demag Corp. v. Engineered Metal Products Co., Inc., 793 F.2d 1279, 230 USPQ 45(Fed. Cir. 1986).

51) 개방형 청구항에 대한 국내문헌으로 박성수, "개방형 청구항 및 발명의 필수구성요소와 특허청구범위의 해석", 「대법원판례해설」 66호(2006 하반기)(2007. 07) 50-112면.

기에 불과하거나, 균등물이라고 볼 수 있다면 여전히 특허침해가 될 가능성은 여전히 있다. 그러나 최소한 문언침해가 되지 않는다는 점에서 중요한 의의를 가진다.

연결부를 개방형으로 사용하면 폐쇄형 연결부를 사용하는 경우보다 넓은 권리범위를 확보할 수 있다. 권리범위를 가능한 넓게 하고 싶은 것이 대부분의 출원인들의 의사일 것인데 폐쇄형 연결부를 사용하는 이유는 만일 개방형 연결부를 사용할 경우 출원이 거절되거나, 무효가 될 수 있기 때문이다. 예를 들어 A+B+C+D로 구성된 선행발명특허가 있다고 할 경우 A+B+C로만 한정하는 경우에는 문언적으로 특허출원이 거절당하지 않을 수 있다. 그러므로 특허를 받기 위하여 의도적으로 권리범위를 명확하게 하는 경우에는 폐쇄형 청구항을 사용하게 되는 것이다. 폐쇄형 청구항은 권리범위를 한정함으로써 선행기술과의 차별화를 분명하게 드러낼 수 있다는 장점이 있다. 이를 통하여 선행기술에 의하여 예견(anticipation)됨으로써 출원발명이 거절되는 것을 피할 수 있다는 점이 출원시 폐쇄형 청구항을 사용하는 가장 큰 이유이다.

(2) 반개방형 연결부

위와 같이 구성되는(consisting of)이라는 연결부를 사용하는 것은 출원발명의 권리범위를 명확하게 한다는 장점이 있는 반면 권리범위를 지나치게 제약할 수 있다. 그러므로 이러한 두 가지 문제를 같이 고려할 수 있는 연결부를 생각하여 낸 혼합적 연결부가 바로 '필수적으로 구성하는(essentially consisting of)'이라는 연결부이다.

만일 구성되는(consisting of)이라는 연결부를 사용할 경우에 경쟁자는 특허의 권리범위가 상대적으로 명확하기 때문에 추가로 부가요소를 붙임으로써 쉽게 이러한 특허를 회피할 수 있다. 물론 요소를 부가한다고 해서 항상 특허를 회피할 수 있는 것은 아니라는 점은 이미 밝힌 바와 같다. 부가된 요소가 무의미한 요소일 경우에는 여전히 특허침해로 판단될 수 있다. 이러한 고민에서 나온 연결부인 '필수적으로 구성하는'은 만일 추가적인 요소인 D가 기존의 A+B+C로 구성되어 있는 특허 청구항을 본질적으로 변경하는 것이 아닌 한 D도 권리범위에 포함되는 것으로 해석할 수 있게 한다. 만일 D가 기존의 A+B+C로 구성되어 있는 특허 청구항을 본질적으로 변경하는 요소일 경우에는 D는 문언침해의 해석에 있어서 권리범위 밖에 있다고 할 것이다. 다만 이 경우에도 균등침해는 있을 수 있다.

화학발명에서 종종 문제가 되는 물성이나 효과에는 전혀 아무런 영향을 미치지 않는 구성요소를 추가함으로써 특허침해를 피하고자 하는 시도를 차단할 수 있기 때문에 특히 화학발명에서 이러한 '필수적으로 구성하는'이라는 연결부가 의미가 있다.

(3) 특허법 제112조(b)와의 관계

미국의 경우에도 특허법 제112조(b)에 의하여 출원인은 청구항에 자신이 출원하고자 하는 대상발명을 명확하게 기술하여야 한다(=Definiteness requirement).[52] 이는 청구항의 공시기능에 기초한 것으로서 불필요한 실험과 시행착오를 반복하지 않고 청구항의 기재에 의하여 당해 기술을 구현할 수 있도록 하려는 것을 목적으로 하는 특허법 제112조(a)와 달리[53] (b)는 해당 기술분야의 통상의 지식을 가진 자가 명확하게 이해할 수 있도록 하는 기능을 한다.[54] 휠체어의 크기에 대하여 "so dimensioned as to be insertable through the space between the doorframe of an automobile and one of the seats thereof"라고 기재한 청구항 부분이 기재불비로 무효라는 주장에 대하여 미국 CAFC는 원심의 기재불비 판단을 파기하면서, 차량의 크기가 다양하므로 이 정도의 기재로도 충분히 특정이 되었다고 볼 수 있다는 전문가 증언을 받아들여, 수많은 차량의 크기를 모두 감안하여 청구항을 작성하는 것을 요구하는 것은 타당하지 않다고 판단하였다.[55]

미국 특허청은 통상 전환부용어를 권리범위해석의 관점으로 규율하고, 기재요건의 관점에서 기재불비의 문제로 보지 않고, 법원도 '실질적으로 동일한(substantially

52) Miles Labs., Inc. v. Shandon, Inc., 997 F.2d 870, 874-75, 27 USPQ2d 1123, 1126(Fed. Cir. 1993).

53) Miles Labs., Inc. v. Shandon, Inc., 997 F.2d 870, 874. 27 USPQ2d 1123, 1126(Fed. Cir. 1993). 미국 특허법 제112조 (a)항은 청구항에만 적용되는 요건이 아니라 명세서 전체를 통하여 요구되는 것이라는 점에서도 (b)항과 서로 구별된다. 이러한 미국 특허법 제112조 (a)항과 (b)항의 관계는 우리 특허법 제42조 제3항과 제4항의 관계와 같다. 제3항이 실시가능요건이라고 하여 명세서의 기재에 의존하여 용이하게 실시할 수 있어야 한다는 요건인 반면, 제4항의 각호는 청구항이 발명의 상세한 설명에 의하여 뒷받침되어야 하며, 그 기재는 간결하고 명확하여야 한다는 것으로 연결부의 기재는 주로 2호의 명확성과 관련하여 문제가 될 것인바, 미국 특허실무상 제112조 (b)항의 문제로 연결부를 문제 삼고 있는 경우를 찾을 수 없었다는 점에서 우리 특허법 제42조 제2호의 운용과 관련해서도 그 자체로 기재불비로 보기보다는 권리범위를 좁히는 문제로 접근하는 것은 좋은 대안이 될 수 있다.

54) Morton Int'l, Inc. v. Cardinal Chem. Co., 5 F.3d 1464, 1470, 28 USPQ2d 1190, 1994(Fed. Cir. 1993).

55) Orthokinetics, Inc. v. Safety Travel Chairs, Inc., 806 F.2d 1565, 1 USPQ2d 1081(Fed. Cir. 1986).

equal)', '거의 근사한(closely approximately)' 등의 표현을 사용하였다고 하여 반드시 무효라고 보지 않는다.56) 문제가 된 미국 특허 4,410,892(Knop Patent)의 청구항 기재는 다음과 같다.

1. A conical horn-reflector antenna comprising the combination of:

a paraboloidal reflector forming a paraboloidal reflecting surface for transmitting and receiving microwave energy,

a smooth-walled conical feed horn for guiding microwave energy from the focus of said paraboloidal reflecting surface to said reflector, and

a lining of absorber material on the inside wall of the horn for reducing the width of the RPE in the E plane of the antenna without significantly increasing the width of the RPE in the H plane, said absorber increasing the Eigen value E and the spherical hybridicity factor Rs sufficiently to cause the E plane and H plane RPEs to approach each other.

3. A conical horn-reflector antenna as set forth in claim 2 which produces substantially equal E and H plane illumination patterns.

6. A method as set forth in claim 5 wherein said lining of absorber material increases the taper of the field distribution along the radii of said horn in the E plane to closely approximate the taper of the field distribution along the radii of said horn in the H plane.

법원은 명세서의 다른 부분의 기재, 선행기술, 출원경과와 특정기술에 대한 이해 등을 종합하여 당해 문언의 의미를 규정한다.57) 미국 특허실무의 이러한 태도는 일차적으로 당해 특허청구항의 문언을 최대한 명확할 수 있도록 하기 위한 수단을 통하여 문언의 의미를 파악하고, 그래도 해소되지 않는 불명확성이 있으면 그 때서야 비로소 기재불비로 처리하겠다는 2단계의 논리구조라고 이해된다.58) 한편 생명공학특허의 특징적인 점은 기재불비 판단에 고려되어야 할 것이다.59) 그러나 연결부의 기재로 인하

56) Andrew Crop. v. Gabriel Electronics, 847 F.2d 819, 6 USPQ2d 2010(Fed. Cir. 1988).

57) Amegan, Inc. v. Chungai Pharmaceutical Co., 927 F.2d 1200, 18 USPQ2d 1016(Fed. Cir. 1991).

58) Rosemount, Inc. v. Beckman Instruments, Inc., 727 F.2d 1540, 1546-47, 221 USPQ 1, 7(Fed. Cir. 1984).

59) 생명공학 특허의 청구항 해석에서 기재불비요건에 대해서, Janice M. Mueller, "The Evolving Application of the Written Description Requirement to Biotechnological Inventions", 13

여 기존에도 불명확한 점이 더욱 불명확하게 되어 만일 특허를 허용하게 된다면 이후의 여러 가지 소송의 발생이 예견되고 이러한 소송을 통한 권리범위확정에 문제의 해결을 맡기는 것도 사회적인 비용부담의 관점에서 타당하지 않다.

그러므로 미국의 경우에도 판례상 원칙적으로는 연결부의 기재는 권리범위를 어떻게 인정할 것인가 여부의 청구범위의 해석의 문제로 해결하는 것이 옳으나 예외적으로 당해 발명이 속하는 산업의 속성, 당해 기술의 특징과 청구항 전체의 유기적 구성 및 명세서 전체와의 관계에서의 관점에서 일의적으로 명확하게 정의할 수 없는 특별한 사정이 존재하는 청구항의 기재의 경우에는 이러한 각 점을 객관적, 종합적으로 판단하여 명확성 요건의 충족여부를 판단한다.

4. 본　　문(body)

청구항의 본문에는 발명의 구성요소들이 나열되어 있으며 이러한 각 구성요소들이 어떻게 구성되어 있는지가 표시되어 있다. 하나의 청구항은 통상 하나의 문장으로 작성하기 때문에 청구항의 각 구성요소들은 보통 여러 가지 방법으로 나누는 부분을 표시하는 것이 통례이다.

본문에서도 실무상으로 정리된 여러 가지 관행들이 있고, 실제 심사실무에서도 이러한 관행들은 특허의 허부와 관련하여 고려된다. 다만 용어의 사용에 있어서는 출원인은 자유롭게 자신이 조어를 만들어서 사용할 수 있다.[60] 다만 이러한 용어는 명세서를 통하여 그 의미가 명확하게 드러나야 하며, 정의될 수 있어야 한다.

Berkeley Tech. L.J. 615(1998) 참조.

60) Hormone Research Foundation, Inc. v. Genentech, Inc., 904 F.2d 1558, 1563, 15 USPQ2d 1039, 1043(Fed. Cir. 1990), cert. denied, 449 U.S. 955, 111 S.Ct. 1434, 113 L.Ed.2d 485(1991).

Ⅲ. 특수한 청구항의 해석

1. 젭슨 청구항(Jepson Claim)[61]

젭슨 청구항은 특허 발명을 특정하기 위해서 선행기술을 청구항에 기재한 개량발명에서 처음 판례에 의해 인정되었다.[62] 젭슨 청구항은 전제부, 연결부, 본문으로 이루어진다. 전제부에는 공지된 기술의 구조 혹은 단계에 대한 설명이 기재되며, 연결부는 주로 "wherein the improvement comprises"로 기재되며, 본문에는 출원자가 새롭거나 개량되었다고 주장하는 구성요소들이 기재되게 된다.

"An improved A(특허발명) of the type having a B and a C(공지의 구성요소), wherein the improvement comprises D(새로운 구성요소)"의 형태가 된다.

[청구항의 예]
United States Patent 4,952,020

Claim 1. A ribbon cable comprising, optical fibers and electrical conductors, the optical fibers and the conductors are spaced side to side within a surrounding, flexible jacket, wherein the improvement comprises;

젭슨 청구항의 전제부는 출원자의 명세서에서 제3자가 전제부 구성요소의 특허권자임을 추정케 한다.[63] 그러나 이 추정은 출원자가 다른 특별한 사정을 제시할 경우에는 복멸될 수 있다.[64] 그리고 출원자가 젭슨청구항의 전제부에서 자신의 발명에 대해서 기술하였다면, 그것은 청구항에 반대되는 증거로 사용될 수 없다.[65]

---

61) 젭슨형 청구항과 관련된 국내 문헌으로 최성준, "특허청구범위해석에 있어서 몇 가지 문제에 대하여", 특허청 개청 30주년 기념 논문집(2009).
62) Ex Parte Jepson, 243 Off.Gaz.Pat.Off.525(Ass't Comm'r 1917).
63) In re Fout, 675 F.2d 297, 301, 213 USPQ 532, 534(CCPA 1982).
64) In re Ehrreich, 590 F.2d 902, 909-910, 200 USPQ 504, 510(CCPA 1979).
65) Reading & Bates Construction Co. v. Baker Energy Resources Corp., 748 F.2d 645, 650, 223

젭슨 청구항은 청구항에서 어느 부분이 선행기술인지 개량인지 용이하게 구분하여 개량부분을 부각시킬 수 있기에 유용성이 있다. 하지만 그 개량부분이 명확해져, 그것의 범위가 좁거나 불확실할 경우 거절의 위험성이 있다. 심사관은 진보성 없음을 이유로 거절을 할 경우에 젭슨 청구항의 전제부의 구조를 선행기술로서 고려하여야 한다고 하였다. 그리고 복수인에 의해 동일출원이 계류 중인 상태에서 이중출원으로 거절을 피하기 위해 젭슨 청구항을 사용하였다면, 그것은 선행기술이 아니라고 하였다.[66]

2. 제법한정 청구항(Product-by-Process Claim)[67]

제법한정 청구항은 발명의 구조를 기재하지 않고, 발명이 제조되는 방법을 기재함으로써 특정되는 청구항을 말한다. 대개 "A발명을 위한 제조방법은 B단계와, C단계로 이루어진다"라는 형태로 기재된다.

[청구항의 예]
United States Patent 5,670,671

Process for the production of a *[sic]* improved form of Form 1 Ranitidine Hydrochloride having improved filtration and drying characteristics and having:

(i) a bulk density of not less than about 0.23 gm/ml; and,
(ii) a tap density of not less than about 0.28 gm/ml, …

제법한정 청구항은 특허성 판단과 특허침해에 있어서 해석 방법이 상이하다. 먼저 특허성 판단에 있어서는 제법한정 청구항을 제조방법에 의해 제조된 물건으로 본다.

USPQ 1168, 1172(Fed. Cir. 1984); In re Ehrreich, 590 F.2d at 909-910, 200 USPQ at 510.

66) In re Ehrreich, 590 F.2d 902, 200 USPQ 504(CCPA 1979).

67) 이 형식의 청구항을 소개하는 국내문헌으로, 김관식, "product by process 청구항의 해석", 정보법연구 (2010); 조현래, "Product by Process Claim에 대한 특허침해 판단", 부산대학교 Law Review (2009); 윤태식, "프로덕트 바이 프로세스 청구항(Product By Process Claim)에 관한 小考", 사법논집 제45집(2008).

만약, 제법한정 청구항에 기재된 물건이 선행기술과 동일하다면, 그것의 제조방법이 선행기술의 방법과 동일하지 않다 하더라도 특허성이 부정된다.[68] 다만, 제조방법에 의해 추정되는 구조는 선행기술과 대비하여 특허성을 판단할 때, 고려되어야 한다. 특히 발명이 오직 제조방법에 의해서만 특정될 경우나 제조방법이 특허발명의 최종물에 특유한 구조적 특징을 가져올 경우에 더욱 그러하다. 특허심사관이 특허발명이 선행기술과 유사하거나 동일하다고 인정할 합리적인 이유를 제시하여 신규성과 진보성 없음에 의한 거절 사유가 발생할 경우, 진보성 있음을 증명할 입증책임은 출원인에게 전환된다.[69] 구조의 미기재는 청구항의 특허성 판단을 용이하지 않게 하므로, 선행기술에 공개된 발명이 특허발명과 동일하거나 근소한 차이가 있을 경우에만 특허법 제102조 또는 제103조에 따른 거절이 납득할 수 있게 된다.[70]

반면 특허침해 판단에 있어서는 제법한정 청구항은 결국 제조방법만 공개하는 것이 되어, 원칙적으로 그 권리범위는 물건 전체가 아닌 제조방법에 국한된다. 하지만 CAFC의 판결은 일관된 입장을 보이지 않는다. Scripps 판결[71]에서는 제법한정 청구항을 순수하게 물건의 특허라고 하여 방법이 상이한 침해 대상물에 대해 특허권 침해를 긍정한 것에 반하여, Atlantic 판결[72]에서는 제법한정 청구항에 기재된 방법에 한정된다고 하여 그와 상이한 방법을 채택한 침해 대상물에 대해 특허권 침해를 부정하였다.[73]

서로 모순되는 사건의 판결에 대해 특허성의 판단과 특허침해 판단은 그 목적과 역할이 다르고 이에 따라 해석 원리를 달리하는데, Scripps 판결에서의 제법한정 청구항은 구조적으로 기술하기 어려운 신물질에 관한 것이므로 원칙에 대한 예외적인 사정에 해당되어 제법한정 청구항은 완전한 물건발명으로 보아 청구항에 기재된 방법에 한정되지 않는다고 해석하더라도 Atlantic 사건과 모순되지 않는다고 보는 견해도 있다.[74] 그러나 특허품 자체가 새롭게 발명된 것이 아니라 이미 존재하는 것의 추출 방법에 대한 발명은 위의 예외적 사정에 해당하지 않는다고 생각한다. 따라서 Scripps

68) In re Thorpe, 777 F.2d 695, 698, 227 USPQ 964, 966(Fed. Cir. 1985).
69) In re Marosi, 710 F.2d 798, 802, 218 USPQ 289, 292(Fed. Cir. 1983).
70) In re Brown, 459 F.2d 531, 535, 173 USPQ 685, 688(CCPA 1972).
71) Scripps Clinic & Research Foundation v. Genentech Inc., 927 F.2d 1565(Fed. Cir. 1991).
72) Atlantic Thermoplastics Co. Inc. v. Faytex Corp., 970 F.2d 834(Fed. Cir. 1992).
73) 조현래(주 67), 앞의 논문, 140면.
74) 조현래(주 67), 위의 논문, 152면.

사건에서의 제법한정 청구항에 대한 침해도 Atlantic 사건에서와 마찬가지로 특허 보호 범위를 물건(product)에 한정하여 해석하는 것이 타당하다. 2009년 CAFC는 Sandoz 사건에서 전원합의체 판결로 제법한정 청구항은 기재된 방법에 보호범위가 한정된다는 입장으로 정리하였다.[75]

사례연구

Scripps 사건[76]

1. 사건의 배경

본 사건은 미국의 생명공학 연구소인 Scripps Clinic & Research Foundation(이하 'Scripps')과 생명공학 · 제약 기업인 Genentech, Inc.(이하 'Genentech') 간의 특허 침해, 무효 소송이다. 이 소송에서 Genentech은 방어를 위해 특허의 무효를 주장했다. 이 과정에서 특허의 유효성, 실시가능성, 침해와 유도침해, 재등록출원, 제법한정 청구항의 해석 등의 다양한 논점들이 제기되었다. Genentech에 의해 제기된 특허 무효 소송 관련 사안의 경우 Scripps가 출원한 특허가 무효라 판시한 원심의 판결은 모두 파기 환송되었고, Scripps에 의해 제기된 특허 침해 소송 관련 사안에서는 Genentech의 직접 침해를 인정한 원심은 파기 환송되었으나, 유도침해는 인정되었고, Scripps의 Meyer Abstract 관련 불공정 행위를 부정한 원심 판결은 부분 인용되었으며, 제법한정 청구항에 대한 침해를 부정한 원심의 판결은 사실심으로 환송되었다.

그리고 제기된 여러 논점들 중 특이할 점은 제법한정 청구항의 해석에 대한 것인

75) Abbott Laboratories v. Sandoz, Inc., 566 F.3d 1282(Fed. Cir. 2009). 이 판결에 대한 평석으로 Frederick H. Rein and Joseph B. Crystal, "Abbott v. Sandoz: Judicial clarity on the interpretation of product-by-process claims", Journal of Generic Medicines 6(August 2009) pp. 369-378.

76) Scripps Clinic & Research Foundation v. Genentech Inc., 927 F.2d 1565(Fed. Cir. 1991).

데, 그 이유는 1년 후인 1993년 Atlantic Thermoplatics Co. v. Faytex Corp. 사건[77]에서 동일한 법원이 이 사건과 상반된 판결을 내렸기 때문이다.

2. 대상특허

이 사건의 특허는 Scripps가 특허권자로서 1982년에 최초 출원하였고, 1985년 재출원 된 것으로서, 혈액내 혈장 단백질의 극히 일부를 차지하는 혈액응고요소인 Human FactorⅧ: C(이하 'FactorⅧ: C')라는 인체 단백질에 관한 것이다. 혈우병의 치료에 쓰이는 특허품은 혈액의 혈장 내에 FactorⅧ: RP(FactorⅧ: C에 비해 약 100배 무거움, 이하 'FactorⅧ: RP')와 결합된 상태로 존재하는데 기존에는 농축과 분리가 어려워 비용이 많이 들고, 불순물로 인한 다른 질병의 2차 감염이 있는 등의 문제를 가지고 있었다. 발명자들은 이러한 문제점을 개선하여 monoclonal 항체를 이용해 FactorⅧ: C를 FactorⅧ: RP로부터 분리하고, Aminohexyl Column을 이용해 분리된 FactorⅧ: C의 순도를 높여 고농축·고순도의 FactorⅧ: C(Plasma-derived Human Factor Ⅷ: C)를 생산하는 process를 개발하였다. 이에 비해 Genentech은 DNA 재결합 방법을 통해 Factor: C(Recombinantly-produced human Factor Ⅷ: C)를 생산했는데, 그 기술은 단백질을 암호로 분류하여 유전자를 분리시켜 숙주 세포에 삽입시킨 후 증식시켜, Monoclonal 항체를 이용하여 FactorⅧ: C를 정화시키는 것이다. 이후 1987년 Scripps는 Genentech에 의해 자신들의 특허에 대한 침해가 있었다는 소송을 제기하였고, 이에 Genentech은 Scripps의 특허가 무효라는 주장을 하였다. 본 판결은 양측에 의해 제기된 침해와 무효 소송의 사실심리생략판결에 대한 연방순회항소법원의 최종 판결로서 양 당사자들에 대해 제기된 다양한 논점들에 대한 판단을 담고 있다.

3. 청구항 1

출원된 청구항 1은 FactorⅧ: C을 생산하는 process에 대한 것으로서, 'comprising'이라는 표현이 사용되었는데, 이는 '개방형이(open-ended)'라고도 불리는 것으로서 이

77) Atlantic Thermoplastics Co. Inc. v. Faytex Corp., 970 F.2d 834(Fed. Cir. 1992).

표현이 사용될 경우 특허권리범위의 해석에 있어서 해당 청구항의 구성요소 이외에 다른 구성요소도 포함될 수 있는 것으로 해석한다. 따라서 침해품이 특허청구항의 구성요소 이외의 다른 구성요소를 갖고 있더라도 특허침해로 해석될 수 있다.

> *"Claim 1: An improved method of preparing Factor Ⅷ procoagulant activity protein comprising the step of (a)→(b)→(c)→(d)→(e)"*

이와 비교되는 표현으로 폐쇄형이라고 불리는 Consisting of와 Consisting essentially of이 있다. Consisting of가 사용될 경우 특허권리범위의 해석에 있어서 해당 청구항의 구성요소만을 포함하는 것으로 해석한다. 따라서 침해품이 특허청구항의 구성요소 이외의 다른 구성요소를 갖고 있을 경우에는 특허침해가 성립하지 않는다. 그리고 Consisting essentially of가 사용될 경우 특허권리범위의 해석에 있어서 해당 청구항의 구성요소 이외에 추가적인 구성요소가 해당 발명의 기본적이고 신규한 특성에 실질적으로 영향을 미치지 않을 경우에만 개방형, 즉 "comprising"과 같은 의미로 해석된다. 따라서 침해품이 특허청구항의 구성요소 이외의 다른 구성요소를 갖고 있을 경우에 그 구성요소가 특허의 기본적 신규한 특성에 실질적으로 영향을 주지 못할 경우는 특허침해가 성립하게 된다.

4. 제법한정 청구항의 해석

제법한정 청구항은 물건의 구조나 성질 등으로서 대상 물건 자체를 특정하여 특허를 요구하는 것이 아니라, 그 물건의 제조방법을 특정하여 물건에 대한 권리를 요구하는 것이다. 제법한정 청구항의 경우 신규성이나 진보성 등의 특허성 판단 시 선행기술과 대비하는 청구항의 범위를 물건으로 볼 것인지 아니면 그것에 기재된 제조방법에 한정된 물건으로 볼 것인가가 문제되고, 특허침해 판단시의 경우에는 청구항의 물건 그 자체에 권리는 인정할 것인지 아니면 그것에 기재된 구체적인 방법에 한정하여 권리를 인정할 것인지가 문제된다. 만약 특허성 판단시 제법한정 청구항의 판단대상을 물건 자체로 인정한다면 출원전 공지된 물건에 의해 신규성이나 진보성이 부정되어 특허를 받을 수가 없게 되는 반면, 판단대상을 청구항에 기재된 제조방법에 한정된 물건으로 본다면 출원전 공지된 물건과 제조방법이 다르고 진보성이 인정된다면 특허 받을 수가 있게 된다. 또한 특허침해 판단시 제법한정 청구항의 권리 범위를 물건으로 본다면 침해 대상물이 물건으로서 동일하다고 인정될 수 있는 한 다른 방법에 의해 생산되더라도 침해로 인정될 것이고, 청구항에 기재된 구체적인 방법에 한정된다면 침해 대상물이 동일한 물건이라도 다른 방법에 의해 생산된 경우에는 침해가 되지 않는다.

본 사건에서 Scripps는 Genetech이 제법한정 청구항을 문언침해나 균등론의 적용에 따른 침해를 했다고 주장하며 침해에 대한 사실심리생략판결을 신청하였으나 원심은 같은 process가 실현되지 않는다면 제법한정 청구항이 침해되지 않는다는 판단을 하였다.

> *"The district court remarked that product-by-process claims would not be infringe unless the same process were practice."*

그러나 CAFC는 제법한정 청구항으로 기재된 청구범위의 특허성을 결정할 때 청구범위에 기재된 제법(process)에 한정해서 물건(product)을 심사하지 않으며, 무효심판이나 침해사건에서도 청구범위는 똑같이 해석, 적용하기 때문에 제법한정 청구항의 올바른 해석은 청구범위에 기재된 process를 통해 만들어진 product에만 한정해서는 안 된다고 판시하여 제법한정 청구항에 대한 침해를 긍정하였다.

> *"In determining patentability we construe the product as not limited by process stated in the claims. Since claims must be construed the same way for validity and for infringement, the correct reading of product-by-process claims is that they are not limited to product prepared by the process set forth in the claims."*

그러나 본 사건의 판결 1년 후인 1993년 Atlantic 사건에서 동일한 법원은 제법한정 청구항의 침해판단 단계에서는 청구항 해석시 모든 청구항을 제한하는 사항을 고려해야 할 뿐만 아니라 오히려 청구항에 기재된 용어를 적절히 해석하기 위해서는 상세한 설명, 출원 경과, 선행 기술 및 다른 청구항 등도 고려해야 한다고 하여 침해를 부정하였다.

3. 마커쉬 청구항(Markush Group Claim)

Markush 청구항이란 「A, B, C 및 D」 혹은 「A, B, C 또는 D로 구성된 그룹에서 선택된」의 형태로 표현되는 청구항을 말한다.[78] 이처럼 선택적인 구조의 기재는 청구항의 범위를 모호하게 하지만, 기재된 구조들을 포괄하는 개념이 없을 경우에 사용되며, 특히 범위와 명확성에서 불확실성이나 모호함이 없을 경우에 한하여 인정되는 형태이다. 이 청구항은 1925년 Markush 사건에서 처음으로 인정되었다.[79]

기재된 구조들을 포괄하는 일반 명칭이 있는 경우에도 독립항에서 위 일반명칭을 기재하고, 종속항에서 구조들을 Markush 청구항으로 묶을 수 있어서 청구항의 범위를 필요한 범위로 줄이고자 할 경우에도 유용하다. 화학관련 특허에서 주로 사용되지만, 순수히 기계적인 특징이나 공정의 경우에도 Markush 청구항이 이용된다. '구성된' 대신에 '포함하는'의 기재는 적합하지 않다.[80]

마커쉬 청구항이 사용되려면 마커쉬 그룹을 포함한 방법발명이나 결합발명의 경우 마커쉬 그룹의 선택적 구성요소들은 명세서에 기재된 기능을 나타내기 위해 하나 이상의 공통된 물리적 또는 화학적 성질을 가져야 한다. 예를 들어 화합물 발명의 경우, Markush 청구항에 기재된 요소들은 물리적, 화학적 또는 기술적으로 같은 집단에 속해야 한다. 심사관이 청구항에 발명의 단일성이 없지 않는 한, 출원인의 발명을 심사거부하는 것은 적절하지 않다.[81] 발명의 단일성은 화합물질이 (i) 공통된 기능을 공유하며 (ii) 기능에 필수적인 구조를 상당부분 공유할 경우 인정된다.[82] 그러나 방법이나 결합물 발명의 경우, Markush 청구항이 사용될 경우, 요소들은 기능을 수행하는데 필요한 하나 이상의 공통된 특징을 가지면 충분하다.

청구 범위를 줄이는 Markush 청구항의 사용이 거절의 이유로 고려되어서는 안 되

---

78) 청구항의 예: United States Patent 6892316.
The method of claim 5, wherein the configuration data is selected from the group consisting of unique identifier data, architecture map data, field replaceable unit configuration data, and combinations thereof.

79) Ex parte Markuch, 1925 C.D. 126(Comm'r Patent 1925).

80) Ex parte Dotter, 12 USPQ 382(Bd. App. 1931).

81) In re Weber, 580 F.2d 455, 198 USPQ 328(CCPA 1978); In re Haas, 580 F.2d 461, 198 USPQ 334(CCPA 1978).

82) In re Harnisch, 631 F.2d 716, 206 USPQ 300(CCPA 1980); Ex parte Hozumi, 3 USPQ2d 1059(Bd. Pat. App. & Int. 1984).

고, 그것이 청구항에 불명확성을 가져오거나 과다하게 다양성을 가질 경우에 특허는 거절되어야 한다. 유사하게, Markush 청구항의 구조들이 이중으로 포함되어 있는 것은 특허 거절의 충분한 사유가 되지 않는다. 오히려, 각각의 사안에서 하나 혹은 그 이상의 구조들이 다중으로 포함되어 있는 것이 청구항을 불명확하게 하는지를 살펴보아야 한다. 화합물이 하나 이상의 Markush 청구항을 포함할 수도 있다는 단순한 사실은 꼭 청구항의 범위를 불명확하게 만드는 것은 아니다.

2020년 Amgen 판결[83]에서 CAFC는 마커쉬 청구항으로 기재된 청구항의 해석에 있어서 마커쉬 그룹을 개방적으로 해석하여 마커쉬 그룹에 선택적으로 열거된 요소 이외에 추가적으로 다른 요소들도 포함될 수 있는 것으로 해석하여야 하는가에 대해서 판단하였다. 이 사건의 지방법원은 개방적으로 해석하여야 한다는 Amgen의 주장을 받아들이지 않았다. CAFC는 Mulitlayer판결에서 마커쉬 청구항을 사용하는 경우 열거되지 않은 구성요소를 포함할 수 없는 것이 원칙이라고 봐서 폐쇄형으로 해석되는 것으로 추정된다고 본 바 있다.[84] 이에 대해서 CAFC의 다수의견은 지방법원의 판결을 파기환송했다.

종래 CAFC는 마커쉬 그룹은 "consting of"라는 연결구를 사용하여 폐쇄형으로 해석해왔다. 즉 "A, B, C로 구성된 군에서 선택되는 요소"(a member selected from the group consisting of A, B, C) 형식으로 기재되어 있는 마커쉬 그룹의 경우 기재되어 있는 A, B, C라는 구성요소 각각이 마커쉬 형태로 작성된 구성요소에 해당되는 것으로 해석되는 것이지, 이들의 조합조차도 이 구성요소에 문언적으로 포함되지 않는 것으로 보았다.[85]

문제는 마커쉬 청구항을 사용하면서도 comprising이나 having 또는 containing과 같은 연결구를 사용하는 경우이다. 이런 경우 마커쉬 구성요소가 다른 구성요소와 조합하여 조성물을 형성하고 각기 구성요소들은 개방형 연결구를 사용하여 결합되면 마커쉬 청구항이라고 하더라도 선택적으로 나열된 구성에는 해당하지 않지만 동일 범주의 다른 구성을 개방형으로 포함하는 것으로 해석될 수 있는지가 문제가 되는 것이다.

---

83) Amgen Inc. v. Amneal Pharmaceuticals LLC, 945 F.3d 1368(Fed. Cir. 2020).

84) Multilayer Stretch Cling Film Holding, Inc. v. Berry Plastics Corp., 831 F.3d. 1350(Fed. Cir. 2016).

85) Abbott Laboratoreis v. Baxter Pharmaceutical, Inc., 334 F.3d. 1274, 1280-1281(Fed. Cir. 2003).

이 쟁점에 대해서 CAFC는 연결구로 comprising을 사용하는 경우 마커쉬 그룹에 포함되지 않은 임의적인 추가도 가능하다고 보았다.[86] 이 판결은 종래 마커쉬 청구항을 사용하는 경우 폐쇄형으로만 해석되어야 한다는 종래의 태도를 변경하여 개방형 해석도 가능하다는 법리를 제시하였다는 점에 의의가 있다.

4. 기능식 청구항(means-plus-function claim)[87]

(1) 기능식 청구항의 의의

기능식 청구항이란, 출원인이 '발명을 이루는 필수적 구성요소 중 전부 또는 일부가 기능식 표현, 즉 물리적 구조로 직접적으로 표현하지 않고 당해 구성요소의 기능, 효과, 성질 등으로 간접적이고 추상적으로 표현한 것으로서 그것이 당해 기술분야에서 일정한 기술적 구성을 간단하게 나타내는 일반적인 표현에 해당하지 않는 것으로 기재된 청구항을 의미하는 것이다.[88] 이와 같은 청구항의 구성은 한국이나 미국 뿐 아니라 독일, 일본, 중국, 스위스 등의 국가에서 모두 인정하고 있는데 미국은 특허법 제112조(f)에서 명문으로 이를 인정하고 있고, 그 규정에 따라 기능식 청구항은 명세서에 개시된 구조(및 균등물)로 권리범위가 제한되고, 따라서 명세서에 단 하나의 실시예만 개시된 경우, 기능식 청구항의 권리범위는 단일 개시된 해당 구조 및 그 균등물로 제한된다.[89]

기능식으로 청구항을 작성함에 있어 출원대리인은 흔히 'means-for'라는 용어를 실

---

86) 다만 이런 Amgen Inc. v. Amneal Pharmaceuticals LLC, 945 F.3d 1368(Fed. Cir. 2020) 판결의 다수의견에 대해서는 2인의 반대의견이 있었다.

87) 다수의 국내문헌이 있음. 대표적으로 박원규, "기능식 청구항에 관한 고찰－그 허용범위와 해석방법을 중심으로－", 사법논집 제45집(2007) 539-590면.

88) 특허법원, 「2019 International IP Court Conference: Court, IP and Fairness」 자료집(2019), 77면 참조.

89) Mettler-Toledo, Inc. v. B-Tek Scales, LLC, 671 F3d 1291, 1296(Fed. CIR. 2012). 이러한 미국 법원의 입법 및 실무는 한국의 경우와 차이가 있다. 즉, 기능식 청구항의 권리범위를 문언대로 해석할 경우 출원인이 공개한 기술 내용보다 권리범위가 넓어지기 쉬운 문제가 있다는 점에서, 특허침해 판단단계에서 청구항의 권리범위를 명세서나 도면에 개시된 구체적인 구성에 한정하는 태도가 특허제도 본래의 취지에 부합하여 합리적이라고 볼 수 있으나, 명세서에 나타난 구체적인 구성을 실시예에만 한정하여 파악하는 것은 청구범위 해석에 관한 우리(한국) 대법원 판례의 법리 취지상 타당하다고 보기 어렵다[위 특허법원 국제컨퍼런스 자료집 88쪽(박태일 부장판사, 정택수 고법판사 답변부분에서 인용)]. 특히 한국은 미국 특허법 제112조(f)와 같은 규정이 없다.

행하고자 하는 기능에 연이어 기재한다. 하지만 유의하여야 할 점은 단지 청구항에 'means-for'라는 단어가 들어있다고 하여서 기능식 청구항이 되는 것은 아니고, 반대로 이러한 단어가 들어있지 않다고 하여서 기능식 청구항으로 해석하여서는 안되는 것은 아니다.[90] 법원이 청구항을 기능식이라고 판단을 함에 있어서도 구성요소별(element-by-element rule)로 판단하여야 할 것인바,[91] 레이디온社(Raytheon) 사건에서 법원은 'so that'이라고 기재되어 있는 부분이 실제로는 기능식으로 표시하는 'means-for'와 같은 의미라고 판단하였다.[92] 아울러 법원은 이러한 기능식 청구항인지 여부를 판단함에 있어서 출원경과도 고려할 수 있다.[93] 한편 미국 법원 실무에서, 청구항에 기능적 표현으로 된 '수단' 또는 '단계'라는 표현이 사용된 경우 이러한 청구항에는 특허법 제112조(f)가 적용되는 것으로 추정되나, 청구범위에 그러한 '기능'과 함께 기능을 수행하는 구조가 구체적으로 기재된 경우 특허법 제112조(f) 적용의 추정은 극복된다고 보고 있다.[94]

결국 법원은 기능식 청구항인지 여부를 여러 가지 사정을 종합하여 판단하여야 하며, 비록 'means-for'라는 문언이 존재하는 경우라고 하더라도 이에 국한되지 않고 제한적으로 해석하여 특허를 유효로 남겨두는 대신 전부를 무효로 판단하는 것도 가능하다고 할 것이다. 물론 일반적인 용례를 무시하여야 한다는 의미는 아니다.

90) Raytheon Co. v. Roper Corp., 724 F.2d 951, 957, 220 USPQ 592, 597(Fed. Cir. 1983).
91) 이를 사건의 명칭을 따서 '펜월트 룰(Penwalt Rule)'이라고도 한다.
92) Raytheon Co. v. Roper Corp., 724 F.2d 951, 957, 220 USPQ 592, 597(Fed. Cir. 1983).
93) In re Pablumbo, 762 F.2d 975, 226 USPQ(Fed. Cir. 1985).
94) 위 2019특허법원 국제컨퍼런스 자료집, 82, 83면(U.S. District Judge, William ALSUP 답변부분에서 인용).

사례연구

Al-Site Corp. 사건[95)]

1. 사실관계

원고와 피고는 안경제조업자들이었다. 원고는 선반에 안경을 전시하는 기술에 대한 4,976,532특허, 5,144,345특허, 5,521,911특허 등 4개 특허의 특허권자였는데, 이 발명은 소비자가 안경걸이로부터 안경을 제거함이 없이, 안경을 착용해보고, 그것을 선반에 되돌려 놓는 기술이었다. 원고는 피고를 상대로 특허, 상표, 디자인의 침해 및 부정경쟁방지법 위반을 원인으로 한 소송을 제기하였다.

2. 쟁 점

사건의 핵심은 청구항의 "the fastening means", "eyeglass hanger member"와 "eyeglass contacting member"라는 단어가 기능식 청구항인지 여부였다.

3. 대상특허의 청구항

(1) 미국 특허 4,976,532

1. … said extension being adapted to operatively hold a try-on article by reversely bending said extension and having said free end fixedly held by fastening means disposed in the vicinity of said edge portion to form a closed loop that wraps around a selected portion of a try-on article and cooperates therewith to prevent separation of said hanger means from such try-on article without opening said closed loop; …

95) Al-Site Corp. v. VSI Int'l, Inc., 174 F.3d 1308(Fed. Cir. 1999).

(2) 미국 특허 5,144,345

1. The combination of an eyeglass display member and an eyeglass hanger member comprising:

an eyeglass display member having an exterior surface; …

(3) 미국 특허 5,521,911

1. The combination of an eyeglass display member and an eyeglass contacting member comprising:

an eyeglass display member having an exterior surface; …

4. 적용법률 및 판례

지방법원은 "the fastening means"을 기능식 청구항으로 해석하였다. 따라서 "the fastening means"은 특허 명세서의 리벳 혹은 버튼과 구멍의 결합체이거나 그 등가물이라고 하였고, 침해를 인정하였다. 피고는 항소심에서, 자신의 제품은 접착제를 사용하고 있기 때문에, 침해가 아니라고 주장하였지만, 접착제는 명세서의 "the fastening means"의 등가물(=균등물)이므로 문언침해를 구성한다고 원심판결을 확인하였다.

또한, 지방법원은 "eyeglass hanger member"와 "eyeglass contacting member"를 기능식 청구항으로 보았지만, CAFC는 수단이라는 단어를 쓰지도 않고, 그 자체로도 충분히 구조를 기재하고 있기 때문에 기능식 청구항으로 해석한 것은 잘못이라고 하였다. 또한 CAFC는 지방법원이 기능식 청구항으로 해석함으로 인해 범위가 불필요하게 줄어들었지만 배심원이 균등론에 의한 침해를 인정하였으므로, 항소심 법원이 권리범위를 수정하여 넓힌다 해도 침해 판결에는 영향이 없다고 하였다.

5. 의 의

이 판례에서는 미국 특허법 제112조(f)의 균등물과 균등론의 차이점에 대해서 설시하고 있다. 기능식청구항에서의 균등물이란 침해사건에서의 권리범위를 제한하는 해석 방법인 반면에, 균등론이란 특허 발명과 침해제품과의 동일성이 있을 경우에 청구항의 범위를 문언 범위이상으로 확장하는 역할을 한다. 기능식청구항에서 침해제품은 청구항에 기재된 구성요소와 동일한 기능을 수행해야 하는 반면에, 균등론에서의 침해제품은 실질적으로 같은 기능을 수행하는 것이면 충분하다. 또한 균등물에서는 문언의 의미는 특허 출원시로 고정되므로, 특허 출원 후의 기술에 의한 침해는 인정되지 않는 반면에 균등론에서는 특허출원 후의 기술도 침해를 인정한다. 그러나, 균등물과 균등론이 그 목적과 운영에서 상이하다 하더라도, 균등물에서의 구조상의 동일물이 발견되지 않으면, 균등론에 의한 동일성도 발견되지 않기에 실제적인 차이는 그리 크지 않다.

(2) 소송의 국면에서의 기능식 청구항

특허의 출원단계에서 기능식 청구항으로 출원을 한 경우, 소송의 단계에서 법원은 이를 어떻게 해석하여야 할 것인가? 이에 대한 원칙으로 출원 단계에서 신청된 특허의 특허성을 판단함에 있어서 제시된 원칙이 도날드슨 사건[96]에서 제시되었다. CAFC는 이 사건에서 기능식 청구항의 해석에 있어서는 반드시 해석자는 명세서(specification)를 보아야 하고, 청구항의 문언을 상응하는 구조, 물질, 기타 그에 균등물에 해당하는 것에 국한하여 명세서가 이를 적시하는 경우에 한하는 것으로 해석하여야 한다는 원칙이 적용되어야 한다고 판시하였다.

미국 특허법 제112조(f)의 적용을 기능식 청구항이라고 해서 완화할 이유가 없고, 오히려 기능식 청구항의 경우에는 특허권자는 정확하게 기능적인 용어에 의하여 정의되는 부분에 국한하여 그 권리를 주장할 수 있는 것이다. 그러므로 기능식 청구항을 이용하여 출원하는 변리사는 명세서를 작성함에 있어 청구항에 기재된 기능이 정확하게 명세서에 기재될 수 있도록 기능식 청구항을 작성하여야 한다. 결국 출원대리인이 기능식 청구항을 사용하여 출원을 하려고 하는 경우에는 청구항뿐만 아니라, 명세서까지도 세심한 신경을 써야 하는 점에서 자원을 소비하는 결과가 될 수 있다.

한편 법관은 기능식 청구항이라고 판단하여 무효로 보지 않는 경우 권리침해소송을 염두에 두고 그 권리범위가 명확하게 청구항을 뒷받침하는 명세서의 기재에 국한되어

96) In re Donaldson Co., 16 F.3d 1189, 29 USPQ2d 1845(Fed. Cir. 1994).

야 하는 기능식 청구항의 특성을 고려하여 이를 제한하여 해석하여야 함을 판결문에 방론으로라도 적시해야 한다. 만일 이와 같이 하지 아니하면, 특허무효소송에서는 기능식 청구항이라는 이유로 하여 무효를 면하게 되고, 반면, 특허침해소송에서는 이와 같은 기능식 청구항의 특성이 감안되지 못하여서 권리범위가 서로 상이하게 결론에 이르게 되는 상황을 피하기 어렵게 되는 상황이 발생할 수 있다.

(3) 기능식 청구항의 해석

1) 기능식 청구항과 선행기술의 개시

기능식 청구항의 기본적인 문제 상황은 일반적인 특허 출원과 소송 단계에서의 딜레마와 동일하다. 출원을 하는 쪽은 출원 심사의 단계에서는 출원인은 심사관이 가능한 제한적으로 이해하기를 바란다. 발명자는 특허명세서를 작성함에 있어서 오로지 자신이 개선한 부분에 대하여서만 중심을 두고 명세서에 기술하게 된다. 이러한 특허명세서의 작성에 있어서 선행기술에 대한 참고문헌들의 가장 중요한 역할은 미국 특허법 제112조의 요건을 충족시키기 위하여 필요한 수준의 설명을 하는 것에 있다. 한편 발명의 상세한 설명은 당업자가 발명을 이용할 수 있는 정도의 명시이면 충분하고 그 이상으로 자세하게 개시하여야 할 필요는 없다.

발명자가 판단하기에 특정한 절차가 잘 알려져 있어서 상세하게 설명할 필요가 없다고 판단한다고 하더라도, 발명자는 당업자가 발명을 이용하기에 필요한 개시를 하여야 한다. 이와 같은 일반적인 출원인의 개시에 관한 원칙은 기능식 청구항에 있어서도 특허가 되기 위해서 마찬가지로 지켜져야 한다. 기능식 청구항으로 출원하려는 변리사는 선행기술을 조사하여 청구항들이 선행기술과 구별될 수 있도록 기재하여야 한다. 최초의 청구항은 넓게 작성될 것이지만 최후의 청구항은 가장 좁은 청구항이 될 것이다. 심사관은 최초의 청구항과 명세서를 신중하게 심사를 하고 철저하게 선행기술과 대비하여 검토하여야 한다. 그리고 심사관은 Office Action을 할 것이다. 이러한 심사관의 결정에 대하여 출원인은 미국 특허법 제103조에 의한 거절결정에 대하여는 좁게 청구항을 수정할 수 있고, 제112조의 거절에 대하여 불명확한 청구항을 명확하게 함으로써 최초의 결정을 극복하고 특허통지(Notice of Allowance)를 받을 수 있다. 이와 같은 특허의 출원경과는 기능식 청구항의 해석에 있어서도 기능식 청구항으로 볼 것인가, 그리고 기능식 청구항이라면 명세서 기재례와의 대비에 있어서 청구항을 어떤 범위로 해석하여야 할 것인가에 있어 중요한 역할을 한다.

2) 기능식 청구항의 해석과 실시례 불구속의 원칙

미국 대법원은 일련의 판례를 통하여 기능식 청구항에 관한 판례법을 형성하였다. 법원은 이러한 기능식 청구항의 해석에 있어서 기능과 관련하여 명세서에 대응되는 구성으로서 '컴퓨터'나 '마이크로프로세서'가 기재되어 있는 경우, 그 구성은 범용 컴퓨터가 아니라 명세서에 기재된 특정 알고리즘을 수행하도록 프로그램된 '컴퓨터'나 '마이크로프로세서'로 제한하여 해석되어야 한다고 판단하였다.97)

기능식 청구항이 특허 청구항의 해석에 있어서 소위 '실시례 불구속의 원칙'에 대한 중요한 예외를 형성하는 이유는 미국 특허법 제112조(f)(An element in a claim for a combination may be expressed as a means or step for performing a specified function without the recital of structure, material, or acts in support thereof, and such claim shall be construed to cover the corresponding structure, material, or acts described in the specification and equivalents thereof.)의 적용에 있어서 만일 제한적으로 해석하지 않으면 이러한 기능식 청구항을 통하여 지나치게 넓은 특허범위를 가진 특허가 허용되어 특허명세서가 가지는 공시기능을 제대로 할 수 없게 될 우려가 있기 때문이다.

레이트램 사건 이후 기능식 청구항의 청구범위의 해석에 있어서 그 권리범위는 명세서에 개시된 내용에 국한하여 이에 상응하는 부분이 존재하는 청구항으로 국한되어 해석되어야 한다는 점이 분명하게 되었다. 특허법이 염두에 두고 있는 특허제도의 목적인 공개의 촉진을 통한 기술혁신의 촉진과 이를 통한 사회적 후생의 증대라는 점에 부합할 수 있도록 하려면 명세서는 미국 특허법 제112조(a)가 적시하고 있는 바와 같이 발명에 대한 상세한 설명이 이루어져서, 당업자라면 이를 사용하여 발명을 구현할 수 있도록 하여야 한다. 이점은 기능식 청구항도 예외가 되지 않는다는 것이 미국 법원의 취지다.

한 걸음 더 나아가 알라패트 사건98)에서는 기능식 청구항의 해석에 있어서 컴퓨터

97) In a means-plus-function claim in which the disclosed structure is a computer, or microprocessor, programmed to carry out an algorithm, the disclosed structure is not the general purpose computer, but rather the special purpose computer programmed to perform the disclosed algorithm(WMS Gaming Inc. v. International Game Technology, 184 F.3d 1339(Fed. Cir. 1999).

98) In re Alappat, 33 F.3d 1526, 31 USPQ2d 1545(Fed. Cir. 1994).

소프트웨어의 경우에는 그 소프트웨어가 구동하는 하드웨어도 같이 고려하여야 한다고 판시하였다. 다만 하드웨어가 전제되지 않는 방법특허(method patent)와 같은 경우에는 이 판결은 적용되지 않는다. 따라서 방법특허의 경우에는 모든 단계가 기능이 될 것이다.

따라서 방법특허의 경우에는 개개의 데이터를 처리하기 위한 단계가 개개의 데이터를 처리하는 방법으로 각 청구항에서 읽혀지게 될 것이다. 그렇지만 이와 같은 해석은 방법특허가 이에 상응하는 하드웨어를 전제로 하지 않은 경우를 의미하는 것이고, 위의 알라패트 판결의 법리에 따라 만일 하드웨어를 전제로 하는 경우에는 방법특허도 이에 상응하는 하드웨어를 명세서에 기재하여야 할 것이다.

사례연구

Phillips 사건[99]

1. 사실관계

원고는 범죄자 구금시설에서 사용하는 철골 모듈에 대한 특허(이하 "798특허'라 함)를 보유하고 있다. 이 특허의 철골 모듈은 내훼손성 건물의 벽으로 사용하는데 적절한 내음성, 내화성 및 총알 혹은 폭탄 같은 충격에 대한 강도를 가지고 있다는 점에서 유용했다. 원고의 발명은 3개의 철 패널로 이루어져, 1개의 내부 패널과 2개의 외부패널은 접합을 위해 부분적으로 구부려져 있는데, 충격을 차단하는 막을 'baffle'이라고 하고, 다음 그림에서의 α가 'baffle'의 각도가 된다. 원고는 피고와 특허 라이선스 계약을 맺었으나, 피고는 계약만료 후에 무단으로 피고의 특허를 실시하였다. 이에 원고는 연방지방법원에 침해소송을 제기하였다.

99) Phillips v. AWH Corp., 363 F.3d 1207(CAFC 2004).

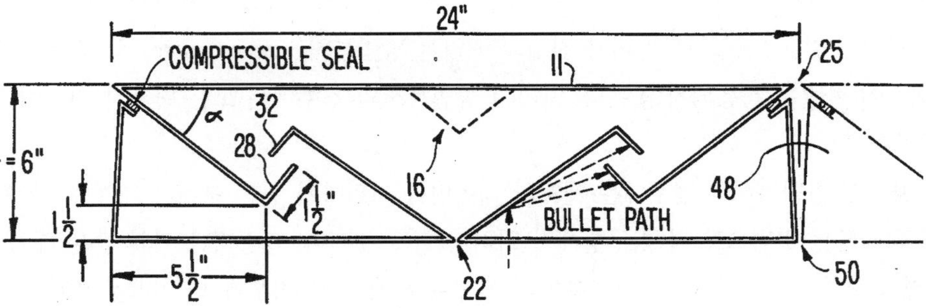

[Module의 구조도]

2. 쟁 점

사건의 핵심쟁점은 청구항1에 쓰인 'baffle'이란 용어의 해석이었다. 피고의 발명은 'baffle'의 각도가 90°인 반면, 원고의 특허는 그 각도가 모호하기에 'baffle'을 어떻게 해석하는지에 따라 침해여부가 결정되게 되었다.

3. 사안의 경과

지방법원은 'baffle'이란 단어가 기능과 구조를 가지고 있지만, 구조를 충분히 설명하지 못하기에 기능식 청구항으로 보아야 한다고 하였다. 따라서 당시 특허법 제112조 6문[현 특허법 제112조(f)]에 의해 명세서에 기재된 내용에 한정하여 해석하여 'baffle'은 90°이외의 각도로 구성된다고 하였다. 그 결과 지방법원은 침해가 안 된다고 보고, 피고의 비침해 사실심리생략판결 청구를 인용하였다. 원고는 사실심리생략판결에 대해, 피고는 청구항 해석에 대해 불복하여 항소를 제기하였다.

CAFC는 침해여부를 결정하는 첫 번째 단계는 법률적 문제인 특허청구항의 해석, 두 번째 단계는 특허청구항과 침해제품의 비교, 즉 청구항의 모든 한정요소와 그의 등가물이 침해제품에서 발견되는지를 판단하는 사실의 문제로 구성된다고 하였다. CAFC는 첫 번째 단계에서 청구항이 'means'라는 단어를 사용하였다면 특허법 제112조 6문이 적용된다고 추정하고, 반면에 'means'라는 단어를 사용하지 않으면 특허법 제112조 6문이 적용되지 않는다고 추정한다고 하였다. 추정이 복멸되었는지 여부는 청구항이 충분히 명확한 구조를 기재하고 있는지에 의해 결정된다고 하였다. 따라서 '798특허의 청구항에서는 'means'라는 단어를 사용하지도 않았으며, 'baffle'이라는 단어 또한 충분히 구조를 기술하는 말이므로 'baffle'은 기능식 청구항이 아니라고 하였다.

그러나 CAFC는 내재적 증거(청구항, 명세서, 출원경과) 등을 기초로 하여 청구항을 해석하여야 하므로 원고가 명세서에서 'baffle'이란 단어의 범위를 제한하였는지 보아야 한다고 판시하였다. CAFC는 명세서에서 'baffle'이 특정한 각도에 있을 경우에 외부패널을 뚫고 온 총알을 빗나가게 한다고 하며, 90°에 있을 경우에는 총알을 막을 수 없으므로 '798특허는 90°이외의 각도를 갖는 것이어야 한다고 판단하였다. 그러나 피고의 제품은 예각 혹은 둔각을 쓰지 않았으므로 침해가 성립하지 않는다고 판단하였다.

4. 의 의

이 판례에서 특허청구항 해석에 있어서 내부증거가 우선한다는 원칙이 재확인 되었다. 또한, 이 판례는 기능식 청구항으로 인정되기 위한 요건을 보여준다. 기능식 청구항은 원칙적으로 청구항에 "Means for"나 "Step for"라는 문구로 특정기능을 수행함을 표현해야 한다. 그러나 수단이라는 용어를 쓰지 않더라도 전체적으로 보아서 상응하는 구조가 뒷받침되지 않고 기능으로 기술되어 있으면 기능식 청구항으로 판단될 수 있다.[100] 또한 수단이라는 용어를 사용한다고 해서, 그것이 상응하는 구조로 뒷받침되어 있으면 기능식 청구항으로 판단되지 않는다.[101] 따라서, 수단이라는 단어는 기능식 청구항임을 추정하는 표지가 될 뿐이며, 그것이 기능식 청구항인지 여부는 개별 청구항 기준으로 전체적으로 판단하여야 한다.[102] 따라서 기능식 청구항의 가장 중요한 요건은 개별 단어의 상응하는 구조의 기재 여부라 할 수 있다.

100) Mas-Hamilton Group v. LaGard, Inc., 156 F.3d 1206, 1213, 48(Fed. Cir. 1998).
101) Envirco Corp. v. Clestra Cleanroom, Inc., 209 F.3d 1360, 1365(Fed. Cir. 2000).
102) O.I. Corp. v. Tekmar Co., 115 F.3d 1576, 1583-1584(Fed. Cir. 1997).

사례연구

DeMarini 사건[103)]

1. 사실관계

특허발명은 고성능 이중 벽 구조 알루미늄 소프트볼 방망이에 관한 것이었다. 특허권자인 원고는 발명 과정에서 방망이 성능에서 가장 중요한 요소는 방망이의 공과 접촉하는 부분의 두께라는 것을 알아냈다. 원고는 방망이의 두께가 얇을수록 내구력은 떨어지지만 반발력은 더 커진다는 "Trampoline 효과"를 이용하여 이중 벽 구조의 방망이를 발명하였다. 원고는 기존의 방망이 구조에 그보다 작은 직경을 가지는 튜브를 삽입하는 형태로 발명을 하였다. 피고 역시 이중 벽 구조의 소프트볼 방망이를 제조하였는데, 원고의 발명과는 달리 큰 직경을 가지는 외부 쉘을 기존의 방망이 구조에 덮어씌우는 형태를 취하였다. 피고는 원고의 특허에 대해 라이선스 협상에 들어갔으나 실패하였고, 원고는 특허권 침해 사실심리생략판결을 청구하였다.

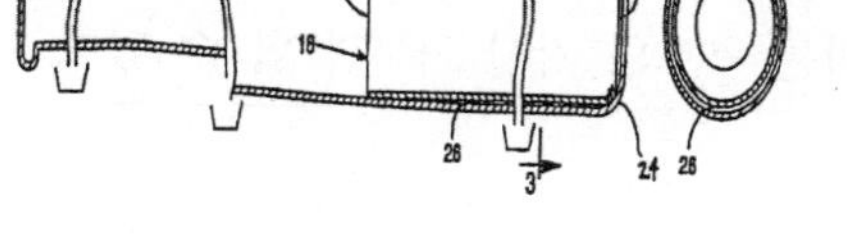

[원고 특허 발명의 도면]

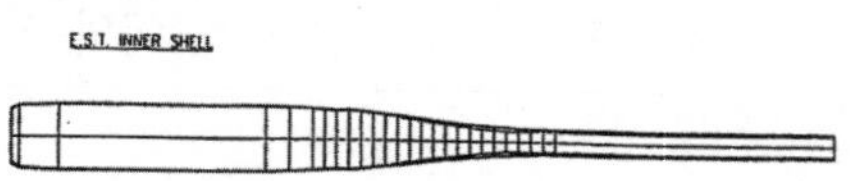

[피고 제품의 도면]

103) DeMarini Sports, Inc. v. Worth, Inc., 239 F.3d 1314(Fed. Cir. 2001).

2. 쟁 점

사건의 핵심은 "프레임(frame)"과 "삽입물(insert)"을 어떻게 해석하느냐에 있었다. 해석 여하에 따라 내부 삽입구조가 아닌 외부 삽입구조로 된 피고제품의 침해여부가 결정되게 되었다.

원고는 "bat frame"을 말단부가 텅 빈 튜브 구조 부류(예를 들어 "insert"를 내부에 충분히 담을 수 있을 만한 외부 쉘)라고 주장하였다. 하지만 법원은 "bat"란 단어에 의해 수정된 "frame"은 넓은 직경을 가지는 충격부분, 점점 줄어드는 부분, 작은 직경을 가지는 손잡이 부분으로 이루어지는 튜브형 구조로 그것이 본래의 용도로 사용될 경우에는 모두 연결되어 있는 것이라고 해석하였다.

원고는 "insert"에 대해서 "다른 것에 부착되거나 끼워지는 것"이라고 하였다. 이에 대해 피고는 이의를 제기하지 않았고, 원고는 이 정의를 바탕으로 넓은 직경 충격부분까지 이어지는 방망이 내부의 어떠한 부분도 "insert"가 될 순 없지만 대신에 추가적인 구조물이라고 주장하였다. 이렇게 해석한다면 문언침해는 될 수 없지만, 적어도 균등론에 의한 침해의 인정 여지는 있게 된다. 하지만 법원은 "insert는 frame과 분리되어 완전히 bat frame 내부에 포함되는 것"이라고 해석하였다.

원고는 1심 법원의 해석이 잘못 되었다고 주장하였지만, CAFC는 복심적으로(de novo) 살펴서 1심 법원의 청구항 해석이 정당하다고 하였다.

3. 미국 특허 5,415,398

Claim 1: A bat, comprising:

a hollow tubular bat frame having a circular cross-section;

and an insert positioned within the frame, the insert having a circular cross-section, the insert having first and second ends adjoining the tubular frame, the insert being separated from the tubular frame by a gap forming at least art of an annular shape along a central portion between said first and second ends, the frame elastically deflectable across the gap to operably engage the insert along a portion of the insert between the insert first and second ends.

4. 적용법률 및 판례

원고는 청구항 15에 대해서는 문언침해를 주장하였고, 청구항 1, 15, 18에 대해서는 균등론에 의한 침해를 주장하였다. 문언침해에 대해서 1심 법원은 피고 제품에서의 "frame"이란 방망이의 전체적인 구조이며, 거기에는 내부에 삽입된 구조가 없기에 문언침해에 해당하지 않는다고 보았다. 항소심 법원 또한 1심 법원의 판결을 확정하였다.

균등 침해에 대해서는 원고는 피고제품은 원고발명과 기능-방법-결과가 같으며, Corning Glass[104] 판결을 인용하여 피고제품은 두 가지 구성요소의 변형이므로 균등론에 의한 침해가 인정된다고 주장하였다.

1심법원은 대체적인 디자인이 알려지지 않았던 Corning 판결과의 차이점을 지적하였다. 원고는 출원경과에서 외부 쉘을 프레임 위에 덮어씌우는 구조를 언급하면서 의식적으로 발명의 청구범위를 좁게 설정하였다. 따라서 법원은 피고제품이 외부에 덮어씌우는 구조를 취하였기 때문에 내부에 "insert"가 위치할 것을 요하는 원고발명과는 중대한 차이가 난다고 하여 침해가 아니라고 판단하였다.

CAFC는 Corning 판결보다도 침해의심제품과 청구발명과의 차이는 더 완전하다고 하였다. 구조를 상호적으로 바꾼다 해도 구조물들의 기능적인 관계가 유지되지 않기 때문이다. "insert"가 외부 쉘이라면 피고제품의 넓은 직경 부분은 더 이상 공을 쳐 내는 기능을 하지 못하게 된다. 따라서 Corning 판결을 언급한 원고의 주장은 이유 없다고 하여 원심판결을 확정하였다.

5. 의　　의

이 판결에서 법원은 내부증거의 중요성을 강조하였다. 법원은 "frame"의 해석에 있어 사전적 정의는 "감싸거나 담기위한 개방형 구조 혹은 테두리"라는 사실은 인정하지만, 묘사된 부분의 문맥과 출원경과를 고려하여 일반적인 단어의 의미를 결정하

104) Corning Glass Works v. Sumitomo Electric U.S.A., 868 F.2d 1251, 9 USPQ2d(Fed. Cir. 1989) ; 광섬유의 코어와 피복부분의 도핑농도에 관한 이 판결에서 침해의심제품은 청구항 요소의 구조적인 재배열이 일어나지 않고, 단지 구조의 상대적인 특징들이 상호간에 바뀐 것에 불과하다고 하여 침해 결정을 하였다.

여야 한다고 하였다. 즉 외부증거인 사전보다 명세서 혹은 출원경과 같은 내부증거를 중요시한 것이다.

또한 출원경과의 적용에 대해서도 설시하고 있다. 소프트볼 방망이에 대한 선행특허가 있음을 이유로 보정을 하는 과정에서 원고는 속이 빈 실린더 형 구조에 대해서 "frame"이라고 칭하였고, 그 속에 삽입되는 막대에 대해서 "insert"라고 칭하였으며 심사관은 그에 대해 아무런 언급을 하지 않았다. 그것을 근거로 하여 원고는 "frame"과 "insert"에 대한 자신의 해석이 올바르다고 주장하였지만 법원은 심사관의 침묵은 청구항을 해석하는데 있어 올바른 근거가 되지 않는다고 하여 원고의 주장을 배척하였다.

제 3 절 균등침해

Ⅰ. 균 등 론(均等論)

1. 의 의

특허발명의 기술적 범위를 결정하는 데 있어서 가장 중요한 요소는 특허 청구항(Claims)의 문언이다. 명세서 중 청구범위의 기재가 가지는 가장 중요한 기능은 공시기능이기 때문이다. 특허출원인은 자신의 발명을 명백하게 특정하여 청구하는 하나 이상의 청구항(claim)을 명세서에 기재하여야 한다.[105] 발명자는 명세서에 기재하는 청구범위를 통해서 자신이 특허권으로 보호받고자 하는 권리범위를 확정하여야 한다.[106] 따라서 청구범위를 해석하는 판사는 새로운 용어를 가감할 수 없으며 반드시 청구범위에 기재된 용어에 근거하여 해석하여야 한다.[107]

그러나 언어가 가지는 표현상의 한계로 인하여, 발명의 보호 영역을 정확히 표현하

105) 35 U.S.C. §112 2nd paragraph.
106) 우리 특허법 제97조도 '특허발명의 보호범위는 청구범위에 기재된 사항에 의하여 정하여 진다.'고 규정하여 이와 같은 뜻을 밝히고 있다.
107) 이은경 · 최광훈 · 황광연, 『미국 특허법』, 세창출판사(2004), 163면.

는 것이 어려울 뿐만 아니라 발명의 신규한 범위를 문언적으로 모두 포함하는 특허명세서를 작성하는 것도 불가능하다. 특허침해에 있어서 특허발명을 그대로 모방하는 경우는 거의 없다. 특허를 침해하려는 자들은 특허발명에 사소하고 비본질적인 변화를 가함으로써, 청구범위에는 포함되지 않으면서도 특허발명과 동일한 물품을 얼마든지 만들어낼 수 있다. 특허발명에 사소한 변경을 가하여 특허권을 우회하는 행위를 금지하지 않는다면, 발명가들은 자신의 발명을 공개하여 특허로 보호하는 대신 그것을 숨기는 길을 택할 것이다. 이는 발명의 공개를 장려하려는 특허제도의 목적에 부합하지 않는다. 균등론은 이와 같은 경험으로부터 발전한 이론이다. 균등론의 핵심은 균등침해에 의한 특허제도의 형해화를 막는 것이다.[108] 균등론은 발명의 구성에 경미한 변화를 주어 특허의 기술적 보호범위를 우회하려는 침해자에 대하여 자신의 침해가 단순히 무언가의 변경을 가했다는 것만으로 침해의 혐의를 벗어날 수 있는 것은 아니며, '형식보다 실질이 우선한다는 원칙(substance over form)'을 선언한 점에서 중요한 의미를 가지고 있다.

균등론은 공정성(fairness)의 원칙이 특허 청구범위와 관련하여 발현된 것이라고 이해할 수 있다. 이런 점으로 인해서 청구범위의 해석을 청구항의 문언적 기재에만 의존한다면 특허권은 권리로서 무용지물이 되어버릴 수도 있다.[109]

따라서 미국, 일본, 유럽, 우리나라 등 주요국의 특허법에서 청구범위 해석은 문언해석 및 그 언어가 가지는 의미의 포섭가능한 범위에서의 언어적인 의미를 그 발명이 속하는 기술 분야에서 통상의 지식을 가진 자의 눈으로 보아 문언에 기재된 바의 균등범위를 고려하여 해석하고 있다. 균등론을 통해 실효적인 발명의 진흥 내지 특허권자의 실질적 보호를 달성하고자 하는 것이다. 균등론을 통해서 특허권자의 권리는 특허의 청구범위에 언어로서 기재된 사항 및 그 합리적인 균등범위(reasonable range of equivalent)에까지 미치는 것으로 볼 수 있게 된다. 명세서에 문언적으로 기재된 발명과 균등관계에 있는 범위를 정하기 위한 이와 같은 시도가 균등론(Doctrine of Equivalent)이다.[110]

---

108) Graver Tank & Mfg. Co. v. Linde Air Prods. Co., 339 U.S. 605, 70 S.Ct. 854(1950).

109) Graver Tank v. Linde Air Products Co., 339 U.S. 605(1950).

110) Stephen Dirksen, Kyle Grimshaw et al., "PATENT AMENDMENT AND PROSECUTION HISTORY ESTOPPEL UNDER FESTO", Duke L. & Tech. Rev.(2001).

이하에서는 균등론 주장을 함에 있어 본고에서는 명세서의 기재와 균등한 물건을 '균등물', 그 균등물과 청구범위의 관계를 '균등관계'라고 부르고 문언의 범위를 법률적 관점에서의 해석에 의하여 같다고 판단하는 논의를 칭할 때에는 '균등론'이라고 부르기로 한다.

2. 균등론의 발전

Winans 사건[111]에서 처음으로 균등론이 등장한 이후로, 법원은 지속적으로 균등론의 적용을 인정해왔다. 원래 균등론은 중심한정주의[112] 하에서 법원이 특허권의 권리범위를 획정하기 위하여 사용한 이론이었다. Winans 사건에서 문제가 된 발명은 석탄 등을 운반하는 화물수송 철도차량의 본체(the body of a burden railroad car)에 관한 것이었다. 원고의 특허는 본체의 하단을 원추대(a frustum of cone) 모양으로 만들어서 화물의 하중을 분산시키는 것을 특징으로 하는 발명이었고, 피고는 원추대 모양이 아닌 팔각형 피라미드 모양의 차량(octagonal and pyramidal cars)을 생산하고 있었다. 이 사건에서 연방대법원은 "특허발명의 형태나 비율을 변경한 복제품의 실시를 허용한다면 배타적인 특허권의 보호가 불가능하다"고 하면서 기계에 관한 특허에 있어서 특허의 보호범위는 청구항에 기재된 형상에만 한정되는 것이 아니라 그 발명을 구체화하기 위한 모든 형상을 포함한다고 판시함으로써 균등론에 근거한 피고의 특허침해를 인정하였다.

이 사건 판결 당시 균등론은 주로 기계발명과 관련하여 인정되는 것으로 이해되었다. 왜냐하면 기계발명의 경우에는 비교적 용이하게 대체기술(substituted technology)을 확정할 수 있었기 때문이었다.[113] Winans 판결에서 시작된 균등론은 중심한정주의 하에서 청구범위를 확장 해석하는 기준으로서 기능하게 되었고, 이는 특허침해소송에 큰 영향을 미쳤다.

---

111) Winans v. Denmead, 56 U.S. (15 How.) 330(1853).

112) 중심한정주의에서는 특허청구범위에 기재된 것은 어디까지나 발명의 추상적 사상에 불과하고 특허청구범위에 기재된 구체적 문언은 물론, 해석을 통하여 그와 실질적으로 기술사상을 같이하는 범위에까지 확장할 수 있다고 한다(조영선, 「특허법」, 박영사(2009), 330면).

113) 그러나 반드시 기계발명에 국한되지 않고 화학발명의 경우에도 인정되기도 하였다(Tyler v. Boston, 74 U.S. (7 Wall.) 327, 330(1868)).

그러나 이후 미국에서는 균등론에 의한 청구범위 확장해석은 침해여부 판단의 예측을 곤란하게 만듦으로써 법적 안정성을 해친다는 비판이 대두되었다. 이러한 논란은 결국 1870년 미국 특허법의 개정[114]으로 이어졌고, 이로써 미국 특허법은 주변한정주의[115]를 취하게 되었다. 특허법의 개정 이후 법원은 균등론을 직접 적용하여 특허침해를 인정하는 데에 소극적인 태도를 보이게 된다. 제112조(b)에서 청구항 기재 명확성 요건(requirement for distinct claims)을 요구함에 따라, 법원은 이 법의 적용에 있어서 발명자가 청구항에 명시적으로 기재하지 않은 것은 그에 대한 권리를 묵시적으로 포기하는 것으로 이해하였다. 그리고 청구항의 보정에 대해서도 엄격한 기준을 적용하여 보정을 한 부분들은 포기한 것으로 보아 그 권리범위를 제한하였다. 그러나 이러한 전반적인 태도에도 불구하고 법원은 청구항에 기재된 문언과 침해혐의물이 공정성의 관점에서 동등하다고 볼 수 있는 경우에는 청구항 해석의 문제로서 그러한 실시도 권리범위에 포함된다고 인정하였다(=공정성에 기초한 보호: fairness based protection).

현대적 의미에서 균등론이 논의된 리딩 케이스는 1950년 미국 연방대법원이 선고한 Graver Tank 사건[116]에 대한 판결이다. 이 판결을 통해 주변한정주의 아래서도 균등론이 적용될 수 있음이 명백해졌다. 원고인 Linde Air社는 전기용접에 사용되는 조성물인 용제에 관한 특허에서 알카리 토류금속[117] 규산염(alkaline earth metal silicate)을 포함하는 조성물을 청구항으로 하였고, 피고 Graver Tank社는 망간(Mn) 규산염을 포함하는 조성물을 전기용접 용제로 사용하고 있었다. 원고의 청구항은 7A족인 알카리 토류금속이고 피고가 사용한 망간은 2A족이므로 문언침해가 성립하는 것은 아니지만, 그 발명이 속하는 기술 분야에서 통상의 지식을 가진 자(persons reasonably skilled in the art)의 관점에서 알칼리 토류금속과 망간이 상호 교체가능한 것이라면 균

114) 35 U.S.C. 112 2nd paragraph, "The specification shall conclude with one or more claims particularly pointing out and distinctly claiming the subject matter which the applicant regards as his invention."

115) 주변한정주의에서는 발명자가 발명의 구성요소를 특허청구범위에 기재할 것을 요구하고(All Elements Rule), 특허청구범위의 문언이 의미하는 내용에 따라 보호범위가 결정되며, 청구범위에 기재되지 아니한 사항은 원칙적으로 보호범위에서 배제된다고 한다(조영선, 앞의 책, 331면).

116) Graver Tank v. Linde Air Product Co., 339 U.S. 605(1950).

117) 주기율표상 알칼리 토류금속으로는 베릴륨(Be), 마그네슘(Mg), 칼슘(Ca), 스트론튬(Sr), 바륨(Ba), 라듐(Ra)의 6종류가 있다(서형석, 「새로운 화학」, 한빛지적재산권센터(2000)).

등물로 보아 균등침해를 인정하겠다는 것이다.[118]

주변한정주의 하에서 이루어진 연방대법원의 Graver Tank 판결에 대해, 또다시 균등론의 적용에 따른 법적 안정성의 훼손 문제가 강하게 제기되었다. 그러던 중 1952년 미국 의회는 다시 한 번 특허법을 개정하였다. 개정된 구 특허법 제112조 제6문단[119]은, 기능식 청구항의 경우 청구범위에 따른 특허권은 청구항의 기재뿐만 아니라 이에 대한 균등물에 까지도 미친다는 것을 명문화하였다. 이에 따라 어떤 기능을 수행하기 위한 수단 또는 과정이 그에 해당되는 구조, 재료 혹은 작용 등에 대한 상술 없이 결합된 하나의 구성요소로 청구된 경우 그 청구범위는 명세서에 설명된 해당구조, 재료 혹은 작동 및 그 균등물로 한정하여 해석되어야 한다는 원칙은 판례법에서 성문법이 되었다.

그런데 이 규정에서 균등(equivalents)이라는 용어는 특허의 권리범위를 확장하기 위한 것이 아니라, 그 권리범위를 한정하기 위하여 사용되는 것으로 해석되었다.[120] 또 입법부가 기능식 청구항에 대해서만 청구범위 확장해석을 인정하는 명문의 규정을 둔 것은 전통적인 균등론은 배척하는 취지라는 견해도 대두되었다. 따라서 이러한 입법은 기능식 청구항이 아닌 경우에 대한 균등론의 적용을 어렵게 하는 것으로 이해되었고, 1952년 이후 미국 법원이 균등론을 적용한 판결은 거의 눈에 띄지 않게 되었다.

그러나 미국 연방대법원은 Graver Tank 판결 이후 47년 만인 1997년 Warner-Jenkinson 사건[121]에서 다시 한번 특허침해에 있어서 균등론의 적용을 긍정하였다. 균등론이 광범위하게 적용될 경우 특허권자의 권리가 청구항의 범위 이상으로 부당하게 확대될 우려가 있다는 사실을 인정하면서도, 균등론에 대한 지지를 명확히 한 것이다. 발명 전체로서의 균등이 아닌 구성요소들 간의 균등 여부를 판단함으로써 침해 발명에 청구항의 구성요소와 균등한 구성요소가 반드시 존재할 것을 요구한다면, 균등론의 적용이 특허 청구항의 주요한 기능인 권리범위 확정 기능과 공중의 공시 기능을

118) Graver Tank & Mfg. Co. v. Linde Air Prods. Co., 339 U.S. 605, 70 S.Ct. 854(1950).
119) 35 U.S.C. §112 6th paragraph, "An element in a claim for a combination may be expressed as a means or step for performing a specified function without the recital of structure, material, or acts in support thereof, and such claim shall be construed to cover the corresponding structure, material, or acts described in the specification and equivalents thereof."
120) 사법연수원, 「특허법」, (2009), 423면.
121) Warner-Jenkinson Co. Inc. v. Hilton Davis Chemical Co. 520 U.S. 17(1997).

침해하지 않는다고 본 것이다.[122] 이에 따라 균등론은 1952년 개정된 특허법하에서도 여전히 유효한 원칙임이 명백해졌다. Warner-Jenkinson 판결은 균등론의 제한 원리로서 금반언의 원칙이 적용되는 경우를 명백히 했다는 점에서도 그 의미가 크다. 한편 출원경과금반언의 원칙에 의한 균등론의 제한 범위는 최근 미국 연방대법원의 Festo 판결에서 보다 확실하게 되었는데, 이러한 금반언의 원칙에 관해서는 뒤에서 따로 살펴보기로 한다.

사례연구

Graver Tank 사건[123]

사안에서 전기용접과 관련된 특허권[124]을 보유한 Linde Air Product社(이하 '원고')는 Graver Tank社(이하 '피고')가 자신의 특허를 침해했음을 주장하며 소송을 제기하였다. 문제가 된 것은 전기용접에 사용되는 조성물인 용제(flux)[125]에 관한 청구항[126]이었다. 원고의 특허는 알카리 토류금속 규산염(alkaline earth metal silicate)을 청구항으로 하고 있었고, 실제로 원고는 알카리 토류금속인 칼슘(Ca)과 마그네슘(Mg)의 규산염으로 이루어진 조성물을 용제로 사용하였다. 반면 피고가 사용한 용제는 칼슘과 망간(Mn)으로 이루어진 조성물이었다.

사안의 쟁점은 알카리 토류금속에 속하지 않는 망간을 사용한 피고의 용제가 원

122) Warner-Jenkinson Co., Inc. v. Hilton Davis Chemical Co., 520 U.S. 17, 117 S.Ct. 1040(1997).

123) Graver Tank & Mfg. Co. v. Linde Air Prods. Co., 339 U.S. 605, 70 S.Ct. 854(1950).

124) US PAT 2,043,960.

125) 금속 또는 합금을 용해할 때 용해한 금속면이 대기와 닿는 것을 방해할 목적으로 금속의 표면에 용해한 염류에 의한 얇은 층을 만들기 위해 사용하는 혼합염이다. 야금학 용어로 용제(溶劑) 또는 융제(融劑)라고 한다.

126) 청구항 18항, "A composition for electric welding containing a major proportion of <u>alkaline earth metal silicate</u> and being substantially free from uncomblned Iron oxide and from substances capable of evolving gases under welding conditions.", 이외에도 청구항 20, 22, 23의 침해여부가 문제되었다.

고의 특허를 침해했는지 여부였다. 청구항의 문언적 기재에 따르면 피고의 실시가 원고의 특허를 침해했다고 할 수는 없다. 그러나 망간이 마그네슘의 균등물이라면 균등론을 적용하여 균등침해를 인정할 수 있다.

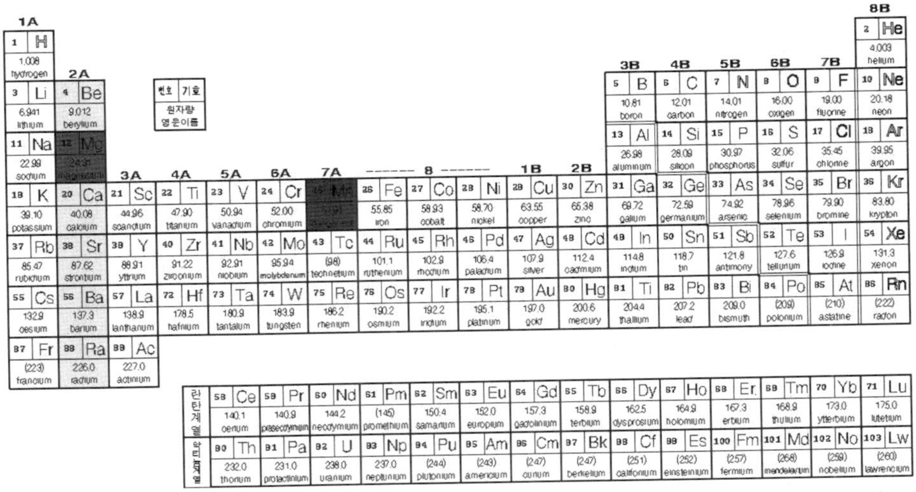

[원소주기율표]

연방지방법원은 원고의 특허 중 일부 청구항을 무효라고 보았으나 나머지 유효한 청구항에 대해 균등론에 따른 피고의 특허침해를 인정하였다. CAFC도 일부 청구항에 대한 무효 여부에 대해서만 지방법원과 다른 의견을 표명했을 뿐, 침해여부에 대한 지방법원의 판단에 대해서는 견해를 같이 하였다. 피고의 상고로 최종 판단은 연방대법원으로 넘어가게 되었다.

연방대법원은 특허의 보호범위를 문언적 기재에만 한정할 경우 특허는 공허하고 쓸모없는 권리가 되어버릴 것이라고 설시하면서 Winans 사건에서 처음 제시된 균등론에 대한 지지를 명백히 하였다. 균등관계는 특허의 문맥, 선행기술, 그리고 사례의 특별한 조건들에 따라 판단되어야 하며, 그러한 판단에 있어서 해당 구성요소가 특허발명에서 사용되는 목적(prupose), 다른 구성요소들과 함께 사용될 때의 품질(quality) 및 수행하는 기능(function)도 함께 고려되어야 한다고 판시하였다. 또 그 분야의 통상의 기술자가 해당 구성요소에 대한 치환가능성(interchangeability)을 알

고 있었는지 여부[127]도 중요한 판단요소로 제시하였다.[128]

이러한 연방대법원의 균등론 판단기준을 3요소기준(triple identity test)이라고 한다. 이 기준에 의하면 균등론이 적용되기 위해서는 본질적으로 동일한 기능(substantially the same function)을 수행하여야 하며, 본질적으로 동일한 방식(substantially the same way)으로, 본질적으로 동일한 결과(substantially the same result)가 발생하도록 하여야 한다. 이 판단을 함에 있어 침해가 주장되는 기기(device)나 공정(process)이 가지고 있는 특징과 특허 청구범위간에 비본질적인 차이(insubstantial change)만이 존재하여야 한다(비본질적 차이 테스트).[129]

사건의 경우 주기율표상으로 다른 알카리 토류금속인 베릴륨, 칼슘 등과 함께 2A족에 속하는 마그네슘과 달리 망간은 7A족에 속한다. 그러나 전문가의 견해에 따르면 망간과 마그네슘은 그 작용 및 기능이 유사하다. 자연상태의 망간 광석에는 종종 알카리 토류금속이 포함되어 있고 그것들은 용제에서 동일한 목적(prupose)을 위해 사용된다. 전문가들은 원고 특허 청구항의 용제에 있어서 망간과 마그네슘은 동등하고 대체가능한 것으로 이해하고 있었다. 또한 결정적으로 망간 규산염이 전기용접을 위한 용제로 사용될 수 있음은 선행문헌인 Miller의 특허[130]에 이미 개시되어 있었

127) 일반적으로 이를 치환용이성이라고 한다(사법연수원, 『특허법』(2009), 426면).

128) 연방대법원은 Warnner Jenkinson 사건에서 이것이 필요조건은 아니라고 판시했다.

129) 우리 대법원은 균등침해와 관련하여 아래와 같이 설시하고 있다: 특허권침해소송의 상대방이 제조 등을 하는 제품 또는 사용하는 방법(이하 '침해제품 등'이라고 한다)이 특허발명의 특허권을 침해한다고 할 수 있기 위해서는 특허발명의 청구범위에 기재된 각 구성요소와 그 구성요소 간의 유기적 결합관계가 침해제품 등에 그대로 포함되어 있어야 한다. 한편 침해제품 등에 특허발명의 청구범위에 기재된 구성 중 변경된 부분이 있는 경우에도, 특허발명과 과제의 해결원리가 동일하고, 그러한 변경에 의하더라도 특허발명에서와 실질적으로 동일한 작용효과를 나타내며, 그와 같이 변경하는 것이 그 발명이 속하는 기술분야에서 통상의 지식을 가진 사람이라면 누구나 쉽게 생각해 낼 수 있는 정도라면, 특별한 사정이 없는 한 침해제품 등은 특허발명의 청구범위에 기재된 구성과 균등한 것으로서 여전히 특허발명의 특허권을 침해한다고 보아야 한다. 그리고 여기서 '과제의 해결원리가 동일'한지 여부를 가릴 때에는 청구범위에 기재된 구성의 일부를 형식적으로 추출할 것이 아니라, 명세서에 적힌 발명의 상세한 설명의 기재와 출원 당시의 공지기술 등을 참작하여 선행기술과 대비하여 볼 때 특허발명에 특유한 해결수단이 기초하고 있는 기술사상의 핵심이 무엇인가를 실질적으로 탐구하여 판단하여야 한다(대법원 2009. 6. 25. 선고 2007후3806 판결, 대법원 2011. 9. 29. 선고 2010다65818 판결, 대법원 2014. 7. 24. 선고 2013다14361 판결 등 참조).

130) "The process of welding ferrous metals which comprises fusing the metal and de-35 positing the same under a molten slag containing manganese silicate, and introducing into said fused slag an unoxidized element of said silicate at such a rate that the deposited metal is eifectually degasified and the fluidity 4the slag is not destroyed.", US PAT 1,467,825.

다. 그러므로 연방대법원은 위와 같은 사실들을 근거로, 양자는 기능과 방식, 결과에 있어서 동일하며, 차이가 있다고 하더라도 그 차이가 비본질적이라고 판단하여 마그네슘과 망간을 균등물이라고 보았다. 따라서 균등침해를 인정한 사실심(trial court)의 판단은 타당한 것이라고 보았다.[131]

사례연구

Warner-Jenkinson 사건[132]

Hilton Davis Chemical은 1985년 염료를 정제하는 공정(a process for the purification of a dye)에 관한 특허[133]를 획득하였다. 원고의 특허 청구항 중 제1항[134]은 pH 레벨 6.0과 9.0 사이에서 염료를 투과막(porous membrane)을 통해 한외여과(ultrafiltration)[135]시켜 정제하는 향상된 염료정제 공정에 관한 것이었다. 여기서 pH

131) 반대의견을 제시한 더글라스 대법관은 다수의견과 같이 해석하는 것은 McClain v. Ortmayer, 141 U.S. 419, 141 U.S. 424.에서 연방대법원의 설시한 바와 같이 특허청구항은 권리범위를 제한하기 위해서 해석되어야 하며, 결코 권리범위를 확장하는 방향으로 해석되어서는 안된다는 의견을 제시하였다. 그런 점에서 이 사건과 같이 명확하게 2A족이 아닌 금속에까지 권리범위를 확장하는 것은 연방대법원의 기존 선례에 배치되는 해석이라고 보았다.

132) Warner Jenkinson Co., Inc. v. Hilton Davis Chemical Co., 520 U.S. 17, 117 S.Ct. 1040(1997).

133) US PAT 4,560,746.

134) In a process for the purification of a dye selected from the group consisting of … (중략) said dye being present in the resulting reaction mixtures, along with impurities, the improvement which comprises: subjecting an aqueous solution of the reaction mixture resulting from said coupling or said sulfonation to ultrafiltration through a membrane having a nominal pore diameter of 5-15 Angstroms under a hydrostatic pressure of approximately 200 to 400 p.s.i.g., at a pH from approximately 6.0 to 9.0, to thereby cause separation of said impurities from said dye, said impurities of a molecular size smaller than the nominal pore diameter passing into the permeate on the downstream side of said membrane and said dye remaining in the concentrate, and when substantially all said impurities have been removed from said concentrate, as evidenced by their essential absence in said permeate, recovering said dye, in approximately 90% purity from said concentrate by evaporation of said concentrate to dryness.

레벨에 대한 한정은 최초 출원시에는 없었던 것으로서 출원과정에서 선행기술과의 차별화를 위해서 보정된 것이었다.[136] 한편 Warner-Jenkinson Company는 Hilton Davis Chemical이 보유한 특허의 존재를 모르는 상태에서 해당 특허와 동일한 방법의 염료정제 공정을 개발하였고, 이를 pH 레벨 5.0에서 실시하고 있었다.

1991년 Hilton Davis Chemical(이하 '원고')은 Warner-Jenkinson Company(이하 '피고')를 상대로 균등론을 근거로 특허침해를 주장하였다(=특허침해소송).

사안에서 주요한 쟁점은 두 가지였다. 첫번째로 균등론에 근거한 특허침해를 인정할 것인가의 여부에 관하여, 피고는 Graver Tank 판례의 균등론이 미국 특허법 제112조 제2문단[137]이나 제6문단[138]에 배치된다고 주장하였다. 둘째, 출원과정에서 pH 레벨의 하한을 6.0으로 보정한 원고가 pH 레벨 5.0에서 정제공정을 실시한 피고에 대해 균등침해를 주장할 수 있는지, 즉 사안에 출원경과금반언의 원칙을 적용할 수 있는지 여부 또한 주요한 쟁점이었다. 피고가 실시한 pH 레벨 5.0이 원고 특허의 한정된 pH 범위와 균등한 것으로 인정되더라도 원고의 보정에 출원경과금반언의 원칙이 적용된다면 원고는 피고에 대해 균등침해를 주장할 수 없기 때문이다.

연방지방법원은 균등론에 의한 피고의 특허침해를 인정했고 이에 대해 피고가 항소하였다. 그러나 CAFC도 피고의 실시는 원고의 특허와 비본질적인 차이(insubstantial difference)[139]만이 있을 뿐이고, 원고가 기존 특허에서 개시된 pH 레벨 9.0 이상에서의 염료정제 방법을 회피하기 위해 pH 레벨을 6.0~9.0으로 보정한 것은 pH 레벨 9.0 이상에 대한 권리만을 포기한 것이므로 pH 레벨 6.0 이하의 실시에 대해서는 균등론을 주장할 수 있다고 판시하였다.[140]

---

135) 투석막을 써서 압력을 가해 신속히 여과함으로써 교질과 결정질을 분리하는 방법.

136) 원고의 보정은 pH 레벨 9.0 이상에서 실시되는 한외여과 공정에 관한 기존 특허와의 차별화를 위한 것이었는데, 원고가 상한을 pH 레벨을 9.0으로 제한하면서 왜 동시에 하한을 6.0으로 한정했는지는 출원경과과정에 나타나 있지 않았다.

137) 미국 특허법 제112조 제2문[AIA 제112조(b)]은 청구항을 명확히 기재할 것을 요구하고 있는데, 이는 주변한정주의를 명확히 한 것이므로 청구범위의 기재를 넘는 권리범위를 인정하는 균등론을 적용해서는 안된다는 주장이다.

138) 미국 특허법 제112조 제6문[AIA 제112조(f)]은 기능식 청구항의 경우 권리범위가 균등물에까지 확장된다는 것을 명시적으로 규정하고 있는데, 기능식 청구항에 대해서만 균등물에 대한 권리범위의 확장 명문으로 규정하고 있는 이상 그밖의 경우에는 균등론을 적용해서는 안된다는 주장이다.

139) CAFC는 균등론에 의한 특허침해가 인정되기 위해서는 청구항과 침해품 사이에 비본질적인 차이만이 있다는 것이 증명되어야 한다고 판시했다.

연방대법원은 균등론이 광범위하게 적용될 경우 특허권자의 권리가 청구항의 범위 이상으로 부당하게 확대될 우려가 있다는 사실을 인정하면서도, 특허침해 여부의 판단에 있어서 균등론 적용에 대한 지지를 명확히 하였다. 발명 전체로서의 균등이 아닌 구성요소들 간의 균등 여부를 판단함으로써 침해 발명에 청구항의 구성요소와 균등한 구성요소가 반드시 존재할 것을 요구한다면, 균등론의 적용이 특허청구항의 주요한 기능인 권리범위 확정 기능과 공중에 대한 공시 기능을 침해하지 않는다는 것이 그 이유였다. 또 출원경과금반언의 원칙은 특허성과 관련된 보정에만 적용된다고 하여 출원경과금반언의 원칙의 적용범위를 제한하였다.

또 그 이유가 불분명한 보정의 경우에도 일단 특허성과 관련된 보정으로 추정하여 출원경과금반언의 원칙이 적용되지만, 특허권자가 당해 보정이 특허성과 무관한 것이라는 사실을 증명하면 금반언의 원칙을 배제할 수 있다고 판시하였다. 그 밖에도 균등관계의 판단시점은 특허권의 침해시임을 명백히 하면서, 이에 따른 법적 불안정을 막기 위해 통상의 기술자가 치환가능성을 알고 있었는지 여부는 균등관계를 판단하기 위한 참고 사항일 뿐 그 자체로 균등관계의 판단기준이 되는 것이 아니라고 하였다. 또 사실판단에 관한 문제인 균등 여부는 배심원이 결정해야 할 사항이고 문언침해에서와 마찬가지로, 균등침해가 성립하기 위해서 침해자의 의도가 필요한 것은 아니라고 판단하였다.

결국 연방대법원은, 원고가 pH 레벨의 하한을 6.0으로 보정한 것이 특허성과 무관한 것인지 여부를 심리하지 않고 이루어진 CAFC의 판단은 출원경과금반언의 원칙과 관련된 균등론의 요건을 고려하지 않은 것이라고 판시하면서 사건을 파기, 환송하였다.

Ⅱ. 균등관계의 판단

본질적으로 균등론은 그 판단 기준에 관한 절대적인 공식이 존재할 수 없다.[141] 사

140) 결국 CAFC의 이러한 논리는 연방대법원에 의해 배척된다.

141) Equivalence, in the patent law, is not the prisoner of a formula(Graver Tank & Mfg. Co. v. Linde Air Prods. Co., 339 U.S. 605, 70 S.Ct. 854(1950)).

안별로 다른 판단기준에 따라 균등관계인지 여부가 결정될 수 있다.[142] 그러나 특허권리범위의 예측 가능성을 확보함으로써 균등론에 대한 비판으로 제기되는 법적 불안정성을 해소하기 위해서는, 균등관계에 대한 최소한의 판단 기준을 세울 필요가 있다. 미국의 판례법은 이러한 균등관계의 판단을 위한 몇 가지 기준을 제시하고 있다.

1. 균등론 적용의 전제조건: 전요소주의(All elements rule)

특허침해여부의 판단을 위해서는 먼저 문언침해 여부를 검토해야 한다. 침해가 주장된 물건에서 명세서의 모든 구성요소가 발견되고, 그 구성과 내용, 효과가 완전히 동일하면 그 자체로 바로 문언침해가 성립한다. 이러한 점에서 법원의 판단순서는 논리적으로 (i) 문언침해의 존부, (ii) 문언침해 판단의 과정으로서 전요소의 존재 여부의 심사(=소위 'Pennwalt rule'), (iii) 균등침해의 판단 순으로 이루어지게 된다. 이런 점에서 이를 전요소주의의 선순위성이라고 한다.[143]

다만 실제로 완전히 동일하게 문언침해가 되는 경우는 매우 드물기 때문에, 다소간의 차이가 있지만 그러한 차이가 실질에 있어서는 무시할 만한 것인 경우에는 위의 해석에 의하여 문언침해가 될 수 있다고 할 것이다.[144] 다음으로 침해가 주장된 물건에 명세서의 구성요소들 중 일부가 존재하지 않기 때문에 문언침해가 성립하지 않더라도, 그것들과 균등하다고 볼 수 있는 요소가 발견된다면 균등침해 여부를 검토할 수 있다. 즉 균등침해가 인정되기 위해서는 침해가 주장된 물건에 명세서의 모든 구성요소 내지 그 균등물이 존재하여야 한다. 여기서 구성요소들이 균등관계에 있는지 여부에 대한 검토는 모든 구성요소에 대하여 개별적으로 이루어져야 한다.[145] 이와 같은 요건은 미국의 Pennwalt 사건[146]에서 정립된 것으로 Pennwalt rule[147]이라고 한다.

---

142) Warner-Jenkinson Co. Inc. v. Hilton Davis Chemical Co., 520 U.S. 17, 117 S.Ct. 1040(1997).
143) London v. Carson Pirie Scott & Co., 946 F.2d 1534, 1538(Fed. Cir. 1991).
144) Southwall Technology, Inc. v. Cardinal IG Co., 54 F.3d 1570, 1575(Fed. Cir. 1995).
145) 이러한 방식을 요소대비 방식이라고 한다. CAFC는 'Hughes Aircraft Co. v. U.S., 717 F.2d 1351 (Fed. Cir. 1983)' 판결에서 균등론을 적용함에 있어서 특허발명과 침해혐의물을 전체적으로 비교하는 전체대비 방식을 취하였지만, 'Pennwalt Corp. v. Durand-Wayland, 883 F.2d 931(Fed. Cir. 1987)' 판결에 이르러서는 요소대비 방식을 채택하였다.
146) Pennwalt Corp. v. Durand-Wayland, 883 F.2d 931(Fed. Cir. 1987).
147) Pennwalt rule은 주요한 특허 우회전략으로 제시되기도 한다(서천석, "미국판례를 통해 살펴본 특허우회(Designing Around) 전략", 월간전자진흥(2004. 08), 44면).

원고인 Pennwalt社는 과일 등을 분류하는 장치(Sorter for Fruit and the Like)에 관한 특허[148]를 보유하고 있었다. 원고의 발명은 과일(혹은 다른 물건)을 그 색깔, 무게 또는 그 두 가지 조합에 의해서 분류하는 장치에 관한 것이었고, 특허청구항에 물건의 분류가 이루어지기 전에 물건의 위치를 알려주는 수단(position indicating means)이 발명의 구성요소로 열거되어 있었다.[149] 한편 피고인 Durand-Wayland社가 제조, 판매하는 분류 장치는 원고의 발명과 동일하게 색깔과 무게에 따라 물건을 분류하지만 물건의 위치를 알려주는 수단을 결여하고 있었다. CAFC는 침해가 주장되는 장치에 특허 청구범위의 구성요소 중 일부가 포함되어 있지 않은 경우에는 문언침해는 물론 균등론에 의한 침해도 성립하지 않는다고 판시했다.

Pennwalt rule에 의하면 침해가 주장된 물건이 이러한 특허명세서에 규정되어 있는 특허의 동일 또는 균등한 구성요소들을 모두 구비하지 못하는 경우에는, 문언침해나 균등관계에 대해 판단할 필요도 없이, 그 자체로 이미 침해가 인정되지 않게 된다는 것이다.[150] 다만 기술이 진보함에 따라 하나의 부품이 점점 더 복합적인 기능을 수행하게 되고 이러한 경향은 제품 생산의 사이클이 성숙의 단계에 이를수록 더욱 강화된다. 따라서 종래의 특허에서 여러 가지의 부품들이 수행하던 일을 하나의 복합된 부품이나 공정이 수행한다고 하더라도 그것을 침해가 아니라고 보아서는 안될 것이다. Pennwalt 사건 이후의 미국의 판결례에서도 균등관계가 성립하기 위해서 반드시 일대 일의 대응(one-to-one correspondence)을 요구되는 것은 아니라고 하고 있다.[151] 이

148) US PAT 4,106,628.

149) "An automatic sorting apparatus comprising conveyance means for transporting a plurality of items to be sorted along a track and having individual cups for transporting each said item, said individual cups being connected in a continuous belt,electronic weighing means incorporated into a portion of said track for generating a signal proportional to the weight of said item to be sorted, reference signal means for providing a predetermined number of reference signals, the value of each signal established according to a predetermined criteria, comparison means for comparing the signal generated by said electronic weighing means to the reference signals provided by said reference signal means,clock means for incrementally signalling changes in position of an item to be sorted,first position indicating means responsive to the signal from said clock means and the signal from said comparison means for generating a signal indicative of the position of the item to be sorted, anddischarge means responsive to the signal generated by said position indicating means for discharging the item to be sorted at a predetermined position.", US PAT 4,106,628의 제1청구항.

150) 따라서 침해를 주장하려고 하는 특허권자의 소송대리인은 개별적인 요소를 찾아서 그에 대응하는 요소를 찾아야 특허의 침해를 주장 입증하여 승소할 수 있게 된다.

러한 해석을 통하여 전요소주의를 유연하게 해석하고 적용할 수 있게 되는 것이다.

2. 구체적인 판단 요소

연방대법원은 1929년 Sanitary Refrigerator 사건[152]에서 "어떤 장치가 다른 장치와 본질적으로 동일한 방법(way)으로 본질적으로 동일한 기능(function)을 수행하여 동일한 결과(result)를 얻는다면 이것은 침해를 구성한다"[153]고 판시하고, Graver Tank 사건[154]에서 이와 같은 요건이 만족된 경우에는 균등론을 적용을 적용할 수 있다고 설시[155]한 이후로 Function-Way-Result("FWR")의 '3단계 테스트(Triple identity test)'는 균등관계 판단의 주요한 기준으로 자리잡게 되었다.[156] 3단계 테스트 이외에 균등관계를 판단하는 방법으로 '차이점 정도의 테스트(insubstantial difference test)'도 주장된다. 이에 따르면 균등 여부는 구성요소들 간의 차이가, 그 발명이 속하는 기술 분야에서 통상의 지식을 가진 자(persons reasonably skilled in the art)의 관점에서, 비본질적인 차이점(insubstantial difference)인지에 따라 결정된다고 한다. 실제로 Warner-Jenkinson 사건에서 위 두 가지 방법 중 어떤 방법으로 균등 여부를 판단해야 하는지 논란이 되었다. 이에 대해 연방대법원은 어떤 방법이 적합한지 여부는 사안의 구체적인 사실관계에 따라 달라지므로 사안에 따라 적합한 방법을 적용해야 한다고 판시하였다.[157]

아울러 위와 같은 판단 방법들을 단순히 기계적으로 적용하는 것은 올바른 균등관계 판단 방법이 될 수 없다. 특허의 권리범위에 포함 가능한 균등물의 범위는 발명의

151) Dolly, Inc. v. Spalding & Evenflo Co., 16 F.3d 394, 398(Fed. Cir. 1987).

152) Sanitary Refrigerator Co. v. Winters, 280 U.S. 30(1929).

153) One device is an infringement of another 'if itperforms substantially the same function in substantially the same way to obtain the same result.

154) Graver Tank & Mfg. Co. v. Linde Air Prods. Co., 339 U.S. 605, 70 S.Ct. 854(1950).

155) A patentee may invoke doctrine of equivalents to proceed against producer of a device 'if it performs substantially the same function in substantially the same way to obtain same result as patentee's device.

156) 일반적으로 균등론의 판단기준으로 치환가능성과 치환자명성 등이 제시되는데, 3단계 테스트는 치환가능성에 대한 검토와 그 내용이 다르지 않다고 한다(조영선, 「특허법」, 박영사, (2009), 336면).

157) Thomas 대법관은 별개의견에서, 일반적으로 3단계 테스트는 기계장치의 분석에는 적합한 반면 다른 장치나 방법에는 부적합하고, 차이점 정도의 테스트는 비본질적인 차이(insubstantial difference)에 대한 명확한 기준을 제시하지 못한다고 하여 각각의 방법에 대한 단점을 지적한다.

종류나 성질에 따라 달라진다.[158] 어떤 조건이나 환경에서는 균등한 것으로 인정되는 구조가 다른 조건에서는 그렇지 않을 수 있다. 예를 들어 물리적 구조가 중요하지 않은 방법 청구항의 경우에는 물리적 구조를 특징으로 하는 청구항보다 폭넓게 균등관계가 인정될 수 있다. 그러므로 균등 여부의 판단에 있어서, 발명의 전체적인 문맥(context)을 고려하는 것은 매우 중요하다.[159]

그 밖에도 연방대법원은 Graver Tank 사건에서 명세서의 구성요소와 다른 균등물의 치환가능성(interchangeability)에 대해 그 발명이 속하는 기술 분야의 통상의 기술자가 알고 있었는지 여부를 균등관계 판단의 중요한 요소로 제시하였다.[160] 문제가 된 요소의 치환이 그 발명이 속하는 기술 분야에서 통상의 지식을 가진 자가 용이하게 생각해 낼 수 있을 정도로 자명하지 않다면, 그것이 치환가능하다고 하더라도 항상 균등관계에 있는 균등물이라고 할 수는 없다는 것이다. 그러나 Warner-Jenkinson 사건에 이르러 연방대법원은 통상의 기술자가 치환가능성을 알고 있었는지 여부는 균등관계를 판단하기 위한 참고 사항일 뿐 그 자체로 균등관계의 판단기준이 되는 것이 아니라고 판시했다.[161] 이러한 연방대법원의 판단은 균등관계의 판단 시점에 대한 판시와 관련이 있다.

균등관계의 판단에 있어서 가장 중요한 문제 중의 하나는 그 판단 시점이다. 기술이 급속히 발달함에 따라 발명 당시의 기술 수준에서는 균등물이라고 볼 수 없었던 것도 침해여부를 다투는 시점에서는 너무나 자명한 균등물이 될 수 있기 때문이다. 이에 대해 발명시,[162] 등록시[163] 또는 침해시를 기준으로 하는 다양한 견해들이 제시된다.

만일 침해시를 기준으로 한다면, 기술의 발달과 함께 통상의 기술자에 의한 치환 가능성은 높아지고 이에 따라 균등관계의 범위가 확장된다. 균등관계의 확장은 권리범위의 확장을 의미하고, 이는 공중의 예측 가능성을 저해하여 법적 안정성을 훼손하는

---

158) Texas Instruments, Inc. v. ITC, 805 F.2d 1558, 1563, 231 USPQ 833, 835(Fed. Cir. 1986).

159) IMS Technology, Inc. v. Haas Automation, Inc., 206 F.3d 1422, 54 U.S.P.Q.2d 1129(Fed. Cir. 2000).

160) An important factor is whether persons reasonably skilled in the art would have known of the interchangeability of an ingredient not contained in the patent with one that was(Graver Tank & Mfg. Co. v. Linde Air Prods. Co., 339 U.S. 605, 70 S.Ct. 854(1950)).

161) Warner-Jenkinson Co. Inc. v. Hilton Davis Chemical Co., 520 U.S. 17, 117 S.Ct. 1040(1997).

162) Gould v. Rees, 82 U.S. 187(1872).

163) Laser Alignment, Inc. v. Woodruff & Sons, Inc., 491 F.2d 866(7th Cir. 1974).

결과를 초래한다. 그런데 만약 통상의 기술자가 치환가능성을 알고 있었는지 여부가 그 자체로 균등관계 판단기준이 된다면, 논리적으로 균등관계의 판단시점은 등록시가 되어야 한다. 그러나 판단시점을 등록시로 하는 경우에는 균등론에 의한 침해 범위가 제한되고, 이는 '아무런 창조를 하지 않은 자에 의한 모방을 방치하는 것은 공평의 관념에 반한다'는 균등론의 취지에도 부합하지 않는다.164) 이 때문에 연방대법원은 통상의 기술자가 치환가능성을 알고 있었는지 여부는 균등관계를 판단하기 위한 참고 사항일 뿐 그 자체로 균등관계의 판단기준이 되는 것이 아니라고 하면서, 균등관계에 대한 판단은 침해시를 기준으로 이루어져야 한다고 판시한 것이다.165)

Ⅲ. 균등론의 제한

1. 출원경과금반언의 원칙(Prosecution History Estoppel)

출원개시시점에서부터 등록이 이루어질 때까지 일련의 과정에서 출원인과 특허심사관 사이에서 교환된 서류 일체를 출원포대(file wrapper)라고 한다. 이러한 출원포대에 기재된 내용과 이후 특허권자가 특허의 해석으로서 주장하는 내용이 서로 상치되는 경우를 제어하기 위한 장치를 포대금반언의 원칙(file wrapper estoppel)이라고 한다. 이는 특허 청구범위의 용어의 의미를 명확히 하기 위해서, 출원으로부터 등록에 이르기까지의 과정을 통하여 출원인이 표시한 의사 또는 특허청이 표시한 견해를 참작하여야 한다는 원칙이다.166)

특허의 청구범위는 출원포대에 나타난 출원의 경과를 살펴서 결정되어야 하므로 특허소송에서의 출원인은 출원심사과정 중 본인이 수행한 행위와 모순되는 주장을 할 수 없다는 의미에서 이를 출원경과금반언의 원칙(prosecution history estoppel)이라고도 한다.167) 전통적인 영미의 형평법상의 금반언(Estoppel)의 개념이 특허법에 수용되어

164) 사법연수원, 「특허법」(2009), 427면.
165) Warner-Jenkinson Co., Inc. v. Hilton Davis Chemical Co., 520 U.S. 17, 117 S.Ct. 1040(1997).
166) Douglas Lichtman, "Rethinking Prosecution History Estoppel", 71 U. Chi. L. Rev. 151(2004).
167) 다만 필요에 따라 출원경과참작의 원칙이라는 단어를 혼용하여 쓰기로 한다. 왜냐하면, 법원의 판사의 관점은 출원경과를 참작하는 것이 될 것 같고, 변호사의 입장에서는 금반언이라는 항변을 하

나타난 이 원칙은 균등론이 가지고 있는 태생적인 모호함을 제한하여 특허의 권리범위를 명백하게 하는 기능을 한다.[168]

특허소송에 있어 이러한 출원경과금반언의 원칙은 침해를 주장당한 자가 원고의 침해 주장에 대한 방어방법으로 사용하는 것 보통이다. 즉 특허침해소송에 있어서 피고의 항변사항으로서의 의미를 가진다. 특히 미국의 Festo 판결 이후에 이 원칙의 중요성은 특허침해 주장을 방어하기 위한 수단으로서 아무리 강조해도 지나치지 않다. 이 원칙에 의하면 특허출원인이 출원과정에서 행한 보정, 의견의 제시, 진술한 내용들은 특허가 등록되고 난 후의 특허의 권리범위와 관련하여 구속력을 가진다. 따라서 등록 후에 이러한 보정, 의견의 제시, 진술한 내용과 모순되는 주장을 하는 것은 제한되고, 자신이 스스로 감축한 부분은 더 이상 자신의 특허권의 범위에 포함되지 않는 것으로 해석된다.[169] 따라서 특허침해 소송을 방어하는 측의 소송대리인이 되면, 출원서류 또는 포대(출원당초의 명세서, 도면, 거절이유통지서, 보정서, 이의신청서, 답변서, 거절결정불복의 심판청구서 등)를 면밀히 분석하여 공격을 할 수 있는 상대방 특허의 약점을 찾아내려고 노력한다.

2. 적용사례

1886년 연방대법원은 Shepard v. Carrigan 사건[170]에서 "출원인이 특허등록을 받기 위해서 자신의 청구범위가 최초 출원시보다 좁아지는 것을 감수했다면, 그는 그러한 자신의 행동에 구속된다."라고 하면서, 최초로 출원경과금반언의 원칙을 제시했다.[171] 또 1921년 Weber Electric Co. v. E.H. Freeman Electric Co. 사건[172]에서도 출원경과를 참작하여 보정이 없다면 균등론에 기초하여 청구범위의 확장이 가능한 부분이 보정으로 인하여 축소되어 해석될 수 있다고 판시하여 출원경과금반언의 원칙을

는 것이라고 보는 것이라고 판단되기 때문이다.

168) Whitley Chandler, "Prosecution History Estoppel, the Doctrine of Equivalents, and the Scope of Patents", 13 Harv. J. L. & Tech. 465, 478(1999-2000).

169) Warner Jenkinson, 520 U.S. at. 44; Phamacia & Upjohn Co. v. Mylan Phamaceutical, Inc., 170 F.3d 1373, 1376(Fed. Cir. 1999).

170) 116 U.S. 593(1886).

171) Shepard v. Carrigan, 116 U.S. 593, 6 S.Ct. 493(1886).

172) 256 U.S. 668, 41 S.Ct. 600(1921).

인정한 바 있었다. 사안에서 침해소송의 원고인 Weber Electric社는 소켓과 슬리브의 연결을 보다 용이하고 효율적으로 만드는 백열전등 소켓(incandescent electric lamp sockets)에 관한 특허[173]를 보유하고 있었다. 원고는 출원과정에서 선행기술을 회피하기 위해 소켓과 슬리브의 연결 구조를 직선방향(longitudinal movement)으로 한정하였다. 이에 대해 연방대법원은, 이러한 보정으로 인해 원고는 회전 방향(rotary movement) 구조에 대한 권리를 상실한다고 판단하였다.

출원경과금반언의 원칙은 Warner-Jenkinson 사건을 통해서 그 적용범위가 더욱더 명확해졌다. Warner-Jenkinson 사건이 대법원에서 문제가 되던 무렵에 미국 CAFC가 설립되었고, 친특허정책(propatent policy)이 특허전문가에게 각인되어 있던 시기였다. 이 시기 출원과정에서 보정이 이루어진 경우에 보정된 요소(amended element)와 균등관계에 있는 부분은 그 전체를 묵시적 포기로 볼 것인지,[174] 아니면 단지 일부만을 포기한 것으로 볼 것인지[175]에 대하여 CAFC의 견해가 일관되지 못했다. 예를 들어 Hughes Aircraft Co. v. United States 사건[176]에서 항소법원은 균등물에 대하여 유연성기준(flexible bar)을 채택한 반면, Kinsenbaw v. Deere & Co 사건[177]에서는 완전배제기준(complete bar)을 적용하였다. Warner-Jenkinson 판결은 이러한 판결례의 균열을 해소하는 역할을 하였다.

사안에서 원고인 Hilton Davis社는 pH 레벨 6.0~9.0에서 염료를 정제하는 공정(a process for the purification of a dye)에 관한 특허[178]를 보유하고 있었고 피고인 Warner-Jenkinson社는 pH 레벨 5.0에서 동일한 발명을 실시하고 있었다. 원고는 피고의 실시에 대해 균등침해를 주장했다. 그러나 피고는 원고가 출원과정에서 pH 레벨의 하한을 6.0으로 한정하였으므로 출원경과금반언의 원칙에 따라 원고는 균등침해를 주장할 수 없다고 항변하였다. 이에 대해 연방대법원은 출원경과금반언의 원칙이 특허성과 관련된 보정에만 적용됨을 명백히 하면서, 다만 그 이유가 불분명한 보정의 경우에도 일단 특허성과 관련된 보정으로 추정하여 출원경과금반언의 원칙이 적용되지

173) US PAT 743,206.
174) 이를 완전배제기준(complete bar)이라고 한다.
175) 이를 유연성기준(flexible bar)이라고 한다.
176) 717 F.2d. 1351, 1362-1363(Fed. Cir. 1983).
177) 741 F.2d 383, 391(Fed. Cir. 1984).
178) US PAT 4,560,746.

만 특허권자가 당해 보정이 특허성과 무관한 것이라는 사실을 증명하면 금반언의 원칙을 배제할 수 있다고 판시하였다. 즉 pH 레벨의 하한을 6.0으로 한정한 원고의 보정은 특허성과 관련된 것으로 추정되지만, 원고는 이것이 특허성과 무관한 것이라는 사실을 증명함으로써 pH 레벨 5.0에서의 피고의 실시에 대해 균등침해를 주장할 수 있다는 것이다.

출원경과금반언의 원칙이 적용되는 보정의 종류와 적용범위는 2002년 연방대법원의 Festo 판결[179]에 이르러 보다 확실히 정립되었다. 이 판결이 중요한 이유는, 균등론에 의해서 확대된 특허 권리범위의 외연을 한정하는 기능을 하는 출원경과참작의 원칙이 소송상 어떻게 운용될 것인가에 대한 기준을 제시하는 판결이기 때문이다. 이 사건은 Festo라는 미국 회사가 일본의 Shoketsu Kinzoku Kogyo Kabushiki Co.(이하 'SMC社')를 상대로 하여 SMC社의 제품이 자신들이 특허 받은 Couple Rod cylinder 특허를 균등론의 관점에서 침해하였다고 주장한 것에서 비롯되었다. 그런데 Festo社의 특허와 SMC社의 제품은 실제로 다소간의 차이가 있었는데 그 첫째는 SMC社는 한 개의 탄력적인 쌍방향 실링 링(sealing ring)을 사용한 반면, Festo社의 명세서 기재 발명에서는 한쌍의 실링 링을 사용하였다는 점, 둘째로 특허 명세서에는 자화 금속(magnetizable material)을 사용하고 있는 반면에, SMC는 알루미늄 합금으로 이를 제작하였다는 점이었다. Festo社의 특허에서 사용되는 한쌍의 실링 링과 자화 금속은 출원과정에서 보정을 통해 명세서에 기재된 것이었다.

연방대법원은 특허법에서 규정하고 있는 법정 특허요건을 만족시키기 위한 보정으로서 그 권리범위를 축소시키는 보정이라면 금반언의 원칙이 적용될 수 있다는 CAFC의 태도를 지지하였다.[180] 이러한 관점에서 결국 연방대법원은 출원경과금반언의 원칙은 선행기술과의 차별화를 위하여 행하여진 권리범위의 축소보정에 국한되는 것이 아니며, 특허를 받기 위하여 요구되는 다른 법정요건(statutory bar)을 만족시키기 위하여 행하여진 축소보정의 경우에도 적용된다고 판단한 것이다. 또 하나 연방대법원의 판단에서 주목하여야 할 점은 보정의도의 판단과 관련하여 축소보정된 청구항의 구성요소에 대하여 모든 균등물은 특허권자에 의해 반증이 있기 전까지 포기된 것

---

179) Festo Corp. v. Shoketsu Kinzoku Kogyo Kabushiki Co., Ltd., 535 U.S. 722, 122 S.Ct. 1831 (2002).

180) 535 U.S. at 736-737.

으로 추정된다는 새로운 추정개념을 도입하였다. 이는 절대적 금지 접근법(absolute bar approach)과는 구별되는 개념으로 추정적 금지 접근법이라고 부를 수 있을 것이다. Festo 사건에서 연방대법원이 채택한 이러한 추정규칙에 의하면 (i) 균등물이 보정시에 청구항 작성자에게 예견불가능하였음을 보이거나, (ii) 보정의 근본적 이유가 문제의 균등물과는 아무런 관련성이 없음을 보이거나, (iii) 특허권자가 문제의 균등물을 포함하도록 청구항을 기재하리라고는 합리적으로 기대할 수 없었던 합리적인 사유가 입증되면, 추정을 복멸할 수 있게 된다. 이와 같이 하여 추정을 복멸하면, 균등침해의 주장을 유지할 수 있게 되는 것이다.[181)]

3. Festo 사건이 특허실무에 미친 영향

Festo 사건은 출원실무에 큰 영향을 미쳤다. Festo 사건 이전 미국에서의 특허출원인들은 일단 광범위한 출원을 하고 나서 미국 특허청(USPTO)의 심사과정에서 보정을 통하여 청구범위를 확정하는 방식을 취하였다. 그러나 Festo 판결로 인하여 이와 같은 출원실무는 특허권의 범위를 제한하는 역할을 할 가능성이 높아졌다. 출원대리인의 입장에서는 가능한 보정이 없이 특허를 등록하기 위해서 처음부터 이해가 평이한 좁은 청구항을 작성하는 편이 유리하게 된 것이다. Festo 판결 이후 출원인들은 더욱 신중하게, 또 초기부터 출원의 향후 경과를 충분히 고려하여 출원해야 하는 부담이 커지게 되었다.

한편 방어를 하는 측의 입장에서 보면, 기존에도 출원포대는 소송의 승패를 가름하는 결정적인 자료로서 신중한 검토가 필요했지만, Festo 판결 이후에는 특허권자와의 특허 라이선스 협상 과정에서도 포대를 꼼꼼히 살펴서 검토해야 할 실익이 크게 증가하였다.[182)]

아울러 Festo 판결은 균등론을 제한함으로써 기존 특허에도 영향을 주었다. 논자에 따라서는 Festo 판결이 미국에서 유효하게 등록되어 있는 특허 120만 건의 가치를 소

181) 이러한 연방대법원의 판단은 이 사건의 환송심에서 좀더 구체화된다. Festo Corp. v. Shoketsu Kinzoku Kogyo Kabushiki Co., Ltd., 344 F.3d 1359(Fed. Cir. 2003).

182) 선행자료의 조사와 같이 병행하게 되는데, 선행자료의 조사의 경우 도서관이나 검색프로그램을 사용하여 관련되는 자료를 하는 경우 회사내 조직에서 여러 명이 집중적으로 일을 하면서도 경우에 따라서는 수주가 소요되기도 하고, 그 이상의 오랜 노력이 요구되기도 한다.

급적으로 감소시키고, 이러한 특허권을 복제하려고 하는 사람에 대하여는 복제를 용이하게 하는 반면, 특허권자에게는 침해를 인정받기 어렵게 만들었다고 평가하는 의견도 있었다.[183)]

한편 이 사건은 특허 출원 및 소송과 관련된 여러 가지 긍정적인 영향도 주었다. 특허출원과 관련하여서는 심사시간을 단축시키는 기능을 하였고, 후발주자에게는 기존의 특허권자가 청구하지 아니한 미개척 지역을 개척하여 자신의 영역을 찾아낼 수 있는 계기를 제공하였다. 그 결과 후발주자가 특허침해로 인한 위협을 덜 느끼면서 개량발명이나 회피설계를 할 수 있게 됨으로써 좀더 많은 개량발명을 위한 투자가 이루어질 수 있게 되었다.

Festo 판결을 비판하는 이들은, 이 판결로 인해 결국 장기적으로 발명가는 자신의 발명을 특허로 출원하는 것이 아니라 영업비밀로서 숨기는 방식으로 보호받으려고 할 것이라고 주장하였다. 또 특허를 출원하더라도 청구범위가 매우 좁고, 이해하기 쉬운 제한적인 청구항을 작성함으로써 자신의 권리를 보호받지 못할 가능성이 커지게 되고, 결국 궁극적으로는 특허권자 내지 발명자에게 독점권을 부여하는 방식으로 발명을 진흥하려는 특허법의 의도가 몰각되어 버리게 될 것이라는 비판을 제기하였다. 특허명세서의 기재가 가지는 공시기능은 당해 분야의 경쟁자들이 문언해석을 통해서 자신이 개발하려고 하는 부분이 과연 특허권자의 특허에 저촉되는 것인지 여부를 결정할 수 있도록 하는 기능을 한다. 출원경과금반언의 인정에 대한 논란은 특허권리범위의 명확성 확보라는 요구와 특허권자의 보호 사이의 균형점을 찾는 작업으로, 각국의 상황에 맞게 지속적인 논의가 이루어질 것이다.[184)] 미국의 경우 특허권의 보호가 지속적으로 강화되어 왔으므로 이에 대한 제한이 필요한 시점이라고 본 것이 Festo 판결의 메시지이다.

183) Stephen Dirksen, Kyle Grimshaw, Michael Hostetler, Michael Kim, & Steven Mesnick, "PATENT AMENDMENTS AND PROSECUTION HISTORY ESTOPPEL UNDER FESTO", 2001 Duke L. & Tech. Rev. 11, 17(2001).

184) 우리 법원은 협소한 범위에서만 균등론을 인정하고 있고, 기본적으로 문언해석을 강조한다. 그러므로 균등론의 폐해는 미국에 비하여 상대적으로 적다고 본다.

사례연구

Festo 사건[185]

Festo社는 물품 운반장치(conveying system)에 관한 발명으로서 Caroll 특허[186]와 Stoll 특허[187]를 보유하고 있었다. 이 특허들에 의한 운반장치는 피스톤과 동력장치 사이의 동력 전달이 피스톤 봉(piston rod)이 아닌 자력에 의해서 이루어지는, 봉 없는 실린더(rodless cylinder)로 구성된 것이 특징이었다.

그런데 Stoll 특허는 심사과정에서 발명의 동작방법이 불명확하게 기재되어 있고 일부 청구항이 청구항의 기재방식에 위배되는 방식[188]으로 기재되었음을 이유로 거절되었기 때문에 이를 치유하기 위한 보정이 이루어졌다. 이 보정 과정에서 두 가지의 한정이 이루어졌는데, 첫째는 외부로부터의 불순물 유입을 방지하기 위한 실링

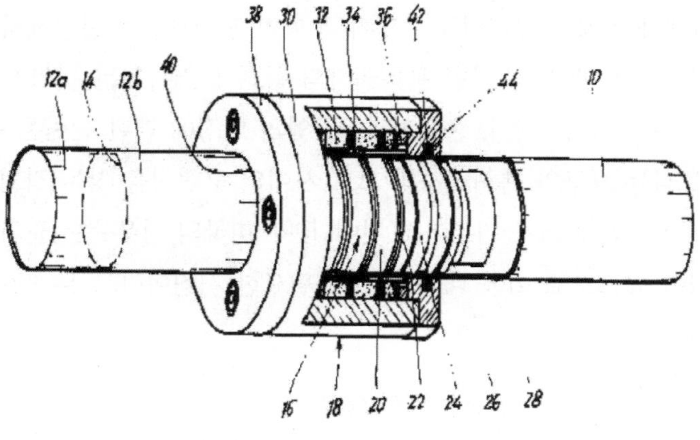

[Festo社 Stoll 특허의 봉 없는 실린더의 구성]

185) Festo Corp. v. Shoketsu Kinzoku Kogyo Kabushiki Co., Ltd., 535 U.S. 722, 122 S.Ct. 1831 (2002).

186) US PAT 3,779,401.

187) US PAT 4,354,125.

188) 다중종속항을 포함하고 있어 미국 특허법 제112조에 위배된다.

수단(means for sealing)을 한 쌍의 실링 링(sealing ring)으로 한정한 것이고, 두 번째는 외부의 슬리브(sleeve)를 자화물질(magnetizable material)로 한정한 것이었다.189) 이후 Caroll 특허에 대해서도 재심사를 청구하여 실링 수단을 한 쌍의 실링 링으로 보정하였다.

한편 Festo社가 위 특허를 이용한 제품을 생산한 이후, SMC社 또한 그와 유사한 제품을 판매하기 시작하였다. SMC社의 제품이 Festo社의 제품과 다른 점은 실링 수단으로 한 쌍의 실링 링 대신 양방향 립을 가지는 하나의 실링 링을 사용하고, 슬리브를 비자성체로 구성한 것이었다. 1988년 Festo社(이하 '원고')는 균등론에 근거하여 SMC社의 제품이 자신의 특허를 침해했다고 주장하며 SMC社(이하 '피고')에 대한 특허침해소송을 제기하였다. 이에 피고는 출원경과금반언의 원칙에 따라, 원고는 심사과정에서 보정한 부분에 대해서는 균등론에 의한 침해를 주장할 수 없다고 항변하였다.

연방지방법원은 사안의 보정이 선행기술의 회피를 목적으로 한 것이 아니기 때

189) In an arrangement having a hollow cylindrical tube and driving and driven members movable thereon for conveying articles, the improvement comprising wherein said tube is made of a nonmagnetic material, wherein said driving member is a piston movably mounted on the inside of said tube, said piston having a piston body and plural axially spaced, first permanent annular magnets encircling said piston body, said piston further including first means spacing said first permanent magnets in said axial spaced relation, the radially peripheral surface of said magnets being oriented close to the internal wall surface of said tube, said piston further including plural guide ring means encircling said piston body and slidingly engaging said internal wall and first sealing rings located axially outside said guide rings for wiping said internal wall as said piston moves along said tube to thereby cause any impurities that may be present in said tube to be pushed along said tube so that said first annular magnets will be free of interference from said impurities, wherein said driven member includes a cylindrical sleeve made of a magnetizable material and encircles said tube, said sleeve having plural axially spaced second permanent annular magnets affixed thereto and in magnetically attracting relation to said first permanent annular magnets and second means spacing said second permanent annular magnets in said axially spaced relation, the radially inner surface of said magnets being oriented close to the external surface of said tube, said sleeve having end face means with second sealing rings located axially outside said second permanent annular magnets for wiping the external wall surface of said tube as said driven member is moved along said tube in response to a driving movement of said piston to thereby cause any impurities that may be present on said tube to be pushed along said tube so that said second permanent annular magnets will be free of interference from said impurities(US PAT 4,354,125의 제1청구항).

문에 이 경우에는 출원경과금반언의 원칙이 적용되지 않는다고 하여 피고의 특허침해를 인정하였고, CAFC도 이에 동의하였다.[190] 그러나 연방대법원은 Warner-Jenkinson 판결[191]을 근거로 하급심의 판결을 파기, 환송하였다.[192] 그 후 환송사건을 다루기 위해 열린 전원합의체 판결에서 CAFC는 원고가 균등론에 의한 침해를 주장할 수 없다는 견해를 밝히면서 다음과 같은 두 가지 중요한 판시 사항이 담긴 판결문을 내놓았다.[193] 첫째는 선행기술의 회피를 위한 보정뿐만 아니라 법정요건(statuary requirements)들과 관련된 보정, 즉 특허요건을 만족시키기 위한 모든 축소보정(narrowing amendment)의 경우에 출원경과금반언의 원칙이 적용될 수 있다는 것이고, 둘째는 출원경과금반언의 원칙이 적용되는 보정이 이루어진 경우에는 보정된 요소에 대해 더 이상 균등론에 의한 침해를 주장할 수 없다는 것이다.[194] 특허요건을 만족시키기 위한 모든 보정에 출원경과금반언의 원칙이 적용된다는 판결은 Warner-Jenkinson 사건 등을 포함하여, 출원경과금반언의 원칙은 선행기술의 회피 등과 같은 특허성과 관련된 보정에만 적용된다는 기존의 판례들과 상충되는 것이었다. 아울러 출원경과금반언의 원칙이 균등주장을 완전히 금지한다(absolute bar)는 판결 또한, 유연한 금지의 원칙(flexible bar)을 적용하여 보정의 목적에 따라 균등물의 일부에 대해서만 침해주장이 배제된다는 종전의 판례와는 배치되는 것이었다. 이와 같은 CAFC의 판결로 인해 다시 한번 연방대법원의 심리가 열리게 된다.

Festo 사건에 대한 2002년 판결[195]에서 연방대법원은 법정 특허요건을 만족시키기 위한 축소보정의 경우에도 출원경과금반언의 원칙이 적용될 수 있다고 하면서 첫 번째 쟁점에 대한 CAFC의 전원합의체 판결을 지지하였다. 따라서 사안에서와 같이

190) Festo Corp. v. Shoketsu Kinzoku Kogyo Kabushiki Co., Ltd., 72 F.3d 857(Fed. Cir. 1995).

191) Warner Jenkinson Co. Inc. v. Hilton Davis Chemical Co., 520 U.S. 17, 117 S.Ct. 1040(1997).

192) 이유가 불분명한 보정도 일단 특허성과 관련된 보정으로 추정하여 출원경과금반언의 원칙이 적용되지만, 특허권자가 당해 보정이 특허성과 무관한 것이라는 사실을 증명하면 금반언의 원칙을 배제할 수 있다는 Warner-Jenkinson 사건에서의 연방대법원의 판시에 따라, 미국 특허법 제112조의 기재불비를 치유하기 위한 과정에서의 보정도 일단 특허성과 관련된 보정으로 추정되어 금반언의 원칙이 적용된다는 점을 근거로 한 것으로 보인다.

193) Festo Corp. v. Shoketsu Kinzoku Kogyo Kabushiki Co., Ltd., 234 F.3d 558(Fed. Cir. 2000).

194) 반대의견은 이러한 판시가 Warner Jenkinson 사건에서의 연방대법원의 판단과 상충된다고 주장하였다.

195) Festo Corp. v. Shoketsu Kinzoku Kogyo Kabushiki Co., Ltd., 535 U.S. 722, 122 S.Ct. 183 (2002).

제112조의 규정을 만족시키기 위한 보정의 경우에도 출원경과금반언의 원칙이 적용될 수 있다. 사안의 보정이 원고의 주장처럼 제112조를 만족시키기 위한 형식적인 보정이었다면 축소보정을 할 필요가 없었을 것이므로, 결국 원고의 보정은 명세서에 기재된 발명의 구성요소를 변경함으로써 특허의 권리범위를 축소한 것이고 이러한 보정에 대해서는 출원경과금반언의 원칙이 적용되어야 한다는 것이 연방대법원의 판단이다. 또한 연방대법원은 축소보정에 의하여 출원경과금반언의 원칙이 적용되는 경우에 균등론의 주장을 완전히 배제하는 완전배제의 원칙을 적용하는 것은 기존의 연방대법원 판례와 배치된다고 하였다.

따라서 축소 보정이 있었던 경우, 일단 출원인이 최초 출원시의 권리범위와 축소 보정된 권리범위 사이의 권리를 포기한 것으로 추정하고, 다만 출원인 측에서 당해 보정이 특정 균등물을 포기한 것이 아니라는 사실을 입증하면 이러한 추정은 깨지고 특허권자는 균등론에 의한 특허침해를 주장할 수 있다는 것이다. 추정의 복멸과 관련하여 연방대법원은 출원 당시에 문제된 균등물이 예측불가능 했던 경우, 당해 보정이 문제된 균등물과 관련 없는 경우에는 출원인이 그 균등물에 대한 권리를 포기했다고 볼 수 없고, 또 보정 당시에 통상의 기술자가 문제된 균등물을 포함하는 청구항을 작성하리라고 기대할 수 없었던 경우에도 축소보정에 의한 권리포기의 추정이 깨어진다고 판시했다. 결론적으로 연방대법원은 원고가 균등물을 포기했는지 여부에 대한 CAFC의 심리가 미진함을 이유로 사건을 파기, 환송하였다.

이후 환송심에서 연방지방법원은, 원고가 비자성 슬리브와 양방향 립을 가지는 단일 실링 링에 대한 예측불가능성을 입증하지 못하였음을 이유로, 피고의 실시는 균등침해를 성립시키지 않는다고 판단하였다. 이에 대해 원고는 또다시 항소하였지만 2007년 CAFC는 원고의 항소를 기각하였다.[196)]

Ⅳ. 역균등론(Reverse Doctrine of Equivalent)

문언침해가 성립하지 않는 경우에도 균등침해가 인정될 수 있다. 그러므로 특허침

196) Festo Corp. v. Shoketsu Kinzoku Kogyo Kabushiki Co., Ltd., 493 F.3d 1368(Fed. Cir. 2007).

해를 주장하는 소송대리인은 문언침해 및 균등침해를 모두 주장하는 것이 보통이다. 균등론은 특허 청구범위의 확장해석을 통해 특허권자를 보호하기도 하지만, 기존 발명의 구성요소들만으로 이루어진 후행발명이 새롭고 유용한 결과를 만들어 낸다면 이를 보호하는 역할을 하기도 한다.[197]

그런데 균등론을 이와 같이 특허침해를 주장하는 자가 아니라, 비침해를 주장하는 자 측에서 사용하는 경우도 있다. 이를 역균등론이라고 한다.[198] 균등론은 특허권자에게 유리하게 뿐만 아니라 불리하게도 적용될 수 있다. 침해 혐의물이 문언적으로는 기존 특허의 청구범위에 포함되더라도 그것이 특허발명과 기술적 원리(principle)를 완전히 달리 함으로써 본질적으로 다른 방법(substantially different way)으로 유사한 기능을 수행한다면, 이 경우에는 침해가 성립하지 않는다는 주장이 역균등론이다.[199] 역균등론은 일반적 균등론이 청구범위의 문언적 범위를 실질적으로 확장하여 특허권자를 보호하는 이론인 반면, 역균등론은 이를 축소하여 특허권자의 권리를 제한하려는 논의라는 점에서 구별된다. 그러나 양자 모두 특허제도의 취지 아래서 구체적인 타당성을 도모하려는 이론이라는 점은 공통적이다.

다만 실무에서 CAFC가 역균등론은 정면으로 인정한 사건은 없는 것으로 알려져 있다. 하지만 침해혐의자 측에서는 이 주장을 버릴 아무런 이유가 없다. 특히 생명공학분야와 같이 여전히 논란이 분분한 영역에서는 이와 관련된 논의가 실익이 있다.[200] 왜냐하면 이는 사실인정의 문제로서 문언해석의 문제라고도 볼 여지가 있기 때문이다.

역균등론을 주장하는 경우 논리적인 순서는 문언침해, 균등침해, 역균등론의 순이다. 특허권자는 특허권을 행사하여 그의 허락없이 타인이 생산하거나(make), 사용하거나(use), 판매하는 행위(sell)를 막을 수 있지만, 그 원칙적인 범위는 문언이다(=문언침해). 그러나 청구범위의 일부를 대치하여 문언침해를 회피하는 것을 막기 위해서 동일한 기능(function), 방법(way), 효과(result)를 발생시키는 경우를 특허의 권리범위에 포함시켜주는 것이 미국 법원의 판례이다(=균등침해). 이러한 균등침해의 기초

---

197) Imhaeuser v. Buerk, 101 U.S. 647(1879).

198) Westinghouse v. Boyden Power Brake Co., 170 U.S. 537, 568, 18 S.Ct. 707(1898).

199) Graver Tank & Mfg. Co. v. Linde Air Prods. Co., 339 U.S. 605, 70 S.Ct. 854(1950).

200) William S. Galliani, "Patent Infringement Amidst Rapidly Evolving Technologies: New Equivalents, the Doctrine of Equivalents and the Reverse Doctrine of Equivalents", 6 Santa Clara Computer & High Tech. L. J. 75(1990-1991).

는 공정성(fundamental fairness)이다. 그런데 이러한 공정성에 기반하여 보면, Graver Tank 사건은 역균등론의 기초도 제공한다. 같은 2A족에 속하는 원소이나 전혀 같은 기능이나 효과를 나타내지 않는 원소가 있다면 문언적으로는 2A족에 속하므로 문언 침해가 될 수 있지만, 균등론의 취지를 감안하면 제외하여야 한다는 주장을 할 수 있을 것이기 때문이다.

Ⅴ. 균등론에 대한 비판

법관은 법률 문제(matter of law)로 전요소주의의 관점에서 침해가 존재하는지를 보아야 하고, 대체가능한 요소기술이 출원경과에서 발견된 보정과 같은 사실을 통하여 금반언의 원칙에 의하여 균등범위가 제한될 수 있을지를 판단하여야 한다. 한편 배심원은 사실문제(matter of fact)로서 기술의 대체가능성(interchangeability)에 대하여 판단하여야 한다. 균등론은 특허의 권리범위를 항상 이러한 판단에 의하여 좌우되도록 함으로써 권리범위를 불명확하게 한다. 전략적인 관점에서 우리나라의 주요 대기업들은 자신의 특허를 가지고 양산을 하여 수익을 내는 것보다는 타인이 개척한 시장에서 우수한 제조경쟁력에 기초하여 후발주자로 참여하여 양산수율 다툼을 하여 로열티를 부담하면서 특허권자와 경쟁하는 전략에 익숙하다. 이를 '추종자 전략(follower strategy)'이라고 한다. 이러한 추종자 전략의 문제는 항상 특허소송에 휘말릴 우려가 존재한다는 것인데, 미국에서 마이크로소프트도 이러한 추종자 전략을 사용하는 회사 중의 하나로서 많은 특허소송에 휘말리고 있다. 이러한 추종자 전략을 사용하는 기업들의 경우에는 균등론은 예측하기 어려운 장애로 작용한다.

변호사가 엔지니어와 회의를 하는 과정에서 명세서에 수많은 물질을 사용가능한 물질로 열거를 하면서 유독 우리가 사용하려는 물질이 제외되어 있을 때 비록 그 물질은 명세서에 기재되어 있지 않으나 균등관계에 있다고 보아야 할지 그렇지 아니하면 균등관계를 인정되지 아니하여, 우리가 당해 기술을 회피한 것으로 보아야 할지 내지는 침해를 하지 않은 것으로 판단하여야 할지는 사실 쉽지 않은 일이다. 엔지니어의 도움을 받아, 판사를 설득하여야 하는 송무변호사나, 특정한 기술을 사용하여, 양산을 어느 방향으로 하여야 할 것인가를 정하여야 하는 기업에 대한 자문을 하는 자문변호사 모두 이러한 균등침해의 우려는 쉽게 확정적으로 답하기 힘든 부분이라 난제 중에 하나이고, 항상 염두에 두어야 할 부분이다. 이 균등 침해의 문제가 등장하면 어떠한 엔지니어도 문제가 되는 물질이 이러한 용도로 동일한 효과를 가지면서 동일한 구성 내지 방법으로 사용이 가능하다는 것은 분명하다고 말할 수 없는 경우가 많다. 특히 기술을 개발하여 제품을 생산하려고 하는 자가 후발주자이고, 선발주자는 작은 연구소 수준에 그치는 경우에 있어 이러한 산업이 반도체 산업과 같은 대규모 투자가 필요한 장치산업의 경우 균등관계를 넓게 인정하면 예측가능성이 없어져 투자가 곤란해진다.

이런 경우 엄격한 문언주의 내지 명세서의 공시기능을 중시하는 법원이 일관된 판단을 한다면 기업의 대규모 투자결정에 도움은 되겠지만 권리자보호에 공백이 생길 수 있다. 반면 균등론의 확장은 예측가능성을 떨어뜨려 기술개발투자를 위축시킬 수 있다. 이를 불명확성 비용(uncertainty cost)이라고 한다. 이러한 불명확성 비용은 권리범위 획정을 위한 불필요한 실체법 및 절차법적 복잡성을 야기하게 된다.

이미 연방대법원은 1876년 Merrill v. Yeomans 사건[201]에서 발명자가 청구항으로 작성하여 공지한 특허를 권리범위로 정하는 것 이상으로 공정한 방법은 없다고 판시한 바 있다. 영국 상원(House of Lords)은 Kirin-Amgen, Inc. v. Hoechst Marion Roussel Ltd. 사건에서 미국 특허법은 균등론으로 인하여 특허소송을 매우 복잡하게 하고 있으며 이에 따라 예견가능성을 현저하게 저해하고 있다고 비판하였다.[202] 이와 같이 균등론을 통하여 추가적인 청구항 기재 외의 보호(extra-claim protection)를 할 필요가 있다고 하더라도 만일 그로 인하여 발생하는 사회적 비용이 지나치게 크고, 추가적인 발명이나 기술혁신, 제품개발을 위한 투자를 위협하고 있다면 이를 제한하는 것이 오히려 바람직하다는 비판을 경청할 필요가 있다.[203]

따라서 법원이 균등의 범위를 판단함에 있어서 특허명세서의 문언의 공시기능을 고려하는 것이 기본이 되어야 한다. 왜냐하면, 만일 균등관계의 범위를 넓게 인정하여 버리면 권리자의 보호에는 충실하게 되겠지만, 후행하여 해당분야의 기술적인 지식을 습득하고 발명을 하려고 하는 자의 입장에서는 공시되지 아니한 사실에 대하여 불의

201) 90 U.S. (4 Otto) 568(1876).

202) [2004] U.K.H.L. 46, 32, 44. 영국에서는 2009. 10. 1. 영국대법원(Supreme Court of England & Wales)의 업무개시 전에는 영국 상원이 대법원의 역할을 하였다.

203) Micheal J. Meurer & Craig A. Nard, "Invention, Refinement and Patent Claim Scope: A New Perspective on the Doctrine of Equivalents", 93 Geo. L. J. 1947, 1994-1995(2005).

의 타격을 입을 수 있기 때문이다. 산업에 있는 여러 주체들이 일관되게 자신의 행위가 침해가 될지 여부에 대하여 예측가능성을 가질 수 있도록 균등론은 제한적으로 운용되어야 한다.[204] 법원이 균등침해를 인정하는 비율이 커지면 커질수록 특허권자의 권리범위는 특허명세서의 기재에 의하여 정하여진다는 원칙은 어느 순간 유토피아적인 발상이 된다.[205] 균등관계의 판단기준에 관한 원칙을 검토해야 하는 이유도 바로 여기에 있다.

---

204) 우리 대법원은 2014. 7. 24. 선고 2013다14361 판결에서 "'과제의 해결원리가 동일'한지 여부를 가릴 때에는 특허청구범위에 기재된 구성의 일부를 형식적으로 추출할 것이 아니라, 명세서에 적힌 발명의 상세한 설명의 기재와 출원 당시의 공지기술 등을 참작하여 선행기술과 대비하여 볼 때 특허발명에 특유한 해결수단이 기초하고 있는 기술사상의 핵심이 무엇인가를 실질적으로 탐구하여 판단하여야 한다."라고 판시한 바 있고, 2019. 1. 31. 선고 2017후424 판결에서는 "특허발명의 과제 해결원리를 파악할 때 발명의 상세한 설명의 기재뿐만 아니라 출원 당시의 공지기술 등까지 참작하는 것은 전체 선행기술과의 관계에서 특허발명이 기술발전에 기여한 정도에 따라 특허발명의 실질적 가치를 객관적으로 파악하여 그에 합당한 보호를 하기 위한 것이다. 따라서 이러한 선행기술을 참작하여 특허발명이 기술발전에 기여한 정도에 따라 특허발명의 과제 해결원리를 얼마나 넓게 또는 좁게 파악할지 결정하여야 한다."라고 판시한 바 있다. 또한 우리 대법원은 2019. 1. 31. 선고 2018다267252 판결에서 "발명의 상세한 설명의 기재와 출원 당시의 공지기술 등을 참작하여 파악되는 특허발명에 특유한 해결수단이 기초하고 있는 기술사상의 핵심이 침해제품 등에서도 구현되어 있다면 작용효과가 실질적으로 동일하다고 보는 것이 원칙이다. 그러나 위와 같은 기술사상의 핵심이 특허발명의 출원 당시에 이미 공지되었거나 그와 다름없는 것에 불과한 경우에는 이러한 기술사상의 핵심이 특허발명에 특유하다고 볼 수 없고, 특허발명이 선행기술에서 해결되지 않았던 기술과제를 해결하였다고 말할 수도 없다. 이러한 때에는 특허발명의 기술사상의 핵심이 침해제품 등에서 구현되어 있는지를 가지고 작용효과가 실질적으로 동일한지 여부를 판단할 수 없고, 균등 여부가 문제 되는 구성요소의 개별적 기능이나 역할 등을 비교하여 판단하여야 한다."라고 판시하였다. 이러한 일련의 우리 판례의 태도는 기술발전에 기여한 정도가 낮은 발명에 대하여는 균등론의 적용을 제한하여 구체적 타당성을 추구하려는 것으로 보인다. 이와 같이 균등론의 적용에 관한 우리 판례의 흐름에 관하여는, 한국특허법학회, 「2019 TOP 10 PATENT DECISIONS SEMINAR」 자료집(2020. 6.), 102-108면에 게재된, 박태일 부장판사 지정토론문, "균등침해요건: 과제해결원리 동일성 및 작용효과의 동일성"에 상세히 소개되어 있다.

205) Paper Converting Machine Co. v. Magna-Graphics Corp., 745 F.2d 11, 19(Fed. Cir. 1984).

CHAPTER

05

특허침해소송과 공격방어방법

제 1 절 특허침해소송의 개관

Ⅰ. 절차의 개요

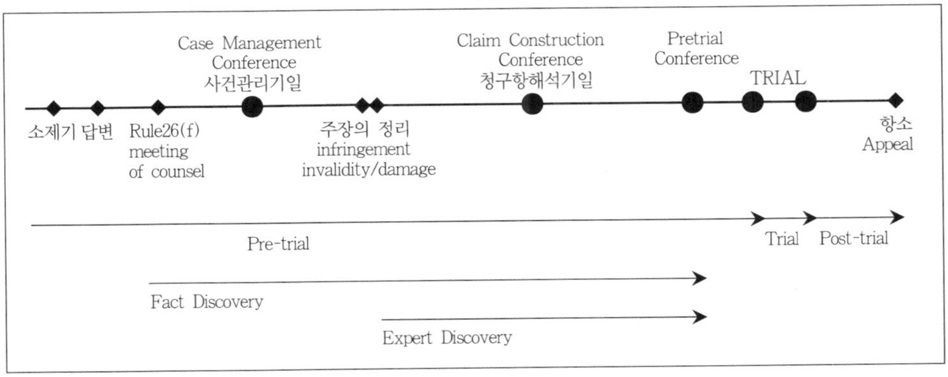

미국 법원에서 특허에 관하여 진행되는 특허소송은, 특허 등록에 관하여 특허권자 및 이해관계를 가지는 제3자가 특허청의 결정에 대한 특허심판원(Patent Trial and Appeal Board, PTAB)의 심결에 대해 불복하여 CAFC(Court of Appeals for the Federal Circuit)에 제기하는 소송과, 특허가 등록된 이후에 그 특허권에 기하여 연방지방법원에 침해를 이유로 제기하는 소송, 그리고 특허에 대한 무효나 비침해 등의 확인

을 구하는 소송(declaratory judgement action)으로 나눌 수 있다. 또한 미국에서 특허 분쟁의 해결은 국제무역위원회(ITC)에 대하여 침해조사 및 그에 기한 수입금지를 구하는 신청에 의해서도 이뤄지고 있다.

특허권자가 특허를 출원하여 등록을 하는 모든 절차를 'prosecution'이라고 하는데 통상적인 절차는 다음과 같다.[1] 즉 출원인이 USPTO에 출원신청서를 제출하면 기술분야에 따라 심사관이 배정되고, 심사관이 특허법 제101조, 102조, 103조 및 112조와 같은 특허성 요건 및 기재요건 등을 검토하여 요건에 미달한다고 판단하는 경우 공식통지(Office Action)를 통해 이유를 밝히면서 특허등록을 거절한다. 이에 대해 신청서를 제출한 출원인은 그 거절이 부당함을 다투는 서면을 제출할 수 있고 이와 함께 청구항을 보정할 수 있다. 이에 심사관은 그 거절을 재고할 사유가 있는지 검토한 후 특허등록결정을 하거나 거절사유가 극복되지 아니하였다고 판단하는 경우 최종 거절결정(final rejection)을 한다. 이에 대해 특허 출원인은 다시 답변서(response to the final action)를 제출하여 재고를 요청할 수 있고, 혹은 심사관과의 인터뷰를 요청하여 거절사유를 극복할 수 있는 방안에 관해 논의할 수도 있다. 그러한 절차에도 특허출원이 등록거절되는 경우 출원인은 특허청에 대한 RCE(Request for Continued Examination)나 연속출원 또는 계속출원(continuation application) 신청 이외에, PTAB에서 그 최종 거절결정을 다툴 수 있다. 그리고 신청인이 PTAB에서도 자신의 신청이 받아들여지지 아니하는 경우 CAFC나 버지니아 동부연방지방법원(Eastern District of Virginia)[2]에 PTAB의 심결을 다투는 소를 제기할 수 있다. 이와 같이 E.D. Va.에 제소함으로써 당사자는, 법률심인 CAFC에서와 달리, 추가적인 증거제출 및 사실관계에 관한 주장을 할 수 있다.[3]

이와 같은 과정을 거쳐 특허가 등록된 경우, 특허권자는 그러한 등록특허에 대한 발

---

1) 미국특허청이 발표한 데이터에 의하면 2020. 3. 기준으로 통상적인 절차를 거쳐 출원에서부터 등록 또는 포기까지 걸리는 기간은 평균 23.5개월이다.: https://www.uspto.gov/corda/dashboards/patents/main.dashxml?CTNAVID=1004(최종방문 2020. 4. 18.).

2) 35 U.S.C. §145. AIA 법률 개정으로 '콜롬비아 연방지방법원'에서 변경되었다. 한편, USPTO의 상표등록 거절결정에 대하여는 TTAB에 불복 후, i) CAFC에 항소하거나 ii) 해당관할 연방지방법원에 소를 제기한 후, 이에 대해 관할 1 내지 12 Circuit 항소법원에 항소하여 다툴 수 있다{15 U.S.C. §1072(b)}.

3) 이러한 트랙에 따른 불복과 관련된 사건으로는, Peter v. NantKwest, Inc., 589 U.S. 140 S.CT. 365 (2019).

명이 무단으로 실시되는 경우 특허침해소송을 통해 자신의 배타적 독점권인 특허권을 행사할 수 있다. 즉 이 장에서 다루고자 하는 이와 같은 특허침해소송은 자신의 특허권을 침해당했다고 주장하는 원고가 침해혐의자를 피고로 삼아 특정 연방지방법원에 소송을 제기함으로써 시작된다.[4] 이후 원고와 피고는 디스커버리 절차와 특허청구항 해석 절차 등 변론준비절차(pre-trial)를 최소 약 1년 반 이상 거친 후 변론기일(trial)에 들어간다. 당사자는 변론기일에 들어가기 전 변론을 준비하는 초기나 중기는 물론 특히 변론준비절차 막바지에 사실심리생략판결신청(motion for summary judgment)을 한다. 이 신청은 원, 피고 중 어느 일방이, 소송의 전부 또는 일부의 쟁점에 관하여, 쌍방 사이에 사실관계에 대하여는 다툼이 없고 분쟁의 실질이 오로지 법률적 쟁점에 달려 있다거나, 자신의 주장을 뒷받침하는 증거가 확실하여 특별한 사정이 없는 한 반대의 사실인정이 어렵다고 주장하면서 자신의 청구나 항변을 즉시 받아들여 달라고 하는 신청이다.

이 신청이 기각되는 경우 변론준비기일(pretrial conference)을 통해 변론기일에서 다툴 쟁점과 증거를 정리하고 향후 기일을 확정한 후, 배심재판(jury trial) 또는 법관재판(bench trial)으로 변론기일이 진행된다. 변론기일에서 일방 당사자가 입증책임을 지는 쟁점에 대한 심리가 끝나면 상대방 당사자는 법률문제판결신청(Motion for Judgment as a Matter of Law, "JMOL")[5]을 한다. 이에 대해 법원은 배심원에 의한 사실판단이 필요하지 않음이 명백하지 않는 한 바로 위 신청에 대한 결정을 하지 아니하고 배심원 평결까지 나아간 후 위와 같은 신청에 대해 아무런 결정을 하지 아니하거나 혹은 평결로 인해 신청이 그 전제부터 유지될 수 없음을 이유로 기각(deny as a moot)한다.[6] 미국에서는 배심재판을 받을 권리가 헌법상 보장되므로, 한 당사자라도 배심재

4) 특허무효확인소송은 특허침해에 대한 적극적 항변의 성격을 가지고 있으므로, 특허침해소송에 대한 항변은 「제5장 제4절 V.」 부분에서 설명한다.

5) 혹은 "Directed Verdict Motion"이라고도 한다.

6) CAFC는 배심원에 의한 평결 이전에 특정한 쟁점에 대해 F.R.C.P. 50(a)에 기한 JMOL 신청을 하지 아니한 경우에는, 평결 이후나 항소심에서 그 쟁점에 대한 배심원의 사실인정이 충분한 증거에 의해 뒷받침되지 않는다고 다툴 수 없고[Duro-Last, Inc. v. Custom Seal, Inc., 321 F.3d 1098, 1105-09(Fed. Cir. 2003)], 배심원 평결 이전에 제출된 JMOL 신청에 대해 법원이 아무런 결정을 하지 아니한 경우 1심 판결에 불복하려는 자가 post-verdict 신청(JMOL 신청의 갱신 또는 그와 예비적 또는 병존적으로 하는 새로운 판결 신청)을 하지 아니한 경우에는 배심원의 사실인정을 항소로서 다툴 수 없다고 보고 있다[Biodex Corp. v. Loredan Biomedical, Inc., 946 F.2d 850, 20 USPQ2d 1252(Fed. Cir. 1991)]. 따라서 당사자들은 통상 배심원이 평의에 들어가기 전에 JMOL 신청을 하였

판을 희망하는 한 특허사건은 배심재판으로 진행된다. 재판(trial)은 통상 5일 내지 10일 동안 연속해서 진행되고, 마지막 재판기일에 배심원 대표(fore-person)가 평의결과에 서명하여 재판부에 전달하고, 그 결과를 재판부가 낭독하는 것으로 배심원이 관여하는 변론기일이 종료된다.

이후 절차는 변론기일 후 절차(post-trial)로 이행되는데, 유리한 평결을 받은 원고는 손해액에 대한 가중배상의 인정, 판결 전 이자 및 소송비용을 피고에게 부담시킬 것 등을 구하는 신청을 하고, 불리한 평결을 받은 피고는 기각된 JMOL 신청을 다시 제출(renewed JMOL)[7]한다. 이를 통해 당사자는 배심원의 평결이 특허의 유무효에 대하여 명백히 잘못 평결하였거나, 배심원이 선정한 손해액이 증거에 의해 뒷받침되지 않아 부당하므로 이를 취소하여 새로운 재판을 열거나, 또는 배상액을 감경하는 판결(Remittitur)을 하여 줄 것 등을 요청한다.

이에 대해 법원은 배심원의 평결에 대해서 판결로 명시하여 최종판결을 내리고(entry of judgment), 원고 및 피고가 변론기일 후 절차에서 제기한 각종 신청에 대해 답변을 하게 된다. 배심원의 평결 이후에도 이러한 절차로 인해 법원의 최종판결이 내려지기까지 상당한 시간이 걸리기도 하고, JMOL이 받아들여져 일부 평결이 취소되거나 새로운 재판(new trial) 개시결정이 내려지기도 한다.

이러한 1심 법원의 최종 판결에 불복하는 당사자는 특허사건의 항소심에 관한 전속관할을 갖는 CAFC에 항소할 수 있고, 상고허가를 얻어 연방대법원에 상고할 수 있다.

이하에서는 이러한 각 단계별 절차에 관해 보다 상세히 본다.

Ⅱ. Pre-trial 절차

특허침해소송은 원고가 특정인이나 회사를 침해자(피고)로 지목하면서, 그리고 확인소송의 경우에는 통상 침해혐의자가 특허권자를 피고로 하여, 각 특정 연방지방법

다가 평결이 나온 후 불리한 평결을 받은 당사자가 JMOL을 다시 갱신하여 신청하고 이를 Renewed JMOL이라 부른다. JMOL에 대한 상세한 내용은 「제5장 제1절 Ⅲ.5. (4) 평결 이전의 JMOL 및 제5장 제1절 Ⅳ.1. (2) 평결 이후의 JMOL」 부분 참조.

7) 과거에는 'Motion for JNOV'라고 불렸다. 'JNOV'는 'judgment non obstante veredicto'의 약어로 '배심원 평결에 불구하고 내리는 판결' 정도의 의미이다.

원에 소장(complaint)을 제출함으로써 시작된다. 소장에는 소송당사자와 청구의 내용(기본적 사실관계와 침해를 주장하는 특허와 침해의 태양, 그리고 판결을 통해 구하는 청구취지) 및 소장을 접수하는 법원이 관할권(jurisdiction)을 가지고 있고 적법한 재판지인 이유를 명시하여야 한다.

1. 소송의 제기(1) – 관할

소송을 제기함에 있어 가장 먼저 문제되는 것은 어느 법원에 소를 제기할 수 있는가의 문제이다. 원고의 일방적 선택에 따라 특정한 법원에 소가 제기되어 응소해야 하는 피고의 입장에서는 소가 접수된 법원이 해당 사건 및 당사자에 대하여 재판권(jurisdiction)을 행사할 수 있는지, 또한 그 법원이 적법한 관할법원(venue)인지를 다투게 되는 것인데 특허침해소송에서도 이러한 문제가 제기된다.

(1) 물적관할(Subject Matter Jurisdiction)

물적관할(사물관할)의 문제는 해당 법원이 '당해 사건(a particular claim)에 대하여' 재판권을 행사할 수 있느냐의 문제이다. 미국 사법제도법(28 U.S.C.) 제1338조에 따라, i) 특허법이 청구원인을 구성하고 있거나, ii) 특허법이 청구원인의 필수적인 하나의 요소가 됨으로써 원고의 청구권이 필연적으로 특허법에 관한 실질적인 문제해결에 의해 좌우되는 경우에 그러한 청구는 '특허법에 따라 제기된(arising under any Act of Congress relating to patents)' 것으로 인정되어 연방법원의 관할에 속한다.[8] 따라서 발명자성(inventorship) 요건 충족 문제, 특허 침해, 특허 무효 또는 권리행사 불가능(unenforceability)의 문제는 특허법상 인정되는 배타적 권한 침해 또한 그러한 권한 행사의 당부를 이유로 하고 있으므로 연방지방법원의 물적관할에 속하게 된다. 이러한 사건에 관한 1심 사건은 94개의 연방지방법원의 관할에 속하고, 항소심은 PTAB의 심판에 대한 불복을 포함하여 13번째 항소심인 CAFC[9]의 전속관할에 속한다.[10]

---

8) Christianson v. Colt Indus. Operating Corp., 486 U.S. 800, 801, 7 USPQ2d 1109(1988).

9) 미국에서 항소심 법원은 지역에 따라 관할권을 갖는 12개의 Circuit Court와(그중 저작권과 관련하여서는 New York 주를 관할로 하는 2nd Circuit 항소법원과 California 주를 관할로 하는 9th Circuit이 주요한 판례를 많이 내고 있다), 특허 등 사건에 관하여 전속관할을 갖는 Court of Appeals for the Federal Circuit이 있다. 그중 CAFC는 우리나라에는 CAFC로 많이 불리나, 미국

그러나 특허에 관련된 쟁점이 문제되는 사건이라도 원고의 청구가 실시계약이나 양도계약의 이행여부(breach of agreement)나 특허권의 귀속(dispute over title or ownership of a patent)만을 다투는 등 '특허법에 따라 제기된' 쟁점이 없는 경우에는, 설사 원고의 청구에 대하여 피고가 특허의 무효 등을 주장한다고 하더라도 이러한 사건은 주법원이 계약법(contract law)이나 재산법(property law)을 적용하여야 하므로 주법원의 관할에 속한다.[11] 따라서 내재된 분쟁의 성질보다는 원고가 소장에서 청구를 구성하는 방식이 관할권 확정에 더 큰 역할을 하게 된다.[12] 원고가 A회사로부터 특허출원된 권리를 양수하기로 하는 계약을 체결한 후 B회사가 그 발명이 자신의 권리에 속한다고 주장하면서 그 특허발명과 관련한 디자인과 기구에 대하여 특허를 출원하자 원고가 B회사로부터 다시 특허출원된 권리를 양수하는 계약을 체결한 후, 연방지방법원에 두 양수인 중 누가 진정한 특허권자인지 확인해 달라는 소송을 제기한 사건에서, CAFC는 두 계약에 기한 소송에서 비록 누가 진정한 특허권자인지를 가리는지가 쟁점이 된다고 하더라도, 이는 '특허법에서 기인하는 소송'이 아니라 계약관계에 관한 소송에 불과하다고 하여 연방법원에 관할이 없다고 판시하였다.[13]

다만 특허사건에 관한 항소사건이 CAFC의 관할에 속하는지, 속하더라도 어느 법원(CAFC 혹은 다른 항소법원)의 판례법이 적용되어야 하는지는 문제가 되기도 한다.

특허침해사건에 저작권침해 및 부정경쟁방지법위반 사건이 병합되어 1심 연방지방법원에 소가 제기된 후, 1심 연방지방법원이 연방민사소송규칙[14] 제42(b)에 기한 변론분리결정을 한 후 피고의 저작권침해를 이유로 임시적 금지명령(preliminary injunction)이 내려지고, 이에 대해 CAFC에 항소가 제기되어 제7항소법원으로의 이송신청이 제기된 사안이 있었다. 이 사건에서 CAFC는, 미국 사법제도법(Title 28 of the

---

실무에서는 통상 'Federal Circuit'으로 줄여서 불리고 나머지 항소법원은 1st Circuit, 2nd Circuit 등으로 불리면서 통칭하여 regional Circuit으로 불린다.

10) CAFC의 관할 범위에 관하여는, 특허법원, 각국의 IP소송 전속관할에 관한 연구, 특허법원 국제지식재산권법연구센터(2019. 5.), 30-73면에 상세히 서술되어 있다.

11) Kimberly A. Moore, Timothy R. Holbrook, John F. Murphy, 『PATENT LITIGATION AND STRATEGY(Fifth Edition)』, AMERICAN CASEBOOK SERIES(2018), 89면.

12) Id.

13) Consolidated World Housewares Inc. v. Finkle, 831 F.2d 261(Fed. Cir. 1987). 다만 이와 같은 이유로 CAFC 역시 이에 관하여 판결할 관할권이 없음을 이유로, 위 사건을 제7항소법원으로 이송하는 결정을 하였다.

14) Federal Rules of Civil Procedure. 이하 '연방민사소송규칙' 또는 'F.R.C.P.'로 약칭한다.

U.S.C.) 제1295조가 CAFC의 관할에 관하여 '특정 쟁점'에 관해 관할을 갖는다고 규정한 것이 아니라, 특허 및 품종다양성 보호에 관한 법률에 따라 연방지방법원의 '관할에 속하는(arising under jurisdiction)' 사건에 대해 내려진 판결 등의 항소 사건을 관할로 규정하고 있으므로[15] 위와 같이 병합된 사건에 관한 결정에 대해서도 CAFC가 관할권을 갖고, 다만 특허법 쟁점이 아닌 사건에 대하여는 일반 항소법원(이 사건의 경우 제7항소법원)의 판례법이 준거법으로 적용된다고 판시하였다. 이에 따라 이송신청은 기각되었으나 당사자들은 제7항소법원의 판례법에 따라 쟁점에 관해 주장, 변론하도록 하는 판결이 내려졌다.[16] 다만 이후, 원고의 특허침해소송에 대해 피고가 특허권자가 출원 당시 선행문헌에서 그 발명을 공개한 사실을 출원서에 기재하였다가 추후에 삭제한 사실 등을 들어 특허 무효, 권리행사불가, 비침해 항변을 함과 동시에 반독점법 위반을 이유로 반소를 제기한 사안에서 CAFC는, 특허를 취득하고 특허권을 행사하는 과정에서의 부당한 행위가 반독점법(antitrust law)에 대한 특허권자의 예외적 지위(immunity from the antitrust law)를 상실하게 할 것인지의 문제는 해당 지역 항소법원의 판례법이 아니라 CAFC 판례법이 적용된다고 하면서 이에 배치되는 한도에서 위 1984년 Atari 판례 등을 변경한다고 판시였다.[17]

(2) 인적관할(Personal Jurisdiction)

인적관할의 문제는 해당 법원이 '당해 당사자에 대하여' 재판권을 행사할 수 있느냐의 문제이다. 특허침해소송에서 사물관할의 존부는 드물게 문제되는 반면 인적관할은 종종 쟁점이 된다. 이는 소송전략상 특허침해소송을 당사자의 주거지 관할 법원이 아니라 통계적으로 유리한 법원에 소를 제기하거나 외국 국민이나 법인을 상대로 미국의 연방지방법원에 소가 제기되는 경우가 적지 않기 때문이다. 이로 인해 원고는 종종

15) 28 U.S. Code §1295(a) "The United States Court of Appeals for the CAFC shall have exclusive jurisdiction－(1) of an appeal from a final decision of a district court of the United States, the District Court of Guam, the District Court of the Virgin Islands, or the District Court of the Northern Mariana Islands, in any civil action arising under, or in any civil action in which a party has asserted a compulsory counterclaim arising under, any Act of Congress relating to patents or plant variety protection;"

16) Atari, Inc. v. JS & A Group, Inc., 747 F.2d 1422, 223 USPQ 1074(Fed. Cir. 1984)(en banc).

17) Nobelpharma AB v. Implant Innovation, Inc., 141 F.3d 1059(Fed. Cir. 1988). 다만 위 판결에서 CAFC는 반독점법에 관한 다른 이슈인 관련 시장, 시장의 영향력, 손해 등에 관해서는 해당 지역 연방항소법원의 판례법을 여전히 적용한다고 판시하였다.

관할 입증을 위한 디스커버리신청(request for jurisdiction discovery)을 통해 관할의 존재를 입증한다.

인적관할에 관해서는 연방법에 특별한 규정이 없다. 대신 판례가 이를 구체화해 왔는데 법원이 갖는 인적관할은 일반관할(general jurisdiction)과 특별관할(specific jurisdiction)로 나뉜다.[18] 일반관할은 피고가 당해 주(state)의 시민인 것과 같이 그 주와 지속적이고 체계적인 접촉(continuous and systematic contact)이 있는 경우 청구의 내용과 무관하게 그 주의 연방법원이 그에 대하여 인적관할을 갖는다는 것이다. 이에 비하여 특별관할은 피고가 당해 주와 지속적이고 체계적인 접촉이 없는 경우에도 소가 제기된 '청구와 관련하여' 당해 법원의 관할구역 내에서의 피고의 행위로 인해 법원이 특별히 인적관할을 갖는 경우이다. 특별관할이 있다고 할 수 있는지는 외국적 요소가 있는 사건에서 우리나라 법원이 재판권을 갖는지를 심사할 때 토지관할 규정과 당사자 사이의 공평의 관념 등을 살펴보는 것과 유사하다. 즉, 소가 제기된 연방법원에 특별관할이 있는지는 각 주가 자신의 사법권이 미치는 경우를 규정하고 있는 관할확대법(long-arm statute)의 규정과 헌법의 적법절차원칙(due process)에 따른 심사를 진행한다. 이에 따라 인적관할은 ① 당해 사안이 소가 제기된 법원이 있는 주(forum state)의 법률(long-arm statute)이 규정하고 있는 관할권이 있는 경우에 해당하여야 하고[19] ② 나아가 당사자가 그 주의 사법권에 복종하도록 하는 것이 헌법상 적법절차원칙을 위반하지 않는 경우에 인정된다.[20]

18) 이러한 인적관할 존재 여부는 '피고'에 대하여만 문제된다. 왜냐하면 이러한 인적관할의 문제는 특정 당사자를 해당 법원에 출석하게 하여 재판에 응하게 하는 강제력을 행사할 수 있는지의 문제로서, 특정 법원에 소장을 접수한 원고는 그 법원의 재판권을 인정하는 것으로 간주되기 때문이다.: Toni M. Jaeger-Fine, 이헌환 · 김선화 역, 『미국법제도 입문(An Introduction to Anglo-American Legal Systems)』, 진원사(전면개정판, 2014), 90면.

19) long-arm statute은 각 주마다 규정형식이 다른데, 캘리포니아와 같이 헌법상 적법절차에 맞는 경우에는 그 주 법원이 관할권을 갖는다고 포괄적으로 규정하고 있는 경우도 있고, 헌법적 적법절차에 부합하는 범위 내에서 특정 유형에 대해 그 주와 최소한의 접촉(관련성)이 있어 그 주 법원이 관할권을 가지게 되는 여러 규정을 두고 있는 경우도 있는 반면, 아이오와 주와 같이 그 주의 시민이 제기한 모든 소에 대해 그 주가 관할권을 가진다고 규정하고 있는 경우도 있다[Josepth W. Glannon, 『Civil Procedure(Seventh Edition)』, Wolters Kluwer Law & Business(2013), 27-30면]. 따라서 인적관할은 적법절차원칙 준수 여부와 각 주(state)의 long-arm statute 규정을 모두 살펴야 한다.

20) 수정헌법 제5조가 "누구도 적법한 절차에 의하지 않고서는 생명, 자유, 재산을 박탈당해서는 아니된다."라고 선언하고 있는바, 이러한 헌법조항에 근거하여 응소의무의 부여도 적법절차원칙이 지켜져야 한다고 해석되는 것이다.

헌법상 적법절차원칙 준수와 관련하여 연방대법원이 구체화한 심사기준이 '의도적인', '최소한의 접촉(minimum contact)'이 있어야 한다는 원칙이다.[21] 그러한 경우에 당사자를 그 주의 재판권에 복종시키는 것이 적법절차의 원칙에 반하지 않는다는 것이다. 즉 타주에 거주하는 피고에 대한 인적관할권 판단에 있어 단순한 '접근가능성' 있는 피고의 행위만으로도 그 지향지(법정지)에 관할권을 인정하는 유럽사법재판소의 태도[22]와 달리, 미국 법원은 그러한 접근가능성 있는 행위를 넘어서는 '의도된 지향'이 있어야 헌법상 적법절차의 원칙에 따라 요구되는 최소한의 접촉 요건을 인정할 수 있다는 태도를 취하고 있다.

구체적으로 특정 사안에서 적법절차의 요청이 충족되는지 여부는 다시 다음 3가지 질문에 의한 심사에 의해 결정되기도 한다.[23] 즉, i) 피고가 의도적으로 당해 법원의 관할구역에서의 사건에 관여하였는가? ii) 당해 사건의 청구가 그 사건과 관련되거나 그 사건으로부터 제기되고 있는가? iii) 당해 법원에 관할이 있다고 인정하는 것이 정당하고 합리적인가? 또한 '최소한의 접촉' 심사와 관련하여 발전해 온 이론이 'stream-of-commerce 이론' 및 'agent 이론'이다. stream-of-commerce 이론은 피고가 자신의 제품이 그 법원의 관할권이 있는 주에서 판매될 것을 예견하고 유통시킨 경우 그 주의 법원에 인적관할이 인정될 수 있다는 논의이고, agent 이론은 모회사가 소유하는 자회사(subsidiary)가 모회사를 대신하거나 모회사의 지시에 따라 행위를 한 경우 그러한 자회사의 행위를 모회사를 피고로 하는 소송에서 모회사에 대한 인적관할 유무 판단에 고려할 수 있다는 이론이다. stream-of-commerce 이론의 적용과 관련하여 CAFC은, 피고가 고정된 유통망을 가지고 있고 소가 제기된 주가 당해 침해품의 판매지가 될 수 있다는 사정을 알면서 유통시킨 경우에는, 그들의 행위와 그 주의 관계에 비추어 그 법원에 소가 제기되리라는 사정을 합리적으로 예상했어야 했다는 점을 들어 '의도적인 최소한의 접촉'이 있다고 인정하였다.[24] 또한 CAFC는 특허권자

21) International Shoe Co. v. Washington, 326 U.S. 310(1945); Burger King Corp. v. Rudzewicz, 471 U.S. 462, 474(1985).

22) 이는 유럽의 브뤼셀 제1규정 제5조 제3항이 불법행위나 준불법행위에 관하여 가해적 사건이 일어났거나 일어날 수 있는 장소의 법원들에 특별관할이 있다고 규정하고 있는데 따른 것이다.

23) Akro Corp. v. Luker, 45 F.3d 1541, 1545-46, 33 USPQ2d 1505, 1508-09(Fed. Cir. 1995); Kimberly A. Moore 외 2인(주 11), 96면.

24) Beverly Hills Fan Co. v. Royal Sovereign Corp., 21 F.3d 1558, 30 USPQ2d 1001(Fed. Cir. 1994).

를 상대로 한 확인소송에서, 특허권자가 단순히 소가 제기된 주에 있는 특허침해품 판매자에게 경고장(cease and desist letter)을 보내고 다른 추가적인 행위를 한 바가 없는 경우에는 적법절차원칙의 요구가 충족되지 아니하나 그 주 내 판매자에게 경고장을 보내면서 같은 주에 있는 경쟁자에게 라이선스를 부여하거나 그 주 내에 특허품의 판매권자를 지정한 경우에는 그 주 연방지방법원에 특허권자에 대한 인적관할이 인정된다고 판시하였다.[25)]

한편 만일 침해품을 생산하는 외국 제조사가 단순히 제조만을 하고 미국에 소재하지 않고 어느 주와도 최소한의 접촉이 인정되지 아니하여 특정 주에 대하여 인적관할이 있다고 보기 어려운 경우에는 어느 법원에 인적관할이 있는지가 문제된다. 이 경우에는 특허법 제271조(b)의 유도침해를 주장하여 소를 제기하고자 하는 경우, 연방법에 있어 'long-arm statute'이라고 할 수 있는 F.R.C.P. 4(k)(2) 규정[26)]을 근거로 미국의 어느 주에 위치한 연방법원에도 인적관할이 인정될 수 있다.[27)] 이 경우 원고의 청구가 연방법에 근거하고, 상대방에게 소환장이 송달되거나 그 상대방이 소환장을 송달받을 권리를 포기한 서면(waver of service)을 제출하여야 한다.[28)] 이에 관하여 위 Touchcom 사건[29)]에서, 캐나다 로펌에게 캐나다를 비롯해 미국, 유럽 등지에 특허를 등록해 달라는 업무를 위임하였는데, 위 로펌이 PCT 출원 절차를 통해 미국에 입국

25) Genetic Implant Systems, Inc. v. Core-Vent Corp., 123 F.3d 1455, 43 USPQ2d 1786(Fed. Cir. 1997).

26) Federal Claim Outside State-Court Jurisdiction: "For a claim that arises under federal law, serving a summons or filing a waver of service establishes personal jurisdiction over a defendant if: (A) the defendant is not subject to jurisdiction in any state's courts of general jurisdiction; and (B) exercising jurisdiction is consistent with the United States Constitution and laws."

27) Touchcom v. Bereskin, 574 F.3d 1403(Fed. Cir. 2009).

28) 외국 소재 피고(ex. 한국 기업)에 대한 송달과 관련하여, 미국 연방대법원이 Volkswagenwerk Aktiengesellschaft v. Schlunk 판결{486 U.S. 694 (1988)}에서 선언한 법리에 따라, 일정 요건이 구비되는 경우 헤이그송달협약에 따른 송달 대신 한국 기업의 미국 소재 자회사를 한국 기업의 비자발적 대리인(involuntary agent)으로 보아 여기에 국내송달 방식으로 송달하는 것이 허용된다고 판단할 가능성이 있다는 견해{석광현, 국제 민사소송법: 국제사법(절차편), 박영사(2012), 234.}가 있고, CAFC는 In Re ONEPLUS TECHNOLOGY (SHENZHEN) CO., LTD., No. 2021-165 (Fed. Cir. 2021) 사건에서, 미국 법원이 중국회사에 대하여 헤이그 송달협약에 따른 송달을 먼저 시도하지 않고 연방민사소송규칙 제4(f)(3)에 따라 미국에 소재한 중국회사의 지정된 송달대리인(authorized agent for service)에게 송달한 것이 적법하다고 판단한 사례가 있다.: 법무법인(유한) 태평양, 우리 기업을 위한 미국소송 실무가이드, 박영사(2022), 141.

29) Id(주 27).

하지 아니하고 출원절차를 진행하였고, 로펌의 과실로 중요한 컴퓨터 소스코드에 관한 내용을 누락한 채 특허가 출원, 등록된 후 이를 근거로 한 특허침해소송에서 위 특허가 기재불비(indefiniteness) 등의 이유로 무효라고 판결되자, 의뢰인이 캐나다 소재 로펌 및 로펌대표를 상대로 미국 특허청을 관할하는 버지니아 동부연방지방법원에 소를 제기하여 인적관할권이 문제되었다. 위 사건에서 CAFC는, 위 연방민사소송규칙 규정에 따라 어느 연방법원에도 인적관할이 인정되기 위해서는 ① 연방법이 적용되는 사건이고, ② 어느 주에 위치한 법원에도 관할이 인정되지 않으며, ③ 그러한 관할권의 인정이 헌법상 적법절차원칙에 어긋나지 않아야 하는데[Synthes (U.S.A.) v. G.M. Dos Reis Jr. Ind. Com. de Equip. Medico, 563 F.3d 1285, 1297(Fed. Cir. 2009)], 위 사건은 이러한 경우에 해당하여 버지니아 동부연방지방법원에 인적관할이 인정된다고 판단하였다. 더욱이 위 사건에서 CAFC는 원고가 F.R.C.P. 4(k)(2)에 따라 인적관할이 인정된다고 주장하는 경우, 원고가 50개주 법원 모두에 관할이 없다는 것을 입증하는 것은 과도한 부담이므로, 피고가 당해 법원에 인적관할이 없다고 항변할 뿐 어느 주 법원에 인적관할이 있다고 특정하지 아니하는 경우에는, 법원은 위 규정에 따라 당해 법원이 인적관할이 있다고 인정할 수 있다고 하여, 위 규정의 적용 가능성을 크게 높이는 판시를 하였다. 나아가 CAFC는, In re Stingray IP Solutions, LLC, 56 F.4th 1379(Fed. Cir. 2023) 사건에서, FRCP 4(k)(2)의 소극적 요건이 충족되지 않았다는 점에 대한 입증책임은 피고에게 있고, 단지 피고가 소가 제기된 후 다른 법정지로의 이송을 신청하는 등의 방법으로 새로운 법정지의 인적관할에 동의하였다고 하여 위 규정 적용이 배제되는 것은 아니라고 판시하였다. 위 사건에서 CAFC는, 피고가 위 규정의 적용을 배제하기 위해서는 원고가 소송을 제기할 수 있었던 법정지, 즉 피고의 동의와 관계없이 소송 제기시 적법한 인적관할 및 법률상 재판지(proper jurisdiction and venue)가 존재한다는 점을 밝힐 책임이 있다고 하면서, 원고가 중국 및 홍콩에 설립된 피고들을 상대로 EDTX에 제기한 소에 대하여 피고의 CDCA 법원으로의 이송신청을 받아들여 이송명령을 한 EDTX의 결정을 취소하는 직무집행명령(writ of mandamus)을 내렸다.

이와 같은 관할규정의 어려움을 피하기 위해 미국 특허권자는 외국 제조업체를 상대로 이와 같은 인적관할의 제약 대신 대물적 관할권(in rem jurisdiction)에 따라 수입금지를 명할 수 있는 국제무역위원회(ITC) 절차를 동시에 진행하기도 한다.

(3) 법률상 재판지(Venue)

특허침해소송은 물적관할권과 인적관할권을 모두 가지는 주들 중에서도 구체적으로 당해 사건을 심리할 수 있는 재판지(venue) 법원에 제기되어야 한다. 위 세 가지 요건을 모두 갖춘 법원이 적법한 관할법원(forum)이 된다.

미국 내 법원에 제기되는 소송은 관할과 재판지 요건을 만족하여야 하는데, 국내 소송법은 관할과 재판지 개념을 구분하고 있지 않아 다소 생소한 개념일 수 있다. 관할(jurisdiction)은 특정 법원이 특정 소송사건을 판단할 수 있는 권한이 있느냐의 문제로서, 대인관할(피고에 대한 특정 법원의 권한) 및 대물관할(사건의 종류에 대한 특정 법원의 권한)이 있는데, 관할이 인정되지 않는 법원에 소송이 제기되면 일반적으로 소송은 각하된다. 다만, 대인관할의 경우 피고가 이를 적시에 다투지 않으면 나중에 다시 다툴 수 없다. 재판지(venue)는 관할이 인정되는 법원들 중에서 어느 곳의 법원에 소송이 제기될 수 있느냐의 문제로서, 순수하게 지역적 문제이다. 재판지 적합성이 인정되지 않는 지역의 법원에 제기된 소송은 일반적으로 각하되거나 적합한 제소지 법원으로 이송된다.[30]

재판지에 관하여는 연방법이 규정하고 있는데, 일반적인 민사소송에 있어 적법한 재판지는 사법제도법(28 U.S.C.) 제1391조가 적용되나 특허침해소송과 관련해서는 제1400(b)에 특별규정이 있다. 즉 사법제도법 제1400(b)는 "특허침해소송은 ① 피고가 거주하는 곳(where the defendant <u>resides</u>)이나, ② 피고가 일상적이고 고정적인 사업장을 갖추고 침해행위를 한 곳(where the defendant has committed <u>acts of infringement</u> and has a <u>regular and established place of business</u>)에 제기할 수 있다."라고 규정하고 있다. 위와 같은 사법제도법 제1400(b)의 "resides"의 의미와 관련하여 종래 CAFC는 사법제도법 제1391(c)[31]가 특허침해사건에도 적용되어 당해 법원이 피고에 대해 인적관할이 있음이 인정되면 사법제도법 제1391(c)에 따라 1400 (b)의 'reside' 요건이 충족된다고 판시하였다. 그러나 연방대법원은 TC Heartland LLC v. Kraft Foods Group Brands LLC 사건에서, 사법제도법 제1400(b)는 특허침해소송에

30) 김두규, 미국특허판례연구(Ⅲ), 432면.

31) 28 U.S.C. §1391(c)(2) "<u>회사는, 피고인 경우에는, 인적관할이 있는 주의 법원에 소재(reside)하는 것으로 간주되고</u>, 원고인 경우에는, 사업상 주된 영업소를 가지고 있는 곳에만 소재하는 것으로 간주된다."

관한 관할지를 규정하는 유일한 규정으로서, 일반 민사소송에 관한 관할지에 관한 규정인 제1931조가 적용되거나 그에 의해 의미가 변경 또는 보충되지 않고, 따라서 위 'reside'의미는 본래적 의미인 '법인이 등록된 주(the State of incorporation)'의 의미로만 해석해야 한다고 판시하여 특허침해소송의 재판지를 제한하는 매우 중대한 판결을 하였다.

위와 같은 TC Heartland 판결 이후 특허침해소송에서 재판지와 관련하여 위 ①요건보다는 ②요건을 이유로 관할지를 선택하여 소를 제기하는 경우가 늘고 있는데, ②요건과 관련하여 CAFC는 i) 피고가 그 지방법원 관할 내에 물리적인 공간(physical place)을 가지고 있을 것, ii) 물리적인 공간은 일상적이고 고정적인 사업장이고(regular and established place of business), iii) 그 공간이 피고에 속하는 곳일 것의 요건을 갖추어야 한다[32]고 판시하였다.[33]

원고가 소송을 제기한 법원이 위 두 관할조건(물적관할 및 인적관할)을 충족한다고 하더라도 당해 법원이 적법한 재판지가 아니라고 판단하는 경우 사건을 각하하거나, 28 U.S.C. §1406(a)에 따라 사건을 관할 법원에 이송할 수 있다. 이때 사건을 각하하지 아니하고 이송하기 위해 당해 이송법원이 그 사건 당사자에 대해 인적관할이 있는 경우에만 이송결정을 할 수 있는 것은 아니고, 인적관할이 없음은 물론 적법한 재판지가 아닌 법원에 소가 제기된 경우 그 법원은 당해 사건을 인적관할이 있고 적법한 재판지에 해당하는 법원에 직권 이송할 수 있다.[34]

자신에게 불리한 재판지에서 소송을 응소해야 하는 피고는 사법제도법 제1404(a)에 기해 당사자나 증인의 편의를 이유로 한 이송신청을 하거나, 법원에 F.R.C.P. 12(b)(3) 또는 F.R.C.P. 12(b)(2)에 기해 관할위반을 이유로 소송을 각하하거나 사

32) Raytheon Co. v. Cray, Inc.(Fed. Cir. Sept. 21, 2017). 이 사건에서 CAFC는 관할위반을 이유로 한 이송신청를 기각한 1심 법원(E.D.T.X.)의 결정을 무효로 하고 1심 법원에 대하여 이송을 명하는 신청(petition for writ of mandamus)을 인용하였다.

33) 이와 관련하여, In re Google, 949 F.3d 1338(Fed. Cir. 2020) 사건에서 CAFC는, 원고인 Google의 데이터 로컬 캐쉬로 기능하는 Google Global Cache 서버가 E.D.T.X. 관할구역 내에 있다 하더라도, 이는 Google 자체의 데이터 센터가 아니라 그와 계약을 맺은 외부업체인 ISP의 데이터 센터에 있고, 그 ISP가 구글의 장비를 유지하는 정도에 그치고 이는 영업행위와 구별된다는 이유로, 그와 같이 외부업체에서 유지관리하는 서버의 존재로 '일상적이고 고정적인 사업장' 요건이 충족될 수 없어 E.D.T.X.가 적법한 관할지가 아니라고 하면서, 1심 법원에 소를 각하하거나 사건을 이송할 것을 명하였다.

34) Goldlawr, Inc. v. Heiman, 369 U.S. 463(1962).

법제도법 제1406(a)에 기해 관할 법원으로 이송해 달라는 신청을 제기할 수 있다. 이러한 신청이 기각되는 경우 피고는 petition for writ of mandamus[35]를 통해 불복할 수 있는데, CAFC는 사법제도법 제1404(a)에 기한 편의이송신청에 관한 하급심의 결정에 대해서는 'writ of mandamus'를 내리며 이송을 명한 바 있으나,[36] 관할위반을 이유로 한 이송신청에 관한 하급심의 결정에 대해서는 그보다 드물게 이러한 신청을 인용하고 있다.[37] 이는 관할위반은 최종 판결에 대한 항소이유로 삼을 수 있어 항소를 통해 다툴 수 있기 때문이다. 또한 편의이송신청에 대한 연방지방법원의 결정에 대하여 CAFC는 명백한 재량권의 남용(clear abuse of discretion) 기준에 따라 심사를 하고, 원고가 선택한 법정지에 비해 이송신청 된 법원이 명백히 더 편리한 경우에 그러한 신청을 인용한다.[38]

한편 특허 비침해, 무효 등 확인의 소에 대해서는 특허 관련 쟁점이 포함된다고 하더라도 이러한 소의 재판지에 대해서는 일반 민사소송에 관한 재판지 관련 조항인 사법제도법 §1391이 적용된다.

TC Heatland 판결은 우리 기업들의 미국특허소송에서도 의의를 가진다. 이 판결은 외국회사에 대해서는 적용될 여지가 없다. 외국회사는 미국법에 의해 설립되지 않은 회사를 의미하는 것으로 외국회사의 현지법인은 미국법에 의해서 설립되었으므로 미국회사이다. 외국회사의 미국 사무소는 현지법인이 아니므로 외국회사와 하나로 취급된다.[39] 1972년 연방대법원은 Brunette Machine 판결에서 외국회사는 미국에 거주(resides)하지 않으므로, 재판지를 결정함에 있어서 미국회사를 위한 룰을 똑같이 적용할 수 없다고 보면서 외국 회사의 경우에는 §1391(d)가 적용되는 것이지 §1400(b)가 적용되는 것은 아니라고 보았다.[40] 이 사건에서 Kockum Industry는 알라바마주에 설

---

35) 이 신청이 인용되기 위한 요건에 관하여는 후술하는 「제5장 제1절 Ⅳ. 5. 기타 불복수단」 부분 참조.

36) In re Nintendo Co., 589 F.3d 1194, 1197(Fed. Cir. 2009); In re TS Tech USA Corp., 551 F.3d 1315, 1318(Fed. Cir. 2008). TS Tech 사건에서 CAFC는, 핵심증인과 증거가 오하이오주에 있고, 원고와 피고 모두 텍사스주에 등록된 회사가 아니고 그곳에 사무실도 없어서 텍사스 동부연방지방법원과 관련성이 없다는 이유로 E.D.T.X. 법원에서 S.D.Ohio 법원으로 이송신청을 허용함이 타당하다고 하였다.

37) In re Cray Inc., 871 F.3d 1355, 1367(Fed. Cir. 2017); In re Micron Tech., Inc., 875 F.3d 1091, 1102(Fed. Cir. 2017).

38) In re TS Tech USA Corp., 551 F.3d 1315, 1318(Fed. Cir. 2008).

39) 최승재, 미국특허판례연구 Ⅲ, 428면.

40) Brunette Machine Works v. Kockum Indus., 406 U.S. 706(1972).

립등기를 한 회사이지만, 사업은 오레건주에서 하고 있었다. Kockum은 통나무 껍질을 벗기는 기계에 관한 특허를 가지고 있었고, Brunette Machine Works를 상대로 침해소송을 제기했다. Kockum은 Brunette이 다른 미국회사 두 곳에서 자기네 기계를 베낀 똑같은 장비를 만드는 것을 도와줌으로써 Kockum 특허를 침해했다고 주장하였다.

Kockum은 오레건주에 위치한 연방지방법원에 소장을 접수했으나, 법원은 기각했다. 특허소송의 재판지를 결정할 때는 오로지 28 U.S.C. §1400(b)만을 고려하여야 하는데, 이 사건의 경우에는 이 규정을 충족하지 못했다고 보았다. Brunette은 캐나다 회사로서, 오레건주에 거주(resides)하지 않으며, 정규 사업소도 가지고 있지 않으므로 재판지에 대한 §1400을 만족시키지 않는다는 것이었다.

그러나 CAFC는 특허권침해소송의 경우 일반재판적에 대한 §1391이 당연히 적용된다고 보았고,[41] 그 결과 특허권자는 외국회사인 Brunett를 상대로 미국 어느 법원에서든지 피고로 하여 소를 제기할 수 있으며 그 관할권이 인정된다고 판시하였다. 이에 피고 Brunette은 대법원에 상고하였고, 대법원은 심리를 허락한 뒤 연방항소법원의 결론을 지지하였다. 당시 §1391의 외국인(aliens)에 대한 (d)항에 따르면, 외국회사는 어디서든 재판을 받을 수 있으므로 이들은 미국 어디서든 소송을 당할 수 있었다.

외국회사를 피고로 할 경우도 TC Heatland 판결은 의미를 가진다. TC Heartland 판례에서 연방대법원은 판결은 미국회사에만 적용된다고 했다. 더불어, 앞서 살펴본 1972년 판결에서 대법원은 외국회사에 대해서는 일반재판적 규정이 적용되므로 미국 전역에서 소송을 할 수 있다고 했다. 외국회사와 미국 현지법인을 공동 피고로 세울 경우, 미국 현지법인은 미국회사이므로, 특허소송의 관할을 결정함에 있어 §1400이 적용된다. 예를 들어, 삼성전자 아메리카는 회사설립지가 델라웨어주인데 캘리포니아에서도 피고가 될 수 있다. 왜냐하면, 캘리포니아에 일상적이고 고정적인 사업장('regular and established place of business')이 있는지 여부가 쟁점인데 삼성 스마트폰은 미국 전역에 유통되고 있으며 캘리포니아도 삼성 스마트폰 판매를 위한 정규 사업장소가 있었을 것이므로 정규 사업장소 요건이 충족된다.[42]

---

41) "An alien may be sued in any district" is "properly regarded, not as a venue restriction at all, but rather as a declaration of the long-established rule that suits against aliens are wholly outside the operation of all the federal venue laws, general and special."

42) '정규 사업장소' 요건을 만족시키기 위한 기준은 크게 높지 않다. 예를 들어 사무소를 열지 않고 재택근무 사원을 고용하여 영업을 한 경우에도 충족된 것으로 보고 있다. 따라서 삼성의 '정규 사업장

사례연구

TC Heartland LLC v. Kraft Foods 사건[43]

1. 특허침해소송 관할에 관한 기존 논의

The Judiciary Act of 1789는 "피고가 그 주의 주민이거나 또는 그 주에서 소송절차가 송달될 수 있는 경우(could be 'found' for service of process)" 그 주 연방법원에 인적관할이 있다고 규정하였고, 그러한 규정이 특허침해소송에도 같이 적용되었다.

그 후 1897년에 국회는 현재의 사법제도법(28 U.S.C.) §1400(b)에 해당하는 규정을 제정하여 특허침해 사건에 관한 특별 관할규정을 창설하였다. 그 규정은 피고가 그 주의 거주민(inhabitant)이거나, 피고가 그 주에서 "regular and established place of business"를 가지고 있고 침해행위를 저지른 경우에 그 주가 인적관할을 가진다고 규정하였다. 연방대법원은 Stonite 사건[Stonite Products Co. v. Melvin Lloyd Co., 315 U.S. 561(1942)]에서, 위 규정은 특허침해사건의 관할을 규정하는 독자적인 규정으로서, 일반적인 관할규정에 의해 보충되거나 변경되지 아니한다고 판시하였다.

1948년에 국회는 위 §1400(b) 규정을 개정하여 현재도 위 규정이 아래와 같은 내용으로 그대로 존속되고 있다. 즉 "any civil action for patent infringement may be brought in the judicial district where the defendant resides, or where the defendant has committed acts of infringement and has a regular and established place of business."

1948년에 국회는 사법제도법 §1391도 같이 도입하였는데, 위 조문은 일반 소송에서 법인인 피고에 대한 'residence'에 관한 정의 규정을 두었다. 즉 "a corporation may be sued in any judicial district in which it is incorporated or licensed to do business or is doing business, and such judicial district shall be regarded as the

소'가 없는 주를 찾는 것이 더 어려울 수도 있겠다.

43) 137 S.Ct. 1514, 1520 n.2 (2017), 197 L.Ed.2d 816(2017).

residence of such corporation for venue purposes." 이러한 입법 이후 하급심에서 §1400(b)의 'resides'가 §1391의 'residence'의 일반적인 정의 규정도 포함하는지에 관해 판시가 나뉘었고, CAFC는 '포함한다'는 해석을 지지하여 특허침해소송에 관한 관할을 넓게 해석하였다.

그런데 연방대법원은 Fourco 사건[Fourco, 353 U.S., at 224, N.3(listing cases)]에서, 다시 한 번 28 U.S.C. §1400(b)는 특허침해소송에 있어 관할을 규정하는 유일하고 독자적인 규정(standalone venue statute)이고, 28 U.S.C. §1391(c)에 의해 보충되지 아니한다고 판시하였다. 또한 위 사건에서 연방대법원은 §1400(b)의 'resides'는 'inhabit'과 같은 의미라고 판시하였다.

이후 미 연방의회는 1988년 28 U.S.C. §1391(c)를 다음과 같이 개정하였다. 즉 "for purpose of venue under this chapter, a defendant that is a corporation shall be deemed to reside in any judicial district in which it is subject to personal jurisdiction at the same time the action is commenced." 이에 따라 CAFC는 VE Holding 사건[VE Holding Corp. v. Johnson Gas Appliance Co., 917 F.2d 1574 (1910)] 에서, 위 법 개정으로 §1391(c)가 같은 챕터에 있는 §1400(b)에 적용되어, 'resides'의 의미를 새롭게 정의한다(보충하여 관할을 넓힌다)는 취지로 해석하였다.

미 연방의회는 2011년에 위 §1391을 다시 개정하여 현재의 규정에 이르고 있다. 즉 §1391(a)에서 "except as otherwise provided by law, (1) this section shall govern the venue of all civil actions brought in district courts of the U.S." 라고 규정하면서, §1391(c)의 서두에 "for all venue purposes", 라는 문구를 추가하였다. 이에 CAFC 은 위와 같은 개정 이후에도 §1391(c) 규정이 §1400(b)에 적용된다고 해석하였다.

2. 사안의 쟁점

원고는 델라웨어주법에 따라 설립되어 일리노이주에 주된 영업장소를 둔 회사이고, 피고는 인디애나주법에 따라 설립되어 인디애나주에 주된 영업장소를 둔 회사로서 두 회사는 혼합음료를 제조하는 경쟁사 관계이다. 원고는 피고의 제품이 원고의 특허를 침해한다고 주장하면서 델라웨어 연방지방법원에 소를 제기하였다. 피고는 델라웨어에서 영업을 할 수 있도록 등록되거나 그곳에 어떤 의미 있는 영업장소(meaningful local presence)를 두지 않았으나, 침해품을 델라웨어주로 선적하여 보냈다. 소가 제기되자 피고는 델라웨어주에 '소재(reside)'하지 않고 델라웨어주에 '일상적이고 고정적인 사업장'도 없어 28 U.S.C. §1400(b)에 따른 재판지(venue)가 적법하지 않음을 이유로 소를 각하하거나 인디애나 남부연방지방법원으로 이송하여 달라는 신청을 하였다. 이에 1심 법원은 기존 CAFC의 해석론을 적용하여 사법제도법 §1391(c)의 규정이 §1400(b)의 규정에도 적용되고, 따라서 이 사안에서 델라웨어 연방지방법원이 피고에 대하여 인적관할이 있다고 해석되므로 결국 재판지로서도 적법하다고 하여 신청을 기각하였고[2015 WL 5613160 (D Del., Sept. 24, 2015)], CAFC도 이러한 결정에 대한 불복신청(petition for writ of mandamus)을 기각하였다[821 F.3d, 1338(Fed. Cir. 2016)]. 이에 연방대법원이 상고허가를 하고 이에 대해 판시하게 되었다.

3. 연방대법원의 판결

연방대법원은 Stonite 판결을 이어받은 Fourco 판결을 그대로 유지하면서, 28 U.S.C. §1400(b)는 특허침해소송에 관한 관할을 규율하는 유일한 규정으로서, 일반 민사소송에 관한 관할 규정인 §1391가 적용되거나 그에 의해 그 의미가 변경 또는 보충되지 않는다고 판시하면서, 특허침해소송에 있어 법인은 그 '등록지'에만 'reside' 한다고 해석되어야 한다고 판시하였다. 즉 특허침해소송에 있어 법인이 피고인 경우, 1) 그 법인이 등록한 주 또는 2) 침해가 일어나고 일상적이고 고정적인 사업장이 존재하는 주만이 특허침해소송의 관할법원(venue)이라고 판시한 것이다.

이 사건에서 연방대법원은 사법제도법 §1400(b)의 두 번째 요건에 따른 재판지 요건이 충족하는지에 대해서도 추가 심리할 것을 명하면서 사건을 CAFC으로 파기 환송하였다. 이후 당사자들은 화해로 사건을 마무리하였다.

4. 판결의 영향

이 판결은 특허침해소송에 관한 관할지 편중에 대한 기존 미국 특허침해소송 지형에 큰 변화를 가져왔다. 위 판결 당시까지도 특허사건에 전문성이 있는 판사 및 로클럭 등 인적자원의 보유, 로컬룰의 엄격한 집행을 통한 신속한 절차 진행, 특허사건에 친숙하고 재산권보호에 우호적인 배심원들의 경향 등의 이유로 미국 내에서 특히 특허권자들이 선호하여 단연 가장 많은 사건을 처리하던 텍사스 동부연방지방법원(E.D.T.X.)이 특허침해소송 사건 수 1위 자리를 많은 법인들의 '등록지'인 델라웨어 연방지방법원(D. Del.)에 내어주게 되었다.[44] 또한 위 판결 이후 특허침해소송에 관하여 많은 이송신청이 제기되었고, 이제 관할지 분쟁에서 사법제도법 §1400(b)의 두 번째 요건에 따른 관할권 존재 여부가 쟁점으로 많이 다투어지게 되었다.

다만 관할지에 관한 CAFC의 기존 해석을 좁힌 위 판결은 외국 법인에 대한 관할지 해석에 변경을 가져온 것은 아니다. 이에 관하여 위 판결 이후 외국 법인에 대한 재판지와 관련하여 CAFC가 내린 의미 있는 판결로는 In re HTC Corp. 사건이 있다. 대만에 주 영업소를 둔 대만 회사인 HTC를 상대로 델라웨어 연방지방법원에 제기된 소에 대하여 HTC가 델라웨어 법원은 적법한 재판지가 아님을 이유로 소송을 각하하거나 이를 적법한 법원으로 이송해 달라는 피고의 신청을 1심 법원은 사법제도법 제1391(c)(3)에 따라 외국 회사에 대하여는 어느 연방법원에도 제소가 가능하다는 이유로 신청을 기각하였다. 이에 대하여 피고가 Petition for writ of mandamus를 통해 다투자 CAFC는, 특허침해소송에 있어 내국민이 아닌 외국 피고에 대하여는 재판지 관련 연방법의 보호가 적용되지 않고, 따라서 사법제도법 제1400(b)도 적용되지 않는다는 연방대법원의 판례[45]를 다시 확인하면서 외국 회사에 대하여는 사법제도법 제1400(b)에 따른 특정한 연방법원이 아니라 어느 연방법원도 재판지로 인정된다고 판시하여 1심의 결정을 확정하였다.[46]

---

44) E.D.T.X.가 발표한 자료에 따르면, TC Heartland 판결 이전 12개월 동안 미국 전역의 약 36%의 특허침해소송이 E.D.T.X.에 접수되었고, 그 다음으로 D. Del. 법원에 약 12%가 접수되었는데, 위 판결 이후 12개월 동안 미국 전역의 약 23%의 특허침해소송이 D. Del 법원에, 그 다음으로 13%의 특허침해소송이 E.D.T.X.에 접수되었다고 한다. https://lewisbrisbois.com/blog/category/intellectual-property-technology/patent-litigation-trends-in-the-wake-of-tc-heartland?utm_source=Mondaq&utm_medium=syndication&utm_campaign=View-Original(2020. 1. 8. 최종접속).

45) Brunette Machine Works, Ltd. v. Kockum Industries, Inc., 406 U.S. 706, 714(1972).

46) In re HTC Corp., 889 F.3d 1349(Fed. Cir. 2018). CAFC는 위와 같은 이유로 신청인에게 writ of mandamus를 구할 명백하고 다툼 없는 권리가 인정되지 아니하고, 위 신청을 인용하기 위한 나머지 두 요건도 인정되지 아니한다는 이유로 위 신청을 기각하였다.

TC Heartland 판결 이후 연방대법원이 의도한 것과 같이 텍사스 동부연방지방법원과 같은 특정법원에 특허소송이 몰리는 것을 피할 수 있었을까? 대법원의 2017년 TC Heartland 판결 이후 특허소송의 관할에 대해 피고업체의 제품판매지역으로 판단한 연방항소법원의 판결을 뒤집고 피고 법인 소재지로 제한한 이 판결이 나오자, 특허권자에게 우호적이라는 이유로 약 40%가량의 특허권침해소송이 텍사스 동부연방지방법원에 집중되었던 것이 상기 판결에 의해 감소 추세에 있었다가 다시 반등하였다. 2021년 데이터를 보면, 텍사스 서부연방지방법원의 올브라이트(Alan Albright) 판사가 미국 전체 특허사건의 31.39%를, 그 다음으로 텍사스 동부연방지방법원의 길스트랩(Rodney Gilstrap) 판사가 8%를 처리하고 있다. 이런 점에서 연방대법원의 의도와 달리 사건 분산의 효과가 크게 나타난 것으로 보기는 어렵다고 판단된다.[47]

2. 소송의 제기(2) – 원고적격 및 청구취지

(1) 원고적격

특허침해소송은 소를 제기할 수 있는 자격(standing)을 갖춘 자만이 제기할 수 있다. 따라서 특허권의 양도(assignment), 라이선스, 신탁계약 등의 법률관계로 인하여 다수의 이해관계자가 특허권을 사업화하여 활동하고 있는 경우 특허침해소송에서 원고적격의 문제가 제기된다. 미국 저작권법(17 U.S.C.) 제501조(b)가 저작권의 법적소유자뿐만 아니라 수익권자(beneficial owner)[48]도 저작권침해행위를 저지하기 위한 소송을 제기할 수 있음을 명시하고 있음에 비하여 특허권은 이러한 규정이 없다.

따라서 판례법이 특허침해소송에 있어 원고적격을 갖춘 자를 규정해 오고 있는데, 원고적격을 갖춘 자는 특허권자 등과 같이 독자적으로 소송을 제기할 수 있는 부류와 특허권자와 공동으로만 소송을 제기할 수 있는 부류로 나눌 수 있다. 한편 특허권자로부터 통상적인 실시권을 부여받은 자(bare licensee)는 이러한 원고적격이 인정되지 않는다. 이와 같은 특허권의 양도와 실시권의 부여는 특허권 사용에 대한 대가 지불방식이 아니라, 권리 자체가 이전되었는지 혹은 독점권 부여 등을 조건으로 실시권을 부여

---

47) Joff Wild, The Western District of Texas is a problem, but not for the reasons you think (15 Jan. 2022).

48) 수익권자(beneficial owner)란, 외부적으로 소유권 명의를 제3자에게 양도하였으나 실질적으로 재산권을 보유, 이용하면서 이익이나 혜택을 받는 자로서 보통 신탁계약에서 신탁자를 말한다.

한 것인지에 따라 구분된다.[49]

독자적으로 소송을 제기할 수 있는 부류는, 특허권자와 그 특허권의 양수인(assignee), 그리고 특허권자로부터 특허권에 관한 '모든 실질적 권리(all substantial right)를 이전받은 자'이다.[50] 특허권에 관한 모든 실질적인 권리를 이전받은 자인지와 관련하여 문제되는 대상은 배타적 실시권 계약을 체결한 라이선시와 신탁계약의 수탁자인데, 이는 특허권자와 체결한 계약의 내용이 실질적으로 양수인과 같은 지위의 부여가 있었는지에 따라 결정된다. 따라서 배타적 실시권자(exclusive licensee)가 양수인에 준할 정도로 특허권에 관하여 실질적인 권리를 부여받지는 아니하고 특허를 실시할 배타적 실시권을 부여받은 통상적인 경우에는 원고와 공동소송인(co-plaintiff)으로 소송을 제기할 수 있다. 또한 특허권을 공유하고 있는 공동특허권자도 다른 특허권자의 동의를 받은 경우가 아닌 한 공동으로 소를 제기하여야 한다. 이와 같은 경우 공동원고를 소송에 참가시키지 않은 경우에는 F.R.C.P. 19조에 따라 소송이 각하된다.

Propat International Corp. v. RPost 사건에서, 원고인 Propat International사가 제기한 소에 대해 피고가 원고에게 원고적격이 없음을 항변하였고, 이에 원고는 피고의 항변을 다투면서 특허권자인 Authenticational Technologies Ltd.("Authentix")를 공동원고로 참가시키는 신청을 하였다. 이에 대해 1심 법원은 원고가 단순한 실시권자(bare licensee)에 불과하다는 이유로 참가신청에 대해 판단하지 아니하고 소를 각하하였다. 이에 대한 항소심에서 CAFC는, 원고와 Authentix 사이의 계약에 따르면, 원고는 특허권을 제3자에 라이선스하거나 침해자에 대한 소를 제기하여 일정 수익을 배분받기로 하는 내용의 계약을 체결하였는데, 계약서에서 Authentix가 대상 특허를 보유하고 있고 앞으로도 이에 대한 특허권을 보유할 것임과 Authentix가 그 특허를 유지·관리할 책임을 진다고 명시하고 있는 점, 원고는 특허권을 라이선스하거나 소를 제기할 대상을 선정함에 있어 특허권자에게 알리고 동의를 얻도록 하여 특허권자가 특허권에 관한 영향을 미치는 결정에 중대한 통제권을 보유한 점, 특히 원고는 특허권자의 동의 없이는 그러한 자신의 권리를 양도할 수 없는 반면, 특허권자는 그러한 동의를 언제나 자유롭게 철회할 수 있도록 하는 등 권리처분권의 제한을 받은 점, 특허권자는 원고가 파산에 이르거나 일정한 수준 이상의 수익을 내지 못하는 경우 계약을

49) 신경섭, 미국특허침해소송론, 시그마프레스(2012), 15면.
50) Propat International Corp. v. RPost, Inc., 473 F.3d 1187, 81 USPQ2d 1350(Fed. Cir. 2007).

해지할 수 있도록 한 점 등에서 원고인 Propat이 양수인에 준할 정도의 실질적인 권리를 부여받은 자가 아니라고 판단하였다. 나아가, CAFC는 위와 같은 사정에 더하여 위 계약은 Propat이 특허를 직접 실시할 수 있는지에 대해서는 명시적 규정이 없는 반면 오직 이를 제3자에 라이선스하거나 이에 관해 소송을 제기할 수 있도록 하고, 그러한 과정에서 Propat이 합리적이고 선량한 주의를 기울이도록 하고 있는 점에서 원고가 특허권자와 공동으로 소송을 수행할 수 있는 배타적 실시권자(exclusive licensee)에도 해당하지 아니하고 단지 특허권자의 agent의 지위에 불과하다고 봄이 상당하다고 하여 항소를 기각하였다.

한편, 특허침해소송도 일반적인 민사소송의 하나이므로, 미국 헌법 제3조에 따른 소송요건(Article Ⅲ Standing)을 충족하여야 함은 물론이다. 즉, ① 특정되고(concrete and particularized), 현존하거나 임박한(actual or imminent) 법적 이익에 대한 침해(injury in fact)의 존재, ② 침해와 청구원인의 일반적 관련성(casual connection between the injury and the conduct complained of), ③ 승소판결에 의해 그러한 침해가 해소될 개연성(the injury will likely be redressed by a favorable decision)의 세 요소[51]가 입증되지 아니하면 소가 각하될 수 있다.

(2) 청구취지(claims for relief)

소장에서 당사자는 소송을 통해 법원이 자신의 권리구제를 위해 내려줄 구체적인 구제 수단을 다수 열거한다. 피고의 직접침해, 간접침해 및 유도침해를 모두 주장하면서 금지청구 및 손해배상 등을 구하며 제기된 통상적인 특허침해소송에서 주장되는 청구취지의 예는 아래와 같다. 미국 특허침해소송 청구취지 기재에서 특이한 점은 손해배상을 구하면서도 그 구체적인 액수를 명시하지 않는다는 것과[52], 법원이 적절한 구제수단을 추가할 수 있도록 하는 포괄조항을 두어 우리와 같은 청구취지의 제한이

---

51) Lujan v. Defenders of Wildlife, 504 U.S. 555, 560-61, 112 S.Ct. 2130, 119 L.Ed. 2d 351. 소송의 일반적인 원고적격과 관련해서는, 특허사건은 아니나, 네 명의 미국인이 버락 오바마 대통령이 '태생적 미국인'이 아니어서 미국 대통령 자격이 없음을 이유로 소를 제기하였다가 각하된 사건인 Kerchner v. Obama, 669 F. Supp. 2d 477(D.N.J. 2009) 사건 판결도 참조할 만하다.

52) 원고와 피고는 서로 합당하다고 주장하는 손해액에 관하여 변론기일(trial)에서 전문가증인(expert witness)을 통해 구체적으로 주장, 입증하고, 이에 대하여 배심원(또는 bench trial의 경우 판사)이 특정한 계산 근거의 제시 없이 일정한 금액을 손해액으로 인정한다. 한편 위에 열거된 14가지 청구취지는 하나의 사건에서 소장(complaint)에 기재된 청구취지이다.

없다는 점이다.

① Declare that each of the Asserted Patents is valid and enforceable
② Grant judgment in Plaintiff's favor that Defendant has directly infringed the Asserted Patents
③ Grant judgment in Plaintiff's favor that Defendant has induced infringement of the Asserted Patents
④ Grant judgment in Plaintiff's favor that Defendant has contributorily infringed the Asserted Patents
⑤ Declare that Defendant's infringement was willful
⑥ Award damages to Plaintiff to which he is entitled for patent infringement
⑦ Award damages to Plaintiff to which he is entitled for his lost profits, or as a reasonable royalty as provided by law
⑧ Enter a preliminary and thereafter a permanent injunction against Defendant's direct infringement of the Asserted Patents
⑨ Enter a preliminary and thereafter a permanent injunction against Defendant's active inducements of the Asserted Patents by others
⑩ Enter a preliminary and thereafter a permanent injunction against Defendant's contributory infringement of the Asserted Patents
⑪ Award Plaintiff his expense, cost, and attorney's fees pursuant to 35 U.S.C. §285
⑫ Award Plaintiff increased damages in an amount not less than three times the amount of damages found by the jury or assessed by this Court, for Defendant's willful infringement pursuant to 35 U.S.C. §284
⑬ Award interest on Plaintiff's damages
⑭ Award such other relief as the Court deems just and proper

청구취지를 포함한 소장의 기재에서 주장은 일견 주장사실이 인정된다면 청구가 인정될 수 있을 정도로 구체화하여 기재하여야 하고("plausibility test"),[53] 이러한 기준

53) Ashcroft v. Iqbal, 556 U.S. 662, 670, 678(2009). 다만 원고는 침해를 주장하는 '청구항'을 소장에서부터 특정할 필요는 없다. 따라서 통상 원고가 소장에서부터 이를 특정하지는 아니하고, 뒤에서 보는 바와 같이 각 연방지방법원 특허사건규정 등에 따라 침해주장 청구항을 특정하도록 정해진 날까지 이를 특정하여 청구취지변경신청서(Amended Complaint)를 제출하면서 청구항을 특정한다.

에 미치지 못하는 경우 상대방은 소각하신청(motion to dismiss)[F.R.C.P.12(b)(6)] 또는 주장의 구체화 신청[F.R.C.P. 12(e)]을 할 수 있고, 이에 불응 시 소가 각하될 수 있다. 이 이외에도 사물관할권의 결여, 인적관할권의 결여, 재판지(venue)의 부적합, 송달의 위법, 필수적 당사자 병합(F.R.C.P. 19) 절차의 위법 등이 소각하 사유가 된다.[54] 이렇게 각하(dismissal without prejudice)된 경우에는 그 흠결을 해소한 후 재소가 가능한데, 이는 기각(dismissal with prejudice)된 경우 이를 항소로써만 다툴 수 있는 것과 구별된다.

3. 자발적인 절차의 협의 및 변론전협의기일

(1) 진행 절차의 확정

소가 제기된 이후에도 소송절차는 당사자 주도로 진행될 수 있도록 연방민사소송규칙이 매우 상세한 규정을 두고 있고, 최근에는 각 지방법원이 특허사건규정(Patent Local Rule)을 제정하여 신속한 절차 이행을 도모하고 있다.[55]

당사자 사이의 자발적 절차협의로서, 소장과 답변서를 주고받은 당사자는 법원이 달리 정함이 없는 한 가능한 한 조기에 자발적으로 증거개시계획을 협의하여야 한다[F.R.C.P. 26(f)].[56] 이 절차협의에서 당사자들은 구체적인 디스커버리절차에 필요한 대부분의 사안, 예컨대 법적·사실적 쟁점, 관련 자료를 보관하고 있는 개인들의 명단, 디스커버리일정, 제출을 요청할 전자자료를 특정하기 위한 검색 키워드(검색어) 명단,

---

54) 소장에 대한 피고의 답변서(Answer)의 구체적인 형태에 대하여는, 진욱재, 「미국 특허소송의 이해」, 박영사(2019), 22면 참조.

55) 특히 특허사건과 관련하여 적용할 특허사건규정은 캘리포니아 북부연방지방법원에서 2001. 1. 1. 최초 발효된 이래 2016. 10. 22. 기준 31개 연방지방법원에서 발효되어 있어, 94개 연방지방법원 중 약 1/3개의 연방지방법원에 채택되어 있다. 공식적으로 특허사건규정을 채택하지 않은 일부 연방지방법원들은 특허사건규정을 임시로 시행하고 있거나, 각 법관별로 특허사건규정에 버금가는 내부적 명령(standing order)을 가지고 있기도 한다.: 미국 특허쟁송실무에 관한 연구－연방순회항소법원(CAFC), 연방지방법원, 국제무역위원회(ITC), 특허청(USPTO)을 중심으로－대법원 사법정책연구원(연구책임자: 송현정)(2016), 45-46면.

56) 당사자가 자발적으로 협의해야 하는 기한은 늦어도 사건관리기일(scheduling conference)이 예정된 날 또는 F.R.C.P.16(b)의 사건일정명령(scheduling order) 발부기한일의 21일 이내이다. 한편 원고는 법원에 소장을 제출하여 법원으로부터 출석 요구서(summon)를 발부받아 이를 소장과 함께 90일 이내에 피고에게 송달(service)하여야 한다[F.R.C.P. 4(m)]. 또한 피고의 답변서 제출 기한일은 원칙적으로 소장 수령일로부터 21일 이내이다[F.R.C.P. 12(a)(1)].

디스커버리 대상이 되는 정보의 보관위치, 향후 증거보전방법, 증거 제출 방식 등을 논의한다.[57]

이후 당사자가 협의결과보고서를 법원에 제출하면 법원이 이를 참작하여 바로 '사건일정명령(scheduling order)'을 내리거나, 법원이 적극적으로 먼저 사건관리기일(scheduling conference/case management conference)을 통지하고 이 기일에서 당사자와 논의를 한 후 위 명령을 내릴 수 있다.[58] 이 명령에는 당사자의 추가, 주장이나 항변의 보정, 디스커버리 방식 및 절차와 각종 신청제기의 각 기한이 필수적인 내용으로 담기고, 디스커버리 범위의 변경, 변론준비기일(pretrial conference) 및 변론기일(trial)의 지정 등이 담길 수 있는데[F.R.C.P. 16(b)(3)], 이를 통해 이 단계에서부터 각종 기일 및 기한이 매우 꼼꼼하게 설정된다.

변론준비기일(pretrial conference)은 법원이 필요하다고 여기는 경우 회수의 제한 없이 변론기일 이전에 개최할 수 있는 법원과 당사자 사이의 회합이다[F.R.C.P. 16(a)]. 법원은 이 절차에서 당사자와 협의를 통해 절차 진행계획을 수립하고 쟁점을 정리하여 소송절차의 신속을 도모하고, 내실 있는 변론기일을 준비하며, 변론기일 전 단계에서 제기되는 당사자의 법원에 대한 각종 신청을 처리하고, 당사자 간 화해를 유도한다. 이는 우리 소송절차의 변론준비기일과 매우 유사한 성격을 갖고 있는 것으로 사건관리회합(case management conference)라고도 불린다. 변론준비기일은 열리는 시기에 따라, 최초로 열리는 최초 준비기일(initial pretrial conference/status conference)과 변론

---

57) 법무법인(유한) 태평양, 우리 기업을 위한 미국소송 실무가이드, 박영사(2022), 114.

58) E.D.T.X.의 경우 법원이 선제적으로 직권에 의한 절차 관련 명령(Order governing proceedings)을 내리면서, 사건관리기일(case management conference)을 지정, 통지하면서 사건관리기일 이전까지 당사자에게 회합을 가질 것을 명령하고, 그 회합에서 당사자가 협의할 내용을 적시하면서 양 당사자가 공동으로 제출할 협의결과보고서에 담아야 할 내용을 명시하고, Discovery 등에 관한 특허사건규정의 내용을 다시 고지하면서, 변론기일(Trial)까지 향후 진행될 각종 기일(conference & hearing) 및 제출기한에 관한 초안(Proposed Deadlines)을 제시하면서 쌍방이 협의하여 수정안을 제시할 것을 명하고 있다. 또한 이 명령을 내리면서 디스커버리에 따라 영업비밀 등 비밀정보를 개시하는 당사자가 이러한 비밀정보를 상대방의 외부 변호사와 그 보조인만 볼 수 있고 타인에게는 어떠한 다른 목적으로도 전달하지 못하고, 또한 오직 소송을 위한 목적으로만 이용할 수 있도록 제한하는 등의 보호조치를 취할 수 있도록 하는 전반적인 보호명령(protective order)을 직권으로 내리기도 한다. 이 보호명령은 비밀정보를 개시하는 당사자가 우선 자발적으로 제출문서 중 비밀정보의 대상을 지정(confidential designation)하도록 하고 상대방이 이에 대해 다투면 법원에 특정한 보호명령을 다시 신청하도록 하는 내용이 담긴다. 법원의 전반적인 보호명령은 당사자의 신청에 의해 추후 내용이 변경되기도 한다.

기일직전에 열리는 최종 준비기일(final pretrial conference), 양자의 중간 시점에 열리는 중간 준비기일(interim conference)로 분류할 수 있으며, 또한 협의의 내용에 따라, 절차의 진행을 협의하는 사건관리기일(scheduling conference), 디스커버리 절차에서 야기되는 각종의 문제를 협의・처리하는 디스커버리기일(discovery conference), 그리고 화해(settlement)의 가능성 및 조건을 협의하는 조정기일(settlement conference) 등으로 분류할 수 있다.[59] 다만 이러한 변론준비기일의 시기나 방식 등에 대해서는 연방민사소송규칙 이외에 각급 법원이 특허사건규정(Patent Local Rule)으로 따로 상세히 규정하고 있는 경우가 많다.[60] 변론준비기일은 통상 Magistrate Judge[61]가 주재한 후 그 결과를 연방법원판사(District Judge; Article Ⅲ Judge)에 인계하는 경우가 많은데, E.D.T.X.와 같은 특정한 연방지방법원에서는 당사자의 동의가 있는 경우 Magistrate Judge가 본안 재판(trial)까지 계속해서 담당하기도 한다. 법원은 변론준비기일에서 정한 내용을 기재한 명령(pretrial order)을 발부하여야 하고, 이 명령은 법원이 변경하지 아니하는 한 그 후의 소송 과정을 지배한다[F.R.C.P. 16(d)].

(2) 주장의 확정

많은 법원의 경우 로컬룰을 통해 원고와 피고 각자의 주장을 신속하게 드러내도록

---

59) 이우영, "미국 연방민사절차상의 사건관리(Case Management)제도: 한국에의 시사점을 중심으로", 「미국학」 제29권, 서울대학교 미국학연구소(2016), 209면. 이러한 conference는 개최 여부나 횟수, 형식이 법관의 재량에 달려 있어, 법정속기사를 배석시키고 법정에서 진행하기로 하고, 속기사의 배석 없이 판사실에서의 협의진행 후 속기사가 협의의 결과와 이를 반영하는 명령(pretrial order)만을 기록하는 경우도 있으며, 전화나 서면으로 대면방식의 회합을 대체하기도 한다.: 위 같은 논문 201면 참조.

60) 텍사스 동부연방지방법원 특허사건규정(Patent Rule) 2-1(a)는, 자발적 협의결과 보고서에 ① 특허사건규정에 정하고 있는 기한의 변경에 대한 제안과 그 변경이 청구항해석기일에 영향을 주는 경우 그 영향, ② 청구항해석기일에서 증인신문을 할 것인지 여부, ③ 증언녹취(deposition)나 전문가 증인을 포함하여 청구항 해석과 관련하여 증거개시 관련 어떠한 한계를 정할 필요성, ④ 청구항해석기일 진행 순서 등에 관하여 기재하도록 하고 있다.

61) 우리나라에서 '치안판사'로 번역되어 소개되기도 하는 Magistrate Judge는, 28 U.S.C. §631 규정에 근거한 연방사법부 공무원이다. 이들은 종신직 법관인 연방법원판사에 의해 각 법원별로 임명되며, full time으로 근무하는 경우 임기는 8년, part time의 경우 4년 임기로 임명되고 연임도 가능한데 임기를 마치고 연방법원판사로 임명되기도 한다. 모든 Magistrate Judge의 판단과 결정은 연방법원판사가 이를 검토하여 승인, 변경 혹은 번복할 수 있되, 민사 사건에서 당사자들이 Magistrate Judge가 연방법원의 관할권을 행사하도록 동의한 경우에는 연방법원판사와 동일한 권한을 행사하며 사건을 처리한다.: 위 이우영 논문(주 59), 223-224면 참조.

하고 있다.[62] 즉, 우선적으로 특허권자인 원고가 침해주장 청구항과 상대방의 침해품 내지 침해 방법을 표(claim chart)를 이용하여 구성대비를 통해 특정하여야 하고, 특허권자는 이와 더불어 자신의 특허발명의 판매와 관련된 자료를 제공하여야 하는데, 이는 상대방의 특허무효 주장에 활용될 수 있다. 다음으로 피고는 무효주장을 표를 통해 명확히 하여야 하고, 근거로 삼은 선행발명 등에 관한 증거를 제출하여야 한다.

텍사스 동부연방지방법원이 이와 관련하여 규정하고 있는 특허사건규정(Patent Local Rule, 2018. 12. 1. 기준) 해당 부분은 아래와 같다.

3-1. 대상 청구항과 침해주장의 공개

적어도 법원에 의한 최초 사건관리기일 10일 전까지, 특허 침해를 주장하는 당사자는 모든 당사자에게 "대상 청구항 및 침해주장을 기재한 서면(Disclosure of Asserted Claims and Infringement Contention)"을 송달하여야 한다. 각 상대 피고들에 대한 위 "대상 청구항 및 침해주장을 기재한 서면"은 다음 각 정보를 포함하여야 한다.

(a) 각 피고에 의해 침해된 것으로 주장하는 각 특허의 각 청구항

(b) 각 대상 청구항별로, 원고가 알고 있는, 피고의 침해 대상 장치, 제품, 기구, 절차, 방법, 행위, 또는 다른 도구(이하 '침해품'). 이와 같은 명시는 가능한 한 구체적이어야 한다. 모든 제품, 기구, 그리고 장치는 명칭과 모델번호로 특정되어야 한다. 모든 절차 또는 방법은 알려져 있는 명칭이나 그것이 사용되었을 경우 방법특허를 실행하게 되는 결과를 가져오는 제품, 기구, 또는 장치에 의해 특정되어야 한다.

(c) 각 침해품의 어디에서 각 특허청구항의 개별 요소가 구체적으로 발견되는지를 설명하는 표(chart). 이는 35 U.S.C. §112(6)에 의해 규율되는 기능적 청구항(means plus function)에 관한, 그 침해품에 있어 그 특허청구항의 기능을 수행하는 구조, 동작, 장치에 관한 특정을 포함한다.

(d) 침해품 어디에서 대상 특허청구항의 각 요소가 문헌적으로 존재하거나 또는 균등론에 의해 발견되는지

62) Anatomy of a Patent Case(Second Edition), Complex Litigation Committee of the American College of Trial Lawyers, Bloomberg BNA (2012), p. 89.

(e) 우선권을 주장하는 특허에 있어 그 권리가 부여받을 자격이 있다고 주장하는 특정 우선권 날짜

(f) 만일 특허침해를 주장하는 당사자가 자신의 장치, 제품, 기구, 과정, 방법, 행위, 기타 다른 도구가 그 특허 발명을 실시한다는 주장에 기하여 응답할 권리를 어떤 이유에서건 확보하여 놓고자 하는 경우에는, 그 당사자는 각 특허청구항 별로 어떤 기구, 제품, 장치, 방법, 행위 또는 다른 물품이 그 특정 청구항을 포함하고 반영하고 있는지를 명시하여야 한다.

3-2. (대상 청구항 및 침해주장의)[63] 공개에 따른 문서의 개시

"대상 청구항 및 침해주장의 공개"와 함께 특허침해를 주장하는 당사자는 상대 당사자에게 다음 정보를 제공하거나 이를 검토하여 복사하는 것을 가능하게 하여야 한다.

(a) 대상 특허 출원일 이전에 그 특허 발명을 제3자와 논의하였거나 그에게 공개 또는 다른 방법으로 제공하였거나 혹은 판매 또는 판매의 제의를 하였다는 사실을 뒷받침하기에 충분한 문서들(예를 들면, 계약서, 주문서, 송장, 광고문, 마케팅 문서, 청약문, 시범 사용 동의서, 그리고 제3자 혹은 공동 개발 약정서 등). 이 조항에 따라 당사자가 문서를 제공하는 것은 그러한 문서가 뒷받침하는 사실을 인정한다거나 35 U.S.C. §102에 따른 선행기술임을 인정하는 것이 되지 아니한다.

(b) 특허규정 3-1(e) 규정에 따라 특정된 우선권 주장일이나 특허 신청서 제출일 또는 그 전 일시에 있었던 당해 각 특허발명에 관한 착상(conception), 구체화(reduction to practice), 디자인, 그리고 발전을 입증할 모든 증거

(c) 모든 대상 특허에 관한 특허청구 기록

증거를 개시하는 당사자는 어떤 문서가 어떠한 항목에 해당하는지를 개시 번호에 의해 각별로 명시하여야 한다.

3-3. 무효 주장서면(Invalidity Contention)

대상 청구항과 침해주장의 공개 서면을 송달받은 때로부터 45일이 지나기 전에,

63) 괄호 안의 내용은 이해의 편의를 위해 추가한 것임.

특허 침해를 부정하는 각 당사자는 아래 각 정보를 반드시 포함하는 "특허무효 주장 서면"을 모든 당사자에게 송달하여야 한다.

(a) 대상 특허청구항의 신규성이나 진보성을 부정할 선행 기술의 각 항목. 모든 선행 기술 특허는 특허번호, 등록국가, 발행일로 특정하여야 한다. 각 선행 문헌은 제목, 출간일, 그리고 가능한 경우 저자와 출판사로 특정하여야 한다. 35 U.S.C. §102(b)64)에 따른 선행문헌은 판매에 제공되거나 공개적으로 사용되거나 알려진 제품, 판매 제공이나 사용이 일어난 일시 또는 그러한 정보가 알려진 일시, 그리고 공개 사용을 하였거나 판매 제공을 하고 이를 받은 개인이나 단체, 그러한 정보가 알려지게 하거나 그러한 정보가 알려진 개인이나 단체를 특정하여 명시하여야 한다. 35 U.S.C. 102(f)65)에 관한 선행 기술은 그 발명의 전부나 일부가 유래한 발명가와 그 상황을 제공함으로써 특정하여야 한다. 35 U.S.C. §102(g)66)와 관련한 선행 기술은 그 특허 신청인 이전에 발명을 한 상황이나 이에 관여한 개인이나 법인에 관한 정보를 제공함으로써 명시하여야 한다.

(b) 각 선행기술이 각 대상 특허청구항의 신규성이나 진보성을 부정하는지 여부. 만약 여러 선행기술의 조합이 진보성을 부정하는 경우 그러한 조합과 조합의 동기가 명시되어야 한다.

(c) 특허 선행 기술의 어디에서 각 대상 특허청구항의 요소가 발견되는지를 명시한 표(chart). 이는 35 U.S.C. §112(6)67)에 의해 규율되고 당사자가 주장하는 각 요소와 특허청구항의 기능을 수행하는 선행기술의 구조, 동작, 장치를 포함하여야 한다.

(d) 어느 대상 특허청구항에 대하여, 35 U.S.C. §112(2)68)에 따른 특허청구항의 불명료함(indefiniteness)을 이유로 한 무효주장의 근거나 위 법 §112(1)항69)에 따른 실시가능성(enablement)이나 특허명세서 기재요건(written description)에 따른 무효주장의 근거

64) 특허의 신규성 부정의 statutory bar 요건으로서, "the invention was patented or described in an printed publication in this or a foreign country or in public use or on sale in this country, more than one year prior to the date of the application for patent in the United States."

65) 특허 무효 요건으로서, "he did not himself invent the subject matter sought to be patented."

66) 두 개의 발명 중 우열관계를 가리는 pre-AIA Interference 절차이다.

67) 소위 기능적 청구항(means plus function) 관련 규정이다.

68) AIA 112(b)항을 지칭하는 것으로 보인다.

69) AIA 112(a)항을 지칭하는 것으로 보인다.

3-4. 무효 주장서면에 수반하는 서류의 제공

무효 주장서면과 함께, 특허침해주장에 반대하는 당사자는 아래 각 증거를 제공하거나 상대방이 검토, 복사할 수 있도록 해 주어야 한다.

(a) 특허규정 3-1(c)의 표에서 원고가 밝힌 대상 침해품의 어떠한 요소나 부분이 작동하는 것을 보여주기에 충분한, 소스코드, 명세서, 도해(schematics), 흐름도(flow charts), 삽화(artwork), 수식(formulas) 또는 그와 관련한 다른 문서

(b) 특허규정 3-3(a)에 따라 명시되었으나 대상 특허의 특허청구 기록에 나오지 않는 선행기술의 각 항목

4. 증거의 수집 [디스커버리]

(1) 디스커버리(DISCOVERY) 일반

미국 민사소송에서 디스커버리 절차는 증거수집을 위해 매우 중요한 절차로 연방민사소송규칙 및 각 법원의 규정(Local Rule), 나아가 특허사건에 관하여 특별히 제정된 특허사건규정(Patent Local Rule)에 자세히 규정되어 있다. 이러한 절차를 통해 수집된 증거의 광대한 폭과 상세함은 사건이 신속하게 종결되거나 내지 합의에 이르게 하는 원천이 된다. 다만 디스커버리 절차는 그 중간에 합의 등으로 사건이 종국되지 않아 절차가 계속되는 경우 통상 최소 1년 이상의 절차가 소요된다.

전통적으로 이 절차는 양측 당사자(주로 대리인인 변호사) 주도로 이뤄지고 법원은 심판자로서 절차 진행을 지켜보다가 양측이 절차 진행에 협의가 이뤄지지 아니하여 각종 신청(discovery motion)을 하는 경우 이에 응답하는 정도의 소극적 역할에 머물렀다. 그러나 근래에는 법원이 이 절차를 적극적으로 모니터링하고 디스커버리 기한을 정하는 등보다 능동적인 역할을 하고 있으며, 특히 특허사건규정의 제정 및 엄격한 집행을 통해 특허침해소송을 신속히 진행하려는 노력들이 여러 법원에서 이뤄지고 있다.

연방민사소송규칙에 따라 이뤄지는 증거수집을 위한 디스커버리 절차는 법규의 규정에 따라 신청 없이도 당사자가 특정 정보를 공개하여야 하는 강제적 정보공개절차

(disclosure)와 당사자의 신청에 의한 증거개시절차(discovery)로 나눌 수 있다.[70] 디스커버리를 통한 정보의 공개 및 증거의 수집은 일정 간격을 두어 당사자가 회합 등을 통해 각 방식별 최초 사용가능시점을 제한하는 점 등을 제외하면 원칙적으로 당사자의 소송진행계획 및 전략에 따르는 것이나, 일반적으로는 각 디스커버리 방식의 특성상 다음의 순서로 진행된다.[71]

1. 증거개시협의기일(discovery planning conference와 pretrial scheduling conference)
2. **강제적 최초 증거공개(required initial disclosure) [F.R.C.P. 26(a)(1)]**
3. 당사자에 대한 서면질의(interrogatories) (F.R.C.P. 33)
4. 문서 혹은 물건의 제출요구, 출입허가요구(request for producing documents, electronically stored information, and tangible things, or entering onto land, for inspection) (F.R.C.P. 34) 및 소환장(subpoenas) 발급신청 · 획득 (F.R.C.P. 45)
5. 당사자 및 증인의 증언녹취(depositions of parties and witnesses) (F.R.C.P. 30)
6. 신체 및 정신 감정(physical and mental examinations) (F.R.C.P. 35)
7. **강제적 전문가증인 공개(expert disclosure) [F.R.C.P. 35(a)(2)]** 및 증언녹취(deposition of expert) (F.R.C.P. 30)
8. 사실인정요구(requests for admissions)
9. **강제적 재판(trial) 전 정보공개(pretrial disclosure) [F.R.C.P. 26(a)(3)]**

디스커버리에 의한 정보공개나 증거개시를 요구할 수 있는 범위는, 주장이나 항변과 관련된 사항(relevant to the claim or defense of any party)이다.[72] 다만 연방민사소송규칙은 미국 소송에서 디스커버리로 인한 과도한 비용과 시간의 소모 등에 비판을 수용하여, 2015. 12. 1. 발효된 개정규칙은 디스커버리의 한계에 관하여 '비례성(pro-

---

70) 이에 따라 '디스커버리'의 의미가 두 절차를 모두 포함하는 의미로 사용되기도 하고, 좁은 의미의 디스커버리로서 후자의 의미로 사용되기 한다. 제5장과 제6장에서는 미국법상 증거확보절차인 광의의 디스커버리를 '디스커버리(DISCOVERY)'로 표현하고, 이에 따른 절차로서 신청에 의한 '증거개시(discovery)'와 강제적 '정보공개(disclosure)'로 구분하여 기술한다.

71) 이우영, "미국 연방민사절차상의 사건관리(Case Management)제도: 한국에의 시사점을 중심으로", 「미국학」 제29권, 서울대학교 미국학연구소(2016), 230-231면. 이 논문에 디스커버리의 실제 운영 모습이 상세히 기술되어 있다.

72) 연방민사소송규칙이 2000. 12. 1. 개정, 발효되기 전에는 그보다 더 넓은 범위인 '청구와 관련된 사항(relevant to the subject matter)'이었다. 위 개정 이후에는 청구와 관련된 사항은 '합리적인 이유(good cause)'를 입증한 경우에만 가능하다[F.R.C.P. 26(b)(1) 2문].

portionality)' 심사를 명확히 하였다. 즉 개시를 구하는 정보가 위와 같은 '관련성'이 있음과 동시에, 당사자의 정보에 대한 접근가능성, 분쟁해결에 있어 그 정보가 갖는 중요성, 그리고 정보개시의 이익이 정보개시로 인한 부담을 초과하는지 등을 종합적으로 고려한 정보개시의 '필요성'을 평가하였을 때 비례성의 원칙에 합당한 경우에만 허용될 수 있다[F.R.C.P. 26(b)(1)].[73]

(2) 강제적 정보공개(Required Disclosure)

당사자가 상대방의 신청 없이도 또한 상대방 당사자의 정보공개 이행 여부와 상관없이 스스로 강제적으로 공개, 제공해야 하는 정보에 관하여 F.R.C.P. 26(a)에 상세히 규정되어 있다. 이는 소송의 단계별로 ① 소송의 초기 단계에서 제출되어야 하는 최초 정보공개(Initial Disclosure), ② 전문가 증언의 공개(expert testimony disclosure), ③ 변론(trial) 전 정보공개로 나뉜다.

i) 최초의 정보공개는 당사자의 협의 또는 법원의 명령에 의해 달리 정하지 않는 한 F.R.C.P. 26(f)에 의한 증거개시의 협의 후 14일 이내에 자발적으로 실시되어야 하는데, 이 때 공개되어야 하는 정보는 '당사자의 청구 또는 방어를 뒷받침할 수 있는 정보로서 그 주제별로 공개할 수 있는 정보를 가지고 있을 가능성이 있는 사람의 성명, 연락처(증인이 될 가능성이 있는 자 등)', '당사자의 청구 또는 방어를 뒷받침할 수 있는 정보로서 당사자의 점유, 보관 또는 관리 하에 있는 모든 서류, 전자적 형태로 저장된 정보 및 유형물의 사본 또는 그 항목과 소재장소의 일람표시(서증 등)', '자신이 주장하는 모든 손해액 계산 근거를 이루는 증거자료 및 침해의 성질 및 범위에 관한 자료(다만, 비닉특권에 해당하거나 비공개 보호대상은 제외)' 등이다[F.R.C.P. 26(a)(1)(A)]. 당사자는 이러한 최초 정보공개를 통해 얻은 정보를 토대로 각종 증거개시(discovery)절차로 나아가 주장 및 항변을 뒷받침할 증거를 추가로 확보하게 된다. 또한 당사자는 소송이 진행되면서 위 정보공개의 대상이 된 정보에 관하여 새롭게 취득하거나 수정할 사항이 발생한 경우 추가적인 정보를 공개하거나 스스로 내용을 정정

73) 위와 같은 규정의 내용은 비록 개정 전 F.R.C.P. 26(b)(2)(C)에도 대부분 있었으나, 이와 같은 비례성의 요소를 디스커버리의 범위에 관한 정의 규정으로 상향시켜 규정함으로써, 이는 불필요하고 소모적인 디스커버리를 제한하려는 의도로 평가받고 있다.: Kimberly A. Moore, Timothy R. Holbrook, John F. Murphy, PATENT LITIGATION AND STRATEGY(Fifth Edition), AMERICAN CASEBOOK SERIES(2018), pp. 189-190.

하여야 한다[F.R.C.P. 26(e)].

ii) 이후 진행되는 전문가증언의 공개와 관련하여, 소송당사자들은 법원이 명한 시기 또는 당사자가 합의한 시기까지(그러한 합의가 없으면 늦어도 변론기일 또는 최종 변론준비기일 90일 전까지), 사건에 대해 전문가증언 기타 방식으로 증거를 제공할 가능성이 있는 사람의 신원[74]과 그가 서명한 상세한 서면 보고서를 공개하여야 한다. 그 보고서에는 그가 증언할 의견 전체 및 그 근거와 이유, 그리고 이를 위해 고려한 데이터 등 증거를 함께 기재하여야 한다[F.R.C.P. 26(a)(2)].

iii) 또한 변론전 정보공개로서, 소송당사자들은 법원이 달리 정한 바가 없으면 변론기일 30일 전까지, 법정출석을 신청할 예정이거나 신청할 수 있는 증인의 정보, 법정출석이 아니라 증언녹취 화면의 재생 또는 스크립트의 제시를 통해 증언할 경우 그 증인의 정보, 재판에서 증거로 제출할 정보 등을 공개하여야 한다[F.R.C.P. 26(a)(3)].

이러한 강제적 정보공개에 대하여 각 법원의 특허사건규정은 보다 상세히 규정하고 있는 경우가 많다. 그중 텍사스 동부연방지방법원은 앞서 특허사건규정 3-2. 및 3-4.에서 본 바와 같이, 원고는 적어도 법원에 의한 최초 사건관리기일 10일 전까지 「대상청구항 및 침해주장을 기재한 서면(Disclosure of Asserted Claims and Infringement Contention)」을 송달하여야 하고, 이 경우 모든 대상 특허에 관한 특허청구 기록을 상대방에게 제공하여야 하고, 피고는 위 서면을 송달받은 때로부터 45일이 지나기 전에, 주장의 상세한 내용과 근거를 담은 「특허무효 주장서면」을 제출하면서 그와 관련한 다른 문서 등을 제공하여야 한다고 규정하고 있다.

(3) 신청에 의한 증거개시(협의의 디스커버리 절차)

당사자의 신청으로 증거를 수집하기 위한 디스커버리 절차로서 특허침해소송을 비

---

74) 이러한 사람은 변론기일에서 전문가증인(expert witness)으로 신청되는데 국내에서 이를 '감정인'으로 번역되어 소개되기도 한다. 그러나 이들은 법원에 의해 선정되는 것이 아니라, 소송 시작을 전후하여 각 당사자의 의뢰에 따라 특허 적격성, 진보성 등에 관한 의견, 침해여부에 대한 의견, 손해액 산정에 관한 의견 등 전문적인 의견을 제시하여 이후 강제적 정보공개, 증거개시(deposition 등)의 대상이 되고 법정에서 증인으로 증언까지 하는 점에서 '감정인'의 번역보다는 '전문가증인'으로 번역한다. 미국 특허침해소송에서 개발자, 개발에 참여한 회사 직원, 특허법 전공 대학교수, 회계전문가 등이 전문가증인으로 자주 등장한다. 이들은 통상 변론기일이 진행되는 기일 동안 법정을 방청하여 재판 상황을 숙지한 후 증언에 나선다. 한편 미국에서는 당사자본인 신문이 따로 있지 않고, 특허발명을 한 발명자인 원고나 피고도 '증인' 자격으로 심문의 대상이 된다.

롯한 민사소송에서 연방민사소송규칙에 의한 다음과 같이 4가지 방법이 가장 빈번하게 사용된다. 또한 각 방법은 다른 방법에 의한 증거개시를 위해 상호 보완적으로 활용됨은 물론 개시되는 정보에 기초하여 추가적인 증거개시 요구로 이어진다. 제3자에 대한 증거개시 요구도 간접침해나 공동침해의 입증이나 손해액 입증 등을 위해 필요한 경우가 많은데, 이들에 대해서는 소환장(F.R.C.P. 45)을 이용하여 증거개시가 이루어진다.

수단 / 차이점	서면질의 (Interrogatories)	문서 혹은 물건의 제출요구/출입허가요구 (Requests for production of documents)	증언녹취 (Depositions)	사실인정요구 (Requests for admissions)
(F.R.C.P.)	33	34	30	36
활용 시기/ 요건	소장제출 후 언제든지 가능, F.R.C.P. 26(f)의 회합 이전이나 법에서 정한 숫자(25개)를 넘어 질문 시 법원의 허가 요함	소장제출 후 언제든지 가능, F.R.C.P. 26(f)의 회합 이전이나 당사자가 아닌 자들에게 제출 요구 시 법원의 허가 요함	언제든지 가능, 소송 전에는 법원의 명령을 요하고(§27), F.R.C.P. 26(f)의 회합 이전에는 법원의 허가 요함	소장제출 후 언제든지 가능, F.R.C.P.26(f)의 회합 이전에는 법원의 허가 요함
요구 상대방	당사자	누구든지 가능, 당사자가 아닌 자에 대해서는 소환장(subpoena) 사용	누구나 가능, 당사자가 아닌 자에 대해서는 소환장(subpoena) 사용	당사자
답변 기한 등	• 질문은 원칙적으로 25개 이내여야 함 • 30일 이내에 해당 질문서에 대해 선서 후 답변 혹은 이의제기를 하여야 함	• 제출요구 문서 수에 제한 없음 • 제출요구가 있은 후 30일 이내에 제출요구에 대한 승인 혹은 이의제기 하여야 함	• 모든 다른 당사자들에게 합리적인 서면통지(대상자, 녹취 시간, 장소, 기록방법 등 명시) • 원칙적으로 10회 제한 • 원칙적으로 증인당 1일 7시간 이내 신문시간 제한	• 사실인정요구를 받은 후부터 30일 이내에 답변 혹은 이의제기 하여야 함

1) 서면질의(Interrogatories)

서면질의는 통상 쟁점을 명확히 하거나 증인이나 특정 서류의 소지 여부 등을 확인하는데 사용된다. 또한 이를 통해 얻은 기본적인 정보를 토대로 다음 디스커버리 수단으로 넘어가 보다 구체적인 정보를 확보해 나가게 된다. 피고는 이 서면질의를 통해 원고에 대하여 피고제품이 특허침해를 구성하는 근거를 밝히라고 하거나 원고가 피고에 대하여 비침해라고 주장하는 논거를 묻는 등 상대방의 주장에 대한 질의(contention interrogatories)로 이용되기도 한다.

이러한 서면질의에 대하여 상대방은 쟁점과 관련성이 떨어지거나 부당한 부담이 생기는 등의 경우 이의사유를 구체적으로 적시하여 이의할 수 있다[F.R.C.P. 33(b) (4)]. 이에 대하여 신청당사자는 다시 답변서 제출을 강제하는 명령 신청(motion to compel)을 할 수 있다. 상대방 당사자가 이러한 법원 명령에도 불응하는 경우에는 법정모독(contempt of court)으로 처벌을 받을 수 있다[F.R.C.P. 37(b)].

2) 문서 혹은 물건의 제출요구, 출입허가요구(Requests for producing documents, electronically stored information, and tangible things, or entering onto land, for inspection and other purposes)

이는 침해관련 문서나 전자적 증거의 확보를 위한 중요한 수단이 되는데, 나아가 침해품이 제조되고 있다고 의심되는 피고 측 공장의 방문이나 소프트웨어 코드에 대한 접근 등을 가능하게 하는 수단이 되기도 한다. 문서제출요구를 통해 특허권자는 통상 침해품의 개발이나 입수 경위, 특허를 알고 있었는지 여부, 침해혐의자가 출원한 특허가 있는지, 침해품이 얼마나 상업적으로 성공했는지, 침해품의 제조, 판매 등과 관련하여 전문가와 상담을 하였는지 등과 관련한 자료를 요구하게 된다.

이에 비해 상대방은 특허권자에게 특허출원과 관련한 문서, 선행기술 관련 문서나 선행 소송과 관련된 문서, 특허기술의 이해를 돕는 문서, 특허제품의 판매와 관련된 문서 등을 요구하게 된다.

전자적 정보 제출요청의 경우 검색어, 검색식, 검색대상 등을 특정하여 상대방에게 요청해야 한다. 이를 위해 F.R.C.P. 26(f)에 규정된 사건초기 당사자 절차협의 또는 강제적 최초 증거공개(initial disclosure)를 통해 상대방의 전산시스템 구조나 문서관리 정책(document retention policy)에 대한 설명을 요청하기도 하고, 서면질의(interrogatories)나 사실인정요구(request for admissions) 또는 증언녹취(depositions)를 통해 관련 정보를 얻어 전자문서제출 요청을 하기도 한다.[75] 또한 증거보존대상이 되는 전자적 정보 증거자료들의 삭제(spoliation)가 강하게 의심되는 경우나 상대방이 증거개시절차 요청에 전혀 협조하지 아니하는 경우, 증거개시를 신청한 당사자는 상대방의 IT 시스템을 직접 살펴보기 위한 조사(inspection) 신청을 하는 경우도 있다.[76]

3) 증언녹취(Depositions)

증거개시제도 중 증언녹취는 사건에 관련된 주요 증인에 대하여 사전에 증인신문을 하여 이를 재판에서 사용하기 위한 것으로, 법정속기사(court reporter) 자격을 가진 자가 동석한 가운데 위증죄의 경고하에 선서하고 신문을 하는데 통상은 양 당사자 중 일방의 사무실에서 이뤄진다.[77] 증언녹취는 법정에서의 증인신문과 동일하므로 당연히 상대방의 반대신문도 허용된다. 속기방식보다는 비용이 훨씬 많이 들기는 하나 최근에는 비디오녹화로 이뤄지는 경우도 많고, 속기록이나 촬영물은 주요 증인에 대한 법정신문 과정에서 탄핵증거로 사용되거나, 그 증인이 사정상 실제 출석이 어려운 경우 요증사실을 입증하는 본증으로 사용되기도 한다.[78] 이와 같은 증언녹취 절차는 판사의 지휘 없이 당사자가 자율적으로 진행하는 절차이다.[79]

회사 관계자에 대하여 증언녹취를 원하는 경우에는, 상대방 회사를 증언녹취의 대상자로 지정하고 신문할 주제를 통지서에 기재하여 증언녹취를 요구할 수 있고, 이

---

75) 법무법인(유한) 태평양, 우리 기업을 위한 미국소송 실무가이드, 박영사(2022), 116.

76) Id.

77) 서면 질의를 통해 상대방에게 답변을 하도록 하는 'written deposition'도 증언녹취의 하나이기는 하나 실무상 거의 이용되지는 않는다.: 법무법인(유한) 태평양, 우리 기업을 위한 미국소송 실무가이드, 박영사(2022), 93 참조.

78) 변론기일 이전에 당사자는 증언녹취 중 법정에서 현출할 부분을 지정(Deposition Designation)하여 법원에 제출하여야 하고, 이에 대하여 상대방 당사자는 그 현출을 반대하는 의견을 제시할 수 있는데, 법원은 Final Pretrial Conference에서, 변론기일에서 현출시킬 증언녹취 개수를 줄이라고 하거나, 이의 사유를 한정하거나, 혹은 양측 모두 원하는 만큼 현출시키라고 하는 등으로 이러한 다툼을 정리한다. 또한 법정에서 증언녹취 영상만 상영하는 경우 즉시 반대신문이 불가능하기 때문에, 반대당사자가 그 증언녹취 증인에 대해 다시 Deposition을 통해 반대신문을 하는 조건으로 그와 같은 증언녹취의 제출에 동의하기도 한다.

79) 따라서 Deposition에서도 일방 당사자가 증인에게 비밀유지특권에 관한 질문이나 모호한 질문 또는 여러 질문이 복합된 질문 등을 하는 경우에 타당 당사자의 대리인은 이와 같은 것을 이유로 "Objection!"을 외치며 이의를 표시하나, 이에 대해 결정할 판사가 없으므로 당사자는 이를 아랑곳하지 않고 질문을 이어갈 수 있다. 이러한 질문에 대한 답변 여부는 증인의 자유이다. 한편 법정에서는 일방이 이러한 이의를 하면 판사가 즉석에서 "인용(sustained!)" 또는 "기각(overruled!)" 결정을 한다.

에 따라 상대방 회사는 신문에 응할 집행임원, 이사 등의 사람을 지정하여야 한다[F.R.C.P. 30(b)(6)]. 이에 따라 외국 회사가 당사자인 경우 해당 국가에서 증언녹취가 행해지는 경우가 늘고 있다. 또한 이 제도는 특허침해사건에 있어 전문가증인(expert witness)에 대하여도 활용되는데, 발명 경위 등의 설명과 관련하여 발명자나 회사 대표, 당해 기술에 대한 설명이나 선행발명과의 차이 및 균등론의 적용범위 등과 관련하여 기술전문가(technical expert), 특허출원 경위나 청구항의 해석 및 특허 침해나 무효 여부 등과 관련하여 학자나 법률전문가(patent expert), 손해배상액 산정과 관련하여 회계사나 경제학자(damage expert) 등에 대해 증언녹취가 이뤄지고, 이들 중 상당수에 대해서는 실제 법정에서도 재차 증인신문이 이뤄진다.

증언녹취는 위와 같이 법정속기사 동석 하에 대면(in-person)으로 진행되는 것이 일반적이나,[80] 양 당사자의 합의 또는 법원의 명령에 의하여 증인이 변호사나 법정속기사와 떨어진 상태로 진행되는 원격 증언녹취(remote deposition)도 가능하다. 실제로 2020년 코로나 바이러스(COVID-19)로 인하여 각국 정부가 이동 제한 명령을 내렸을 때, 각 주 법원이 화상회의를 이용한 원격 증언녹취를 진행할 것을 명령하기도 하였다.[81] 이 경우 증인의 선서도 원격 화상회의 장비를 사용한 녹화로 이루어진다. 한편 이와 같은 COVID-19 사태 이후로 미국에서는 영상에 의한 증언녹취(Remote Deposition)가 활성화되기 시작하였다. 원격 증언녹취의 도입은 이후로도 계속 확산될 것으로 보이며, 해외에 거주하는 증인의 증언에 대한 절차에 많은 영향을 미칠 수 있다.

특히 이 제도는 법원의 개입 없이도 분쟁의 초기에 핵심적인 증인에 대한 증언을 확보함으로써 사실관계가 법정에서 위증으로 왜곡되지 않게 하고, 이를 통해 신속한 화해적 해결을 촉진시킨다는 점에서 우리나라에도 도입이 절실하다는 의견이 지속적으로 제기되고 있다.

4) 사실인정요구(Requests for admissions)

이는 상대방 당사자에게 특정 사실 등을 인정하는지 여부를 추궁하여 쟁점을 명확

---

80) F.R.C.P. 28(a)(1)는 “선서를 관리할 수 있는 권한을 가진 자 앞에서 (before an officer authorized to administer oaths)” 증언 녹취가 이루어져야 한다고 규정하고 있다.

81) 메사추세츠 주 지방법원은 2020년 3월 증인이 실제 대면하지 않고 원격 화상회의 장비를 이용하여 증언녹취를 할 것을 명령하기도 했다.: https://www.mass.gov/supreme-judicial-court-rules/supreme-judicial-court-order-for-the-administering-of-oaths-at(최종방문일: 2020. 6. 12.)

히 하는데 사용된다. 이 요구를 받은 상대방 당사자는 그러한 사실을 인정하거나, 부인하거나 혹은 그에 관한 충분한 자료를 가지고 있지 않아 답변하기 어려운 부분을 특정하여 답변하여야 한다. 인정을 요구할 수 있는 대상은 분쟁과 관련된 사실, 사실에의 법적용 또는 그에 대한 의견과 작성된 문서의 진정성 등이다[F.R.C.P. 36(a)(1)].

특허침해소송에서 이 제도는 피고의 침해품이 여러 구성으로 이루어진 경우, 해당 특허발명의 특정 구성은 포함하고 있음은 다툼이 없는 것으로 정리하여 쟁점을 좁히는데 활용될 수 있다.[82] 이 절차에 따라 행해진 자백은 법원이 당사자의 신청에 대하여 철회 또는 수정을 허용한 경우를 제외하고는 종국적으로 확정된 것으로 처리된다. 또한 법원은 자백의 철회 또는 수정이 소송의 본안심리에 도움이 되고 사실인정요구를 한 당사자에게 본안소송을 유지 또는 방어를 하는데 불이익을 준다고 할 수 없는 경우에 철회 또는 수정을 허용할 수 있다[F.R.C.P. 36(b)]. 이러한 결정은 연방민사소송규칙 제16(e)에서 정하는 최종 변론준비기일(final pretrial conference)을 통해 정하게 된다.

(4) 디스커버리 작동을 위한 분쟁해결 메커니즘

1) 출석요구서(subpoena)의 발부 및 이의

당사자가 아닌 자에 대해 증거개시를 강제하기 위해 발부받는 것이 소환장(subpoena)이다. 이는 대상자에 대하여 특정 시간과 장소에 증언을 위해 출석할 것을 명하는 공식 문서로서, 당사자의 신청에 따라 법원 직원 혹은 법원에 의해 그러한 직무수행이 인정된 변호사가 발부한다[F.R.C.P. 45(a)].[83] 통상 증인신문을 할 대상자에게 증언을 위해 출석 시 관련 증거나 물건을 지참하여 올 것을 요구할 수도 있는데, 이를 위해 발부받는 것은 문서소지출석요구서[subpoena duces tecum, F.R.C.P. 30(b)]라 하고, 이에는 신문할 일시, 장소 이외에 지참을 요구하는 문서 등의 목록을 특정하여 출석요구서를 발부받는다. 이러한 출석요구서를 송달받은 대상자는 이에 대해 이의를 신청할 수 있고, 이 경우 출석요구서를 발부한 법원은 그 출석요구서를 파기하거나 수정할 수 있다[F.R.C.P. 45(d)].

---

82) Kimberly A. Moore, Timothy R. Holbrook, John F. Murphy, PATENT LITIGATION AND STRATEGY(Fifth Edition), AMERICAN CASEBOOK SERIES(2018), 202면.

83) 이러한 소환장은 'subpoena ad testificandum'이라고 불리기도 한다.

2) 보호명령 신청[motion for protective order, F.R.C.P. 26(c)]

디스커버리 초기 단계에서 통상 양 당사자가 보호명령의 대상과 조건에 대해 협의하고 그러한 합의에 이른 내용으로 보호명령을 내려줄 것을 요청하여 일반적인 보호명령(protective order)이 내려진다. 다만 이러한 보호명령(protective order)은 그 단계에서 어떠한 문서가 향후 개시될지 알 수 없기 때문에 보호명령의 대상이 되는 정보의 범주(categories of confidential or proprietary information) 및 대상 정보별 접근 가능한 당사자, 소송 이후 대상 정보의 처리 등만을 규정하는 경우가 많다. 따라서 그 이후에 증거개시 요구를 받은 일방 당사자가 특정 문서를 제출하지 아니하거나 AEO(Attorney-Eye's Only)[84] 등 문서로 지정하여 공개한 것에 대해 상대방이 이의하는 경우, 법원에 이를 결정해 달라는 신청(motion)을 하여 디스커버리 분쟁을 해결하게 된다. 한편 디스커버리 절차에 참여하는 법정속기사(court reporter)나 자료를 분석하기 위한 통계전문가 등은 소송대리인인 변호사의 관리, 감독을 받는 자로서 보호명령에 구속받겠다는 서명을 한 문서를 법원에 제출하고 해당 절차에 참여한다.

상대방 당사자로부터 증거개시요구를 받은 당사자 및 제3자는 요청받은 기한 내에 답변하거나, 답변기한 연장을 요청하지 않는 경우에는 보호명령을 신청할 수 있다. 이는 증거개시요구가 과도한 부담이나 비용을 요구하거나 혹은 업무상비밀 등을 침해한다는 사유 등의 상당한 이유('good cause')를 소명하여 법원에 신청한다. 이에 대하여 법원은 정보공개 또는 증거개시의 금지, 특정한 조건의 부과나 개시범위의 제한[85], 거래비밀 또는 영업정보 등이 공개되지 않도록 하거나 구체적으로 지정한 방법(AEO 등)으로만 공개되게 하는 등의 명령을 내릴 수 있다.

보호명령신청의 대상으로 주로 논의되는 것이 영업비밀과 관련하여 경영상 재산적 가치가 있는 정보(business proprietary information)이다. 이러한 정보에 대한 보호명령 신청에 대하여 법원은 3단계 심사를 거친다.[86] 우선 논의의 대상이 영업비밀이나 다른 비밀스런 연구, 개발 또는 상업적 정보에 해당하는지 검토하고, 나아가 그러한 정

---

84) AEO(Attorney Eye's Only)는 보호명령의 제재를 받기로 하는 소송 관계인 누구나 볼 수 있는 'Confindential'보다 접근제한의 정도가 훨씬 높아 보호명령 중에서도 가장 높은 수준의 보호 중 하나이다.

85) 특정 부분의 삭제(redaction) 후 제출도 이러한 제한의 예이다.

86) 이하 이 문단은 Kimberly A. Moore, Timothy R. Holbrook, John F. Murphy, PATENT LITIGATION AND STRATEGY(Fifth Edition), AMERICAN CASEBOOK SERIES(2018), pp. 238-239의 설명을 참조하였음.

보의 공개로 인하여 인식가능한 손해(annoyance, oppression, embarrassment, competitive disadvantage 등)가 발생할 수 있는지, 그리고 신청인이 명확하고 심각한 손해를 통해 '선의(good cause)'를 입증했는지를 검토한다. 어떠한 정보가 영업비밀인지 여부와 관련해서는, 많은 주에서 주법으로 정하거나 다음과 같은 6가지 요소,[87] 즉 ① 정보가 그 사업의 외부에 알려진 정도, ② 정보가 해당 사업에 관여하는 자에게 알려진 정도, ③ 정보보호조치 수단의 정도, ④ 정보가 정보주체와 상대방에게 가지는 가치, ⑤ 정보를 개발하기 위해 투여된 노력이나 비용, ⑥ 정보를 합법적으로 얻기 위해 들어야 하는 난이도 등을 심사하여 결정한다. 영업비밀이라고 하여 완전한 보호가 인정되는 것은 아니고, 법원은 신청인이 그 공개로 인하여 사업에 미칠 위험을 명확히 소명한 경우, 정보공개의 필요와 그로 인하여 유발될 수 있는 손해를 비교형량하여 보호여부를 결정하게 된다.

어떠한 증거가 AEO로 범위가 제한되어 개시된 경우, 보호명령에 서명한 외부 변호사만이 그 증거를 볼 수 있다. 따라서 소송당사자의 사내변호사는 당사자와 같은 지위이므로 AEO 문서를 볼 수 없다. 보호명령 위반의 경우 디스커버리 위반을 이유로 한 제재는 물론 형사처벌, 손해배상책임 등의 엄격한 제재가 따른다.

3) 증거개시명령 신청(motion for an order compelling Disclosure or Discovery) 및 제재 신청(motion for sanctions)

증거개시를 요구하는 당사자는 상대방이 정보공개를 성실히 이행하지 않거나 증거개시에 협력하지 않는 경우 법원에 증거개시명령 신청과 제재 신청을 각각 할 수 있다[F.R.C.P. 37]. 당사자에 대한 증거개시명령의 신청은 소송이 계속 중인 법원에, 제3자에 대한 명령의 신청은 증거개시 절차가 행해지거나 행해질 관할 법원에 하여야 하고, 명령 신청 이전에 당사자 사이에 성실하게 협의하려고 노력하였음을 확인하는 서면을 첨부하여야 한다[F.R.C.P. 37(a)].

4) 변호사와 상담내용 등 비밀보호

디스커버리 대상의 예외로 논의되는 것이 변호사와 의뢰인간의 비밀유지특권(attorney-client privilege) 및 변호사 업무결과물보호원칙(work product protection)[88]이

87) 이는 Restatement Tort §757에 명시된 요소들이다.
88) 'work product protection'을 '변호사의 업무결과물 특권'이라고 번역되기도 한다. 그러나 이는 아래 그 개념에서 보는 바와 같이 특정인이 가지는 권리라기보다는 '보호되는 원칙'으로 봄이 보다 적절

다. 당사자는 위와 같은 보호를 포기하고 관련 정보를 소송에서 증거로 제출할 수 있는데 이 경우 상대방은 관련된 모든 증거의 개시를 요구하게 되면서, 포기로 간주되는 범위가 종종 소송상 쟁점이 된다.

변호사와 의뢰인간의 비밀유지특권은, 의뢰인이 변호사와 교환한 대화, 서면 기타 모든 유형의 의사소통이 재판 과정에서 비밀로 유지되도록 특권이 인정된다는 원칙으로, 이러한 특권을 가지는 당사자는 그러한 의사소통의 결과물을 재판과정에 현출하도록 강요받지 아니한다. 이 비밀유지특권은 의뢰인이 변호인에게 자신의 모든 정보를 제공하게 하여 재판 과정에 변호인이 의뢰인의 입장을 충분히 이해하고 적극적으로 변호활동을 하게 하는 전제가 되고, 그것이 결국은 사회적으로도 이익이 된다는 관점에도 인정되고 있다. 특정 정보가 이에 해당하지 아니함을 다투는 상대방은 법원에 공개를 구하는 증거개시명령 신청을 할 수 있고, 이에 대하여 반대 당사자는 보호명령 신청(cross-motion for protective order)을 할 수 있다. 다만 이러한 비밀유지특권이 사술이나 범죄(fraud or crime)에 이용된 것이 밝혀진 경우에는 그 특권이 박탈될 수 있다.[89]

업무결과물보호원칙은, 의뢰인이나 그의 이익을 대변하는 자(변호사, 고문, 보증인, 보상계약자, 보험자 또는 대리인 등)가 스스로 또는 그 당사자를 위하여 소송을 예상하거나 변론에 대비하여 준비한 문서 및 유체물 등은 원칙적으로 그 당사자 또는 대리인의 의도와 달리 사용되거나 공개되지 않을 특별한 보호를 받는다는 원칙이다. 이는 연방민사소송규칙 제26(b)(3)에 근거가 명시되어 있는데, 이러한 특권이나 보호를 주장하여 공개를 거부하는 자는 그 주장을 명확히 하여야 하고, 제출 또는 공개하지 아니하는 문서, 통신수단 또는 그 밖의 유체물의 성질을 기재한 문서(privilege log)를 상대방이 그 주장을 평가할 수 있는 방법으로 제공하여야 한다[F.R.C.P. 26(b)(5)].

업무결과물보호원칙은 변호사의 소송준비를 촉진시킬 필요와 분쟁해결을 위해 관련된 중요사실을 드러낼 이익을 조화시킬 당사자주의시스템의 요구에 의해 도입되었다.[90] 따라서 변호사와 의뢰인간의 비밀유지특권은 의뢰인의 자발적 포기 이외에는

하다.

89) 뒤에 사례연구에서 상세히 소개되는 Micron Technology, Inc. v. Rambus Inc., 645 F.3d 1311 (Fed. Cir. 2011) 참조.

90) In re Seagate 497 F.3d 1360, 83 USPQ2d 1865(Fed. Cir. 2007)(en banc).

해당 정보를 공개로부터 완전히 보호하는 반면, 업무결과물보호원칙은 당사자의 포기 이외에도 공개의 필요성 및 대체물을 구하는데 소요되는 불필요한 어려움(substantial need and undue hardship)의 야기와 같은 사정에 의해 해당 정보에 대한 보호가 인정되지 않을 수 있다[F.R.C.P. 26(b)(3)]. 특히 업무결과물의 성격에 따라, 사실관계에 관한 결과물은 위와 같은 필요성과 불필요한 어려움이 소명되는 경우 공개의 대상이 될 수 있으나, 소송계획이나 전략 또는 의견 등과 같은 정신적 과정의 산물은 거의 완벽한 보호가 주어진다. 또한 연방민사소송규칙은 보호가 인정되는 대상으로 '문서 및 유체물(documents and tangible things)'이라고 규정하였으나, 무형의 것도 보호의 대상이 되고, 따라서 변호사가 증언녹취의 대상되어 보호대상이 되는 소송당사자와 나눈 정보에 대해 질문을 받은 경우 위 원칙을 들어 이를 공개하지 않을 수 있다.[91]

특허침해소송에서 피고가 악의적 침해를 부인하기 위해 사전에 변호사의 자문을 받았음을 주장한 경우, 포기로 간주되는 정보의 범위와 관련하여 Seagate 사건에서, CAFC는 피고가 악의적 침해를 방어하기 위해 외부 자문변호사의 의견을 받은 것을 주장한 것(advice of counsel defense)으로 인해 외부 자문변호사의 검토의견 이외에 송무변호사의 검토의견에 대해서까지 특권을 포기한 것으로 간주되지 아니하고, 업무결과물보호원칙에 대해서도 보호가 유지된다고 판시한 바 있다.[92] 또한 악의적 침해에 대항하기 위해 변호사의 자문을 받은 것을 주장한 경우 변호사와 주고받은 내용에 대하여는 포기가 인정되나, 만일 그러한 문서가 의뢰인에게 전달되지 아니한 경우 업무결과물보호원칙에 따라 그 문서에 대해서는 보호가 유지된다.[93] 이와 같이 변호사와 의뢰인간의 비밀유지특권과 업무결과물 보호원칙은 요건, 대상, 포기 범위 및 예외인정 여부 등에서 차이가 있어 두 주장을 동시에 주장할 실익이 있다.

5) 증거보전의무(duty to preserve documents)

당사자는 소송이 계속 중이거나 합리적으로 예견되는 시점부터는 증거를 보전하여야 하고 이를 폐기하여서는 아니 된다.[94] 증거보전의무의 대상이 되는 문서는 제출의

---

91) In re Seagate 497 F.3d 1360, 83 USPQ2d 1865(Fed. Cir. 2007)(en banc).
92) In re Seagate 497 F.3d 1360, 83 USPQ2d 1865(Fed. Cir. 2007)(en banc). 이 판결에 대한 구체적인 내용은 「제6장 제2절 Ⅲ. '악의적 침해와 손해배상의 가중' 부분에 소개된 '사례연구'」 참조.
93) In re EchoStar Communications Corp., 448 F.3d 1386, 1390 n.2(Fed. Cir. 1997), cert. denied, 520 U.S. 1193(2007).
94) Silvestri v. General Motors Corp., 271 F.3d 583, 590(4th Cir. 2001); West v. Goodyear Tire

무자가 직접 점유하고 있는 문서뿐만 아니라 물리적으로 보관 내지 통제하고 있는 문서도 포함된다[F.R.C.P. 34(a)(1)]. 이러한 보전의무의 범위는 전자증거자료들도 당연히 포함되므로, 아웃룩이나 웹메일, 서버, 웹사이트 및 클라우드 등에 저장되어 있는 이메일, 메시지, 게시물 등 각종 전자문서들이 포함되고, 당사자의 전자증거자료를 보관하고 있는 외부 서버업체나 클라우드 서비스 업체의 자료들 또한 일반적으로 당사자의 '통제' 범위 내에 있으므로, 해당 업체들의 자료들 또한 증거개시절차 및 보전의무의 범위에 해당한다.[95] 따라서 당사자는 소송이 합리적으로 예기되는 시점 이후에는 이와 같이 제3자를 통해 점유하고 있는 전자문서도 해당 업체에 요청하는 등으로 보전되도록 노력하여야 한다. 한편 원고로서 소제기를 검토하고 있는 경우 적극적으로 상대방에게 보전해야 할 자료의 종류, 범위, 형식 등을 기재하여 해당 자료의 보전을 요구하는 증거보전요청서(preservation demand letter)를 보낼 수도 있다.

디스커버리와 관련하여 특히 전자적으로 보존되는 증거와 관련하여 이러한 증거보전의무 위반 여부가 종종 쟁점이 된다. 피고의 경우에는 원고의 주장을 알게 된 때로부터, 원고의 경우에는 늦어도 소송을 제기하기로 마음먹은 때로부터는 위 의무를 지게 된다.[96] 회사가 서류관리규정을 제정하여 직원들에게 정기적으로 서류를 파기하도록 하는 것 자체는 위법하지 아니하나,[97] 당사자가 위와 같이 증거보전의무가 발생한 이후에 관련 정보를 삭제하거나 문서를 파쇄하는 경우 법원으로부터 소송비용 부담, 증거 불채택, 불리한 사실의 추정, 주장의 해태에 따른 무변론 판결(default judgment) 등 각종 디스커버리 위반의 제재를 받게 된다.[98] 다만 위와 같은 제재는 증거보전의무를 지는 당사자가 의도적으로 위와 같이 정보를 유실되게 한 경우에만 적용될 수 있다.[99]

Rubber Co., 167 F.3d 776, 779(2d Cir. 1999). '소송이 합리적으로 예견되는 시점'은 '소송이 임박한 시점'보다는 유연하고 넓은 개념이다. 이러한 증거보전의무는 영문으로 "Parties need to implement a 'litigation hold' that adequately addresses the scope of the duty to preserve."라고 표현된다.

95) S.E.C. v. Estate of Saviano, 2014 WL 5090787, at *6 (E.D. Mich. Oct. 9, 2014); 법무법인(유한) 태평양, 우리 기업을 위한 미국소송 실무가이드, 박영사(2022), 107.

96) Kimberly A. Moore, Timothy R. Holbrook, John F. Murphy, PATENT LITIGATION AND STRATEGY(Fifth Edition), AMERICAN CASEBOOK SERIES(2018), 203면.

97) Micron Technology, Inc. v. Rambus Inc., 645 F.3d 1311, 1320(Fed. Cir. 2011).

98) F.R.C.P. 37(e)

99) Id.

6) 주장의 변경 제한

앞서 본 바와 같이 강제적인 최초 정보공개에서 당사자로 하여금 신속하게 주장과 그 주장을 뒷받침하는 논증구조를 공개하도록 하고 있는데, 대부분 법원의 특허사건 규정은 이에 대하여 주장의 변경을 제한함으로써 신속하게 쟁점이 확정되도록 하고 있다. 예를 들면, 텍사스 동부연방지방법원은, 각 당사자의 '침해 주장서면(Infringement Contention)'과 '무효 주장서면(Invalidity Contention)'은 그 당사자의 최종적인 것으로 간주된다고 선언하고, 당사자가 법원의 청구항해석명령(Court's Claim Construction Ruling)이 기존 주장의 변경을 요한다고 믿는데 정당한 이유가 있는 경우 등에는 법원의 허가 없이, 그 이외의 경우에는 상당한 이유를 입증하여 법원의 허가를 얻은 경우에만 주장을 변경할 수 있다고 규정하고 있다(P.R. 3-6). 위 법원은 실제 사건[100]에서 주장의 변경을 허용하는데 심리하는 요소로 i) 주장변경으로 인한 소송의 지연기간 및 그로 인하여 절차에 미치는 영향, ii) 주장변경이 지연된 이유, iii) (뒤늦게) 주장변경을 구하는 당사자가 제한기간 연장을 성실히 구하였는지, iv) 쟁점의 중요성, v) 주장 변경으로 상대방 당사자에게 미칠 불이익 등을 형량하여야 한다고 하면서, 당해 사건에서 피고의 무효주장 변경을 불허하였다.

7) 디스커버리 관련 강력한 제재 수단

당사자나 증인 등이 디스커버리 관련 당사자의 요구나 법원의 명령에 응하지 아니하는 경우 연방민사소송규칙은 법원이 매우 강력한 제재수단을 발동할 수 있도록 하고 있다(F.R.C.P. 37).[101] 우선 법원은 대상자에게 증거개시명령 등을 통해 정보공개 또는 증거개시 절차를 따르도록 명령할 수 있고, 이 명령에 따르지 않는 경우 법원은 i) 그 명령의 내용을 이루는 사항 또는 그 밖에 명시된 사실을 당해 소송의 목적을 위해 유리한 당사자의 주장대로 증명된 것으로 하거나, ii) 명령에 불복한 당사자가 청구나 항변을 보충 또는 반박하거나 혹은 관련 증거를 제출하는 것을 금지하거나, iii) 청구 또는 항변의 일부를 무효로 하거나, iv) 명령에 따를 때까지 이후의 절차를 중단하거나, v) 소송 또는 절차의 전부 또는 일부를 각하하거나, vi) 불복 당사자에 대해 주

100) Mark A. Barry, M.D. v. Medtronic, Inc., 1:14-cv-00104-RC(2016).

101) 침해소송 제기 후 피고가 원고로부터 질문서(interrogatory)를 송달받고도 이에 답변하지 않았음을 이유로, 법원이 제재로서 피고가 그 특허 침해를 부정하는 주장을 할 수 없도록 금지하기도 한 사례로는, Transclean Corp. v. Jiffy Lube Int'l, Inc., 474 F.3d 1298, 81 USPQ2d 1400(Fed. Cir. 2007) 참조.

장의 해태에 따른 판결(default judgment)을 내리고, vii) 신체 또는 정신에 대한 검사 명령을 내리거나, viii) 신체 또는 정신에 대한 검사 명령을 제외하고, 일체의 명령에 대한 불복종을 법정모욕으로 취급하고, ix) 불복으로 인하여 발생한 비용의 지불을 명할 수 있다[F.R.C.P. 37(b)]. 이 밖에도 연방민사소송규칙은 당사자가 정보공개를 하지 않는 경우, 선행응답에 대한 보충을 하지 않거나 자백의 요구에 응하지 아니한 경우, 당사자가 증언녹취에 불출석한 경우, 서면질의에 대한 답변서를 송달하지 않거나 조사(inspection)의 요구에 응답하지 않는 경우, 전자적으로 저장된 정보를 제공하지 않는 경우, 증거개시계획의 작성에 참여하지 않는 경우 등 각 상황에 대하여 상세하고도 강력한 제재수단을 열거하고 있다[F.R.C.P. 37(c) 내지 37(f)].

이와 같은 수단이 뒷받침됨으로 인해 디스커버리 절차를 통해 당사자의 주장 및 관련 증거가 상세히 드러나고, 이는 신속한 분쟁의 해결로 이어진다.

(5) 전자적 정보에 대한 디스커버리(E-Discovery)

전자적으로 저장된 정보(ESI)는 특정 정보가 전자적 방식으로 저장되어 있는 모든 것을 말한다. 연방민사소송규칙은 2006. 12. 1. 제16조, 제26조, 제33조, 제34조, 제37조, 제45조를 개정하여 전자적 정보를 대상으로 하는 증거개시절차를 포섭하였다. 이러한 전자적 정보에 대한 디스커버리는, 정보공개의 대상이 되는 정보를 검색하여 확인하는 '식별(identification)'에서 시작하여, 데이터의 훼손을 방지하는 조치를 취하는 '보존(preservation)', 데이터를 추출하는 '수집(collection)', 수집된 문서를 분석 · 검토하기에 용이한 형식으로 가공하는 '처리(processing)'의 절차를 거친 후 법률전문가에 의해 검토(review), 분석(analysis)된 증거가 법원이나 상대방에게 증인신문, 변론 등의 과정에서 제출(production)되는 과정을 거치게 된다.[102]

전자적 정보에는 ① 개인 컴퓨터나 컴퓨터 네트워크에 내장되어 있어 즉시 접속이 가능한 자료인 '활성자료(active data)', ② 개인 컴퓨터의 하드웨어나 네트워크에 있는 자동복구파일(back up file) 등을 포괄하는 '복사자료(replicated data)', ③ 숙련된 전문가만이 접속할 수 있는 일련의 데이터로 시스템의 백업을 위한 자료인 '백업자료(archical and legacy data)', ④ 사용자는 인식할 수 없으나 시스템 내부에 존재하는 삭

102) 법무법인(유한) 태평양, 우리 기업을 위한 미국소송 실무가이드, 박영사(2022), 102-103 참조.

제된 파일인 '잔존자료(residual data)', ⑤ 파일에 접속한 자와 파일이 편집된 시기가 자동적으로 생성, 부착되는 정보를 말하며 흔히 메타데이터(metadata)라고도 불리는 '임베디드 데이터(embedded data)' 등이 있다.103)

당사자는 연방민사소송규칙 제26(f)(1)에 따라 소송의 초기 단계에서 자발적으로 가지는 절차협의에서 전자적 정보에 대한 보존(preservation)을 포함하여 디스커버리 과정에서 발생할 수 있는 쟁점에 대해 서로 협의하고, 합의된 내용을 법원이 명령으로 내려줄 것을 신청할 수 있다. 이러한 신청에 따른 명령(Order regarding E-Discovery)은 디스커버리 신청에 따라 제공될 문서나 파일의 형식, 각주의 포함 여부, 음성메일이나 핸드폰(Voicemail and Mobile Device)의 접근 가능 여부, 이메일에 대한 요청 가능 시기 및 방식(대상자, 기간, 검색어 등 명시), 대상자, 회수 제한 등의 내용이 담긴다. 또는 당해 사건에서 전자증거가 정보공개 또는 증거개시의 대상이 될 수 있으나 당사자의 자발적 협의가 이뤄지지 않는 경우 법원이 사건관리기일을 열어 F.R.C.P. 16(b)에 따라 내리는 사건일정명령(scheduling order)에서 전자적으로 저장된 정보의 정보공개 또는 증거개시와 관련된 상세한 내용을 정할 수도 있다[F.R.C.P. 16(b)(3)(B)(iii)]. 전자정보의 제출 방식과 관련하여 연방민사소송규칙 34(b)(2)(E)는 당사자간 합의 또는 법원의 명령에서 달리 정하지 않은 경우, "i) 당사자는 통상의 업무과정에서 보관되어 있는 상태로 문서를 제출하거나 또는 그 문서를 요구서의 분류에 따라 정리한 후 라벨을 붙여야 한다. ii) 전자적으로 저장된 정보의 제출 형식에 관하여 요구서에 특정되지 않은 경우, 당사자는 통상적으로 보관되어 있는 형식이나 합리적으로 이용할 수 있는 형식으로 제출하여야 한다."라고 규정하고 있다. 이러한 전자적 정보를 제공하지 아니하는 경우 연방민사소송규칙에 따른 일반적인 디스커버리 불이행에 따른 제재가 가해지나, 위 규칙은 전자정보시스템의 일상적이고 성실한 운용의 결과 전자적 정보가 소실된 경우에는 이를 제공하지 못한 당사자에 대하여 법원이 제재를 부과할 수 없도록 하여[F.R.C.P. 37(e)], 디스커버리 제도 운영에 있어 전자적 정보의 특수성을 반영하도록 하고 있다.

---

103) 사법정보화 장기계획 TFT, "2015 사법정보화 장기계획 TFT 결과보고서: 3팀(민사전자소송)) [내부보고서], [미국 특허쟁송실무에 관한 연구 – 연방순회항소법원(CAFC), 연방지방법원, 국제무역위원회(ITC), 특허청(USPTO)을 중심으로 – 대법원 사법정책연구원(연구책임자: 송현정) (2016), 84]에서 재인용.

한편 연방민사소송규칙 제26(b)(2)(B)는 "당사자는 과도한 부담이나 비용 때문에 합리적으로 접근할 수 없는 자료로부터 전자적으로 저장된 정보를 개시할 필요는 없다.[104] 증거개시를 강제하는 신청이 있거나 보호명령의 신청이 있는 경우, 증거개시를 요구받은 당사자는 그 정보가 과도한 부담이나 비용 때문에 합리적으로 접근할 수 없는 것임을 증명하여야 한다. 이에 대한 증명이 있었음에도 불구하고, 증거개시를 요구한 당사자가 상당한 이유를 증명한 경우, 법원은 증거개시의 횟수 또는 범위의 제한을 고려하여 개시를 명할 수 있다. 법원은 증거개시를 위한 특별한 조건을 붙일 수 있다."라고 규정하고 있다.

위 규정에 따라 개시가 제한되는 '합리적 접근 가능성' 여부에 관해 다툼이 있는 경우, 법원은 정보의 일부를 제출하게 하여 그 자료를 검색하거나 정보시스템 전문가로부터 증언녹취를 얻어 그 해당여부를 판단하는데, 일반적으로 백업데이터, 삭제데이터, 레거시 데이터 등은 복원의 난이성과 과도한 비용부담으로 인해 '합리적으로 접근할 수 없는 자료'에 속하는 것으로 본다고 한다.[105]

(6) 미국 외 소송에 필요한 증거 수집을 위한 미국 내 디스커버리

연방법인 28 U.S.C. §1782(a)는 "대상자가 거주하거나 발견된 지역을 관할하는 연방법원은, 외국이나 국제 재판기관의 협조요청에 의하거나 이해관계 있는 자의 신청에 의해, 외국이나 국제 재판기관(tribunal)에서 사용될 목적으로, 그에게 증언 또는 진술하거나 서류나 물건을 개시하도록 명할 수 있다. [중략] 그러한 명령은 증언이나 진술 또는 서류제출 등을 이행하도록 하기 위해 외국이나 국제 재판기관이 사용하는 시행방법과 절차를 그대로 지시할 수 있다. 또한 명령에서 달리 정하지 않는 한 연방민사소송규칙이 정하는 바에 따라 증언이나 진술이 이뤄지고 서류 등의 제출이 이뤄진다."라고 규정하고 있다.[106]

104) 증거개시 요청에 따라 증거를 개시하는 경우 원칙적으로 문서제출자(producing party/responding party)가 그 개시비용을 부담한다.

105) 김도훈, "미연방민사소송규칙 제37조(e) 개정안에 관한 소고", 법학논총 제32권 제3호 (2015), 60; [미국 특허쟁송실무에 관한 연구 – 연방순회항소법원(CAFC), 연방지방법원, 국제무역위원회(ITC), 특허청(USPTO)을 중심으로 – 대법원 사법정책연구원(연구책임자: 송현정) (2016), 86]에서 재인용.

106) "The order may be made pursuant to a letter rogatory issued, or request made, by a foreign or international tribunal or upon the application of any interested person and may direct that

위 규정에 따른 증거개시 신청 요건과 관련하여 연방대법원은 Intel Corp. v. Advanced Micro Devices, Inc. 사건에서,[107] 미국 외에서의 소송이 현실적으로 계속되어 있거나 임박해 있을 필요는 없고 합리적으로 예상가능한 정도이면 되고(must be within reasonable contemplation, but need not be "pending" or "imminent"), 또한 그 문서가 사용될 국가의 법원에서 디스커버리 제도를 인정하고 있을 것을 요건으로 하지 않는다고 판시하였다.[108]

이에 따라 ① 문서 등의 소지인이 그 신청 대상 연방지방법원의 관할구역 내에 거주하거나 그곳에서 발견(found)되고, ② 외국이나 국제 재판기관의 협조요청이나 이해관계 있는 자의 신청이 있으며, ③ 그 신청이 외국이나 국제 재판기관에서 사용될 목적임이 소명된 경우 미국 연방지방법원이 위와 같은 명령을 내릴 수 있다. 이 제도를 이용하여 한국 등 미국 외의 소송에 필요한 증거를 수집하기 위해 미국 법원이 미국에 소재하는 자로 하여금 증언(deposition) 또는 진술을 하게 하거나, 서류나 물건을 제출하도록 하는 명령을 신청("Section 1782 motion)하여,[109] 해당 자료를 확보한 후 한국 등 법원에 증거로 제출할 수 있다. 다만 미국 연방대법원은 위와 같은 미국사법제도법 제1782조 신청은 국가적 사법기관(governmental tribunals)에만 적용된다고 하였다.[110] 즉 사적 또는 상업적 성격의 국제상사중재재판소는 위 법이 규정하고 있는

the testimony or statement be given, or the document or other thing be produced, before a person appointed by the court. By virtue of his appointment, the person appointed has power to administer any necessary oath and take the testimony or statement. The order may prescribe the practice and procedure, which may be in whole or part the practice and procedure of the foreign country or the international tribunal, for taking the testimony or statement or producing the document or other thing. To the extent that the order does not prescribe otherwise, the testimony or statement shall be taken, and the document or other thing produced, in accordance with the Federal Rules of Civil Procedure. A person may not be compelled to give his testimony or statement or to produce a document or other thing in violation of any legally applicable privilege."

107) Intel Corp. v. Advanced Micro Devices, Inc., 542 U.S. 241(2004).

108) 이 판결의 의미를 비롯하여 미국 외 소송에서 사용될 증거수집을 위해 미국 법원에서 디스커버리의 활용방안과 관련해서는, 김용진, "국내 민사소송사건에서 미국의 개시정보의 활용 방안", 중앙법학(제12집 제3호), 중앙법학회, 231-251 참조. 다만 위 논문에서 언급되는 '§1781(a)'는 '§1782(a)'의 오기로 보인다.

109) 실제로 한국 회사인 원고가 피고들을 상대로 부정경쟁방지법상 영업비밀 침해 등을 주장하며 제기한 서울중앙지방법원 2017가합529347호 사건 입증에 필요한 증거수집을 위해 원고가 N.D.C.A. (San Francisco Division)에 위 신청을 하였고, 이에 따라 위 연방지방법원이 그 대상자로 하여금 문서를 제출하도록 명하는 증거개시명령을 내린 바 있다.

외국재판소 또는 국제재판소(foreign or international tribunal)에 해당하지 않으므로, 그와 같은 중재재판소의 패널이 진행하고 있는 중재사건의 당사자가 그 절차에서 활용하기 위해 미국 연방법원에 위와 같은 제1782조 신청을 하는 것은 허용될 수 없다.

사례연구

Micron Technology v. Rambus 사건[111)]

1. 사안의 개요

D-RAM 관련 기술을 발명한 램버스사의 창립자는 1990년 특허출원을 하면서 이를 상업화하기 위해 램버스사를 설립하고 제조사들을 상대로 라이선스협상 내지 특허침해소송을 검토하면서 변호사로부터 회사 내 서류관리규정(document-retention policy)을 제정할 것을 권유받았다. 이에 램버스사는 1998년에 들어서면서 소송전략을 시행하기 시작하고 1998. 7.경 서류관리규정을 제정하고 그 무렵부터 향후 소송과 관련성이 있거나 디스커버리에서 개시될 수 있는 증거를 파기하기 시작하였다. 이후 제정된 램버스사의 서류관리규정과 램버스사 지재권 분야를 책임지는 부사장 Mr. Karp의 지시를 받아 램버스사의 특허출원을 대리하는 외부 변호사가 1999. 4. 특허출원서 초고, 특허청구항 초안, 특허정정신청서 초안, 변호노트 및 램버스사와 주고받은 의견교환자료 등을 모두 삭제하였다. 위 발명에 대한 특허가 1999. 6. 등록되자, 램버스사는 1999. 10.경 위 특허를 이용하여 소송을 제기로 하기로 하고 추가로 9,000 파운드에서 18,000 파운드 무게의 서류 300박스를 파쇄하였다. 이후 램버스사는 SDRAM 제조업자인 히타치(Hitachi)사를 상대로 소를 제기하였다가 화해로 소송을 종료하였다. 또한 램버스사는 SDRAM 제조업자이자 이 사건 원고인 마이크론

110) ZF Automotive US, INC., et al. v. Luxshare, LTD., No. 21-401.; AlixPartners, LLP, et al. v. Fund for Protection of Investors' Rights in Foreign States, No. 21-518(June 13, 2022).
111) 645 F.3d 1311(Fed. Cir. 2011).

사(Micron)에게 자신의 특허에 대한 라이선스를 제안하였다.

이에 마이크론사가 특허권자인 램버스사(피고)를 상대로 델라웨어 연방지방법원에 비침해, 특허무효, 권리행사불가 등을 주장하며 확인의 소를 제기하였다. 소송이 제기되자 마이크론사는 디스커버리를 통해 램버스사가 서류관리규정을 채택하기 위해 변호사와 주고받은 의견교환자료를 얻고자 하였다. 법원은 변호사의 자문을 받아 증거를 파기하는 것은 캘리포니아와 델라웨어주법이 금지하고 있는데, 램버스사와 그 변호사가 그와 같은 규정을 위반하였을 가능성이 있음을 이유로 변호사와 의뢰인 간의 비밀유지특권의 예외로서 '범죄와 사술의 예외(crime-fraud exception)'에 따라 증거개시를 명하였다. 한편 원고와 유사한 DRAM 제조업자인 Hynix Semiconductor, Inc.사는 캘리포니아 북부연방지방법원에 램버스사를 상대로 유사한 확인소송을 제기하였는데, 위 소송에서 캘리포니아 북부연방지방법원은 램버스사가 히타치사를 상대로 소송을 제기하기 이전에 적극적으로 소송을 고려하거나 DRAM 제조업자를 상대로 한 소송이 필요하고 그것이 현명한 방법이라는 것에 대해 믿음을 가지지 않았다는 이유로 관련 증거를 파기한 것이 증거보전의무를 위반한 것이 아니라고 판결하였다. 이에 램버스사는 이 사건을 캘리포니아 북부연방지방법원으로 이송해 줄 것을 요청하였으나 델라웨어 연방지방법원은 이송신청을 기각하면서, 램버스사는 늦어도 1998. 12., 즉 Karp 부사장이 램버스사의 소송전략의 실행 목적과 시기별 실시계획(time frame)을 발표한 때 소송이 합리적으로 예견되었고, 그 이후에 악의적으로(in bad faith) 증거를 폐기(spoliation)하였다고 인정하고, 이와 같은 행위에 대한 유일한 합리적 제재는 램버스사의 특허에 기한 권리행사가 불가능하다고 선언하는 것이라고 하면서, 원고의 청구를 인용(피고 특허의 권리행사불가 확인)하는 판결을 선고하였다.

2. CAFC의 판단

CAFC는 아래와 같이 각 쟁점에 대해 판단하면서, 램버스사가 증거를 폐기하였다는 1심 법원의 판단은 적법하여 확정하되, 이를 이유로 제재(특허권 행사 불가 선언)를 가한 부분은 무효로 하면서 제재를 적법하게 하기 위한 각 쟁점에 대해 추가적인 심리를 명하며 사건을 파기환송(remand)하였다.

(1) 증거의 폐기(spoilation) 인정의 적법성

증거보존 의무가 발생한 시점과 관련하여 CAFC는 '소송이 합리적으로 예견되는 시점'에 대한 판단은 사실의 문제(issue of fact)이므로 명백한 오류 심사기준(clearly erroneous standard of review)에 따라 검토하는데, 이 부분에 대하여는 1심의 판단에 명백한 오류가 있다고 보기 어렵다.

(2) 법원 제재의 적절성

법원은 부적절한 소송행위를 하는 자에 대하여 제재를 가할 내재적 권한(inherent power)을 가지고, 그러한 권한에는 청구의 기각(dismissal)이 포함된다. 그런데 증거의 폐기를 이유로 청구의 당부를 결정하는 제재를 가하기 위해서는 악의, 즉 증거의 폐기 당시 상대방이 그러한 증거를 사용할 수 없게 하려는 의도가 있었음이 입증되어야 하는데, 1심 법원이 그러한 악의 인정을 위한 간접사실들을 충분히 거시하지 않았다.

또한 증거의 폐기를 이유로 제재를 가하기 위해서는 행위자의 악의적인 행위로 인하여 상대방이 소송에서 그러한 증거를 이용할 권리(주장입증이나 항변권)가 중대하게 침해되었어야 한다. 만약 증거폐기자의 악의가 입증된 경우에는 그러한 침해가 강하게 추정되고, 그러한 증거폐기에도 불구하고 상대방에게 나쁜 영향이 없었음(lack of prejudice)을 증거폐기자가 반증하여야 한다.

그리고 청구의 결론을 좌우하는 제재(dispositive sanction)는 고의적으로 기망적인 소송행위를 하여 사법절차의 염결성을 해하는 경우에 부과될 수 있는 매우 강력한 제재이다. 따라서 이러한 제재가 가해지기 위해서는 증거폐기에 대한 악의 및 그로 인한 상대방에의 나쁜 영향의 판단에서 나아가 비례성 심사가 필요하다. 즉, 법원은 증거폐기자가 잘못한 정도, 그로 인해 상대방이 받는 나쁜 영향, 그리고 더 가벼운 제재로도 부당함을 시정할 수 있는지, 문서파기자의 잘못이 심대한 경우에는 보다 경한 제재가 미래에 제3자의 유사한 행위를 막을 수 있을지를 종합하여 판단해야 한다. 그런데 1심 법원은 배심원에 대한 특정한 방향의 지시(adverse jury instructions)나 증거의 배제 또는 단순한 소송비용의 부담 등은 적절하지 않다고 하면서도 그 이유에 대해서는 충분한 설명이 없다. 따라서 이러한 제재의 결정은 부적법하다.

(3) 변호사와 의뢰인간의 비밀유지특권의 박탈

변호사와 의뢰인간의 비밀유지특권을 박탈하기 위해서는 램버스사가 사술이나 범죄(fraud or crime)를 저질렀거나 저지르려고 의도하였음에 대해 마이크론사(원고)가 일응의 증명(prima facie showing)을 하여야 한다. 그러한 일응의 증명의 정도는 특별히 무거운 정도가 아니다("not particularly heavy"). 이 사건에서 ① 램버스사가 히타치사를 상대로 한 소송에서 개시될 수 있음을 알고도 의도적으로 서류들을 파쇄한 점, ② 램버스사가 그 서류들이 소송에서 개시되지 않도록 하기 위해 파쇄한 점, ③ 램버스사가 변호사로부터 소송에서 개시될 수 있는 정보를 없애라는 자문을 받고 문서들을 파쇄한 점 등에 기초하여 위와 같은 일응의 증명이 있다고 판단하고, 변호사와 의뢰인간의 비밀유지특권에 대하여 범죄와 사술의 예외(crime-fraud exception)를 적용한 제1심 법원의 판결은 정당하다.

(4) 이송신청의 기각

Hynix 사건이 캘리포니아 북부연방지방법원에 계속 중인 동안 램버스사의 요청에 따라 이 사건은 5년 반 동안 델라웨어 연방지방법원에 추정되어 있었다. 캘리포니아 북부연방지방법원에서 램버스사에 유리한 판결이 나오자 램버스사가 한 이송신청에 대하여, 델라웨어법원은 ① 이송신청이 편의재판지 선택(forum shopping) 의도 하에 신청된 것인지, ② 원고의 법원 선택권, ③ 증인의 편의성, ④ 변론기일이 임박한 점 등에 대한 관점에서 심리한 후 이송신청을 기각하였다.

이 쟁점에 대하여는 제3항소법원의 재량남용의 관점(abuse of discretion)에서 살피건대, 이 사건이 캘리포니아 북부연방지방법원 사건에 비해 소송이 먼저 제기되었고, 위 연방지방법원에 관련 사건이 현재 계속 중이지도 않으며, 변론기일 직전에 이송신청이 된 점, 피고는 캘리포니아 북부연방지방법원에서 유리한 판결이 나오자 이송신청을 한 점에서 신청이 편의재판지 선택에 기한 것으로 강하게 의심되는 점, 어느 법원에도 증인의 편리성에 특별한 차이가 없고 오히려 원고와 피고 모두 델라웨어에 등록된 회사인 점 등에서 1심 법원의 이송신청 기각 결정에 재량권의 남용이 없다.

5. 사실심리생략판결(summary judgment) 신청

(1) 제도 일반

사실심리생략판결이란 당사자가 소송의 전부 또는 일부의 쟁점에 관하여, 쌍방 사이에 사실관계에 대하여는 다툼이 없고 분쟁의 실질이 오로지 법률적 쟁점에 달려 있다거나, 자신의 주장을 뒷받침하는 증거가 확실하여 특별한 사정이 없는 한 반대의 사실인정이 어렵다고 주장하면서 즉시 자신의 청구나 항변을 받아들여 달라는 원고나 피고의 신청에 대하여 법원이 신청을 받아들여 사실심리(trial)를 생략하고 소송의 전부 또는 일부의 쟁점에 관하여 내리는 판결이다.[112]

디스커버리를 통해 증거가 충분히 드러난 경우 쌍방 대리인들은 불필요한 사실관계에 관한 분쟁을 정리하고 쟁점의 정리에 들어간다. 이를 위해 당사자들은 법원에 재판을 통해 사실심리를 할 필요도 없이 법률적인 관점에서 사건의 전부 또는 일부 쟁점에 관해 판결을 내려줄 것을 신청할 수 있는데, 이에 따라 내려지는 것이 사실심리생략판결이다[F.R.C.P. 56(a)]. 이 신청은 각 법원의 규칙(Local Rule)으로 따로 정하지 않는 한 모든 디스커버리절차 종료 30일 이내 시점의 언제라도 신청할 수 있다[F.R.C.P. 56(b)]. 법원은 당사자가 주요한 사실관계에 대하여 다툼이 없고("absence of a genuine issue of material fact") 법률판단에 의해 판결을 내릴 수 있음이 증명된 경우 신청을 인용하는 판결을 내릴 수 있다. 또한 법원은 사건 전체에 대하여 사실심리판결이 내려질 수 없는 경우에도 다툼이 없는 특정 주요 사실에 대해 당해 소송에서 확정된 것으로 취급되도록 하는 명령을 내릴 수도 있다[F.R.C.P. 56(g)].

특허침해소송에서 특허 침해여부나 무효여부 등의 쟁점이 변론기일에 의해 들어가기 전에 사실심리생략판결에 의해 판결되기도 하는데, 실시가능요건흠결(non-enablement)이나 출원 전 판매(on-sale bar)에 기한 특허무효나 형평법상 금반언에 기한 권리행사불가능 등의 쟁점에 대하여 상대적으로 이 판결이 내려지기 쉽다. 반면 선행기술의 내용이나 범위, 선행기술과 특허발명의 차이, 통상의 기술자의 수준, 진보성 인정에 있어 2차적 요소의 고려 등 4가지 Graham 요소에 관한 사실인정이 뒷받침되어야 하는 진보성 부인이나 발명자성(inventorship) 인정 등의 쟁점에 대해서는 법률판단의 전제가 되는 사실문제에 대해 중요한 다툼이 없지 않는 한 이 판결이 내려지기는 쉽지

---

112) 이는 국내에서 '약식판결'이라고도 번역된다.

않다.[113] CAFC는 Berkheimer v. HP Inc. 사건[114]에서, 연방대법원이 Alice 사건에서 설시한 2단계 테스트, 즉 발명이 자연법칙, 자연현상 또는 추상적 아이디어에 해당하는 경우 그 발명이 특허적격성이 인정되기 위한 두 번째 단계로서 발명적 개념(transformative inventive concept)을 포함하고 있는지는, 청구항의 요소가 기존에 산업계에서 통상적으로 이해되는 일상적이고 관례적인 작동(well-understood, routine, [and] conventional activities previously known to the industry)을 넘어서는 작용(performance)을 보여주어야 하는데, 이러한 작용의 존재 여부는 사실문제(question of fact)로서 사실심리를 통해 결론이 내려져야 한다고 하였다. 이에 따라 CAFC는, 원고의 특허발명이 특허적격성이 없어 사실심리생략판결이 내려져야 한다는 피고의 신청을 받아들여 변론기일(trial) 없이 원고의 청구를 기각한 1심 판결을 파기하였다. 이 판결에 따라 특허적격성에 대한 다툼이 사실심리생략판결에 따라 조기에 법원의 판결을 받을 가능성은 낮아졌다. 다만, 위 사건에서 CAFC는 위 판결이 특허적격성에 대한 판단이 사실심리생략판결의 대상이 되지 아니한다는 것을 의미하는 것은 아님을 명시하였다.[115]

(2) 입증의 정도

미국 특허소송에서 등장하는 입증의 정도 중 '우월한 증명의 기준(preponderance of evidence)'에 의한 입증은, 사실판단자의 심증이 요증사실을 안 믿는 쪽보다는 믿는 쪽으로 기운 상태인 정도("What the party seeks to prove is more likely true than not true")의 설득력을 갖춘 경우로서, 50%를 다소 초과하면 되는 정도이다. 이에 비하여 '명백하고 확실한 증거(clear and convincing evidence)'는 형사사건에서 무죄입증을 위

113) Kimberly A. Moore, Timothy R. Holbrook, John F. Murphy, PATENT LITIGATION AND STRATEGY(Fifth Edition), AMERICAN CASEBOOK SERIES(2018), 296면.

114) Berkheimer v. HP Inc., 881 F.3d 1360, 1367-1368(Fed. Cir. 2018).

115) CAFC는 Aatrix Software, Inc. v. Green Shades Software, Inc. 사건[882 F.3d 1121, 1128(Fed. Cir. 2018)]에서도, 원고의 특허가 특허적격성이 인정되지 아니한다는 이유로 피고의 F.R.C.P 12(b)(6) 항변(motion to dismiss)을 받아들여 청구를 바로 기각한 사안에서, 특허적격성 문제는 법률문제(question of law)이나 그러한 법률문제 해결을 위해 심리해야 할 간접사실 문제가 있을 수 있고, 원고의 발명이 Alice/Mayo의 2단계 테스트에 따라 '발명적 개념'을 가지고 있는지 여부는 사실문제인데, 1심 법원이 청구항 해석도 안하고 소장변경을 불허한 후 사실인정에 관한 충분한 심리 없이 소장과 특허, 관련 공문서만 나와 있는 상태에서 청구를 기각한 것은 위법하다고 판시하였다.

한 'beyond reasonable doubt' 정도보다는 낮으나 우월한 증명의 기준보다는 높은 정도로서, 요증사실에 대한 확실한 믿음(firm belief or conviction as to the matter at issue)이 생긴 상태를 의미한다고 설명된다.[116)]

특허권자나 상대방이 위와 같은 특정 쟁점에 대해 사실심리생략판결을 구하는 경우, 해당 사실에 대하여 본안과 같은 정도로 입증되어야 한다. 즉 침해에 대해서는 우월한 증명의 기준(preponderance of evidence)에 의해, 무효사유에 대해서는 명백하고 확실한 증거(clear and convincing evidence)에 의해 요건사실이 인정될 수 있어야 신청이 인용될 수 있다.[117)] 반면 본안에서 해당 쟁점의 입증책임을 지지 않는 당사자가 이 판결을 신청한 경우, 예를 들면 침해혐의자인 피고가 '비침해' 판결을 선고해 줄 것을 요청한 경우에는, 해당 쟁점에 관하여 법률판단이 가능할 정도로 주요한 사실관계(material issue)에 대해 다툼이 없음을 증명하여야 한다.[118)] 이에 대해 특허권자는 다툼이 없는 사실이나 자신이 제출하는 증거에 의해 사실심리생략판결이 내려지기 충분하지 않거나, 주요한 사실관계에 대해 다툼이 있다는 점을 들어 반박할 수 있다.

또한 특허권자의 불공정행위(inequitable conduct)를 이유로 권리행사불허의 사실심리생략판결을 구하는 경우에는 주요한 사실관계에 대하여 다툼이 없고 특허권자에게 기망의 의도가 있었음을 신청인이 명백하고 확실한 증거에 의해 입증한 경우에 신청이 인용될 수 있다.[119)]

(3) 심리 방식 및 결정에 대한 불복

통상 특허침해소송의 당사자는 디스커버리가 종료되거나 청구항해석기일 종료 이후에 사실심리생략판결 신청을 제기한다.[120)] 이 신청에 대해 판단하기 위해서는 다툼의 대상이 되는 청구항에 대한 해석이 선행되어야 하기 때문에, 법원은 이 신청이 있

116) E.D.T.X. 1:14-cv-104-RC(2016)의 Final Jury Instruction 참조. 또는 실무에서, "highly probable"하다고 믿어지는 정도라고 이해된다.

117) Checkpoint Sys. v. U.S. Int'l Trade Comm'n, 54 F.3d 756, 761, 35 USPQ2d 1042, 1046(Fed. Cir. 1995); ZMI Corp. v. Cardiac Resuscitator Corp., 844 F.2d 1576, 1582, 6 USPQ2d 1557, 1562(Fed. Cir. 1988) 국내 문헌에서 'preponderance of evidence'는 '증거우위 기준'으로, 'clear and convincing evidence'는 '명확하고 설득력 있는 증거'로 번역되기도 한다.

118) Vivid Technologies, Inc. v. American Science & Engineering, Inc., 200 F.3d 795, 806(Fed. Cir. 1999).

119) Molins PLC v. Textron, Inc., 48 F.3d 1172, 1178(Fed. Cir. 1995).

120) 물론 이 신청은 소송전략상 변론준비절차 초기나 중기에도 많이 이용된다.

는 경우 선결문제가 되는 청구항 해석을 위한 별도의 심리기일을 지정하거나, 또는 신청에 대한 결정 이전에 본안의 전체 쟁점 청구항에 관한 청구항해석 기일을 먼저 진행하거나, 혹은 두 기일을 하나로 병합하여 진행하기도 한다.

법원이 사실심리생략판결 신청을 각하하는 경우 이에 대하여는 항소의 대상이 되지 아니하고 재판 절차가 그대로 진행되나, 이 신청을 인용하여 내려진 판결에 대하여는 항소가 가능하다.[121] 다만 법원이 일부 쟁점에 대해 사실심리생략판결을 내리는 경우에는, 이는 종국판결이 아니기 때문에 이에 대하여 불복을 원하는 당사자는 F.R.C.P. 54(b)에 따라 해당 지방법원으로부터 허락(certification)을 얻어야 한다.[122]

6. 증거배제신청(motion in limine)

증거배제 신청은 변론기일 전에 연방증거규칙(Federal Rules of Evidence)에 의해 증거능력이 없거나, 쟁점과 무관하거나, 디스커버리 절차 불응에 대한 제재로서 연방민사소송규칙 제37(c)(1)에 따라 당해 증거나 증언을 변론에서 이용할 수 없도록 하기 위해 신청하는 것이다. 특허침해소송에서 이 신청은 선행기술의 자격이 없음이 명백한 자료나 기술에 관한 전문가로서의 자격이 없는 자의 증언,[123] 늦게 제출되거나 이미 개시된 전문가의 보고서에 정면으로 반하는 추가의견 등이 증거로 재판(trial)에 제출되는 것을 막기 위해 신청된다. 또한 배심원들이 판단하지 않는 불공정행위(inequitable conduct)나 금지명령, 가중배상 등에 관련된 증거가 배심원들이 사실심리를 하는 변론에서 현출되지 않도록 이 신청이 이용되기도 한다.

구체적으로, 이 신청은 양 당사자가 배심원에게 사안을 설명하기 위해 만든 자료(시청각자료나 차트 등)가 부정확한 사실에 기반하거나 위와 같은 요건에 해당되어 변론기일에 배심원에게 제시되어서는 아니 된다는 것을 이유로 변론기일이 진행되는 중간에도 제기되는데, 이러한 경우 재판부는 증거배제 여부를 결정[124]한 후 재판을 진행

121) 특허청 · 한국지식재산보호협회, 『우리기업 해외진출을 위한 해외지식재산보호 가이드북: 미국편』, 진한M&B(2015), 262면.
122) CAE Screeplates Inc. v. Heinrich Fielder GmbH & Co., 224 F.3d 1308, 1313(Fed. Cir. 2000).
123) Deposition을 통한 증언을 포함한다.
124) 증거배제신청에 대한 인용/기각하는 결정의 제목은 "IN LIMINE ORDER GRANTING./DENYING MOTION BY PLAINTIFF/DEFENDANT (원, 피고 성명) TO EXCLUDE THE TESTIMONY OF (증인의 성명)"이다.

한다. 또한 이 증거배제 신청은 당사자가 전문가증인의 증언에 관한 정보공개(disclosure) 의무에 위반하거나 시기에 늦은 경우, 전문가증언을 침해의 악의성(willfulness)을 입증하거나 특허청의 절차가 부적절함을 보여주고자 하는 등 적절하지 않은 목적으로 활용하고자 하는 경우 등에 연방증거규칙 제702조[125] 또는 제403조[126]에 근거하여 종종 제기된다.

증거배제신청 중 특히 전문가증인의 증언이 증거로 제출되는 것을 막기 위해 신청되는 것이 Daubert Motion인데, 이는 전문가가 일정 수준의 전문성을 결여하거나 데이터를 얻는데 적절하지 않은 수단을 사용하여 증언이 신빙성을 결여한 것을 이유로 한다.[127] 연방증거규칙(Federal Rules of Evidence) 제702조, 제703조[128]는 전문가 증인의 증거능력 요건에 관해 규정하고 있는데, Daubert v. Merrell Dow Pharms. 사건[129]에서 연방대법원은 사실심 판사는 문지기로서 과학적 증언을 증거로 받아들이기 이전에 그 증거의 사용가능성에 관하여 연방증거규칙 제702조에 따라 그 증언이 기초하고 있는 논리나 방법론이 과학적으로 타당하고 그 사실관계에 적절히 적용될 수 있는지 평가하여야 한다고 판시하여 전문가 증언은 '사안과의 관련성'뿐만 아니라 '신빙성'이

125) Rule 702. Testimony by Expert Witnesses
A witness who is qualified as an expert by knowledge, skill, experience, training, or education may testify in the form of an opinion or otherwise if:
(a) the expert's scientific, technical, or other specialized knowledge will help the trier of fact to understand the evidence or to determine a fact in issue;
(b) the testimony is based on sufficient facts or data;
(c) the testimony is the product of reliable principles and methods; and
(d) the expert has reliably applied the principles and methods to the facts of the case.

126) Rule 403. Excluding Relevant Evidence for Prejudice, Confusion, Waste of Time, or Other Reasons
The court may exclude relevant evidence if its probative value is substantially outweighed by a danger of one or more of the following: unfair prejudice, confusing the issues, misleading the jury, undue delay, wasting time, or needlessly presenting cumulative evidence.

127) ePlus, Inc. v. Lawson Software, Inc., 700 F.3d 509, 516(Fed. Cir. 2012).

128) Rule 703. Bases of an Expert
An expert may base an opinion on facts or data in the case that the expert has been made aware of or personally observed. If experts in the particular field would reasonably rely on those kinds of facts or data in forming an opinion on the subject, they need not be admissible for the opinion to be admitted. But if the facts or data would otherwise be inadmissible, the proponent of the opinion may disclose them to the jury only if their probative value in helping the jury evaluate the opinion substantially outweighs their prejudicial effect.

129) Daubert v. Merrell Dow Pharms., 509 U.S. 579(1993).

있어야 한다고 판시하였다.[130] 위 사건에서 연방대법원은 신빙성의 판단은 다음과 같은 요소, 즉 i) 해당 이론이나 기술이 검증되었거나 검증될 수 있는지, ii) 그 이론이나 기술이 동료 학자들의 심사 대상이 되었거나 출판되었는지, iii) 해당 기술이나 이론에 대하여 이미 알려진 혹은 잠재적인 오류의 비율, iv) 해당 기술의 적용을 제어하는 기준의 존재와 관리 여부, v) 관련 학계에서 넓은 지지를 받았는지 여부 등을 고려하되,[131] 그러한 심사기준을 유연하게 적용하여야 한다고 하였다. 판사가 당사자가 신청한 증인이 위와 같은 기준에 미달한다고 판단하는 경우 증인의 신청이 기각되어 해당 증인의 법정 증인신문이 이뤄지지 않는다.

7. 청구항 해석(claim construction)[132]

(1) 의 의

청구항의 해석은 특허침해소송에 있어 특허권의 권리범위를 확정하여 침해 여부를 판단함은 물론 특허의 무효 여부를 판단함에 있어 가장 기본적이고도 중요한 절차이다. 청구항의 해석은 특허권자가 명세서에 그 단어를 정의해 두지 않는 한 통상의 기술자(person having ordinary skill in the art)가 발명 당시에 객관적으로 이해할 것으로 생각되는 내용(ordinary and customary meaning)으로 해석되는데, 이는 Markman 판결[133] 이후 배심원이 아닌 법관의 역할로 맡겨져 왔다. 다만 이 해석은 법률문제임에도 청구항 해석에 수반되는 외적증거의 해석 등에 의한 사실관계 확정(determination of subsidiary facts)에 대해서는 항소심에서 'de novo' 심사기준이 아니라 '명백한 오류(clearly erroneous)' 심사기준에 따라 심사되어야 하고, 따라서 청구항 해석을 위한 간접사실 확정에 명백한 오류가 없는 한 적법한 해석으로 인정된다.[134] 통상의 기술자의

130) 이러한 Daubert 사건에서의 판시는, Kumho Tire Co. v. Carmichael, 526 U.S. 137, 149(1999) 사건을 통해 과학적 의견에 관한 전문가 증언(scientific testimony)뿐만 아니라 모든 전문가증언에 적용되게 되었다.

131) "whether the theory or technique in question can be (and has been) tested, whether it has been subjected to peer review and publication, its known or potential error rate and the existence and maintenance of standards controlling its operation, and whether it has attracted widespread acceptance within a relevant scientific community"

132) 전체적인 소송의 흐름을 설명하기 위해 '제4장'의 내용과 일부 중복이 되더라도 요약하여 다시 설명한다.

133) Markman v. Westview Instruments, Inc., 517 U.S. 370, 38 USPQ2d 1461(1996).

수준을 정함에 있어서는 발명자의 교육 수준, 해당 기술 분야에 종사하는 사람들의 교육 수준, 기술적 과제의 종류, 그 문제에 대한 선행 해결방법, 기술의 진보 속도, 기술의 질적 수준 등이 고려되어야 한다.[135] 다만 '통상의 기술자'는 발명 당시에 특허발명에 관한 선행기술을 모두 알고 있는 것으로 전제되는 가상의 인물이다. 이러한 통상의 기술자의 수준에 관해 원고와 피고가 서로 다투기도 하는데, 이는 재판에서 인정되어야 할 사실인정의 문제로서 최종 배심원지침(final jury instruction)에 이르기까지 당사자가 그의 기술적, 교육적 수준에 관해 합의에 이른 경우, 최종 배심원지침 문서에 그와 같이 합의된 수준이 기재되어 배심원에게 전달된다. 반면 당사자 사이에 그러한 합의에 도달하지 않은 경우에는 판사가 '통상의 기술자'라는 용어의 일반적 의미만을 배심원에게 안내하여 평결 시에 배심원이 이를 판단한다.[136]

또한 여러 법원에서 청구항 해석만을 위한 기일(claim construction hearing/Markman hearing)을 진행하여 당사자 사이에 해석에 다툼이 있는 청구항을 특정하고, 이에 대하여 법관이 기술전문가(Technical Expert 등)의 도움을 받아 청구항의 의미를 명확히 하는 청구항 해석명령을 내리게 된다. 다만 청구항해석기일의 시기와 관련해서는 많은 법원이 'Fact discovery' 중반이나 후반부로서 'Expert discovery' 시작 이전 시점에 이뤄지는 것이 가장 효율적이라고 보고 있다.[137]

근래에는 침해여부나 무효 판단에 있어 결정적인 역할을 하는 몇 개의 청구항에 대해 법원이 우선적으로 해석하는 절차인 "rifle-shot" Markman 절차나 mini-Markman 절차가 활용되기도 한다. 또한 캘리포니아 북부연방지방법원과 같이 간혹 청구항 해석 기일에서 해석의 대상으로 제시할 청구항 수를 제한하는 경우도 있다.

---

134) Teva Pharms. USA, Inc. v. Sandoz, Inc., 135 S.Ct. 831, 113 USPQ2d 1269(2015). 이에 대하여는 「제5장 제1절 Ⅳ.4.(3) 항소심의 심사기준」 부분의 상세한 해설 참조.

135) Kimberly A. Moore, Timothy R. Holbrook, John F. Murphy, PATENT LITIGATION AND STRATEGY(Fifth Edition), AMERICAN CASEBOOK SERIES(2018), 348면.

136) 이 경우에는 배심원들이 평결 시에 통상의 기술자의 수준을 어떻게 설정하였는지는 사후에 알 수 없다. 다만 '통상의 기술자'의 교육 수준 등은 매우 미묘한 차이의 서술에 불과하여 그것이 결론에 있어 실질적인 영향을 미치지는 아니하므로, 실무상 그 수준의 설정에 대해 당사자가 중요한 쟁점으로 다투지 않고 합의에 이르는 경우가 많다. 청구항 해석 단계에서 이러한 통상의 기술자의 수준에 관해 당사자 사이에 합의에 이르지 아니한 경우 그 단계에서 청구항 해석을 위해 반드시 그 수준에 관해 명확한 판단이 내려지는 것은 아니다.

137) Peter S. Menell et al., Patent Case Management Judicial Guide, Federal Judicial Center(Third Edition 2016), 5.1.1.(5-5면).

(2) 청구항 해석 방법

보통 청구항을 해석함에 있어서는 청구항에 사용된 용어 자체, 명세서의 기재, 출원경과와 같은 내부 증거를 우선적으로 고려하고, 이후에 필요한 경우 외부 증거를 고려한다. 외부 증거는 청구항을 해석하는데 사용될 수 있는 모든 증거이다. CAFC는 외부증거 중에서도 사전과 논문이 가장 우월한 증거이고, 그 다음으로 선행기술과 전문가 증언, 마지막으로 발명자의 증언이 가치를 가진다고 판시한 바 있다.[138] 또한 외부증거는 특별히 당해 청구항을 위해 만들어진 것이 아니므로 내부증거에 비해 중요도가 낮게 평가되어야 한다. 나아가 청구항이 내부 증거만으로도 명확하게 해석이 된다면 외부증거를 추가로 사용하는 것은 바람직하지 않다.[139] 청구항 해석 방법과 관련하여 특허사건규정으로 정하고 있는 법원도 있고, 일부 판사는 자신의 법정에서 적용하는 표준명령(standing order)을 가지고 개별사안에 이를 적용하는 경우도 있다.

(3) 청구항 해석 원칙[140]

CAFC는 판례를 통해 다음과 같은 원칙에 따라 청구항을 해석해야 한다는 원칙을 정립해 왔다.

① 청구항은 실시예가 권리범위에 포함되는 방향으로 해석되어야 한다. 특허권자가 출원 과정에서 실시예를 권리범위에서 명백하게 제외한 경우를 제외하고는 이와 달리 해석하는 것은 거의 대부분 부적법한 해석이 된다.

② 청구항은 명세서 내 실시예나 한정사항에 반드시 구속될 필요는 없고, 출원경과가 청구항 해석에 직접 작용할 수도 없다. 즉 특허권자가 명세서에서 용어를 새롭게 정의하거나 의도적으로 특정 권리범위를 배제한 경우를 제외하고는 명세서가 청구항의 범위를 좁히거나 한정사항을 도입하는데 사용되어서는 아니 된다. 다만 이와 동시에 청구항은 명세서와 출원경과를 참작하여(in light of) 그 기술분야에 관한 통상의 기술자가 통상적으로 이해할 내용으로 해석하여야 한다. 즉 명세서는 청구항의 해석에 있어 기준을 제공해 주는 것이다.

---

138) Vitronics Corp. v. Conceptronic, Inc., 90 F.3d 1576, 39 USPQ2d 1573(Fed. Cir. 1998).

139) Id.

140) Kimberly A. Moore, Timothy R. Holbrook, John F. Murphy, PATENT LITIGATION AND STRATEGY(Fifth Edition), AMERICAN CASEBOOK SERIES(2018), 352-383면에 소개된 내용을 요약함.

③ 하나의 특허에 있는 복수의 청구항은 다른 권리범위를 가지는 것으로 해석되어야 한다(doctrine of claim differentiation). 이러한 가정은 명백하고 확실한 증거에 의해서만 극복될 수 있다. 또한 이러한 원칙으로 인해 명세서 기재나 출원경과에 비추어 본래 인정되는 청구항의 권리범위가 넓혀져서는 안 된다.

④ 청구항은 합리적으로 가능한 범위 내에서 유효성이 인정되는 방향으로 해석되어야 한다. 다만 이 원칙은 널리 적용될 수는 없고, 법원이 다른 모든 해석 방법을 동원한 경우에도 청구항이 여전히 모호한 경우에 한정하여 적용되어야 한다.

⑤ 권리범위를 넓게 해석하는 것과 좁게 해석하는 것이 동일한 정도로 가능한 경우에는 항상 권리범위를 좁게 해석하여야 한다. 이는 청구항을 모호하게 작성한 특허권자에게 불이익이 가해지는 것이 마땅하기 때문이다.

⑥ 여러 청구항에서 반복되는 용어는 일관되게 해석되어야 한다. 이는 하나의 특허 내에서 뿐만 아니라 연관된 특허에 대해서까지 적용된다.

⑦ 전제부(preamble)가 청구항의 의미를 더하는 경우에는 한정사항으로 해석되어야 한다. 즉 전제부는 일반적으로 한정사항은 아니다. 그러나 전제부에서 구성을 설명한 후 이후 중심부(body)에서 이를 반복하는 경우와 같이 청구항 용어가 전제부로부터 의미를 부여받거나, 전제부가 그 청구항 발명을 특정하는데 필수적인 경우에는 예외이다.

⑧ 특허권자는 스스로 청구항 용어를 정의할 수 있다. 다만 특허권자는 그 용어가 가지는 통상의 의미가 아닌 자신이 새롭게 부여한 의미를 명세서에서 명확히 정의하여야 하고, 그렇지 못한 경우에는 통상의 기술자가 일반적으로 의미하는 용어에 따라 청구항이 해석되어야 한다.

⑨ 특허출원 과정에서 출원인이 특허를 등록하기 위해 명시적으로 포기한 사항이나 의미는 청구항 해석에서도 제외되어야 한다(doctrine of prosecution disclaimer). 출원경과금반언의 원칙은 균등론의 적용에 있어 권리범위를 좁히는데 이용되는데, 출원경과는 청구항 해석에 있어서도 참작되는 것이다. 이러한 포기는 명확하고도 의도적으로 이뤄진 것이어야 한다.

이와 같이 침해법원에서는 '특허의 유효성을 확인하고 모호함을 제거하기 위해' 그 청구항의 '통상적이고 일반적인 의미(Plain and Ordinary Meaning)'를 탐구하나, 이에 비하여 PTAB은 청구항 해석 기준으로 출원단계에 적용되는 원칙인 명세서의 의미에 비추어 가장 넓게 해석될 수 있는 '가장 넓은 합리적인 해석(Broadest and Reasonable Interpretation, "BRI")' 기준을 가지고 있었다(MPEP §2111). PTAB이 이와 같이 법원과 다른 청구항해석기준을 적용하는 것에 대하여 연방대법원은 Cuozzo Speed Technologies, LLC v. Lee[136 S.Ct. 2131(2016)] 사건에서 위와 같은 심리기준의 차이가 위법이 아니라고 판시하였다. 그러나 PTAB은 2018년말 위 규칙을 개정하여 청구항해석기준으로 BRI 기준을 폐기하고, 법원과 같은 기준, 즉 Phillips 판결에 따른 '통상의 기술자에게 통상적이고 일반적인 의미(plain and ordinary meaning)' 기준에 따르게 되었다.

(4) 청구항 해석에 대한 불복 등

청구항해석기일 이후 법원이 내리는 청구항해석명령(claim construction order)은 소송 중간에 내리는 결정이다. 이러한 결정에 대한 불복과 관련하여 미국 사법제도법 제1292조(b)는, 1심의 판사는 자신의 중간적인 결정이 결론을 좌우할 수 있는 중요한 전제가 되는 법률적 문제를 포함하고 있고, 그 결정에 대하여 즉시 불복할 수 있도록 하는 것이 그 소송의 최종적인 해결을 가져올 수 있다고 생각하는 경우 결정문에 그러한 의견을 기재할 수 있고, 이 경우 CAFC는 항소를 허용할 수 있다고 규정하고 있다. 그러나 이러한 규정에도 불구하고 CAFC는 1심 법원이 청구항 해석명령을 내리면서 위와 같은 취지(certification of the claim construction issue for interlocutory appeal)를 기재했다고 하더라도, 이에 대하여 독자적인 항소를 허용하지 않고 있다. 즉 CAFC는 Flores v. Union Pacific R.R. 사건[141]에서, 위와 같은 경우에도 항소를 허용하는 것은 CAFC의 재량사항인데, 사안의 성질상 독자적인 항소를 허용하는 것은 사법의 효율성 측면에서 바람직하지 않다는 이유로 이에 대한 독자적인 중간 항소를 허용하지 않았다. 따라서 잘못된 청구항 해석에 대해서는 종국판결에 대한 항소이유로 삼아 불복할 수 있다. 다만, CAFC는 임시적 금지명령에 대한 항소가 제기되어 있는 경우에는 당해 사건에 관한 청구항 해석명령에 대한 불복을 허용할 수 있다.[142]

---

141) Flores v. Union Pacific R.R., 101 F.3d 715(Fed. Cir. 1996).

142) Peter S. Menell et al., Patent Case Management Judicial Guide, Federal Judicial Center(Third Edition, 2016), 14.6.1.3.(14-116); Regents of the Univ. of Cal. v. Dako N. Am., Inc., 477 F.3d 1335(Fed. Cir. 2007).

과거 소송에서 특정 청구항에 대해 해석이 내려진 경우 동일·유사한 특허의 동일·유사한 청구항에 기한 후소에서 그러한 해석결과에 구속되는가? 이에 대하여 CAFC는, 쟁점배제효(collateral estoppel)는 동일한 특허가 아니더라도 명세서가 동일한 모특허(parent patent)의 청구항이나 또는 관련된 특허에 관한 판단에 대해서도 미칠 수 있는데, 그에 대한 판단은 일의적인 것이 아니라 각 사안에서 쟁점배제효(collateral estoppel)의 요건 충족 여부에 달려 있다고 판시한 바 있다.[143] 따라서 전소에서 청구항 해석명령만 내려지고 종국판결이 선고되지 아니한 상황에서는 쟁점배제효 요건이 충족되지 아니하여 후소에서 전소의 청구항 해석에 대해 쟁점배제효(collateral estoppel)를 주장할 수 없다.

(5) 청구항해석기일의 운영 예

텍사스 동부연방지방법원에서 판사가 기술전문가(Technical Advisor)의 도움을 얻어 진행하는 청구항해석기일의 실제 모습을 보면 아래와 같다.

1. 청구항 해석절차에서 활용되는 기술전문가(Technical Advisor)

가. 기술전문가의 개념

기술전문가("TA")는 특허소송에서 특허의 대상이 된 기술이나 이와 관련된 당사자의 주장을 이해하는데 있어 판사의 이해를 돕기 위해 법원이 당해 사건에 관하여 임명한 전문가이다. 즉 이는 아래와 같은 업무의 방식이나 성격 등에 비추어 법원이 '특정 사건을 위해 특별히 선임한 로클럭'으로 볼 수 있다.

나. 법적 근거

연방민사소송규칙 등에 명시적 근거가 없이 법원의 일반 재량에 의해 내부적으로 선임하여 운영하고 있다.

다. 선정절차

청구항해석기일 진행을 위해 법원은 각 당사자에게, TA 지명을 희망하는 경우

143) 이에 대한 보다 상세한 논의는 후술하는「제5장 제1절 V. 2. Collateral Estoppel」부분 참조.

청구항해석기일 약 두 달 전까지, 당사자 사이에 합의된 희망 TA 후보를 3명까지 제출하거나, 당사자가 합의에 이를 수 없거나 TA를 희망하지 아니하는 경우 그러한 사실을 법원에 고지하도록 사건관리명령을 내린다. 법원은 당사자의 이러한 의견을 들어 TA를 선정하는데, 당사자가 TA의 지명이 불필요하다고 의견을 제출한 경우에도, 판사가 그 필요성을 인정하는 경우 당사자의 비용 부담(분담)으로 TA를 지명하기도 한다.

법원은 이 때 당사자 및 당해 사건과 관련성이 없는 중립적인 전문가 중에 선정함은 물론이고, 특허변호사(Patent Attorney)나 당해 사건 기술과 관련된 교수 등을 선정한다. 특허변호사와 교수 중에 누구를 선호할 지는 각 판사의 성향에 따른데, 교수의 경우 소송 테크닉과 관련 없이 기술 자체에 대해 깊이 있는 조언이 가능한 반면, 특허변호사의 경우 청구항 해석에 관한 당사자의 주장이 소송에서 갖는 의미를 포함한 전반적이고 실질적인 조언까지 할 수 있는 장점이 있다.

라. 소송절차에의 관여

TA는 청구항해석기일 전 의견서를 작성하고 재판부와의 회의에 참여하며, 청구항해석기일에 직접 참관한 후 재판부와의 회의에 참여한다.

그 이후에도 TA가 절차에 관여할지 여부는 재판부의 결정에 따르는데, 통상적인 경우 TA는 청구항해석기일 직후 재판부와의 회의까지만 사건에 관여하는 것이 일반적이다. 다만, TA는 그 회의 이후에도 로클럭과 유기적으로 협조하면서 청구항해석명령 등 각종 결정문 작성이나 심리에 조언을 하기도 하고, 재판부 로클럭이 변경된 경우 새로운 로클럭에게 당해 사건에 관해 설명을 해주기도 한다.

2. 청구항해석기일의 준비

1) 법원은 각 당사자에게, 청구항해석기일 약 한달 이상 전까지 특허 기술에 관한 설명서(Tutorial)를 제출하기 원하는 경우 제출하도록 명령한다.

2) 또한 당사자들은 청구항해석기일 전에 서로 서면을 교환하여 해석에 다툼이 있는 청구항을 명확히 하고, 해당 청구항에 대해 각자 제안하는 해석, 그를 뒷받침하는 증거를 명시한 'claim chart'를 하나의 문서로 정리하여 법원에 제출하여야 한다.

3) TA는 청구항해석기일을 위한 재판부(판사 및 로클럭)와의 비공개 회의 전까

지, 특허기술 및 당사자의 청구항 해석 관련 주장에 관한 분석을 담은 의견서를 재판부에 제출한다.

4) 이후 TA는 청구항해석기일 직전 재판부와 비공개 회의에 참석하여 기일에서 확인할 쟁점을 정리하는 등 준비를 돕는다.

3. 청구항해석기일의 절차 진행

1) 청구항해석기일 전에 원고와 피고는 서로 어떤 순서로 변론할지 사전에 협의하여 정하고, 쟁점이 되는 청구항 용어별로 'claim chart'에 따라 주장을 명확히 하여 변론한다.

2) 청구항 해석의 근거로는 내부증거를 먼저 거시하고, 나아가 외부증거를 거시한다.

3) 당사자들은 항변, 재항변, 재재항변도 펼치면서 치열하게 공방을 주고받는다.

4) 판사는 당사자의 주장을 명확히 하기 위해 언제든지 당사자에게 질문하고, 이를 통해 쟁점을 명확히 한다. 또한 판사는 TA가 사전 회의에서 준비해 준 질문을 당사자에게 하기도 하고, 청구항 해석결과에 따라 제기될 것으로 보이는 본안 관련 쟁점에 관해 질문을 하기도 한다.

5) TA는 로클럭과 함께 재판에 참여하나, 기일진행 동안에는 당사자에게 질문을 하거나 혹은 어떠한 의견을 표명하지 아니하고, 당사자의 질문을 메모하여 기일진행 이후 재판부와의 회의에서 제시할 의견을 준비한다.

4. 청구항해석기일 후 재판부와 TA 사이의 회의

통상 청구항해석기일 종료 직후에 판사, 로클럭, TA가 회의를 통해 기일에서 쟁점이 된 내용에 관해 적극적으로 의견을 교환한다. 주로 판사와 TA가 토론을 진행하는데, TA는 결정문에 담길 논리, 판례뿐만 아니라 논리 흐름에 대한 의견까지도 상세히 제시한다. 로클럭은 그 내용을 바탕으로 청구항해석명령(Claim Construction Order) 초안을 준비한다.

5. TA 활용 모습의 특징

위와 같이 TA는 재판부와 적극적으로 소통하면서, 판사 및 로클럭의 특허소송 업무에 많은 도움을 주고 있다. 다만 미국 연방지방법원에서 TA 활용은 각 법관의 재량에 맡겨져 있기 때문에 각 법원별 및 판사별로 활용도가 다른데, E.D.T.X. 판사들의 경우 이를 적극적으로 활용하고 있다. 다른 연방지방법원의 경우 TA의 활용보다 청구항해석기일 이후 'Special Master'를 적극적으로 활용하고 있는 경우도 있다.

Special Master는 미국 연방민사소송규칙 제53조에 근거하여 법원이 당사자에게 임명에 관한 사항을 고지하고 의견을 들은 후 임명하는 사람으로 증언녹취, 증거개시절차 진행, 임시명령 기타 변론전 절차를 담당한다. 연방민사소송규칙은 Special Master의 임명 목적을 오직 ① 당사자가 동의한 업무의 처리, ② 배심원에 의하지 않고 판단되어야 할 쟁점에 대해 사실인정을 하거나 권고하기 위하여 특별한 사정이 있거나, 어려운 회계처리의 필요나 손해배상액의 산정을 할 필요가 있는 경우, ③ 판사가 효율적이면서도 신속히 처리할 수 없는 변론 전(pretrial) 또는 변론 후(post-trial) 업무의 처리로 제한하고 있다. 그러나 이러한 Special Master의 임명은 연방대법원이 오래 전부터 법원의 고유 권한에 의해 가능하다고 선언하여, 여러 법원은 위와 같은 요건에 구속되지 않고 그러한 고유 권한에 의해 이를 임명하여 Magistrate Judge와 유사한 역할을 부여하기도 한다.

또한 법원은 특허소송의 원활한 심리를 위해 위와 같은 Technical Advisor, Special Master 이외에도 연방증거규칙 706조에 근거한 법원이 임명한 전문가증인(court-appointed expert witness)을 활용하기도 한다. Special Master와 법원이 임명한 전문가증인은 당사자와 직접 의견을 교환할 수 있다.[144)]

144) 다만 CAFC는 법원이 임명한 전문가증인의 이용은 예외적이고 불가피한 상황(only in rare and compelling circumstances)에서만 적절하다고 판시한 바 있다[Monolithic Power Sys., Inc. v. 02 Micro Int'l Ltd., 558 F.3d 1341, 1348(Fed. Cir. 2009)]. 이러한 전문가의 활용에 관한 상세한 내용은, Anatomy of a Patent Case(Second Edition), Complex Litigation Committee of the American College of Trial Lawyers, Bloomberg BNA (2012), 137-144면 참조.

Ⅲ. Trial 절차

1. 최종 변론준비기일(final pretrial conference)

이 절차는 변론기일(trial)에 들어가기 직전에 법원 및 당사자가 모여 변론기일 운영 계획을 수립하는 절차이다[F.R.C.P. 16(e)]. 이 절차에서 보류중인 신청(사실심리생략판결신청, 증거배제신청 등)에 대한 결정, 증거인부를 포함한 증거법적 문제에 대한 논의, 다툼 없는 사실 및 주장과 쟁점의 정리, 기일에서 심문할 증인 및 제출할 증거목록의 확정, 화해(settlement)의 시도, 변론시간 등 진행할 기일 일정의 수립 등에 관한 논의가 이뤄진다. 법원은 이 기일을 통해 위와 같은 사항에 대하여 결정된 사항을 담아 변론전 명령(pretrial order)[145]을 내린다. 법원은 사법정의에 명백히 반하는 것을 방지하기 위한 경우에만 최종 변론준비기일 후의 명령을 변경할 수 있는데[F.R.C.P. 16(e)], 예를 들어 피고가 신규성 부인 항변을 최종 변론준비기일 이후에 추가하고자 하는 경우, 법원은 변경이 불허됨으로 인한 피고의 불이익, 변경이 허용되는 경우 원고가 받게 될 불이익, 변경이 소송절차에 미칠 영향, 변경신청에 이르게 된 피고의 악의나 허용될 수 없는 과실의 정도 등을 형량하여 그 허용여부를 정한다.[146]

2. 변론(trial)의 분리

연방민사소송규칙은 법원은 편의를 위하거나 손해를 방지하기 위해서 또는 절차의 신속 및 경제를 위해 1개 또는 복수의 독립한 쟁점, 청구, 반소 등에 대한 변론(trial)을 분리할 수 있되, 이 경우 배심재판에 대한 권리를 보호하여야 한다고 규정하고 있다[F.R.C.P. 42(b)]. 특허침해소송에서도 법원은 특정한 청구나 주장을 배심재판에서 분리하여 그 쟁점만 법관재판(bench trial)으로 진행할 수 있다.

형평법상의 불공정행위(inequitable conduct), 권리행사의 해태(laches)나 형평법상 금반언(equitable estoppel)과 같은 쟁점이 종종 변론분리되어 별도 기일에서 법관재판

145) 최종 변론준비기일(final pretrial conference) 이후 양 당사자가 협의하여 위 명령문 초안을 공동으로 작성하여 제출하면 법원이 이에 기초하여 명령을 내린다.

146) 36 Fed.R.Serv.2d 1489, 221 USPQ 34(S.D.Ohio 1983).

으로 심리된다. 즉 배심재판이 이뤄지더라도 형평법상 쟁점에 대해서는 배심원의 판단 대상이 아니므로 배심재판과 병행하여 판사가 심리하되 개정시간을 달리하여 법관재판이 같이 진행되기도 하고, 혹은 배심재판(jury trial)이 종료된 이후에도 'post-trial 신청'[147]에 대한 쟁점과 함께 심리되어 결정(ruling)이 내려진다. 다만 이러한 쟁점에 대해서도 법원은 종종 소위 'advisory jury'를 이용하기도 한다.[148] 또한 침해여부와 악의침해(willfulness)여부 또는 침해여부와 손해액 산정 쟁점에 대한 변론이 분리되어 두 단계로 진행되기도 하는데, 이 때 동일한 배심원이 두 쟁점에 대해 판단하기도 하나 다른 배심원이 판단하기도 하며, 혹은 하나의 쟁점만 법관재판으로 진행될 수도 있다.[149] 이와 같은 단계적 심리를 통해 많은 다음 단계 심리가 불필요하게 될 수 있고, 그 쟁점에 대해 변론이 분리되어 내려지는 판결에 대해 별도로 불복이 가능하여 소송에 들어가는 시간과 비용이 절약될 수 있다.

3. 배심재판(jury trial) vs. 법관재판(bench trial)

미국에서 배심원에 의한 재판을 받을 권리는 수정헌법 제7조에 규정된 헌법상 권리이다. 따라서 양 당사자 모두 배심원에 의한 재판을 받을 권리를 포기하지 않는 한 특허침해사건의 변론기일은 배심재판에 의해 진행된다. 특허침해소송에서 배심재판으로 이행되는 비율이 법관재판에 비해 훨씬 높고 근래 이러한 경향은 더욱 강화되고 있는데,[150] 이는 배심재판이 법관재판에 비해 침해인용율이 높음은 물론 인정손해액도 훨씬 높아 특허권자들이 배심재판을 선호하는데 따른 것이다. 다만 당사자는 특정 쟁점에 한해서만 배심재판을 요구할 수도 있고[F.R.C.P. 38(c)], 만약 특허권자가 금지청구

147) 'post-verdict' 신청이라고도 하고, 배심원의 결정이 적절한지를 다시 검토해 달라는 평결 후 JMOL이 대표적인 신청이다.

148) Anatomy of a Patent Case(Second Edition), Complex Litigation Committee of the American College of Trial Lawyers, Bloomberg BNA (2012), p. 123.

149) Id. p. 124.

150) pwc.com/us/forensics, 2018 Patent Litigation Study(May 2018)에 따르면, 미국 연방지방법원에서 2013년부터 2017년까지 5년간 전체 특허침해사건 중 배심재판의 비중은 약 77%이다. 이는 통상 소송이 침해 의심 복제약의 판매 전에 제기되고 이로 인해 인해 법률상 금지청구나 비침해확인소송이 제한되어 통상 법관재판으로 진행되는 Hatch-Waxman 소송을 제외한 통계이고, 1998년부터 2002년 동안 전체 특허침해사건 중 배심재판의 비중이 약 42%였던 것에 비하여 상당한 증가세에 있다.

만을 구하는 경우에는 이는 형평법상의 구제수단이므로, 이에 대해서는 배심재판을 받을 권리가 미치지 아니하므로[151] 특허권자는 상대방의 동의 없이도 배심재판을 회피할 수 있다.

배심재판의 경우 증거조사[152]를 마친 후 배심원들이 바로 평의(deliberation)에 들어가서 몇 시간 내에 평결(verdict)을 내리는 반면, 법관재판은 증거조사를 마친 이후에도 법원은 당사자가 제출하는 요약서면 등을 검토한 이후에 사실관계에 관한 결론을 내린다는 점에서 배심재판이 보다 신속한 결론을 도출하는 면도 있다.

4. 배심재판에 의한 특허침해소송

(1) 미국 민사배심재판의 역사

배심제의 역사는, 히브리(Hebrew) 국가에서 재산권에 관한 분쟁을 처리하기 위해 배심재판을 이용했다는 모세오경(Pentateuch) 기록으로 거슬러 올라간다. 그리고 그리스가 기원전 1500년에 배심제를 이용하였고, 그 이후에 로마제국에서도 이를 계승하였는데, 로마제국은 4세기에 영국을 점령하면서 이러한 배심제를 영국에 도입시켰다. 12세기까지 영국에서는 약 800년 이상 일반 시민에 의한 배심제가 널리 시행되었는데, 12세기에 전제군주인 John 왕이 즉위하면서 이러한 시민의 권리를 제한하려는 움직임이 일어 귀족 및 시민들과 사이에 충돌이 발생하였으며, 이에 따라 1215년 서명된 대헌장(Magna Carta) 제39조에 "자유인은 같은 신분을 가진 사람에 의한 재판이나 국법에 의하지 않으면 체포, 감금할 수 없다."라는 규정이 명시되어 모든 영국 시민들에게 배심제에 의한 재판을 받을 권리가 인정되었다. 그리고 영국으로부터 1776년 독립을 선언한 미국은 배심원에 의한 재판을 받을 권리를 제한하는 영국 왕의 시도를

151) Tegal Corp. v. Torko Electron Am., Inc., 257 F.3d 1331, 59 USPQ2d 1385(Fed. Cir. 2001).

152) 당사자들은 최종변론준비기일(Final Pretrial Conference)에서 변론기일에서 제시할 증거를 확정하여 그 목록(엄밀히는 '증거 후보 목록')을 재판기일 전에 법원에 제출하는데, 그중 일부만을 자신이 신청한 증인에 대한 신문과정에서 실제로 증거로 제시한다. 이와 같이 변론기일에 제시되어 당사자가 증거로 제출한 증거만이 실제 '증거(Exhibit)'가 된다. 통상 원고가 제출하는 서증(Plaintiff's Exhibit)을 약어로 "PX(PDX/PTX) OO-page"로 표시하고, 피고가 제출하는 서증(Defendant's Exhibit)을 약어로 "DX(DEF/DTX) OO-page"로 표시한다. 변론기일에서 원, 피고가 제시한 '증거후보 목록' 중 실제로 증거로 사용된 증거들로만 구성된 '증거 목록'이 정리되어 배심원들이 평의에 들어갈 때 전달되고, 항소된 경우 그것이 전자화되어 항소심에 송부된다.

독립선언의 한 이유로 적시하기도 하였다. 또한 미국 독립 후 1791년 가장 먼저 채택된 10개의 수정헌법, 즉 권리장전(Bill of Rights) 제7조에 배심원에 의한 민사재판을 받을 권리가 명시되기에 이르렀다. 이후 이러한 배심재판에 대한 권리는 미국 50개 주 중 총 28개 주의 헌법에도 규정되었으며 그 이래로 미국은 200년 이상 배심원에 의한 재판을 해 오고 있다.

(2) 배심재판 관련 통계[153)]

미국에서 배심원에 의해 민사재판을 받을 권리가 헌법에 규정되어 있기는 하나 양측 당사자 모두가 그러한 권리를 포기하고 법관에 의한 재판을 받기를 원한다는 의사를 명시적으로 표시하는 경우 법관에 의한 재판이 진행된다. 이에 따라 1980년대까지만 해도 배심재판은 전체 특허사건의 약 14%에 해당할 정도로 소수에 불과했다. 하지만 이후 전체 특허사건 대비 배심재판의 점유율은 점차 증가하였는데, 1998년부터 2002년까지는 평균 42%, 2003년부터 2007년까지는 평균 61%, 2008년부터 2012년까지는 평균 74%를 차지하였고, 최근인 2013년부터 2017년까지는 평균 77%(Hatch-Waxman Act 제외)를 차지하였다. 이러한 배심원에 의한 재판 증가는 배심재판과 법관재판에 의해 각 인정되는 손해액의 변화와도 연관되어 있다. 즉, 위와 같은 네 구간 동안 법관에 의한 재판과 배심원에 의한 평결에 의해 인정된 손해액의 중간값(median, 백만불 단위)은 5.7 : 11.9, 1.1 : 9.5, 0.4 : 14.5, 1.9 : 10.2로 그 차이가 점차 큰 폭으로 벌어졌는데, 이와 같이 배심원에 의해 인정된 손해액이 법관에 의한 재판에서 인정된 손해액의 최대 36배가량 큰 차이가 나게 된 것은 손해 주장액이 큰 대부분의 사건에서 배심원에 의한 재판이 선호된 데에 따른 것이다.[154)]

---

153) 2015. 5. 발간된 '2015 Patent Litigation Study', 2016. 5. 발간된 '2016 Patent Litigation Study', 2017. 5. 발간된 '2017 Patent Litigation Study', 2018. 5. 발간된 '2018 Patent Litigation Study' 각 참조. 이후 각종 통계 관련 내용은 위 각 문헌을 참조한 것이다.

154) 1996년부터 2015년까지 집계된 Top 10 손해액 사건 중 최고액은 2009년 Centocor Ortho Biotech Inc. v. Abbott Laboratories 사건(관절염 약 사건)에서 인정된 1,637,000,000달러이고, 5위까지가 모두 1,000,000,000 달러를 넘는 사건이며, 10위는 467,000,000달러가 인정된 Masimo Corporation v. Philips Electronics N. America Corp. 사건(혈중 산소 농도를 측정하는 기계 사건)이다. 그런데 2016년에 Idenix Pharmaceuticals LLC v. Gilead Sciences Inc. 사건에서 당대 최고의 2,540,000,000달러가 손해액으로 인정되었다.

(3) 특허침해소송에서 배심재판 절차의 개요[155)]

배심재판은 장기간에 걸친 재판 전 절차(pre-trial)를 거쳐 기일이 잡힌 후 재판 당일 배심원을 선정하여 그로부터 통상 5일 내지 10일, 길게는 2주 동안 집중적으로 열린다. 통계에 따르면, 미국에서 소제기 시부터 변론기일(trial)이 열리기까지 걸리는 기간은 점차 길어져 왔다. 즉 위 기간은 1997년부터 2001년까지는 평균 1년이 되지 아니하였다가 2002년부터 2006년에는 약 1.5년, 2007년부터 2011년에는 약 2.1년, 2012년부터 2016년에는 약 2.4년이 소요되었다.[156)] 이러한 재판 전 기간을 거쳐 최종 변론준비기일(Final Pre-trial Conference) 및 변론전 명령(Final Pre-trial Order)을 통해 법원은 재판에서 당사자가 변론에 사용할 수 있는 총 시간, 증거제출 방법, 재판진행 방식 등 각종 세부사항을 정하여 당사자에게 고지함으로써 재판준비를 마친다.

재판 당일에는 각 지방법원 선거구 선거인 명단, 운전면허증 또는 신분증 소지자 명단 등을 통해 소환된 배심원 후보(Jury Panel)들이 법원에 도착하면, 이들로부터 거주지, 직업, 과거 배심원 경력, 피치 못하게 배심원 업무가 불가능한 사정 등을 적은 설문지를 제출받은 후, 배심원선정절차(Voir Dire Examination)에 들어간다.[157)] 배심원 선정절차는 우리나라 형사재판에서 하고 있는 배심원 선정절차와 마찬가지로 이유부 기피(Challenge for Cause)[158)]에 이어 무이유부 기피(Peremptory Challenge)[159)]를 거쳐

---

155) 2016년부터 2017년까지 E.D.T.X.에서 실시된 실무례를 기준으로 설명한다.

156) 위 재판 전까지 걸리는 기간은 지방법원마다 많은 차이가 있는데, 2008년부터 2017년까지 분석된 통계자료상 재판 전 기간이 짧은 순서로 1위부터 5위까지 법원을 소개하자면, Rocket Docket으로 유명한 Virginia Eastern 법원은 1년, Wisconsin Western 법원이 1.4년, Florida Middle 법원이 1.9년, Delaware 법원 및 Texas Southern 법원이 각 2.1년, 그리고 Texas Eastern 법원이 2.2년이 소요된 것으로 나타났다. 다만 E.D.T.X.는 근래에는 소제기 후 재판기일까지 1.5년 이상이 걸리지 않도록 철저히 사건관리를 하고 있다.

157) 일부 판사는 이러한 배심원 후보자들이 '배심원 선정절차에 들어가기 전'에 모든 배심원 후보자들이 Federal Judicial Center에서 제작한 특허 배심재판에 관한 안내절차 동영상을 시청하게 한 반면, 일부 판사는 배심원 선정 절차를 마친 후 배심원으로 선정된 사람들만을 상대로 '본격적으로 재판을 시작하기 전'에 재판부와 함께 이러한 동영상을 시청하도록 한다.

158) 이유부기피는 기피할 수 있는 숫자의 제한이 없으나, 그 기피 사유가 상당한지에 관해 법원이 결정하고, 양 당사자뿐만 아니라 재판부의 판사도 이유부 기피를 할 수 있다.

159) 무이유부기피는 기피할 수 있는 숫자가 판사의 재량에 따라 다르다. 즉 F.R.C.P.에서 인용하는 28 U.S.C. §1870에 따라 최소 3명에서 8명, 혹은 그 이상까지 다양한데 이유부기피 후 남은 배심원 후보자의 수, 당사자에게 어느 정도의 자유재량을 줄 것인지를 고려하여 각 법관이 달리 정하고 있다. 무이유부기피까지 진행 후 남은 배심원 명단 중에서는 배심원 번호가 앞선 순서대로 배심원으로 선정된다. 법원은 이러한 배심원 선정 과정에서 양측 대리인에게 Social Media를 통해 배심원 후보자들을 접촉하지 말 것을 명하기도 한다. 또한 배심원 선정 과정에서 일부 배심원 후보자의

확정된다. 민사 배심재판에 있어 연방민사소송규칙 제48(a)에 의해 요구되는 배심원의 숫자는 총 6명 이상 12명 이하[160]나 통상 총 20-30명의 배심원 후보자 중 8명을 배심원으로 선정하고,[161] 그 8명 중 2명은 예비 배심원이 되는 것이 아니라 8명 모두 정식 배심원의 자격으로 평의 및 평결에 참여한다. 통상 배심원들에게 특허공보, 청구항해석 결과, 배심원에 대한 법원의 지침사항, 특허출원 과정 중 주요 내용, 선행기술이나 침해주장 관련 주요 증거 등이 포함된 'Jury Notebook'이 주어진다.

배심원 선정 후 배심원의 선서가 끝나면, 판사가 배심원들에게 각 당사자의 주장 요지, 쟁점별 입증책임의 분배 및 입증의 정도, 향후 진행될 절차의 개요, 주의할 사항 등을 설명하는 법원의 잠정적 배심원지침(Preliminary Jury Instruction)을 전달하고, 그 이후 각 변호사들이 자신의 팀원들을 배심원에게 소개하고 자신들 주장의 요지, 배경이 되는 법적 이론, 변론 계획 등을 미리 설명하는 모두진술(Opening Statement)이 이어진다. 이후 재판절차는 증인신문 절차로 이어지는데, 증인신문 등에 있어 신문당사자가 아닌 반대 당사자의 이의가 있거나 향후 절차 진행과 관련하여 논의할 필요가 있는 경우 당사자들이 법대 앞으로 나와서 판사와 사이에 은밀히 의견을 교환하는 Side-bar Conference가 종종 열린다.[162] 또한 쟁점 중 배심원이 아닌 판사가 판단해야 할 쟁점, 예를 들면 불공정행위(Inequitable Conduct)와 같은 쟁점이나 증거배제신청 등에 대해서는 배심원이 퇴장한 상태에서 심리절차를 진행하는데 절차의 효율을 위해 배심원이 배심원석(Jury Box)에 들어오기 전인 이른 아침이나 배심원들이 퇴장한 상태로서 점심식사를 위한 휴식 직전이나 직후를 이용해 이러한 절차가 주로 진행된다.

재판 절차에서 각 당사자가 어떤 증인을 불러 신문할지는 변론준비기일(pretrial)에서 당사자 및 법원 사이의 협의에 따라 정해지는데, 몇 명의 증인을 실제 법정으로 부

사생활과 관련된 사정은 공개적으로 질문하지 아니하고 'side-bar conference'로 불러 이유를 청취한 후 기피 여부를 판단하기도 한다.

160) 배심원이 불출석으로 5명 이하가 되는 경우 당사자의 동의가 없는 한 법원은 재판을 계속 진행할 수 없고 배심원을 새로 선정해야 한다.

161) 경우에 따라 총 9일간의 재판기일 중 주말과 국경일(National Holiday)이 끼어 있는 점 등을 고려하여 총 10명의 배심원을 선정한 이례적인 사례도 있다.

162) 이는 배심재판 도중 법관과 양측 변호사들이 절차 진행을 협의하고 증거에 대한 이의 내용을 진술하기 위한 목적으로 재판 도중에 종종 열리는데, 겉으로 보기에는 법관과 변호사들이 배심원을 배제하고 뭔가 속삭이며 사건을 진행해 가는 듯한 인상을 주기도 한다. 이에 따라 판사들은 배심원지침(Jury Instruction)에서 배심원들에게 위와 같은 컨퍼런스가 배심원의 판단사항과는 상관이 없이 법원이 결정해야 하는 내용을 협의하느라 그와 같이 한다는 것을 설명한다.

르고, 몇 명의 증인에 대해서는 Deposition 속기록이나 영상의 현출로 대체할 지에 관해서는 당사자에게 맡겨져 있다. Deposition에 담긴 진술은 법정에서의 실제 증인신문을 통해 진술한 증언과 동일한 증거가치를 갖는다. 다만, 법원은 각 당사자가 증인신문에 총 사용할 수 있는 시간을 제한함으로써 절차의 효율성을 추구하고 있다. 이 시간은 쌍방으로부터 각 증인신문의 주신문과 반대신문에 소요될 시간에 대한 의견제출을 받아 사건관리 명령(Case Management Order)으로 결정되는데, 사안의 경중에 따라, 또 재판장의 신념(충분한 변론 시간을 주는 것을 중시할지, 정제된 변론을 선호할지 등)에 따라 달라지기도 한다.[163]

또한 증인신문사항에 대해서는 즉석에서 상대 변호사가 이의를 하여 판사의 판단을 구하는 반면,[164] 당사자들이 제출하고자 하는 증거(ex. 법정에서 상영할 deposition 영상의 일부) 또는 법정에서 배심원의 이해를 돕기 위해 사용할 예정인 각종 차트[165]에 대해서는 재판 전에 쌍방이 이를 교환하고 이에 이의가 있는 당사자는 증거배제신청(Motion in Limine)을 통해 그 배제를 구하는데, 변론기일이 임박한 시점은 물론 변론이 진행되는 도중에 위와 같은 이의신청이 상당히 빈번히 제기된다.

한편 미국의 재판에서는 Deposition 결과물이 매우 흔하고 유용하게 사용되고 있는데, 이는 법정 외에서 속기사(court reporter)[166]의 입회하에 하루 총 7시간까지 이뤄

---

163) 예를 들면, E.D.T.X.에서 2016년에 각 당사자에게, A 판사는 증인신문을 위해 13시간, 그리고 Opening Statement에 25분, Closing Argument에 35분을, B 판사는 증인신문을 위해 17.5시간을, Opening Statement에 10분, Closing Argument에 90분을 허락하였다. 또한 당사자는 재판 진행 중 추가적으로 시간을 부여하여 줄 것을 요청할 수 있는데, 이 또한 각 사건의 성격, 진행 단계 등이 허부 결정에 영향을 미친다. 상대적으로 매우 엄격한 시간 준수를 강조하는 A 판사는 위 참관 사건에서 이를 기각한 반면, C 판사는 당초 각 당사자에게 10시간씩을 증인신문 시간으로 주었다가 변론 도중 당사자의 요청으로 각 1시간의 추가시간을 허락하여 주기도 하였다. 한편 법원은 Law Clerk 혹은 Deputy Clerk을 통해 매 재판기일 당사자가 사용하는 시간을 매우 엄격히 체크하고, 그 다음날 남은 시간을 당사자에게 고지하는 방식으로 변론 시간 관리를 철저히 하고 있다.

164) 이에 대하여 판사는 그 자리에서 구두로 이의신청 인용("Sustained!"), 혹은 기각("Overruled!")을 고지한다.

165) 이는 배심원들의 사건 및 증거 이해를 돕기 위해 각 당사자가 재판에서 준비하여 제시하는 것으로 Demonstrative라고 하는데, 이는 정식 증거가 아니다. 따라서 이는 배심원들의 평의에는 제공되지 아니하는 것이 원칙이나, 양 당사자가 동의하는 경우 이를 평의에 제공하는 판사도 있다.

166) 미국 court reporter는 법원에서 근무하는 'official court reporter'와 법원에 소속되지 않은 'freelance court reporter'가 있고 둘 사이의 자격 조건은 유사하다. 법원의 사정에 따라(예를 들면 trial에 배정될 court reporter가 없는 경우) 판사의 허락에 의해 freelance court reporter가 변론의 속기를 맡기도 한다.

질 수 있고, 요즈음에는 Videographer까지 고용하여 영상녹화도 이뤄지고 있다. 그런데 법정 외에서 이뤄지는 Deposition은 법원의 감독하에 진행되는 것이 아니므로, Deposition을 신청한 변호사가 법정속기사와 동등한 자격을 가진 프리랜서 속기사(freelancer court reporter)를 고용하여 속기를 맡긴다. 속기록(transcript)의 비용은 주마다 그 상한액을 정해놓고 있고, 사건의 경중에 따라 달라지나, 시간당 청구하는 출석료(Appearance Fee)와 증거 자료를 복사하여 속기록에 붙이는 비용을 제외하고 가장 많은 비중을 차지하는 것은 속기록 작성료이다.[167] 즉 Deposition을 위한 속기사 비용만 해도 통상 1,500달러 이상이 소요되어, 이러한 비용도 미국에서 소송비용을 증대시키는데 큰 몫을 차지한다.[168] 따라서 Deposition을 영상으로 녹화하는 것은 그에 더하여 추가적인 영상녹화 비용이 들기 때문에 통상 당사자들은 법정에서 이를 증거로 제시할 가능성이 높은 증인에 대한 Deposition만 영상으로 녹화한다. Deposition 당시 영상녹화가 이뤄지지 않은 경우, 당사자는 배심원들에게 그 진술의 생동감을 넣어 전달하기 위해, 자신의 변호인을 통하거나 또는 성우를 고용하여 Deposition 대화를 법정에서 재연하게 하는 방법으로 법정에 증거로 현출할 수도 있는데, 실제로 몇몇 재판에서 이러한 방법이 실시되고 있다.

증인신문과 관련하여, 통상 원고 측 증인을 먼저 모두 신문하고, 피고 측 증인을 나중에 신문하는 방식이 허용되나, 피고 측 증인 후 다시 원고 측의 탄핵증인을 심문하는 경우도 허용된다. 또한 각 판사들은 증인신문과 관련하여 허용된 총 변론시간 범위 내이기만 하면 재주신문, 재반대신문을 특별한 제약 없이 허용하여 당사자들이 최대한 자율적인 범위 내에서 충분히 증인신문을 할 수 있도록 보장하고 있다. 배심재판에서 법관은 직권신문을 할 수는 있으나 대부분 증인의 답변을 명확히 하거나 절차 진행을 위한 질문에 한정한다. 그리고 판사에 따라서는 각 증인에 대한 신문이 종료되면

---

167) 텍사스 동부연방지방법원의 경우 법정속기사는 속기록 작성 비용으로 이를 요청하는 당사자에게는 페이지당 약 4.2달러를 청구한다. 따라서 1시간당 약 60페이지가 작성된다고 보았을 때, Deposition이 그 최대 허용시간인 7시간 동안 이뤄진 경우, 이에 대한 속기록을 요청하는 당사자는 법정속기사에게 약 1,764달러(=60page×7시간×4.2달러)를 지불해야 한다. 그 복사본을 요청하는 반대 당사자는 위 비용의 약 1/3 비용을 지불하고 그 복사본을 받을 수 있다.

168) 실제 재판기일에서도 법정속기사들은 신속하게 속기를 완성하기 위해 자신의 타이핑을 실시간 백업하는 사람을 대동하고 오는 일이 흔하다. 이는 통상 속기록은 증언을 한 날로부터 30일 이내에 완성되는데 당사자가 속기록을 다음날 재판에 이용하고자 하는 등의 목적으로 신속히 완성해 줄 것을 요청하는 경우 법정속기사가 3명 내외의 보조인력을 고용하여 거의 당일 속기록을 완성하여 당사자에게 교부한 후 그 비용을 당사자로부터 받는다.

배심원들에게 질문사항을 익명으로 적어내도록 하고, 질문사항이 제출된 경우 'Side-bar Conference'를 열어 그 질문사항이 사건의 쟁점과 관련이 있어 질문을 하는 것이 적절한 지에 관해 당사자의 의견을 들은 후, 판사가 적절하다고 판단하는 질문사항을 배심원을 대신하여 증인에게 질문을 하기도 한다.

이러한 증인신문이 끝난 후, 양측 변호인은 그간 변론한 쟁점 및 관련 증거를 정리하여 최후변론(Final Argument)을 하고, 이어서 법원은 최종 배심원지침(Final Jury Instruction)을 전달한 후 사건을 배심원에게 평의를 위해 넘긴다. 이후 배심원들은 채택된 증거들과 자신들의 메모를 토대로 평의에 들어가는데, 평의는 만장일치로 이뤄져야 한다.[169] 이와 같은 평의 도중 배심원들이 추가적인 설명이나 자료를 요청하는 경우 판사는 당사자들을 불러 의견을 들은 후 서면이나 구두로 이에 응한다. 이후 평결이 도출되면, 평결 결과가 판사에게 전달되고 판사는 그 평결을 주재하고 대표로 서명한 배심원대표(Foreperson)에게 그 내용이 합의에 이른 대로 작성된 것인지를 확인한 후, 그 결과를 법원직원[170]이 낭독하게 함으로써 배심재판 절차는 종료된다. 이후 법원은 배심원의 평결에 불복하는 당사자의 법률문제판결신청(Renewed JMOL, Motion for Judgement As a Matter of Law) 등에 대하여 심리를 진행하는 Post-trial 절차에 들어간다.

(4) 특허침해소송에서 영업비밀 등의 보호 방식(sealing)

특허침해소송을 위한 디스커버리 과정에서 상대방 당사자로부터 영업비밀 등 민감한 정보의 개시를 요구받은 경우 특정한 조건의 부과나 개시범위의 제한 또는 비공개 등에 관하여는 보호명령(protective order) 신청을 통해 1차적으로 보호를 받을 수 있음은 앞서 디스커버리 작동을 위한 분쟁해결 메커니즘 부분에서 살펴보았다. 그러한 보호명령에서 AEO(Attorney Eye's Only)와 같은 명령이 내려졌다고 하더라도 그 문서

---

169) F.R.C.P. 48(b). 만장일치로 결론에 이르러야 함에도 보통 약 4-6시간 내에 평의결과가 도출되는데, 평의가 이틀이나 사흘이 가는 경우도 있기는 하고 간혹 만장일치에 이르지 않는 경우가 있다고는 하나 이는 흔한 경우는 아니다. 이와 같이 만장일치 평결이 가능한 데에는 소위 Dynamite Charge, 즉 배심원들이 평결에 이르지 못하는 경우 법원이 포기하지 않고 만장일치 결론에 도달하도록 배심원들을 독려하고, 또한 배심원들 사이에서도 협상(compromise)이 일어나기도 하는 실무 때문이다. 예를 들면, 배심원 중 한명이 다수 의견과 반대로 특허가 무효라고 끝까지 주장하는 경우, 특허가 유효라는 다수 의견에 동의하되, 손해배상액을 일부 감액하기로 하는 경우 등이다.

170) 주로 우리의 참여관과 실무관 업무를 겸하는 Deputy Clerk이 낭독한다.

를 획득한 당사자가 재판(trial)에서 증거로 활용하고자 하는 경우 이는 재판에 제출될 수 있고, 이러한 재판 과정에서 영업비밀 등에 관한 사항 등 보호명령(Protective Order)에서 특정인 이외에는 접근하지 못하도록 한 정보가 현출될 우려가 있는 경우, 각 당사자는 변론 전에 법정을 봉쇄(Sealing)할 것을 요청한다.[171] 법원이 이 신청을 받아들이는 경우 위 보호명령에서 미리 허락된 당사자 이외에 일반 방청인[172]들은 별도의 해제명령(Unsealing Order)이 있을 때까지 퇴정하도록 명한 후 재판을 계속 진행한다.

이와 같이 법정을 비공개(courtroom sealing)로 하는 것 이외에 재판과정에서 영업비밀 등의 보호를 위한 다른 장치로는 재판기록상 서류 자체를 밀봉한 상태로 제출(under-seal filing)하는 것을 허락해 줄 것을 요청하는 것이 있다. 미국의 경우 재판의 당사자가 아닌 누구라도 계속 중인 사건의 재판기록을 PACER 또는 CM/ECF 시스템 등을 통해 열람할 수 있도록 하는 것을 형평법(common law) 및 수정헌법 제1조에 근거한 사법제도의 근간이자 일반 공중의 권리로 인식하고 있다.[173] 이에 따라 일반인의 접근을 제한할 필요가 있는 문서의 경우 당사자는 그러한 소송자료나 신청서를 제출하기 전에 그것이 일반에게 공개될 경우 미칠 해악을 소명하여 비공개 상태로 제출하는 것을 허가하여 달라는 신청(motion for leave to file sealed documents)을 하여 그러한 허가 명령에 따라 밀봉된 상태로 서류를 제출하는 것이다. 신청인이 제출하고자 하는 자료나 신청서에 영업비밀이나 개인정보 혹은 다른 이유로든 공개가 되어서는 안 되는 정보가 포함되어 있는 경우에 이러한 허가가 내려지고, 이러한 허가에 따라 제출하는 서류나 신청서는 법관 및 양측 대리인만이 볼 수 있다. 한편 그 문서를 제출

---

171) 이 경우 법원은 특별한 제한 없이 이를 받아들이고 있다. 다만, 법원이 이렇게 쉽게 당사자의 'courtroom sealing' 신청을 받아들이는 경향으로 배심원들이 재판에 집중하기 어렵다는 비판이 제기되기도 한다. 이에 따라 E.D.T.X.의 일부 판사의 경우 이러한 신청을 필요한 경우로 한정하여 일부만 인용하고, 재판 과정에서 영업비밀 등이 문제될 문서의 경우 화면에 공개적으로 표시하지 않고 별도의 종이문서를 미리 만들어 이를 배심원들에게 교부하여 재판을 진행하는 방식을 통해 법정 비공개를 최소화하기도 한다.

172) 주로 관련사건이 있는 제3자의 변호인이나 직원들인 방청객들은 물론 반대쪽 당사자도 퇴정하게 된다. 이 때 해당 자료의 원래 소지인인 당사자 측이라도 열람가능 당사자가 아닌 사람들은 퇴정하게 되나, 이러한 AEO에 기한 퇴정요구권은 포기할 수 있다. 따라서 예를 들면 회사의 직원에 대한 개인정보 등이 AEO 조건하에 제공되어 증거로 현출되는 경우 그 정보주체의 포기가 있는 경우 그 회사의 대표이사는 그 공개되는 재판과정에 남아 있을 수 있다.

173) Robert Timothy Reagan, "Sealing Court Records and Proceedings: A Pocket Guide", Federal Judicial Center(2010), p. 1.

한 상대편 소송대리인이 그 문서를 인용하는 경우, 그 인용된 자료에 대하여도 밀봉(sealing)이 된다. 한 가지 유의할 점은 디스커버리 과정에서의 보호명령(protective order)은 그 대상을 일반적으로 규정하는 경우가 많고,[174] 또한 그러한 명령의 대상이 되는 문서라고 하더라도, 재판 과정에서 특정 문서를 밀봉된 상태로 제출하고자 하는 경우에는 위 허가를 받아야 한다는 것이다.[175] 이는 디스커버리 과정에서 당사자 사이에 비밀을 보호하도록 하는 보호명령 제도와 사법절차에서의 기록에 대한 일반인의 접근권을 차단하는 문서 밀봉(sealing)제출 제도가 서로 별개의 제도이기 때문이다. 후자의 경우에는 일반 공중의 정보접근권을 포기시키면서까지 신청인의 이익을 보호할 필요가 있는지에 대해 이익 형량이 엄격히 고려되어야 한다.

또한 디스커버리 절차에서 보호명령(protective order)이 내려지기 위해 신청인이 입증해야 하는 '합리적 이유(good cause)'는, 신청인이 그 정보가 민감하거나 영업적 이익에 관한 것이거나 개인정보에 해당하는 정보(sensitive, propriety, or personally identifying information)여서 주(state)나 연방의 보호법률의 적용대상이 될 것이라 생각된다는 정도의 주장만 신청서에 기재되어도 요건에 충족되는 것으로 인정될 수 있다.[176] 반면, 문서의 법정 제출 시 밀봉된 상태로 제출하도록 허락해 달라는 신청은 그보다 훨씬 높은 '강력한 이유(compelling reason)', 즉 그 정보가 법률에 의해 비공개 대상인 개인정보이거나 정보 공개 시 악의적인 이용으로 해악이 우려된다는 등의 사유에 대한 소명이 필요하다.[177] 즉 법원은 문서를 밀봉하여 제출하고자 하는 당사자가, 그 문

---

174) 이는 해당 시점에서 어떠한 문서가 개시될지 알 수 없기 때문이다. 따라서 보호명령에서는 명령의 대상이 되는 일반적인 정보의 범주(categories of confidential or proprietary information), 해당 정보의 접근권자, 소송종료 후 대상 정보의 처리 방법 등만을 정하는 경우가 많다.

175) 이러한 특징에 관하여 한 N.D.Cal.의 Magistrate Judge(Hon. Karen L. Stevenson)는 "A Protective Order Doesn't Gurantee Sealing"이라는 글로써 주의를 촉구하기도 하였다.: https://www.americanbar.org/groups/litigation/publications/litigation-news/practice-points/a-protective-order-doesnt-guarantee-sealing/(2020. 6. 24. 최종접속). N.D.Cal, E.D.T.X., N.D.I.가 이러한 입장이다. 그러나 주에 따라서는, 보호명령을 내리면서 보호명령의 대상이 되는 문서는 별도의 신청 없이 밀봉된 상태로 법원에 제출할 수 있다고 규정하기도 하는데 이러한 사항은 각 법원의 로컬 룰이나 각 판사에 규율(guideline)에 따른다. Protective order와 under-seal filing에 관한 개별 판사의 guideline의 예로는 다음 사이트 참조. https://www.ilnd.uscourts.gov/judge-cmp-detail.aspx?cmpid=127(2020. 6. 24. 최종접속).

176) 위 Magistrate Judge Karen L. Stevenson의 게시글 참조.

177) Id. 다만 위 판사의 설명에 따르면, 제9항소법원의 경우 해당 문서가 보호명령의 대상이고, 그 문서가 본안의 쟁점을 결정짓지 않은 신청(nondispositive motion)에 첨부되어 있는 경우에는 밀봉신청에 대하여도 'good cause'의 소명만으로 족하다는 기준을 가지고 있다고 한다. 이는 본안의 쟁점

서에서 비밀정보에 해당하는 특정한 정보(specific confidential information)를 적시하고, 나아가 그 정보의 공개로 인하여 초래될 특정한 손해(specific harm)를 소명한 경우에 한하여 그 신청을 인용한다.[178] 위와 같은 요소의 특정 및 입증이 없이 단순히 해당 문서가 영업비밀을 포함하고 있다거나 비밀유지명령의 대상이 된 문서라는 점만을 소명한 경우에는 신청이 기각된다.

5. Trial 절차 진행과 관련된 쟁점

(1) 특허사건에 있어 배심원의 판단대상과 법관의 재판

배심재판은 '사실의 확정'은 배심원이 하고, 그렇게 확정된 사실에 근거한 '법률의 적용'은 법관이 한다는 대원칙에 따라 운영되므로 배심원은 사실의 판단자로서 사실문제(matter of fact)에 관하여 주장과 증거를 변론에서 듣고 평결을 한다. 즉 여러 사유를 이유로 한 특허무효 여부,[179] 특허침해 및 악의침해 여부, 손해액(일식이익 또는 합리적 로열티) 산정 및 그 전제가 되는 사실의 인정은 배심원들이 평의를 통해 답을 내려야 하는 사항이다. 따라서 이에 관한 기본법리에 대하여는 최종 배심원지침(Final Jury Instruction)에 자세히 설명되고, 평결표(Verdict Form)에 논리적 순서에 따라 질문 형태로 제시된다. 이러한 사실인정에 대해서 항소심에서는 사실인정이 실질적인 증거에 의해 뒷받침되었는지 기준에 의해 심사한다.[180]

그런데 특허재판에 있어 사실문제로부터 순수한 법률의 문제를 명확히 구분해 내는 것은 간단한 문제는 아니다. 왜냐하면 '사실문제에 근거한 법률문제'의 영역이 그러한

을 결정짓는 신청(dispositive motion)에 첨부되는 문서는 일반 공중의 접근권의 대상이 되나(Joy v. North, 692 F.2d 249, 252("documents used by parties moving for, or opposing, summary judgment should not remain under seal absent the most compelling reasons"), 디스커버리신청에 첨부되는 문서에 대하여는 공중의 접근권이 현저히 줄어든다고 보고 있는(Anderson v. Cryovac, Inc., 805 F.2d 1, 11-13(1st Cir. 1986 등) 법원의 기준과도 부합하는 설명이다.: Robert Timothy Reagan, "Sealing Court Records and Proceedings: A Pocket Guide", Federal Judicial Center (2010), pp. 11-12.

178) Omega Hosp., LLC v. Cmty. Ins. Co., No. CV 14-2264, 2005 WL 13534251(E.D. La. Mar. 24, 2016).

179) 다만 유의할 것은, 특허무효 여부의 전제가 되는 쟁점은 사실문제인 경우가 많으나, '진보성'이나 '비자명성'과 같은 것은 법률문제이다.

180) 반면 위와 같은 사항이 법관재판으로 진행된 경우에는 '명백한 오류(clearly erroneous rule)'기준에 의해 항소심에서 재심사된다.

구분의 중간 지대에 있는데, 예를 들면 특허법 §102(b)에 규정된, 공개적 사용이나 판매 또는 출간물의 존재를 이유로 한 '신규성' 여부에 따른 특허무효 판단, 또한 §112조에 규정된 '실시가능성(enablement)' 판단에 따른 특허무효 판단 등이 그것이다. 이러한 문제 역시 배심원의 판단대상이 된다.

반면 배심원에 의한 재판이 이뤄지더라도 '순수한' 법률문제와 형평법상의 문제(legal and equitable issue), 그리고 재판진행을 위해 수시로 제기되는 신청[181]에 대한 결정은 여전히 법관에 의한 재판의 대상이 된다. 즉 청구항 해석, 특허적격성, 청구항의 명료성 위반이나 발명자성 결여 등의 쟁점, 그리고 불공정행위(inequitable conduct), 특허권남용(patent misuse), 권리행사의 해태(Laches), 또는 형평법상 금반언(equitable estoppel) 등을 이유로 권리행사를 제한할지 여부, 금지명령 발령여부 등의 쟁점은 배심재판에서 변론이 분리되어 법관재판(bench trial)으로 진행되어 배심원의 평결과 관련 없이 별도로 심리, 판단된다. 또한 법원은 '악의침해(willful infringement)'인지의 여부에 관하여 배심원의 판단을 요청할 수 있으나, 배심원이 악의침해로 판단하였다고 하더라도, 이를 이유로 3배까지 손해배상액을 가중할 것인지는 전적으로 법관의 판단대상이다.[182] 그리고 이러한 법관재판의 대상이 되는 쟁점만을 심리하기 위한 증인신문도 이뤄진다. 이러한 이유로 배심원의 평결이 나온 이후에도 법관은 당사자의 각종 평결 후 신청(post-verdict motion)에 대한 심문기일(hearing) 진행과 이에 대한 결정, 그리고 법관재판의 대상이 되는 쟁점에 대한 심리, 판단으로 적지 않은 시간과 노력을 투여한다.

(2) 입증의 정도

특허침해를 주장하는 특허권자는 피고의 침해품이나 침해방법이 침해를 주장하는 청구항의 모든 요소를 구비하고 있어 직접침해 내지 균등침해 법리에 따라 특허의 권리범위에 속하여 특허침해가 성립함을 우월한 증명의 기준(preponderance of evidence)

---

181) 증거배제신청(Motion in Limine)이 대표적인데, 이러한 신청에 대한 결정을 위한 심문기일(hearing)이 배심재판이 진행되는 변론기일의 재판 전 이른 아침이나 저녁에 수시로 열린다.

182) 이러한 법관의 판단대상도 당사자가 동의하는 경우 배심원의 판단 대상이 될 수 있으나[F.R.C.P. 39(c)], 이러한 실무례는 많지 않은 것으로 보인다. 다만 이러한 사항에 대해 법원은 배심원들의 권고적 의견을 들을 수 있으므로(advisory jury), 이러한 쟁점에 대해서도 배심원들이 의견(advisory verdict)을 내도록 할 수 있다.

에 의해 입증하여야 한다.

이에 비하여 등록된 특허는 유효하다고 추정되기 때문에(35 U.S.C. §282), 특허무효 항변을 하는 피고는 주장하는 무효사유의 요건사실이 존재함을 명백하고 확실한 증거(clear and convincing evidence)에 의해 입증하여야 한다.

(3) 증거조사

특허침해소송의 변론기일은 디스커버리를 통해 압축된 증거에 대한 조사를 통해 사실인정을 하는 절차로, 증인신문과 그 과정에서 수반되는 서증조사가 주를 이룬다.

특허침해를 입증하려는 원고는 종종 발명자를 전문가 증인으로 채택하여 신문한다. 그는 자신의 특허발명에 대해 발명의 과정이나 발명 당시의 선행기술 및 해당 분야의 기술수준과 자신이 선택한 과제해결원리에 대해 전반적인 설명을 하여 배심원들에게 특허발명에 대해 생생하게 이해하도록 돕는다. 이에 대하여 특허 무효를 주장하는 피고는 전문가증인을 통해 특허 무효사유를 주장, 입증한다. 피고에 의해 무효가 일응 인정되는 정도로 입증되면(makes out a prima facie case),[183] 그 인정을 번복하는 증거제출책임이 원고에게 이전되어 다시 원고가 반대되는 의견을 제시하는 전문가증인을 신청하여 피고의 주장을 반박하게 된다. 다만 재판기일 전에 당사자가 다툼 없는 사실로 정리한 사실에 대하여는 배심원은 이미 입증된 것으로 인정하여야 한다. 따라서 당사자가 피고의 특정 제품이 원고의 특허를 침해한다는 사실에 대해 다툼이 없는 경우 그러한 사실이 인정된 것으로 간주되고 따라서 배심원은 해당 특허에 관하여는 침해 여부에 대한 심리 없이 손해액에 대하여만 심리한다.[184]

피고가 권리행사불허 항변을 하는 경우, 예를 들면 불공정행위(inequitable conduct) 주장을 하는 경우, 그는 역시 전문가증언을 통해 특허권자의 출원과정에서 기망적 행위의 대상이 된 정보가 중요한 정보에 해당함을 입증하려고 한다. 다만 이 쟁점도 배심원의 판단대상으로 제시되지 않는 한 이 쟁점에 대한 증인신문은 법관재판의 심리대상으로 배심원들이 없는 상태에서 이뤄진다.

다음으로 손해배상액은 일실이익이나 합리적 로열티 산정에 의해 인정되는데, 이

183) 이는 첫 입증단계에서 입증책임을 지는 당사자가 주장사실이 존재한다고 볼 수 있는 정도로 충분한 증거를 제출한 경우를 의미한다.

184) E.D.T.X. 6:10-cv-00417-RWS(2016) Final Jury Instruction; E.D.T.X. 6:16-cv-163-JDL Final Jury Instruction 각 참조.

입증을 위해서도 역시 전문가증인에 대한 증인신문이 실시된다. 원고가 일실이익을 손해로 주장하는 경우에는 소위 Panduit 요소에 대해, 합리적 실시료 보상을 주장하는 경우에는 Georgia-Pacific 요소에 대해 각 증언이 이뤄진다.185)

(4) 평결 이전의 JMOL [F.R.C.P. 50(a)]186)

1) 의 의

변론기일 중에 일방 당사자가 신청한 증거조사가 끝나면, 법률문제판결신청(Judgment as a Matter of Law, "JMOL")이 제기된다. 이는 연방민사소송규칙 제50(a)에 근거한 것으로, 배심재판 중 당사자가 주장한 쟁점에 대해 충분한 증거조사를 한 결과, 법원이 특정 쟁점에 대해 합리적인 배심원이라면 당사자의 주장을 인정하기에 충분한 증거가 있지 않다고 인정할 것으로 판단되는 경우("no reasonable jury could find for the party), 즉 입증책임을 지는 자가 입증에 완전히 실패한 경우 굳이 그 결정을 배심원에게 넘기지 말고 법원이 바로 그 주장이나 청구를 기각하여 달라는 신청을 할 수 있다. 이러한 신청은 그러한 판결의 근거 법률과 사실 및 구하는 판결의 내용을 명시하여 신청하여야 한다[F.R.C.P. 50(a)(1),(2)].

특허침해사건의 쟁점에 대한 심리는 우선 원고의 침해 및 손해배상 주장에 대한 심리부터 이뤄지는데, 원고가 청구원인의 입증을 위하여 재판에서 제시한 증거조사를 마치고 나면, 피고가 우선 법률문제판결신청을 한다. 즉 피고는 원고가 자신이 입증책임을 지고 있는 침해, 악의적 침해, 손해발생 등 주장에 대해 일응의 증명 정도(prima facie case)의 입증에도 실패했음을 주장하며 법원이 원고 주장의 전부 또는 일부 쟁점에 대해 바로 기각하여 달라는 신청을 하는 것이다. 이러한 신청은 통상 원고가 해당 특정 쟁점에 대해 어떠한 증거도 제시하지 못한 경우에 인용되는데, 그 경우에는 그 쟁점에 대해서 배심원은 더 이상 심리하지 아니하고, 만일 법원이 그 신청을 기각하거나 이에 대하여 아무런 결정을 내리지 아니하면 피고가 입증책임을 지는 무효 항변이나 반소청구 등에 대한 심리에 나아간다.187) 피고 주장에 대한 심리가 마쳐지면 반대로 원고가 피고의 항변이나 반소를 바로 기각하여 달라는 법률문제판결신청(JMOL)

185) 위와 같은 각 요소의 구체적 내용에 대해서는 「제6장 제2절 손해배상」 부분 참조.

186) 'Directed Verdict Motion'이라고도 한다.

187) Kimberly A. Moore, Timothy R. Holbrook, John F. Murphy, PATENT LITIGATION AND STRATEGY(Fifth Edition), AMERICAN CASEBOOK SERIES(2018), 1040면.

을 할 수 있다.

2) 법원의 심리

이러한 신청에 대해 법원은 양 당사자가 제출한 증거의 우위를 심사하는 것이 아니다. 법원은 쟁점이 되는 공격, 방어방법에 대하여 입증책임을 지는 당사자에게 가장 우호적인 관점에서 증거를 보고(in the light most favorable to the nonmoving party), 그리고 그에게 가장 합리적인 추론을 하였음에도, 그 입증책임을 지는 당사자에게 우호적인 평결이 나올 수 있는 증거가 충분히 존재하지 않는다고 판단하는 경우에 신청을 인용한다.[188] 즉 위 신청사건을 심리하는 판사는 모순되지 아니하고 반박이 없는 증거에 대하여는 그대로 사실을 인정하나, 어떤 증언이 요증사실을 뒷받침하는 것으로도 혹은 이에 반하는 것으로도 추론이 모두 가능한 경우에는 판사는 배심원들이 입증책임을 지는 당사자에게 유리한 추론을 할 것을 전제하고 이에 대한 판단을 내려야 하는 것이다.

이 사건을 심리하는 판사는 통상 사실인정에 다툼이 있는지에 대한 심리를 진행하고, 입증책임을 지는 당사자가 각 요증사실에 대해 주장책임(burden of production)을 다하였다면 이 신청을 기각한다. 이러한 입증의 정도는 그 요증사실인 최종 판결에서 인정되기 위한 입증책임(burden of proof)에 비해 훨씬 가볍다. 따라서 이러한 신청이 인용되기는 쉽지 않다.

또한 이 신청을 인용하는 판결이 항소심에서 파기되는 경우, 새로운 변론기일이 열리도록 환송(remand)된다. 따라서 소송경제상의 낭비가 초래될 우려도 있어 1심 법원은 배심원 평결 이전에 이 신청을 인용하는데 더욱 신중한 것이 실무이다.

3) 배심원의 재판을 받을 권리와의 관계

이 제도는 수정헌법 제7조의 배심원의 재판을 받을 권리를 침해하는 것으로 생각될 수 있다. 그러나 배심원의 재판을 받을 권리는 사실인정에 다툼이 있는 경우에 그러한 사실인정에 대해 일반인들로 구성된 배심원의 판단을 받을 권리이므로, 이러한 다툼이 없다고 인정되는 사안에 한하여 적용되는 이 제도는 이에 반하지 아니한다고 평가된다. 즉, 사실인정에 다툼이 있는 경우에는 위 신청사건을 심리하는 판사는 이 신청

188) Honeywell Int'l Inc. v. Hamilton Sundstrand Corp., 370 F.3d 1131, 1139(Fed. Cir. 2004)(en banc).

을 인용하지 아니하고 배심원의 판단에 맡기되, 입증책임을 지는 당사자가 그 요증사실에 관한 어떠한 증거도 제시하지 못하거나 명백히 부족한 증거만을 제시한 경우에는 법원은 배심원의 역할이 존재하지 않는다고 판단하여 이러한 신청을 인용하는 결정에 이르는 것이다. 이는 소송경제에도 부합하는 제도이다.

이와 관련하여, CAFC는 배심원 평결 이전에 F.R.C.P. 50(a)에 기하여 특정 쟁점에 대한 JMOL이 제기되지 아니한 경우에는, 배심원 평결 이후에 그 쟁점에 대한 증거가 부족하다는 이유로 Post-trial motion이나 항소를 할 수 없다고 하고 있다.[189] 이는 배심원 평결에 들어가기 전에 이 신청을 통해 상대방 당사자에게 현저하게 부족한 쟁점에 대한 입증을 보충할 수 있는 기회를 주어야 한다는 취지이다. 따라서 대부분의 특허침해소송에서 원고와 피고는 변론기일에서 각 당사자가 입증을 마치면(rest the case), 이러한 JMOL 신청을 한다. 그리고 이러한 신청에 대한 심리는 배심원이 법정에 없는 시간에 이뤄지는데, 통상 오전이나 오후 변론 직전에 따로 심리된다.

(5) Final Jury Charge Conference, Final Jury Instruction

원고와 피고가 신청한 증인 및 서증에 대한 조사가 마쳐지면 법원은 배심원이 평의에 들어가기 직전에 'Jury Charge Conference'를 연다. 이 절차를 통해 법원은 배심원들이 평의를 통해 결론에 도달하는데 필요한 내용으로서 배심재판을 시작하면서 법원이 내리는 잠정적 지침(Preliminary Instruction)에 비해 보다 구체화된 내용을 담은 최종적인 배심원지침(Final Jury Instruction)[190]을 내린다. 즉 법원은 문서로 된 이 명령을 통해, 예를 들면, 침해가 인정되기 위해서는 청구항의 모든 요소(element or limitation)가 침해품에서 발견되어야 한다는 '구성요소 완비의 원칙(All Element Rule)', 독립된 청구항과 종속된 청구항의 관계, 당사자 사이에 합의된 통상의 기술자의 수준 등을 설명하고, 그러한 통상의 기술자의 기준에서 진보성 여부를 출원 당시를 기준으로 판단해야 한다는 점, 요증사실 인정을 위한 입증정도의 의미 등과 같은 특허법의 법리뿐만 아니라, 당해 사안에서 주장되는 청구의 요건사실, 예를 들면, 특허법 제271조

189) Peter S. Menell et al., Patent Case Management Judicial Guide, Federal Judicial Center(Third Edition 2016), 8.4(8-40); Unitherm Food Sys., Inc. v. Swift-Eckrich, Inc., 546 U.S. 394, 398 (2006).

190) 이는 특허법에 전문가가 아닌 일반인들이 각 쟁점에 대해 올바른 판단을 내릴 수 있게 하기 위한 길잡이(guide book)의 성격을 갖는다.

(b)나 제271조(f) 침해가 인정되기 위한 구체적 요건사실을 매우 상세히 설명한다. 이와 같은 최종 배심원지침(Final Jury Instruction) 문서는 우리의 판결문과 유사하게 판사들이 가장 심혈을 들여 작성하는 문서 중 하나이다. 이 명령은 배심원들이 평결을 함에 있어 기준이 되는 매우 중요한 내용을 담고 있기 때문에 당사자가 하나 하나의 내용이나 문구에 대해 매우 강하게 주장을 하고, 주장이 받아들여지지 않은 경우 이는 항소의 이유로 삼을 수 있다.

배심원지침의 내용이 확정되는 과정은, 우선 법원이 양 당사자에게 당사자끼리 사전에 협의를 한 후 하나의 문서에 당사자의 공통된 주장과 이견이 있는 부분을 명시하여 제출하게 한 후, 당사자 사이에 이견이 있는 부분에 관하여 법원의 잠정적 판단을 담아 로클럭이 초고를 작성한다. 이를 기초로 법원은 'Jury Charge Conference'를 열어 양측 당사자의 공식적 이의를 들은 후 법원이 이에 대해 최종 결정을 하여 최종 배심원지침을 확정하게 된다. 이 절차에서 이의하지 않은 사항은, 이의권의 포기로서 항소의 이유로 삼을 수 없기 때문에 당사자들은 이의가 있는 부분을 명확히 진술하여야 한다. 한편, 이러한 절차(Conference)의 효율성을 높이기 위해, 일부 판사들은 공식절차를 열기 이전에, 판사실에서 양측 대리인들과 만나서 이견을 사전에 조율하는 간이절차(unofficial conference)를 열고 항소 등을 위해 반드시 이의할 사항만을 공식절차(official conference)에서 진술하게 하는 방식을 사용하고 있다.

(6) Special verdict form, Verdict의 발표

이러한 최종 배심원지침[191] 고지 이후 양측 당사자가 최후 변론까지 마치면 배심원들은 각 판단대상이 되는 쟁점에 대한 질문사항이 논리적인 순서대로 기재된 문답서 형식의 평의표(special verdict form)를 받아 평의에 들어간다. 그리고 만장일치에 이른 경우 평결을 함으로써 변론기일(trial)을 마친다. 다만 이 평결은 그 자체로 법률적 효력을 발생시키는 것이 아니라 법원이 판결로 최종 결과를 등록(entry of judgment)함으로써 효력을 발생하는데, 이는 통상 Post-trial 쟁점에 대한 법원의 판단과 함께 하나의 판결로 선고된다.

---

191) 판사에 따라서는, 배심원에게 내리는 지침 중 그들이 평의과정에서 유의할 사항에 대한 고지 부분은 분리하여 양측 당사자의 최후 변론 이후에 따로 고지하기도 한다.

Ⅳ. Post-trial & Appeal

1. 변론기일 이후 각종 신청 및 심리

(1) Post-trial 신청들

사실심리절차인 변론기일(trial)이 끝나면, 당사자는 각종 신청을 제기하는데 그중 주요한 것으로, i) 재판과정에서 제기되었으나 인용되지 않은 JMOL 신청에 대해 다시 판단해 줄 것을 요청하는 Renewed JMOL[F.R.C.P. 50(b)] 신청 또는 연방민사소송규칙 제59조에 근거하여 다시 사실심리를 하여 줄 것을 구하는 새로운 판결 신청(motion for new trial), ii) 가중배상 신청, iii) 평결 후 손해(supplemental damages), 판결전 이자(pre-judgment interest), 변호사비용 전가 등의 손해배상 관련 신청, iv) 영구적 금지명령신청 등이 있다. 판사는 변론기일 이후 이러한 각종 신청에 대한 심리를 하고 결정을 내린다.

한편 변론기일에서 평결이 내려진 이후 추가로 구하는 '평결 후 손해'는 배심원 평결일로부터 최종 판결이 등록될 때까지 발생된 손해액으로서, 배심원 평결에서 침해 및 손해배상 평결을 얻은 특허권자가 Post-trial에서 이러한 손해도 배상명령을 내려줄 것을 신청하는 것이다. 이는 특허법 제284조의 규정에 의해 근거하여 인정된다. 법원은 적절한 '평결 후 손해'를 산정하는데 있어 금지명령의 인정 여부 등 다양한 요소를 고려하는데, 신청을 인용하여 손해액 산정 시에는 배심원 평결에서 인정된 로열티를 적용할 수 있다. 특허권자는 또한 침해 당시를 기준으로 일실손해나 합리적 로열티가 계산된 경우, 판결전 이자로 그 인정손해액에 대하여 침해 당시부터 판결이 등록될 당시까지의 이자지급을 명해줄 것을 신청할 수 있다. 이는 명시적 법적 근거는 없으나 법원의 형평법적 권한(equitable power)에 의해 인정되는 것으로, 금전 배상에 대해 일반적으로 인정되는 법리로, 이 신청에 대해 법원은 단리 또는 복리의 적용, 어떤 기준의 이율을 적용할 것인가에 관해 재량에 의해 결정한다.[192] 이러한 판결전 이자는 전보배상액에 대하여 인정되는 것이고 징벌적 손해배상(punitive damage)에는 적용되지

---

192) Anatomy of a Patent Case(Second Edition), Complex Litigation Committee of the American College of Trial Lawyers, Bloomberg BNA (2012), p. 163.

는 아니하므로, 특허침해소송에서 배상액 증액이 인정되는 경우에도 증액의 대상이 되지 아니하고, 증액된 배상액에 대하여는 판결전 이자는 가산되지 아니한다.[193]

(2) 평결 이후의 JMOL [F.R.C.P. 50(b)][194]

1) 의 의

배심원 평결 전에 제기된 JMOL 신청에 대해 법원이 이를 인용하지 아니하는 경우에는 법원은 그 신청에 의해 제기된 법률적 쟁점에 대해 법원이 나중에 판단한다는 조건을 붙여서 당해 소송을 배심에 제시한 것으로 본다. 따라서 이 경우 원고나 피고는 배심원 평결 후 늦어도 판결 등록 후 28일 이내에 JMOL 신청을 갱신하여(Renewed JMOL) 배심원 평결을 무시하고 판사가 직권으로 판결을 내려 줄 것을 구하거나 또는 이에 갈음하거나 이와 결합하여 연방민사소송규칙 제59조에 의한 새로운 변론 신청을 할 수 있다[F.R.C.P. 50(b)]. 즉 이 신청은 평결 전 JMOL이 신청되었으나 인용되지 아니하였을 것을 요건으로 하고, 평결 전 JMOL에서 삼지 않은 새로운 사유를 들어 이 신청을 할 수는 없다.

2) 법원의 심리

이러한 신청에 대한 판단기준은 평결전에 신청된 JMOL에 대한 판단기준과 같다. 이 신청이 제기되면 법원은 신청을 기각하고 배심원 평결대로 판결하거나, 모든 쟁점 혹은 일부 쟁점에 대해 새로운 변론기일(trial)을 명하거나 또는 JMOL 신청을 인용하여 법률판단을 내리는 결정을 할 수 있다[F.R.C.P. 50(b)(1)(2)(3)].

법원은 갱신된 JMOL 신청에 대한 심리를 배심원들에게 주어진 사실문제에 대한 법률적 판단에 대한 재심사 도구로 활용한다. 즉, 배심원들이 Graham 요소[195]에 대한 사실인정에 기해 진보성 판단을 내린 경우, 법원은 배심원들이 법률적 판단의 대상인 '진보성' 판단을 위하여 내린 각 요소에 대한 사실인정이 적절한 것인지를 위 절차를 통해 수행할 수 있다.[196]

---

193) Lam, Inc. v. Johns-Manville Corp., 718 F.2d 1056(Fed. Cir. 1983).

194) 'Judgement Notwithstanding the Verdict'라고도 불린다.

195) Graham v. John Deele Co., 383 U.S. 1(1996) 판결에 의해 확립된 것으로, 진보성 판단 시 다음 네 요소(단계), 즉 선행기술의 내용이나 범위 확정, 선행기술과 대상발명과의 차이 비교, 통상의 기술자의 수준 결정, 이차적 요소의 고려를 거치는 것을 의미한다.

196) Peter S. Menell et al., Patent Case Management Judicial Guide, Federal Judicial Center(Third

배심원의 평결이 내려진 이후 법원이 그 평결을 다시 평가하는 것은, 법원이 평결 이전에 미리 배심원 평결 후 그렇게 할 권리를 유보하여 둔다는 결정이 있지 않는 한 수정헌법 제7조 위반으로 평가된다. 따라서 배심원 평결 이전에 JMOL에 대한 결정에서 이와 같은 권리를 유보함을 명시한다.

항소심에서 JMOL 신청에 대한 기각결정이 잘못되었다고 판단하는 경우에는, CAFC는 그 판결을 취소하고 새로 변론기일(trial)을 열어 사건을 심리할 것을 명하거나, 새로운 변론이 필요한지를 판단하도록 명하거나, 직접 특정한 판결을 내리도록 지시할 수 있다[F.R.C.P. 50(e)].

3) 제도의 의의

이 제도는 법률비전문가인 일반인들이 사실에 관한 판단자로서 복잡한 사건에 참여하여 평결을 내리는 배심제로 인하여 혹여 현저히 부당한 결론이 도출되는 것을 막는 배심제에 대한 안전장치로서의 역할을 한다. 따라서 이 신청은 처음부터 법원재판으로 진행된 경우에는 해당 사항이 없다.

(3) Motion for New Trial [F.R.C.P. 59(a),(b)]

1) 의 의

배심재판이나 법관재판에 의한 판결이 최종 등록된 후로부터 28일 이내에 당사자는 새로운 변론의 신청을 할 수 있다. 이 신청은 평결 후 JMOL의 대안으로 신청될 수도 있다. 그러나 이 신청은 특정한 내용의 판결을 내려달라는 신청이 아니라 다시 사실심리를 위한 변론기일을 열어 달라는 신청이라는 점과, 이 신청을 인용하는 기준이 JMOL보다는 유연하다는 점이 다르다.

2) 법원의 심리

새로운 변론신청에 대하여 법원은 각 지방의 연방항소법원이 적용하는 일반 민사사건 심리기준에 따르고, 이는 특허사건에 관하여도 마찬가지이다.[197] JMOL 신청에 대한 심리와 달리 이 신청에서는 법원은 증거의 신빙성에 대한 판단을 할 수 있고, 이에 기해 배심원의 증거가치 판단이 심히 부당하여 새로운 변론기일이 필요한지에 대한

Edition 2016), 9.2.5.(9-17,18면).

197) Peter S. Menell et al., Patent Case Management Judicial Guide, Federal Judicial Center(Third Edition 2016), 9.2.4.(9-16면).

심리하게 된다.

새로운 변론신청이 인용될 수 있는 사유로는, i) 평결이 증거가치(weight of evidence) 판단에 반하는 경우, ii) 소송대리인이나 증인이 상대방의 정당한 요구를 무시한 잘못이 있는 경우, iii) 배심원이 잘못된 행동이 있는 경우, iv) 증거, 배심원 지침(jury instruction), 기일에서의 행동(trial conduct issues)에 관한 잘못된 결정이 있는 경우, v) 과도하거나 부적절한 손해액 인정이 있는 경우, vi) 변론기일에서 제출될 수 없었던 새로운 증거가 제시된 경우 등이다.[198] 이 신청이 인용되기 위해서는 신청의 사유로 삼은 사정들이 중대한 불이익(substantial prejudice)을 야기하였고, 실제로 변론기일에 그에 대해 이의가 제기되었어야 하고, 특허사건에서는 1심 법원의 특허청구항해석이 담긴 최종 배심원지침(final jury instruction)에 대하여 그러한 청구항해석이 잘못되었음을 다투기 위해 이 제도가 종종 이용되기도 한다.[199]

이 제도 역시 배심제에 대한 안전장치로서의 역할을 한다.

2. 종국판결(Final Judgment)의 등록

연방민사소송규칙 제58조는 배심원재판에서 평결(vedict)이 나오거나 법원재판에서 결정(decision)이 내려진 경우 원칙적으로 판결이 별도 문서로 등록(entry of judgment)되어야 한다고 규정하고 있다. 이로써 항소장 제출기한이 기산되기 때문이다. 배심원이 일반 평결(general verdict)을 내린 경우에는 직원이, 복잡한 쟁점에 대해 특별히 요청된 평결(special verdict)을 내린 경우에는 법원이 판결을 등록해야 한다. 법원이 배심원 평결이 나온 직후 그 평결에 따라 판결이 등록된 경우에는, post-trial 신청에 따라 평결을 변경하는 결정이 내려지더라도 이 결정은 별도로 입력될 필요가 없다[F.R.C.P. 58(a)(1)-(4)]. 그러나 고의침해가 평결로 인정되어 post-trial 절차에서 가중배상이 주장되고, 법원이 가중배상을 명하는 경우에는 그 판결이 별도로 문서로 변경되어야 하므로, 그와 같은 행정적 불필요를 줄이기 위해 평결이 난 이후에도 post-trial 신청에 대한 모든 결정을 포함하여 하나의 문서로 최종 판결을 등록하기도 한

198) Id.

199) 12 Moore's Federal Practice § 59.13 (3d ed. 2007). Id, 9.24.(9-17)에서 재인용. 이 신청이 인용되어 열리는 새 변론기일에서 법원은 당해 재판은 '새로운' 재판이고, 따라서 예단을 막기 위해 양측 당사자에게 항소심 판결 결과를 배심원들에게 설명하지 말라고 명하기도 한다.

다.[200] 이러한 판결문은 유리한 배심원 평결을 받은 당사자가 제출한 '[PROPOSED] JUDGMENT' 문서를 바탕으로 작성된다. 대부분의 특허사건에서 배심원 평결에 불복하는 당사자가 Renewed JMOL신청을 하고, 배심원의 판단대상이 되지 않는 금지명령(permanent injunction) 청구가 있는 경우 이에 대한 판단도 필요하므로, 통상은 배심원 평결 이후에 판사가 이에 대한 상세한 판단을 담은 판결문을 작성하여 최종 등록한다. 이 경우 배심원 평결로부터 1심의 종국판결이 입력될 때까지 수개월이 걸리거나 1년을 넘기는 경우도 있다. 한편 법관재판의 경우에는 최종변론 후 판사가 변론기일에 제출된 모든 증거를 바탕으로 판결문을 작성한다.

3. 소취하에 의한 소송의 종료와 판결의 집행 정지

(1) 소취하에 의한 소송의 종료

법원의 판결 이외에 당사자가 직접 소송을 종료시킬 수 있다. 미국에서는 디스커버리를 통해 사실관계가 조기에 정리되고 철저한 사건관리 및 주장변경의 제한을 통해 최종 판결 이전에 당사자가 소송의 결과를 예측하기 쉽고 또한 매우 높은 소송비용 등으로 인해 당사자가 최종 판결 전 어느 단계에서라도 적극적으로 합의를 시도하고, 이에 따라 소를 취하하여 소송을 종료시키는 경우가 매우 많다.

우선 원고는 피고가 소장에 대한 답변서를 제출하거나 혹은 사실심리생략판결 신청서를 송달하기 전까지 일방적으로 피고에게 취하의 통지(notice of dismissal)를 함으로써 소송을 종료시킬 수 있다. 또는 응소한 모든 당사자(all parties who have appeared)가 서명한 취하 동의서(stipulation of dismissal)가 법원에 제출되는 경우에는 위와 같은 시기의 제한이나 법원의 특별한 명령 없이 원고가 소를 취하할 수 있다. 이와 같은 두 가지 경우에는 위 통지서나 동의서에서 특별히 규정된 바가 없으면 원고는 그 취하로 인하여 아무런 불이익을 받지 않으므로 재소가 가능하다. 다만, 원고가 동일한 청구에 기초하거나 또는 그러한 청구를 포함하는 소를 연방법원 또는 주 법원에 제기하였다가 취한 적이 있는 경우에는 그 취하는 본안에 관하여도 처분하는 효력(adjudication)을 갖게 되므로, 재소가 불가능하다.[201]

---

200) Peter S. Menell et al., Patent Case Management Judicial Guide, Federal Judicial Center(Third Edition 2016), 9.1.(9-1.2면).

위와 같은 F.R.C.P. 41(a)(1)의 경우를 제외하고는, 소송은 법원이 적절하다고 인정하는 조건하에서 법원의 허가 명령에 의해서만 원고의 신청에 따라 취하될 수 있다{F.R.C.P. 41(a)(2)}. 만약 원고의 소취하서가 피고에게 송달되기 이전에 피고가 반소의 소답을 한 경우에는, 그 반소가 법원의 독립적인 판단의 대상으로 남을 수 있는 경우에만 피고의 반대에도 불구하고 취하될 수 있다. 만약 이 규정에 따른 법원의 명령에서 달리 정해지는 내용이 없다면, 이로 인하여 원고에게 가해지는 불이익이 없어 재소가 가능하다.[202] 연방민사소송규칙 제41(a)(2)에서 법원의 추가적인 허가 명령을 받아 소를 취하할 수 있도록 한 것은 소송이 어느 정도 진행된 이후에 원고가 일방적으로 소를 취하하였다가 재소하는 경우 피고에게 발생할 수 있는 위험을 형량하기 위한 것이다. 이에 따라 원고가 제소금지조건(with prejudice)으로 취하 신청을 하는 경우에는 법원은 대체로 이를 허가한다.[203]

(2) 판결의 집행정지

판결의 집행정지와 관련해서는 연방민사소송규칙 제62조가 다음 각 항과 같이 상세히 규정하고 있다. (a) 법원이 달리 정하지 않는 한 금지명령을 제외한 판결의 집행은 그 최종판결의 입력 후 30일간 유예된다. (b) 최종판결이 입력된 후 당사자는 어느 때든 보증금이나 이에 준하는 증서(bond or other security)를 제공하고 법원으로부터 집행정지 허가를 받을 수 있는데, 그 정지기간은 법원이 그 보증금이나 증서에 대한 허가를 한 때로부터 그 보증금이나 증서에 명시된 때까지 계속된다. (c) 임시적 혹은 영구적 금지명령이나 특허침해소송에서 계산을 명하는 판결 또는 명령은 법원이 달리 명하지 않는 한 최종판결이 입력된 후에도 집행이 정지되지 않는다. (d) 임시적 혹은 영구적 금지명령에 대한 항소가 계속 중인 경우에는 법원은 상대방 당사자의 권리를 보호하기 위한 담보 등을 조건으로 그러한 금지명령을 중지, 변경, 회복 또는 허가 등을 할 수 있다. (g) 위 규정들에도 불구하고 항소심 법원은, 항소심에서 항소가 계속되는 동안 절차를 정지하거나 금지명령을 중지, 변경 등을 하거나 또는 현상을 보정하거나 나중에 있을 판결의 실효성을 확보하기 위한 명령을 발부할 권한을 갖는다.

201) F.R.C.P. 41(a)(1).
202) F.R.C.P. 41(a)(2).
203) 홍종혁, 미국특허소송실무, 진원사(2022), 259.

위와 같은 판결의 집행정지신청의 당부를 판단함에 있어 연방대법원은 전통적으로 네 가지 요소를 고려해 왔다. 즉 (1) 집행정지신청인이 본안에서 승소할 것에 대해 강한 소명(strong showing)을 하였는지 여부, (2) 집행정지가 내려지지 않을 경우 신청인에게 가해질 회복하기 어려운 손해가 있는지 여부, (3) 집행정지가 내려진 경우 상대방에게 실질적인 피해를 줄 것인지 여부, (4) 공익의 존재 여부이다.[204] 그중 첫 번째 요건은 단순히 신청인이 본안에서 승소할 가능성이 있다는 정도를 넘어서는 소명을 요하고, 두 번째 요건은 단순히 회복불가능한 다소의 가능성을 소명하는 정도로는 부족하다.[205]

4. Appeal[206]

(1) 항소심의 심판 대상

미국 내 특허 관련 불복사건에 관하여 전속관할권을 갖는 CAFC의 관할권은 28 U.S.C. §1295에 규정되어 있다. 구체적으로 CAFC의 특허사건에 관한 관할로는, ① 특허에 관해 연방의회가 제정한 일체의 법률과 관련하여 발생한 모든 민사소송에서 또는 그 법률에 따른 강제적 반소가 제기된 민사소송에서 연방지방법원이 내린 종국판결에 대한 항소 사건, ② 특허출원, 저촉심사, 특허무효 등에 대하여 특허심판원(PTAB)이 내린 심결에 대한 불복 사건, ③ 불공정 행위를 이유로 수입규제 등에 대하여 내리는 '국제무역위원회(ITC)'의 최종심결에 대한 불복사건 등이다. 특허에 대한 사건 이외에도 상표에 관하여 상표심판원(TTAB)이 내린 심결 또는 특허상표청장의 상표출원 등과 관련하여 내린 결정에 대한 불복 사건, 품종보호에 관한 연방지방법원의 판결에 대한 불복 사건, 정부를 상대로 한 소송에 대하여 관할권을 가지는 연방청구법원(U.S. Court of Federal Claims)의 판결에 대한 불복 사건, 연방국제통상법원(U.S. Court of International Trade)의 결정에 대한 불복 사건 등이 CAFC의 관할에 속

---

204) Hilton v. Braunskill, 481 U.S. 770, 776(1987).

205) Nken v. Holder, 556 U.S. 418(2009).

206) CAFC에서의 절차를 규율하는 법규로는, 연방항소심소송규칙인 'Federal Rules of Appellate Procedure', CAFC 자체 규정인 Federal Circuit Rules, CAFC 실무가이드라인인 'Practice Notes', 그리고 CAFC 변론 변호사들에 대한 징계절차규정인 'Federal Circuit Attorney Discipline Rules'가 있다. CAFC는 위와 같은 네 규정을 하나의 법규집(CAFC Rules of Practice)으로 발간하고 있다. 최근 버전은 2022. 12. 1. 개정, 발간된 것이다.

한다.[207] 한편 저작권법, 상표법 위반으로 인한 침해사건은 해당 지역을 관할하는 연방지방법원을 거쳐 각 12개 항소법원이 관할권을 갖는다.

1심 연방지방법원의 판결이나 결정에 대한 항소는 그 판결이나 결정이 입력된 날로부터 30일 이내에 제기되어야 한다.[208] 또한 항소의 대상이 되는 판결은 임시적 금지명령의 인용 또는 기각, 소송물의 전부에 대하여 신청을 인용하여 내린 사실심리생략판결(summary judgment),[209] 법률문제판결(judgment as a matter of law), 그리고 피고의 책임 여부에 관한 종국판결 등이다.[210]

종국판결이 아닌 중간판결(interlocutory decisions)에 대하여도 본안에 관한 종국판결을 기다리지 않고 CAFC에 즉시 불복할 수 있는 예외적인 경우가 있다. 즉 사법제도법(28 U.S.C.) 제1292조(a)는 연방지방법원이 금지명령을 내리거나 이를 변경, 거절하는 결정을 한 경우 그 중간명령(interlocutory orders)에 대하여, 연방대법원에 즉시 상고할 수 있는 경우가 아니라면, 이에 대하여 항소가 가능하다고 규정하고 있다. 이에 따라 본안소송과 함께 신청되어 그에 대한 종국 판결 이전에 임시적 금지명령 신청에 대한 인용 또는 기각결정이 내려진 경우 당사자는 이에 대하여 즉시 CAFC에 항소할 수 있다. 다만 잠정적 금지명령(temporary restraining order)에 대하여는 불복이 가능하지 않다고 보고 있다.[211]

또한 사법제도법 제1292조(b)는 다음과 같이 규정하고 있다. 즉, "연방지방법원 판사는 민사소송에서 다른 불복수단이 없는 결정을 함에 있어, 자신의 결정이 견해 차이

---

207) CAFC의 관할권의 상세한 내용에 대하여는, Robert L. Harmon, Cynthia A. Homan, Laura A. Lydigsen, Charles M. McMahon, Patents and the CAFC (Twelfth Edition), Bloomberg BNA (2015), 1499-1523면 참조.

208) Federal Rules of Appellate Procedure. Rule 4. 즉 CAFC는 사실심리를 다시 하는 것이 아니라 법률심으로서 1심의 판단의 사실인정 및 법률적용의 오류를 정정하는 기능과 역할을 한다.: 특허법원 · 특허청 · CAFC, "양국 법관 간담회", 2013 한미 지재소송 컨퍼런스(2013. 10. 21.)에서 참여한 CAFC 판사 역시 같은 취지로 설명한 바 있다{미국 특허쟁송실무에 관한 연구 – 연방순회항소법원(CAFC), 연방지방법원, 국제무역위원회(ITC), 특허청(USPTO)을 중심으로 – 대법원 사법정책연구원(연구책임자: 송현정) (2016), 279에서 재인용}.

209) 일부 쟁점에 대하여 내려진 사실심리생략판결에 대하여는 해당 법원의 허락(certification)을 얻어야 항소가 가능하다[F.R.C.P. 54(b)].

210) Kimberly A. Moore, Timothy R. Holbrook, John F. Murphy, PATENT LITIGATION AND STRATEGY(Fifth Edition), AMERICAN CASEBOOK SERIES(2018), 1074면.

211) Connell v. Dulien Steel Prod., Inc., 240 F.2d 414(5th Cir. 1957): 홍종혁, 미국특허소송실무, 진원사(2022), 290.

에 관한 실질적 근거를 가지고 있는 중대한 문제를 포함하고 있고, 그에 대한 즉각적인 항소가 그 소송의 종국을 실질적으로 촉진시킬 수 있다는 것을 결정문에 기재할 수 있다. 그 결정일로부터 10일 이내에 항소가 제기된 경우, 관할 항소심 법원은 재량권에 기해 그 항소를 허용할 수 있다. 그러나 그러한 항소의 제기는 제1심 법원판사 혹은 항소심 법원이나 판사의 별도의 결정이 없는 한 제1심의 절차를 정지시키지 않는다." 이 규정에 따라, 연방지방법원의 원고가 손해액을 입증하기 위해 손해배상전문가의 의견서를 증거로 제출하고 그에 대한 증인신청을 하였는데, 피고가 손해배상 산정에 관한 그의 의견이 도저히 신빙하기 어렵다는 이유로 증거배제신청(motion in limine) 등을 하였고, 이에 법원이 피고의 신청을 인용하는 결정을 하자 그 결정에 대하여 항소가 허용되기도 하였다.[212] 다만 1심 법원의 청구항해석명령에 대하여 CAFC는 실무상 항소를 허용하고 있지 않다.

(2) 항소심 재판부

CAFC에서의 재판은 CAFC를 구성하는 일반판사(active judge) 전원으로 구성된 전원합의체에서 심리되지 않는 한 통상적으로 3명 이상의 홀수로 구성된 합의부에서 심리되는데, 합의부는 적어도 한 명의 시니어 판사(senior judge)를 포함하여 구성된다.[213] 사건의 배당은 통상 3명으로 된 합의부의 구성과 함께 이루어지는데 합의부의 구성원은 고정되지 않고, 일반 판사와 시니어 판사를 사건마다 컴퓨터 프로그램으로 무작위로 선정하여 결정한다.[214] 합의부 내 법정의견은 합의에서 다수결로 결정되며, 이에 대해 판사는 반대의견(dissenting opinion)이나 보충의견(concurring opinion)을 판결문에 쓸 수 있다.

한편 항소인은 피항소인의 답변서 제출기한 전까지 항소 사건을 전원합의체에서 심리해 줄 것을 신청할 수도 있고,[215] 합의부 또는 합의부 구성원 판사가 직권으로 해당 사건을 전원합의체가 심리하는 것을 검토하도록 요청할 수 있다.[216] 이러한 경우 전원

212) MLC Intellectual Property, LLC v. Micron Technology, Inc., 2020-1413(Fed. Cir. Aug. 26, 2021).

213) Federal Circuit Rule 47.2.(a).

214) Laural Hooper et al., Case Management Procedures in the Federal Courts of Appeals(2nd ed.), Federal Judicial Center (2011), 217; 한규현 외, "2014 재판부 국제화연수 보고서"[내부보고서], 법원행정처(2014. 10.), 5.

215) F.R.A.P. 35(c).

합의체를 구성하는 일반판사(active judge)의 과반수가 동의하는 경우 해당 사건을 전원합의체에서 심리하기로 결정할 수 있다.[217]

(3) 항소심의 심사기준

CAFC는 새로운 증거를 제출받아 조사를 하는 것이 아니라, 사후심이자 법률심으로서 1심 법원 판단의 적법성이나 적절성을 다시 심사한다.[218] 따라서 항소심에서 당사자는 새로운 주장과 증거를 제출할 수 없으며, 항소심 법원은 당사자가 하급심 법원에서 제기하지 않은 주장을 판단하지 않음이 원칙이다.[219] CAFC가 이러한 심사에 있어 적용하는 심사기준은 항소심의 대상이 되는 쟁점에 따라 크게 법률문제와 사실문제에 의해 ① de novo 기준(처음부터 다시 심사), ② clearly erroneous 기준(사실인정에 명백한 오류가 있는지 심사), ③ substantial evidence 기준(사실인정이 충분한 증거에 의해 뒷받침되는지 심사), ④ abuse of discretion 기준(재량권의 남용이 있는지 심사)으로 나뉜다.[220]

우선 법률문제이기 때문에 CAFC가 연방지방법원의 판단에 구애받지 않고 새로운 시각에서 de novo 기준에 따라 심사하는 대상은, 청구항 해석, 출원금반언(prosecution estoppel), 진보성, 실시가능성 요건(enablement), 명료성 요건(indefiniteness), 발명자성(inventorship), 일실이익에 의한 손해산정 가능성 등이다.

다음으로 사실문제이거나 또는 법률문제이더라도 사실문제에 상당히 기반하기 때문에, 법관재판의 경우에는 명백한 오류 기준에 의해, 배심재판의 경우에는 사실인정이 실질적인 증거에 의해 뒷받침되는지 기준에 의해 심사되는 쟁점이 있다. 이는 침해(문언침해 또는 균등침해)여부, 신규성(anticipation), 명세서 기재요건(written description), 불공정행위(inequitable conduct) 요건으로서 중요성과 고의적 의도, 특허권 남

216) Federal Ciruciut Practice Notes to Rule 35.

217) F.R.A.P. 35(a); Federal Circuit Practice Notes to Rule 35.

218) 다만 CAFC가 1심 법원의 사실인정에 대해서도 다시 심사한다는 점에서 '법률심'이라고 할 수 없다는 극히 일부의 견해도 있으나 이는 위와 같은 CAFC의 기능을 오해하였거나, '법률심'의 개념을 지나치게 좁게 이해하는데 따른 것으로 보인다.

219) Golden Bridge Tech., Inc. v. Nokia, Inc., 527 F.3d 1318(Fed. Cir. 2016); 홍종혁, 미국특허소송실무, 진원사(2022), 293.

220) 이하의 내용은, Anatomy of a Patent Case(Second Edition), Complex Litigation Committee of the American College of Trial Lawyers, Bloomberg BNA (2012), 197-199면에 소개된 CAFC의 판시를 정리하여 소개함.

용, 합리적 로열티, 일실이익, 악의성 인정(willfulness), 변호사 비용전가 요건으로서 예외성(exceptional case) 인정 등이다. 또한 진보성 판단의 네 요소(선행기술의 내용이나 범위, 통상의 기술자의 수준, 선행기술과 청구항의 차이, 이차적 요소)[221]나 실시가능성(enablement) 판단의 근저를 이루는 사실인정에 관한 문제는 사실문제에 대한 판단에 관한 심사기준을 동일하게 적용한다. '명백한 오류'는 그러한 판단을 뒷받침하는 증거가 있다고 하더라도, 항소심 법원이 전체 증거를 다시 보았을 때 잘못된 판단이 내려졌다는 명백하고 확실한 판단(definite and firm conviction)이 내려졌을 때 인정된다.[222] 반면, 'substantial evidence 기준'의 의미는, '단지 아주 작은 양보다는 많은 것으로서, 합리적인 사람이라면 관련된 증거가 그러한 결론을 지지한다고 보는 것이 합당하다고 받아들일 수 있는 정도의 것'을 의미한다.[223]

또한 CAFC는 연방지방법원이 재량권을 가지고 판단하는 형평법적 문제에 대한 판단(inequitable conduct, laches, equitable estoppel, unclean hands determination), 일실이익이나 합리적 로열티를 산정하기 위하여 사용한 방식, 변호사 비용 전가 결정, 금지명령 신청에 대한 결정 등에 대하여는 재량권 남용 기준(abuse-of-discretion)에 따라 심사한다. 재량권의 남용은 사실인정의 명백한 오류, 법률 해석 또는 적용의 오류, 명백한 판단의 오류 등의 경우에 인정된다.[224]

CAFC는 법률적 쟁점인 진보성의 판단을 배심원에게 맡길 수 있다고 하고 있는데, 만약 배심원이 진보성이 부인된다고 평결한 경우 이는 진보성 부인을 위한 네 가지 사실적 요소(Graham 요소)를 인정한 것으로 본다.[225] 또한 1심 법원이 형평법적인 쟁점을 연방민사소송규칙 제39(c)에 따라 배심원의 권고적 평결 대상으로 한 경우, 이는

---

221) 이러한 네 가지 요소를 'Graham 요소'라 한다. 이와 같은 진보성 판단을 위한 네 가지 요소가 모두 '사실인정'의 영역임은 Kimberly A. Moore, Timothy R. Holbrook, John F. Murphy, PATENT LITIGATION AND STRATEGY(Fifth Edition), AMERICAN CASEBOOK SERIES(2018), 1075면도 같은 견해이다.

222) United States v. United States Gypsum Co., 333 U.S. 364, 395, 76 USPQ 430(1948).

223) In Re: Charger Ventures LLC, 2022-1094(April 13, 2023, Fed. Cir); Consolidated Edison Co. of New York v. N.L.R.B., 305 U.S. 197, 216-17(1938).: "Substantial evidence is 'more than a mere scintilla'-it means such releant evidence as a reasonable mind might accept as adequate to support a conclusion."

224) National Presto Indus., Inc. v. West Bend Co., 76 F.3d 1185, 1197, 37 USPQ2d 1685, 1691 (Fed. Cir. 1996).

225) Kimberly A. Moore, Timothy R. Holbrook, John F. Murphy, PATENT LITIGATION AND STRATEGY(Fifth Edition), AMERICAN CASEBOOK SERIES(2018), 1076면.

법원에 대하여 아무런 구속력이 없으므로, 그러한 판단의 전제가 되는 사실은 여전히 연방민사소송규칙 제52(a)에 따른 법관의 판단 대상이 되고, [226] 그러한 판단에 대해 항소심에서 위 기준에 따라 재심사된다.

다만 1심 법원의 청구항 해석에 대한 항소심의 심사기준에 대하여 연방대법원은 Teva 사건[227]에서, 이는 법률문제임에도 청구항 해석에서 수반되는 외적증거의 해석 등에 의한 사실관계 확정(determination of subsidiary facts)에 대해서는 항소심에서 de novo 심사기준이 아니라 명백한 오류 기준에 따라 심사되어야 한다고 하였다. 즉 연방대법원은 연방민사소송규칙 제52(a)(6)가 항소심법원은 증인의 신빙성 평가에 관한 연방지방법원의 판단에 합당한 존중을 하여야 하고, 증거에 의한 사실인정을 명백한 오류의 발견 없이 배척하여서는 안 된다고 규정하고 있음을 들면서, 그러한 규정은 간접사실(subsidiary fact)의 인정 및 그로부터 추론된 요증사실(ultimate facts)의 인정 모두에 적용된다고 하였다. 즉 계약서 등의 해석에 있어 문언이 명확한 경우에는 법률 적용의 문제만이 발생하나, 문언이 명확하지 않은 경우에는 계약서의 해석에 앞서 그 문언 해석을 위해 사실인정의 문제가 선행하고, 이는 청구항 해석에 있어서도 마찬가지라는 것이다. 따라서 구체적으로, 1심 법원이 내적 증거만에 의해 청구항을 해석한 경우에는 청구항 해석은 순수하게 법률문제이므로 항소심에서 de novo 기준에 의해 재심사하고, 반면 1심 법원이 배경기술이나 청구항의 의미를 이해하기 위해 외적 증거를 사용하여 간접사실을 인정하고, 그에 기초하여 청구항 해석에 이른 경우에는, 그 청구항 해석 자체는 de novo 기준에 따라 재심사하여야 하는 법률문제이나 항소심이 1심 법원의 '간접사실의 인정'을 뒤집기 위해서는 명백한 오류를 발견하여야 한다고 판시하였다. 따라서 1심 법원이 특허권자의 전문가증인을 채택하고 상대방의 전문가 증언을 배척하여 청구항 해석을 하였는데, CAFC가 de novo 심사기준에 따라, 1심 법원이 채택한 증언의 신빙성 판단에 대한 명백한 오류를 발견한 바 없이 특허권자의 전문가증언을 채택하지 아니하고 1심 법원의 청구항 해석을 배척한 것은 재심사 기준에 대한 잘못을 저지른 것이라고 하였다.[228]

---

226) Id.

227) Teva Pharmaceuticals USA, Inc. v. Sandoz Inc. S.Ct. 831, 113 USPQ2d 1269(2015).

228) 이 판결에 대하여는, 손천우, "특허청구항 해석에서 사실심과 법률심의 판단범위와 근거: Markman I 판결(1995)부터 Teva v. Sandoz 판결(2015)까지", 사법논집 제60집 (2016) 논문이 상세히 분석하고 있다.

(4) 법정조언자 의견서(Amicus Curiae)

법정조언자 제도는 연방항소심소송규칙(Federal Rules of Appellate Procedure, "F.R.A.P.") 제29조에 근거한 것으로, 법원이 직권이나 당사자의 신청에 의해 사건과 상당한 이해관계가 있거나 사건의 쟁점에 대하여 깊은 식견을 가진 개인이나 단체, 혹은 연방정부가 의견서(Amicus Brief)를 제출하도록 하는 제도이다.[229] 구체적인 사건에서 법정조언자 의견서를 제출할 수 있으려면 미리 법원에 법정조언자 명단에 등재되어 있어야 하고,[230] 법정조언자는 법원의 허락이 있는 경우 구술변론에 참여할 수도 있다[F.R.A.P 29(8)]. 법정조언자 의견서는 연방정부, 연방정부의 공무원이나 대리인, 주(state)를 제외하고는 법원의 허락이나 양 당사자의 동의를 얻어야만 이를 제출할 수 있는데, 이러한 경우에도 법원은 제출을 불허하거나 일부 의견서 제출을 금지시킬 수 있다[F.R.A.P 29(2)].

(5) 항소심의 판결 형식

CAFC에서는 구두변론(oral argument)이 열리거나 혹은 서면심리만으로 심리가 종결된 후 판결이 선고된다. CAFC는 항소심에서 1심의 청구항 해석이 잘못되었다고 판단하는 등 1심에서 추가적인 심리가 필요하다고 판단하는 경우 1심판결을 파기환송(remand)하면서 판단취지에 따라 추가 심리를 진행하도록 명하는 것이 일반적이다. 혹은 1심판결이나 결정을 단순히 취소(vacate)하거나 CAFC가 직권으로 그와 상반되는 판결이나 결정을 내리면서 1심 판결을 변경(reverse)하기도 한다.

1심에서 침해 인정 후 손해배상과 금지명령을 내린 판결에 대한 항소심에서 청구항 해석을 달리 함이 타당하다고 판단하면서, 특허권자가 1심에서 제출한 증거에 비춰보더라도 침해품 등이 새롭게 해석된 청구항의 권리범위에 속함을 인정하기 부족하여 비침해의 법률판단(judgment of noninfringement as a matter of law)을 하기에 충분하다고 판단하여, 1심의 침해 판단을 변경(reverse)하고, 손해배상과 금지명령을 취소하며(vacate), 반소에 관한 쟁점만을 추가 심리하도록 그 한도에서 사건을 파기환송한 사례도 있다.[231]

---

229) 미국 특허쟁송실무에 관한 연구－연방순회항소법원(CAFC), 연방지방법원, 국제무역위원회(ITC), 특허청(USPTO)을 중심으로－, 대법원 사법정책연구원(연구책임자: 송현정)(2016), 263면.

230) 강경태, "미국 연방순회항소법원(CAFC: The Court of Appeals for the Federal Circuit) 연수기", 특허소송연구 제5집(2011), 453면.

사건을 심리한 재판부는 다음의 경우[232] 판결이유의 설시 없이 단지 원심을 인용한다는 판결(judgment of affirmance without opinion)을 내릴 수 있다. 이 경우 그러한 결정이 판결문을 대신한다. 즉, (1) 1심의 판결, 결정, 명령이 명백한 오류 없는 사실인정에 근거한 경우, (2) 배심원 평결을 뒷받침하는 증거가 충분한 경우, (3) 사실심리 생략판결, JMOL에 대한 판단, 또는 변론에서의 주장에 대한 판단이 기록에 의해 뒷받침되는 경우, (4) 행정기관의 결정이 그에 관한 재심사 근거 법률이 규정한 기준에 따라 이를 인용할 만하다고 인정되는 경우, (5) 판결이나 결정이 법률에 반하지 않게 내려진 경우에 그와 같은 간략한 결정이 내려진다. 이와 같은 경우에는 재판부가 판결문 작성의 부담을 갖지 않게 되는 장점이 있다.

그 이외에 경우에는 재판부(panel)는 이유를 기재한 판결문(opinion)을 작성하여야 하는데, 그중 판례법에 중대한 의미를 더하지 않는 판결에 대해서는 그것이 선례적 가치가 없는 판결이라는 표시, 즉 'Nonprecedental' 또는 'Unpublished'라는 표시를 할 수 있다. 재판부가 판결문에 이러한 표시를 하지 않은 판결은 모두 선례적 가치가 있는 판결(precedential disposition)이다. 다만 선례적 가치가 없는 판결로 표시된 판결도 당사자는 이를 인용할 수 있고, 법원으로서도 이 판결을 어떠한 기준이나 논거로 활용할 수는 있으나 다만 이 판결에 선례적 효과(effect of binding precedent)를 부여하지는 않는다. 재판부가 '선례적 가치가 없는 판결'로 표시한 판결을 내린 후 60일 이내에 누구든지 당해 재판부에 대하여 그 판결의 선례구속력 여하에 영향을 받은 사건을 명시하여 그 판결을 선례적 가치가 있는 판결로 변경해 줄 것을 신청할 수 있고, 재판부가 그 신청을 받아들이는 경우 그 판결은 '선례적 가치가 있는 판결'로 변경될 수 있다.[233] 최종 판결문은 사건기록에 입력된 후 별도의 선고절차 없이 법원직원이 이를 당사자에게 송달한다.[234]

(6) 판결 후 재심리

1) 재판부에 의한 재심리

CAFC의 3인 이상 판사로 구성되는 합의부(panel)에 의한 판결에 불복하는 당사자

231) CVI/Beta Ventures, Inc. v. Tura LP, 112 F.3d 1146, 42 USPQ2d 1577(Fed. Cir. 1997).
232) Federal Circuit Rule (December 1, 2022) 36(a).
233) Federal Circuit Rule 36(a)-(e).
234) F.R.A.P. 36(a),(b).

는 상고 대신에 최종판결이 등록된 후 14일 이내에 당해 재판부에 대하여 재심리를 해 줄 것을 구하는 합의부 재심리(panel rehearing)를 요청할 수 있다.[235] 신청인은 이러한 신청 시 합의부 판결이 경시하거나 오해한 특정 법률이나 사실을 명시하여야 한다. 이러한 신청에 대하여는 해당 판결을 한 합의부 구성원의 다수가 동의하는 경우 재심리가 열릴 수 있는데, 이 경우 재판부의 결정에 따라 추가적인 서면공방이나 구두변론 여부가 결정되고, 이에 따라 다시 판결이 내려진다.[236]

2) 전원합의체에 의한 재심리

항소인은 최종판결이 등록된 후 14일 이내에, 합의부 재심리 신청을 대신하거나 혹은 합의부 재심리 신청과 함께 해당 사건을 전원합의체에서 재심리 해달라는 전원합의체 재심리신청(rehearing en banc)을 할 수도 있다. 만약 합의부 재심리 신청과 전원합의체 재심리 신청이 동시에 제기된 경우 합의부 재심리 신청의 당부가 먼저 심리되고, 그 신청이 인용되는 경우 전원합의체 재심리 신청에 대해서는 판단되지 않는다.[237] 다만 전원합의체 재심리 신청에 대한 허부를 판단하는 경우 전원합의체를 구성하는 일반판사의 다수결에 의해 결정된다.[238]

전원합의체에 의한 재심리는 법원의 직권에 의해서도 개시된다. 즉 합의부 또는 합의부 구성원 판사는 해당 사건을 전원합의체가 재심리하는 것을 검토할 것을 요청할 수 있고,[239] 이에 따라 전원합의체를 구성하는 일반판사(active judge)의 과반수가 직권으로 해당 사건을 전원합의체에서 재심리하기로 결정할 수 있다.[240] 만약 전원합의체 재심리 대상이 된 판결을 한 재판부에 시니어 판사가 구성원이었던 경우에는 그 시니어 판사도 전원합의체 재심리 절차에 참여한다.[241]

이러한 전원합의체 재심리는, 전원합의체 심리가 그 법원 판결의 일관성을 확보하기 위해 필요하거나, 그 절차가 예외적으로 중요한 문제를 포함하고 있는 경우가 아니면 통상적으로 허용되지 않는다.[242] 이러한 요건에 부합하지 않은 전원합의체 심리 혹

---

235) 만일 일방 당사자가 미연방국가, 연방기구 등인 민사사건의 경우에는 다른 명령이 없는 한 판결 등록일로부터 45일 이내에 이와 같은 신청이 가능하다.: F.R.A.P. 40(a)(1).
236) Federal Circuit Practice Notes to Rule 40.
237) Federal Circuit Practice Notes to Rule 35.
238) F.R.A.P. 35(a); Federal Circuit Practice Notes to Rule 35.
239) Federal Ciruciut Practice Notes to Rule 35.
240) F.R.A.P. 35(a); Federal Circuit Practice Notes to Rule 35.
241) Federal Circuit Practice Notes to Rule 35.

은 재심리 요청에 대해서는 제재가 가해질 수 있다.[243]

5. 기타 불복수단

(1) petition for Writ of Mandamus

직무집행명령(Writ of Mandamus)은 법원이 특정인에게 법률상 요구되는 특정 행위를 하도록 지시하거나 하급심 법원에 재량권의 남용에 의한 위법한 판결이나 결정을 수정하도록 명하는 것으로, 이러한 신청에 대한 구제는 매우 예외적인 상황에서 인용된다. 미국 사법제도법(28 U.S.C.) 제1651조는 연방대법원 및 각 법원이 각 관할의 사무처리를 돕기 위해 필요하거나 적절한 직무집행명령을 법원칙과 그 사용에 적절한 방식으로 내릴 수 있다고 규정하고 있다.

연방대법원은 이 제도가 항소의 대체적인 수단으로 이용되어서는 아니 된다고 하면서,[244] 이러한 신청은 다음 세 가지 요건이 충족된 경우에만 예외적으로 허용되어야 한다고 하고 있다. 즉, ① 신청인이 그러한 구제를 받을 수 있는 다른 수단이 없을 것(1요건), ② 그러한 명령이 내려져야 하는 명백하고 다툼 없는 권리(clear and indisputable right)를 입증할 것(2요건), ③ 그리고 위 두 요건이 충족된 경우에도 법원이 재량에 따라 그러한 명령을 내리는 것이 해당 상황에서 적절할 것의 요건이 모두 충족되어야 한다(3요건).[245]

1요건과 관련하여, 제소지 문제로 제기된 소각하 또는 이송 신청을 하는 사유는 주로 두 가지가 있는데, 첫째는 제1404(a)조에 근거하여 제소지 불편성을 이유로 제기하는 경우이고,[246] 둘째는 제1406(a)조에 근거하여 제소지 부적법성을 이유로 제기하는 경우이다.[247] CAFC는 첫째 경우에 대해서는 직무집행명령을 발부하는 경우도 있

---

242) F.R.A.P. 35(a).

243) Federal Circuit Rule 35(a)(2).

244) Bankers Life, 356 U.S. 379, 383(1953).

245) Cheney v. U.S. Dist. Court for D.C., 542 U.S. 367, 380-81, 124 S.Ct. 2576, 159 L.Ed.2d 459 (2004).

246) 28 U.S.C. §1404(a) For the convenience of parties and witnesses, in the interest of justice, a district court may transfer any civil action to any other district or division where it might have been brought or to any district or division to which all parties have consented.

247) 28 U.S.C. §1406(a) The district court of a district in which is filed a case laying venue in the wrong division or district shall dismiss, or if it be in the interest of justice, transfer such

지만, 둘째 경우에 대해서는 명령을 발부하는 경우가 매우 드물다.

부적법한 제소지에서 재판이 이루어진 경우, 이를 다툴 권한을 포기하지 않았다면 패소자는 판결에 대한 항소 시 이를 다툴 수 있고, 지방법원의 제소지 부적법성이 인정될 경우 상급 법원이 지방법원의 판결을 취소하고 적절한 제소지 법원으로 사건을 송치할 수 있다. 부적법한 제소지는 심각한 결함으로서 재판의 유효성에 중대한 결함이 되기 때문이다. 따라서 부적법한 제소지에서의 재판은 통상의 적절한 구제수단이 존재한다.

이에 반해서 불편한 제소지 법원에서의 재판은 판결의 유효성에 영향을 줄 정도의 심각한 결함에도 해당하지 않는 경우가 대부분이어서, 항소심에서 다투기에 적절하지 않다.[248]

PTAB의 IPR 개시신청 거절결정에 대하여는 특허법 제314조(d)에 의해 CAFC에 항소가 허용되지 않으므로, 이에 대하여는 직무집행명령 신청의 방법으로 불복이 가능하다. 다만 실무상 이 거절결정에 대한 직무집행명령 신청에 대한 불복은 높은 기준의 증명책임 기준을 충족시키기 어려워 대부분 거절되었다.[249]

(2) 상 고

항소심의 판결에 불복하여 연방대법원에 상고를 하기 위한 경로는 권리상고(appeal), 상고허가신청(certiorari), 법원의 상고제청(certification)이 있다.[250] 특허사건에 관한 CAFC의 판결에 불복이 있는 당사자는 항소심 판결문이 등록된 날로부터 90일 이내에 상고허가신청서(writ of certiorari)를 제출하여 연방대법원에 상고할 수 있다.[251] 그러나 원칙적으로 소송당사자가 당연한 권리로서 상고를 하는 것이 아니라, 연방대법원이 스스로 판단할 사건을 선별하는 상당한 재량권을 행사하여 상고허가 여부를 결정한다.[252] 따라서 미국에서 특허사건은 대부분의 경우 CAFC에서 사실상 종

---

case to any district or division in which it could have been brought.

248) 이를 'Harmless Error Rule'이라 한다.

249) In re Power Integrations, Inc., 899 F.3d 1316, 1318 등: 홍종혁, 미국특허소송실무, 진원사(2022), 293.

250) 구체적 내용에 대하여는, 미국 연방대법원 판결의 유형과 사회적 영향에 관한 연구, 대법원 사법정책연구원(연구책임자: 이제우)(2106), 42-43면 참고.

251) 28 U.S.C. §1253, §1254, §2101.

252) 미국 연방대법원 판결의 유형과 사회적 영향에 관한 연구, 대법원 사법정책연구원(연구책임자: 이

결된다.

V. 판결의 효력

특허침해소송에서 특허의 침해 여부는 물론 당해 특허의 유무효나 권리행사가능 여부 등에 대해서도 판시되는데, 이러한 판결이 법원의 후속 사건이나 재판에 어떠한 영향을 미치는지 살펴볼 필요가 있다.

1. 청구배제효(Res Judicata; claim preclusion)[253]

법원에서 본안에 관한 종국판결이 난 이후에 동일한 당사자 사이에 동일한 청구원인(cause of action)에 기한 후소는 허용되지 않는다는 원칙이다. 즉 양당사자 사이에 본안 판결이 확정된 첫 번째 소송이 존재하는 경우 양당사자는 청구배제효(Claim Preclusion)에 의하여 첫 번째 소송과 동일한 청구원인(cause of action)에 기한 소송을 다시 제기할 수 없다.[254] 청구배제효가 적용되기 위해서는 ① 본안에 관한 종국판결이 내려질 것, ② 전소에 관한 판결이 적법한 관할법원에 의한 것일 것, ③ 두 청구가 동일한 청구원인에 기한 것일 것, ④ 원칙적으로 당사자가 동일할 것의 요건을 모두 충족하여야 한다.

(1) 본안에 관한 종국판결

'본안에 관한' 종국판결은 당사자가 주장한 사실관계와 증거에 대하여 법원이 판결을 내린 경우를 말하므로 재판지나 인적관할 또는 물적관할 등의 부적합을 이유로 소가 각하(dismissal)되는 경우에는 이러한 효력이 발생하지 않는다. 다만 무변론판결(default judgement)이나,[255] 사실심리생략판결(summary judgment)이 내려진 경우에

제우) (2106), 51면. 이에 따라 연방대법원은 2000년대 이후 연간 상고허가 신청의 약 1%(100건 이하) 사건에 대하여만 상고허가를 내려 판단하고 있다.: 위 연구 보고서, 69면 [그래프 3-2] 참조.

253) 우리나라 소송절차상 '기판력'과 유사하기는 하나, 그 요건과 효과가 완전히 일치하지는 않아서 '청구배제효'로 번역한다.

254) Lawlor v. Nat'l Screen Serv. Corp., 349 U.S. 322, 326(1955).

255) Josepth W. Glannon, Civil Procedure(Seventh Edition), Wolters Kluwer Law & Business

는 이와 같은 효력은 발생한다.[256] 또한 본안에 관하여 판결이 내려진 것이라면, 항소심에 계속 중이어서 판결이 확정 전이라도 이 효과는 발생한다.[257]

(2) 청구원인의 동일

'동일한 청구원인'의 요건과 관련해서는 전소에서 실제로 제기된 것이거나 제기될 수 있었던 청구의 원인으로서, 'transaction and occurrence test'를 거친다.[258] 즉 동일한 거래나 동일한 사실로부터 발생된 청구는 전소에 모두 병합하여 제기했어야 하고, 설사 일부 청구를 누락했다고 하더라도 후소에서 동일한 청구원인에 기초하여 추가적인 구제를 요청할 수는 없다. 전소와 후소가 동일한 역사적인 사실(historical fact)에 근거한 경우에는 설사 법률적 주장이 다른 경우에도 후소에서 새로운 청구(claim)를 불허하는 것이다.[259] 이 효력으로 인해, 특허침해소송에 있어 특허무효에 대한 항변이 가능하였던 경우에는 후소로써 특허무효의 확인소송을 제기하는 것은 허용되지 아니하고,[260] 또한 특허 비침해 확인소송에서 특허권자가 침해 주장을 하지 않았다면 후소로써 이를 청구하지 못한다.[261] 또한 재심사(reexamination) 절차에서 청구항이 변경되었다고 하더라도 동일한 당사자를 상대로 동일한 특허에 기해 소송을 제기하는 경우 '새로운 청구'라고 할 수 없다.[262] 나아가 '동일한 청구원인'에 해당하기 위해서는

(2013), 545면.

256) Vink v. Schijf, 839 F.2d 676, 5 USPQ2d 1728(Fed. Cir. 1988).

257) Restatement (Second) of Judgment (1982) §13. 다만 이러한 종국판결은 그러한 효력이 주어지는 당사자가 그 판결의 정확성을 다툴 수 있는 권리가 주어졌어야 한다[Restatement (Second) of Judgment, §13 reporter's note].

258) Josepth W. Glannon, Civil Procedure(Seventh Edition), Wolters Kluwer Law & Business (2013), 543-544면; Finch v. Hughes Aircraft Co., 926 F.2d 1574, 17 USPQ2d 1914(Fed. Cir. 1991).

259) 이러한 해석론은 Restatement (Second) of Judgemen (1982) §24에도 명시되어 있다. Restatement of Judgment는 판사, 법학자, 실무가들이 주축이 되어 1923년에 설립된 American Law Institute이 판례의 실무를 분석하여 모아놓은 일종의 실무례집으로 법률, 조약, 당해 사건에 직접 적용될 판례와 같은 1차적 법원(法源, primary authority) 다음으로 CAFC을 비롯한 여러 법원이 자주 인용하는 2차적 법률해석의 기준(secondary authority)으로 기능하고 있다.

260) Cummins, Inc. v. TAS Distrib. Co., 700 F.3d 1329, 105 USPQ2d 1291, 1295-96(Fed. Cir. 2012).

261) Genentech Inc. v. Eli Lilly & Co., 998 F.2d 931, 27 USPQ2d 1241(Fed. Cir. 1993).

262) Aspex Eyewear, Inc. v. Marchon Eyewear, Inc., 672 F.3d 1335, 101 USPQ2d 2015, 2021-22 (Fed. Cir. 2012).

동일한 침해사실을 주장하는 경우여야 하는데, 침해품의 색상이나 침해와 관련 없는 청구항 한정요소의 변경은 동일성의 변화를 가져오지 아니하나,[263] 전소 당시 존재하지 않았던 침해품에 대하여는 청구배제효가 미치지 아니한다.[264]

(3) 동일한 당사자

청구배제효는 '동일한 당사자'에 관한 소송에 미치는데, 완전히 동일한 당사자가 아니더라도 이 효력은 privy, 즉 관계가 매우 밀접하고(so closely related) 이해관계가 매우 유사해서(so neatly identical) 동일한 당사자로 취급하여 청구배제효를 부여하는 것이 정당한 관계(privity)에 있는 제3자[265]에게까지 미친다. 이러한 privity 관계에 해당한다고 할 것인지는 명시적 또는 묵시적 법률관계로 인하여 전(前)소송을 진행한 당사자의 행위를 후소의 당사자에게 귀속시킬 수 있을 것인지에 따라 판단되는데, 패소한 피고에 대한 소가 제기된 후에 그 피고의 재산을 양수한 이는 privity 관계에 해당하여 전소의 판결의 효력을 받는다는 판시[266]가 있다. 이와 관련하여 흥미로운 사건[267]이 있었다. 원고가 침해품을 제조하는 회사를 상대로 한 전소에서 피고가 디스커버리 절차에서 원고의 서면질의(interrogatory)에 응하지 않아 비침해 주장이 금지되어 승소판결을 받은 후, 그 침해품을 매수한 제3의 업체들을 상대로 특허침해소송을 제기한 후소에서, 원고는 피고에 대하여 쟁점배제효(issue preclusion)를 공격방법으로 주장하기 위해 제3의 업체들이 전소의 피고인 제조회사와 privity 관계에 있다고 주장하였다. 이에 제1심 법원은 전소에서 침해여부에 대해서는 실제로 주장, 심리되지 아니하였음을 이유로 원고의 쟁점배제효 주장을 배척하면서, 오히려 전소의 피고인 제조업체들과 피고들의 관계가 privity 관계에 해당하고 전소 계속 중에 피고들이 침해품을 매수하여 사용하고 있다는 점을 원고가 알고 있었다는 사실에 대해 당사자 사이에 다툼이 없음을 이유로 청구배제효를 적용하여 원고의 청구를 기각하는 사실심리생략판결을 하였다. 이에 대해 항소심에서야 원고는 제조업체들과 피고가 privity 관계에 해

263) Robert L. Harmon, Cynthia A. Homan, Laura A. Lydigsen, Charles M. McMahon, Patents and the CAFC (Twelfth Edition), Bloomberg BNA(2015), 1766면.

264) Aspex Eyewear, Inc. v. Marchon Eyewear, Inc., 672 F.3d 1335, 101 USPQ2d 2015, 2021-22 (Fed. Cir. 2012).

265) Ruple v. City of Vermillion, 714 F.2d 860, 862(8th Cir. 1983).

266) Kloster Speedsteel AB v. Crucible, Inc., 793 F.2d 1565, 230 USPQ 81(Fed. Cir. 1986).

267) Transclean Corp. v. Jiffy Lube Int'l, Inc., 474 F.3d 1298, 81 USPQ2d 1400(Fed. Cir. 2007).

당하지 않다고 주장을 변경하였으나, CAFC는 제조업체와 침해품을 구매한 자는 privity 관계에 있다고 할 수 없을 것이나 원고는 'doctrine of judicial estoppel'[268]에 따라 1심에서 한 주장에 구속된다는 이유로 1심의 판결을 확정하였다.

(4) 기　타

후소가 청구배제효(res judicata)의 적용을 받는다는 주장은 이를 주장하는 측에 입증책임이 있고, 이는 별도의 신청이 아니라 적극적 항변(affirmative defense)으로 답변서에서 제기하여야 하고, 이러한 항변을 하지 아니한 경우 항변권을 포기한 것으로 간주된다.[269] 또한 뒤에서 보는 바와 같이 충분하고도 공정한 기회(full and fair opportunity)가 제공되지 아니하였다는 사실은 쟁점배제효(issue preclusion) 항변에 대하여는 재항변 사유가 되나, 청구배제효의 적용을 배제하기 위해서는 이전 소송이 적법절차의 원칙에 반하는 정도의 위법이 입증되지 않으면 안 된다.

2. 쟁점배제효(Collateral Estoppel; Issue Preclusion)[270]

청구배제효(claim preclusion)가 동일한 청구원인에 기한 후소 제기 자체를 금하는 데 비하여, 이 원칙은 후소가 다른 청구원인에 기하여 제기된 경우에도 전소에서 충분히 심리된 법률적 혹은 사실적 쟁점에 대해서는 후소에서 이에 반하는 주장이나 항변을 할 수 없도록 하는 원칙이다. 이 역시 청구배제효와 같이 법원의 소송절차 내에서 작용하는 효력임은 동일하다.

---

268) 'doctrine of judicial estoppel'은 당사자가 동일한 또는 관련된 소송에서 모순된 입장(inconsistent position)을 취할 수 없다는 원칙으로 사법절차의 염결성(integrity of the judicial process)을 유지하기 위해 요구되는 원칙이다. 이 원칙의 적용 요건으로 연방대법원은 ① 당사자의 바뀐 입장이 명백히 기존 입장에 배치될 것(clearly inconsistent), ② 법원이 당사자의 기존 주장을 받아들이도록 설득하는데 당사자가 성공하여 주장의 변경으로 인해 법원이 모순되는 결정(판결)을 할 위험이 생길 것, ③ 그러한 모순되는 주장이 허용되는 경우 그 당사자에게 불공정한 이익을 주거나 반대 당사자에게 불공정한 피해를 줄 것 등을 요구한다고 판시한 바 있다.: Transclean Corp. v. Jiffy Lube Int'l, Inc., 474 F.3d 1298, 81 USPQ2d 1400(Fed. Cir. 2007). 또한 CAFC는 청구항해석에 관하여 이와 같은 judicial estoppel이 적용된다고 판시한 바 있다[Interactive Gift Express, Inc. v. CompuServe Inc., 256 F.3d 1323, 1346(Fed. Cir. 2001)].

269) Rotec Industries Inc. v. Mitsubishi Corp., 348 F.3d 1116(9th Cir. 2003). 중복소송에 대한 항변도 마찬가지로 취급된다(위 판결).

270) 우리 민사소송절차에서 논의되는 쟁점효와는 다소 차이가 있다.

쟁점배제효(collateral estoppel)는 ① 후소에서의 쟁점이 전소와 동일할 것, ② 전소에서 그 쟁점이 실제로 제기되어 심리가 되고 종국판결이 내려졌을 것, ③ 그 쟁점이 판결에 있어 필요하고도 필수적인(necessary and essential) 기반(basis)이 되었을 것, ④ 위 원칙의 제약을 받는 당사자가 전소에서 그 쟁점에 관해 변론할 충분하고도 공정한 기회가 제공되었을 것을 요건으로 한다.[271)]

(1) 본안에 관한 종국판결

이 부분은 청구배제효에서 논의되는 바와 같다. 따라서 본안에 관하여 판결이 내려진 것이라면, 항소심에 계속 중이어서 판결이 확정 전이라도 이 효과는 발생한다. 또한 변론에서의 사실심리가 이뤄지지 않고 내려지는 사실심리생략판결(summary judgment)에 대하여는 배제효가 미칠 당사자에게 그 소송절차에서 충분하고도 공정한 기회가 주어졌다면 쟁점배제효가 미친다.[272)] 다만 1심에서 판단된 쟁점 중 CAFC에서는 판단되지 아니한 쟁점에 대해서는 CAFC는 쟁점배제효가 적용되지 않는다는 태도를 보이고 있다.[273)]

(2) 쟁점의 동일

쟁점배제효는 쌍방당사자가 전소와 동일할 것을 요하거나 동일한 사건(event)에 기초한 청구일 것을 요하지 아니하므로, 다른 당사자를 상대로 전소와 다른 사실을 바탕으로 하는 후소라고 하더라도 전소에서 판단된 동일한 쟁점(ex. 항변사항)에 대하여는 위 금반언의 효력이 미쳐서 이에 반하는 주장이 금지되는 것이다. 따라서 전소에서 판단된 특허가 무효라는 항변이 받아들여진 이상 '특허의 무효'라는 쟁점 자체에 대해 후소에서 위 효력이 발생하므로, 후소에서 특허권자가 동일한 특허에 기한 침해를 주장하는 경우 피고가 전소의 무효항변을 원용하면 특허권자의 청구가 인용될 수 없다.

---

271) Comair Rotron Inc. v. Nippon Densan Corp., 49 F.3d 1535, 33 USPQ2d 1929(Fed. Cir. 1995).

272) Robert L. Harmon, Cynthia A. Homan, Laura A. Lydigsen, Charles M. McMahon, Patents and the CAFC (Twelfth Edition), Bloomberg BNA(2015), 1750-51면.

273) Robert L. Harmon, Cynthia A. Homan, Laura A. Lydigsen, Charles M. McMahon, Patents and the CAFC (Twelfth Edition), Bloomberg BNA(2015), at 1753.: Mycogen Plant Science Inc. v. Monsanto Co., 252 F.3d 1306, 58 USPQ2d 1891, 1899(Fed. Cir. 2001).

(3) 쟁점이 전소 판결의 필수적인 기초가 되었을 것

이는 그 쟁점에 대하여 충분한 심리가 이뤄지고 그에 대한 판단이 전소 판결에 있어 필요하고도 필수적인(necessary and essential) 기초가 되어 당해 쟁점에 대해서는 재차 심리가 필요 없다고 볼 수 있음을 의미한다. 이는 사안에 따라 판단되어야 하는데, 특허침해소송의 기각 사유로 특허가 무효라는 것이 판단된 경우에는, 비록 침해품이 특허권의 권리범위에 포함되지 아니함이 기각의 또 다른 사유로 적시된 경우에도 위 요건에 해당한다.[274)]

(4) 전소와 다른 당사자도 원용할 수 있음

당초 쟁점배제효는 동일 당사자 사이에서만 미친다고 해석되었으나(doctrine of mutuality)[275)], 연방대법원은 Blonder-Tongue Laboratories, Inc. v. University of Illinois Foundation, 402 U.S. 313(1971) 사건에서, 전소에서 특허가 무효라는 이유로 특허침해소송이 기각된 이후 원고가 동일한 특허에 기해 다른 피고를 상대로 제기한 소송에서, 원고가 전소에서 그 쟁점에 대하여 변론할 충분하고 공정한 기회가 주어졌다면 위와 같은 특허 무효 쟁점에 관한 판단에 대하여 쟁점배제효가 적용된다고 하여, 위와 같은 쟁점배제효는 전소와 다른 당사자도 주장할 수 있다고 선언하였다. 다만 유의할 점은 그러한 쟁점배제효에 기한 금반언의 적용을 받는 자는 전소송의 당사자 혹은 그와 privity 관계에 있는 자이다.[276)]

전소와 다른 당사자에 대한 쟁점배제효(unilateral estoppel)의 적용과 관련하여, 전소에서 패소한 원고에 대한 항변을 후소의 다른 피고가 방어방법으로 원용하는 항변적 사용(defensive use)[277)]은 특별한 논란이 없이 허용되나, 승소한 원고의 주장을 다른 원고가 동일한 피고를 상대로 공격방법으로 원용하는 공격적 사용(offensive use)에 대해서는 그 피고는 전소에서 판결이 내려진 법원을 선택하지도 않은 점에 등에서 이러한 금반언(estoppel)을 적용하는 것이 형평에 맞지 않는 경우가 있을 수 있어 적용 여부가 일의적이지는 않다. CAFC는 쟁점배제효의 공격적 사용은 그 금지를 당하는

274) Mendenhall v. Barber-Greene Co., 26 F.3d 1573, 31 USPQ2d 1001(Fed. Cir. 1994).

275) Triplett v. Lowell, 297 U.S. 638, 56 S.Ct. 645, 80 L.Ed. 949(1936).

276) Hydranautics v. FilmTec Corp., 204 F.3d 880, 885(9th Cir. 2000).

277) 예를 들면 전소에서 원고의 특허가 진보성이 결여되어 무효라는 판결이 나온 경우, 후소에서 다른 피고가 같은 항변을 원용하는 것이다.

당사자에게 공정하지 아니한 경우에는 적용하지 아니한다고 선언한 바 있다.[278]

(5) 쟁점배제효(collateral estoppel)의 적용 범위 등

이러한 쟁점배제효는 청구항의 해석에도 적용되는가? 연방대법원은 Markman 사건[279]에서, 쟁점배제효는 새로운 다른 침해 피고(new infringement defendants)에 대해서는 주장될 수 없다고 하면서, 청구항해석에 대해서는 쟁점배제효가 아닌 'stare decisis 원칙'이 청구항해석의 통일성을 확립하는데 큰 역할을 할 것이라는 취지로 판시한 바 있다. 그런데 이에 대해 CAFC에서는 다음과 같은 사건이 있었다. 전소에서 원고가 침해를 주장한 A특허의 특정 청구항에 대해 법원(콜로라도 연방지방법원)이 해석을 내렸고, 이에 대해 당사자가 'dismissal with prejudice'에 합의한 이후, 결정계 재심사(ex parte reexamination) 절차에서 A특허의 위 청구항이 취소되고 다시 동일한 한정사항(구성)을 가진 청구항으로 정정되었다. 이후 원고가 다른 피고들을 상대로 A특허의 정정된 청구항 및 B특허 침해를 주장하며 제기된 후소에서 1심 법원(캘리포니아 남부연방지방법원)은 두 특허가 밀접하게 관련되어 있다고 하면서 이전 법원이 당해 구성에 대하여 내린 청구항해석을 그대로 채택하였고, 항소심에서 위 특허에 관한 청구항해석이 전소와 후소에서 '동일한 쟁점'인가만 다투어지자 CAFC는 A특허의 청구항해석에 대해 쟁점배제효(collateral estoppel)를 적용한 1심은 정당하다고 판시하였다.[280] 다만 위 판결에서 CAFC는 비록 B특허가 A특허를 선행발명으로 기재하고 있다고 하더라도 발명의 내용이 다르므로 관련된 특허라고 할 수 없어 B특허의 청구항해석에 대하여는 쟁점배제효를 적용한 것은 타당하지 않다고 하였다. 나아가 관련성이 없는 특허에 대한 청구항해석이 다른 특허에 대한 청구항해석에 쟁점배제효를 갖지 않는다는 것이 그 반대를 의미하는 것이 아니라고 하면서, 청구항해석에 관하여 쟁점배제효가 미칠 것인지는 쟁점배제효의 각 요건이 충족되는지에 따라 판단되어야 한다고 판시하였다. 즉 쟁점배제효는 동일한 특허가 아니더라도 명세서가 동일한 모특허(parent 특허)의 청구항이나 또는 관련된 특허에 관한 판단에 대해서도 미칠 수 있는데,[281] 그에 대한 판단은 일의적인 것이 아니라 각 사안에서 앞서 살핀 쟁점배제효

278) A.B. Dick Co. v. Burroughs Corp., 713 F.2d 700, 218 U.S.P.Q. 965(Fed. Cir. 1983).
279) Markman v. Westview Instr. Inc., 517 U.S. 370, 38 USPQ2d 1461(1996).
280) e.Digital Corp. v. Futurewei Techs., Inc., 772 F.3d 723, 112 USPQ2d 1915, 1917(Fed. Cir. 2014).

의 요건 충족 여부에 달린 것이다.

쟁점배제효를 적용한 1심 판결의 당부에 대하여는 CAFC는 de novo 기준에 의해 심사하고, 이때 당해 1심 법원이 속한 연방항소심법원(regional Circuit)의 판례법을 적용한다.[282]

3. 선례구속의 원칙(Stare Decisis)

특정사안에서 법리를 선언한 선행 판결이 상하 법원 사이에서 혹은 동급의 법원 사이에서 중요한 선례로 작용하는 것이 Stare Decisis이다. 이는 라틴어 "to stand by things decided"의 의미이다. 이 원칙을 '선례구속의 원칙'이라고 칭한다.

과거 소송에서 특허가 무효가 아니라고 판시된 경우 이에 대해서도 위와 같은 효력을 갖는가? 이에 대해 CAFC는, 특허는 법률에 의해 유효성이 추정되는데 그와 같은 추정이 특허가 무효가 아니라고 판시된 과거의 판결에 의해 더해지는 것은 아니므로 이에 대해서는 Stare Decisis 효과는 부여되지 않고 또한 증거로 사용될 수는 없으나, 법원이 반대의 결론에 이르는 데에 신중할 것을 경고하는 정도의 역할을 수행한다는 취지로 판시하였다.[283]

4. Kessler 원칙

'Kessler 원칙'은 연방대법원이 1907년 선고한 Kessler 사건에서 유래하였다.[284] 첫 번째 소송에서 피고가 원고의 특허를 침해하지 않았다고 판단된 경우 원고는 피고의 고객에 대하여 동일특허/동일제품의 침해를 주장하는 두 번째 소송을 제기할 수 없다는 원칙이다. 이에 따라 전소에서 승소한 제조자는 물론 그 제품의 소비자들이 특허권자의 계속적인 소제기로부터 보호된다. 이 원칙은 특허법에 적용되는 특유한 법리로

---

281) Amgen Inc. v. Genetics Inst., Inc., 98 F.3d 1328, 1329-32, 40 USPQ2d 1524, 1524-27(Fed. Cir. 1996); Interconnect Planning Corp. v. Feil, 774 F.2d 1132, 1136, 227 USPQ 543, 546(Fed. Cir. 1985).

282) e.Digital Corp. v. Futurewei Techs., Inc., 772 F.3d 723, 112 USPQ2d 1915, 1917(Fed. Cir. 2014).

283) Mendenhall v. Cedarapids, Inc., 5 F.3d 1566, 28 USPQ2d 1081(Fed. Cir. 1993).

284) Kessler v. Eldred, 206 U.S. 285(1907).

서 청구배제효와 쟁점배제효의 가운데 위치하는 판결의 효력이다. 특허권 침해소송에서 승소한 피고(제조업자)는 해당 제품을 계속 제조, 판매할 수 있는 권리를 가지는 지위를 획득하게 되고, 특허권자가 그 피고(제조업자)에게는 물론이고 그 피고의 고객에게도 특허권 침해소송을 제기할 수 없다는 것이다. 해당 "제품이 전소판결 이후에 생산되어 청구배제효가 적용되지 않고 전소에서 실질적으로 심리되지 않았던 쟁점에 대하여는 쟁점배제효도 적용되지 아니하는 경우"에 Kessler 원칙이 적용될 수 있다.[285] 따라서 첫 번째 소송이 확정판결로 종결된 사건뿐만 아니라 당사자 간 합의에 의하여 재소불가능의 조건으로 소 취하·각하로 종결된 사건들에도 Kessler 원칙이 적용된다.[286]

Kessler 사건의 원고인 Kessler는 1898년 이전부터 전기 담배 라이터를 제조 판매하고 있었고 미국 전역에 걸쳐 고객을 가지고 있었다. 피고인 Eldred는 전기 램프 라이터와 관련된 미국특허 제492,913호(이하 "'913 특허"라고 함)의 특허권자이며 Kessler의 경쟁자로서 비슷한 전기 담배 라이터를 제조하였다.[287] Eldred는 1898년에 Kessler를 상대로 '913 특허의 침해소송('첫 번째 소송')을 제기하여 패소하였으나[288] 1904년에 Kessler 제품의 고객·사용자를 상대로 '913 특허의 침해소송('두 번째 소송')을 제기하였는데 이로 인하여 Kessler의 고객들은 Kessler와의 거래를 중단하게 되었다. Kessler는 자신의 고객들에게 제기된 소송에 개입함과 동시에 Eldred에 대하여 자신의 고객에 대하여 제기된 모든 소송을 중단할 것을 요구하는 소송을 제기하였고 이 사건에서 미국 연방대법원은 Eldred가 Kessler의 고객을 상대로 제기한 두 번째 소송은 Kessler의 사업에 부당하게 간섭(wrongful interference)한 것이라고 판단하였다. Kessler 사건에서 미국 연방대법원은 Eldred가 Kessler를 상대로 제기한 첫 번째 소송의 판결이 확정된 때 Kessler는 전기 담배 라이터를 제조 판매할 권리를 갖고 Eldred는 그러한 권리를 인정하고 존중할 의무를 갖는다고 판시하였다. 하지만 Kessler 사건에서 미국 연방대법원은 Eldred가 제기한 두 번째 소송에 대하여 Kessler의 고객이 방어권을 갖는지 여부에 대해서는 판단하지 않고 Eldred가 Kessler의 고객을 상대로 소송을 제기함

285) 정차호, 미국특허법판례연구(Ⅲ), 491면.
286) In re PersonalWeb Technologies, LLC, No. 2019-1918(Fed. Cir. June 17, 2020) (Certiorari denied, May 16, 2022).
287) Eldred가 제조한 전기 담배 라이터는 '913특허의 전기 램프 라이터와는 유사하지 않았음.
288) Eldred v. Kessler, 106 Fed. 509(1900).

으로써 Kessler가 계속하여 전기 담배 라이터를 제조·판매할 권리를 침해하였다고만 판단하였다.

Kessler 원칙이 적용가능한지 여부의 판단도 두 번째 소송에서 침해를 주장하는 제품/행위가 첫 번째 소송의 청구원인의 제품/행위와 동일한지 여부뿐만 아니라 두 번째 소송에서 침해를 주장하는 원고의 특허가 첫 번째 소송의 청구원인의 특허와 동일한지 여부를 판단해야 한다. 청구배제효(Claim Preclusion)가 첫 번째 소송의 종국 판결 이전에 발생한 행위에 대하여 적용되는 반면 Kessler 원칙은 첫 번째 소송의 종국 판결 이후에 발생한 행위에 대하여 적용된다. CAFC는 SimpleAir 사건에서[289] Claim Preclusion 원칙과 Kessler 원칙을 적용하여 판결을 했다.

CAFC는 'Kessler 원칙'의 적용과 관련하여, PersonalWeb 사건[290]에서 CAFC는 Kessler 원칙을 확장하여 첫 번째 소송에서 특허침해 또는 특허무효에 관한 심리가 실제로 진행되지 않았더라도 두 번째 소송에서 Kessler 원칙을 원용할 수 있다고 판단하였다. PersonalWeb은 2011년 Amazon을 상대로 Amazon Simple Storage Service ("S3")가 자사의 특허를 침해한다고 첫 번째 소송을 제기하였고, 법원의 청구항 해석 명령 후 PersonalWeb은 소송상 합의에 의하여 Amazon에 대하여 재소불가능 각하(dismiss with prejudice)로 소송을 종결하였다. PersonalWeb은 2018년 Amazon의 고객들을 상대로 S3가 자사의 특허를 침해한다고 두 번째 소송을 제기하였고, Amazon은 이 두 번째 소송에 참가하여 PersonalWeb의 재소를 금지하는 소송을 제기하였다. 지방법원은 Claim Preclusion 원칙과 Kessler 원칙을 적용하여 첫 번째 소송의 판결일 이전의 행위에 대해서는 Claim Preclusion 원칙에 의하여, 첫 번째 소송의 판결일 이후의 행위에 대해서는 Kessler 원칙에 의하여 재소가 금지된다고 판단하였다.[291] PersonalWeb은 첫 번째 소송에서 본안에 관한 심리가 있기 전에 소송이 각하되었으므로 두 번째 소송에서 Claim Preclusion 원칙과 Kessler 원칙을 원용할 수 없다고 주

---

289) SimpleAir Inc. v. Sony Ericsson Mobile Communications AB, 820 F.3d 419, 421(Fed. Cir. 2016) ("SimpleAir Ⅰ"); SimpleAir, Inc. v. Google Inc., No. 2:14-cv-11(E.D. Tex. Nov. 4, 2015) ("SimpleAir Ⅱ/Ⅲ"); SimpleAir, Inc. v. Google LLC, No. 2016-2736(Fed Cir. 2018) ("SimpleAir Ⅳ"). 원고가 존속기간포기서(Terminal Disclaimer)를 제출하여 특허를 받은 후 피고가 이 특허를 침해하였다고 주장한 사건임.

290) In re PersonalWeb Techs., LLC, No. 19-1918(Fed. Cir. 2020).

291) In re PersonalWeb Techs., LLC, No. 5:18-md-02834-BLF, 2019 WL 1455332(N.D. Cal. Apr. 2, 2019).

장하였다. 그러나 CAFC는 Kessler 원칙을 원용하기 위하여 첫 번째 소송에서 특허침해나 특허무효에 대하여 실제로 심리되었을 것을 요하지 않는다고 판시하였다.[292]

Ⅵ. 특허심판원(PTAB) 절차와의 관계[293]

1. 특허청 또는 PTAB에 대한 신청과 법원 소송의 진행

미국 소송절차상 특허의 무효는 특허심판원(PTAB)이나 특허청에서 다툴 수 있을 뿐 아니라 민사소송절차에서도 독립적인 청구로서 구할 수 있기 때문에 특허법이 두 절차를 규율하기 위한 규정을 두고 있거나 법원의 실무에서 특허심판원의 절차 진행 상황을 고려하고 있다.

(1) 결정계 재심사(Ex Parte Reexamination, "EPR")

결정계 재심사 절차는 특허권자나 특허침해소송의 피고는 물론 누구든 특허의 유효에 관한 실질적인 새로운 문제(substantial new question of patentability)가 발견되었음을 주장하며 특허청구항의 신규성, 진보성 여부를 다시 판단해 달라고 '특허청'에 구하는 절차이다.[294] 이러한 신청에 대한 결정에 대하여는 PTAB에 불복(appeal)할 수 있다. 특허가 유효하게 존속하는 한 언제든지 이 절차를 통해 특허의 무효 여부에 대한 재심사를 신청하여, 당사자 사이의 분쟁을 신속히 해결하거나 특허권자가 청구항 감축을 통해 권리를 보전할 수 있다.

당사자는 이 신청에 따라 심사개시결정이 내려진 경우, 이를 이유로 특허침해소송의 정지를 요청할 수 있고, 이를 이유로 본안 사건이 추정되기도 한다.

(2) 등록 후 무효심판(Post Grant Review, "PGR")

등록 후 무료심판은 AIA에 의해 새로 도입된 것으로 특허권자를 제외한 이해관계인이 특허등록일로부터 9개월 이내에 모든 무효사유를 주장하여 특허권자를 상대로

292) 이의훈, 미국특허법판례연구(Ⅲ), 487면.
293) PTAB 절차에 관한 보다 상세한 내용은 제7장을 참고하기 바란다.
294) 35 U.S.C. §302∼§305.

PTAB에 신청하는 일종의 무효심판이다.

우선 특허청구항의 무효확인을 구하는 확인소송(Declaratory Judgment Action)이 연방지방법원에 이미 제기되어 계속 중인 경우에는 PTAB에서 PGR 심리절차가 개시될 수 없다[35 U.S.C. §325(a)(1)]. 또한 특허침해소송이 계속되어 있음에도 PTAB에 PGR 신청이 접수되었다고 하더라도 침해소송을 중단하도록 하는 규정은 없으나, PTAB 무효심판에 대하여는 원칙적으로 심리개시(institution) 결정일로부터 1년 이내에 최종결정을 내리도록 되어 있으므로 침해소송법원은 당사자의 추정신청(motion to stay)이 있는 경우 당시까지의 소송진행경과 등에 비추어 소송을 중단하기도 한다. 다만 특허등록일로부터 3개월 이내에 침해소송이 연방지방법원에 제기된 경우에는, 법원은 PGR 신청이 있거나 심리절차가 개시되었다는 이유만으로는 특허침해에 대한 특허권자의 임시적 금지명령(preliminary injunction)의 심리를 중단할 수 없다[35 U.S.C. §325(b)].

또한 PGR 신청인이 무효심판을 제기한 이후에 다시 연방지방법원에 특허무효확인을 구하는 소송을 제기한 경우에는 그 민사소송은 자동으로 중단되었다가, 다음 세 가지, 즉 ① 특허권자가 심리를 재개해 줄 것을 요청한 경우, ② 특허권자가 신청인 또는 그와 이해관계에 있는 자가 특허를 침해하였음을 이유로 반소나 별소로 침해소송을 제기한 경우, ③ 무효심판 신청인이나 이해관계에 있는 자가 특허무효확인소송의 각하를 구하는 경우가 발생한 이후에 재개될 수 있다[35 U.S.C. §325(a)(2)]. 위와 같은 자동중단 해소사유가 발생한 경우, 해당 사건을 계속 진행할지 여부는 당사자의 의사, 사건의 진행 정도, 이해관계 등을 고려하여 법원이 재량적으로 결정한다. 다만 PTAB에 PGR 무효심판 절차가 계속 중에 특허권자가 침해혐의자를 상대로 특허침해소송을 제기하자 그 민사소송에서 침해혐의자(피고)가 반소로 다시 무효확인을 구하는 경우에는 위와 같은 자동중단의 제한이 없다[35 U.S.C. 325(a)(3)].

(3) 당사자계 무효심판(Inter Parte Review, "IPR")

이 제도는 PGR 절차의 종료일이나 PGR을 신청할 수 있는 기간이 경과한 후에 특허권자 이외에 특허에 대하여 이해관계 있는 자가 다른 특허와 간행물을 근거로 특허권자를 상대로 신규성(§102)과 진보성(§103)을 다투며 PTAB에 신청하는 일종의 무효심판이다.[295)]

특허청구항의 무효확인을 구하는 확인소송이 이미 제기되어 계속 중인 경우에는 IPR 절차도 개시될 수 없는 점이나, IPR 신청인이 IPR 신청을 한 이후에 다시 연방지방법원에 특허무효확인을 구하는 소송을 제기한 경우에는 그 민사소송은 자동으로 중단되었다가, 위와 같은 세 가지 사유가 발생한 이후에 재개될 수 있는 점, 다만 그러한 경우에 반소로 무효확인소송을 구하는 경우에는 이에 해당하지 않는 점[35 U.S.C. §315(a)(1), §315(a)(2), §315(a)(3)], 침해소송 계속 중 IPR 신청을 이유로 추정신청(motion to stay)이 있는 경우 법원이 당시까지의 소송진행경과 등에 비추어 소송을 중단할 수 있는 점은 PGR의 경우와 같다. 한편 특허권자로부터 특허침해소송을 제기당한 자는 그 소장을 받은 날로부터 1년 이내에 IPR을 신청한 경우에 한하여 IPR 절차가 개시될 수 있다[35 U.S.C. §315(b)].

IPR 등의 절차 진행을 이유로 당사자가 침해소송의 추정을 요구하는 경우, 법원은 당시까지 소송의 진행 정도 및 당사자에게 미칠 영향 등을 고려하여 그 신청의 인용여부를 결정하는데, E.D.T.X. 등 일부 법원은 절차가 너무 지연되는 것을 방지하기 위하여 위와 같은 신청을 인용하는 결정(Order Granting Joint Motion to Stay the Present Action Pending Inter Partes Review of Patent-in-suit)을 하면서, 동시에 그 절차의 진행상황을 정기적으로 법원에 보고하도록 하는 명령을 내리기도 한다.[296]

(4) 영업방법특허에 대한 등록 후 무효심판(Covered Business Method Review, "CBM")

이 제도는 영업방법특허 품질에 대한 회의적인 시각에서 비롯하여 2012. 9. 16. 도입되어 2020. 9. 15.까지만 신청할 수 있도록 한시적으로 도입된 것으로서, 영업방법특허 침해로 제소당한 자는 특허기간에 걸쳐 거의 모든 무효사유에 기초하여 PTAB에 그 특허의 유효성을 다툴 수 있도록 AIA에서 새롭게 도입된 제도이다.[297] 특허침해소송에서 당사자가 그 특허에 대한 CBM 절차와 관련하여 그 침해소송의 중단을 구하

295) 35 U.S.C. §311~§319.

296) 한 가지 실제 결정의 예를 들자면, 한 사건에서는 추정 결정일로부터 매 90일 경과 시 및 IPR 결정일로부터 10일 이내에 보고하도록 한 바 있다[E.D.T.X. 1:14-cv-00104-RC(2014)].

297) 그러나 미국에서 이 제도의 실제 이용은 매우 저조하여 2018년 한 해 동안 오직 36건의 CBM 신청이 있었을 뿐이다.: Eleanor M. Yost, "The Collapse of Covered Business Method Review", Chicago-Kent Journal of Intellectual Porperty, Volume 18 Issue 2, PTAB Bar Association (2019. 2.).

면, 법원은 다음 네 가지 기준에 근거하여 민사소송을 중단할 것인지를 결정한다.[298] 즉, ① 소송중단이나 그 거절이 문제된 쟁점을 단순화하고 재판을 간소화하는 지의 여부, ② 증거개시가 완료되었는지 및 변론기일(trial) 일시가 정해졌는지 여부, ③ 소송중단이나 그 신청의 거절이 이를 신청하지 않은 자에게 부당하게 불이익을 주거나 이를 신청한 당사자에게 명백한 전략적 이점을 주는지 여부, ④ 소송중단이나 그 거절이 당사자들과 법원에 소송의 부담을 덜어주는지 여부.[299]

CBM 절차와 관련해서는 위 무효심판 제기 후 연방지방법원에 특허무효 확인의 소를 제기한 경우 소송이 자동으로 중단되는 규정을 두고 있지 않은데, 실무상 PTAB이 CBM 신청절차 관련 규정의 발효에 따라 무효심사를 개시한 이후에 대다수의 연방지방법원들이 무효심판 신청인의 소송추정 신청을 인용하고 있다.[300]

2. PTAB에서의 결정이 법원 소송 등에 미치는 영향(Estoppel)

(1) PTAB 금반언(Estoppel) 일반론

이는 PTAB에서 최종 서면결정이 내려진 이후에, 당사자가 당해 절차에서 "이미 제기하였거나 합리적으로 제기할 수 있었던(reasonably could have raised)" 쟁점을 다시 주장하면서,[301] 재차 PTAB에 재심 절차를 신청하거나, 법원이나 ITC(International Trade Commission) 등에 무효확인소송 등을 제기하는 것을 불허하는 원칙이다. 즉 이는 PTAB의 결정이 법원 등 다른 기관을 구속하는 것이 아니라, '당사자'를 구속하는 원칙으로, 이에 반하는 주장이나 소의 제기 자체가 허용되지 아니하는 것으로 소의 적법요건과 유사하게 작용한다.

---

298) AIA §18(b)(1).

299) 이해영, 『미국특허법(Ⅱ)』, 한빛지적소유권센터(2013), 270-271면.

300) The Sedona Conference, "Commentary on Patent Litigation Best Practices: Parallel USPTO Proceedings Chapter ("Stage One")", (2016. 10.), 25. https://thesedonaconference.org/node (최종방문: 2020. 3. 3.).

301) 추가 선행기술 등 다른 증거를 찾았음을 이유로 동일한 무효사유를 주장하는 것은 당연히 이에 해당한다. 다만 신청인이 선행기술을 찾는 것이 너무나 어렵고 합리적으로 발견될 수 없었다는 것을 증명하는 경우에는 예외적으로 estoppel이 적용되지 않으나, 이를 입증하는 것 자체가 거의 불가능하다.

(2) 금반언(Estoppel)의 작용

1) EPR

PTAB 절차에서 금반언(Estoppel)은 당사자가 이전 절차에서 했거나 할 수 있었던 소송행위를 그 후 소송절차에서 그에 반하여 다시 제기할 수 있느냐의 문제이므로, 당사자의 절차 참여가 제한되는 직권에 의한 결정계 재심사(EPR) 후에는 이 효력 발생이 문제되지 아니한다. 또한 직권에 의한 결정계 재심사가 종료된 뒤에 그 청구항에 대해서 민사소송이 제기된 경우, 재심사된 특허의 유효성은 소송절차에서 제기된 선행기술에 기초하여 독자적으로 결정되며, 다만 소송에서의 증거와 선행기술이 직권재심사에서 제출된 것과 동일하다면, 법원은 특허청이 내린 결정에 신뢰성을 부여하는 것이 실무이다.

2) PGR, IPR

PGR, IPR 신청인 또는 이해관계인은, 최종 서면결정서(final written decision)가 나온 무효심판절차 동안에 신청인이 '실제로 제기하였거나 합리적으로 제기할 수 있었던' 어떠한 근거에 기초하여서도 특허심판원의 다른 절차(즉, PGR, IPR)를 청구하거나 유지할 수 없으며,[302] 아울러 법원의 민사소송이나 ITC 절차에서도 해당 청구항이 무효라고 주장할 수 없다.[303] 다만, 재심절차에서 인용되었던 선행기술과 그렇지 않은 선행기술을 결합하여 민사소송에서 특허무효를 주장하는 경우에는 금반언이 적용되지 아니한다는 1심 법원의 판례가 있었다.[304] 그런데 이와 관련하여 CAFC는 California Institute of Technology v. Broadcom Limited 사건에서, 35 U.S.C. §315(e)(2) 규정에 따른 금반언은 IPR 신청서에 포함된 청구항에 대하여 신청인이 제기하였거나 합리적으로 제기할 수 있었던 모든 근거에 대하여 적용되고, 설사 그 무효사유가 IPR절차에서 실제 심리가 되지 않았다고 하더라도 금반언이 적용된다고 하였다.[305]

---

302) PGR: 35 U.S.C. §325(e)(1); IPR: 35 U.S.C. §315(e)(1).

303) PGR: 35 U.S.C. §325(e)(2); IPR: 35 U.S.C. §315(e)(2).

304) Acco Brands, Inc. v. PC Guardian Anti-Theft Products, Inc., 592 F. Supp. 2d 1208(N.D. Cal. 2008); ESN, LLC v. Cisco Sys., Inc., No. 5:08-CV-20, 2008 U.S. Dist. LEXIS 108327(E.D. Tex. 2008).

305) California Institute of Technology v. Broadcom Limited, NKA Broadcom Inc., Broadcom Corporation, Avago Technologies Limited, NKA Avago Technologies International Sales PTE. Limited, Apple Inc., 2020-2222, 2021-1527(CAFC, Feb. 4, 2022; Feb. 22, 2023). 위 사건에서 CAFC는 2022. 2. 22. 판결의 정정을 통해 위와 같이 판시의 의미를 명확히 하였다.: KOTRA

위 사건에서 원고인 Caltech의 특허침해 주장에 대하여 피고가 특허무효 항변을 하였고, 해당 청구항에 대해서는 이미 IPR 선행 절차에서 무효심판이 기각되었는데, 다만 특허침해 소송에서 피고가 무효로 주장하는 사유는 IPR 절차에서 심리가 되지 않았다. 제1 법원은 피고의 무효항변에 대하여, 신청인인 피고가 IPR 신청 당시 이미 해당 특허 청구항의 무효사유에 대해 합리적으로 알 수 있었다는 이유로 비록 그 사유에 대해 IPR 절차에서 심리가 되지 않았더라도 금반언이 적용되어 침해소송에서 다시 이를 무효로 주장할 수 없다고 하면서, 피고의 JMOL 신청 및 New Trial 신청을 기각하였고, CAFC는 위와 같은 법리를 설시하면서 1심 법원의 판단을 유지하였다.

무효심판 절차에 따른 결정이 확정된 후가 아니라 "PTAB의 최종 서면결정서(final written decision)"가 발행된 후부터 금반언(estoppel)이 적용되므로, 위 결정이 CAFC에 항소되어 있는 상태에 있더라도 민사사건의 법원은 금반언을 적용할 수 있다.

금반언은 무효심판 신청인뿐만 아니라 그 신청인의 실제 이해당사자나 관계인(real party in interest or privy)에게도 적용되고, 여기서 'privy'는 침해대상의 물건이나 서비스에 관하여 신청인과 직접 이해관계를 갖게 된 자를 말한다.[306]

3) CBM

영업방법특허의 청구항에 관하여 CBM 절차를 신청하여 AIA §328(a) 규정의 최종 서면결정서를 받은 신청인은, 미국 사법제도법(Title 28)에 따라 제기된 민사소송에서, 또는 관세법(Tariff Act of 1930)에 따른 ITC 절차에서, 신청인이 그 CBM 절차에서 '실제로 제기하였던' 근거로 해당 청구항이 무효라고 다시 주장할 수 없다.[307]

Ⅶ. 미국 연방지방법원에서 판사와 로클럭의 협업방식

미국 연방지방법원에서는 1심 재판은 모두 단독판사가 진행하고 있는데, 검사나 변호사로 근무하다 단독판사로서 난해한 특허사건을 담당하게 되는 경우에도 소가가

LA IP DESK, 2023 IP-DESK Newsletter #131 참조.

306) 이해영, 『미국특허법(Ⅱ)』, 한빛지적소유권센터(2013), 225면.

307) AIA §18(a)(1)(D); 이해영, 위의 책, 272면. '제기할 수 있었던' 사유에 대하여는 금반언이 적용되지 않는다.

1,000억 원이 넘는 거액의 침해 재판을 진행하는 것이 드문 일이 아니다. 이러한 재판은 로클럭과의 긴밀한 협력이 있기에 가능한데 미국에서 특허재판을 가장 많이 처리하고 있는 법원 중 하나인 텍사스 동부연방지방법원의 실무를 중심으로 미국 연방지방법원에서 판사와 로클럭이 협업하고 있는 방식을 간략히 본다.

1. 로클럭의 종류

가. Career Law Clerk

1) 변호사의 자격이 있는 자로서, 일반직원과 같이 근무 기간의 제한없이 고용된 로클럭이다. District Judge는 물론 Magistrate Judge는 이러한 로클럭을 고용할 수 있다.

2) Career Law Clerk은 아래에서 보는 Term Law Clerk이 비교적 단기간에 교체되어도 계속적으로 그 재판부에 판사와 함께 일하므로, 신임 로클럭의 적응에 도움을 주거나, 판사에게도 사건 전체적인 측면을 포함하여 보다 적극적으로 의견을 개진하는 것은 물론, 신임 로클럭이 놓치는 부분까지도 챙겨주면서 판사에게 도움을 준다.

나. Term Law Clerk

근무기간을 1년 또는 2년으로 약정[308]하고 고용된 로클럭이다. 보통 로스쿨을 수료하고 바로 로클럭으로 고용되는 경우도 있으나, 3-4년 동안 특허 변호사로 근무하다가 로클럭으로 지원하는 경우도 종종 있다.[309]

---

308) 판사의 성향에 따라 1년 또는 2년의 근무기간 중 판사가 선호하는 기간 동안 로클럭을 고용한다. 로클럭의 근무기간을 2년으로 정하는 경우, 새로운 로클럭과 기존의 로클럭 임기가 겹치게 하여 인수인계 및 새로운 로클럭 교육이 자연스럽게 되는 장점이 있다.

309) 로클럭으로 근무하는 것은 법원의 재판 업무를 소상히 알 수 있는 매우 좋은 기회가 됨은 물론 이후 로펌에서 매우 선호되기 때문에 로클럭의 경쟁률은 매우 높다(Magistrate Judge의 경우도 서류전형만 100 : 1이 되는 경우도 많다고 한다). 특히 특허사건으로 유명한 판사의 로클럭 경쟁률은 더욱 높은데, 특정 판사의 경우 3년 후에 업무를 시작할 로클럭까지 채용계약이 체결되어 있기도 한다.

2. 로클럭의 고용

가. 자 격[310]

미국 시민으로서 변호사 자격을 요건으로 한다.

나. 절 차

1) 미국 법원 통합 홈페이지인 OSCAR(Online System for Clerkship Application and Review) 싸이트를 통하여 공개채용한다. 로클럭 고용을 원하는 판사는, 위 싸이트에 자신이 원하는 로클럭의 구체적 자격 요건, 업무분야 등을 업로드하고, 지원자는 위 싸이트를 통해 자신이 원하는 판사의 로클럭 자리를 특정하여 지원서를 제출한다.

2) 판사는 위 지원자 중 서류심사를 통해 면접심사 대상자를 선별[311]한 후, 면접을 통해 최종적으로 고용할 로클럭을 판사가 직접 선정한다.

다. 고용 인원

1) District Judge

예산 사정 및 판사별 처리 업무량에 따라 다르다. E.D.T.X.의 경우 판사 1명당 통상 3명의 로클럭을 고용하고 있는데, 특정 판사의 경우 경우 혼자서 특허사건을 워낙 많이 처리하여 특별 예산신청을 통해 4명의 로클럭을 고용하고 있기도 하다.

2) Magistrate Judge

E.D.T.X.의 경우, 1명의 Career Law Clerk과 1명의 Term Law Clerk을 고용하고 있다. 로클럭 고용기간 도중 District Judge가 퇴직하는 경우, 그 로클럭이 다른 판사의 로클럭으로 잔여 기간을 근무하는 경우도 있다.

3. 로클럭의 역할

가. 로클럭의 업무 분장

1) 여러 로클럭 간 업무 분장은 각 판사[312]가 정하는데, 사건번호에 따라 균등하

310) 구체적인 자격은, 채용 사이트인 https://oscar.uscourts.gov/qualifications_salary_benefits 참조 (2020. 5. 1. 최종 확인).

311) 이와 같은 절차에 있어, Career Law Clerk이 있는 경우, 그가 판사의 위 업무를 적극적으로 돕고, 심지어 인터뷰에도 관여하는 경우도 있다.

게 업무를 분장하거나, 특정 로클럭이 전체사건 수가 적은 형사사건을 전담하고, 대신 민사사건을 적게 받는 경우도 있다.

2) 특허사건의 경우 Career Law Clerk이 아닌 Term Law Clerk이 담당하도록 하는 경우도 있고 그와 같은 구분 없이 균분하여 분담하게 하는 경우도 있다.

나. 로클럭의 평상시 업무

1) 사건 접수 후 당사자가 접수하는 각종 문건을 확인하여, 결정이 필요한 경우 이를 검토하고, 판사와 논의 후 초안을 작성한다.

2) 또한 사건관리에 관하여 수시로 판사에게 보고 후 조치하고, 소송대리인과 대화가 필요한 경우 전화통화 후 판사에게 보고한다.

다. 재판정에서의 업무

1) 배심재판(trial) 시작 시 "Cry"313)를 낭독한다.

2) 재판 당사자의 출석 확인 및 재판부의 각 대리인에 대한 석명사항 전달, 그리고 당사자의 판사에 대한 요청사항을 전달한다.

3) 재판 도중 판사와 내부 통신망으로 실시간 대화를 하면서, 판사가 요청하는 판례, 자료 등을 찾아서 즉시 전달한다.

4. 판사와 로클럭의 원활한 협업 모습

1) 특정 판사의 경우 특별한 일정이 없는 한, 매일 아침 모든 로클럭 및 Deputy

312) 미국 연방법원의 경우 특정 사건만 담당하는 사무분담이 없고, 각 판사들이 민사, 형사, 특허 등 모든 사건을 담당한다. 이는 generalist로서의 판사의 관념을 유지하고 있어서라고 보이는데, 근래에는 특허 영역과 같은 경우 specialist로서의 판사 개념을 받아들여야 한다는 논의도 제기되고 있다.

313) 배심재판을 시작하면서, God에게 재판을 고하는 형식으로서, 판사에 따라 Court Security Officer가 낭독하기도 한다. 또한 Cry 내용도 판사에 따라 조금씩 다를 수 있는데, E.D.T.X.에서 사용되고 있는 두 가지는 아래와 같다.
A. Hear Ye, Hear Ye, Hear Ye, the Honorable United States District Court in and for the Eastern District of Texas, holding a regular session in the city of Tyler [Marshall] is now open, according to law, pursuant to adjournment. May God save the United States and this Honorable Court.
B. Hear Ye, Hear Ye, Hear Ye, the Honorable United States District Court in and for the Eastern District of Texas, is now in session, according to law, pursuant to adjournment. May God save these United States and this Honorable Court.

Clerk 등 전 스텝이 참여하는 회의를 개최하기도 한다.

2) 판사는 그 회의를 통해 현재 재판부에서 다루고 있는 사건을 점검하고, 각 로클럭과 사이에 각종 신청에 대한 의견을 교환한 후, 로클럭에게 결정문 초안 결론이나 방향을 지시한다.[314)]

3) 로클럭은 작성한 결정문 초안을 공유 저장공간을 통해 제출하여 효율적으로 이에 관해 수정의견을 전달받는다.

제 2 절 특허권의 침해

Ⅰ. 의 의

특허권은 배타권이다. 그러므로 특허권자는 타인이 미국 내에서 당해 발명을 이용하여 제조, 사용, 판매의 청약, 판매 등의 행위를 하거나 미국 내로 수입하는 것을 배제하는 권리를 가진다. 특허권자는 누구에게 특허권을 사용하도록 실시할지를 결정할 수 있다. 특허권자는 특허를 타인에게 매각하거나 양도할 수 있다. 이 경우 양수인은 원 특허권자와 동일하게 특허권을 스스로 행사하거나 타인에게 실시할 수 있다.

특허법 제271조(a)[315)]는 특허권 직접침해를 규정하고 있다. 특허권자의 특허권을 권한 없이 사용하는 경우, 특허권자는 이러한 특허침해행위를 침해금지청구(Injunction) 소송으로 금지하거나, 손해배상 청구(제284조)의 형식으로 그 손해를 전보할 수 있다. 다만 우리 특허법 제225조가 특허침해죄를 규정하여 특허침해의 경우도 형사처벌을 규정하는 것과는 달리 미국 특허법은 특허침해를 형사적으로 처벌하지는 않는

314) 판사와 로클럭 사이에 열띠게 논쟁하는 경우는 보기 어렵고, 오히려 판사의 지시에 따라 로클럭이 판사의 업무를 효율적으로 돕고 있는 관계이다. 다만, 미국의 문화의 특성에 따라 법원 내 사적 대화나 생활은 판사와 로클럭 사이에서도 매우 수평적으로 이뤄진다.

315) 35 U.S.C. 271 Infringement of patent.
(a) Except as otherwise provided in this title, whoever without authority makes, uses, offers to sell, or sells any patented invention, within the United States, or imports into the United States any patented invention during the term of the patent therefor, infringes the patent.

다. 한편 미국 특허법 제271조는 특허권 침해를 직접침해, 유도침해, 기여침해 등의 유형으로 구분하고 있다.[316)]

Ⅱ. 직접침해

(1) 직접침해의 성립

특허침해란 제3자가 정당한 권한 없이 유효한 특허발명을 업으로서 실시하는 행위와 그 행위에 관여함으로써 실질적으로 특허권을 제약하는 것으로서 위법성이 인정되는 행위라고 할 수 있다. 전자에 해당하는 것이 직접침해이고, 후자에 해당하는 것이 간접침해이다.[317)] 직접침해는 간접침해와 달리 침해자의 주관적 요소를 요하지 않는 무과실 책임(strict liability)이다.[318)]

특허법 제271조(a)에는 본법에 달리 정하고 있는 경우를 제외하고 미국 내에서 특허권의 존속기간 중에 특허된 발명을 허가 없이 제조하거나, 사용하거나, 판매를 제의하거나, 판매하거나, 국내로 수입하는 자는 특허권을 침해한 것으로 본다고 규정하고 있다. 그러므로 특허제품을 권원없이 단지 판매하겠다고 청약(offers to sell)하는 것, 또한 특허된 상품을 미국으로 수입하는 것만으로도 미국특허의 침해가 성립되고, 이러한 직접침해는 간접침해와 달리 침해자가 특허권의 존재를 인식할 것을 요하지 않는다. 특허법 제271조(a) 침해 책임은 미국 내에서 그 실시행위가 있어야 하는 것이 원칙이다.[319)] 그러나 국경을 넘는 판매청약과 관련하여, 침해품에 대한 판매청약 및 협상이 해외에서 있었다고 하더라도 그것이 미국에 등록된 특허발명 제품을 미국에서 판매하려는 것이었다면 제271조(a)의 침해가 성립한다.[320)] 반면 판매청약이 미국에서 있었다고 하더라도 그것이 해외시장에서 특허발명 제품을 판매하려는 것이었다면 제

316) 미국 특허법 제271조(a),(b),(c),(f) 침해에 관한 각 쟁점에 대하여, 구체적인 사례를 상세히 소개하고 있는 문헌으로는, 박준국, 「미국특허소송의 주요쟁점」, 박영사(2018), 115-137면 참조.

317) 정상조 · 박성수 공편, 『특허법주해 Ⅱ』, 박영사(2010), 61면.

318) 진욱재, 미국 특허소송의 이해, 박영사(2019), 428.

319) Enplas Display Device Corp. v. Seoul Semiconductor Co., Ltd., 909 F.3d 398(Fed. Cir. 2018).

320) Transocean Offshore Deepwater Drilling, Inc. v. Maersk Contractors USA, Inc., 617 F.3d 1296 (Fed. Cir. 2010).: "an offer to sell an invention occurs abroad but contemplates sale of a U.S.-patented invention in the United States, that is infringement under §271(a)."

271조(a) 침해로 인정되지 아니한다.[321] 즉 특허발명을 실시한 제품을 판매하겠다는 청약이 이뤄진 장소와 관련 없이 그것이 미국에 등록된 특허의 직접침해로 되기 위해서는 그 판매청약이 미국에서 판매가 이뤄질 것을 의도한 것, 즉 미국 시장을 겨냥한 것이어야 한다는 것이다.

그러나 특허권자나 실시권자가 일단 판매를 한 이후에는 특허권자의 권리는 당해 물품에 대해 소진되고 당해 물품은 특허권을 침해하지 않고 특허권자의 의사에 관계없이 자유롭게 사용되거나 판매될 수 있다. 이를 특허권소진이론(patent exhaustion doctrine) 또는 최초판매이론(first sale doctrine)[322]이라고 한다. 또한 특허된 물품의 수리가 새로운 제조라고 생각할 수 있는 개조가 아닌 한 당해 특허품을 수리하여도 그 물품을 판매한 특허권자의 특허권을 침해하지 아니한다.

(2) 복수주체에 의한 직접침해[323]

미국에서는 직접침해가 성립하기 위해서는 모든 청구항의 구성요소가 단일 주체에 의해 수행되거나 그 하나의 주체에게 귀속될 수 있는 경우여야 한다는 원칙("A finding of direct infringement requires that all steps of the claim are performed by or attributal to a single entity"[324])에 따라, 어떤 경우에 복수의 행위자에게 직접침해의 책임이 귀속될 수 있는지에 관하여 판례가 발전해 왔다. 그 결과 최근 미국에서는 아래에서 상세히 보는 바와 같이 CAFC가 Akamai 사건과 Eli Lilly 사건에서, 1) 일방이 제3자를 지휘, 감독하는 관계에 있다고 볼 수 있는 경우에는 그 지휘, 감독한 자가 직접 침해의 책임을 지고, 2) 일방이 타방과 명시적 혹은 묵시적 합의하에 공동의 이익사업을 수행하는 관계에서는 그 공동사업을 수행하는 자 모두가 함께 특허의 직접침해 책임을 진다고 정리하였다. 또한 그중 두 번째 경우인 복수주체 모두에게 공동특허침해 책임을 지우기 위해서는 공동사업에 대한 '명시적 혹은 묵시적 합의'를 요구하고 있다.

---

321) Halo Elecs., Inc. v. Pulse Elecs., Inc., 769 F.3d 1371(Fed. Cir. 2014).

322) 저작권법의 영역에서 '최초판매이론'이 도입・확립되어 특허법의 영역에 도입・적용된 이론이 '특허권소진이론'이다.

323) 김영기, "복수주체의 특허침해와 손해배상책임", 사법(제55호), 사법발전재단(2021), 870-872를 인용함.

324) Akamai Technologies, Inc. v. Limelight Networks, Inc., 797 F.3d 1020(Fed. Cir. 2015) (en banc).

즉 CAFC는 BMC 사건[325]에서 청구항의 일부를 여러 주체가 나누어 실시한 경우 대위책임 이론(agency principles)에 의해 침해행위에 있어 감독자의 지위에 있는 자가 직접침해의 대위책임(vicarious liability)을 진다고 판시하였고, Muniauction 사건[326]에서도 직접침해가 성립하려면, 한 행위자가 방법특허를 구성하는 행위 모두를 스스로 하거나 타인을 지휘, 감독하여 행함으로써 행위 전체가 감독자의 행위로 간주될 수 있는 경우여야 한다고 판시하였다.[327] 이후 Akamai 사건, 즉 원고 Akamai사는 CDN(Content Delivery Network)을 사용하여 콘텐츠 공급업자들이 서버에 콘텐츠를 저장하게 하고 이를 일반사용자들이 쉽게 접속할 수 있게 하여 전자정보를 효과적으로 전달하는 방법특허의 전용실시권자인데, 피고인 Limelight사가 원고의 방법특허의 실시행위(방법)를 구성하는 행위 중 거의 모든 행위를 스스로 한 후 마지막 행위인 tagging[328]만을 고객이 하도록 하고 고객의 tagging을 지휘, 감독하지는 않은 사건[329]에서 복수주체의 특허침해 성부가 주요 쟁점이 되었다. 이 사건의 CAFC 전원합의체(파기환송심)[330]는, "피고가 방법발명의 구성행위를 타인과 나누어 행한 경우에 그 타인의 행위를 피고의 행위로 간주할 수 있으면 피고가 방법특허의 직접 침해자로서 책임(divided infringement)을 지게 되는데, 이를 위해서는 i) 피고가 타인을 지시, 통제("entity directs or controls other's performance")하는 관계에 있거나, ii) 피고가 다른 자와 공동사업을 수행("the actors form a joint enterprise")했어야 한다"라고 하였다. 그러면서 CAFC는, 위 사안에서 직접적인 쟁점이 되었던 타인의 지시, 통제에 의한 특허법 제271조(a)의 성립과 관련하여, 종래 판례가 제시하였던 피고가 ① 대리(agency) 관계를 이용해서 타인이 어떤 행위를 하게 하거나, 또는 ② 계약관계(contractual relationship)에 의해서 타인이 어떤 행위를 하게 하는 경우에 더하여, 추가로 ③ i) 타인이 어느 행위에 참여할 것을 조건으로 하거나 타인에게 단계별 행위에 따라 이익을 얻는

---

325) BMC Res., Inc. v. Paymentech L.P., 498 F3d 1373(Fed. Cir. 2007).

326) Muniauction, Inc. v. Thomson Corp., 532 F.3d 1318(Fed. Cir. 2008).

327) 박준국, 미국특허소송의 주요쟁점, 박영사(2018), 100면.

328) 콘텐츠 공급업자들이 자신의 콘텐츠가 서버 제공자의 서버에 저장되도록 지정(designating components)하는 행위(단계)이다.

329) Limelight v. Akamai, 134 S.Ct. 2111(2014). 이 판결의 경과에 대한 내용은, 박준국, 미국특허소송의 주요쟁점, 박영사(2018), 100-104면 내용을 참조함.

330) Akamai Technologies, Inc., v. Limelight Networks, Inc., 797 F.3d 1020(Fed. Cir. 2015) (en banc) ("Akamai V").

다는 조건을 제시하였고, ii) 그 행위를 행하는 방식이나 시기를 미리 고지해 놓은 경우를 추가하여,[331] 위 ③요건에 따라 Limelight사에게 특허법 제271조(a)의 침해(직접침해)를 인정하였다. 또한 CAFC는 위 사안에서, 공동사업자의 특허침해를 긍정하기 위해서는, ㉠ 사업 구성원 사이의 명시적 혹은 묵시적 합의, ㉡ 사업체에 의해 수행될 공동의 목적 보유, ㉢ 구성원 간에 그 목적달성에 대한 경제적 이익을 공유, ㉣ 사업체의 운영에 관한 평등한 발언권 등이 갖추어져 있는 등 동등한 지배권을 향유하는 경우[332], 어느 공동사업자의 행위에 대해서 다른 공동사업자도 책임(즉, 모두 공동 특허침해 책임)을 지게 된다고 판시하였다. 이러한 이론에 따라 직접침해가 성립하는 경우, 그 직접침해가 완성될 수 있도록 구성요소를 제공하는 회사 또는 개인은 아래에서 보는 바와 같은 특허법 제271조(b) 혹은 제271조(c)에 따른 간접침해 책임이 성립될 수 있다.

Ⅲ. 간접침해

특허권의 직접침해가 특허발명의 구성요소 전부를 포함한 침해대상물에 대하여 인정되는 데 비하여, 특허권의 간접침해는 침해대상물 또는 침해대상자의 행위가 특허발명의 구성요소의 전부 또는 일부를 포함하지 않는 경우이다.[333] 구성요소완비의 원칙(All elements rule)에 의하면 간접침해 행위는 원칙적으로 침해가 성립되지 않으나 여러 입법례에서는 규제의 필요성이 있는 행위를 간접침해로 규정하여 침해행위로 간

331) "We conclude, on the facts of this case, that liability under §271(a) can also be found when an alleged infringer conditions participation in an activity or receipt of a benefit upon performance of a step or steps of a patented method and establishes the manner or timing of that performance." 이와 같은 세 가지 경우에 관한 법리는, Medgraph, Inc. v. Medtronic, Inc., No. 15-2019(Fed. Cir. 2016) 및 Eli Lilly & Co. v. Teva Parenteral Medicines, Inc., No. 15-2067(Fed. Cir. 2017)에서도 그대로 설시, 인용되었다.

332) "(1) an agreement, express or implied, among the members of the group;
(2) a common purpose to be carried out by the group;
(3) a community of pecuniary interest in that purpose, among the members; and
(4) an equal right to a voice in the direction of the enterprise, which gives an equal right of control."

333) 정상조 · 박성수 공편, 「특허법주해 Ⅱ」, 박영사(2010), 61면.

주하고 있다.

미국 특허법은 간접침해로서 유도침해와 기여침해를 규정하고 있는데, 유도침해(inducement)는 제271조(b)[334]에서, 기여침해(contributory infringement)는 제271조(c)[335]에서 각 규정하고 있다. 제271조(c)에 규정된 부품 등의 판매는 제271조(b)의 침해 방조 등의 한 태양을 구체화한 것으로 해석된다. 간접침해는 직접침해를 전제로 하기 때문에 직접침해가 성립되지 않는 경우에는 간접침해도 성립할 수 없다.

(1) 유도침해(Inducement)

특허법 제271조(b)는 적극적으로 특허권의 침해를 유도한 자는 특허권 침해자로서의 책임을 진다고 규정하고 있다. 유도침해란 적극적으로 특허권의 침해를 유도한 자에게 침해자로서 책임을 부담시키는 것으로 우리 법상 교사 및 방조행위에 의한 불법행위책임(민법 제760조 제3항)에 대응한다. 적극적인 침해유도행위는 어떤 사람이 결과적으로 침해가 발생할 수 있다는 것을 인지하고서 다른 사람이 특허를 침해하도록 의도적으로 원인을 제공, 재촉, 고무하거나 도울 때 발생하며, 유도침해가 성립하기 위해서는 ① 피고가 특허의 존재를 인식하고 그의 행동의 결과 직접 침해를 초래할 것을 적극적으로 의도하여 ② 침해유도행위를 하고, ③ 나아가 결과적으로 직접침해가 발생하여야 한다.[336] 즉 유도침해가 성립하기 위해서는 직접침해를 한 제3자의 요구에 수동적으로 응하는 경우로는 불충분하고 유도침해자가 먼저 부품의 공급 등을 제안하는 경우 등 적극적인 행위가 있어야 하는데 이때 제3자에게 특허제품의 부품을 그의 요구에 의하여 판 경우에는 비록 제3자가 그 부품을 사용하여 특허를 침해한다는 사실을 알았을지라도 원칙적으로 침해행위에 해당하지 않는다.

또한 유도침해는 특정 사실을 "알았어야 했다"는 사정만이 있는 경우와 같이 특허침해 내용을 인지하지 못한 경우에는 인정될 수 없으나, 피고가 자신의 행위가 간접침

---

334) §271(b) Whoever actively induces infringement of a patent shall be liable as an infringer.

335) §271(c) Whoever offers to sell or sells within the United States or imports into the United States a component of a patented machine, manufacture, combination, or composition, or a material or apparatus for use in practicing a patented process, constituting a material part of the invention, knowing the same to be especially made or especially adapted for use in an infringement of such patent, and not a staple article or commodity of commerce suitable for substantial noninfringing use, shall be liable as a contributory infringer.

336) Power Integration, Inc. v. Fairchild Semiconductor Int'l, Inc.(Fed. Cir. 2016).

해를 구성할 수 있다는 사실에 대한 고도의 개연성이 있다고 생각하면서도 의도적으로 그러한 사실을 확인하지 않은 경우와 같이 '악의적인 해태(willful blindness)'의 경우에는 인정될 수 있다.[337]

판례법에 따라 특허법을 포함한 미국 법률은 역외에 적용될 수 없다는 추정(presumption against extraterritoriality)을 받고, 특허침해책임을 지우는 근거로서 직접접인 특허침해행위(directly infringing acts)가 미국 내에서 발생해야 한다는 것이 미국 특허법 원칙에서 중요한 것 중의 하나이기는 하다.[338] 그러나 특허법 제271조(b)의 유도침해는 미국 내에서 뿐만 아니라 해외에서의 행위에 대해서도 성립할 수 있다고 해석되고 있다. 즉 미국 특허권을 침해하기 위한 방식으로 결합하기 위한 의도로 미국 내로 침해품의 구성요소를 선적하는 행위와 같이, 미국 내에서의 직접침해를 유도하는 미국 외에서의 행위도 특허침해행위에 해당할 수 있다.[339] 따라서 피고가 해외에서 미국 특허발명의 권리범위에 속하는 제품을 복제한 후 사본을 제3자에게 판매했고, 그가 다시 이를 미국으로 수입, 판매하여 직접침해가 성립한 경우, 피고는 제271조(b)의 유도책임이 인정된다.[340]

(2) 기여침해(Contributory Infringement)

특허법 제271조(c)는 특허된 기계, 제조품, 화합물이나 조성물의 주요 구성요소 또는 발명의 주요부를 구성하는 특허된 방법을 실시하기 위해 사용하는 재료나 장치를 그 특허를 침해하는 용도로 사용되기 위해 특별히 만들어진 것을 알면서 판매를 제의하거나 판매하거나 수입하는 자는 간접침해자로서 책임을 진다고 규정하고 있다. 즉 특허발명품의 일부에 대한 판매, 판매의 제안, 수입에 대한 침해규정인 것이다. 이러한

337) Global-Tech Appliances, Inc. v. SEB S.A., 131 S.Ct. 2060, 563 U.S. 754, 98 USPQ 2d 1665 (2011).

338) Dmitry KARSHTEDT, Professor, George Washington University Law School, 특허법원 2020 International IP Court Conference 자료집(영문), 147.

339) Merial Ltd. v. Cipla Ltd., 681 F.3d 1283, 1302-03(Fed. Cir. 2012) ("In short, where a foreign party, with the requisite knowledge and intent, employs extraterritorial means to actively induce acts of direct infringement that occur within the United States, such conduct is not categorically exempt from redress under §271(b).").: Kent A. JORDAN, Judge, United States Court of Appeals for the Third Circuit, 특허법원 2020 International IP Court Conference 자료집(영문), 147.

340) Global-Tech Appliances, Inc. v. SEB SA, 563 U.S. 754(2011).

기여침해는 위와 같은 인식이 있으면 충분하고 침해행위를 적극적으로 의도할 것이 요구되지는 않는다. 다만 기여침해가 인정되기 위해서는 직접침해가 발생하였음이 입증되어야 함은 유도침해와 같다.[341]

미국 특허법 제271조(c)는 우리 특허법의 간접침해[342]와 유사한 규정이다. 본 조에서 정한 요건은 1871년 Wallace 사건[343] 이후 집적된 많은 판례들을 성문화한 것이다. 이에 관한 구체적 요건으로는 ① 침해자가 특허의 존재를 인식하고 부품 등이 특허침해의 실행을 위해 특별히 제작된 것임을 알고 있을 것,[344] ② 특허된 물품의 부품 또는 특허방법에서 사용되는 재료나 장치를 판매, 판매의 청약 또는 수입할 것, ③ 당해 부품 등이 특허 발명의 요부(material part)를 구성하고 범용(汎用) 제품[345]이 아닐 것, ④ 직접 침해가 발생할 것이다. 다만 범용제품인지 여부에 대한 증명책임의 부담에 대해서는 판례가 일관되지는 않고 있다.[346]

---

341) Met-Coil Sys. Corp. v. Korners Unlimited, Inc., 803 F.2d 684, 687, 231 USPQ 474, 477(Fed. Cir. 1986).

342) 제127조(침해로 보는 행위) (법률 제16208호, 시행 2019. 7. 9.)
다음 각 호의 구분에 따른 행위를 업으로서 하는 경우에는 특허권 또는 전용실시권을 침해한 것으로 본다.
1. 특허가 물건의 발명인 경우: 그 물건의 생산에만 사용하는 물건을 생산·양도·대여 또는 수입하거나 그 물건의 양도 또는 대여의 청약을 하는 행위
2. 특허가 방법의 발명인 경우: 그 방법의 실시에만 사용하는 물건을 생산·양도·대여 또는 수입하거나 그 물건의 양도 또는 대여의 청약을 하는 행위

343) Wallace v. Holmes, 29 F. Cas. 74(C.C.D. Conn. 1871)(No. 17100).

344) 직접침해의 성립에는 침해의 인식이 요구되지 않으나 간접침해는 성립자체를 위해 침해의 인식이라는 주관적인 요건을 필요로 한다.

345) 범용제품에 대한 법문의 표현은 "a staple article or commodity of commerce suitable for substantial noninfringing use"이고, 이는 '특허권을 침해하지 않는 다른 용도로 사용이 가능한 일반적인 다용도 물품' 정도로 이해할 수 있다.

346) 이혜원, "특허권의 간접침해에 대한 규정 및 판례 연구", 국제특허연구원(1996), 607-609면.

사례연구

C.R. Bard v. Advanced Cardiovascular Systems 사건(이하 'ACS')[347)]

1. 사안의 개요

C.R. BARD社는 ACS가 자사의 미국특허 4,581,017(이하 "017특허")를 기여침해 또는 유도침해를 하였음을 이유로 ACS를 피고로 하여 특허침해소송을 제기하였다. '017특허는 의약치료(medical treatment) 방법특허(method patent)이다. C.R. BARD社는 관상동맥형성술(Coronary angioplasty) 관련 주입관(perfusion catheter) 시술 방법론에 관한 '017특허를 개발자 Harvinder Sahota로부터 1986. 12. 31. 양도받은 후 독점적 사용권을 누리고 있었다. '017특허는 1983년 출원되어 1986년 등록되었다.

인간의 심혈순환체계에서 혈류의 이동은 좌심실-대동맥(aorta)-관상동맥(coronary arteries) 순으로 이어진다. 이 과정에서 혈류의 순환이 반복되는 과정에서 아테로성동맥경화증(Atherosclerosis)이 발생하기도 하는데 이는 동맥의 협착(stenosis) 등 동맥관련 질병을 유발시키게 된다. 이러한 협착증을 해소하기 위해 기존의 bypass surgery는 정맥과 해당 동맥을 접목하는 기술을 쓰고 있었다.

그런데 PTCA(Percutaneous Translumnial Coronary Angioplasty)라는 신기술에 의하여 풍선형 팽창성 주입관을 협착증이 일어나는 관상동맥에 주입하는 기술이 도입되었다. 풍선형 주입관이 관상동맥에 주입되어 협착증이 일어난 관상동맥을 인위적으로 벌리게 되어 협착증을 해소하게 되는 것이다. 다만 위 PTCA시술은 수술과정에서 부작용이 일어날 위험을 내재하고 있다. 즉, 풍선형 주입관이 관상동맥에 주입되어 풍선이 팽창되는 시기에 관상동맥 내의 혈류소통의 장애를 불러올 위험이 있

347) C.R. Bard, Inc. v. Advanced Cardiovascular Systems, Inc., 911 F.2d 670, 15 USPQ2d 1540, 1542-1543(Fed. Cir. 1990).

는 것이다. 이러한 주입관 시술시 부작용을 해소하기 위한 특수한 방법론이 바로 '017특허의 주요내용이다.

'017특허의 발명가 Sahota씨는 '017특허를 발명하기에 앞서 미국 특허 4,423,725 (이하 "725특허')를 신청하였다. '725특허는 수개의 외과수술용의 팽창성 장치(inflatable surgical cuff)와 혈류소통을 위한 측면구멍(side openings)이 부착된 중앙관(central lumen)이 있는 것이 특징이다. 다만, '725특허에서는 풍선이 팽창시 혈류소통의 장애를 막고, 가장 높은 수준의 혈압을 창출해내기 위하여, 측면구멍이 대동맥 부근에 위치해야만 함을 특징으로 하고 있다.

Sahota씨는 상기 '725특허에 대한 기기 및 방법 청구항(device & method claim)으로 청구하였으나 특허청은 이를 받아들이지 않았다. 그래서 Sahota씨는 카테터(catheter)에 관한 모든 기기청구항(device claim)은 철회하였고 방법청구항(method claim)만 수정하여 재신청한 결과 '725특허상의 청구항(claim) 4는 결국 '017특허의 청구항(claim) 1로 보정되어 특허로 등록되었다. '017특허 청구항 1의 특징은 측면개구부(side openings) 위치에 관한 것인데, 중앙관으로 혈류를 즉시 소통하기 위한 구멍을 근위부(proximal end)에 내었다.

한편 피고 ACS社는 관상동맥형성술(Coronary angioplasty)에 사용될 주입관(perfusion catheter)을 FDA(미국 식품의약품안전청)에 의해 유일하게 승인받은 사실을 부각시키며 본 주입관을 적극적으로 마케팅 및 판매하고 있었다.

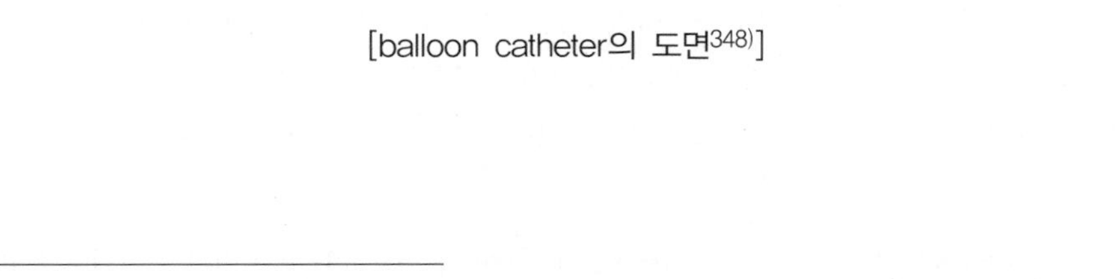

[balloon catheter의 도면[348]]

348) 이에 대해서는 http://en.wikipedia.org/wiki/Balloon_catheter 참조(2010. 12. 24. 최종접속).

2. 사건의 경과

(1) 연방지방법원의 판결

C.R. BARD社는 ACS社가 관상동맥형성술에 사용하고 있던 주입관이 C.R. BARD社의 방법특허를 침해하고 있다고 주장하면서, 캘리포니아 연방지방법원에 특허침해의 소를 제기한 후 사실심리생략판결(summary judgement)을 구하였다.

ACS사의 주입관은 ACS Stack Perfusion Catheter라는 이름으로 판매되었는데, 이 풍선형 주입관은 풍선의 근위부(proximal end)에 측면구멍이 설치되어 있었다. 이 측면구멍의 덕택으로 ACS사의 주입관은 풍선이 팽창시에도 주입관 내부에 혈류를 소통하는데 지장이 없었던 것이다. 이에 대하여 C.R. BARD사는 ACS사의 주입관이 자사가 독점적인 권한을 가지고 있는 '017특허의 청구항 1항을 침해하는 형태로 관상동맥형성술 시행에 사용되고 있다고 주장하였다. 이에 따라 C.R. Bard사는 ACS사에 대해 기여침해 및 적극적 유도침해(actively induced infringement)에 해당한다고 주장하였다.

ACS사는 위와 같은 C.R. BARD사의 침해주장을 반박하면서, 비침해주장을 함과 동시에 '017특허의 무효를 주장하였다. 캘리포니아 연방지방법원은 피고의 무효주장을 배척하고, 원고의 청구항 1항을 피고가 침해하였다고 판단하여 원고의 청구를 받아들여 사실심리생략판결을 하였다.

(2) CAFC의 판결[349)]

ACS社는 연방지방법원의 판결에 불복하여 CAFC에 항소를 제기하였고 항소법원은 아래와 같은 이유로 원심을 파기환송하였다.

논의의 전제로 사실심리생략판결을 하려면, 다음의 요건들이 구비되어야 한다. (i) 사실심리생략판결이 신청인의 취지에 따라 인정되기 위해서는 주요한 사실(material fact)에 관한 쟁점(genuine issue)이 존재하지 않아야 하며, (ii) 이에 관한 입증책임은 신청인에게 있고, 신청인이 입증한 이후에만 신청인은 법률상의 판결을 기대할 권리를 가지게 된다. (iii) 판사는 사실심리생략판결을 하기 위해서 증거판단시 피

349) C.R. BARD, Inc. v. Advanced Cardiovascular Systems, Inc., 911 F.2d 670, 15 USPQ2d 1540, 1542-1543(Fed. Cir. 1990).

신청인에게 유리한 관점(favorable to non-moving party)에서 바라보아야 하며, 피신청인에게 유리하게 사용될 수 있는 모든 합리적인 추론(reasonable inferences)을 동원해야 한다. (iv) 이 때 피신청인도 피신청인에게 유리한 결론을 끌어내기 위해서는 충분한 증거(sufficient evidence)를 제시하여야 한다.

이 사건에서 기여침해(contributory infringement)가 인정되기 위해서, (i) ACS사는 '017특허의 프로세스를 실제화하는 용도로써 주입관을 판매하였을 것, (ii) ACS사는 자사 주입관 판매로 인한 특허침해의 결과를 인지할 수 있었을 것, (iii) ACS사의 주입관은 특허권을 침해하지 않는 다른 용도로 사용이 가능한 일반적인 다용도 물품이 아닐 것, (iv) '017특허에 관한 직접침해가 존재할 것 등의 요건이 충족되어야 한다.

직접침해의 존재를 판단하기 위해서는 우선 '017특허의 권리범위를 정의하여야 한다(determination of the scope of the claim at issue). '017특허의 청구항 1항의 권리범위는 (i) 협착증이 일어나는 관상동맥구역(stenotic region of a coronary artery)에 혈류를 원활하게 하는 관상동맥형성술을 시행하는 방법으로써, (ii) 중앙관(central lumen)을 감싸는 튜브를 관상동맥(coronary artery)에 주입할 것, (iii) 주입관의 풍선이 팽창함에 따라 막힐 수 있는 혈류를 원활히 하기 위하여 중앙구멍 벽면에 혈류를 흐르게 하는 기술을 내재할 것, (iv) '725특허가 대동맥(aorta)만을 통하여 튜브에 혈류를 흐르게 하는 주입관의 방법론에 관한 것이라면, '017특허는 관상동맥(coronary artery)을 통하여 튜브에 혈류를 흐르게 하는 주입관의 방법론에 관한 것으로써, 풍선의 근접부위에 측면 개구부를 만들어 주입관을 둘러싸고 있는 관상동맥에 순식간에 혈류를 채우는 방법론(immediately adjacent balloon fluidly connect locations within coronary artery surrounding proximal and distal portions of tube)으로 가능케 하는 것이라는 점에서 '725특허와 구별된다.

그런데 이 사건에서는 '017특허의 청구항 1항의 권리범위와 관련된 사실상의 분쟁(factual disputes)이 존재한다. C.R. BARD사는 ACS사 주입관이 관상동맥을 통하여 주입관의 근위부(proximal end)에서 혈류를 끌어들인다면 '017특허 침해라고 주장할 수 있지만, ACS 주입관이 오직 대동맥을 통하여 혈류를 끌어들인다면 '017특허 침해라고 주장할 수 없게 된다. 이한 혈류를 끌어들이는 원류의 위치에 관하여 세 가지 가능한 패턴이 제기될 수 있다. (i) 첫번째 패턴으로, 주입관의 모든 측면구멍(side opening)이 오직 대동맥에만 위치해 있는 경우로, 이는 '725특허와 관련된 방법인데, 특허출원경과(prosecution history)를 보면 발명가 Sahota가 이미 출원과정에서 이를 포기하였음을 알 수 있으므로 ACS사는 이 패턴은 자유롭게 사용할 수 있다. (ii) 만일 두번째 패턴으로 주입관의 모든 측면구멍이 관상동맥에 위치해 있을 경우, 이는 '017특허를 침해하는 것이다. (iii) 세 번째 패턴으로, 측면구멍의 일부는 대동맥에 위치하고, 일부는 관상동맥에 위치하는 경우, 이 경우도 '017특허 침해로 볼 가능성이 있다.

ACS사는 협착증 부위가 관상동맥 입구 주변 3cm 이내일 확률이 40~60%에 이른다는 증거를 내세우고 있으며, 이 점에 대해 원고인 C.R. BARD사는 이러한 주장을 배척할 수 있는 충분한 증명을 하지 못했다. ACS사는 자사 주입관의 모든 구멍이 대동맥에 위치해 있을 가능성이 존재한다고 주장하였다. 이러한 ACS사의 주장에 따른다면 첫 번째 패턴의 형태를 따를 가능성이 존재하는데, 이는 '017특허권 침해에 해당하지 않는다는 결론에 이르게 된다.

기여침해의 요건 중, ACS사의 주입관은 특허권을 침해하지 않는 다른 용도로 사용이 가능한 일반적인 다용도 물품이 아니어야 하고 '017특허에 관한 직접침해가 존재해야 하는데, 이 때 용도의 판단은 공익적 고려를 하여야 한다는 것이 연방대법원의 선례이다. 이 사건에서 기여침해의 판단에 대해서 다른 용도로 사용될 수 없다는 점에 대해서 충분한 입증이 없다. 직접침해의 존부에 대해서도, '017특허는 관상동맥을 통하여 혈류를 주입관에 끌어들이는 경우에만 해당하는 특허이므로, ACS사 의 주입관이 대동맥을 통하여 혈류를 끌어들일 가능성이 존재하므로 '017특허를 직접적으로 침해하지 않는다. 기여침해의 4가지 요건 중 하나의 요건이라도 충족되지 않으면 기여침해에는 해당하지 않게 되는바, 직접침해의 존재가 인정되지 않고, 유일한 용도가 침해목적임도 인정되지 않는 한 기여침해에 해당하지 않는다고 봄이 타당하다.

한편 유도침해(induced infringement)와 관련하여, C.R. BARD사는 ACS사가 세부적 지시사항을 제공하고 그 밖의 이용에 관한 문구를 제공함으로써 '017특허를 침해하였고, 구멍을 풍선의 근위부 근처에 설치함에 따라 '017특허를 침해하였다고 주장하나, 제출된 증거에 비추어보면, 어느 패턴에 해당하는가에 대한 점은 모호하여 결국 사실상의 분쟁이 여전히 존재하여 사실심리생략판결을 할 수 없다고 봄이 상당하다. 이러한 점을 종합하면 결국 원심의 사실심리생략판결은 부적당하여 파기 환송하여야 한다.

제 3 절 특허법의 역외적용(Extraterritorial Application of US Patent Act)

Ⅰ. 속지주의

다른 나라와 마찬가지로 미국 특허법은 속지주의(屬地主義)를 취하고 있다. 지식재산권에 관한 속지주의 원칙의 의미는 "지식재산권의 성립 · 변동 · 소멸 및 내용은 그 지식재산권을 권리로서 인정하고 이를 부여한 당해 국가의 법률에 의하여만 결정되며, 지식재산권의 효력은 이를 부여한 국가의 영토주권이 미치는 영역 안으로만 한정된다."라는 것으로 이해될 수 있다.[350] 한편 '역외적용'이란, 한 국가의 주권이 국가 영토 이외 지역에 미치는 것, 즉 한 국가의 영토 이외의 지역에 존재하는 외국인과 사물 또는 한 국가의 영토 이외에서 실행되는 행위에 대해 국가의 법률을 적용하는 것을 말한다.[351]

미국 특허법은 제154조(a)(1)에서 특허권자가 미국 내에서의 판매 등 행위에 대해서 배타권을 가짐을 명시하여 미국의 영토범위 내에서만 특허법이 적용됨을 규정하고 있다.[352] 특허법 제271조(a) 역시 미국의 영토범위 내에서 발생한 행위에 대해서만 적

350) 강영수, "국제 지적재산권침해소송에 있어서 국제사법적 문제에 관한 연구-속지주의 원칙의 한계 및 그 수정을 중심으로-", 서울대학교 대학원(법학과) 박사학위논문(2004), 12.

351) 박윤석, "특허법 역외적용 개념의 분석적 고찰-독일과 미국 사례를 중심으로-, 과학기술과법제(제9권 제2호), 충북대학교 법학연구소(2018), 2-3.

352) 일반적으로 미국 법원은 미국 법에 대한 미국 의회의 입법의도를 해석할 때에, 미국의 영토범위 밖에서 이루어진 행위에 대하여 미국 법을 적용하는 법원칙인 '역외적용의 원칙(principle of extraterritoriality)'의 적용을 배제시키는데, 이를 소위 '역외적용배제추정의 원칙(principle of the presumption against extraterritoriality)'이라고 한다고 한다.: 이주환, "미국 특허법 제271조(f)에 대한 법리의 전개과정과 연방대법원 Life Technologies 판결", 저스티스 통권 제169호, 한국법학원(2018), 126면.

용되는 것으로 해석되고 있다.

하지만 독점규제법이 역외적용이 되는 것처럼 특허법의 경우에도 역외적용이 되는가 하는 논점은 법원에서 쟁점이 되어왔다. 만일 미국 특허법이 당해 특허가 등록된 지역적 한계를 넘어 역외적용이 되어 한국 회사에도 적용될 수 있다면 이러한 특허법 역외적용은 우리 특허법과의 관계에서 복잡한 문제를 야기할 수 있다. 특허권은 국가주권의 범위에서 등록국 내에서만 인정되는 것이므로 역외적인 적용을 하기 위해서는 외부적인 링크를 발견하여야 하고, 이러한 점은 미국 특허법이라고 하여 예외가 될 수는 없다.

특히 제2차 세계대전 이후 세계의 경제규모가 급속도로 팽창함에 따라, 미국 기업의 세계진출이 이전보다 더욱 왕성해 지고, 세계적인 다국적 기업들의 영업행위가 한 국가의 영토범위를 넘어서 국제적으로 이루어지게 되면서, 미국의 영토범위 밖에서 이루어진 행위가 미국 시장에 영향을 미치는 경우 이를 미국 법에서 규제하여야 할 필요성이 강력하게 대두되었다.[353] 한편, 미국 특허법 제271조(a)에 의하여 특허의 효력은 특허의 대상이 되는 물건을 생산, 사용, 판매하는 것에 미치며, 방법 특허의 효력은 그 방법을 사용하거나, 그 방법에 의하여 생산된 물건을 사용, 판매하는 것에 미친다고 규정하고 있는바, 이러한 미국 특허의 효력 범위에 대하여는 1972년 연방대법원의 Deepsouth Packing 사건[354]에서 연방대법원이 미국 영역 외에서의 조립을 위하여 특허발명의 일부 구성요소(component)를 생산한 후 이를 수출하는 행위는 특허침해가 아니라고 판시하였다.

이에 따라 미국 의회는 1984년 미국 내에서 특허침해행위를 회피하기 위한 목적으로 외국에서 특허제품을 조립하기 위하여 특허제품의 구성부품을 미국에서 외국으로 수출하는 행위를 특허침해행위로 규정하기 위하여 특허법 제271조(f)를 제정하였다.[355]

353) Id., 128면.

354) Deepsouth Packing Co. v. Laitram Corp., 406 U.S. 527, 528(1972).

355) Id., 127면. 이 규정의 입법경위와 관련하여 다음과 같은 설명도 같은 취지이다. 즉, 직접침해와 간접침해의 장소가 국내외로 다른 경우, 즉 특허발명의 존재를 알면서 그 물건의 전 부품을 미국 내에서 제조하고 이것을 완전히 조립하지 않은 채 세트로 하여 미국 외에서 판매한 경우와 같이, 간접침해는 미국 내에서 이루어지지만 직접침해는 미국 외에서 이루어지는 경우에는 직접침해가 성립하지 않으므로, 판례의 입장에 따르면 간접침해도 성립하지 않게 되어, 이러한 판례의 태도에 대해 산업계로부터 많은 비판이 있어 미국의회가 1984년에 위와 같은 제271조(f)를 입법화하였다는 것이다.: 정상조 · 박성수 공편, 「특허법주해 Ⅱ」, 박영사(2010), 72면.

이는 미국 특허법의 역외적용을 허용하는 취지의 특별규정을 도입한 것이다. 그리고 이러한 입법 이후에도 특허법의 역외적용의 한계와 관련하여 특허법 제271조(f)[356]의 해석과 관련된 문제가 제기되고 있다. 또한 미국 의회는 특허법 제271조(f)를 제정한 후 4년 후에 다시 미국 내 방법특허 실시를 우회하기 위하여 제3자로 하여금 타국에서 특허방법을 사용하여 제품을 생산하게 한 후 그 제품을 미국 내로 수입하여 판매하는 행위를 규율하기 위해 특허법 제271조(g)도 제정하였다.

Ⅱ. 제271조(f)

1. 의 의

특허법 제271조(f)는 2개의 문단으로 나뉜다.

제271조(f)(1)은 "특허발명의 구성을 이루는 전부나 주요부품을 미국 내에서 혹은 미국으로부터 해외에 허가 없이 공급하거나 공급을 야기한 자에 대해서는 그와 같은 구성품들이 미국 외에서 적극적인 결합을 유도하는 형태로서 전체 또는 부분적으로 비결합 상태에 있으나, 만약 미국 내에서 결합되면 특허권을 침해하는 것으로 되는 경우에는 특허권 침해자로서 책임을 져야한다."라고 규정하고 있다. 또한 제271조(f)(2)는 "특허발명에 특별히 사용되도록 만들어졌고 해당 특허를 침해하지 않는 다른 용도로 사용이 가능한 범용제품이 아닌 특허발명의 구성부품을 미국 내나 해외에 허가 없

356) 35 U.S.C. §271(f)(1) Whoever without authority supplies or causes to be supplied in or from the United States all or a substantial portion of the components of a patented invention, where such components are uncombined in whole or in part, in such manner as to actively induce the combination of such components outside of the United States in a manner that would infringe the patent if such combination occurred within the United States, shall be liable as an infringer. (2) Whoever without authority supplies or causes to be supplied in or from the United States any component of a patented invention that is especially made or especially adapted for use in the invention and not a staple article or commodity of commerce suitable for substantial noninfringing use, where such component is uncombined in whole or in part, knowing that such component is so made or adapted and intending that such component will be combined outside of the United States in a manner that would infringe the patent if such combination occurred within the United States, shall be liable as an infringer.

이 공급하거나 공급을 야기한 자는, 그와 같은 부품이 전체 또는 부분적으로는 비결합 상태에 있으나 그 부품이 특허된 발명에 사용되도록 만들어졌음을 알고 또한 미국 내에서 결합되면 특허를 침해하는 것과 같은 방식으로 해외에서 결합되도록 의도한 경우에는 특허권 침해자로서 책임을 져야 한다"고 규정하고 있다.

즉 제271조(f)(1)에 따른 특허침해가 인정되기 위하여 원고가 주장, 입증하야야 하는 요건사실은 ① 당해 특허발명을 실시한 제품들이 다수의 구성(components)으로 이루어진 사실, ② 그 구성부품들의 전부 혹은 상당한 부분(all or substantial portion)이 전체적으로 혹은 부분적으로 결합되지 않은 상태에서, 피고가 미국으로부터 해외로 공급하거나 공급을 야기(supply or cause to be supplied)한 사실, ③ 만약 그 구성부품들의 결합이 미국 내에서 이루어지면 구성이 완비되어 특허침해가 발생한다는 사실, ④ 그러한 행위가 미국 밖에서 그 구성부품들의 결합을 적극적으로 유도하기 위하여(actively induce) 이뤄진 사실이다.

반면 제271조(f)(2) 적용을 위해서는 ① 특허발명에 특별히 사용되도록 만들어졌고 해당 특허를 침해하지 않는 다른 용도로 사용이 가능한 범용제품이 아닌 특허발명의 구성부품을 미국 내에서 혹은 미국으로부터 해외로 허가 없이 공급하거나 공급을 야기한 사실, ② 그와 같은 부품이 전체 혹은 부분적으로 비결합 상태에 있으나 그 부품이 특별히 특허발명에 사용되도록 만들어졌음에 대한 피고의 인식이 있었던 사실, ③ 그 부품의 결합이 미국 내에서 이뤄지면 특허침해가 발생하는 방법으로 미국 외에서 결합될 것을 피고가 의도한 사실이다. 위 두 규정에 따른 침해는 모두 직접침해를 전제로 하지 않는다.[357] 다만 제271조(f)(1)이 적용되기 위해서는 '복수'의 구성품(components)을 공급하여야 하는 반면, 제271조(f)(2) 적용을 위해서는 '하나'의 구성품(any component)이라도 그 구성품이 범용제품이 아니면 적용된다.[358]

제271조(f)는 간접침해(indirect infringement) 규정과 유사한데 미국 내에서 직접침해가 성립하지 않았을 경우에도 미국 내에서의 행위에 대해 간접침해를 인정하여 직

357) Hewlett-Packard Co. v. Bauch & Lomb Inc., 909 F.2d 1464, 1469(Fed. Cir. 1990).

358) 이러한 두 규정의 차이가 연방대법원의 Life Technologies Corp. v. Promega Corp., 580 U.S. __ (2017) 판결에 설시되어 있다. 이 사건에서 연방대법원은 만일 제271조(f)(1)이 하나의 부품을 수출한 경우에도 적용된다고 해석한다면 제271조(f)(2) 규정에 대한 적용 여지를 없게 하고, 나아가 하나의 구성부품이 전용품에 해당할 수 있다는 제271조(f)(2)의 규정상의 표현을 해치게 된다고 하였다.

접침해의 성립을 전제로 간접침해의 성립을 인정하는 태도(종속설)를 완화한 것이다. 예컨대, 특허된 제품의 모든 부품을 제조하여 상세한 조립 설명서와 함께 외국회사에 판매한 경우 만약 구매회사가 그 제품을 미국 내에서 조립하였다면 구매회사의 행위는 제271조(a)의 직접침해에 해당할 것이고, 판매회사의 행위는 제271조(b)의 유도침해에 해당할 것이지만, 미국 내에서 조립되지 않은 경우 직접침해가 성립하지 않아 위 판매회사의 행위는 제271조(b)의 특허침해는 해당되지 않고 제271조(f)(1)의 침해로 다루어지게 된다. 이 때 외국의 조립, 판매업자는 위 규정의 적용대상이 아니어서 미국 특허법 침해로 규율되지는 않는다.[359]

제271조(f)(2)는 특허제품의 필수부품을 첫째, 그 부품이 그 특허제품의 필수부품으로 쓰이는 것 이외의 다른 용도가 없음을 알고, 둘째 그 부품이 해외에서 다른 부품들과 조립되어질 것을 의도하면서 제공하는 침해행위를 명문화하고 있다. 제271조(f)(2)는 기여침해 규정과 유사한데, 다만 기여침해와 달리 '침해의 의도'가 인정되어야 하는 점에서 차이가 있다.[360] 또한, 제271조(f)에 기한 침해는 제271조(b) 및 제271조(c)와 달리 직접침해가 성립하지 않아도 침해가 성립되는 점에서 큰 차이가 있는데, 따라서 제271조(f)는 미국 외에서의 직접적인 특허침해행위를 전제로 하지 않으면서, 미국에서 수출된 구성부품의 외국에서의 조립행위를 전제로 미국 특허법의 역외적인 효력을 인정하려는 취지를 가지고 있는 미국 특허법상 간접침해규정으로 요약할 수 있다.[361] 다만 이 조항은 직접침해인 완성품의 조립이 특허 등록국인 미국 이외의 지역에서 발생하는 경우, 간접침해 성립이 직접침해의 성립을 전제로 한다는 소위 '종속설'을 견지하면서도 미국 내에서의 간접침해 행위를 규율하기 위해, 간접침해 요건 중 하나로 '만일 그 구성품들이 미국 내에서 결합이 이뤄지면 특허침해가 성립할 것'을 요건으로 함으로써, 해외에서의 완성품의 조립 행위가 미국 특허법상 직접침해에 해당하는지를 판단한다는 점에서 미국 특허법이 역외에 '사실상' 적용된다고 해석되고 있다. 그러나 이러한 규정에도 불구하고 외국에서의 완성품의 조립행위 자체에

359) 이러한 입법적 제한 경위에 대하여는, 이주환, "미국 특허법 제271조(f)에 대한 법리의 전개과정과 연방대법원 Life Technologies 판결", 저스티스 통권 제169호, 한국법학원(2018), 133-135면 참조.

360) Kimberly A. Moore, Timothy R. Holbrook, John F. Murphy, PATENT LITIGATION AND STRATEGY(Fifth Edition), AMERICAN CASEBOOK SERIES(2018), p. 487.

361) 이주환, "미국 특허법 제271조(f)에 대한 법리의 전개과정과 연방대법원 Life Technologies 판결", 저스티스 통권 제169호, 한국법학원(2018), 130-131면.

대하여 미국 특허법이 적용되어 그 행위가 '직접침해'로 규율된다는 것을 의미하지는 않음에 유의해야 한다.[362)]

Deepsouth Packing 사건에서 법원이 인식하였던 규범의 흠결은 미국 특허법 제271조(f)의 입법에 의하여 보완하려고 하였던 것으로, 뒤의 역외적용과 관련된 사건들은 주로 제271조(f)의 해석과 관련된 사건들이다.[363)]

2. Deepsouth Packing 사건[364)]

(1) 사건의 의의

본 사안은 Deepsouth Packing과 Laitram 간의 새우 껍질 깎는 기계를 둘러싼 특허침해와 관련된 소송이다. 이 사건은 미국 특허법의 역외적용에 있어서 입법의 흠결(loophole)이 문제된 사안으로, 연방대법원은 입법의 흠결을 있는 그대로 인정하면서, 이를 법률의 탄력적 해석을 통해서라기보다 궁극적으로 입법을 통해 해결해야 할 것이라고 결론을 내렸다. 이로 인해 1984년 미국 의회는 최초로 특허법의 역외적용과 관련된 법안 개정을 하게 되고, 이에 따라 제271조(f)를 제정하게 된다.

---

362) 김영기, "국제적 지식재산권 분쟁에 있어 국제사법의 해석과 적용", 사법, 사법발전재단(2023. 3.), 475.

363) 우리 대법원도 2019. 10. 17. 선고 2019다222782, 222799 판결에서 "특허권의 속지주의 원칙상 물건의 발명에 관한 특허권자가 물건에 대하여 가지는 독점적인 생산・사용・양도・대여 또는 수입 등의 특허실시에 관한 권리는 특허권이 등록된 국가의 영역 내에서만 효력이 미치는 것이 원칙이다. 그러나 국내에서 특허발명의 실시를 위한 부품 또는 구성 전부가 생산되거나 대부분의 생산단계를 마쳐 주요 구성을 모두 갖춘 반제품이 생산되고, 이것이 하나의 주체에게 수출되어 마지막 단계의 가공・조립이 이루어질 것이 예정되어 있으며, 그와 같은 가공・조립이 극히 사소하거나 간단하여 위와 같은 부품 전체의 생산 또는 반제품의 생산만으로도 특허발명의 각 구성요소가 유기적으로 결합한 일체로서 가지는 작용효과를 구현할 수 있는 상태에 이르렀다면, 예외적으로 국내에서 특허발명의 실시제품이 생산된 것과 같이 보는 것이 특허권의 실질적 보호에 부합한다."라고 판시하여 해석론을 통해 미국 특허법 제271조(f)와 유사한 규율을 하여 특허법 적용에 있어 구체적 타당성을 확보하려는 취지의 판결을 하였다. 다만 위 판결은 해석론을 통해 우리 특허법상 '직접침해'의 인정 범위를 넓힌 것으로 이해된다. 따라서 미국 특허법 제271조(f)와 같은 규정을 두고 있지 않은 한국에서는, 특허발명의 전용품을 국내에서 생산한 후 외국으로 수출하여 외국에서 완제품을 생산한 경우 특허법 제127조 제1호의 간접침해가 성립하지 않는다(대법원 2015. 7. 23. 선고 2014다42110 판결).

364) Deepsouth Packing Co. v. Laitram Corp., 406 U.S. 518(1972).

(2) 사건의 경과

Laitram은 새우의 껍질을 벗기는 장치를 개발하여 특허 등록을 하였다. 껍질 벗기는 장치는 크게 새우의 껍질을 자르는 부분인 회전실 절단기(slitter)와 새우를 이동시키며 잘려진 껍질을 벗겨내는 부분인 분리기(tumbler)로 구성되는데, 이 두 부분을 각각 1954년, 1958년에 특허 출원을 하여 등록되었다. 이와 같은 Laitram의 특허는 특히 절단기와 분리기가 하나의 장치로 쉽게 조립되어, 새우의 껍질을 벗기는 작업이 순차적으로 진행될 수 있게 하는 결합방식에서 기존의 다른 회사들과 차별화된 것이었다.

Deepsouth Packing도 Laitram과 마찬가지로 새우의 껍질을 벗기는 장치를 개발하여, 새우의 껍질을 벗기는 분야에 있어서 Laitram과 함께 타 경쟁업체들보다 가격이나 효율성면에서 우수한 경쟁력을 보유하고 있었다. 그러나 새우 껍질을 벗기는 기계의 구성요소에 해당하는 장치들에 대한 기술력을 보유하고는 있었으나, 구성요소 장치들의 결합방식에서는 Laitram 만큼의 기술력을 보유하고 있지 않았다. 그래서 Deepsouth Packing은 Laitram에서 보유하고 있는 구성요소의 결합방식을 도입하여, 새우 껍질 벗기는 기계의 구성요소만을 해외로 수출하고 현지에서 쉽게 조립하여 제품을 사용할 수 있는 방법을 택했다. 기계의 구성요소를 자국 내에서 완전히 조립했을 때만이 직접침해(direct infringement)에 해당한다는 미국 특허법망을 피해가기 위한 방법을 선택한 것이었다. 이에 따라 새우 껍질 벗기는 장치들은 세 개의 박스에 분리되어 세트로 해외에 수출되었다. Deepsouth Packing은 소비자들에게 완제품으로 제공하지 않는 이유를 "기술적인 선택"에 따라 어쩔 수 없이 조립하는 형태로 제공하는 것으로 말하면서, 1시간 이내로 조립이 가능한 상태로 그들에게 물건을 제공하였다. Deepsouth Packing은 또한 쉽게 조립하여 사용할 수 있다는 점을 들어 실제 Laitram에서 만드는 조립된 완성품과 같은 가격으로 기계 구성요소들을 판매하였다.

(3) 소송의 경과

1) 연방지방법원의 판결

Laitram은 Deepsouth Packing의 행위가 자사의 특허권을 침해하였다고 주장하면서, 특허권의 직접침해를 규정하고 있는 제271조(a) 위반으로 Deepsouth Packing을 피고로 하여 특허침해소송을 제기하였다.

루이지애나 연방지방법원은 법문의 규정에 따라, 결합특허(combination patent)는 오직 미국 내에서 결합된 제품만을 보호한다고 보아 원고의 청구를 기각하였다. 1935년 연방 제2항소법원의 Radio Corp. of America v. Andrea 판결[365] 이후 연방 제2, 제3, 제7항소법원은 계속 특허권의 역외적용을 부정하는 판결을 해오고 있었다. 법원은 특허권을 준다는 것은 특허기술 발명자에게 기술사용의 독점권을 주는 것으로 볼 수 있기 때문에 특허법 제271조(a)를 법문 그대로 엄격히 사안에 적용시키는 것이 타당하다고 보았다. Laitram은 판결에 불복하고 제5연방항소법원에 항소를 한다.

2) 항소심의 판결[366]

연방 제5항소법원은 Andrea 사건 이후 역외적용을 부인한 다른 연방항소법원과 달리 제271조(a)를 특허법이 보호하고자 하는 법익을 고려하여 실질적으로 적용하여야 한다고 하면서 1심 법원의 판결을 파기환송하였다. 특허법의 역외적용시, 법문에 명시된 결합특허(combination patent)의 보호를 받는 제품은 미국 내에서 조립이 완성된 제품에 한해서만 침해로 인정할 것이 아니라, 그 제품의 구성요소가 해외에서 조립되어 완제품이 된다면 중요 구성요소가 미국 내에서 만들어지기만 해도 직접침해로 보아야 한다고 판시하였다. 법원은 경직된 법 적용이 아닌 유연성 있는 법 적용을 법률해석을 통해 실천함으로써, 지식재산권 침해로부터 특허권자의 권익을 보호하여 과학, 예술 등의 발전을 도모하고자 하는 특허법의 취지를 최대한 지켜내려고 하였다. 이에 따라 법원은 Laitram의 손을 들어주게 된 것이다. Deepsouth Packing은 항소법원의 판결에 불복하고 연방대법원에 상고를 한다.

3) 연방대법원의 판결[367]

연방대법원은 결합특허에 있어서 "조립 전의 동작불능 상태의 물건은 실제 물건의 생산(make)에 해당되지 않는다."[368]고 보아, 대상물이 동작 가능한 상태가 아닌 한, 결합특허를 침해하였다고 볼 수 없다고 판단하였다. 따라서 미국 내에서 제품의 구성요소만을 제작하여 수출 한 후 조립을 통한 제품의 완성은 직접침해에 해당되지 않는다고 판단하였다. 또한 연방대법원은 Deepsouth Packing이 의도적으로 Laitram의 기술을 사용한 것이 기여침해(contributory infringement)에 해당하는지에 대한 판단도 하

---

365) Radio Corp. of America v. Andrea, 79 F.2d 626(2nd Cir. 1935).
366) Deepsouth Packing Co. v. Laitram Corp., 443 F.2d 936(5th Cir. 1971).
367) Deepsouth Packing Co. v. Laitram Corp., 406 U.S. 518(1972).
368) Id.

였다. 기여침해는 직접침해의 전제 하에 생각해 볼 수 있는 문제로, 직접침해가 미국 내에서 발생하지 않으면, 특허법에 의한 기여침해 규제는 있을 수 없는 것인바, 본 사안에서는 미국 내에서의 직접침해가 없으므로 기여침해도 없다고 판단하였다.

연방대법원은 위와 같은 판결이 법령을 너무 좁게 그리고 기계적으로 해석하는 것이라는 비판에 대한 반박도 함께 제시한다. 먼저, 1952년에 제정된 특허법 제271조는 입법 당시에는 결합특허(combination patent)에 대한 고려가 없었다는 것이다. 이미 1952년 법 제정 당시에 법원의 Andrea 판결이 선고되어 있었음에도 이러한 역외적용을 고려하지 않고 법을 제정하였기 때문에 법 제271조(a)를 실질적으로 적용하는 것이 입법취지에 부합하는 것이 아니라는 것이다. 이 판결에 따라 특허법의 역외적용은 법령해석을 통하여 사법부가 해결할 수 있는 문제가 아니라 입법부가 법개정을 통해서 입법적으로 해결하여야 할 문제라는 점이 명확해졌다.

4) 특허법 제271조(f)의 제정

미국 의회는 Deepsouth Packing 사건에서 드러난 특허법의 역외적용 문제에서의 입법 흠결을 보완하기 위해, 1984년 특허법 제271조(f)를 제정하여 국내에서 직접침해나 간접침해가 되지 아니하는 특허침해 형태를 규제하는 방안을 마련하였다. 이는 최초의 특허권의 역외적용 확대 법안으로서, 이후에 NTP, Inc. v. Research in Motion 사건(2003년), Eolas Techs. Inc. v. Microsoft Corp. 사건(2005년), Microsoft Corp. v. AT&T Corp. 사건(2007년) 등에서 나타나는 특허권의 역외적용 문제의 해결에 있어 근거가 되었다.

3. NTP 사건[369]

(1) 사안의 개요

이 사건은 블랙베리(Blackberry)[370] 사건이라고 알려져 있는 사건으로 이 사건에서 역외 적용이 문제가 되었던 이유는 이러한 통신 서비스의 경우에는 일체의 서비스가 하나의 국가에서 이루어지는 것이 아니고, 그 서비스 중의 일부는 당해 특허침해소송

369) NTP, Inc. v. Research in Motion, Ltd., 418 F.3d 1282(Fed. Cir. 2005).
370) 오늘날 스마트폰(smart phone)의 원조(元祖) 격이 되는 휴대폰이다. 이메일 기능이 강화된 휴대폰으로 사건 당시 큰 인기를 끌었다.

이 발생한 국가가 아닌 다른 국가에서 발생할 수 있다는 점이 실제화되어 사건이 되었다. NTP사는 2001. 11. 13. 캐나다 국적의 RIM('Research In Motion', 이하 'RIM')사의 블랙베리 기기 및 이를 통해 이메일을 주고받을 수 있는 서비스가 여러 개의 자신들의 이메일과 관련한 시스템 특허와 방법 특허들을 침해하였다고 주장하면서 RIM을 피고로 소송을 제기하였다.[371)]

역외 적용 쟁점을 이해하기 위해서는 블랙베리의 서비스 제공 시스템을 이해할 필요가 있다. 블랙베리는 각 PC 및 서버에 이메일을 리디렉션(redirection)시키는 소프트웨어가 있고,[372)] 각 핸드폰이나 PDA와 같은 휴대용 기기들이 존재하고, 새로운 메일이 데스크탑 기기에 도착하면 그것을 릴레이 기기가 있는 캐나다로 릴레이(relay)를 한 뒤에 무선 네트워크를 통하여 전달하는 구성을 요구하는 시스템이다. 이에 따라 RIM은 릴레이 기기(Relay)가 통신 시스템을 구성하고 있고, 이는 원고 특허발명의 인터페이스나 인터페이스 스위치에 대응하는 구성인데 이 기기가 캐나다에 있어 역외적 사안이므로 이에 대하여 미국 특허에 대한 침해가 성립하지 않는다고 주장하였다.

1심 법원이었던 버지니아 동부연방지방법원은 RIM이 원고의 특허발명의 모든 과정이나 단계를 미국 내에서 실시하였음을 입증하여야 하나, 블랙베리 릴레이 기기가 캐나다에 존재하는 것이 원고 특허에 대한 침해인정을 방해하지 아니한다는 최종 배심원지침(final jury instruction)을 내렸고, 배심원들은 이에 따라 2002. 11. 21. RIM의 블랙베리 시스템이 NTP사의 미국 특허들[373)]을 침해(induced and contributory infringement)하였다고 하면서 5.7%의 합리적 로얄티를 인정하여 2,300만 달러 배상을 평결하면서 악의적 침해라고까지 평결하였다. 이에 1심 법원은 2003. 8. 5. 가중배상을 인정하고 약 5,300만 달러의 손해배상[374)]을 명하는 판결을 선고하였다. 그리고 2005. 8. 2. CAFC의 최종 판결[375)]이 선고되었다.

CAFC는 1심 법원이 '오리지네이팅 프로세스(originating processor)'라는 용어에 대

371) NTP, Inc. v. Research in Motion, Ltd., 270 F. Supp. 2d 751(E.D. Va. 2003).
372) 이런 일을 동기화(sync)한다고 하는데, 이러한 동기화를 시키기 위해서는 관련 소프트웨어 프로그램을 설치하여야 한다.
373) 1심 법원은 U.S. Patent Nos. 5,436,960(이하 "960특허'), U.S. Patent Nos. 5,625,670(이하 "670특허') 특허 등 5개의 NTP의 특허가 침해되었다고 판단하였다.
374) 이 금액은 전보배상(compensatory damages) 3,300만 달러, 변호사비용 400만 달러, 판결전 이자 200만 달러, 가중배상 1,400만 달러를 합한 금액이다.
375) NTP, Inc. v. Research in Motion, Ltd., 418 F.3d 1282(Fed. Cir. 2005).

한 청구항해석을 잘못한 점을 제외하고는 시스템 청구항에 관하여 특허법 제271조(a)가 적용된다는 원심법원의 판단은 타당하고 특허법 제271조(a)의 해석과 관련된 RIM사의 주장은 받아들일 수 없다고 보았다. 즉 CAFC는 U.S. Court of Claims 법원이 Decca Ltd. v. United States 사건(1976)에서 통신시스템 중 하나가 비록 노르웨이에 있지만 피고가 이를 소유하면서 실질적인 상업적 이용을 하고 있고, 노르웨이 통신시스템으로부터 나오는 신호에 대한 이용은 그 신호가 청구항의 방법대로 수신되고 이용되는 곳 어디에서든 그러한 이용(use)이 발생한다고 한 사례를 인용하였다. 이에 따라 CAFC는 시스템 청구항에 있어 '이용(use)'은 그 시스템에 대한 제어와 상업적 사용이 일어나는 곳에서 발생하므로 NTP의 시스템 청구항에 대한 RIM사의 제271조(a) 침해를 인정한 1심 법원의 판결을 그대로 확정하였다. 다만 CAFC는 NTP의 '방법 청구항'의 이용에 대하여는 이는 '전체로서의 사용'과 달리 '각 단계의 사용'이 전제되어야 하므로 모든 구성 단계의 사용이 미국 내에서 이뤄져야 하는데, 방법청구항은 인터페이스나 인터페이스 스위치를 이용하는 단계로 기술되어 있고, 그러한 단계는 오직 캐나다에 있는 RIM 릴레이 기기를 이용해야만 가능하므로, 위 요건을 충족하지 못해 RIM사의 제271조(a) 침해는 성립할 수 없다고 하였다.[376] 나아가 CAFC는 방법 청구항에 대하여 제271조(f) 및 제271조(g) 침해 해당 여부를 검토하였는데, 어떠한 방법의 실시가 제271조(f)의 침해를 상정하기 어렵다는 등의 이유로 위 규정의 침해를 부인하고, 정보의 전달은 '물건의 제조(manufacturing of a physical product)'를 포함하고 있지 않아 제271조(g)의 침해도 성립하지 않는다고 판시하였다. 이후 이 사건은 2006. 3. 양사 간의 화해로 종료되었다.

결국 이 사건에서 법률적인 쟁점이었던 미국 특허법 제271조(a)와 관련된 부분은 유지됨으로써 특허발명의 구성요소와 관련된 일부 시스템이 미국 외에 존재함에도 불구하고 직접침해가 있다고 판단하여 미국 특허법 제271조(a)의 적용을 인정한 1심 법원의 판단을 유지하였다. 또한 위 판결을 통해 CAFC는 제271조(f)와 제271조(g) 적용 요건에 대하여도 명확히 판시하였다.

---

376) 위 사건에서 CAFC는 방법청구항에 대하여는 침해태양과 관련하여 '이용'뿐만 아니라 '판매' 또는 '판매의 청약', 그리고 '수입' 행위에 의한 특허법 제271조(a) 침해가 성립할 수 없다고 하였다.

(2) 쟁점-유체물의 필요여부

이 사건에서 제271조(f)의 적용과 관련하여 문제가 되었던 것이 구성요소(component)가 유체물이어야 하는 것인가 하는 점이었다. 이와 관련하여 Pellegrini 사건[377]에서 CAFC는 피고에 의하여 미국 영토 밖에서 제조, 생산되었으나 어떻게 칩을 조립할 것인가 하는 것에 대한 지시사항은 미국에서 작성되어 제공된 사안에서 이 경우에는 유체물로서 공급된 구성요소가 없기 때문에 단순한 지시사항의 제공만으로는 특허침해가 인정되지 않는다고 판시하여 유체물일 것을 요구하였다. 그러나 NTP 사건에서는 반드시 유체물에 한하는 것으로 보지는 않았다.

4. Eolas 사건[378]

Eolas사[379]는 인터넷 브라우저 관련 '906특허[380] 등의 특허권자로서 문제가 된 '906특허는 브라우저에 부가(add-on)되어 작동하는 플래시와 같은 플러그 인 애플리케이션(plug-in application)을 구동하는 것과 관련된 기술이다. 지금은 많은 소프트웨어가 일정한 국가에 있는 중앙서버에 접속하여 그 서버로부터 직접 다운로드를 받는 경우가 많은데, 당시에는 마이크로소프트사가 골든 매스터 디스크(Golden Master CD)를 OEM 업체들[381]에게 윈도우즈운영체제의 설치를 위하여 제공하였다. 실무상 OEM 업체들은 매스터 CD를 받아서 이 CD를 1회에 1,000장 이상 복제하여 각 PC에 최종 사용자들이 사용하기 전에 사전에 인스톨하여 판매하였다. 결국 마이크로소프트의 주장은 자신이 제공한 매스터 CD가 최종적인 침해물품이 아니라는 것이었고, 연방지방법원에서는 이러한 주장을 배척하였다.[382] CAFC도 앞서 Pellegrini 사건에서의 지시사항(instruction)과 이 사건에서의 매스터 CD는 구별된다고 하면서, 매스터 CD에 들어있는 소프트웨어 코드는 비록 손에 잡히지 않는다고 하더라도 제271조(f)가 적용되는 구성요소(component of patented invention)에 해당한다고 판시하였다. 그 이유로 제271조(f)의 문언이 어떤 유체물로서의 기계(machinery)나 장비(apparatus)를 요구하

377) Pellegrini v. Analog Devices, Inc., 375 F.3d 1113(Fed. Cir. 2004).
378) Eolas Techs. Inc. v. Microsoft Corp., 399 F.3d 1325(Fed. Cir. 2005).
379) 'Eolas Technology Incorporated'의 약칭이다.
380) 미국 특허 No. 5,838,906특허를 줄여서 "906특허'라고 한다.
381) 예를 들어, 삼성전자, 델, HP 같은 PC 제조업체들을 말한다.
382) Eolas Techs. Inc. v. Microsoft Corp., No.99, C 0626(N.D. Ill. Dec. 29, 2000).

는 것이 아니기 때문이라고 판시하였다.[383]

5. AT&T 사건[384]

(1) 사건의 개요

앞서의 Eolas 사건에서 역외에서 일부의 구성요소와 관련된 행위를 할 경우에 미국 특허법을 적용하도록 하는 문제에 대한 쟁점을 좀 더 심화시킨 판례가 AT&T 사건이다. 이 사건은 매우 중요한 사건으로 2007. 5. 30. 연방대법원은 미국 특허법 제271조(f)와 관련하여 이 사건에서 최초의 대법원 판결을 통하여 중요한 선결례를 내었다.

이 사건은 AT&T 사의 '580특허[385]와 관련된 사안으로 AT&T는 마이크로소프트사의 윈도우즈 내의 일부 '스피치 코덱(speech codec)[386]'이 자신들의 '580특허를 침해하고 있다고 주장하였다. 그런데 침해의 범위와 관련하여, 마스터 디스크(Master Disk)는 미국에서 제조되었으나, 실제 이러한 마스터 디스크를 그 자체로 또는 다운로드 받아서 이를 복제하여 설치한 곳은 미국 역외 지역에 소재하는 OEM 업체들이었다. 마이크로소프트의 관점에서는 Eolas 사건의 경우에는 웹 브라우저 플러그인이 관련된 사항이었지만, 이 사건은 윈도우즈와 관련된 사건이라 사건의 심각성이 매우 큰 사건이었다.

(2) 연방지방법원의 판단

마이크로소프트의 주장을 요약하면, 미국 특허법 제271조(f)에 의한 침해가 성립하

383) 이후 이 사건은 2007년 소송 외에서 화해(Settle)이 이루어진 것으로 알려졌으나 구체적인 내용은 알 수 없다. 이 사건에서도 다른 특허 소송과 마찬가지로 특허 자체의 유효성에 대한 다툼도 있었고, 재심사(re-exam)이나 재발행(re-issue) 관련 분쟁도 있었다. 이 '906특허는 '하이퍼미디어 문서(Hypermedia document)'에 임베디드 되어 있는 오브젝트와 상호 연동성과 표시를 제공하기 위한 외부 애플리케이션을 제공하기 위한 수단에 대한 특허로 매우 중요한 특허라고 할 수 있다. 특허성이 인정되어야 하는가 하는 문제는 또 다른 차원의 논쟁이다.

384) Microsoft Corp. v. AT&T Corp., 550 U.S. 437(2007).

385) US Reissue Patent 32,580.

386) '코덱(codec)'은 코더(coder)와 디코더(decoder)의 합성어로, 음성이나 비디오 데이터를 컴퓨터가 처리할 수 있게 디지털로 바꿔 주고, 그 데이터를 컴퓨터 사용자가 알 수 있게 모니터에 본래대로 재생시켜 주기도 하는 소프트웨어이다. 동영상처럼 용량이 큰 파일을 작게 묶어주고 이를 다시 본래대로 재생할 수 있게 해준다. 파일을 작게 해주는 것을 인코딩, 본래대로 재생하는 것을 디코딩이라고 한다. http://100.naver.com/100.nhn?docid=770193(2008. 4. 30. 최종접속).

기 위해서는 미국 내에서 특허발명의 '구성요소(component)' 전부 또는 주요한 일부를 공급해야 하는데, 이 사건에서 그러한 유형물은 없다. 또한 그러한 유형물이 제공(supplied)되어야 하는바, 여기에서의 제공의 의미는 제조(manufactured)의 의미로 읽는 것이 타당한데, 실제 이러한 제조를 하는 것은 미국 역외에서 이루어진다. 그러므로 제271조(f)의 적용에 의한 AT&T의 '580특허에 대한 침해는 존재하지 않는다는 것이다.

이에 대하여 연방지방법원은 이러한 마이크로소프트의 주장을 배척하고, 특허침해를 인정하였다. 결국 마이크로소프트가 판매하는 것은 소프트웨어의 '구성요소'라는 점이 인정되었고, 마이크로소프트의 주장과 같이 미국 특허법 제271조(f)의 제공의 의미를 해석할 이유가 없다고 보았다. 결국 연방지방법원은 전자적으로 다운로드 받도록 하는 것도 제공(supplied)의 의미로 포섭된다고 이해하였다.[387]

(3) CAFC의 판단

미국 특허법은 미국 역외에서 발생한 특허권의 침해, 다시 말해서 침해 제품이 미국 외에서 제조 생산되고 미국 이외의 국가에서 판매된 경우 미국 특허법에 기초하여 미국 특허권을 가지고 있는 특허권자의 특허침해를 인정하지 않는다. 이러한 기본 원칙에 기초하여 마이크로소프트는 1심 법원에서 주장한 것과 같이 이 사건에서의 소프트웨어의 경우 마스터 디스크나 전자적인 방식에 의한 원본 파일의 송부 후 실제로 외국의 업체들이 이를 복제하여 PC에 인스톨한 후 이를 국외에서 판매하는 행위에 해당하는 것이므로 특허의 침해가 없다는 주장을 계속하였다.

하지만 CAFC는 미국 특허법의 경우 소프트웨어 코드 만으로도 특허의 대상이 되므로, 미국 특허법 제271조(f)의 적용과 관련하여, 문언상 반드시 유형물로서 기계나 물리적인 구조를 요구하는 것이 아니므로 마이크로소프트가 송부한 마스터 디스크나 전자적인 방식에 의한 파일의 경우에도 문언상의 구성요소(component)에 해당한다고 판시하였다. 그리고 CAFC는 공급(supplied)이라는 문언의 해석과 관련하여서도 복제물의 제조가 소프트웨어 배포의 중요한 부분이라는 점에 기초하여 볼 때 복제행위는 공급에 해당하다고 판시하였다. 소프트웨어의 경우는 특성상 복제물 전체를 공급할

387) AT&T Corp. v. Microsoft Corp., 71 USPQ 2d(SDNY 2004).

필요가 없이 원본 디스크 1매를 송부하여 이를 복제하도록 하는 것이 통상적이고, 이러한 행위를 하게 된 의도가 바로 해외에서의 복제를 전제로 하여 한 것으로 만일 이와 같이 해석하지 않으면 미국 특허법 제271조(f)의 규정 취지를 몰각하게 된다는 것이었다. 이와 같이 해석하는 것이 미국 특허법 제271조(f) 규정 당시 미국 의회가 의도하였던 바와 같이 미국에서는 특허 침해를 하게 되는 구성요소만을 공급하고 해외에서 이를 조립하도록 함으로써 미국 특허법의 적용을 회피하려고 하는 행위를 규제하려고 하는 의도에 부합하는 것이라고 보았다.

이 사건은 앞서의 Pellegrini 사건과도 구별되는바, 그 이유는 Pellegrini 사건의 경우에는 단순히 매뉴얼을 제공하는 행위를 하였을 뿐으로, 이러한 단순한 지시를 하는 경우와 직접 마스트 디스크를 제공함으로써 실제의 설계와 코드를 제공하는 행위는 구별되는 것이기 때문이라고 판시하였다.

또 하나의 중요한 쟁점은 바로 전달을 하는 방식에서 디스크가 매개되어야 하는 것인가 하는 점이었다. 오늘날의 소프트웨어 산업에 있어서 점차 운송비 절감 및 불법복제의 방지 목적 등의 여러 가지 복합적인 이유로 하여 PC 제조업체 등의 소프트웨어 사용자가 소프트웨어 회사의 서버에서 직접 다운로드를 하도록 하는 방식으로 소프트웨어를 공급하는 경우가 많다. 이 사건에서 마이크로소프트사는 이와 같은 전자적인 전송에 의하여 다운로드가 이루어지는 경우에는 공급이라고 볼 수 없다고 주장하였으나, CAFC는 디스크라는 것은 소프트웨어를 담기 위한 용기에 불과한 것으로 이러한 매개체의 존부가 판단에 영향을 미치는 것이 아니라고 보았다.

결국 CAFC는 마이크로소프트사가 AT&T의 특허를 침해하였다는 연방지방법원의 판시를 타당한 것으로 보아 유지하였다.[388]

(4) 연방대법원의 판단[389]

연방대법원은 앞서 본 바와 같은 CAFC의 판결을 파기하였다. 긴즈버그 대법관이 선고한 이 판결에서 스티븐스 대법관의 반대의견과 알리토 대법관의 부분 반대의견이 있었고, 로버츠 대법원장은 의견을 제시하지 않았다.

연방대법원은 마이크로소프트가 제공한 디스크나 전자적으로 전송한 파일의 경우

388) AT&T Corp. v. Microsoft Corp., 414 F.3d 1366(Fed. Cir. 2005).
389) Microsoft Corp. v. AT&T Corp., 550 U.S. 437(2007).

에는 그 뒤에 별도의 공정(extra step)이 요구되고 있으며, 이러한 점에서 소프트웨어는 미국 특허법 제271조(f)에서 규정하는 의미의 '구성요소(components)'로 볼 수 없고, 항소법원의 소수의견이었던 레이더(Rader) 판사의 지적과 같이 공급(supplied)의 통상적인 의미는 복제(copying; reproducing; replicating)와는 달리 제조(manufacturing)라는 의미에 가깝다고 보았다.

결국 이러한 의미에서 만일 AT&T가 자신들의 권리를 해외에서 보호받고자 한다면 이를 위한 적절한 수단은 해외에서 특허를 등록하는 것이라는 것이 연방대법원의 결론이며, 아울러 미국 특허법상 만일 연방대법원의 해석과 같이 좁게 미국 특허법 제271조(f)를 해석함으로써 입법상의 흠결이 발생하게 된다면 이는 미국 의회에서 해결하여야 할 문제이며, 소프트웨어 분야에서 발생하게 되는 이러한 흠결에 대하여 입법을 통하여 보완하는 것이 타당할 것이라고 결론지었다.[390] 이 판결은 연방대법원이 소프트웨어의 해외 공급에는 특허법 제271조(f)가 적용되지 않는다고 선언하여 위 규정의 적용범위를 제한한 데에 의미가 있다.[391]

6. Life Technologies Corp. v. Promega Corp.[392]

이 사건에서 연방대법원은 '하나의 구성부품(a single component)'은 특허법 제271조(f)(1)이 규정하는 '상당한 부분(substantial portion)'에 해당하지 않기 때문에, 하나의 구성부품을 미국에서 외국으로 수출하는 행위는 위 규정이 정하는 특허침해행위에 해당하지 아니한다고 판시하여, 특허법 제271조(f)(1)의 적용범위를 제한하는 중요한 판결을 하였다.[393]

이 사건에서 문제된 특허는 유전자 검사(genetic testing)를 위한 특허로 "Tautz Patent"로 칭해진다. 이 특허발명을 구체화하고 있는 키트는 5개 구성부품, 즉 i) 복제

390) 긴즈버그 대법관은 '소니 사건(Sony Corp. of America v. Universal City Studio, Inc., 464 U.S. 417, 431(1984))'을 들면서, 소니 사건에서와 같이 우회가 가능한 경우에도 대법원은 의회가 입법적으로 보완하도록 하였다고 지적하고 있다.

391) 이주환, "미국 특허법 제271조(f)에 대한 법리의 전개과정과 연방대법원 Life Technologies 판결", 「저스티스」 통권 제169호, 한국법학원(2018), 125면.

392) Life Technologies Corp. v. Promega Corp., 580. U.S. __ (2017).

393) 이주환, "미국 특허법 제271조(f)에 대한 법리의 전개과정과 연방대법원 Life Technologies 판결", 저스티스 통권 제169호, 한국법학원(2018), 131면. 이하 이 판결의 사실관계와 판시 내용은 위 논문 151-154면에서 번역하여 소개하는 내용을 정리한 것임.

가능한 DNA 가닥을 표시하는 '프라이머 조합물(Primer mixture)', ii) 복제된 DNA 가닥을 형성하는 '뉴클레오티드(nucleotides)', iii) '태그 폴리머라제(Tag Ploymerase)' 효소, iv) 증폭 '완충용액(buffer solution)', v) '대조(contorol) DNA'로 구성되어 있었다. 원고 Promega사는 위 특허의 독점실시권자로서, 피고 Life Technologies사와 특정 지역에서 이 키트를 생산, 판매할 수 있는 라이선스를 체결하였다. 그런데 Life Technologies사는 위 발명을 실시한 구성부품의 하나인 'Tag Polymerase'를 미국에서 제조하여 영국으로 수출하였고, 이후 이에 대하여 나머지 4개 구성부품을 영국에서 조립하여 완성품을 생산, 판매하자, 원고는 피고가 라이선스범위를 초과하여 유전자 테스트 키트를 판매하여 특허를 침해하였고 이는 특허법 제271조(f)(1)이 규정하고 있는 특허침해행위에 해당한다고 주장하였다.

이에 대하여 1심 법원은 하나의 구성부품은 특허법 제271조(f)(1)이 규정하는 '상당한 부분(substantial portion)'에 해당하지 않는다고 판결하여, 침해를 인정한 배심원의 평결을 뒤집고 JMOL 신청을 인용하였는데, 이에 반해 항소심인 CAFC는 제271조(f)(1)이 규정한 '상당한(substantial)'은 사전적으로 '중요한(important)' 혹은 '필수적인(essential)'이라는 의미를 가지고 있기 때문에, 당해 특허발명을 이루는 중요한 하나의 구성부품은 '상당한 부분'에 해당한다고 해석하면서, 피고가 미국 내에서 제조한 'Tag Ploymerase'는 유전자 테스트 키트에서 '중요한(main)' 혹은 '주요한(major)' 구성부품으로 특허법 제271조(f)(1)이 규정하는 '상당한 부분'에 해당한다고 판결하였다. 이에 대하여 연방대법원은 다수의 구성품으로 이뤄진 특허발명의 하나의 구성부품(a single component)에 대한 수출행위는 미국 특허법 제271조(f)(1)이 규정하고 있는 특허침해행위에 해당하지 않는다고 명시하면서, 위 규정의 '상당한 부분'은 '양적인' 의미를 가지며, 질적인 의미를 갖지 않음이 문언의 'components'의 해석 및 제271조(f)(2)와의 규정 형식의 차이, 그리고 위 규정의 입법경위(취지)에 부합한다고 판시하였다. 이러한 미국 연방대법원의 특허법 제271조(f)(1)의 제한해석은 위 Microsoft v. AT&T 사건에서 본 바와 같이 미국의 영토 범위 밖으로 미국 특허법의 효력을 확장시키려는 것을 제한하려는 연방대법원의 특허정책(patent policy)을 뒷받침하는 것으로 적절하다는 평가가 있다.[394]

394) 위의 논문, 155-156면.

Ⅲ. 제271조(g)

1. 의 의

1972년 연방대법원의 Deepsouth Packing 판결 이후 국외에서의 행위에 관한 미국 특허법의 흠결을 메우기 위해 1984년 특허법 제271조(f)가 제정되고 4년 후 제품의 수입에 관하여 1988년 특허법 제271조(g)[395]가 제정되어 미국에서 등록된 방법특허의 실시로 해외에서 제조된 물건이 미국 내로 수입, 판매, 사용되는 행위에 대해서도 특허권의 효력이 미치는 것으로 입법적인 보완이 이뤄졌다.

미국 특허법 제271조(g)는 "정당한 권한 없이 미국에서 특허를 받은 방법에 의하여 생산된 제품을 미국으로 수입하거나 미국에서 판매 청약, 판매 또는 사용하는 자는 당해 제품에 관한 수입, 판매청약, 판매 또는 사용이 그 방법특허의 존속기간 동안 이뤄진 경우 침해자로서 책임을 진다. 다만 비상업적 사용이나 소매 판매에 대하여는 그 제품의 수입이나 사용, 판매에 관하여 특허침해에 따른 다른 구제수단이 없지 않는 한 그 방법특허의 침해로 인한 구제가 허용되지 않는다. 또한 특허된 방법에 의해 생산된 제품이 미국 내로 수입되기 전에 (1) 후속공정에 의해 실질적으로 변경되거나, (2) 다른 제품의 사소하고 비본질적인 구성요소로 된 경우에는, 그 물건은 그 특허방법에 의해 제조된 것으로 보지 않는다."라고 규정하고 있다.

즉 물건에 관한 발명이 실시된 제품을 미국으로 수입, 판매, 사용하는 등의 행위는 특허법 제271조(a)에 의해 침해가 성립하나, 방법 발명에 관한 특허의 실시가 미국 특허법의 효력이 미치지 않는 해외에서 이뤄진 경우 그 방법의 실시에 의해 생산된 제품

---

395) 35 U.S.C. §271(g) Whoever without authority imports into the United States or sells or uses within the United States a product which is made by a process patented in the United States shall be liable as an infringer, if the importation, sale, or use of the product occurs during the term of such process patent. In an action for infringement of a process patent, no remedy may be granted for infringement on account of the noncommercial use or retail sale of a product unless there is no adequate remedy under this title for infringement on account of the importation or other use or sale of that product. A product which is made by a patented process will, for purposes of this title, not be considered to be so made after…
(1) it is materially changed by subsequent processes; or
(2) it becomes a trivial and nonessential component of another product.

을 미국으로 수입, 판매, 사용하는 등의 행위도 규율하기 위해 도입된 규정이 제271조(g)인 것이다.[396] 다만 제272조(g) 책임은 외국에서의 방법발명의 실시에 의해 발생하는 것이 아니라, 그러한 방법발명의 실시에 의해 생산된 제품이 미국 내 수입, 판매 등이 됨에 의해 발생하는 것이므로, 그 방법발명의 실시에 의한 직접침해의 성립을 전제로 하지 않는다. 또한 침해 '제품'의 수입을 규율하는 제271조(g)는 데이터 또는 기타 무형물이 아닌 유형물에만 적용된다.[397]

2. Syngenta Crop Protection, LLC v. Willowood, LLC 사건[398]

(1) 사건의 개요

원고인 Syngenta사는 아조시스트로빈 이라는 물질을 제조하는 방법발명에 관한 5,847,138특허('138특허) 등에 관한 특허권자로서, Willowood, LLC, Willowood USA, Willowood China(이하 위 세 회사를 합하여 'Willowood'라 함), Willowood Azoxy-strobin, LLC 등 네 회사를 상대로 그에 관한 네 개의 특허 침해와 저작권침해를 주장하며 노스캐롤라이나 중부연방지방법원에 소를 제기하였다.

Willowood China는 홍콩법인으로서 중국에서 아조시스트로빈을 위탁 생산하여 Willowood USA에 판매하였고, Willowood USA와 Willowood LLC는 제3자와 계약하여 그가 미국에서 아조시스트로빈을 이용하여 살진균제 제품(피고 제품)을 만들게 하였다. 원고는 피고제품이 원고의 네 개의 특허권을 침해하는 것이고, 원고 제품 라벨에 관한 저작권도 침해하는 것이라고 주장하였다. 이에 따라 특허법 제271조(g)에 관한 '138특허 침해 여부가 쟁점이 되었다.

---

396) 한편, 우리 특허법 제2조 제3호 다목은 발명의 종류 중 '물건을 생산하는 방법의 발명'의 경우에는, 그 방법에 의하여 생산한 물건을 사용·양도·대여 또는 수입하거나 그 물건의 양도 또는 대여의 청약을 하는 행위를 실시행위의 한 태양으로 정의하고 있다. 따라서 우리 법의 경우 위와 같은 발명의 실시행위 개념 자체에 의해서, 물건의 수입 등 행위가 물건을 생산하는 방법발명의 실시에 해당하고 그 이전 단계에서 그 방법을 사용한 생산에 관한 직접침해의 성립을 전제하지 않으므로, 물건이 국외에서 특허방법에 의해 생산되었다고 하더라도, 그 물건을 국내로 수입하거나 국내에서 양도하는 등의 행위 자체로 국내에서 특허침해의 실시행위 및 결과가 발생하게 될 수 있다. 이를 지적한 글로는, 정기봉, "물건을 생산하는 방법의 발명과 단순한 방법의 발명 사이의 구별 [특허법원 2018. 9. 7. 선고 2016나1738 판결]", 특허법학회 제100차 정기세미나 발표문(2022. 6.), 7.

397) Bayer AG v. Housey Pharm., Inc., 340 F.3d 1367, 1377(Fed. Cir. 2003).

398) Syngenta Crop Protection, LLC v. Willowood, LLC, No. 18-1614(Fed. Cir. 2019).

(2) 소송의 경과 및 쟁점

소송에서 Willowood China가 생산을 위탁한 중국 회사가 중국에서 아조시시트로빈을 생산하여 '138특허의 각 제조단계가 미국 외에서 실시되었고, Willowood USA가 이를 미국으로 수입하였음은 다툼이 없었다. 이에 제1심 법원은 특허법 제271조(g) 침해는 방법발명의 모든 단계가 단일 주체에 의해 직접 실시되거나 그가 지배 관리(directing or controlling)한 자에 의해 실시된 경우여야 한다는 단일주체실시요건('single entity requirement')이 충족되어야 한다고 판단하였고, 이에 배심원은 '138특허의 각 단계가 단일 주체에 의해 실시되었음을 입증할 증거가 없다는 이유로 그 침해를 부정하는 평결을 하였다. 이에 제1심 법원은 원고의 Willowood에 대한 '138특허 침해청구를 기각하는 판결을 하였다.

(3) CAFC의 판단[399]

CAFC는 특허법 제271조(g) 침해에 관한 위와 같은 1심 법원의 판결을 파기하였다. CAFC는 미국 특허법 제271조(g) 규정에 의해 침해책임이 발생하는 행위는 미국에 등록된 방법발명에 의해 만들어진 제품을 미국 내로 수입하거나 미국 내에서 양도, 양도의 청약, 사용을 하는 행위이지 외국에서 그 방법발명을 실시하는 행위가 아니므로, 외국에서 단일 주체에 의해 그 방법발명이 실시되었는지 여부는 그 침해책임의 성부와 무관하다고 하였다. 이는 특허법 제271조(a)의 직접침해가 성립하기 위해서는 방법특허의 각 단계가 단일 주체에 의해 실시되어야 한다고 해석되는 것과는 법문의 규정상 명백히 구별된다는 것이다. 특히 CAFC는 제271조(g) 책임은 외국에서의 방법발명의 실시에 의해 발생하는 것이 아니므로 제271조(g) 책임은 그 방법발명에 관한 직접침해의 성립을 전제로 하지 않는다고 하였다. CAFC는 이와 같은 법리에 따라 1심 판결을 파기하고 이를 환송하였다. 따라서 해외에서 다수의 주체가 미국에 등록된 방법발명을 실시하여 침해품을 생산하였다고 하더라도, 그 물건의 수입에 대하여 제271조(g)의 책임이 성립하는 데에는 아무런 문제가 없다.

399) Syngenta Crop Protection, LLC v. Willowood, LLC, No. 18-1614(Fed. Cir. 2019).

3. Eli Lilly & Co. v. American Cyanamid Co. 사건[400)]

(1) 사건의 개요

이 사건은 세파클러(cefaclor)라는 박테리아 감염을 치료하는데 사용되는 항생제에 관한 분쟁이다. 원고 Lilly사는 항균약품을 제조하기 위한 약물의 제조방법에 관한 특허권자이고 피고는 이탈리아에서 제조된 그 복제약을 미국에 수입·판매하는 회사이다. 원고가 피고가 수입·판매하는 복제약이 원고의 제조방법특허에 의해 생산된 중간 화합물을 이용하여 만들어진 것이므로, 그 복제약을 미국 내로 수입·판매하는 행위는 미국 특허법 제271조(g)를 침해하는 것이라는 이유로 소를 제기하면서 임시적 금지명령(preliminary injunction)을 신청하였다. 1심 법원(인디아나 남부연방지방법원)은 해외에서 원고 특허발명의 제조방법에 의해 만들어진 중간화합물(compound 6)이 복제약(cefaclor) 제조 과정에서 그 화학적 구조 및 특성(chemical structure and properties)이 변형되어 그 제품의 기본적인 효용(basic utility)이 변화되어 특허법 제271조(g) 단서(1)의 '중요한 변화'에 해당할 수 있어 원고가 본안에서의 승소가능성을 입증하지 못하였다는 이유로 원고의 위 임시적 금지명령 신청을 기각하였다.

(2) CAFC의 판단[401)]

이 사건은 해외에서 원고 특허발명의 제조방법에 의해 만들어진 중간화합물이 복제약의 제조 과정에서 변형된 후 수입됨으로써 특허법 제271조(g) 단서(1)에 규정된 '실질적 변경(material change)'이 있다고 볼 것인지가 쟁점이 되었다. CAFC는 제1심 법원이 화합물에서 화학적 구조 및 특성이 변경된 경우 중요한 변화에 해당한다고 한 것에 공감을 표현하면서, 위 규정의 입법과정에서 상원의 위원회가 위와 같은 특허법 제271조(g) 단서(1)의 '실질적 변경'에 해당할 것인지를 판단하기 위한 방안으로 제시한 두 가지 테스트를 검토하였다. ① 첫 번째 테스트는, "만약 어떤 (변형된) 제품이 그 특허방법을 실시하지 않고는 만들 수 없거나 혹은 상업적으로 성공할 수 없다면, 그 제품은 그 특허방법에 의해 만들어진 것으로 간주될 것이다."라는 것이다. ② 두 번째 테스트는, "만약 특허발명에 속하지 않는 추가적인 방법의 실시가 그 제품의 물

400) 82 F.3d 1568(Fed. Cir. 1996); 38 U.S.P.Q.2d 1705.
401) 82 F.3d 1568(Fed. Cir. 1996); 38 U.S.P.Q.2d 1705.

질적 혹은 화학적인 특징(physical or chemical properties)을 변화시키지 않고도 그 특허방법에 의해 생산된 제품의 기본적 용도를 변화시킨다면 그 제품은 특허방법에 의해 제조된 것으로 간주될 것이다. 그러나 만약 그 변화가 그 방법발명에 의해 생산된 제품의 중요한 특징인 물질적 혹은 화학적 특징에 변화를 가져온다면, 설사 그것이 사소한 변화일지라도, 그 변화는 '실질적인(material)' 변화가 될 것이다."라는 것이다.

결국 CAFC는 위 사건에서, compound 6 화합물을 제조하는 원고의 특허발명을 실시하지 않고도 세파클러(cefaclor)를 상업적으로 성공가능한 방법으로 만들 수 있는 적어도 하나의 방법이 있어 첫 번째 테스트에 의해서도 침해를 인정할 수 없다고 하였다. 나아가 두 번째 테스트에 의하더라도, compound 6와 세파클러는 화학적 특성이 완전히 다르고, 기본적인 효용도 다르며 화학적 구조도 다르므로, 그러한 변화는 사소한 변화를 크게 넘어선다고 하였다. 이러한 이유로 CAFC는 원고의 특허법 제271조(g) 침해 주장을 받아들이지 아니한 제1심 법원의 판단을 지지하였다. 이 판례는 특허법 제271조(g) 단서(1) 판단에 있어 중요한 기준을 제시해 준 것이다.[402)]

제 4 절 특허침해 주장에 대한 방어 (Defenses to Patent Infringement)

I. 개 요

특허침해소송이 제기되면, 피고는 (i) 비침해주장(non-infringement), (ii) 무효주장(invalidity), 그리고 (iii) 권리행사불허항변(unenforceability) 등을 할 수 있다(35 U.S.C. §282). 미국 특허침해소송에서 유의할 항변이 특허권 권리행사불허(unenforceability) 항변이다. 특허가 등록된 때로부터 특허권자는 배타적 독점권을 행사할 수 있게(enforceable) 되는데, 등록된 특허가 무효는 아니지만 특허취득 및 행사와 관련된 일련의 행위로 인해서 당해 특허에 관한 권리를 행사하는 것이 불허되는 것이다(=권

402) 한편 특허법 제271조(g) 단서(2)에 관하여는, 미국 연방지방법원에서, 반도체 칩을 자동차 시동장치에 사용한 경우 그것이 자동차 시동장치의 사소하고 비본적적인 구성요소가 된 것이라고 볼 수 없다는 판결이 있다.: 정기봉, "물건을 생산하는 방법의 발명과 단순한 방법의 발명 사이의 구별", 특허법학회, 제100차 정기세미나 자료집(2022. 6.), 17.

리행사불허항변).[403] 이러한 침해소송에 대한 방어 주장은 침해소송에서 항변으로 제기하는 것과 별개로 별도의 확인의 소(declaratory judgement action) 형식으로 제기할 수도 있다.[404]

특허침해소송에서의 항변과 관련하여 한 가지 유의할 점은 특허법은 특허권자에게 그 발명에 기해 특정 제품을 만들고, 사용하고, 양도 또는 양도의 청약을 하고, 수입할 수 있는 권한을 준 것이 아니라, 그러한 행위들을 '금지시킬 수 있는 배타적 권한'을 주고 있다는 것이다.[405] 따라서 특허침해로 주장되는 기구가 자신의 특허 발명의 실시품이라는 주장은 유효한 항변이 되지 아니하고, 만일 자신의 발명이 원고의 발명보다 앞서는 경우라면 원고의 발명이 신규성이나 진보성 등을 결여하여 무효라는 항변으로 이를 주장하여야 하는 것이다. 또한 특허침해소송에 있어 비침해, 무효, 권리행사불가 사유의 주장은 답변서에서 항변(affirmative defense)으로 바로 주장되어야 하고, 그렇지 않은 경우에는 포기된 것으로 간주된다.[406] 따라서 이 경우에는 나중에 자신의 항변을 뒷받침하는 증거가 발견되더라도 이를 주장할 수 없다.

또한 연방민사소송규칙 제13조(a)가 피고가 원고에 대하여 가지는 항변이 원고 청구의 소송대상이 된 행위 또는 사정(transaction or occurrence)으로부터 발생한 경우에는 그 피고의 항변은 반소(counterclaim)로 제기되어야 한다고 규정하고 있으므로, 피고는 소장에 대한 답변에서 비침해, 무효, 권리행사불가 사유를 항변으로 주장함과 동시에 이를 청구원인으로 하여 그 확인을 구하는 반소취지를 기재하여 그 문서를 답변

---

403) 이는 국내에서 종래 '집행불능 항변'이라고 소개되었으나, 이러한 용례는 청구 자체는 인용되나 그 판결문의 집행이 허용되지 아니한다는 잘못된 인상을 줄 우려가 있고, 이 항변이 인용되는 경우 청구 자체가 기각된다는 측면에서, 위 항변의 실체를 보다 명확하게 설명해 줄 수 있는 '권리행사불가/권리행사불허 항변'으로 칭한다.

404) 28. U.S.C. §2201.

405) 특허권의 본질이 '실시권'인지 '배타권'인지에 대해 논의가 있으나, 미국뿐만 아니라 영국, 독일 및 TRIPs 협정 제28조 또한 특허권의 본질을 배타권으로 보고 있다[竹田和彦, 『特許의 知識』, 第8版(번역본), 도서출판 에이제이 디자인 기획(2011), 444-447면; 조영선, 『특허법』(제5판), 박영사(2015), 497면에서 재인용]; Kimberly A. Moore, Timothy R. Holbrook, John F. Murphy, PATENT LITIGATION AND STRATEGY(Fifth Edition), AMERICAN CASEBOOK SERIES(2018), p. 449{"특허권은 다른 사람을 배제시킬 수 있는 권리(right to exclude)이지 배타적으로 사용할 수 있는 권리(right to use)가 아니다."}

406) F.R.C.P. Rule 8, 35 U.S.C. §282(b), Kimberly A. Moore, Timothy R. Holbrook, John F. Murphy, PATENT LITIGATION AND STRATEGY(Fifth Edition), AMERICAN CASE-BOOK SERIES(2018), p. 169. Affirmative defense는 원고의 침해 주장을 단순히 부인하는 avoidance와 구분된다.

서 및 반소장("Answer and Counterclaim")으로 제출한다. 이러한 반소에서 피고(반소원고)는 원고의 특허 중 원고가 침해를 주장하지 아니한 청구항에 대해서도 무효 등을 주장하여 확인판결을 구할 수 있고,[407] 법원의 허가를 얻어 오히려 원고가 피고의 특허를 침해하고 있음을 주장하며 손해배상 등을 구할 수도 있다(permissive counterclaim).

Ⅱ. 비침해주장

1. 특허법 제282조(b)(1)[408]

특허법 제281조에 따라 특허침해로 제소된 피고는 자신의 실시행위가 문언침해는 물론 균등침해에 해당하지 않는다는 주장을 할 수 있다[§282(b)(1)]. 침해의 입증책임은 특허권자가 부담하며, 이때의 입증은 다른 민사소송의 경우와 같이 우월한 증명의 기준(preponderance of evidence)에 따른다. 따라서 특허권자가 침해의 입증에 실패하면 청구가 기각된다.

특허법 제282(b)(1)은 이러한 비침해 항변과 함께 피고가 침해에 대한 책임이 없

---

407) Kimberly A. Moore, Timothy R. Holbrook, John F. Murphy, PATENT LITIGATION AND STRATEGY(Fifth Edition), AMERICAN CASEBOOK SERIES(2018), 171면.

408) 35 U.S.C. §282 Presumption of validity; defenses
(a) A patent shall be presumed valid. Each claim of a patent(whether in independent, dependent, or multiple dependent form) shall be presumed valid independently of the validity of other claims; dependent or multiple dependent claims shall be presumed valid even though dependent upon an invalid claim. Notwithstanding the preceding sentence, if a claim to a composition of matter is held invalid and that claim was the basis of a determination of nonobviousness under section 103(b)(1) [35 USC 103(b)(1)], the process shall no longer be considered nonobvious solely on the basis of section 103(b)(1) [35 USC 103(b)(1)]. The burden of establishing invalidity of a patent or any claim thereof shall rest on the party asserting such invalidity.
(b) The following shall be defenses in any action involving the validity or infringement of a patent and shall be pleaded:
(1) Noninfringement, absence of liability for infringement or unenforceability.
(2) Invalidity of the patent or any claim in suit on any ground specified in part Ⅱ of this title

음을 항변할 수 있다고 규정하고 있는데, 그 구체적 사유로 여러 항변이 인정된다. 예를 들어 특허법 제286조에 따라 소 제기에 앞서 발생한 침해로 회복될 수 있는 손해는 6년의 소멸시효에 의해서 권리행사가 제한된다. 그 외 실시권, 선사용자의 권리, 실험적 사용(experimental use), 주권 면제, 특허권소진 등에 해당하는 경우에도 법률의 규정이나 판례에 의해서 특허침해가 인정되지 아니한다. 비침해를 주장하는 자가 실험적 사용과 같은 항변사실과 관련된 자료제출의무(burden of production)를 다하여 일응의 추정(prima facie case)을 성립시키면, 특허권자에게 자료제출의무가 이전된다.[409]

2. 실 시 권(License)

특허를 사용하는 자가 실시권을 가지고 있는 경우는 "권한 없는" 특허의 "사용"이 아니므로 특허법 제271조(a)에 의한 침해가 성립하지 않는다. 특허의 실시권 획득은 명시적 또는 묵시적으로 가능하다.

(1) 명시적 실시권(Express License)

명시적 실시권은 특허권자가 실시권자의 해당 발명에 대한 사용, 생산, 판매, 판매권유 또는 수입 행위에 대하여 제소하지 않는 것으로 당사자들이 서면 또는 구두로 합의했을 때 발생한다. 명시적 실시권은 배타적일 수도 있고 비배타적일 수도 있다. 물권적인 성격의 전용실시권(exclusive license)은 특허권자가 오직 한 명의 실시권자에게만 실시권을 수여하고 실시권자가 당해 특허권을 배타적으로 사용·수익하게 한다. 나아가 전용실시권은 특허권자도 실시 제품의 생산 또는 판매에 관하여 실시권자와 경쟁하지 않는다는 것을 전제하는 것이 보통이다. 이와 대조적으로 통상실시권은 실시권의 범주에 경쟁을 제한할 권한을 부여하지 않는다. 명시적인 실시계약이 체결된 경우 침해품이 실시계약에 의해 허락된 범주에 포함되는지가 쟁점이 된다.

(2) 묵시적 실시권(Implied License)

특허권자가 해당 발명의 생산, 사용, 판매, 판매권유 또는 수입행위에 있어 제3자를

409) 미국증거법은 자료제출의무(burden of production)와 증명책임(burden of proof)을 구별한다. Federal Rule of Evidence 제301조에 의한 구분으로 우리법상 증명책임에 해당하는 것은 후자이다.

배제할 수 있는 자신의 법적 권한을 묵시적으로 포기(relinquishment)했다고 볼 수 있는 경우에는 침해가 인정될 수 없다. CAFC는 작위(conduct), 부작위(acquiescence), 형평법상 금반언(equitable estoppel) 또는 법적 금반언(legal estoppel)에 의해서 묵시적 실시권이 발생할 수 있다고 판시하였다.[410] 또한 묵시적 실시권의 존재는 우월한 증거의 법칙(preponderance of evidence)에 의해 입증되어야 한다.

묵시적 실시권 항변은 특허소진론의 적용 한계와 맞닿아 있는 경우가 많다. 즉 특허제품을 구입한 소비자는 구입한 특허제품을 사용할 수 있는 묵시적 실시권을 얻은 것으로 추정되고, 그러한 묵시적 실시권에는 제품을 수리할 수 있는 권한도 포함된다.[411] 그러나 수리(repair)가 특허제품의 개조나 새로운 생산에 해당할 정도라고 판단되면 그런 수리에까지 묵시적 실시권이 허용되는 것은 아니다.[412] 다만 어떤 수리가 침해이고, 침해가 아닌지에 대한 일의적인 기준은 없고, 개별·구체적으로 사안의 경과를 종합적으로 판단하여 결정할 것이다.[413] 특허소진론에 관하여는 뒤에서 상세히 설명한다.

묵시적 실시권 항변이 제기되는 또 다른 상황은 특허권자가 특허품을 제조하는 기구를 판매한 경우이다. 이러한 상황에서 묵시적 실시권 항변이 받아들여지기 위해서는, 당해 물건이 결코 비침해용도를 지니지 않아 특허권자가 판매된 물건에 대한 독점을 포기한 것으로 합리적 추론이 가능하며, 판매 상황으로부터 통상 실시권이 수여됨을 명백히 추론할 수 있어야 한다.[414] 두 구성품의 결합품이 특허발명의 권리범위에 속하는데 특허권자가 두 구성품을 따로 판매하여, A가 특허권자로부터 하나의 구성품

---

410) Wang Labs. v. Mitsubishi Elecs. Am., 103 F.3d 1571, 1580(Fed. Cir. 1997). 이 사건에서 CAFC는 형평법상 금반언에 기초하여 특허권자의 청구를 배척하였다. 선행판결로 Spindelfabrik v. Schubert, 829 F.2d 1075, 1080(Fed. Cir. 1987) 참조.

411) Aro Mfg. Co. v. Convertible Top Replacement Co., 377 U.S. 476, 484(1964).

412) Hewlett-Packard Co. v. Repeat-O-Type Stencil Mfg. Corp., 123 F.3d 1445, 1451-1452(Fed. Cir. 1997).

413) 침해에 해당하지 않는 수리라고 본 사례로 Bottom Line Mgmt., Inc. v. Pan Man, Inc., 228 F.3d 1352(Fed. Cir. 2000); 수리가 정도를 넘어서 침해에 해당한다고 본 사례로 Sandvik Aktiebolak v. E.J. Co., 121 F.3d 669(Fed. Cir. 1997).

414) Zenith Elecs. Corp. v. PDI Commc'n Sys., Inc., 522 F.3d 1348(Fed. Cir. 2008).: "First, the equipment involved must have no noninfringing uses. If there is no noninfringing use, it may be reasonable to infer that there has been 'a relinquishment of the patent monopoly with respent to the article sold'. Second, the circumstance of the sale must 'plainly indicate that the grant of a license should be inferred.'"

을 구입한 후 피고로부터 나머지 구성품을 구입한 상황에서, 피고에 대한 기여침해(contributory infringement) 주장에 대하여 법원이 특허권자가 A에게 특허발명의 구성품을 판매함으로써 묵시적 실시권을 허여하였다고 봄이 상당하다는 이유로 피고의 묵시적 실시권 항변을 받아들인 사례가 있다.[415)]

3. 선사용권(Prior User Rights)[416)]

선사용권항변은 특허권자가 동일한 발명에 대하여 특허 출원을 하기 전에 이미 그 발명을 스스로 영업에 이용하고 있었던 자가 특허권자의 특허침해소송에 대응하여 제282조의 "침해 책임의 부존재"를 주장하는 항변의 하나이다. 전통적으로 미국 특허법은 선사용권항변에 부정적이었다. 선출원주의를 취하고 있는 유럽의 경우에는 이미 사용하고 있었던 자들의 보호를 위해서 선사용권을 적극적으로 인정하고 있는 반면, 미국은 배타권으로서의 특허권의 속성을 해친다고 보았기 때문이다.

그러던 미국에서도 영업방법특허가 State Street Bank & Trust Co. v. Signature Financial Group, Inc. 판결[417)]을 통해서 인정되어 오랫동안 정립되었던 영업방법 예외가 폐기되면서, 상당기간 사용되던 영업방법을 갑자기 사용하지 못하게 될 우려가 제기되었다. 이에 1999년 의회는 1999년 미국 발명가보호법의 한 부분으로 최초발명자보호법(The First Inventors Defense Act of 1999; FIDA)을 제정하여 영업방법특허에 대하여 제한된 형태의 선사용권을 구 특허법 제273조로 입법하였다.[418)] 다만 제273조

415) Anatomy of a Patent Case(Second Edition), Complex Litigation Committee of the American College of Trial Lawyers, Bloomberg BNA (2012), p. 66.

416) 미국 특허법 제273조의 선사용권과 관련된 논문으로, Jeffrey P. Duke, "The First Inventors Defense Act(35 U.S.C. §273): Have Prior User Rights in Patent Law Been Resurrected?", 20 St. Louis U. Pub. L. Rev. 223(2001).

417) 149 F.3d 1368(Fed. Cir. 1998).

418) (개정 전) 35 U.S.C. 273 Defense to infringement based on earlier inventor.
(a) DEFINITIONS.- For purposes of this section-
(1) the terms "commercially used" and "commercial use" mean use of a method in the United States, so long as such use is in connection with an internal commercial use or an actual arm's-length sale or other arm's-length commercial transfer of a useful end result, whether or not the subject matter at issue is accessible to or otherwise known to the public, except that the subject matter for which commercial marketing or use is subject to a premarketing regulatory review period during which the safety or efficacy of the subject matter is established, including any period specified in section 156(g), shall be deemed

에 의한 선사용권항변은 그 사용이 규정상 한정적이며, 연방지방법원에서 문제되는 사건도 많지 않았다.[419]

이후 AIA에 의해 특허침해에 대한 선사용항변이 영업방법특허뿐만 아니라 2011. 9. 16. 이후에 등록된 모든 특허에 대한 항변으로 허용되는 것으로 확대되었다. 즉 피고가 ① 선의로 미국 내에서 침해품을 상업적으로 사용하였고, ② 그러한 상업적 사용이 특허출원일로부터 1년 전 혹은 발명이 공중에 공개되기 1년 전에 있었음을 입증한 경우에는 특허침해가 성립하지 아니한다.[420]

4. 실험적 사용(Experimental Use)

(1) 의 의

특허는 원천특허도 있지만, 많은 경우 결합발명과 같은 개량발명이 주류를 이루고 있으며, 특허의 목적자체를 기술진보를 통한 소비자 후생증진에 있다고 본다면 개량발명이 촉진되는 것은 매우 중요하다. 그러므로 기존 특허가 있는 경우라도 실험이나 연구를 위한 목적으로 사용될 수 있도록 할 필요가 있다. 이러한 목적의 예외가 바로 실험적 사용 예외이며, 이것이 특허침해소송에서 항변으로 사용된다.[421]

(2) 입법례

실험적 사용의 예외는 미국뿐만 아니라 다른 국가에서도 인정되고 있다. 일본 특허법 제69조 제1항, 영국 특허법 제60조 제5항, 독일 특허법 제11조 제2항이 실험적 사용의 예외를 인정하고 있다. 예를 들어 독일 특허법은 "특허 발명의 대상에 관련된 실험적 목적으로 이루어진 행위까지 특허권의 효력이 확장되지 않는다."라고 규정하여 실험적 사용의 예외를 인정하고 있다. 한편 영국은 "발명의 대상에 관한 실험적 목적

"commercially used" and in "commercial use" during such regulatory review period;

419) 제273조 항변이 문제가 된 사안으로 Sabasta v. Buckaroos, Inc., 507 F. Supp. 2d 986(S.D. Iowa 2007); Seal-Flex, Inc. v. W.R. Dougherty & Assoc., Inc., 179 F. Supp. 2d 735(E.D. Mich. 2002).

420) 35 U.S.C. §273. §273(a)(2)(B)는 그러한 '발명의 공개일'은 §102(b)에서 규정하는 신규성 상실의 예외조건을 충족하는 공개일을 의미함을 명시하고 있다.

421) John H. Barton, "Patents and Antitrust: A Rethinking In Light of Patent Breadth and Sequential Innovation", 65 ANTITRUST L.J. 449, 451(1997).

으로 이루어진" 행위뿐만 아니라 "사적으로 그리고 비상업적 목적으로 이루어진" 행위에 대해서 침해 책임을 면제한다. 이와 비교하여 미국 특허법에는 미국 저작권법 제107조에서 인정하고 있는 일반적인 공정이용(fair use) 조항이 없다.[422] 우리 특허법도 제96조(특허권의 효력이 미치지 아니하는 범위) 제1항에서 특허권의 효력이 미치지 않는 경우로 제1호에서 "연구 또는 시험(「약사법」에 따른 의약품의 품목허가 · 품목신고 및 「농약관리법」에 따른 농약의 등록을 위한 연구 또는 시험을 포함한다)을 하기 위한 특허발명의 실시"를 들고 있다.

(3) 법원의 태도

미국 특허침해소송에서 실무상 실험적 사용의 예외 주장은 거의 인정되지 않고 있다.[423] 미국에서 인정된 사안은 식약청과 같은 정부 기구의 규제 허가를 받기 위하여 제출할 실험 데이터를 준비할 목적으로 특허 약품을 무단으로 사용하는 경우에만 유일하게 인정될 정도로 그 예외가 매우 좁다.[424] 실험적 사용 이론을 넓게 받아들일 경우 과학적 호기심(scientific inquiry)을 가장하여 특허법을 위반하는 것을 가능케 하기 때문에 과학적 호기심이 분명하고, 인식가능하고 비현실적인 상업적 목적이 아닌 경우 이외에는 이런 항변을 받아들일 수 없다는 것이 법원의 태도이다.[425] 따라서 정부가 권한 없이 시운전, 시연, 실험 목적으로 헬리콥터를 사용하거나,[426] 정부기관이 이윤을 추구하는 동업회사와 시연 프로젝트에 참가하는 것은 엄밀하게 보면 지적 실험이라 할 수 없고 상업적 이용이라고 봐서 실험적 사용의 항변을 배척하였다.[427]

2002년 Madey v. Duke Univ.[428] 사건에서 CAFC는 실험적 사용의 예외를 받아들

---

422) 다만 Hatch-Waxman법에 의해 도입된 35 U.S.C. 271(e)(1)은, '약품의 제조, 사용, 판매 등을 규율하는 연방법에 따른 정보의 취득과 제출(development and submission of information)과 관련된 사용만을 위한 특허발명의 실시는 특허침해가 되지 않는다'고 규정하고 있다. 따라서 제네릭 의약사가 제네릭약 허가 신청을 위한 실험데이타를 수집하기 위해 오리지널 제약사의 특허발명을 실시하는 것은 특허침해에 해당하지 않는다.

423) Rebecca S. Eisenberg, "Patents and the Progress of Science: Exclusive Rights and Experimental Use", 56 U. CHI. L. REV. 1017(1989).

424) Roche Prods. v. Bolar Pharm. Co., 733 F.2d 858, 863(Fed. Cir. 1984). 이를 볼라 예외(Bolar Exception) 또는 볼라 룰(Bolar Rule)이라고 한다.

425) Roche Prods., Inc. v. Bolar Pharm. Co., 733 F.2d 858, 863(Fed. Cir. 1984), cert. denied, 469 U.S. 856, 83 L.Ed. 2d 117, 105 S.Ct. 183(1984).

426) Pitcairn v. United States, 547 F.2d 1106, 1125-1126(Ct. Cl. 1976).

427) Deuterium Corp. v. United States, 19 Cl. Ct. 624, 633(1990).

이지 아니하였고, 이 판결은 사실상 실험적 사용 예외의 부정을 의미하는 것으로까지 받아들여졌다. 이 사건에서 듀크대의 과학자들은 핵물리학의 기초적인 연구를 수행하기 위해 위 레이저 장치의 특허권자인 Dr. John Madey로부터 실시권을 받지 않고 연구용 레이저를 사용했다. CAFC는 대학이라고 해서 상업적 사용이 아닌 오로지 호기심에서 발현된 연구 활동이라고 볼 수 없으므로 듀크대 과학자들의 연구활동이 실험적 사용에 해당하여 특허침해가 아니라는 연방지방법원의 판결은 오류라고 판결하였다.[429)]

5. 소멸시효의 완성

(1) 규정내용

특허침해소송의 피고는 특허법 제282조에 기초하여 침해행위가 침해 소송이 제기되기 6년 이전에 종료되었을 경우 침해 책임의 부존재를 주장할 수 있다. 특허법 제286조는 "특허침해를 주장하는 소 또는 반소가 제기된 날로부터 6년 이전에 범해진 침해행위에 대해서는 어떠한 배상도 주어지지 않는다"라고 규정한다.[430)] 특허법 제286조에 의한 소멸시효의 완성을 제282조에 의해서 항변으로 주장하는 것이다. 저작권법의 경우에는 침해사실을 안 날로부터 3년이 지나면 손해배상소송을 제기하는 것이 금지되나,[431)] 특허소송의 경우에는 침해소송을 제기하는 것 자체를 금지하는 조항

---

428) 64 USPQ2d 1737(Fed. Cir. 2002). 이 사건에 대한 평석으로 Cristina Weschler, "The Informal Experimental Use Exception: University Research after Madey v. Duke University", 307 F.3d 1351(Fed. Cir. 2002). 79 N.Y.U. L. Rev. 1536(2004).

429) Id. at 1352, 1361-1363, 1364. "These projects also serve for example to increase the status of the institution and lure lucrative research grants."

430) 35 U.S.C. 286 Time limitation on damages.
Except as otherwise provided by law, no recovery shall be had for any infringement committed more than six years prior to the filing of the complaint or counterclaim for infringement in the action.
In the case of claims against the United States Government for use of a patented invention, the period before bringing suit, up to six years, between the date of receipt of a written claim for compensation by the department or agency of the Government having authority to settle such claim, and the date of mailing by the Government of a notice to the claimant that his claim has been denied shall not be counted as a part of the period referred to in the preceding paragraph.

431) 17. U.S.C. §507 (a) Criminal Proceedings.－Except as expressly provided otherwise in this

은 없다. 다만 제282조에 의해서 항변으로 방어할 수 있도록 하는 방식을 취한다.

(2) 적용례

만일 침해행위가 10년 동안 지속되었다고 하더라도 제286조에 의하여 소제기에 앞선 최근 6년 치의 침해로 인한 손해만 청구할 수 있도록 한다. 한편 만일 특허가 소제기 전에 소멸하였다면, 제286조에 의해서 침해행위를 계속하는 피고를 상대로 특허권자는 손해의 전보를 구하는 침해소송은 특허가 소멸한 후 6년 내에 어느 시점이라도 제기될 수 있지만, 특허권자가 당해 발명의 생산, 사용, 판매, 판매 권유 또는 수입으로부터 타인을 배제할 명문의 권리를 보유하고 있지 않기 때문에 금지명령을 청구할 수는 없다.[432]

또한 장치발명에 있어서 특허법 제287조는, 특허권자나 실시권자가 미국 내에서 특허제품을 생산, 판매 또는 판매의 청약을 하고 있는 경우에는 특허권자가 침해혐의자에게 특허침해를 통지한 이후에만 손해배상을 구할 수 있다고 규정하여, 이는 손해액 제한의 사유로 주장될 수 있다. 손해배상청구를 위해서는 침해혐의자가 특허권의 존재를 알고 있는 경우에도 실제로 통지가 행해져야 하며, 특허권자나 실시권자가 특허제품에 특허번호와 함께 "patent" 또는 "pat."이라는 문자를 기재함으로써 갈음할 수 있다[35 U.S.C. §287(a)].

6. 주정부 면책(State Sovereign Immunity)

미국은 연방국가이며, 원칙적으로 헌법에 의해서 연방의 권한으로 위임되지 않은 사항은 주의 권한 사항이다. 그런데 특허법은 연방법이며, 연방법원이 관할한다. 미국 수정헌법 제11조는 주(州)를 상대로 한 소송을 제한한다. 따라서 한 주(州)의 시민이 다른 주(州)를 연방법원에 제소할 수 없다.[433] 대법원은 연방의회도 수정헌법 제1조에

---

title, no criminal proceeding shall be maintained under the provisions of this title unless it is commenced within 5 years after the cause of action arose. (b) Civil Actions.－No civil action shall be maintained under the provisions of this title unless it is commenced within three years after the claim accrued.

432) Janice M. Mueller, op. cit., p. 511.

433) U.S. Constitution-Amendment 11, The Judicial power of the United States shall not be construed to extend to any suit in law or equity, commenced or prosecuted against one of the

의한 입법권의 행사로 각 주의 수정헌법 제11조에 의한 면책을 박탈할 수 없다고 보았다.[434] 이에 따라 주는 특허침해소송의 피고가 되지 않을 뿐만 아니라 특허발명자정정청구[435]나 저촉심사등에서도 면책된다. 면책의 대상은 주정부뿐만 아니라, 주립대학과 같은 주가 설립한 기관 및 주의 공무수탁사인도 포함된다. 다만 주립대학이 면책을 포기하고 소송을 수행할 수는 있다.[436]

주정부와는 달리 연방정부는 특허침해소송으로부터 면책이 되지 않는다. 연방정부를 피고로 하는 소송의 전속관할은 미국연방청구법원(U.S. Court of Federal Claims)[437]이 담당한다.[438]

7. 임시체류면책(Temporary Presence Exemption)[439]

미국 특허법 제272조는 "미국에 일시적으로 또는 실수로 들어오는 타국(他國) 선박, 비행기, 또는 탈 것의 특허사용은, 그 타국이 미국의 선박, 비행기, 또는 탈 것에 유사한 혜택을 부여하는 국가라면, 그것이 단지 선박, 비행기, 또는 탈것의 용도로만 사용되고, 미국 내에서 판매 또는 판매의 청약이 되거나, 미국으로부터 수출되는 어떤 것의 제조를 위해서 사용되지 않는 한 특허침해가 아니다."라고 규정한다.[440] 일시성과 관련하여 CAFC는 캐나다와 미국을 오가는 철도차량의 평균사용수명의 57% 이상

United States by Citizens of another State, or by Citizens or Subjects of any Foreign State.

434) College Savings Bank v. Florida Prepaid Postsecondary Education Expense Board, 527 U.S. 666 (1999).

435) Xechem Int'l, Inc. v. University of Texas M.D. Anderson Cancer Center, 382 F.3d 1324(Fed. Cir. 2004).

436) Vas-Cath, Inc. v. Curators of the Univ. of Missouri, 473 F.3d 1376(Fed. Cir. 2007).

437) http://www.uscfc.uscourts.gov/(2010. 12. 22. 최종접속).

438) 28 U.S.C. §1498(a).

439) 이 면책과 관련된 문헌으로 Ted. L. Field, "The Planes, Trains, and Automobiles Defense to Patent Infringement for Today's Global Economy: Section 272 of the Patent Act", 12 BOSTON Univ. J. Sci. & Tech. L. 26(2006).

440) 35. U.S.C. §272(Temporary presence in the United States) The use of any invention in any vessel, aircraft or vehicle of any country which affords similar privileges to vessels, aircraft or vehicles of the United States, entering the United States temporarily or accidentally, shall not constitute infringement of any patent, if the invention is used exclusively for the needs of the vessel, aircraft or vehicle and is not offered for sale or sold in or used for the manufacture of anything to be sold in or exported from the United States.

이 미국에서 머물었음에도 불구하고 면책을 부정한 연방지방법원의 판결을 파기 환송하였다.[441] 이 사건에서 CAFC는 연방지방법원이 택한 체류시간심사 방식 대신 당해 임시체류가 국제무역에 공하고자 하는 것인지가 기준이 되어야 한다고 보았다.[442]

8. 특허권소진항변(Patent Exhaustion defense)[443]

(1) 의 의

미국에서의 특허권소진항변은 특허받은 제품에 대한 특허권자의 권리는 특허 받은 제품을 판매하거나, 판매할 권한을 부여함으로써 소멸되어 특허제품의 구매자는 그 제품을 사용하거나 다시 판매하는 경우 특허권의 제한을 받지 않는다는 원칙이다. 이 이론은 사법부의 판례에 의하여 발달되어 왔다. 이 법리를 통하여 특허권자 또는 실시권자가 일단 특허제품을 판매한 이후에는 특허권 행사가 제한되어 구매자 또는 그 이후 사용자로부터 다시 실시료를 받을 수 없게 되는 것이다.

(2) 기존 판례의 전개

1) 초기 판례들

1853년 연방대법원은 Bloomer v. McQuewan 사건[444]에서 적법하게 매각된 제품의 구매자가 다시 판매한 제품은 특허권에 의한 제약을 받지 않는다는 판시를 하였다. 이 판결을 통해 특허 받은 제품을 적법하게 매수한 자로부터 다시 매수한 제3자는 특허권자의 권리행사에 의한 제약을 받지 않게 되었다.

1873년 Adams v. Burke사건[445]에서 연방대법원은 Bloomer사건에서의 특허권소진법리를 재확인하였다. 이 사건에서 Lockhard & Seelye사는 보스톤에서 10마일 이내의 지역에서 장의용(葬儀用) 관두껑에 대한 특허권을 양수받아 보유하고 있었다. Adams는 Lockhard & Seelye사가 보유한 권리 이외의 특허에 대한 권리를 보유하고

---

441) National Steel Car, Ltd. v. Canadian Pac. Ry., Ltd., 357 F.3d 1319(Fed. Cir. 2004).

442) Id.

443) 특허권소진에 대한 부분은, 최승재의 「Law & Technology」, 서울대학교 기술과법센터(2009. 1.)에 게재된 원고를 수정한 후 최신 판례를 추가한 것이다.

444) 14 How. 539(U.S. 1853).

445) 84 U.S. 453(1873).

있었다. Burke는 장의용(葬儀用) 관두껑을 Lockhard & Seelye사로부터 구매하여, 보스톤에서 17마일 떨어진 Natick타운에서 사용하였다. Adams는 Burke를 상대로 하여 특허침해소송을 제기하였다. Burke는 Bloomer사건을 선결례로 원용하였고, 법원은 이러한 Burke의 주장을 인용하여 원고의 청구를 기각하였다. 연방대법원은 특허권자가 적법하게 특허받은 제품을 매도한 이상 매수인은 이를 적법하게 사용할 권리가 발생하는 것이며, 매수인의 사용에 어떤 제약도 부가되는 것이 아니라고 판시하였다.

2) 특허권소진법리의 적용범위 확장: Univis 판결[446]

1942년 연방대법원은 Univis사건에서 특허권소진법리를 완제품이 아닌 경우에도 적용함으로써 특허권소진법리의 적용범위를 확장하였다. Univis사는 Univis Lens사에 렌즈를 제조하여 도매상 및 소매상에 판매할 수 있는 권리를 허여하였다. Univis Lens사가 Univis사에 지급하여야 할 로얄티는 개당 0.5불이었다. Univis사는 도매상과 소매상들도 정해진 가격에 렌즈를 판매할 것을 요구하였고, 그 요구의 기초는 도매상과 소매상들도 특허를 사용하기 때문에 Univis사의 요구는 정당한 특허권의 행사라고 주장하였다.

연방대법원은 특허권소진법리에 기초하여 Univis사의 주장을 배척하였다. Univis사의 특허권자로서의 권리는 Univis Lens사에 권리를 부여함으로써 소진되었고, 이후의 도매상과 소매상이 지켜야 할 것은 표준을 준수함으로써 성능을 유지하는 것 외에는 없다고 판시하였다. 따라서 연방대법원의 결론에 의하면, 해당 사건의 경우 특허권자의 권리에 의해 제약을 받는 것은 하부시장(downstream market)에 있는 도매상이나 소매상이 아니라, Univis Lens사만이 된다. 특허권자는 일단 판매가 이루어지고 난 이후에는 그 이후의 하부시장 관여자에게 특허권에 기초하여 어떤 권리도 행사할 수 없으며, 특허권을 부여받은 최초 매수인은 완제품이 특허권자에 의하여 요구받는 형식으로 제조될 수 있도록 하는 의무를 부담하는 것이라고 보았다.[447]

3) 계약에 의한 소진의 배제: Mallinckrodt 판결[448]

1980년대는 친특허정책의 시대였다. 특허권자의 권리가 최대화되도록 하기 위한 노력이 전방위적으로 이루어졌다. CAFC는 특허권소진이론에 대하여 제한하는 판결을

446) 316 U.S. 241(1942).
447) 316 U.S. 241 at 250-251(1942).
448) 976 F.2d 700(Fed. Cir. 1992).

한다. 1992년 Mallinckrodt 사건에서 CAFC는 특허권소진은 특허제품의 판매에 있어서 아무런 조건이 부가되지 않은 경우에만 적용되는 원칙으로 만일 특허권자가 명시적으로 라이선스 조건을 부가하는 경우에는 적용이 없다고 판시하였다.[449] 이러한 CAFC의 판시에 의하면 이제 특허권자는 제3자에 대하여는 직접적인 구매자가 아니지만 라이선스를 하는 과정에서 일정한 조건을 부가함으로써 제3자의 행위를 제약할 수 있게 되는 것이다.

CAFC의 판결은 일응 연방대법원이 Bloomer사건 이후 형성하여온 특허권소진법리를 존중하는 것처럼 보이지만 실제로는 형해화하는 판시였다. 왜냐하면 종전의 특허권소진법리는 일단 판매가 이루어지고 난 이후의 하부시장에서의 행위에 대하여는 특허권자가 절대적으로 아무런 권리도 행사할 수 없게 되는 것이었음에 반하여, Mallinckrodt 사건에서 CAFC가 제시한 법리는 실제로 계약을 통하여 특허권자가 특허권소진을 우회할 수 있게 됨으로써 자신의 특허권에 대하여 인식하고 라이선스 계약에 이러한 점을 반영할 수 있는 특허권자라면 Mallinckrodt 사건 이후 특허권자에게 특허권소진법리는 하부시장에의 특허권행사에 아무런 제약이 되지 않게 되었기 때문이다.

이 사건은 1회용으로만 사용하도록 지정된 방사능치료기구에 대하여 특허침해소송을 제기한 사건이다. Mallinckrodt사는 병원에 1회용으로만 사용하도록 지정된 방사능치료기구를 판매하였다. 이후 병원들은 이미 사용한 기구를 Medipart사에 판매하고는 다시 사용할 수 있도록 조정(re-conditioning)된 기구를 공급받았다. Mallinckrodt사는 Medipart사를 상대로 하여 특허침해소송을 제기하였다. Mallinckrodt사는 Medipart사가 이미 사용한 기구를 다시 사용할 수 있도록 조정(re-conditioning)함으로써 병원들의 특허침해를 유도한 것이므로 특허침해행위(induced infringement)를 구성한다고 주장하였다.

만일 이 사건에 전통적인 Univis doctrine을 적용한다면 병원들에게 일단 판매한 이후에는 1회용이라는 제한을 달았다고 하더라도 이후의 Medipart사의 행위가 특허침해가 될 수는 없다. 왜냐하면 Mallinckrodt사의 특허권은 병원들에 대한 판매로 인하여 소진되었기 때문이다. 그러나 CAFC는 위에서 언급한 것과 같은 조건부 판매 접

---

449) 이 사건에 대한 평석으로는 Richard H. Stern, "Post Sale Patent Restrictions After Mallinckrodt-An Idea in Search of Definitions", Alb. L.J. Sci. & Tech. 1.8.(1994) 참조.

근법(conditional sale approach)을 적용하였다. CAFC는 부가된 조건이 특허권남용에 해당하거나, 독점금지법 위반이 되지 않는 한, 라이선스에 있어서 특허권자는 어떤 조건으로 라이선스를 할 것인가 하는 점에 대한 자유를 가지고 있다는 점을 강조한다. 그런데, Mallinckrodt사가 부가한 1회용이라는 제한은 제품의 특성을 고려한 것으로 일응 경쟁을 제한하는 면이 있다고 하더라도 합리의 원칙에 의할 때 친경쟁적 내지 공공의 이익을 위한 측면이 더 커서 특허권남용에 해당하거나, 독점금지법에 위반되는 조건이라고 볼 수 없는 정당한 조건이라고 하였다.[450]

CAFC의 조건부 판매 접근법을 통하여 특허권자는 특허권소진법리에 의한 제약을 실제로 받지 않게 되었고, 특허권자의 권리를 극대화할 수 있는 방안을 강구할 자유를 구가할 수 있게 되었다. 또한 방법항으로 출원된 특허의 경우에는 이러한 소진법리에 의하여 특허권이 소진되지 않는다는 것이 1984년 CAFC의 판결인 Bandag 사건[451] 이후 정립된 실무였다. CAFC의 Mallinckrodt 판결은 친특허경향 하에서 많은 대중의 지지를 받은 판결이었다. 특허권자는 더 많은 이익을 얻을 수 있을 것이라고 보았기 때문이었다. 실제로도 특허권자는 특허권소진법리를 계약으로 배제할 수 있게 됨으로써 결국 최종소비자의 부담하에 수익의 극대화를 달성할 수 있었다.[452]

4) 방법특허의 배제: Bandag 판결

CAFC는 Bandag 사건[453]에서 방법특허의 경우에는 특허권소진이 이루어지지 않는다고 판시하였다. 이 사건에서 CAFC는 이유를 상세하게 설명하지 않은 채 대상 특허가 장치항이 아닌 방법항으로 작성되어 있는바, 이러한 경우에는 특허권의 소진은 이루어지지 않는다고 판시하였다.

이 사건의 피고 Bolsers는 재생타이어업을 하고 있었는데, 종래에는 가열방식을 통하여 재생타이어를 만들어서 팔다가 특허권자인 Bandag의 저온방식으로 재생타이어업을 하게 되면서 특허침해소송이 발생하게 되었다.[454] Bolser가 저온방식을 택하게

---

450) 976 F.2d. 700, 708(Fed. Cir. 1992).

451) Bandag, Inc. v. Al Bolser's Tire Stores, Inc., 750 F.2d 903(Fed. Cir. 1984).

452) Richard H. Stern, "Post Sale Patent Restrictions After Mallinckrodt-An Idea in Search of Definitions", Alb. L.J. Sci. & Tech. 1.8.(1994). 이 논문에서는 Mallinckrodt 판결의 주요한 효과 중의 하나가 부의 이전효과(Wealth transfer effect)라고 지적하고 있다.

453) Bandag, Inc. v. Al Bolser's Tire Stores, Inc., 750 F.2d 903(Fed. Cir. 1984).

454) 이 사건도 상표법 관련 이슈 등 여러 가지 이슈가 있지만 특허와 관련된 이슈에 국한하여 설명한다.

된 것은 Bandag의 체인점 중의 하나가 프랜차이즈 영업을 폐업하면서 그 체인점이 보유하고 있던 기기를 구매하여 이를 사용하게 되면서였다. Bosler는 Bandag이 이미 자신의 체인점에게 기기를 판매하였으므로 Bandag의 특허권은 소진되었다고 주장하였으나 CAFC는 앞서 본 것과 같이 방법특허의 경우에는 특허권 소진법리가 적용되지 않는다고 함으로써 특허권소진법리는 중대한 예외가 발생하게 되었다.

5) 소진과 지역적 범위: Fuji Film 판결

당초 CAFC는 특허권소진의 지역적 범위에 대해 미국에서 최초판매가 이루어지지 않는 한 미국에서의 특허소진은 이루어진 것이 아니라고 보았다. CAFC는 Fuji Film 사건[455]에서 특허침해소송의 피고인 Jazz Photo사는 미국 외에서 판매된 Fuji Film사의 1회용 카메라를 수입하여 이를 다시 사용할 수 있도록 한 후에 판매한 사안에서 Fuji의 해외판매는 미국에서는 일어나지 않은 것이며, 미국 특허법은 역외에서는 적용되는 것이 아니므로, 미국에서의 최초판매가 이루어지지 않는 한 미국에서의 특허소진은 이루어진 것이 아니라고 판시하였다(=국제적 소진의 부인).

(3) LG v. Quanta 판결[456]

1) 특허권소진법리의 부활

이 사건은 특허권소진법리의 부활을 알리는 신호탄이다. 연방대법원이 2008년 LG v. Qunata 판결에서 특허권 소진은 방법특허(method claims)에도 적용되며, 판매가 특허권자의 명시적인 금지 조건에 위반한 경우에도 특허권소진법리가 적용된다고 판시한 것이다. 이 사건은 특허권소진법리에 대한 사건이지만, 연방대법원이 이 판결을 통하여 달성하고자 했던 것은 특허권자의 보호에 치우쳐 있던 CAFC의 판결태도를 수정하여, 특허권자의 라이선스 계약을 통한 최초 판매 이후의 제3자에게 대한 통제와 특허제품의 원활한 사용 및 수익 사이의 균형점을 발견하고자 한 것이다.[457]

---

455) Fuji Photo Film Co. v. Jazz Photo Corp., 394 F.3d 1368, 1376(Fed. Cir. 2005).

456) Quanta Comp. v. LG Electronics, 553 U.S. 617(2008); 86 USPQ2d 1673(2008).

457) 우리 대법원도 2019. 1. 31. 선고 2017다289903 판결에서 "물건의 발명에 대한 특허권자 또는 특허권자로부터 허락을 받은 실시권자가 우리나라에서 그 특허발명이 구현된 물건을 적법하게 양도하면, 양도된 당해 물건에 대해서는 특허권이 이미 목적을 달성하여 소진된다. 따라서 양수인이나 전득자가 그 물건을 사용, 양도하는 등의 행위에 대하여 특허권의 효력이 미치지 않는다. '물건을 생산하는 방법의 발명'에 대한 특허권자 등이 우리나라에서 그 특허방법에 의하여 생산한 물건을 적법하게 양도한 경우에도 마찬가지이다. '물건을 생산하는 방법의 발명'을 포함한 '방법의 발명'에

2) 특허법상 구제수단과 계약법상 구제수단

다만 연방대법원은 LG v. Quanta 사건에서 그 사건의 적용범위는 특허법상의 특허권소진법리에 국한된다고 판시하였다.458) 따라서 LG는 특허침해소송을 통하여 손해배상을 받을 수 없다는 의미일 뿐, 계약관계에 의한 청구까지 금지되는 것은 아니다.

이 사건을 통하여 미국에서는 일단 특허권자가 최초 판매를 하고 난 이후에는 특허권소진이 이루어져, 하부시장의 제3자의 행위에 대한 특허권침해소송이 제한되게 되었다는 의의를 가진다. 또 Quanta판결로 인하여 Univis 판결의 적용범위가 분명해졌다. 비록 완제품이 아니라고 하더라도 그 부품에 실질적으로 특허가 구현되어 있고, 잔여단계가 오로지 단순한 표준화된 부품의 결합이나, 단순한 지시사항대로의 이행에 불과한 것이라면 이러한 잔여단계의 존재에도 불구하고 부품 단계에서의 판매가 특허권자의 특허권을 소진시킨다는 점을 연방대법원이 분명하게 하였다.

한편으로는 방론이기는 하지만 연방대법원이 계약위반에 기한 구제까지도 금지되는 것이 아니라고 판시함으로써 계약법에 기초한 계약해석문제가 있을 수 있음을 분명히 하였다. 미국법상으로는 이 문제는 상당한 의의가 있다. 왜냐하면 특허권자로서는 비록 특허권소진 법리에 따라 실시행위자를 상대로 금지청구나 손해배상청구를 할 수 없더라도 최초 계약 당사자를 상대로 손해배상청구를 통해 금전적 손해를 전보받을 수 있는 가능성이 열려있기 때문이다.

3) 사법적극주의의 제한

연방대법원에 의하여 파기되고 있는 CAFC의 판결들은 대개 CAFC가 특허권자의 보호를 위하여 공공정책이라는 이름으로 혁신을 보호하는 방향의 판결을 한 경우이다. 연방대법원은 Microsoft사건에서 Microsoft의 행위에 대하여 공공적인 우려가 있음을 인식하고 있으며, 이러한 문제점은 해결되어야 하나 이러한 해결은 의회가 해결

대한 특허권자 등이 우리나라에서 그 특허방법의 사용에 쓰이는 물건을 적법하게 양도한 경우로서 그 물건이 방법발명을 실질적으로 구현한 것이라면, 방법발명의 특허권은 이미 목적을 달성하여 소진되었으므로, 양수인 등이 그 물건을 이용하여 방법발명을 실시하는 행위에 대하여 특허권의 효력이 미치지 않는다."라고 판시하여 특허권소진을 최초로 명시적으로 인정하는 판결을 하면서 물건의 발명은 물론 방법발명에 대하여도 특허권소진법리가 적용된다고 하였다. 이 판결에 대한 상세한 평석으로, 김기수, "방법발명과 특허소진: 대법원 2019. 1. 31. 선고 2017다289903 판결", 한국특허법학회, 「2019 TOP 10 PATENT DECISIONS SEMINAR」 자료집(2020. 6.), 141-160면 참고.

458) Quanta Comp. v. LG Electronics, 86 USPQ2d 1673 at 1682(2008).

하여야 할 몫이며, 법원이 공공정책적인 관점을 고려하여 판결에 이를 반영할 수는 없다는 취지의 설시를 한 바 있다.459)

연방대법원은 이러한 방론에서의 판시를 통하여 사법적극주의를 통한 사회문제의 해결을 자제하고, 입법부로 하여금 그 역할을 하도록 촉구하고 있다. 이는 특허관련법제에 있어 연방대법원의 사법소극주의로의 회귀를 보여준다.

(4) Impression Products v. Lexmark International 판결460)

연방대법원은 Lexmark 사건에서 특허권자가 특허제품을 한 번 판매함으로써, 특허권자가 직접적으로 혹은 라이선스계약을 통해 어떠한 조건을 부여하였는지 또한 그 제품이 어디에서 판매되었는지에 관계없이 특허권이 무조건적으로, 자동으로 소진된다고 하여 국제적 소진의 범위를 대폭 확대하는 판결을 하였다. 위 사건에서 토너카트리지에 적용되는 특허의 특허권자인 Lexmark사(원고)는 카트리지를 판매하면서 환매프로그램에 동의하는 소비자에게는 할인된 가격에 카트리지를 판매하고 대신 그 카트리지를 한 번만 사용하고 Lexmark사 이외의 자에게는 빈 카트리지를 넘기지 않기로 하는 조건을 부과하여 이를 국내와 해외에 판매하였다. Impression Products사(피고)를 비롯한 여러 재생회사들은 국내와 해외에서 빈 카트리지를 구매하여 이를 미국 내에서 재생하여 판매하였다. 이에 원고가 피고를 상대로 국내에서 구입한 빈 카트리지 재생제품(이하 '국내 판매품') 및 해외에서 구입한 빈 카트리지 재생제품(이하 '해외 판매품') 모두에 대해 특허침해소송을 제기하였고, 피고는 원고가 카트리지를 판매함으로써 특허권이 소진되었다고 항변하였다. 이에 대해 1심 법원은 국내 판매품에 대해서는 특허권이 소진되어 특허침해가 성립하지 아니하나, 해외 판매품에 대해서는 특허권이 소진되지 아니하여 특허침해가 성립한다고 판단하였다. 그러나 CAFC는 해외 판매품은 물론 국내 판매품에 대해서도 그 조건이 위법이 아니고 피고가 그러한 제한 조건을 알고 있었다는 이유로 두 제품 모두에 대해 특허권 소진이 일어나지 않는다고 판단하였다. 그러나 연방대법원은 우선 국내 판매품에 대해 Lexmark사가 어떠한 조건을 부가하여 카트리지를 판매하였다고 하더라도, 판매로 인해 그 제품은 매수인의 사적인 소유물이 되므로 특허권자의 배타적 권한 범위에 있지 않고 특허권은 무조건

459) 127 S.Ct. 1746, 1759(2007).

460) Impression Products, Inc. v. Lexmark International, Inc., 581 U.S. 1523(2017).

소진된다고 판결하면서 LG v. Quanta 사건의 법리를 다시 한 번 확인하였다.

위 사건에서 연방대법원은 특허제품을 매수한 자는 자유롭게 그 제품을 사용하고 양도하고 수입할 수 있는데, 이는 그가 특허권자로부터 그러한 행위를 할 수 있는 권한을 부여받아서가 아니라 그가 소유권(ownership)을 취득함으로써 소유권의 당연한 권능으로 그와 같은 권한을 행사할 수 있음을 명시하였다. 즉, 연방대법원은 특허권은 타인이 임의로 그 특허발명을 실시하지 못하도록 배척할 수 있는 권리인데, 특허권자가 그 실시품을 판매함으로써 그것은 더 이상 독점의 영역에 놓인 것이 아니라 매수인의 사적이고 개인적인 재산(private, individual property)이 된다고 하였다. 또한 연방대법원은 Lexmark사가 매매계약에서 부가한 조건은 계약법의 법리에 따라 집행할 수 있을 뿐 특허침해소송을 통해서는 권리를 실현할 수 없다고 하여 위 LG v. Quanta 사건에서의 해당 부분의 설시를 다시 확인하였다. 나아가 연방대법원은 특허법은 발명에 대한 금전적 보상을 통해 발명을 촉진시키는데, 특허권자는 실시품의 판매를 통해 보상을 얻었으므로, 특허법은 그 물건의 사용, 수익을 제한할 어떠한 근거도 제공하지 않으며, 추가적인 제한을 가할 수 있게 하는 것은 동산을 자유롭게 양도할 수 있도록 하는 보통법상의 원칙과 어긋난다고 하였다. 끝으로, 연방대법원은 CAFC가 특허권소진법리를 특허권자가 판매를 통해 그에 대한 권한을 부여한 것으로 추정(presumption)하는 원칙으로 본 것은 잘못이라고 지적하면서, 이 법리는 특허권자의 권리범위를 제한하는 원칙(a limit on the scope of the patentee's rights)이라고 명시하였다.

국제적 소진과 관련하여, 연방대법원은 저작권의 소진(first sale doctrine)에 관하여 Kirtsaeng v. John Wiley & Sons Inc.[461] 사건에서 저작물의 판매로 인해 저작권이 국제적, 국내적으로 소진된다고 판결하였는데[462], 연방대법원은 Lexmark 사건에서 위 판시를 들면서 특허권의 소진과 관련해서도 저작권법의 소진이론과 달리 볼 특별한 차이가 없어 특허제품이 해외에 판매된 경우에도 특허권이 소진된다고 판결하였다. 즉 저작권법에서의 소진이론과 같이 특허법에서도 소진이론은 양도를 제약하는 것에 대항하는 형평법적 원칙으로, 국제적 소진을 제약하는 아무런 규정이 없고, 저작

461) 568 U.S. 519(2013).

462) 미국에서는 상표권도 유사하게 국제적 · 국내적으로 소진된다고 판시된 바 있다[예: Sebastian International v. Longs Drug Stores Corporation, 53 F.3d 1073(9th Cir. 1995)].

권법의 소진이론과 특허법의 소진이론이 유사하고 목적이 동일하다고 하였다.

위 사건에서 연방대법원은 특허권자가 특허제품을 판매한 이상 특허권 소진에 있어 판매에 부가된 조건이나 판매된 지역은 아무런 문제가 되지 아니함을 명확히 하였다. 이로써 연방대법원은 그 동안 CAFC가 특허권자에게 유리한 방향으로 특허권 소진을 제한해온 태도에 명확하게 제동을 걸었다.[463)]

사례연구

LG v. Quanta 사건[464)]

1. 사건의 개요

LG는 computer processor가 메모리에 접근하기 위한 최적의 접근법에 대한 3개의 특허를 보유하고 있었다. 이 특허들은 현재의 데이터를 가져오기 위한 시스템,[465)] 읽기와 쓰기 명령을 수행하는 시스템, 버스(bus)[466)] traffic을 관리하는 시스템으로 구성되어 있었다.[467)] 그리고 이러한 시스템을 사용하기 위한 방법특허가 있었다.[468)] LG 보유 특허들은 PC의 핵심 기술인 PCI 버스[469)] 관련 특허로서 이러한 기술은 전세

463) 다만 이러한 소진이론은 제품이 별다른 변경 없이(예: 무단으로 재포장, 재생산, 기타 변경이 없어야 함) 재판매 되는 경우에 적용되는 것이지(특허법원, 2019 International IP Court Conference 자료집 179면), 재생 과정에서 변경이 실질적으로 새로운 제품을 생산하는 정도에 이른 경우에는 그 행위 자체가 별도의 특허권 침해를 구성할 수 있음은 별론으로 한다.

464) 553 U.S. 617(2008).

465) U.S. Patent No. 4,939,641 Claiming a system for ensuring that outdated data is not retrieved from memory.

466) 버스(bus)는 컴퓨터 시스템 내에서 데이터를 이동시키고, 컴퓨터 간의 데이터를 이동시키는 컴퓨터 시스템 내의 하부시스템을 말한다.

467) 사건에서 문제가 된 특허들은 다음과 같다.
U.S. Patent No. 4,939,641; U.S. Patent No. 5,077,733; U.S. Patent No. 5,379,379.

468) U.S. Patent No. 5,077,733 Claiming a method that controls the access of a device to a bus shared by multiple devices.

469) PCI(Peripheral Component Interconnection)는 PC 주변장치와 마이크로프로세서 사이에 데이터 전송을 연결하는 장치로 이러한 연결을 위한 표준이 필요하다. PCI 버스는 이러한 연결을 관장하

계 컴퓨터 제조기업들이 사용하고 있어 많은 특허수입을 올릴 수 있는 특허였다.[470]

2000년 LG는 Intel사와 위 LG 특허의 사용에 관한 모든 PC에 사용할 수 있는 라이선스 계약을 체결하였다. LG는 Intel에 대하여 위 시스템 특허를 사용할 수 있는 권한을 부여하였다(License Agreement). 동시에 LG는 별도로 체결한 Master Agreement에서 Intel이 Intel Chip set의 사용자들에게 LG의 라이선스는 Intel Chip과 비-Intel 구성품(component)을 동시에 사용하는 경우에는 허여된 것이 아님을 알리도록 하였다(Master Agreement). 라이선스의 부여와 Intel의 통지의무는 서로 별개의 계약에 규정되어 있었으므로 Intel의 통지의무 위반이 계약상 바로 라이선스계약에 영향을 미치는 것인지가 쟁점 중의 하나가 되었다.

대만 기업들인 Ausus Computer, BizCom Electronics, Compal Electronics, Spectre Technologies Inc., First International Computer, Q-Lity Computer, Everex Systems 등은 상기 특허기술이 사용된 마이크로프로세서 칩을 인텔로부터 구매하여 Dell, HP(Hewlett-Packard), IBM 및 Gateway에 판매하였다.

이러한 회사 중의 하나인 Quanta Computer(이하 'Quanta')도 Intel로부터 Chip set을 구매하였다. 그리고 Intel Chip set을 이용하여 비-Intel 구성품을 결합하여 컴퓨터를 제조하였다. Intel은 Quanta에게 LG와의 계약에 따라 만일 Intel Chip set과 비-Intel 구성품을 결합하여 시스템을 구성하는 경우에는 LG 라이선스를 별도로 받아야 한다는 점에 대한 통지를 하였다. 2000. 6. 15. LG는 Quanta가 LG의 특허를 침해하였다고 특허침해소송을 제기하였다.[471]

2. LG의 특허전략

LG는 CAFC의 판결을 통하여 특허권소진이 회피될 수 있는 법적인 상황을 모두 활용할 수 있는 상황이었다. LG는 앞에서 본 것처럼 2개의 방법특허를 가지고 있었기 때문에 Bandag 판결에서 CAFC가 정립한 방법특허의 예외를 향유할 수 있었고, 따라서 묵시적인 라이선스가 허여된다는 주장도 차단할 수 있었다. LG전자는 전략

는 버스임.

470) LG전자는 1999년 이 사건 특허들을 매입하였다.

471) LG는 'Quanta' 외에도 다른 대만 PC 제조기업인 Compal, FIC를 상대로 캘리포니아 북부연방지방법원에 특허소송 제기하였다.

적 특허출원 및 특허양수를 통하여 특허포트폴리오에 컴퓨터 칩(Chip)에 대한 특허와 컴퓨터 칩(Chip)과 시스템을 통합하기 위한 특허도 보유하고 있었다.[472]

이러한 특허포트폴리오를 활용하여 특허권소진의 제한 없이 LG는 Intel에게 최대한의 로열티를 받아내는 대신 Intel의 Chip set의 제조 및 판매에 대해서는 적절한 로열티를 받고, 대신 PC 제조업체들로부터 많은 로열티를 받아내는 전략을 구사할 수 있는 상황이었다. 이렇게 되면, LG는 Intel로부터 로열티를 받고, PC 제조업체에서 로열티를 받는 전략을 통하여 최적의 로열티 극대화전략을 사용할 수 있었다.

3. 소송의 전개

(1) 연방지방법원의 판결

소장에서 LG는 (i) Intel과의 라이선스 조건은 인텔제품이 아닌 것과 결합되는 칩은 상기 특허를 침해하는 것이라고 명시된 조건부 판매이며, (ii) Intel은 대만기업들에게 상기 제한조건들에 대해 통보하였고, (iii) 대만기업들은 이러한 통지를 받았음에도 그들이 제조한 컴퓨터에 상기 칩들을 탑재하여 판매하였으므로 Quanta의 PC 제조행위는 특허권침해가 된다고 주장하였다.

Quanta는 LG의 청구에 대하여 자신은 Intel로부터 Chip set을 구입하여 사용한 구매자로서, LG의 특허는 이미 소진되었으므로 LG 특허를 침해한 것이 아니라고 주장하였다. 만일 소진되지 않았다고 하더라도 LG는 자신들에게 묵시적 라이선스를 부여한 것이라고 주장하였다.[473] 묵시적 라이선스 항변은 본 사건의 경우 특허권소진이 인정되었으므로 상론하지는 않는다.

연방지방법원은 처음에는 LG의 특허권은 Intel에 Chip set과 관련된 system 특허에 대한 license를 부여함으로써 소진되었다고 하면서, Quanta가 청구한 사실심리생략판결(summary judgment)을 인용하고자 하였다. LG가 Intel과의 Master Agreement에서 요구한 통지의무의 부과만으로 조건부 라이선스라고 보기 어렵다

472) Quanta Computer, Inc., et al. v. LG Electronics, Inc., 128 S.Ct. 2109 at 2113-2114(2008).

473) 묵시적 라이선스(implied license)란 형평법에 의하여 부여된 권리로서 특허제품 또는 필수 부품을 특허권자 혹은 실시권자가 판매한 경우, 구매자에게 묵시적으로 실시권이 허여된 것으로 본다는 법리임. Univis 사건에서도 주장된 항변으로 특허침해소송에서 항변으로 사용됨(Met-Coil Systems Corporation v. Korners Unlimited Inc., 803 F.2d 684(Fed. Cir. 1986)).

고 판시한 것이다. 이에 LG는 연방지방법원에 변론재개신청[474]을 하였고, 대상특허 중 방법특허의 경우에는 특허권이 소진되지 않으므로 전체가 특허권소진이 된다고 판단하는 것은 오류라는 주장을 하였다. 연방지방법원은 LG의 특허에 방법특허가 있음을 이유로 하여 Quanta의 방법특허침해를 인정하면서, 방법특허부분에 대한 Quanta의 사실심리생략 판결신청을 기각하였다.

(2) CAFC의 판결[475]

2006. 7. CAFC는 항소심에서 항소원고 Quanta의 청구에 대하여 연방지방법원의 결론의 일부는 유지하면서도 일부에 대하여는 견해를 달리하였다. 우선 CAFC는 방법특허의 경우에는 특허청구범위가 제품 그 자체가 아니라, 어떻게 제품을 생산할 것인가 하는 것이므로 특허권소진이론의 적용이 없다는 연방지방법원의 결론에 동의하였다. 그러나 LG가 Intel과의 Master Agreement에서 요구한 통지의무의 부과만으로 조건부 라이선스라고 보기 어렵다고 판시한 부분에 대해서는, LG의 경우 계약에 의하여 Intel에게 Intel Chip set과 비-Intel 제품 간의 결합에 대해서는 라이선스를 하지 않고 통지하도록 요구하고 있는 조건부 라이선스를 한 것이라고 판시함으로써 Intel이 Quanta에게 판매한 행위가 있었음에도 방법 특허뿐만 아니라 시스템 특허도 특허권소진이 된 것이 아니라고 판단하였다.

이러한 CAFC의 판결은 기존의 Mallinckrodt 판결의 결론을 유지한 것으로 철저히 특허권의 소진여부를 계약문언의 해석 문제로 보고 있음을 알 수 있다.

(3) 상고허가신청

Quanta는 CAFC의 판결에 대하여 연방대법원에 상고허가를 신청하였다. 상고이유로 CAFC가 특허권소진법리에 대하여 LG가 Intel에 라이선스한 특허권의 효력은 Intel이 Quanta에 Chip set을 판매하는 행위로 인하여 소진되었음에도 CAFC가 이러한 특허권소진법리에 대한 법리를 오해함으로써 판단을 그르쳤다는 취지였다. 연방대법원은 2007. 9. 25. 상고를 허가함으로써 CAFC의 조건부 판매 접근법에 의하

474) Reconsideration이라고 하며, 미국 민사소송법에서 새로운 증거 등을 내세워 판단을 재고하여 달라는 신청을 하는 것을 말함.
475) LG Electronics v. Bizcom Electronics, 453 F.3d 1364(2006).

여 사실상 사문화되어 있던 특허권소진법리에 대한 판단을 하게 되었다.

4. 연방대법원의 판단[476]

(1) 판결의 요약

2008. 6. 9. 연방대법원은 전원일치로 CAFC의 판결을 모두 파기하였다.

연방대법원은 방법특허의 경우 특허권소진법리가 적용이 없다는 CAFC의 판단이 잘못되었고, 특허권은 그 청구항의 형식을 불문하고 특허권소진의 대상이 된다고 판시하였다. 따라서 사안의 경우 LG가 Intel에게 라이선스를 준 행위로 인하여 특허권은 소진되었다고 판단하였다. 그러므로 Intel의 Quanta에 대한 Chip set 판매행위는 하부시장에 대한 문제로서 LG가 특허권을 행사하여 Quanta의 행위를 제약할 수 없다고 보았다. 즉 이 사건에서 연방대법원은 특허권자가 특허실시계약에서 조건을 부여하였다고 하더라도 특허가 실시된 제품을 판매함으로써 그 제품을 특허의 독점권 영역 외에 두게 되었음으로 더 이상 그 제품에 관하여 '특허침해소송'을 제기할 수 없다고 판시하였다.[477]

(2) 특허권소진법리에 대한 이해

연방대법원은 CAFC가 형해화하였던 특허권소진법리를 다시 언급한다. 연방대법원은 특허권소진법리가 Bloomer사건 이후 Adams 사건, Univis 사건 등 일련의 연방대법원의 판결에 의하여 일관되게 인정되어온 법리로서 일단 특허제품을 특허권자 또는 특허권의 양수인으로부터 매수하게 되면, 이 매수행위로 인하여 특허권자의 권리는 소진되고, 이후의 하부시장에서의 매수자들은 특허권자의 권리행사의 제약 없이 이를 이용할 수 있게 된다는 특허권소진법리는 여전히 유효한 법리라고 선언하

---

476) 553 U.S. 617(2008).

477) "The authorized sale of an article that substantially embodies a patent exhausts the patent holder's rights and prevents the patent holder from invoking patent law to control postsale use of the article. Here, LGE licensed Intel to practice any of its patents and to sell products practicing those patents. Intel's microprocessors and chipsets substantially embodied the LGE Patents because they had no reasonable noninfringing use and included all the inventive aspects of the patented methods. Nothing in the License Agreement limited Intel's ability to sell its products practicing the LGE Patents. Intel's authorized sale to Quanta thus took its

였다.478)

이러한 법리에 의하면, 앞서 본 바와 같이 Quanta의 Intel Chip set와 비-Intel 메모리, 여타 하드웨어와의 버싱(busing) 시스템 등을 사용한 시스템 구축행위는 LG가 관여할 수 있는 행위가 아니므로 LG의 Quanta에 대한 특허권침해주장은 더 이상 유지될 수 없게 되었다.

(3) 방법특허와 특허권의 소진

이 사건의 중요한 쟁점 중의 하나가 특허권 소진이 인정된다고 하더라도 방법특허도 특허권이 소진되는가 하는 점이었다. LG는 하급심에서 일관되게 가사 특허권 소진이 인정된다고 하더라도 방법특허의 경우에는 특허권소진이 이루어지지 않는다고 주장하였다. 반면, Quanta는 방법특허라고 하여 특허권소진의 예외가 되는 것은 아니라고 주장하였다.

연방대법원은 방법특허의 경우 이러한 방법을 사용하여 제조된 제품의 판매로 인하여 소진된다고 판시하였다.479) 연방대법원은 선결례로 Ethyl Gasoline 사건을 들었다.480) 이 사건은 독점금지법의 관점에서도 중요한 사건 중의 하나로서, 이 사건에서 문제가 된 Ethyl Gasoline의 경우 Gasoline의 판매로 인하여 Ethyl Gasoline의 제조방법에 대한 특허 역시도 소진된다는 이론을 전개하였다. 나아가 만일 방법특허의 경우에 특허권소진의 예외를 인정할 경우 특허권소진법리가 방법특허에 의하여 심각하게 훼손될 우려가 있다는 점을 이유로 제시하였다. 왜냐하면 만일 방법특허를 예외로 인정하게 되면, 특허변호사나 출원대리인들은 특허청구항을 작성할 때 장치항(apparatus claim) 대신 방법항(method claim)을 사용하게 될 것이고, 이러한 방법항을 통하여 실제로는 장치항을 출원하는 것임에도 방법항을 출원함으로써 특허권 소진법리의 적용을 회피할 수 있기 때문이다. 실제 출원시에 장치항을 방법항으로 출원하는 것은 그리 어려운 일이 아니므로, 청구항의 형식에 따라 달리 취급하는 것

---

products outside the scope of the patent monopoly, and as a result, LGE can no longer assert its patent rights against Quanta. Accordingly, the judgment of the Court of Appeals is reversed.": 553 U.S. 617, at 638(June 9. 208).

478) Quanta Comp. v. LG Electronics, 86 USPQ2d 1673 at 1677(June 9. 2008).

479) Quanta Comp. v. LG Electronics, 86 USPQ2d 1673 at 1679(June 9. 2008).

480) Ethyl Gasoline Corp. v. United States, 309 U.S. 436, 446, 457(1940).

이 최소한 특허권소진법리의 적용에 있어서의 타당성을 가질 수 없다고 판단한 것이다.[481] 이 사건에서 연방대법원은, Univis 사건을 언급하면서 방법발명이 실시된 제품에 특허권 소진이 적용되는 요건으로 ① 그 실시품의 유일한 합리적이고 의도적인 용도(only reasonable and intended use)가 특허발명을 실시하는 것이고, ② 그 실시품이 당해 특허발명의 핵심적 특징(essential feature)을 구현(embody)하고 있어야 한다는 판단 기준을 제시하였다. 이러한 연방대법원의 Quanta 판결 이후 CAFC는 LifeScan Scotland, Ltd. v. Shasta Technologies LLC 판결[734 F.3d 136(Fed. Cir. 2013)]에서 연방대법원이 제시한 위 방법발명의 특허권소진 기준을 적용하고, 또한 특허권소진은 적법한 권리의 이전(all authorized transfer)이 있으면 그것이 무상의 증여(gift)이든 유상의 양도(sale)이든 동일하게 적용된다고 판시하고, 나아가 LifeScan이 자신이 보유한 혈당측정시스템에 관한 방법발명의 핵심적 특징을 실질적으로 구현하고 있는 혈당측정기를 스스로 적법하게 판매 내지 무상배포함으로써 그에 관한 특허권이 소진되었다고 하면서, 그 특허권에 기한 임시적 금지명령(preliminary injunction) 청구를 기각하였다.

(4) Univis 원칙의 적용범위

Quanta는 완제품이 아닌 부품의 경우에도 특허권소진법리가 적용된다는 Univis 사건이 선결례로 적용되어야 한다고 주장하였다. 이 사건의 Intel Chip은 Univis 사건에서의 lens blanket과 같은 부품이라고 주장하였다.

반면 LG는 이 사건과 Univis사건은 서로 구별되는 사건으로 Univis판결이 이 사건에 그대로 적용될 수 없다고 주장하였다. LG의 소송대리인은 우선 Univis판결은 Lens와 같은 유형물의 경우에 국한되는 사건으로 보아야 하며, Univis사건의 경우 소매점에서 판매를 위해서 절삭만하면 되는 단계인 반제품형태의 렌즈인 렌즈 브랭킷(Lens blanket)에 적용되는 특허와 Lens 완제품에 적용되는 특허는 모두 동일한 특허인 반면, 칩셋(Chip set)에 적용되는 특허와 PC system에서 Chip set에 부가되는 구성품에 대한 특허는 서로 다른 특허라는 점이 서로 다르므로, 이 사건과 같이 대상 특허와 다른 특허간의 결합이 이루어진 제품의 일부에 대한 사항에 대하여는 Univis판결이 적용될 수 없다는 취지의 주장을 하였다.

---

481) Quanta Comp. v. LG Electronics, 86 USPQ2d 1673 at 1679(June 9. 2008).

연방대법원은 Quanta의 주장을 받아들였다. 연방대법원은 Univis 판결의 법리가 Quanta 사건에서도 적용될 수 있다고 판시하였다. 연방대법원은 Quanta가 Intel Chip을 사용한 이유는 LG의 특허가 구현되어 있기 때문이며, Quanta는 LG의 특허기술이 체화되어 있는 Intel Chip을 사용하려고 하는 의도를 가지고 있었으며, 이러한 의도는 Univis 사건에서의 구매자들의 의도와 다르지 않다고 보았다.[482]

또 연방대법원은 Univis 사건에서와 마찬가지로 특허 받은 제품을 구매함으로써 남아있는 단계는 결국 이러한 특허가 완전하게 실행되도록 하기 위하여 필요한 단계로서 이미 정형화되어 있는 경우라면 이러한 정형화된 단계가 남았다고 하여 특허권이 소진되지 않는다고 하는 것은 타당하지 않다는 것이 Univis 사건에서의 판결취지이며,[483] 이러한 판결취지는 이 사건에서도 다르지 않다고 보았다. 왜냐하면, 이 사건의 경우에도 이미 Intel의 Chip에는 특허의 구현을 위하여 필요한 모든 요소들이 결합되어 있었고, Quanta가 해야 할 일은 오로지 이미 표준화되어 있는 시스템 구성품을 결합하는 것에 불과하다고 보았기 때문이다.

연방대법원은 LG의 주장을 배척하면서, Univis에서 말하는 최종 단계가 남아있다는 것이 가지는 의미는 남아있는 단계가 중요한 단계로서 새로운 변용을 가져올 수 있을 정도의 진보성을 가지고 있는가에 있는 것인바, 이 사건의 경우에는 Univis 사건의 소매상의 행위가 단순히 렌즈를 갈아내는 것과 같은 현저한 변용을 가져오는 혁신적인 단계가 아닌 것과 마찬가지이므로 비록 완성품이 아니라고 하더라도 실질적으로는 이미 특허품을 구현한 것으로 보는 것이 타당하다는 이유를 들었다.

(5) 복수특허의 존재

이 사건에서 LG는 LG 특허의 경우 시스템을 구성하는 여러 개의 구성요소에 대하여 복수의 특허가 있으므로 이러한 복수 특허의 존재를 무시하고, 일률적으로 특허권의 소진을 인정하여서는 안된다는 취지의 주장을 하였다. 이에 대하여 연방대법원은 LG가 주장하는 것처럼 복수의 특허가 존재할 때 어느 한 특허가 소진되었다고 하여 다른 특허가 같이 소진되는 것은 아니라는 점은 타당하다고 인정하면서도, 구체적인 사건의 경우에는 Intel의 Chip set에 이미 LG가 주장하는 여러 개의 특허가

482) Quanta Comp. v. LG Electronics, 86 USPQ2d 1673 at 1680-1681(June 9. 2008).
483) 316 U.S. 241 at 249 250-251(1942).

모두 구현되어 있으므로 복수의 특허의 존재가 이 사건의 사실관계를 달리 판단하게 할 사유가 될 수 없다고 판시하였다.

(6) 계약해석의 문제

그렇다면 남은 문제는 Master Agreement에 기재되어 있는 통지의무와 관련된 것이다. LG는 Quanta가 라이선스를 받지 못했으므로 특허권침해라고 주장하였지만, 이 문제는 Intel이 적법한 판매자인지 아닌지의 문제에 불과하다고 보았다. 연방대법원은 Intel의 통지의무의 존재가 Intel이 적법한 판매자라는 점을 달리 판단할 아무런 근거가 되지 못하며, 따라서 Intel로부터 적법하게 구매한 Quanta가 라이선스를 받지 못했으므로 특허권침해라고 주장하는 LG의 주장은 특허권소진법리에 오해에 기초한 것으로 받아들일 수 없다고 판단하였다.

Ⅲ. 권리행사불허항변(Unenforceability Defense)

1. 의 의

특허법 제282조(b)(1)은 권리행사불허를 유효한 항변의 하나로 규정하고 있다. 이러한 권리행사불허항변은 형평법(Equity)484)상의 "더러운 손" 원칙(unclean hand doc-

484) 형평법(Equity)의 기원과 개념을 정리하자면 다음과 같다. 중세 영국에서 영국의 보편적인 법(잉글랜드의 "보통"법)은 왕을 대리하는 판사들(King's Judges)이 주관했다. 그런데 어느 특정한 상황에서 판사들의 판단이 공정하지 않다면 당사자들은 직접 왕에게 호소할 수 있었고, 이에 따라 국왕은 백성들이 공평하고 정의로운 취급을 받을 수 있도록 보장해 줄 책임을 져야 했다. 이에 국왕은 이러한 자신의 중요한 기능을 최고의 행정책임자인 총무대신(Chancellor)에게 맡겼고, 이에 따라 총무대신이 대신의 법원(Court of Chancery)에서 균형감 있는 실무관행과 절차에 따라 형평법의 규칙과 원칙들을 적용하여 재판했다. 초기의 대신들은 가톨릭 사제나 귀족 출신들이 많았는데, 이들은 사건당사자들의 불만을 시민법적이면서도 로마법적인 방식으로(즉, 서면에 의한 쟁송방식을 선호하고 배심원을 배제하는 방식으로) 심리하게 되었으며, 도덕성이라는 개념이 주입된 일반적이고도 실질적인 법의 원칙에 따라 판단을 내렸다. 이에 따라 차츰 17세기 후반부터 그 판결에 합리적 설명이 부가된 원칙이 체계화되었으며, 이것이 '형평법'이 되었다. 즉, 형평법은 판사들이 왕좌법원(King's Bench), 민소법원(Court of Common Pleas), 재무법원(Court of Exchequer)에서 적용한 관행과 원칙인 '보통법(Common Law)'에 대비되는 것으로, 영국 형평법원(English High Court of Chancery)이 애초부터 1873년(법원조직법이 왕좌법원과 형평법원의 사

trine)에서 출발한다. '더러운 손' 원칙은, "형평법의 보호를 받으러 온 자는 스스로도 결함이 없는 손으로 와야 한다(He who comes to Equity must come with clean hands)." 라는 형평법상의 원칙으로부터 도출된 것이다.[485] 따라서 권리행사불허 항변 사유는 법관의 판단대상이다. 다만 많은 판사들은 배심원들에게 이러한 형평법적 쟁점에 대해서도 평결하도록 하고 이를 권고적인 의견으로 제출받는다.[486]

권리행사불허항변이 받아들여질 수 있는 이유로는 (i) 불공정행위(inequitable conduct), (ii) 특허권남용(patent misuse), (iii) 출원경과상의 해태(prosecution laches), (iv) 권리행사의 해태(laches)와 형평법상 금반언(equitable estoppel)이 있다. (v) 정보개시(Information Disclosure Statement; 이하 'IDS') 의무 위반도 불공정행위로 구체화된 유형 중 하나이다.

특허가 무효가 되면 당해 '무효가 된 특허 청구항'은 원칙적으로 쟁점배제효로 인해 누구에게나 영구적으로 특허권을 행사할 수 없다. 그러나 이와 달리 권리행사불허로 판단된 특허는 '당해 특허전체'에 대한 권리를 행사할 수 없게 된다.[487] 반면 이러한 권리행사불허는 당해 소송의 당사자들에게 주관적으로 한정되는 것이며(=주관적 범위), 시간적으로 향후에 남용사유가 완화되면 다시 특허권을 행사할 수도 있다(=시적 범위). 왜냐하면 권리행사불허가 되었다고 해서 무효가 된 것은 아니기 때문이다.

2. 불공정행위(inequitable conduct)

(1) 의 의

불공정행위는 원래 형평법상의 개념으로 특허청에 대한 기망행위를 일컫는다. 연방규칙집 37 CFR §1.56은 "특허출원을 하는 모든 당사자는 특허부여에 중요한 정보로서 자신에게 알려진 정보를 공개해야 할 의무를 포함하여 특허청에 진실하여야 할 의

법행정을 통합한 때) 이전에 발전시키고 또한 주관해온 규칙들, 원칙들, 그리고 구제수단들의 총체라고 정의된다.: 새라 워딩턴 지음 · 임동진 옮김, 『형평법』, 소화(2009), 47-51, 54, 64면.

485) 이러한 형평법상의 방어방법은 원래 형평법원이 양심을 다루는 법원(court of conscience)으로서 시작했다는 역사적 사실을 그대로 반영해 주는 것이기도 하고, 결국 형법법이 허용하는 구제수단은 원고가 자신의 권리를 필요하고도 타당한 요건에 맞추어 취득한 경우에만 허용됨을 확실히 보여준다.: 새라 워딩턴, 위의 책, 96-97면.

486) Kimberly A. Moore, Timothy R. Holbrook, John F. Murphy, PATENT LITIGATION AND STRATEGY(Fifth Edition), AMERICAN CASEBOOK SERIES(2018), p. 765.

487) Blonder-Tongue Labs. Inc. v. Univ. of Ill. Found., 402 U.S. 313(1971).

무를 진다."라고 규정하여 이를 성문화하고 있다.

특허출원자는 정직과 성실의무(duty of candor, good faith, and honesty)를 준수하여 특허신청을 해야 한다.[488] 출원 및 심사과정 중 특허청에 대하여 적극적인 허위진술을 하거나, 특허성에 관한 중요한 정보를 고의로 은폐하거나, 잘못된 중요정보의 제출이 이루어지는 등 특정 청구항에 관련된 정보공개의무 위반행위가 있으면 단순히 그러한 부정한 행위에 의해 영향을 받은 청구항뿐만 아니라 '모든' 청구항에 대한 특허권 행사는 허용되지 않는다.[489] 미국에서 특허침해소송이 제기되면 거의 대부분의 경우 불공정행위 주장이 제기된다.

(2) 요건사실

불공정행위항변이 인용되기 위해서는 피고는 ① 기망행위의 대상이 된 사실이 중요할 것(materiality), ② USPTO를 기망할 의도(intent to deceive)로 한 행위일 것의 2가지 요건사실을 입증하여야 한다.[490] 이 때 입증의 정도는 명백하고 확실한 증거의 법칙(clear and convincing evidence)에 의한다.[491] 불공정행위 항변은 형평법상 항변으로 불공정행위에 대한 제재가 모든 청구항에 대한 특허권자의 권리행사의 사실상 정지라는 점에 비추어, 법원은 위와 같은 요건이 입증된 경우에도 권리행사를 중지시킬 것인지 형평의 관점에서 이익을 형량한다.[492] 뒤에서 법원의 판결례에서 보는 것처럼 대부분의 법원은 불공정행위 항변을 받아들이는데 매우 신중하다. 이는 특허권자가 단지 가벼운 실수를 저지르거나 사소한 과실로 인해 전체 특허에 대한 권리를 빼앗기는 것 또한 불공정한 것이기 때문이다. 또한 위와 같은 사기적 행위에 관한 항변의 요건사실은 F.R.C.P. 9(b)에 따라 "누가, 무엇을, 언제, 어디서, 어떻게" USPTO에게 기망행위를 하였는지를 구체적으로 주장하여야 하고,[493] 주장이 그에 미치지 못하는 경

488) Molins PLC v. Textron, Inc., 48 F.3d 1172, 1178, 33 USPQ2D(BNA) 1823, 1826(Feb. Cir. 1995).

489) Anatomy of a Patent Case(Second Edition), Complex Litigation Committee of the American College of Trial Lawyers, Bloomberg BNA (2012), p. 65.

490) Molins PLC v. Textron, Inc., 48 F.3d 1172, 1178(Fed. Cir. 1995).

491) Dippin' Dots, Inc. v. Mosey, 476 F.3d 1337, 1345(Fed. Cir. 2007).

492) Anatomy of a Patent Case(Second Edition), Complex Litigation Committee of the American College of Trial Lawyers, Bloomberg BNA (2012), p. 65.

493) Exergen Corp. v. Walmart Stores, Inc., 575 F.3d 1312, 1327(Fed. Cir. 2009).

우에는 F.R.C.P. 12(f)에 따라 법원은 직권 또는 상대방의 신청에 따라 항변 자체를 삭제(strike)할 수 있다.

USPTO에 중요한 정보가 제공되지 않는 경우로 출원인이 특허를 출원함에 있어 출원인에게 알려진 중요한 정보를 USPTO에 제공하지 못한 경우가 있다. 특허의 허부에 있어 중요한 정보를 찾기 위해 선행기술 검색을 해야 하는 적극적 검색의무를 특허 출원자가 부담하는 것은 아니다. 그러나 출원인이 알았어야 할 정보(should have known)임에도 거의 의도적인 무시에 가까운 수준으로 이러한 정보를 USPTO에 제출하지 않는 것은 불공정행위가 될 수 있다.[494] 또 출원인이 중요한 정보를 실수로 잘못 제출하거나, 중요한 정보를 USPTO에 적극적으로 허위진술(affirmative misrepresentation)을 하여 USPTO를 기망하려고 하는 경우도 불공정행위가 될 수 있다.[495]

1) 중요성

불공정행위가 되기 위해서는, 제출되지 않은 정보가 합리적 심사관이 출원발명에 특허를 부여할 것인가 여부를 결정함에 있어 중요한 정보여야 한다.[496] 즉 정보가 중요한 자료인지를 결정하는 것은 가상적인 합리적 심사관이 제출되지 않은 그 자료를 미리 제출받았다면 특허를 허여하지 않았을 것이라고 인정될 것인가(but-for materiality)의 기준에 따른다.[497] 그러나 이러한 판단은 명확하지 않으므로 출원인의 입장에서는 가능한 필요한 자료를 제출할 것이 요구된다.

만일 출원인이 알려진 정보를 제출하지 못했지만, 심사관이 스스로 발견한 경우 그 정보는 중요한 것으로 보지 않는다.[498] 이러한 법리에 따라 법원은 특허권자가 USPTO에 "Chakrabarti 1980a"라는 선행기술 참고문헌을 제출하지 않았지만 심사관은 Chakrabarti 1980a를 발견하였고 출원심사에 이를 고려하였다면 이러한 부제출은 중요한 정보의 은닉이라고 볼 수 없다고 판단하였다.[499]

494) FMC Corp. v. Hennessy Indus., Inc., 836 F.2d 521, 526 n.6(Fed. Cir. 1987).
495) Janice Mueller, op. cit., p. 527.
496) Star Scientific, Inc. v. R.J. Reynolds Tobacco Co., 537 F.3d 1357, 1367(Fed. Cir. 2008); Nilssen v. Osram Sylvania, Inc., 504 F.3d 1223, 1235(Fed. Cir. 2007); Honeywell Int'l, Inc. v. Universal Avionics Sys. Corp., 488 F.3d 982, 1000(Fed. Cir. 2007).
497) Therasense, Inc. v. Becton, Dickinson & Co., 649 F.3d 1276(Fed. Cir. 2011) at 1294-95.
498) Orthopedic Equip. Co., Inc. v. All Orthopedic Appliances, Inc., 707 F.2d 1376, 1383-1384(Fed. Cir. 1983); Molins PLC v. Textron, Inc., 48 F.3d 1172, 1185(Fed. Cir. 1995).
499) Eli Lilly & Co. v. Zenith Goldline Pharms., Inc., 471 F.3d 1369, 1383(Fed. Cir. 2006).

2) 기망의 의도

불공정행위가 되기 위해서는 단순히 제출되지 않은 정보가 중요한 정보인 것으로 족하지 않고 USPTO를 기망하기 위한 특별한 의도(specific intent to deceive)가 있었음이 입증되어야 한다.[500] 대상 정보의 중요성과 기망의 의도는 불공정행위의 별개의 요소이며, 제출되지 않은 자료의 중요성이 인정되더라도 그것이 기망의 의도가 바로 추정되는 것은 아니다.[501] 만약 기망의 의도에 대한 증거가 존재하지 않을 경우, 아무리 제출되지 않은 정보가 중요하다고 하더라도 불공정행위는 될 수 없다.

주관적 요건인 의도의 입증은 명백한 서면 증거에 의하는 것이 어렵기 때문에 직접 증거가 없는 한 정황증거에 의할 수밖에 없다. 이때 중요성이 높은 자료가 제출되지 않았다면 기망의 의도의 입증정도는 낮아질 수 있다.[502] 출원인이 적극적으로 허위 진술을 하거나, 제출하지 않은 정보가 중요할수록, 불공정행위를 인정하기 위해 필요한 의도의 입증은 용이하게 인정될 수 있을 것이다.[503] 다만 앞서 본 바와 같이 의도의 입증은 명백하고 확실한 증거의 법칙에 의해서 입증이 되어야 하므로 이때 의도의 입증이 충분한 증거에 근거한 것으로 증거에 비추어 합리적이어야 할 뿐만 아니라, 명백하고 확실한 증거법칙을 충족할 수 있는 여러 증거로부터 얻어진 유일하게 가장 합리적인 추론이어야 한다."[504] 만약 그러한 추론을 지지할 직접적이거나 간접적인 증거가 없다면 기망의 의도의 입증은 실패한 것이다.[505] 즉, 불공정행위 항변의 기망의도 요소는 단순히 부주의한 것이 아니라 USPTO를 기망하여 부당하게 특허를 취득하려고 한 행위로 비난받을 만한 행위라는 점에 대한 명백하고 확실한 증거에 의한 입증이 있어야 한다.

(3) 판례의 전개

1) AstraZeneca Pharms v. Teva Pharms 사건[506]

비전형적(atypical) 항정신병 의약품에 관한 특허권자인 원고 AstraZeneca는

---

500) Therasense, Inc. v. Becton, Dickinson & Co., 649 F.3d 1276, 1290(Fed. Cir. 2011)(en banc).
501) Star Scientific, Inc. v. R.J. Reynolds Tobacco Co., 537 F.3d 1357, 1366(Fed. Cir. 2008).
502) Critikon, Inc. v. Becton Dickinson Vascular Access, Inc., 120 F.3d 1253, 1256(Fed. Cir. 1997).
503) Honeywell Int'l, Inc. v. Universal Avionics Sys. Corp., 488 F.3d 982, 999(Fed. Cir. 2007).
504) Star Scientific, Inc. v. R.J. Reynolds Tobacco Co., 537 F.3d 1357, 1366(Fed. Cir. 2008).
505) Star Scientific, Inc. v. R.J. Reynolds Tobacco Co., 537 F.3d 1357, 1368(Fed. Cir. 2008).
506) AstraZeneca Pharmaceuticals LP and AstraZeneca UK Limited v. Teva Pharmaceuticals

SEROQUEL®이라는 상품명으로 의약품을 판매하고 있었는데, 이 의약품은 전형적(typical) 항정신병 의약품과는 달리 원하지 않는 신체경련 등의 부작용을 일으키지 않았다. 피고 Teva Pharms는 자신의 항정신병 의약품 제조 및 판매를 승인받기 위하여, 원고의 특허가 무효이고 따라서 자신은 원고의 특허를 침해하지 않았다는 선언 하에 기존 FDA의 승인을 받은 의약품에 대한 미국 일반의약품 승인 신청(Abbreviated New Drug Application; ANDA)을 하였다. 피고는 원고의 데이터로부터 몇몇 선행기술에 나타난 조합이 비전형적 항정신병 활동을 보여줄 수 있음을 알 수 있고, 따라서 이러한 정보는 심사관에게 제출되었어야 했다고 주장하였다.

이에 대하여 CAFC는 해당 물질이 구조적으로 유사하다고 하여 항정신병적 행동이 전형적인지 비전형적인지를 알려주는 것은 아니기 때문에, 원고가 Schmutz X를 실험한 데이터 대신에 Schmutz B의 실험데이터를 제출한 것은 중대한 허위진술(material misrepresentation)이라고 볼 수 없어 불공정행위가 아니라고 하는 사실심리 생략판결을 선고한 연방지방법원의 판결을 유지하였다.

2) Line Rothman v. Target Corp. 사건[507)]

아기를 양육하는 엄마들을 위해 가슴을 충분히 지탱하는 기재가 옷 속에 안보이게 위치한 육아복에 관한 특허를 등록받은 원고 Line Rothman과 그녀의 회사 Glamourmom LLC.(이하 'Rothman'이라 한다)는 공동피고 중 하나인 Leading Lady와 자신의 특허권 라이선스 협상을 하던 중 협상이 결렬 위기에 처하고, Leading Lady가 독자 개발한 육아복을 판매하자 Leading Lady 및 Leading Lady가 납품하는 육아복을 판매하는 Target, J.C. Penney 등 여러 마트 및 백화점들을 상대로 소송을 제기하였다. 이 소송에서 Target 등 피고들은 Rothman이 Leading Lady로부터 받은 디자인특허 두 건('스타일 438' 및 '스타일 460')을 특허 출원시 심사관에게 제출하지 않은 것은 불공정행위에 해당한다고 주장하였고, 연방지방법원은 피고들의 주장을 받아들였다.

그러나 CAFC는 스타일 438에 대해서는 Rothman의 특허 출원과 관련하여 중요하

USA, Inc. and Teva Pharmaceutical Industries, Ltd., 583 F.3d 766(Fed. Cir. September 25, 2009).

507) Line Rothman and Glamourmom LLC v. Target Corp., 556 F.3d 1310(Fed. Cir. February 13, 2009).

다(material)는 결정적 증거를 보여주지 못하였기 때문에 불공정행위에 해당하지 않는다고 하였다. Rothman의 변호사가 Leading Lady로부터 받은 디자인과 유사한 디자인을 검색하고 수집하여 여러 건의 증거를 제출하였고 이에 비추어 법원은 스타일 438이 특별히 특허 심사와 관련이 있지 않다고 인정하였다. 또한, 스타일 460에 대해서도 Rothman은 스타일 460이 단순히 선행자료가 되지 않는다고 생각하였기 때문에 제출하지 않았고, Rothman이 고의로 특허청을 속일 생각이 있었다는 증거를 찾을 수 없다고 판시하였다. 이에 따라 Rothman이 특허청에 스타일 438과 460을 제출하지 않은 행위는 불공정행위에 해당하지 않는다고 보아 연방지방법원의 판결을 파기하였다.

3) Larson Manufacturing Company v. Aluminart Products Ltd. 사건[508]

원고인 Larson Manufacturing Company(이하 'Larson'이라 한다)는 피고인 Aluminart Products Ltd. 및 Chamberdoor Industries, Inc. (이하 'Aluminart'라 한다)를 상대로, 길이가 변동 가능한 스크린이 장착된 문(door)에 관한 원고의 특허를 피고가 침해하였음을 이유로 연방지방법원에 제소하였다. 연방지방법원에서는 Larson이 문제가 된 특허를 재심사하는 과정에서 불공정행위가 있어 특허가 무효이며, 따라서 Larson이 제기한 소를 기각하였다. Larson은 재심사를 진행하는 심사관에게 세 건의 선행자료 및 계속출원시 특허청으로부터 받았던 두 건의 거절결정 자료를 제출하지 않았다. Larson은 세 건의 선행자료가 이미 재심사를 진행한 심사관에게 전달되었기 때문에 추가로 제출할 필요가 없고, 두 건의 거절결정은 거절결정 통지서에 참고가 된 중요 선행자료들이 이미 재심사를 진행한 심사관에게 공개되었기 때문에 중요하지 않다고 항변하였으나 연방지방법원을 이를 받아들이지 않았다.

CAFC는 공개되지 않은 세 건의 선행자료가 이미 재심사를 진행한 심사관에게 전달되었음에도 중첩적이지(cumulative) 않다고 판시한 1심 법원의 판결은 잘못된 것이며, 따라서 세 건의 선행자료는 중요하지 않다고 하였으나, 두 건의 거절결정 자료는 연방지방법원이 판시한 바와 같이 중요하다고 확인하였다. 이에 더하여 CAFC는 연방지방법원으로 하여금 Larson이 자료를 제출하지 않은 행위에 기망의 의도(intent to deceive)가 있었는지에 대해 다시 심리하도록 사건을 1심 법원으로 파기 환송하였다.

---

508) Larson Manufacturing Company of South Dakota, Inc. v. Aluminart Products Limited, 559 F.3d 1317(Fed. Cir. March 18, 2009).

4) Bristol-Myers Squibb(BMS) Co. 사건[509]

이 사건은 미국 연방거래위원회(FTC)가 특허권자의 출원시의 불공정행위를 문제 삼아 동의명령(consent order)을 한 사건이다. 이 동의명령에 BMS가 합의함으로써 BMS는 동의명령상의 부제소특약[510]으로 인하여 소송제기 등을 하지 못하게 되었다. 미국에서 특허소송의 제기가 부당한 소송제기(Sham litigation)가 되기 위해서는 객관적으로 원고가 소송을 제기하면서 합리적으로 자신이 승소할 것이라고 예상하지 않으면서 소송을 제기하여야 한다. 이 사건에서 연방거래위원회는 BMS가 자신의 특허가 중요한 정보를 은닉하고 취득한 것이라는 점을 알면서도 소송을 제기하고, 이러한 소송이 객관적으로 본안승소 가능성이 없지만, 경쟁자의 사업을 직접적으로 방해할 수 있다는 의사로 소송을 제기한 경우에 해당한다고 보았다. BMS는 출원과정에서 중요한 기술을 숨기고 특허를 받았다. Taxol[511]과 관련된 기술이 공개된 기술로서 신규성을 결하고 있음을 알면서도 이러한 사실을 심사과정에서 고지하지 않았다. 그럼에도 BMS는 미국 특허청에 이러한 사실을 알리지 않고 허위진술을 하였다. 이는 정보개시제도(IDS) 위반임과 동시에 불공정행위(inequitable conduct) 위반이 될 수 있는 행위로서 만일 의도적으로 특허와 관련된 중요한 선행기술을 은닉하고, 이로 인하여 특허를 받게 될 경우 당해 특허는 권리행사불허가 된다.

한편 BMS는 BuSpar 관련하여서도 FDA에 고의로 허위진술을 하여 BuSpar와 관련이 없는 2건의 특허를 의약품 관련 사항을 등재하는 해치-왁스먼 법(Hatch-Waxman Act)의 요구에 따라 오렌지 북(Orange Book)[512]에 등재하였다. 그리고 특허의 무효를

---

509) In the Matter of Bristol-Myers Squibb Company, File Nos. 001 0221, 011 0046, and 021 0181 http://www.ftc.gov/opa/2003/03/bms.shtm(2009. 8. 24. 최종접속).

510) V. IT IS FURTHER ORDERED that Respondent BMS shall not make a Patent Infringement Claim that U.S. Patent No. 6,150,365 is infringed by any Drug Product, or the use of any Drug Product, that contains the active ingredient buspirone, unless the Drug Product also contains the 6Hydroxy-Metabolite of Buspirone and the Patent Infringement Claim is based on the 6-Hydroxy-Metabolite of Buspirone. http://www.ftc.gov/os/2003/03/bristolmyersdo.pdf(2009. 8. 24. 최종접속).

511) 유방암 치료제에 사용되는 물질로 BMS의 주요 특허군 중의 하나임. 1971년 NCI에서 두 명의 미국인 학자가 paclitaxel의 항암효과를 보고하였다. NCI는 paclitaxel이 약품으로 개발하기 위해서 BMS에게 10억 달러를 투자하여 상품화에 참여하도록 하였다. BMS는 NIH가 이미 공개한 물질이라 물질특허는 받을 수 없었다. 1992년 미국 FDA에서 약품으로 허가가 난 후 BMS에게 5년 동안의 시장에서의 배타적인 권리가 부여되었고, 바로 NIH가 이미 공개한 물질이라는 점에 대한 은닉행위가 있었던 것이다.

주장하면서 복제약(generic drug) 품목허가 신청을 한 Mylan과 Watson에 대해서 특허침해소송을 제기하였으므로 이 부분도 역시 부당한 소송제기이며, 해당 특허는 특허법상 불공정행위에 해당하여 권리행사불허가 되는 것과 별개로 연방거래위원회법(FTCA) 제5조 위반행위로 보았다.513)

5) Star Scientific v. RJR 사건514)

담배에서 발암성물질을 제거하는 방법의 미국특허를 가지는 Star사는 동 특허를 침해했다며 RJR사(R.J. Reynolds Tobacco Co.)를 연방지방법원에 제소했다. RJR사는 Star사가 동사의 컨설턴트였던 Burton 박사의 서신을 USPTO에 제출하지 않은 것은 불공정행위라고 주장했고, 지방법원은 이 주장을 인정했다. Star사는 이에 불복하여 CAFC에 항소를 제기했다.

CAFC는 불공정행위의 입증의무는 피고 측에 있으며 그 증명은 명백하고 확실한 증거에 의거하여야 하나 JRJ사는 그것을 하지 않아 특허 전체를 권리행사가 불허된다고 할 만한 현저한 불공정행위가 있었다고 인정할 수는 없다고 판시했다. 또 CAFC는 Burton 박사의 정보는 중복되는 정보여서 중요하지는 않다고 결론을 내리고 연방지방법원 판결을 파기환송하였다.515)

3. 정보개시의무(Duty of Disclosure)

(1) 의 의

미국에서는 출원의 심사과정에서 출원인 등이 USPTO에 대한 신의성실의무(duty of candor and good faith)를 위반하였음을 특허소송에서 항변으로 주장하여 특허권의 행사를 저지할 수 있는 소위 '불공정 행위(inequitable conduct)' 법리가 판례에 의해 확

512) "Orange Book" means the FDA publication entitled "Approved Drug Products with Therapeutic Equivalence Evaluations." http://www.ftc.gov/os/2003/03/bristolmyersdo.pdf(2009. 8. 24. 최종접속).

513) http://www.ftc.gov/os/2003/03/bristolmyerscmp.pdf(2009. 8. 24. 최종접속).

514) Star Scientific, Inc. v. R.J. Reynolds Tobacco Co.(Fed. Cir. August 25, 2008). 이 판결의 원문은 아래의 사이트에서 확인. http://www.wilmerhale.com/files/upload/star%20scientific.pdf(2010. 7. 24. 최종접속). 이 판결의 지방법원 사안은 Star Scientific, Inc. v. R.J. Reynolds Tobacco Co., No. 8:01-cv-1504, slip op. at 12-14(D. Md. June 22, 2007).

515) 飯田陽介・出口哲也, "米国情報開示義務について", 「知財管理」 VOL.59 No.2(2009), 224頁 재인용.

립되어 있다.[516] 즉, 이 법리는 USPTO를 고의로 기만하여 특허를 취득한 자는 그 특허를 행사할 수 없다는 개념으로 형평법상의 '더러운 손' 법리에서 유래하며 1945년 Precision 판결에서 대법원이 명시적으로 특허소송에서의 불공정 행위 항변을 인정한 이후 이러한 판례의 입장을 반영하여 USPTO는 37 CFR 1.56에 정보개시의무를 도입하였다.[517]

이러한 의무에 따른 정보공개서(Information Disclosure Statement, 이하 'IDS')제도는 미국 특허제도상 특허권을 획득하기 위해 발명자 및 출원관련당사자가 당해 특허성과 관련하여 중요하다고 생각되는 모든 정보를 정직하고 성실하게 공개하여야 할 의무(duty of candor and good faith)를 부담한다는 것으로, 이는 특허 심사관이 특허성 관련 조사를 모두 부담하는 것은 불가능에 가깝기 때문이다. 특허 출원자는 원칙적으로 특허성과 관련한 중요한 정보를 안 날로부터 3개월 이내에 특허청에 제출할 것이 요구되며, 특허성과 관련한 중요한 정보란 당해 출원의 특허성을 부정하거나 또는 당해 출원의 특허성과 관련하여 출원인이 특허청에 대하여 취하고 있는 입장과 배치되는 모든 정보를 의미한다. 특히 영어 이외의 외국어로 작성된 관련 자료에 관하여는 반드시 전체를 영어로 번역하여 제출할 의무를 부담하지는 않으나, 관련성에 대한 요약설명서(a concise statement of the relevance)를 제출하여야 한다.[518] 미국에서 출원발명의 특허성에 관련된 정보를 개시하도록 의무화한 것은 유효한 특허가 등록될 수 있도록 노력하고, 부당한 특허가 등록되지 않도록 하기 위한 것이다. 그리하여 출원인에게 신의에 의해 성실하게 출원발명의 특허성에 관련된 정보를 개시할 의무를 부여하였다.[519]

IDS란 특허출원과정 중 출원된 특허의 관련 선행기술 또는 예비지식을 USPTO에

---

516) 이해영, 『미국특허법』(제4판), 한빛지적소유권센터(2014), 220면.

517) Id. 37 CFR Section 1.56과 MPEP Section 2001.4는 '악의 또는 고의적인 위법행위(bad faith or intentional misconduct)'가 있을 경우 특허가 허여되어서는 안 된다고 규정하고 있다.

518) Janice M. Mueller, op. cit., p. 366. IDS제도는 우리 특허법에는 없는 제도이다.

519) 특허청, 「미국 특허법・제도 분석 및 시사점에 관한 연구」(2006년 보고서), 166면에는 "출원발명의 심사에 있어서, 심사관이 그 발명과 관련된 모든 기술을 검색하여 특허성을 판단한다는 것은 현실적으로 불가능하다. 따라서 출원발명과 관련된 자에게 그들이 알고 있는 당해 발명에 관한 모든 정보를 공개하도록 요구하여 하자있는 특허권의 발생을 미연에 방지하고자 하는 것이 IDS 제도의 취지라 할 수 있다. 이와 같은 IDS 제출 의무는 훈시적인 규정에 불과한 것이 아니라 단 하나의 청구항이라도 그 의무를 준수하지 아니하고 특허된 경우에는 당해 특허권 자체를 행사할 수 없도록 제재하고 있으므로 많은 주의가 요구된다."고 기술하고 있다.

제공하는 것을 의미하며 MPEP(Manual of Patent Examining Procedure)에 따라 모든 출원인은 특허성과 관련이 있는 선행기술이나 예비지식을 개시할 의무가 있다.[520] 출원인이 알면서 또는 고의적으로 선행기술을 제출하지 않을 경우에는 특허권 행사가 불가능하다.

정보공개를 함으로써 특허침해와 관련된 분쟁이 발생할 경우 특허침해 혐의자는 반드시 출원된 특허와 관련된 모든 문서를 포함하는 USPTO의 파일 사본을 구할 것이고 출원인이 모든 관련 선행기술을 개시하였는지를 판단하기 위하여 특허 포대(patent file wrapper)로 불리는 파일을 조사할 것이다. 조사과정에서 알려진 관련 정보가 공개되지 않은 경우 특허무효의 근거가 될 수 있다. 또 특허성 판단시 심사관에게 공개되고 심사관에 의하여 기록된 정보는 추후 제3자가 특허의 재심사를 위한 정당화 수단으로 이용될 수 없다는 점도 IDS 제도의 장점이다.

IDS의 목록에 실린 기술은 그 자체만으로 자동적으로 선행기술로 간주되는 것은 아니며 IDS의 참고문헌 목록(reference)에 실렸다는 것만으로 그러한 목록기재가 청구된 특허의 선행기술로 인정하는 것으로 받아들여서는 안 된다.[521] IDS상 제출되는 선행기술 또는 예비지식은 대개 출원인이 개시하는 발명과 관련된 기존의 등록특허, 공개공보, 과학학술지, 서적, 잡지 또는 기타 출판물에 발표된 관련기술이나 정보 등을 포함하며, 출판물이 간행된 국가나 언어는 상관없다. 정보의 출처나 입수방법이 무엇인지와 관계없이 개시의무 있는 자는 그 정보를 특허청에 제출할 의무가 있다.[522] IDS 상의 선행기술은 통상 미국특허문헌(U.S. patent literature), 외국특허문헌(foreign patent literature), 비특허문헌(non-patent literature: NPL)의 3가지 범주로 구분된다. USPTO 심사관은 모든 미국 특허문헌에 접근이 가능하므로 목록에 실린 미국 특허문헌의 사본은 IDS 제출시 별도로 제출하지 않아도 된다. 외국 특허문헌은 외국에서 출원된 특허, 외국 출원공보와 PCT 출원공보로 구성되어 있다. 비특허문헌은 미국 또는 외국 특허공보가 아닌 문헌으로 이루어져 있다. 목록에 실린 비특허문헌과 외국문헌의 사본이 영문으로 되어 있지 않은 경우, 심사관이 기술을 고려하도록 하기 위해서는

520) Donald S. Chisum, 「ELEMENTS OF UNITED STATES PATENT LAW」(Second Edition), 竹中俊子 譯, 『アメリカ特許法とその手續』, 雄松堂出版(2000), 253頁.

521) MPEP 2129 Ⅳ.

522) MPEP 2001.06. 관련하여 이해영, 『미국특허법』(제2판), 한빛지적소유권센터(2005), 214면.

출원인은 영문 번역본 또는 영문으로 된 요약본을 제출하여야 한다. 하나의 청구항이라도 IDS 의무를 위반하면 당해 특허권 자체의 집행이 불가능해진다.[523]

IDS에 대한 최소 요건을 37 CFR Section 1.97 및 Section 1.98에서 규정하고 있다. 특허출원이 계속되어 있는 동안에 IDS로 제출한 정보가 심사관에 의하여 고려되기 위해서는 37 CFR Section 1.98 규정에 따른 정보를 37 CFR Section 1.97에서 정한 절차에 따라 제출하여야 한다. 의무이행과 관련된 구체적인 규정은 MPEP의 Chapter 600의 Section 609와 Chapter 2000에 정해져 있다.[524] 최소요건을 만족하지 않으면 USPTO에 의하여 고려되지 않으며 단지 출원파일에 첨부될 뿐이다.[525] 하지만 가출원(provisional application)의 경우에는 IDS가 요구되지 않는다.

(2) 구별개념

USPTO의 심사를 거쳐 특허등록을 받으려는 발명자, 변호사, 기타 특허출원심사과정에 관여하는 자[526]는 그 특허성에 관한 중요한 정보[527]를 USPTO에 제출하지 않으면[528] 불공정행위(inequitable conduct)가 되어 당해 특허는 권리행사불허인 특허가 된다.

이와 구별되는 것이 미국 특허법 제112조(a)에서 규정하는 개시요건(Disclosure Requirements)이다. 미국 특허법 제112조(a)는 "명세서에는 발명 및 그 제조, 사용에 관한 방식 및 과정의 설명을 당해 발명이 속하거나 밀접하게 관련된 기술분야의 전문가

---

523) 특허청, 「미국 특허법·제도 분석 및 시사점에 관한 연구」(2006년 보고서), 283면.

524) http://www.houstoninternetlaw.com/patents/duty-to-disclose.html(2010. 8. 23. 최종접속).

525) 이해영, 『미국특허법』(제2판), 한빛지적소유권센터(2005), 211면 재인용.

526) 37 CFR Section 1.56(C).

527) 37 CFR Section 1.56(b); 이해영, 『미국특허법』(제2판), 한빛지적소유권센터(2005), 214면에는 "정보의 중요성(Materiality) ① 어떤 정보는 그 자체로 또는 다른 정보와의 조합으로 클레임의 비특허성에 대한 유리한 사안(prima facie case)이 되거나 ② USPTO의 거절이유에 대한 출원인의 반박내용이나 출원인의 특허성에 대한 주장에 배치되는 정보는 특허성에 대해 중요한 정보(예: 선행특허, 간행물, 미국에서의 선행하는 공공의 사용·판매 또는 다른 사람에 의한 선행 발명·선행기술이 아니라 할지라도 동시에 계류중인 다른 특허출원 등의 정보 등)가 된다." 일본에서 미국제도 도입과 관련한 논의로 ASAMURA KIYOSHI, Harold C. Wegner, "アメリカ特許制度の解說", 發明協會(1988), 99頁~115頁; 飯田陽介·出口哲也, "米国情報開示義務について", 「知財管理」 VOL. 59 No.2(2009), 222頁.

528) 37 CFR Section 1.56(a) Each individual has a duty of candor and good faith in dealing with the Office, which includes a duty to disclose to the Office all information known to that individual to be material to patentability as defined in this section.

라면 제조, 사용할 수 있도록 간단명료하고 적절한 용어로 기재하여야 하며, 또한 발명자에 의해 생각되어진 최상의 실시례를 제시하여야 한다."라고 규정하여, 명세서에 발명의 상세한 설명이 포함될 것을 요구하고 있다. 즉, 청구된 발명이 명세서에 명확하게 기재되어 있어야 한다. 이 기재요건은 최초 청구를 기준으로 하는 것이 아니라 출원과정 중의 보정에 의하여 청구항이 추가 또는 변경되는 경우에도 그 새로 청구된 발명이 명세서에 의하여 뒷받침되어야 하며(=written description), 제조방법(how to make) 요건 및 사용방법(how to use) 요건으로 나눌 수 있다. 이는 당업자가 발명을 어떻게 제조할 수 있고 어떻게 사용할 수 있는가를 명세서에서 가르쳐 주어야 한다는 것을 의미한다. 이 요건을 충족시키기 위해, 특허출원에는 발명의 제조방법과 사용방법에 대해 적어도 하나의 완전한 실시례를 포함해야 하고(=enablement), 발명자가 최선이라고 생각하는 실시례를 명세서에 기재하여야 한다(=best mode). 과거에는 청구된 발명을 수행하는 최적의 예를 알고 있으면서 이를 개시하지 않은 경우 특허무효사유가 되었으나, AIA 이후에는 무효나 권리행사불허 사유에서 배제되었다[35 U.S.C. 282(b)(3)(A)]. 반면 IDS 위반의 경우에는 어느 한 청구항에 대한 정보개시의무 위반이 발견되면 그 특허의 모든 청구항이 무효가 되며, 이를 보정하기 위한 미국 특허법 제251조에 기한 정정신청(reissue)도 거절된다.[529]

(3) 비교법적 고찰

1) 유 럽

유럽에서는 유럽특허조약(European Patent Convention)에 의거하여 여러 국가들이 각국 특허법에 선행기술 문헌정보 개시제도를 두고 있다.[530] 이에 따라 독일, 영국, 프랑스, 네덜란드, 스웨덴, 스위스, 이탈리아, 스페인이 선행기술 문헌정보 개시의무 제도를 도입하였다.[531]

유럽특허출원의 명세서에는 명세서, 청구항 및 도면을 포함하여 출원 전체의 내용에 근거하여 당업자가 발명을 실시할 수 있을 만큼 충분하고 명료하고 완전한 방법으

---

529) In re Clark, 522 F.2d 623, 626, 187 U.S.P.Q 209, 212(CCPA).

530) 유럽특허조약은 그 하부에 시행규정(Implementation Rule)을 가지고 있다. 그러므로 상세한 내용은 이를 참조하면 된다. http://www.epo.org/patents/law/legal-texts/html/epc/1973/e/ma2.html (2010. 9. 30. 최종접속).

531) 한국산업경제기술연구원, 「계간 특허정보」, 제1권 제1호(1983. 6.), 36-44면 참조.

로 발명을 개시하여야 하며(유럽특허조약 제83조),[532] 세부적으로 기술분야, 배경기술, 기술적 과제, 도면의 간단한 설명, 발명의 충분한 개시 및 필요에 따라 산업상 이용가능성의 내용을 기재하여야 한다. 또한, 청구범위에는 보호받고자 하는 사항을 명시하여야 하고, 청구항은 명확하고 간결하게 기재하여야 하며 명세서에 의해 뒷받침되어야 한다(유럽특허조약 제84조).[533] 유럽특허조약 제124조 제1항에는 유럽특허청은 시행규칙에 따라 출원인에게 유럽특허출원이 관련된 발명에 관한 종래기술에 대한 정보와 국가 또는 역내(域内)특허절차에서 고려된 종래기술에 대한 정보를 제공하도록 요청할 수 있다고 하고, 제2항에는 제1항의 요청 기간 내에 출원인이 응답하지 않으면, 그 유럽특허출원은 취하된 것으로 본다는 규정을 두고 있다.

2) 일 본[534]

1994년 개정전 일본 특허법은 명세서 기재와 관련하여 "…그 발명의 목적, 구성 및 효과를 기재하여야 한다."라고 하여 2007년 개정전 우리 특허법[535]과 동일하였으나, 특허법을 개정하여 "그 발명이 속하는 기술 분야에서 통상의 지식을 가진 자가 실시할 수 있을 정도로 명확하고 충분하게 기재하여야 한다"로 바뀌었다.[536] 그 후 2002년 4월 17일 平成14年 법률 제24호로 특허법이 개정되어, 같은 해 9월 11일 시행됨에 따라 선행기술 문헌정보 개시제도가 도입되었다. 선행기술 문헌정보 개시제도[537]의 도입이전에는 선행기술 문헌명의 개시는 특허법시행규칙에서 장려하는 것에 불과하였고,[538] 의무사항은 아니었다.[539] 이에 따라 명세서에 선행기술 자체는 개시되어 있더라도 그 문헌명은 기재되어 있지 않은 출원이 극히 많았다고 한다.[540]

---

532) "The European patent application must disclose the invention in a manner sufficiently clear and complete for it to be carried out by a person skilled in the art."

533) "The claims shall define the matter for which protection is sought. They shall be clear and concise and be supported by the description."

534) http://www.jpo.go.jp/shiryou/hourei/kakokai/pdf/h14_kaisei/h14_kaisei_6.pdf.

535) 특허법[법률 제7871호, 2006. 3. 3, 일부개정].

536) 昭和34年 法律第121号.

537) 特許法等の一部を改正する法律(平成14年 4 月17日法律第24号).

538) 특허법시행규칙 양식29 비고 15.

539) 平成14年 개정이전의 특허법시행규칙 양식29비고15에는 "관련된 종전 기술이 있는 경우는 가능한 그것을 기재하고, 그 장래기술에 관한 문헌이 존재할 때에는 그 문헌명도 가능한 기재한다"라고 규정하고 있었다.

540) http://www.jpo.go.jp/shiryou/hourei/kakokai/pdf/h14_kaisei/h14_kaisei_6.pdf.

특허심사에서 발명의 신규성과 진보성은 선행기술문헌에 기재된 발명 등에 기초하여 판단되어야 하므로 단순히 선행기술만이 개시된 출원의 심사에 있어서 그 선행기술의 객관적 근거인 선행기술문헌을 심사관이 다시 찾아내야 해 출원인이 가진 선행기술 문헌정보 등이 유효하게 활용되지 못하고 있다. 한편으로는, 심사의 신속화와 선행기술과의 정확한 평가를 통한 권리의 안정화 도모라는 이 제도의 취지를 고려할 때 특허출원 절차에 신의성실의 원칙에 준하여 출원인이 알고 있는 선행기술 문헌정보를 개시하도록 하는 것은 당연하다고 할 수 있다.[541]

특허법 제36조(특허출원) 제4항 제1호는 "경제산업성령이 정한 바에 따라 그 발명이 속하는 기술분야에서 통상의 지식을 가진 자가 실시할 수 있을 정도로 명확하고 충분하게 기재하여야 한다"라고 규정하고 있으며, 동조 동항 제2호는 발명에 관련된 문헌 공지발명(제29조 제1항 제3호에 게재된 발명을 말한다. 이하 이호에서 같다) 중에서 특허를 받고자 하는 자가 특허출원시에 알고 있는 것이 있는 때에는 그 문헌공지발명이 기재된 간행물의 명칭, 그 외에 그 문헌공지발명에 관한 정보의 소재를 기재하여야 한다고 규정하고 있다. 출원인이 제출하여야 하는 공지발명은 심사청구시가 아닌 출원시 개시를 기준으로 한다. 또한, 공지발명을 문헌으로 한정한 것은 신규성 및 진보성을 부정하는 거절이유의 대부분이 문헌공지발명을 증거로 하고 있고, 문헌공지발명에 한하는 편이 출원인의 개시부담이 적을 것이라는 점을 감안한 것이다.

특허법 제48조의7은 "심사관은 특허출원이 제36조 제4항 제2호에 규정하는 요건을 만족하지 않는다고 인정되는 때에는 특허출원인에 대하여 그 취지를 통지하고 상당한 기간을 지정하여 의견서를 제출할 기회를 부여할 수 있다."라고 규정하고 있다. 이 때 통지는 거절이유통지가 아니라 그 전 단계인 사전통지의 성격을 가지므로 심사관이 필요에 따라 통지할 수 있다.[542] 사전통지를 받은 경우에 출원인은 관련 선행기술을 알고 있다면 문헌명 등을 명세서에 추가하는 보정을 하고, 아는 것이 없다면 그 취지를 의견서로 설명하면 된다.

특허법 제49조 제5항(거절이유)은 "전조의 규정에 의한 통지를 한 경우에, 그 특허출원이 명세서에 관한 보정 또는 의견서의 제출에 의하여도 제36조 제4항 제2호에 규정한 요건을 만족하지 못하는 경우"에는 거절결정을 하여야 한다고 규정하고 있다.

541) http://www.jpo.go.jp/shiryou/hourei/kakokai/pdf/h14_kaisei/h14_kaisei_6.pdf.
542) 윤선희, "일본의 선행기술 문헌정보 개시의무", 지식재산21, 통권 제109호(2009년 10월) 120면.

사전통지에 대하여 적절한 응답이 없으면 그 이유로 거절이유가 통지된다. 적절한 응답이 없는 경우로는, 보정서 및 의견서 어느 것도 제출되지 않은 경우, 문헌명 등을 추가하는 보정이 있었다 하더라도 추가된 문헌명 등이 부적절한 경우, 의견서에 의하여 문헌명을 기재하지 않은 이유를 설명하였더라도 그 설명이 불충분한 경우 등을 들 수 있다.

사례연구

SEL v. Samsung Electronics 사건[543)]

1. 사안의 개요

반도체기술을 연구・개발하는 일본기업 SEL(Semiconductor Energy Laboratory Co., Ltd.)은 반도체 연구개발 전문회사로, 약 1,500여개의 미국 및 외국의 반도체관련 특허를 확보하고 이로부터 로열티 수익을 거두고 있었다. 이 회사는 연구개발을 하여 자신들의 특허기술을 라이선스하는 것을 수익모델로 하는 회사로서 스스로 생산설비를 가지고 제품을 생산하지는 않았다. 문제가 된 이 사건 미국특허도 이 회사의 특허포트폴리오의 하나였다.

1996년 10월 10일, 원고 SEL은 삼성전자, 삼성전자 미국현지법인, 삼성반도체(이하 '삼성')를 상대로 미국 연방지방법원에 SEL의 특허 3건을 위반했다는 이유로 소송을 제기하였다. U.S. Patent No. 5,543,636(이하 "636특허') 외에도 2건의 특허가 더 문제가 되었다. 그러나 그중 2건에 대해서는 스스로 취하하고 나머지 한 건(이하 "636특허')에 대해서만 소송을 계속하였다. SEL 측은 삼성이 능동 액정 디스플레이(Active Matrix Liquid Crystal Display)를 제조, 판매하는 과정에서 자신들의 '636특허를 침해하였다고 주장하였다. 능동 액정 디스플레이의 화소를 전압으로 조절하는

543) Semiconductor Energy Laboratory Co. v. Samsung Electronics Co., 204 F.3d 1368(Fed. Cir. March 2, 2000).

때에, '636특허의 내용인 비정질 실리콘 박막 트랜지스터(TFT) 반도체기술이 사용됨을 이유로 들고 있다.

이에 대하여 삼성 측은 반소를 제기하였다. 삼성 측은 SEL의 '636특허 출원 및 심사과정 중에 불공정행위(Inequitable Conduct)가 있었기 때문에 권리가 원천적으로 무효이며 특허는 실효되어야 한다고 주장하였다. 또한 SEL 측이 18 USC 1962조 (a)항과 (c)항, 즉 "연방 조직범죄 피해자 보상법"(이하 'RICO법')과 뉴저지주 RICO법을 위반했다고 주장하였다.544)

18 USC 1962조 (a), (c) – RICO법

(a) 누구라도 직·간접적으로 갈취행위를 하여 직·간접적으로 수입을 얻거나, 그러한 수입을 이용 또는 투자하거나, 또는 지분을 얻어내려 하거나, 기업을 세우거나 운영하여 주간(interstate) 또는 외국과의 경제활동에 이용하려고 하는 경우에는 불법이다.545)

(c) 개인이든 기업이든 직·간접적인 갈취행위를 통해 주간 또는 외국과의 경제활동에 종사하려 하는 것은 불법이다.546)

---

544) RICO(Racketeer Influenced and Corrupt Organizations)법은 1970년 미 의회에서 처음 통과된 법(Title 18, United States Code, Sections 1961-1968)으로 이 법을 통해 미 의회는 국가경제에 조직범죄가 미치는 폐해를 없애려고 하였다. 그러나 제정 의도와는 달리, 1980년대에 들어 동법 1964 (c)에 따라 비즈니스 상 또는 부동산관련 손해를 본 사람들이 소송제기가 가능하다는 것을 알게 되면서 이 법이 본격 애용되게 되었다. RICO법상의 손해를 입었다고 입증만 하면 관련비용의 세배를 보상받을 수 있기 때문에 금전적인 보상이 크다는 것을 알게 된 변호사들은 다양한 아이디어를 내어 RICO법을 인용하게 되었다. 또한 RICO법은 그 내용상 우편이나 전신을 이용한 사기행위를 포괄하고 있었기 때문에 다양한 사안에 폭넓게 적용될 수 있다. 1990년대에 들어 연방대법원은 RICO법을 민사관련 사건으로 한정했다. 이러한 노력의 결과, 민사소송을 제기하는 측은 동법상의 금전적 보상을 받기 위해서 많은 입증책임을 지게 되었다. 오늘날에는 개인, 비즈니스 단체, 정치적 항의단체, 테러집단 등에 적용된다.

545) It shall be unlawful for any person who has received any income derived, directly or indirectly, from a pattern of racketeering activity … to use or invest, directly or indirectly, any part of such income, or the proceeds of such income, in acquisition of any interest in, or the establishment or operation of, any enterprise which is engaged in, or the activities of which affect, interstate or foreign commerce.

546) It shall be unlawful for any person employed by or associated with any enterprise engaged in, or the activities of which affect, interstate or foreign commerce, to conduct or participate, directly or indirectly, in the conduct of such enterprise's affairs through a pattern of racketeering activity or collection of unlawful debt.

2. 사건의 경과

(1) 연방지방법원[547]

SEL은 삼성 측의 반소 주장에 대해 사실심리생략판결을 해달라는 신청을 하였다. 이에 대해 연방지방법원은 RICO법 위반 주장에 대해서는 이를 기각하는 사실심리생략판결을 내렸으나[548][549] 불공정행위를 이유로 한 반소청구에 대한 원고(반소피고)의 사실심리생략판결 신청은 기각하였다. 이에 따라 SEL의 '636특허는 출원 과정에서의 불공정행위로 인하여 권리행사가 불허되었다.[550] 연방지방법원은 SEL이 특

547) Semiconductor Energy Laboratory Co., Ltd. v. Samsung Electronics Co., Ltd., 4 F. Supp. 2d 477(E.D. Va. 1998).

548) 연방 RICO법 위반의 점에 대해서 삼성은 SEL이 "삼자 통행 사기구조(three-party pass-through fraud structure)"를 통해 미국 특허청을 상대로 수회의 서신 및 유선 사기를 행했다고 주장하였다. 삼성의 주장에 따르면, SEL은 미국 특허청을 상대로 사기적인 방법을 이용하여 특허를 취득하였으며, 그것을 이용하여 삼성을 상대로 갈취행위를 하였다고 한다. 하지만 이에 대해 연방지방법원은 연방 RICO법 위반이라는 삼성의 주장에 대해 사실심리생략판결을 허용하였으며, 연방 항소법원은 이러한 지방법원의 결정을 수긍하였다. SEL이 특허청을 상대로 한 형평에 어긋나는 행위가 연방 RICO법의 서신 및 유선 사기법상의 서신이나 유선을 이용한 사기행위에 해당하지 않는다는 결론이 내려졌다. 서신 사기법에서 '사기(fraud)'행위가 있기 위해서는 타인의 재산상에 손해가 있어야 하고, 흔히 속임수, 기만, 또는 술책 등으로 상대방의 가치 있는 무언가를 빼앗아야 한다. 그러나 이 사건에서는 미국 특허청이 재산사기를 당하지 않았다고 판단하였고, 이는 연방 RICO법에 의거한 기본요건을 충족시키지 못한다고 판단하였다. 정부에서 간섭하지 않겠다고 하는 약속인 인허가와 정보가 개인에게 주는 특별한 권리로써의 프랜차이즈 중, 삼성은 특허가 프랜차이즈에 가깝기 때문에 재산상의 손해가 있다고 주장하였으나 법원은 이를 수긍하지 않았으며, 특허가 정부의 재산으로 간주될 수 없다고 판단하였다.

549) 뉴저지주 RICO법 위반의 점에 대해서 삼성은, 뉴저지주 RICO법에 의한 갈취행위는 뉴저지주법상의 범죄뿐만 아니라 '다른 어떤 재판권 하의 법에 의해서도 범죄에 해당하는 것(equivalent crimes under the laws of any other jurisdiction)'을 포함한다고 주장하였다. 위조, 사기행위, 서류신청에 가짜를 제출하는 것 그리고 미국 특허청 심사관에 연방형법조항에 위반되는 거짓 증언을 하는 것 등이 뉴저지주 RICO 법에 위반한다고 삼성은 주장하였다. 그러나 뉴저지주 RICO법 적용범위 여부와 관계없이 연방법 우선주의(federal preemption)에 의거하여 연방지방법원이 삼성의 반소주장을 기각한 것으로 볼 수 있으며 연방 항소법원도 이와 같은 입장을 취하였다. 삼성은 연방 특허법에서는 발견할 수 없는 추가적인 요소를 들어(SEL이 꼭 삼성을 타깃으로 삼아 소송을 준비해왔다는 점 등) 뉴저지주 RICO법과의 중첩적용을 주장하였으나 받아들여지지 않았다. 법원은 SEL의 행위는 연방 특허법상의 형평에 어긋나는 행위에 정확히 해당하며 추가적으로 뉴저지주 RICO법에도 위반되는 것처럼 하려는 삼성의 시도를 법원은 거부하였다. 원칙적으로 특허법 분야에서 연방법 우선주의를 규정하려 한 미 연방의회의 의도와 배치되는 결정을 막으려 하였으며, 그에 따라 연방지방법원에서 사실심리생략판결이 내려졌고 연방 항소법원에서도 이를 지지하였다.

550) "… Thus, SEL engaged in inequitable conduct during the prosecution of the '636 patent, and accordingly the entire patent is unenforceable."

허출원 시에 일본어 문헌을 정보개시 했지만, 일본어문헌을 개시할 때 CFR Section 1.98(a)(3)에 따라 기재의 관련성에 관한 간단한 설명문을 제출했으나 그 설명문에는 특허성에 영향을 미치는 중요한 부분이 개시되지 않았다고 보았다.

(2) CAFC[551]

SEL은 출원과정에서의 불공정행위를 이유로 '636특허를 권리행사불허로 판단한 지방법원의 판결에 대해서 항소하였다. 이에 대하여 삼성은 미 연방 RICO법 및 뉴저지주 RICO법 위반 주장을 기각한 지방법원의 판결은 재량권 남용이라는 이유로 항소하였다. CAFC도 SEL의 정보개시의무 위반을 인정하고 불공정한 행위로 인하여 SEL의 특허권은 권리행사가 불허된다고 판단했다. CAFC는 SEL이 제출한 설명문의 대상 부분 이외의 부분이 특허성에 영향을 미치는 중요한 부분이며 그 부분을 SEL이 고의로 은닉했다며 정보개시의무 위반이라고 인정했다. 이 사건은 상고되었으나 상고심에서 연방대법원도 원심의 결론을 유지하여 상고를 기각하였다.

3. SEL의 '636특허 출원 과정에서 불공정행위의 존부

미국에서 특허출원자는 정직과 신의성실의무를 준수하여 특허신청을 해야 한다. 특히 미국 특허법 상의 고유한 제도인 정보공개서 제출에 있어서는 이러한 특허 출원자의 의무가 철저히 지켜지지 않으면 사후에라도 특허권 자체가 실효될 정도의 강력한 제재를 가하고 있다. 이 사건에서 법원은 특허 출원자가 "속이고자 하는 의도를 가지고, 중요한 사실에 대해 적극적으로 허위진술을 하거나, 중요한 정보를 공개하지 않거나, 허위 정보를 제출하는 것을 포함한다."[552]는 기존의 선례를 인용하면서, 불공정행위 여부의 판단기준을 제시하고 있다.

(1) 중요성(Materiality)

SEL 측의 정보공개 가운데에서 핵심적인 문제가 된 것은 캐논 레퍼런스이다. SEL

551) Semiconductor Energy Laboratory Co. v. Samsung Electronics Co., 204 F.3d 1368(Fed. Cir. March 2, 2000).

552) Molins PLC v. Textron, Inc., 48 F.3d 1172, 1178, 33 USPQ2D (BNA) 1823, 1826(Feb. Cir. 1995).

은 일본어 원문 29페이지의 캐논 레퍼런스(canon reference)를 제출함과 동시에 1페이지의 영문 번역본을 제출하였다. 그러나 법원은 캐논 레퍼런스의 번역에 포함되지 않은 부분에 특허성과 관련한 중요한 내용이 포함되어 있다고 보았다. 구체적으로 캐논 레퍼런스에는 비정질 실리콘층(amorphous silicon layer), 질화규소 게이트 절연막(silicon nitride gate), 샌드위치 구조(the sandwich structure), 반도체 물질에서 불순물을 피하도록 하라는 핵심적인 조언 등이 실려 있으며 이는 SEL의 '636특허에 모두 담겨있는 내용으로서 상당한 중요성(Materiality)을 가진다고 판단하였다.

또한 법원은 SEL의 사장인 야마자키 박사가 기존에 출원한 '423특허 또는 '488특허, 차이(Tsai) 논문의 설명을 캐논 레퍼런스와 더불어 보았을 때에 '636특허는 특허를 내주지 못할 정보를 담고 있다고 판단하였다. 삼성 측의 전문가의 설명에 따르면 캐논 레퍼런스의 완전한 영문 번역은 '636특허의 장비를 만드는 자세한 설명서("good blueprint")라고 하였으며 법원도 이를 수긍하였다. 결국 차이논문과 더불어 캐논 레퍼런스는 특허성과 관련한 중요한 정보임을 확인하였다.

(2) 의 도(Intent)

SEL은 MPEP 609(Information Disclosure Statement)에 의하면, 외국어로 된 레퍼런스의 경우 출원자가 인용정보와 제기된 내용간의 차이점만 언급하도록 되어 있다고 주장하면서, 이런 관점에서 보면 캐논 레퍼런스에 대해서는 정보공개를 성실히 이행하였으며 기만의 의도는 없었다고 주장하였다.

그러나 CAFC는 야마자키 박사가 캐논 레퍼런스의 중요성을 인식하고 기만의 의도가 있었다고 판단한 연방지방법원의 판단을 지지하면서, "의도는 직접증거에 의해 제시될 필요는 없다. 다만 행위자의 의도를 추정해볼 수 있는 행동, 자연스러운 결과를 보여주기만 하면 증명이 되는 것이다."[553]라는 기존의 선례를 인용하면서, 일본어 원어민인 야마자키 박사가 저명한 물리학자로서 캐논 레퍼런스의 중요성을 충분히 인식하고 있었을 것으로 추정할 수 있으며, 기존의 특허 출원 경험에 비추어 볼 때 그가 캐논 레퍼런스의 완벽한 번역, 더 많은 자료의 첨부가 '636특허의 출원을 어렵게 하리라는 것을 알고 있었을 것으로 추정할 수 있다고 판단하였다.

553) Molins, 48 F.3d at 1180, 33 USPQ2D(BNA) at 1828-29.

(3) 공개누락(Failure to Disclose)

SEL은 캐논 레퍼런스의 전문 29페이지를 그대로 제출하였으므로 관련정보가 누락된 것이 아니라고 주장하였다. 그러나 SEL은 특허성과 관련된 핵심 내용이 빠진 1페이지짜리 영문 번역본을 제출함으로써, 심사관으로 하여금 캐논 레퍼런스의 전문을 번역해서 확인해 보지 않더라도 특허성과 관련된 핵심적인 내용이 번역본에 모두 담겨있을 것으로 오해하도록 이끌었다고 볼 수 있다고 법원은 판단하였다.

SEL 측은 미국 특허청이 모든 외국어 자료를 영어로 번역할 것을 요구하지 않고 있다고 주장하였으나, 법원은 번역의무가 문제되는 것이 아니라 정직의무를 위반한 SEL의 행위가 문제된다고 보았으며 의도적인 관련정보 공개누락이 있었다고 판단하였다.

4. 전략적 관점

이 사건은 특허 관련 정보의 번역과 관련하여 시사점을 주고 있다. 출원관련당사자가 단순히 관련정보를 형식적으로 제출하는데 그치지 않고 외국어로 된 문헌의 경우 출원인이 당해출원의 청구항과 관련된 부분을 정확히 지적하도록 요구함으로써 정보공개의무가 형식적인 의무가 아닌, 출원관련당사자의 엄격한 준수를 요구하는 실질적인 의무라는 점을 강조하고 있는 것이다.[554)]

또한 국내 회사인 삼성이 특허침해소송에서 단순히 방어적인 입장만을 취하지 않고, 특허출원과정에서부터의 사실관계를 파악하여 적극적으로 대응하여 특허 자체의 권리행사를 막아버린 사안이라는 점도 주목할 만하다. 또 삼성 측의 RICO법에 의한 반소를 제기한 것도 결과적으로 기각되었으나 긍정적이다. 왜냐하면 RICO의 경우는 승소할 경우 제반 비용의 3배까지 보상받을 수 있기 때문에 SEL로서는 소송에 있어 부담이 될 수 있어 좋은 공격방법이 될 수 있기 때문이다.

554) 신정혁, "논쟁! 지적재산권-SEL vs. Samsung 사건", 한국전자통신연구원 소식지 2000년 6월호.

4. 특허권남용(Patent Misuse)[555)]

(1) 의 의

특허권남용법리는 미국 사법부가 발전시켜온 법리로서, 특허권자가 우월적 지위를 이용하여 특허권 이용과 관련하여 특정 조건을 부여함으로써 특허권의 행사 기간이나 범위를 부당하게 확장하려는 행위 또는 독점규제법을 위반한 경우를 의미한다.[556)] 특허법은 1952년 및 1988년 개정에 따라 제271(d)에 특허권남용행위에 해당하지 아니하는 유형을 명시하였다.

특허권자의 정당한 법적이익을 보호하기 위한 행위와 독점규제법 사이에는 때때로 긴장관계가 존재한다. 일면 특허권자는 법에 의하여 부여된 재산권을 지키는 권리를 정당하게 행사할 수 있지만, 다른 면에서 특허에 의해 부여된 재산권을 사용하여 시장 지배력을 부당하게 확대하거나, 특허권의 행사기간이나 범위를 부당하게 확대하는 것이 허용되어서는 안 된다. 이러한 두 가지의 요구는 경우에 따라서 서로 긴장관계를 형성한다. 특허권남용법리는 미국법상 의회가 특허법을 통하여 특허권자에게 부여한 권리의 한계를 특허권자가 유월하지 못하도록 하는 한계적인 기능을 수행하고 있다.[557)] 따라서 미국법상 특허권남용법리에 기초한 항변이나 반소를 통하여 특허권자의 특허법상 한계 유월을 통한 권리확장을 제한할 수 있게 되는 것이다.

오늘날 많은 제품이나 용역은 많은 특허덤불(patent thicket)을 배경으로 하고 있다. 물론 하나 또는 다수의 기술에 대한 특허권의 보유를 통한 기술 독점이 항상 당해 기술을 사용하는 제품 시장에서의 독점으로 이어지는 것은 아니다. 특허권은 특허권자로 하여금 제3자가 자신의 권리를 사용하여 제품을 생산하고, 판매하고 또는 수출입을 하는 것을 배제할 수 있는 권리일 뿐 상업적인 성공의 보장을 염두에 두고 있지는 않다.[558)] 그러나 하나 또는 다수의 기술에 대한 특허권의 보유를 통한 독점이 시장 독점

555) 특허권남용과 관련된 상세는 최승재, 「특허권남용의 경쟁법적 규율」, 세창출판사(2010) 참조. 이 부분의 기술은 위 책의 관련내용을 중심으로 정리한 것이다.

556) Blonder-Tongue Labs., Inc. v. University of Illinois Foundation, 402 U.S. 313, 343-44(1971).

557) Atari Games Corp. v. Nintendo of America, Inc., 897 F.2d 1572, 14 USPQ2d 1034(Fed. Cir. 1990).

558) Roger Schechter et al., 「Principles of Patent Law」, 2nd ed. Thomson West(2004) p. 4.; Illinois Tool Works, Inc. v. Independent Ink, Inc., 547 U.S. 28(2006). 이 사건에 대하여 지적재산권법 학자 중 Lamley는 이는 '독점금지법(Antitrust Law)'이 '반특허법(Anti-patent Law)'가

으로 이어질 수 있는 우려는 항상 존재한다. 특허권의 지나친 보호가 시장에서의 경쟁과 혁신을 저해하고 질식시킬 수 있다는 점에 대하여는 상당한 별개의견이 있다.[559] 또한 오늘날과 같이 시장에서의 지적재산권의 가치나 중요성이 점차 증대되는 네트워크 경제 시대에 있어서 지적재산권이 시장에서의 경쟁을 저해하는 시장교란요인으로 작동할 가능성 및 이를 통한 경제력 집중의 우려도 증대되고 있다. 특허괴물의 등장은 이러한 우려가 현실화되고 있는 하나의 반증이다. 이러한 점으로 인하여 미국에서 특허권남용의 제한이 필요하다는 주장이 동조세력을 얻어 가고 있으며, 입법부의 2005년 이후 특허개혁법논의,[560] 연방대법원의 Festo 판결,[561] eBay 판결,[562] KSR 판결,[563] Quanta 판결[564] 등 일련의 판결, 특허청의 특허질 개선을 위한 새로운 전략의 제시[565] 등이 이러한 특허권남용을 규율하려는 시도의 연장선상에 있다.

미국에서의 특허권남용법리는 특허권의 출원시점에서부터 취득과정에서 하자가 존재하는 경우, 이러한 특허권을 소송상 또는 소송 외에서 행사함으로써 발생할 수 있는 경쟁제한적 효과가 발생할 수 있는 행위가 존재하는 경우와 특허권 자체로서는 유효한 특허권이나 그 행사가 특허법이 허용하는 범위를 유월하거나 남용하는 경우를 모두 포섭하는 법리이다. 미국에서는 특허권남용법리를 통하여 특허권이 일단 등록된 이후에는 유효하게 추정되는 유효성 추정(validity presumption)을 유지하면서도 특허권자의 권리남용행위를 제어할 수 있다.

실무상 미국의 경우 특허침해소송에서 거의 빠짐없이 주장되지만 실제 특허권남용이 미국 법원에서 그렇게 흔하게 받아들여지는 주장은 아니다. 특허권남용주장은 항

되어서는 안 된다고 하면서 이 판결에 대하여 우려를 제기한다.

559) KSR v. Teleflex, 550 U.S. 398, 127 S.Ct. 1727, 82 USPQ2d 1385(2007) 사건에서 Kennedy 대법관이 작성한 다수의견에 대한 별개의견(concurring opinion) 참조.

560) 미국의회의 특허법 개혁논의에 대해서는, 최승재, "미국에서의 특허법의 개혁논의의 전개와 시사점", Law & Technology, 서울대학교 기술과법센터(2008. 6.) 참조.

561) 최승재, "출원경과금반언의 원칙－Festo 판결과 관련하여", 변호사, 서울지방변호사회(2002. 1.) 참조.

562) 미국에서의 임시적 금지명령 요건의 변화에 대해서는, 최승재, "특허법상 가처분에 관한 연구", 지식과 권리 가을호(2008. 10.) 참조.

563) 최승재, "미국에서의 특허 진보성 판단기준의 전개에 대한 연구－연방대법원의 KSR 사건 그 이후", 홍익법학, 홍익대학교 법학연구소(2008. 2.) 참조.

564) 최승재, "미국에서의 특허권소진론의 전개와 LG v. Quanta 사건의 의의와 시사점", Law & Technology, 서울대학교 기술과법센터(2009. 1.) 참조.

565) United States Patent Trademark Office, "2007-2012 Strategic Plan"(2007).

변(affirmative defense) 및 반소(counterclaim)로 제기할 수 있다. 또는 침해품 생산·사용자가 선제적으로 침해부존재 또는 로열티지급의무 부존재 확인을 구하는 확인의 소(declaratory judgment action)의 형식으로 주장할 수도 있다. 다만 이러한 형식으로 사용되므로 특허침해소송 등의 피고를 보호하기 위한 제도인 것처럼 생각될 수 있으나, 애초 침해혐의자를 보호하기 위하여 설계된 제도가 아니라, 공공의 이익을 보호하기 위하여 고안된 제도로서, 특허권이라는 재산권을 공공의 필요에 의하여 그 행사의 외연을 제한하는 제도이다.

특허법은 경쟁법과 달리 특허권행사의 부당성을 판단하기 위한 정교한 남용법리를 발전시켜오지 않았기 때문에 특허권남용법리가 인정된 초기부터 경쟁법에서 발전된 법리차용의 필요성이 논의되었다. 그 결과 특허권남용은 특허권과 경쟁법이 서로 연결되는 지점이 되었다. 물론 특허법은 (i) 특허권이 무효임에도 특허권을 행사하는 경우, (ii) 특허취득과정에서의 기망행위가 개입된 경우로서 불공정행위(Inequitable Conduct),[566] 이중특허출원(Double Patenting),[567] 출원해태(Prosecution Laches)[568] 등의 경우에 대하여는 통제수단을 가지고 있지만 이러한 내부 통제수단을 넘은 행위에 대한 제어장치를 가지고 있지 못하였고 이 점은 결국 판례법에 의하여 보완될 수밖에 없었다.

미국에서 판례법에 의하여 발전되어온 특허권남용의 유형은 다음과 같이 분류할 수 있다. (i) 특허권자가 특허법이 인정하는 권리범위를 넘어 허락된 범위 이상으로 확장하여 부당하게 특허권을 행사하는 경우, (ii) 무효심판이나 소송에 의하여 무효화되지는 않았지만 객관적으로 무효인 특허에 기초하여 특허권을 주장하는 경우와 (iii) 특허권자의 권리행사가 시장에서의 유효경쟁을 훼손시킬 정도의 경쟁제한성을 가지고 있다고 경쟁법상 판단되는 경우로 나누어 볼 수 있다.[569]

(i)의 사안으로 연방대법원이 특허기간이 만료된 이후의 로열티까지 약정을 하여, 특허법이 보호하려는 기간 이후의 로열티의 지급을 강제한 사안에서 이러한 행위가 위법하다고 판단한 사안을 들 수 있다.[570] 한편 (iii)의 유형을 통하여 미국 사법부는

566) Molins PLC v. Textron, Inc., 48 F.3d 1172, 33 USPQ2d 1823(Fed. Cir. 1995).
567) Applied Materials Inc. v. Advanced Semiconductor Materials America, Inc., 98 F.3d 1563, 1568, 40 USPQ2d 1481, 1484(Fed. Cir. 1996).
568) In re Bergy, 140 F.3d 1437, 46 USPQ2d 1226(Fed. Cir. 1998).
569) Donald S. Chisum, "Elements of United States Patent Law"(2nd Ed.), (2000).

특허권자가 특허권의 실시계약이나 판매계약에 특허품의 가격고정(price fixing), 특허발명을 실시하는 권리와 특허되지 않은 제품의 판매 또는 사용을 연계하는 끼워팔기조항(tying arrangement)을 포함하는 등의 방법으로 특허권이 부당하게 확대되는 것을 제한하려는 것이다. 특허침해소송이 제기되는 경우에 특허권자의 소제기행위가 경쟁법 위반행위라고 다투거나(Walker-Process doctrine),[571] 경쟁법 위반을 별도의 청구원인으로 하는 반소(counterclaim)를 제기하는 방법이 사용된다. 미국의 경우 특허권의 행사를 남용으로 보는 경우, 특히 특허침해소송의 제기를 남용으로 보는 경우는 특허권이 신규성 결여로 무효가 될 가능성이 높은 경우가 많다.[572] 진보성의 경우에는 판단의 여지가 상당하고 상대적으로 주관적인 남소(frivolous lawsuit)에 대한 인식을 인정하기 어렵다. 특히 특허권 남용으로 당연위법(per se illegal)으로 판단되는 특허권 종료후의 특허권 행사[573]는 특허권자의 특허권행사에 강력한 제한수단이 된다.

(2) 구별개념

1) 경쟁법 위반과의 관계

이러한 특허권남용법리는 경쟁법이 규율하려고 하는 영역과의 관계에서 항상 겹치는 것은 아니며, 통상 특허권남용의 범주가 더 넓어 경우에 따라서는 특허권남용은 인정되지만 경쟁법 위반은 아닌 경우도 있다.[574] 특허권남용법리는 법리상 경쟁법 위반과 독립적으로 발전하면서도 일부 사건에서는 경쟁법의 법리를 차용하여 왔다. 이론적으로는 미국에서 특허권남용이 경쟁법을 위반하는 경우에 국한되는 것인지 아니면 경쟁법 위반이 인정되지 않는 경우에도 특허권남용을 인정할 수 있는 것인지에 대해서는 논란이 있어 왔고 현재도 이 논의는 여전히 진행형이다. 다만 실제 사안에서는 특허권남용이 경쟁법 위반이 되는 경우가 많으며 많은 경우 경쟁법에서 발전한 이론이 적용된다.

효과의 면에서 특허권남용이 인정되는 경우에는 당해 특허권의 행사를 제한하는 것

---

570) Brulotte v. Thys Co., 379 U.S. 29(1964).

571) Walker Process Equipment, Inc. v. Food Machinery & Chemical Corp., 382 U.S. 172(1965).

572) Bristol-Myers Squibb Company v. Apotex Inc. et al., No 2007-1438(Fed. Cir. 2008).

573) Brulotte v. Thys Co., 379 U.S. 29(1964).

574) 특허권남용의 판단기준으로 경쟁법위반의 기준이 그대로 적용되어서는 안 된다는 점에 대한 판결로 USM Corp. v. SPS Technology, Inc., 694 F.2d 505, 216 USPQ 959(7th Cir. 1992).

에 그치지만, 경쟁법 위반으로 판단이 되는 경우에는 시정명령, 벌금, 형사처벌, 손해배상소송에 의하여 민사상 손해배상을 하는 등의 일련의 구제수단에 의하여 책임을 부담하게 된다는 점에서 구별된다.

미국에서 적용되는 대표적인 경쟁법은 셔먼법(Sherman Act) 및 클레이튼법(Clayton Act)이다. 이러한 경쟁법 위반은 법무부 또는 연방거래위원회(Federal Trade Commission)에 의해 집행되고, 그 밖에 클레이튼법 위반의 경우에는 개인이나 회사, 기업, 단체, 주(state) 역시 그 위반행위의 중지명령을 구하는 소를 제기할 수 있다. 법무부는 경쟁법위반 혐의가 인정되는 경우 연방지방법원에 위반행위의 중지명령을 구하는 민사소송을 제기하거나 형사 기소를 할 수 있다. 그리고 연방거래위원회의 경우, 우리나라 공정거래위원회와 유사하게 행정절차를 개시하여 행정법판사(Administrative Law Judge)의 1차 결정 및 위원회의 최종결정, 이에 대한 항소법원에의 불복절차로 이어질 수 있고, 또는 사법적 절차로서 연방거래위원회가 위반행위자를 상대로 연방지방법원에 법 위반행위의 중지 및 금전적 명령을 구하는 소를 제기할 수 있다.[575)]

2) 저작권 남용 행위

미국의 경우 저작권의 경우에도 남용이론이 발전되어 왔다. 저작권남용법리는 저작권침해에 대하여 저작권자의 불합리한 행사를 다투는 항변사유로 주장된다. 저작권남용법리상의 요건에 해당하면, 저작권자는 연방저작권법이 부여하는 자신의 배타적인 권리를 행사할 수 없게 된다. 저작권남용법리도 사법부의 판례법으로 발전하여 온 이론이다. 저작권의 특성이 특허권과 구별되지만, 경쟁법 위반의 경우에만 저작권남용이 인정되는지에 대한 논의가 있어 왔다는 점에서는 특허권의 남용과 같다.[576)]

저작권남용법리가 인정된 사건으로 20세기 초에 두 개의 판결이 있었다.[577)] 그리고 상당한 시간이 지난 뒤인 1948년 M. Witmark & Sons v. Jensen 사건에서 저작권남용의 존재가 인정되었다.[578)] 이러한 연방지방법원의 판례를 통하여 인정된 저작권 남

575) 김정헌, “한국과 미국의 경쟁법 집행의 비교”, 법률신문 해외법조(2011. 11. 17.) 2-3면; 보다 상세하게 이에 관하여 소개하고 있는 것으로는, 법무법인(유한) 태평양, 우리 기업을 위한 미국소송 실무가이드, 박영사(2022), 299-338 참조.

576) Id. p. 166.

577) Stone & McCarrrick, Inc. v. Dugan Piano Co., 220 F. 83(5th Cir. 1915); Edward Thompson Co. v. American Law Book Co., 122 F. 922(2d Cir. 1903).

578) 80 F. Supp. 843(D. Minn. 1948).

용 법리는 뒤에 Lasercomb v. Reynolds 판결에서 CAFC는 저작권남용항변을 최초로 인용하였다.[579] 이 사건에서 법원은 저작권남용이론의 주된 이론을 특허권남용이론에서 도출하고 있다. 법원은 라이선싱 계약이 사용자가 저작권자의 저작권의 범위를 넘어서 경쟁소프트웨어를 만드는 것까지도 금지하는 경우에는 이러한 라이선싱 계약은 저작권남용이 된다고 판시하였다.[580] 법원은 저작권남용은 저작권에 내재하는 법리로서 소위 '더러운 손의 법리(unclean hand doctrine)'에 기초한 것이라고 판시하였다.[581] 다만 이러한 형평법상의 원리는 점차 보통법과의 구별이 약해지고는 있지만 모든 주에서 일반적으로 받아들여지고 있는 것은 아니다. 주법원의 경우에는 Michigan주, California주의 하급심, Oregon주, Maryland주, New York주, Connecticut주 및 Rhode Island주에서 받아들여지고 있고, 연방항소법원의 경우에는 제4, 제5, 제6, 제7, 제10, 제11항소법원이 이러한 형평법의 법리인 '더러운 손의 법리'에 의한 제한을 받아들이고 있다.[582]

이후 Video Pipeline, Inc. v. Buena Vista Home Entertainment,[583] Assessment Technologies v. WIREdata,[584] Int'l Motor Contest Assoc. Inc. v. Staley[585] 등의 일련의 판결에서 계속 저작권 남용법리가 주장되고 판단되고 있다.

Video Pipeline, Inc. v. Buena Vista Home Entertainment 사건에서 원고 Video Pipeline, Inc.는 피고로부터 제공받은 영화예고편(movie trailer or preview)을 피고가 사용하는 목적마케팅기법(target marketing technique)을 채택하지 않고 서비스이용자들에게 제공하자 피고가 원고에게 이 예고편 파일들을 삭제하여 달라고 요청하였고, 원고는 이러한 삭제요구에 응한 후에 피고의 삭제요구가 부당하다며 소송을 제기하였다. 그러자 피고는 원고와의 라이선스 계약을 종료시키고 계속 사용에 대하여 저작권침해소송을 제기하였다. 원고는 피고의 이러한 라이선스 조건의 부가행위가 저작권남

579) Lasercomb America, Inc. v. Reynolds, 911 F.2d 970(4th Cir. 1990).
580) Id. at 970, 979.
581) Id. at 973-74, 977.
582) T. Leigh Anenson, "Treating Equity Like Law: A Post-Merger Justification of Unclean Hands", Academy of Legal Studies in Business, American Business Law Journal, 45 Am. Bus. L.J. 455 Fall, (2008) p. 509.
583) 342 F.3d 191(3d Cir. 2003).
584) 350 F.3d 640(7th Cir. 2003).
585) No. 05-3080, N.D. Iowa June 19, 2006.

용이라고 주장하였다. 이 사건에서 법원은 저작권남용항변을 받아들이지는 않았지만 그 존재는 긍정하였다.

Assessment Technologies v. WIREdata 사건은 원고 Assessment Technologies 사가 피고 WIREdata사를 저작권침해 및 영업비밀침해를 원인으로 소송을 제기한 사건이다. 문제는 원고가 저작권이 침해되었다고 주장하는 데이터베이스의 일부는 자신들이 아닌 국세청에 의하여 수집된 정보였다는 점이다. 이 사건에서 CAFC는 저작권침해본안소송에서 저작권침해를 인정하고 동시에 영구적 금지명령(permanent injunction)을 인정한 원심을 파기환송하면서, 그 이유로 원고의 주장을 인정하게 되면 이는 원고의 저작권에 의하여 보호되지 않는 부분까지도 부당하게 권리를 확장하여 인정하는 것이 되기 때문이라고 판시하였다. 이는 특허권남용에서 특허권의 인정범위 문제로 해결한 것과 같은 방법이라고 할 수 있다.

(3) 미국 판례법의 전개

1) 특허권남용법리의 태동과 특허법 내부적 해결의 모색

Motion Picture Patents Co. v. Universal Film Mfg. Co. 사건[586]이 이러한 특허법남용법리의 아이디어를 최초로 보인 사건이다. 이 사건 이전 1912년 연방대법원은 Henry v. A.B. Dick 판결에서 특허권이 배타권이라는 이유로 특허권자인 Henry가 부기한 그가 생산한 복사기의 사용자들로 하여금 그가 제공하는 종이, 잉크 기타 소모품만을 사용하도록 하는 조건의 유효성을 인정하여 이 사건에서 문제가 된 소모품들을 공급한 피고에게 기여침해책임을 인정하였다.[587] 대법원의 이러한 태도에 대하여 연방의회는 클레이튼법(Clayton Act) 제14조[588]를 제정하여 특허품과 비특허품의 끼워팔기를 위법한 것으로 규정하였다. 의회가 경쟁법을 통하여 특허법의 무제한적 확장에 대하여 제한을 가하려는 태도를 보이자 연방대법원은 1917년 이러한 연방의회의 의도를 고려하여 태도를 수정한 사건이 Motion Picture Patents Co. v. Universal Film Mfg. Co. 사건이다. 연방대법원은 기존의 The Button-Fastener 사건에서 버턴제작기계와 버턴고정쇠를 끼워판 행위를 유효라고 판시하였던 판결[589]과 위의 Henry

586) 243 U.S. 502(1917).
587) Henry v. A.B. Dick, 224 U.S. 1, 29-30(1912).
588) 15 U.S.C. Sec. 14.
589) 77 F.2d 8.

v. A.B. Dick 판결을 폐기하고 특허권남용을 인정하여 특허권자의 특허침해금지청구를 기각하였다.[590]

연방대법원은 이 사건에서 특허권남용법리를 도출하는 논리의 기초를 경쟁법인 클레이튼법의 적용이 아닌 특허법 자체에서 찾아 분쟁해결을 도모하였다. 특허권자의 권리는 특허법이 규정하는 바와 같이 청구범위에 문언상 기재된 내용과 그 균등범위에 한정된다. 따라서 발명에 의하여 표현되지 않는 상품을 통제하려는 것은 특허권의 범위를 벗어나는 것이며, 그러한 행위는 특허법의 입법취지에 반하는 것으로서 정당화될 수 없다고 보았다. 이 사건에서의 연방대법원과 같이 특허권남용의 항변을 위하여 경쟁법을 적용하지 않고 특허법적으로만 이론구성을 하면 특허침해소송의 피고가 특허권남용의 항변을 하기 위하여 특허권남용으로 인한 피해를 입증하여야 하거나, 시장지배력의 존재 및 경쟁제한성을 입증할 필요가 없다는 점에서 실익이 있다.

2) 특허권남용법리의 발전

Motion Picture Patents Co. v. Universal Film Mfg. Co. 사건을 통하여 연방대법원이 특허권남용법리를 개발하기는 하였지만 적용된 사건들은 특허제품과 비특허제품을 끼워 파는 사안들이었다. 연방대법원은 1931년의 Carbice Corp. v. American Patents Dev. Corp. 사건[591] 및 1942년 Morton Salt Co. v. G.S. Suppiger Co. 사건[592]을 통하여 명시적으로 특허권남용이론을 직접적인 침해자에게도 확장하였다. Carbice Corp 사건에서 연방대법원은 드라이아이스를 사용한 냉장수송포장과 관련한 제법특허를 보유하고 있던 특허권자가 특허권으로 보호되지 않는 드라이아이스를 끼워서 판 사건에서 특허권자의 특허침해소송에서의 기여침해주장을 배척하였다.

Morton Salt 사건에서는, 소금을 태블릿 형태로 제조하는 시스템에 대한 특허를 보유하고 있던 제조자가 다른 제조업자에 대하여 특허침해소송을 제기하였다. 이에 대하여 피고는 원고가 특허를 가지고 있는 것은 소금제조기계인데 특허를 가지고 있지

---

590) 이 사건에서의 침해여부가 문제되었던 대상 제품은 영화프로젝터였다. 판매자는 프로젝터를 판매하면서 '구매자는 특허권자에 의하여 생산된 필름만을 사용할 수 있다.'는 표지를 붙여서 판매하였고, 이에 대하여 CAFC는 특허권자의 행위는 클레이튼법이 금지하는 끼워팔기에 해당하는 것이라고 보아 특허침해에 기한 금지청구를 받아들이지 않았다. 이 사건의 상고심에서 CAFC의 클레이튼법 위반에 의한 원고 청구를 기각하는 대신 연방대법원은 특허권남용이론에 기초하여 같은 결론을 도출하였다.

591) 283 U.S. 27(1931).

592) 314 U.S. 488(1942).

않은 소금을 끼워서 팔았기 때문에 특허침해주장은 특허권남용에 해당한다고 주장하였다. 이에 대하여 연방대법원은 만일 이 사건에서 원고 승소 판결을 하게 된다면 이러한 결론은 사회적으로 해를 끼치게 될 것이므로 원고는 소송상 특허권남용에 해당하여 소를 유지할 수 없다고 판시하였다.

한편 연방대법원의 Dawson Chem. Co. v. Rohm & Hass Co. 사건[593]은 미국 특허법 제271조 (d)항 (1)호 및 (2)호의 해석과 관련된 사건이다. 이 사건에서 연방대법원은 결합특허(combination patent)나 방법특허(process patent)의 특허권자가 범용품이 아닌 그 조합특허 또는 방법특허의 행사를 위하여 특허되지 않는 구성요소(unpatented component)에 대해서까지 배타권을 행사하는 경우라도 당해 비특허구성요소가 특허권의 행사를 위하여 제공되는 것 이외에는 달리 용도가 없는 특수한 부품인 경우에는 이러한 부품을 특허권자가 스스로 판매하고, 부품구매자에 대하여 명시 또는 묵시의 실시허락을 하여 특허발명의 실시를 허여한 것에 대한 대가로 이익을 받는 것이라면, 이러한 경우에는 특허권의 남용에 해당하지 않는다고 판시하였다. 따라서 특허권자는 이 판례의 취지에 따라, 간접침해를 구성할 수 있는 특수한 부품의 경우에는 제3자에게 실시권을 허여하는 조건으로 그 타인에게 특허권자로부터 해당 부품 등을 구매할 것을 요구할 수 있으며, 나아가 간접침해를 구성할 여지가 있는 특수한 부품 등에 대하여 제3자로부터의 실시권 허여 요구를 거부하는 행위까지도 특허권의 남용이 되지 않는다는 취지이다.[594]

3) 부당한 특허소송의 제기와 특허권남용

미국 법원은 특허권자의 권리행사에 대해서 독점금지법 위반으로 판단하는 것에 대해서 매우 신중한 태도를 취한다. 부당한 특허소송의 제기를 이해하기 위해서는 특허권남용법리를 이해하여야 한다. 앞서 본 바와 같이 미국법상 특허권남용행위란, 특허권의 효력이 특허출원과정의 하자나 특허요건의 흠결 등으로 인하여 명백히 무효인 경우임에도 이를 소송상 주장하려고 하거나, 특허권자가 독점금지법 위반을 한 경우나 특허권의 행사 기간이나 범위를 부당하게 확장하려는 행위를 의미한다.

특허권남용이론은 발전과정에서 경쟁법의 이론을 도입하게 되면서, 미국 연방법원은 특허소송의 제기 자체가 특허권의 남용이 되는지에 대한 검토를 하게 된다. 결론적

593) 488 U.S. 176, 206 USPQ 385(1980).
594) 차상육, "특허침해소송과 권리남용항변", 정보법학 제11권 제2호(2007), 173면.

으로 미국 연방법원은 특허권자의 특허침해소송으로 경쟁기업을 시장에서 배제하는 경우, 특허가 사기로 취득되었다는 것을 입증하지 못하거나 경쟁기업을 상대로 제기한 소송이 남용적 소송행위(Sham Litigation)라는 점을 입증하지 못하면 독점금지법 위반으로 볼 수 없다고 판시하고 있다.

연방대법원은 남용적 소송행위인지 여부를 판단하기 위해서 2단계 심사를 한다.[595] 특허소송의 제기가 남용적 소송행위가 되기 위해서는 객관적 요건과 주관적 요건을 만족시켜야 한다. 우선 객관적으로 원고가 소송을 제기하면서 합리적으로 자신이 승소할 것이라고 예상하지 않으면서 소송을 제기하여야 한다(1단계: 객관적 요소). 그리고 원고가 소송을 제기하면서 객관적으로 본안승소의 가능성이 없다는 것을 인지하면서도 경쟁자의 사업을 직접적으로 방해할 의사로 소송을 제기한 경우여야 한다(2단계: 주관적 요소).

통상 남용적 소송행위라는 주장은 반소의 형식으로도 이루어지는 경우 셔먼법(Sherman Act) 위반 주장의 근거로 사용된다. 특허권자는 이러한 반소에 대해서 자신의 소송이 악의(bad faith)에 의한 소송이 아니라, 선의(good faith)에 기한 소송이라는 이유로 선의에 의한 소송의 경우에는 독점금지법 적용을 배제한다는 노어(noerr) 면제[596]를 주장하여 다툴 수 있다. 연방대법원은 California Motor Transport v. Trucking Unlimited 사건[597]의 판결에서 자신의 권리를 공적으로 집행하기 위하여 소송을 제기한 것이 아니라 오로지 경쟁자의 사업을 방해할 목적으로 소송을 제기한 경우에 노어면제적용을 주장할 수 없다고 판시하였기 때문이다.

특허침해소송을 부당한 소송으로 판단하는 근거로 셔먼법 제1조 및 제2조, 연방거래위원회법 제5조 위반이 사용될 수 있다.[598] 그 외 클레이튼법 제4조도 적용대상이 될 수 있다. Walker Process 사건[599]은 이와 관련하여 중요한 판시를 하고 있다. 이

---

595) Professional Real Estate Investors v. Columbia Pictures Industries Property, 508 U.S. 49(1993).

596) 노어 면제 또는 노어-패닝턴 면제라고 불린다. 이 면제는 Eastern Railroad Presidents Conference v. Noerr Motor Freight, Inc., 365 U.S. 127(1961)의 판결과 United Mine Workers v. Pennington, 381 U.S. 657(1965)의 판결을 통하여 정립되었다. 이 원칙은 이후 California Motor Transport Co. v. Trucking Unlimited, 404 U.S. 508(1972)을 거치면서 경쟁법 이외의 영역에서도 적용된다(Sosa v. DirectTV, Inc., 437 F.3d 923, 935(9th Cir. 2006).

597) 404 U.S. 508(1972).

598) United States v. Singer Manufacturing Co., 374 U.S. 174(1963).

599) Walker Process Equipment, Inc.(반소원고) v. Food Machinery and Chemical Corp.(반소피고)

사건은 원고가 특허침해소송을 제기하자 피고는 특허침해가 없다고 주장하면서, 반소로 특허무효확인소송을 제기하였다. 증거개시절차가 진행되던 중 원고(반소 피고)는 특허가 만료되었으므로 반소청구가 기각되어야 한다고 주장하였다. 이에 피고(반소원고)는 반소 청구취지를 변경하여 원고의 특허가 신의성실(good faith)원칙을 위반하여 취득한 특허로서 불법적으로 취득한 특허에 기초하여 소송을 제기하는 것이 반독점법 위반이라고 주장하면서 3배의 배상을 요구하였다. 연방지방법원과 CAFC는 모두 피고의 반소청구를 기각하였다. 그러나 연방대법원은 셔먼법 제2조의 다른 요건이 모두 구비되었다면, USPTO를 기망(fraud)하여 취득한 특허에 기초하여 소송을 제기하여 그 특허의 효력을 주장하는 것은 셔먼법 제2조 위반이 된다고 판시하였다. 따라서 클레이튼법 제4조에 따라서 특허권남용에 대해 3배 배상책임을 인정할 수 있다[600]고 판시하여 사건을 파기환송(reverse and remand)하였다. 연방대법원은 특허권자가 여러 가지 근거 없는 소송에 시달리는 것을 방지할 필요와 특허권자가 독점금지법에 위반하여 소송을 제기하는 것을 방지하여야 할 필요성 중에서 특허권자의 특허가 아직 무효가 되기 전이라도 특허권자의 특허권 취득이 기망적인 방법에 의하여 취득되었음이 입증된 경우에는 후자에 더 무게를 두어야 한다고 판시하였다.[601]

특허권자인 Food Machinery Co.는 Walker Process와의 소송에서 계쟁의 대상이 된 특허의 취득과정에서 미국 특허청에 선서후 진술을 하면서 자신들은 특허출원 이전에 이미 당해 기술이 사용되고 있었던 사실을 알지 못했다고 진술하였다. 이러한 특허권자의 특허취득과정에서의 허위진술이 특허소송에 미치는 영향이 이 사건에서의 쟁점이었다. Walker Process사건을 통해 연방대법원은 특허권이 쟁점이 되는 사안에서 당연위법의 원칙을 적용하는 것에 대하여 부정적인 시각을 보였다. 시장에 대한 영향 및 경제적인 효과에 대한 분석이 없이 단순한 주장만으로 독점금지법 위반을 인정하여 당연위법의 원칙을 인정하는 것에 대하여 매우 제한적으로 보아야 한다고 한 것이다. Walker Process 사건[602]은 반경쟁적 특허권의 행사에 대한 사안이 아니라 부적

382 U.S. 172; 86 S.Ct. 347(1965).

600) "The enforcement of a patent procured by fraud on the Patent Office may violate §2 of the Sherman Act, provided all other elements to establish a §2 monopolization charge are proved, in which event the treble damage provisions of §4 of the Clayton Act would be available to the injured party.": 382 U.S. 172, at 175-178.

601) Id.

절하게 특허권을 취득하는 것에 기초한 경쟁법 위반 사안으로 셔먼법 제2조 위반이 문제가 된 사건이다. 따라서 적법하게 취득한 특허의 소송을 통한 행사에 대해서도 넓게 인정하기 어려운 한계가 있다. 이 점은 뒤에 연방대법원에 의해서 선고된 Independent Ink 사건에서 Walker Process rule의 적용이 제한된다고 확인되었다.[603)]

4) 특허권남용이론의 독자적 존재의의

미국법에서 특허권남용이론은 특허법의 관점에서 법 위반이 존재하지 않으나 경쟁법의 관점에서 특허권의 행사가 반경쟁적 효과를 야기하여 그러한 행사를 방치하는 것이 공공의 질서에 반하는 경우 특허권남용이론을 통하여 특허권자는 특허법이 자신에게 부여한 권리 이상으로 특허권을 향유할 수 없도록 하는 수단이다.[604)] 그런데 이렇게 볼 경우 굳이 특허권남용이라는 제도를 특허법이 독자적으로 도구개념으로 가지고 있을 필요 없이 온전히 경쟁법에 시장질서에 대한 반경쟁적인 효과에 대한 규율을 맡기면 되는 것이 아닌가 하는 의문이 든다. 실제 연방대법원을 포함하여 법원 실무에서는 경쟁법의 법리를 원용하거나 차용하여 특허권남용법리와 관련된 사건을 처리하여 왔다.[605)]

하지만 미국 내에서도 이러한 이론 전개에 대하여 반론이 상당하다.[606)] 특허법은 제도 그 자체로 특허권자에게 인센티브를 주기 위해서 자원을 비효율적으로 이용하도록 하기도 한다는 것이다. 예를 들어 특허권을 보유하고 있는 자에 대하여 동일한 목표를 달성하기 위하여 기술적 우회를 하기도 하는데 이러한 기술적 우회를 위하여 특허권을 라이선스 받는 것이 실제로는 가장 효과적인 기술적 목표를 달성하는 방법이지만, 로열티 부담이나 기술종속 등의 문제를 해결하기 위하여 특허권 침해가 되지 않는 방법을 찾아서 특허 침해를 회피(design around)하는 것은 사회적인 관점에서 기술

---

602) 이 사건에 대해서 James Gould and James Langenfeld, "Antitrust and Intellectual Property: Landing on the Patent Avenue in the Game of Monopoly", Intellectual Law Review vol. 37 at 447(1996).

603) 김원준, "지적재산권을 둘러싼 경쟁법 이슈", 경쟁저널 143호(2009).

604) Mallinckrodt, Inc. v. Medipart, Inc., 976 F.2d. 700, 704(Fed. Cir. 1992).

605) 첫 번째 특허권남용 사건인 Motion Picture 사건에서도 항소심이 경쟁법을 원용한 사안에서 연방대법원이 특허권남용이라는 이론을 창안하였음을 상기하여 보면 연원에서부터 이러한 문제가 있었음을 알 수 있다.

606) Robin C. Feldman, "The Insufficiency of Antitrust Analysis for Patent Misuse", Hastings L.J. 399, 406(2003).

적 중복(technical redundancy)의 발생을 방치하는 것이므로 가장 바람직한 방법이 아닐 수 있다. 하지만 특허법은 특허법 자체의 존재 방식에 따라서 이러한 비효율을 용인하는 것이다. 이러한 경우에도 경쟁법의 논리를 특허법에 그대로 적용하게 되는 경우에는 경쟁법이 특허법의 존재 가치를 몰각시킬 수 있게 되므로, 일부 경쟁법과 겹치는 영역이 존재하고 이러한 영역에서 경쟁법의 논리를 차용할 수는 있을 것이나 그렇다고 하여 완전히 경쟁법이 특허법남용법리를 대체할 수 있는 것은 아니라는 주장이다.[607]

이 부분에 대하여는 앞의 Walker Process 사건에서 중요한 논점으로 특허권남용이론의 독자성에 대하여 설시한 바가 있다. 이전의 견해 대립[608]의 연장선상에서 Walker Process 사건에서는 경쟁법이 지식재산권법상의 특허권남용법리를 충분히 1대 1로 대체할 수 있게 되는 것인지 아니면 지식재산권법상의 특허권남용법리가 독자적으로 존재할 가치가 있는 것인지에 대한 논란이 있었다. Walker Process 판결에 의하여 경쟁법 위반에 기초한 특허권남용을 주장하는 반소를 제기하기 위해서는 피고는 (i) 원고의 특허권 취득이 사기에 의하여 이루어졌고, (ii) 특허를 주장하는 측이 소송을 시작할 때 사기 사실을 알고 있었으며, (iii) 사기가 아니었다면 특허를 취득할 수 없었을 것이고, (iv) 특허권자가 관련 시장에서 독점력을 확보할 상당한 가능성이 있고, (v) 원고적격 및 특허소송의 제기로 인해서 손해가 발생하였음을 입증하여야 하는 것으로 정리되었다.

이와 관련하여 Illinois Tool Works사 사건에서 연방대법원이 기존의 판례에 따라서 특허권자의 경우에는 시장지배력의 존재를 추정하는 것으로 판시한 것을 파기환송한 점에 비추어 보면 상당부분 특허권의 존재와 그 남용에 대하여 기계적으로 판단할 것이 아니라 개별적인 사안에서 구체적인 판단을 하여야 한다는 것으로 읽히고 이러한 판시내용은 경쟁법과 특허법의 관계에서 특허권남용법리가 경쟁법에 의해 완전히 대체되는 것은 아니라는 점에 대하여 오히려 무게를 실어준 것으로 보인다.

5) 특허권남용이론의 입법화

애초 미국 연방의회는 1952년 개정을 통해 특허법 제271조 (1),(2),(3)항을 도입하여 1944년 선고된 Mercoid 사건[609]에서 특허권남용으로 판시한 특허된 공정에서 사용

---

607) Id. at 431.

608) Mallinckrodt, Inc. v. Medipart, Inc., 976 F.2d. 700, 704(Fed. Cir. 1992).

되는 비범용품목에 대한 독점화기도를 특허권남용에서 배제하였다. 또한 1988년 특허법 개정시 제271조(d)[610] (4), (5)항을 추가로 입법하였는데 이로써, 특허권자의 시장지배력이 인정되지 않는 것을 조건으로, 네거티브 방식으로 기여침해에 대한 권리행사 등 특허권남용에 해당하지 아니하는 행위유형 다섯 가지가 명시되었다. 이는 판례가 기여침해(contributory infringement) 행위에 대한 특허침해 주장을 특허권 남용으로 잇달아 판시한 데에 따른 입법적 조치였다.[611] 이를 흔히 '특허권남용개혁법'이라고 한다. 당시 연방 상원은 특허권자의 실시, 작위 또는 부작위가 독점금지법 위반이 아닌 경우에는 특허권남용에 해당하지 않는다는 취지의 법안을 제안하였으나 연방 하원은 이에 동의하지 않았고, 결국 상하 양원은 절충안을 모색하여 특허권남용 전체에 대하여 독점금지법 위반으로 대체하는 대신 시장지배력이 인정되는 경우에 독점금지법이 적용되도록 하였다.[612] 입법화에도 불구하고 제한적인 입법이었기 때문에 해결되지 않은 과제들이 있었다. 예를 들어 시장지배력남용행위와 관련한 시장획정에 있어 경쟁당국은 시장을 좁게 획정하였다. 특허권의 남용 문제와 시장획정의 문제는 밀접한 연관을 가지고 있으며 시장획정에 있어 시장을 특허권에 의하여 보호되는 기술에 한정하는 경우에는 특허권자들은 많은 경우 관련시장에서의 독점력이 인정된다.[613]

---

609) Mercoid Corp. v. Mid-Continent Inc., 320 U.S. 661(1944). 이 사건에서 Mid-Continent사가 가정용 난방장치에 대한 특허권을 가지고 있었다. 이 난방장치의 부품인 연소스위치는 그 난방장치 외에는 달리 사용될 수 없는 부품이었고 특허에 의하여 보호되고 있지 않았다. Mercoid사는 난방장치용 연소스위치를 제작하였고, 이에 Mid-Continent사가 기여침해(contributory infringement)를 이유로 Mercoid사를 제소하였다.

610) 35 U.S.C. §271(d) No patent owner otherwise entitled to relief for infringement or contributory infringement of a patent shall be denied relief or deemed guilty of misuse or illegal extension of the patent right by reason of his having done one or more of the following: (1) derived revenue from acts which if performed by another without his consent would constitute contributory infringement of the patent; (2) licensed or authorized another to perform acts which if performed without his consent would constitute contributory infringement of the patent; (3) sought to enforce his patent rights against infringement or contributory infringement; (4) refused to license or use any rights to the patent; or (5) conditioned the license of any rights to the patent or the sale of the patented product on the acquisition of a license to rights in another patent or purchase of a separate product, unless, in view of the circumstances, the patent owner has market power in the relevant market for the patent or patented product on which the license or sale is conditioned.

611) Kimberly A. Moore, Timothy R. Holbrook, John F. Murphy, PATENT LITIGATION AND STRATEGY(Fifth Edition), AMERICAN CASEBOOK SERIES(2018), 791면.

612) Robin C. Feldman, op. cit., at 420-421.

1988년 특허법 제271조(d) 개정입법이 판례에 어떤 영향을 주었는가를 볼 수 있는 사건으로 1992년에 선고된 Mallinckrodt, Inc. v. Medipart, Inc. 사건[614]이 있었다. 이 사건은 폐병의 진단 및 치료에 사용하기 위하여 환자의 폐에 치료 효과가 있는 방사성 물질을 에어졸 형태로 분무하는 장치를 병원에 판매함에 있어 오직 한 번만 사용하여야 하며 폐기 시에는 전체 장치를 유해물질의 폐기방법에 따라 처리되어야 한다는 문구를 붙여서 판매한 사건으로 완전한 끼워팔기 사건이 아니었다. 그런데도 CAFC는 경쟁법위반소송의 경우이므로 시장지배력 및 경쟁제한성을 비롯한 Sherman법 위반의 입증에 있어서 요구되는 사항들의 입증을 요구하여 특허권남용법리의 적용을 제한하였다. 이러한 판시는 1988년 입법 직전에 선고되었던 1986년 Windsurfing International Inc. 사건[615]에서 CAFC는 특허침해소송에서 경쟁법상의 근거로 특허권남용항변을 하고자 하는 자는 특허권자의 행위가 반경쟁적인 효과를 초래하였다는 사실을 입증하여야 한다고 한 판시와 연장선상에 있다. 이러한 일련의 판결들은 1980년대 소위 친특허정책 하에서 특허권남용항변이 미국 법원에서 받아들여지기 어려운 항변임을 반증하고 있다.

2010년 프린코 판결[616]에서 특허법 제271조(d)의 적용과 관련된 쟁점이 논의된 바 있다. 프린코는 필립스가 CD-R 및 CD-RW을 제조함에 있어 그 제품들을 제조하는 데에 필요치 않았던 다른 특허권도 같이 라이선스 받도록 강제("끼워팔기약정")하였다고 주장하였다. 국제무역위원회(ITC: International Trade Commission)는 행정법판사(ALJ: Admistrative Law Judge)의 이 사건 끼워팔기약정은 특허권남용으로 필립스 특허권 전체를 권리행사불허로 만든다는 결론을 채택하였다. CAFC는 필립스의 라이선스 관행이 여러 특허권을 동시에 묶어서 실시하는 일종의 패키지 라이선스(package

613) Grid Systems Grp. v. Texas Instruments, 771 F. Supp. 1033, 1037(N.D. Cal. 1991) (presumption of market power arising from patent rights survived the "safe harbor" amendments to §271(d))
614) 976 F.2d. 700, 708-709(Fed. Cir. 1992).
615) Windsurfing International Inc. v. AMF Inc., 782 F.2d 995, 228 USPQ 562(Fed. Cir. 1986).: 이 사건은 Windsurfing International Inc.사가 AMF 등이 자신의 윈드서핑보드에 관한 특허권을 침해했다고 주장하자, AMF가 Windsurfing International Inc.이 특허라이선스를 함에 있어 실시권자들이 Windsurfing International Inc.의 등록상표의 유효성을 인정하고 그 사용을 자제할 것을 요구하는 규정을 둠으로써 특허권을 남용하였다고 주장한 사안이다.
616) Princo Corp. v. International Trade Commission and U.S. Philips Corp.(Fed. Cir. Aug. 30, 2010). 이 사건은 수회 무역위원회와 CAFC를 오갔다.

license)로서 개별적으로 라이선스를 받도록 하는 것에 비해서 효율적이라고 하여 무역위원회의 판단을 파기하였다. CAFC는 끼워팔기방식에 의한 특허권 라이선스가 특허권남용에 해당하는지 여부의 판단은 합리의 원칙(rule of reason)에 의하여야 하는 바,[617] 이 사건의 필립스의 패키지 라이선스는 특허권을 구별하지 않고, 실시를 받는 자가 균일한 로열티만을 부담하도록 하였다는 점에서 합리성이 인정되어 경쟁제한성의 입증이 이루어지지 못했다고 보았다. 결과적으로 프린코의 특허권남용주장은 받아들여지지 않았고, 침해는 긍정되어 무역위원회의 국경조치가 이루어졌다.

(4) 소송법상 쟁점

1) 입증책임

CAFC는 Windsurfing International Inc. 사건에서 특허권남용항변을 주장하기 위해서는 이를 주장하는 피고가 미국 민사소송법상 적극적 항변(affirmative defense)의 법리에 따라, 연방대법원이 당연위법으로 판단하고 있는 경우가 아닌 한, 특허권자의 특허권의 행사가 특허권이 허여하고 있는 내용을 초과한 것으로 반경쟁적 효과가 발생하여 특허권남용에 해당한다는 점을 입증하여야 한다고 보았다.[618] 그리고 이러한 입증은 명백하고 확실한 증거에 의하여야 한다.[619]

Windsurfing International Inc. 사건과 비교하여 9개월 뒤에 선고된 Senza-Gel Corp. v. Seiffhart 사건[620]에서 CAFC는 특허권남용을 인정함에 있어 반경쟁적 효과의 존재에 대한 입증을 요구하지 않았다. 이는 CAFC가 대법원이 당연위법으로 보고 있는 특허권남용의 인정여부가 문제가 된 사건을 처리함에 있어 대법원 판례와의 충돌을 막기 위한 것으로 보인다.[621]

---

617) 전형적인 끼워팔기는 당연위법으로 판단한다. Virginia Panel Corp. v. Mac Panel Co., 133 F.3d 860, 869(Fed. Cir. 1997) 그러나 기술적 끼워팔기는 마이크로소프트 사건의 항소심에서 합리의 원칙에 의한다고 하였다. United States v. Microsoft Corps., 253 F.3d 34(D.C. Cir. 2001)(en banc).

618) Id.

619) Kimberly A. Moore, Timothy R. Holbrook, John F. Murphy, PATENT LITIGATION AND STRATEGY(Fifth Edition), AMERICAN CASEBOOK SERIES(2018), p. 791.

620) Senza-Gel Corp. v. Seiffhart, 803 F.2d 661, 676(Fed. Cir. 1986).

621) 예를 들어 특허기간이 종료되었음에도 로열티를 받도록 계약한다든가 앞서 본 것과 같은 특허 받은 제품과 특허권에 의하여 보호되지 않는 제품을 끼워 파는 경우와 같은 것이 연방대법원이 당연위법으로 판단하여 특허권남용을 인정한 경우이다.

경쟁법 위반이 같이 문제가 되는 사안에서 연방대법원은 Morton Salt 사건에서 특허권남용을 인정함에 있어 반경쟁적 효과의 존재를 별도로 입증할 것을 요구하지는 않았다. 시장지배력의 존재와 관련하여 Sherman법 제1조 위반 사건에서 특허권의 존재만으로 시장지배력을 추정하는 이전의 판례에 의할 때 시장지배력의 입증을 위해서 특허권남용항변을 하는 자는 특허권의 존재만을 입증하면 되었지만, Illinois Tool Works社 사건에서 연방대법원이 기존의 판례에 따라서 특허권자의 경우에는 시장지배력의 존재를 추정하는 것으로 판시한 CAFC의 판결을 파기・환송함으로써 이제는 경쟁법 위반을 주장하는 자가 특허권자의 시장지배력을 입증하여야 하게 되었다. 손해발생에 대해서 특허권남용을 주장하는 자는 손해입증은 필요하지 않다.[622]

2) 특허권남용인정의 효과

소송에서 특허권남용항변이 받아들여지게 되면, 법원이 특허권침해나 실시계약위반에 대하여 특허권을 무효화시키는 것은 아니며, 남용에 의한 유해한 결과가 제거될 때까지 권리의 행사가 불허되어,[623] 원고의 특허권침해 청구가 기각된다. 즉 특허권의 행사가 불가능하여 특허침해를 주장할 수 없을 뿐이지 당해 특허가 무효가 되는 것은 아니라는 점이 효과의 핵심적인 부분이다.[624]

5. 출원해태(Prosecution Laches)

출원해태란 특허권자가 USPTO를 통해 출원 등록할 때 불합리하게 시간을 연장함으로서 부적절하게 특허의 발행을 지연시키는 경우를 말한다.[625] 지난 80년 이상 출원해태는 소송상 적극적 항변(affirmative defense) 사항의 하나로 인정되어 왔지만,[626] 컴퓨터 바코드 인식시스템에 대한 2002년 CAFC의 Symbol 판결[627]을 계기로 하나의

622) Morton Salt Co. v. G.S. Suppiger Co., 314 U.S. 488, 52 USPQ 30(1942).

623) Performed Line Prod. Co. v. Fanner Mfg. Co., 328 F.2d 265, 278, 140 USPQ 500(6th Cir. 1964), cert. denied, 379 U.S. 846, 143 USPQ 464(1964).

624) C.R. Bard, Inc. v. M3 Systems, Inc., 157 F.3d 1340, 1372(Fed. Cir. 1998).

625) Symbol Techs., Inc. v. Lemelson Med., 277 F.3d 1361(Fed. Cir. 2002).

626) 초기판례로 Woodbridge v. United States 263 U.S. 50, 44 S.Ct. 45, 68 L.Ed 159(1923); Webster Electric Co. v. Splitdorff Electrical Co., 264 U.S. 463, 44 S.Ct 342, 68 L.Ed 792(1924). 이 두 사건에서 모두 연방대법원은 출원해태를 받아들이지 않았다. 전자는 9년 반을 지연한 사안이었고, 후자는 7년을 지연한 사안이었다.

627) Symbol Technologies, Inc. v. Lemelson Medical, Education & Research Foundation LP, 422

전환점을 맞이하였다. 이 판결에서 CAFC는 출원해태항변을 인정하였다. 이 사건은 1998년 시작된 사건으로 문제가 된 유명한 개인발명가이며, 소위 잠수함특허(submarine patent)[628]의 창시자 Lemelson의 바코드 특허는 1954년과 1956년에 각 출원되었다. 이 모출원을 기초로 하여 Lemelson은 일부계속출원을 통해서 지속적으로 특허존속기간을 연장하였다.[629] Lemelson은 Symbol사를 상대로 하여 특허침해소송을 제기하겠다고 위협하였고, Symbol사는 이에 맞서 Lemelson의 특허가 출원해태로 인하여 권리행사가 불허되어야 함(unenforceability)을 확인하여 달라는 확인의 소를 제기하였다. 이 사건의 다수의견은 출원해태를 들어 이 사건 Lemelson의 특허들은 권리행사가 허용되지 않는다고 판시하였다.[630] CAFC는 1952년 특허법의 제120조와 제121조가 출원해태를 배제하는 것은 아니라고 판시하였다.[631]

다만 위 Symbol 판결에서 CAFC는 출원해태의 원칙은 법률의 규정이 불합리하게 효과가 제약되지 않도록 드물게 사용되어야 하고, 따라서 오직 특허제도에 관한 법률규정을 사악하게(egregious) 남용한 경우에만 적용되어야 한다고 하였다. 이에 따라 일반적으로 실무에서 출원해태는 Lemelson 특허와 같은 극단적인 지연의 경우를 제외하고 받아들여지기 어려운 항변이다. 또한 법개정으로 인하여 35 U.S.C. §154에 따르면 분할출원 혹은 계속출원(일부계속출원 포함)의 경우 '원출원일'을 출원일로 계산하기 때문에 특허존속기간 연장이 더 이상 허락되지 않아 출원해태에 의한 항변의 여지가 더 줄어들고 있다.

F.3d 1378(Fed. Cir. 2005)(Symbol Ⅳ).

628) 그 의미에 대해서 Ricoh Co. v. Nashua Corp., 1999 U.S. App. LEXIS 2672(Fed. Cir. Feb. 18, 1999).

629) Symbol Ⅳ, op. cit., at 1380.

630) 이 판결은 CAFC의 전원합의체 판결로 소수의견으로 Newman 판사 등이 있었다. 이 판결의 지방법원 판결에서도 출원해태는 주장되었으나 배척되었다. 지방법원 판결로 Symbol Techs., Inc. v. Lemelson Med., Educ. & Research Found., 2000 U.S. Dist. LEXIS 21863(D. Nev. March 21, 2000)(Symbol Ⅰ).

631) 파기・환송심에서 연방지방법원은 그 뒤에 Lemelson의 특허가 출원해태에 해당하여 권리행사불허가 된다고 판시하였다. 1954년과 1956년 처음 출원된 이후 39년에 걸친 출원해태는 권리행사불허의 사유가 된다고 본 것이다. Symbol Techs., Inc. v. Lemelson Med., Educ. & Research Found., 301 F. Supp. 2d 1147, 1155(D. Nev. 2004).

6. 권리행사의 해태와 형평법상 금반언

(1) 의 의

권리행사의 해태와 형평법상 금반언은 모두 형평법상의 방어수단이다. 또한 특허법 제282조(b)(1)이 권리행사불허 항변을 인정하고 있고, 법원은 여러 형평법상 항변이 위 규정에 따른 권리행사불허 항변에 포함된다고 보고 있다. 소송실무상 권리행사의 해태와 형평법상 금반언은 동시에 제기된다. 그러나 양자는 구별되는 항변이다. 전자는 권리행사를 상당기간 하지 않은 것에 대한 불이익으로, 소 제기 과정에서 원고의 '비합리적인 지체'를 입증하면 권리행사해태로 인해 소제기 이전 손해의 회복이 금지된다.[632] 다만 원고의 권리행사가 전적으로 금지되는 것은 아니다. 반면 형평법상 금반언은 '특허권자의 행위로 인한 침해혐의자의 신뢰'에 중점을 두어 그 항변이 입증되면 원고의 침해주장이 전적으로 금지된다. 이점에서 양자는 구별된다.[633]

(2) 권리행사의 해태(Laches)[634]

당초 미국 특허침해소송에서 권리행사의 해태(laches)도 유효한 항변의 하나였다. 즉, 우월한 증명의 기준에 의해 ① 원고가 소를 제기함에 있어 침해를 알았거나 합리적으로 알았어야 했을 시점으로부터 비합리적이고 변명할 수 없는 지체가 있고, ② 원고의 지체로 인하여 피고에게 현저하게 불합리한 손해(prejudice)가 발생한 경우 권리행사의 해태가 인정되었는데,[635] 법원은 통상 소제기가 실질적으로 4년은 넘어야 권리행사해태를 인정하였다. 그런데 특허법 제286조는 "특허침해를 주장하는 소 또는 반소가 제기된 날로부터 6년 이전에 범해진 침해행위에 대해서는 어떠한 배상도 주어지지 않는다"라고 규정하여 소 제기 6년 이내의 침해에 대해서는 소를 통해 손해배상을 받을 수 있도록 하였는데, 법원이 판결을 통해 위와 같은 6년 이내의 소에 대해서도 권리행사해태 항변을 허용하는 것에 대한 의문이 제기되었다. 이에 미국 연방대법원

---

632) Robert L. Harmon, Cynthia A. Homan, Laura A. Lydigsen, Charles M. McMahon, Patents and the CAFC (Twelfth Edition), Bloomberg BNA(2015), 934면.

633) Chisum, op. cit., p. 700.

634) AUKERMAN 판결에 대한 분석 및 권리행사 해태에 대한 상세는 Jerry R. Selinger, "AUKERMAN AND EQUITABLE DEFENSES: EVOLUTION OR REVOLUTION?", 1 Tex. Intell. Prop. L.J. 87(SPRING, 1993).

635) A.C. Aukerman Co. v. R.L. Chaides Constr. Co., 960 F.2d 1020(Fed. Cir. 1992)(en banc).

은 SCA Hygiene Products Aktiebolag et al. v. First Quality Baby Products, LLC, et al. 사건[636]에서 입법부에 의해 권리행사기간(§286's 6-year limitations period)으로 규정된 6년 이내에 제기된 소송에 대하여 권리행사해태(laches) 항변을 하는 것은 허용될 수 없다고 선언하였다. 연방대법원은 위와 같은 경우 권리행사해태(laches)를 적용하는 것은, 판사에게 제정법에 대한 무시(legislation-overriding)를 하도록 허용하는 것으로 사법권을 넘어서는 것이고, 나아가 위와 같은 권리행사해태 항변이 형평법 법원에서 제정법의 공백을 메우기 위해 발전한 목적과도 충돌된다는 점을 이유로 하였다. 이에 따라 권리행사해태는 더 이상 특허침해에 대한 항변으로 작용할 수 없게 되었다.

(3) 형평법상 금반언(Equitable Estoppel)

1) 의 의

형평법상 금반언은 권리행사의 해태와 달리 피고로 하여금 제소되지 않으리라 오해하게 한 원고의 행위와 그와 같은 행위에 대한 피고의 신뢰가 중심이 된다.[637] 이점에서 형평법상 금반언은 우리 민법 제2조의 파생원칙인 금반언이나 행정법상 신뢰보호의 원칙과 같은 맥락이다. 따라서 형평법상 금반언이 인정되기 위해서는 ① 원고는 피고로 하여금 원고가 특허권을 행사할 의사가 없는 것으로 합리적인 추론을 하도록 오도(misleading)하고,[638] ② 피고는 원고의 오해유발행위를 신뢰(reliance)하여야 하며,[639] ③ 위와 같은 신뢰와 달리 원고가 특허권을 행사하게 되면, 피고로서는 심각한 손해(material prejudice)를 입게 되는 상황이어야 한다.[640] 이러한 각 요건사실에 대한 입증은 이를 주장하는 자가 하여야 한다. 이 쟁점은 법관의 판단 대상이고, 입증은 우월한 증명의 기준(preponderance of evidence)에 의해 입증되어야 한다.[641]

---

636) SCA Hygiene Products Aktiebolag et al. v. First Quality Baby Products, LLC, et al., 137 S.Ct. 954(2017).

637) A.C. Aukerman Co. v. R.L. Chaides Constr. Co., 960 F.2d 1020(Fed. Cir. 1992)(en banc).

638) Jensen v. Western Irrigation and Mfg., 650 F.2d 165, 168-69(9th Cir. 1980); Studiengesellschaft Kohle v. Eastman Kodak, 616 F.2d 1315, 1326(5th Cir. 1980).

639) Gasser Chair Co., Inc. v. Infanti Chair Mfg. Corp., 60 F.3d 770, 773, 34 USPQ2d 1822, 1824 (Fed. Cir. 1995).

640) A.C. Aukerman Co. v. R.L. Chaides Constr. Co., 960 F.2d 1020(Fed. Cir. 1992)(en banc).

641) Kimberly A. Moore, Timothy R. Holbrook, John F. Murphy, PATENT LITIGATION AND STRATEGY(Fifth Edition), AMERICAN CASEBOOK SERIES(2018), 819면.

형평법상 금반언의 방어가 인정되면 그 특허권에 기한 모든 구제가 허용되지 않기 때문에,[642] 원고는 특허권에 기한 금지청구(injunctive relief)는 물론 손해배상을 구할 수 없다.[643]

2) 적용사례

콘크리트 고속도로 방벽의 건설에 관한 장치 및 방법 특허를 보유하고 있는 특허권자인 Aukerman은 1979년 Chaides에게 침해소송을 제기하겠다고 위협하며 라이선스 계약 체결을 제안하였다. Chaides는 침해가 있다고 하더라도 연간 200달러 내지 300달러에 불과하여 실시권을 얻을 의사가 없다고 응답했다. Aukerman은 그 후 8년 동안 Chaides와 별도의 접촉을 하지 않았다. 그 기간 동안 Chaides는 침해 주장이 있었던 공정을 포함하여 사업 규모를 20배나 확장했다. 1988년 Aukerman이 Chaides를 상대로 특허침해소송을 제기하였고, 연방지방법원은 권리행사의 해태 및 형평법상 금반언 위반이라는 피고 Chaides의 항변을 받아들여 원고의 청구를 기각하였다. 그러나 항소심에서 CAFC는 전원합의체 심리를 통해 사실관계에 대한 심리미진을 이유로 파기환송하였다.[644]

한편 CAFC는 원고가 이전에 피고의 재설계된 제품을 조사한 후 침묵하였다가 침해 소송을 제기한 경우 그의 특허를 주장하는 것은 형평법상 금지된다고 하였고,[645] 원고가 4년 반 동안 침묵하여 피고로 하여금 원고가 특허권을 행사하지 않으리라고 오해하게 한 사안에서, 만약 침묵이 악의에 이를 정도로 충분하게 오해를 야기함을 나타내는 다른 요소와 수반되었다면, 특허권자의 침묵이 상대방의 신뢰를 오도하는 행위가 될 수 있다고 보아 형평법상 금반언을 인정하였다.[646] 한편 침묵이 오도행위(misleading conduct)가 되려면 알려줄 의무(obligation to speak)가 존재하여야 한다.[647]

---

642) A.C. Aukerman Co. v. R.L. Chaides Construction Co., 960 F.2d 1020, 22 USPQ 2d 1321(Fed. Cir. 1992).

643) Anatomy of a Patent Case(Second Edition), Complex Litigation Committee of the American College of Trial Lawyers, Bloomberg BNA (2012), 69면.

644) A.C. Aukerman Co. v. R.L. Chaides Construction Co., 960 F.2d 1020, 22 USPQ 2d 1321(Fed. Cir. 1992).

645) Scholle Corp. v. Blackhawk Molding Co., 133 F.3d 1469, 1473(Fed. Cir. 1998). 침묵이 오도행위가 될 수 있다는 다른 판결로 Watkins v. Northwestern Ohio Tractor Pullers Association, Inc., 630 F.2d 1155, 1158(6th Cir. 1980).

646) ABB Robotics, Inc. v. GMFanuc Robotics Corp., 52 F.3d 1062, 1064-1065(Fed. Cir. 1995).

647) Id.

Ⅳ. 특허무효항변(Invalidity Defense)

1. 개　　요

특허가 신규성, 진보성, 실시가능성, 명세서 기재요건 등을 결한 경우 이는 특허무효 사유가 되고, 침해소송을 당한 당사자는 소송에서 그러한 무효 사유를 자유롭게 주장할 수 있다. 즉 우리 시스템이 1심에서 침해소송법원과 무효를 담당하는 법원을 2원적으로 가지고 있고 무효 주장은 권리남용의 항변으로서만 허용되는 것과 달리 미국은 침해소송법원에서도 다툼이 되는 특허의 무효판단을 구하는 항변은 물론 별도의 소제기를 통해 특허의 무효 판단을 구할 수 있다. 또한 침해소송에 대해 피고가 무효임을 항변으로 주장함과 동시에 무효확인을 반소로 구한 경우, 비침해로 판명되었다고 하더라도 무효여부에 대한 판단도 별도로 이루어진다. 그리고 쟁점배제효(collateral estoppel)나 청구배제효(res judicata)로 인해 침해법원에서 무효여부에 대한 판단이 사회적으로 큰 영향력을 미친다.

2. 무효항변의 주장 및 입증책임

미국 특허법 제282조는 "특허는 유효하다고 추정된다. 특허를 무효라고 주장하는 자가 그 무효사유를 입증할 책임이 있다."라고 하여 유효성 추정 규정을 두고 있다. 따라서 특허의 무효 사유를 주장하는 피고는 명백하고 확실한 증거(clear and convincing evidence)를 통해 무효사유의 존재를 입증하여야 한다.

이러한 무효사유 중 신규성(novelty), 진보성(obviousness), 실시가능성(enablement)은 사실문제(question of fact) 혹은 사실문제를 전제로 한 법률문제로서 배심재판의 경우 배심원의 판단대상이 되고, 발명의 특허대상적격성(patent eligibility), 청구항의 명확성(indefiniteness), 발명자확정(inventorship)은 일반적으로 법률문제(question of law)로서 법관의 판단대상이 된다.[648]

---

648) 다만 Berkheimer v. HP Inc.(Fed. Cir. Feb. 8, 2018) 사건에서 CAFC는 특허대상적격성(patent eligibility) 판단에 사실문제(question of fact)가 포함되어 있어서 사실심리에 대한 충분한 심리가 필요하여 사실심리생략판결(summary judgment)을 내릴 수 없는 경우가 있을 수 있다고 판시하

3. 무효항변의 종류

(1) §101 (patentability)

이는 발명이 특허의 대상이 되지 아니한다는 항변으로서, Bilski 사건에서 에너지 산업에 있어 경제적 손실을 헤지(hedging)하는 방법에 관한 발명은 특허대상이 되지 아니한다는 판결[649], Mayo I 사건에서 위장장애약물의 투여효과를 최대화하기 위한 방법은 자연법칙에 대하여 특허권을 주장하기 위한 것으로 특허의 대상이 아니라는 판결[650], Alice 사건에서 금융거래를 원하는 쌍방 사이에서 일방이 이행하지 않음으로써 발생할 수 있는 위험(settlement-risk)을 컴퓨터 시스템을 통해 줄일 수 있는 금융거래시스템에 관한 특허는 여전히 추상적인 아이디어(abstract idea)에 불과하여 특허를 부여할 수 없다는 판결[651]과 같은 일련의 판결 이후 소송에서 이 항변이 활성화되었다. 또한 특허가 유용성(utility requirement) 요건을 결한 경우에도 특허무효 사유가 된다.

(2) §102 (anticipation/novelty)

선행발명이 출원발명을 예견하고 있었다고 인정되는 경우(anticipation)에는 출원발명의 신규성이 인정되지 아니한다. 이러한 사정이 명백하고 확실한 증거(clear and convincing evidence)에 의해 인정되어야 한다. AIA에 의해 first-to-file 제도로 변경됨에 따라 신규성 판단의 기준일은 '출원일'[652]이 된다. AIA 법률개정이 on-sale bar (출원일 1년 이상 전에 발생한 발명제품의 판매가 신규성 상실의 특허무효 사유가 된다는 규정)의 해석에 미치는 영향과 관련하여 주목할 만한 판결[653]이 선고되었다. 원고가 자

여 중요한 판결을 한 바 있다.

649) Bilski v. Kappos, 130 S.Ct. 3218, 561 U.S. 130(2010).

650) Prometheus Laboratories, Inc. v. Mayo Collaborative Services, 566 U.S. 66, 132 S.Ct. 1289 (2012).

651) Alice Corp. v. CLS Bank International, 573 U.S. 208(2014). 이 사건에서 연방대법원은 자연법칙이나 자연현상, 추상적인 아이디어는 원칙적으로 특허대상적격이 인정되지 아니하고, 추상적인 아이디어('building blocks of human ingenuity')는 이를 넘어서는 발명적 요소('inventive concept')가 존재하여야 한다고 하면서, 위 Bilski 사건이나 Mayo I 사건에서의 설시를 재차 확인하였다. 사업방법에 관한 특허대상적격성과 관련하여 위 Alice 판결이 중요하게 여겨지고 있다.

652) 정확히는 'effective filing date'로서 실제 출원한 날 또는 우선권 주장을 통해 출원일로 의제되는 선출원일이다.

653) Helsinn Healthcare S.A. v. Teva Pharmaceuticals USA, Inc., 139 S.Ct. 628(2019).

신의 제약특허 발명을 실시한 제품을 제3자에게 판매, 배포하면서 그 제품에 관한 정보 및 어떠한 영업비밀도 비밀로 유지할 것을 약속하여 판매한 후 피고에 대하여 특허침해를 주장한 사안에서, 1심 법원은 판매가 비공개 약정에 따라 이뤄짐으로써 발명이 공지되지 않았기 때문에 AIA on-sale bar 규정이 적용되지 않는다고 판단하였으나, CAFC는 발명에 관한 상세한 내용이 공지되었는지 여부와 관계없이 발명이 실시된 의약품에 대한 판매가 공연히 이뤄졌으므로 AIA의 on-sale bar 규정이 적용되어 원고의 특허권이 무효라고 판결하였다. 이에 대하여 연방대법원은, 연방대법원이 발명의 신규성을 상실하게 하는 판매나 판매의 청약은 발명이 공중에게 이용가능하게 할 것을 요하지 아니한다고 해석하여 왔고 CAFC는 명시적으로 비밀리에 행해진 판매(secret sales)도 특허무효사유가 된다고 판시한 바 있는데, 입법자들이 AIA 개정 시에 신규성 상실과 관련하여 동일한 용어("on sale")를 쓰면서 위와 같은 사법부의 해석을 그대로 채용한 것으로 해석되므로, AIA와 무관하게, 발명의 내용을 비밀로 유지할 것을 약속받고 제품을 제3자에게 상업적으로 판매한 경우에도 on-sale bar의 대상이 된다고 하였다. 이에 따라 Helsinn사의 멀미약 Aloxi에 대한 특허가 무효로 되어야 한다고 판시한 CAFC의 판결을 확정하였다.

(3) §103 (obviousness)

선행발명이 출원발명을 예상하고 있었다고 인정되는 정도는 아니더라도, 통상의 기술자가 선행발명들을 종합하여 그러한 발명을 할 수 있었을 것임이 명백한(obvious) 경우에는 진보성이 부정된다. AIA에 의해 진보성 판단의 기준일도 '출원일'이 되었으며, 이 역시 명백하고 설득력 있는 증거에 의해 위와 같은 사정이 입증되어야 한다.

(4) §112

특허발명의 명세서가 실시가능요건이나 서면기재요건(enablement and written-description requirement)을 충족되지 아니하였거나, 청구항이 명료성 요건을 결여(indefiniteness)한 경우 특허법 제112조의 요건을 결여하여 무효사유가 된다. 다만 과거와 달리 AIA 이후에는 명세서에서 최선의 실시예를 개시하여야 하는 요건(best-mode requirement)을 충족하지 아니하였음이 무효사유나 권리행사불허 사유에 해당하지 않게 되었다[35 U.S.C. 282(b)(3)(A)].

4. 침해소송에서 무효가 확인된 판결의 효력

당초 미국 연방법원은 특허침해소송에서 특허가 무효로 판결이 내려져 그 판결이 확정되었을 경우에라도 동일한 당사자 사이에서 동일한 특허에 기한 재소만이 금지될 뿐 그 이후의 다른 당사자들간의 소송에서도 역시 무효로서 그 특허에 기한 침해 주장이 불허되는 것은 아니라고 보았었다.[654] 하지만 이 Triplett Rule은 1971년 Blonder-tongue 사건에 의해서 수정되어, 동일 청구항에 대한 무효 판결의 효력(Issue Preclusion)이 제3자에게도 확장되게 되었다.[655] 이에 따라 선행의 침해소송에서 동일한 특허 청구항에 대해 법원에서 무효라는 종국판결이 선고되었다면 원고는 무효가 선언된 동일한 특허 청구항을 근거로 다른 제3자를 상대로 침해소송을 제기할 수 없고, 피고는 이를 항변(collateral estoppel)으로 삼아 원고의 청구에 대항할 수 있다. 다만 이에 대해 특허권자는 전소에서 절차법적, 실체법적, 증거법적으로 공정한 기회가 보장되지 아니하였음을 주장하여 위와 같은 항변이 허용될 수 없음을 다툴 수 있다.

위와 같은 Blonder-Tongue 사건에서 연방대법원은 특허 소송의 복잡성과 같은 특허시스템에 대한 측면, 지속되는 소송에 대한 경제적 비용의 측면, 법원에 대한 업무부담의 측면에서 Triplett Rule을 유지할 지를 검토하였다. 결국 재소금지의 효력을 받는 자가 충분하고도 공정한 기회를 제공받았다는 것이 전제되는 중요한 안전장치(significant safeguard)가 인정되는 경우에는 그와 같은 확정판결의 대세효를 인정할 수 있다고 판시하기에 이른 것이다.

그런데 전소에서 특허의 유효성에 대해 충분하고도 공정하게 다툴 수 있는 기회가 주어졌는지의 판단은 쉬운 문제가 아니다. 위 Blonder-Tongue 사건에서 연방대법원은 그러한 판단은 전심 법원의 절차를 평가하는 사실심 법원이 정의와 형평의 관념(sense of justice and equity)에서 내릴 일이라고 판시하였다.[656]

---

654) Triplett v. Lowell, 297 U.S. 638(1936). 이하 'Triplett Rule'이라 함.

655) Blonder-Tongue v. Universing of Illinois Foundation, 402 U.S. 313(1971).

656) 위 Blonder-Tongue 판결의 의의 및 쟁점배제효에 관한 상세한 설명은 「제5장 제1절 V. 2. 쟁점배제효」 부분 참조.

V. 특허무효 등 확인소송

1. 의　　의

특허침해소송에서 피고는 특허의 무효나 비침해 또는 권리행사불가 주장을 항변으로 제기할 수도 있으나, 그 소송절차 내의 반소(counter-claim) 또는 별소로 특허의 범위(scope)나 유효성(validity) 및 권리행사불가(unenforceability)에 관하여 확인판결을 내려줄 것을 구하는 소를 제기할 수도 있다.

침해혐의자가 별소로 선제적으로 제기하는 확인소송은 침해혐의자 자신에게 유리하다고 생각되는 재판지와 적절한 재판 시점을 임의로 선택할 수 있는 장점이 있을 뿐만 아니라, 자신이 특허침해소송의 피고가 되는 것보다 타인의 특허권을 존중하는 듯한 외형을 창출함으로써 배심원 등 사실인정자에게 보다 우호적인 인상을 주어 유리한 본안 판단을 이끌어 내기 위한 소송전략 측면에서 이용되기도 한다. 특허권자가 침해소송을 제기하기 이전에 확인소송을 선제적으로 제기하는 원고는 'first-to-file 원칙'[657]에 따라 소송에서 주도권을 가지게 되고, 다른 주(state)에서 소송에 응소해야 하는 특허권자로서는 많은 비용에 대한 부담뿐만 아니라, 타주 당사자에 대한 배심원들의 비우호적 태도 등에 따른 심리적 부담을 가지게 되기 때문이다. 또한 이러한 무효 확인소송이 반소로써 제기될 수 있다는 것만으로도 이 제도는 특허권자의 제소를 억제시키는 기능을 하기도 한다.

2. 요　　건

특허무효 등의 확인을 구하는 소는 미국 사법제도법(28 U.S.C.) 제2201(a)에 근거하고 있는데,[658] 이 소가 적법한 것으로 인정되기 위해서는 확인소송의 원고와 특허권

657) 특허침해소송과 특허무효 등 확인소송이 서로 다른 관할 지역 법정에 제기된 경우, 먼저 제기된 소송이 우선하며, 나중에 제기된 소송은 각하, 이송 또는 중지될 수 있다는 원칙으로, 먼저 제소한 자의 관할상의 우선권을 보장해 주자는 취지의 원칙이다. 나중에 소송을 제기한 측은 먼저 제기한 상대방의 제소 목적이 편의재판지 선택(forum shopping), 즉 침해혐의자에게 유리한 관할지역 법정을 확보하는데 있을 뿐임을 증명하여 먼저 제기된 소의 각하나 이송을 신청할 수는 있다.: 특허청, 한국지식재산보호협회, '해외지식재산권 보호가이드북 Ⅰ(미국), 2009, 191면 참조.

자 사이에 '실질적인 분쟁(actual controversy)'이 존재함이 입증되어야 한다. 실질적인 분쟁은 통상적으로, ① 특허권자가 특허침해소송을 제기할 것이라고 객관적으로 인식할 수 있을 정도로 특허권자에 의해 경고나 행동 등이 있고, ② 확인소송의 원고가 침해를 구성할 수 있는 행위 또는 그러한 침해행위로 나아가기로 의도한 행위를 하고 있는 경우 인정된다.[659] 이러한 요건은 객관적인 정황에 의해 인정되어야 하고 원고 측의 주관적인 염려만으로는 인정되지 않는다. 물론 특허침해소송에 대한 반소로 이와 같은 확인소송을 제기한 경우에는 '실질적인 분쟁'의 존재 요건이 별도로 문제되지 아니한다.

실질적인 분쟁의 존재는 특허권자의 명시적인 언동이나 침해혐의자의 실제적인 행동이 있어야만 하는 것은 아니고, 소제기에 대한 특허권자의 의사나 능력, 소 제기 당시 특허권자와 확인의 소송 원고 사이의 관계, 소 제기 전 당사자 사이에 이뤄진 접촉의 내용, 경고장이 발송된 형식 등 종합적인 사정(totality of circumstances)을 고려하여 판단된다.[660] 확인의 소가 적법하기 위한 위와 같은 요건은 소 제기 시 뿐만 아니라 소송 중에도 계속 존재하여야 한다. 다만 위와 같은 요건이 인정된다고 하더라도 법원이 확인의 소를 반드시 심리해야 하는 것이 아니라 소의 허용 여부는 법원의 재량에 속한다.[661]

---

658) "In a case of actual controversy within its jurisdiction, except with respect to Federal taxes other than actions brought under section 7428 of the Internal Revenue Code of 1986, a proceeding under section 505 or 1146 of title 11, or in any civil action involving an antidumping or countervailing duty proceeding regarding a class or kind of merchandise of a free trade area country (as defined in section 516A(f)(10) of the Tariff Act of 1930), as determined by the administering authority, any court of the United States, upon the filing of an appropriate pleading, may declare the rights and other legal relations of any interested party seeking such declaration, whether or not further relief is or could be sought. Any such declaration shall have the force and effect of a final judgment or decree and shall be reviewable as such.

659) Kimberly A. Moore, Timothy R. Holbrook, John F. Murphy, PATENT LITIGATION AND STRATEGY(Fifth Edition), AMERICAN CASEBOOK SERIES(2018), 51면.

660) CAFC는 Hewlett-Packard v. Acceleron, 587 F.3d 1358(Fed. Cir. 2009) 사건에서 이와 같은 제반정황접근법을 적용을 명확히 하였고, 이는 법원에 보다 넓은 재량권을 주었다.: 미국 특허쟁송실무에 관한 연구－연방순회항소법원(CAFC), 연방지방법원, 국제무역위원회(ITC), 특허청(USPTO)을 중심으로－대법원 사법정책연구원(연구책임자: 송현정)(2016), 219면.

661) 28 U.S.C. §2201(a) "In a case of actual controversy within its jurisdiction, …, any Court of the United States, may declare the rights …"

이러한 확인소송에 대해 특허권자는 그 소송이 요건을 갖추지 못하였음을 이유로 F.R.C.P. 12(b)(1)에 따라 각하해 달라는 신청(motion to dismiss the claim for lack of subject-matter jurisdiction)을 할 수 있고, 원고가 위와 같은 요건 입증에 실패하는 경우 소가 각하된다. 이러한 각하 결정에 대하여는 항소심에서 de novo 기준에 따라 심사하되, 그러한 판단의 근거가 된 사실인정에 대하여는 명백한 오류(clearly erroneous) 기준에 따라 재심사된다.662)

또한 본안에 대한 입증과 관련해서는 일반 침해소송과 같이 침해의 입증은 특허권자가, 특허의 무효 또는 권리행사불가 사실은 확인소송의 원고가 각 부담한다. 한편 침해소송이 제기되자 피고가 원고를 상대로 다른 연방지방법원에 특허 비침해 내지 무효확인을 구하는 확인소송을 제기한 경우에는 first-to-file 원칙에 따라 침해소송이 계속 중인 법원으로 사건이 이송된다.

3. 강제적 반소(compulsory counterclaim)

연방민사소송규칙 제13조(a)는, "원칙적으로, 답변서 제출 시 피고가 원고에 대하여 가지는 항변이 원고 청구의 소송대상이 된 행위 또는 사정(transaction or occurrence)으로부터 발생한 경우에는 그 피고의 항변은 반소(counterclaim)로 제기되어야 한다."라고 규정하고 있다. 이에 따라 특허소송에서도 원고가 특허 비침해의 확인을 구하는 소를 제기한 경우, 특허권자는 위 F.R.C.P. 13(a)에 따라 침해 주장을 반소로써 구해야 하고, 만일 특허권자가 이를 이행하지 아니하는 경우 특허권자는 침해주장을 포기한 것으로 간주되어 추후 소송으로써 이를 주장할 수 없다.663) 또한 원고의 침해 주장에 대하여 침해부존재, 특허무효, 권리행사불가(unenforceability)를 항변으로 제기하는 경우에도, 이에 대한 확인의 소는 반소로써 주장하지 아니하는 경우 추후에 별소를 제기할 수 없으므로,664) 통상 피고는 소장에 대한 답변서를 제출하면서 항변과

---

662) SanDisk Corp. v. STMicroelectronics, Inc., 480 F.3d 1372, 1377(Fed. Cir. 2007); Hewlett-Packard v. Acceleron, 587 F.3d 1358(Fed. Cir. 2009).

663) Polymer Indus. Prods. Co. v. Bridgestone/Firestone Inc., 347 F.3d 935; Robert L. Harmon, Cynthia A. Homan, Laura A. Lydigsen, Charles M. McMahon, Patents and the CAFC (Twelfth Edition), Bloomberg BNA(2015), p. 842.

664) 이는 원고가 소를 취하한 경우 실익이 있다.

함께 반소취지를 기재하여 제출한다. 이에 반하여 피고는 강제적 반소에 해당하지 않는 주장도 항변과 함께 반소(임의적 반소)로 주장할 수 있는데 원고의 특허침해 주장에 대하여 오히려 원고가 피고의 특허를 침해하였다고 주장하며 반소를 제기하는 경우가 그러한 예이다.

4. 법원의 확인판결(Declaratory Judgement)의 효력

(1) 청구배제효(res judicata) 및 쟁점배제효(collateral estoppel)

특허 무효 등을 확인하는 종국판결이 선고되는 경우 동일 당사자 사이에서 동일 특허에 기해 침해소송을 주장할 수 없는 청구배제효가 발생할 뿐만 아니라, 특허권자는 제3자에 대하여도 그 특허에 기하여 침해를 다시 주장할 수 없는 쟁점배제효가 발생한다. 즉 확인소송 절차에서 특허권자에게 특허의 유효성을 주장, 항변할 충분한 기회가 주어졌음에도 법원에서 해당 특허가 무효라는 종국판결이 선고되는 경우 특허권자는 소송 당사자뿐만 아니라 다른 제3자에게도 그 특허가 유효함을 주장할 수 없고,[665] 따라서 특허권자가 이러한 특허에 기하여 특허침해를 주장하는 경우 상대방의 쟁점배제효 항변에 따라 침해 주장이 배척된다.

(2) 대세효

특허법 제290조에 따라, 법원은 특허 소송이 제기되면 한 달 이내에 특허청장에게 이를 통지하고, 판결이 선고된 후 역시 한 달 이내에 그 결과를 서면으로 특허청장에게 통지하여야 한다. 특허청장은 위 통지를 받는 즉시 그 사실을 특허 신청 관련 파일에 첨부하여야 한다. 이에 따라 해당 특허에 대하여 이해관계 있는 제3자는 위 파일 폴더(file wrapper)를 통해 특허무효 판결 결과를 알 수 있다.

또한 법원이 특허가 무효 또는 권리행사불가능(invalidity or unenforceability)이라고 확인한 판결이 '확정'되는 경우, 이는 특허청에 대하여 구속력이 있다.[666] 따라서 법원이 이미 무효 또는 권리행사 불가능이라고 확정한 특허에 대하여는 특허법 제302조에

---

665) Blonder-Tongue Inc. v. University of Illinois Foundation, 402 U.S. 313(1971).

666) 이에 비하여, 통일한 특허청구항에 대하여 연방지방법원에서 특허무효 항변이 입증 부족으로 배척되었다고 하여 그러한 판결 결과가 특허청을 기속하는 것은 아니다.: In re Baxter Int'l, Inc., 678 F.3d 1357(Fed. Cir. 2012).

따른 재심사(reexamination) 절차에서 그 요건인 '특허성에 대한 실질적인 새로운 의문(substantial new question of patentability)'이 더 이상 존재하지 않는다고 간주되므로 [MPEP §2242 Ⅲ(C)], 위와 같은 판결 이후 같은 청구항에 대하여는 직권 재심사 절차가 개시될 수 없다. CAFC는 "만약 법원에서 특허권자에게 특허의 유효를 입증할 충분하고도 정당한 기회가 주어졌고, 이후 법원이 그 특허가 무효라고 선언하고 그 판결이 확정되었다면, 특허청은 직권 재심사 절차를 계속 진행할 수 없고,[667] 당사자는 그 특허의 유효성을 다시 다투지 못한다."라고 판시하면서, 이러한 해석이 연방대법원이 Blonder-Tongue Laboratories 사건[668]에서 특허권자가 특허권의 유효성을 입증할 충분하고도 공정한 기회가 제공되었음에도 특허가 무효로 판결된 경우에는 특허권자는 쟁점배제효(collateral estoppel)에 의해 다른 소송에서 그 특허의 유효성을 주장하지 못한다고 선언한 판시에 부합한다고 하였다.[669] 결국 이러한 대세효는 특허에 대한 무효 판결로 인한 쟁점배제효가 당사자뿐만 아니라 제3자에게까지 미친다는 것을 '특허 무효 판결의 효력'의 관점에서 설명한 것으로 이해할 수 있다.

---

667) 따라서 재심사 명령(35 U.S.C. §) 이전에 재심사 대상인 모든 청구항에 대하여 무효 또는 권리행사불허 판결이 내려져 확정되면 재심사 절차는 무효가 되고, 재심 개시결정 이후에 위와 같은 판결이 확정되면 재심사 절차는 종결된다(MPEP §2286Ⅳ).

668) Blonder-Tongue Laboratories, Inc. v. University of Illinois Foundation, 402 U.S. 313, 91 S.Ct. 1434, 28 L.Ed. 2d 788(1971).

669) Ethicon, Inc. v. Quigg, 849 F.2d 1422, 1429(Fed. Cir. 1988).

CHAPTER 06 특허침해와 구제수단

제 1 절 금지명령[1)]

Ⅰ. 의 의

침해상태를 현재로 정지시켜서 더 이상 추가적인 침해가 이루어지지 않도록 하는 조치가 금지명령 신청이다. 우리나라에 있어서 특허침해금지청구권을 피보전권리로 하는 임시의 지위를 정하는 가처분 및 본안에서의 금지명령과 유사한 면이 있다.[2)] 특허권자로서는 자신의 특허가 침해되면 1차적으로 고려하여야 할 것이 특허침해금지를 신청하여 상대방의 특허무단사용으로 인한 추가적인 손해가 발생하지 않도록 하는 것

1) 우리와의 비교를 위하여, 최승재, "특허법상 가처분에 관한 연구", 지식과 권리 가을호(2008. 10.) 참조. 이를 일본에서는 차지(差止)명령이라고 하고, 우리 법과의 관계에서 가처분이라는 용어가 사용되기도 한다.

2) **특허법 제126조(권리침해에 대한 금지청구권 등)** ① 특허권자 또는 전용실시권자는 자기의 권리를 침해한 자 또는 침해할 우려가 있는 자에 대하여 그 침해의 금지 또는 예방을 청구할 수 있다. ② 특허권자 또는 전용실시권자가 제1항의 규정에 의한 청구를 할 때에는 침해행위를 조성한 물건(물건을 생산하는 방법의 발명인 경우에는 침해행위로 생긴 물건을 포함한다)의 폐기, 침해행위에 제공된 설비의 제거 기타 침해의 예방에 필요한 행위를 청구할 수 있다.
민사집행법 제300조(가처분의 목적) ① 다툼의 대상에 관한 가처분은 현상이 바뀌면 당사자가 권리를 실행하지 못하거나 이를 실행하는 것이 매우 곤란할 염려가 있을 경우에 한다. ② 가처분은 다툼이 있는 권리관계에 대하여 임시의 지위를 정하기 위하여도 할 수 있다. 이 경우 가처분은 특히 계속하는 권리관계에 끼칠 현저한 손해를 피하거나 급박한 위험을 막기 위하여, 또는 그 밖의 필요한 이유가 있을 경우에 하여야 한다.

이다. 소송전략의 면에서도 금지명령이 내려지면 상대방이 더 이상 제조 및 생산을 할 수 없게 됨으로 상대방에게 치명적인 타격을 가할 수 있으므로 이후의 라이선스 협상에서 유리한 고지를 선점하게 된다는 점에서 중요하다. 미국법상 금지명령은 임시적 금지명령(Preliminary Injunctions),[3] 영구적 금지명령(Permanent Injunction), 잠정적 금지명령(Temporary Restraining Order; TRO)[4]으로 나뉜다.[5] 특허사건에 있어서 잠정

3) Federal Rules of Civil Procedure Rule 65 (a) Preliminary Injunction.
(1) Notice.
The court may issue a preliminary injunction only on notice to the adverse party.
(2) Consolidating the Hearing with the Trial on the Merits.
Before or after beginning the hearing on a motion for a preliminary injunction, the court may advance the trial on the merits and consolidate it with the hearing. Even when consolidation is not ordered, evidence that is received on the motion and that would be admissible at trial becomes part of the trial record and need not be repeated at trial. But the court must preserve any party's right to a jury trial.

4) Federal Rules of Civil Procedure Rule 65 (b) Temporary Restraining Order.
(1) Issuing Without Notice.
The court may issue a temporary restraining order without written or oral notice to the adverse party or its attorney only if:
(A) specific facts in an affidavit or a verified complaint clearly show that immediate and irreparable injury, loss, or damage will result to the movant before the adverse party can be heard in opposition; and
(B) the movant's attorney certifies in writing any efforts made to give notice and the reasons why it should not be required.
(2) Contents; Expiration.
Every temporary restraining order issued without notice must state the date and hour it was issued; describe the injury and state why it is irreparable; state why the order was issued without notice; and be promptly filed in the clerk's office and entered in the record. The order expires at the time after entry – not to exceed 14 days – that the court sets, unless before that time the court, for good cause, extends it for a like period or the adverse party consents to a longer extension. The reasons for an extension must be entered in the record.
(3) Expediting the Preliminary-Injunction Hearing.
If the order is issued without notice, the motion for a preliminary injunction must be set for hearing at the earliest possible time, taking precedence over all other matters except hearings on older matters of the same character. At the hearing, the party who obtained the order must proceed with the motion; if the party does not, the court must dissolve the order.
(4) Motion to Dissolve.
On 2 days' notice to the party who obtained the order without notice – or on shorter notice set by the court – the adverse party may appear and move to dissolve or modify the order. The court must then hear and decide the motion as promptly as justice requires.

5) 미국 제도에 대한 국내문헌으로는 이규호, "미국의 특허침해금지가처분에 대한 연구", 월간 법조 49권 통권 524호(2000. 5.) 참조.

적 금지명령 신청이 임시적 금지명령 신청에 선행하여 신청되고, 임시적 금지명령과 영구적 금지명령 신청은 소의 제기 단계에서 청구취지(prayer for relief)로 함께 청구되는 것이 보통이다. 다만 임시적 금지명령 신청은 본안에 관한 소송 절차에서 별도의 신청(motion for a preliminary injunction)으로 제기되기도 한다.[6)]

연혁적으로 형평법원과 보통법 법원이 구별되었던 시기에는 형평법원만이 부여할 수 있는 구제수단이었던 금지명령(injunctive relief)은 보통법 법원은 명할 수 없었다. 따라서 특허권자는 손해배상청구 또는 금지명령 중 하나를 선택해야 했다.[7)] 그러나 1819년 특허법은 이러한 구별을 폐기하였다. 특허침해사건에 있어 금지명령은 현행 특허법 제283조[8)]에 규정되어 있다. 이 규정은 법원에 침해금지명령의 필요성과 범위를 판단하는데 광범위한 재량권을 부여하고 있다. 침해금지명령을 내리는 법원의 이러한 권한은 특허의 주요한 가치인 특허권자의 배타적 독점권을 보호한다.

또한 금지명령의 절차와 관련해서는 연방민사소송규칙 제65조가 규율하고 있다. 따라서 이러한 신청에 의한 금지명령에 대해 법원은 금지명령의 이유와 함께 명확한 용어(specific term)로 금지되는 행위 유형과 대상제품을 명시하여야 한다[F.R.C.P. 65(d)]. 다만 침해제품과 색상만 다른 제품도 금지의 대상에 포함시키는 명령은 위와 같은 요건에 반하는 것은 아니다.[9)]

금지청구권 행사의 제한과 관련하여, 표준특허권자의 금지청구권 행사를 제한할지 여부가 문제된다. 미국에서는 표준특허권자의 침해금지청구권 행사가 제한되어야 한다는 것이 주류적인 입장인데, 그 방법으로 경쟁법의 제한을 가급적 피하고 기존 특허법의 틀 안에서 규율하고자 하는 것으로 평가될 수 있다. 다만 특허법의 틀 안에서도 FRAND 확약을 제3자를 위한 계약이 체결된 것으로 보아 침해금지청구권을 부정하는 캘리포니아 북부연방지방법원[10)] 등 실무의 입장이 있으나, 최근에는 표준특허권자

6) 우리나라에서는 침해소송인 본안소송에서 지식재산권 침해금지 가처분을 병합하여 구하는 것은 부적법하여 허용되지 아니한다(서울중앙지방법원 2018가합554791 판결 등 참조).

7) "[A] major departure from the long tradition of equity practice should not be lightly implied." Weinberger v. Romero-Barcelo, 456 U.S. 305, 320.

8) 35 USC §283. "The several courts having jurisdiction of cases under this title may grant <u>injunctions</u> in accordance with <u>the principles of equity</u> to prevent the violation of any right secured by patent, on such terms as the court deems reasonable."

9) 이러한 금지명령의 F.R.C.P. 65(d) 충족여부가 문제된 사건으로는, Oakley, Inc. v. Sunglass Hut Int'l., 316 F.3d 1331(Fed. Cir. 2003) 참조.

10) Realtek Semiconductor Corp. v. LSI Corp., 2013 WL 2181717(N.D. Cal. 2013).

의 침해금지청구권을 원칙적으로 인정하면서 미국 연방대법원이 eBay 판결을 통해 확립한 재량적 침해금지청구권의 인정 요건에 따라 그 행사에 제한을 가하고 있다고 평가되고 있다.[11)]

CAFC는 Apple v. Motorola 사건[12)]에서, FRAND 확약 여부가 특허권자에게 금지명령을 받을 자격이 있는지를 판단하는 것과 관련성이 있기는 하나, 표준필수특허라는 상황에서 금지명령의 중요성에 반하는 어떠한 일반원칙이 있는 것은 아니라고 하였다. FRAND 선언이 된 표준필수특허를 위한 금지명령에서도 이를 다룰 별도의 원칙이나 분석의 틀이 있는 것이 아니라, eBay 사건에서 연방대법원이 정립한 기준이 충분한 기준이 될 수 있다고 한 것이다. 결국 위 사건에서 CAFC는 "침해자가 일방적으로 FRAND 조건에 따른 실시료를 거부하거나 협상을 비합리적으로 지연시켜 그와 같은 효과에 이르게 한 경우에는 금지명령이 정당화될 수 있다."라고 하였다. 다만 표준필수특허권자가 침해혐의자에 대하여 금지명령을 신청하는 경우 상대방은 금지청구가 라이선스를 제공하기로 한 FRAND 실시확약 위반임을 주장하여 항변할 수 있다. 이 때 법원은 그러한 항변의 당부를 판단하기 위해 특허권자와 표준개발기구(SDO: Standards Development Organizations) 사이의 계약 조건을 심리하는데, 미국의 법원들은 표준개발기구의 특정한 정책이 구속력 있는 계약에 해당할 수 있으며, 그 표준개발기구 회원이나 수익자인 제3자는 표준을 사용자는 당사자로서 소송을 제기할 수 있다고 하였다.[13)] 즉, 만약 특허권자가 자발적으로 표준개발기구에 특허권허여 확약을 하였다면 그 특허권자는 FRAND 조건으로 실시권을 부여해야 할 의무를 부담할 수도 있게 되는 것이다.[14)] 결국 표준필수특허권자가 금지명령을 신청한 경우 법원은, 금지명령의 당부를 판단함에 있어 eBay 요소들을 적용하여 심리할 것이고, FRAND 실시확약은 그 당부 판단에 있어 하나의 요소가 된다.[15)] 다만 침해 이전에

11) 백경현, "표준특허권자의 침해금지청구권 [서울중앙지방법원 2018. 8. 2.자 2018카합20292 결정(가처분이의)], 한국특허법학회, 「2019 TOP 10 PATENT DECISIONS SEMINAR」 자료집(2020. 6.), 218면.

12) Apple v. Motorola 757 F.3d 1286(Fed. Cir. 2014).

13) Microsoft Corp. v. Motorola, Inc., 696 F.3d 872, 884-85(9th Cir. 2012); Apple, Inc. v. Motorola Mobility, Inc., 886 F.Supp.2d 1061, 1083-84(W.D. Wis. 2012); Microsoft Corp. v. Motorola, Inc., 864 F.Supp.2d 1023, 1031-33(W.D. Wash. 2012).

14) Cathy Ann BENCIVENGO, United States District Court for the Southern District of California, 특허법원 2020 International IP Court Conference 자료집(영문), 195.

15) Id., 196.

표준필수특허에 대한 라이선스가 허여되었고, 해당 표준이 업계에서 널리 시행되고 있는 사정이 있다면, 그러한 사정은 특허권자가 금지명령 없이는 회복할 수 없는 손해를 입을 것이라는 요건을 부정하는 강력한 증거가 될 수 있다.[16] 또한 표준을 따르는 제품으로 인한 침해의 경우 FRAND 확약의 존재는 금전배상이 적절한 전보배상의 방법이 될 수 있음을 추단케 한다.[17] 하지만 이 경우에도 침해자가 FRAND 실시료 지급을 거부하거나 불합리하게 협상을 지연시키는 경우, 법원은 가격의 인하, 신용의 상실, 명예의 훼손, 사업기회 상실로 인한 회복할 수 없는 손해가 인정된다고 판단할 수도 있다. 그리고 만약 특허침해자가 큰 시장점유율을 가지고 있는 경쟁자이고 일방적으로 FRAND 조건의 실시료 지급을 거절하는 경우에도 금지명령이 내려지게 하는 긍정적 요소로 작용할 수 있다.[18]

Ⅱ. 유　　형

1. 임시적 금지명령(preliminary injunction)[19]

원고는 특허침해를 이유로 피고를 상대로 손해배상 및 영구적 금지명령을 구하는 본안 소송을 제기한 이후 본안 판결 이전에 임시적 금지명령을 구하는 신청을 할 수 있다. 우리나라에서는 가처분 사건의 경우 본안의 계속 여부와 관계없이 별도의 신청사건으로 접수하여 통상 신청사건을 전담하는 별개의 재판부에서 처리하나, 미국법에서 임시적 금지명령은 본안에서 영구적 금지명령을 구하면서 당해 재판부에 이에 부수하여 신청하는 것이다.[20] 따라서 임시적 금지명령을 받기 위해서는 해당 소송에서 최종적으로 구하고는 판결(청구취지) 중에 영구적 금지명령이 있어야 하므로, 손해배

16) Apple v. Motorola 757 F.3d 1286, 1332(Fed. Cir. 2014).
17) Id, 1331.
18) Cathy Ann BENCIVENGO, United States District Court for the Southern District of California, 특허법원 2020 International IP Court Conference 자료집(영문), 204-205.
19) 이를 국내에서 '침해금지가처분' 또는 '예비적 금지명령'으로 번역하기도 하나, 금지명령의 한 범주로서 본안에서 최종 판결이 나기 전까지 행위의 금지를 명하는 것이라는 점을 명확히 하기 위해 위와 같이 쓰기로 한다.
20) 미국 특허쟁송실무에 관한 연구－연방순회항소법원(CAFC), 연방지방법원, 국제무역위원회(ITC), 특허청(USPTO)을 중심으로－대법원 사법정책연구원(연구책임자: 송현정)(2016), 95면.

상만을 청구하는 사건에서는 임시적 금지명령을 구할 수 없고, 본안에 관한 소제기 없이 임시적 금지명령만을 먼저 신청할 수도 없다.[21]

원고는 통상 소장의 접수와 송달이 이루어지는 즉시 임시적 금지명령신청을 하는데, 법원은 통상 당사자의 서면 제출 및 관련 증거조사를 통해 증거를 충분히 심리한 후 결정을 하고 있다. 임시적 금지명령은 본안판결 이전에 행해지는 일종의 중간판결(interlocutory order)의 성격을 가지고 있는데, 법원은 상대방 당사자에게 이를 통지한 이후에야 금지명령을 내릴 수 있다.[22] 임시적 금지명령을 통해 특허권자는 본안판결 이전이라도 침해가 더 이상 확장되지 않도록 할 수 있다. 임시적 금지명령 신청자(preliminary injunction movant)는 소위 4분지심사(four part test)를 통과하여야 금지명령을 발령받을 수 있다.

한편 연방민사소송규칙 65(c)는, "법원은 부당하게 금지명령을 받았다고 판명된 당사자가 입은 피해배상 및 손해배상을 위해 적절하다고 인정한 금액 상당의 담보를 신청인이 제공한 경우에 한하여 임시적 금지명령 혹은 잠정적 금지명령을 내릴 수 있다."고 규정하고 있다. 이에 따라 임시적 금지명령이 인용되는 경우, 거의 대부분의 경우에 부당한 금지명령으로 인하여 특허침해 혐의자가 입을 수 있는 손해와 비용을 담보할 공탁금(bond)을 특허권자가 예치하도록 하고 있다.[23] 그러한 예치금의 액수는 법원의 재량에 달렸는데, 담보제공을 위해 많은 경우 지급보증보험(services of bail bondsperson or insurance company)이 이용된다.[24] 또한 임시적 금지명령이 인용된 후 특허권자가 본안에서 승소한 경우에는 통상 영구적 금지명령이 발령되고, 반대로 임시적 금지명령이 인용된 후 특허권자가 본안에서 패소한 경우에는 상대방이 공탁된 담보에 대한 추급절차에 나아간다.[25] 또한 만약 침해혐의자가 법원의 금지명령을 위반하여 침해를 계속하는 경우 특허권자는 법원에 제재신청을 하고, 이에 따라 법원이 심리를 위하여 출석을 명하여(contempt citation 발행) 심리 후 이행명령, 벌금의 부과, 손해배상의 명령 또는 구류 등의 처분을 내릴 수 있다.

---

21) 신경섭, 미국특허침해소송론, 시그라프레스(2012), 145면.
22) F.R.C.P.65(a)(1).
23) David V. Radack, "Injunctions in Patent Infringement Cases", Journal JOM 49 (12) (1997), 56. https://www.tms.org/pubs/journals/jom/matters/matters-9712.html(최종접속: 2020. 3. 2.)
24) Id.
25) Id.

(1) 4분지심사

4분지심사란 ① 본안승소 가능성(likelihood of success on the merits), ② 임시적 금지명령신청이 받아들여지지 않았을 때, 신청자 측이 입을 수 있는 회복 불가능한 손해(irreparable harm)의 존재, ③ 명령신청이 받아들여졌을 때 명령신청자의 상대방이 받을 고통(hardship)과 명령신청자가 누릴 이익(benefit) 간의 비교형량(balancing), ④ 금지명령이 공익(public interest)에 미치는 영향 등 4가지 요소를 심사하여야 한다는 것이다.[26]

법원은 위 4가지 요소를 고려하여 임시적 금지명령을 발하게 된다. 이들 요소는 각각 독립적으로 판단되는 고려사항들로서, 법원은 각 사항들을 비교형량해야 한다.[27] 어느 한 요소를 충족하지 못했다고 해서 임시적 금지명령을 발하는 것이 불허되는 것은 아니다. 한편 신청법원은 위 네 가지 요소 중 주요한 ①과 ②가 인정되지 아니하는 경우 ③ 이하의 심사로 나아갈 필요 없이 신청을 받아들이지 않을 수 있다.[28]

(2) 절 차

임시적 금지명령은 당사자의 신청(motion)으로 개시된다. 신청을 받은 법원은 통상은 심문기일을 진행하여 주장 및 증거를 심리한 후, 명령을 발할지 여부를 결정하며, 만일 기일을 열지 않는 경우에는 금지명령의 상대방에게 사전에 통지한다.

이 신청은 본안의 소송 제기 직후 또는 그와 동시에 제기되는 경우가 많다. 다만 이 신청은 신청인이 소송의 초기에 많은 증거를 수집하여야 하고 본안 이외에 추가적

---

26) 4요소는 (1) likely success on the merits, including proof of infringement and lack of a substantial question regarding Interface's invalidity defense; (2) irreparable harm absent an injunction; (3) that the balance of hardships favors granting the injunction; and (4) that public policy favors granting the injunction. 이러한 기준의 적용과 관련하여, Reebok Int'l Ltd. v. J. Baker, Inc., 32 F.3d 1552, 1556(Fed. Cir. 1994); Tate Access Floors, Inc. v. Interface Architectural Res., Inc., 132 F. Supp. 2d 365, 370(D. Md. 2001); T.J. Smith & Nephew Ltd. v. Consol. Med. Equip., Inc., 821 F.2d 646, 647, 3 USPQ2d 1316, 1317(Fed. Cir. 1987); Hybritech Inc. v. Abbott Labs., 849 F.2d 1446, 1451, 7 USPQ2d 1191, 1195(Fed. Cir. 1988).

27) Chrysler Motors Corp. v. Auto Body Panels of Ohio, Inc., 908 F.2d 951, 952, 15 USPQ2d 1469, 1470(Fed. Cir. 1990)(The district court must balance each of these factors against the others and against the magnitude of the relief requested to determine whether a preliminary injunction should be granted or denied).

28) Reebok Int'l Ltd. v. J. Baker, Inc., 32 F.3d 1552, 1556(Fed. Cir. 1994); Polymer Technologies, Inc. v. Bridwell, 103 F.3d 970, 973-974(Fed. Cir. 1996).

인 시간과 비용이 많이 들어, 캘리포니아 북부연방지방법원은 심문기일에서 쌍방의 주장과 선서진술서 등 이외에는 증인신문은 허용하지 않고 있다.29) 또한 신청을 받은 법원은 심문기일(hearing on a motion) 전후에 본안에 관한 변론기일(trial)을 진행하고 그 절차 중간에 심문기일을 진행할 수도 있다.30)

(3) 각 요소별 판단

1) 본안승소 가능성

본안승소 가능성 요건은 4가지 요건 중 가장 중요한 요건이다. 왜냐하면, 이 요건이 명확히 성립되면 두 번째 요건인 회복 불가능한 손해 요건이 용이하게 인정되기 때문이다. 세부적으로 특허권자는 자신이 특허권자라는 사실과31) 특허침해사실을 입증하여야 한다. 또 금지명령을 구하는 특허권자는 피신청인이 제기하는 특허무효 및 권리행사불허 공격을 이겨낼 수 있다는 점32) 또는 상대방의 특허무효 주장이 실패할 것이라는 합리적인 가능성(reasonable likelyhood that the attack on its patent's validity would fail)을 보여주면 된다.33)

침해소송의 본안에서는 침해혐의자가 특허가 무효임을 명백하고 확실한 증거에 의해 입증하여야 함에 비하여, 임시적 금지명령 발부 여부에 대한 판단에 있어서는 이와 같은 점이 고려되기는 하나, 침해혐의자는 특허의 유효성에 관한 중대한 의문(substantial question)을 제기하면 되고, 법원은 쌍방이 제출한 증거를 종합하여 특허유효성에 관하여 그와 같은 의문이 제기되었는지를 판단한다.34) 침해혐의자가 위와 같은 중대한 의문 제기에 성공한 경우에는 금지명령이 내려지지 아니한다.35)

---

29) Kimberly A. Moore, Timothy R. Holbrook, John F. Murphy, PATENT LITIGATION AND STRATEGY(Fifth Edition), AMERICAN CASEBOOK SERIES(2018), p. 847.

30) F.R.C.P. §65(a)(2).

31) Filmtec Corp. v. Allied-Signal Inc., 939 F.2d 1568, 19 USPQ2d 1508(Fed. Cir. 1991).

32) Genentech v. Novo Nordisk A/S, 108 F.3d 1361, 42 USPQ 1001(Fed. Cir. 1997).: In order to demonstrate that it has a likelihood of success, Genentech must show that, in light of the presumptions and burdens that will inhere at trial on the merits, (1) it will likely prove that Novo infringes the '199 patent and (2) its infringement claim will likely withstand Novo's challenges to the validity and enforceability of the '199 patent.

33) Oakley, Inc. v. Sunglass Hut Int'l, 316 F.3d 1331, 1339(Fed. Cir. 2003).

34) Titan Tire Corp. v. Case New Holland, Inc., 566 F.3d 1372, 1376(Fed. Cir. 2009).

35) Oakley, Inc. v. Sunglass Hut Int'l, 316 F.3d 1331, 1340(Fed. Cir. 2003).

침해의 입증을 위해서 특허권자인 임시적 금지명령 신청자는 종전에 동일 특허를 침해하는 것으로 판결 받은 제품과 문제가 된 제품(accused product)간의 유사성을 보이는 방법으로 입증을 하려고 할 것이다. 그리고 유효성의 경우 직접적 기술증거(direct technical evidence)로 특허의 유효성을 입증할 수 있을 것이나, 문제가 된 특허가 다른 피고에 의한 무효 공격에도 유효로 판단된 이력이 있다면 그 판결이 신청법원을 직접적으로 구속하지는 않는다고 하더라도 이를 유효성을 인정받는 유력한 증거로 활용할 수 있다.[36]

2) 회복불가능한 손해

임시적 금지명령 신청자(=특허권자)는 자신의 신청이 받아들여지지 않을 경우 특허권자가 입게 될 회복불가능한 손해를 입증해야 한다.[37] 반드시 파산에 이를 것이라는 등의 사정이 필요한 것은 아니며 본안소송계속 중에도 침해행위가 계속될 경우 금전적으로는 보상되지 않는 손해가 있을 수 있음을 증명하면 족하다.[38] 과거 연방법원은 특허의 유효성 및 침해의 존재가 명확하면, 특허권자가 회복 불가능한 손해를 입게 될 것이라고 추정(presumption of irreparable harm)된다고 해석하였다.[39] 그리고 특허권자(신청인)가 본안 승소가능성 입증을 통해 회복불가능한 손해의 존재가 추정되는 경우, 반대사실에 대한 증거제출책임(burden of production)이 상대방에게 전환되었다.[40] 이는 사실상 추정(factual presumption)으로 특허침해가 의심되는 피신청인이 반증을 통하여 추정을 복멸할 수 있다.[41] 피신청인은 자신이 이미 침해라고 주장된 활동을 중지하였고 향후에 이를 재개할 계획이 없다거나, 침해로 추정되는 행위를 특허권자가 인지한 후에 임시적 금지명령을 신청하기까지 부당하게 시간을 경과시킨 사실 등을 입증하는 등의 방법으로 회복불가능한 손해 추정을 복멸할 수 있다고 해석되었다.[42]

그런데 회복불가능한 손해의 추정과 관련하여, 아래에서 보는 eBay 판결에서 연방

36) Janice Mueller, op. cit., p. 583.
37) H.H. Robertson, Co. v. United Steel Deck, Inc., 820 F.2d 384, 387-89(Fed. Cir. 1987).
38) Lilly & Co. v. American Cyanamid Co., 82 F.3d 1568, 38 USPQ2d 1705(Fed. Cir. 1996).
39) Id.
40) Reebok Int'l Ltd. v. J. Baker, Inc., 32 F.3d 1556(Fed. Cir. 1994).
41) Reebok Int'l Ltd. v. J. Baker, Inc., 32 F.3d 1552, 1556(Fed. Cir. 1994).
42) Chisum, op. cit., p. 668; Janice Mueller, op. cit., p. 584.

대법원이 금지명령을 내리기 위해서는 형평법상 금지명령을 위한 네 가지 요소를 심사하여 각 요건이 모두 충족되는 경우에 금지명령이 내려져야 한다고 판시하였고, 그 이후 CAFC가 Bosch 사건[43]에서 연방대법원이 위 eBay 사건에서 '회복불가능한 손해'의 추정 원칙을 폐기한 것임을 명확히 선언하였는데, 이와 같은 eBay 판례나 Bosch 판결은 임시적 금지명령에도 적용된다고 해석되고 있다. 따라서 위 판결 이후에는 '회복불가능한 손해'의 요소도 이를 뒷받침하는 증거에 따라 입증되어야 한다.

3) 양 당사자 이익의 비교형량

임시적 금지명령은 우리법상 만족적 가처분과 같은 성격을 가지고 있는 강력한 재제수단이다. 신청이 인용되면, 피신청인은 자산의 손실 또는 피고용인의 실직을 감수하고, 즉시 침해활동을 중지해야 한다. 그러므로 법원은 신청인과 피신청인간의 고통과 이익을 형량하여야 한다. 임시적 금지명령 발부 여부를 결정함에 있어 법원은, 당사자의 수, 특허권자가 시장에서 독점적인 지위를 가지고 있는지 여부, 당사자의 사업에 미치는 상대적인 영향, 당사자들이 시장에 진입한 상대적 시간 등을 고려한다.[44]

Illinois Tool Works 사건에서 법원은 만일 임시적 금지명령이 내려지면, 이로 인하여 피신청인의 사업은 복구불능에 이르게 되어 도저히 다시 사업을 재개할 수 없게 된다는 점을 들어 신청을 받아들이지 않았다.[45] 반면 파산에 이르지는 않았지만, Kodak은 10년 넘게 Polaroid가 보유한 즉석카메라 특허 침해에 대해서 법정공방을 벌인 후 패소하여 9억 2,500만 달러를 Polaroid에게 지불했다.[46] 이 사건에서 Kodak은 Polaroid의 임시적 금지명령신청에 대해서 만일 임시적 금지명령이 발하여지면 4,000명이 넘는 직원이 실직하게 되고, 2억 달러가 넘게 들어간 장비 및 시설투자가 무용지물이 되는 등 엄청난 고통을 겪게 되므로 임시적 금지명령은 인용되어서는 안된다고 주장하였으나 법원은 이러한 주장을 배척하였다.[47]

---

43) Robert Bosch LLC v. Pylon Manufacturing Corp., 659 F.3d 1142(2011).

44) Anatomy of a Patent Case(Second Edition), Complex Litigation Committee of the American College of Trial Lawyers, Bloomberg BNA (2012), p. 76.

45) Illinois Tool Works, Inc. v. Grip-Pak, Inc., 906 F.2d 679, 681 15 USPQ2d 1307, 1308(Fed. Cir. 1990).

46) 이 9억 2,500만 달러에는 특허침해에 대한 손해배상액 8억 7,300만 달러와 그 손해배상액의 지연이자 5,200만 달러가 포함되어 있다(Janice Mueller, op. cit., p. 585).

47) Id.

4) 공공의 이익

마지막으로 신청법원은 임시적 금지명령을 명하는 것이 공익에 해를 미치는지를 고려하여야 한다. 일반적으로 경쟁에 의해 더 낮은 가격에 제품이 시장에 공급된다는 점이 임시적 금지명령을 기각할 공익상 이유로 인정되지는 아니한다. 그러나 법원이 임시적 금지명령을 명함으로써 생필품의 공급이 중단되거나, 생명이나 건강에 관련된 제품이 생산될 수 없는 상황이 되도록 하여서는 안 된다.[48] Datascope 사건에서 수술에 사용되는 카데터에 대한 금지명령을 법원이 공익적 이유로 기각한 사례가 있다.[49]

(4) 불복절차

미국 사법절차에서의 종국판결원칙(28 U.S.C. §1291)에 따라 원칙적으로 연방지방법원의 종국판결에 대해서만 상소할 수 있는데, 중간판결인 임시적 금지명령 신청의 인용 또는 기각결정에 대해서는 즉시 항소할 수 있다.[50] 임시적 금지명령은 연방지방법원의 재량권에 속하는 사항이므로 항소법원은 지방법원이 임시적 금지명령을 발령함에 있어 재량을 남용하였거나, 법적용에 오류를 범하거나, 중대하게 증거를 잘못 판단(평가)한 경우에만 금지명령을 취소(vacate the injunction and remand)할 수 있다.[51]

48) 공익상 이유에 의한 금지명령 불허는 제약회사 관련 사건에서 찾아볼 수 있다. Hybritech Inc. v. Abbott Labs., 849 F.2d 1446, 1451, 7 USPQ2d 1191, 1195(Fed. Cir. 1988); 쓰레기 처리시설과 관련하여 City of Milwaukee v. Activated Sludge, Inc., 69. F.2d 577, 21 USPQ 69(7th Cir. 1934) (injunction refused against city operation of sewage disposal plant).

49) Datascope Corp. v. Kontron, Inc., 611 F. Supp. 889, 227 USPQ (BNA) 320(D. Mass. 1985), aff'd 786 F.2d 398, 229 USPQ (BNA) 41(Fed. Cir. 1986).

50) 28 USC §1292 (a): Except as provided in subsections (c) and (d) of this section, the courts of appeals shall have jurisdiction of appeals from:
(1) Interlocutory orders of the district courts of the United States, the United States District Court for the District of the Canal Zone, the District Court of Guam, and the District Court of the Virgin Islands, or of the judges thereof, granting, continuing, modifying, refusing or dissolving injunctions, or refusing to dissolve or modify injunctions, except where a direct review may be had in the Supreme Court;

51) Oakley, Inc. v. Int'l Tropic-Cal, Inc., 923 F.2d 167, 169(Fed. Cir. 1991); Amini Innovation Corp. v. Anthony Cal., Inc., 439 F.3d 1365, 1371(Fed. Cir. 2006).: "The matter of preliminary injunctive relief is committed to the sound discretion of the trial court, and a reversal requires a showing that the trial judge abused his discretion, committed an error of law, or seriously misjudged the evidence."

2. 영구적 금지명령(Permanent Injunction)

(1) 의 의

이 명령의 목적은 타인이 특허권자의 발명을 이용하지 못하도록 배제하기 위해 특허권자의 권리를 실행하는 것이고 그래서 특허침해가 인정되면 불허할 정당한 사유가 없는 한 특허권자에게 허여된다. 임시적 금지명령과는 달리 영구적 금지명령은 본안소송의 사실심리(trial) 이후에 발하여진다.[52]

미국 특허법 제283조는 '법원은 형평의 원칙에 의거하여(in accordance with the principles of equity) 법원이 합리적이라고 판단하는 조건에 따라 특허침해를 방지하기 위한 금지명령을 내릴 수 있다.'고 규정하고 있다. 다만 이러한 구제수단은 특허법 제154조의 특허권자의 배타권, 즉 타인이 특허발명을 임의로 생산, 사용, 판매, 수입을 하지 못하도록 할 수 있는 권리에 기초하여 자동으로 인정되는 것이 아니다.[53] 즉, 본안에서 침해가 인정된 이후에 명하여진다고 해서 법원이 의무적으로 명하여야 하는 것은 아니고 이는 법원의 형평법적 재량(equitable discretion)에 의해 내려지고, 이는 재량권 남용 기준에 의해 항소심에서 심리된다.[54] 하지만 특허침해가 인정되는 경우 금지명령도 대개 인용되었고, 기각되는 경우는 공익상의 요구에 의한 경우였다.[55]

1985년 이전에는 연방항소법원이 형평의 원칙에 따라 자유재량으로 영구적 금지명령을 발하여 왔다. 그런데 CAFC는 1985년 이후 특허침해소송에서 특허가 침해되었고, 특허가 유효하다면, 임시적 금지명령에서 본 바와 같은 4가지 요소를 고려하지 않고 영구적 금지명령을 내려왔다. 이러한 CAFC의 관행은 자동적 금지명령(Automatic Injunction)이라고 불렸다. 이에 따라 사실상 세 번째, 네 번째 요건은 형해화되는 결과를 가져오게 되었다. 이 때문에 1985년 이후 연방지방법원과 CAFC 사이에 갈등이 계

---

52) W.L. Gore & Associates v. Garlock, Inc., 721 F.2d 1540, 220 USPQ 303(Fed. Cir. 1983). 이 사건은 Teflon 테잎에 관련된 특허가 문제된 사안으로 미래에는 침해가 없을 것이라는 설득력 있는 증거가 없는 한 영구적 금지명령이 내려져야 한다고 보았다.

53) Cathy Ann BENCIVENGO, United States District Court for the Southern District of California, 특허법원 2020 International IP Court Conference 자료집(영문), 191.

54) eBay Inc. v. MercExchange, L.L.C., 547 U.S. 388(2006).

55) Rite-Hite Corp. v. Kelley Co., 56 F.3d 1538(Fed. Cir. 1995). Rite-Hite 사의 트럭관련 발명인 U.S. Patent 4,373,847와 관련된 것으로 이 사건의 지방법원 판결은 Rite-Hite Corp. v. Kelley Co., 774 F. Supp. 1514, 21 USPQ2D(BNA) 1801(E.D. Wis. 1991).

속되었다. CAFC는 특허권을 보호하기 위해서는 특허권침해의 책임이 있으면 자동적으로 영구적 금지명령을 발하는 것이 특허권자를 보호하는 것이라는 것이라고 보았다. 연방지방법원에서는 전통적인 형평상의 요소를 고려하여 판결을 한 바가 있었지만, CAFC는 eBay 사건에서 보는 것과 같이 영구적 금지명령을 거의 인용하였다. 그런데 이러한 관행은 연방대법원의 eBay 판결[56]에 의해서 폐기되었다.

(2) eBay v. MercExchange[57]

1) 사안의 개요

MercExchange사는 온라인상에서 판매자와 구매자가 상품가격을 흥정할 수 있는 신뢰성 있는 프레임(영업방법)에 관해 특허(U.S. Patent No. 5,845,265)를 가지고 있었다. eBay사와 그 계열사인 Half.com사는 유사한 온라인 판매시스템인 '즉시구매(Buy It Now)' 기능을 사용하였다. 즉시구매는 경매물품에 대해 일정가격을 제시하면 경매 없이 바로 상품을 구매하는 영업방법(business method)으로 eBay사와 계열사 Half.com 매출의 30%를 차지하고 있었다. MercExchange사는 eBay사 및 Half.com사와 위 특허에 대한 라이선스 협상을 하였으나 결렬되자, eBay사 및 Half.com사의 핵심 서비스모델인 '즉시구매(Buy It Now)' 기능이 자사 특허를 침해했다며 서비스 중단을 요구하면서 손해배상과 함께 금지명령을 신청하였다.

2) 사건의 경과

1심법원(Virginia Eastern District Court)에서는 eBay사 등 피고의 침해를 인정하고 배심원단이 손해배상으로 약 3,000만 달러를 인정하였지만, 영구적 금지명령신청은 기각하였다.[58] 이에 양당사자는 항소하였다. 2005년 3월 CAFC는 1심판결을 뒤집고 손해배상의 인정뿐만 아니라 영구적 금지명령까지 인용하였다. 금지명령청구는 예외적인 환경이나 공공의 이익을 보호하기 위한 특수한 사정이 있는 경우에만 부정될 수 있는 것이 일반원칙이며, 본 사안은 그러한 경우에 해당되지 않는다고 판시하였다.[59]

그러자 2005년 8월 26일 eBay는 연방대법원에 상고하였다. 연방대법원은 특허법규

56) eBay Inc. v. MercExchange, L.L.C., 547 U.S. 388(2006).

57) Id.

58) 275 F. Supp. 2d 695(2003).

59) 401 F. 3d 1323, 1339(2005).

정은 금지명령을 발하는 경우 전통적인 형평법의 요소를 고려하지 않도록 되어 있지 않다고 판단하면서 CAFC의 판결을 파기하였다. 특허침해사건에서도 형평법의 원리를 적용하여야 하고, 영구적 금지명령을 발하기 위해서는 특허권자가 전통적인 형평법의 원리에 따라 4가지 요소, 즉 i) 회복할 수 없는 손해를 입었다는 점(it has suffered an irreparable injury), ii) 통상적인 법률상 구제수단이 그러한 손해를 전보하기에 충분하지 아니하다는 점(that remedies available at law are inadequate to compensate for that injury), iii) 금지명령이 내려졌을 때 신청인이 받을 이익과 상대방이 받을 고통 사이의 비교형량(the balance of hardships between the plaintiff and defendant, a remedy in equity is warranted)에 따르더라도 금지명령이 타당하다는 점, iv) 금지명령의 발령으로 인해 공익(public interest)이 훼손되지 않는 다는 점을 입증하여야 한다고 판시했다. 하지만 연방대법원의 eBay 판결 이후에도 CAFC는 침해자가 경쟁자인 경우에는 침해가 인정되는 경우 금지명령도 내려지는 것이 통상적인 것으로 판시해 오고 있다.[60]

(3) Robert Bosch LLC v. Pylon Manufacturing Corp. 사건[61]

1) 사안의 개요

이 사건은 'beam-type' 차량유리 와이퍼날 장치에 관한 특허에 관한 사건이다. Bosch사는 이 장치에 대한 여러 특허('1 내지 4특허'로 약칭한다)의 특허권자로서 이 특허를 실시한 와이퍼날을 자동차제품 제조자 및 소매상에게 판매하였다. Pylon사도 와이퍼날을 소매상에 판매하여 Bosch사와 경쟁관계에 있었다. Bosch사는 Pylon사를 특허침해를 이유로 델라웨어 연방지방법원에 소를 제기하였다. 이 사건에서 손해배상 쟁점에 관해서는 변론을 분리하는 결정이 내려졌고, 이후 쌍방이 사실심리생략판결 신청을 하였다. 이에 법원은 2특허의 비침해주장에 관한 피고의 신청은 인용하되, 2특허 및 4특허 무효주장에 관한 피고의 신청은 기각하고, 4특허의 침해, 1특허 및 3특허에 대한 불공정행위의 부존재와 'derivation'에 의한 특허 무효사유의 부존재 주장에 관한 원고의 신청을 각 인용하는 판결을 하였다. 위와 같은 사심심리생략판결 이후 나

---

60) Anatomy of a Patent Case(Second Edition), Complex Litigation Committee of the American College of Trial Lawyers, Bloomberg BNA (2012), p. 168.

61) Robert Bosch LLC v. Pylon Manufacturing Corp., 659 F.3d 1142(Fed. Cir. 2011).

머지 쟁점에 관해서 배심재판이 진행되었고, 배심원이 1특허 및 3특허의 각 청구항 13이 유효하고 침해가 인정되는 반면, 3특허의 청구항 1 및 5는 진보성이 결여되어 무효이고, 4특허에 대하여는 진보성결여 및 'derivation'에 의한 무효를 평결하였다.

이와 같이 1특허 및 3특허에 대하여 배심원 평결에 의해 각 피고의 침해가 인정되자, Bosch는 영구적 금지명령을 신청하였다.

2) 사건의 경과

1심 법원인 델라웨어 연방지방법원은 '회복불가능한 손해'의 입증이 없음을 이유로 원고의 신청을 기각하였다. 그러나 CAFC는, 금지명령을 기각한 1심 판결에 대한 항소에 대하여는 재량권의 남용(abuse of discretion)62) 기준에 따라 재심사를 함을 밝히면서, Bosch가 아래와 같은 사실 즉 i) 비록 다른 경쟁자가 있다고 하더라도 원고와 피고가 직접적으로 경쟁(direct competition)을 하고 있는 점, ii) 피고의 침해품으로 인해 원고가 시장점유율을 잃고 잠재적인 고객들에게의 접근을 잃게 되는 점(loss in market share and access to potential customers), iii) 승소판결이 내려지더라도 이를 집행할 피고의 경제적 능력이 부족한 점을 입증하였음을 이유로, '회복할 수 없는 손해'가 없다고 판단한 1심 법원의 판결은 부당하고, 금지명령을 위한 나머지 요소들을 살펴보았을 때 금지명령을 내리는 것이 타당하다고 하면서 1심 판결을 뒤집고 적절한 금지명령을 위해 사건을 1심 법원에 환송(reverse and remand)하였다.

무엇보다 위 사건에서 CAFC는, eBay 사건에서 연방대법원이 특허의 유효성 및 침해의 존재가 명확하면 회복불가능한 손해가 추정된다는 과거의 판시(presumption of irreparable harm)를 폐기한 것인지가 명확하지 않았다고 하면서, 이 판결을 통해 연방대법원이 위 eBay 판결에서 위 추정을 폐기한 것이라고 명확히 선언한다고 하여 매우 중요한 판시를 하였다.

(4) 영구적 금지명령 위반 시 절차

영구적 금지명령이 내려진 후에 침해자가 제품의 구성이나 디자인을 변경하여 다시

62) 위 사건에서 CAFC는, 재량권의 남용은 1심 법원이 법을 잘못 적용하거나 사실인정에 있어 명백한 오류가 있거나, 혹은 판결에 명백한 오류가 있는 경우에 인정된다고 하였다[A district court abuses its discretion when it acts "based upon an error of law or clearly erroneous factual findings" or commits "a clear error of judgment." Ecolab, Inc. v. FMC Corp., 569 F.3d 1335, 1352(Fed. Cir. 2009)].

제조, 판매하였는데, 특허권자가 그 변경품도 역시 특허침해라고 생각하는 경우에는 두 가지 절차 중 하나를 선택할 수 있다. 즉, 변경품에 의한 특허침해를 주장하는 새로운 소를 제기하거나, 침해 판결을 내린 법원에 금지명령 위반(contempt of the existing injunction)에 대한 제재신청(contempt motion)을 하는 것이다. 금지명령 위반에 대한 제재신청은 이미 해당 특허기술에 대해 친숙할 뿐만 아니라 해당 특허의 침해라고 판단한 법원의 판사가 심리한다는 점에서 특허권자에게 유리하고, 피고가 그 절차에서 무효나 권리행사불허 사유를 주장할 수 없어 더욱 유리한 면도 있다.[63] 하지만 이 절차에서는 제재 신청을 하는 특허권자가 변경품이 단순한 변경을 넘어서는 정당한 것이 아님("More than Colorable Difference" Test)과 그 변경품이 실제로 특허침해에 해당한다는 두 가지 사유를 명백하고 확실한 증거(clear and convincing evidence)에 의해 입증하여야 한다.[64] 신청인이 위와 같은 두 가지 사유를 입증한 경우 법원은 금전적 제재를 가하고, 금지명령 이후 계속된 침해에 대한 손해배상을 명하며, 기타 회피 제품을 출시하기 전에 법원의 허가를 얻을 것을 명하는 등의 제제를 가할 수 있다.[65]

3. 잠정적 금지명령(Temporary Restraining Order)[66]

이는 임시적 금지명령의 특수형태로 볼 수 있다. 이 잠정적 금지명령은 모든 특허소송에서 이용되지는 않지만 특허소송에서 활용되는 중요한 구제수단 가운데 하나이다. 시기적으로 보았을 때, 임시적 금지명령은 본안에 대한 사실심리(trial) 전까지 특허권자에 대해 허용되는 구제수단임에 비해, 잠정적 금지명령은 임시적 금지명령신청에 대한 심문(hearing)을 열기 전까지 현상을 유지하는데 그 목적이 있는 제도이다.[67] 잠정적 금지명령은 다음과 같은 요건을 충족하면, 신청인의 상대방에 대한 통지 없이 일방당사자만이 출석한 상태에서 심리가 진행될 수 있다. 즉, 첫째 신청인은 상대방이 심문받기 전에 급박하고 회복할 수 없는 손해가 발생할 것이라는 것을 입증해야 한다.

---

63) Kimberly A. Moore, Timothy R. Holbrook, John F. Murphy, PATENT LITIGATION AND STRATEGY(Fifth Edition), AMERICAN CASEBOOK SERIES(2018), 878면.

64) Tivo, Inc. v. EchoStar Corp. 616 F.3d 869, 98 USPQ2d 1413(Fed. Cir. 2011)(en banc).

65) Id.

66) 국내외에서 이를 '임시적 금지명령'으로 번역한 예도 있다.

67) Smith Int'l, Inc. v. Hughes Tool Co., 718 F.2d at 1577-1578(Fed. Cir. 1983).

둘째, 신청인은 상대방에 대한 통지가 불필요하다는 주장을 뒷받침하는 논거뿐만 아니라 상대방에게 통지하기 위해 들인 노력의 존재를 법원에 서면인증서(written certification)로서 제출하여야 한다.[68] 이러한 요건이 충족되면 이 명령이 바로 내려질 수 있다는 점에서 임시적 금지명령이 상대방에 대한 통지 없이는 내려질 수 없다[69]는 점과 차이가 있다.

제 2 절 손해배상

Ⅰ. 특허법 제284조

1. 미국 특허법상 손해배상 규정의 개정 연혁[70]

미국 최초의 특허법인 1790년 특허법은 침해자가 배심원이 산정한 손해배상액을 특허권자에게 지급하도록 하였는데 다만 손해배상액 산정방법에 대하여 규정하지는 않았다. 이후 1793년 특허법은 침해자는 특허권자가 실시권을 설정하여 받을 수 있었던 금액의 3배에 해당하는 금액을 특허권자에게 지급하여야 한다고 개정하였다. 이후 대부분의 특허권자들이 특허권을 '직접실시'하고 있어 위 규정의 적용상 한계에 대하여 제기한 비판을 수용하여 1800년 특허법은 침해자는 특허권자가 침해로 입은 실제 손해액의 최소 3배의 금액을 특허권자에게 지급하도록 개정하면서 실시권에 관한 규정을 삭제하였다.

1819년 특허법은 보통법소송을 담당하는 연방법원에 형평법소송을 담당할 수 있는 권한을 부여하여 연방법원이 금지명령을 인정할 수 있음을 명시하였다. 이후 1836년 특허법은 고의침해가 아닌 사건에도 3배 배상을 인정하는 것은 타당하지 않다는 1800

68) F.R.C.P. 65(b).
69) F.R.C.P. 65(a).
70) 이주환, "미국 특허법에서의 특허침해로 인한 구제와 우리 특허법에 대한 시사점－특허권 균형 시대의 도래－(Patent Infringement Remedies in U.S. Patent Law and Implications of Domestic Patent Law－A New Era of Balancing Patent Rights－), 연세대학교 법학과 대학원 법학박사학위 논문(2015), 140-144면 내용을 요약함.

년 특허법에 대한 비판을 수용하여, 법원이 '사건의 상황에 따라서(circumstances of the case)' 재량으로 특허권자의 실제 손해액의 3배를 초과하지 않는 한도 내에서 손해배상액을 산정할 수 있다고 개정하였다. 1870년 특허법은 특허권자가 형평법원에서 자신의 실제 손해액과 침해자의 이익액 모두를 손해배상으로 받을 수 있도록 개정하였고, 나아가 1897년 특허법은 보통법법원이 특허권자의 손해액과 더불어 침해자의 이익액에 근거하여 손해배상액을 산정할 수 있도록 규정하였다.

1922년 특허법은 특허권자가 자신의 손해액 혹은 침해자의 이익액을 증명하지 못하는 경우에, 법원이 합리적인 총액(reasonable sum)으로 손해배상액을 산정할 수 있도록 하여 최초로 합리적인 실시료 개념을 특허법으로 수용하였다. 이후 1946년 특허법은 산정에 있어 비용과 시간이 많이 들고 복잡하다는 비판을 받은 침해자의 이익액에 기한 손해배상산정에 관한 내용을 삭제하였고, 1952년 특허법이 현재와 같이 개정되어 오늘에 이르고 있다.

2. 현행 특허법 제284조의 내용

특허침해가 인정되는 경우 손해배상으로서 특허권자 등 원고에게 전보배상(compensatory damage)이 인정됨은 물론 특정한 경우에 가중배상(enhanced damage)[71]까지 인정된다. 손해배상과 관련하여 특허법 제284조[72]는 법원이 특허침해를 확정하고, 손해의 배상을 명함에 있어 손해배상액은 "법원에 의해 결정된 이자 및 비용을 모두 포함하여[73] 그 특허침해를 보상하기에 적정한 금액이어야 하고, 어떤 경우에도 침해

71) 국내에서는 '증액배상'이라고 소개되는 경우도 있다. 그러나 미국 특허법상 이 제도는 악의적 특허침해(willful infringement)에 대하여 일반 민사사건의 'punitive damage'에 상응하는 손해로서 인정되고, 이 배상액을 통해 징벌 내지 제재적 기능을 수행하게 한다는 측면을 보다 명확히 전달하기 위해 위와 같이 번역하여 소개한다.

72) 35 U.S.C. 284 Damages. Upon finding for the claimant the court shall award the claimant damages adequate to compensate for the infringement, but in no event less than a reasonable royalty for the use made of the invention by the infringer, together with interest and costs as fixed by the court.
When the damages are not found by a jury, the court shall assess them. In either event the court may increase the damages up to three times the amount found or assessed. Increased damages under this paragraph shall not apply to provisional rights under section 154(d).
The court may receive expert testimony as an aid to the determination of damages or of what royalty would be reasonable under the circumstances.

자가 만일 라이선스를 받았다면 부담하였어야 할 합리적인 로열티(reasonable royalty) 보다는 작을 수는 없다."라고 규정하고 있다. 만일 이와 같은 하한을 두지 않는다면 특허권자에게 라이선스를 받는 대신 일단 침해를 하고, 침해 뒤에 소송을 당하면 소송에서 결국 로열티 상실분에 해당하는 배상을 하면서, 심지어 합리적인 로열티보다 덜 지급할 수도 있게 된다. 만일 적법한 라이선스를 받는 것보다 특허침해가 유리한 제도가 운용되면, 특허제도의 근간이 붕괴될 수 있게 되기 때문에 미국 특허법은 이와 같은 규정을 두는 것이다.[74] 제284조 2문은 만일 배심원이 손해배상액을 정하지 않은 경우, 법원이 손해액을 정하도록 하면서, 경우에 따라서 법원은 손해배상액을 최대 3배까지 높일 수 있도록 규정한다(=소위 "3배 배상 규정(treble damage provision)"). 제3문에서는 "법원은 손해액을 결정함에 있어서 또는 제반조건에 따라 합리적인 로열티(reasonable royalty)가 얼마인지를 결정함에 있어서 전문가 증인의 증언(expert testi-

73) 이자 및 비용과 관련한 판례로 General Motors Corp. v. Devex Corp., 461 U.S. 648, 655-58, 217 USPQ 1185, 1188-89(1983).

74) 이와 비교하여 우리 특허법은 손해액의 추정규정을 두어 입증책임의 전환문제로 이런 문제를 해결하려고 한다. 제128조(손해배상청구권 등)
① 특허권자 또는 전용실시권자는 고의 또는 과실로 자기의 특허권 또는 전용실시권을 침해한 자에 대하여 침해로 인하여 입은 손해의 배상을 청구할 수 있다. 〈신설 2016.3.29〉 ② 제1항에 따라 손해배상을 청구하는 경우 그 권리를 침해한 자가 그 침해행위를 하게 한 물건을 양도하였을 때에는 다음 각 호에 해당하는 금액의 합계액을 특허권자 또는 전용실시권자가 입은 손해액으로 할 수 있다. 〈개정 2020.6.9〉 1. 그 물건의 양도수량(특허권자 또는 전용실시권자가 그 침해행위 외의 사유로 판매할 수 없었던 사정이 있는 경우에는 그 침해행위 외의 사유로 판매할 수 없었던 수량을 뺀 수량) 중 특허권자 또는 전용실시권자가 생산할 수 있었던 물건의 수량에서 실제 판매한 물건의 수량을 뺀 수량을 넘지 않는 수량에 특허권자 또는 전용실시권자가 그 침해행위가 없었다면 판매할 수 있었던 물건의 단위수량당 이익액을 곱한 금액 2. 그 물건의 양도수량 중 특허권자 또는 전용실시권자가 생산할 수 있었던 물건의 수량에서 실제 판매한 물건의 수량을 뺀 수량을 넘는 수량 또는 그 침해행위 외의 사유로 판매할 수 없었던 수량이 있는 경우 이들 수량(특허권자 또는 전용실시권자가 그 특허권자의 특허권에 대한 전용실시권의 설정, 통상실시권의 허락 또는 그 전용실시권자의 전용실시권에 대한 통상실시권의 허락을 할 수 있었다고 인정되지 않는 경우에는 해당 수량을 뺀 수량)에 대해서는 특허발명의 실시에 대하여 합리적으로 받을 수 있는 금액 ④ 제1항에 따라 손해배상을 청구하는 경우 특허권 또는 전용실시권을 침해한 자가 그 침해행위로 인하여 얻은 이익액을 특허권자 또는 전용실시권자가 입은 손해액으로 추정한다. 〈개정 2016.3.29〉 ⑤ 제1항에 따라 손해배상을 청구하는 경우 그 특허발명의 실시에 대하여 합리적으로 받을 수 있는 금액을 특허권자 또는 전용실시권자가 입은 손해액으로 하여 손해배상을 청구할 수 있다. 〈개정 2016.3.29, 2019.1.8〉 ⑥ 제5항에도 불구하고 손해액이 같은 항에 따른 금액을 초과하는 경우에는 그 초과액에 대해서도 손해배상을 청구할 수 있다. 이 경우 특허권 또는 전용실시권을 침해한 자에게 고의 또는 중대한 과실이 없을 때에는 법원은 손해배상액을 산정할 때 그 사실을 고려할 수 있다. 〈개정 2016.3.29〉
[특허법 2020. 6. 9. 법률 제17422호로 개정된 것(시행 2020. 12. 10.)]

mony)을 들을 수 있다."라고 규정하여 손해액 산정에서 법원의 능력을 전문가증언을 통하여 보완하고자 한다.75) 실제로 대부분의 소송에서 원고와 피고 모두 손해배상 전문가증인(damage expert)을 불러 손해액 산정방식에 관한 각자의 주장을 치열하게 펼치고, 그 기초사실과 관련된 발명자나 회사 관계자를 증인으로 불러 신문한다.

제284조 해석에 있어 논란이 되는 사항이 "침해를 보상하기에 적정한 손해배상(damages adequate to compensate for the infringement)"이라는 문구이다. 합리적인 로열티(reasonable royalty)보다는 적지 않지만 침해를 보상하기에 적정한(adequate) 로열티의 결정방법은 결국 법원의 판결을 통해서 구체화될 수밖에 없는 사항이다. 합리적 로열티의 판단기준은 여전히 사안에 따라 다양한 기준이 제시되고 있다. 초기 연방대법원은 손해배상과 관련하여 두 가지 경향을 가졌다. 그중 첫 번째 판시 경향은, 법원이 손해배상을 명하기 위해서는 실제로 특허권자에게 손해가 있거나 또는 특허 기술에 관한 실시료가 확정되어 있어야 한다는 경향(즉, 실제 발생된 손해 기준)76)이었다. 또 다른 판시 경향77)은, 실시료의 확정 여부나 특허권자에 대한 실제 피해보다는, 손해배상액을 산정에 있어 기술의 실제 가치에 중점(기술의 가치 기준)을 두었다. 앞서 본 대법원의 두 판례 경향 중 '기술의 실제 가치'에 중심을 두는 경향이 현재 대세를 이루고 있는 합리적 실시료 분석 방법으로 이어졌다. 즉, 연방대법원이 점차 손해는 침해자의 특허 기술 사용 및 그 사용의 가치에 기초를 두어야 한다는 판시를 빈번히 하게 되면서,78) 합리적 실시료 분석 방법이 손해배상액 산정의 방법으로 발전하게 된 것이다.79)

우리 특허법 및 민법은 실제로 발생한 손해(actual losses)를 원상회복하는 전보적 손해배상체제(compensatory damage scheme)를 택하고 있음에 반하여 미국 특허법 제

75) 전문가 증인으로서의 재무전문가의 산정방법에 대한 상세는 Roman L. Weil, Michael J. Wagner, Peter B. Frank, Litigation services handbook: the role of the financial expert, John Wiley & Sons(2001) 참고.

76) Rude v. Westcott, 130 U.S. 12, 167(1889) 등.

77) Mowry v. Whitney, 81 U.S. 620, 651(1871) 등.

78) Seymour v. McCormick, 57 U.S. 480, 489(1853), Westinghouse Elec. & Mfg. Co. v. Wagner Elec. & Mfg. Co., 225 U.S. 604, 615(1912).

79) thesedonaconference.org/download-publication?fid=571(2019. 12. 11. 최종접속). 미국 연방판사와 저명한 특허 변호사들이 연구 및 교육 목적으로 설립된 The Sedona Conference의 Working Group9에서 펴낸 "Commentary on Patent Reasonable Royalty Determinations", December 2016 Edition(이하 'TSC 보고서'라 한다), pp. 2-4.

284조는 전보배상을 원칙으로 하면서도,[80] 예외적으로 악의침해(willful infringement)의 경우에는 가중적 손해배상(enhanced damages)이 가능하도록 하여 손해배상에 징벌 내지 제재적인 의미를 부여하고 있다. 3배까지 배상할 수 있도록 하는 특허법 제284조 2문은 일반 민사법에서의 징벌적 손해배상(punitive damages)을 특허법의 영역에 도입한 것이다. 이는 우리법이 발생한 손해를 회귀적으로 복구하여 줌으로써 침해가 없었던 상태로 돌리는 것에 그치던 것에 반하여, 특허법에서 특허침해를 별도로 형사처벌하는 규정을 두고 있지 않은 미국의 손해배상체제는 손해배상을 하나의 사회적인 금지행위 억제수단으로 이해하는 것이다. 다만 2019. 7. 9. 시행된 한국 특허법(법률 제16208호)은 제128조 제8항 및 제9항을 신설하여 침해행위가 고의적인 것으로 인정되는 경우 침해행위의 태양 등 여러 요소를 고려하여 손해로 인정된 금액의 3배까지 배상액을 증액할 수 있는 규정을 도입하여 미국의 3배 배상과 유사한 제도를 도입하였다.[81]

3. 기본산식

특허침해로 인한 불법행위 손해배상의 경우 손해액의 산정이 쉽지 않다. 손해배상액은 통상적으로 일실이익(lost profits)의 배상 또는 합리적 로열티(reasonable royalty)를 근거로 산정되는데, 근래 미국의 소송에서 일실이익을 기준으로 한 손해액 주장이나 인정보다는 합리적 로열티 산정을 통한 주장, 입증이 보다 빈번하게 이뤄지고 있다.[82] 다만 일실이익과 합리적인 로열티가 함께 손해액으로 주장되고 인정되는 경우

---

80) 손해배상의 산정 기준은 피고(침해자)가 무엇을 얻었는가가 아니라, 원고(특허권자)가 상실한 것이 무엇인가로 정해져야 한다는 미국 초기 판례로 Birdsall v. Coolidge, 93 U.S. 64, 64(1876)의 사건에서 연방대법원은 실손배상(actual damages)이 전보배상(compensatory damages)과 같은 의미라고 판시하였다. Hurst v. Western and Atlantic Railroad Company, 93 U.S. 71(1876); Coupe v. Royer, 155 U.S. 565(1895).

81) 특허법 제128조 ⑧ 법원은 타인의 특허권 또는 전용실시권을 침해한 행위가 고의적인 것으로 인정되는 경우에는 제1항에도 불구하고 제2항부터 제7항까지의 규정에 따라 손해로 인정된 금액의 3배를 넘지 아니하는 범위에서 배상액을 정할 수 있다. ⑨ 제8항에 따른 배상액을 판단할 때에는 다음 각 호의 사항을 고려하여야 한다. 1. 침해행위를 한 자의 우월적 지위 여부 2. 고의 또는 손해 발생의 우려를 인식한 정도 3. 침해행위로 인하여 특허권자 및 전용실시권자가 입은 피해규모 4. 침해행위로 인하여 침해한 자가 얻은 경제적 이익 5. 침해행위의 기간·횟수 등 6. 침해행위에 따른 벌금 7. 침해행위를 한 자의 재산상태 8. 침해행위를 한 자의 피해구제 노력의 정도.

82) pwc.com/us/forensics, 2018 Patent Litigation Study (May 2018)에 따르면, 2008년부터 2017년

도 있다.[83]

미국 특허법 제284조는 특허 침해에 의한 손해배상액은 합리적 로열티보다 적을 수는 없다고 규정하고 있다.[84] 합리적 로열티 산정 방법에는 침해자가 침해 제품을 통해 취득할 것으로 예상되는 이익을 산정하는 분석적 방법(analytical method)과 침해가 일어나기 전에 두 당사자들이 합의하였을 로열티를 산정하는 가정적 협상에 의한 방법(hypothetical negotiation method)이 있다. 그중 가정적 협상 방식이 가장 일반적이고 빈번히 사용되는데, 이는 우선 특허가 유효하고 특허에 대한 침해가 일어났다고 가정하고, 조지아-퍼시픽 요소[85]들을 고려하여 특허 침해가 일어나기 직전 시점에 특허권자와 특허 침해자가 협상을 통해 합의하였을 로열티를 산정하게 된다.

손해액은 다음과 같이 계산될 것이다.

손해액(Damages) = 로열티 베이스(Royalty Base) × 로열티 율(Royalty Rate)

한편 위와 같은 산식에 따라 손해액을 산정함에 있어 로열티 베이스를 특허발명이 실시된 최소 판매 가능한 특허실시단위(smallest salable patent-practicing unit)로 할 것인지, 그러한 특허실시단위가 포함되어 판매된 전체 제품의 가격으로 할 것인지가 종종 소송의 쟁점이 된다. 즉, 원칙적으로 특허권자는 침해자의 수입 중 특허발명이 반영된 특징(patented feature)에 명백히 기인한(specifically attributable) 침해자의 이익

까지, 손해배상액이 Lost profit만으로 인정된 사건은 전체의 19%, Reasonable royalty 만으로 인정된 사건은 전체의 60%, 두 요소를 합하여 인정된 사건은 전체의 21%로 조사되었다. 이는 10년 전 기간(1998~2007) 동안 위 각각의 수치인 26%, 62%, 12%에 비해 Lost profit만으로 인정된 사건의 비율이 줄고 Lost profit에 Reasonable royalty를 합하여 손해액을 산정한 사건이 늘어, 결과적으로 손해액 산정에 있어 Reasonable royalty가 크게 고려되고 있는 경향을 읽을 수 있다.

83) Bard Peripheral v. W.L. Gore & Associates, Inc., No. 10-1510(Fed. Cir. 2012) 사건에서는, 배심원은 일실이익으로 102,081,578.82달러, 합리적 로열티(lump sum)로 83,508,292.20달러(로열티 비율 10%)를 인정하였고, 이에 대해 법원이 손해액 합계액에 대해 2배의 가중 배상을 인정하여 손해배상액 371,179,742.04달러, 변호사 비용, 소송비용 1,900만 달러의 지급을 명하였다.

84) 35 U.S.C. §284 "Upon finding for the claimant the court shall award the claimant damages adequate to compensate for the infringement but <u>in no event less than a reasonable royalty</u> for the use made of the invention by the infringer, together with interest and costs as fixed by the court."

85) Georgia-Pacific Corp. v. United States Plywood Corp., 381 F. Supp. 1116, 1120, 166 USPQ 235 (S.D.N.Y. 1970), modified and aff'd, 446 F.2d 295, 170 USPQ 369(2d Cir. 1971), cert. denied, 404 U.S. 870(1971)에서 법원에 의하여 정립된 15가지 고려요소를 말한다. 이하 '조지아-퍼시픽 요소'라 함.

부분에 관한 손해에 한하여 손해를 회복할 수 있다. 따라서 일실이익이나 합리적 로열티를 산정함에 있어서 최소 판매 가능한 특허실시단위를 기준으로 산정함이 원칙이다. 여기서 최소 판매 가능한 특허실시단위라 함은 거래가 가능하면서 특허발명을 실시하는 가장 작은 단위의 부품을 말한다.[86]

그런데 이와 같은 원칙에 대한 예외가 "전체시장가치의 법리(entire market value rule, EMVR)"이다. 이는 특허 기술이 시장 요구의 핵심(basis)[87]을 이루는 경우, 침해품이 여러 특징을 가지고 있더라도 전체 제품(entire apparatus)의 가치에 기초하여 손해배상의 산정을 허용하는 이론이다.

4. 평결 이후의 손해배상의 청구

원고는 변론기일(trial)을 통해 당시까지 손해액에 대하여 이를 산정하는 평결이 내려진 이후, 그 때로부터 법원의 최종 판결이 내려질 때까지 사이의 손해를 추가손해(supplemental damage)로 구할 수 있다. 이는 post-trial 신청 중 하나인데, 특허법 제284조는 손해가 배심원에 의해 산정되지 아니한 때에는 법원이 이를 평가할 수 있다고 규정하고 있으므로, 법원은 변론기일(trial)에서 당시까지 주장되어 배심원이 평결한 손해 이외에 그 이후 최종 종국판결 입력일(entry of judgment)까지의 손해를 당사자의 신청에 따라 추가로 산정하여 배상을 명할 수 있는 것이다.

이와 같은 평결 이후의 손해배상을 추가로 명할지 여부는 법원의 재량에 달려 있는데, 법원은 금지명령 여부와 사실심리에서 인정된 손해액을 고려하여 이를 결정해야 하고, 평결 이후의 손해액을 산정함에 있어 배심원이 손해액을 산정하면서 정한 로얄티율을 적용하거나 혹은 이를 유추하여 그 추가적인 손해액을 정하거나, 또는 침해자의 이익으로부터 이를 산정할 수도 있다.[88]

---

86) Putnam, Jonathan and Williams, Tim, The Smallest Salable Patent-Practicing Unit (SSPPU): Theory and Evidence (September 6, 2016): 홍종혁, 미국특허소송실무, 진원사(2022), 365.

87) "the patented feature must be the motivation factor for the purchase of the product, not merely a [valuable] or [important] feature, for the entire market value rule to apply.": LaserDynamics, Inc. v. Quanta Computer, Inc., 694 F.3d 51, 68(Fed. Cir. 2012).

88) "Anatomy of a Patent Case", Second Edition, Bloomberg BNA, pp. 161-162.

Ⅱ. 전보배상의 원칙

1. 의 의

전보배상을 통하여 특허권자는 일실이익(lost profit)을 회복할 수 있도록 하여 특허침해가 아니었으면(but for infringement) 특허권자가 가질 수 있었던 경제적 지위를 회복("make the injured claimant whole")할 수 있다.[89] 이는 차액(差額)설에 기초한 것으로,[90] 이를 위해서 특허권자는 자신의 일실이익이나 합리적 로열티를 증명하여야 한다. 그리고 이때 입증의 정도는 우월한 증거법칙(preponderance of the evidence)이 적용된다.[91]

이와 비교하여 미국 상표법은 상표권침해에 대한 법정손해배상 규정을 두고 있다(17 USC §503). 이에 따라 상표권자는 상표침해 발생시 그 실제 손해를 입증하지 않더라도 침해행위에 대해서 최소 750달러에서 최대 30,000달러, 악의침해의 경우에는 최대 150,000달러의 가중된 금액의 법정 손해배상을 받을 수 있다.

특허법 제284조에 의해서 판결선고시까지의 이자도 전보배상으로 인정된다. 이를 통하여 특허침해 시점에서부터 판결 시점까지 피고가 계속해서 사용한 것까지 손해를 배상하게 함으로써 특허권자가 모두 배상을 받을 수 있도록 하기 위한 것이다.[92] 다만 특허법에는 우리 소송촉진등에 관한 특례법[93]과 같은 유형의 판결선고전 이자를 배상

---

89) 이러한 시장복원이론(market reconstruction theory)을 잘 보여주는 판결로 Grain Processing Corp. v. American Maize-Prods. Co.(Fed. Cir. 1999).

90) Aro Mfg. Co. v. Convertible Top Replacement Co., 377 U.S. 476, 507(1964).

91) SmithKline Diagnostics, Inc. v. Helena Labs., Corp., 926 F.2d 1161, 1164, 17 USPQ2d 1922, 1924-25(Fed. Cir. 1991); Yarway Corp. v. Eur-Control USA, Inc., 775 F.2d 268, 275, 227 USPQ 352, 357(Fed. Cir. 1985).

92) General Motors Corp. v. Devex Corp., 461 U.S. 648, 656(1983).

93) 제3조(법정이율) ① 금전채무의 전부 또는 일부의 이행을 명하는 판결(심판을 포함한다. 이하 같다)을 선고할 경우, 금전채무 불이행으로 인한 손해배상액 산정의 기준이 되는 법정이율은 그 금전채무의 이행을 구하는 소장(소장) 또는 이에 준하는 서면이 채무자에게 송달된 날의 다음 날부터는 연 100분의 40 이내의 범위에서 「은행법」에 따른 은행이 적용하는 연체금리 등 경제 여건을 고려하여 대통령령으로 정하는 이율에 따른다. 다만, 「민사소송법」 제251조에 규정된 소(訴)에 해당하는 경우에는 그러하지 아니하다. 〈개정 2010.5.17〉 ② 채무자에게 그 이행의무가 있음을 선언하는 사실심 판결이 선고되기 전까지 채무자가 그 이행의무의 존재 여부나 범위에 관하여 항쟁(항쟁)하는 것

하기 위해 적용될 법정이율에 대한 규정은 없다. 따라서 개별 사안에 적용될 이율 및 단리냐 복리냐의 문제는 개별적으로 다투어져야 하는 하며, 이율의 결정 및 복리적용 여부는 사실심 법원의 재량사항이다.[94]

2. 일실이익

(1) 의 의

일실이익이란 특허권침해가 없었더라면("but-for" the infringement) 얻을 수 있었을 이익을 의미한다. 특허권자는 자신의 매출의 감소가 있었고, 이 매출의 감소가 시장에서의 대체재의 등장이나 경쟁력 강화로 인한 자연스런 매출 감소가 아닌 특허침해행위로 인한 감소라는 점을 증명하여야 한다.

(2) Panduit 심사(Panduit test)

Panduit 심사("but for" causation)는 Panduit Corp. v. Stahlin Bros. Fibre Works, Inc. 판결에서 제시된 이론으로,[95] 일식이익 손해를 인정하기 위한 요소인 손해와 특허침해행위간의 '상당인과관계(proximate causation)'를 판단하는 기준이다.[96]

이 판결에서 전개된 4요소 이론에 의하면 특허권자가 일실이익을 손해로 배상받기 위해서는 ① 특허제품이 수요가 있다는 사실(demand for the patented product), ② 특허를 침해하지 않는 대체품이 없다는 사실(absence of acceptable non-infringing substitutes), ③ 특허권자가 그 수요를 충족시킬 수 있는 생산능력과 판매능력을 갖추고 있었다는 사실을 각 입증하고(manufacturing and marketing capability to exploit the

---

이 타당하다고 인정되는 경우에는 그 타당한 범위에서 제1항을 적용하지 아니한다.

94) Gyromat Corp. v. Champion Spark Plug Co.(Fed. Cir. 1984).

95) 575 F.2d 1152(6th Cir. 1978).

96) Rite-Hite Corp. v. Kelley Co., 819 F.2d 1120, 1125-26(Fed. Cir. 1987). 이 사건은 CAFC 전원합의체 사건으로 다수의견은 특허권자는 침해제품과 경쟁하는 자신의 비특허제품 또는 소 제기된 특허가 아닌 다른 특허에 해당되는 제품의 판매손실을 근거로, 특허권자가 인과관계를 입증한다는 조건 하에서, 그 일실이익의 배상을 받을 수 있다고 보았다. 소수의견은 이러한 다수의견의 판단은 지나치게 인과관계의 외연을 확장한 것으로 Rite-Hite 사건 이전의 CAFC의 태도와 같이 특허를 침해하는 제품의 판매량 그 자체를 기준으로 일실이익을 산정하여야 한다고 보았다. 소수의견은 침해자에 의해서 팔려 나가는 침해제품수량이 곧 특허권자의 특허제품에 대한 일실이익에 대응하는 보는 것이었다.

demand), ④ 이를 통해서 이 상황에서 생산, 판매했을 경우 특허권자가 얻었을 이익(the amount of profit it would have made)을 입증한 경우 그 금액이 손해배상액으로 인정된다고 판시하고 있다.97) 특허권자가 위와 같은 네 가지 요소를 입증한 경우 그와 같은 손해 발생이 일응 추정되고(establish a prima facie case with respect to "but for" causation), 침해자가 그와 같은 손해액의 전부 또는 일부를 인정하는 것이 불합리함을 입증해야 하는 부담을 지게 된다.98) 다만, 배상액을 정함에 있어서 논리, 상식, 정의, 정책이나 선례 등을 고려하도록 한 보통법(common law)상의 원칙에 따라 특허권자가 전보받을 수 있는 손해는 침해로 인한 모든 손해가 아니라, 특허침해자가 관련 시장에서 이러한 손해 발생을 예측하였거나 예측하였어야 할 손해 범위 내로 제한된다.99)

Panduit 요소의 심사에 있어 ①요소는 침해가 있다는 사실에서 추정되는 요건이다. 시장에 수요가 없는데 특허침해를 할 이유가 없다고 보는 것이 합리적이기 때문이다. ②요소의 입증을 위해서는 종래 제품의 특징을 중심으로 하여 판단을 하였으나,100) CAFC는 수요대체성을 보는 것이므로 일단 시장획정(market definition)을 하고 난 이후에 당해 시장에서 동일한 소비자를 두고 서로 경쟁하는 제품이 존재하는지 여부를 살펴야 한다고 보았다.101) 제품에 대한 수요대체성은 제품의 유사성 또는 동질성도 문제가 되지만 가격의 변화에 따라서도 고가품과 저가품으로 달라지는 것이므로 수요의 가격탄력성을 보지 않으면 유사한 기능을 가진 제품이라도 실제로는 대체재라고 볼 수 없는 경우가 있다.102) 대체품이 침해기간(period of infringement; accounting period; critical time) 동안 시장에 존재하지 않았던 경우 법원은 그 대체품이 당시 이용가능하지 않았다고 추론할 수 있고, 이에 따라 피고는 그 당시 대체품이 '이용가능(available)'하였다는 사정을 입증하여야 한다.103) 즉 대체품이 침해기간 동안 시장에서 실제

97) Panduit Corp. v. Stahlin Bros. Fibre Works, 575 F.2d 1152, 1156, 197 USPQ 726, 729-30(6th Cir. 1978)(Markey, J., sitting by designation). 1. demand for the patented product; 2. the absence of acceptable non-infringing alternatives; 3. the patentee's capacity to exploit the demand; and 4. the amount of profit the patentee would have made.

98) Kaufman Co. v. Lantech, Inc., 926 F.2d 1136, 1141, 17 USPQ2d 1828, 1831(Fed. Cir. 1991).

99) Rite-Hite Corp. v. Kelley Co., 56 F.3d 1538(Fed. Cir. 1996)(en banc).

100) Polaroid Corp. v. Eastman Kodak Co., 16 USPQ2d 1481, 1532-33(D. Mass. 1990).

101) BIC Leisure Prods., Inc. v. Windsurfing Int'l, Inc., 687 F. Supp. 134, 138(SDNY 1998), rev'd in part, 1 F.3d 1214(Fed. Cir. 1993).

102) Id. 같은 취지의 판결로 Kaufman Co. v. Lantech, Inc., 926 F.2d 1136, 1143-44, 17 USPQ2d 1828, 1831-34(Fed. Cir. 1991) 등.

로 거래되고 있지 않았다고 하더라도, 곧바로 대체품이 당시 '이용가능'하지 않았다고 단정되는 것은 아니고 피고가 반증을 통해 '이용가능성'을 입증할 수 있는 것이다. CAFC는, 저포도당 맥스트린맥아당(low-dextrose malto-dextrin)으로 알려진 물질에 관한 특허로서, 특정 범위의 포도당 성분을 가진 찰녹말 생성물(waxy starch hydrolysate)에 관한 특허 침해 사건에서, 침해자가 사실은 침해를 구성하지 않는 방법으로 대체품을 생산하기 위해 필요한 원료는 물론 장비, 기술, 노하우 및 경험을 가지고 있었지만, 그 원료를 이용한 생산방식이 현재 침해제품 생산방식보다 비용이 더 많이 들고 자신이 이용한 방식으로 생산된 제품이 특허를 침해하지 않는다고 믿어 대체품 생산방식을 이용하지 않았고, 또한 그러한 대체 방식에 소요되는 다른 재료가 과다하게 비싼 경우가 아니었으며, 더욱이 특허제품의 속성을 모두 갖는 제품에 대한 경제적인 상당한 수요("significant demand for a product having all of the [claimed] attributes")가 없었다는 것이 입증된 사안에서, 피고가 침해 기간 동안 대체품이 이용가능한 상태에 있었다고 판단하여 일실이익 주장을 배척한 1심 법원(N.D. Indiana 법원)[104]의 판결을 정당하다고 보아 이에 대한 항소를 기각하였다.[105]

한편 판결례 중에는 시장점유율을 대체품 존재의 인정근거로 사용한 경우도 있다.[106] 즉 위 사건에서 CAFC는 특허권자의 시장 점유율(market share)을 바탕으로 일실이익에 따른 손해배상을 인정함으로써, '비침해 대체품의 부재'를 완전히 증명해야 한다는 어려운 요건을 제외하고, 수용가능한 대체품의 존재로 인하여 일실이익을 부정하는 대신 시장점유율을 기준으로 그에 상응한 만큼의 일실이익을 긍정하였다. 즉 이러한 판시는 사실상 Panduit ②요소의 예외를 인정하는 것과 같은 결과를 가져

103) 56 F.3d 1538(Fed. Cir. 1995) at 1545, Grain Processing Corp. v. American Maize-Prods. Co.(Fed. Cir. 1999).: "When an alleged alternative is not on the market during the accounting period, a trial court may reasonably infer that it was not available as a noninfringing substitute at that time. Cf. Rite-Hite, 56 F.3d at 1545. The accused infringer then has the burden to overcome this inference by showing that the substitute was available during the accounting period."

104) 위 사건에서 원고는 피고에 대하여 제품 판매감소 및 가격 하락 등을 이유로 한 일실이익(lost profits) 및 28%의 로얄티 배상을 주장하였으나, 1심 법원(bench trial로 진행)은 일실이익에 대한 배상 청구는 기각하고, 원고가 소를 제기한 때로부터 침해 중지 시까지 기간 동안 침해품 판매가에 대한 3%의 로얄티를 손해액으로 인정하였다.: Grain Processing Corp. v. American Maize-Prods. Co., 893 F. Supp. 1386(1995).

105) Grain Processing Corp. v. American Maize-Prods. Co., 185 F.3d 1341(Fed. Cir. 1999).

106) State Indus., Inc. v. Mor-Flo Indus., Inc., 879 F.2d 820(Fed. Cir. 1989).

오는데, 이에 따르면 대체품이 존재하는 경우에도 침해자의 판매량을 특허권자와 비침해 경쟁자가 그 시장 점유율에 따라 나누어 가졌을 것이라고 추정하게 되는 것이다.107)

Panduit 심사의 ③요소는 시장에서의 수요를 만족시킬 수 있는 생산능력(capability)이 있다는 점을 입증하라는 것으로 일실이익 상당의 손해를 주장하는 특허권자는 자신이 직접 손해로 주장하는 매출 전체를 생산할 수 있는 능력을 가졌거나 가질 수 있었음을 입증해야 한다.108) 특허권자는 이 요건을 자신 스스로의 생산능력뿐만 아니라 잠재적인 실시계약이나 생산계약에 대한 증거를 통해 만족시킬 수 있다. 이 때 특허권자가 입증해야 하는 생산능력은 특허제품에 대한 특허권자 및 침해자의 전체 매출에 대한 수요(demand)이다.109) ④요소와 관련하여 특허권자의 일실이익을 좀 더 명확히 계산하기 위해서는 특허권자의 고정비(fixed cost)와 변동비(variable cost)를 구분하여야 한다. 왜냐하면 판매관리비, 연구개발비, 재산세나 보험료 등과 같은 고정비의 경우에는 추가적인 생산과 무관하게 소요되는 비용이므로 실제 문제가 되는 것은 변동비와 관련된 부분일 것이기 때문이다. 이에 의하면 일실이익은 고정비를 제외하고 증분이익(incremental income)을 계산하는 방식으로 산출하여야 한다. 따라서 일실이익은 전체 매출손실에서 손실이 발생한 매출상당의 추가 생산을 위해서 소요되었을 비용을 제외한 금액이 된다. 이 때 매출감소분은 감소된 수량에 판매가격의 곱으로 계산하면 될 것이다. 문제는 침해 이후 가격이 하락하였을 경우 어느 가격을 적용할 것인가인데, 이 경우 적용될 가격은 침해당시 가격이 되어야 한다. 왜냐하면 만일 이와 같이 보지 않으면 특허권자가 침해로 인한 가격상실분을 부담하여야 하는 결론에 이르기 때문이다.

---

107) Liane M. Peterson, "Grain processing and crystal semiconductor: Use of economic method in damage calculations will accurately compensate for patent infringement," 13 Fed. Circuit B.J. 41, 2003, at 50.; Roger D. Blair, Thomas F. Cotter, "Rethinking patent damages", 10 Tex. Intell. Prop. L.J. 1, at 26~28.; 최호진, "미국 특허법에서 다중결합제품에 대한 특허침해로 인한 일실 이익의 손해배상액 산정에 관한 연구-전체 시장 가치 규칙(The entire market value rule)을 중심으로-, 재판자료 제142집: 외국사법연수논문집(40), 947, 948.

108) Datascope Corp. v. SMEC, Inc., 962 F.2d 1042(Fed. Cir. 1989).

109) Id.

(3) 전시장가치 판단법(Entire Market Value Rule; EMVR)[110]

전시장가치 판단법은 특허 침해로 인한 일실이익이나 합리적 로열티 상당의 손해를 구할 때 최소 판매가능한 특허실시단위 부품이 아니라 예외적으로 전체 제품의 가격을 기준으로 손해를 산정할 수 있느냐의 문제에서 논의되는 원칙이다.

오늘날 많은 특허는 그 자체가 하나의 제품을 이루는 것이 아니라, 다른 여러 특허나 비특허와 결합하여 하나의 제품을 구성하는 경우가 많은데, Rite-Hite Corp. v. Kelley Co. 사건은 전체 제품의 가격을 일실이익 산정의 기초(base)로 삼을 수 있다는 전시장가치 판단법의 적용과 관련하여 중요한 사건이다. 이 사건 이전 법원은 만일 (i) 특허장치가 전체제품의 가치를 실질적으로 창조할 정도로 중요성(paramount importance)을 갖거나 또는 (ii) 특허기술이 수요자가 당해 제품을 구매하는 이유(basis for customer demand)가 되는 경우라면, 이는 재무적으로나 마케팅 관점에서 특허부분이 전체 제품의 판매를 좌우하는 것으로 이러한 경우에는 비특허부분에 대해서도 손해배상을 받을 수 있다고 보았다.[111] 이후 CAFC는 Rite-Hite Corp. v. Kelley Co. 사건에서, 당해 특허부품이나 제품, 공정이 '전체 제품의 수요를 견인'하면 전체제품 가치를 손해배상액의 기준으로 하여 일실이익을 산정하여야 하되, 다만 판매가 같이 이루어지는 이유가 기능적 연관성에 기초한 것이 아닌 단순한 편의성(out of convenience)에 기한 것이면 비특허부분을 포함시킬 수 없고, 필요(out of necessity)에 의한 경우에는 포함할 수 있다고 보았다.[112] 위 사건에서 CAFC는 전형적인 전시장가치 판단법은 특허 부품과 비특허부품이 물리적으로 하나의 기계의 부분을 이루는 경우에 적용되어 왔으나, 특허부품과 비특허부품이 물리적으로 분리되어 있더라도, 이들이 통상적으로 함께 판매되고 나아가 두 부분이 하나의 조립품(components of a single assembly) 또는 완성품의 일부분(parts of a complete machine)으로 인식되거나 혹은 그들이 함께 하나의 기능적 단위(a functional unit)를 이루는 경우에는 전시장가치 판

---

110) 대표적인 사건으로 Rite-Hite Corp. v. Kelley Co., 819 F.2d 1120, 1125-26(Fed. Cir. 1987).

111) Paper Converting Machine Co. v. Magna-Graphics Corp., 745 F.2d 11, 21(Fed. Cir. 1984). 한편 이 사건에서 법원은 특허법 제284조는 손해배상에 대한 아무런 계산방법을 제시하지 않고 있다("Section 284 does not instruct a court on how to compute damages…)고 하면서 법원이 합리적인 방법을 채택할 수 있다는 점을 확인하였다.

112) Rite-Hite Corp. v. Kelley Co., Inc., 56 F.3d 1538(Fed. Cir. 1995); Rite-Hite Corp. v. Kelley Co., 819 F.2d 1120, 1125-26(Fed. Cir. 1987).

단법이 적용될 수 있다고 하였다. 즉 전시장가치 판단법을 적용함에 있어 특허부품과 비특허부품이 물리적으로 결합되어 있는지, 분리가능한지는 판단의 근거가 아니다.[113]

2009년 CAFC는 마이크로소프트의 아웃룩 익스프레스(이하 'Outlook')라는 통합메일 및 일정관리 프로그램이 루슨트의 특허(Day patent)를 침해하였다고 하면서 전체 매출에 기초한 손해배상을 구한 사건에서, 위 특허는 Outlook 소프트웨어의 일부 기능과 관련된 특허로서 특허 기능이 Outlook 소프트웨어에 대한 수요의 기초 내지 실질적 기초가 되었다는 점에 대한 증거가 없다는 점 등을 이유로 전시장가치 판단법 적용주장을 배척하였다.[114]

(4) 부가판매품에 관한 손해(Convoyed Sales)

부가된 판매(convoyed sale)는 특허품과 기능적으로 관련된 비특허품의 판매에 관한 손해와 관련하여 논의되는 영역이다. 특허권자는 일정한 요건이 충족하는 경우 특허제품과 같이 판매되던 비특허제품에 대한 일실이익도 손해로 배상받을 수 있다. 즉, 특허구성품과 비특허구성품이 하나의 조립품(components of a single assembly)이거나 혹은 완성품의 일부분을 이루거나(parts of a complete machine), 또는 그것들이 결합하여 하나의 기능적 단위를 이루는 경우(constitute a functional unit)는 경우에 해당하여야 한다.[115] 만일 개별적으로 작동하는 특허품과 비특허품이 소비자의 요구에 따라 하나의 패키지로 구입된 것에 불과한 경우에는 위와 같은 '기능적 관련성(functional

---

113) Juicy Whip, Inc. v. Orange Bang, Inc., 185 F.3d 1364, 1368(Fed. Cir. 1999).

114) Lucent Tech., Inc. v. Gateway, Inc., 580 F.3d 1301(Fed. Cir. 2009). 이 사건은 미국 특허 4,763,356호에 대한 것으로 이 특허는 Benjamin Day 등에게 부여된 것으로 데이특허(Day patent)라고도 불린다. 전시장가치 판단법 적용요건에 관한 최근의 판례 경향은 아래 '3. 합리적 로열티 산정에 의한 손해배상' 중 '(3) 합리적 로열티 산정에 관한 최근 판례 경향' 해당 부분 참조.

115) Peter S. Menell et al., Patent Case Management Judicial Guide, Federal Judicial Center, Third Edition(2016), pp. 14-104. 이는 앞서 본 '전시장가치 판단법'의 적용요건에 관하여 설시한 Rite-Hite, 56 F.3d at 1550을 인용하고 있는 Am. Seating Co. v. USSC Grp., Inc., 514 F.3d 1262, 1268(Fed. Cir. 2008) 판시를 근거로 한 서술이다. 부가판매품에 대한 손해도 전보배상의 대상이 되는 손해에 포함시킬 것인가의 논리구조가 '전시장가치 판단법'의 논리구조와 유사한 면이 있고, 전시장가치 판단법의 법리가 물리적으로 분리 가능한 부품에까지 적용될 수 있는 것으로 포섭범위가 넓혀지면서 부가판매품에 관한 손해에서도 같은 법리가 인용된 것으로 이해된다. 다만 이는 비특허 물품에 대해서 일실이익 배상을 인정할 것인가의 문제라는 점에서 전체 물품의 일부를 이루는 비특허 부품에 대해서 일실이익 배상을 인정할 것인가의 문제인 '전시장가치 판단법'의 논리와 구별된다.: 홍종혁, 미국특허소송실무, 진원사(2022), 367.

relationship)이 인정되지 아니한다.[116] 즉, 부가판매품에 관한 손해는 특허권자가 그 부가판매품도 판매할 수 있었을 것인지에 관한 객관적으로 합리적인 예견가능성(objectively reasonable probability)이 인정되어야 한다.

(5) 가격하락분(Price Erosion) 고려법

이는 침해제품이 시장에 등장하여 특허권자가 부득이 가격을 낮추어 판매할 수밖에 없게 됨으로서 발생된 가격하락분 상당의 손해도 일실이익으로 인정될 수 있다는 논의이다. 이 방법은 1886년 판결에서 등장한다.[117] 이 사건에서 법원은 일실이익을 산정하기 위해서는 특허침해로 인한 가격하락을 고려하여야 한다고 판시하였다.

다만 이러한 가상의 세계(but-for world)에서의 증명은 합리적 개연성(reasonable probability)에 대한 것이지, 확실성(certainty)에 대한 것이 아니며, 손해도 경제적으로 합리적인 설명(explain)이 가능하면 되는 것이지, 의심이 없을 정도로 증명해야 하는 것은 아니라고 한다.[118]

2001년 사건에서 CAFC는 가격하락분을 고려하여야 하지만, 이 방법을 택할 경우 동시에 가격하락으로 인한 수요증가도 같이 고려하여야 한다고 한다.[119] 왜냐하면 수요-공급의 법칙에 의하면 가격의 하락이 추가적인 수요증가를 동반할 수 있기 때문이다. 따라서 일실이익을 산정함에 있어 시장에서 수요의 가격탄력성을 고려하여 가격하락분과 수요증가에 의한 증분을 동시에 고려하여야 한다.

(6) 해외에서 판매된 제품에 대한 일실이익

WesternGeco LLC v. ION Geophysical Corp. 사건[120]에서 특허 침해자가 해외에서 판매한 제품에 대한 일실이익이 손해배상으로 인정될 수 있을지가 문제되었다. 원고는 천연자원 탐색을 위한 3차원 지도를 생성하여 해저를 탐색할 수 있는 시스템 특허, 즉 방법 청구항(method claim) 및 장치 청구항(apparatus claim)으로 된 특허 4개

---

116) Id. 이와 비교하여 최소판매가능부품원칙(SSPPU)에 대해서는 정차호 · 장태미, 『특허법의 손해배상론』, 동방문화사(2016), 260-262면.

117) Yale Lock Mfg. Co. v. Sargent, 117 U.S. 536, 548(1886).

118) Lam, Inc. v. Johns-Manville Corp., 718 F.2d 1056(Fed. Cir. 1983).

119) Crystal Semiconductor v. Tritech Microelectronics, 246 F.3d 1336(Fed. Cir. 2001).

120) WesternGeco LLC v. ION Geophysical Corp., 138 S.Ct. 2129(2018).

를 가지고 있었고, 피고는 원고와 경쟁관계에 있는 시스템을 판매하였는데, 그 부품들은 미국 내에서 제조되었으나 해외로 수출되어 그곳에서 조립되어 사용되었다. 원고는 피고에 대하여 특허법 제271조(f)(1) 및 제271조(f)(2) 침해를 이유로 손해배상을 구하였고, 배심원은 피고의 책임을 인정하고 로얄티 및 일실수입의 배상을 명하여 1심 판결이 선고되었다. 그런데 CAFC는 피고의 특허법 제271조(f)(2) 침해가 인정되나 특허권자는 위 규정에 따르더라도 해외에서의 일실수입(lost foreign profit)은 전보될 수 없다고 하였다. 그러나 연방대법원은, 침해혐의자가 부품을 미국 외로 수출하여 특허법 제271조(f)(2) 침해가 발생한 경우, 특허권자에게 충분한 배상(complete compensation)이 이뤄지도록 규정한 특허법 제284조에 따라 해외에서 판매된 제품에 대한 일실이익도 원고가 배상받을 수 있다고 판시하여 CAFC의 판결을 파기 환송하였다.

이 판결은 국경을 넘는 특허침해로 인한 손해배상의 적용 범위에 관한 문제를 제기하였다. 즉 연방대법원이 WesternGeco 판결에서 피고가 침해품을 해외에서 판매하여 특허법 제271조(f)(2) 침해가 성립한 경우 해외에서의 판매로 인한 이익도 일실이익 산정에 포함될 수 있다는 법리가 특허법 제271조(a) 침해로 인한 손해액 산정에도 적용될 수 있을지가 문제되었다. 이는 특허 침해로 인하여 발생한 손해에 대하여 충분한 배상이 이뤄져야 한다는 원칙과 해외에서 일어난 행위에 대하여는 원칙적으로 특허권의 효력이 미치지 않는다는 속지주의원칙 사이에서 발생하는 긴장의 문제이다.[121)]

당초 CAFC는 Power Integrations, Inc. v. Fairchild Semiconductor International, Inc. 사건[122)]에서 특허법이 피고가 특허발명을 해외에서 사용하는 것에 대한 손해배상을 인정하지 않고 있다고 하면서 해외에서의 판매에 대해서는 일실이익으로 인정하지 않았고, Carnegie Mellon Univ. v. Marvell Tech. Grp., Ltd. 사건[123)]에서 피고의 해외에서의 행위에 대해서 합리적인 실시료가 허용될 수 없다고 판시하였다. 그런데 연방대법원의 위와 같은 WesternGeco 사건 판시 이후 여러 연방지방법원은 위 판결의 법리를 제271조(a)의 특허침해로 인한 손해액 산정에도 적용하여 외국에서의 판매에

121) Tom Cotter, "Extraterritorial Damages in Patent Law", CARDOZO ARTS & ENTERTAINMENT [Vol. 39:1] (2021), University of Minnesota Law School, 1, available at https://scholarship.law.umn.edu/faculty_articles/744.

122) Power Integrations, Inc. v. Fairchild Semiconductor International, Inc., 711 F.3d 1348(Fed. Cir. 2013).

123) Carnegie Mellon Univ. v. Marvell Tech. Grp., Ltd., 807 F.3d 1283(Fed. Cir. 2015).

대하여도 일실이익 및 합리적 로열티 산정에 이를 고려할 수 있다는 취지로 판시하였다. 즉 델라웨어 연방지방법원은, 연방대법원의 WesternGeco 판결이 CAFC의 Power Integrations 판결을 묵시적으로 파기했다고 하면서 2013년에 CAFC가 해외에서의 일실 판매에 기초하여 내린 배심원의 평결을 복권해 달라는 요청을 받아들이면서, 손해배상과 관련하여 제271조(a) 규정을 제271조(f)와 구별할 이유가 없다고 하였다.[124] 뉴욕 남부연방지방법원도, 해외에서의 손해가 국내에서의 행위에 인접하여 유발된 것이라면 해외에서의 손해도 배상의 대상이 될 수 있다고 하면서, 미국에서 구매된 침해장치와 함께 사용된 부품의 해외판매와 관련하여 해외에서의 판매량에 대하여도 합리적인 로열티를 산정할 수 있다고 하였다.[125] 텍사스 동부연방지방법원과 위스콘신 서부연방지방법원, 캘리포니아 북부연방지방법원의 판결도 델라웨어 연방지방법원과 같은 판시를 하였다.[126]

그런데 캘리포니아 북부연방지방법원의 한 판결[127]은, WesternGeco 판결이 CAFC의 Power Integrations 판결을 묵시적으로 파기했다고 할 것인지는 앞으로 두고 보아야 할 일이고, 현재의 판례에 따르면 제271조(a) 침해의 경우에는 완전히 해외에서 일어난 판매(wholly foreign sales)에 대하여는 손해배상을 청구할 수 없다고 하였다. 또한 델라웨어 연방지방법원의 한 판결[128]은, 해외 수출을 목적으로 침해품을 국내에서 생산하는 피고를 상대로 한 임시적 금지명령신청을 기각하면서 "WesternGeco 판결은 제271조(a) 또는 제271조(f)와 같은 침해이론과 독립하여 외국에서의 침해에 기초하여 미국 내 특허권자가 손해배상이나 금지명령을 얻을 수 있다는 것을 의미하지는 않는다"라고 판시하기도 하였다.

124) Power Integrations, Inc. v. Fairchild Semiconductor Int'l, Inc.(D. Del. Oct. 4, 2018). 이후 항소심에서 쌍방이 합의에 이르러 이에 대한 CAFC의 판단은 내려지지 않았다.

125) SIMO Holdings Inc. v. H.K. uCloudlink Network Tech. Ltd., 396 F. Supp. 3d 323(S.D.N.Y. 2019). 다만 위 판결은 CAFC의 983 F.3d 1367(Fed. Cir. 2021) 판결에 의해 다른 이유로 변경(reverse)되었다.

126) ABS Glob., Inc. v. Inguran, LLC, No. 14-CV-503-WMC, 2020 WL 2405380, at *9(W.D. Wis. May 12, 2020); Plastronics Socket Partners, Ltd. v. Dong Weon Hwang, No. 218CV00014 JRGRSP, 2019 WL 4392525, at *5(E.D. Tex. June 11, 2019); Verinata Health, Inc. v. Ariosa Diagnostics., Inc., 329 F. Supp. 3d 1070, 1106-07(N.D. Cal. 2018).

127) MLC Intell. Prop., LLC v. Micron Tech., Inc., No. 3:14-cv-03657, 2019 WL 2437073, at *3 (N.D. Cal. June 11, 2019).

128) Abbott Cardiovascular Sys., Inc. v. Edwards Lifesciences Corp., No. CV 19-149 (MN), 2019 WL 2521305, at *18(D. Del. June 6, 2019).

3. 합리적 로열티 산정에 의한 손해배상

(1) 의 의

일실이익의 존재 및 수액을 증명할 수 없거나 일부만이 증명가능할 때[129] 특허권자는 합리적 로열티를 주장하여 손해배상을 청구할 수 있다. 합리적인 로열티란 특허 제품을 사업적으로 생산, 판매하고자 하는 자가 시장에서 합리적인 이윤을 남기면서 기꺼이 특허권자에게 지불하고자 하는 로열티이다.[130]

(2) 가정적 협상(Hypothetical Negotiation)에 의한 합리적 로열티 산정

가정적 협상을 통한 합리적 로열티 산정은 특허침해 당시 행위자가 특허를 무단으로 사용하지 아니하고 특허권자와 사이에 라이선스 협상이 이루어졌고, 양 당사자가 합리적으로 협상에 임하였다면 어느 정도 수준에서 로열티가 정해졌을 것인가를 법원이 판단하는 것이다.[131] 법원은 Georgia Pacific Corp. v. United States Plywood Corp. 판결에서 가정적인 협상을 상정하기 위한 15개에 걸친 고려요소("조지아-퍼시픽 요소")를 제시하였다.[132]

법원은 손해액 산정을 위한 사실심리(trial)에서 첫 침해 직전 시점에 특허권자와 침해자가 가상의 협상(hypothetical negotiation)에서 어느 정도의 로열티율에서 합의에 이르렀을 지를 정하기 위하여 다음의 상황을 가정한다. 즉 i) 해당 특허가 유효하고, 침해자의 실시로 특허침해가 성립한다. ii) 양 당사자에게 협상과 관련된 모든 사정(침해 가정 시점 이후 사정도 포함)이 공개되어 있다. iii) 양 당사자 모두 자발적이고 합리적으로 협상에 임하여 라이선스계약에 도달한다.

이러한 가정 하에 진행되는 협상에서 조지아-퍼시픽 요소는 합리적 로열티 산정을 위한 가이드라인이 된다. 이러한 심리에 따라 평결에서 결정되는 합리적 로열티는 지불방식이 매우 다양한데, 크게는 일시불 방식(lump sum royalty)과 계속적 로열티방식

129) State Indus., Inc. v. Mor-Flo Indus., Inc., 883 F.2d 1573, 1578(Fed. Cir. 1989); Panduit Corp. v. Stahlin Bros. Fibre Works, Inc., 575 F.2d 1152, 1157-58(6th Cir. 1978).

130) Panduit Corp. v. Stahlin Bros. Fibre Works, Inc., 575 F.2d 1152, 1157, 58(6th Cir. 1978).

131) Panduit Corp. v. Stahlin Bros. Fibre Works, Inc., 575 F.2d 1152, 1158(6th Cir. 1978).

132) Georgia-Pacific Corp. v. U.S. Plywood Corp., 318 F. Supp. 1116(S.D.N.Y. 1970), modified by 446 F.2d 295(2d Cir. 1971).

(running royalty)이 자주 사용된다.

1) 조지아-퍼시픽 요소

당사자 사이에 당해 특허에 관하여 확정된 실시료가 있는 경우 그것이 손해배상액 산정의 기준이 될 것이나 실제 사건에서 침해로 주장되는 특정 발명이나 기술에 관하여 상대방과 사이에 이미 실시료가 확정되어 있는 경우는 많지 않다. 이에 따라 합리적인 실시료를 산정하기 위하여 어떠한 요소(evidentiary factor)를 고려하여야 할 것인지에 관하여 1970년에 위 Southern District of New York 법원에서 내려진 Georgia-Pacific Corp. 사건에서 판시되었다. 이후 법원이 이러한 방식을 계속해서 사용하게 되었고, 현재도 이러한 분석 방법이 널리 이용되고 있다. 따라서 변론기일(trial)에서 당사자들은 손해액과 관련한 자신의 주장의 입증을 위해 아래와 같은 사실을 뒷받침하는 증거를 제출하고,[133] 배심원들은 증거조사를 통해 아래와 같은 각 요소에 대한 판단을 하여 손해액 산정에 이른다.

1. 소송의 대상이 된 특허에 관하여 특허권자가 수령한 기존 로열티 액(The royalties received by the patentee for the licensing of the patent in suit, proving or tending to prove an established royalty)

2. 소송대상 특허와 유사한 다른 특허의 사용에 대해 실시권자가 지불한 로열티(The rates paid by the licensee for the use of other patents comparable to the patent in suit)

3. 라이선스의 성격과 범위: 라이선스가 독점적인지 비독점적인지, 지역제한이 있는지 또는 물건이 누구에게 판매될 것인지 등(The nature and scope of the license, as exclusive or non-exclusive; or as restricted or non-restricted in terms of territory or with respect to whom the manufactured product may be sold)

4. 특허권자가 기술 독점을 유지하기 위하여 실시계약시 부여한 라이선스 정책이나 판매 방식(licensor's established policy and marketing program to maintain his patent monopoly by not licensing others to use the invention or by granting licenses under special conditions designed to preserve that monopoly)

5. 라이선스 허여자와 실시자의 관계: 경쟁관계인지 혹은 발명자와 고안자의 관계인지(The

133) 특허침해를 부인하는 피고도 통상은 배심원들이 침해하고 판단한다는 가정을 전제한 후, 각 요소에 관련된 증거를 제시하며 평의에서 산정될 수도 있는 손해액을 낮추기 위해 상당한 노력을 기울인다.

commercial, relationship between the licensor and licensee, such as, whether they are competitors in the same territory in the same line of business; or whether they are inventor and promotor)

6. 특허의 상업적 유효성: 특허발명의 실시를 허락하는 것이 실시권자의 다른 제품의 판매에 미치는 영향과 특허권자의 비특허 제품의 판매를 견인하는 발명의 잔존 가치(The effect of selling the patented invention in promoting sales of other products of the licensee; the existing value of the invention to the licensor as a generator of sales of his non-patented items; and the extent of such derivative or convoyed sales)

7. 특허 존속기간과 라이선스 조건(The duration of the patent and the term of the license)

8. 사용되는 특허를 구현한 제품의 수익성, 상업적 성공 및 현재의 인기 여부(The established profitability of the product made under the patent; its commercial success; and its current popularity)

9. 기존에 사용되던 유사한 방법이나 기구들에 비하여 특허제품이 가지는 유용성이나 장점(The utility and advantages of the patent property over the old modes or devices, if any, that had been used for working out similar results)

10. 특허발명의 속성 및 라이선스 허여자에 의해 특허를 구현하여 창출되고 보유되는 상업적 실시의 특성; 특허사용이 주는 이익(The nature of the patented invention; the character of the commercial embodiment of it as owned and produced by the licensor; and the benefits to those who have used the invention)

11. 침해자가 그 발명을 사용한 정도, 그 사용의 가치를 입증하는 증거(The extent to which the infringer has made use of the invention; and any evidence probative of the value of that use)

12. 그 발명이나 유사한 발명의 사용을 허락하는데 일반적으로 업계에서 인정되는 수익률이나 판매가격(The portion of the profit or of the selling price that may be customary in the particular business or in comparable businesses to allow for the use of the invention or analogous inventions)

13. 비특허 부분으로부터 분리되어 특허 발명에 귀속되어야 할 실현가능한 이익률, 제조 과정, 사업위험 정도, 침해자에 의해 부가된 특징이나 개선된 점(The portion of the realizable profit that should be credited to the invention as distinguished from nonpatented elements, the manufacturing process, business risks, or significant features or improvements added by the infringer)

14. 전문가의 의견(The opinion testimony of qualified experts)

15. 만약 성실한 특허권자와 성실한 실시권자가 침해가 시작될 무렵에 합리적이고 자발적으로 실시료에 관하여 합의에 이르기 위해 노력하였다면 지급하기로 합의하였을 실시료 상당액[The amount that a licensor(such as the patentee) and a licensee(such as the infringer) would have agreed upon(at the time the infringer began) if both had been reasonably and voluntarily trying to reach an agreement; that is, the amount which a prudent licensee-who desired, as a business proposition, to obtain a license to manufacture and sell a particular article embodying the patented invention-would have been willing to pay as a royalty and yet be able to make a reasonable profit and which amount would have been acceptable by a prudent patentee who was willing to grant a license][134]

2) 루슨트 판결[135]

① 사안의 개요

이 사건에서 문제가 된 Lucent의 특허는 1986년, AT&T의 컴퓨터 공학자들이 발명하여 등록한 것으로서, 컴퓨터 모니터 상의 공란에 키보드를 사용하지 않고 정보를 입력하는 방법에 관련된 특허이다.[136] Lucent는 AT&T로부터 이 사건 특허들을 양도 받았고, 2002년에 Gateway, Inc. 및 Microsoft를 피고로 특허침해소송을 제기하였다.[137]

이 사건에서 문제가 된 주된 침해제품은 Microsoft의 Outlook 프로그램이었다. 이 제품은 상업적으로 큰 성공을 거둔 제품으로 사건의 당사자들인 Lucent와 Microsoft는 침해제품이 총 1억 1,000만개 판매되었고, 이로 인하여 Microsoft가 80억 달러 상당의 매출을 달성하였다는 점에 대하여는 당사자간에 다툼이 없었다. 그러나 손해배상액에 대해서는 서로 합의를 이루지 못했다. 원고 Lucent는 손해배상액으로 5억

134) 실제 소송에서, 가정적 협상 방식에 의한 합리적 실시료 산정은, 위 1 내지 14항의 요소 중 증거로 뒷받침되고 당해 사건에서 적용 가능한 요소를 종합하여 결국 15항의 실시료를 산정해 내는 과정이다.

135) Lucent Tech., Inc. v. Gateway, Inc., 580 F.3d 1301(Fed. Cir. 2009).

136) U.S. Patent No. 5,649,131("the '131 patent") and U.S. Patent No. 4,701,954("the '954 patent").

137) The United States District Court for the Southern District of California granted summary judgment of non-infringement of the '131 patent, Lucent Techs., Inc. v. Gateway, Inc., Nos. 02-C-V-2060, 03-CV-0699, 03-CV-1108, 2007 WL 925359(S.D. Cal. Mar. 8, 2007), and the '954 patent, Lucent Techs., Inc. v. Gateway, Inc., Nos. 02-CV-2060, 03-CV-0699, 03-CV-1108, 2007 WL 925354(S.D. Cal. Mar. 6, 2007).

6,190만 달러를 주장한 반면 Microsoft는 650만 달러가 적정한 손해액이라고 항변하였다다. 이에 연방지방법원의 배심원은 357,693,056.18 달러의 손해배상액을 평결하였고, 이러한 배심원의 평결에 대해 Microsoft가 법률문제판결신청(Renewed JMOL, Judgment as a matter of law)[138]을 하였으나 법원은 이를 받아들이지 않았다. 이에 Microsoft는 CAFC에 항소하였다.

② CAFC의 판단

CAFC는 배심원의 손해배상액 산정이 전시장가치를 기초로 하였으며 이러한 산정이 상당한 증거(substantial evidence)에 의하여 내려진 것이 아니고 추산 및 추정에 의해 이루어졌기 때문에 타당하지 않다고 보아 사건을 원심으로 파기 환송하여 손해배상액에 대한 새로운 심리를 명했다.

특허 침해에 의한 손해배상액 산정의 궁극적 목적은 특허법 제284조에서 규정하는 일실이익 또는 합리적 로열티를 산정하는 절차로서 Lucent 사건에서는 합리적 로열티가 문제가 되었다. 법원은 조지아-퍼시픽 요소들을 다음과 같이 고려하였다.

2번째 요소에 대해선, Lucent는 자신들이 체결한 8개의 라이선싱 계약서를 증거로 제시하였는데 법원은 이 모든 계약서들이 가상 계약서(hypothetical agreement)에서 논의하려고 하는 로열티 산정방식과 현저히 다르고 또한 제시된 계약서들의 대상 특허가 무엇인지 명확하지 않아 배심원들이 손해배상액 산정의 기초로 사용하기에 적합하지 않다고 판단하였다. 또 11번째 요소에 대해서, CAFC는 자주 사용되는 특허가 그렇지 않은 특허보다 더 가치가 있을 것인바, 이를 입증하기 위해서는 구체적으로 사용자가 어느 정도 당해 기능을 사용하였는지를 증명하여야 함에도 입증책임이 있는 Lucent가 추산 외에 구체적으로 어느 정도의 빈도로 사용하였는지에 대한 증명을 하지 못했다고 판시하였다. 한편 13번째 요소에 대하여 CAFC는 Microsoft의 Outlook에 문제가 된 특허를 침해하지 않는 부분이 침해하는 부분보다 현저히 많고 문제가 된 특허는 Outlook의 극히 일부에 지나지 않으므로 제13요소에 입증이 충분히 이루어

138) 미국 연방민사소송법상의 제도인 Judgment as a matter of law(JMOL)은 연방민사소송규칙 제50조(Federal Rules of Civil Procedure Rule 50)에 기초한 제도로서, 불리한 평결을 받은 당사자가 합리적인 배심원이라면 그와 같은 평결을 내리지 않았을 것이므로, 판사가 배심원 평결대로 판결로 내리지 말고 변론기일에서 다뤄진 쟁점(특허 유무효, 손해액 등)에 대해 다시 심리하여 판결을 내려줄 것을 요구하는 신청이다. 이전에는 'motion for JNOV(motion for Judgement notwithstanding verdict'로 불리었다.

지지 못했다고 보았다.

(3) 합리적 로열티 산정에 관한 최근 판례 경향[139]

Georgia-Pacific 요소에 의한 가정적 협상 방식과 증거 요소들이 여러 해 동안 사용되어 오고 있고, 이것이 오늘날 합리적 실시료 산정방법으로 잘 받아들여지고 있으나, 실제 소송에 있어 그 원칙의 적용은 많은 해석 재량과 당사자에 의한 운용의 여지를 가지고 있다. 이에 따라 모든 증거조사를 마치고 배심원들에게 사건을 넘겨 평의를 하도록 하기 직전에 판사가 배심원들에게 하는 최종 배심원지침(Final Jury Instruction) 내용을 확정하기 위한 'Jury Charge Conference'에서 Georgia-Pacific 요소 중 어떠한 요소를 반영되거나 혹은 반영되어서는 안 된다는 주장이 종종 제기되고 있다. 이에 따라 CAFC는 합리적 실시료를 산정함에 있어 적절한 방식이나 고려할 사항에 관해서 여러 지침을 준 바 있다. 즉, 가정적 협상의 시기(특허침해 발생 직전 시점) 이후 증거의 사용, 전시장가치 판단법(entire market value rule) 및 비례화 원칙(apportionment principal)의 적용, 합리적 실시료의 산정에 있어 유사한 실시계약의 사용, 과거에 사용되었던 어림짐작법(rules of thumb)의 폐기 등이 그것인데 아래에서 차례로 본다.

1) 가정적 협상 시기 이후 증거의 사용

현재 판례법이 가정적 협상이 최초의 특허침해 이전에 시작될 것으로 봄에 따라, 합리적 실시료 산정에 사용될 증거도 그와 같은 협상 이전 시점의 증거로 한정하는 '① 장래적 접근법(prospective or ex ante framework)'이 등장하였으나, 많은 법원은 그럼에도 '가정적 협상' 이후에 일어난 사실이나 상황이 협상가들에게 알려지거나 예측될 수 없었을 지라도, 일정한 상황에서는 이를 고려하는 것을 허용해 오고 있다. 이것은 Cardozo 대법관이 Sinclair Refining Co v. Jenkins Petroleum Process Co. 사건에서 명명[140]한 이래, ② 'book of wisdom의 사용("Status Quo"/"Book of Wisdom" 모델)이라고 일컬어진다.

그런데 이 "Status Quo"/"Book of Wisdom" 모델은, 그 자체로 가정적 협상 이후

---

139) 이 부분은 위 TSC(The Sedona Conference) 보고서 5-13면에 소개된 내용을 정리한 것이다.

140) "If years have gone by before the evidence is offered, experience is then available to correct uncertain prophecy. Here is a book of wisdom that courts may not neglect.": Sinclair Refining Co v. Jenkins Petroleum Process Co., 289 U.S. 689, 698(1933).

에 발생한 어떠한 증거를 포함시키거나 배제할지, 그리고 어떠한 원칙에 근거해서 그렇게 할 것인지에 관한 쟁점을 불러일으킨다. 이에 따라 가정적 협상 시점을 재판시기 뒤로 이동시켜서 당시까지 특허의 가치를 담고 있는 모든 증거를 고려하도록 하는 ③ 'Retrospective Model'도 새로운 방안으로 제안되고 있다.

2) 전시장가치 판단법(EMVR)과 비례화 원칙(Apportionment Principal)

특허가 일부 부품에만 적용되었다고 하더라도, 다수의 부품으로 구성된 제품 전체의 수요가 그 특허기술로 귀결될 수 있는 경우, 또는 특허 기술이 시장 요구의 본질을 견인하였거나 그 구성품의 가치를 만들어 낸 경우, 특허권자는 침해품의 전체 시장가치를 기초로 손해를 주장할 수 있고, 이러한 사정이 인정되지 않는 경우, 비례화 원칙이 적용된다. CAFC는, LaserDynamics, Inc. v. Quanta Computer, Inc. 사건에서, 전시장가치의 법리가 적용되기 위해서는 단순히 특허기술이 가치 있거나("valuable") 혹은 중요한 요소("important")인 것만으로는 부족하고, 특허기술이 그 상품 구매의 동기적 요소(motivating factor)일 것을 요구한다고 재차 판시하였다. 또한 CAFC는, 여러 구성요소를 포함하고 있는 제품에 관한 사건에서, 특허권자는 전체 제품에 대한 수요가 그 특허 기술로 귀결될 수 있다는 입증이 없이는, 최소 판매 가능한 특허실시단위(smallest salable patent-practicing unit)에 의하지 아니하고, 전체 제품의 판매수익에 기초하여 손해를 계산할 수 없다고 판시하였다.[141] 나아가 CAFC는 VirnetX, Inc. v. Cisco Sys. 사건[142]에서, 심지어 특허권자가 특허기술을 포함하고 있는 최소 판매 가능한 특허실시단위를 실시료 계산의 기초로 삼았다고 하더라도 이에 대하여 다시 비례화 원칙이 적용된다고 판시하였다. 즉, 특허권자는 여러 구성요소를 포함하고 있는 제품에 있어서 오직 침해가 발생한 요소에 귀결될 수 있는 손해의 배상만을 구할 수 있다는 취지이다.

3) 유사한 실시계약과의 비교

법원은 "비교 가능한(comparable)" 실시계약을, 소송 대상이 된 특허의 상업적 시장에 관한 실제 시장의 증거로 본다. Georgia-Pacific 요소 중 제1, 2, 12번째 요소가 이러한 점을 반영하고 있다. 하지만 과거의 다른 실시계약들이 다른 특허나 다른 수의

141) Uniloc USA, Inc. v. Microsoft Corp., 632 F.3d 1292, 1320(Fed. Cir. 2011).
142) VirnetX, Inc. v. Cisco Systems, Inc., No. 13-1489(Fed. Cir. 2014).

특허를 포함하고 있거나 다른 권리를 부여하고 있는 경우, 그러한 차이가 분석되어 가치가 매겨지지 않는다면, 이러한 자료는 합리적인 실시료 분석에 도움이 될 수 없다.[143] 이에 따라 CAFC는 반복적으로, 특정한 과거 실시계약이 가정적 협상의 경제적 상황(economic circumstances)이나 그 대상이 된 기술과 '충분히 비교 가능한지(sufficiently comparable)' 끊임없이 경계심을 발동하여야 한다고 강조하였다.[144] 또한 CAFC는 유사 실시계약과 가정적 실시계약의 비교 시, 계약이 체결된 기술의 유사성과 중요성, 계약이 체결된 특허 제품의 가격, 실시료율 산정의 복잡성, 지불 방법(일시불인지 계속적 지불인지) 등 여러 요소를 고려하여야 한다고 판시하였다.[145]

4) 어림짐작법(Rules of Thumb)[146]의 폐기

여러 해 동안 특허권자들은, 가정적 협상에서 양 당사자들은 25% 실시료율에 합의할 것이라는 추단에 근거하여, "25% 어림짐작법(25% rule of thumb)"을 합리적 실시료 산정의 출발점으로 사용해 왔다. 또한, 가정적 협상의 당사자들이 침해자의 증가된 수입을 50-50으로 나누는 것에서 시작한다고 추단하는 "Nash Bargaining Solution"[147]도 위와 같은 어림짐작법의 하나로 이용되어 왔다.

그러나 CAFC는 두 사건에서 특허 침해소송에서 가정적 협상 방식으로 실시료를 산정하는데 있어 주먹구구법칙(Rule of thumb)인 25% 법칙을 이용하는 것은 사안과 연결되어 있지 않고 근본적으로 문제가 있어 수용될 수 없다고 하여 어림짐작법의 적용을 부정하였다.[148]

---

143) 실제 특허침해소송에서 원고나 피고 측 손해액 전문가증인(damage expert witness)들은, 상대방 손해액 전문가증인들이 참고로 삼은 유사 사례가 "비교 가능한 실시계약"이 아니어서 그 결과를 신뢰할 수 없다는 취지로 종종 다툰다.

144) VirnetX, Inc. v. Cisco Sys., 767 F.3d 1308, 1330(Fed. Cir. 2014).

145) Lucent Techs., Inc. v. Gateway, Inc., 580 F.3d 1301, 1325-31(Fed. Cir. 2009).

146) '어림짐작' 또는 '주먹구구'라고 번역될 수 있는 이 논리는 일견 부당해 보일 수 있지만 일종의 경험칙에 의한 손해배상 방법으로 상당기간 동안 사용되었다는 점에서 일종의 기준으로서의 기능을 했다.

147) 미국의 경제학자인 존 내쉬(John Nash)가 게임이론(Game theory)에서 제안한 방법으로 법경제학에서 계약이론(Contract Theory)으로 발전되었다.

148) Uniloc USA, Inc. v. Microsoft Corp., 632 F.3d 1292, 1315(Fed. Cir. 2011); 위 VirnetX, Inc. v. Cisco Systems 사건. Uniloc 판결에 대해서는 최승재, "미국 판례상 특허침해와 손해배상액의 산정: 2개의 마이크로소프트 사건을 중심으로", 창작과 권리 62호(2011) 41-72면.

5) 가정적 협상 방식에 대한 대안적 접근의 가능성

최근의 여러 사안에서 CAFC는, Georgia-Pacific 요소에 기한 가정적 협상 방식은 합리적인 실시료에 의한 손해 산정 방식의 하나일 뿐이고, 모든 상황에 변경 없이 적용될 수 있는 것은 아니라고 판시하였다. 연방지방법원에서도 대안적인 접근법을 인정하기도 하였는데, 캘리포니아 남부연방지방법원에서는, Lucent Techs. v. Microsoft 사건에서 'business realities negotiation theory'를 인정하였다. 위 사건에서 특허권자는 실제 업계에서 어떻게 실시료 협상이 전개되는지 전문가의 증언을 제시하였는데, 이에 따르면, 양 당사자들은 각자 걸어오는 접근법(respective walk away approaches)에 따라 협상을 개시하고, 그래서 중간에서 만나는 방식으로 협상을 한다는 것이다. 이에 대하여 위 법원은 소송당사자들은 합리적인 실시료를 정하기 위하여 일반적으로 여러 접근법을 채택한다고 하면서, 위 이론이 믿을 만한 원칙과 방식에 근거하고 있다고 판시하였다.

Ⅲ. 악의적 침해와 손해배상의 가중

1. 의　　의

침해자가 특허권을 침해한 것으로 인정된 경우 법원은 특허법 제284조에 따라 인정된 손해액의 최고 3배까지 손해배상액을 가중할 수 있다.[149] 특허침해에 대한 손해배상으로 3배의 가중배상을 인정하는 규정은 미국의 초기 특허법인 1793년 특허법에 처음 도입되었다. 일반 불법행위 등을 이유로 한 민사소송에서 전보배상(compensatory damage)이외에 행위자에 대한 처벌 및 일반예방을 목적으로 형평법상원칙 또는 주법의 규정에 따라 전보배상액의 10배의 범위 내에서 징벌적 손해배상(punitive damage)이 추가로 인정되는데, 특허법에서 인정되는 가중배상은 악의적인 침해를 한 자에 대한 처벌의 필요성 측면에서 도입된 점에서는 이와 유사하나, 연방법에 명시적으로 도

149) 손해배상액의 가중은 당사자가 청구하지 아니할 때에도 법원이 직권으로 가중할 수 있으나, 손해배상을 구하는 당사자는 침해 판정이 나면 통상 post-trial 신청을 통해 가중배상을 구한다. 이 때 가중은 사실심리에서 인정된 손해액의 두 배 혹은 세 배와 같은 방식이 활용되나, 30% 혹은 10%와 같은 방식도 사용된다.

입되었고, 전보배상액의 3배를 한도로 하며, 그 인정요건에 대하여 특허사건의 특수성을 반영한 여러 판례들이 발전해 왔다는 점에서 특별한 손해이다.[150] 다만 한국과 달리 미국에서는 특허침해가 따로 형사처벌의 대상이 되는 것은 아니다.

현재의 특허법은 어떠한 경우에 어떤 요소를 고려하여 이러한 가중배상이 내려질 수 있는지에 대해서는 명확한 기준을 제시하고 있지 않다. 이에 대하여 연방대법원은 2016년 Halo Electronics, Inc. v. Pluse Electronics, Inc. 사건에서, 악의적인 행위이거나 의도적인 침해("cases typified by willful conduct," or "deliberate or wanton" infringement)와 같이, 전형적인 침해행위를 넘어서는 악의적인 경우(egregious cases of misconduct beyond typical infringement)에만 증액배상이 주어져야 한다고 판시하였다.[151] 위 사건에서 연방대법원은 또한 악의적인 침해는 증거의 우위(preponderance of evidence) 기준에 의해 침해당시 침해자의 인식과 행위에 의해 입증되어야 하고, 그 이후 소송에서의 주장의 당부에 의해 판단되어서는 안 된다고 판시하였다.[152] 배심원이 악의적 침해를 인정하거나 사실심리 과정에서 악의적인 침해를 인정할 사정이 있는 경우에도 손해배상액을 증액할 것인지는 물론 어느 정도를 증액할 것인지는 사실심 법원의 재량에 속한다. 또한 가중적 손해배상을 인정할 사정이 없는 경우에는 특허권자의 손해를 더욱 전보해 주기 위한다는 목적으로 가중배상이 주어져서는 아니 된다. 또한 특허법 제298조는, 침해자가 침해 행위 이전에 변호사로부터 조언을 구하지 않았다는 사정이 악의적 침해를 입증하는데 사용되어서는 아니 된다고 규정하고 있다.[153] 그와 같은 사정만으로는 가중배상을 인정하기 위한 '악의성(willfulness)'을 인정하기

---

150) 이러한 점에서 특허침해소송에서 가중배상 이외에 punitive damage가 별도로 인정되지 않는다.

151) Halo Electronics, Inc. v. Pulse Electronics, Inc., No. 14-1513, slip op. at 9-11, 15(Supreme Court, June 3, 2016). 이 사건에서 연방대법원은 연방지방법원은 여러 판결에서 재량에 따라 "willful, wanton, malicious, bad-faith, deliberate, consciously wrongful, flagrant, or – indeed – characteristic of a pirate" 등 여러 경우에 가중배상을 인정해 왔으나, 200여 년에 걸쳐 그러한 재량은 점차 축소되어 일반적으로 가중배상은 비난받을 만한 행위로 인한 'egregious case'에 주어진다고 하면서도, 이러한 사정이 있다고 해서 반드시 가중배상이 인정되는 것은 아니라는 점을 명시하였다. 이와 같은 미국 법원의 실무에 비추어 미국 특허침해소송에서 가중배상이 인정되는 침해 유형을 '고의침해'라고 번역하기보다는 '악의적인 침해'로 번역함이 보다 적절하다고 본다.

152) Id, p. 10.

153) "The failure of an infringer to obtain the advice of counsel with respect to any allegedly infringed patent, or the failure of the infringer to present such advice to the court or jury, may not be used to prove that the accused infringer willfully infringed the patent or that the infringer intended to induce infringement of the patent."

부족하다("not enough")는 의미이다. 반면 침해자가 행위 이전에 변호사로부터 그의 행위가 특허침해를 구성하지 않는다거나 특허가 무효라는 조언을 받은 경우, 이는 악의성 판단에 있어 참작할만한 사정이 되나 그것이 결정적인 것은 아니다.[154]

특허침해소송의 피고는 침해사실을 다투면서도, 가정적으로 침해가 인정된다고 하더라도 사전에 변호사로부터 비침해라는 조언을 얻은바 있어 침해행위의 악의성이 없었음을 주장('advice of counsel defense')하기도 하는데, 많은 연방지방법원의 특허사건 규정(Patent Local Rule)은 그와 같은 주장 여부 및 주장 시 관련 증거에 대하여 소송 초기에 정보공개를 요구하고 있다. 만일 그와 같은 항변이 제기된 경우 변론기일에서도 양측은 피고가 침해행위 이전에 전문 변호사의 조력을 받은 것이 합리적이라고 할 수 있을지 등에 대해 전문가 증인 등을 통해 다툰다. 한편 인정된 손해액에 대해 가중배상이 부가되는 경우에도 판결 선고시까지의 이자(prejudgement interest)에 대해서는 가중할 수 없다.[155]

2. 판례의 전개

1982년 CAFC 설립 후 특허권을 강화하기 위해서 CAFC는 잠재적 특허침해자가 다른 사람의 특허권의 존재를 알게 되면, 그것만으로도 그 특허를 자신이 침해하는지 그렇지 않은지를 상당한 주의를 갖고 침해여부를 확인하여야 한다고 보았다. 이는 적극적인 확인의무(affirmative duty)이다.[156] 이러한 주의의무를 다하기 위해서 실무상 신규사업을 구상할 때 특허맵(patent map)을 만들고 특허침해의 가능성이 있다고 판단되는 경우에는 변호사의 의견서(legal opinion)를 받는 관행이 형성되었다. 법원이 만일 변호사의 의견서가 없는 경우에는 피고는 침해사실을 알고 있으면서도 침해행위를 계속했다는 사실상의 추정을 함(=불리한 추정의 법칙: adverse inference rule)으로써[157] 악의침해를 면하기 위해서는 변호사의견서가 필요하게 된 것이다.

그러나 2004년 CAFC는 변호사의 의견서가 없는 경우의 불리한 추정의 법칙을 폐기하였다.[158] 그리고 2007년 Seagate 판결에서 CAFC는, 악의적인 침해가 아님을 주

154) In re Seagate Technology, 497 F.3d, 1360, 1369.
155) Underwater Devices, Inc. v. Morrison-Knudsen Co., 717 F.2d 1380, 1389(Fed. Cir. 1983).
156) Underwater Devices, Inc. v. Morrison-Knudsen Co., 717 F.2d 1380, 1389(Fed. Cir. 1983).
157) Kloster Speedsteel AB v. Crucible, Inc., 793 F.2d 1565(Fed. Cir. 1986).

장하기 위해 변호사와 의뢰인간의 비밀유지특권이나 업무상결과물 보호의 포기가 반대의 추론(침해를 인정한다는 추론)을 허용하는 것이 아니고, 반대로 변호사의 자문을 받지 않았다는 사실이 악의적인 침해를 추론하는 것도 아니라고 판시하였다.[159] 특히 위 사건에서 CAFC는 가중적 손해배상을 인정하기 위한 2단계 심사(Two-part test)를 채택하였다. 즉, 우선 원고는 객관적 요건으로, 침해자가 그의 행동이 특허 침해를 구성한다는 상당히 객관적인 가능성(objectively high likelihood that its actions constituted infringement of a valid patent)에도 불구하고 행위를 하였음을 명백하고 확실한 증거(clear and convincing evidence)에 의해 입증하여야 한다.[160] 이 첫 번째 단계에서는 침해자의 인식은 심리의 대상이 아니다. 원고는 다음으로 두 번째 주관적 요건으로, 특허 침해자가 특허 침해의 위험을 알았거나 또는 그러한 위험이 상당히 명백하여 침해자가 알 수밖에 없었다는 주관적 사정을 명백하고 확실한 증거(by clear and convincing evidence)에 의해 입증하여야 한다고 판시하였다.[161] 이러한 두 가지 요건이 모두 충족되었을 때야 비로소 법원은 가중 배상에 관한 재량권을 행사할 것인지의 심리로 나아갔는데, 이 첫 번째 조건의 충족 여부는 법률적 판단의 문제(question of law)로서 배심원이 아닌 판사의 판단 사항이며 따라서 항소된 경우에는 de novo 심사의 대상이 되었다. 또한 이러한 2단계 심사 기준에 따라 당사자는 종종 악의침해를 이유로 한 가중배상에 관하여 이를 부정하는 사실심리생략판결(summary judgment)을 구하였고, 객관적인 기준(objective reasonableness)의 요건은 그러한 판결로 이어지기도 하였다.[162]

이에 연방대법원은 Halo 사건[163]에서, CAFC가 Seagate 판결에서 채택한 2단계 심사는 증액손해배상의 인정기준으로 지나치게 엄격한(unduly rigid) 기준이기 때문에 지방법원의 재량권을 과도하게 제한(impermissible encumber)한다고 비판하면서, 또한

158) Knorr-Bremse Systeme Fuer Nutzfahrzeuge GMBH v. Dana Corp., 383 F.3d 1337(Fed. Cir. 2004). 이 사건과 관련된 전개에 대해서 Joshua Stowell, "WILLFUL INFRINGEMENT AND THE EVIDENTIARY VALUE OF OPINION LETTERS AFTER KNORR-BREMSE V. DANA", Duke L. & Tech. Rev. vol 6(2005) 참고.

159) In re Seagate, 497 F.3d 1360(Fed. Cir. 2007)(en banc).

160) Id.

161) Id.

162) Butamax Advanced BioFuels LLC v. Gevo, Inc. (D. Del Aug. 3, 2015); Dane Techs., Inc. v. Gatekeeper Sys., Inc. (D. Minn. Sept. 29, 2015).

163) Halo Electronics, Inc. v. Pulse Electronics, Inc., 579 U.S. 93(2016).

이 기준은 악의의 침해자(worst infringer)를 가중손해배상이라는 책임으로부터 면책시키는 기능을 수행하여 왔기 때문에 미국 특허법 제284조의 취지에 부합하지 않는다는 이유로 2단계 심사를 폐기하였다.164) 위 사건에서 연방대법원은 또한 가중배상을 인정하기 위해 Segate 사건에서 요구된 두 가지 요건 중 객관적 요건에 대한 입증이 필요하지 아니하고 주관적 요건의 입증으로 충분하며, 주관적 요건에 대한 입증의 기준도 우월한 증거법칙(preponderance of evidence)에 의해 입증되면 된다고 판시하였다.165) 이러한 Halo 판결 이후 사실심리생략판결에 의해 가중배상 신청이 기각되는 경우도 줄어들면서, 연방법원에서 증액배상을 인정하는 사례는 늘어난 반면 평균적인 증액비율은 오히려 줄어드는 경향성을 띄게 되었다.166)

특허침해소송에서 증액배상은 배심원에 의한 'willful infringement' 여부 평결이 내려진 후, 법원이 실제 증액을 할 것인지 여부의 순서로 진행된다. 그 각 단계의 판단기준과 관련하여, CAFC는 SRI International, Inc. v. Cisco Systems, Inc. 사건167)에서 다음과 같이 명확한 기준을 제시하는 판결을 하였다. 그 판시 요지는, '악의적인 침해(willful infringement)' 자체의 인정은, 증거에 의해 그 침해가 계획적이거나 의도적

---

164) 최승재, '3배 배상제도의 도입과 특허침해소송에서의 손해배상액 산정 – 고의 판단 기준을 중심으로', 사법(48호), 사법발전재단(2019), 186면.

165) Halo Electronics, Inc. v. Pulse Electronics, Inc., No. 14-1513, slip op. at 9 - 11, 15(Supreme Court, June 3, 2016).

166) 한국지적재산권변호사협회가 2019. 5. 27. 개최한 국제세미나에서 주제발표를 한 James Rodney Gilstrap E.D.T.X. 법원장과 한국 특허법원이 2019. 10. 16-17.개최한 '2019 International IP Court Conference'에서 패널로 참여한 Leonard Stark Delaware 연방지방법원 법원장은 Halo 판결 이후 미국 실무의 변화에 대해 위와 같이 공통된 의견을 제시하였다. Stark 법원장이 위 컨퍼런스 무렵 미국 내 컨퍼런스에서 접하였다는 통계에 의하면, 악의적인 침해로 판단된 사례 중 증액배상까지 인정된 사례는 Halo 판결 이전에는 약 35%에서 Halo 판결이후 약 54%로 늘어난 반면, 증액하는 평균 비율(multiply rate)은 위 판례를 전후하여 2.5배에서 2.1배로 낮아졌다고 한다.

167) SRI International, Inc. v. Cisco Systems, Inc., 14 F.4th 1323(Fed. Cir. 2021): "To eliminate the confusion created by our reference to the language "wanton, malicious, and bad-faith" in Halo, we clarify that it was not our intent to create a heightened requirement for willful infringement. Indeed, that sentence from Halo refers to "conduct warranting enhanced damages," not conduct warranting a finding of willfulness. Halo, 136 S. Ct. at 1932 ("The sort of conduct warranting enhanced damages has been variously described in our cases as willful, wanton, malicious, Case: 20-1685 Document: 48 Page: 9 Filed: 09/28/2021 SRI INTERNATIONAL, INC. 10 v. CISCO SYSTEMS, INC. bad-faith, deliberate, consciously wrongful, flagrant, or – indeed – characteristic of a pirate.") As we said in Eko Brands, "[u]nder Halo, the concept of 'willfulness' requires a jury to find no more than deliberate or intentional infringement."

인(deliberate or intentional) 경우라고 인정되면 충분하고, 이를 이유로 법원이 재량권을 통해 손해액을 '증액(enhanced damage 부과)' 하는 것이 타당하기 위해서는, 그 침해가 매우 악의적이거나 비난가능성이 큰 경우(sufficiently egregious)여야 한다는 것이다. 위 사건에서 침해소송의 피고인 Cisco사는 악의적 침해를 부정하면서 원고의 특허가 신규성이 부정되어 무효이고 침해도 성립하지 않는다고 인식하였다는 취지로 주장하였으나, 그러한 신규성 부정 주장은 특허청에서 이미 두 번이나 고려되었다가 거절된 선행문헌에 근거한 것이었는데도, Cisco사의 전문가는 선행문헌이 문제된 특허의 신규성을 상실하게 한다는 자문을 하기 전에 특허청의 선행 판단을 검토하지 않았고, 비침해 주장도 연방지방법원에서의 청구항 해석과 모순되었다. CAFC는 원고가 위와 같이 피고의 특허권 무효 및 비침해 인식이 합리적인 근거가 없다는 증거를 제시하였고, 이에 따라 배심원이 피고의 침해가 '악의적인 침해'라고 판단한 것이 충분한 증거에 의해 뒷받침된다고 하면서, '악의적 침해'를 인정한 최초 배심원 평결 및 이를 기초로 증액 배상을 명한 최초 판결의 효력을 회복시키는 판결(reinstate the jury's finding of willfulness and the ward of enhanced damages)을 하였다.[168]

3. 가중배상 심사 기준

가중배상 여부는 가중 여부에 대한 판단과 가중할 정도에 대한 판단으로 나누어 심리된다. 우선 가중여부를 판단함에 있어 법원은 Read Corp. v. Portec. Inc. 사건[169]에서 설시된 소위 9가지 'Read 요소(factor)'에 대한 심리를 한다.[170] 즉, ① 침해자가 의도적으로(deliberately) 아이디어나 디자인을 베꼈는지 여부, ② 침해자가 상대방 특허를 인식한 경우에는, 특허권의 권리범위를 조사하고 그 특허가 무효라거나 침해품이 권리범위에 포함되지 않는다는 선의의 믿음(good-faith belief)을 가졌는지 여부, ③ 소송에서 침해자의 태도, ④ 침해자의 사업규모 및 경제적 상황, ⑤ 침해판정의 어려운

---

168) 위 사건은 당초 제1심 법원에서 배심원이 '악의적 침해'라고 평결하고 이에 따라 법원이 손해배상액에 대해 2배를 가중하는 판결을 하였다가, CAFC에 의해 파기되어 다시 악의적 침해를 부정하는 환송심 판결이 난 후 재항소되어, CAFC에서 위와 같은 법리의 설시 및 판결이 내려진 것이다. 이 판결에 대한 상세한 분석은, 이상희, "연방대법원 Halo 판결 이후 고의침해 성립 기준을 명확히 한 美연방특허항소법원 판결", IP Insight Plus, 한국지식재산보호원(2022. 1.) 게시글 참조.

169) Read Corp. v. Portec, Inc., 970 F.2d 816, 827(Fed. Cir. 1992).

170) 물론 법원이 심리하는 요소가 위와 같은 아홉 가지 요소에 한정되는 것은 아니다.

정도(closeness of the case), ⑥ 침해가 계속된 기간, ⑦ 침해자가 피해를 회복시키기 위해 취한 수단, ⑧ 침해 동기, ⑨ 침해자가 침해를 숨기기 위한 시도를 하였는지 여부 등이다. 법원은 가중배상 제도가 도입된 목적, 즉 침해자에 대한 처벌적 기능과 향후 유사한 침해를 금지하는 일반예방적 기능이 잘 발휘될 수 있도록 각 사건에서 위와 같은 요소를 확인하고 그중 어떠한 요소를 중시하여 가중배상을 명할지를 결정함에 있어 재량에 따라 이를 행한다. 악의적 침해가 인정된 경우에도 가중배상 여부에 대해서는 법원에 넓은 재량권이 인정된다.

사례연구

In re Seagate Technology, LLC 사건[171)]

1. 사안의 개요

2000년 7월 13일 원고(Convolve)는 피고(Seagate)를 상대로 4,916,635특허(이하 "635특허')와 5,638,267특허(이하 "267특허')의 침해를 이유로 뉴욕 남부연방지방법원에 소송을 제기한다. 그 후 원고는 2001. 11. 6. 6,314,473특허(이하 "473특허')를 새로 출원하여 등록받으면서 '473특허의 침해도 주장에 포함시킨다. 또한 원고는 피고가 자신의 특허를 악의적으로 침해했다는 주장도 포함시켰다.

피고는 외부 자문변호사(Gerald Sekimura)에게 피고가 원고의 특허를 침해했는지 여부에 관해서 자문을 구했다. 외부 자문변호사는 총 3가지 서면 의견을 피고에게 제공했다. 피고는 외부 자문변호사의 첫째 서면의견을 2000. 7. 24.에 받게 된다. 그 첫 번째 서면의견은 '635특허와 '267특허의 많은 청구항이 무효일 수 있으며, 따라서 피고는 원고의 특허를 침해하지 않았을 수도 있다는 내용을 담고 있었다. 또한 그 첫째 의견은 아직 출원되지 않은 '473특허와 유사한 기술인 Convolve의 국제출원(International Application WO 99/45535)에 대한 검토 의견도 포함하고 있었다.

171) 497 F.3d 1360(Fed. Cir. 2007)(en banc).

2000. 12. 29. 피고의 외부 자문변호사는 두 번째 서면 의견을 제공하면서, '267특허도 권리행사가 불허될 수 있다는 의견을 제시하였다. 또한 외부 자문변호사는 첫째와 둘째 의견 모두 해당 특허의 모든 청구항이 검토된 것은 아니었고, '535 출원(application)은 더 많은 분석이 요구된다는 점을 덧붙였다. 따라서 '473특허가 출원될 때까지 피고에게 소송을 연기하는 것을 조언하였다. 2003. 2. 21. 피고는 '473특허의 유효성과 침해가능성에 관한 세 번째 서면의견을 받게 된다. 그리고 피고가 항상 외부 자문변호사와 소송 변호사를 독립적으로 운영했다는 것에 대한 다툼은 없었다.

2003년 초, 피고는 관련 특허에 대한 침해가 악의로 이루어진 것이 아니라는 점을 입증하기 위하여 외부 자문변호사로부터 받은 3개의 의견서 및 기타 업무결과물을 재판 과정에 제출하게 된다. 원고는 피고의 이러한 행동에 기하여, 피고의 외부 자문변호사뿐만 아니라 소송대리인을 포함한 다른 변호사들의 업무 결과물(work product)과 통신 결과물(communication product)을 공개하라고 요구하였다. 2004. 5. 28. 뉴욕 남부연방지방법원은 피고가 외부 자문변호사 및 소송 변호사(trial counsel)를 포함한 모든 변호사와 의뢰인간의 비밀유지특권(attorney-client privilege) 및 업무결과물 보호(work product protection)도 포기한 것으로 판단하였다.

이러한 판단에 근거하여 원고는 특허 침해 가능성, 유효성, 강제성에 관한 피고의 소송 대리인의 업무 결과물도 재판 과정에 제출할 것을 요구하게 된다. 이에 소송 대리인의 업무결과물에 대하여는 비밀을 유지하고 싶었던 피고는 재판부에 진행 중이던 증거개시절차(discovery)의 중지와 소송 중 항소(interlocutory appeal) 절차를 신청하였으나, 1심법원은 신청을 기각한다. 이후에 피고는 항소법원에 다시 이러한 1심법원의 명령을 취소시키기 위한 신청(petition for writ of mandamus)을 하였다.

2. 사건의 경과

(1) CAFC의 판단

1) 쟁점의 정리

항소심에서 검토된 쟁점은 3가지이다. 첫째, 피고가 악의침해를 방어하기 위해 외부 변호사의 의견을 받은 것을 주장한 것으로 인하여, 변호사-의뢰인 비밀유지특권과 변호사 업무결과물에 대한 비밀유지의 보호를 포기한 것으로 볼 수 있는지, 만일 그렇다면 그 비밀유지특권의 포기는 외부 자문변호사와 관련된 특권 포기에 그치는 것인지 아니면 소송변호사(trial counsel)의 의견에 대한 비밀유지특권까지도 포기된 것으로 볼 것인지 여부, 둘째, 외부 자문변호사의 검토의견을 공개하는 것이 업무결과물 보호원칙에는 어떤 영향을 미치는지, 셋째, 변호사-의뢰인 비밀유지특권에 관련하여 Underwater Devices 판례[172]에서 사용된 법리와 주의의무에 대한 판단 기준을 CAFC가 다시 검토할 필요성이 있는지 여부가 쟁점사항이었다.

2) 쟁점에 대한 판단

① 악의의 판단기준

특허 침해에 있어서 악의성의 인정 여부는 손해배상액 산정에 중요한 요소이다. 악의성이 인정된다면 가중적 손해배상이 인정되어 실제 손해 금액의 3배까지 배상해주는 근거가 된다. CAFC는 1983년에 마련된 Underwater 기준을 본 사건 이전까지 적용하여 특허의 악의침해를 비교적 쉽게 인정하여 특허권자의 특허를 적극적으로 보호하려는 태도를 보였다. 그러나 본 사건에서는 기존의 악의성 침해 판단기준이었던 Underwater 기준을 더 이상 적용하지 않았다. Underwater 기준은 침해 행위의 주관적 의사(subjective state of mind)에 초점이 맞추어져 있어 이 기준에 의하면 특허 침해자가 적극적인 주의의무(affirmative duty of due care)를 다하지 않았다면 특허침해의 악의가 인정되었다. 특히 특허 소송에서는 Underwater 판결 이후 다른 민사소송과는 달리 악의성을 추정하는 기준이 낮았다. 다른 민사소송에서 악의성을 추정케 하는 기준은 중과실(reckless disregard)이지만, 특허 침해 소송에서 악의성을 추정하게 하는 기준은 과실(negligence)이었다.[173]

그러나 CAFC는 이 사건에서 악의침해에 관한 새로운 기준인 객관적인 무모성(Objective recklessness)을 제시하였다. 또한 악의성의 입증책임이 특허 침해자에서 특허권자로 전환되었다. 이에 관하여 특허 침해자의 행동이 객관적인 무모성을 갖고 있었는가에 대한 2단계 프로세스를 제시하였다. 첫 번째 단계에서는 특허 침해자가 자신의 행위가 유효한 특허를 침해할 수 있다는 높은 가능성에도 불구하고 특허 침

172) Underwater Devices, Inc. v. Morrison-Knudsen Co., 717 F.2d 1380, 1389(Fed. Cir. 1983).

173) 연혁적인 관점에서 고의침해의 발전을 잘 정리한 논문으로 Steven C. Carlson & Matthew D Powers, "The Evolution and Impact of the Doctrine of Willful Patent Infringement", 51 Syracuse L. Rev. 53(2001) 참조.

해 행위를 했다는 점을 특허권자가 "명백하고 확실한 증거"에 의해 입증해야 한다. 여기서 침해자의 주관적 의사(subjective state of mind)는 고려되지 않는다. 두 번째 단계에서는 특허침해자가 객관적으로 높은 위험성을 인식하였거나 인식할 수 있었다는 점을 "명백하고 확실한 증거"에 의해 특허권자가 증명해야 한다.[174)]

② 변호사－의뢰인 비밀유지특권 포기의 범위

CAFC는 제소 이후에 외부 자문변호사로부터 검토의견을 받는 것을 주장한 것으로 인하여 송무변호사의 검토의견에 대하여도 비밀유지특권을 박탈하는 것은 관련 법의 목적과 효과를 감안했을 때 타당하지 못하다고 판단했다. 따라서 피고가 특허침해여부 판단에 대한 자문을 받았기 때문에 악의침해가 아님을 주장할 경우에 외부 자문변호사와의 비밀유지특권이 포기되어 외부 변호사와 의뢰인 간의 모든 문서를 법원에 제출하여야 하지만, 해당 특권의 포기는 의뢰인과 외부 자문변호사 관계에서만의 특권 포기로 국한된다고 보았다. 그러므로 소송대리인과 의뢰인 간의 특권 포기는 아니므로 소송대리인과 의뢰인 간의 관련 서류에 있어서는 비밀유지특권이 여전히 존재할 수 있다고 보았다.

③ 변호사의 업무결과물보호원칙과의 관계

변호사의 업무결과물보호원칙에도 불구하고 예외적으로 변호사 업무결과물에 대한 공개의 필요성이 높고, 그 결과물이 없는 상태에서 소송을 진행하기가 과도하게 곤란한 경우에는 공개가 요구된다. 또한 CAFC는 일반적으로 사실적인 내용에 대한 변호사 업무 결과물보다 변호사의 지적인 분석 결과물로서 소송전략에 관한 결과물은 특권이 유지될 확률이 더 크다고 판시하였다. CAFC는 변호사 업무결과물특권 포기에 있어서도, 특허권자나 변호사가 부정한 행동(chicanery)에 가담하는 등 특별히 예외적인 경우를 제외하고는 외부 자문변호사에 대한 비닉특권이나 보호의 포기가 소송대리인과의 업무결과물에 대한 보호의 포기로까지 인정되지 않는다고 판시했다. 그리고 본 사건에서 연방민사소송규칙 제26(b)(3)가 '문서 및 유체물'을 보호의 대상으로 하고 있더라도 소송변호사의 유형적인 것뿐만 아니라 무형의 업무결과물 모두에 대하여 특권이 유지되어야 한다고 판결했다.

174) 기준 변화에 대한 상세는 Danny Prati, "In re Seagate Technology LLC: A Clean Slate for Willfulness", 23 Berkeley Tech. L.J. 47(2008).

사례연구

Halo Electronics v. Pulse Electronics 사건[175)]

1. 가중배상 요건에 관한 CAFC의 종래 기준

특허침해가 인정된 경우에 가중배상을 인정할 것인가에 관하여, CAFC는 In re Seagate Technology, LLC, 497 F.3d 1360(Fed. Cir. 2007) 사건에서 소위 two-prong test를 확립하였다. 즉, CAFC는 특허권자가 배심원에 의해 산정된 손해액 보다 증가된 손해액을 배상받기 위해서는, 명백하고 확실한 증거(clear and convincing evidence)에 의해, ① 침해자가 유효한 특허를 침해한다고 볼 객관적으로 상당히 높은 가능성이 있음에도 행위를 했다는 '객관적 부주의(objective recklessness)' 및 ② 침해자가 침해의 위험성을 알았거나, 위험성이 매우 명백해서 침해자가 알았어야 했다는 '주관적 인식 또는 인식가능성(subjective bad faith)'을 입증하여야 한다고 설시하여 왔었다

또한 이에 대한 항소심에서의 심사기준에 관하여는 세 가지 다른 기준을 적용하였는데 ①요건인 객관적 부주의에 관한 판단에 대해서는 de novo 기준에 의해, ②요건인 주관적 인식 또는 인식가능성 판단에 대해서는 '실질적인 증거(substantial evidence)' 기준에 의해, 그리고 가중배상을 인정한 것의 적절성에 대하여는 재량권의 남용 기준에 의해 심사하였다.

2. 사안의 개요

(1) Halo 사건

원고인 Halo Electronics, Inc.(이하 'Halo사')와 피고인 Pulse Electornics, Inc.

175) Halo Electronics, Inc. v. Pulse Electronics, Inc., 579 U.S. __ (2016). 2심은 497 F.3d 1360(Fed. Cir. 2007)(en banc). 이 사건과 Stryker Corp. et al. v. Zimmer, Inc., et al. 사건이 병합되어 두 사건에 대해 모두 상고허가가 내려져 같이 심리되었다.

및 Pulse Electronics Corporation사(이하 'Pulse사')는 전기부품을 공급하는 경쟁업체이다. Halo사는 Pulse사 제품이 변압기를 포함하는 전기제품을 위한 자신의 특허를 침해하였다고 주장하면서 두 번에 걸쳐 라이선스 계약을 권유하는 통지를 하였다. Pulse사는 자사 엔지니어 중의 한 명이 Halo사의 특허가 무효라는 의견을 제시하자 침해품의 판매를 계속하였다. 이에 Halo사가 Pulse사를 상대로 연방지방법원에 특허침해소송을 제기하였고, 배심원은 특허침해를 인정하면서 Pulse사가 침해행위를 악의적으로(willfully) 하였을 고도의 개연성이 있다고 평결하였다. 그러나 1심 법원은 원고가 Seagate 사건에서 CAFC가 제시한 '객관적 부주의'가 인정되지 않는다는 이유로 가중배상청구는 기각하였다. 이에 대해 원고가 항소하였으나 CAFC는 종래 기준을 그대로 적용한 1심 판결을 그대로 인용하고 원고의 항소를 기각하였다.

(2) Stryker 사건

원고인 Stryker Corporation 등(이하 'Stryker사')은 피고인 Zimmer, Inc. 등(이하 'Zimmer사')과 정형외과용 세척기구 제품에 대한 경쟁사 관계인데, Stryker사가 Zimmer사를 상대로 특허침해소송을 제기하였다. 1심 법원에서 배심원은 피고가 원고의 특허를 악의적으로(willfully) 침해했다고 하면서 7,000만 달러의 일실이익을 손해배상으로 지급할 것을 평결하였다. 이에 법원은 supplemental damage로 610만 달러를 추가로 손해배상으로 인정한 후, Zimmer사가 세척기구 제품 시장에서 즉각적이고 공격적으로 경쟁하기 위해 high risk/high reward 전략을 쓰기로 하면서 법률적 문제는 추후 고민하기로 하고 우선 Stryker사의 제품을 카피하라고 지시한 사실을 인정하면서 합계 손해액에 대하여 세 배의 배상을 인정하여 총 2억 2,800만 달러의 손해배상을 명하였다. 이에 대해 CAFC는 침해인정에 대한 판단은 그대로 인용하면서도, 증액배상에 대해서는 de novo 기준에 의해 심사한 후 피고가 합리적인 방어를 하였음을 이유로 그 부분을 파기하였다.

3. 연방대법원의 판단

연방대법원은 Octane Fitness, LLC v. ICON Health & Fitness Inc. 사건을 들면서 그와 유사한 논리에서 이 사건에서 가중적 손해배상(enhanced damage)에 관

하여 CAFC가 확립한 two-prong test를 변경하였다. 즉 연방대법원은 "가중배상을 명할 것인지 및 가중할 액수는 1심 법원의 재량에 속하나 200여 년의 시간 동안 그러한 재량은 점차 좁아져서 처벌받을 만한 매우 나쁜(egregious cases of culpable behavior) 경우에 가중배상을 명하는 것으로 좁혀져 왔고, Segate 기준은 그와 같은 건전한 인식(sound recognition)을 반영하고 있으나, CAFC의 두 가지 요건 기준은 '부당하게 엄격하여(unduly rigid)' 법이 연방지방법원에 부여한 재량을 부당하게 제약한다."라고 설시하였다. 즉, 위 법 제284조는 가중적 손해배상을 위하여 어떠한 명시적 제한이나 조건을 요구하고 있지 않고, 이는 1심 법원의 재량에 맡겨져 있으며, 침해 가능성에 관한 주관적 인식 또는 인식가능성(subjective bad faith)만으로도 가중적 손해배상을 명할 수 있다고 하였다. 그러면서도 연방대법원은 악의성(willfulness) 자체만으로 가중된 손배배상이 당연히 인정되는 것은 아니며, 법원은 행위 당시 침해자의 지식과 행위 양태를 잘 살펴야 하고, 특히 악의적 침해(willful infringement)는 '우월한 증거법칙(preponderance of evidence)' 기준에 의해 입증되어야 한다고 하였다. 또한 연방대법원은 가중배상에 관한 항소심의 심사기준에 관하여도 3가지로 나눌 것이 아니라 '재량권의 남용 기준'에 의해서만 심사하는 것이 타당하다고 하였다.

연방대법원은 위와 같이 법리를 설시하면서, 두 사건이 모두 기존 CAFC의 기준에 의해 판단되었으므로 이를 파기하고 환송(remand)하였다.

다만, 연방대법원은 위 판결에서 가중적 손해배상에 관하여 여전히 배심원이 결정할 사항이 있는지에 관하여 아무런 설시를 하지 않았는데, 위 판결 후 CAFC는 WBIP, LLC v. Kohler Co.(Fed. Cir. July 19, 2016) 사건에서, "우리는 연방대법원이 위 Halo 사건에서 willfulness에 관한 사실 판단 문제가 배심원에 의해 해결되어야 한다는 기존의 판례법을 변경한 것은 아니라고 해석한다."라는 판시를 하였다. 이러한 논란을 거쳐, 연방대법원이 위 Halo 사건에서 가중 손해배상 여부 및 액수에 대한 결단은 사실심 판사에게 속함을 명시하였고, 설사 배심원이 악의침해(willful infringement)를 발견하였다고 하더라도, 판사는 그 행위가 가중된 손해배상을 명하기에 충분히 지독하게 나쁘지(egregious) 않다고 판단할 수도 있다는 점을 명확히 하였다고 해석되고 있다.[176)]

176) Peter S. Menell et al., Patent Case Management Judicial Guide, Federal Judicial Center(Third Edition, 2016), 7-15면.

Ⅳ. 기타 사항

1. 특허표시(Patent Marking)와 통지(Notice)[177]

(1) 의 의

미국 특허법은 특허권자가 특허제품을 제조, 판매 또는 수입하는 경우에는 그 제품에 해당 특허번호를 기입할 것을 권장하고 있다. 특허권자가 반드시 표시하여야 할 의무사항은 아니지만 특허권이 없는 자가 기망의 의사로 허위로 기재(=false marking)하게 되면[178] 벌금(penalty)이 부과되고,[179] 소송의 대상이 될 수 있다.[180]

특허표시(patent marking)는 단순히 마케팅 관점에서 제품의 우수성을 증명하려고 하는 것 이상의 법률적인 의미가 있다. 특허법 제287조(a)는 특허권자가 특허침해 이전부터 계속적으로 통지해 온 경우를 제외하고, 적절한 특허번호 표시 없이는 특허침해행위부터 발생한 손해를 배상받을 수 없고, 특허침해통지(notice)를 한 이후에 발생한 특허침해에 대해서만 손해배상을 받을 수 있다고 규정하고 있다.[181] 따라서 특허침

---

177) 이에 대한 상세는 Elizabeth I., Winston, "The Flawed Nature of the False Marking Statute", 77 Tennessee Law Review 111(2009).

178) Forest Group, Inc. v. Bon Tool Co., 590 F.3d 1295, 1300(Fed. Cir. 2009) (The two elements of a §292 false marking claim are (1) marking an unpatented article and (2) intent to deceive the public).

179) 미국 특허법 제292조(a) Whoever marks upon, or affixes to, or uses in advertising in connection with any unpatented article, the word 'patent' or any word or number importing that the same is patented for the purpose of deceiving the public … [s]hall be fined not more than $500 for every such offense.

180) 미국 특허법 제292조(b) Any person may sue for the penalty, in which event one-half shall go to the person suing and the other to the use of the United States.

181) 미국 특허법 제287조(a) Patentees, and persons making, offering for sale, or selling within the United States any patented article for or under them, or importing any patented article into the United States, may give notice to the public that the same is patented, either by fixing thereon the word "patent" or the abbreviation "pat", together with the number of the patent, or when, from the character of the article, this can not be done, by fixing to it, or to the package wherein one or more of them is contained, a label containing a like notice. In the event of failure so to mark, no damages shall be recovered by the patentee in any action for infringement, except on proof that the infringer was notified of the infringement and continued to infringe thereafter, in which event damages may be recovered only for infringement occurring after such notice. Filing of an action for infringement shall constitute

해소송의 소장에는 통상 원고가 피고에게 특허침해통지를 하였는지 여부 및 그 일시를 기재한다.

(2) 실제통지(actual notice)

실제통지는 특허침해 경고장(Warning Letters; Cease-and-Desist Letters)을 보내거나 소를 제기하는 방식으로 이루어진다.[182] 실제 통지(actual notice)로 인정받기 위해서는 특정 제품에 대한 침해 주장을 상품을 구체적으로 특정해서 요구사항을 포함한 적극적인 주장(affirmative communication)을 하여야 하며, 침해자를 포함하여 전체 업계에 서면을 보내면서 특허권자의 특허소유 사실만 알리고, 일반론적으로 각 회사들은 특허침해를 하지 말 것을 통지한 수준으로는 위 실제 통지 요건을 만족시키지 못한다.[183] 왜냐하면 통지에서 중요한 것은 침해자가 자신의 특허침해사실을 알았거나 알 수 있었는지 여부가 아니라 특허권자가 어떤 행동을 했는가를 중심으로 판단하여야 하기 때문이다.[184]

(3) 의제통지(constructive notice)

제287조의 통지는 반드시 실제통지만 가능한 것이 아니라, 특허제품에 특허번호를 표시하는 방법으로도 가능하다. 이를 의제통지(constructive notice)라고 한다. 제287조(a) 특허표시 조항은 방법이나 공정에 대해서만 권리를 주장하는 특허에는 적용되지 않는데, 이는 방법이나 공정에 관한 사건에서는 특허를 표시할 수 있는 유형의 제품이 존재하지 않는 것이 통상적이기 때문이다.[185] 그러나 장치 청구항과 방법 청구항이 모두 있는 특허의 경우에는 유형(有形)의 제품에 특허표시를 함으로서 의제통지를 할 수 있다.[186]

---

such notice.

182) Gart v. Logitech, Inc., 254 F.3d 1334, 1345(Fed. Cir. 2001).

183) Amsted Indus. Inc. v. Buckeye Steel Castings Co., 24 F.3d 178, 187(Fed. Cir. 1994).

184) Id.

185) American Med. Sys., Inc. v. Medical Eng'g Corp.(Fed. Cir. 1993).

186) Janice Mueller, op. cit., p. 614.

(4) 통지해태의 효과

특허제품에 특허번호가 표시되지 않았으며 침해자에게 경고장을 보내는 것과 같은 실제 통지도 하지 않았다면, 특허법 제287조에 규정에 따라 특허권자는 특허침해의 소제기 이전에 발생한 특허침해에 의해 발생한 손해를 배상받을 수 없다. 의제통지가 성립하기 위해서는 관련제품에 지속적으로 특허표시가 이루어져야 하며, 만일 표시된 기간이 단절되어 일정기간 표시가 되지 않고, 추후 다시 표시를 하는 경우에는 새로 표시한 시점이 통지의제시점이 되어 그 이후 발생한 손해의 배상만을 구할 수 있다.[187]

2. 임시보상(Provisional Compensation Remedy)

(1) 의 의

1999년 미국발명자보호법(AIPA)의 제정으로 특허관련 권리의 침해(violation of patent-related rights)에 대한 새로운 구제수단으로 제154조(d)가 도입되었다. 이 제도에 따라 USPTO가 공개한 심사중인 특허출원에 대해서 특허등록이전에 발생한 침해에 대해서도 손해배상을 받을 수 있게 되었다.[188] 다만 특허법 제154조(d)의 임시보상(provisional compensation)은 합리적인 로열티 수준으로 제한된다. 한편 미국발명자보호법의 제정으로 미국 특허출원자들은 동일한 자신의 발명이 미국 외에 다른 나라에는 특허출원 되지 않음을 선언함으로써 출원 후 18개월째 자신의 특허출원이 자동적으로 공개되는 것을 피할 수 있는 방법을 갖게 되었다.[189] 미국 특허법 제154조(d)의 적용을 확장하자는 논의도 제기된다.[190]

187) Syngenta Seeds, Inc. v. Delta Cotton Co-op., Inc., 457 F.3d 1269, 1276(Fed. Cir. 2006).

188) 당시 미국 실무계의 반응에 대하여 Patrick J. Birde & Nicholas J. Nowak, "35 U.S.C. §154(d) Grants Patent Applicants Provisional Rights in Their Published Patent Applications" 참고. http://www.kenyon.com/media/~/media/Files/Publication%20PDFs/2003-09-01_Rights.ashx (2010. 11. 7. 최종접속).

189) 우리나라의 출원공개제도는 한국 특허청에 출원되어 공개일 현재 계속 중인 출원은 원칙적으로 모두 출원은 공개되나, 미국은 미국 이외의 국가에 출원하지 않으면 출원공개하지 않을 수 있다는 점에서 차이가 있다(이해영, 『미국특허법』(제2판), 한빛지적소유권센터(2005), 29면).

190) Jeffrey A. Sadowski & Trent K. English, "Extending Provisional Rights Beyond 35 U.S.C. §154(D)", 87 J. Pat. & Trademark Off. Soc'y 361(2005).

(2) 적용요건

임시보상이 이루어지려면 특허등록된 청구항 기재의 발명과 공개된 특허출원서에서 청구된 발명이 실질적으로 동일(substantially identical)해야 한다.[191] 또 특허권자가 제154조(d)의 합리적인 로열티를 보상받기 위해서는, 침해를 하고 있는 것으로 보이는 자에게 공개된 특허출원서를 통하여 실제통지를 하여야 한다.[192] 임시보상은 특허가 등록된 이후에 구할 수 있다. 그러므로 최종적으로 특허가 거절되어 등록이 되지 않으면 임시보상을 구할 수 없다. 임시보상도 특허법 제286조처럼 특허 침해 후 6년까지로 보상기간이 제한된다.

제 3 절 소송비용의 전보

Ⅰ. 변호사비용

1. 법률규정 등 제도 일반

미국에서는 변호사비용은 소송당사자가 각자 부담함을 원칙으로 하고 있다. 미국 특허법 제285조[193]는 변호사비용 각자 부담의 원칙에도 불구하고, 승소한 당사자가 자신의 소송비용을 부담하도록 하는 것이 매우 적절하지 아니한 경우(grossly unjust)에는 예외적으로 소송비용의 패소자 부담을 명하고, 또한 부당한 소송을 금지하기 위한 목적에서 도입되었다.[194] 이와 같은 변호사비용 전가 신청은 통상 악의적 침해를 이유로 가중 배상을 구하면서 함께 신청되는데 이에 대한 판단은 사실심 법원의 광범위한 재량에 속한다. 다만 양자는 반드시 같이 인용되거나 기각되어야 하는 것은 아니다.

---

191) 본 규정 자체에서는 실질적 동일성에 대해서 명시적으로 정의하고 있지 않지만, 이 문구는 재등록(Reissue)과 재심사(Reexamination) 절차에도 나타나는 표현이므로, 법원은 154(d)의 조문을 해석함에 있어서 위 절차를 참조하면 된다고 한다. Janice Mueller, op. cit., p. 615.

192) Parker-Hannifin Corp. v. Champion Labs., No. 1:06-CV-2616, 2008 WL 3166318(N.D. Ohio Aug. 4, 2008).

193) 35 U.S.C. §285 ("The court in exceptional cases may award reasonable attorney fees to the prevailing party.").

194) Mathis v. Spears, 857 F.2d 749, 753-754(Fed. Cir. 1988).

따라서 법원은 배심원의 고의(악의)침해 판정을 근거로 하여 가중된 손해배상을 명하면서도 변호사 비용 청구부분은 기각할 수도 있다.[195]

1946년에 특허법이 개정되면서 예외적인 경우에 변호사비용이 패소자에게 전가될 수 있는 규정이 도입되었고, 1952년 개정 후 현재까지 유지되고 있는 특허법 제285조는 "예외적인 경우에는(in exceptional case) 법원은 승소한 당사자가 변호사 비용을 전보받을 수 있다."라는 규정을 두고 있다. 따라서 배심원의 평결 등 사실심리가 끝나고 나면 승소 평결을 얻은 당사자는 연방민사소송규칙 제54(d)(2)가 정하는 바에 따라 최종판결 등록 14일 이내에, 청구의 근거를 특정하고 전보를 구하는 금액을 명시하거나 계산서를 첨부하여 post-trial 신청으로서 변호사비용의 전보를 신청하여야 한다.

이와 같은 특허법 제285조는 변호사비용 각자 부담의 원칙에도 불구하고, 승소한 당사자가 자신의 소송비용을 부담하도록 하는 것이 매우 적절하지 아니한 경우(grossly unjust)에는 예외적으로 소송비용의 패소자 부담을 명하고, 또한 부당한 소송을 금지하기 위한 목적에서 도입되었다.[196] 이와 같은 변호사비용 전가 신청은 통상 악의침해를 이유로 가중 배상을 구하면서 함께 신청되는데 이에 대한 판단은 사실심 법원의 광범위한 재량에 속한다.

즉, 이러한 변호사비용 전가 신청에 대하여 법원은 ① 당해 사안이 특허법 제285조가 규정하고 있는 '예외적인 경우'라고 볼 것인지, 그리고 ② 신청하는 변호사비용이 적절한지 및 이에 따라 변호사비용 전가 신청을 인용할 것인지에 대해 넓은 재량이 인정되고, 그 판단 기준에 대해 판례가 발전해 왔다. 항소심에서는 위 ① 요건에 대한 판단에 대해서는 명백한 오류의 기준(clearly erroneous)에 의해, ② 요건에 대한 판단에 대해서는 재량의 남용 기준(abuse of discretion)에 의해 심사한다.

2. 변호사비용 전가(attorney fee shifting) 요건

패소한 당사자에게 승소 당사자의 변호사비용을 부담하도록 명할 '예외적인 상황'이 존재하는가의 문제는 사실인정의 문제이다.

구체적으로 어떠한 요건 하에서 변호사비용의 전가를 명할 것인지에 관하여 CAFC

195) Advanced Cardiovascular Sys. v. Medtronic, Inc., 1295 F.3d 1294(Fed. Cir. 2001).
196) Mathis v. Spears, 857 F.2d 749, 753-754(Fed. Cir. 1988).

는 Brooks Furniture Mfg. 사건[197]에서, 오직 중요한 부적절한 행위가 있거나 객관적으로 근거가 없고 주관적으로도 악의에 입각해 소송이 제기된 경우(objectively baseless and brought in subjective bad faith)에만 예외적인 상황에 해당한다고 판시하였다. CAFC가 중요한 부적절한 행위로 든 경우는 악의적인 침해(willful infringement), 특허 출원 및 등록 과정에서의 사기나 부정당한 행위(fraud or inequitable conduct in procuring the patent), 악의적이거나 정의에 반하는 소송(vexatious or unjustified litigation), F.R.C.P. 11조(답변서, 신청서 및 그 밖의 문서 서명 등 방식) 위반[198][199] 등이었다. CAFC는 위와 같은 부적절한 행위가 없는 경우에는 오직 소제기가 위와 같이 객관적인 측면 및 주관인 측면에서 부적절함이 입증되어야 하고, 나아가 유효한 특허에 대하여 침해를 주장하는 것은 진실된 믿음(in good faith)에서 제기된 것이라고 추정되므로, 소송비용 전가가 인정되는 '예외적 사정'에 대한 입증은 명백하고 확실한 증거에 의해 이뤄져야 한다는 기준을 제시하였다. 그리고 CAFC는 iLOR, LLC v. Google, Inc. 사건[200]에서 소송이 너무도 근거가 없어서 합리적인 소송당사자라면 그것이 승소하리라고 믿었을리 없다는 사정이 인정될 때라야 객관적으로 근거가 없다고 인정되고, 소송을 제기하는 자가 실제로 그것이 근거가 없다는 것을 알았어야 주관적인 악의성(bad faith)이 인정된다고 판시하였다.

---

197) In Brooks Furniture Mfg., Inc. v. Dutailier Int'l., Inc., 393 F.3d 1378, 1381(2005).

198) F.R.C.P. 11(c)(2)는 그와 같은 방식 위반 시 상대방에 대한 제재를 신청을 할 수 있고, 법원은 정당한 근거가 있는 경우 신청으로 발생한 비용 및 변호사비용을 승소한 당사자에게 보상(reward)할 수 있다는 규정을 두고 있다.

Fed. R. Civ. P. 11(c) Sanctions. (1) In General. If, after notice and a reasonable opportunity to respond, the court determines that Rule 11(b) has been violated, the court may impose an appropriate sanction on any attorney, law firm, or party that violated the rule or is responsible for the violation. Absent exceptional circumstances, a law firm must be held jointly responsible for a violation committed by its partner, associate, or employee.

(2) Motion for Sanctions. A motion for sanctions must be made separately from any other motion and must describe the specific conduct that allegedly violates Rule 11(b). The motion must be served under Rule 5, but it must not be filed or be presented to the court if the challenged paper, claim, defense, contention, or denial is withdrawn or appropriately corrected within 21 days after service or within another time the court sets. If warranted, the court may award to the prevailing party the reasonable expenses, including attorney's fees, incurred for the motion.

199) CAFC는 Epcon Gas Sys., Inc. v. Bauer Compressors, Inc., 279 F. 3d 1022, 1034(Fed. Cir. 2002)에서도 위와 같은 상황을 변호사비용을 전가할 수 있는 예외적 상황으로 설시하였다.

200) iLOR, LLC v. Google, Inc., 631 F. 3d 1372, 1378(Fed. Cir. 2011).

연방지방법원에서 특허침해소송에서의 변호사비용 전가가 인정되는 예외적인 경우에 해당한다고 결정한 사안이 있다.[201] 특허의 유효성 추정과 관련하여, CAFC는 지방법원이 특허의 유효성과 권리행사가능의 추정에 대해 고려하지 않은 것이 아니라, WPEM의 소송 당사자의 입장에서의 남소 특성을 고려하여 변호사비용 전가여부에 대해 결정한 것이라고 판단하였다. 즉, 피고인 SOTI의 기술이 원고인 WPEM의 특허에 대한 선행기술이기 때문에, 만일 SOTI의 기술이 WPEM의 특허의 권리범위에 속한다고 한다면 이는 결국 WPEM의 특허를 침해한다기보다는 WPEM의 특허를 무효로 만드는 효과를 가져올 수밖에 없고, SOTI의 기술이 WPEM의 특허에 대한 선행기술이라는 점에는 다툼이 없으므로, 피고는 WPEM이 성공적인 침해 소송을 제기할 수 없었다고 판단하였다. WPEM은 SOTI의 기술에 대한 이전 버전을 고려할 이유가 없었기에, WPEM의 행위는 지방법원의 결론과 달리 (변호사비용 전가를 명할) 예외적인 경우에 해당하는 것이 아닌 합당한 것이었다고 주장하였다. 하지만 CAFC는 버전 11 매뉴얼에는 다른 버전이 있다는 것이 명확하게 표시되어 있고,[202] 따라서 합리적인 원고라면 이러한 점을 고려하여 침해라고 주장하는 제품이 특허보다 선행하는지 여부를 평가하는데 이르렀을 것이라고 판단하였다.[203]

3. 변호사비용 관련 판례의 변천

(1) 연방대법원은 2014년 Octane Fitness, LLC v. ICON Health & Fitness, Inc. 사건[204]에서 CAFC가 iLOR, LLC v. Google, Inc. 사건에서 위와 같이 판시한 기준은 불합리하게 엄격하고 법률이 법원에 부여한 재량을 부당하게 제약하는 기준이라고 판시하면서 기준을 변경하였다. 즉, 법률의 규정에 충실하게 '예외적인 경우'는 단순하게, 근거 법률과 사실관계에 비추어 당사자 주장의 설득력의 정도 또는 소송수행에 있어 불합리한 방식이 다른 소송에 비하여 도드라지는 경우(stands out from others)를 말하

201) WPEM, LLC v. SOTI Inc., No. 2:18-cv-00156, 2020 WL 555545(E.D. Tex. Feb. 4, 2020) ("It is reasonably clear that WPEM's litigation position was frivolous.").

202) SOTI의 사용자 매뉴얼(버전 11)은 "IMPORTANT: -PLEASE READ BEFORE UPGRADE" 라는 제목의 큰 적색 상자를 표시하는 페이지를 포함하고 있고, 최신 버전을 위한 중요 참고사항이라는 URL 링크로 안내하였다.

203) WPEM, LLC v. SOTI Inc., No. 20-1483(Fed. Cir. 2020).

204) Octane Fitness, LLC v. ICON Health & Fitness, Inc., 572 U.S. 545(April 29, 2014).

고, 이러한 상황의 존재 여부는 여러 상황을 종합하여 법원이 형평법적 재량(equitable discretion)을 발휘하여 결정하여야 한다고 하였다.[205] 그러면서 연방대법원은 변호사 비용의 전보를 위해 반드시 행위가 처벌가능할 정도(independently sanctionable)일 필요는 없고, 소송이 주관적인 악의에 의해 제기되었음이 입증되거나 청구가 이례적으로 근거가 없음이 밝혀진 경우에는 그러한 변호사비용의 전가가 주어질 수 있다고 하였다. 또한 그러한 상황의 입증 기준도 일반 민사소송에서와 같이 특허소송에서 일반적인 입증 기준인 우월한 증명의 기준(preponderance of evidence)에 의해 입증되면 충분하다고 하였다.

이와 같이 변호사비용의 전가에 있어, 중요한 부적절한 행위가 없는 경우 주관적 요건뿐만 아니라 객관적 요건도 함께 입증될 것을 요구한 CAFC의 종래 기준을 폐지하고, 나아가 입증에 있어 명백하고 확실한 증거 기준을 우월한 증명의 기준으로 변경한 판례는 승소당사자의 소송비용전가 신청 인용률을 높였을 뿐 아니라, 그로부터 약 2년 후에 Halo 사건에서 가중적 손해배상 인정 요건의 완화에 있어서도 큰 영향을 미쳤다.

(2) Checkpoint Systems v. All-Tag Security 판결[206]에서 연방항소법원은 EDTX의 예외성에 대한 판단을 파기하였다. 배심원들이 이 사건 특허 중의 하나가 침해가 아니며, 무효이고 권리행사가 불가능하다고 평결을 한 뒤 지방법원은 이 사건을 예외적이라고 판단하였다. 그리고 원고가 피고에게 6백 6십만 달러의 변호사 비용을 배상할 것을 명하였다. 지방법원이 예외적이라고 판단한 근거는 소송 진행 전에 행한 조사에서 실제 피고의 제품은 벨기에산 제품이었는데 원고의 전문가증인이 스위스산 제품이라고 한 점, 피고의 대응 특허침해를 인정한 유럽에서의 침해평결과 특허에 대한 출원 수년 전에 있었던 2건의 변호사의 의견서가 소 제기 수년 전 것이었음에도 부적절하게 신뢰한 점, 피고의 사업을 부적당하게 방해하고 자신의 경쟁우위를 지키기 위해서 소를 제기한 원고의 부적당한 소 제기 동기 등이었다.[207] 이에 대해, CAFC는 이런

---

205) Octane Fitness, LLC v. ICON Health & Fitness, Inc., 572 U.S. 545(2014) ("[A]n 'exceptional' case is simply one that stands out from others with respect to the substantive strength of a party's litigating position (considering both the governing law and the facts of the case) or the unreasonable manner in which the case was litigated). (District courts may determine whether a case is 'exceptional' in the case-by-case exercise of their discretion, considering the totality of the circumstances.").

206) Checkpoint Systems v. All-Tag Security, No. 16-1397(Fed. Cir. June 5. 2017).

207) Conducted an inadequate pre-suit investigation relying on an examination of the accused

지방법원의 판결은 재량권 남용(an abuse of discretion)이라고 판단하여 파기하였다. CAFC는 원고가 소 제기 전 한 조사에서 스위스산(産) 제품이 벨기에산(産) 제품과 다르다는 증거가 없고, 원고는 이미 사실심리생략판결 신청 당시 이들 제품에 대한 도버트(Daubert) 심사를[208] 거쳤기 때문에 CAFC의 시각에서는 이들 원고의 판단이 불합리한 것이라고 볼 수 없다고 판단했다. 또 CAFC는 지방법원이 부절적한 동기(improper motivation)가 있었다고 판단한 부분에 대해서도 역시 배척하였다. 지방법원은 원고가 여러 다른 경쟁사업자들을 상대로 소를 제기한 점과 원고의 시장점유율, 경쟁사업자들을 인수한 사실 등을 들어서 원고의 소 제기가 부적당한 동기에 의한 것이라고 판단하였다. 그러나 CAFC는 이런 사실만을 들어서 예외적인 소라고 판단할 증거로는 부족하다고 보았다. CAFC는 "특허침해가 있다고 믿고 이에 기초하여 소송을 제기하는 것이 부적당한 동기가 되지는 않는다. 특허권자가 자신의 특허침해를 주장하는 것은 특허제도가 혁신유인을 제공하는 것이다"라고 판단하여 쉽게 예외적인 사건이라고 판단하는 것을 경계하였다.[209]

(3) 2017년 CAFC는 Rothschild Connected Devices Innovations 판결[210] 제285조에 의한 예외적인 사건에 해당하지 않는다고 본 지방법원의 판단이 재량권의 남용이라고 판단하였다. 원고는 이 사건에서 텍사스 동부연방지방법원에 소를 제기하였고 피고는 원고의 특허가 무효(제101조)라고 주장하면서 연방민사소송규칙 제11조 고지(Rule 11 notice)를 하면서. 동시에 제285조에 의한 변호사비용의 부담을 구하였다. 이 사건에서 지방법원은 제285조의 요건을 구비하지 못한 것으로 판단하였다. 원고는 제11조 통지를 받고 자발적으로 소를 취하하였고, 피고는 제102조에 의한 무효주장을

---

infringer's Swiss-made products while the accused products were Belgian-made; Improperly relied on a European infringement verdict against the defendant on a counterpart patent and two infringement opinions from counsel that "were given years before filing;" and Had an "improper [litigation] motivation" because the suit was filed "to interfere improperly with defendants' business and to protect its own competitive advantage."

208) Daubert 판결에서 정립된 전문가증언(Expert witness)의 신빙성에 대한 판단기준 내지 심사기준이다.

209) "motivation to implement the statutory patent right by bringing suit based on a reasonable belief in infringement is not an improper motive. A patentee's assertion of reasonable claims of infringement is the mechanism whereby patent systems provide an innovation incentive."

210) Rothschild Connected Devices Innovations v. Guardian Protection Services (Fed. Cir.) No. 16-2521(Fed. Cir. June 5, 2017).

하지도 않았고 원고가 제102조의 선행기술에 대한 합리적인 소제기 전 조사를 하지 않았음을 증명하지도 못했으며 원고가 같은 특허를 가지고 50건 이상의 소를 같은 법원에 제기하였다고 해서 이 사실만으로 원고의 청구가 본안에서의 승소를 목적으로 하는 것이 아니라고 단정할 수 없다고 보았다. 이에 대해서 CAFC는 지방법원이 제11조와 제285조 청구를 받은 원고가 소를 취하했다고 해서 소송비용을 부담하지 않게 되는 것은 아니며 연방대법원의 Octane 판결에 의하면 지방법원은 일방 당사자가 비합리적인 행동을 해서 변호사 비용의 부담을 정당화할 사유가 있으면 비용부담을 명하여야 한다고 판단하였다. CAFC는 지방법원이 변호사가 원고의 특허가 유효라고 판단한 의견서를 신뢰한 것에 대해서 가치를 두었지만 이런 원고의 신뢰는 신의성실(good faith)의 원칙에 부합하는 것이어야 하고 만일 신뢰를 쉽게 인정하게 되면 의도적 무지(willful ignorance)를 유발할 수 있으므로 변호사의 의견서(affidavits)가 단정적이고 뒷받침이 없는(conclusory and unsupported) 것이라면 이를 들어 원고의 신뢰가 정당하다고 하기 어렵다고 하였다.

Ⅱ. 기타 비용

1. 법률 등의 규정

미국 특허법 제284조는 승소한 당사자에게 침해로 인한 손해를 전보할 수 있는 충분한 보상(adequate to compensate for the infringement)의 원칙을 선언하면서, 손해배상을 명하는 경우 그 배상액에 대한 이자와 비용(interest and cost)도 패소자에게 부담하도록 명할 수 있음을 규정하고 있다. 이에 따라 민사소송규칙 제54조(d)(1)은 이 규칙 또는 법원의 명령에 의해 달리 정해진 바가 없으면 변호사비용 이외의 비용은 승소한 당사자에게 상환되어야 한다고 규정하고 있다. 그리고 미국 사법제도법(28 U.S.C.) 제1920조는 승소한 당사자가 회수할 수 있는 비용의 종류를 아래와 같이 들고 있다. 즉,

(1) 법정비용(Fees of the clerk and marshal)[211];
(2) 출력물이나 전자적 기록물을 얻는데 드는 비용(Fees for printed or electronically recorded transcripts necessarily obtained for use in the case);
(3) 출력이나 증인을 위한 비용(Fees and disbursements for printing and witnesses);
(4) 소송에 사용하기 위해 인증이나 복사를 위한 비용(Fees for exemplification and the costs of making copies of any materials where the copies are necessarily obtained for use in the case;
(5) 사건일람표 등록비용(Docket fees under section 1923 of this title);
(6) 법원 지정 전문가, 번역인, 특별통역서비스를 위한 급여, 비용 등(Compensation of court appointed experts, compensation of interpreters, and salaries, fees, expenses, and costs of special interpretation services under section 1828 of this title.)

2. 소송비용의 청구

이러한 소송비용은 post-trial 신청으로 제기되는데, 법원은 이를 심리한 후 최종 판결문에서 본안에 관한 판단과 함께 그에 대한 최종 판단을 함께 내린다.[212]

제 4 절 합의에 의한 분쟁종결과 Hatch-Waxman법

Ⅰ. 의 의

특허소송은 많은 경우 종국판결이 아닌 소송상 또는 소송외의 합의에 의해서 끝나는 경우가 많다. 이러한 형태의 소송종결은 당사자들에게 많은 시간과 노력을 들이지 않고 분쟁을 조기에 해결할 수 있다는 점에서 장점이 있다. 또한 고액의 변호사비용을 줄일 수 있다는 점에서도 합리적인 방식의 소송종결이기도 한다.

211) 'Fees of clerk'은 보통 소장(complaint)이나 신청서(petition)에 대한 최초 인지대(initial filing fee)를, 'Fees of the marshal'은 'service of summons'이나 'subpoena'에 대해 법원에 지불하는 비용이다.
212) "A bill of costs shall be filed in the case and, upon allowance, included in the judgment or decree."(28 U.S.C. §1920).

합의는 라이선스를 체결하는 방식으로 하여 종결될 수 있다. 이 경우 로열티 액수, 라이선스 조건에 대한 합의가 종결을 위한 쟁점이 될 수도 있고, 크로스 라이선스(cross-license)에 의해서 분쟁을 종결할 수도 있다. 통상적으로는 합리적인 분쟁해결 방식이라고 판단되는 합의에 의한 분쟁해결이 독점규제법 위반으로 문제가 되는 경우가 있는바, 바로 역지불합의의 문제이다. 이와 관련하여 Ⅱ.에서 미국 특허 분쟁에서 합의에 의한 분쟁의 해결 실무를 일별하고, Ⅲ.에서 Hatch-Waxman법[213]을 살펴본 후, Ⅳ.에서 역지불합의에 대한 미국에서의 판례전개를 본다.[214]

Ⅱ. 합의에 의한 특허분쟁해결 실무

1. 미국 실무의 현황

미국에서는 다른 민사분쟁과 마찬가지로 소 제기된 약 95% 이상의 사건이 변론기일(trial)로 진행되기 이전에 해결된다. 그중 약 10%가 사실심리생략판결(summary judgment)에 의해, 나머지는 합의로 종국이 되는 것이다.[215] 시간적으로 보면, 약 30%의 사건은 법원이 어떠한 개입을 하기도 전에 당사자 스스로 해결을 하고, 약 50%의 사건은 초기 사건관리 단계에서 합의에 이르며, 약 15%의 사건이 변론기일 전후의 절차를 통해 합의 등으로 해결된다.[216] 특히 초기 디스커버리가 완료된 후, 청구항해석명령(claim construction order), 임시적 금지명령신청에 대한 결정, 사실심리생략판결신청(summary judgment motion)에 대한 결정이 나온 직후, 또는 그러한 중요한 결정 직전이나 변론기일(trial) 직전에 당사자 사이에 가장 빈번하게 합의가 이뤄진다.[217]

이렇게 많은 사건이 합의로 해결되는 것은 복잡한 특허사건에 대한 배심재판으로

---

213) Drug Price Competition and Patent Term Restoration Act of 1984, Pub. L. No. 98-417, 1984 Stat. 1538(codified as amended in scattered sections of 21 & 35 U.S.C.).

214) 이 절은 최승재, "제약시장에서의 역지급합의에 대한 경쟁법 적용에 관한 연구", 경쟁법연구(2009. 5.)의 내용을 수정하고, 보완한 것임.

215) Peter S. Menell et al., Patent Case Management Judicial Guide, Federal Judicial Center(Third Edition 2016), 1.2(1-15).

216) Id.

217) Id., 1.2(1-16).

인한 재판결과에 대한 불확실성과 높은 소송비용에 기인한 바가 적지 아니한데, 2013년에 발표된 한 통계[218]에 따르더라도, 소가가 100만 달러 이상의 사건에서, 디스커버리까지만 해도 170만 달러에서 360만 달러의 비용이 들어가고, 이 비용은 재판을 진행하면서 변론기일까지의 총 비용이 180만 달러에서 590만 달러까지 늘어난다고 한다.

2. 조정의 개시

대부분의 법원은 특허사건규정(Patent Local Rule)이나 법원규정(Local Rule) 또는 판사의 표준명령으로 양 당사자에게 첫 사건관리기일(first case-management conference) 이전 협의에서 조정에 관하여 협의하도록 하고, 그 협의결과 보고서에 조정계획이나 혹은 조정과 관련하여 의견이 일치하지 않는 부분을 포함하여 법원에 보고하도록 한다. 그리고 법원은 통상 첫 사건관리기일에서 양 당사자가 특정 기일 이전까지 함께 조정가와 만나도록 명한다. 만일 당사자 일방이 조정을 거부하는 경우에도, 법원은 참여를 명할 수 있다[28 U.S.C. §652(a)].

3. 조정가의 선정

조정가는 동료판사, Magistrate Judge, 은퇴한 판사, 전문 조정가(mediator), 변호사 등 다양한 사람들이 될 수 있다. 수소법원 판사도 조정을 할 수는 있으나 이는 당사자의 명시적인 동의를 요한다.[219] 실무적으로 판사로서 은퇴한 후 전문 조정가로 활발히 활동하고 있는 사람들이 많으며, 이들은 조정가로 특히 선호된다.

4. 조정기일의 비밀 보장

조정에 임하는 당사자가 조정기일에서 협상을 위해 모든 사정을 꺼내 놓고 때로 적극적인 공방을 펼치게 하기 위해서는 조정 과정에서 당사자가 나눈 대화나 자료가 본

---

218) American Intellectual Property Law Association, Report of Economic Survey (2013). 이 조사에 따르면 소가가 100만 달러 이하인 경우에도 디스커버리까지만 해도 53만 달러, 변론종결까지 97만 달러가 들어간다고 한다.

219) Committee on Codes of Conduct, Judicial Conference of the United States, Code of Conduct for United States Judges Canon 3A(4) (1999).

안 소송을 포함하여 다른 어떤 곳에서도 어떤 목적으로도 이용될 수 없다는 것이 전제되어야 한다. 이러한 비밀성의 보장은 보통 당사자 사이의 합의나 법원의 명령에 의해 보장된다.[220] 연방민사증거규칙(Federal Rules of Evidence) 제408조는 'compromise negotiations' 과정에서의 진술이나 행위가 디스커버리의 대상이 되거나 소송에서 증거로 제출될 수 없다는 규정을 두고 있는데, 여러 법원은 이와 유사한 조정기일 관련 특권(Mediation Privilege)을 인정해 오고 있다.[221] 다만 이러한 특권을 인정하지 아니하는 연방법원도 있고, 합의 과정에서의 진술이나 제안 등 뿐만 아니라 합의결과까지 이러한 특권의 범위에 포함시킬 것인지 등 특권의 인정범위에 관하여는, 당사자 사이에 명확하게 약정하지 않는 한, 법원들 사이에 기준이 일관되지는 않다.[222] 한편 이러한 조정의 비밀성 보장으로 인해 미디어에도 분쟁상황이 알려지지 않는다는 점에서 당사자들이 조정에 의한 분쟁해결을 선호하는 이유가 되기도 한다.

5. 조정과 소송 사이의 연계

최종적인 조정이 성립되기까지는 소송절차는 예정된 일정에 따라 진행된다. 다만 분쟁해결에 필수적인 정보의 빠른 디스커버리와 사실심리생략판결(summary judgment) 신청에 대한 빠른 심리일정 수립은 조정이 보다 빨리 진행될 수 있게 하기도 한다.[223]

6. 조정의 종결과 집행

조정의 성립 여부는 전적으로 당사자에게 달려 있고, 조정가는 어떠한 결정을 내리

220) Peter S. Menell et al., Patent Case Management Judicial Guide, Federal Judicial Center(Third Edition 2016), 2.7.5.(2-86, 2-87).

221) Kathi Vidal et al., Patent Mediation Guide, Federal Judicial Center (2019), 7, 8면; The Sedona Conference, Working Group on Patent Litigation Best Practices (WG10), Commentary on Patent Litigation Best Practices: Patent Mediation Chapter (Apr. 2017), 17; Sheldone v. Pa. Tpk. Comm'n, 104 F. Supp. 2d 511, 515(W.D.Pa. 2000). 이러한 특권을 인정하는 연방법원은 N.D.Cal, C.D.Cal., E.D.Pen, W.D.Pen. 등이다.

222) Id.

223) Peter S. Menell et al., Patent Case Management Judicial Guide, Federal Judicial Center(Third Edition 2016), 2.7.6.(2-87)

거나 특정 결정을 받아들이도록 강요할 수 없다. 다만 두 당사자 사이의 간극이 매우 좁혀진 상태에서 조정이 불성립한 경우 일부 조정가는 권고의견(mediator's proposal)을 양 당사자에게 특정 시한을 정해 권고[224]하기도 하는데, 이 경우 당사자들이 이를 받아들여 조정이 성립되는 비율이 매우 높다고 한다.[225]

조정가(mediator)에 의한 조정이 성립된 경우 쌍방이 조정문안을 작성하고 조정가의 확인 후 문서로 조정안을 최종 확정한다. 이러한 조정문은 보통 F.R.C.P. 41에 따라 본안 소송을 각하(dismiss with prejudice)하는 데 동의하는 내용이 들어가는 조정계약서(settlement agreement)로 문서화된다. 당사자의 이와 같은 신청에 따라 본안 소송이 각하되면 당사자는 같은 쟁점으로 소를 제기할 수 없고 대신 조정계약에 따른 계약법상의 권리를 갖게 된다. 즉 조정 문서 자체는 집행력이 없고, 일방이 조정조항을 이행하지 아니하는 경우 조정에 기해 권리를 갖게 된 당사자는 주법원에 상대방 당사자를 대상으로 조정으로 확정된 계약의 이행을 구하는 소제기를 통해 권리를 행사할 수 있다. 다만, 조정에서 금전을 분할하여 지급하기로 하는 경우, 통상 지급을 위한 담보를 제공받기 때문에 조정조항이 이행되지 않는 경우는 거의 없다. 또한 조정 문안 작성 시, 약정 불이행시 보상 조건이나 규정을 자세하게 넣어 계약 불이행으로 인한 소가 가능한 한 빠르고 쉽게 인용될 수 있도록 하는 장치를 두는 경우가 많다.

7. 캘리포니아 북부연방지방법원(N.D.Cal.)과 텍사스 동부연방지방법원(E.D.T.X.)의 조정 관련 규정의 비교[226]

	N.D.Cal.	E.D.T.X.
ADR[227]	• 소가 제기된 이후 법원은 직권 또는 당사자의 요청으로 조정회부 가능	

224) 이는 우리 민사조정법에 따른 '조정을 갈음하는 결정'과는 달리, 조정가의 단순한 제안에 불과하다는 점에서 차이가 있다.

225) 2014년 IAM(International Academy of Mediators, 국제조정학회) 국제회의에서 어느 두 조정가는 위와 같은 권고의견에 대해 당사자가 승복하는 비율이 약 90%에 이른다고 하였다. 다만, 이러한 권고의견의 제시에 대해 조정가 본연의 영역을 넘는 것이라는 이유로 부정적인 견해도 있다.

226) Kathi Vidal et al., Patent Mediation Guide, Federal Judicial Center (2019), Appendix A: Table of Mediation Rules by Jurisdiction 부분 중 일부를 발췌・번역함.

227) 이 표에서는 Mediation뿐만 아니라 모든 형태의 ADR을 지칭한다.

개시 요건	[L.R.[228] 16-8(a)] • 당사자는 조정에 관해 협의 후 공동작성의 진술서 (Joint case-management statements)에 조정에 관해 수행한 노력, 전망, 계획을 담아 제출해야 함	• 모든 민사소송은 당사자의 합의 또는 법원의 명령에 의해 조정에 회부될 수 있음(Court-Annexed Mediation Plan §Ⅵ)
ADR 종류	• ADR Multi-Option Program • 법원이 제공하는 ADR 프로그램으로는 'Settlement Conference', 'Mediation', 'Early Neutral Evaluation(ENE)'이 있고, 당사자는 합의에 따라 사적인 ADR 절차를 택할 수 있음	• 제3자인 조정가(Mediator)가 당사자 사이의 분쟁을 조정하여 당사자가 합의에 이르게 하는 사적인 절차(private process)
조정 수행자 (Netural) 자격	• 일반적으로 N.D.Cal. 변호사협회 회원이거나, 혹은 공인된 로스쿨을 졸업하고 조정가 훈련과정을 마쳐야 함 • ENE 수행자는 15년 이상의 경력과 연방민사소송에 관한 상당한 경험이, Mediator는 7년 이상의 경력과 연방민사소송에 관한 지식이 필요	• 법원에 의해 명령을 받거나 당사자가 선정한 누구나 조정가가 될 수 있음. 단 어느 조정가도 법원에 의해 자격이 배제될 수 있음
정보개시/ Confidentia- lity	• ENE/Mediation: ADR 법원규정의 예외가 적용되거나 모든 당사자가 동의하지 않는 한, ENE/Mediation 과정에서의 대화는 판사를 포함한 소송 외 누구에게도 공개되지 아니함 • Settlement Conference: 당사자가 달리 정하지 않는 한, 협의과정에서의 대화는 판사를 포함한 소송 외 누구에게도 공개되지 아니함	• 조정 과정에서의 진술을 포함한 모든 절차가 비밀로 유지됨 • 당사자는 조정이 성립되지 아니하는 한 조정과정에서의 진술이나 행동에 의해 어떠한 제약도 받지 아니함 • 조정가는 예외적으로, 법률의 규정에 의하거나, 당사자의 동의가 있거나, 범죄나 사기와 관련된 정보의 경우에는 관련 정보를 공개할 수 있음

228) Local Rule의 약어임.

Ⅲ. Hatch-Waxman법

1. 입법의 배경

(1) 1962년 신약 허가를 위한 실험의 도입과 효과

1962년 '연방 식품, 의약품, 화장품법(Federal Food, Drug, and Cosmetic Act)[229]'은 역사상 최초로 신약에 대하여 신약 출원(New Drug Application)[230]시 인간에 대한 실험을 통해서 약품의 유효성을 입증하도록 요구하였다. 신약에 대한 승인을 받고자 하는 자는 실험을 통해서 얻은 결과물을 기초로 하여 당해 신약의 안전성 및 효용성에 관한 방대한 자료를 제출하여야 했다. 이러한 실험 결과를 제출하도록 요구받은 것은 신약출원자뿐만 아니라, 제네릭 약품을 제조하는 제약사들의 경우도 마찬가지였다.

문제는 신약출원시에는 자신이 특허 받은 물질에 기초하여 제조한 약품이 FDA의 승인을 얻게 될 경우에는 기대되는 수익을 고려하면 기꺼이 많은 비용을 들여서 실험을 하고, 실험 데이터를 제출할 수 있지만 제네릭 약품 제조업자의 경우에는 별도의 실험 데이터를 제출하여야 하는 의무는 중요한 시장진입 장벽이 되었다. 왜냐하면 많은 비용을 들여서 실험을 한다고 하더라도 제네릭 약품이 들어가서 경쟁하게 될 시장은 이미 오리지널 약이 버티고 있는 시장으로 FDA의 승인을 받는다고 하더라도 수익이 어느 정도 안정적으로 발생할 것인지에 대해서는 아무런 보장이 없기 때문이다.

연방거래위원회(Federal Trade Commission)[231]의 조사결과에 의하면 1962년 법이 요구한 실험이 도입된 이래, 150개 이상의 오리지널 약품에 대한 특허가 소멸한 뒤에도 여전히 제네릭 약이 시장에 진입하고 있지 않았다.[232] 이렇게 되면 오리지널 약의 제조업자의 관점에서는 시장에서의 경쟁이 없는 상황으로 신규 제네릭 약의 시장진입 장벽이 높아서 오리지널 약과 제네릭 약간의 경쟁이 이루어지지 않기 때문에 오리지

229) 이하 약칭하여 'FFDCA'라고 한다.
230) 이하 약칭하여 'NDA'라고 한다.
231) 우리나라의 공정거래위원회와 같은 역할을 하는 미국의 정부독립규제위원회인데, 통상 국내에서 연방거래위원회라고 번역하는 것으로 보여 이러한 기존의 번역을 따른다.
232) Federal Trade Commission, Generic Drug Entry Prior to Patent Expiration: An FTC Study, at 4(July. 2002).

널 약의 관점에서는 실질적으로 특허권의 효력기간이 연장된 것과 같은 효과가 발생한다. 따라서 이러한 입법적인 진입장벽(entry barrier)의 존재만으로도 시장은 충분히 경쟁이 제거되고 있었다. 그런데 1984년 미국 연방항소법원의 Roche Prods., Inc. v. Bolar Pharms. Co. 사건[233]은 시장에서의 경쟁을 더욱 제약하였다.

(2) Roche Rule의 문제

1984년 미국 연방항소법원은 Roche Prods., Inc. v. Bolar Pharms. Co. 사건에서 만일 제네릭 약 제조업체가 아직 오리지널 약에 대한 특허권의 효력기간이 종료되지 않은 상황에서 FDA 허가를 받기 위한 자료를 확보하기 위해 특허발명을 이용하여 NDA를 내면 그 이용이 실험적 사용(experimental use)에 해당하지 아니하여 이러한 NDA 제출행위가 특허권 침해가 된다고 판시하였다.

Roche 판결에 의하면 결국 제네릭 약을 제조하여 판매하고자 하는 자는 특허발명을 이용한 실험과 그에 기초한 NDA 제출을 특허권 만료를 기다려서 하여야 한다는 결론에 이르게 된다. 결국 제네릭 약을 제조·판매하려고 하는 회사의 경우에는 많은 비용을 들여서 약품 허가를 받기 위한 별도의 실험을 하기로 결정을 하는 경우에도 NDA 제출에서부터 일련의 FDA 승인절차를 거쳐야 하는데 이러한 승인절차가 통상 수년씩 걸리는 경우가 많아 특허권이 소멸하고 난 뒤에도 상당기간 오리지널 약 제조업자는 특허권을 향유하는 것과 같은 상태에 있게 된다.

2. Hatch-Waxman법의 제정과 효과

(1) Hatch-Waxman법의 제정

1) 입법의도

1984년 미국 연방의회는 Hatch-Waxman법을 제정하였다.[234] 연방의회가 법 제정 당시 입법목적으로 삼았던 것은 크게 두 가지이다. 하나는 제네릭 약의 시장진입을 원활하게 하여야 하겠다는 것이었다. 두 번째는 오리지널 약의 독점권을 이전보다 더 길

233) Roche Prods., Inc. v. Bolar Pharms. Co., 733 F.2d 858(Fed. Cir. 1984).
234) Drug Price Competition and Patent Term Restoration Act of 1984, Pub. L. No. 98-417, 98 Stat. 1585(1984). 이 법은 2003년에 개정되었다.

게 보장해 줌으로써 신약 개발에 대한 유인을 높인다는 것이었다.[235] 이에 따라 소위 특허-허가 연계제도(linkage regulations)가 도입되었다. 첫 번째 요구는 명확하게 소비자의 약가부담을 감소시키기 위한 것이었다. 제네릭 약의 시장진입이 용이해지면 소비자들은 상대적으로 저렴한 가격에 같은 효능의 약을 구입할 수 있을 것이기 때문이다. 또 하나는 오리지널 제약사에 대한 유인책으로 오리지널 제약사에 대하여 데이터 독점권(data exclusivity)을 부여하였다.[236] 이러한 방식으로 Hatch-Waxman법은 오리지널 약 제조사의 보호와 시장에 제네릭 약이 신속하게 진입할 수 있도록 한다는 양자의 요구를 조화하고자 하였다.[237]

2) 입법의 주요 내용

위 두 가지의 충돌될 수 있는 요구를 만족시키기 위해서 의회는 FDA의 허가를 받기 위해 기다리느라 판매할 수 없었던 기간 동안 의약품 등에 대한 특허권의 존속기간을 연장하였다. 반면 제네릭 약을 제조하고자 하는 사업자들의 경우 오리지널 제약회사가 제출한 NDA에 기초하여 특허권 존속기간 중이라도 약식 NDA(ANDA[238])를 제출할 수 있도록 하였다. 즉 ANDA 제출시 오리지널 제약회사의 NDA 정보를 이용하는 것이 특허침해가 아니라고 함으로써{35 U.S.C. §271(e)(1), 이른바 Bolar provision}, 입법적으로 제약분야에서는 연방항소법원의 Roche rule을 폐기하였다. 이에 비하여 특허법 제271조(e)(2)는 제네릭 의약품 허가를 신청한 것이 특허권 침해라고 규정하고 있는데, 이는 Hatch-Waxman Act 입법과정에서 특허권자들의 요구가 반영된 것으로 의약품 특허권자와 제네릭 의약품 제조업자 사이의 치열한 투쟁의 산물이다.[239]

NDA를 통해서 이미 관련 신약의 안전성 및 효용성이 확인되었기 때문에 별도로 추가적인 안전성 및 효용성에 관한 방대한 자료를 제출하지 않도록 하고, 제네릭 약 신청자는 제네릭 약이 관련 신약과 생물학적으로 동등하다는 생물학적 동등성(bioequivalence) 자료만 제출하면 되고,[240] 오리지널 신약개발자가 NDA를 신청하면서 제출한

235) Andrx Pharms., Inc. v. Biovail Corp., 276 F.3d 1368, 1371(Fed. Cir. 2002).
236) Vincent J. Roth, "Will FDA Exclusivity Make Biologic Patents Passé?", 29 Santa Clara Computer & High Tech L.J. 249(2012-2013).
237) NATALIE M. DERZKO, "The Impact of Recent Reforms of The Hatch-Waxman Scheme on Orange Book Strategic Behavior and Pharmaceutical Innovation", IDEA vol.45 no.2(2005), pp. 171-172.
238) 'Abbreviated New Drug Application'의 약자로 본고에서는 '약식 NDA' 또는 'ANDA'라고 한다.
239) 강춘원, "특허발명의 시험적 실시와 특허권 침해", 특허판례연구, 박영사(2012), 576면.

자료를 원용할 수 있다. 즉 ANDA는 미국 특허법 21 U.S.C. 355(c)(3)(E)[241]에서 규정하고 있는 자료독점제도[242]와 조화되어야 하는 별도의 제도로서 Hatch-Waxman법이 허용한 ANDA는 제네릭 의약품의 시장진입을 매우 용이하게 한 것이다.

(2) 특허 허가 연계제도

Hatch-Waxman법은 특허-허가 연계제도를 규정하고 있다. 특허 허가 연계제도란 FDA의 허가단계에서 특허침해가능성이 있다면 허가를 일정기간 유보하는 제도이다. 이 제도는 특허침해여부가 불확실한 상태에서 제네릭 제조사의 제네릭 약의 제조 및 판매행위를 사전에 금지함으로써 특허권자의 독점권을 우선적으로 보장해주는 역할을 한다.

Hatch-Waxman법에 의하면 신약 시판허가를 받은 허가권자는 해당제품의 특허를 오렌지북(orange book)에 등재해 줄 것을 신청한다. 만약 등재신청 이후에 ANDA를 제출하는 자는 신청 시 오렌지북을 참조하여 제네릭 약이 오리지널 제품의 특허와 관련하여 다음 4가지 경우 중 어느 하나에 해당함을 진술하는 확인서(certification)를 제출하여야 한다.[243]

(i) 첫 번째는 해당 제네릭 약과 관련된 특허가 존재하지 않는다는 것이다. 이 경우 허가절차의 지연 없이 그대로 판매가 허가될 것이다. (ii) 두 번째 경우는 해당 제네릭 약과 관련된 특허권의 존속기간이 만료되었다는 것이다. 이 경우에도 허가절차의 지연 없이 그대로 판매가 허가될 것이다. (iii) 세 번째 경우는 동 제네릭 약이 관련된 특허권의 보호범위에 속하지만, 관련된 특허권의 존속기간 만료예정일을 기재하는 것이다. 이 경우 허가절차가 동 만료일까지 중지된 후 만료일 후 허가가 될 것이다. 네 번째 확인은 제네릭 약이 관련된 특허권의 보호범위에 속하지 않거나 해당 특허가 무효라는 주장을 하는 것이다.

위 각 경우의 수 중에서 (i) 내지 (iii) 경우에는 특허권자의 권리와 충돌되는 문제가 발생하지 않는다. 그러나 (iv)의 경우에는 특허의 무효를 주장하거나 특허침해가능

---

240) NATALIE M. DERZKO, op. cit., p. 172.

241) Market Exclusivity-Effect on Approval of Paper NDAs에 대한 규정임.

242) 자료독점제도란 신약에 대한 FDA 시판 허가 이후 4년 동안 그 허가를 위해서 신약개발자가 제출한 자료를 다른 이가 원용하여 허가신청을 할 수 없다는 제도이다.

243) 21 U.S.C. 355(j)(2)(A)(vii)(Ⅰ-Ⅳ).

성이 있는 상황에서 특허침해가 아님을 주장하는 것이므로 특허분쟁상황이 된다. 이러한 내용이 담긴 규정의 번호(IV)를 따라서 이와 같은 네 번째 확인을 소위 'Paragraph IV' 확인이라고 한다.

Hatch-Waxman법은 (iv)의 확인서가 제출되면, 신청인은 신청서 접수일로부터 20일 이내에 특허권자에게 통보해야 하고 특허권자는 통보받은 지 45일 이내에 특허침해소송을 제기할 수 있다고 규정한다. 이때 특허 허가 연계가 일어나 FDA의 허가는 30개월 동안 자동으로 정지된다. Hatch-Waxman법은 30개월 이내에 법원이 특허소송에서 특허 비침해 또는 특허 무효 판결을 하거나 30개월 이내에 특허가 만료하는 경우 그 시점으로부터 FDA의 허가가 효력을 가질 수 있고, 특허소송의 판결이 없더라도 30개월이 지나면 FDA의 시판허가가 효력을 가질 수 있는 것으로 규정한다.

Paragraph IV 확인에 대한 통지를 받은 특허권자는 통지를 받은 때로부터 45일 이내에 특허침해소송을 제기하여야 한다. 동 소송이 제기되는 경우 FDA의 허가절차는 30개월 중지기간 경과일 또는 법원의 무효·비침해 판결이 나오는 날 또는 특허권존속기간 만료일 중 빠른 날까지 중지된다.[244] 물론 특허권자가 동 45일 이내에 소송을 제기하지 않는 경우 FDA는 허가절차를 그대로 진행할 것이다. Paragraph IV 확인자가 무효 판결을 통하여 해당 특허를 무력화시키는 것이 제네릭 약의 시장 진입을 촉진시키는 효과가 있으므로 동 Paragraph IV 확인을 유도할 필요가 있다. 그래서 Paragraph IV 주장을 성공시킨 최초의 제네릭 약 신청인에게 180일의 기간 동안 동 제네릭 약을 독점적으로 판매할 수 있는 특권(generic exclusivity)을 부여한다.

(3) Hatch-Waxman법의 효과

실증연구에 의하면 Hatch-Waxman법은 당초 의회가 원하였던 입법목적들은 일정 정도 달성한 것으로 보인다. 우선 제네릭 약의 등장으로 약가가 인하되어 1994년 한해에만 소비자들이 800만 달러에서 1,000만 달러를 절약한 것으로 추산되었다.[245] 그리고 오리지널 약을 제조하는 제약사의 입장에서도 특허권 존속기간이 연장되었기 때문에 특허권 만료시까지 안정적으로 신규진입을 막을 수 있었다.

244) 21 U.S.C. 355(j)(5)(B)(iii). 21 USC 355(j)(5)(B)(iii) [Paragraph IV litigation: 30 month delay of approval]

245) David Balto, Pharmaceutical Patent Settlement: The Antitrust Risks, 55 Food & Drug L.J. 321, 325 (2000).

하지만 Hatch-Waxman법의 효과에 대해서는 부정적인 시각도 상당하다. 입법자는 명확하게 제네릭 약의 시장진입을 활성화하여 약가를 인하하겠다는 의사를 가지고 입법을 하였지만 실제상황이 입법의도와 같이 진행된 것만은 아니다. 오리지널 제약회사들은 제네릭 약의 시장진입을 효과적으로 막을 수 있는 방법을 강구하였다. 오리지널 제약회사들은 만일 Hatch-Waxman법이 제정되지 않았다면 하지 않았을 전략적인 행동(strategic behavior)을 한다. 전략적 행동을 하기 위한 방법으로 광범위한 특허목록의 제시와 30개월 동안의 중지를 활용하는 것이었다. 그리고 이에 대응하여 제네릭 제약사들도 소비자들을 희생시키면서 자신들의 이익을 위해서 전략적 행동을 하였다.[246]

역지불합의도 그러한 방법 중의 하나였다.[247] 그리고 법원도 Hatch-Waxman법이 지나치게 복잡하여 적용이 어렵다고 비판하였다.[248] 일부 긍정적인 실증연구 결과에도 불구하고, 시장경쟁을 통하여 시장의 건강을 회복하겠다는 의회의 계획은 오리지널제약회사들의 건강만 챙기는 결과가 되었다는 비판에 직면하게 되었다.

3. 2003년 법 개정과 Medicare법[249]의 제정

앞서 본 것과 같은 비판론이 비등해지자 어떤 방식으로라도 Hatch-Waxman법의 개정이나 보완입법이 필요하다는 점에 대해서는 공감대가 이루어졌다. 이에 따라 보완된 입법내용은 다음과 같다. (i) 30개월의 유예는 1회에 한하여 적용되도록 하고, (ii) 180일의 배타적 기간은 기존의 특허권자인 오리지널 약 제조사와 최초의 paragraph IV 확인을 한 제네릭 제약사 간의 독점구조에서 여러 제네릭 회사들 간에 공유될 수 있도록 하며, (iii) ANDA 제출자는 확인소송을 제기할 수 있도록 하였다. 또 (iv) ANDA 제출자는 paragraph IV 소송에서 관련 없는 특허를 오렌지북에서 삭제하는 명령을 구하는 반소를 제기할 수 있게 되었다. 그리고 (v) 180일의 배타적 기간

---

246) NATALIE M. DERZKO, op. cit., p. 175.

247) Sheryl Stolberg & Jeff Gerth, "Keeping Down the Competition: How Companies Stall Generics and Keep themselves Healthy", N.Y. Times, July 23, 2000.

248) Mova Pharm. Corp. v. Shalala, 140 F.3d 1060, 1069(D.C. Cir. 1998).

249) Hatch-Waxman법이 2003. 6. 12. 일부 개정된 이 법의 정식명칭은 'Medicare Prescription Drug, Improvement and Modernization Act'이다.

에 대한 권리를 소멸시킬 수 있도록 하였다.

(1) 유예의 대상이 되는 침해소송의 범위

우선 기존의 Hatch-Waxman법 하에서는 특허권자는 문제가 된 특허와 관련된 새로운 특허를 등록하는 방식으로 paragraph IV ANDA에 대한 FDA의 승인을 여러 차례 30개월 동안 유예시킬 수 있었다. 이 제도는 특허권자가 제네릭 약의 신규시장진입을 저지할 수 있는 매우 유효한 수단이 되었다. 특허권자가 특허침해소송이 제기되었을 때 FDA의 승인이 30개월까지 유예되는 점을 여러 차례 활용할 수 있었던 이유로 법조문에 새로운 특허의 경우에도 적용되는지 여부에 대하여 명확하게 규정되어 있지 않았다는 점도 중요하게 작용하였다.

Medicare 법은 문제가 된 ANDA가 제출되기 전에 존재했던 특허에 대한 침해소송에만 30개월의 유예가 이루어질 수 있도록 하고, ANDA 신청 후 특허권자가 추가 등재한 특허와 관련해서는 침해소송을 제기하더라도 허가의 자동중지는 발생하지 않는다고 명확하게 규정함으로써 일단 특허침해소송이 제기되고 30개월이 경과하면 FDA의 승인이 효력을 발생하게 되었다.

(2) 특허의 무효 또는 비침해 판결과 FDA의 승인

Hatch-Waxman법 하에서 제기되었던 또 하나의 문제는 법원에 의하여 문제가 된 특허가 무효화되거나 또는 비침해 판결을 받는 경우 30개월의 유예기간이 경과되지 않더라도 FDA의 승인의 효력이 발생할 수 있다고 규정하였었다. 그런데 실제 사건에 대한 연방거래위원회(FTC)의 통계적인 결론은 특허권의 비침해 또는 무효를 주장하는 경우 이러한 특허침해소송의 피고가 1심 패소 후 항소심에서 승소하는 경우가 70% 이상에 해당하였다.[250] 이러한 통계에 기초하여 특허침해소송의 피고가 1심 패소 후 항소심에서 승소하는 경우에도 30개월의 유예기간이 경과되지 않더라도 FDA의 승인의 효력이 발생할 수 있다고 규정하였다.[251]

250) Federal Trade Commission, Generic Drug Entry Prior to Patent Expiration: An FTC Study, (Jul. 2002) at V.

251) NATALIE M. DERZKO, op. cit., p. 182.

(3) 180일의 배타적 기간의 문제

Hatch-Waxman법 하에서는 최초의 paragraph IV ANDA 제출자의 지위를 선점하게 되면 이후의 제출자들은 180일의 배타적 기간의 혜택을 받지 못하고, 누구도 시장에 진입할 수 없도록 규정되어 있었다.[252] 이 배타적 기간의 허여는 Hatch-Waxman법 하에서 역지불합의가 경쟁제한성을 가지게 되는 주요한 원천이 되었다.[253] 이 180일의 배타적 기간은 애초에 FDA가 성공적인 항변기준(successful defense rule)을 적용하여 오리지널 제약회사를 상대로 성공적으로 특허 소송을 수행한 최초의 제네릭 제약사에게 부여하려고 하였다. 그러나 법원이 Mova Pharmaceutical 사건[254]에서 이 기준을 받아들이지 않고 특허침해소송 결과와 무관하게 180일 동안의 특권을 인정함으로써 이 제도는 최초로 허가를 신청하는 제네릭 제약사가 누리는 권리가 되었다.[255] 바로 이 부분이 제네릭 사와 오리지널 제약사가 역지불합의를 통해서 이익을 나누어 가지면서 소비자를 희생하는 것이 가능하게 된 이유가 되었다.

Medicare법에서는 동일한 날짜에 paragraph IV ANDA 제출을 하는 경우 모든 제출자의 순위를 동순위로 보고 180일의 배타적 이익을 공유할 수 있도록 하고 공유자 중 1인의 판매개시일로부터 180일의 독점기간이 개시되도록 하였다. 따라서 이전에 비하여 경쟁제한가능성은 줄어들었다.

최초의 paragraph IV ANDA 제출자에 대해서 후순위의 paragraph IV ANDA 제출자가 다툴 수 있는 방법은 법원의 판결에 의할 수밖에 없다. 법원은 후순위의 paragraph IV ANDA 제출자가 최초의 paragraph IV ANDA 제출자에 대해서 소송으로 오렌지 북 등재 행위를 다툴 수 있는 당사자 적격이 있다고 판단하였다.[256]

또한 180일의 독점권 부여에 대해서도 제한하기 위하여, 다음의 경우 최초 ANDA 신청인의 180일 간의 독점판매권 몰수 사유를 규정하고, 그 경우에는 독점권이 대세적으로 소멸되어 바로 제네릭 의약품의 시장진입이 가능하게 되었다. 즉, ① 최초 ANDA 신청인이 i) FDA 허가를 받은 날로부터 75일 또는 최초 ANDA 신청일로부터 30개

252) 21 U.S.C. §355(j)(5)(B)(iv)(2000).
253) NATALIE M. DERZKO, op. cit., p. 195.
254) Mova Pharmaceutical Corp. v. Shalala, 955 F. Supp. 128, 130(D.D.C. 1997) aff'd, 140 F.3d 1060(D.C. Cir. 1998).
255) NATALIE M. DERZKO, op. cit., p. 195.
256) Minn. Mining & Mfg. Co. v. Barr Labs. Inc., 289 F.3d 775, 780(Fed. Cir. 2002).

월 경과 후 75일 중 빠른 날 또는 ii) 연방지방법원 또는 항소심 법원에서 승소한 날, 우호적인 화해가 개시된 날, 특허권의 존속기간이 만료된 날 또는 특허가 포기된 날로부터 75일 중 늦은 날까지 의약품을 판매하지 않는 경우, ② 최초 ANDA 신청인이 자신의 ANDA 신청을 취하한 경우 또는 FDA가 최초 ANDA 신청이 허가요건을 충족하지 못하였다고 판단한 경우, ③ 최초 ANDA 신청인이 paragraph IV 신청을 철회하거나 다른 종류로 변경한 경우, ④ 최초 ANDA 신청인이 신청 후 30개월 이내에 품목허가를 취득하지 못한 경우(다만, 허가를 취득하지 못한 이유가 ANDA 신청일 이후에 규칙이 변경된 것에 의한 것이 아닌 경우), ⑤ 최초 ANDA 신청인이 다른 ANDA 신청인, ANDA 허가권자 또는 특허권자와 계약을 체결하였는데, FTC가 그 계약에 대하여 문제를 제기하여 반독점법 위반이라고 최종 결정한 경우, ⑥ 최초 ANDA 신청인에게 180일 제네릭 독점권을 부여한 기초가 되었던 특허의 존속기간이 만료된 경우 등이다.[257]

(4) ANDA 제출자의 확인소송

1) 법령의 내용

Hatch-Waxman법 하에서는 paragraph IV ANDA 제출자가 ANDA 제출 시 특허권자가 45일 이내에 특허침해소송을 제기할 수 있기 때문에 그 지위가 불안정하였다. 그러나 이러한 불안정한 상태를 개선할 수 있는 적절한 방안은 제시되어 있지 않았다.

Medicare법은 이러한 상황에 대해서 paragraph IV ANDA 제출자가 확인판결(declaratory judgment)을 구할 수 있도록 하였다. 그 요건으로는 ANDA 제출 시 특허권자가 특허침해소송을 제기할 수 있는 45일이 지나도록 특허침해소송을 제기하지 않은 경우 또는 ANDA 제출 시 제네릭 상품이 기존 특허권을 침해하지 않음이 인정되는 경우에는 법원에 확인소송을 통해서 자신의 불안정한 법적 지위를 안정화시킬 수 있도록 하였다. 이를 통하여 제네릭 제조자는 FDA 승인 이후 상품의 제조 및 판매 이전에 특허침해소송이 제기됨으로써 입게 될 수 있는 불측의 손해를 사전에 방지할 수 있게 되었다.

257) CHOI, Sung Jai, "Intellectual Property and Antitrust Law" in Intellectual Property Law in Korea, Wolters Kluwer(2015), pp. 217-220.

2) 판결의 전개

① Teva Pharmaceutical U.S.A. Inc. v. Pfizer, Inc. 사건[258)]

이 법의 실제 운용과 관련하여 살펴보아야 할 사건이 Teva Pharmaceutical U.S.A. Inc. v. Pfizer, Inc. 사건이다. 이 사건에서 연방항소법원은 제네릭 제약사의 확인소송에 대해서 확인의 이익이 없다고 하면서 청구를 기각하였다. 법원은 오렌지 북에 특허가 기재되어 있다는 사실만으로는 명시적 위협(explicit threat)이 있다고 볼 수 없다고 하면서, 특허보유자의 소송제기 가능성이 높아도 확인소송이 절박하게 필요한 경우가 아닌 한 법원은 확인소송을 허용하지 않을 수 있다고 판시하였다. 또한 법원은 특허권자가 소송을 제기하지 않기로 하는 서약(covenant not to sue)을 하여 달라는 제네릭 제약사의 제안을 거절하는 것도 소송을 제기할 것이라는 합리적인 우려(reasonable apprehension of suit)라고 볼 수 없다고 하였다. 이 판결을 통해서 법원은 특허권자가 45일 이내에 소송을 제기하지 않았다고 해서 paragraph IV ANDA 제출자가 확인판결을 구할 수 있는 권리가 2004년 Medicare법에 의하여 자동적으로 생기는 것이 아님을 확인하였다.

이 사건에 이어서 2007년 뉴저지 연방지방법원은 Pfizer, Inc.가 Teva Pharmaceutical U.S.A. Inc.를 상대로 하여 제기한 특허침해소송에 대해서 원고승소판결을 하였다. 뉴저지 연방지방법원은 Teva Pharmaceutical U.S.A. Inc.가 Pfizer, Inc.가 보유하고 있는 특허3건[259)]을 침해하였다고 판시하였다. 항소법원도 US Patent No. 5,760,068 특허를 제외한[260)] 나머지 특허에 대한 침해인정부분은 원심판단을 유지하여 일부 파기환송하였다.[261)]

② MedImmune, Inc. v. Genentech, Inc.[262)] 사건과 그 이후

MedImmune, Inc. v. Genentech, Inc. 사건은 Genentech, Inc.의 Cabilly 특허[263)]에 대해서 MedImmune, Inc.가 특허성을 다툼으로 인해서 발생한 사건이다. Cabilly

---

258) No. 04-1186(2005). 이 판결에는 Schall 판사와 Clevenger 판사가 다수의견을 형성하였고, Meyer 판사가 반대의견을 제시하였다.

259) US Patent No. 5,66,823; US Patent No. 5,563,165; US Patent No. 5,760,068.

260) US Patent No. 5,760,068은 이중출원(double patenting)으로 무효가 되었다.

261) Pfizer, Inc. et al. v. Teva Pharmaceutical U.S.A. Inc., 518 F.3d 1353(Fed. Cir. 2008).

262) 127 S.Ct. 764(2007).

263) US Patent No. 4,816,567(Cabilly Ⅰ)와 US Patent No. 4,816,397(Cabilly Ⅱ).

특허의 명칭은 이 발명자인 Shmuel Cabilly에서 따온 것으로 이 특허에 대하여는 1983년부터 계속 특허성에 대한 다툼이 있었다. 이 사건의 원고인 MedImmune, Inc.는 Cabilly 특허[264]를 라이선스 받은 회사로서 자신이 라이선스 받은 특허에 대한 로열티가 최초의 특허효력존속기간이 지난 이후에도 여전히 지급하여야 하는 것으로 규정되어 있다는 점을 지적하면서, Cabilly Ⅱ 특허의 무효를 확인하여 달라는 소송을 제기하였다. 이 사건에서 연방대법원은 합리적 우려(reasonable apprehension test)를 대신하여 확인의 이익이 있는지 여부의 판단은 종합적인 정황(all the circumstances)을 고려하여 판단하여야 한다고 판시하면서 원심을 파기하였다. 이 사건 판결의 결과에 따라 미국 특허청은 Cabilly 특허를 이중출원으로 판단하여 무효화시켰다. 그러나 이에 대해서 Genentech, Inc.가 특허청의 결정을 다투어 판결절차가 최종적으로 종료되기 전까지는 특허의 효력을 유지하는 것으로 결정되었다.

특허법적으로 이 사건이 가지는 의미는 라이선스를 받은 회사라고 하더라도 자신이 라이선스 받은 특허의 효력을 다툴 수 있다는 점을 확인하였다는 점에 있다. 다만 이 판결에도 불구하고 제네릭 제약회사의 경우에도 이 판결의 취지가 그대로 적용될 것인지에 대해서는 명확하지는 않았다.

Caraco Pharmaceutical Lab., Inc. v. Forest Lab., Inc.[265] 사건을 통해서 Hatch-Waxman법 하에서의 당사자 적격문제에 대하여 법원의 태도가 정리되었다. 이 사안은 FDA의 신약 및 제네릭 약의 승인과 관련된 사안이다. 앞서 본 바와 같이 Hatch-Waxman법의 입법취지는 신약의 개발을 촉진하여야 한다는 사회적인 요구와 제네릭 약의 신속한 시장진입을 통한 약가의 인하라는 목적을 동시에 달성하려는 것이다. 미국법상 확인 소송을 제기하기 위해서는 실질적 분쟁(actual controversy)을 가지고 있어야 하는바, 특허권자를 상대로 확인소송을 제기하려면 (i) 특허권자가 실제 특허침해소송을 제기하였거나, 제기할 것을 위협하는 등의 합리적인 우려가 존재하는 행위에 관여하여야 하며, (ii) 특허권자가 실제로 그런 소송을 제기하거나 제기하려고 준비하여야 한다는 두 가지 전제조건이 구비되어야 한다.[266]

이 사건에서 Forest사는 항우울제로 사용되는 Lexapro에 대해서 NDA를 받았고,

264) US Patent No. 4,816,397.
265) 527 F.3d 1278(Fed. Cir. 2008).
266) Cordis Corp. v. Medtronic, Inc., 835 F.2d 859, 862 USPQ2d 1118, 1120(Fed. Cir. 1987).

NDA의 일부로 Forest사는 Lexapro에 대해 2개의 특허권을 등록하고 있다고 오렌지북에 등재하였다. 이에 대해 paragraph IV ANDA 제출자인 Ivax사가 Forest사의 2개의 특허권에 대해서 효력을 다투었다. Hatch-Waxman법에 의해서 Ivax사는 제네릭 약을 최초로 판매한 날 또는 2개의 특허권의 효력이 무효화된 날 중 먼저 도달한 날로부터 기산되는 180일의 배타적 기간을 향유하게 되었다.

이에 대해서 Forest사는 Ivax사를 상대로 하여 특허침해소송을 제기하여 승소하였다.[267] 따라서 Ivax사는 특허권의 효력이 무효화됨으로써 얻을 수 있는 180일의 배타적 기간을 향유할 수 없게 되었다. 이 상황에서 후순위 ANDA 제출자인 Caraco 등의 회사의 경우에는 특허를 무효화시켜서 Ivax사가 180일의 배타적 기간을 개시하게 할 경제적인 이익이 있었다. 그래서 Caraco사는 Forest사의 2개의 특허가 무효라는 소송을 제기하였다. 이 사건에서 법원은 Caraco사의 경우 만일 이 소송을 통하여 Forest사의 특허가 무효가 되거나 비침해라는 사실이 인정되지 않으면 제네릭 약 시장에 진입할 수 없게 되는 실질적인 피해가 발생한다는 사실이 안정되고, 이러한 피해의 보전은 Caraco의 ANDA에 기재된 약이 Forest사의 특허권을 침해하는지 여부가 판단이 이루어져야 하므로 Orange Book에 등재되어 있는 Forest사의 '941특허를 침해하는 것인지 여부에 대한 판단은 실질적 분쟁(actual controversy)을 구비하고 있다고 보았다.

(5) Hatch-Waxman 소송의 특징

제네릭사의 paragraph IV 확인만 제출된 단계에서는 원칙적으로 특허의 '침해'가 발생하기 전이기 때문에 특허침해를 이유로 한 소송은 제기되기 어렵다. 그러나 Hatch-Waxman법은 이러한 경우에도 위와 같은 확인서 제출을 침해로 간주하여 {35 U.S.C. §271(e)(2)} 특허권자의 특허침해소송과 ANDA 제출자의 확인소송의 제기가 가능함을 규정하였다. 또한 위 법은 paragraph IV 확인서를 제출하는 제네릭 의약사는 특허권자에게 통지 시 ANDA 신청에 오리지널 제약의 생물학적 동등성 자료가 사용되었다는 사실과, 다만 오리지널 제약사의 특허가 무효나 비침해라는 주장을 뒷받침하는 사실적, 법률적 근거를 상세히 서술할 것을 요구하기 때문에[21 U.S.C. §355(j)(2)(B)], 소송에서 다툴 쟁점이 신속히 정리되기도 한다. 나아가 이 소송은 아직 제네

267) Forest Labs., Inc. v. Ivax Pharms., Inc., 501 F.3d 1263(Fed. Cir. 2007).

릭 의약품이 출시되지도 않아 손해발생이 없기 때문에 손해배상이 쟁점이 되지 않는 것이 대부분이다.

제네릭사의 paragraph IV 확인서 제출에 따라 제기된 특허소송("Hatch-Waxman case")은 대부분 법관재판(bench trial)으로 진행된다. 제네릭 약이 출시되기 전의 상황에서는 특허권자는 장래의 침해 확인을 구하거나 금지명령만을 구할 수 있고[35 U.S.C. §271(e)(4)], 이러한 구제수단은 형평법적인 것이다. 이에 CAFC는 침해품이 아직 판매되지 아니하여 손해가 발생하지 않고 오직 미래의 침해만이 가능한 상황에서 제기된 Hatch-Waxman 사건에서, 이러한 분쟁에 내재된 해결방법은 완전히 형평법적이라는 점에서 배심재판을 요구할 권리가 없다고 판시하였다.268) 다만 예외적으로 제네릭사에게 30개월의 허가유보가 적용되지 않거나 30개월이 경과하여 제네릭사가 제네릭 의약품을 위험을 무릅쓰고 출시한 경우에는 배심재판의 요구가 가능하다.269) 또한 당사자들은 위와 같은 Hatch-Waxman 소송에 협조할 것이 요구되는데, 법원은 당사자들이 이에 협력하지 않는 경우 30개월의 기간을 늘리거나 줄일 수 있다.270)

Ⅳ. 역지불합의의 경쟁제한성271)

1. 역지불합의

역지불합의(reverse payment agreement)란 앞서 설명한 것과 같이 오리지널 약에 대한 특허권을 가진 자가 대부분 최초의 Paragraph IV ANDA 신청자인 제네릭 약을 시장에 출시하려고 하는 자에게 제네릭 약 제조업자가 시장에 진입하지 않는 것을 조건으로 하여 각종 부대적인 조건과 함께 일정한 금원을 지급하기로 하는 합의를 의미

268) In re Apotex, Inc. 49 Fed. App'x 902, 903(Fed. Cir. 2002).

269) Anatomy of a Patent Case(Second Edition), Complex Litigation Committee of the American College of Trial Lawyers, Bloomberg BNA (2012), 178면.

270) Kimberly A. Moore, Timothy R. Holbrook, John F. Murphy, PATENT LITIGATION AND STRATEGY(Fifth Edition), AMERICAN CASEBOOK SERIES(2018), 451면.

271) 김희은, "유럽의 제약산업 관련 경쟁법 집행동향: Sector Inquiry, 역지불합의, 특허권 남용을 중심으로", 「글로벌 경쟁저널」(2013) 참조.

한다고 정의할 수 있다. 다만 역지불합의는 합의이기 때문에 다양한 형태의 변용이 가능하고, 실제로도 여러 가지 부대조건이 붙을 수 있고, 계약의 구조가 상이할 수 있으므로 모든 조건을 정의에 포함시킬 수 있는 없으나 개략적인 이해를 위해서 위와 같이 단순화하여 정의할 수 있다. 그러나 실제 독점규제법의 적용을 위해서는 개별적인 합의의 내용을 면밀히 살펴보아야 한다.

2. 역지불합의의 배경

Paragraph IV ANDA 신청자가 시판허가를 성공적으로 취득한 최초의 제네릭 제품은 180일의 제네릭 시장독점권을 가질 수 있다. 이 규정의 의미는 법적으로 특허침해로 판단될 위험 및 특허소송을 진행하기 위한 변호사 비용을 포함한 비용을 부담한 것에 대해서 법이 제네릭 제조사에게 부여하는 보상의 의미를 가지고 있다.[272] 따라서 이 180일의 기간 동안에는 Paragraph IV ANDA 신청자만이 제네릭 제품을 판매할 수 있다.

Mova Pharmaceutical 사건을 통해서 법원은 최초로 paragraph IV ANDA의 신청자의 경우에는 특허침해소송 결과와 무관하게 180일의 배타적 기간을 인정하였다. 그런데 이러한 법원의 판결에 의하면 특허소송에서 제네릭 제약회사가 최종적으로 패소하는 경우에도 오리지널 약의 특허가 만료된 후에 180일 동안 독점적으로 제네릭 약을 판매할 수 있는 권리를 인정받게 되었다. 이 180일의 기간을 이용하면 제네릭 제약사들은 이 기간 동안 얻을 수 있는 이익을 이용하여 소송상 또는 소송외 화해를 도출할 수 있는 협상력을 가지게 된다.

3. 역지불합의의 효과

앞의 Mova Pharmaceutical 판결을 염두에 두면 만일 최초의 paragraph IV ANDA 신청자가 시장에 진입하지 않을 경우 배타적 기간 동안 다른 제네릭 제조사들도 시장에 진입할 수 없고, 이 점을 이용하여 특허권자가 최초의 paragraph IV

272) 나영숙, "역지불합의에 대한 경쟁법적 규율: 우리나라와 미국 판례의 비교분석을 중심으로", 「경제법연구」 14권(2015), 315-352면 참조.

ANDA 신청자와 시장에 진입하지 않기로 하는 합의를 하는 경우 다른 모든 제네릭 상품의 진입을 막을 수 있다. 다시 말해 특허권자인 오리지널 제약회사와 최초의 paragraph IV ANDA 신청자 사이의 화해를 통해서 특허권자는 실질적으로 자신의 특허권을 연장하면서도 합의 당사자 이외의 제약회사들의 시장진입을 원천적으로 봉쇄할 수 있게 되는 것이다.

화해를 하는 방법은 여러 가지가 있다. 우선 공급계약을 체결하는 방법이 있다. 특허권을 가진 오리지널 약을 제조하는 회사로부터 최초의 paragraph IV ANDA 신청자가 약품을 공급받아 판매를 하는 방법으로 수익을 얻는 방법이 있다. 또는 최초의 paragraph IV ANDA 신청자가 특허권을 가진 회사의 오리지널 약을 제조하는 회사로부터 실시권을 허여 받아서 제품을 생산하는 방법도 생각하여 볼 수 있다. 그러나 문제는 이러한 경우에는 특허권자와의 경쟁을 감안하지 않더라도 제네릭 제조사의 관점에서는 시장위험(market risk)을 감수하여야 한다. 다시 말해 시장에서 소비자들이나 처방을 하는 의사들이 제네릭 약을 구입하지 않는 경우에는 시장에서 실패할 위험이 존재한다.

따라서 특허권자의 입장에서는 특허권을 실질적으로 연장함으로써 수익을 극대화할 수 있고, 최초의 paragraph IV ANDA 신청자의 입장에서는 시장위험을 부담하지 않으면서도 자신의 협상력을 이용하여 안정적인 수익을 얻는 방법을 생각하였다. 즉, 특허 만료 전에는 상품의 구매, 제조, 사용, 판매, 제공, 제3자에의 발송 등의 모든 행위를 금지하고 대신 특허권자인 회사가 일정금원을 최초의 paragraph IV ANDA 신청자에게 지급하기로 하는 약정을 하는 소위 역지불합의가 이루어지게 된다.

4. 문제가 된 사안들

(1) 문제의 소재

역지불합의의 효력을 긍정할 경우 이 합의의 효과는 제네릭 약의 시장에의 신규진입을 저지하는 효과가 있게 되므로 우선 Hatch-Waxman법이 입법당시 의도하였던 제네릭 약의 원활한 신규진입을 통한 경쟁의 활성화와 이러한 경쟁을 통한 약가인하라는 입법목적이 달성되기 어려운 상황이 된다. 그리고 오히려 Hatch-Waxman법이 없었다면 시장에 진입하려고 할 수 있었을 차순위 제네릭 약 제조허가 신청자들마저도 시장에 진입할 수 없도록 하여 경쟁상황을 오히려 악화시킬 수도 있다.

(2) 당연위법 원칙을 취한 판결례: In re Cardizem CD Antitrust Litigation[273)]

이 사안에서 Hoescht Marion Roussel, Inc.사(이하 'Hoescht사')는 염산염 딜티아젬을 주성분으로 하는 Cardizem CD라는 처방약을 생산하고 그에 대한 특허권을 가지고 있는 회사이다. 이 회사가 특허권을 보유하고 있는 염산염 딜티아젬은 고혈압, 심장질환, 뇌졸중 등에 사용되는 약을 제조하는 데 사용되는 물질이다.

Andrix Pharmaceuticals, Inc.(이하 'Andrix사')는 1995. 9. 22. FDA에 Cardizem CD의 제네릭 형태의 약에 대한 제조와 승인을 구하는 ANDA를 제출하였다. Andrix사는 1995. 12. 30. 자신의 제네릭 의약품은 염산염 딜티아젬을 주성분으로 하는 Cardizem CD에 대한 특허권을 침해하지 않는다고 주장하면서 paragraph IV 확인서를 제출하였다. 1996. 1. Hoescht사는 플로리다 남부연방지방법원에 특허침해소송을 제기하였다. 이 소송에서 원고는 손해배상이나 임시적 금지명령(preliminary injunction)을 구하지는 않았으나, 위 소송은 제네릭 의약품에 대한 FDA의 승인을 30개월 동안 유예시키는 효과를 발생시켰다.

1996. 2. Andrix는 Hoescht사를 상대로 독점금지법위반(antitrust and unfair competition)을 이유로 한 반소를 제기하였고, 1997. 9. FDA는 Andrix사의 ANDA신청을 조건부로 잠정적 승인(tentative approval)을 하였다. 이 승인은 30개월의 유예기간이 경과하거나 특허침해소송에서 Andrix사가 승소해야 효력이 발생하는 것이었다. FDA의 승인이 있은 날로부터 9일 후 양사는 화해하였다.

이후 양사는 Andrix사는 반소를 취하하고, Andrix가 특허침해를 한 것이 아니라고 하는 종국판결이 선고되거나, 양 당사자가 특허실시합의를 하거나, Hoescht사가 제3자에게 특허실시를 허여하는 조건이 성취되지 않는 한 Andrix사는 제네릭 약을 출시하지 않는다고 조건으로 합의하였다. 이 합의를 통하여 Andrix사는 180일의 배타적 기간도 행사하지 않기로 하였다. 그에 대한 대가로 Hoescht사는 Andrix사가 FDA의 최종승인(final approval)을 얻을 날로부터 계산하여 매해 4천만 달러씩 4년간 금전을 지불하기로 했다. 다만 만일 특허가 침해되지 않은 것으로 종국판결을 받거나 Hoescht

273) 332 F.3d 896(6th Cir. 2003).

사가 특허침해소송을 취하하거나, 특허의 유효성, 집행가능성 및 침해 여부에 대해 법원이 판단하지 않겠다는 최종 결정이 확정되고 Hoescht사가 재소에 실패하는 경우에는 매해 지불하는 금액을 1억 달러로 변경하기로 하였다.

1998. 7. 8. 30개월의 허가유예기간(statutory waiting-period)이 지나고 1998. 7. 9. FDA가 Andrix의 ANDA에 대해 최종승인을 하였다. 이에 따라 Hoescht사는 약속한 합의금을 지급하기 시작했다. 1999. 6. 9. Hoescht사와 Andrix는 특허침해소송에 대해 합의하고 기존 합의를 종결시키기로 하면서 다시 포괄적 합의를 하였다. 이에 따라 Hoescht사는 Andrix에게 기존 지급금액을 포함하여 합계 8,983만 달러를 지급하였고, Andrix는 복제약(Cartia XT)을 판매하기 시작했다. 이에 따라 180일의 독점적 판매기간이 기산되었다.

FDA 최종 승인이 내려지자 이와 같은 합의에 대해서 미국 각주에서 Hoescht사의 약을 구입하는 소비자들은 소비자집단소송의 형식으로 Hoescht사와 Andrix를 상대로 독점금지법 위반 소송을 제기하였다. 원고들은 만일 Hoescht사와 Andrix사 간의 역지불합의가 없었더라면 Andrix사는 시장에 제네릭 약을 출시하였을 것이고 낮은 가격으로 고객들이 제네릭 약을 사용할 수 있었을 것인데, 양사 간의 역지불합의를 통하여 제네릭 약의 시장 진입이 봉쇄됨으로써 원고들이 고가의 약만을 구입하여 사용하여야 했고, 따라서 그 차액 상당의 손해(antitrust injury)를 직접적으로 입게 되었다고 주장하였다. 28 U.S.C. 1470조에 따라 소송이 병합되어 이를 처리하게 된 미시간 동부연방지방법원 중간 판결을 통해서 원고들이 독점적 손해를 입증하였고, Hoescht사와 Andrix사 사이에 거액의 지불 대가로 복제약을 출시하지 않기로 한 역지불합의는 당연위법(per se illegal)이라고 판시하였다.

이 사건의 항소를 담당한 제6연방항소법원은 Andrix사 행위의 위법성을 주목하였다. 법원은 이 사건에서 Andrix사가 최초로 ANDA신청을 함으로써 다른 제네릭 약의 출현을 제한하였고, 이러한 지위를 이용하여 잠재적 경쟁자인 Hoescht사와 합의를 함으로써 이러한 합의는 시장에서의 경쟁을 제한하는 수평적 거래제한(horizontal restraint of trade)에 해당하는 행위를 하였다고 판단하였다. 즉, Hoescht사가 결과적으로 특허법이 특허권자에게 허용하려고 하는 배타적 권리 이상을 행사한 것이 된다고 보았다. 이러한 판단에 기초하여 연방제6항소법원은 제1심 법원이 원고들의 사실심리생략판결(Summary Judgment) 청구를 인용한 판결이 적법하다고 판결하였다.

(3) 합리의 원칙을 취한 판결례: Valley Drug Co. v. Geneva Pharmaceuticals, Inc.[274)]

이 사건은 제11연방항소법원 사건이다. 2003. 9. 18. 제11항소법원은 특허권자가 제네릭 제약사와 체결하는 역지불합의에 대한 심사기준을 기존의 당연위법 기준에서 합리의 원칙으로 변경하였다. 미국에서의 경쟁법 집행에 있어서 심사기준의 변경은 소송의 승패를 결정하는 매우 중요한 사항이라는 점에서 이 사건을 통해서 연방항소법원이 기준을 변경하였다는 것이 가지는 실무적인 의의는 매우 크다.

연방항소법원은 당연위법 원칙에 의하여 독점금지법 위반을 판결한 연방지방법원의 판결을 파기하여 환송하였다. 연방항소법원은 독점금지법 위반이 되기 위해서는 단순히 특허권자가 제네릭 제약사와 합의하였다는 것에 그쳐서는 안 되며 합의를 통하여 시장에서 경쟁을 배제하려고 하는 의사가 존재함을 입증하여야 한다는 점도 설시하였다.

이 사건은 Hytrin이라는 브랜드 명으로 알려진 약을 제조하던 회사인 Abbott Laboratories(오리지널 제조업자)와 다른 2개의 제네릭 약 제조업자인 Geneva Pharmaceuticals, Inc.와 Zenith Goldline Pharmaceuticals, Inc.간의 특허권 분쟁에서 연원하였다. 제네릭 약 제조업자인 Geneva Pharmaceuticals, Inc.와 Zenith Goldline Pharmaceuticals, Inc.는 Hytrin의 제네릭 약을 제조하여 판매할 계획임을 선언하였고, 이에 대해서 Abbott Laboratories는 자신들의 특허가 아직 유효한 상태이므로 이러한 제네릭 약의 제조는 허용되지 않는다고 반박하였다. 양자는 분쟁을 상당기간 지속하다가 합의에 의하여 분쟁을 종료하였다. 양자의 합의내용은 제네릭 2사는 시장에 상당기간 진입하지 않기로 하고, 대신 오리지널 제약사는 시장진입을 지연하는 대가를 지급하기로 하는 것이었다. 이러한 합의사실이 알려지자 약품구매업자들이 오리지널 제약사인 Abbott Laboratories와 제네릭 약 제조업자인 Geneva Pharmaceuticals, Inc.와 Zenith Goldline Pharmaceuticals, Inc.를 상대로 하여 독점금지법 위반을 이유로 하여 소송을 제기하였다. 원고들은 청구원인으로 피고들의 행위가 불법적인 수평적 시장분할에 해당한다고 보았다.

이러한 원고들의 청구에 대해서 플로리다주 연방지방법원은 원고들의 불법적인 수

274) 344 F.3d. 1294(11th Cir. 2003).

평적 시장분할에 해당한다는 주장을 받아들이면서 이러한 주장을 판단하는 심사기준은 당연위법 기준이 되어야 한다고 판단하였다. 따라서 법원은 불법적인 수평적 시장분할에 대한 합의가 이루어진 이상 당연위법 기준에 따라 추가적인 항변을 허용하지 않는다고 판시하였다. 그러므로 합의의 사업상 필요성 및 합리성에 대한 어떤 판단도 하지 않았다. 따라서 법원은 당사자들의 행위는 원고의 주장과 같이 셔먼법 제1조에 의한 거래제한행위(restraint of trade)로서의 수평적 합의에 해당한다고 보았다.

독점금지법 위반에 따른 손해배상과 관련된 소송이 진행되는 중간에 피고들은 심사기준에 대해서 중간항소(interlocutory appeal)[275]를 하였다. 그리고 2002년 항소법원은 중간항소를 심리하기로 결정하고 2003년 이 사건 판결을 통해서 이 사건에서의 심사기준이 합리의 원칙이 되어야 한다고 판결하였다. 항소법원은 특허권은 본질이 배타권이기 때문에 타인의 사용을 배제할 수 있다는 점에 주목하였다. 따라서 배타권인 특허권자의 합의가 위법해지기 위해서는 특허권의 배타성을 뛰어넘는 경쟁제한성이 발견되어야 한다는 것이다.

이 판결은 앞의 In re Cardizem CD Antitrust Litigation에서 연방 제6항소법원이 취한 태도인 당연위법 원칙과는 충돌된다.

(4) 이후 판례의 전개

미국 독점금지법의 집행에 있어 경쟁제한성의 판단기준을 합리의 원칙으로 가져갈 것인가 아니면 당연위법의 원칙으로 가져갈 것인가 하는 것은 매우 중요한 결론에서의 차이를 가지고 온다. 당연위법의 원칙으로 판단할 경우, In re Cardizem CD Antitrust Litigation 사건에서 볼 수 있는 것과 같이 경쟁제한성을 뒤집을 수 있는 가능성은 적다. 이 경우의 논리구조는 특허권자와 최초의 paragraph IV ANDA 제출자가 합의를 하였고, 합의의 내용이 제네릭 제조사가 시장에 진입하지 않기로 하고, 그 대가로 금전을 지급하기로 하는 내용인 경우(역지불합의) 이러한 합의는 수평적인 경쟁자인 오리지널 제약사와 제네릭 제약사 간의 담합행위로서 셔먼법 제1조에 위반된다는 방식으로 설명된다.

2009년 사건으로 Kaiser Foundation Health Plan, Inc. v. Abbott Labora-

275) 미국 연방민사소송절차에서 사실심 종국판결 이전에 특정한 쟁점에 대해서 항소를 제기할 수 있는 제도를 말한다. 대부분의 주에서 이러한 항소는 허용되지 않는다.

tories[276]에서 제9연방항소법원은 Abbott Laboratories의 담합을 인정하였다. 이 사건은 연혁적으로 1975년부터 시작한다. 1975년 Abbott Laboratories는 Terazosin Hydrochloride(이하 'Terazosin')이라는 신약에 대한 특허를 출원한다. 그리고 2개의 특허[277]를 추가로 출원한 후 NDA를 FDA에 제출한다. Abbott Laboratories는 NDA가 승인되고 난 직후 Hytrin이라는 브랜드 명으로 판매한다. 앞의 (3)항에서 합리의 원칙을 적용하여야 한다고 보았던 Valley Drug Co. v. Geneva Pharmaceuticals, Inc. 사건에서의 문제가 되었던 사안과 연결되어 있는 부분이다. Abbott Laboratories는 승인 이후 독점적으로 시장에 약을 판매하였다. 그리고 2개의 특허가 만료될 즈음인 1993년과 1994년 3개의 파생특허[278]를 독점을 2013년까지 연장할 목적으로 출원한다. 그런데 Hatch-Waxman법이 1984년 제정되면서 7개의 제네릭 제약사들이 시장에 진입하려고 하면서 paragraph IV ANDA 신청을 하면서 Abbott Laboratories의 특허가 무효이거나 특허를 침해하지 않는다는 주장을 한다. Abbott Laboratories는 Hatch-Waxman법이 규정한 45일의 기간 내에 대부분(17건)의 소송을 제기함으로써 30개월간의 FDA 승인 중지를 얻어낸다.

그런데 Geneva Pharmaceuticals, Inc.사에 대해서는 기간 내에 소송을 제기하지 못했고, 이에 따라 Geneva Pharmaceuticals, Inc.사가 FDA의 승인을 얻어 1998. 3. 30. 시장에 진입할 수 있게 되었다. 그러나 FDA 승인 2일 후에 Abbott Laboratories와 Geneva Pharmaceuticals, Inc.사는 Geneva Pharmaceuticals, Inc.사가 시장진입을 하지 않기로 약속하는 대신 Abbott Laboratories가 450만 달러를 매월 지급하기로 하는 합의를 하였다(역지불합의).

이후 1999년 소송을 통해 '207특허가 무효가 되었다.[279] 이 소송이 확정되자 Abbott Laboratories와 Geneva Pharmaceuticals, Inc.사 간의 역지불합의는 종료되었고, Geneva Pharmaceuticals, Inc.사는 시장에 진입하였다. Geneva Pharmaceuticals, Inc.사의 시장진입 이후 Hytrin의 시장가격은 태블릿당 70센트에서 10센트로 급락하였다.

---

276) Kaiser Foundation Health Plan, Inc. v. Abbott Laboratories, Inc., 552 F.3d 1033(9th Cir. Jan. 13, 2009).

277) 이 두 개의 특허를 편의상 '097, '532특허라고 한다.

278) 이 3개의 특허를 편의상 '615, '095, '207특허라고 한다.

279) Abbott Laboratories v. Geneva Pharmaceuticals, Inc., 182 F.3d 1315(Fed. Cir. 1999).

그러자 2002년 Kaiser Foundation Health Plan, Inc.가 Abbott Laboratories와 Geneva Pharmaceuticals, Inc.사 간의 역지불합의가 셔먼법 제1조 및 제2조 위반이라는 주장을 하였다. 원고는 이 역지불합의를 통하여 두 회사는 인위적으로 가격을 인상하여 고정시키고 시장에서의 경쟁을 봉쇄하는 행위를 하였기 때문에 담합에 해당하는 행위이고 따라서 셔먼법 제1조 위반의 행위이며 당연위법의 원칙에 따라서 판단되어야 한다고 주장하였다. 이에 대해서 앞서의 Valley Drug Co. v. Geneva Pharmaceuticals, Inc. 사건에서 제11연방항소법원이 합리의 원칙이 적용되어야 한다고 하면서 사건을 다시 플로리다주 연방지방법원으로 파기환송함으로써 판단기준이 혼란에 빠지게 되었다. 그러나 2005년 플로리다주 연방지방법원은 당연위법의 원칙이 적용되어야 한다고 판시하면서[280] Kaiser 사건을 캘리포니아 중앙연방지방법원으로 이송하였다. 그런데 캘리포니아 중앙연방지방법원에서는 Abbott Laboratories와 Geneva Pharmaceuticals, Inc.사 간의 역지불합의가 제네릭 약의 시장진입을 막은 사실이 없으므로 손해배상을 인정할 손해가 없다고 판단하였다. 이에 대해서 Kaiser Foundation Health Plan, Inc.가 항소하였고, 2009년 제9연방항소법원이 셔먼법 제1조 위반 등을 인정하였다.

(5) 정 리

결국 2009년 판결을 통해서도 연방항소법원 간의 판단기준의 상이의 문제는 해소되지 않았다. 그러나 다수적인 기준은 담합에 해당하므로 당연위법의 기준이 적용되어야 한다는 것으로 정리할 수 있을 것으로 보인다. 연방대법원이 이 점에 대한 판결을 하지 않은 상황이라 단정적으로 말할 수는 없으나 연방대법원은 지금까지 대부분의 카르텔 사건을 당연위법으로 판단하여 왔기 때문에 카르텔로 판단되는 한 쉽게 합리의 원칙 적용을 인정하기는 어려울 것이다.[281] 다만 기술시장의 경우 당연위법으로 봐온 끼워팔기(tying arraignment)에 대해서 합리의 원칙이 적용될 수 있다고 본 미국 연방항소법원의 판결이 있음을 염두에 두면 카르텔의 경우에는 특허권의 행사와 관

280) In re Terazosin Hydrochloride Antitrust Litig., 32 F. Supp. 2d 1279(S.D. Fla. 2005).

281) 연방대법원이 일부 카르텔 유사의 합의에 대해서 합리의 원칙을 적용한 사안에 대한 논문으로 Peter Carstensen & Bette Roth, "The Per Se Legality of Some Naked Restraints: A (Re) Conceptualization of the Antitrust Analysis of Cartelistic Organizations", 45 Antitrust Bulletin 349 (2000) 참조.

련하여 합리의 원칙을 적용하여 정당화를 인정할 여지가 완전히 없다고 단언할 수는 없다.

또한 2003년 제정된 Medicare법은 특허권자와 제네릭사 사이에 체결된 'Generic-Brand Agreement' 등과 같은 특정한 합의는 연방거래위원회(FTC)와 법무부(DOJ)에 신고하도록 한 이래로,[282] FTC가 역지불합의 등에 대한 통제를 강화해 오고 있다.

282) 이에 대한 보다 상세한 소개는, Anatomy of a Patent Case(Second Edition), Complex Litigation Committee of the American College of Trial Lawyers, Bloomberg BNA (2012), p. 183 참조.

CHAPTER 07 법원 외의 특허분쟁 절차

제 1 절 행정청에서의 특허분쟁 절차

Ⅰ. 연방 행정청(Federal Agency)에서의 특허분쟁

1. 개 요

앞에서 본 법원 외의 절차로 연방 정부의 행정청이 관할하는 특허분쟁들이 있다. 미국 특허심판원의 심판절차와 무역위원회의 특허침해 조사 절차가 여기에 해당된다. 행정청에서의 특허분쟁이 다루어지는 심판절차도 법원의 소송과 유사하며, 일반적으로 행정 판사(Administrative Judge)[1]인 특허법 판사(Administrative Patent Judge, APJ)나 행정법 판사(Administrative Law Judge, ALJ)가 사건을 맡는다.

2. 관련 규정

미국 정부조직법(5 U.S.C.) 중, 미국 의회가 1946년에 제정한 제5장 제2절은 행정심판 절차를 규정하고 있다. 제5장 제2절을 가리켜 행정 절차법(Administrative Pro-

1) 미국은 행정청의 심판 절차에 있어서의 판단자에게도 사법부와 동일한 판사(Judge)라는 표현을 사용하고 있어, 행정심판의 심결을 내리는 기관을 심판관 또는 위원회로 하고 있는 우리나라와는 다르다.

cedure Act)이라고 한다. 행정절차법은 행정심판의 절차가 공정하게 진행되기 위하여 필요한 내용을 담고 있으며, 행정법 판사의 독립성을 함께 규정하고 있다.

3. 법원과 행정기관에서 발생하는 여러 종류의 분쟁

특허권자나 전용실시권자가 판매하던 제품의 시장에 경쟁자의 유사한 제품이 출시되고 시장의 경쟁이 치열해지면 권리자는 경쟁자에 대하여 특허권의 침해를 다투기 위한 분쟁 전략을 수립할 수 있다. 경쟁자 또한 시장에서의 판매나 수입이 금지되는 결과를 막기 위해 특허권자에 대한 대응 전략을 검토할 수 있다.

(1) 특허침해소송과 무효심판

특허권자가 피고를 상대로 법원에 특허침해소송을 제기하면, 피고는 특허의 유효성을 다투기 위해 특허심판원에 무효심판을 제기한다. 물론, 침해 소송이 제기되지 않았더라도 이해관계를 가진 당사자는 특허의 등록 후의 기간에 따라 특허심판원에 무효심판을 청구할 수 있다.

미국은 개정특허법 이전까지는 특허의 무효를 법원의 소송 절차에서 다투었는데, 개정특허법 이후에는 특허심판원의 무효심판 절차에서도 무효를 다툴 수 있다. 특허의 유무효를 다투는 절차에서, 대상 특허가 유효인지 무효인지 결정할 수 있는 절차는 국가별로 다르다.[2] 많은 국가들이 등록된 특허를 무효로 판단할 수 있는 권한을 특허청 산하의 전문기관에 부여하며, 특허청이나 산하 전문기관의 결정에 불복하는 경우, 당사자는 원고 또는 항소인으로 법원에 취소소송을 제기할 수 있게 한다. 이 때문에 침해와 무효의 병행 소송(Companion complaint)도 발생하게 된다.

(2) 특허침해소송과 무역위원회의 수입금지명령

한편, 미국 내로 수입되는 제품이 특허를 침해하는 경우에는 특허권자가 법원이 아닌 행정부 산하의 무역위원회에 불공정 수입행위의 조사를 신청하고 제품의 수입 금지명령이나 중지명령을 신청할 수 있다. 무역위원회의 조사 사건과 법원의 침해 소송

2) 유럽의 경우, 통합특허법원(Unified Patent Court)이 도입되어 실제 분쟁이 국가와 특허에 따라 좀 더 복잡해졌다. 독일에서는 특허청이 아닌 연방특허법원이 무효에 대한 판단 권한을 가지고 있다.

이 같은 시기에 제기되는 경우도 많다.

(3) 특허권자와 경쟁자의 특허분쟁전략

특허침해의 태양이나 특허분쟁의 성격에 따라, 특허분쟁을 관할하는 기관이 달라진다. 특허분쟁에 중요한 법원과 심판원, 무역위원회의 판단대상은 아래와 같이 정리할 수 있다.

연방법원	특허심판원	무역위원회
특허침해금지, 손해배상, 특허 무효	특허 무효	수입금지, 수입된 물품에 대한 중지명령(무효 판단은 법원이나 심판원을 구속하지 아니함)

침해 제품이 생산되는 지역이 국내 또는 해외인지, 등록된 특허를 무효로 만들 수 있는 선행기술이 있는지에 따라 특허권자와 상대방은 자신에게 유리하다고 생각되는 구제기관을 선택하게 된다. 위 절차들이 복합적으로 전개되어 법원과 무역위원회, 특허심판원에서 각각의 절차가 병행되는 사건도 있다.[3]

4. 특허 분쟁 사건의 항소와 연방항소법원

연방법원의 특허 판결이나 무역위원회, 특허청의 결정은 모두 미국 워싱턴 DC에 소재한 연방항소법원(CAFC)의 전속관할이다. CAFC는 미국 내 13개의 항소법원 중 다른 법원과는 달리, 국제무역, 특허, 상표, 미국 정부에 대한 금전청구 등 특정 쟁점에 대하여 관할권을 가지고 있다.[4]

---

3) 다만, 법원은 무역위원회의 조사가 진행중인 사건의 최종 판단이 나올 때가지 민사소송 절차를 중지시킬 수 있다.

4) 28 U.S.C. §1295.

Ⅱ. 행정법 판사와 특허법 판사

1. 행정법 판사(Administrative Law Judge)

행정심판을 관할하는 여러 판사 중, 행정법 판사(ALJ)는 미국 정부조직법(5 U.S.C.) 제3105조에 그 근거를 두고 있다.[5] 행정법 판사는 연방정부의 행정청에 근무하고 있는 행정법 판사는 모두 1,931명에 이른다.[6] 미국 무역위원회에는 통상 6명의 행정법 판사가 근무하면서 지적재산권 침해에 대한 조사 사건을 맡고 있다.

행정법 판사는 법원을 구성하는 연방판사와 구분되며 연방행정위원회의 절차를 담당하는 판사이다.[7] 이들은 구술심리(hearing)를 주재하고, 행정심판에서 사실과 법률에 대한 판단을 내릴 수 있는 권한을 가진다. 이 때문에 행정법 판사가 사실상의 1심 법원 판사와 같은 역할을 수행하고 있다고 볼 수 있다.

미국 헌법의 임명 규정은 공무원을 고위 관료(Principal Officer)와 하위 관료(Inferior Officer)로 구분한다.[8] 헌법 임명 규정에 의하면 행정판사는 고위 관료는 아니므로 하위 관료인지에 대한 법률적 해석이 필요하다.[9] 미국 대법원은 Lucia v. SEC 판결에서, 행정법 판사는 단순한 피고용인이 아니라 연방 헌법상 하위 관료(inferior officer)이며 연방 헌법의 임명규정에 따라 대통령, 법원, 개별부처의 장이 임명해야 한다고 판시하였다.[10]

Lucia 판결에서 대법원은 행정법 판사가 상무부 장관(Secretary of Commerce)에 의

5) Kent Barnett, "NON-ALJ ADJUDICATORS IN FEDERAL AGENCIES: STATUS, SELECTION, OVERSIGHT, AND REMOVAL", Administrative Conference of the United States, p. 1, 2018. 2. 14.

6) Id, p. 3.

7) 정하명, "행정법 판사의 지위에 관한 미국 연방대법원의 최근 판결례", 경북대학교 법학연구원 법학논고, 제67집, 100면(2019. 10).

8) LUCIA ET AL. v. SECURITIES AND EXCHANGE COMMISSION; 헌법 임명조항에 정의된 "officer(관료)" 외의 공무원은 정부가 고용한 노동자(government employee)로 해석된다.

9) 고위 관료의 임명 절차에는 대통령의 지명과 상원의 비준이 필요하며, 연방대법원의 대법관, 연방판사, 미국 특허청의 특허청장과 무역위원회의 위원(Commissioner)은 고위 관료에 해당한다.

10) Lucia v. SEC, 138 S.Ct. 2044(2018); ALJ는 연방 헌법 상의 공무원이라는 점이 중요하며, ALJ가 소송에서 중요한 역할을 수행하고 있다는 사실에 근거하고 있다.

해 임명되는 하위 관료라는 점을 명확히 하였다. 한편, 하위 관료는 원칙적으로 정부를 대표하는 결정을 직접 내릴 수 없으며, 고위 관료의 감독을 받아야 한다. 법률이 하위 관료에게 행정부를 대표하는 결정을 내릴 수 있도록 정한 경우, 이 법률은 헌법을 위반한 것으로 해석된다.

미국 무역위원회에는 2023년 현재 5명의 행정법 판사가 근무하면서 지적재산권 침해에 대한 조사 사건을 맡고 있다. 2022년 이전까지는 행정법판사가 6명이었으나, 2022년 2명의 행정법 판사가 퇴직하고 1명이 임명되었다.[11] 이 중, 2022년 2월부터 수석 행정법 판사(Chief ALJ)에 임명된 CLARK S. CHENEY 판사는 과거 연방 에너지 규제 위원회와 사회보안국의 행정법 판사로 보임했으며, CAFC에 제기되는 무역위원회에 대한 항소사건에서 무역위원회를 대리하는 업무를 수행했다.[12]

2. 특허법 판사(Administrative Patent Judge)

미국 개정특허법(AIA)에 따라 특허법 판사는 특허청 내 특허심판원 소속의 행정판사로서 특허심판원에 제기된 무효심판 등의 절차에서 특허의 무효를 판단하게 되었다.[13] 2021년 미국 특허청의 계획으로는 2022 회계연도를 기준으로 미국 특허심판원(PTAB)에는 244명의 특허법 판사가 근무할 예정이었다.[14]

행정 판사는 특허법 등의 개별 법령에서 규정하고 있는 행정청 소속 판사이며 행정절차법 상의 행정법 판사와는 다르다. 행정 판사는 비(非)행정법 판사(non-ALJ adjudicator)라고도 부르며 위의 행정법 판사들보다 많이 존재한다.[15] 이들의 독립성을 보장하기 위한 임명 방법과 임기는 각 법령에 규정되어 있다. 특허법 제6조에 규정된 특허법 판사도 행정 판사에 해당한다.

---

11) Daniel Tishman, "ITC Year in Review: From New ALJs to the Effects of Global Crises, 2022 was an Exciting Time for the Commission", https://ipwatchdog.com/2023/01/03/itc-year-review-new-aljs-effects-global-crises-2022-exciting-time-commission/id=154485/(최종 방문일 2023. 3. 26.).

12) https://www.usitc.gov/press_room/bios/cheney.htm_0(최종 방문일 2023. 3. 26.).

13) 개정특허법에 따른 특허 무효절차에 따라 특허 무효 판단을 받은 특허권자들은 그 절차의 적법성에 대해 법원에 소송을 제기할 수 있다. 배심원 평결 없이 특허를 무효시킬 수 있는지에 대한 사건이 Oil States 사건으로, 이 사건은 다음 절에서 소개한다.

14) USPTO, Fiscal Year 2022 Congressional Justification, (May 2021).

15) Kent Barnett(각주 5), p. 1.

AIA는 당사자계 무효심판(Inter Partes Review) 절차를 도입하였고, 등록된 특허의 무효 여부에 대한 최종 서면 결정을 내릴 수 있는 권한을 특허법 판사에게 부여했다. AIA가 시행된 이후, 특허권자들은 여러 사건에서 AIA의 특허 무효 판단 절차가 헌법에 위반된다고 주장하였으나, 대법원은 AIA에서 도입된 특허무효심판을 지지하는 판결을 거듭 내린 바 있다.[16)]

연방대법원은 Arthrex 사건에서, AIA에서 도입된 무효 절차가 특허법 판사가 특허를 최종 무효로 할 수 있게 하고 있어, 헌법에 위반된다는 판단을 내렸다.[17)] 등록된 특허의 무효 절차에서 특허법 판사가 최종 결정을 내리게 하고 특허청장이 감독할 수 없게 하는 것은 헌법에 위반된다고 본 것이다. 연방대법원은 특허에 대한 최종 무효 결정을 내릴 수 있는 권한을 비롯한 특허 무효 절차의 권한은 고위 관료에게만 부여된 것으로 해석되어야 하므로, 하위 관료인 특허법 판사가 고위 관료의 감독 없이 그 권한을 행사하는 것은 헌법에 합치되지 않지만, 특허법 판사가 내린 결정을 특허청의 고위 관료인 특허청장이 검토하여 최종 결정을 내릴 수 있게 하면 헌법에 합치된다는 의견을 제시하였다.[18)]

3. 행정법 / 특허법 판사의 결정에 대한 고위 관료의 검토

Arthrex 사건 이후, 특허청은 특허청장 검토를 위한 임시절차(interim process)를 도입했다.[19)] 특허청장은 직권으로(sua sponte) 특허법 판사의 결정에 대한 검토를 개시할 수 있으며, 당사자는 특허청장 검토를 신청할 수도 있다.

이 장에서 보게 될 무역위원회의 불공정무역행위 조사 사건에서 행정법 판사는 신청인의 수입금지신청에 대한 예비결정을 내릴 수 있으며, 이 결정은 고위 관료인 무역위원회 위원들의 최종 판단 대상이 된다. 특허심판원의 특허법 판사가 내린 무효 결정이 고위 관료인 특허청장의 검토 대상이 됨으로써, 특허심판원의 판단절차 또한 행정부 산하의 타 기관의 행정심판 체계와 유사해졌다.

---

16) 권보원, "미국 연방대법원 2020개정기 지식재산권법 판결 결산", 사법발전재단(2021), 557.
17) United States v. Arthrex, Inc., 141 S. Ct. 1970(2021).
18) Id.
19) 연방 관보 87 FR 43249, 2022. 7. 20.

제 2 절 특허심판원의 무효심판절차

Ⅰ. 특허심판원(Patent Trial and Appeal Board)

1. 개정 특허법과 새로운 심판 제도의 도입

AIA에 따라 미국 특허청 산하의 특허 등록 이후의 절차를 담당하는 기관으로 특허심판원(Patent Trial and Appeal Board, 이하 'PTAB'이라고 한다.[20])이 새로이 설립되었고, 등록된 특허를 취소할 수 있는 절차들이 추가로 도입되었다.[21]

PTAB이 설립되기 이전에는 특허항소 위원회(Board of Patent Appeals and Interferences, BPAI)가 거절결정불복심판이나 결정계 재심사(ex parte reexamination), 당사자계 재심사(inter partes reexamination) 등을 담당하였다.

PTAB은 특허청장, 부청장, 특허국장, 상표국장, 특허법 판사로 구성된다.[22] 이 중에서 특허청장, 부청장, 특허국장, 상표국장은 법정 임원(statutory members)이다. 특허법 판사는 특허청장의 추천에 따라 상무부에 의해서 임명된다.[23] 특허청장은 미국 헌법에 따른 대통령의 지명과 상원의 동의로 임명되는 고위 관료이며, 특허법 판사는 하위 관료이기 때문에 고위 관료의 적절한 감독을 받아야 한다.

PTAB이 관할하는 사건은 심사관의 거절결정에 대한 불복(appeal), 결정계 재심사에 대한 불복, 당사자계 무효심판, 등록 후 무효심판, 영업발명 특허에 대한 심판이다.[24] 이 중에서 당사자계 무효심판(Inter Partes Review)[25]과 등록 후 무효심판(Post

20) PTAB은 한국의 특허심판원에 대응되는 기관에 가까우므로 특허심판원으로 번역할 수 있으나, 미국 실무에서는 "피탭"이라고 흔히 호칭하고 있으므로 이 장에서는 PTAB이라 한다.

21) 미국 특허법 제311조(note): 개정법은 단계별로 도입되었는데, 선출원주의에 관한 규정들이 2013. 4. 16.부터 시행되었고, PTAB의 도입과 등록 후 절차들에 관한 규정은 2012. 9. 16.부터 시행되었다. PTAB의 기능으로 볼 때, 특허법 개정 이전의 특허 항소 위원회(Board of Patent Appeals and Interferences, BPAI)가 대체된 것으로 볼 수 있다.

22) 미국 특허법 제6조(a).

23) 미국 특허법 제6조(d).

24) 미국 특허법 제6조(b).

25) 개정특허법에서 무효심판을 도입하면서, 이전의 당사자계 재심사 절차는 신청할 수 없게 되었다. 결정계 재심사 절차는 PTAB 체제 하에서도 계속 유지되고 있다.

Grant Review)은 특허권자가 아닌 자가 PTAB에 직접 특허의 취소를 신청할 수 있는 심판 절차로, 미국 특허법에 의한 특허분쟁에 직접적인 영향을 미치고 있으며, AIA 개정사항 중에서 가장 큰 절차적인 변화를 가지고 온 제도라고 할 수 있다.

2. 특허청과 PTAB의 구조

(1) 미국 특허청의 조직도

미국 특허청은 상무부(Secretary of Commerce) 소속 기관으로, 특허와 상표의 출원 신청을 심사하고 적합한 권리를 부여하는 업무에서부터, 거절결정에 대한 행정청에서의 불복심판과 등록된 특허나 상표의 무효심판 업무를 담당하고 있다. 미국특허청장(Director of the United States Patent and Trademark Office)과 부청장(Deputy Director)은 특허 공공 자문위원회와 상표 공공 자문 위원회로부터 자문을 받는다. 특허심판원, 상표심판원은 특허국 및 상표국과 분리되어 있다.

[미국 특허청 조직도][26]

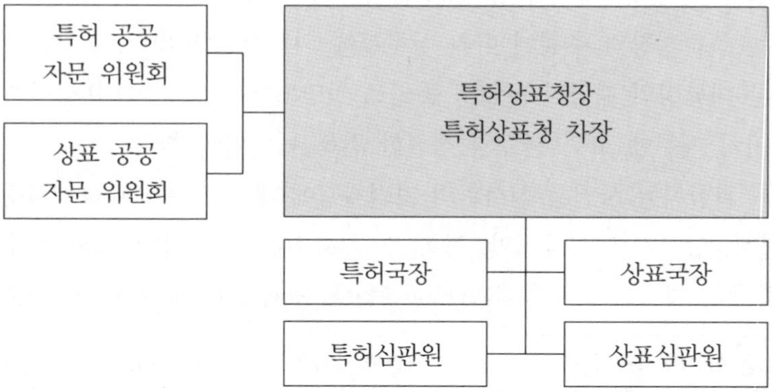

(2) 특허국장[27](Commissioner for Patents)

특허국장은 전체 특허국 조직을 관리한다. 미국 특허청의 특허국(Patents business

26) 미국 특허청, Fiscal Year 2022 Congressional Justification, Exhibit 2, 2021. 5.

27) 미국 무역위원회의 Commissioner를 통상 위원으로 번역하나, 특허청의 commissioner는 국장으로 번역한다.

unit)은 출원을 심사하고 요건을 만족한 발명을 특허로 등록하며, 특허 정보나 양도 사실을 기록, 배포한다. 특허국장과 부국장들이 특허국을 이끌고 있다.

(3) 상표국장(Commissioner for Trademarks)

상표국장은 전체 상표국 조직을 관리한다. 미국 특허청의 상표국은 상표출원, 등록, 관리에 관한 업무를 수행한다.

(4) 특허심판원(Patent Trial and Appeal Board, PTAB)

PTAB은 앞에서 본 것처럼 특허청장과 같은 법정 위원(statutory members)과 특허법 판사(Administrative Patent Judge)로 구성되어 있다.[28] PTAB은 개정특허법에 따라 특허청 산하에 새로 설립된 기관이다. 개정 전 특허법에서는 특허항소 위원회(Board of Patent Appeals and Interferences, BPAI)가 거절결정불복심판이나 당사자계 심판을 담당하였으나, PTAB은 새롭게 도입된 특허무효심판(IPR) 등 새롭게 도입된 절차까지 담당한다. 법정 임원은 특허청장, 부청장, 특허국장, 상표국장이다. 특허법 판사가 패널을 구성하여 사건을 판단한다는 점은 특허항소 위원회(BPAI)의 체계와 동일하다.

특허국의 심사관이 내린 최종 거절 결정에 대한 결정계 심판과 AIA체제의 등록 후 특허심판 업무를 수행하고 있어 '이중 관할(dual jurisdictions)'을 가진다. PTAB이 등록 후 특허심판을 맡게 되면서 미국 개정특허법 이후 특허 쟁송 절차에 가장 큰 변화가 발생하게 되었다.

(5) 상표심판원(Trademark Trial and Appeal Board, TTAB)

TTAB은 특허심판원과 마찬가지로 법정 위원과 상표법 판사(administrative trademark judges)로 구성되어 있다. TTAB은 PTAB과 별도의 조직으로 분리되어 있다.[29] 법정 임원의 구성 또한 PTAB과 동일하다. 상표국의 심사관 결정에 대한 취소신청, 상표 취소심판 등에 관한 업무를 수행한다.

28) 미국 특허법 제6조, Patent Trial and Appeal Board.
29) 한국 상표법이 상표에 관한 절차를 특허심판원의 관할로 하고 있다는 점과 차이가 있다.

3. PTAB의 심판

(1) 수석 심사관(primary examiner)의 거절결정 또는 결정계 재심사(ex parte reexamination)에 대한 불복

특허 심사청구가 두 번 거절된 출원인은 PTAB에 불복할 수 있으며,[30] 결정계 재심사 절차에서 최종 거절결정(final rejection)을 받은 특허권자는 PTAB에 불복할 수 있다.[31]

(2) 무효심판(Inter Partes Review, 'IPR')

무효심판은 특허권자가 아닌 누구나 신청할 수 있다.[32] 무효심판의 신청인(Petitioner)은 오로지 특허법 제102조와 제103조에 따른 선행문헌에 의한 신규성과 진보성 요건만을 다툴 수 있다.[33] 선행문헌이 아닌 판매제한이나 기재요건 등의 사유는 무효심판의 특허 무효사유가 될 수 없다. 다만, 우선권을 주장하여 등록된 특허에 대해, 선행문헌의 개시일이 우선일과 실제 출원일 사이에 있고 명세서의 기재 내용에 대한 유효출원일이 쟁점이 되는 경우,[34] 무효심판에서도 우선일 인정에 관해서는 제112조의 기재요건을 다툴 수 있다.[35]

(3) 등록 후 재심사(Post Grant Review, 'PGR')

등록 후 재심사 또한 무효심판과 마찬가지로 특허권자가 아닌 누구나 신청할 수 있다.[36] 등록 후 재심사는, 문헌에 기재된 선행기술에 의한 신규성과 진보성만을 근거로

---

30) 미국 특허법 제134조(a).
31) 미국 특허법 제134조(b).
32) 미국 특허법 제311조(a). 그러나 2017. 8. 3. JTEKT 판결에서 연방항소법원은 실질적인 피해(injury in fact)라는 항소인 적격요건을 만족하여야 IPR심결에 대해 항소할 수 있다고 판시하였다. JTEKT Corp. v. GKN Auto. Ltd., 898 F.3d 1217(Fed. Cir. 2018).
33) 미국 특허법 제311조(b).
34) 이 경우 우선일에 제출된 기초 출원 문서가 명세서 기재요건을 만족하면 우선일 이후의 문헌은 선행기술로서의 지위를 상실하나, 출원일에 제출된 출원서에 의해서만 명세서 기재요건이 만족되는 경우에는 선행기술로 인정된다.
35) Dr. Reddy's Laboratories S.A. v. Indivior UK Limited, IPR2019-00329, Decision, Institution of Inter Partes Review, Paper No. 21, p. 20 (2019).
36) 미국 특허법 제321조(a). 다만 IPR과 달리 2013. 3. 16.(선출원주의 적용) 이후 출원된 특허만을 대상으로 한다.

무효 여부를 판단하는 무효심판과 달리, 제282조(b)에 규정된 모든 무효사유, 신규성, 진보성, 명세서 기재요건, 청구항의 불명확성 등을 근거로 할 수 있다.[37]

(4) 영업발명 특허심판(Covered Business Method patents, 'CBM')

영업발명 특허심판은 영업발명 특허에 대한 비판에서 도입된 심판 제도로서 영업발명 특허에 대해서만 적용된다. 과도기적 제도로 2020년 9월 16일까지만 시행되었다.[38] 개정특허법 이전에 출원된 특허에 대해서도 적용된다는 사실을 제외하고는 등록 후 재심사와 거의 동일한 규정이 적용된다.[39]

Ⅱ. 심판의 심리절차

1. 특허심판원의 심리절차

(1) 일 반

IPR과 PGR의 심리절차는 미국 특허법과 미국 연방규정집 제37편에 규정되어 있으며, 각 조문의 번호 부여 체계에서 확인되는 것처럼 IPR과 PGR의 규정은 동일한 구조로 이루어져 있다.[40] 합의부 배당 절차(Paneling)에 따라, 일반적으로 심리를 담당하는 특허법 판사 3인의 합의부(Panel)가 지정된다.[41]

---

37) 미국 특허법 제321조(b); 미국 특허법 제282조(b)(3)(A)에 의하여 Best mode는 무효사유에서 제외된다.

38) 2019년 5월~2020년 5월까지 CBM은 총 8건만 접수되었으며, 같은 기간 접수된 838건의 IPR, 46건의 PGR에 비해 매우 적다.; Patent Trial and Appeal Board, "Trial Statistics IPR, PGR, CBM", 2020. 5. 31.

39) 미국 특허법 제18조; CBM은 과도기적 제도로 이 책이 출간된 이후의 실무에서는 운영되지 않을 제도이므로 아래 내용은 IPR과 PGR을 위주로 설명한다.

40) 미국 연방규정집 제37편(Title 37-Code of Federal Regulations Patents, Trademarks, and Copyrights)은 특허, 상표, 저작권에 관한 특허청의 절차를 규율하고 있다.

41) PATENT TRIAL AND APPEAL BOARD, STANDARD OPERATING PROCEDURE 1, ASSIGNMENT OF JUDGES TO PANELS; 특허법 판사의 전공기술분야, 경험, 관련된 기존 배당 사건 등을 기준으로 각 사건마다 3명의 특허법 판사로 합의부를 구성한다.

심리절차	미국 특허법	미국 연방규정집 제37편
IPR	제311조 내지 제319조	제42.100조 내지 제42.123조
PGR	제321조 내지 제329조	제42.200조 내지 제42.223조

(2) 신청기간과 처리기간

PGR은 선출원주의에 근거한 개정 미국 특허법 시행 이후에 출원된 특허를 그 대상으로 하며, 특허의 등록일로부터 9개월까지 신청할 수 있다.[42] 다만, PGR 중 CBM의 심판에 대해서는 이러한 대상과 기간의 제한이 적용되지 아니한다.[43]

IPR은 대상 특허의 선출원주의 적용 여부를 가리지 않으며, PGR과의 중복 적용을 방지하기 위하여 그 신청기간을 특허가 등록된 지 9개월 이후 또는 먼저 시작된 PGR이 종료될 때 이후로 정하고 있다.[44] 다만, IPR이 신청되지 않았고 특허침해소송이 제기된 경우에는 피고 또는 피고의 관계인이 소 제기일로부터 1년을 도과하여 신청한 IPR은 심판 개시될 수 없다.[45] 1년의 제소기간은 특허침해소송의 소가 각하된 경우에도 적용된다.[46]

신청인이 특허심판원에 IPR 또는 PGR을 신청한 경우, 특허권자는 3개월 내에 답변서를 제출해야 한다.[47] 특허청장은 특허권자의 답변서 제출일로부터 3개월 내에 심판을 개시할 것인지 결정해야 한다.[48] 심판이 개시되면 특허심판원은 12개월 이내에 최종결정을 내려야 하며, 정당한 사유가 있거나 사건이 병합되는 경우에 한하여 6개월까지 연기될 수 있다.[49]

42) 미국 특허법 제321조(note)(1)(A); 미국 특허법 제321조(c).
43) 미국 특허법 제18조(a)(1)(A).
44) 미국 특허법 제311조(c).
45) 미국 특허법 제315조(b). 그러나 2019. 3. 13. Proppant 사건(IPR 2018-00914)에서 하나의 IPR을 신청한 후 그 신청인이 첫 번째 IPR에 대해 새로운 이슈를 추가하여 두 번째 제출하면서 병합을 신청하는 경우, 특허침해소송에서 특허권자가 새로운 청구항을 추가하는 병합요건이 인정된다면 IPR 신청에 대한 제325조(b) 제척기간을 도과하여 새로운 IPR을 신청하면서 병합하는 것이 허용된다고 판시하였다.
46) Click-To-Call Techs., LP v. Ingenio, Inc., 899 F.3d 1321(Fed. Cir. 2018).
47) 연방 규정집 제37편 제42.107조(b), 제42.207조(b).
48) 미국 특허법 제314조(b), 제324조(c).
49) 미국 특허법 제316조(a)(11).

(3) 분량의 제한

심판에서의 분량은 제한되며, 신청서의 경우 IPR은 14,000단어, PGR은 18,700단어로 제한되며 이에 대한 특허권자의 답변서 또한 같은 분량 제한이 적용된다.[50] 다른 단계에서도 연방 규정집 제37편에서 정한 분량 제한이 적용된다. 도면은 분량에 포함되지 아니한다.

(4) IPR과 PGR의 심판 신청과 개시

신청인이 IPR과 PGR의 심판을 신청하면, 특허권자는 심판이 개시되지 않아야 할 이유를 담은 특허권자 예비답변(Patent Owner's Preliminary Response, POPR)을 신청서의 송달일로부터 3개월 이내에 제출하여야 한다.[51] 특허청장은 신청서와 답변서를 검토하여 답변서의 제출일로부터 3개월 내에 심판 개시 결정을 내릴지를 결정한다.[52] 심판 개시의 요건으로, 심판이 신청된 청구항 중에서 적어도 1개 이상의 청구항에 대해 신청인이 승소할 합리적인 가능성이 있을 것이 요구되며, 특허청장은 신청인이 이와 같이 승소할 가능성이 있다고 판단하는 경우에 개시 결정을 내린다.[53]

(5) 심판 개시 이후 답변서의 제출

PTAB에 심판이 개시되면 특허법 판사 3인 합의체의 심판부에 배당되는데, 심판부가 심리를 진행하고 최종 결정을 내린다.[54] 특허권자는 심판 개시일로부터 3개월 내에 답변서(Patent owner response)를 제출해야 한다.[55]

(6) 특허의 정정

IPR 또는 PGR이 개시되면, 특허권자는 일부 청구항을 취소하거나 신청된 특허청구항에 관하여 합리적인 숫자의 대체 청구항을 제안함으로써 특허의 정정을 신청할 수 있다.[56] 정정은 특허심판원에 통보되어야 하며, 답변서 제출시점보다 늦게 신청할

---

50) 연방 규정집 제37편 제42.24(a)(1)(i), (ii), (b)(1), (2).
51) 연방 규정집 제37편 제42.107조(b), 제42.207조(b).
52) 미국 특허법 제313조, 제323조.
53) 미국 특허법 제314조(a), 제324조(a). 연방대법원은 2018. 4. 24. SAS 판결에서 특허청장의 일부개시결정을 폐기하였다(각주 57 참조).
54) 미국 특허법 제6조(c).
55) 연방 규정집 제37편 제42.120조(2), 제42.220조(2).

수 없다.[57] 심판 개시 전에는 정정을 신청할 수 없다.[58] 특허의 정정 이후 특허성에 관한 입증책임에 관한 판결[59] 이후 미국 특허청은 2018년 IPR 특허의 정정을 위한 시범 제도(Pilot program)를 시작하였다.[60] 이에 따라 최근에는 정정 신청이 인용되는 결정들도 나오고 있다.[61]

(7) 구술심리와 증거개시(Discovery)

IPR 또는 PGR의 당사자는 심리절차에서 구술심리를 신청할 수 있다.[62] 구술심리는 미국 특허청 본부인 알렉산드리아와 지역 사무소인 디트로이트, 댈러스, 덴버, 산호세의 사무소에 위치한 심판정에서 열릴 수 있는데, 구술심리가 가장 많이 열리는 사무소는 버지니아 알렉산드리아에 위치한 특허청 본부이다.[63] 구술심리의 시간은 일반적으로 각 당사자에게 1시간씩 부여된다.[64] 일반적으로 구술심리 속기록은 대중에게 공개된다.[65] 또한 절차개시결정이 있은 후 3개월 내에 특허권자의 증거개시가 이루어지고 답변서제출 이후 3개월 내에 신청인의 증거개시가 이루어진다. 신청인의 답변서 및 정정이의신청이 있으면 다시 1개월간 특허권자의 증거개시가 이루어진다.

(8) 최종결정문(Final written decision)

IPR, PGR이 개시되었고 기각되지 않았다면 특허심판원은 신청 청구항과 정정 청구항의 특허성 판단에 관한 최종결정문을 발행하여야 한다.[66]

---

56) 미국 특허법 제316조(d), 제326조(d).

57) 연방 규정집 제37편 제42.121조(a)(1), 제42.221조(a)(1).

58) 연방 규정집 제37편 제42.107조(d), 제42.207조(d).

59) Aqua Products, Inc. v. Matal, 872 F.3d 1290(Fed. Cir. 2017).

60) 연방 관보 84 FR 9497, 2019. 3. 15.

61) 2017. 10. 4. Aqua Product 사건에 대한 연방항소법원 전원합의체 판결에서 정정청구항의 특허성에 대한 입증책임은 특허권자에게 전환되지 않는다고 판시함에 따라 IPR청구인의 증명책임을 분명히 하였고, 최근 2020. 4. 4. IPR청구인이 정정무효사유를 다투지 않았음에도 심판부(APJ)가 무효사유를 직권으로 발견하여 정정을 인정하지 않은 것은 위법하다는 연방항소법원 판결(Hunting Titan 판결)이 있었다. 과거 정정의 특허성을 포함하여 모든 정정요건의 증명책임이 특허권자에게 있다는 PTAB의 실무에 제동이 걸려 정정의 문턱이 낮아지고 있다.

62) 미국 특허법 제316조(a)(10), 제326조(a)(10).

63) Guide to the administration of oral hearings before the Patent Trial and Appeal Board, USPTO, p. 9, 10, 2019. 8. 30.

64) Id. p. 15, 2019. 8. 30.

65) Id. p. 13, 2019. 8. 30.

미국 대법원은 SAS 사건에서 특허심판원은 최종결정문에 IPR이 신청된 모든 청구항에 대한 특허 성립성의 판단을 기재하여야 한다고 판결하였다.[67]

(9) 특허청 내의 불복 절차

심판에서 불리한 결정을 받은 당사자는 IPR과 PGR 결정에 대해 법원에 제소 전 단계에서 '검토(Review)'를 신청할 수 있는데, '특허청장 검토'와 같은 일부 절차들은 대법원의 Arthrex 판결 이후 임시 절차(interim process)로 도입되었고[68], 향후 의견수렴 절차나 개정에 따라 변경될 수 있다. 특허청이 결정에 대해서 내부 검토(internal review)를 별도로 진행하는 것도 가능하다.

특허청장 검토(Director Review): Arthrex 판결 이후, 특허청은 특허청장 검토절차(Director review)를 도입하였고, PTAB 합의부의 무효심판결정이나 등록 후 재검토 결정을 검토할 수 있게 하였다.[69] 특허청장은 당사자의 신청 또는 직권으로 PTAB의 결정을 검토하여 최종 결정을 내릴 수 있다. 다만, IPR과 PGR이 특허청장 검토 대상이며, 심사관 결정에 대한 불복절차는 특허청장 검토 대상에 해당하지 않는다.

재심리(Rehearing): 불복하는 당사자는 PTAB에 재심리를 신청할 수 있다.

전례 의견 합의부 검토(Precedential Opinion Panel Review, POP Review): 특허청은 PTAB 내 근무하는 많은 특허법 판사들의 결정이 일관성 있게 이루어질 수 있도록 전례 의견 합의부를 운영한다. 전례 의견 합의부에는 특허청장이 선정한 수석 특허법 판사(Chief Judge), 부수석 특허법 판사(Deputy Chief Judge)와 다수의 부장 특허법 판사(Vice Chief Judge)가 참여한다. 특허법 판사의 결정에 불복하는 당사자는 PTAB에 전례 의견 합의부 검토를 신청할 수도 있다.

(10) 결정에 대한 불복

IPR과 PGR의 결정에 불복하여 제기하는 소는 CAFC의 전속관할이며,[70] 심판에

66) 미국 특허법 제318조(a), 제328조(a).

67) SAS Inst., Inc. v. Iancu, 138 S.Ct. 1348(2018).

68) 연방 관보 87 FR 43249, 2022. 7. 20.

69) 이후에 설명하게 될 무역위원회의 결정 과정에서, 행정법 판사가 예비결정을 내리면 위원회가 최종 결정을 내리는데, 특허청과 PTAB의 등록 후 심판 절차에도 이러한 수입금지의 결정 구조와 유사한 형태의 검토 절차가 도입된 것이다.

70) 미국 특허법 제141조(c).

불복하는 당사자는 최종결정문 발행일로부터 63일 이내에 CAFC에 항소하여야 한다.[71] CAFC 사건의 피항소인(Appellee)은 특허심판원 심판에서 승소한 당사자이며, 미국특허청은 CAFC의 사건에 대하여 참가인이 될 수 있다.[72]

2. 심판 개시결정의 특수성

(1) 심판 개시 결정과 최종 결정의 관계

위에서 본 것처럼, 심판 개시 결정의 주체는 특허청장이며 신청된 무효대상 청구항 중에서 적어도 1개 이상의 청구항에 대한 무효 가능성이 있어야 심판개시 결정이 내려질 수 있다. 미국 특허청 통계에는 개시결정 확률이 집계되고 있는데, 개시결정율은 2013년 87%에 이르다가 2020년 55%까지 매년 감소하는 추세에 있다.[73]

특허청장의 개시결정이 이루어진 뒤에도 당사자의 합의 등으로 종결되거나 각하된 사건을 제외하고 최종 결정까지 내려진 사건 중에서 특허청구항의 전부 유효는 20%에 불과하고, 일부 무효 또는 전부 무효 결정이 80%에 이른다.[74] 이러한 경향성을 볼 때, 실무적으로는 심판 신청 이후 6개월 만에 내려지는 개시결정이 특허의 유효성 판단에 매우 중요하다고 볼 수 있으며, 특허심판에서의 개시결정은 미국 특허분쟁이 신속하게 종결되는 데 영향을 미치게 될 것으로 예상된다.

(2) 심판 개시 결정에 대한 항소가능 여부

미국 특허법은 제314조(d)는 IPR의 개시 결정은 최종이며 이에 대한 항소가 불가능하다고 규정하고 있다.[75] 특허심판원의 최종결정에 대해서는 CAFC에 항소할 수 있지만, 개시 결정에서의 위법성을 다투고자 하는 당사자는 별도로 항소할 수 없게 하는 규정이다. 특허심판원이 설립된 이후 몇 년 동안, 제314조를 해석할 때 특정한 쟁점에 관해서는 IPR의 개시 결정에 불복하는 항소가 가능한지가 쟁점이 된 사건들이 있었고, 이에 관한 CAFC의 결론이 변경되기도 하였다.

71) 미국 특허법 제144조, 제319조, 제329조.
72) 미국 특허법 제143조.
73) Patent Trial and Appeal Board, "Trial Statistics IPR, PGR, CBM", 2020. 5. 31.
74) Id.
75) 미국 특허법 제314조(d); PGR에 관한 제324조(e) 또한 동일하게 규정되어 있다.

CAFC는 2015년 Achates 사건에서, 미국 특허법 제314조(d)의 민사소송이 제기된 이후 1년이 도과한 이후 IPR이 신청되었더라도 일단 특허심판원이 심리를 개시하였다면 이 개시 결정은 사법적 판단 대상이 아니라고 판단하였다.[76] 미국 대법원은 다음해 Cuozzo 사건에서, 특허성에 대한 판단에 관한 특허심판원의 개시결정에 대해서는 항소가 불가능하다고 판단하였는데, 판시사항에서 다른 조항에 심판을 개시하지 못하도록 정한 특별한 사유가 있는 경우에도 개시결정에 대한 항소가 불가능하다면 문제가 발생한다고 하여 개시 결정에 관하여 항소가 가능한 이유를 세분화하였다.[77] 이에 따라, CAFC는 2018년 Wi-Fi One 사건에 대한 전원합의체 판결을 통하여 IPR의 개시결정 중 신청기간의 위반을 이유로 한 항소가 가능하다고 하여 2015년의 Achates 판례를 변경하였다.[78] 이후, CAFC는 신청인 또는 신청인의 이해관계인이 특허침해소송 제기로부터 1년 이후에 IPR을 신청한 경우 특허심판원이 IPR을 부적법하게 개시했다면 개시결정에 대한 항소를 인정하여 특허심판원의 결정을 취소한다.[79]

사례연구

Cuozzo Speed Technologies 사건[80]

1. 사건 배경

Cuozzo는 차량의 속도 측정과 관련한 '074특허의 특허권자였다. Garmin은 '074특허의 20개 청구항에 대한 IPR을 신청했고, 명시적으로 청구항 제17항은 3개의 선행문헌에 의하여 진보성이 부정된다고 주장하였으나, 심판청구서에는 제17항이 인용하고 있는 제10항과 제14항에 대해서는 취소가 청구되지 않았다. 특허심판원은 신

76) Achates Reference Publishing, Inc. v. Apple Inc., 803 F.3d 652(Fed. Cir. 2015).
77) Cuozzo Speed Technologies, LLC v. Lee, 136 S.Ct. 2131(2016).
78) Wi-Fi One, LLC v. Broadcom Corp., 878 F.3d 1364(Fed. Cir. 2018).
79) Click-To-Call Techs., LP v. Ingenio, Inc., 899 F.3d 1321(Fed. Cir. 2018).
80) Cuozzo Speed Technologies, LLC v. Lee, 136 S.Ct. 2131(2016).

청인의 제17항의 무효 주장에는 같은 문헌에 의한 제10항과 제14항에 관한 진보성 부정 주장이 내재하고 있다고 보아 제10항, 제14항에 대한 심리를 개시하였다. 특허심판원은 최종 결론에서도 세 청구항의 진보성이 모두 부정된다고 판단하였다.

Cuozzo는 특허심판원의 결정에 관하여 CAFC에 항소하였다. Cuozzo는 첫 번째, 적어도 제10항과 제14항에 대한 개시 결정은 신청서에 명시적으로 신청되지 않았기 때문에 위법하다고 주장하였다. 또한 Cuozzo는 특허심판원이 법원의 청구범위 해석 기준인 일반적인 의미(Ordinary meaning)가 아닌 가장 넓은 합리적 청구범위해석 기준(Broadest reasonable construction)을 적용한 것이 위법하다고 주장하였다. CAFC는 Cuozzo의 두 가지 주장을 모두 기각하였고 Cuozzo는 대법원에 상고하였다.

2. 쟁 점

이 사건에서 심판 개시 결정에 대한 항소가 가능한지와 IPR에서 가장 넓은 합리적 청구범위해석 기준을 채택하는 것이 위법한지가 쟁점이었다.

3. 법원의 판단

대법원은 제314조(d)에 관한 Cuozzo의 상고를 기각하였다. 법원은 심판의 개시결정 자체에 대한 독립적인 항소가 불가능함을 규정한 미국 특허법 제314조(d)를 적용함에 있어 개시결정에 대한 법원의 판단을 허용하게 된다면, 이는 특허청에 등록된 특허에 대한 판단을 할 수 있는 중요한 권한을 준 입법적 목적을 저해한다고 판단하였다.

판결의 이유는 다음과 같다. 법원이 법률을 해석할 때, 사법적 검토를 지지하는 강한 추정을 인식한다. 강한 추정은 복멸될 수 있는데, 구체적 언어, 명확한 입법 과정, 법률안 전체에서 나타난 의도의 추론에 의한 "분명하고 설득력 있는 규정"이 있는 경우에는 사법적 검토가 적용되지 않는다. 이 사건에서도 이러한 기준이 적용되는데, 의회가 행정청의 결정을 최종이며 항소가 불가능한 것으로 법을 제정하였다. 법원이 이 예비결정을 다시 판단할 수 없도록 하는 대법원의 결론은 이러한 법률적 명령에 영향을 준다. 항소 불가능 조항의 문언과 전체적인 법령의 위치, 행정소송법에서의 위치, 유사한 특허법 규정의 예전 해석, IPR을 만든 의회의 목적, 이 모든 근거는 특허청이 내린 개시 결정의 재검토를 막도록 한다.

대법원은 항소가 불가능하다는 원칙을 인정하면서도, 예외적인 사례들을 함께 제시하였다. 적법절차의 원칙에 따라, 분쟁 중의 특허권자가 충분한 통지를 받아야한다는 것을 최소한 확인해야 한다고 하여, 만일 신청이 심판의 특정성을 보이는 데 실패하였거나, 신청의 근거가 되지 아니한 청구항이나 근거로 심판을 개시하는 경우 특허권자는 예상치 못한 공격을 받게 된다고 하였다. 또한, 특허청이 이미 특허의 무효소송이 제기되었거나 침해소송 이후에 제소기간을 어긴 상태로 IPR이 신청되었다면 특허권자에게 증가한 절차의 부담을 지울 것이라고 판단하였다. 이는 PGR의 신청기간을 어긴 경우에도 마찬가지로 적용된다.

청구범위 해석기준에 관하여, 대법원은 IPR에서의 청구범위해석이 특정한 방법을 따라야 한다고 입법부가 정하지 않았으며, 가장 넓은 합리적 청구범위해석 기준을 적용하는 것에는 청구항 작성에 정확성을 요구하고 특허에 너무 많은 지식을 요구하게 되는 문제를 방지하는 효과가 있다고 판단하였다. 대법원은 특허청구범위 해석방법이 특허청의 규칙 제정 권한에 속한다고 결론내렸다.

4. 판결의 의의

이 판결의 의의는 항소의 가능 여부에 대해 미국 특허법의 제314조(d)를 적용함에 있어, 항소가 불가능하다는 원칙을 확인하고, 이 원칙 아래에서 특허권자가 예상치 못한 불이익을 입지 않도록 항소 가능한 사유를 정하였다는 데 있다. 이 판결은 이후 CAFC가 전원합의체판결로 개시 결정에 대한 항소를 인정한 사건에서 다시 인용되었다.[81)]

청구범위 해석에 있어서, 이 사건 이후로도 미국 특허청은 청구범위 해석에서의 합리적인 가장 넓은 청구범위 해석 기준을 2018년까지 유지하여 왔으나, 각계의 의견을 반영하여 2018년 11월 무효심판에서의 청구범위 해석 기준을 침해판단에서와 동일한 Phillips 기준으로 변경하였다. Cuozzo 판결은 청구범위해석의 기준을 정하는 것은 특허청의 재량에 속한다는 점을 확인하였다는 의미를 가진다고 볼 수 있다.

81) Wi-Fi One, LLC v. Broadcom Corp., 878 F.3d 1364(Fed. Cir. 2018).

Ⅲ. 법원 절차와의 관계

1. 특허무효 확인소송과 특허무효심판(PGR, IPR) 절차의 비교

연방지방법원에서 진행되는 특허무효 확인소송과 특허청 산하 특허심판원에서 진행되는 특허무효심판은 아래와 같은 차이를 가지고 있다.[82]

(1) 청구항 해석 기준

특허 청구항에 기재된 기술적 범위를 어떻게 해석하여 정하는지에 대한 기준은 선행기술에 대비한 특허의 무효 판단과 침해제품에 대비한 특허의 침해 판단에 큰 영향을 미친다. 미국 특허청은 100년 이상 특허청구범위 해석의 기준을 가장 넓은 합리적인 청구범위 해석(broadest reasonable interpretation)에 두고 있었다.[83] 이는 심사 단계에 계속 적용되는 원칙으로[84] 청구범위를 넓게 해석하게 되면, 출원 단계에서는 제3자가 많은 노력을 들이지 않고도 특허의 청구범위를 이해할 수 있는 장점이 있다. 미국 특허청의 이러한 입장과 같이, 특허심판원 또한 설립 이후 2018년 이전까지 동일한 기준에 따라 특허청구항의 유효성을 판단하였다.[85] 반면 침해소송에서 법원은 Phillips 판결에 따른 통상의 기술자에게 통상적이고 일반적인 의미(plain and ordinary meaning)의 청구범위해석 방법을 채택하고 있다.[86] 가장 넓은 합리적 청구범위 해석 기준은 청구항을 기재된 문언의 일반적인 의미로 해석하는 것으로, 침해소송의 청구범위보다 특허의 청구범위를 넓게 해석하는 결과를 낳는다.

---

82) 송현정, 「미국 특허쟁송실무에 관한 연구: 연방순회항소법원(Federal Circuit), 연방지방법원, 국제무역위원회(ITC), 특허청(USPTO)을 중심으로」, 대법원 사법정책연구원(2016), 229면의 표를 참조함.

83) In re Cuozzo Speed Technologies, LLC, 793 F.3d 1268(Fed. Cir. 2015).

84) MPEP §2111.

85) 연방 관보 81 FR 18750, 2016. 4. 1. 그러나 미국 특허청은 2018. 10. 11. 시행규칙을 개정하여, PTAB의 무효심판절차(IPR, PGR, CBM)에서는 최광의 합리적 해석기준(BRI, Broadest Reasonable Interpretation)을 버리고, 연방지방법원에서 사용하고 있는 Phillips 청구범위 해석기준을 사용한다고 발표하였다. PTAB 무효심판절차의 새로운 Phillips 해석기준은 2018. 11. 13. 이후 청구된 심판부터 적용되고, 거절결정불복심판절차에서는 여전히 BRI기준이 적용된다.

86) Phillips v. AWH Corp., 415 F.3d 1303(Fed. Cir. 2005).

(2) 무효에 대한 입증책임의 기준과 입증책임의 분배

특허심판원의 심판 절차에서의 신청인이 지는 무효 입증책임의 정도는 우월한 증명의 기준(Preponderance of Evidence)이다.[87] 반면, 법원의 침해소송에서 특허의 무효를 주장하는 당사자는 특허의 무효에 관한 명백하고 확실한 증거의 원칙(Clear and Convincing Evidence Standard)의 입증책임(Burden of Proof)을 진다.[88] 법원의 소송절차에서는 등록된 특허에 관한 유효 추정의 법리가 적용되기 때문이다.[89] 이 때문에 연방지방법원의 침해소송 절차에서보다 특허심판원의 심판 절차에서 실무상 특허가 무효로 될 가능성이 더 높다고 보고 있다.

또한 심판 절차에서 특허청구항의 무효에 대한 입증책임은 신청인이 부담하며, 특허심판원은 입증 책임을 특허권자에게 전환할 수 없다.[90] 정정 청구항의 무효 여부에 대한 입증책임에 대한 판례가 변경되기도 했다. IPR 절차에서 특허의 정정을 신청한 사건은 있었으나,[91] IPR 도입 초창기, 특허심판원과 CAFC는 특허권자가 IPR 심판 중에 특허의 정정을 신청(Motion to amend)하는 경우, 특허권자가 각 정정청구항의 기록된 선행기술과 특허권자가 알고 있던 선행기술에 대하여 특허의 차이점과 특허성을 입증해야 한다고 판단하였다.[92] 이러한 입증 책임의 문제 때문에 특허권자가 특허의 정정을 통하여 IPR에서 승소하는 사건은 거의 없었다.[93] CAFC는 2017년 전원합의체 판결로 정정 특허 청구항의 무효성에 대한 입증책임 또한 심판 신청인이 부담한다고 판시함으로써 기존의 판례를 변경하였다.[94]

---

87) 미국 특허법 제316조(e).
88) Microsoft Corp. v. i4i Ltd. Partnership, 564 U.S. 91, 131 S.Ct. 2238(2011).
89) Id.
90) In re Magnum Oil Tools Int'l. Ltd., 829 F.3d 1364(Fed. Cir. 2016).
91) PGR은 2013. 4. 16. 이후 출원된 특허에 대해 적용되며, 등록 후 9개월 내 청구되어야 하므로 사건수가 많지 않다.
92) Microsoft Corp. v. Proxyconn, Inc., 789 F.3d 1292(Fed. Cir. 2015).
93) 한국 무효심판에서 특허의 정정이나 특허법원 심결취소소송 계속 중의 정정심판이 높은 빈도로 활용되고 있는 것과는 대조된다. 한편, IPR과 PGR의 결과로 특허가 취소되더라도 특허권자는 결정계 재심사(Ex Parte Reexamination) 절차에서 특허를 다시 등록할 수 있지만, 한국 특허법 제133조는 제3항은 무효가 확정되면 특허가 소급적으로 소멸한다는 점에서 차이가 있다.
94) Aqua Products, Inc. v. Matal, 872 F.3d 1290(Fed. Cir. 2017).

(3) 무효 여부의 판단자

특허무효 확인소송에서는 일반인인 배심원(jury trial) 또는 법관(bench trial)이 무효 여부를 판단하는 반면, 특허무효심판에서는 특허법 판사(Administrative Patent Judge)가 이를 판단한다.

(4) 두 절차의 관계

연방지방법원은 특허심판원에 동일한 특허에 대해 무효심판이 계속 중인 경우 본안심사를 중단하는 경우가 종종 있는데, 특허무효심판에서는 심리 기간의 법령상 제한으로 인해 특허무효 확인소송절차가 변론기일(trial)에 이르기 전에 무효 여부에 대한 결론에 이르는 경우가 많다.

(5) 두 기관에서의 심리기준의 차이가 미치는 영향

이와 같은 차이로 인해 법원에서 특허무효 확인소송이나 특허무효 항변에 따라 특허가 무효로 판결될 가능성보다 특허무효심판에 의해 무효판단이 내려질 가능성이 더 높다고 보는 것이 대체적 견해이다.95) 다만 실무에서 연방지방법원과 특허심판원이 무효 여부 판단에 있어 결론이 차이가 나는 경우는 두 기관에 제출되는 증거의 차이와 그러한 증거에 대한 사실판단을 하는 판단자의 차이에서 또한 유래하는 면이 더 크고, 위와 같은 '입증 정도'에 관한 기준의 차이는 위 두 요소보다 큰 영향력을 갖지는 아니한다는 의견도 있다.96)

실제로 In re Baxter Int'l, Inc. 사건97)에서 두 기관에서의 심리기준의 차이로 인하여 법원과 특허청이 진보성에 대한 판단을 달리하였고, 그러한 두 개의 다른 판결이

95) 정준영 · 손천우, "미국연방법원 방문 및 FCBA 컨퍼런스 참가보고서" [내부보고서], 법원행정처(2015. 5.), 15: 미국 특허쟁송실무에 관한 연구－연방순회항소법원(Federal Circuit), 연방지방법원, 국제무역위원회(ITC), 특허청(USPTO)을 중심으로－대법원 사법정책연구원(연구책임자: 송현정)(2016), 226에서 재인용.

96) 동일한 특허에 대한 관련 사건이 연방지방법원과 특허심판원을 거쳐 CAFC에 동시에 항소된 경우, CAFC는 각 사건에서 두 기관이 다른 기준을 적용했기 때문에, 각 사건에 대해서도 다른 입증 정도를 적용하는데, 다만 CAFC는, 지방법원의 판결과 달리 특허심판원의 결정이 '기술전문가'의 판단에서 나온다는 차이를 인정하고 있고, 실제로 그로 인해 결론에 있어 충돌이 생기는 경우는 자주 발생하지는 않는다고 한다(2016. 9. 21. USPTO Dallas Regional Office를 방문하여, 특허법 판사 등과 직접 대담한 내용).

97) 678 F.3d 1357(Fed. Cir. 2012).

모두 CAFC에서 확정된 사건이 있었다. 즉 특허권자인 A가 B를 상대로 한 특허침해 소송에서 배심원이 해당 청구항에 대해 진보성 결여를 이유로 무효라고 평결하였는데, 연방지방법원은 오히려 특허권자의 JMOL을 받아들여 이를 뒤집고 무효로 볼 수 없다는 판결을 내렸고, 이에 대하여 CAFC는 1심 법원의 판결을 확정하였다. 그런데 위와 같은 소송절차 도중에 동일한 청구항에 대하여 B의 청구로 재심사(re-examination) 절차가 개시되었고, 특허청 심사관은 다른 여러 선행기술을 추가하여 심사한 결과 A의 특허청구항이 진보성이 결여된다는 이유로 무효 심결을 하였고, 이에 특허권자가 특허심판원의 전신인 Board of Patent Appeals and Interferences('BPAI')에 불복하였다. 그 과정에서 위 연방지방법원에서 진보성이 인정된 판결을 확정하는 CAFC 판결이 선고되었다. 그러자 특허권자은 BPAI에 위와 판결을 참작하여 특허청의 결정을 파기(remand)하여 달라고 신청하였다. 그러나 BPAI는 "비록 연방지방법원에서 특허가 무효로 판명되지 아니하였어도, 특허청에서는 더 낮은 입증기준과 청구항해석에 있어 최광의 해석(broadest reasonable interpretation)기준을 적용하기 때문에 위와 같은 법원의 판결에 기속되지 않는다."라고 설시하면서 특허권자의 이의신청을 기각하였다. 이에 대한 항소심에서 CAFC는 "재심사절차에서의 특허청과 특허침해소송의 법원은 특허의 유효성 심사에 있어 다른 접근방식을 취하고, 이는 동일한 증거 하에서도 다른 결론을 내리게 할 수도 있다. 즉 법원은 무효를 입증하고자 하는 자가 명백하고 확실한 증거에 의해 무효사유를 입증하지 않는 한 특허가 무효라고 선언하지 않는 반면, 특허청 심사에서는 특허의 유효성 추정이 적용되지 않고, 법원에서의 입증기준보다 훨씬 낮은 우월한 증명의 기준에 의해 특허의 유효성을 심사한다. 따라서 이 사건에서도 1심 법원은 위와 같은 기준에 따라 특허성에 대한 판단을 하였고, 특허청은 다른 기준과 다른 증거에 의해 이와 달리 판단하였다. 결국 법원의 (진보성 인정) 판결이 있었다고 하여 특허청이 재심사절차에 대하여 제약이 있다고 할 수 없다."[98]라고 판시하였다.

---

98) 다만, 이는 연방지방법원에서 '특허 무효' 판결이 내려진 후 그 '판결이 확정'된 경우에는 대세효에 의해 특허청이 이에 기속된다는 판결[Ethicon, Inc. v. Quigg, 849 F.2d 1422, 1429(Feb. Cir. 1988), 이에 대하여는 '제5장 제4절 V.4.(2) 대세효' 부분 참조]과 비교하여야 한다. 즉 이 사건은 위 Ethicon 사건에서와 달리 연방지방법원에서의 '무효 불인정(유효)' 판결에는 대세효가 발생하지 아니한다는 것이다. 즉 연방지방법원에서 특허무효 주장에 대한 입증 기준에 미달하여 무효로 판결되지 아니한 경우에도 특허청 재심사에서는 다른 기준에 의해 무효로 결정될 수 있다는 판시이다.

이와 관련하여 연방대법원은 Cuozzo Speed Technologies, LLC v. Lee 사건[99]에서 위와 같은 심리기준의 차이가 위법이 아님을 판시하였다. 연방대법원은 특허청은 특허심판원이 IPR 절차에서 특허무효여부를 심사함에 있어 청구항을 'broadest reasonable construction standard' 기준을 적용하도록 하고 있는데, 이와 같은 규율은 특허법이 특허청에 부여한 합리적인 규칙제정권의 행사라고 하였다. 연방대법원은 그러한 이유로서, "i) 특허법이 특허청에 IPR 절차를 규율하는 규칙을 제정할 권한을 부여하고 있고, 그러한 법률 규정이 특정한 청구항해석 방법을 명확하게 규정하고 있지 않으며, ii) 특허청의 규칙 제정권한이 절차적인 규율에 한정되지 않고, IPR 절차의 특성이 하나의 특정한 청구항해석 기준을 적용하도록 요구하지도 않으며, iii) IPR 절차는 사법적 절차보다는 행정적 절차(agency proceeding)에 더 가까워 입법자는 서로 다른 두 절차의 병존을 의도하였다고 보이고, iv) IPR 절차는 당사자의 특허분쟁을 해결하는데 목적이 있을 뿐만 아니라 독점적인 특허권이 합법적인 범주 내에 있도록 하는 공공의 이익을 보호하는 데에도 있으며, v) 특허권자는 출원과정에서 여러 정정절차를 이용할 수 있어 'broadest reasonable construction standard' 기준을 적용하는 것이 특허권자에게 불리하지도 않고, vi) 위 해석기준이 연방지방법원에서의 청구항 해석기준과 달라 서로 일치하지 않은 결과가 도출될 수 있다고 하더라도, 그와 구조는 법률이 예정한 바이고, 특허제도가 두 절차에 대하여 다른 재심사 및 판단 절차(different tracks for the review and adjudication of patent claims)를 가지고 있어 이는 종래의 실무에도 부합한다."라는 점을 들었다.

이 사건 이후 미국 특허청은 2018. 11. 13. IPR과 PGR의 심판절차에서 적용되는 청구범위 해석기준을 Phillip 사건의 청구범위 해석기준[100]과 통일하도록 연방 규정을 개정, 시행하였고, 특허심판원의 심리과정에서 민사소송과 무역위원회에서 진행된 청구범위해석도 함께 고려할 수 있게 하였다.[101] 논란이 되어오던 특허침해소송의 침해판단에서의 해석기준과 선행기술에 대비한 진보성 판단의 해석기준을 일치시킨 것이다.

---

99) Cuozzo Speed Techs., LLC v. Lee, 136 S.Ct. 890(2016).

100) Phillips v. AWH Corp., 415 F.3d 1303(Fed. Cir. 2005); Phillips 사건의 청구범위 해석 기준은 통상의 기술자와 출원경과를 고려한 일반적 의미(plain and ordinary meaning)의 청구항 해석이다.

101) 83 FR 51340: 변경된 Phillips 청구범위 해석 기준은 특허법 연방 규정 제42.100조(b), 특허법 연방 규정 제42.200조(b)에 의하여 IPR과 PGR에 각각 반영되었다.

(6) 특허심판원 심판의 합헌 여부

특허심판원이 IPR에서 특허가 취소하는 사례가 증가하면서, 특허권자들은 IPR에 의한 특허 무효를 방지하고자 Cuozzo 사건을 비롯한 여러 사건에서 IPR의 합헌 여부에 대한 다양한 쟁점을 제기하여 왔다. 아래 Oil States 사건은 IPR이 헌법을 위반하여 배심원의 판단을 받지 아니하고 재산권을 침해한 것인지에 대한 근원적인 의문을 제기하였으나, 미국 대법원은 IPR이 의회의 결정이라며 특허의 등록과 취소에 대한 특허청의 독자적 권한을 인정하는 것으로 결론 내렸다.

사례연구

Oil States Energy Services 사건[102)]

1. 사건 배경

Oil States Energy Services(이하 'Oil States')는 Greene's Energy Group을 특허침해로 연방지방법원에 제소하였다. 피고는 연방지방법원의 심리에서 특허의 무효를 주장하며 동시에 특허심판원에 IPR을 신청하였고, 연방지방법원의 무효 주장과 IPR이 병행하여 계속되었다. 지방법원은 Oil States에 유리한 청구항 해석 결정을 내린 반면, 특허심판원은 특허성이 없다는 결정을 내렸다. Oil States는 특허심판원의 결정에 항소하며 특허를 취소하기 위한 행위는 미국 헌법 제3장의 배심제에서만 이루어질 수 있다고 주장하였다.

2. 쟁　　점

이 사건에서 IPR이 배심제에 의하지 않고 개인의 권리를 취소한다는 점에서 미국 헌법 제3장(Article Ⅲ)에 위반되는지가 문제되었다.

102) Oil States Energy Services, LLC v. Greene's Energy Group, LLC, 138 S.Ct. 1365(2018).

3. 법원의 판단

연방대법원은 Oil States의 상고를 기각하였다. IPR이 합헌이라고 판단한 대법원의 판결 이유는 다음과 같다. (1) 입법부는 권리를 사법부가 아닌 기관에서 제한할 수 있도록 하는 상당한 권한을 가진다. 특허를 등록하는 행위는 정부와 개인 사이의 문제를 포함하며, 특허를 허여할 권한이 특허청에 있으며 IPR은 특허 등록에 대한 재심의 행위이기 때문에 의회가 특허등록에 있어 특허청에 권한을 준 것과 마찬가지로 특허청의 권한으로 특허의 취소를 재심의 할 수 있고, 헌법 제3장 사법부외에서 취소할 수 있는 권한을 위원회에 준 것이다. Cuozzo 사건에서도 IPR은 특허 등록과 동일한 기본적 문제를 포함한다고 판단한 바 있다. (2) 특허권이 사유재산권이라고 인식했던 판례들은 IPR을 합헌으로 한다는 결론과 상충되지 않는다. (3) 18세기 영국 법원이나 미국 법원이 특허의 유효성을 판단하였다고 해서 법원이 영원히 그렇게 해야 한다는 것을 의미하는 것은 아니다. (4) 마지막으로, IPR의 다양한 절차와 법원 절차가 유사하다는 점은 IPR이 헌법 제3장을 위반하였다는 결론과는 무관하며, 대법원은 재판이 받을 권리가 침해되었는지를 결정할 때 "유사성" 시험을 하지 않는다. (5) 이 판결은 IPR이 합헌인지만을 판단하고 있으며, 특허에 적법절차의 목적상 사유재산이 아닌 것으로 해석될 수 없다.

4. 판결의 의의

이 판결은 심리가 진행되던 당시 한국 기업들에게도 많은 관심을 끌었다. AIA 개정 이후 IPR은 특허침해소송을 짧은 기간과 상대적으로 저렴한 비용으로 종결할 수 있는 제도로 인식되어 왔는데, 미국 대법원이 IPR이 헌법에 위배된다고 판단하는 경우 기업들의 미국 특허소송 전략에 큰 변화가 발생할 수 있었기 때문이다. 이 사건은 특허가 사유재산에 해당한다고 하더라도, 특허청이 특허를 등록하는 결정을 내릴 권한뿐만 아니라, 취소하는 결정을 내릴 권한을 가지고 있다는 점을 분명히 하고, 개정 특허법에 의해 도입된 심판 제도를 유지하게 하였다는 데 의의가 있다.

또한, CAFC는 Celgene 사건에서 개정 특허법의 특허심판원과 IPR에 관한 규정이 시행된 2012. 9. 16. 이전에 등록된 특허에 대하여 소급하여 IPR을 제기할 수 있도록 하는 조항도 헌법에 위반되지 아니한다고 판단하였다.[103] Celgene이 2020. 2. CAFC의 판결에 대하여 연방대법원에 상고하여, 대법원이 Oil States 사건처럼 AIA개정 전 소급하여 적용된 IPR의 합헌성을 지지할 것인지가 실무의 관심을 끌었는데,[104] 연방대법원은 2020. 7. 상고허가신청을 기각하였다.

연방대법원은 Arthrex 사건의 판결에서 특허법 판사가 내리는 IPR이나 PGR의 결정에는 특허청장의 검토가 필요하다고 판단하였다.[105] 이는 개정 특허법 이후 도입된 절차를 변경하는 첫 번째 판결로, 신속성과 효율성을 추구하던 현재의 방식에 대해 법원이 제동을 걸고, 새로 도입된 절차를 유지하면서도 절차적 정당성과의 균형을 추구하고자 한 것이다.

2. 침해소송 절차와의 관계

위에서 본 것처럼 신청일로부터 일반적인 최종결정까지 총 소요기간은 약 18개월이며, 특허침해소송을 당한 피고가 특허심판원에 심판을 제기하면 연방지방법원에 제기되는 특허침해소송의 판결보다 빠른 결정을 받는 것이 가능하므로 특허침해소송의 피고는 소송이 계속되는 동안 PTAB에 IPR이나 PGR을 신청하는 경우가 많다.

또한, 연방지방법원의 특허침해소송이 계속 중에 IPR이나 PGR이 제기되면 법관의 재량에 따라 침해소송절차가 중지(stay)될 수 있다.[106] 법원이 중지 여부를 판단할 때 고려하는 요소는 (1) 중지가 분쟁의 쟁점을 단순화하는지 (2) 중지가 중지 신청인의 상대방이 지나친 해를 입거나 분명한 전술적 손해를 입는지 (3) 법원에서의 절차가 상당한 정도에 이르렀는지이다.[107] 통계에 따르면 청구범위해석절차가 진행되기 전 PTAB의 무효심리개시결정이 있음을 이유로 소송중지신청을 하면 약 80%에 가깝게

---

103) Celgene Corp. v. Peter, 931 F.3d 1342(Fed. Cir. 2019).

104) Rebecca Tapscott, "Amici Urge Supreme Court to Grant Celgene's Petition on Constitutionality of Retroactive IPRs", https://www.ipwatchdog.com/2020/04/06/amici-urge-supreme-court-grant-celgenes-petition-constitutionality-retroactive-iprs/id=120413/, 2020. 4. 6.

105) United States v. Arthrex, Inc., 141 S.Ct. 1970(2021).

106) Pers. Audio LLC v. Google, Inc., 230 F. Supp. 3d 623(2017).

107) Peloton Interactive, Inc. v. Flywheel Sports, Inc., 2019 WL 3826051.

중지를 허가한다고 한다(E.D. Texas 법원 70% 수준). PTAB에 무효심판을 청구하기 이전에 이미 연방지방법원에 특허무효확인의 소를 제기하였다면, 그 원고와 이해당사자는 무효심판을 청구할 수 없다(35 U.S.C. §315(a)). 만약 PTAB에 무효심판을 먼저 청구하였다면 그 신청인이 뒤에 특허무효확인의 소를 제기하여도 자동으로 소송절차는 중지된다(35 U.S.C. §315(a)).

다만, PGR의 경우 특허의 등록일로부터 3개월 내에 침해소송이 제기되는 경우 법원은 특허권자의 금지명령 신청(motion for preliminary injunction)에 대하여 PGR이 신청되었거나 개시되었다는 사정을 이유로 절차를 중지할 수 없다.[108]

PTAB의 심판 절차에서 있었던 주장에 대해서는 금반언(estoppel)이 적용되는데, 청구인이 심판의 최종 서면 결정을 받은 경우, 심판 절차에서 제기했거나 합리적으로 제기할 수 있었던 근거를 이용하여 민사소송이나 ITC의 조사절차에서 무효를 주장하는 것은 금지된다.[109]

3. 재량기각(Discretionary Denial)

침해소송이 계속 중일 때 무효심판이 새로 제기되었다고 해서 침해소송이 자동으로 중지되거나, PTAB이 반드시 특허의 무효성에 대한 판단을 내려야 하는 것은 아니다. 법원의 분쟁 절차와 무효심판이 병행되는 경우, PTAB이나 특허청장이 무효심판을 재량 기각할 수 있다.[110] 재량기각에서 고려하게 되는 요소는 Fintiv 요소라고 부르는데, 이 요소들은 다음과 같다.[111]

(1) 법원이 소송절차를 중지하였거나 IPR이 개시되면 소송절차를 중지할 것이라는 증거가 있는지, (2) 법원의 재판 날짜와 PTAB의 최종 서면 결정 예상일이 근접한지, (3) 법원과 당사자가 병행소송에서 들인 투자, (4) IPR과 병행소송의 이슈 중복, (5) IPR 청구인과 침해소송의 피고의 중복 (6) PTAB이 재량을 행사하는데 영향을 주는 본안소송 등의 상황.

---

108) 미국 특허법 제325조(b).

109) 미국 특허법 제315조(e), 제325조(e). 일단 심결문이 발행되면 심결에 불복하여 항소법원에 항소가 진행중이어서 침해소송과 ITC에 금반언은 적용된다.

110) Katherine K. Vidal, "guidance memo". 2022. 6. 21.

111) Apple Inc. v. Fintiv, Inc., IPR2020-00019, Paper 11(PTAB Mar. 20, 2020).

무효심판 사건의 심판청구인이 무효심판 절차를 특허권자와 분쟁 상대방에게 금전을 요구하기 위한 수단으로 남용한 것으로 보인다면, 해당 심판청구는 재량기각될 수 있다.[112] PTAB은 재량기각 여부를 판단하기 위하여 증거개시절차에서 심판청구인의 청구인 적격에 대한 증거를 별도로 요구할 수도 있다.

제 3 절 미국 무역위원회의 국경조치

Ⅰ. 미국 무역위원회의 구성

미국 무역위원회(International Trade Commission, 이하 '무역위원회')는 Woodrow Wilson 대통령이 서명한 미국 국세법(the Revenue Act of 1916)에 따라 1916년 9월 8일 설립되었으며,[113] 미국 내 산업에 손해를 끼치거나 미국의 지적재산권을 침해하는 수입금지 신청을 받아 결정을 행하는 준사법기관인 독립위원회이다. 특허 등 지적재산권 침해행위와 관련한 무역위원회의 권한과 절차를 정하는 근거법령은 관세법 제2부[114]와 미국 연방 규정집 제19편[115] 제2장 제210조이다. 무역위원회는 1930년 제정된 관세법 제1337조에 따라, 특허를 비롯한 미국의 지적재산권을 침해하는 수입행위를 제한하고 있다. 관세법 제1337조에 근거한 불공정무역행위에 관한 조사를 제337조 조사(Section 337 Investigation)라고 한다.[116]

수입배제명령이나 정지명령과 같은 국경조치를 할 수 있어 수입에 관계하는 이해당사자에게 큰 영향력을 가진다.[117] 무역위원회는 미국으로의 수입절차에서 발생하는

---

112) Opensky Industries v. VLSI Technology, IPR2021-010641(2022).

113) John M. Dobson, "Two Centuries of Tariffs", USITC, p. 87, 143, 1976. 12.: 최초 미국 관세위원회(the United States Tariff Commission)로 설립되었다가 1930년 명칭을 무역위원회(ITC)로 변경하였다. 위원회는 설립당시인 1916년부터 미국의 수도인 워싱턴 D.C.에 위치하고 있다.

114) 19 U.S. Code: Title 19. Customs Duties, Part Ⅱ, United States International Trade Commission

115) 미국 연방 규정집 제19편(Title 19. Code of Federal Regulations Customs Duties)은 세관에 관한 사항을 규율하고 있다. 1930년 제정된 관세법(Tariff Act) 337에 기초하고 있어서 현재도 337조 사건이라고 부른다.

116) https://www.usitc.gov/intellectual_property/about_section_337.htm(2020. 5. 11. 최종접속).

불공정 무역행위를 금지하며, 수출행위는 그 대상이 아니다.

신속하고 강력한 제재를 할 수 있다는 점도 장점으로 인해 최근 특허분쟁에서 자주 사용된다. 우리의 경우에는 무역위원회가 이와 같은 위치에 있다고 할 것이다.[118] 무역위원회에는 한국 기업들이 미국으로 수출하는 제품과 관련된 사건도 적지 않다.[119] 일본과 우리나라의 PDP(Plasma Display Panel) 분쟁에서도 일본의 관세정률법에 의한 국경조치는 신속하고, 강력한 효과를 발휘하였다.

무역위원회에 접수되는 문서들은 전자문서정보시스템(Electronic Documents Information System)에서 확인할 수 있다.[120] 무역위원회는 다양한 부서로 구성되어 있는데, 이 절에서는 제337조 조사 절차와 항소 사건에 핵심적인 부서만을 설명한다.

1. 무역위원회의 조직

무역위원회는 위원회 이하의 다양한 부서로 구성되어 있는데, 제337조 조사 절차의 실무에서 당사자가 실제 조사와 관련하여 문서를 주고 받게 되는 기관은 행정법 판사, 조사관, 위원회이다. CAFC에 제기되는 항소 사건에서는 법무실(Office of General Counsel)이 무역위원회를 대리하기도 한다.

2. 무역위원회의 위원

위원회는 6인의 위원(Commissioner)이 이끌어가는 조직으로, 고위 관료(Principal Officer)인 위원들은 헌법에 따라 대통령의 지명과 상원 의회의 인준 절차로 임명된다.[121] 위원의 임기는 9년이며, 6명의 위원이 순차적으로 임명되므로 18개월마다 새로

---

117) 무역위원회는 스스로 다음과 같이 미션을 규정한다. "An independent federal agency determining import injury to U.S. industries in antidumping, countervailing duty, and global and China safeguard investigations; directing actions against unfair trade practices involving patent, trademark, and copyright infringement;…" http://www.usitc.gov/(2010. 9. 26. 최종접속).

118) "불공정무역행위조사 및 산업피해구제에 관한 법률"에 따라 관세법 등에 따른 국경조치를 한다. http://www.ktc.go.kr/repage/sub_01_11.jsp?m=m11(2010. 9. 26. 최종접속).

119) 삼성전자와 애플 사이의 특허침해 조사 사건, LG화학과 SK이노베이션 사이의 영업비밀침해 조사, 특허침해조사 사건은 한국 언론에도 많이 보도된 바 있다.

120) https://edis.usitc.gov/(2020. 5. 11. 최종접속); 비밀문서는 공개되지 않는다.

운 위원의 임기가 시작된다.[122] 의장과 부의장은 2년의 임기로 대통령에 의하여 임명되며, 의장과 부의장은 서로 다른 정당(공화당, 민주당)으로부터 선임되고 같은 정당이 2회 연속 의장을 지정할 수 없다.[123] 양당제가 뿌리 깊은 미국 정치의 특성이 반영된 결과라고 할 수 있다.

위원회는 제337조 조사에서 (1) 신청인의 신청에 대해 조사 개시 결정을 내리고, (2) 행정법 판사의 예비결정(Initial Determination)에 대해 당사자가 검토를 신청하는 경우 검토 결정을 내리거나, (3) 예비결정을 검토하여 최종결정(Final Determination)을 내리는 역할을 한다.[124]

3. 행정법 판사

무역위원회의 행정법 판사(Administrative Law Judge)는 무역위원회에 접수되는 불공정 무역행위 조사 사건의 심리를 담당하며, 조사결과에 대한 예비결정과 권고결정을 내린다.[125] 앞에서 본 연방 대법원의 Lucia 사건 판결[126]에 따라 행정법 판사는 하위 관료(inferior officer)로 해석되며, 그 임명절차는 미국 헌법 제2장 제2조와 관세법 1331(a)(1)(C)의 규정을 따른다. 위 대법원 판결 이후, 무역위원회는 위원장(Chairman)이 행정법 판사를 임명했고 다른 위원들의 불승인 투표 요청이 없었으므로 행정법 판사의 임명 절차에 문제가 없었다고 발표하였다.[127]

4. 불공정 수입 조사국

불공정 수입 조사국(Office of Unfair Import Investigations, 이하 '조사국')은 무역위원

---

121) https://www.usitc.gov/commissioner_bios(2023. 4. 9. 최종접속); 2023년 현재는 6석 중에서 1석이 공석이며, 1명의 의장(Chairman)과 4명의 위원(Commissioner)이 임명되어 있다.

122) Id.

123) Id.

124) 연방 규정집 제19편 제210.43조. 위원회 의결은 재적위원의 과반수 출석에 과반수 찬성에 의한다{관세법 §1330(c)(6)}.

125) 연방 규정집 제19편 제210.3조. 행정법 판사는 사법부 연방판사와 달리 연방헌법 제3조(사법부)를 기초하지 않고 연방헌법 제1조(입법부)를 기초로 임명되는 판사로 행정부 소속 연방공무원이다.

126) Lucia v. SEC, 138 S.Ct. 2044, 2053-54(2018).

127) 연방 관보 83 FR 45678, 2018. 9. 10.

회에 제소된 불공정 무역행위 사건에 대한 조사국이다.[128] 조사국은 위원회 조사 변호사(Commission investigative attorney, 이하 조사관)들로 구성된다.[129] 관세법 제337조 조사에 관여하며, 업무 중 특허권과 상표권에 관한 조사의 비중이 높으나 저작권, 영업비밀 침해 부당 광고, 독점규제법 위반 사건의 조사에도 관여할 수 있다.[130] 조사관들은 사건의 조사 절차에서 신청인, 피신청인, 행정법 판사와 완전히 독립되어 있다. 이들은 공익을 대리하는 당사자의 지위로 참여하며, 특허 청구항 해석(Claim construction) 등 개별 소송 절차에 대한 직접적인 의견이나 보고서, 권고 의견을 발행한다.[131] 조사관이 모든 사건에 참여하는 것은 아니며 무역위원회가 공익을 대변하여 조사 절차에 참여할 필요가 있는 사건에 참여한다.

조사관은 조사 절차에서 실질적으로 공익을 대변하는 독립된 당사자의 역할을 하며, 사건의 주요 쟁점이나 양 당사자의 주장에 관하여 의견을 제출할 수 있다. 기일의 지정이나 특허 청구항 해석 등 대부분의 조사절차에서 의견을 제출하며, 양 당사자의 주장에 대한 검토 의견을 제출하기도 한다. 행정법 판사와는 업무가 분리되어 있으며, 행정법 판사는 조사관의 의견을 참고한다.

5. 법무실(Office of General Counsel)

특허청 등 다른 행정기관과 마찬가지로 무역위원회에도 법무실이 있다. 법무실장(General Counsel)과 소속 변호사(Staff Attorney)는 무역위원회와 관련한 법률 자문 업무를 수행한다. 법무실은 무역위원회에 적용되는 법령이나 법원 판결을 해석하여 위원회에 조언하며, 무역위원회의 일반 행정문제나 계약에 대해 자문하기도 한다. 무역위원회의 결정에 불복한 당사자가 연방법원에 항소하는 경우, 법원에서 무역위원회를 대변하는 업무도 법무실의 중요한 기능이다.

---

128) 연방 규정집 제19편 제210.3조.

129) 연방 규정집 제19편 제210.3조; 실무에서는 the Staff이라고 부른다. 통상 지식재산침해사건에서 조사관은 제3자의 지위에서 제337조 사건의 모든 절차에 참여하며, 조사관의 침해 또는 비침해 의견을 행정법 판사에게 보고하므로 실질적으로 결과에 상당한 영향력을 행사한다.

130) https://www.usitc.gov/offices/ouii(2020. 5. 11. 최종접속).

131) ITC, "Answers to frequently asked questions" Publication No. 4105, March 2009, p. 2.

Ⅱ. 무역위원회의 특징

1. 조사 기간

무역위원회의 대표적인 특징은 조사 개시로부터 결정까지 걸리는 기간이 짧다는 것이다. 일반적으로 특허권에 대한 분쟁은 기술적 쟁점을 포함하기 때문에 특허권자가 피고를 상대로 연방지방법원에 소송을 제기하여 1심 판결을 받기까지는 길게는 3년에 이르는 기간이 소요된다. 반면, 무역위원회는 조사 개시 후 16개월 이내에 최종결정이 내려지며, 일반적으로 예비결정이 나오는 기간은 이보다 4개월 더 짧다.[132] 권리자 구제에 필요한 기간이 짧다는 점은 침해행위에 대한 빠른 금지명령을 원하는 특허권자에게 장점이 될 수 있다. 무역위원회의 절차는 미국 특허청 산하의 특허심판원의 심판절차보다도 처리기간이 짧다.[133] 피신청인이 조사 개시 후 신청인의 특허에 대해 무효심판(Inter Partes Review)을 신청하더라도 추정신청(Motion to stay)이 받아들여지지 않는다.[134]

무역위원회에서는 부적격 명령 신청(Motion to disqualify)에서 대리인의 이해충돌이 인정된 사례는 많지 않다.[135] 수입행위에 제한된 조사의 특성상, 부적격 명령 신청의 기준이 높기 때문으로 보인다.

---

132) ITC, "Answers to frequently asked questions" Publication No. 4105, March 2009, p. 20; 통상 약 12개월 정도 조사가 진행된 이후 행정법 판사는 특허침해와 같은 불공정행위가 있었는지에 대한 예비결정(initial determination)을 내린다. 비록 조사완료목표일(target completion date)이 조사개시결정일로부터 16개월로 잡고 있으나 실제사건에서 이를 기대하기는 어렵다. 따라서 2년 내 존속기간이 만료되는 특허로 제337조 신청을 하면 사건이 조기 종료될 가능성이 있다(Certain Intraoral Scanner and Related Hardware and Software, Inv. No. 337-TA-1090).

133) 특허심판원의 절차는 일반적으로 신청으로부터 결정까지 약 18개월이 소요된다.

134) Certain Laser-driven Light Sources, Subsystems Containing Laser-driven Light Sources, and Products Containing Same, Inv. No. 337-TA-983, Order No. 8; 많은 연방지방법원에서 무효심판이 신청되면 심리 중지신청을 받아들이는 것과 다른 점이다.

135) Certain Network Interface Cards and Access Points for Use in Direct Sequence Spread Spectrum Wireless Local Area Networks and Products Containing Same, Inv. No. 337-TA-455, Order No. 26; Certain Semiconductor Devices and Consumer Audiovisual Products Containing the Same, Inv. No. 337-TA-1047, Order No. 11.

2. 수입금지명령과 중지명령을 통한 권리자의 구제

(1) 의 의

무역위원회는 위법한 수입행위에 대하여 당사자에게, 일반적 수입금지명령을 통해서는 제 3자에게까지, 영향을 미치는 직접적인 수입금지명령을 내릴 수 있다.136) 무역위원회는 수입금지명령 이외에도 수입금지명령 이전에 미국 내 창고에 수입된 품목의 사용 등을 금지하는 중지명령(Cease and desist order)도 내릴 수 있다.137)

앞에서 본 것처럼 연방대법원의 Ebay 판결 이후, 연방지방법원의 소송에서 특허침해가 인정되더라도 원고가 침해금지명령(injunction)을 받기 위해서는 형평법상 금지명령을 위한 네 가지 요소가 추가로 필요하다.138) 이에 반해 특허권자는 4 factor test 없이도 무역위원회의 신청 사건에서 침해자에 대한 직접적인 수입금지 명령을 받을 수 있다.139) 이 때문에 특허침해행위에 대한 금지청구로서 무역위원회의 수입금지명령이 가지는 의미가 더 중요하다고 할 수 있다.140)

(2) 수입금지명령이 가능한 범위

무역위원회는 미국에 등록된 방법발명 특허를 해외에서 침해한 물건을 수입하는 경우에도 수입금지명령을 내릴 수 있다.141) 유도침해와 기여침해와 같은 간접침해도 수입금지명령 대상이며, 수입되는 단계에서는 특허 침해를 구성하지 않으면서 수입 이후 침해제품에 사용되는 부품에 대해서도 간접침해를 이유로 한 수입금지명령이 내려질 수 있다.142) 물건의 수입뿐만 아니라, 비록 소프트웨어가 세관을 통관하는 것이 아니

---

136) 일반적 수입금지명령(General exclusion order)은 침해자가 수입을 우회하는 등 특별한 경우에 내려진다.

137) 관세법 제1337조(f).

138) eBay Inc. v. MercExchange, L.L.C. 547 U.S. 388(2006).

139) 무역위원회의 판단기준에도 공중의 이익(Public interest)라는 요건이 있으나, Ebay 사건의 요소 중 회복불가능한 손해와 같은 요건에 비해서는 특허권자에게 유리한 기준이 적용된다.

140) ITC를 통한 구제는 금전적 배상이 허용되지 않으나 배제명령(exclusion order)의 상대적 용이성으로 인해 표준필수특허권(SEP)자나 미국내 연구시설이나 라이선싱사업을 하고 있는 NPE (Non-Practicing Entity)에게 매력적인 제도로 인기가 있다.

141) Amgen, Inc. v. United States ITC, 902 F.2d 1532(Fed. Cir. 1990).

142) Certain Hardware Logic Emulation Systems and Components Thereof, Inv. No. 337-TA-383, p. 19(1998). 미국의 간접침해 성립은 직접침해의 존재를 전제함에도 특허권자는 연방지방법원의 침해소송보다 유리한 지위에서 다툴 수 있다. Suprema Inc. v. U.S. ITC, No. 2012-1170(Fed.

더라도 전자적 전송(Electronic transmission)에 대해서도 수입금지명령이 가능하다.[143)]

(3) 외국에서 실시된 방법발명에 대한 항변의 미적용

미국 특허법 제271조(g) 단서 규정은 방법발명에 의한 물건이 현저하게 변화된 경우이거나 다른 물건의 사소하며 비본질적인 부품으로 사용되었을 때는 침해로 보지 않는다.[144)] 연방지방법원의 특허침해소송에서 침해자는 이 규정에 근거하여 특허권자의 특허침해주장을 방어할 수 있다.

그러나 CAFC는 관세법 제1337조(a)(1)(B)(ii)의 입법 연혁을 해석할 때, 제271조(g) 단서 규정은 불공정 무역행위에서의 방법발명 침해에 대해 적용되지 않으며 해외에서 방법발명이 실시된 경우 수입된 물건이 변화되었거나 비본질적 부품으로 사용되었다 하더라도 이에 대해서는 수입금지명령이 내려질 수 있다고 판단하였다.[145)]

(4) 허가를 위한 수입에 대한 수입금지명령

미국 특허법 제271조(e)(1)은 실험을 위한 특허 실시행위를 침해로 보지 않는다고 규정하고 있다.[146)] 특허 판매 목적이 아닌 미국 식품의약품청(U.S. Food and Drug Administration)의 허가를 위한 수입행위는 원칙적으로 무역위원회의 불공정 수입행위 조사대상이 되지 않으나, 허가를 위한 목적을 초과한 범위의 수입행위는 무역위원회가 관할권을 가지며, 무역위원회는 허가를 받기 위한 목적을 초과하여 수입이 이루어졌는지를 본안에서 판단하여야 한다.[147)]

(5) 재판권(jurisdiction)

무역위원회는 연방지방법원이 대인재판권(in personam jurisdiction)에 제한되는 것과 달리 대물재판권(in rem jurisdiction)을 갖는다. 따라서 무역위원회 조사에 이름이 오르지 않은 제3자가 해당 침해품을 수입하는 경우에도 수입이 금지될 수 있다.

Cir. Aug. 10, 2015).

143) Certain Hardware Logic Emulation Systems and Components Thereof, Inv. No. 337-TA-383, p. 20(1998).

144) 미국 특허법 제271조(g).

145) Kinik Co. v. ITC, 362 F.3d 1359(Fed. Cir. 2004).

146) 미국 특허법 제271조(e)(1).

147) Amgen Inc. v. ITC, 565 F.3d 846(Fed. Cir. 2009).

(6) 국내 산업요건(Domestic Industry)

무역위원회의 조사 절차가 민사법원의 소송과 가장 큰 차이점을 드러내는 수입금지의 요건으로, 미국 내에 보호해야 할 산업의 존재 사실이나 산업이 설립될 것이라는 증거를 인정하기 어렵다면 무역위원회는 수입금지명령을 내릴 수 없다. 이에 관한 자세한 내용은 후술한다.

3. 수입금지명령과 중지명령

무역위원회가 내릴 수 있는 구제 명령(Remedial order)에는 수입금지명령(Exclusion order)과 중지명령(Cease and Desist Order)이 있다.

수입금지명령은 임시 금지명령(Temporary exclusion order), 일반적 금지명령(General exclusion order)과 제한적 금지명령(Limited exclusion order)으로 구분된다. 임시 금지명령은 법원의 금지명령과 동일하다. 일반적 금지명령은 수입금지의 피신청인에 제한되지 않고 지적재산권을 침해하는 모든 제품의 수입을 금지할 수 있는 명령이다.[148] 이에 반해 제한적 금지명령(Limited exclusion order)은 피신청인에 대해서만 수입행위가 금지되도록 하는 명령을 말한다.[149] 일반적 금지명령은 피신청인에게만 수입행위가 금지되면 우회적 수입 등으로 금지명령이 무력화될 수 있을 때 내려진다.[150]

피신청인의 특정 제품이 특허를 침해하는 기능을 가지고 있어 이에 대한 제한적 금지명령이 내려지는 경우, 그 특정 제품이 다른 2차적 제품에 포함되어 특허를 침해하지 않는 용도를 위해서만 수입된다고 하더라도 금지명령은 다른 2차적 제품에 대해서까지 확대될 수 있다.[151]

무역위원회가 수입만을 금지할 수 있는 것은 아니다. 수입에 대한 금지만이 가능하다면, 침해 판정을 받게 될 피신청인이 수입금지 명령일 이전에 침해품을 미리 수입하려고 시도할 수 있기 때문이다. 무역위원회는 이미 수입된 물품의 미국 내 사용과 판매를 금지하거나 폐기하는 중지명령(Cease and Desist Order)을 내릴 수 있다.

148) 미국 관세법 제1337조(g)(2).
149) 미국 관세법 제1337조(d)(2).
150) 미국 관세법 제1337조(g)(2).
151) Hyundai Electronics Industries Co., Ltd. v. U.S. Intern. Trade Com'n, 899 F.2d 1204(Fed. Cir. 1990).

수입금지명령이나 중지명령이 피신청인의 고객이나 미국 내 협력 업체 등에 큰 영향을 주는 경우, 공익을 고려하여 명령에 대한 유예기간을 설정하는 것도 가능하다. 미국 내 산업을 고려하여 일부 제품이나 일부 수입자에 대해서만 유예기간 동안 금지를 제외(Carve-out)하는 것이다. 유예기간은 침해품을 사용해야 하는 제3의 이해관계자가 피신청인의 제품이 아닌 다른 제품으로 대체할 수 있는 기간을 의미한다. 실제로 전기차 배터리와 관련한 불공정 무역행위 조사 사건에서 무역위원회는 미국 내 전기차 산업과 관련한 공공의 이익을 고려하여 피신청인의 배터리를 구입해야 하는 자동차 제조사를 위한 수입행위에 대해 2년 또는 4년의 유예기간을 설정하고, 수입금지명령 전 미국으로 수입된 전기자동차를 구입한 소비자를 위한 애프터서비스 배터리는 수입금지범위에서 제외하기도 하였다.[152)]

4. 수입금지의 대상인 '물품(Article)'과 데이터의 전송

관세법 제337조 사건은 '물품(Article)'을 그 대상으로 한다. 개인의 치아교정과 관련한 데이터가 파키스탄에서 미국으로 전송된 ClearCorrect 사건에서, 무역위원회는 해당 데이터의 전송 행위가 수입금지의 대상이 된다고 판단하여 이에 대해 수입금지명령을 내렸으나[153)], 이 결정에 대한 CAFC의 항소 사건에서 CAFC는 의회의 입법의도에 비추어 '물품'의 정의를 해석할 때, 제337조에 규정된 물품에는 전자적 전송이 포함되는 것으로 볼 수 없다고 판단하였다.[154)]

미국과 중국 간의 무역분쟁이 심화되고 있는 현재, 제337조의 '물품'이 너무 좁게 정의되어 있으며 무역위원회를 통한 구제범위에 전자적 전송도 포함시켜야 한다는 주장[155)]이 제기되고 있으며, 향후 의회의 입법에 따라 데이터의 전송이 무역위원회의 관할이 될 수 있을지를 지켜볼 필요가 있다.

---

152) Certain lithium ion batteries, battery cells, battery modules, battery packs, components thereof, and processes therefor , Inv. No. 337-TA-1159, Comm'n Opinion, 2021. 3. 4.

153) In re Certain Digital Models, Inv. No. 337-TA-833, "Final Comm'n Opinion" 2014. 4. 3.

154) ClearCorrect Operating, LLC v. International Trade Commission, 810 F.3d 1283(Fed. Cir. 2015).

155) Robert D. Atkinson, "How to Mitigate the Damage From China's Unfair Trade Practices by Giving USITC Power to Make Them Less Profitable", Information Technology & Innovation Foundation, 2022. 11.

5. 연방지방법원의 침해소송과 국제무역위원회(ITC)의 관계

(1) 절차의 중지

연방지방법원에 특허침해소송이 제기되고 무역위원회의 동일한 조사절차가 개시되는 경우, 무역위원회의 피신청인인 당사자가 특허침해소송의 중지를 신청하면 무역위원회의 최종결정이 있을 때까지 그 민사소송 절차는 중지된다.[156] 특허침해에 대한 임시적 금지명령(Preliminary injunction) 또한 민사소송에 해당하므로, 실무적으로 특허권자가 금지명령 절차와 무역위원회의 조사절차를 동시에 제기할 실익은 없다. 특히 민사상 금지명령은 형평법상의 요건 즉, 회복할 수 없는 손해, 다른 법적 구제수단의 부적절성, 손해의 형량, 공공의 이익의 요건이 만족되어야 내려질 수 있는 반면,[157] ITC에서의 수입등 금지명령(exclusion order)은 공공의 이익에 피해를 줄 수 있다고 판단되는 예외적인 경우를 제외하고는, 특허침해가 판정되면 항상 인정된다는 점에서 차이가 있다.[158]

절차 중지가 끝난 뒤에는 무역위원회의 사건 기록은 연방지방법원의 민사소송 절차로 이관된다.[159] 무역위원회에서 침해 판단을 받은 뒤, CAFC에서 무역위원회의 결정이 그대로 유지되었다고 하여 앞선 판결이 지방법원의 침해 판단에 영향을 미치는 것은 아니다.[160]

동일한 당사자 사이에 무역위원회와 연방지방법원에 동시에 발생한 분쟁에서 특허침해소송의 대상 특허가 복수이고 무역위원회와 연방지방법원의 대상 특허가 일부만 중복되는 경우, 무역위원회의 조사대상인 특허와 민사소송에서만 사용된 특허의 기술적 관련성에 따라 소송의 중지 여부가 달라질 수 있다.[161]

---

156) 미국 사법제도법(28 U.S. Code) 제1659조(a). 그러나 이러한 신청은 ITC의 피신청인이 된 날 또는 침해소송이 접수된 날 중 늦은 날로부터 30일 이내에 이루어져야 한다.

157) eBay Inc. v. MercExchange, LLC, 547 U.S. 388, 394(2006).

158) Patents, Smartphones, and the Public Interest, NEW YORK TIMES (Dec. 9, 2011), http://www.nytimes.com/2011/12/13/opinion/patentssmartphones-and-the-public-interest.html.: Kent A. JORDAN, Judge, United States Court of Appeals for the Third Circuit, 2022 International IP Court Confernece 자료집(영문), 166.

159) 미국 사법제도법(28 U.S. Code) 제1659조(b).

160) Texas Instruments Inc. v. Cypress Semiconductor Corp., 90 F.3d 1558(1996).

161) 무역위원회의 조사 절차와 민사소송 절차에서 피고의 침해를 다투는 특허가 여러 건인 경우, 특허권자는 기술분석에 필요한 시간을 줄이고 무역위원회의 Target date를 더 앞당기기 위해 무역위

많은 경우, 무역위원회의 조사 신청인은 연방법원에서 침해소송을 함께 제기하고 두 절차는 병행하여 진행된다. 실무적으로 특허권자는 무역위원회에 불공정 무역행위의 조사를 신청할 때, 연방지방법원에 먼저 또는 같은 날 특허침해소송을 제기한다. 무역위원회의 조사가 먼저 신청되는 경우, 피신청인이 본인에게 더 유리한 재판지(vanue)의 법원에 비침해 확인 소송을 제기하는 것을 방지하기 위함이다.

(2) 배제효(preclusive effect)

연방항소법원(CAFC)의 판결과 국제무역위원회(ITC)의 최종결정은 서로 기속되지 않는 것이 원칙이나, 서로가 먼저 나온 결정에 대해서는 양기관에서 다툰 적극적 항변(affirmative defense)에 대해서는 배제효(preclusive effect)를 인정하고 있다.[162]

무역위원회가 특허의 침해를 인정하며 피신청인의 제품에 대한 수입금지명령을 내렸고 피신청인은 이에 항소하고 CAFC가 이를 기각하더라도, 후속 지방법원 소송에서는 같은 특허에 대한 피고의 침해가 인정되지 않을 수 있다.[163] 먼저 내려진 수입금지명령에 대한 연방항소법원의 판결은 후속 침해 소송에 금반언 효과(Collateral estoppel effect)를 가지지 않는다.

(3) 인적관할의 제한

ITC는 사건을 특정하는 데 있어 유연성을 가지고 있다. 일반적인 ITC 사건에서는 미국내 신청인과 외국인 피신청인이 포함되지만, 제337조 조사를 신청하는 데에 외국기업이라고 해서 장애가 없다. 제337조에 대한 관할권은 대인 재판권(in personal Jurisdiction)이라기보다는 대물 재판권(in rem Jurisdiction)이다. 따라서 피신청이 아닌 피소된 제품에 대한 관할권을 갖는다. 따라서 복수의 당사자와 제품에 대한 침해를 다룰 수 있고, 미국 개정특허법 AIA에 따른 공동피고 제소의 제한이나 TC Heartland v. Kraft Foods, 137 S. Ct. 1514(2017)에 따른 법인 설립지 재판적의 제한도 없다.

원회의 대상특허를 줄이기도 한다.

162) Baltimore Luggage Co. v. Samsonite Corp., 727 F. Supp. 202, 207(D. Md. 1989); William P. Atkins et al., Patent Litigation Strategies Handbook(4th ed.), ABA Section of Intellectual Property Law(2015).

163) Texas Instruments Inc. v. Cypress Semiconductor Corp., 90 F.3d 1558(Fed. Cir. 1996).

(4) 침해성립 및 구제조치의 확대

ITC의 배제명령은 민사사건의 침해금지명령과 달리 ebay 사건의 형평법상 네 가지 요소가 문제되지 않고, 수입되면 미국 내에서 침해를 구성하게 될 것이라면 비록 수입하는 단계에서는 실제 미국에서 직접 침해가 발생하지 않고 있다고 하더라도 간접침해할 수 있고 비록 사소한 물품으로 사용된다고 하더라도 방법특허의 제조물 수입 침해가 인정될 수 있다.[164]

6. 특허심판원(PTAB) 무효심판과 국제무역위원회(ITC) 절차의 관계

(1) 절차의 계속

민사 지방법원 판사들은 미국 특허청의 특허심판원(PTAB)에서 동시에 진행되는 무효심판(IPR)이 동시에 진행되는 경우 약 60% 정도는 재량권을 행사하여 절차를 중지한다.[165] 그러나 이와 반대로 미국 무역위원회(ITC)의 행정법 판사(ALJ)는 IPR 절차 때문에 조사를 중단하는 경우는 거의 드물다. ALJ는 예비결정을 내린 후 PTAB이 해당 특허가 무효라고 심결한 경우에도 위원회가 수입금지명령을 내리는 것은 문제가 없다. 이러한 수입금지명령은 연방항소법원이 PTAB의 무효심결을 인용하기 전까지는 그대로 효력이 유지된다. 그러나 최근 무역위원회에서도 PTAB의 무효심결의 중요성을 인정하려는 경향이 나타나고 있다.

민사 지방법원의 절차에 비하면 PTAB이나 무역위원회의 절차는 모두 신속하다. 그러나 무역위원회 절차가 PTAB보다 약간 더 빠르게 종료된다. 보통 조사는 12개월 정도 진행되고 조사기간 중 디스커버리는 약 5개월에 걸쳐진행된다. 2020년 기준 지난 3년 동안 ITC 조사의 결정에 걸린 평균 기간은 약 15개월에서 19개월이었다.[166]

---

164) 제3자의 행위가 침해가 될 것을 알면서 의도적으로 유인하거나 적극적으로 도움을 준 행위(특허법 §271(b)); 특허된 발명의 주요 부품중에서 오직 그 발명에만 사용되는 부품, 물질 혹은 장치를 미국 내에서 판매 혹은 판매를 제안하였거나 미국 내로 수입하였고, 그 부품의 구매자가 실질적으로 그 부품을 직접침해에 사용하였다면 해당 판매 및 판매제안 혹은 수입하는 자의 행위(특허법 §271(c)); 외국에서 미국의 방법특허로 제조된 제품을 미국 내로 수입하거나 그 수입한 제품을 미국 내에서 판매 혹은 사용하는 행위(특허법 §271(g)).

165) PTAB의 절차개시결정 이전의 경우는 약 43%, 절차개시결정이 내린 이후인 경우에는 약 64%의 중지허가율을 보였다(Docket Navigator, "Motions to Stay District Court Cases Pending Post-Grant Proceedings"(2015. 8. 24. 4:52 PM), http://docketreport.blogspot.kr/2015/08/motions-to-stay-districtcourt-cases.html).

반면 IPR은 무효심판 청구일로부터 청구통지일까지 약 3주가 걸리고 그 이후 최종 심결에 이르는 기간이 약 18개월이 걸린다.

무역위원회와 행정법 판사는 오래전부터 특허청 절차를 포함하여 "적절한 상황"을 고려하여 조사를 보류할 권한을 가지고 있었다. 2006년에 행정법 판사는 주장된 특허에 대한 결정계 재심사가 진행 중인사건에 대해 조사의 중지신청을 허가한 바 있다.[167] 중지 여부를 결정하는 데 관련된 요소로는 (1) 디스커버리와 심리 기일 날짜, (2) PTO 절차의 단계, (3) 위원회 자원의 효율적 사용, (4) 절차 중지로 인해 해당 사건에 대한 쟁점 및 심리가 단순화될지 여부, (5) 어느 당사자에 대한 과도한 편견 또는 명백한 전술적 우위 등이 있다.[168]

또한 무역위원회는 2016년 Three-Dimensional Cinema Systems 사건[169]에서 행정법 판사의 예비결정 이후 내려진 PTAB의 무효심판 결정을 근거로 위원회는 배제명령를 내릴 수 없는지를 심리하였고 무역위원회는 제337조 위반의 근거를 구성하는 3개 중 하나의 특허에 대한 수입금지 및 판매금지 명령을 연기하는 재량권을 행사하였다.[170] 무역위원회의 수입금지명령이 내려지기 이전에 PTAB이 분쟁 특허가 무효라는 결정을 내리고, 무역위원회는 여전히 그 특허가 유효하다고 판단하는 경우 무역위원회는 PTAB의 최종서면결정이 확정될 때까지 수입금지명령을 유예할 수 있다.[171]

미국 특허청장이 특허법 판사들에게 보낸 PTAB의 심판 절차 지침에 따르면, PTAB은 법원 절차에 대해서는 Fintiv 요소를 판단하여 심판 개시 여부를 결정하지만, 무역위원회에 관해서 이 요소는 적용하지 않는다.[172]

---

166) https://www.usitc.gov/intellectual_property/337_statistics_average_length_investigations.htm (최종 방문일 2020. 7. 12.).

167) Certain Personal Computer/Consumer Electronic Convergent Devices, Components Thereof, Inv. No. 337-TA-558, Order No. 6 at 8, 2006. 2. 7.

168) Id. at 9-14.

169) Certain Three-Dimensional Cinema Systems and Components Thereof, Inv. No. 337-TA-939, Comm'n Notice, 2016. 7. 21.

170) Id, Inv. No. 337-TA-939, "Comm'n Opinion" at 60-61. 반면 Inv. No. 337-TA-945, "Comm'n Notice", 2017. 6. 20.; Comm'n Opinion, 2017. 8. 16. 사건에서는 특허심판원의 심결이 명령의 수정 등에 관한 위원회 규칙(Commission Rule) 210.76에 해당하는지를 심리하였으나 특허심판원의 무효심결은 사실이나 법률의 변경된 조건을 구성하지 않는다고 판단하고 배제명령의 연기를 거절한 바 있다.

171) Certain Wearable Electronic Devices With ECG Functionality and Components Thereof, Inv. No. 337-TA-1266, Commission Notice, 2022. 12. 30.

(2) 금반언(Estoppel)

PTAB의 당사자계 무효심판(IPR)에서 최종 심결문이 나온 경우,[173] 그 신청인, 이해당사자 또는 그 대상 물품의 관계인은 해당 IPR 절차 동안 신청인이 '제기하였거나 제기할 수 있었던(raised or reasonably could have raised)' 근거를 기초로 ITC 제337조 조사에서 다시 무효를 주장할 수 없다.[174]

Ⅲ. 수입금지명령의 요건

1. 일반요건(미국내 수입)

불공정 무역행위 조사의 신청인은 해당제품을 미국내로 수입하거나, 수입하기 위해 판매·수입 후 판매하는 1인 이상 다수의 자를 상대로 조사를 신청하여야 하고 수입금지명령을 받기 위해 다른 특허침해분쟁과 마찬가지로 특허의 침해 사실을 입증해야 한다. 청구범위 해석 기준이나 무효의 판단 기준은 연방지방법원과 동일하다. 특허의 직접침해뿐만 아니라 유도침해[175]나 기여침해[176]와 같은 간접침해도 모두 조사대상이 되며, 간접침해가 성립하기 위해서는 침해자가 미국으로 수입되는 사실을 인식(knowing)하여야 한다.[177]

2. 국내 산업(Domestic Industry) 요건

(1) 의 의

무역위원회의 수입금지명령을 받고자 하는 특허권자는, 국내 산업 요건(Domestic

---

172) Katherine K. Vidal, "Interim Procedure for Discretionary Denials in AIA Post-Grant Proceedings with Parallel District Court Litigation" ("guidance memo"), 2022. 6. 21.: 무역위원회는 법원과 달리 등록된 특허를 무효로 할 수 있는 최종 권한을 가지고 있지 않기 때문이다.

173) 일단 심결문이 나오면 연방항소법원에 항소가 진행 중인 경우도 금반언은 적용되나 합의에 이르러 Settlement로 IPR이 종료된 경우, 금반언이 적용되지 않는다.

174) 특허법 §325(e).

175) 특허법 제271조(b).

176) 미국 특허법 제271조(c).

177) Global-Tech Appliances, Inc. v. SEB S.A., 563 U.S. 754, 131 S.Ct. 2060(2011).

industry)을 충족시켜야 한다. 이에 관한 제1337조(a)(2)는, 무역위원회의 수입금지명령을 받기 위해서는 특허와 관련하여 미국 내 상당한 산업이 존재하고 있거나 설립될 예정일 것(exists or is in the process of being established)을 규정하고 있다.[178] 같은 조(a)(3)에 기재된 미국 내에 특허와 관련한 산업이 존재한다고 볼 수 있는 요건은 아래와 같다.

제1337조(a)(3)[179]

(2)단락의 목적을 위하여, 특허, 저작권, 상표, 마스크 워크, 또는 디자인에 의하여 보호되는 품목에 대한 미국 내의 산업이 존재하는 것으로 여겨져야 한다.

(A) 시설과 장비에서의 상당한 투자,

(B) 노동과 자본의 상당한 고용, 또는

(C) 엔지니어링, 연구개발 또는 실시권허여를 포함하여 특허의 사용에서의 실질적인 투자

국내 산업 요건은 무역위원회의 수입금지절차가 미국 내 산업의 보호를 목적으로 한다는 이유로 존재한다. 불공정한 수입행위로부터 보호해야 할 미국 내의 실질적인 산업이 존재하지 않음에도 수입을 금지하는 경우, 미국의 산업 발전을 오히려 저해할 수 있기 때문이다. 법원에서 진행되는 특허침해금지 소송에서 특허권자는 유효한 특허의 침해 사실만을 입증하면 되는 반면, 무역위원회에서는 미국 내에서 특허의 청구범위에 속하는 제품과 직접적으로 관련된 산업에 대한 상당한(significant) 투자가 존재해야 한다는 점을 증명해야 한다.

미국내에 공장이나 설비와 같은 물리적인 시설이 존재하는 경우에는 국내산업요건을 충족할 수 있을 것이나, 침해자가 어느 정도의 자본의 투자나 인력의 고용등을 하여야 하는 것인지는 명확하지 않다. 특히 NPE(Non-Performing Entity) 활동과 관련해서 (C)가 문제가 되는바, (C)는 1988년 개정에서 추가된 내용이다.[180] (C)와 관련하

---

178) 미국 관세법 제1337조(a)(2).

179) 미국 관세법 제1337조(a)(3) 원문은 다음과 같다.
For purposes of paragraph (2), an industry in the United States shall be considered to exist if there is in the United States, with respect to the articles protected by the patent, copyright, trademark, mask work, or design concerned
(A) significant investment in plant and equipment;
(B) significant employment of labor or capital; or
(C) substantial investment in its exploitation, including engineering, research and development, or licensing.

여 여러 무역위원회 결정이 이루어졌지만,[181] 판단은 명확하지 않았다. 2010년 무역위원회는 입법연혁과 문언에 비추어 특허보유나 특허침해소송활동 그 자체만으로는 국내산업요건을 구성하기 어려우나 다만 그 소송이 엔지니어링, 연구개발, 혹은 라이선싱에 관련된 것이라면 §337(a)(3)(C)상의 국내산업요건을 충족할 수도 있다고 보았다.[182]

국내 산업 요건의 판단 기준일은 소장을 접수한 날이다.[183] 신청인은 소장을 접수하면서 함께 미국 내 산업요건에 관한 주요 증인의 진술서를 제출하여야 한다. 특허권자가 국내 산업 요건을 충족시키기 위하여 특허를 직접 실시할 필요는 없다. 국내 산업 요건은 특허권자와 실시자의 특허의 실시 계약이 존재하며 특허권자가 아닌 실시권자가 미국 내에서 사업을 하고 있는 경우에도 만족될 수 있고, 보증과 수리에 관한 고객 기술 지원 서비스를 운영하고 있는 경우에도 만족될 수 있다.[184] 국내 산업 요건

---

180) 의회는 이 3번째 요건이 무역위원회의 선례를 반영한 것이라고 한다. S. Rep. No. 71, 100th Cong., 1st Sess., at 129(1987)(Senate Report). (The third factor [requiring substantial investment in the exploitation of the article protected by the patent, including engineering, research and development, or licensing], however, goes beyond the ITC's recent decisions in this area. This definition does not require actual production of the article in the United States if it can be demonstrated that substantial investment and activities of the type enumerated are taking place in the United States).

181) Certain Digital Televisions and Products Containing Same and Methods of Using Same, Inv. No. 337-TA-617, Initial Determination at 151-60(Nov. 2008)(domestic industry based on aftermarket services); Certain Diltiazem Hydrochloride and Diltiazem Preparations, Inv. No. 337-TA-349, U.S.I.T.C. Pub. No. 2902, Initial Determination at 139(Feb. 1995)(domestic industry based on product finishing, quality control and packaging of imported bulk diltiazem)(Comm'n determination not to review); Certain Cube Puzzles, Inv. No. 337-TA-112, U.S.I.T.C. Pub. 1334, Commission Action and Order(1983)(domestic industry based on quality control, repair, and packaging of imported cube puzzles); Certain Plastic Fasteners and Processes for the Manufacture Thereof, Inv. No. 337-TA-248, Initial Determination(June 1987), aff'd, Comm'n Op. at 49-51(1987)(domestic industry based in part on distribution and warehousing); Certain Airtight Cast Iron Stoves, Inv. No. 337-TA-69, U.S.I.T.C. Pub. 1126(1981)(domestic industry based on repair and installation activities associated with imported stoves).

182) Certain Coaxial Cable Connectors and Components Thereof and Products Containing Same, Inv. No. 337-TA-650, Comm'n Op.(Apr. 14, 2010).

183) Certain Video Game Systems and Controllers, Inv. No. 337-TA-743, Commission Opinion, p. 163(2011).

184) Certain Solid State Storage Drives Stacked Electronic Components, and Products Containing Same, Inv. No. 337-TA-1097, Commission Opinion, p. 6(2018).

은 기술적 요건과 경제적 요건으로 나누어지며 신청인은 이를 모두 만족하여야 한다.

(2) 기술적 요건(Technical Prong)

국내 산업의 기술적 요건은 앞서 언급한 §337(a)(3)의 세 가지 중 어느 하나의 사실을 기초로 미국 내에 실시 중인 국내 산업 제품이 특허의 청구범위 내에 속해야 한다는 것이다.[185] 민사법원에서 진행되는 특허침해소송에서는 특허권자가 본인이 실시하는 제품이 특허의 청구범위에 속한다는 사실을 입증할 필요가 없으나, 무역위원회의 수입금지명령을 받기 위해서는 대상 특허가 미국 내에서 실시되고 있거나 실시가 준비되고 있다는 사실을 입증하여야 한다.

이 요건은 미국 내 산업을 가지고 있지 않은 특허관리회사(Non-Practicing Entity)가 무역위원회에서 무분별한 수입금지 조사를 신청하는 것을 방지하는 역할을 한다. 신청인이 특허 실시계약에 의한 국내 산업 요건의 성립을 주장하는 경우에도 국내 산업 제품이 특허 청구범위에 포함된다는 사실을 입증하여야 한다.[186] 국내 산업 요건의 기술적 요건의 판단을 위한 청구범위 해석은 침해사건에서와 동일하다.[187]

기술적 요건을 만족하기 위하여 대상 특허가 실시되거나 실시 준비가 되어야 한다. 특허권자는 국내 산업 요건을 대상 특허에서 어떤 청구항이든 근거하여 주장할 수 있으며, 이 청구항이 반드시 침해를 주장하는 청구항일 필요는 없다.[188]

이 때문에 특허의 일부 무효, 청구범위 해석 또한 국내 산업의 기술적 요건에 큰 영향을 미칠 수 있다. 국내 산업 제품이 대상 특허 1개 이상의 청구항에 포함되어야 하는데, 국내 산업 제품을 포함하는 모든 항이 무효가 되거나 청구범위 해석에 따라 국내 산업 제품을 포함하지 않는 경우에는 신청인의 청구가 기각된다. 특허 청구범위에 국내 산업 제품이 문언적으로는 포함되지 않는 경우라 하더라도 균등론이 적용된

185) 투자, 인적고용, 자본을 통한 해당 특허의 실시와 달리 기술이용, 연구개발 또는 라이선싱을 위한 투자인 경우에는 해당특허의 실시가 아니더라도 이용(exploitation)되고 있음을 증명하면 된다(Inv. No. 337-TA-432, Inv. No. 337-TA-650 등).

186) Certain Computers and Computer Peripheral Devices, and Components Thereof, and Products Containing the Same, Inv. No. 337-TA-841. Notice of Commission Determination, p. 3(2013).

187) Preparations Containing Same, Inv. No. 337-TA-300, Initial Determination at 109, Views of the Commission, p. 22(1990).

188) Certain Ammonium Octamolybdate Isomers, Inv. No. 337-TA-477, "Comm'n Opinion" p. 55 (2004).

다면 국내 산업 요건을 만족한다고 볼 수 있다.[189]

(3) 경제적 요건(Economic Prong)[190]

국내 산업의 경제적 요건은 앞서 언급한 §337(a)(3)의 세 가지 중 어느 하나와 관련하여 미국 내에 특허와 관련한 상당한(Significant) 규모의 투자가 이루어졌을 것을 요구한다. 특허와 관련한 투자에 의하여 미국 내에서 일하고 있는 종업원의 수, 부동산의 규모 등에 기초하여 경제적 요건을 판단하게 되는데, 절대적인 액수가 중요한 것은 아니고 실질적인 상당한 투자로 볼 수 있는지가 그 기준이 된다.[191]

신청인은 신청서를 접수할 때, 관련된 미국 내 산업 요건을 설명한 진술서를 함께 제출하여야 한다.[192] 신청 당시에 실시행위가 설립 중에 있을 때에도 경제적 요건이 충족될 수 있다.[193] 반대로 소송 중 특허권자나 특허권 실시자의 사정 변경으로 인하여 경제적 요건이 충족되지 못하게 될 수도 있다.[194] 미국 내 실시자가 파산하거나 사업을 종료하는 등 국내 산업의 근거가 불안정해지는 경우가 이에 해당하며, 무역위원회는 신청인에게 경제적 요건에 대한 중간 보고를 지시할 수 있다.[195] 증거개시 절차에서도 경제적 요건이 충족되었는지를 검증하기 위한 검사나 회계자료 등이 제출될 수 있다.

(4) 권리자와 침해자가 다른 사건에서 반대의 입장에 놓인 경우

시장에서 경쟁관계에 있는 甲과 乙이 미국 내 산업에 각자 투자하였고, A특허의 권리자 甲이 특허 침해를 이유로 경쟁자 乙을 무역위원회에 제소한 경우, 乙이 자신이

---

189) Certain Dynamic Sequential Gradient Devices and Component Parts Thereof, Inv. No. 337-TA335, Initial Determination, p. 44, Pub. No. 2575(1992).

190) 실무에서는 Econ DI라고 부르기도 한다.

191) Certain Male Prophylactic Devices, Inv. No. 337-TA-546, Commission Opinion, p. 45(2007). 따라서 단지 투자를 통해 미국내 판매법인을 설립하였다는 사실은 경제적 요건을 만족하지 못한다.

192) 연방 규정집 제19편 제210.12조.

193) 관세법 제1337조(a)(2)는 "in the process of being established"를 포함하고 있다.

194) Certain Video Game Systems and Controllers, Inv. No. 337-TA-743, Commission Opinion, p. 165(2011).

195) Certain Semiconductor Integrated Circuits and Products Containing Same, Inv. No. 337-TA-665, Publication 4268, p. 611(2011).

가진 B특허의 침해를 이유로 甲을 무역위원회에 제소하는 사례도 생각해 볼 수 있다.

만일 해당 산업이나 시장과 관련하여 수입행위가 없이는 국내 산업을 유지하는 것이 불가능하다면, 두 당사자 중 특허를 침해하여 수입금지명령을 받게 되는 당사자는 미국 내에서 산업과 관련한 투자를 더 이상 할 수 없게 될 수 있고, 국내 산업요건까지 상실될 수도 있을 것이다. 그러나 수입금지에 의한 국내 산업요건의 상실이 가능해지려면 수입행위 없이는 산업의 유지가 불가능하다는 전제가 필요하므로, 실무에서는 주장하기 어려울 것으로 생각된다.

사례연구

Lelo Inc. v. ITC 사건[196]

1. 사건 배경

캐나다 오타와에 본사를 둔 Standard Innovation(이하 'Standard')은 '605특허에 해당하는 운동요법 장치를 판매하는 회사였다. Standard는 2009년 9월 미국 자회사를 설립하였는데, Standard의 캐나다 본사와 미국 자회사는 모두 미국에서 생산행위를 하지 않고 있었다. Standard는 미국을 포함한 세계 각지에 있는 제3자로부터 부품을 중국으로 수입하여 최종 제품을 중국에서 생산하였다. 제품의 구성요소 중에서 얼마나 많은 부품이 Standard가 국내 산업 요건을 주장한 부품에 포함되어 있는지는 분명한 증거로 제출되지 않았고, 각각의 가격이나 전체 부품의 가격도 제출되지 않았다. 무역위원회는 네 가지 부품에 관해서만 국내 산업 요건을 분석하였고, 네 가지 부품은 미국에서 생산되는 것이 확인되었다. 그러나 미국 공급자가 부품의 생산자인지는 불명확하였다.

Lelo Inc.(이하 'Lelo')는 캘리포니아 산호세에 위치한 회사로, 세 가지 종류의 운동요법 장치를 미국으로 수입하고 있었다. Standard는 '605특허의 침해를 주장하여

196) Lelo Inc. v. ITC, 786 F.3d 879(Fed. Cir. 2015).

무역위원회에 제337조 조사를 신청하였고 행정법 판사는 예비결정에서 특허의 유효와 침해는 인정하였으나 국내산업요건이 결여되었다고 판단하였다. 위원회는 예비결정을 검토한 결과, 예비결정을 취소하고 국내산업요건을 인정하여 수입을 금지하는 최종결정을 내렸고, Lelo는 무역위원회의 최종결정에 대해 항소하였다.

2. 쟁 점

미국 관세법 제1337조(a)(3)의 국내 산업 요건(Domestic Industry)을 판단하기 위해, 신청인이 미국에서 구입한 부품을 이용하여 해외에서 생산한 경우, 미국 내 투자와 고용에 미친 영향에 대한 양적 분석을 해야 하는지가 문제되었다.

3. 법원의 판단

CAFC는 Lelo의 청구를 받아들여 무역위원회의 결정을 취소환송하였다.

ITC는 취소소송의 심리에서 국내 산업 요건을 판단하던 기존의 기준은 질적인 판단에 기초하고 있다고 주장하였으나, CAFC는 앞선 무역위원회의 결정[197]에서도 질적 자료만을 가지고 판단한 것이 아니며, 해당 공정에 의하여 부가가치가 미국 내에서 34%만큼 양적으로 창출되었다는 증거가 제출되었다고 보았다. 앞선 결정에서는 하도급 사업자가 구체적인 회계자료에 의하여, 하도급 사업자의 피고용인이 특허권자의 공정에 얼마만큼의 노동시간을 사용했는지가 제출되었고 무역위원회는 이를 고용으로 평가한 것이다.

CAFC는 이 사건에서 Standard에게 부품을 판매한 미국의 공급자들은 특허권자와 직접 계약이나 하도급 계약을 체결하지 않았으며, 특허권자는 미국 내 소매업자들로부터 규격품을 구입하였을 뿐이라고 판단하였다. 따라서 Standard가 제출한 규격품의 가격에 관한 기록으로는 오직 특허권자의 구매에 의하여 고용과 자본이 측정된 자료가 될 수 없고 국내 산업 요건이 만족되지 못하였다고 판결하였다.

197) Certain Male Prophylactic Devices, Ibid., p. 26.

4. 판결의 의의

이 판결은 특허권자의 질적인(qualitative) 요소 분석만으로는 국내 산업 요건을 판단하기에 충분하지 못하다고 판시함으로써, 특허권자가 양적인 증거를 반드시 제출하고, 특허권자의 미국 내 부품의 구입 비용이 관세법 제1337조(a)(3)의 상당한 투자와 고용 또는 자본 투자 증가와 연결되어 있다는 사실을 보여주어야 한다는 점을 명시한 판결이다. 특허권자들은 국내 산업 요건을 입증하기 위하여 미국 내의 노동과 자본을 증가시켰음을 보여주는 구체적인 자료를 제출해야 하는 것이다.

3. 공공의 이익(Public interest)

미국 경제에 특별한 의미를 가지는 물품에 대하여 무역위원회의 수입금지명령이 내려지는 경우, 미국 경제와 소비자에게 큰 영향을 미칠 수 있다. 공공의 이익은 수입금지가 미국 내 공중 보건과 복지, 미국 경제의 경쟁 환경, 미국 소비자들에게 미치는 영향을 판단하기 위한 요건이다[관세법 제1337조(d)(1), (e)(1)]. 무역위원회는 발명자의 권리와 공공의 이익을 형량하여 수입금지명령을 내리거나 신청을 기각할 수 있다. 수입금지명령에 따른 이익에 비하여 공공의 이익이 큰 경우, 수입금지 신청이 기각될 수 있다.

신청인과 피신청인은 소장과 답변서를 제출할 때 5면 이내로 공공의 이익에 관한 독립된 진술서를 제출하여야 한다.[198] 제3자도 피신청인과 동일하게 소장이 연방 관보(Federal Register)에 발행된 날로부터 8일 이내에 무역위원회에 사건의 결과가 미치는 공공의 이익에 관련된 사항을 의견서로 제출할 수 있다.[199] 당사자와 제3자의 의견서 제출과 별개로, 무역위원회는 수입금지 결정을 내리기 전, 미국 보건부, 법무부 등의 사건과 관련된 기관으로부터 공공의 이익에 대한 의견을 청취해야 한다.[200]

실제 수입금지 조사 과정에서의 공공의 이익은 복잡한 양상을 띤다. 수입금지명령의 결과에 따라 미국 내의 주 정부 사이의 이해가 충돌하는 경우, 각 주의 정치인들이

198) 연방 규정집 제19편 제210.8조(b).
199) 연방 규정집 제19편 제210.8조(c).
200) 연방 규정집 제19편 제210.50조(a)(2).

각각 신청인 또는 피신청인의 입장을 지지하는 의견서를 무역위원회에 접수하기도 한다. 예를 들면, 신청인이 미국의 어떤 주에 생산 시설을 운영하고 있었고 피신청인은 다른 주에 침해 제품을 수입 및 사용하는 공장을 짓고 있어 각 지역 사회의 고용 문제에 영향이 발생하게 된다면 각 지역의 정치인들은 상반되는 공공의 이익을 주장할 수도 있다.

무역위원회가 공공의 이익을 위하여 자동차 부품의 수입금지신청을 기각한 최초의 사건에서, 무역위원회는 국내에서 생산되는 특허 제품이 국내 자동차 회사의 수요를 충족하지 못하고 있고, 특허 만료 이전에 특허권자나 국내 실시자가 그 수요를 만족할 수 없다는 이유를 공공의 이익으로 인정하였다.[201] 수입되는 제품이 특허를 침해하지만 특허권자가 생산하는 제품이 수입품과 상이하여 수입금지명령이 기초과학 연구에 영향을 미치는 경우에도 공공의 이익이 인정될 수 있다.[202]

반면, 수입금지명령으로 인하여 제품의 가격이 오른다거나,[203] 제품의 선택지가 축소된다는 이유는[204] 공공의 이익에 영향을 미친다고 볼 수 없다. 민사법원의 특허침해소송과 불공정 수입행위는 서로 다른 법적 기준을 적용하기 때문에 앞서 본 eBay 사건에서 형평법상 금지명령을 위한 네 가지 요소들 또한 무역위원회에서의 공공의 이익 판단에 영향을 미치지 않는다.[205]

---

201) Certain Autometic Cranpin Grinders, Inv. No. 337-TA-60, USITC Publication 1022, p. 17 (1979).

202) Certain Inclined-Field Acceleration Tubes and Components Thereof, Inv. No. 337-TA-67, USITC Publicatio, p. 29(1980).

203) Certain Automotive Parts, Inv. No. 337-TA-557, USITC Publication 4012, p. 12(2008).

204) Certain Personal Data and Mobile Communications Devices, Inv. No. 337-TA-710, Commission opinion, p. 69(2011); 애플이 HTC를 ITC에 제소한 불공정 무역행위 조사 사건에서, 피신청인인 HTC는 HTC의 스마트폰이 수입되지 않는 경우에 이 제품에 대한 소비자의 수요가 삼성과 LG의 안드로이드 폰으로 대체될 수 없다고 주장하였으나, ITC는 이 주장을 받아들이지 않았다.

205) Spansion, Inc. v. ITC, 629 F.3d 1331(Fed. Cir. 2010).

Ⅳ. 무역위원회의 조사절차

1. 일 반

무역위원회의 조사절차는 연방지방법원의 특허침해소송과 유사하게 진행된다.[206] 선행기술의 통지(Notice of Prior Art), 청구범위 해석, 무효 판단과 침해 판단도 법원과 동일한 절차로 이루어진다. 민사 소송과의 차이점은 (1) 불공정 수입 조사국의 조사관이 공공의 이익을 대리하여 사건에 하나의 당사자로서 참여한다는 점, (2) 수입금지명령에 따른 공공의 이익을 검토해야 한다는 점, (3) 빠른 진행을 위하여 서면의 분량 등이 제한될 수 있다는 점이다. 조사와 관련한 세부 절차는 연방 규정집 제19편 제210부에 기재되어 있다.[207] 한편, 증거개시(Discovery) 기간이 짧다는 점은 침해 사실을 증명해야 하는 부담을 지는 신청인에게 불리하게 작용할 수 있다.

특허권자는 공탁금을 납부하고 무역위원회에서 임시 구제(Temporary relief)를 신청할 수도 있다.[208] 임시 구제 절차의 요건은 법원의 가처분 소송 절차와 유사하며, 보안의 승소 가능성에 대한 강한 입증이 필요하다.[209]

신청서 등 당사자가 제출하는 서면 중, 공개본(public version)은 제3자가 열람할 수 있다. 영업비밀(Confidential Business Information)에 해당하는 문서는 비밀본(confidential version)으로 제출되며, 이 문서는 비밀유지명령에 동의한 대리인이나 기술전문가, 통역사 등만 볼 수 있다.

2. 조사 신청과 개시

실무적으로 신청인은 무역위원회에 소장(Complaint)을 접수하기 전, 조사국에 조사를 신청하고자 하는 내용을 미리 알리고 소장 내용에 대한 검토를 받는다.[210] 신청인

---

206) ITC, "Answers to frequently asked questions" Publication No. 4105, March 2009, p. 2.
207) 연방 규정집 제19편 제210.1조 내지 제210.79조가 Part 210을 구성한다.
208) 연방 규정집 제19편 제210.52조; ITC, "Answers to frequently asked questions" Publication No. 4105, March 2009, p. 21.
209) Rosemount, Inc. v. U.S. Intern. Trade Com'n, 910 F.2d 819(Fed. Cir. 1990).
210) 이 절차가 필수적인 것은 아니나, 실무에서는 조사관에게 먼저 신청서의 형식요건에 관한 검토를

이 소장을 접수하면, 관보와 홈페이지에 조사신청의 접수사실이 공개된다. 피청구인에게 소장이 송달되면 답변서를 제출해야 하는데, 외국에 근거를 둔 피청구인의 답변기일이 더 늦게 지정된다. 복수의 피청구인이 미국 내와 미국 외에 각각 존재하는 경우, 통일성을 위해 미국 내의 피청구인에 대한 답변 기일을 미국 외 피청구인의 답변 기일과 동일한 날로 연장해달라는 신청을 할 수 있다. 조사 신청 단계의 절차와 관련한 신청은 5페이지 이내로 해야 하며, 5페이지를 넘는 경우 요건 미준수로 각하될 수 있다. 제 3자도 공익과 관련하여 의견을 제출할 수 있다.

위원회는 신청인의 소장 접수 후 30일 이내에 조사 개시 여부에 관한 투표를 진행한다.[211] 신청인의 국내 산업 요건의 입증이 부족한 경우와 같이 조사를 조기 종결할 수 있을 정도로 단순한 쟁점을 포함한 사건의 경우, 위원회는 피신청인의 신청이나 직권에 의하여 100일 이내에 기각결정을 내릴 수 있는 조기 종결 절차를 진행할 수 있다.[212]

조사 개시 결정이 내려지면 연방 관보에 조사 통지서가 발행된다.[213] 위원회가 조사를 개시하지 않기로 결정하게 되면, 신청인과 피신청인은 이유에 관한 서면 통지를 받게 된다.[214] 실무적으로는 지적재산권 침해에 관한 조사신청이 거절되는 경우는 없다. 피신청인은 소장과 조사 통지서의 송달일로부터 20일 내에 답변서를 제출하여야 한다.[215]

조사 개시가 결정된 이후, 수석 행정법 판사(Chief ALJ)는 사건을 담당할 행정법 판사 1인을 지정한다.[216] 사건은 당사자 및 소송과 이해관계가 없는 행정법 판사에게 배당되며, 소송 중이더라도 행정법 판사에게 사건의 결과에 의한 이해관계가 발생할 수 있는 상황이 발생하면 담당 사건이 다른 행정법 판사에게 다시 배당되기도 한다.[217] 조사 사건의 조기 종결로 사건이 특정 행정법 판사의 업무가 과중해지는 경우,

---

받은 뒤에 신청서를 접수하는 것이 일반적이다. 신청 전 절차에 대해서는 비밀이 유지되며, 조사관의 검토와 신청서 접수에 관한 기간 제한은 없다.

211) 연방 규정집 제19편 제210.10조.

212) https://www.usitc.gov/press_room/featured_news/pilot_program_will_test_early_disposition_certain.htm(최종방문일: 2020. 5. 11.). 이를 100 Days Pilot Program이라고 한다.

213) 연방 규정집 제19편 제210.11조(b).

214) 연방 규정집 제19편 제210.11조(c).

215) 연방 규정집 제19편 제210.13조(a).

216) 무역위원회의 조사 사건을 진행할 행정법 판사 1인이 지정되는 방식은 앞에서 본 PTAB이 일반적으로 특허법 판사 3인의 합의체를 구성하는 방식과는 상이하다.

담당하는 사건이 일찍 종결된 행정법 판사에게 다른 행정법 판사의 진행중인 사건이 배당되는 경우도 있다.

필요한 경우, 불공정 수입 조사국(OUII)의 조사관이 지정된다.[218] 사건의 숫자에 비해 조사관의 숫자가 제한되어 있으므로 위원회가 모든 사건에 조사관을 지정하는 것은 아니며, 주로 쟁점이 복잡하거나 중요한 사건에 조사관이 지정된다.

3. 조사와 심리

조사 절차는 당사자 사이의 대립 구도이면서도 조사관이 공익을 대변하여 제3의 당사자로 참여하는 형태로 진행되며, 조사관이 참여하지 않는 사건은 민사소송의 재판 절차와 유사하다고 볼 수 있다. 증거개시(Discovery)는 보통 12개월 조사인 경우 약 5개월, 18개월 조사인 경우 약 10개월 내에 이루어진다.

(1) 증거개시 절차

증거개시 절차에서, 당사자는 조사 통지서가 관보에 발행된 날 이후부터 상대방에게 질의서(Interrogatories)와 문서 제출 신청(Request for Production)을 보낼 수 있으며, 질의서를 받은 당사자는 10일 또는 행정법 판사가 지정한 기간 이내에 상대방의 질문과 문서 제출 요구에 대하여 답변하고 문서를 제출하여야 한다.[219] 질의 사항은 175개로 제한되나, 정당한 사유가 있는 경우에는 질의 사항을 추가할 수 있다.[220] 증거개시 절차 기간이 짧기 때문에, 양 당사자는 증거개시 절차의 조건을 협의할 수 있으며, 이메일 등은 절차에서 제외될 수 있다.

한국 기업이 무역위원회에 조사를 신청하거나 피신청인이 되는 경우, 조사 사건의 대상이 국가핵심기술과 관련되어 있을 수 있다. 이 경우, 당사자는 국가핵심기술로 분

---

217) 예를 들어, 행정법 판사가 甲 기업의 주식을 보유하고 있는데 심리 중 발견된 자료에 의해 甲 기업이 수입금지명령에 따라 부품 공급에 영향을 받을 수 있다는 사실이 나중에 밝혀진 경우도 발생할 수 있다.

218) ITC, "Answers to frequently asked questions" Publication No. 4105, March 2009, p. 2.

219) 연방 규정집 제19편 제210.29조(b)(1), (2); 이는 연방 민사소송규칙(Federal Rules of Civil Procedure) 제33번 규칙이 답변 기한을 15일로 정하고 있는 것보다 짧으며, ITC의 절차가 압축적으로 진행되도록 한다.

220) 연방 규정집 제19편 제210.29조(a).

류되는 문서를 증거개시 절차로 제출하기 전에, 산업기술보호법에 따라 수출행위를 신고하거나 수출승인에 대한 정부허가를 받아야 한다.[221)]

(2) 비밀유지명령(Protective order)

수많은 영업비밀 문서가 제출될 수 있는 증거개시 절차에서 비밀유지명령을 필수적이다. 실무적으로는 비밀유지명령이 무역위원회의 조사 절차 중 행정법 판사가 내리는 첫 번째 명령이 된다. 비밀유지명령은 신청인과 피신청이 아닌 대리인이나 기술전문가, 통역사와 같은 소송에 참여하는 제3자에게 적용된다. 대리인이나 소송에 참여하는 전문가는 소송으로 인하여 알게 된 비밀정보를 누설하거나 이용하지 않겠다는 비밀유지 계약서(Agreement to be bound by protective order)를 제출한다.[222)]

법무법인은 위임장을 제출하면서 담당변호사 각자의 비밀유지명령 계약서를 제출하는데, 계약서를 제출하기 전에는 비밀로 분류된 상대방의 서면이나 증거를 볼 수 없다. 법무법인이나 변호사가 위임장을 제출하면, 위임 사실이 위임 통지서(Notice of appearance)를 통해 공개된다.

(3) 심리 기본 규칙(Ground rule)

행정법 판사는 비밀유지명령과 동시에 기본 규칙을 양 당사자에게 발송한다. 기본 규칙에는 조사 절차에서 필요한 규칙이나 각종 명령이 내려지는 기한 등이 자세하게 기재되어 있다.[223)]

조사 절차 중 필요한 경우 기본 규칙은 추가되거나 수정될 수 있다. COVID-19로 인하여 증언녹취나 심리기일이 온라인으로 이루어질 필요가 생겼으나 최초의 기본 규칙에는 이를 정하지 않은 경우, 행정법 판사는 기존의 기본 규칙 외에 화상회의 심리

---

221) 2021. 1. 15. 제정된 산업통상자원부고시 제2021-12호 산업기술보호지침 제17조는 수출승인 신청대상 중 제9호에 "외국법원, 국제무역위원회(ITC) 등 제소, 소송 대응을 위한 국가핵심기술 자료 제공"을 규정하고 있다.

222) 한국 법원의 실무는 법원이 비밀유지 명령의 범위나 대상을 정하여 비밀유지명령을 내리는 것이 일반적이나, 미국 증거개시 절차의 실무는 포괄적인 비밀유지명령에 대하여 대리인이나 전문가가 직접 동의서를 제출하는 형태로 운영된다. 미국 변호사가 비밀유지명령을 어기는 경우에는 민형사적 책임 이외에도 자격박탈(Disbar) 등의 제재를 받을 수 있다.

223) 예를 들어, 특허사건에서 청구항 해석기일(Markman Hearing)로부터 몇 주 내에 청구항 해석 명령(Markman Order)이 내려지는지에 관한 상세한 기한까지 기본 규칙에 정하기도 한다.

에 관한 새로운 기본 규칙을 당사자들에게 송달할 수도 있다.

(4) 기일 지정 명령(Scheduling order)

행정법 판사는 사건접수일로부터 45일 이내에 사건일정명령을 통해 청구범위해석기일(Markman hearing), 구술심리기일(hearing)[224], 예비결정일(ID), 최종결정일(FD)[225] 등의 조사 일정을 정한다.[226]

양 당사자와 조사관은 행정법 판사가 기일 지정 명령을 내리기 전에 일정을 상호 협의한다. 조사 시작일로부터 최종결정 선고예정일(Target date)까지의 기간 중에서 청구항해석기일, 증거개시절차 기간, 심리기일을 지정하며, 최종결정 예정일로부터 4개월 전에 예비결정의 예정일을 정하는 것이 일반적이다.

(5) 심리준비기일(Pre-hearing conference)

심리준비기일에는 행정법 판사와 양측 대리인과 조사관이 주요 쟁점을 사전에 정리하고 구체적인 조사계획을 논의하는 절차이다. 심리준비기일은 통상 2회 진행되는데, 조사가 본격적으로 시작되기 전에 1회의 심리준비기일을 진행하고 심리기일(hearing) 직전에 1회의 심리준비기일을 진행하는 것이 실무상 일반적이다.

(6) 증언녹취(Deposition)

무역위원회의 조사 사건에 복수의 당사자가 사건에 참여하고 있을 때, 신청인들과 피신청인들이 합의하거나 정당한 사유가 있는 경우를 제외하고는, 사실 증인에 관한 증언녹취의 횟수도 신청인들과 피신청인들 각각 20번 이내로 제한된다.[227] 해외 기업들의 사건이 많은 무역위원회 조사 사건의 특성 상 증인이 미국 밖의 국가에 거주하는 경우가 많은데, 전염병으로 인하여 이동이 제한되는 경우 양 당사자의 합의나 행정법 판사의 명령에 따라 원격 증언녹취(remote deposition)가 진행될 수 있다.

증언녹취가 미국 내에서 이루어지는 경우에는 문제가 없으나, 해외에서 증언녹취를 하는 경우 해당 국가의 법률위반이 발생할 수 있다. 자국 내에서 미국 변호사의 증언

224) 연방 규정집 제19편 제210.36조.
225) 위에서 본 것처럼 제337조 조사의 목표일(Target date)은 최종결정일을 의미한다.
226) 연방 규정집 제19편 제210.10조.
227) 연방 규정집 제19편 제210.28조(a).

녹취를 엄격히 금지하고 있는 국가가 있기 때문이다.[228] 특히, 중국[229]과 일본[230]은 원칙적으로 증언녹취를 금지하고 있다. 이러한 국가에서는 해당 국가 내의 미국대사관에서만 증언녹취가 제한적으로 가능한데 실무상 거의 활용되지 않는다.

한국의 경우, 한국 내에서 미국 증거개시 절차 또는 증언녹취를 금지하는 명확한 규정이 존재하지 않기 때문에, 한국 외에 거주하는 증인들은 한국으로 이동하여 증언녹취를 진행하기도 한다.

(7) 심리기일 전 종합 의견서(Pre Hearing brief)

신청인과 피신청인은 심리기일 전 종합의견서를 제출한다. 종합의견서에는 무효, 침해, 미국 내 산업요건과 같이 소송 요건이나 본안 판단에 관한 쟁점 뿐 아니라, 수입금지명령, 침해중지명령과 같은 구제수단 및 공탁금에 대한 양측의 주장도 함께 포함한다. 조사관 또한 종합 의견서를 제출하는데, 양측의 주장에 대한 조사관의 판단 결과를 미리 기재한다.

(8) 구술심리(Hearing)

증거개시 절차가 끝나고 사실관계가 정리된 뒤 구술심리가 진행되는데, 구술심리(hearing)는 행정절차법(Administrative Procedure Act)에 따라 진행된다.[231] 구술심리가 열리는 장소는 워싱턴 D.C.의 무역위원회 청사 내 심판정이다. 코로나-19가 유행하던 시기에는 화상회의의 방식으로 구술심리가 이루어지기도 했다.[232] 심리기일은 최초 기일지정명령(Scheduling order)이 내려질 때 예비결정일과 최종결정일 등의 중요 일정과 함께 지정된다. 구술심리기일은 사건에 따라 다른데, 일반적으로 최종결정일로부터 약 6개월 전, 예비결정일로부터 약 2개월 전에 열린다.[233] 심리는 공개 심리

228) 증언녹취 또한 사법주권의 문제로 해석하여 외국의 사법절차가 자국 내에서 진행되는 것을 금지하기 때문이다.

229) https://travel.state.gov/content/travel/en/legal/Judicial-Assistance-Country-Information/China.html

230) https://jp.usembassy.gov/depositions-in-japan/#dep

231) 연방 규정집 제19편 제210.36조(a).

232) 화상회의를 이용한 구술심리에는 비밀유지명령의 대상이 되지 않는 당사자 회사의 직원도 참관할 기회를 받게 되는데, 비밀 기록에 대한 심리나 증인 신문이 이루어지는 경우 비밀유지명령 대상이 아닌 자는 화상회의에서 퇴장하는 방식으로 진행한다.

233) ITC, "Answers to frequently asked questions" Publication No. 4105, March 2009, p. 20.

(Public session)와 비밀 심리(Confidential session)로 나누어진다. 구술심리는 공개로 진행되나, 일방의 영업비밀을 포함하는 비밀 심리는 영업비밀을 소유한 당사자와 양측의 대리인을 제외하고는 심판정에서 퇴정하여 외부 대기실로 이동한 뒤에 진행한다. 퇴장한 이들은 비밀 심리가 종료되고 심리가 공개 심리로 전환된 이후에 다시 심판정으로 입장할 수 있다.

증인신문도 진행되는데, 전문가 증인신문(Expert witness testimony)과 사실 증인신문(Fact witness testimony)이 이루어진다. 증인신문은 증인이 제출한 진술서를 토대로 양측 대리인이 증언의 신빙성을 놓고 다투는 방식으로 이루어진다.

구술심리는 법원의 변론기일과 거의 유사하게 진행되는데, 조사관도 조사절차의 당사자로 각각의 쟁점마다 발언을 할 수 있고, 증인신문을 할 수 있다.

(9) 구술심리 후 의견서(Post Hearing Brief)

구술심리가 끝난 뒤, 신청인, 피신청인, 조사관은 구술심리 후 의견서 제출기일에 구술심리에서의 주요 쟁점에 관하여 의견서를 제출한다. 의견서에 대해 분량 제한을 두는 경우가 많다.

4. 예비결정

6인의 행정법 판사 중 1인의 판사가 사건에 관하여 증거개시 절차와 심리를 진행한 뒤, 제1337조의 불공정 무역행위가 있었는지에 관한 예비결정(Initial determination)을 위원회에 제출한다.[234] 사안에 따라 사실심리생략결정(Summary determination)[235]이나 무변론판결(Default judgement)[236]이 예비결정을 대신하기도 한다. 위원회가 다르게 정하지 않는 이상 행정법 판사는 최종결정일의 예정일로부터 4개월 이전에 예비결정을 내려야 한다.[237] 예비결정이 내려진 날로부터 60일 이내에 위원회의 검토(review) 결정이 없으면, 예비결정은 그대로 위원회의 최종결정이 된다.[238]

---

234) 연방 규정집 제19편 제210.42조(a)(1)(i).
235) 연방 규정집 제19편 제210.18조(a).
236) 연방 규정집 제19편 제210.16조(a).
237) 연방 규정집 제19편 제210.42조(a)(1)(i); 최종결정이 조사 개시 결정 이후 16개월 내에 내려지기 때문에, 예비결정은 조사 개시 결정으로부터 12개월 내에 내려진다.

무역위원회의 조사 과정에서도 법원의 증거개시와 동일한 규정이 적용되는데, 증거개시 절차 중 당사자가 행정법 판사의 명령을 따르지 않거나 증거를 은폐하는 경우, 무변론판결[239]이 내려질 수 있다.[240] 무역위원회는 내재적 권한(inherent authority)[241]과 관련 법률[242]에 따라 증거 훼손 행위에 대해 제재(sanction)를 내릴 수 있기 때문이다.

수입금지 등 주문을 기재한 문서는 영업비밀을 담고 있지 않으므로 즉시 공개된다. 그러나 쟁점이나 증거에 대한 행정법 판사의 상세 결정문은 생산 공정의 정보 등 영업비밀을 포함하고 있을 수 있어, 비공개 상태로 먼저 비밀유지명령을 받은 양측 대리인에게 송부되고 대리인들의 비밀성 검토를 거치게 된다. 비밀본 결정문에서 영업비밀과 관련된 표현이나 문장들을 가림으로 처리한 문서가 공개본이 되며, 공개본은 무역위원회 전자문서 시스템에 공개되어 제3자도 열람할 수 있다.

예비결정이 피신청인의 수입행위가 침해에 해당한다는 판단이라면, 행정법 판사는 예비결정의 발행일로부터 14일 이내에 수입금지명령의 대상, 기간, 공탁금(bond) 등 적합한 구제방법에 관한 권고 결정(Recommended determination)을 내려야 한다.[243]

예비결정은 타 사법기관의 절차와 달리, 무역위원회에서 빠른 결정을 위해 두고 있는 특수한 절차이다. 예비결정은 그 자체로는 CAFC가 검토하는 항소대상이 아니며, 당사자는 행정절차법에 따라 무역위원회의 최종결정에 대해 CAFC에 항소할 수 있다.[244]

5. 위원회의 검토와 최종결정

예비결정에 불복하는 당사자들은 행정법 판사의 예비 결정의 송달일로부터 12일

238) 연방 규정집 제19편 제210.42조(h)(2).
239) 국내에서는 2차전지 영업비밀 침해 사건의 보도자료에서 '조기패소 판결'로 번역된 바 있다.
240) Certain Lithium Ion Batteries, Battery cells, Battery modules, Battery packs, Components thereof, and Processes therefor , Inv. No. 337-TA-1159, Comm'n Opinion, 2021. 3. 4.
241) United Med. Supply Co. v. United States, 77 Fed. Cl. 257, 263-64 (2007); 법원의 내재적 권한은 헌법상 사법부(Article Ⅲ courts)가 아닌, 입법에 의해 설립된 재판소(Article Ⅰ courts)에도 적용된다.
242) 관세법 §1337(h); 위원회 규칙(Commission Rule) 210.33
243) 연방 규정집 제19편 제210.42조(a)(1)(ii).
244) Spansion, Inc. v. International Trade Com'n, 629 F.3d 1331, 1349(2010).

이내에 예비 결정에 대한 위원회의 검토를 신청할 수 있으며, 검토 신청인의 상대방은 송달일 8일 이내에 답변서를 제출할 수 있다.[245] 신청인과 피신청인은 예비결정의 승소 여부와 관계없이, 불리한 판단을 받은 쟁점에 대해 재검토를 신청할 수 있다.[246] 피신청인이 행정법 판사가 내린 예비결정에서 특허가 무효이므로 수입금지명령 신청을 기각(No violation)하는 판단을 받았더라도, 특허 청구범위의 포함여부나 미국내 산업요건에 관해서는 불리한 판단을 받았다면, 해당 쟁점에 관한 재검토를 신청할 수 있는 것이다. 위원회가 직권으로 검토를 결정할 수도 있다.[247]

위원회는 검토거절 결정(not to review)을 내릴 수도 있으나, 위원 중 한 명이라도 리뷰 결정을 받아들이는 데 투표하는 경우 위원회는 검토 결정을 내려야 한다.[248] 검토 결정을 내리는 경우, 예비 결정에 대한 부분 검토 결정 또는 전체 검토 결정이 내려질 수 있다.[249] 행정법 판사가 내린 구제 권고(Recommended determination)를 파기하고 그 기간과 방법을 달리하는 구제조치를 내리는 것도 당연히 가능하다.

위원회의 검토가 끝나면 위원회에서 최종결정(Final determination)이 내려지게 된다. 위원회가 최종결정(Final determination, FD)을 내리면서, 예비 결정의 쟁점과 양 당사자의 주장에 대한 판단을 기재한 위원회 의견(Commission Opinion)이 함께 발행된다. 위원회의 검토는 사실에 대한 판단을 거치기 때문에 법률심으로 진행되는 CAFC에서의 절차와는 다르다. 위원회가 위원회 의견에서 ALJ의 예비결정과 반대로 판단하는 경우도 종종 있기 때문에 양 당사자는 검토 단계에서 주요 쟁점을 꼼꼼히 살핀다. 증거개시절차가 끝난 시점이지만, 위원회는 법무실(General counsel)을 통해 양 당사자에게 자료의 제출을 지시하기도 한다.

결정에서 패소한 당사자는 무역위원회의 결정에 대해서 14일 이내에 무역위원회에 재검토를 신청할 수 있으나 재검토는 새로운 쟁점에 대해서만 가능하다.[250]

---

245) 연방 규정집 제19편 제210.43조(a).
246) 연방 규정집 제19편 제210.43조(a).
247) 연방 규정집 제19편 제210.44조(a).
248) 연방 규정집 제19편 제210.45조(a).
249) 연방 규정집 제19편 제210.45조(c).
250) 연방 규정집 제19편 제210.47조.

6. 대통령 검토(Presidential review)

무역위원회가 피신청인의 수입행위를 금지하는 최종결정을 내리면, 이 결정은 대통령의 승인을 위한 60일 간의 검토 기간을 거치게 된다.[251] 대통령은 정책적 이유에 의해 무역위원회의 수입금지결정에 대한 거부권을 행사할 수 있으며, 60일의 기간 동안 수입금지결정에 대한 거부권이 행사되지 않거나, 대통령이 기간 경과 전에 무역위원회의 결정을 승인하면 60일의 기간 다음날 또는 승인한 날로부터 무역위원회의 결정은 최종결정으로서 효력을 발생한다.[252] 대통령 검토로 수입금지결정의 승인이 거절되는 경우, 이 거절 행위는 사법적 판단의 대상이 아니기 때문에 이에 대한 항소는 불가능하다.[253] 수입행위를 금지하는 무역위원회의 최종결정을 받은 당사자는 대통령 검토가 끝나기 전까지는 공탁금을 납부하고 수입행위를 계속할 수 있다.[254] 신청인 또한 위 기간이 끝나기 전까지는 미국 세관(Custom and Border Protection, CBP)에 수입금지명령 집행을 신청할 수 없다.

이 절차를 대통령 검토라고 부르지만, 실무상의 절차는 미국 무역 대표부(United States Trade Representative)의 주도로 진행되며, 양 당사자와 다른 이해관계자들의 의견을 청취하는 수 차례의 회의가 열린다. 양측이 의견을 제출하는 과정이 진행되며, 미국 무역 대표부가 양측의 합의 의사에 관심을 가지기도 한다.

무역위원회는 2013년 삼성이 애플을 상대로 특허침해에 의한 불공정무역행위로 제소한 사건에서 삼성의 특허를 침해하는 애플의 제품에 대한 수입을 금지하는 최종결정을 내렸으나, 대통령 검토 절차에서는 미국 무역 대표부(United States Trade Representative)가 거부권을 행사하였다.[255] 이 사건에서 무역 대표부는 거절 결정이 공정, 합리적, 비차별적(FRAND)[256] 조건에 기초하고 있는 표준필수특허의 침해를 이유로 수입금지가 이루어지는 경우에 대한 미국 경제의 경쟁 환경과 미국 소비자에 미치는 영향에 대한 다양한 정책적 고려에 근거하고 있다고 밝혔다.[257] 무역위원회에서 대통

251) 미국 관세법 제1337조(j)(2).
252) 미국 관세법 제1337조(j)(2).
253) Duracell Inc. v. U.S. ITC, 778 F.2d 1578(Fed. Cir. 1985).
254) 연방 규정집 제19편 제210.42조(a)(1)(ii)(B).
255) Letter from Ambassador Michael B.G. Froman to Chairman Irving A. Williamson, 2013. 8. 3. (disapproving USITC decision in Inv. No. 337-TA-794)
256) 공정하고 합리적이며 비차별적인(Fair, Reasonable And Non-Discriminatory).

령 검토로 수입금지명령이 거부된 사례는 현재까지 총 6건으로 무역위원회의 전체 사건 수에 비해 적용된 횟수가 매우 적다.[258]

7. 무역위원회 결정에 대한 불복

무역위원회의 최종결정에 대하여 불복하는 당사자는 결정이 최종으로 된 날로부터 60일 이내에 CAFC에 무역위원회를 상대로 취소소송을 제기할 수 있다.[259] 60일의 기간 중에 대통령이 위원회의 수입금지명령을 최종 승인하거나, 60일이 경과할 때까지 거부권을 행사하지 않는 경우 위원회의 결정은 최종이 되며(becomes final) 수입금지의 집행이 가능해진다. 60일의 마지막 날이 휴일이라고 하더라도 그 날까지 거부권이 행사되지 않으면 휴일을 별도로 고려하지 않고 60일이 경과한 날에 그대로 최종이 된다. 결정이 최종이 된 날로부터 연방항소법원에 대한 항소기간이 시작된다.

항소기간의 기산일은 위원회 결정이 최종 결정이 된 날을 기준으로 하기 때문에 피신청인이 승소하여 수입금지명령이 기각된 경우에는 최종결정이 발행된 날이 신청인에게 항소 가능한 날이 된다. 반대로 신청인이 승소하여 수입금지명령이 인용된 경우에는 대통령 검토가 승인되거나 검토 기간이 끝난 날이 항소 가능한 날이 되며, 대통령 검토가 끝나기 전에는 항소할 수 없다.[260]

결정에 패소한 당사자가 항소인(Appellant)으로 CAFC에 제기하는 취소소송의 피항소인(Appellee)은 무역위원회이며, 결정에서 승소한 당사자는 참가인으로 참가

---

257) Ambassador Michael B.G. Froman, p. 3.

258) ERIC SCHWEIBENZ, "Did You Know…That Public Interest Factors Can Trump The Finding Of A Violation At The ITC?", ITC 337 LAW BLOG, http://www.itcblog.com/766-did-you-know-e2-80-a6that-public-interest-factors-can-trump-the-finding-of-a-violation-at-the-itc(최종방문일: 2020. 5. 11.); ERIC SCHWEIBENZ, "President Obama Vetoes ITC Final Determination Of Violation In Certain Electronic Devices Including Wireless Communication Devices, Portable Music And Data Processing Devices, And Tablet Computers (337-TA-794)", ITC 337 LAW BLOG, http://www.itcblog.com/6016-president-obama-vetoes-itc-final-determination-of-violation-in-certain-electronic-devices-including-wireless-communication-devices-portable-music-and-data-processing-devices-and-tablet-computers-33(최종방문일: 2020. 5. 11.); 2009년까지 5건이 대통령 검토로 거부되었으며, 2013년 삼성 대 애플 사건까지 6건이 거부되었다.

259) 미국 사법제도법(28 U.S. Code) 제1295조(a)(6), 미국 관세법 제1337조(c).

260) Duracell Inc. v. U.S. ITC, 778 F.2d 1578(Fed. Cir. 1985).

(intervene)할 수 있다.[261][262] CAFC의 심리는 법률심으로, 당사자가 주장할 수 있는 사유는 법률의 해석과 1심의 부당성만으로 제한되며, 새로운 사유를 제출하는 것은 불가하다.[263]

---

261) TOM FISHER, "Did You Know…The Prevailing Party In A Section 337 Investigation Is Not Automatically A Party On Appeal At The Federal Circuit?", ITC 337 LAW BLOG, http://www.itcblog.com/1123-did-you-know%E2%80%A6the-prevailing-party-in-a-section-337-investigation-is-not-automatically-a-party-on-appeal-at-the-federal-circuit(최종방문일: 2020. 5. 11.).

262) 정부조직법 제703조. Form and venue of proceeding "the action for judicial review may be brought against the United States, the agency by its official title, or the appropriate officer"

263) 정부조직법 제706조. Scope of review.

판례색인

A

B

C

D

E

F

G

H

I

J

K

L

M

N

O

P

Q

R

S

T

U

V

W

X

Y

Z

사항색인

ㅇ

Q

R

S

T

[저자소개]

최승재 [대표저자]

최승재 교수(세종대학교 법학부)는 사법연수원 29기로 대한변협법제연구원장, 대한상사중재원 중재인, 중앙행정심판위원회 비상임위원, 한국특허법학회 부회장, 저작권위원회 감정전문위원, 국가지적재산권위원회 전문위원, 금융감독원 분쟁조정위원회 자문위원, 서울지방국세청 법률고문 등의 직을 수행하고 있으며 국제지적재산권 보호협회인 AIPPI의 본부(Paris) Standing Committee 위원 및 한국부회장, 한국세법학회 부회장, 한국무역구제학회 부회장을 맡고 있다. 경력으로 대법원 재판연구관, 김 · 장 법률사무소 변호사, 경북대학교 법학전문대학원 교수, 삼성과 마이크로소프트 변호사, 금융위원회 옴부즈만 등을 역임하였다.

변호사(지식재산, 조세전문) · 변리사 · 특허전문가로서 여러 건의 국내외 특허소송을 수행했다. 공정거래위원회를 대리하여 퀄컴을 상대로 한 소송에서 과징금 전부 승소를 하였고, 영국에서의 제약분야 국제중재, 김·장 법률사무소 재직시 삼성과 애플 사이의 소송, 마이크로소프트 재직시 공정위를 상대 소송 등 다수의 국내 및 국외특허소송을 포함한 지식재산권, 공정거래, 조세사건을 변호사, 중재인 등 전문가로서 수행 및 관여하였다. 학력은 서울대학교에서 학사, 석사, 박사학위를 받았고, 미국 Columbia Law School에서 유학(LL.M.)했다. 관련분야로 금융과 회계분야를 배우기 위하여 MBA 학위와 세법박사과정수료도 했다.

저서로 "음악저작권 침해 분쟁의 구조와 대응의 논리"(공저, 커뮤니케이션북스, 2022), "표준필수특허와 법"(박영사, 2021), "신미국특허법"(공저, 법문사, 2020), "특허권남용의 경쟁법적 규율"(세창출판사, 2010), "미국특허법"(법문사, 2011), "변호사와 의뢰인 사이의 비밀보호를 위한 제도연구"(법률신문, 2013), "음악저작권 침해"(커뮤니케이션북스, 2015), "개인 정보"(커뮤니케이션북스, 2016), "디자인 보호의 새로운 지형, 저작권과 상표권"(커뮤니케이션북스, 2016), "금융거래법"(PNC미디어, 2016), "미국 대법관 이야기"(경북대학교출판부, 2010), "경쟁전략과 법"(한국학술정보, 2009), "전략적 기업경영과 법"(한국학술정보, 2010), "직무발명제도 해설"(공저, 박영사, 2015), "영업비밀보호법"(공저, 박영사, 2017), "특허판례연구"(공저, 박영사, 2009), "미국특허판례연구 Ⅰ, Ⅱ"(공저, 대한변리사회, 2013, 2017), "상사중재법"(공저, 박영사, 2018), "부정경쟁방지법 주해"(공저, 박영사, 2020), "Intellectual Property Law in Korea"(coauthor, Wolters Kluwer, 2015) 등 다수의 저서가 있다. 주요 학술지 기고논문 100여 편을 게재하였고, 법률신문 등에 다수의 소논문을 기고한 바 있다.

김영기

저자는 2006년 (예비)판사로 임관한 이래 대법원 「IP Hub Court 추진위원회」 전문위원, 법원행정처 사법정책심의관, 서울중앙지방법원 지식재산 전문재판부 판사를 거쳐 2021년부터 특허법원 고법판사로 근무하고 있다. 또한 법관 연구모임인 지적재산권법연구회, 국제규범연구반(지적재산권)과 학술단체인 한국특허법학회 등에서 지적재산권 관련 연구활동을 하고 있고, 국가지식재산위원회에도 2023년부터 특별전문위원으로 참여하고 있다. 저자는 고려대학교 법과대학 학사, 석사(행정법 전공)를 마치고 미국 UCLA대학에서 LL.M.(IP전공) 후 미국 EDTX 연방법원에서 약 7개월간 펠로우쉽을 하였다. 지적재산권 관련 논문으로는, "국제적 지식재산권 분쟁에 있어 국제사법의 해석과 적용", "복수주체의 특허침해와 손해배상책임", "투여용법·투여용량을 부가한 의약용도발명에서 명세서 기재요건", "From International Tribunal to an Asian Patent Court"(영어논문), "북한저작물 보호를 위한 준거법 결정을 위한 우리나라 판례의 비판적 고찰-북한의 베른협약 가입을 둘러싼 논의를 포함하여", "특허침해소송 손해배상액 산정과 관련한 미국 내 논의소개" 등이 있다.

박현우

2006년 서울대 공과대학 화학생물공학부를 졸업하고 LG화학에서 필름 엔지니어로 근무하였다. 2009년 퇴사 후에는 지적재산권 전문가가 되고자, 경북대학교 법학전문대학원에 진학하여 재학기간 내내 특허법과 경제법에 많은 관심을 기울였다. 2012년부터 LG화학 특허센터에서 소재, 배터리, 디스플레이 분야의 국내외 특허, 상표, 영업비밀 등 지적재산권 분쟁대응 업무를 수행하였다. 2019년에는 워싱턴 D.C.에 소재한 American University의 IP LL.M.을 졸업하였으며, 졸업 후에는 LG와 SK 사이에 벌어진 영업비밀 및 특허분쟁을 미국 현지 IP로펌(Fish & Richardson) 연수를 통해 경험하였다. 영업비밀 소송 종료 후에는 LG화학으로부터 분할된 LG에너지솔루션에서 위기관리 업무를 수행하였고, 2022년부터 리콜/규제법무팀장으로 근무하며 각국 규제기관의 조사에 대응하는 업무를 담당하고 있다.

신미국특허법 [제2판]

2020년 8월 30일 초판 발행
2023년 8월 30일 제2판 1쇄 발행

저 자 최승재·김영기·박현우
발행인 배 효 선
발행처 도서출판 法 文 社

주 소 10881 경기도 파주시 회동길 37-29
등 록 1957년 12월 12일 제2-76호(윤)
전 화 031-955-6500~6, 팩 스 031-955-6525
e-mail(영업) : bms@bobmunsa.co.kr
(편집) : edit66@bobmunsa.co.kr
홈페이지 http://www.bobmunsa.co.kr
조 판 광 진 사

정가 40,000원 ISBN 978-89-18-91423-7